KB213962

중국 종교 사상 통론

中國宗教思想通論
ZHONGGUO ZONGJIAO SIXIANG TONGLUN

이 번역서는 중화학술외역(中華學術外譯) 프로젝트(12WZJ001)에 의해 중국의 국가사회과학기금(Chinese Fund for the Humanities and Social Sciences)으로부터 지원을 받았습니다.

중국 종교 사상 통론

잔스촹 외 지음

런샤오리 · 취위안핑 · 류샤오리
황홍후이 · 안동준 뒤침

일러두기

- 서명은 『』로 표기하고 편명, 작품명은 「」로, 시 제목은 〈〉로 표기했다.
- 한자는 처음 나오는 곳에서 병기하는 것을 원칙으로 했지만, 해당 단어의 언급에 간격이 큰 경우나 음이 비슷한 단어가 연속으로 나오는 등 명확한 구분이 필요하다고 판단되는 경우에는 이해를 돕기 위해 다시 병기하는 것도 허용했다.
- 중국 인명과 지명의 표기는 대체로 국립국어원의 외래어 표기법을 따랐다.

뒤친이 서문

잔스촹이 주편主編한 『중국종교사상통론』은 중국의 국가철학사회과학國家哲學社會科學 성과문고成果文庫에 선정된 성과물로서, 중국에서 최초로 몇 개의 범주를 연결 고리로 삼아 중국종교사상을 체계적으로 연구한 학술서다. 본 저서는 크게 서론, 상편, 하편 및 결론 등 네 부분으로 구성되어 있다. 동서고금의 종교학 이론을 활용하여 중국종교사상을 재해석하고 이를 현대 종교학과 중국의 종교사상사에 결합해 탐구한 점에서 새로운 영역을 개척했다고 평가된다.

서론에서는 중국종교사상의 정의와 연구 현황 및 연구 방법 등을 서술하였고, 본론 부분에서는 기본적 명제에서 출발하여 중국종교의 기본적 내용과 그 역사적 변화 양상을 서술하였다. 그중 기초적 고찰의 성격을 띤 상편은 우주와 생태, 인생과 윤리, 심성과 공부, 정감과 체험 등 네 개의 장으로 구성하였고, 심층적 탐구의 성격을 띤 하편은 계통과 사유, 범주와 규율, 연대와 교섭, 언어와 기호 등 네 개의 장으로 구성하였다. 결론 부분에서는 중국종교사상의 패러다임의 전환 과정에 나타난 사회적 변혁, 지리적 환경 요소, 발전 과정, 신국공치身國共治 등의 문제를 탐구하였다.

이번 번역 작업은 "중화학술외역中華學術外譯" 프로젝트의 하나로서 중국의 국가사회과학기금의 지원을 받았다. 2011년에 입안된 "중화학술외역" 프로젝트는 중국의 국가사회과학기금에서 추진하는 중요한 프로젝트의 하나다. 중국의 철학과 사회 과학의 성과를 해외에 알려 국제적 영향력을 높이기 위한 목적으로, 국제 학술 교류를 통하여 해당 분야의 우수한 성과를 외국어로 번역하고 이를 외국에서 출판하도록 적극 지원하는 사업이다.

돌이켜보면, 『중국종교사상통론』을 번역 대상으로 선정하는 데는 주편자인 잔스촹 교수와의 깊은 인연이 결정적인 계기가 되었다. 2004년 6월에 한국 경상대학의 안동준 교수와 함께 샤먼대학厦門大學에 갔을 때 잔 교수를 처음 알게 되었고, 그 후 그의 부탁으로 안 교수와 함께 『도교문화 15강』을 번역하기도 했다. 이와 같은 소중한 인연 덕분에 중화 학술 번역 작업을 신청할 때도, 두 분의 조언을 얻어 곧바로 『중국종교사상통론』의 번역에 착수할 수 있었다.

『중국종교사상통론』의 번역은 전적으로 팀워크를 통해 완성되었다. 제1장과 제6장은 취위안핑崔元萍이, 제2장과 제5장은 황훙후이黃紅輝가, 제3장과 제8장은 류샤오리劉曉麗가, 제4장과 제7장, 그리고 서론과 결론 및 후기는 런샤오리任曉禮가 맡아 번역하였다. 역할을 나누어 초역한 뒤, 전문학술용어와 참고 문헌의 제목 등을 통일하기 위해 런샤오리가 두 차례 원고를 검토하였다. 초역본을 넘겨받은 한국 측 협력자인 안 교수는 다시 원문과 대조하여 수차례 수정 · 보완하고, 한국 독자의 정서와 지적 수준에 맞추어 윤문하여 최종적으로 마무리하였다.

중국의 종교사상 전반을 다루는 『중국종교사상통론』은 그 체계가 방대할 뿐만 아니라 내용도 매우 풍부하다. 그 속에 담긴 사상과 인식을 정확하게 파악하고 이해하기 위해서는 고도의 종교 관련 지식과 함께 내면 수련 체험이 뒷받침되어야 한다. 특히 원 저작물에 풍부하게 인용된 중국 고전의 원문을 올바르게 이해하고, 이를 다시 한국어로 제대로 표현하는 데는 견실한 고문의 기초와 뛰어난 한국어 실력이 필요하다. 이러한 무거운 작업은 종교적 지식과 소양이 부족하고, 번역 경험이 그리 많지 않은 우리 번역팀에게는 결코 쉬운 일이 아니었다.

다행히 우리에게는 든든한 아군이 있었다. 유·불·도 삼교에 해박하고 특히 도교 연구에 깊은 소양을 지닌 한국의 안 교수였다. 안 교수는 내가 한국에서 수학하던 시절에 석사와 박사 과정을 지도한 은사로서, 이번 프로젝트의 최초 제안에서부터 윤문에 이르기까지 전 과정에 참여하여 도움을 주었다. 그뿐만 아니라 한국 측 출판사의 선정 및 출판 관련 문제도 주선해주었다. 심지어 2013년 2월, 번역 계획과 그 방안을 모색하기 위해 잔스촹 교수를 만나러 샤먼에 갔을 때, 마침 춘절春節 직후인 터라 샤먼 시내에서 숙박 장소를 찾지 못하고 자정이 넘은 시각에 택시를 타고 지메이集美까지 이동해야 했다. 안 교수의 헌신적인 배려가 없었다면 아마도 이번 번역 작업은 순조롭게 마무리되지 못했을 것이다. 물심양면으로 도와주신 안동준 교수께 지면을 빌어 감사의 마음을 전한다. 아울러 나의 청을 흔쾌히 수락하고 『중국종교사상통론』의 번역을 제안해주신 잔스촹 교수와, 나를 믿고 해외의 판권 문제를 알선해준 인민출판사人民出版社 철학편집부 주임 팡궈건方國根 교수께도 감사의 마음을 전한다.

고전 원문을 제대로 이해하기 위해 관련 전문 서적을 구입해서 공부하기도 하고 인터넷을 이용하여 검색하기도 하였다. 그중 일부 경전의 원문은 이미 권위 있는 한국어 번역이 나와 있었지만 가끔 오역이 눈에 띄어 그대로 따르기보다 중국 학자들의 현대문 번역을 참조하여 번역하였으며, 이러한 과정에서 최대한 원문에 충실하도록 노력했다. 또한 난해한 대목은 전문가나 원저자에게 가르침을 청하곤 했다. 그런 의미에서 바쁜 가운데도 언제나 기꺼이 도와준 루동대학魯東大學 문학원 고대 문학 전문가인 예구이통葉桂桐 교수에게 존경과 감사의 뜻을 표하고 싶다. 그리고 번역 과정에서 수많은 자료를 수집하고 정리해 준 동료 류무린劉牧琳 교수와 일부 초역을 매끄럽게 고쳐준 한국인 교수 이선주 선생에게도 고마움을 표한다.

2017년 2월

중국 옌타이에서

런샤오리

차례

하편 — 중국종교사상의 미래

서론

현대 사회는 과학기술로 급격히 발전하고 있지만, 여전히 종교적 분위기가 세계를 지배한다. 사회의 전반적인 상황으로 미루어 볼 때 종교는 단순한 신앙의 문제에 그치지 않고 인류 문화의 발전에도 영향을 미친다. 사실상 종교 자체는 또 하나의 사회적, 역사적 문화 현상이며 인류가 주변 세계를 이해하는 과정에서 빚어진 정신적 산물이기도 하다.

종교는 중국 민중의 심리와 행동 양식뿐만 아니라 도덕규범 및 경제와 정치 등의 사회생활 각 방면에 깊은 영향을 끼쳐왔다. 자연과 사회, 그리고 정신 등 여러 방면에 기인하여 종교는 향후 꾸준히 존재하게 될 것이다. 수많은 신도가 있는 중국에서 종교사상의 생성과 발전 및 사회적 역할을 어떻게 서술하는가 하는 문제는 역사적 의미뿐만 아니라 현실적인 의의도 대단히 깊고 크다.

제1절

중국종교사상의 정의

중국종교사상이란 무엇인가? 중국종교사상을 어떻게 정의해야 하는가? 이는 먼저 종교가 무엇이고, 종교와 비종교를 어떻게 구분할 것인가 하는 문제와 관련된다. 범주의 측면에서 중국종교는 세계 종교의 하위 개념이지만, 논리적으로 중국종교는 현존하는 모든 종교 중 하나의 유형으로서 종교 일반적 성격을 지니는 동시에 그 자체의 특징도 있다. 따라서 중국 본토의 종교 문제에 접근하려면 반드시 보편적인 종교에 대한 정의에서 출발해야 한다. 그렇게 할 때 중국종교의 사상적 특징과 기능 및 역할 등의 내용을 명확하게 파악할 수 있다.

1 —— 종교의 정의와 구성 요소

중국 상고 시대의 문헌에는 '종宗'과 '교敎' 두 글자가 결합하여 나타나지는 않았지만 밀접한 관계가 있었다. 허신許愼의 『설문해자說文解字』에 의하면, "종宗이란 높이 공경하며 소중히 여기는 조상신을 모시는 사당으로서 '宀'과 '示'에 따른다"라고 한다. 여기의 '宀'은 집이고, '示'는 제물을 제단에 올려놓는다는 뜻이다. 같은 책에서 '교敎'에 관해서는, "위에서 모범을 보이고 아래에서 본받는다는 뜻인 '攴'와 '孝'에 따른 것이다"라고 기록하고 있다. 위에서 모범을 보여 '攴'에 따르고 아래서 이를 본받아 '孝'에 따르는 것이 곧 교화라는 뜻이다. 허신의 해설에서 알 수 있듯이, '종'은 조상 숭배의 뜻이며, '교'는 문화 전통의 계승이란 뜻이 담겨있다.

서양의 종교Religion에는 두 가지 어원이 있는데 하나는 라틴어 'religere'이고, 또 하나는 라틴어 'religare'이다. 두 단어는 알파벳 하나만 다를 뿐이지만 미세한 차이가 있다. 앞의 단어는 신령을 공경하고 숭배할 때 드러내는 '집중', '중시', '조심스러움'이고, 뒤의 단어는 '연결', '조합', '고정'을 가리킨다. 사람과 신, 신과 영혼이 서로 연결된다는 뜻을 함축하고 있다. 요컨대 종교란 신에 대한 공경과 숭배, 그리고 사람과 신을 연결하는 일종의 소통이다.

그러나 현대적 의미에서 종교의 내포와 외연은 이렇게 간단하게 정의되지 않는다. 사물에 대한 인간의 인식은 관점과 지식의 틀, 그리고 인식하는 대상의 복잡성 등 다양한 요소들의 제약을 받기 때문에, 같은 사물에 대한 학자들의 인식은 저마다 다르다. 종교의 정의도 마찬가지다. 종교가 무엇인가 또는 무엇이 종교인가에 대한 학자들의 견해도 똑같지 않다.

1 현 학계에서 공인된 몇 가지 정의

첫째는 신앙의 대상을 중심으로 내린 종교의 정의다. 많은 학자가 '실질적 정의'라고 이르는 이러한 정의는 사람과 신앙의 대상, 예컨대 신과 같은 것 사이에 상호 소통하는 신앙이 종교라고 강조한다. 그런데 다 같이 신앙의 대상을 중심으로 종교의 본질을 정의하더라도 종교 본질에 대한 학자들의 인식은 제각기 다르다. 신앙의 대상에 대한 정의에서 드러난 차이점은 대체로 세 가지다.

첫 번째 관점은 신앙대상을 '신'으로 정의하는 것이다. 이와 비슷한 것으로는 '세상 사람을 능가하는 것', '초자연적 역량', '정령의 실체', '무한한 존재감' 등과 같은 추상적인 개념으로 신령을 지칭한 것들이 있다. 이런 관점을 가진 학자로는 서양 종교의 아버지로 알려진, 영국 국적의 독일학자 프리드리히 막스 뮐러Friedrich Max Müller와 제임스 프레이저James

George Frazer가 있다. 막스 뮐러의 주장에 따르면, 종교는 "무한한 자에 대한 갈망이자 하느님에 대한 사랑"[1]이다. 이러한 정의는 많은 학자의 비판을 받았다. 일부 종교에서의 신령은 무한한 존재로 간주되지만, 어떤 종교 체계에서는 무한한 특성을 보이지 않기 때문이다. 이른바 무신론을 주장하는 원시 불교의 신앙대상은 결코 인격화된 '신령'이 아니다. 따라서 종교를 신령을 숭배하고 신앙하는 체계로 규정하는 것은 온전하지 않을 뿐더러 타당하지도 않다.

두 번째 관점은 '신성한 사물'로 '신God'을 대체하는 것이다. 이 관점에서 언급된 '신성한 사물'이란 세속화된 일반 사물과 비교된다. 또한, 이 관점에 의하면 종교의 본질은 바로 '신성성'에 있다. 이러한 정의의 장점은 무한과 유한, 초인과 일반인, 초자연과 일상성 등과 같은 종교의 신앙 대상과 관련하여 제기될 수 있는 일련의 논쟁을 회피하고 다양한 유형의 종교를 최대한으로 포괄하여 서술하는 데 있다.

세 번째 관점은 종교의 본질이 사람보다 더 거대한 힘을 신봉하는 데에 있다는 것이다. 이런 관점은 '신령'이란 개념을 배제할 뿐만 아니라 '신성한 사물'이란 개념도 포기한다. 이를테면 영국의 인류학자 말리노프스키Bronislaw Malinowski처럼 종교가 비교적 높은 세력에 대한 구걸이라고 주장한 학자도 있다.

이상과 같은 이른바 '실질적 정의'라는 것들은 사람과 신앙의 관계에서 종교의 본질이 어디에 있는가에 대해 정의함으로써 종교의 핵심적 문제를 잘 포착했다. 왜냐하면, 어떤 종교이든 종교적 신앙이 없으면 종교 자체가 성립되지 않기 때문이다. 종교적 신앙 대상의 존재 여부는 종

1 막스 뮐러, 『종교학도론宗敎學導論』, 천관승陳觀勝 외 뒤침, 상하이인민출판사, 1989, 12쪽.

교의 일차적 필수 요건이며 종교 성립의 여부를 판단하는 내적 규정이다. 그러나 종교의 본질을 규정하는 문제는 이것으로 충분하지 않다. 종교의 사회적 기능을 간과했기 때문이다. 오늘날 종교는 사람과 신앙의 대상 사이에 상호 소통하는 신앙일 뿐만 아니라 하나의 사회 현상으로서 일정한 사회 기능도 지닌다.

둘째는, 신앙인의 체험과 정감을 중심으로 내린 종교의 정의다. 이런 정의는 주로 종교 심리학의 관점에서 종교의 본질적 문제를 분석한 것이다. 종교적 삶에서 신앙인의 개인적 정감이나 감수성의 의미를 강조하고, 아울러 신자가 갖는 종교에 대한 개인적 느낌과 심리적 체험을 종교의 본질로 파악한다. 이런 관점을 가진 대표적인 학자로는 미국의 종교 심리학자 윌리엄 제임스William James와 독일의 정신 분석학자 지그문트 프로이트Sigmund Freud 및 독일의 신학자이자 종교학자인 루돌프 오토Rudolf Otto가 있다. 윌리엄 제임스는 『종교적 경험의 다양성』에서 "종교는 개개인이 고독할 때 그가 신성하다고 여기는 모든 대상과 교류하고 있다는 느낌에서 일어난 정감이나 행위 및 체험이다"[2]라고 주장했다. 그는 개인의 종교적 체험을 종교에서 최우선적으로 일어나야 하는 가장 근본적인 요소로 파악했다. 종교는 인간이 고독할 때 형성되는 각종 근심과 두려움 등의 소극적인 정서로부터 발생한다는 것이다. 프로이트는 『정신 분석학 입문』에서, 종교는 "문명인 개개인이 어린이에서 성인으로 성장하는 과정에서 반드시 겪어야 할 정신병의 일종에 불과한 것이다"[3]라고 주장한 바가 있다. 오토는 『성스러움의 의미』에서 신자 개인이 신성한 사물에 대해 경외

2 윌리엄 제임스, 『종교적 경험의 다양성』 상권, 탕위어唐鉞 뒤침, 상무인서관, 2002, 28쪽.

3 지그문트 프로이트, 『정신 분석학 입문精神分析引論新講』, 청샤오핑程小平 · 왕시王希勇 뒤침, 중국국제문화출판사, 2007, 165쪽.

하면서도 동경하는 감성적인 체험을 모든 종교의 본질로 간주한다.

이러한 유형의 정의는 심리적 요소와 개인적 정감이 종교적 삶에서 중요한 위치를 차지하는 것을 인식하고, 종교의 본질을 연구하는 시야를 넓혀준다. 하지만 종교의 본질이 개인의 종교적 정감에 있다는 관점은 설득력이 부족하다. 한 개인의 체험은 종교적 신앙에 따라, 혹은 사회적 환경과 개인의 처지에 따라 다르고, 정반대의 관계도 성립되기 때문에 종교의 판단 준거로서 보편적인 종교 심리를 찾기란 매우 어렵다. 종교의 본질이 상대적으로 안정적인 것이라면, 주관적이고 임의성이 강한 개인적 체험은 그 본질이 될 수 없다. 또한 종교는 종교적 마인드와 조직 및 도구를 하나로 뭉치는 방대한 체계이니만큼 종교적 정감을 일방적으로 강조하고 기타 종교적 요소들을 소홀히 취급하는 것은 편협한 시각이다.

셋째는 종교의 사회적 편제와 기능을 중심으로 내린 '기능성 정의'라 불리는 정의다. 기능성 정의는 일부 종교사회학자들의 견해인데, 종교의 본질은 주로 종교의 사회적 지위와 기능에 의해 결정된다고 한다. 대표적인 인물로는 뒤르켐Emile Durkheim과 버거Peter L. Burger 등이 있다. 버거는 "종교란 인류의 질서를 존재의 전체에 투입했다는 것을 뜻하며 신성한 방식으로 질서화 하는 인류의 활동"[4]이라고 주장했다. 버거가 주장하는 종교의 근본 기능은 신성한 질서를 구축하는 것이며 종교의 본질은 그러한 사회적 기능에 있다는 것이다.

이러한 정의는 종교를 사회적 발전의 산물로 본 것인데, 종교가 사회라는 거대한 체계의 하위 체계라는 것이다. 이런 하위 체계는 반대로

---

4 피터 버거, 『신성한 장막神聖的帷幕』, 가오스닝高師寧 뒤침, 상하이인민출판사, 1991, 33-36쪽.

사회라는 거대한 체계, 예컨대 경제와 정치에 크게 영향을 미칠 수 있으므로, 사회적 기능의 관점에서는 종교의 일부 특징과 그 속성을 명확히 밝혀낼 수 있다. 하지만 사회적 기능으로 종교의 본질을 파악하고 종교에 대한 정의를 내린다면, 극도의 편협성 때문에 종교적 행위를 실천하는 데 어려움이 있다. 멜포드 스피로Melford E. Spiro가 따끔하게 지적한 것처럼, 이러한 정의는 "사실상 종교는 그 어떤 실질적인 한계도 규정할 수 없기에 종교를 다른 사회적 문화 현상과 구별할 수 없다."[5] 오히려 종교의 사회적 기능을 극도로 과장하거나 일반화할 경우, 종교의 사회적 기능과 유사한 구실을 하는 모든 사회적 이데올로기와 문화까지도 일반 종교나 유사 종교로 파악할 우려가 있다. 이를테면 일부 학자들이 공산주의나 민족주의까지 유사 종교 또는 세속적인 종교로 간주하는 태도가 그것이다. 그들이 보기에 이러한 유형의 사회적 의식과 문화는 모두 종교와 비슷한 구실을 하는데, 곧 질서 유지와 사회의 윤리적 가치를 선도하는 기능을 지니며, 숭배·집착·자아 희생 등의 종교적 정감과 비슷한 심리적 특징을 지닌다는 것이다.

넷째는 존재와 의식의 관계에서 내린 종교의 정의다. 이런 정의는 프리드리히 엥겔스Friedrich Engels가 『반뒤링론』의 '사회주의' 항목에 서술한 종교 본질에 대한 개괄에 그 근거를 두고 있다. 그는 다음과 같이 말했다.

> 모든 종교는 사람들의 머릿속에서 일상생활을 지배하는 외부 역량의 환상적 반영에 불과하다. 이러한 반영에서 인간의 역량은 초인간적인 역량

5 M. E. 스피로, 『문화와 인성』, 쉬쥔徐俊 외 뒤침, 중국사회과학출판사, 1991, 201쪽.

의 형식을 택했다.[6]

이 말은 과거 중국 학계에서 보편적으로 인정했던 종교 본질의 정의이기도 하다. 그러나 좀 더 깊게 생각하면, 엥겔스는 종교적 신앙 대상의 본질을 서술하는 데 관심을 보였고, 철학적 세계관과 방법론의 시각에서 종교적 의식이 형성되는 인식의 근원을 분석하는 데 그 의도가 있었다는 사실을 알 수 있다. 종교 자체에 대한 비판이 아닌 것이다. 종교적 의식은 종교의 중요한 구성 요소이긴 하지만 유일한 요소는 아니다. 종교에는 종교적 실천과 조직 등의 구성 요소도 포함되기 때문이다.

다섯째는, 이상의 몇 가지 관점을 종합하여 내린 정의다. 중국의 종교학자 대캉성戴康生은 "종교는 초자연계와 초인간의 힘이나 신령에 대한 신앙과 숭배를 중심으로 하는 사회적 마인드로서, 특정한 조직과 제도 및 행위와 활동을 통해 이러한 의식을 구현하는 사회적 체계다"[7]라고 주장했다. 이는 앞서 말한 첫 번째와 세 번째 정의를 종합해서 도출한 결론이다. 또 다른 종교학자 쑨상양孫尙揚은 『종교사회학』에서 다음과 같은 정의를 내렸다.

> 종교는 초자연계의 힘이나 신령에 대한 신앙, 또는 초경험적인 인생의 경지에 대한 추구를 기초로 하는 인류의 제도로서, 인류가 여러 가지 궁극적인 문제에 직면했을 때 신성한 질서와 유의미한 체제를 구축하는 조직과 행위의 체계다.[8]

---

6 『마르크스 엥겔스 선집』 제3권, 중국인민출판사, 1995, 666-667쪽.

7 대캉성, 『종교사회학宗教社會學』, 중국사회과학문헌출판사, 2000, 45쪽.

8 쑨상양, 『종교사회학宗教社會學』, 베이징대학출판사, 2001, 35-36쪽.

쑨상양은 버거를 비롯한 여러 학자의 관점을 수용했을 뿐만 아니라, 앞서 첫 번째와 세 번째의 정의, 곧 실질적 정의와 기능성 정의를 종합하여 종교적 신앙과 종교의 사회적 기능을 두드러지게 했다. "유교도 종교이다"라는 관점을 포괄하기 위해, 그는 "초경험적인 인생의 경지에 대한 추구"를 종교의 정의 속에 포함해서 "이런 정의가 유교에도 적용될 것이다"라고 했다. 이에 뤼다지呂大吉는 『종교학통론신편宗教學通論新編』에서 종교의 정의를 다음과 같이 수정한 바가 있다.

> 종교는 초인간, 초자연적 힘에 관한 사회적 의식과 그 힘을 신앙하고 숭배하는 행위, 그리고 이러한 의식과 행위를 종합하여 그를 규범화, 체계화하는 사회와 문화의 체계다.[9]

이러한 뤼다지의 개괄은 종교적 요소의 구조를 분석해서 도출한 것인데, 주로 앞서 언급한 첫 번째와 네 번째의 정의를 종합한 것이다.

이상으로 중국 국내의 학자 세 명이 내린 종교의 정의를 소개했다. 이 밖에 많은 학자가 종교 본질에 대해 새로운 설명을 시도한 바가 있다. 그들은 더 전반적이면서도 보편적으로 적용할 수 있는 종교적 정의를 모색하고자 했다. 그런데도 종교의 정의에 대해 아직도 이설이 분분하고 일치하는 의견을 찾지 못한 것을 보면 종교에 대한 정의가 매우 어렵다는 사실을 알 수 있다. 막스 뮐러가 백 년 전에 『종교의 기원과 발전宗教的起源和發展』에서 이에 대해 다음과 같은 견해를 밝힌 바가 있다.

9 뤼다지, 『종교학통론신편』, 중국사회과학출판사, 1998, 79쪽.

> 종교에 대한 하나의 정의가 나타나기만 하면 반드시 그를 단연코 부정하는 또 다른 정의가 뒤이어 등장한다. 세상에 종교가 있다고 하면, 서로 다른 종교의 정의를 고수하는 사람들 간의 적의는 다른 종교를 신앙하는 사람들 간의 적의에 못지않다.[10]

종교에 대해 정의를 내리기가 왜 그렇게도 어려운가? 그 원인은 다름 아닌 다음의 두 가지에 있다. 하나는 종교 자체의 다양성과 복잡성이다. 세상에는 많은 종교가 있고 같은 종교라도 서로 다른 유파가 있다. 관점도 다를 뿐만 아니라 그 차이도 매우 커서 때에 따라 내면적 내용과 외면적 형식도 일치하지 않는다. 이런 것들이 종교에 대한 정의를 어렵게 만드는 주된 요인이다. 종교 현상은 단순히 종교 자체만의 현상이 아니고 항상 기타 사회적 문화, 또는 정치나 경제와 밀접하게 연관된다. 이러한 종교의 복잡성 때문에 학자들이 빈틈없이 그 내용을 요약하는 것은 어렵다. 다른 하나는 학자들이 종교에 대한 정의를 내릴 때, 흔히 특정한 학문 분야의 시각에서 다루기 때문에 한쪽으로 치우치기 마련이다. 바로 이러한 요인들이 정의를 모호하게 만든다. 그리고 모호한 정의 때문에 실제에서 각종 종교의 경계선이 불분명해지고, 종교와 비종교가 뒤섞여 분간할 수 없게 된다. 앞서 거론한 첫 번째와 세 번째의 모호하고 일반화된 정의는 비종교적 현상들을 종교 현상으로 인식하게끔 한다.

그렇다면 하나의 거멀못을 찾아내어 전반에 걸친 종교적 특징을 요약하고 종교의 본질을 밝힘으로써 종교와 비종교를 명확하게 구분할 수 없을까? 종교를 온전하게 정의하는 것은 사실상 어렵지만, 종교와 비종

10 막스 뮐러, 『종교의 기원과 발전』, 진쩌金澤 역, 상하이인민출판사, 1989, 13쪽.

교의 구분을 명확히 하는 데 노력할 필요는 있다. 이를 위해 먼저 구조적 측면에 주목해서 종교적 내용을 결합하고 이에 대한 정의를 내려야 한다. 즉 종교적 요소에 대한 구조적 분석이 이루어져야 한다.

2 종교적 요소에 대한 분석

종교적 요소를 구분하는 방안은 많지만 아직도 정설은 없다. 대표적인 주장으로 다음의 몇 가지가 있다. 하나는 3요소인데 심리 상태, 행위, 사회 조직이다. 다른 하나는 4요소인데 종교적 신앙, 종교적 마인드, 종교 제도, 종교적 행위다. 그 다음은 5요소인데 교회, 의식儀式, 신앙과 관념, 종교적 정감, 도덕규범이다. 마지막은 6요소인데, 5요소에 사찰과 교회 같은 종교적 활동 장소를 추가한 것이다.

종교적 현상은 끊임없이 새로운 방법으로 분석되기 때문에 서로 다른 학자들이 종교적 요소에 대해 저마다 다른 견해를 가지고 있다는 사실은 이해할만하다. 제시된 요소들은 대체로 일치하지만 분류 기준이 상이할 따름이다. 종교적 의식을 예로 들면, 이를 종교적 마인드에 귀속시키는 학자가 있는가 하면, 종교적 행위나 활동에 귀속시키는 학자도 있다. 현재 중국에서 공인된 통설은 뤼다지가 『종교학통론신편』에서 주장한 준거다. 이 책은 종교적 요소의 구성을 분석하면서 종교 요소를 크게 네 가지로 분류했다. 첫째는 종교적 관념인데 영혼 관념 · 신령 관념 · 신성 관념(천명 관념, 기적 관념) 등을 포괄한다. 둘째는 종교적 체험이다. 신성물에 의지하는 마음, 신성물을 대하는 경외심, 신성한 힘에 대한 신기함과 경이로움, 신의 뜻을 거역해서 생긴 죄악감과 수치심, 신의 인자함과 관용에 관한 상념을 통해 느끼는 안도감, 신과의 만남을 자각하거나 합일할 때 느끼는 신비감 등을 포함한다. 셋째는 종교적 행위로서 무술巫術 · 금기

·제사·기도 등을 포함한다. 넷째는 종교적 체제다. 신도들의 조직으로 말미암은 종교 조직과 교단의 계급 체제, 종교적 관념의 신조에서 형성된 교의教義 계통과 신앙 체제, 종교적 체험의 목적을 도모하면서 형성된 수행 체제, 종교적 행위의 규범화로 형성된 종교 의례를 포함한다.[11] 뤼다지는 이러한 네 가지 요소를 근거로 종교에 관한 그의 정의를 마련했다. 네 가지 요소들 사이에는 논리적 관계가 존재하는데, 종교적 관념이 기초적 또는 핵심적 층위에 위치하여 먼저 종교적 관념이 있어야 종교적 체험이 비로소 가능하고, 이어서 종교적 행위, 마지막에 종교적 조직과 실천이 있을 수 있다고 했다.

종교적 요소 및 그 상호 관계에 대한 뤼다지의 견해는 하나의 체제를 구성하고, 이론적으로도 비교적 치밀해서 많은 학자에게 채택되었다. 하지만 논리적인 측면에서 좀 더 깊게 헤아려 볼 대목이 있다. 그의 주장에 따르면 종교적 체험은 신성한 사물에 의지하는 마음이라 한다. 그렇다면, 종교적 체험은 신성한 사물로 대표되는 신앙적 대상의 존재를 전제로 한다. 종교적 관념을 전제로 하는 것이 아니다. 비록 대다수 종교의 신앙 대상이 관념적 존재라 하더라도, 비관념을 신앙의 대상으로 삼는 종교도 있기 마련이다. 예컨대 원시 종교 속의 사물 숭배가 바로 그것이다. 여기서 종교적 신앙 대상의 존재와 종교적 관념이 동일한 것이 아님을 알 수 있다. 또한 종교적 요소의 분류에서 뤼다지는 종교적 금기를 종교 행위에 귀속시킨 것은 실천적 측면을 고려한 이해에 불과하다. 종교적 금기 자체의 내용을 놓고 말하면 그것은 물화物化된 종교적 마인드이므로 종교 의식에 귀속시켜도 무방할 것이다.

11 뤼다지, 『종교학통론신편』, 중국사회과학출판사, 1998, 100-103쪽.

도대체 종교적 요소를 어떻게 구분해야 더 명확하고 뚜렷할까? 보편타당한 분류 기준을 모색하기 위해 다음 몇 가지 원칙을 파악할 필요가 있다. 첫째, 각 요소는 종교에서 모두 필요한 것들이다. 둘째, 요소마다 자체의 특수한 내용과 형식을 지니고 있으므로 각 요소 사이에 명확한 구분이 있어야 한다. 예컨대 종교적 마인드와 종교 조직 및 기물은 서로 다르다. 셋째, 서로 다른 요소들이 수평적 또는 수직적으로 분명한 구성 관계를 유지한다. 종교적 요소는 외연의 크기에 따라 1급 요소와 그 하위의 2급 요소로 안배할 수 있다.

이에 따라 종교적 요소를 새롭게 분류해볼 수 있다. 여기서 제시한 여섯 가지 요소는 곧 종교 신성 · 종교 신도 · 종교 의식 · 종교 실천 · 종교 조직 · 종교 기물이다. 그중에 종교 신성, 곧 종교적 신앙 대상은 신령이나 신성한 사물 및 인물까지 포함한다. 종교 신도는 종교에서 가장 역동적인 요소인데 종교의 모든 관계가 최종적으로 종교 신도에 의해 이루어지기 때문이다. 종교 의식은 1급 요소로서 두 개의 하위 요소를 포함한다. 하나는 종교적 관념이나 종교적 정감이다. 종교적 관념은 종교적 신앙 대상에서 발생한 결과인데 종교가 성립되는 핵심 토대이자 종교와 비종교를 판별하는 준거가 된다. 종교적 관념과 종교적 정감에 기인한 각종 교의 · 예의 · 경전 · 금기 및 기타 종교적 정감의 수요로 말미암아 생겨난 일련의 체제와 제도들은 종교 의식이 물화物化된 관념적 부분, 곧 두 번째 하위 요소가 된다. 종교 조직도 종교의 한 요소가 되는데, 신앙이 같은 신도들이 공유하는 목적을 성취하기 위해 연합하여 만든 사회 단체다. 다시 말해 종교 조직은 종교 집단으로서 종교성이란 특성과 함께 일종의 사회 조직으로서 기타 사회 조직들과 밀접한 관계를 맺는다. 종교 조직의 건립은 또한 종교 조직의 제도와 긴밀하게 연계되는데, 조직의 형식적 안정과 정상적 운영을 꾀하기 위해 종교 조직이란 제도가 마련된 것이다. 서양 기독교 교회의 제도가 바로 그러한 사례다. 이러한 조직의 제도는 앞서 언급한 물화된 관념적 제도와 구별된다. 전자는 조직의 정상적인 운영을 충족시키기 위해 반드시 이행해야 할 규범이지만, 후자는 종교적 관념이나 정감에 기인한 물화된 의식이다. 따라서 종교 조직 및 제도를 하나의 독립적 요소로 보는 것이 타당하다. 종교 기물은 종교, 특히 현대 종교에 있어서 필수적인 요소다. 다른 요소와 견주어 볼 때 종교의 하드웨어에 해당한다. 종교적 실체를 운영하기 위해 이러한 종교 기물은 필수적인데 집회의 장소와 기회, 수단을 제공한다. 천린수陳麟書는 『종교학 원리』에서 종교 기물을 두 가지로 구분했다. 하나는 종교 기물의 공간성인데 종교 활동을 수용할 수 있는 사찰·교회·신학교·성지를 포괄한다. 다른 하나는 종교 신성의 상징물로서 신상·성물·법기 같은 것이다.[12] 종교 실천은 종교 행위와 종교 활동을 가리키는 것으로 무술巫術 활동, 종교 기도, 종교 수행, 종교 축제 행사 등을 포괄한다.

완전한 종교라면 여섯 가지 요소 중 어느 하나도 빠뜨릴 수 없다. 하나라도 빠졌다면 그것은 종교라 일컬을 수 없다. 여섯 가지 요소는 다시 세 차원으로 분류된다. 첫째는 종교적 행위의 전제가 되는 종교 신성, 종교 신도, 종교 조직, 종교 기물을 이른다. 둘째는 종교적 행위로서 종교 의식의 활동과 종교의 실천적 활동이다. 셋째는 종교적 행위의 결과인데 종교적으로 사물화된 의식과 종교적 실천의 결과를 포괄한다.

---

12 천린수·천샤陳霞, 『종교학 원리』, 종교문화출판사, 2003, 101쪽 참조.

2 —— 중국종교의 정의와 중국종교사상의 범위

이상에서 종교의 일반적인 정의와 요소를 소개했는데 이제는 중국종교로 눈을 돌릴 차례다. 이 책에서 다루는 '중국종교'란 중국 본토에서 형성되어 중국 본토의 문화적 색채를 띠고 있거나, 외국에서 전해졌지만 이미 중국화된 종교 단체나 종교적 유파를 가리킨다. 여기에 중국의 원시 종교, 도교, 중국 민간종교 및 중국에서 토착화된 불교, 그리고 '유교'가 포함된다. 아울러 '중국종교사상'도 주로 이러한 종교가 지닌 사상을 가리킨다.

지리적인 측면에서 중국종교는 세계 종교의 한 형태다. 서양 종교와 마찬가지로 일반 종교의 여섯 가지 요소들을 갖추고 종교적 본질을 구현한다. 하지만 중국종교는 중국의 사회적 역사와 문화적 환경 속에서 형성되고 발전해왔기 때문에 필연적으로 중국 지역과 인문 환경 등 여러 요소의 영향을 받게 된다. 서양 종교와 비교하면 중국종교는 나름의 특징과 전통이 있다.

그 첫째는 다원화와 포용성이다. 중국은 여러 민족이 서로 융합하여 공존하는 공동체다. 중국의 전통문화는 여러 문화가 끊임없이 충돌하고 융합하는 과정에서 발전해온 것이라 해도 지나치지 않다. 이러한 중국 문화의 다원화와 포용성은 중국종교의 특징을 드러내는 데 지대한 영향을 미쳤다. 먼저 중국종교의 다원화와 포용성은 중국종교의 종류와 상호 관계에서 구현된다. 중국은 다종교 국가로서 고유의 종교인 유교와 도교가 있는가 하면 해외에서 전해졌지만 이미 중국화된 불교도 있다. 기독교와 이슬람교는 아직 토착화되지 못했지만, 중국 내에서 전파된 역사는 꽤 오래되었다. 오랜 역사 발전의 과정에서 각 종교 간에 투쟁도 있었지만, 일정한 환경에 처하여 점차 조화를 이루면서 각각 생존에 필요한 사회 문화적 공간을 확보했다. 중국에서는 일찍이 각 종교 간의 대규모 무력 충돌이 발생한 적이 없다. 서양 종교사에 등장하는 무력적 탄압이나 이교도異敎徒를 불태우는 잔혹한 종교 전쟁도 발생하지 않았다. 전형적인 사례가 바로 유·불·도 '삼교합일三敎合一'의 태도다. 중국은 불교의 전래를 막지 않았을 뿐만 아니라 적극적으로 불교를 껴안고 개조해서 중국적 특색을 띠게 했다. 비록 여러 차례 불교를 탄압하는 사태가 있었지만, 그 원인을 따져보면 종교 간의 충돌에서 비롯된 것이 아니라 불교의 세력이 지나치게 확대되어 통치권자의 권위를 위협한 데 있었다. 또한, 신앙적 대상의 측면에서 살펴보면, 중국에서 유행되는 종교들은 모두 나름의 신앙이 있다. 상고 시대 중국에는 하느님과 조상신을 숭배하는 원시 종교가 있는데, 원시 종교의 가장 큰 특징은 숭배 대상의 다원성과 복잡성이다. 이러한 특징은 후대의 제도권 종교에 영향을 끼쳤을 뿐만 아니라 민중의 숭배 심리에도 지대한 영향을 미쳤다. 대다수 민중은 종교의 경계선을 엄격하게 구별하지 않고 다른 종교도 배척하지 않았다. 절에 가면 부처에게 예배하고 도교 사원에서는 신선에게 기도하며, 성황당에서는 민간 속신에게 빌기도 하고 집에서는 자기 조상에게 절을 올린다.

둘째는 세속화와 실리성이다. 세계 여러 지역의 종교들은 흔히 세속적 정치 세력과 대립각을 세워서 현세를 부정하고 내세를 주장한다. 그런데 중국의 종교들은 다른 점이 있다. 중국의 종교는 출세를 도모하지만, 세속을 떠나는 것과 아울러 세상에 나오는 것도 중시한다. 일반 신도들이 어떤 종교를 깊게 믿는 것은 내세의 기반을 다지는 데 있지 않고, 신앙의 힘으로 현세의 질곡에서 벗어나기 위해 적극적인 입세入世 태도를 보인다.

입세적 성격이 가장 강한 유교는 제가·치국·평천하를 실현하기 위해 개인이 몸을 닦는 성정性情 수양을 강조한다. 내성외왕內聖外王이라는 이상적인 인격을 추구하기 때문에 유교의 출발점과 귀착점이 모두 치세에 있다. 장생구시長生久視를 추구하는 도교도 마찬가지다. 도교의 교리는 출세에 국한되지 않는다. 출세하되 세상에 관심을 가질 것을 강조하는 이타구세利他救世와 사회 봉사의 전통이 있어서 개인적 양생養生의 입세적 특징을 보인다. 불교는 비록 외래 종교지만, 중국의 거대한 인문주의 정신의 영향을 받아 중국의 윤리사상을 끊임없이 흡수했을 뿐만 아니라 군왕에게 충성하는 세속적 정치 도덕을 수용했기 때문에 인심을 교화하는 데 기여했다. 예컨대, 선종禪宗은 만물에 불성佛性이 있어 수행을 하고자 한다면 세속에서 진리를 증험해야 한다고 한다. 일상적 인륜을 떠나지 않고 수행해야 하고 현실 생활에서 해탈을 구해야 한다고 주장함으로써 인간불교人間佛敎의 전통을 이루었다. 근대 이후로 중국 불교계에서는 '인간불교'의 깃발을 들고 불법佛法으로 인심을 정화하고 지혜를 깨우치며 사회적 삶에 봉사해야 한다고 강조한다.

또한, 중국종교의 세속성은 실리성과 연결된다. 종교에 대한 중국인의 태도는 실리적이고 실용적이다. 이 점은 고대 중국사회에 더욱 뚜렷이 나타난다. 예컨대 고대 봉건 사회 통치자들이 보이는 특정 종교에 대한 추앙심은 왕왕 정치적 이익 관계에서 비롯되었다. 당나라 건국 초기에 황실의 지위를 높이기 위해 이씨李氏 성을 가진 노자의 도교를 선양하여 삼교의 첫째로 내세웠다. 측천무후는 찬탈의 합법성을 마련하기 위해 "불교가 혁명의 길을 터 주었으니 도교보다 위에 둔다"라고 공공연히 밝히기도 했다. 중국 본토의 일반 신도를 놓고 볼 때, 중국의 신도들은 서양의 신도들처럼 자주 교회에 가서 예배하거나 신 앞에서 참회하지 않는다. 신을 믿는 시간성과 목적성을 중시하여 필요할 때만 신을 알현하는, 이른바 "평시에는 분향하지 않고 필요할 때마다 부처님을 뵙는다"라고 하거나 "필요할 때는 보살을 모시고 필요 없을 때는 보살이라 하더라도 걷어낸다"라는 실용적 신앙심을 드러낸다.

셋째, 종교 권력은 군주의 권력에 복종한다. 중국 역사에서 군주의 전제專制 제도가 장기적으로 시행되었던 탓에 황제는 무한한 권력을 쥐고 있었다. 모든 종교 조직은 반드시 황제의 권력에 빌붙어야 했고, 황제의 권력을 능가하는 종교 권력은 용납되지 않았다. 이른바 왕도王道는 지존至尊이고 황권皇權은 지상至上이며, 하늘에 두 개의 태양이 없고 국가에 두 명의 군주가 없다는 말이 바로 그것이다. 따라서 통치자에게 어떤 종교가 필요하면 해당 종교는 급속히 발전할 수 있었다. 당나라의 경우로 예를 들면, 조정에서 도교를 추앙한 탓에 도교가 일시적으로 대성황을 이루어 저명한 도사가 대거 등장했다. 도교의 위상이 높아짐에 따라 도교 지도자들은 관직과 작위를 받기도 했다. 그런데도 정치적 의사 결정권은 여전히 종교 지도자의 손으로 넘어가지 않았다. 왕권과 종교 권력 사이에 충돌이 발생할 때도 문제 해결의 주된 권력은 언제나 조정에서 장악하고 있었다. 이 점은 종교 권력이 우세한 서양의 경우와 대조된다. 중국 역사상 '삼무일종三武一宗'의 법난은 모두 통치자에 의해 일어났고 통치자의 승리로 끝났다는 것이 좋은 예증이다. 이것은 "군주의 뜻을 따르지 않으면 법사法事가 존립하기 어렵다"라는 것이다.

중국 본토의 종교는 세계의 기타 종교와 공통된 특성을 보이는데, 모두 종교라는 사실이다. 모두가 종교인 이상, 필연적으로 비종교와 근본적인 차이가 있다. 하지만 중국 본토의 종교는 그 나름의 고유한 형식과 내용이 있으므로 서양 종교의 패러다임과 그 이론을 그대로 적용하여 중국 본토의 종교를 이해하는 것은 사실과 부합되지 않는다. 중국의 특정한 사회적·문화적 배경부터 깊게 이해할 때 비로소 중국 본토의 종교가 지닌 사상적 함의와 특성 및 역사적 발전의 과정이 파악된다.

중국종교의 범위를 살펴보면, 중국의 원시 종교, 도교, 민간종교, 그리고 중국에서 토착화된 불교까지 '중국종교'에 포함시킨 것은 널리 인정된 사실이다. 그러나 '유교'를 중국종교의 양식으로 볼 수 있는가 하는 문제는 아직도 의견의 일치를 보지 못했다. 따라서 유교 문제를 중점적으로 거론하고자 한다.

유교는 종교인가 아닌가? 앞서 언급한 종교의 여섯 가지 요소를 갖춘다면 종교라 지칭할 수 있을 것이다.

먼저 유학과 유생, 그리고 유교의 관계를 보기로 한다. 이 세 가지는 사실상 서로 모순되지 않는다. 유학은 학술적 견지에서 제기된 것으로 주로 유가의 사상과 학술을 말한다. 학술적 유파로서 유학은 선진先秦 시대 공자와 맹자의 학문을 핵심으로 삼는 유가의 문화다. 이 무렵의 유학은 비록 종교는 아니었지만, 종교성은 띠고 있었다. 『시詩』·『서書』·『예禮』·『역易』·『춘추春秋』 등의 유가 경전이든지 공자와 맹자의 말씀이든지 모두 종교적 신앙과 의례 절차 등의 문제를 언급하고 있었다. 특히 『주례』와 『역경』은 종교적 색채가 매우 짙다. 이런 견지에서 볼 때, 선진 시대의 유학은 상고의 종교적 전통을 답습하는 방식으로 유가의 사상적 기초를 다졌다고 말할 수 있다. 진한秦漢 교체기에 접어들어 사회의 수요로 인해 국가의 정치 문제와 점차 결부되기 시작한 유학은 국가 통치에 필요한 정치 제도의 이론적 근간이 되었다. 동중서董仲舒는 유학의 일부 내용을 정치 신학과 결합해서 군권신수君權神授와 천인감응天人感應을 선양하고, "백가百家를 배척하고 오로지 유술儒術만을 중시하는" 방침을 시행했다. 이에 힘입어 유가의 경학은 신성한 지위를 확보하게 되어 유교가 성립되었다.

송나라 때에 이르러 이학理學이 확립함으로써 유교는 비교적 완전한 형태를 갖추게 된다.

그렇다면 유교의 종교적 특징은 어디서 찾을 수 있을까? 여섯 가지 측면에서 이를 분석해 보기로 한다. 첫째, 유가에서는 종교적 신격神格이 존재한다는 것이다. 리선李申은 「유교 · 유학과 유학자儒教 · 儒學和儒者」에서 유가의 신격을 세 종류로 분류했다. 그것이 "호천상제昊天上帝를 위시한 신격 계열과 조상신 계열 및 공자를 비롯한 신격 계열이다."[13] 유교를 비종교라고 주장하는 학자들은 이러한 신격 계보의 진실성에 대해 의문을 제기하고, 공자 스스로 신이라고 말한 적이 없다고 말한다. 그러나 사실상 공자 본인은 '제사祭祀'를 여러 차례 언급했는데 이는 공자가 귀신의 존재를 인정했다는 사실을 의미한다. 이러한 공자의 의식은 후대의 유학자들에게 깊은 영향을 미쳤다. 둘째, 유가의 신격을 숭배하는 신도들이 있다는 사실이다. 신앙의 측면에서 보면, 유생은 당연히 유교의 독실한 신자다. 그런데 유교를 비종교로 보는 학자들은 마찬가지로 신자로서 유생의 신분에 대해 의문을 표한다. 이러한 의문은 유생의 신분을 영구불변한 것으로 보고 구체적으로 분석하지 않은 데 기인한다. 유생 가운데 종교 신자가 존재한다는 필자의 주장은 모든 유생이 죄다 종교신자라는 말이 아니다. 유생은 다양한 신분을 지닌다. 학자일 수도 있고 유교 신도일 수도 있다. 유교 신앙을 깊게 믿고 유교의 신앙 대상을 경모하고 숭배하는 종교 의식을 가진 자만이 유교 신도다. 모든 유생, 심지어 전체 국민을 모두 유교 신도로 보는 태도는 실상과 어긋난다. 실제로 적지 않은 유생

---

13 리선, 「유교 · 유학과 유학자」, 런지위任繼愈 주편, 『유교 문제 쟁론집儒教問題爭論集』, 종교문화출판사, 2000, 386-387쪽.

들은 신앙심을 가지고 있으며, 공자를 신성화할 뿐만 아니라 유가에서 승인한 천신이나 지신에게 제사를 올린다. 이런 시각에서 살피면 유교 신도는 확실히 존재한다. 셋째, 독특한 종교적 교리를 갖추고 있다. 『시』·『서』·『예』·『역』·『춘추』 등의 '오경五經'은 어느 정도 유교 교리의 일정한 기능을 맡고 있어 교리 전파에 거대한 역량을 발휘했다. 송나라 때에 이르러 '이학'을 근간으로 시행하는 교육은 많은 유생을 배출했다. 심지어 "글을 모르는 어부, 나무꾼, 농민조차 유교 신봉자가 되었고 공자는 반인반신半人半神의 지위를 얻었다."[14] 이런 것들이 유교를 지탱하는 데 큰 힘이 되었다. 넷째, 유가 특유의 종교적 실천 행위를 갖추었다는 사실이다. 유교에서 중시하는 예禮는 종교적 의례의 일반적 특징을 지니고 있을 뿐만 아니라 중국의 전통적 신성 숭배의 내용이 있다. 유교적 예의禮義를 갖추어 신명에게 제사를 지낼 때 그것은 바로 종교적 실천이 된다. 다섯째, 유가 특유의 조직적 특징을 갖췄다는 점이다. 유교는 서양 종교와 같은 조직적 기구를 갖지 않았지만, 국가적 정치 권력과 긴밀하게 연계되어 있다. "정권 조직은 동시에 유교의 종교 조직이고, 이러한 조직에서 관리가 맡은 직무는 일종의 교단 직무로서 종교적 직능을 수행한다."[15] 성리학의 가르침 아래, 유교를 신봉하는 가정은 유교의 기층적 단위를 구성하고 종법宗法의 등급 제도는 곧 유교의 종교적 조직과 제도가 된다. 여섯째, 특정한 종교적 활동 장소와 포교의 공간을 갖춘 점이다. 유교를 신봉하는 가정은 사실상 유교 '사원'의 역할을 담당한다. 왜냐하면, 가문에 있는 종묘는 그들의 신성한 종교적 장소이기 때문이다. 또한, 가정에서나 종묘에서

14 런지위 주편, 『유교 문제 쟁론집』, 30쪽.

15 리슨, 「여러 유교 문제들에 관해서關於儒教的幾個問題」, 런지위 주편, 『유교 문제 쟁론집』, 345쪽.

유교를 지키고 선양하는 성스러운 행위는 종교적 실천이란 의의가 있다. 이러한 종교적 실천이 비록 서양과 다르다 할지라도, 서양의 교회에서 보여주는 우뚝한 위상과 장엄한 기도와 같은 것들이 중국의 유교에서는 보편적 현상에 지나지 않는다.

이상의 사실로 미루어 '유교'는 중국 본토의 종교라 할 수 있다. 따라서 '중국종교'의 개념에는 뚜렷한 종교적 특징을 지닌 상고 시대의 원시종교, 도교, 민간종교 및 토착화 과정을 거친 불교를 포함하여, 인문적 교화로 널리 알려진 유교까지 배제하지 못한다. 역사상 유교는 도교, 불교, 민간종교와 함께 중국인의 정신적 고향이었다. 이처럼 서로 다른 종교 형태 덕분에 중국의 종교사상은 더욱 풍부하고 다채로워졌다.

여기서 "풍부하고 다채롭다"라고 중국 본토의 종교사상을 표현한 까닭은 당연히 그 내용이 풍부하고 다양함을 의미한다. 따라서 몇 마디의 말로써 중국종교사상의 연구 범위를 규정하기는 상당히 어려운 일이며 많은 부분을 누락할 우려도 있다. 하지만 주제를 제대로 파악하려면, 중국 본토의 종교사상을 크게 우주와 생태, 인생과 윤리, 심성과 공부, 정감과 체험, 계통과 사유, 범주와 규율, 연대와 교섭, 언어와 부호 등 여섯 가지 방면으로 접근할 필요가 있다. 이러한 여섯 가지 방면에서 추적하고 정리해 봄으로써 중국 본토의 종교에 내포된 철학과 신학 사상, 의식儀式 사상, 윤리 및 양생 사상 등을 개괄할 수 있을 것이다. 그뿐만 아니라 오랜 역사의 흐름 속에서 배태한 중국 본토의 종교에서 우주 생명에 대한 인식, 인간과 자연의 관계에 대한 인식, 그리고 그 사회적·정치적 견해 및 인생관 등등을 발견할 수도 있을 것이다.

제2절

중국종교 및 종교사상 연구에 대한 역사적 회고

중국종교사상은 중국종교의 존재를 전제로 한다. 하지만 중국 학계에서 '중국종교사상 연구'와 '중국종교 연구'는 서로 구별하기 어려운 모호한 개념으로 인식하기 때문에 중국종교사상 연구에 대한 역사적 회고는 불가피하게 중국종교 연구의 현황까지 언급되어야 한다.

현대적 의미에서의 중국종교사상 연구는 대체로 20세기 초부터 시작됐다. 이 시기의 중국종교사상에 관한 연구는 독일과 프랑스 등의 서양 및 동양의 일본 역사학 이론과 종교학 연구 방법을 모델로 삼았다. 전통적인 문헌 고증과 연결하여 점차 신앙 중심주의의 궤도를 벗어나 학문 연구의 길로 나아가면서 냉철하고 객관적인 시각에서 중국종교사상을 다루어 자세히 살피고 평가하게 되었다.

초기의 종교사상 연구자들은 각자의 연구 영역에서 주목할만한 성과를 얻었으며, 후학들에게 연구의 방향과 틀을 제공했다. 예를 들면, 도교 연구에서 쉬디산許地山, 푸친자傅勤家, 천위안陳垣, 천궈푸陳國符, 왕밍王明 등이 있고, 불교 연구에서 량치차오梁啟超, 후스胡適, 천인커陳寅恪, 탕융퉁湯用彤 등이 있으며, 유교 연구에서 궈모뤄郭沫若, 펑유란馮友蘭, 후와이루侯外廬, 자오지빈趙紀彬 등이 있었다. 그러나 이 시기의 연구는 초기 단계이기에 연구자 대부분이 자발적이었고 연구 영역이 분산되어 있었다. 게다가 상술한 학자들이 대부분 자신의 전공 밖에서 종교 연구를 했기 때문에, 그들의 연구 성과는 그리 크지 않았고 저술도 극히 드물었다.

1949년 이후, 중화인민공화국이 성립됨에 따라 중국은 정치적으로 큰 변화가 일어나 사상의 영역에서 마르크스주의가 절대적인 지위를 누렸다. 이와 같은 정치 사상 영역의 변혁은 중국 전체에 예측할 수 없는 영향을 초래했다. 학술 영역도 예외가 아니었다. 비록 20세기 1920년대와 1930년대부터 마르크스의 유물관으로 중국 철학사를 연구하는 학자가 나타났지만,[16] 그 당시 이러한 연구는 단지 학자 개인이 취하는 한 가지 연구 방법뿐이었다. 그러다가 1949년 이후에 상황이 크게 변했는데, 이런 연구 방법과 가치 판단은 연구의 주류로 부상하고, 심지어 유일하고 배타적인 방식으로 인정되었다. 종교사상 연구는 철학사의 큰 틀 안에서 수행되었으며, 종교의 사회적 역할이 계급 투쟁의 시각에서 서술됨에 따라 마르크스의 역사 유물주의가 유일한 평가 기준이 되었다. 이 시기의 종교사상 연구 저서에는 모두 정치적 낙인이 찍혔다.[17] '문화대혁명' 기간 동안 중국의 종교 연구는 거의 침체기에 접어들었다. 1970년대 말과 1980년대 초에 들어서 비로소 종교 연구가 점차 회복세를 타서 1920-30년대에 활기찬 학술 연구와 호응하게 되었다.

1978년 이후부터 먼저 많은 종교 연구 기관이 등장하기 시작했다. 1978년에 중국사회과학원의 세계종교연구소, 1979년에 신장新疆사회과학원의 종교 연구소, 1980년에 쓰촨四川대학의 종교 연구소 및 상하이上海사회과학원의 종교 연구소, 1981년에 중국사회과학원 대학원의 세계종교연구학과, 1987년에 창안長安불교연구센터 등이 설립되었다. 현재까지 전문적인 종교 연구 기관이 약 40-50개가 있으며, 연구 영역은 중국의 각 지역, 각 시대의 각종 종교를 거의 다 망라했다. 그다음, 종교 연구 프로젝

16 자오지빈의 『중국철학사강요中國哲學史綱要』는 1938년에 완성되어 『조기빈문집趙紀彬文集』에 수록되었는데, 최초로 마르크스주의 이론으로 유교를 분석하고 연구한 저술이다.

17 독자들이 같은 시기에 펑유란이 수정한 『중국철학사』와 그가 일찍이 펜실베니아 대학에서 강연했던 『중국철학간사中國哲學簡史』를 비교해 보면 이러한 정치적 낙인이 어떤 것인지 충분히 느낄 것이다.

트가 국가 기금의 지원을 받기 시작했다. '제6차 5개년계획' 기간 동안 국가사회과학기금의 지원을 받은 중점 종교 연구 과제로는 『중국불교사』, 『중국 신장 지역 이슬람교사』, 『중국 회족의 이슬람교 종교 제도 개론』, 『중국도교사』 등이 있었다. 그 후로 중국 정부에서 계속해서 지원함으로써 국가적 차원에서 종교 연구를 강력히 추진해왔다. 이 점은 1980년대부터 지금까지 나온 수많은 종교 연구를 통해 어느 정도 그 윤곽을 파악할 수 있다. 그 외에 각 지역 대학의 수많은 과학 연구 기관에서도 종교 연구에 잇달아 참여했고, 여러 대학에서 종교학 연구생 과정을 신설하여 종교 연구에 뜻을 두는 젊은 연구 인력을 많이 배출했다. 이들 젊은 연구자들은 종교학 연구의 새로운 활력소가 되었다. 그 외에 전국 각지에서 수많은 종교학 연구 학술지들이 연이어 창간되었다. 1979년에 『세계 종교 연구』, 1980년에 『세계 종교 문화』와 『중국천주교』, 1982년에 『종교학 연구』, 1989년에 『당대 종교 연구』, 1992년에 『불교 문화』 등이 창간되었다. 상술한 바에 따르면 중국의 종교 연구는 1979년 이후 연구 기관과 연구 인원, 그리고 연구 자금 등 여러 측면의 여건이 크게 개선되었다. 이런 노력은 중국종교사상에 관한 연구를 객관적으로 추진하는 것을 가능하게 했으며, 오늘날 중국종교사상 연구의 외적 여건을 마련해주었다.

유교를 종교 연구 영역에 귀속시킨 것은 1978년 이후의 일이다. 1978년 연말, 런지위가 남경에서 거행되는 중국 무신론 학회의 창립총회에서 "유교 종교설"[18]을 제기했다. 이는 신중국 성립 이후 중국 국내 학자

18 '유교 종교설'에 대한 논쟁은 새삼스러운 일이 아니었다. 일찍이 신해혁명 이후 학자들 사이에서 '유교 종교설' 논쟁이 한바탕 전개된 바가 있었다. 당시 봉건 군주 제도가 붕괴됨에 따라 유교는 정치적 토대를 잃어버려 그 자체 존립의 여부가 문제가 되었다. 이런 상황에서 캉유웨이康有爲가 앞장서서 유교의 개혁 문제를 제창하고 공교회孔敎會를 설립하고, 공자를 신앙의 대상으로 삼아 제사를 받게 함으로써 유교의 종교성에 대해 합리적인 근거를 부여하려고 시도

로서 최초로 공개적 석상에서 발언한 것이었다. 이로 인해 근대 이후 학계에서 유교의 속성에 대한 제2차 논쟁이 벌어졌다. 그로부터 지금까지 30여 년이 지났지만, 아직도 논쟁이 분분하다. 1980년대부터 지금까지 중국의 유교 연구는 줄곧 '유교 종교설'에 대한 찬반 논쟁을 중심으로 전개되었다. 이 논쟁을 둘러싸고 전개된 중국의 유교 연구는 다시 1980년대 말에서 1990년대 초를 경계로 두 단계로 나뉜다.[19]

앞 단계에 전개된 '유교 종교설'과 '유교 비종교설'에 대한 논쟁은 이 시기의 유일한 연구 주제가 되었다. 당시 학계에서 런지위를 제외하고 '유교 종교설'을 공개적으로 지지하는 사람이 단 한 명도 없었다. 거의 모든 학자가 각종 방식으로 반대 의사를 밝혔다. 이 시기의 관련 성과물도 서로 달랐다. 한쪽은 런지위가 1980년부터 '유교 종교설'을 논술한 일련의 논문들이었고,[20] 다른 한쪽은 반대자들이 이의를 제기하는 논문들이었다.[21]

했다. 그러나 공교회의 복벽復辟 운동에서 부조리한 문제점이 드러나 진보적 인사들이 반대하는 사태를 초래했다. 이에 앞서 1902년 량치차오가 「종교를 지키는 것은 공자를 받드는 데 있지 않다保教非所以尊孔論」에서 처음으로 '유교 비종교론'을 제기했다. 량치차오의 주장은 그의 스승 강유위로부터 비판을 받았지만 신문화운동자인 차이위안페이蔡元培와 천두슈陳獨秀의 지지를 얻어냈다. 그들은 강연하거나 혹은 『신청년新青年』에 글을 발표하여 유교 비종교설을 쟁점으로 부각시켰다. 당시 신파 인물들도 기본적으로 량치차오의 주장을 지지했다. 이후 5·4운동, 과학과 민주화 운동, 그리고 마르크스주의의 전파에 따라 '유교 비종교설'은 '유교 종교설'을 이겨내어 학계의 정설로 고착되었다. 공교회도 1937년에 이르러 간판을 내리고 공학회孔學會로 개칭되었다. 그 후 1978년까지 이에 대해 이의를 제시한 사람은 한 명도 없었다.

19 혹은 허광후何光滬가 「중국 역사상의 정교합일론」을 발표했던 1988년을 기점으로 삼기도 한다.

20 런지위, 「유교의 형성에 대하여論儒教的形成」, 『중국사회과학』, 1980, 제1기; 「유가와 유교」, 『중국철학』, 1980, 제3기; 「유교의 재평가」, 『사회과학전선』, 1982, 제2기; 「주희와 종교」, 『중국사회과학』, 1982년 제5기.

21 취다화崔大華, 「'유교'에 대한 고찰'儒教'辯」, 『철학 연구』, 1982, 제2기; 리진췐李錦全, 「종교철학의 수용인가 유학의 종교화인가」, 『중국사회 과학』, 1983, 제3기.

1988년에 허광후는 「중국 역사상의 정교합일론」[22]에서 유교 종교설을 논증하여 런지위가 제기한 '유교 종교설'의 첫번째 지지자가 되었다. 이때부터 유교 연구는 새로운 단계에 접어들었다. 유교 종교설은 현재 중국 유교사상 연구의 현주소를 말해준다. 비록 유교가 종교인가 아닌가는 여전히 학계의 이슈로 남아있지만, 그 이후 여러 새로운 관점들이 나왔고, 연구자들이 다루는 문제도 갈수록 광범위해지고 심각해졌다. 논쟁에 가담한 학자의 수와 발표된 논문이나 저서의 수량이 증가함에 따라 논쟁의 강도 또한 지난 세기말에는 절정에 이르렀다. 그리고 격렬한 논쟁을 통하여 지지자들이 증가함에 따라 현재 학계에서 '유교파'가 형성되었고, 2005년 6월 14일에 베이징에서 '중국사회과학원 세계종교연구소 유교연구센터'가 성황리에 창립되었다. 이 센터는 논쟁의 범위를 확대하고, 각종 자원을 통합하는 것을 소임으로 삼아 유교 연구를 심화하고 있다.

현재 중국의 유교 연구는 다음과 같이 주로 다음 세 방면에서 진행하고 있다. 첫째 방면은 '유교 종교설' 논쟁을 계속 전개하는 쪽이고, 둘째 방면은 '유교 종교설' 논쟁을 절충하는 쪽이며, 셋째 방면은 '유교 종교설' 논쟁과 별도로 '유교 자체가 종교'라는 것을 전제로 연구를 수행하는 쪽이다.

1 지속되는 '유교 종교설' 논쟁

현재 논쟁에 가담한 학자의 수와 출판된 논문이나 저서 수량의 증가 외에, 앞 단계와 뚜렷한 차이점은 유교 종교설을 지지하는 학자가 갈수록

22 '범애範艾'란 이름으로 발표, 『문화·중국과 세계』, 생활·독서·신지 삼련서점生活·讀書·新知三聯書店, 1988.

많아지고 있다는 사실이다. 런지위 외에 허광후, 리슨, 주춘朱春, 시에치안謝謙, 장용밍張榮明, 양양楊陽 등도 지지자의 대열에 동참했다. 이들 학자가 발표한 주요 논문으로는 먼저 런지위가 1988년 『문사지식文史知識』 제6기에 발표한 「중국 민족 형식을 지닌 종교—유교具有中國民族形式的宗教—儒教」, 1993년 『군언群言』 제2기에 발표한 「정문입설로 바라본 유교 고찰從程門立雪看儒教」, 2005년 『운몽학간雲夢學刊』 제2기에 발표한 「더 넓은 시야로 유교를 관찰한다—리슨의 『중국 유교론』 서언把儒教放在更廣闊的視野裏來觀察—序李申著『中國儒教論』」을 들 수 있다. 그리고 리슨이 1995년 『세계 종교 연구』 제2기에 발표한 「몇 개의 유교 문제에 관하여關于儒教的幾個問題」, 1997년 『중국사회과학원 연구생원 학보中國社會科學院研究生院學報』 제1기에 발표한 「유교·유학과 유생儒教·儒學和儒者」가 있고, 시에치안이 1996년 『전통문화와 현대화傳統文化與現代化』 제5기에 발표한 「유교: 중국 역대 왕조의 국가 종교儒教: 中國歷代王朝的國家宗教」 및 장용밍이 2003년 『남개학보·철학사회과학판南開學報·哲學社會科學版』 제6기에 발표한 「질서종교와 생명종교—한진 유교·도교의 출현과 기본 기능에 대한 고찰秩序宗教與生命宗教—對漢晉儒教·道教產生和基本功能的考察」 등이 있다.

저서로는 허광후의 『다원화의 상제관多元化的上帝觀』(구이저우貴州인민출판사, 1991), 장용밍의 『권력의 거짓말—중국의 전통적 정치 종교權力的謊言—中國傳統的政治宗教』(저장浙江인민출판사, 2000), 이슨의 『중국 유교사』(상하이인민출판사, 1999-2000),[23] 『중국 유교론』(허난河南인민출판사, 2005), 『유학과 유교』(쓰촨대학출판사, 2005) 등이 있다.

23 이 저서는 상하이인민출판사에서 출판되었는데, 상권은 1999년 12월에, 하권은 2000년 2월에 각각 출판되었다.

여기서 특별히 주목할 만한 성과는 리슨의 『중국 유교사』다. 이 책은 중국 국내에 '유교 종교설'의 입장에서 완성된 첫 번째 학술 저서다. 이 저서가 나오자마자 학술계에서 강렬한 반향을 불러일으켰지만, 포폄의 기준이 일정치 않았다. 장용밍은 「유교 연구의 이정표—중국 유교사 평론」(『공자 연구』 제1기, 2000)에서 『중국 유교사』를 "유교 연구에 새로운 이정표를 세웠다"라고 아낌없이 칭찬했다. 그러나 한시잉韓星은 이러한 서평에 반박하여 「중국 전통문화의 이정표를 부정한다—『중국 유교사』 비평의 세 번째否定中國傳統文化的里程碑—『中國儒敎史』批評之三」란 글을 지어 『시안항공기술고등전과학교 학보西安航空技術高等專科學敎學報』 2003년 제4기에 발표하고, 장용밍의 서평에 대해 의문을 제기했다. 『중국 유교사』의 학술적 지위를 새롭게 평가할 것을 요구한 것이었다. 2001년 9월 말에도 천융밍陳詠明과 왕젠王健이 '공자2000' 웹 사이트에서 연이어 이 책을 비평했다. 천융밍은 같은 해에 다시 「학술 연구의 날림 공사—『중국 유교사』 상권을 읽고나서學術硏究的豆腐渣工程—讀『中國儒敎史』上卷有感」란 글을 지어 『학술계』 2001년 제6기에 발표했는데, "학문적 부패를 대표하는 국가급 학술 연구의 날림 공사"라면서 『중국 유교사』를 신랄하게 비판했다. 이 책을 둘러싼 이번 학술 논쟁은 유교 연구의 학술 분위기를 활기차게 만듦으로써 유교 연구가 진일보하여 심도 있게 전개되는 데에 아주 중요한 역할을 했다.

현재 유교 종교설을 계속 반대하는 학자로는 리궈취안李國權, 허크양何克讓, 취다화, 루중펑盧鍾峰 등이 있다. 그들은 소위 '유교'란 유학적 교화를 가리키는 것이지 종교는 아니라고 주장한다. 이 방면의 대표적인 논문으로 루중펑이 1999년에 『중화문화논단中華文化論壇』 제2기에 발표한 「세기 교체기의 유학 범종교화 문제世紀之交的儒學泛宗敎化問題」를 들 수 있다.

2 유교는 '가르침敎'이지만 종교는 아니라는 절충적 주장

이런 절충적 견해를 가진 학자들이 두 가지 구상을 제기하여 '유교 종교설'과 '유교 비종교설'을 조정하려 했다. 물론 절충을 주장하는 학자들이 의도적으로 양쪽을 조정하려는 것이 아니다. 이들의 관점은 이번 논쟁을 객관적으로 절충하려고 시도했다는 데 있다. 절충설은 현재까지 둘로 요약된다. 한쪽에서는 유교 또는 유학이 초월성과 궁극성 및 기타 종교적 요소를 갖추고 있어서 중국 역사상 종교적 역할을 담당해왔지만 진정한 의미에서의 종교가 아니라는 관점이다. 이런 관점은 1950-60년대에 머우쭝싼牟宗三, 탕쥔이唐君毅, 첸무錢穆 등 해외 학자들에 의해 먼저 제기되었다.[24] 현재 이러한 견해를 가진 중국 국내 학자로는 리저허우李澤厚, 궈치융郭齊勇, 황쥔제黃俊傑, 지양광휘蔷廣輝 등을 들 수 있다.[25] 다른 한쪽에서는 '종법성宗法性 전통 종교'라는 주장을 개진했다. 현재 이런 견해를 가진 학자로는 머우중젠牟鍾鑒과 장지안張踐이 있다. 머우중젠은 「중국 종법성 전통 종교 탐구」(『세계 종교 연구』 제1기, 1990)에서, 중국 역사상 천 년 동안 이

---

24 1958년 새해에 탕쥔이·머우쭝싼·쉬푸관徐複寬·장쥔리張君勱 네 사람이 「중국 문화를 위해 전 세계 인사들에게 올리는 선언爲中國文化敬告世界人士宣言」을 공동 발표하여 중국 문화가 본래부터 '종교적 초월 신앙'을 가지고 있다고 지적했다. 1960년 머우쭝싼은 「종교로서의 유교」(원래 홍콩의 『인생』 제5기에 실었는데 나중에 『중국철학의 특질』의 한 장章으로 출판되었음)에서 유교가 비록 종교의 외재적 형식을 갖추지 못하나 실제로는 고도의 종교성을 지니고 있으므로 유교를 일종의 인문교人文教라 할 수 있다고 주장했다. 탕쥔이는 「종교 신앙과 현대 중국 문화」(『중국 인문 정신의 발전中國人文精神之發展』에 수록, 학생서국, 1979, 386쪽)에서 "유교는 일반적 의미의 종교가 아니다"라고 주장하면서 다른 일면에는 유가 제전祭典에서 구현되는 종교성을 인정했다. 첸무도 『공자와 논어』(대북연경臺北聯經, 1974)에서 공자의 가르침이 "전형적이면서도 확실한 종교 정신"을 지니고 있다고 주장했다.

25 리저허우의 「'실용 이성' 재론」, 『원도原道』 제1집, 구이저우인민출판사, 1994.10.; 궈치융의 「'유교 종교인가 아닌가'에 대한 필답—유학: 입세적이고 인문적이며, 종교적 품격을 지닌 정신 형태」, 『문사철文史哲』, 1998년 제3기; 황쥔제의 「유학은 하나의 의미적 신앙이다」, 『전통 문화와 현대화』, 1997년 제3기.

어져 온 정통 종교가 실제로 존재한다고 주장하고 이를 '중국 종법성 전통 종교'라고 명명했다. 이러한 종교는 왕권王權·족권族權·부권父權과 긴밀히 결합해서 전통 예속과 혼연일체가 되었고, 유가의 예학禮學과 밀접한 관계를 맺고 있다고 한다. 뒤이어 장지안은 「유학과 종법성 전통종교儒學與宗法性傳統宗敎」란 논문을 『세계 종교 연구』 1991년 제1기에 발표하여 머우중젠의 관점을 지지했다. 그 후에 두 사람은 『중국종교 통사』를 공동 집필하여 2000년에 사회과학문헌출판사를 통해 출판함으로써 그들의 '종법성 전통 종교'라는 주장을 관철했다.

3 '유교 종교설' 논쟁과 별도로 직접 '유교 종교설'을 전제로 수행한 연구

이런 연구로는 장융밍의 「질서 종교와 생명 종교—한진漢晉 유교·도교의 출현과 기본 기능에 대한 고찰秩序宗教與生命宗教—對漢晉儒教道教產生和基本功能的考察」(『난카이학보南開學報』 철학사회과학판 제6기, 2003), 허광후의 「이론과 제도 사이에—기독교와 유교의 인성 존엄 문제 비교 연구在理論和制度之間—基督宗教與儒教關於人性尊嚴問題的比較研究」(『푸단학보復旦學報』 사회과학판 제4기, 2003), 한시잉韓星의 「오밀의 공교관에 대한 시론試論吳宓的孔教觀」(『산시사범대학陝西師範大學 평생교육학보繼續教育學報』제3기, 2005) 등이 있다. '유교 종교설'과 '유교 비종교설' 논쟁에 직접 개입하지 않고 유교 종교설을 전제로 하는 연구는 21세기에 접어들어 점차 증가하는 추세다. 이는 '유교 종교설'을 지지하는 사람들이 날로 증가하고 있다는 사실을 의미한다.

진정한 의미에서 유교를 종교로 간주하고 수행한 연구는 최근 몇 십 년 사이에 나타났다. 게다가 현 학계에서 유교의 성격에 대해 통일된 인식을 마련하지 못한 탓에 심도 있는 유교사상 연구가 이루어지지 않았다. 오늘날 전개되는 유교의 성격에 대한 치열한 논쟁과 유교사상 연구는 모

두 지나친 가치 판단의 색채를 띠고 있다. 그뿐만 아니라 이 점이 이러한 영역의 연구에 과도한 부담을 안겨주기 때문에 학술 연구에 있어서 가치 중립은 최우선 과제가 되어야 한다. 현재까지의 연구는 어느 정도의 성과를 낳았지만, 여전히 깊이 있고 전반적인 저술이 부족하고 연구 영역도 전반적으로 확대되지 않았다. 수십 년간의 논쟁과 탐구를 거쳤지만, 중국의 유교사상 연구는 여전히 초보 단계에 머무는 실정이다.

중국도교사상 연구는 초기의 도교 경전과 도교사 연구의 기초 위에서 크게 발전했는데, 아무도 돌보지 않는 냉담한 처지에서 시작되어 오늘날에 이르러 활발하고 융성한 시대를 맞이하였다. 현재 중국도교사상 연구는 주로 두 가지 방향으로 전개된다. 통사通史와 단대사斷代史를 비롯한 도교사상사 및 도교사상과 도교적 주제에 관한 연구가 바로 그것이다. 그 가운데 도교사상의 통사적 연구는 기본적으로 한나라 때 이후부터 시작된다. 단대사 연구는 대부분 정치적 왕조 교체기에 따라 시대를 구분하고, 연구 성과는 대개 명청明淸 이전에 집중되었다. 대부분 어느 도교 유파나 도교 인물, 또는 특정한 도교 주제와 결부해 연구를 수행했다. 당나라 때 도교에 관한 연구는 주로 '중현학重玄學' 연구에 치중되었고, 송宋·금金·원元나라 도교에 관한 연구는 주로 전진도全眞道 연구에 집중되었다. 명청 도교 연구는 주로 정일파正一派에 관련된 것인데, 많은 논문집에서 진영녕陳攖寧과 그의 선학仙學 사상 연구를 다루었다. 도교사상이나 주제에 관한 연구는 도교사상 연구 가운데 가장 많은 부분을 차지할 뿐만 아니라 그 영역도 광범위하다. 주로 도교 경전, 도교 유파와 지방 도교사, 도교 인물, 도교 철학, 도교 내단 사상, 도교와 중국 전통문화와의 관계 등 여러 방면에 걸쳐 전개된다.

통사 방면의 저술로 손꼽히는 것은 칭시타이卿希泰의 『중국도교사상사강中國道敎思想史綱』(쓰촨인민출판사, 1980 · 1985)과 『중국도교사상사강(속편)』(쓰촨인민출판사, 1999)을 들 수 있다. 이밖에도 칭시타이가 편찬한 네 권의 『중국도교사』[26]는 지금까지 출판된 저술 가운데 분량이 가장 방대하고 자세한 도교사인데, 도교사상과 관련된 내용도 아주 풍부하다. 런지위가 편찬한 『중국도교사』(상하이인민출판사, 1990)도 도교사상 영역을 광범위하게 망라했다. 또한, 칭시타이가 주편하고 잔스촹이 부주편해서 12년을 거쳐 완성한 『중국도교사상사』(총 4권, 인민출판사, 2009)는 국가사회과학기금성과문고國家社會科學基金成果文庫에 편입되었으며, 중국의 985공정工程 및 교육부 인문 사회 과학 중점 연구 기지의 대형 프로젝트가 낳은 성과로 평가된다.

단대사 방면의 주요 저술로는 주로 리강李剛의 『한대 도교철학漢代道敎哲學』(파촉서사, 1995), 호친郝勤의 『학명선도鶴鳴仙道』(쓰촨인민출판사, 1994), 탕이지에湯一介의 『위진남북조 시기의 도교魏晉南北朝時期的道教』(산시사범대학출판사, 1988), 고바야시 마사미小林正美의 『육조 도교사 연구六朝道教史研究』(리칭李慶 뒤침, 쓰촨인민출판사, 2001), 리다화李大華의 『도교사상』(광둥인민출판사, 1996), 잔스촹의 『남송 · 금 · 원의 도교南宋金元的道教』(상하이고적출판사, 1989), 콩링홍孔令宏의 『송 · 명 도교사상 연구宋明道教思想研究』(종교문화출판사, 2002), 탕다츠오唐大潮의 『명 · 청 교체기의 도교 삼교합일사상론明清之際道教三教合一思想論』(종교문화출판사, 2000), 리양정李養正의 『당대도교當代道教』(동방출판사, 2000) 등이 있다.

주제 연구 방면에서, 도교 경전에 관한 연구로는 『주역』, 『진고眞誥』,

26 총 4권으로 된 이 저서는 쓰촨인민출판사에서 출판되었다. 제1권은 1988년, 제2권은 1992년, 제3권은 1993년, 제4권은 1995년 각각 출판되었다. 그 후 1996년에 수정판이 나왔다.

『포박자』, 『주역참동계』, 『도교의추道教義樞』, 『태평경』 등에 집중되어 나타난다. 이 방면의 저술은 천구잉陳鼓應의 『역전과 도가 사상易傳與道家思想』(삼련서점, 1996), 잔스촹의 『역학과 도교사상의 관계 연구易學與道教思想關系研究』(샤먼대학출판사, 2001)와 『역학과 도교 부호 탐구易學與道教符號揭秘』(중국서점, 2001), 쉬이밍徐儀明 · 렁텐지冷天吉의 『인간과 신선 사이—포박자와 중국 문화人仙之間—抱樸子與中國文化』(허난대학출판사, 1998),[27] 샤오한밍蕭漢明과 궈동성郭東升의 『주역참동계연구』(상하이문화출판사, 2001), 주리성周立升의 『양한 역학과 도가 사상兩漢易學與道家思想』(상하이문화출판사, 2001),[28] 왕종위王宗昱의 『도교의추연구道教義樞研究』(상하이문화출판사, 2001) 등이 있다. 초기 도교 경전인 『태평경』에 대한 연구는 여전히 도교사상 연구의 뜨거운 이슈이다. 학자들이 너나 할 것 없이 나서서 『태평경』의 역학 사상, 생태사상, 승부承負 사상, 윤리사상 등을 탐구했다. 이 방면의 논문으로 랸진벼連鎮標 · 잔스촹의 「태평경 역학 사상 고찰太平經易學思想考」(『푸젠사범대학학보』, 철학사회과학판, 1994년 제2기), 러애궈樂愛國의 「태평경의 생태 사상 탐색太平經的生態思想初探」(『종교학 연구』, 2003년 제2기), 천쿤陳焜의 「태평경 속의 승부설 시론試論太平經中之承負說」(『종교학 연구』, 2002년 제4기) 등이 있다. 이밖에도 근년에 이르러 둔황본敦煌本 경전에 대한 연구에 주력하는 학자들을 들 수 있다. 왕승원王承文의 『둔황 고영보경과 진 · 당 도교敦煌古靈寶經與晉唐道教』(중화서국, 2002)와 왕카王卡의 『둔황 도교 문헌 연구 총론 · 목록 · 색인敦煌道教文獻研究綜述 · 目錄 · 索引』은 둔황본 도경에 관한 대표적인 연구서다. 도교 경전에 관한 연구 현황을 보면, 몇몇 경전의 저자 · 성격 · 출판 시기 등을 놓

27 이 책에서부터 『포박자』에 대한 연구가 내편에서 외편으로 확대되었다.

28 이 책은 양한兩漢 역학易學사상 변천이란 배경 하에 『주역참동계』를 연구했다.

고 여전히 의견 차이를 여전히 보이는데, 둔황본 『노자변화경老子變化經』과 같은 초기 경전에 관한 연구도 아직 만족스럽게 이루어지지 않았다.

도교 유파의 사상사적 연구는 천사도天師道, 전진도, 누관도樓觀道와 같이 역사상 비교적 유명한 도교 유파에 집중되어 있다. 명성을 크게 떨치지 않았던 도교 유파를 다룬 것은 극히 드물다. 대표적인 저술로는 왕스위王士偉의 『누관도원류고樓觀道源流考』(산시인민출판사, 1993), 광궈창鄺國強의 『전진북종사상사全眞北宗思想史』(중산대학출판사, 1993), 황샤오스黃小石의 『정명도 연구淨明道研究』(파촉서사, 1999), 장지위張繼禹의 『천사도사략天師道史略』(화문출판사, 1990), 왕쯔중王志忠의 『명 · 청 전진교 논고明淸全眞敎論稿』(파촉서사, 2000) 등이 있다.

현재 지방 도교와 지방 도교사상에 관한 연구도 주목을 받고 있다. 대표적인 저술로는 왕광더王光德 · 양리쯔楊立志의 『무당도교사략武當道教史略』(화문출판사, 1993), 반광춘樊光春의 『장안 종남산 도교사략長安終南山道教史略』(산시인민출판사, 1988), 궈우郭武의 『도교와 위난 문화—위난에서의 도교 전파와 변천 및 영향道教與雲南文化—道教在雲南的傳播演變及影響』(위난雲南대학출판사, 2000), 황자오한黃兆漢 · 정위밍鄭煒明의 『홍콩과 마카오의 도교香港與澳門之道敎』(홍콩: 가략산방加略山房 유한회사, 1993), 라이중현賴宗賢의 『타이완 도교 원류臺灣道敎源流』(타이완: 중화도통출판사, 1999) 등이 있다.

도교 인물의 사상에 대한 주요 저술로는 왕리치王利器의 『갈홍론葛洪論』(타이완: 오남五南도서출판공사, 1997), 탕대잔唐代劍의 『왕철 · 구처기 평전王喆丘處機評傳』(난징대학출판사, 2000), 궈우郭武의 『전진도 교조 왕중양전全眞道祖王重陽傳』(홍콩: 봉래선관, 2001), 머우중젠 · 배희白奚 · 창다췬常大群의 『전진칠자와 제로문화全眞七子與齊魯文化』(제로서사, 2005) 등이 있다. 도교 인물의 사상을 다룬 연구 성과로는 갈홍葛洪 · 왕중양王重陽 · 도홍경陶弘景 · 진단陳

摶 · 사마승정司馬承禎 · 오균吳筠 · 두광정杜光庭 · 담초譚峭 · 장백단張伯端 · 진경원陳景元 · 백옥섬白玉蟾 · 장우초張宇初 · 육서성陸西星 · 왕상월王常月 · 이서월李西月 · 황상黃裳 · 진영녕陳攖寧 등에 대한 수많은 논문이 있다.

도교 철학 연구에 있어서 눈길을 끄는 것은 중현학에 관한 연구다. 루궈룽盧國龍의 『중국중현학中國重玄學』(인민출판사, 1993)은 중현학을 체계적으로 연구한 최초의 저술이다. 이 책에서는 중현학의 발생과 변천 양상을 상세하게 서술했는데 도체론道體論, 도성론道性論, 심성론心性論의 측면에서 중현학의 사상적 내용과 그 가치를 밝혔다. 루궈룽은 여기서 그치지 않고 『도교철학』(화하출판사, 1997)을 출판해서 중현학 연구를 지속적으로 이어나갔다. 이밖에도 치앙위強昱의 『위진현학에서 초당 중현학까지從魏晉玄學到初唐重玄學』(상하이문화출판사, 2002)와 동은린董恩林의 『당대 노학: 중현적 사변 속의 몸과 국가를 다스리는 길唐代老學: 重玄思辨中的理身理國之道』(중국사회과학출판사, 2002)도 다른 시각에서 중현학을 탐구한 연구 성과다.

여기서 한 가지 유의할 점이 있다. 중현학에 관한 연구가 현재까지 상당히 축적되었고 그 논의도 많은 진전이 있다고 하지만, 정작 '중현학'의 정의에 대해서는 학자들 간에 일치된 견해가 없다는 점이다. 루궈룽이 '도교 중현학'이라고 일컫지만, 잔스촹은 '노학중현종老學重玄宗'이라 칭하고(「노학중현종간론老學重玄宗簡論」, 『세계 종교 연구』, 1984년 제4기), 리강李剛은 '도교 노학중현파道教老學重玄派'라 칭하며(「도교 노학중현파」, 『종교학연구』, 1996년 제1기), 지안밍簡明은 '도가 중현학'이라 칭했다(「도가 중현학 추의道家重玄學芻議」, 『세계 종교연구』, 1996년 제4기).

도교 중현학을 둘러싼 이러한 논쟁 이외에, 학자들은 도교노학道教老學, 도교 생사형신生死形神 이론, 도교의 '도', 그리고 도교 윤리 방면에서 도교 철학을 탐구하기도 했다. 류구성劉固盛의 『송 · 원 노학 연구宋元老學研

究』(파촉서사, 2001)는 송·원 시대에 나타난 노자학의 발전과 변천 양상을 고찰했고, 처내량車乃亮의 『'도경' 이해—노자와 21세기證悟 '道經'—老子與二十一世紀』(종교문화출판사, 2003)는 현대적 시각에서 노자의 문화적 의의를 탐구했다. 리강의 『권선성선—도교 생명 윤리勸善成仙—道敎生命倫理』(쓰촨인민출판사, 2004)와 장생姜生의 『한위·양진·남북조 도교윤리 논고漢魏兩晉南北朝道教倫理論稿』(쓰촨대학출판사, 1995), 그리고 장생·궈우의 『명청 도교윤리와 그 역사적 변천明淸道敎倫理及其歷史流變』(쓰촨인민출판사, 1999)은 최근 10년 간 도교 윤리사상 연구에 나타난 대표적인 저술이다.

도교사상 연구는 도교의 내단술內丹術, 도교와 중국 전통문화의 관계 등의 방면에서 전개되었다. 리다화의 『도교사상』(광동인민출판사, 1996)은 전진도 남종南宗의 인물인 백옥섬의 내단학 사상을 전면적으로 연구했고, 양리화楊立華의 『익명의 조합—내단의 관념으로 본 도교 장생술의 발전匿名的拼接—內丹觀念下的道教長生技術的開展』은 유명론唯名論의 방식으로 내단 관념의 발생과 전개 및 사상사에서 나타난 구체적 결과를 논의했다. 이밖에 칭시타이의 『도교와 중국 전통문화』(푸젠인민출판사, 1990), 리양정의 『도교와 제자백가』(베이징연산출판사, 1993), 장리원張立文의 『현경—도학과 중국 문화玄境—道學與中國文化』(인민출판사, 1996), 청웨이용程維榮의 『도가와 중국 법문화』(상하이교통대학출판사, 2000), 뤼시천呂錫琛의 『도가·도교와 중국 고대 정치』(후난인민출판사, 2002) 등은 도교와 중국 전통문화와의 관계에 주목하여 도교사상을 탐구한 노작이다.

또한 도교의학, 도교와 과학기술, 도교와 문학예술 등 여러 영역에 걸쳐 학자들이 다양하게 도교사상을 섭렵하기도 했다. 최근의 저술로는 잔스촹의 『남송·금·원 도교문학 연구』(상하이문화출판사, 2001), 가이젠민蓋建民의 『도교의학』(파촉서사, 2001), 장생 등의 『중국 도교 과학기술사·한위 · 양진권中國道教科學技術史 · 漢魏兩晉卷』(과학출판사, 2002) 등이 있다.

상술한 바에서 알 수 있듯이, 도교사상의 연구 성과가 비교적 풍성하다고 할지라도 화려함 속에 실속이 없는 것도 있고 대단한 성과 속에도 문제점이 발견된다. 대량의 출판물 가운데 중복된 과제도 적지 않고 함량 미달의 논문이나 저술이 많다는 것도 인정해야 한다. 현 단계에서 통사 연구는 대부분 한나라 때 이후부터 시작하여 도가와 도교로 구분 지어 다루기 때문에, 도교 성립 이전의 사상은 충분히 관심 있게 다루지 못하는 한계도 보인다. 도교와 도가의 관계도 충분히 다루지 못했다. 향후 연구자들이 이 방면의 연구를 개척해나가리라 기대한다. 단대사 연구의 경우, 명 · 청 이후의 도교사상에 관한 단대사 연구가 다소 취약한 것으로 드러나며, 한나라 때의 도교에 관한 연구도 상대적으로 부족한 편이다. 이밖에도 도교사상의 단대사 연구와 주제 연구에 관한 저술이 끊임없이 나왔지만, 잡다한 내용에 비교하면 상세하고 미시적인 연구는 여전히 부족하다. 학자 대부분은 외부의 요인, 이른바 사회 문화적 거대 환경에서 도교사상의 변천 원인을 찾고있지만, 정작 도교 자체에서 그 원인을 모색하는 학자들은 그리 많지 않다. 사물의 변화를 설명하는데 외부적 요인이 중시되지만, 내부적 요인도 소홀히 할 수 없다. 또한, 도교 연구자들은 대부분 학계의 인사들이고, 도교 내부의 인물로서 도교 연구에 광범위하게 참여한 사례는 드물었다. 종교 연구에는 신도로서 자신의 종교적 체험에 근거해서 진행하는 연구도 필요하다. 연구의 방법에서도 다양한 시각과 방법을 얻을 수 있기 때문이다. 대외적 학술 교류에서도 챙겨야 할 것이 있다. 해외의 도교 연구는 일찍부터 시작되었을 뿐만 아니라, 중국 내의 학자들과는 또 다른 문화적 시선이 있다. 따라서 해외의 우수한 저술을 선별하고 이를 번역하는 일도 국내 도교사상의 연구를 촉진하기 위해 필요한 조치다.

중국의 불교와 불교사상 연구는 20세기 초반 '거사불교居士佛教'를 표방한 근대 불교문화 부흥운동을 거친 다음에 비로소 본격적인 학술 연구가 시작되었다. 불교 연구는 그 기초가 튼실하기 때문에 현재까지 중국 종교학 연구에서 가장 성과가 많고 영향력도 큰 분야가 되었다. 불교계와 학계라는 두 개의 연구 시스템이 기본으로 갖추어진 덕분에 각종 불교 간행물이 창간되었고 학술 단체 및 조직 기구도 잇달아 설립되었다. 게다가 불교학을 연구하는 인재 양성에도 많은 관심을 보인다. 1980년 9월에 성립된 중국종교학회, 중국 남아南亞학회, 산시성陝西省사회과학원 및 시베이대학西北大學은 중국 건국 이후 최초로 전국불교학술회의를 시안西安에서 공동으로 개최했다. 그 후, 해마다 각종 의제議題를 내건 국내 및 국제 불교학 세미나가 개최되어 불교학 연구에서의 교류와 협력이 강화되고, 연구자의 시야도 넓어져서 연구의 방향과 분위기가 제자리를 잡게 되었다. 오늘날 불교와 불교사상 연구는 이처럼 축적된 성과의 바탕 위에 연구 업적을 전면적으로 소화하고 정리하는 단계에 접어들었을 뿐만 아니라, 통사, 단대사, 종교 유파사, 지역사, 사상과 주제, 티베트 불교 및 인명학因明學, 불교와 중국 문화 등에 걸쳐 체계적인 연구가 이루어졌다.

불교 통사 및 사상 관련 연구 성과에서 런지위의 『중국불교사中國佛教史』[29]를 가장 뛰어난 저술로 평가하고 있다. 인용 자료가 충실한 이 책은 시대별 중국 불교의 전개 양상 및 현실 사회와의 상호 작용을 체계적으로 서술해서 현 중국 학계에서 이루어진 불교사 연구를 통틀어 최고의 연구

29 이 책은 중국사회과학출판사에서 모두 3권으로 출판되었는데 제1권은 1981년, 제2권은 1985년, 제3권은 1988년에 각각 출판되었다.

수준을 보여주었다. 궈펑郭鵬은 기존의 불교 단대사 연구를 근거로 그 내용을 수정하여 『중국불교사상사中國佛教思想史』(푸젠인민출판사, 1994)를 완성했는데, 개인의 힘으로 완결된 방대한 분량의 불교사상 통사다. 그 외에 불교사를 간략하게 정리한 팡리티엔方立天의 『중국불교간사中國佛教簡史』(종교문화출판사, 2001)는 불교사상의 전개 방향을 명쾌한 필치로 분석했다.

단대사 방면에서는, 탕용통이 쓰고 탕이지에가 정리한 『수당 불교사고隋唐佛教史稿』(중화서국, 1982)는 이 방면에서 빠뜨릴 수 없는 고전이다. 런지위의 『한당불교사상론집漢唐佛教思想論集』(인민출판사, 1994)은 초기 불교사상사의 또 다른 역저다. 오늘날 근현대 불교사상 연구는 1990년대부터 단대사 연구의 주된 관심사가 된 이후로 열기가 지속되어 새로운 저서가 끊임없이 나왔다. 대표적인 저술로 천빙陳兵 · 등쯔메이鄧子美의 『20세기 중국불교』(민족출판사, 2000),[30] 마텐샹麻天祥의 『20세기 중국불교학 문제』(후난교육출판사, 2001), 뤄위례樓宇烈의 『중국불교와 인물 정신』(종교문화출판사, 2003), 천용꺼陳永革의 『불교 홍보의 현대적 전환: 민국 시기 저장성 불교 연구 1912-1949佛教弘化的現代轉型: 民國浙江佛教研究1912-1949』(종교문화출판사, 2003) 등이 있다.

종교사 연구에서 선종은 여전히 돋보이는 존재다. 학계의 주목을 받아 연구 성과도 남다르게 많다. 양증원楊曾文의 『당오대 선종사唐五代禪宗史』(중국사회과학출판사, 1999), 우연생吳言生의 『선종 사상 연원』(중화서국, 2001)과 그가 편찬한 『중국선학中國禪學』(중화서국, 2002-2004),[31] 묘봉妙峰이 편찬한 『조계선 연구曹溪禪研究』(중국사회과학출판사, 2002) 등은 모두 근년에

30 이 저서는 20세기 중국 불교에 관한 국내외 최초의 전문적 사론史論이다.

31 이 저서는 3권으로 나뉘어있는데, 제1권은 2002년, 제2권은 2003년, 제3권은 2004년 출판되었다.

이루어진 선종 사상사 연구 성과의 대표적인 논저다.

선종에 비교해 다른 종파에 관한 연구는 다소 부족한 편이지만 근년에 화엄종, 천태종, 삼론종, 정토종 등에서 새로운 저작물이 끊임없이 나왔다. 이에 힘입어 불교 종파의 역사에 관한 연구가 앞다투어 활발하게 이루어졌다. 대표적인 저술로는 양용첸楊永泉의 『삼론종 원류고三論宗源流考』(상하이고적출판사, 1998), 위도루魏道儒의『중국 화엄종 통사中國華嚴宗通史』(장쑤고적출판사, 1998), 천양중陳揚炯의 『중국 정토종 통사中國淨土宗通史』(장쑤고적출판사, 2000), 판궤이밍潘桂明 · 우중위吳忠偉의 『중국 천태종 통사中國天台宗通史』(장쑤고적출판사, 2001), 위정惟正 · 양증원이 편찬한 『선종과 중국 불교문화禪宗與中國佛敎文化』(중국사회과학출판사, 2004) 등이 있다.

아울러 불교 지역사 연구도 현재 상당히 활발하다. 이 방면의 저술로는 왕궈룽王國榮의 『복건 불교사福建佛敎史』(샤먼대학출판사, 1997), 허지엔밍何建明의 『마카오 불교: 마카오와 대륙의 불교 문화 관계사澳門佛敎: 澳門與內地佛敎文化關系史』(종교문화출판사, 1999), 스성회釋聖懷의 『광동 불교사廣東佛敎史』(홍콩동림염불당유한회사, 2000), 이얀야오중嚴耀中의 『강남 불교사江南佛敎史』(상하이인민출판사, 2000)와 『중국 동남 불교사中國東南佛敎史』(상하이인민출판사, 2005), 천룽푸陳榮富의 『절강 불교사浙江佛敎史』(화하출판사, 2001) 등이 있다.

사상과 관련된 특정 주제에 관한 연구로는, 옌베이밍嚴北溟의 『중국 불교철학간사中國佛敎哲學簡史』(상하이인민출판사, 1985)를 비교적 초기에 나온 대표적인 저술로 들 수 있다. 이 책에서는 주로 '공空'이란 글자로 불교철학의 기본적 특징을 설명하고 있다. 라이용하이賴永海의 『중국 불성론中國佛性論』(상하이인민출판사, 1988)은 주로 진晉 · 송나라 이후의 불성佛性 문제를 논했다. 야오위췬姚衛群의 『불교 반야사상 발전 원류佛敎般若思想發展源流』(베이징대학출판사, 1996)는 불교의 반야 사상을 체계적으로 연구한 성과물이다. 왕은양王恩洋의 『중국불교와 유식학中國佛敎與唯識學』(종교문화사, 2003)은 유식학 연구 방면에서 나온 최근의 역작이다. 화방톈華方田의 『중국불교와 반야 중관학설中國佛敎與般若中觀學說』(종교문화사, 2005)은 대승大乘 중관학파의 논리적 발전 과정과 길장吉藏의 중도관中道觀, 중도中道 불성설, 정토관 등의 문제를 탐구한 저술이다.

티베트불교 연구 방면에는 두 권의 대표적인 저술이 있다. 반반둬제班班多傑의 『티베트불교사상사강藏傳佛敎思想史綱』(삼련서점, 1992)과 『염화미소: 티베트불교철학의 경지拈花微笑: 藏傳佛教哲學境界』(칭하이인민출판사, 1996)가 그것이다. 이러한 논저는 티베트불교사상을 체계적으로 연구하여 그 길을 개척했으며, 현재까지도 불교 연구의 주요 저작물로서 가치를 인정받아 비중 있는 후속 성과물들이 그 뒤를 이었다. 현재 이 방면의 주요 연구 성과로 들 수 있는 것은, 소남채링索南才讓의 『서장밀교사西藏密教史』(중국사회과학출판사, 1998), 새창賽倉 · 뤄상화단羅桑華丹의 『티베트불교 겔룩파의 간략한 역사藏傳佛教格魯派史略』(중국사회과학출판사, 1998), 왕스진王世鎮이 번역하고 주석을 단 취루措如 · 츠랑次朗의 『티베트불교 까규파의 간략한 역사藏傳佛教噶舉派史略』(종교문화출판사, 2002), 더지줘마德吉卓瑪의 『티베트 불교의 출가 여성 연구藏傳佛教出家女性研究』(사회과학문헌출판사, 2003) 등이 있다. 그중 『티베트불교의 출가 여성 연구』는 신비에 싸인 티베트 문화권에서 좀처럼 밖으로 알려지지 않았던 출가 여성의 문화를 탐구한 것인데, 이러한 저술로 해당 연구 영역의 빈틈을 메꿀 수 있었다.

인명학因明學 연구 방면에서, 구세대 학자인 뤼청呂澄과 위위虞愚의 뒤를 이어 신잔잉沈劍英이 등장했다. 그는 『인명학 연구因明學研究』(동방출판사, 1985)란 저술을 통해 현장玄奘이 전해준 인명론의 틀을 체계적으로 정리하고, 그의 주도로 편찬된 『중국불교논리사中國佛教邏輯史』(화동사범대학출판사, 2001)에서 계속 인명학을 다루었다. 그리고 양화췬楊化群의 『티베트 인명학藏傳因明學』(시짱인민출판사, 2002)은 티베트 인명학 연구의 대표적 저술로 평가되는데 여기서 그는 티베트 인명학의 현황을 상세하게 다루었다. 근년에 출간된 야오난장姚南強의 『인명학설사강요因明學說史綱要』(삼련서점, 2002), 강샤오剛曉의 『한전 인명 이론漢傳因明二論』(종교문화출판사, 2003), 사펜薩班 · 궁가겔첸貢嘎堅贊의 『인명학因明學』(민족출판사, 2004)은 모두 다양한 관점에서 인명학을 다룬 저술들이다.

한편 현재 불교사상 연구는 불교와 중국 문화, 불교와 현대 사회, 불교 윤리 등 여러 방면에서 이루어지고 있다. 등쯔메이의 『전통불교와 중국 근대화: 백 년간의 문화적 충돌과 교류傳統佛敎與中國近代化: 百年文化沖撞與交流』(화동사범대학출판사, 1994)는 불교와 중국 근대화의 관계를 탐구했고, 주진周晉의 『도학과 불교道學與佛敎』는 불교와 도학의 관계를 탐구했다. 왕웨칭王月清의 『중국의 불교윤리 연구中國佛敎倫理硏究』(난징대학출판사, 1999)와 예루화業露華의 『중국의 불교윤리사상中國佛敎倫理思想』(상하이사회과학출판사, 2000)은 중국불교 윤리사상의 전파와 발전 과정을 규명한 대표적인 저술이다. 또한, 판궤이밍의 『중국 거사불교사中國居士佛敎史』(중국사회과학출판사, 2000)는 국내외를 통틀어 거사불교를 체계적으로 서술한 최초의 학술서다. 이천 년 역사를 지닌 중국 거사불교 운동을 전반적으로 다루었는데, 객관적이면서 심도 있게 연구하여 유 · 불 · 도 삼교 합일과 이학理學의 형성 과정에 개입된 거사불교의 위치와 영향력을 밝혀냈다.

중국의 불교사상 연구는 기초가 튼실하고 저술도 풍부해서 중국종교사상 연구에서 앞서 나간 영역이자 가장 성숙한 학문 분야이기도 하다. 하지만 종파 연구의 불균형과 같은 문제들이 여전히 미결 과제로 남아있다. 최근에 와서 어느 정도의 변화가 생겼지만 이러한 연구의 불균형은 근본적으로 해결되지 않았다. 향후 민간에 널리 영향을 미친 종파에 관한 연구를 계속 강화하여 더욱 내실 있는 불교사상 연구로 지평을 넓혀나갈 필요가 있다.

앞서 언급한 여러 종교학 분야에서 선도적인 역할을 하는 영역 이외에도 종교학 연구에서 무심코 경시해 온 일부 영역들이 존재한다. 이는 주로 민간종교와 기타 신흥 교파에 관한 연구인데, 여기에도 최근에 활기를 띠어 가히 '개척'이라 할 만한 성과물이 적지 않게 나왔다. 이 영역에서는 먼저 마시사馬西沙 · 한빙팡韓秉方의 『중국 민간종교사中國民間宗教史』(상하이인민출판사, 1992)를 언급할 필요가 있다. 이 저서는 중국 최초로 민간종교의 계통을 정리한 저술인데, 일차 자료인 대량의 고문서를 활용해서 한나라 말기부터 청나라 말기에 이르기까지 이천 년에 걸쳐 수십 개 민간 교파의 기원과 특징 및 전개 양상을 기술했다. 이 책은 출판되자마자 국내외에서 높은 평판을 얻었다. 다음으로 오우다넨歐大年의 『중국 민간종교의 교파 연구中國民間宗教教派研究』(상하이고적출판사, 1993)와 푸원치濮文起의 『중국 민간비밀종교사전中國民間秘密宗教辭典』(쓰촨사서출판사, 1996)을 들 수 있는데, 중국 민간종교에 대한 연구를 한층 풍부하게 한 저술들이다. 최근 십 년 동안 학자들이 이 영역을 부단히 개척하고 있는데, 대캉성의 『현대 신흥종교當代新興宗教』(동방출판사, 1999)는 19세기 중엽에 발생한 종교 조직과 그 운동을 서술하여 소개함으로써 이 영역 연구의 효시가 되었다. 푸원치의 『중국 민간비밀종교의 근원 탐구中國民間秘密宗教溯源』(장쑤인민출판사, 2000)는 한나라 말기부터 중화민국에 이르기까지 거의 모든 민간비밀종교를 망라했다. 궈수윈郭淑雲의 『살아있는 원시문화—샤머니즘 이해原始活態文化—薩滿教透視』(상하이인민출판사, 2001)는 중국 샤머니즘 연구의 전통적인 패러다임에서 벗어나 문화학적 시각에서 고찰함으로써 샤머니즘의 문화 요소를 탐구했는데, 샤머니즘 연구를 한 단계 심화한 저술이다. 신장新疆 웨이우얼 자치구 투르판 지역의 문물국이 편찬하고 류홍량柳洪亮이 번역한 『투르판 출토 마니교 문헌 연구吐魯蕃新出摩尼敎文獻硏究』(베이징문물출판사, 2000)는 마니교 동방 교구의 교단 활동 및 내용을 이해하고 가오창高昌 지역의 종교사를 연구하는 데 필요한 일차적 자료를 제공했다. 공팡전龔方震 · 얀크지아晏可佳의 『조로아스터교의 역사祆敎史』(상하이사회과학출판사, 1999)는 조로아스터교에 관한 중국 최초의 연구서다. 조로아스터교의 발전사를 체계적으로 소개함과 동시에 중국에 전해진 이후의 상황을 전반적으로 서술했다. 이 저서들은 순수한 중국종교사상 연구의 성과로 볼 수 없지만, 중국종교사상을 상당 부분 언급하고 있어서 중국종교사상의 형성과 발전 및 사회적 작용을 깊게 이해하고 탐구하는 데 크게 이바지했다.

중국종교사상 연구에서 각 종교사상에 대한 독자적 영역 연구 이외에 각종 종교사상 간의 관계 연구도 종교사상 연구의 주된 관심사로 떠올랐다. 유교와 도교의 관계, 불교와 도교의 관계 등이 바로 그것이다. 이 방면에서의 대표적인 저술로 우충칭吳重慶의 『유교와 도교의 상보성—중국인의 심령 구조儒道互補—中國人的心靈建構』(광둥인민출판사, 1993), 콩링홍의 『유교와 도교의 관계에서 바라본 주희 철학儒道關系視野中的朱熹哲學』(타이완중화대도출판사, 2000) 등이 있다.

이상으로 중국종교 연구의 일부 정황을 고려해서 중국종교사상의 역사적 발전과 그 대략의 연구 현황을 소개했다. 이를 고려하면, 백 년이란 긴 세월을 거친 중국종교사상 연구가 오늘날에 이르러 잠재력이 무한하고 미래 전망이 밝은 학문 분야가 되었다. 연구 영역이 부단히 확대되고 연구 방법은 날로 다양해지고 있다. 연구 인력이 끊임없이 투입되면서 학문적 분위기는 활기차고 자유분방해졌으며, 연구 성과 또한 정확하게 집계할 수 없을 정도로 아주 방대해졌다. 이 모든 것들은 중국종교사상 연구가 이미 상당한 규모와 실력을 갖추었음을 방증한다. 하지만 이러한 좋은 여건에도 불구하고 각종 현안이 여전히 산재해있다는 것도 인식할 필요가 있다.

현재 중국종교사상 연구에는 안과 밖에 걸쳐 문제가 있다. 밖에서 볼 때, 종교사상 연구는 전체 학술 영역에서 상대적으로 새로운 학문 분야다. 앞서 말한 "잠재력이 무한하고 미래 전망이 밝은" 학문이라는 것은 스스로 도출한 결론에 지나지 않는다. 다른 학술 영역과 비교해도 종교사상 연구는 여전히 비인기 분야에 해당한다. 연구 인력이 부족하고 정보도 충분히 갖추지 못했다. 이뿐만 아니라 경비는 늘 부족하고 학술 저서의 출판도 수월하지 않다. 게다가 연구 프로젝트 선정과 연구 성과 평가 등에 있어 학술 진흥과 관리 제도에도 불합리한 요소가 여전히 많이 남아있다. 학문 분야 내부에서도 사정은 마찬가지다. 연구자들은 조급히 서두르며 학술적 성과만 무작정 취하려 한다. 한쪽에서는 함량 미달의 저술들이 속출하고, 다른 한쪽의 연구는 한산하여 연구 분야에 심각한 불균형을 초래한다. 서로 다른 종교사상의 비교 연구는 물론이고, 같은 종교사상 연구라 할지라도 내부의 각 영역 간에 불균형이 존재한다. 불교와 도교에 관한 연구는 상대적으로 인기가 많고 연구 역량을 갖춘 인재도 많아 그 성과도 뚜렷하게 나타난다. 하지만 기타 종교, 특히 민간종교에 관한 연구는 상대적으로 부실하다. 불교 연구 내부에는 한전漢傳불교 연구가 가장 활발하고, 티베트 불교 연구는 그다음 순서다. 윈난雲南 상좌부上座部에 대한 연구는 아주 드물어서 한전과 티베트 불교 연구와의 격차는 상당히 심하다. 장기적인 안목으로 볼 때, 이러한 불균형은 전체 종교사상 연구가 심화되고 발전하는 데 걸림돌로 작용한다. 그뿐만 아니라 민간종교 연구는 대부분 자료 수집에 그치는 경향이 있다. 연구 수준이 깊지 못하고 심도 있는 이론을 다룬 저술도 절대적으로 부족하다. 요컨대 중국의 종교사상 연구는 이미 상당한 성과를 얻었다고 하지만, 향후 이를 어떻게 심화하고 새로운 길을 개척하여 국내외의 연구 성과를 하나로 꿰뚫을 것인가 하는 문제에 직면해있다. 이는 여러 학자에게는 무거운 짐이 되지만 학계에 크게 이바지할 수 있는 절호의 기회이기도 하다.

제3절
중국종교사상 연구의 기초와 의의

어떻게 하면 중국종교사상을 더욱 깊이 있게 연구할 수 있을까? 올바른 연구 방법을 모색하는 것이 우선 해결해야 할 과제다. 다음에서 학술적 연구 동향을 되돌아본 후에 연구 방법과 그 가치를 간략하게 논술하겠다.

1 —— 중국종교사상 연구의 기초

중국종교는 하나의 문화 현상이자 사회적 실체로서 중국 민중의 생활 습관, 도덕규범, 민간 풍습 등 사회의 각 방면에 깊은 영향을 미치고 있다. 중국종교사상을 연구하는 것은 중국종교사상의 역사적 · 문화적 가치를 이해하는 데에 도움이 될 뿐 아니라, 연구 자체도 중요한 현실적 의의가 있다. 그럼에도 현 학계의 중국 사상에 관한 연구는 아직도 총체적인 고찰과 심화된 인식이 부족하여 탐구해야 할 과제들이 많이 남아있다. 이에 중국종교사상 자체의 변화와 발전에 걸맞은 적절한 연구 방법을 찾는 것이 무엇보다도 중요하다.

종교 연구 방법에 관한 수많은 학자의 논의들은 중국종교사상 연구에서도 어느 정도 참고할 만한 가치가 있다. 따라서 여기서는 앞선 학자들의 논의를 근거로 논지를 전개하고자 한다.

기타 분야의 연구와 비교해 신앙의 문제를 다루는 종교사상 연구는 나름의 특수성을 지닌다. 종교 신자의 눈에는 신앙은 증명이 필요하지 않은 것이다. 이 때문에 종교 체계 속에 존재하는 비합리적인 사고는 과학적·이성적 사고와는 다르다. 따라서 다른 입장과 다른 태도, 예컨대 신앙주의 혹은 신앙을 부정하는 태도로 종교사상을 연구하면 도출된 결론이 같지 않거나, 심하면 현저한 차이가 있을 수도 있다. 그렇다고 신앙을 전면 부정하는 학문적 태도로 종교적 삶을 깊이 파고들 수도 없다. 문외한이 되기 때문에 이런 연구 태도는 당연히 부적절하다. 하지만 신앙주의의 관점에서는 "나무로 조각하거나 점토로 빚은 우상 앞에 오체투지 하는 것만 보인다."[32] 이 때문에 총체적이고 깊이 있는 연구를 하려면, 종교에 깊이 들어가 종교적 삶을 이해하고 그 사상과 본질을 분석해야 할 필요가 있다. 그뿐만 아니라 종교적 사유에서 벗어나 이성적 사고를 해야 한다. 이른바 "종교에 깊이 들어간다"라는 것은 신자로서 종교적 체험을 한다는 뜻이 아니다. 연구자로서 종교적 활동이 구체적으로 이루어지는 장소에 가서 신자들과 많이 접촉한다는 뜻이다. 이 점이 중국종교사상을 연구할 때 전제가 되어야 한다.

학자들은 다양한 관점에서, 예컨대 종교인류학·종교사회학·종교심리학·종교철학·종교문화학·종교지리학 등으로 종교사상을 연구하

32 뤼다지, 『종교학통론신편』, 26쪽.

여 갖가지 새로운 시야를 열어준다. 하지만 단순히 해당 학문 분야에만 착안하여 종교사상을 연구하면 곧바로 모순과 곤경에 봉착하기 마련이다. 예를 들어, 종교문화학의 시각에서 종교사상의 현상을 분석하면, 막스 베버의 경우처럼 자본주의 경제 발전과 신교의 개혁, 그 어느 쪽이 결정적 요인이 되는지 판단하기 어려운 난관에 봉착한다.

요컨대 종교사상을 연구할 때는 객관적이면서도 깊이가 있어야 한다는 것을 원칙으로 삼아야 한다. 객관이란 말은 종교사상을 사실 그대로 기술하고 분석한다는 것이다. 그래야 종교 본연의 모습을 왜곡하지 않고 그대로 볼 수가 있다. 객관적으로 하려면 반드시 종교적 삶에 깊이 파고들어야 하고 일차적 종교 자료를 파악해야 한다. 종교 자료를 깊게 파악해야 비로소 표면적인 분석에 치우치지 않고 분석의 객관성을 확보할 수 있다. 깊이가 없으면 연구는 한쪽으로 치우쳐 객관성을 잃을 우려가 있다. 따라서 사실을 사실대로 파악하는 태도와 회의적인 정신이 요구된다. 한편으로 사실에 대한 존중은 모든 분석과 평가에 선행하는 전제다. 실사구시實事求是에 근거한 중국종교 연구가 되어야 비로소 신뢰성을 확보할 수 있으며 시간의 검증을 이겨낼 수 있을 것이다. 사실은 웅변보다 앞서고, 이처럼 사실을 존중하는 태도는 자료를 탐색하고 확보할 때만 유효한 것이 아니다. 자료를 분석할 때에도 사실을 존중하는 태도와 객관적 사유가 적용되어야 일체를 부정하지 않게 된다. 다른 한편으로, 대담하게 탐구하는 회의적인 정신이 있어야 한다. 의심하고 회의하는 것은 발전의 원동력이다. 발을 묶고 현실에 안주하게 되면 발전과 창의력이 있을 수 없다. 물론 회의는 실사구시의 기초 위에 제기되어야 한다. 사실만 강조하고 회의가 없으면 연구에 창의가 있을 리 없고, 증거와 사실을 중시하지 않고 회의만 하면 객관적 원칙을 말하는 것조차 불가능하므로, 양자를 서로 잘 결합해야 한다.

중국종교사상을 분석하고 연구할 때, 사실에 대한 존중과 회의적 정신만 가지고는 충분하지 못하다. 더욱 구체적인 연구 방법이 있어야 한다. 그렇지 않으면 착수할 방법을 알 길이 없다. 강조해야 할 점은 사실 존중과 회의 정신이라는 원칙을 모든 구체적인 연구 방법에 관철하고, 또 구체적인 연구 방법에서 구현되게끔 하는 것이다. 이것이 바로 거시적인 연구 방법과 미시적인 연구 방법의 결합이다. 이렇게 될 때 연구는 객관적이면서도 깊게 파고 들어갈 수 있게 된다. 따라서 중국종교사상을 연구할 경우 다음의 사실들을 유의할 필요가 있다.

1 언어경상법語言鏡像法과 심리 분석법의 결합

언어는 입말과 글말을 포함한다. 여기서 사용하는 언어는 글말이다. 중국종교사상은 주로 수많은 서적과 문헌 자료 속에서 구현되고, 대부분 언어를 전파의 수단으로 삼는다. 언어는 중국종교사상의 기본적 매개체인 만큼, 언어를 떠나서 중국종교사상이 전승될 방도는 없다. 각각의 시대에 유통된 언어는 저마다 다른 특색을 지닌다. 같은 시기라 하더라도 지역과 풍속에 따라 언어는 서로 다른 특징을 드러내고, 언어 구조나 표현 방식 및 기능도 모두 일치하지 않는다. 당나라 때 도교와 불교의 언어에서처럼 각각의 특색이 있고 확연히 다른 면이 있다. 언어의 변화는 수직적 또는 수평적으로 일정한 관계를 나타낸다. 그런 연속성 덕분에 오늘날 우리는 여러 작품에서 선현들의 사상을 분석해내고, 서로 다른 언어 환경에 반영된 모종의 일치점이나 유사한 사상적 특질을 구분하고 변별하게 된다. '언어경상법'은 언어의 구조, 기능, 표현 방식 및 그 변화 과정에 대한 고찰을 통해 글자에 표현된 사상적 내용을 프리즘처럼 분해하는 방법이다.

중국종교는 각각의 종교와 종파에 있어서 같거나 다른 시기에 그들의 종교사상을 서술하면서 차용한 언어는 종종 일치하지 않고, 언어적 연속성과 불연속성의 통합을 드러낸다. 이에 따라 종교언어를 통해 종교사상을 탐구할 수 있는데, 예를 들어 '몽환 구조'를 가진 도교소설의 언어를 분석함으로써 거기에 내포된 종교사상을 탐구할 수도 있다.[33]

심리 분석법은 심리학과 관련된 방법을 동원하여 인간의 종교적 의식 및 그 특징을 탐구하고, 종교심리의 발생 요인 및 종교적 경험과 심리적 변화의 법칙을 고찰함으로써 종교사상의 발전 양상을 밝히는 것이다. 숭배와 두려움과 같은 종교적 의식의 발생, 기도와 축제와 같은 종교적 행위와 그 활동 등은 모두 일정하게 인간의 종교적 심리를 반영한다. 따라서 심리 분석법도 중국종교사상 연구의 중요한 방법이 된다. 선현들은 언어 문자로 종교적 의식을 기록해 두었다. 따라서 심리 분석을 할 때는 '언어경상법'과 연계되어야 한다. 마찬가지로 언어의 구조, 기능, 표현 방식 및 그 변화 양상에만 집착하면 언어에 반영된 '상像'을 꿰뚫어 보고 이를 분석할 길이 없으므로 심리 분석법과 결합할 필요가 있다. 언어로 하여금 종교에 내재한 인지 심리와 민족 심리를 드러내게 함으로써 그 사상적 저층과 사유의 특징을 발굴해낼 수 있다.

2 논리와 역사를 통합하는 방법론

논리적인 방법은 개념 · 판단 · 추리를 통해 자료를 조율하고 인식을 제고하는 방법이다. 중국종교는 오랜 역사를 거치면서 대량의 서적과 문헌 자료를 유산으로 남겼는데 각종 해설적 성격을 띤 자료까지 포함하면 그야

33 잔스창, 『도교 술수와 문예道教術數與文藝』, 타이완: 문진출판사, 1998, 177-180쪽.

말로 바다처럼 방대하다. 만약 이성적 사유와 논리적 접근이 수반되지 않으면 앞뒤를 구분하지 못할 뿐더러 손댈 곳조차 막막하다. 따라서 분류 연구 방법, 귀납 통계법 등 논리적 방법을 동원하여 수습하고 정리함으로써 문헌 자료에 담긴 생각의 실마리와 내용의 가닥을 파악할 수 있다. 예컨대, 도교의 역사적 전개 과정에 수없이 많은 사건이 있었다고 하자. 여기서 모든 역사적 사건들을 하나하나 다 분석할 수는 없다. 논리적인 기준으로 재단해서 도교의 역사적 전개 과정과 그 원리를 가장 잘 반영하는 사건들만 추려서 연구의 대상으로 삼고 나머지 지엽적인 것들은 버려야 한다. 다음으로 종교 내부의 각 교파, 각 영역, 각 요소 사이의 논리적 연계성과 종교와 비종교 문화 간의 상호 작용을 찾아서 사상의 본질과 그 원리를 제시해야 한다. 이를 요약하면 논리적 방법으로써 각 문헌 자료 간의 논리적 연계성을 다듬어 정리하고, 문헌적 사실의 토대 위에서 연구를 통해 논리적 서술 체계를 세우는 것이다.

중국종교의 문헌 자료에 대한 논리적 사고는 역사적 추적 대상에서 벗어날 수가 없다. 왜냐하면, 이런 자료는 사료史料인데, 역사상 존재했던 어느 개인이 어떤 종교적 사물에 대해 감정을 토로한 기록이거나 당시 사회와 역사적 환경에서 이루어진 종교적 의식과 상황에 대한 기록이기 때문이다. 일정한 시대의 인간들이 무엇을 추구했는지를 반영한다는 점에서 역사적 산물이기도 하다. 따라서 이러한 문헌들을 해독할 때, 반드시 사회와 역사라는 구체적이고도 광대한 배경 아래 자료를 놓고 그 이론적 특징과 상호 작용을 분석해야 한다. 그래야 그 역사적 가치와 특정한 역할을 제대로 파악할 수 있다. 당시 구체적인 역사적 조건을 고려하지 않고 단순히 현재의 안목으로만 자료를 분석하고 평가하면 자료의 종교적 관점을 총체적으로 깊게 파악할 수 없을 뿐만 아니라 그 관점마저 왜곡해 기대한 대로의 결과를 얻지 못한다.

3 논사論史 결합의 방법론

여기서 소위 '사史'란 사료를 충분히 확보한다는 뜻이다. 시간은 한 번 지나가면 다시 돌아오지 않는 특성이 있어서 중국종교사상을 연구하고자 한다면 선현들의 논술을 기록한 사료를 통하여 그들의 사상적 궤적을 파악할 수밖에 없다. 어떠한 종교적 사료라 할지라도 크든 작든 어느 정도 당시 종교적 상황이나 본질을 반영하기 마련이다. 사료를 충분히 확보한다는 것은 종교사상 연구의 중요한 수단이고, 이는 객관적인 분석을 전제로 한다. 중국종교사상에 관한 연구는 곧 그 사료에 관한 연구라고 말할 수 있다. 사료를 떠난 연구는 원천이 없는 강물이고, 수립된 이론은 허공의 누각에 지나지 않는다.

사료의 확보는 역사와 사상에 대한 간단한 진술에 그칠 수 없고, 반드시 '논論'이 수반되어야 한다. 사료가 너무나 방대하기 때문인데, 역대 『도장道藏』처럼 대량의 도교 문헌 사료가 보존되어 있는 사례도 있다. 항상 "내가 육경을 주석한다我注六經"라거나 "육경이 나를 주석한다六經注我"라는 형식으로 경전을 해석하고 주석하기 때문에 선현들의 종교 경전 해석은 서로 일치하지 않는다. 따라서 '논'이 요구되어야 한다. 중국종교사상 및 그 복잡다단한 층위 간의 관계에서 역사적 위치와 작용을 상세하게 분류하고 정리하는 데는 '사'와 '논'이 결합되어야 한다. 이렇게 해야만 중국종교사상의 실상을 펼쳐 보일 수 있으며, 그 역사를 잘 인식하게 되어 깊이 있는 연구와 토론을 비로소 전개할 수 있다. '논'을 통해 '사'의 맹점이나 의문점 및 난제를 해결하기도 한다. 중국종교사상에는 수많은 논쟁거리가 존재하며 새롭게 발굴해야 할 역사적 사실의 문제도 허다하다.

현존하는 자료를 놓고 일정한 방식의 '논'을 거치게 함으로써 합리적이고 철저한 분석할 꾀할 수도 있을 것이다. 일테면, 도교사에서 백옥섬白玉蟾의 본적本籍에 대한 논쟁이 있는데, 하이난海南 출신이라고 하기도 하고 푸젠福建 출신이라는 주장도 있다. 이런 논쟁은 역사적 사실과 결부하여 논증해야 해결될 수 있다. 따라서 사료에 근거한 논증이 있어야 하고, 논증을 통해서 사료를 해석하며, 사료와 논증을 결합하여 상호 검증해야 한다. 사료만 있고 논증이 없으면 바닷물 속에서 바늘을 건지는 것과 같고, 논증만 있고 사료가 없으면 샘이 없는 냇물과 다름없다.

4 중국과 서양을 대비하는 방법론

과거 선현들은 오랜 세월 동안 중국문화를 학문적 대상으로 하면서 고증考證이나 훈고訓詁와 같은 실용적 연구 방법론을 마련했다. 이는 선현들이 경험한 학문 방법론의 결산이기도 하다. 이러한 방법들은 중국종교사상 연구에도 그대로 적용된다. 중국종교사상의 문헌 자료는 대부분 고문자古文字로 기록된 탓에 고증과 훈고의 방법이 필수적으로 요청된다. 고문자를 확실히 알고 있어야 고문으로 된 서적을 제대로 연구할 수 있다. 고증과 훈고를 몰라서 문자를 해독하지 못한다면 경전 등의 사료를 정확하게 읽고 연구할 수 없다. 사실에 입각한 종교사상 연구의 이론적 체계도 세울 수 없을 것이다. 따라서 전통적인 중국문화 연구방법들은 충분히 본보기로 삼을만하다.

서양 문명의 발전 과정에서 문자인류학·기호학·비교언어학 등의 효과적인 연구 방법론이 많이 개발되었다. 중국종교사상을 연구할 때 이런 방법론을 그대로 차용할 수 있다. 이러한 연구 방법들은 새로운 연구 시야를 제공하기 때문에 중국종교사상을 다양한 관점에서 다기능적으로 연구하는 데 도움이 된다. 체계적인 분석을 통해 논리 전개를 선명하게 함으로써 중국종교사상의 가치를 천착하는 데도 매우 유리하다.

따라서 전통적인 방법과 외래적인 방법을 병행할 필요가 있다. 서양 문명을 혐오해서 전통적 고증과 훈고에 집착하거나, 아니면 서양 문화를 비판 없이 수용해서 전통적인 방법을 버리는 극단적인 태도는 모두 취할 만한 것이 못 된다. 극단적인 두 태도는 전반적인 중국종교사상의 실상을 파악하는 데에 모두 불리하고, 중국과 서양 문화가 상호 교류하면서 융합되는 추세에도 부합하지 않는다. 물론 중국과 서양의 모든 연구방법들을 전부 다 계승하고 차용해야 한다는 뜻도 아니다. 유효한 연구 방법에 한정해서 수용하고, 이를 소화하여 활용한다는 뜻이다. 조롱박을 따서 표주박을 그리는 식의 단순 모방은 종교사상 연구에 아무런 도움이 되지 않을뿐더러 오히려 걸림돌이 된다.

5 고금 대비 방법론

'고古'란 다름 아니라 중국종교사상의 본질과 발전 법칙을 밝힌 기초 위에서, 당시 사회·역사적 문화 속의 위상과 그 역할을 충분히 살핀다는 것이다. 중국종교는 방대한 체계를 이루기 때문에 각 교파 간에는 상대적으로 독립적이면서도 상호 연계되는데, 이런 정황을 유념하는 것이 매우 중요하다. 또한, 중국종교는 하나의 사회적 실체로서 주변 사회의 문화와 상호 교섭한다. 따라서 이러한 상호 교섭 관계를 연구함으로써 전체 사회적 문화 속에서의 중국종교사상이 갖는 위상과 역할을 천명하고, 중국 민중의 심리, 행위 방식, 도덕규범 내지 경제와 정치 등 각 방면에 미치는 영향을 밝혀야 한다. 충분히 확보한 사료를 근거로 해서 일정한 방법으로 중국종교의 구성 요소들을 논리적으로 분석해야 한다. 이를 통해 특출한 역사적 가치를 드러내는 데 그치지 않고, 잠재되어 있거나 혹은 관련 사료의 비교 분석을 거쳐야만 발견할 수 있는 사상과 그 특징까지 발굴하고 정리해야 한다.

중국종교사상을 탐구하는 현실적 의의는 역사적 사실을 존중한다는 전제하에 중국종교사상에 내재한 강렬한 시대적 정신을 사색하고 고찰하는 데 있다. 중국종교사상을 연구하는 목적은 그 역사적 문화의 가치를 밝히는 데에 있을 뿐만 아니라, 당면한 현실에 근거를 둔 중국종교사상의 현실성을 고려하고 시대에 부합한 이론을 도출하는 데 있다. 역사적 가치만 다루고 현실적 가치를 도외시하게 되면, 중국종교사상은 활력을 잃고 위축되기 마련이다. 따라서 중국종교사상을 연구하고자 할 때, 과거 문화유산을 어떻게 흡수해서 사회주의 신문화를 건설할 것인가 하는 현 중국 학계의 공동 관심사와 결부하여 오늘날 사회에서 중국종교사상이 갖는 의의와 그 가치를 자세히 설명해야 한다. 그렇게 함으로써 중국종교와 사회주의 사회라는 양자가 서로 맞물리는 이론을 모색하는 데 필요한 체계를 제공할 수 있을 것이다.

2 —— 중국종교사상 연구의 의의

먼저 중국종교사상에 관한 연구는 중국종교의 양상을 총체적으로 이해하고 중국종교의 역사적 위상과 그 역할을 철저하게 파악하는 데 도움이 된다.

아직도 중국종교를 이해하지 못하는 사람들이 허다하다. 그들은 종교가 전적으로 비이성적이고 과학과 근본적으로 대립할 뿐만 아니라 역사적 흐름에도 위배되어 당연히 배척할 대상이라고 주장한다. 심지어는 종교를 봉건적 미신과 동일시하기도 한다. 이런 현상들은 모두 중국종교에 대한 몰이해에서 비롯된 것이다. 종교 전반의 역사 및 발전 법칙에서 볼 때, 중국종교는 원시종교에서 유·불·도에 이르기까지 여러 종교의 병립하는 국면을 오랫동안 형성해왔다. 종교를 형성하게 된 자연적·사회적 원인, 정신적 요소와 현실적 토양, 그리고 오랜 생명력 등으로 인해 종교는 쉽사리 사라지기는커녕, 오히려 앞으로 더 오랫동안 존재할 것이다. 중국종교사상의 내용 면에서 보면, 역사적 가치가 풍부하고 발굴할 만한 가치가 있는 사상적 요소들이 아주 많다. 유교의 인격人格 교육, 도교의 양생養生 이론, 불교의 심성心性 사상 등은 모두 진지하게 살펴볼 만한 것들이다.

다음으로, 중국종교사상에 관한 연구는 중국의 문화적 맥락을 총체적으로 이해하고 파악하는 데 도움이 된다.

중국종교사상의 전파와 그 영향은 중국종교의 내부에만 그치지 않고, 하나의 사회·역사적 현상이고 문화적 현상으로 나타나 중국 전통문화의 발전에 중대한 영향을 미쳤다. 중국문화의 역사적 발전이라는 측면에서 이를 자세히 살펴보면, 원시종교·유교·불교·도교·민간종교 및 기타 종교를 망라하는 중국종교는 구성 요소들 간의 상호 작용으로 인해 그 자체로 하나의 독립적인 문화적 형태가 되었다. 특히 유·불·도 삼교 간의 충돌과 융합이 양한兩漢 이래 중국 전통문화의 발전에 있어서 주된 선율이 된 것은 분명한 사실이다. 이밖에도 중국종교는 중국 전통문화의 여러 부분, 곧 철학·문학·사회정치·경제·윤리도덕·법률·민속·심리·회화·조각·희곡·건축·의학·화학·천문역수天文曆算·지리 등과 모두 밀접하게 상호 관련되며, 천 가닥 만 가닥으로 복잡하게 얽혀있다. 이를 제대로 연구하지 않으면 철학사·문학사·정치사·경제사회사·윤리사·민족사·민속사·예술사·과학사 등과 같은 중국 문화사를 총체적으로 완벽하게 드러내기 어렵다.

한편으로, 중국종교사상의 연구는 중국종교사상의 현실적 역할을 발휘하는 데 도움을 준다.

중국은 1억 이상이나 되는 신도를 보유한 국가다. 이러한 국가에서 종교를 통해 어떻게 합리적 사상을 발굴하고, 하나의 사회적 현상으로서 중국사회의 발전에 적극적인 사회적 기능을 발휘하도록 만들 것인가 하는 문제는 여전히 탐구하고 연구할만한 과제가 된다. 이는 종교가 지닌 역사와 문화의 가치를 이해할 것인가 하는 문제일 뿐만 아니라, 현실적 의의를 지닌 문제이기도 하다. 따라서 중국종교사상과 민족 문제, 현대사회의 정신문명 건설 및 생태 보호 등과의 관계를 중심으로 종교사상의 현실적 의의를 논할 필요가 있다.

중국종교사상을 깊이 연구하는 것은 민족 문제를 잘 처리하는 데도 도움이 된다. 중국은 다민족, 다종교 신앙의 국가다. 56개 민족 가운데 자신들의 종교사상과 신앙을 가지지 않는 민족은 거의 없다. 티베트족과 몽골족은 대부분 라마교를 믿고, 회족回族과 위구르족 및 하싸커족哈薩克族 등의 10개 민족은 대부분 이슬람교를 믿으며, 다이족傣族은 거의 전부 불교를 믿는다. 종교사상과 신앙은 민족을 구성하는 기본 요소 중 하나이고, 종교사상은 각 민족의 민심, 정서, 풍속, 민속 등에 영향을 끼친다. 종교적 신앙이 보편화된 지역에서는 종교 문제와 민족 문제가 늘 얽혀있으며 종교적 신앙은 민족 전반의 문제 가운데 가장 중요한 구성 요소의 하나가 된다. 종교사상은 과거나 현재를 막론하고 소수 민족에게 중대한 영향력과 호소력이 있다. 종교 문제 자체가 강렬한 민족성을 지니기 때문이다. 또한, 이렇게 중국종교사상에 관한 연구를 심층적으로 전개하는 것은 그 합리적 요소를 발굴한다는 측면에서 유익할 뿐만 아니라, 종교의 적극적인 역할을 주목함으로써 각 민족의 전통문화를 개발하고 민족 간의 갈등을 조절해서 민족들 간의 조화와 공동 발전을 촉진하는 데도 기여할 수 있다.

중국종교사상에 내재한 수많은 윤리도덕 사상은 현대 정신문명의 건설에 이로운 점이 많다. 오늘날 경제가 발달하면서 개인의 심리적 문제가 외부로 표출되어 사람과 사람의 관계가 냉담해지고 도덕이 날로 타락하는 현상을 겪고 있다. 이 모든 것은 정신문명을 건설하는 것이 얼마나 중요하고 시급한지를 잘 말해준다. 중국의 종교들에는 대부분 도덕적 규범에 대한 나름의 가르침이 있다. 이런 가르침들은 종교 체계의 필수 요건인데, 세속적 윤리도덕에 얼마간의 보편적 준칙을 반영하면서 동시에 민중의 심리와 행동 방식에 깊은 영향을 미친다. "악행을 저지르지 말고諸惡莫作 선행을 받들어 행하라衆善奉行"라고 하는 불교와, 박애 · 인내 · 관용을 강조하는 기독교의 가르침은 현대 정신문명을 건설하는 데 중요한 시사점이 된다. 물론 종교신앙으로써 오늘날 정신 문명을 규범화한다는 말이 아니다. 그것은 실제로 불가능하고 현실성도 없다. 여기서 강조하고자 하는 바는 중국종교사상을 고찰하고 연구할 때, 현대의 정신문명을 건설하는 데 현실적 가치가 있다고 판단되는 부분에 비중을 두고 발굴해야 한다는 것이다.

중국종교사상의 체계에는 아주 깊고 풍부한 생태적 지혜가 담겨있는데, 이러한 지혜는 현대 인류가 직면한 생태적 위기를 해결하고 인간과 자연의 조화로운 발전을 도모하는 데 중요한 거울이 된다. 오랫동안 인류는 '자연의 주인'으로 행세하며 자연을 약탈하고 파괴해왔던 탓에 생태계의 기능이 약화되고 생물의 다양성이 큰 위협을 받고 있다. 수원이 고갈되고 토양이 유실되며, 광물 자원의 무분별한 개발로 환경이 오염되어 자연과 인간사회의 조화로운 평형 상태는 철저히 파괴되었다. 이러한 국면에 중국종교의 일부 사상과 그 주장을 살펴서 거울로 삼는 것도 인류 전반의 생존 문제 해결에 도움이 될 것이다. 예를 들어, 도교의 계율戒律에는 "상행자심常行慈心", "민제일절湣濟一切", "방생도액放生度厄"이라 하여[34] 신도들에게 생명을 소중히 여기고 만물을 인자한 마음으로 대할 것을 요구하는데, 여기에는 모두 심층적인 생태 의식이 반영되어 있다. 또한, 도교의 음양 조화론에 나타난 총체적 사유는 인류가 직면한 생태 위기를 해결하는 데에 중요한 시사점이 된다.[35] 인간과 자연이 조화를 이루어야 한다는 사상은 기타의 다른 종교에도 보편적으로 존재하기 때문에 중국종교사상의 연구는 생태계의 균형을 유지하는 문제에서도 실로 그 의의가 깊고 크다고 하겠다.

---

34 『도장』 제3책, 문물출판사, 톈진天津고적출판사, 상하이서점, 1988, 393쪽.

35 잔스촹, 「도교의 조화론과 인류의 생존道教和諧觀與人類整體生存」, 『중국종교』, 2006년 제7기, 22쪽.

상편 — 중국종교사상의 기초

제1장 — 우주과 생태

유·불·도 삼교에는 각자 독특한 우주론이 있다. 모두 생명 활동과 대자연의 관계에 관심이 있을 뿐만 아니라, 그들의 종교적 관심과 가르침의 토대 위에 양자의 관계를 어떻게 하면 바람직하게 만들 것인가를 탐구했다. 역사상 중국의 생태 환경에 미친 유·불·도 삼교의 영향은 아마도 일반인들의 예상보다 훨씬 더 복잡했을지도 모른다. 본 장에서는 주로 중국종교의 우주 생태관 가운데 일부 긍정적인 내용을 연구하고자 한다. 부차적으로 해석과 관련된 약간의 원칙들을 제시하고 일부 내용의 배후에 있는 농경 생태의 배경까지 다루고자 한다.

'생태'는 유기체와 서식지 간의 관계를 가리키는 용어다. 여기서는 특히 인간을 핵심으로 하는 이러한 관계에 대해 중점적으로 논의하고자 한다. 생태학ecology이나 환경 생물학environmental biology도 유기체와 서식지 간의 상호 관계를 연구하는 과학으로 간주할 수 있을 것이다.

중국종교사상에 전형적인 우주론cosmology이 포함되어 있다는 것은 두말할 나위가 없다. 흔히 우주론은 생태 지식이나 생태 의식, 혹은 생태학을 전제로 성립된다. 따라서 전자의 우주론은 후자인 생태론의 일부로 파악된다. 종교사상과 '생태' 문제의 관련도 다음의 방식에 근거하여 살펴볼 수 있을 것이다. 첫째, 일부 철학적 개념, 범주, 명제 및 논술들은 생태적 주제를 중심으로 전개되거나 직접적인 생태 의식을 내포할 것이다. 둘째, 일부 경험적 측면에서의 생태 지식이나 생태 의식은 단편적인 경험과 교훈일 수도 있고, 체계적인 지식일 수도 있으며, 심지어는 완벽하게 정리된 형태로 나타날 수 있다. 셋째, 일부 개념, 범주, 명제와 논술들은 앞서 서술한 두 가지 조건 중 어느 하나에 부합하지 않더라도 그 배후에는 모종의 생태적 환경 요소들과 관련된 어떤 것들이 있거나 혹은 그 자체에 모종의 생태적 특징이 각인되어 있을 것이다. 하지만 이러한 것들은 반드시 정면으로 드러나는 주제가 아니다. 또한, 지식의 형태로 직접 추론해 낼 수 있는 성질의 것도 아니고 반드시 일정한 조건과 결부하여 해석되어야 한다. 이러한 관계에 근거한 해석이 바로 '생태 해석'이다.

중국종교사상의 우주 생태관을 탐구하는 것은 앞서 서술한 두 개의 영역, 물론 하나로 통합될 수도 있는 것을 주된 대상으로 한다. 생태 해석에 관해서는 여기서 중점적으로 논의할 대상이 아니지만, 대략의 윤곽은 어느 정도 그려 볼 수도 있을 것이다.

현대 생태학은 여러 가지의 이론적 모델을 가지고 있다. 그런데 이러한 모델들 가운데 어느 하나라도 고대 사상의 유사한 부분을 비교 검토하는 절대적 기준이 될 수 없다. 예컨대 수많은 생태학 이론은 먹이 사슬의 구조에 관심을 두고, 열역학 제2 법칙에 따라 추론된 에너지 이동의 한계점을 고려하기도 한다. 그러나 고대 사상에서 당시 사람들이 보편적으로 수용한 먹이 사슬 개념을 명확하게 구상하는 것은 거의 불가능한 일이다. 그래서 반드시 그 자체의 범주와 체계를 고려해서 분석할 필요가 있다. 그러나 어떠한 체계와 상관없이 다음의 논제들은 모두 적합할 것으로 여겨진다. 그것은 바로 우주의 구조, 우주 속 인간의 위상, 인간과 만물의 관계에서 실제로 처하는 상황과 응당 그렇게 되어야 한다는 이념 등이다. 생태 환경을 보호하는 일련의 조치들은 응당 그렇게 되어야 한다는 모종의 목표에 도달하기 위한 수단이다. 완전한 생태 계획에는 이러한 조치들 이외에, 인간과 환경의 조화로운 관계가 무엇인가 하는 목표 설정도 당연히 포함된다.

제1절 도학 이론의 생태적 함의와 해석

전통적 농경사회에서는 인간이 자연과 조화를 이루고 살아야 한다는 이념이 사람들의 마음속에 깊이 배어 있다. 여기서 언급하는 도학 이론은 '도'의 개념을 논하는 것이 아니라, 가장 기본적인 전개 방식인 '음양陰陽'과 '오행五行'을 이른다. 이런 모델은 유교의 제사와 예법 및 고대 방술方術과 도교적 시스템 속에 모두 풍부하게 운용되고 있어 가히 주도적 원리라고 칭할만하다. 도학 이론의 핵심적 내용에서 그 파생 양식에 이르기까지 사실상 깊고 탄탄한 생태 의식이 기저에 깔려있다고 해도 과언이 아니다. 그중 가장 중요한 특징은 전통적 농경 문화의 생태적 환경에서 찾아볼 수 있다.

1 —— 도학 이론의 생태적 함의

전통적인 도학 이론에 '도'가 가장 핵심적인 범주다. 그외 '도'와 병행하거나 그보다 한 단계 낮은 차원의 범주로는 기氣·원기元氣·리理·태극太極·음양·오행 등이 있다. 이러한 일련의 범주들로 구성한 완벽한 시스템은 끊임없이 변화하며 상호 감응하고, 조화를 이루고 발전하면서 한 폭의 그림 같은 우주쇼를 펼치는데, 여기에는 통상 '천인합일天人合一'이라는 생태적 함의가 스며있게 마련이다.

1 천인합일의 생태 철학적 함의

중국 본토의 종교사상에는 유교와 도교라는 두 갈래 큰 흐름이 존재한다. 유교와 도교의 경전에서 인간과 자연의 관계를 집중적으로 다루는 범주는 바로 '천인天人'이다. 태사공太史公 사마천이 이르는 "하늘과 인간의 관계를 궁구하여 고금의 변화를 통달한다"라는 말은, 어떤 의미에서는 고대 사상이 지향하는 초점을 일러준 것이라고 해석된다. 후대의 도교에서 '남화진경南華眞經'이라 하여 받들고 있는 『장자』에서는 이렇게 말한다.

> 하늘과 땅은 위대한 아름다움을 지녔으면서도 말하지 않고, 사계절은 밝은 법도를 지녔으면서도 주장하지 않으며, 만물은 생성의 원리를 지녔으면서도 설명하지 않는다. 성인聖人은 하늘과 땅의 아름다움을 근원으로 삼아 만물의 원리를 꿰뚫는다. 그러므로 지인至人은 하는 일이 없고 위대한 성인은 지어내지 않으니 하늘과 땅을 보았다고 이른다. 지금 저 신명神明은 지극히 정밀하게 만물을 변화하게 한다. 만물을 죽이고 살리며 모나고 둥글게 하지만 그 뿌리를 모른다. 그리하여 만물은 옛날부터 그대로 존재해오고 있다. 우주가 거대하지만 그 안쪽으로 떠나지 못하고, 가을에 새로 돋아난 털은 가늘고 작지만 도를 기다려 형체를 이룬다. 천하의 모든 것은 가라앉았다 떠올랐다 변화하며 처음부터 끝까지 그대로 있지 않

> 는다. 음양과 사계절은 차례로 운행하며 어두워 없는 듯하면서도 존재하고 자욱하니 형체가 없으면서도 신령스럽고, 만물은 길러주지만 알지 못한다. 이를 근원적 뿌리라고 말하니 하늘을 보았다고 하겠다.[1]

생태 환경과 인류 활동은 서로 단절되어 관련성이 아주 희박한 것이 아니라, 상호 의존하는 두 영역이다. 자연계는 풍부하고 아름다운 원천을 함축하며[2], 침묵 속에서 인류가 직시해야 할 조화의 법칙과 원리를 펼쳐 보인다. 천인 관계의 내재적 특성은 '도'나 '근원적 뿌리本根'과 같은 '존재'로부터 직접적으로 구현된다. '근원적 뿌리'를 통해 이른바 "우주가 거대하지만 그 안쪽으로 떠나지 못하고, 가을에 새로 돋아난 털은 가늘고 작지만 도를 기다려 형체를 이룬다"라는 것을 알게 된다. 다시 말해, 모든 사물의 안과 밖, 처음과 끝, 크고 작음, 정밀함과 조잡함 등은 모두 다 '근원적 뿌리'를 통해 혼연일체가 된다는 것이다.

하늘과 인간의 관계, 즉 천인지제天人之際의 철학적 사변은 이를 통해 기타의 함의를 도출해 낼 수 있다는 점에서 주목된다. '천天'은 일반적으로 도덕적 정명定命이나 이성을 가리키지만, 다른 각도에서 새로운 해석이 가능하다. 먼저 '창천蒼天'이란 뜻에 근거해서 자연계의 총체성이나 전체성 개념을 도출하고, 그 토대 위에 '음양 사계절이 운행되는' 율려律呂를 고려할 수 있다. 이에 따라 '천인지제'의 논의 영역은 환경과 인류 생존의 문제에 관련한 생태학적 주제로 확대된다. 또한, '천' 또는 '천인'의 형식

---

1 왕선겸王先謙, 『장자집해莊子集解』 권6 「지북유知北遊」, 『제자집성諸子集成』 제3책, 중화서국, 1954, 138쪽.

2 한자의 '미美' 자는 본래 풍성하고 많다는 뜻을 지녔다. 맹자의 "충실함을 일러 아름답다고 한다充實之謂美"라는 말이 이를 뜻한다. 『맹자』 「진심하盡心下」, 주희朱熹, 『사서장구집주四書章句集註』, 중화서국, 1983년판, 370쪽 참조.

과 범주로 포괄할 수 없는 일부 내용도 생태 사상의 함의를 지닐 여지가 있는데, 일정한 상황이 주어질 때 '천'의 함의가 윤리나 정치 방면으로 해석되는 것이 바로 그러한 사례다.

생태적 관심은 또한 천인지학天人之學의 배경이기도 하다. 하나의 근원적인 범주로서 '도'가 있다고 하면, 이러한 도는 모든 사물이 화생하고 변화하는 근본 요인이다. 『도덕경』에서는 이를 다음과 같이 말한다.

> 혼돈에서 생성된 어떤 것이 있는데, 천지가 생기기 이전이다. 소리도 형체도 없고, 홀로 존재하며 변하지 않는다. 두루 운행해도 위태롭지 않으니, 가히 세상의 어머니라 하겠다. 내 그 이름을 알지 못하나, 글자로 도道라 한다. 억지로 이름 붙이면 크다大고 하겠다.

> 대도大道는 넉넉하여 좌우 어디로든 갈 수 있다. 만물이 이를 믿고 생겨나지만 자랑하지 않고, 공을 이루었지만 내 것으로 하지 않는다. 만물을 길러내면서 주인이라 여기지 않는다. 항상 욕심이 없어 작다고도 이르지만, 만물이 돌아와 안기어도 주인이라 여기지 않으니 크다고 이르겠다. 끝내 자기 스스로 크다고 여기지 않기에 그 큰 것을 이룰 수 있었다.[3]

이처럼 도론은 뚜렷한 철학적인 함의를 지닐 뿐만 아니라, 그 역사를 통해 드러난 바와 같이 처음에는 종교적 체계와 무관한 것이었다. 유흠劉歆의 『칠략七略』이나 『한서예문지漢書藝文志』에서는 도론을 가장 먼저

---

3 『노자도덕경老子道德經』 제25장, 제34장, 왕필王弼 주석본, 『제자집성』 제3책, 14쪽, 20쪽. 이하의 『도덕경』 인용문은 모두 왕필의 주석본에서 취했다.

체계적으로 천명한 것이 도가라 했고, 도가는 주관周官, 특히 사관史官의 문화와 깊은 연원 관계가 있음을 지적했을 따름이었다. 그가 도론을 종교적 신학神學이라고 인정하지 않은 것은 논쟁의 여지가 없이 분명한 사실이다. 『노자』와 『장자』는 후대에 이르러 도교의 중요 경전으로 격상되면서 종교사상의 기본적 틀을 구성하게 된 것에 지나지 않는다. 따라서 도교사상의 이모저모를 탐구할 때는 이러한 전적典籍들의 본래 성격을 반드시 언급할 필요가 있다.

그 외에 또 하나의 중요한 이유가 있는데, 생명 체험을 담은 이론으로써, 도론이 띠고 있는 동양 특유의 신비주의적 분위기가 그 자체로 종교적 특징을 다분히 제공했을 가능성이다.

'도'는 고대 '근원론'의 가장 핵심적인 개념이다. 소위 '근원론'이란 장따이넨張岱年이 분명히 밝힌 바와 같이, 대체로 '시의始意', '구경소대의究竟所待義', '통섭의統攝義' 등 세 가지 의미를 포함한다.[4] 즉 우주의 기원이나 만물의 기원, 만물이 의지해서 생겨날 수 있는 근거, 하나로 모든 것을 포괄하는 것을 말한다. 대체로 이 세 가지 조건을 갖추어야 비로소 '도'나 '근원적 뿌리'라고 칭할 수 있다.

'도'의 개념을 둘러싼 다른 각종 이명異名도 있다. 천도天道, 본근本根, 태극 등이 바로 그것이다.

> 하늘의 도는 다투지 않고도 잘 이기고, 말하지 않아도 잘 응하고, 부르지 않아도 스스로 오고 느슨하지만 잘 도모한다.[5]

---

4 장따이넨, 『중국철학대강中國哲學大綱』, 중국사회과학출판사, 1982, 8-9쪽.

5 『도덕경』 제73장, 『제자집성』 제3책, 43-44쪽.

하늘의 도는 남는 것을 덜어내어 부족한 것을 메꾸는데 인간의 도는 그렇지 않아 부족한 것에서 덜어내어 넉넉한 쪽에 바친다. 누가 남은 것을 천하에 바칠 것인가? 오직 도를 지닌 사람만이 가능하다.[6]

도는 느낌이 있고 믿을 수 있으나 드러난 행위도 없고 형체도 없다. 전할 수는 있지만 받을 수는 없고, 터득할 수는 있으나 드러낼 수는 없다. 스스로 밑本이 되고 뿌리根가 되어 천지가 아직 생기기 전에 옛날부터 그대로 있어왔다.[7]

역易에 태극이 있어 양의兩儀를 낳고, 양의가 사상四象을 낳고, 사상이 팔괘八卦를 낳는다.[8]

선진先秦 사람들이 천도를 말할 적에, '도'가 비록 근본이 되지만 인간의 사심私心에서 나온 지나친 규범, 혹은 폄하해서 이르는 인도人道로 말미암아 대도본성大道本性의 뜻과 어긋난다는 것을 항상 전제로 한다. 그래서 '도'의 본래 모습을 구현하는 영역을 일러 '천도'라 칭한다. 여기서 '천'은 그 자연적 의미를 취한 것이다. 실제로 도와 분리될 수 있다는 뜻은 아니다. '본근'이라는 용어는 『장자』「지북유」에 나온 것으로 사실상 '도'의 다른 이름이다. 태극을 말하면, 『문선주文選注』에서는 한나라 정현鄭玄의 주석을 인용하면서, "극極 속의 도이며, 천지가 나누어지기 전의 순화淳和한 기운"이라고 이른다. 이를 『주역』「계사상繫辭上」에서 "일음一陰과 일양

6 『도덕경』 제77장, 『제자집성』 제3책, 45쪽.

7 왕선겸, 『장자집해』 권2, 「대종사大宗師」, 『제자집성』 제3책, 40쪽.

8 『주역』「계사상」, 『십삼경주소』 상책, 중화서국, 1980, 82쪽.

一陽을 일러 도라 한다."는 것과 함께 생각하면, 극은 도를 대신해서 지칭하는 것임을 알게 된다.

한편, 일부 범주들도 도론과 많은 부분에서 얽히고설켜 있는데, 천명天命·성性·리理·원기元氣·음양 등이 그것이다.

> 천명을 일러 성性이라 하고, 성에 따름을 '도'라 하고 도를 닦는 것을 '교敎'라고 한다. '도'라는 것은 잠시도 떠날 수가 없는 것이니 떠날 수 있으면 도가 아니다 … 희로애락이 나타나지 않은 것을 '중中'이라 하고, 나타나 모두 절도에 맞은 것을 '화和'라고 한다. '중'이라는 것은 세상의 큰 근본이고 '화'라는 것은 세상이 나아갈 길이다. 중과 화에 이르면 천지가 제자리를 잡고 만물이 여기서 자라난다.

> 오직 천하의 지극한 정성으로 그 성性을 다할 수 있다. 그 성을 다할 수 있다면 사람의 성을 다할 수 있고, 사람의 성을 다할 수 있으면 곧 만물의 성을 다할 수 있다. 만물의 성을 다하게 되면 곧 하늘과 땅이 조화롭게 길러내는 것을 도울 수 있게 되고, 하늘과 땅이 조화롭게 길러내는 것을 돕게 되면 곧 천지와 더불어 참여할 수 있게 된다.[9]

『중용中庸』을 비롯한 선진·양한 시기의 유가 저술에서 집중적으로 거론되는 '성性', '명命', '도道', '기氣' 등 범주들은 초기 유가에서 드물게 언급한 천도성명天道性命의 내용을 보완한 것이다.[10] 그 속에 인간과 자연계

9 『중용』 제1장, 제22장, 주희, 『사서장구집주』 제17, 32-33쪽.

10 『중용』은 유가의 사맹思孟학파의 작품이다. 이외에 곽점초간郭店楚簡에도 중용학파와 관련 있는 몇 편의 글이 있는 것 같다. 예컨대 "성자명출性自命出"이 바로 그것이다.

가 동일하게 필연적인 힘의 지배를 받는다는 뜻도 내포한다. 이러한 필연성은 자연계가 생장하는 힘이자 도덕적 필연성을 보장하는 힘이기도 한데, 이를 통해 인간과 자연계가 직접적으로 합일되는 것이다. 따라서 자연계의 조화와 도덕적 인문학의 정립은 상호 교감하면서 서로의 발전을 촉진하게 된다. 지성至誠하면 천지의 생성과 발육에 도움을 줄 수 있다는 것이다. 이것이 바로 천도 성명의 생태적 함의다.

그러나 어떤 범주에서든 우주 근원론과 관련한 고대 논쟁의 배후에는 언제나 자연과 인간의 관계에 대한 독특한 생각들이 존재했다. 이런 종류의 사고에 내재한 경향은 늘 그렇듯이 두드러지게 나타난 것은 아니었다.[11] 천인의 범주가 현상적 측면에서 자연과 인간의 대립과 통일성 문제를 제기하고 통괄하고자 했다면, 도론은 하늘과 인간이라는 두 축에서 서로가 종속되는 더욱 심층적인 문제를 제기했다고 볼 수 있다. 도론의 특징은 전통적 생태학적 사고의 기본적 경향을 결정했다는 데서 찾을 수 있을 것이다. 따라서 '천인합일'이라는 주제가 중국 고대 종교사상의 주류를 형성하고 있다면 그것은 통상적으로 도론에서 다루는 주제의 하나일 뿐만 아니라 그 속에 생태적 함의가 뚜렷하게 드러난다.

2 만물동원萬物同源과 홀로그램

도는 만물을 화생하는 근원이자 만물동원의 기초이다. 『도덕경』에서 언급한, "도가 하나를 낳고 하나가 둘을 낳고, 둘이 셋을 낳고, 셋이 만물을

11 중국 고대 철학의 가장 핵심적인 논제, 즉 서방의 존재론(ontology, 본체론으로 번역하기도 함)에 해당하는 부분은 어떤 특성을 지니는가, 그리고 존재론과의 차이가 무엇인가 등을 탐구할 때, 장문의 문헌 목록을 언급해야 할지도 모른다. '본근'이라는 용어는 중국 고유의 것으로 『장자』의 일부 단락에 보인다. 이를 '근원론'을 기본적 범주로 보는 관점은 장따이넨의 『중국철학대강』을 참고하기 바란다.

낳는다. 만물은 음을 등에 지고 양을 껴안아 충기冲氣로 조화를 이룬다." 라는 주장은 인구에 회자되지만, 그 핵심 사상에 관해서는 이설이 적지 않다.[12] 그럼에도 이를 통해 알게 된 것은, 만물이 모두 도에 바탕을 두고 있으며, 이로 말미암아 만물이 생성되고, 도는 만물을 남김없이 두루 기르지만, 만물은 도를 벗어난 적이 없고, 만물은 하나의 음과 하나의 양이란 본성을 지닌다는 사실이다. 엄군평嚴君平도 『도덕진경지귀道德眞經指歸』에서 이렇게 말한다. "천天·지地·인人·물物은 근원이 모두 동일하고, 하나의 같은 조상을 가진다. 천지 사방의 안쪽과 우주의 겉면은 서로 연결된 하나의 실체다."[13] 여기서 말하는 공동의 조상이 바로 '도'다. 만물의 형태나 성질이 제각기 다른 것은 미증유의 혼돈에서 파괴되어 나온 탓이지만, 그럼에도 만물이 형성된 다음에도 여전히 도성道性을 지닌다는 것이다. 이는 도교에서 공식적으로 인정된 것이기도 하다. 『도교의추』에서 "의식意識이 있는 모든 것들을 비롯한 축생畜生과 열매, 그리고 나무나 돌에도 모두 도성이 있다"라고 말한 것이 그 증거다.

만물의 근원이 같고 한 몸처럼 통한다는 근거는 '기氣'의 범주에서 논의된다. 『장자』「지북유」에서 말한, "천하는 하나의 기운으로 통한다" 라는 명제가 바로 그것이다. '원기元氣'는 처음에는 '도'의 파생물로 인식되었는데, 나중에 만물이 분화되는 과도기적 단계로 파악되다가 마침내 '도'와 동등한 지위를 누리는 범주로 여겨지게 되었다.[14] 그러나 도와 기,

12 어떤 이는 '일一'은 태일太一을, '이二'는 음양을, '삼三'은 음양과 중화의 기운을 가리킨다고 한다.

13 『도장』 제12책, 355쪽.

14 도가와 도교에서 전개된 기론氣論의 궤적은 『장자』·『회남자淮南子』·『태평경』·『운급칠첨雲笈七籤』 등을 통해 대략 짐작할 수 있다.

두 이론은 대개 이름만 달리한 같은 실체를 가리킬 따름이고, 근본적으로 도기道氣 이원론으로 발전하지 못했다. 유교나 도교 모두 그러했다. 그러나 '기'의 범주는 동일한 에너지 실체라는 전제에서 입론되었고, 형질 사이의 변화 관계에 대한 사고와 긴밀히 연계된다.[15] 중국 사상사에서 여러 범주를 정리하여 뛰어난 성과를 거둔 대가의 한 사람으로 장재張載를 꼽을 수 있는데, 그는 "기의 변화로 말미암아 도道라는 이름이 있게 되었다"라고 주장했다. 이러한 주장은 '도'와 '기'의 관계를 명쾌하게 요약한 정설이다. 유교와 도교 계열의 학설로 수용하는 데 조금도 부족함이 없을 것이다. 정주이학程朱理學에서 핵심적 범주로 여기는 '리理'는, 기화氣化의 조리條理와 질서, 특히 그 소이연所以然을 추상화한 것에 지나지 않아서 실제로 이러한 논란의 범위에서 근본적으로 탈피하지 못했다.

도와 기는 중국에서 자생한 종교의 핵심적 범주이면서 만물동원 사상의 근거다. 그러나 도나 원기는 카오스 상태로 황홀하고 미묘한 통합체다. 만물의 분화는 형질상으로 구별되기도 하고, 음양오행의 특징으로 구현되기도 한다. 그래서 음양오행의 주기적 변화를 통해 만물의 홀로그램적 속성을 파악할 수 있다. 달리 말해, 고대 사상에서 뚜렷하게 드러나는 유기론과 전체론의 성격을 띤 우주 생태론으로 말하면, 만물의 홀로그램은 형질적 정태靜態나 기계적 속성에 있는 것이 아니고, 기화氣化의 동태動態나 유기적 속성으로 입론되어야 한다는 것이다. 이러한 측면에서, 음양오행을 통해 만물의 홀로그램적 속성을 파악하는 사유가 중국 자생의 종교사상을 통해 대중의 마음속에 깊이 각인되었다고 볼 수 있다. 예를 들어 도교의 방술, 즉 감여堪輿·도인導引·복식服食·연기煉氣·내단內丹 등과

15 '기'를 어떻게 해석할 것인가 하는 문제는 현대 철학의 난제 가운데 하나다.

같은 것들은, 모두 음양오행이나 만물의 홀로그램적 속성에서 크게 벗어나지 못하는 분야이다.

한편, 『역』의 도는 천지인天地人 삼재三才로 구현된다. 우주 생태적 의의로 볼 때, 만물의 홀로그램은 삼재를 중심으로 전개된다. 삼재의 함의를 『역전易傳』에서 찾아 인용하면 다음과 같다.

> 『역』이란 책은 광대하여 모든 것을 갖추고 있다. 천도天道가 있고, 인도人道가 있고, 지도地道가 있다. 이 삼재를 겸하여 둘씩 곱했기에 여섯이 된다. 이 여섯은 다름 아닌 삼재의 도다. 도에는 변화와 움직임이 있어서 효爻라 하고, 효에는 등급이 있어 물物이라 한다. 물이 서로 섞여 문文이라 하는데, 문이 마땅하지 않아서 길흉이 생긴다.[16]

> 옛날에 성인이 역을 만듦에 장차 성性과 명命의 이치에 순응하고자 함이다. 이로써 하늘의 도를 세워 말하기를 음과 양이라 하고, 땅의 도를 세워 말하기를 유柔와 강强이라 하며, 사람의 도를 세워 말하기를 인仁과 의義라 했다. 삼재를 겸하여 둘씩 하니 역의 여섯 획이 괘卦를 이루었다. 음을 나누고 양을 나누며, 유柔와 강强을 번갈아 쓴다. 그러므로 역은 육위六位가 되어 장章을 이룬다.[17]

위에서 인용한 두 단락은 모두 괘상卦象이나 괘위卦位의 체계에 결부하여 삼재의 도를 설명한 것이다. 『태평경』에서는 다음과 같이 주장한다.

---

16 『주역』「계사하繫辭下」, 『십삼경주소』 상책, 90쪽.

17 『주역』「설괘說卦」, 『십삼경주소』 상책, 93-94쪽.

"하늘에는 오행이 있다면 또한 음양도 저절로 있다. 땅에는 오행이 있다면 또한 음양도 저절로 있다. 사람에게는 오행이 있다면 또한 음양도 저절로 있다. … 만물은 모두 천지인을 본받는다."[18] 이에 따라서 천지인 삼재의 홀로그램을 찾기도 그리 어렵지 않다.

'하늘'과 '땅'은, 자연적 현상에 근거해서 표현된 고대의 세계관이다. 따라서 양자의 함의도 대단히 풍부하다. 오늘날 과학적 세계관에 비추어 볼 때, 전자는 은하계, 태양계, 대기권, 기후의 순환 원리 등을 가리키고, 후자는 지구, 지표, 지형, 토양, 삼림, 강과 바다, 지표면의 생물 자원 등을 가리킨다. 이것들은 모두 인류가 생존하기 위해 의존해야 할 모태母胎 환경에 해당한다. 인간은 그중에서도 영특하여 중국종교에서는 통상 천지인 셋의 지위를 가장 높게 간주한다. 『삼천내해경三天內解經』에서는 이렇게 말한다.

> 사람이 없으면 하늘과 땅이 내세울 것이 없고, 하늘과 땅이 없다면 사람이 살 수가 없다. 하늘과 땅에 사람이 없으면 마치 사람의 속에 신神이 없어 형체가 성립할 수 없는 것과 같다. 신이 있고 형체가 없으면, 신이 주장할 것이 없다. … 따라서 천지인 삼재를 이루어 만물의 으뜸이 된다.[19]

천지인 삼재의 홀로그램 상태든, 기타 사물과 기타 층위의 홀로그램적 상태든 모두 감응하는 '기틀幾'을 갖추고 있어서 사물의 변화와 발전을 촉진한다. 이에 대한 유력한 논거로 한나라 동중서의 『춘추번로春秋繁露』

18 왕밍, 『태평경합교太平經合校』, 중화서국, 1997, 336쪽.

19 『도장』 제28책, 413쪽.

를 들 수 있다. 이 경전은 한나라 유학자의 가장 위대한 저술로 평가되는데,[20] 그중 동류감응同類感應에 관한 부분이 가장 빼어난 대목이다.

> 평지에 물을 대면, 물은 건조한 곳을 피해 습기가 찬 곳으로 흐르고, 고르게 펼친 땔감에 불을 붙이면 습기가 있는 곳을 피해 건조한 곳으로 옮겨간다. 온갖 사물은 다른 것을 피하고 같은 것을 따른다. 그러므로 기운이 같으면 모이고, 소리가 비슷하면 호응하는데, 그 증거는 분명하게 드러난다. 거문고와 비파를 조율하여 연주해 보면, 궁성宮聲을 울리면 다른 궁성이 감응하고, 상성商聲을 울리면 다른 상성이 감응한다. 오음五音이 같아서 절로 소리를 내는 것이지 신명이 시킨 것이 아니다. 그 도수度數가 그런 것이다. 좋은 일은 다른 좋은 일을 불러오고, 나쁜 일은 다른 나쁜 일을 불러온다. 이는 같은 부류의 사물이 서로 감응해서 일어나는 현상이다. … 음양의 기운은 비슷한 형상으로 말미암아 서로 이익이 되거나 손해를 끼친다. 하늘에 음양이 있듯이 사람에게도 음양이 있다. 천지의 음기가 일어나면 사람의 음기도 감응하여 일어나게 되고, 사람의 음기가 일어나면 천지의 음기도 서로 감응하여 일어나게 된다. 그 도리는 하나다.[21]

요약해서 말하면, 그것은 바로 "사물은 부류에 따라 서로를 불러오는 것"이거나, 혹은 "사물은 부류에 따라 움직이는 것"이다.[22] 그러나 이

20 그중에 '양존음비陽尊陰卑', '음양위陰陽位', '음양종시陰陽終始', '음양의陰陽義', '음양출입陰陽出入', '오행대五行對', '오행지의五行之義', '치란오행治亂五行', '오행변수五行變數', '오행오사五行五事' 등의 글이 있는데, 주로 음양오행을 많이 다루었음을 알 수 있다.

21 동중서, 『춘추번로』「동류상동同類相動」, 소여蘇輿, 『춘추번로의증春秋繁露義證』, 중화서국, 1992, 358-360쪽.

22 동중서, 『춘추번로』「동류상동」, 소여, 『춘추번로의증』, 중화서국, 360쪽.

러한 사상이 동중서 개인의 발명이라고 생각할 수는 없다. 음양오행이란 모델 자체가 고유의 사유 중 한 유형이고, 도교의 우주 생태론에서도 이러한 표현이 적지 않기 때문이다.

한편으로 오늘날 이성적 안목에서 이를 살펴보면, 동류 감응에 근거한 사유의 틀 속에는 선별해서 수용해야 할 주장들도 있다. 하늘의 도수에 따라야 한다는 동중서의 '인부천수人副天數'란 주장이 전혀 부당하다고 매도할 수는 없지만, 인간이 지닌 음양오행의 기운이 감응을 통해 천지의 운행을 좌우할 수 있다는 생각에는 설득력이 부족하다. 그러나 동류감응의 이론에 비록 상고 시대 샤머니즘적 사유의 흔적이 많이 남아있다고 할지라도, 거기에 유기적 통합론의 이론적 성과가 내포된 점에 주목할 필요가 있다. 이러한 사유는 고대 종교가 인간과 자연의 관계를 조율하는 데 있어서 긍정적이면서도 유익한 영향을 미쳤다.

이러한 경향은 감응론에서 두드러진다. 감응론에 따르면, 모든 사물은 음양오행과 같은 홀로그램적 속성이 있어서 자연계의 여러 사물 간에 보편적으로 작용하는 상호 영향력이 존재한다고 한다. 같은 부류의 사물은 같은 부류의 사물을 불러오고, 같은 부류의 특성은 다른 곳에 있는 같은 부류의 특성을 환기하도록 한다는 것이다. 하지만 '동류상감同類相感'의 작용 방식은 돌연변이의 출현을 설명할 길이 없고, '동同'과 '이異'의 경계선이 명확하지 않아 '감응' 자체를 절대시할 우려가 있다. 그러나 만물의 존립과 변화를 통합적 시스템으로 이해하는 관점은, 자연계를 대하는 인간의 태도와 그 책임에 대해 각성을 촉구하는 의미도 있다. 인간의 행위가 자연계에 심각한 영향을 미친다는 것이다.

우주 만물은 그 본질에 있어서 근원이 같다는 생각은 홀로그램의 기초가 된다. 홀로그램은 천지인의 세 층위에서 구현되고, 삼재가 가장 중요한 홀로그램의 층위임은 분명하지만, 무궁무진한 차원과 레벨에서도 홀로그램이 구현된다. 만물의 근원이 같기 때문이다. 그런 점에서 만물동원이나 홀로그램은 서로 소통하는 근거가 되기도 한다. 같은 기운이 서로 감응하고, 같은 무리끼리 서로 교류하기 때문이다. 따라서 만물동원과 홀로그램은 서로 감응하면서 세 가지의 논제로 긴밀히 연계되어 있는데, 이는 중국 자생의 종교사상에서 엿볼 수 있는 우주 생태론의 핵심적 특징을 나타낸다.[23]

2 —— 음양오행의 구조적 감응론

'음양'이란 개념이 나타난 배경과 그 작용으로 보면, 음양은 중국 고대에 나타난 우주 생태관의 토대를 이루는 중요한 기반이다. 음과 양은 실로 오래된 개념이다.

1 음양: 『주역』을 중심으로

『시경』의 용례를 보면, 음과 양의 본뜻은 햇볕의 유무와 그 향배에 관계있다. 음은 "날씨가 흐리거나 그늘이 진다"라는 뜻이고, 양은 볕이 들어 "따뜻하고 밝다"라는 뜻이다.[24] 『시경』의 용법에 따르면, 산의 앞쪽과 강의 뒤편을 양이라 한다. '남산지양南山之陽'을 "은은한 천둥소리는 남산의 양지쪽에서 울린다"[25]라고 하고, '위양渭陽'을 "내가 외숙을 배웅하여 위수

---

23 황뤄린黃瑞林, 『도교 생태 통합사상 약론道教生態整體論思想略論』, 샤먼廈門대학교, 2003년 석사 학위 논문.

24 [일]이마이 사부로今井宇三郎, 『역경 속의 음양과 강유易經中的陰陽和剛柔』, 〔일〕오노자와 세이치小野澤精一 외, 『기의 사상氣的思想』, 상하이인민출판사, 1990, 96쪽.

25 『시경』「소남召南」, '은기뢰殷其雷', 『십삼경주소』 상책, 289쪽.

渭水 뒤편 기슭에 왔다."[26]고 해석하는 것들이 이런 경우이다. 혹은 날씨를 가리키기도 하는데, "봄날의 햇볕이 따뜻하다"[27]라고 하는 것은 바로 그것이다.

『주역』「계사상」에서 "넓고 큰 것은 천지와 짝하고, 변통하는 것은 사계절과 짝하고, 음양의 의리는 일월과 짝하고, 역易의 간명한 선善은 지극한 덕에 짝한다"라고 말한 것은 음양의 함의를 천문과 기후와 연결한 것이다. "도는 하나를 낳는다"와 "셋이 만물을 낳는다"라고 주장하는 우주 생성론은 『도덕경』의 내용만으로는 해득하기가 어려운 것이었다. 그런데 곽점郭店의 초간楚簡에서 발견된 「태일생수太一生水」편에서 드러난 고대의 '삼일설三一說'은 우주 생성론의 내용을 헤아리는 데 도움이 된다. 「태일생수」에서는 이렇게 말한다. "태일太一에서 물이 생기고 물이 반反하여 태일을 보좌하니 이로써 하늘이 이루어졌다. 하늘이 반하여 태일을 보좌하니 이로써 땅이 형성되었다. 하늘과 땅이 다시 서로를 보좌하니 이로써 신명神明이 나왔다. 신명이 다시 서로를 보좌하니 이로써 음양이 성립되었다."[28]

땅이 생성될 때까지 단계마다 태일로 되돌아와 보좌함으로써 다음 단계를 형성했다. 천지가 생성된 이후의 이야기는 앞의 한 쌍을 "다시 서로 보좌하여" 다음 단계의 요소를 한 쌍씩 생성했다. 이러한 과정에서 '신명'은 당연히 해와 달을 가리킨다.[29] 달리 말하면 음양은 그 기본적 함의

26 『시경』「진풍秦風」, '위양', 『십삼경주소』 상책, 374쪽.

27 『시경』「빈풍豳風」, '칠월七月', 『십삼경주소』 상책, 389쪽.

28 리링李零, 『곽점초간교독기郭店楚簡校讀記』, 북경대학출판사, 2002, 32쪽.

29 왕보어王博, 「미국 다트머스대학 곽점 '노자'국제학술세미나 요약美國達慕思大學郭店'老子'國際學術討論會紀要」, 진구잉陳鼓應 주편, 『도가문화연구』 제17집 '곽점초간' 특집, 생활·독서·신지 삼련서점, 1999.

에서 천문과 기후처럼 생태적 환경을 구성하는 중요한 특징을 지닌 기본적 변수라는 것이다. 이러한 생성의 서열은 사계절, 추위와 더위, 습함과 건조함 등으로 뻗어나갈 수 있는데, 한 해歲를 이루고 그 생성 작용이 그칠 때까지 열거되는 물질과 기상적 요소들은 모두 농경 생활에 필요한 정보들과 관련된다. 농작물이 싹트고 자라는 것은 물의 공급에 달려있기 때문이다.

『좌전左傳』에서 두 기운의 대립 상태를 이미 명확하게 이해하고 있는 것으로 보이는데, 그 내용은 다음과 같다.

> 하늘에 육기六氣가 있어 이것이 땅으로 내려오면 오미五味를 나타내고, 발하면 오색五色이 되고, 드러내면 오성五聲이 되는데, 넘치면 여섯 가지의 병이 생긴다. 육기란 음·양·풍風·우雨·회晦·명明이다. 나뉘어 사시四時가 되고 차례를 지으면 다섯 가지 절도節度가 된다. 지나치면 재앙이 되는데, 음기가 지나치면 오한이 들고 양기가 지나치면 열사병이 생기며, 바람이 지나치면 사지가 마비되는 중풍이 들고 비가 지나치면 배앓이를 한다. 어둠이 지나치면 정신 질환을 앓고 밝음이 지나치면 울화병이 생긴다.[30]

따라서 음양은 음과 양의 두 기운이라 할 수 있다. 그러나 이러한 견해는 아직도 후대에서처럼 음양을 모든 것을 통섭할 수 있는 범주로 다룬 것 같지는 않다.

『도덕경』은 대량의 변증적으로 대립하는 개념들을 상당수 포함하고 있는데, 예컨대, 유무有無·동정動靜·강유剛柔·생사生死·자웅雌雄·빈

30 『좌전』「소공원년昭公元年」, 『십삼경주소』 하책, 2025쪽.

모牝牡 · 허실虛實 · 손익損益 · 화복禍福 · 난이難易 · 선악善惡 · 고하高下 · 대소大小와 같은 개념들이다. 그러나 아직껏 '음양'으로 이런 대립적 관계의 범주를 통섭하지는 않았다. 그러다가 '음양'은 점차 기타 대립적 관계의 범주를 풀어내는 기호로 변모하게 되면서, 여타의 모든 대립적 관계를 대신 지칭하게 되었다. 하지만 이러한 범주에서 대응되는 사물의 성질은 통상적으로 그 계보를 정확하게 제시할 수 없으며, 그에 상응하는 계보 작성을 목표로 삼는 것도 아니다. 이런 경향은 아리스토텔레스가 그의 범주론에서 논술한 것과 대조된다.[31]

'음양'을 다룬 고대의 모든 글 가운데 아마도 『주역』만큼 완벽한 체계를 갖추고 후대에 깊은 영향을 미친 것도 없을 것이다. 『주역』의 체계는 '팔괘'와 '육십사괘六十四卦'의 조합으로 사물의 무궁무진한 변화를 나타내었다. 통상적인 이해에 따르면, 『주역』은 '⚊'와 '⚋'의 두 기호로 각각 음과 양의 관념을 대표하는 것이다. '팔괘'나 '육십사괘'는 음과 양의 반복이나 배합으로 이루어진 삼위三位나 육위의 결과다. 각 종류의 징후나 사물은 드러낸 징후의 성질에 따라 '팔괘'나 '육십사괘'의 체계에서 어느 한 위치에 귀속된다.

바꾸어 말하면, 한 괘효에 소속된 사물들 사이에는 많은 유사점이 있으며, 배속하는 방식도 기계적이거나 고립된 것이 아니다. 「설괘전說卦傳」에서 이른바, 천天 · 군君 · 부父 · 양마良馬 · 목과木果 등은 건乾에 속하고, 지地 · 모母 · 잉태한 소 · 큰 수레 등은 곤坤에 속한다. 뇌雷 · 용龍 · 장자長子 · 대로大路 · 청죽靑竹 등은 진震에 속하고, 풍風 · 목木 · 장녀長女 등은 손巽에 속하며, 수水 · 월月 · 수레바퀴 · 개울 등은 감坎에 속하고, 화火 · 일日 · 전電

31 [고대 그리스]아리스토텔레스, 『범주편範疇篇 · 해석편解釋篇』, 상무인서관, 1959년판.

·중녀中女 등은 이離에 속한다. 산·조약돌·개狗·과일 등은 간艮에 속하고, 호수澤·소녀少女·양羊 등은 태兌에 속한다.[32]

『주역』에서 괘상을 확정하는 기본 방법은, 한마디로 말해 '취상비류取象比類'라는 것이다. '상象'의 함의에 관해, 「계사전繫辭傳」에서 다음과 같이 말한다. "성인聖人은 천하의 깊은 비밀을 보았으나 그 모든 것을 꼭 집어 형용할 수 없었다. 상은 그 물物을 표현하는 데 적당한 형상이다. 그래서 상이라 이른다." 그 뜻인즉, 성인은 천하 만물의 번잡함을 보고 그 형태를 비슷하게 그려내어 사물과 적합한 상태를 상징하는데, 이처럼 상징하는 형식을 '상'이라고 하는 것이다. 상은 인식론적 의미만 지니는 것이 아니다. 또한 상은 하나의 인식의 방법이나 그 결과를 응집한 형식이 아니라, 그 근원을 우주라는 큰 용광로에 내재한 자연스러운 과정에 두고 있다. '상'은 이러한 과정에 잠재된 특징적 유사성과 차별성의 반영이다. 이에 대해 「계사상」에서 다음과 같이 말한다.

> 하늘은 높고 땅은 가까우니 이에 건과 곤이 정해진다. 가깝고 높은 것이 배열되니 귀함과 천함이 자리 잡는다. 움직임과 고요함에 일정한 규칙이 있어 굳센 것과 부드러운 것으로 나뉘게 된다. 처지에 따라 비슷한 부류가 모이고, 사물에 따라 무리가 나뉘게 되어 길흉이 생겨난다. 하늘에는 상象을 이루고 땅에는 형形을 이루어 변화가 나타난다. 이런 까닭에 강유剛柔가 서로 마찰하고, 팔괘가 서로 격동한다. 번개와 우레로 나타나 크게 울리고, 바람과 비로써 윤택하게 한다. 해와 달이 운행하니 추위와 더위가 번갈아 일어난다. 건도乾道는 남성을 구현하고, 곤도坤道는 여성을 구

32 『주역』「설괘」, 『십삼경주소』 상책, 94-95쪽.

현한다.[33]

이러한 천존지비天尊地卑의 세계관에는 건곤의 그림자가 투영되어 있다. 더 정확하게 말하면, 하늘과 땅의 형세와 그 특징에서 '건'과 '곤'의 두 괘를 추출해 낸 것이다. 이 두 괘는 순양純陽과 순음純陰의 괘로서, 양과 음을 의미한다. 요컨대 일부 기본적인 자연물 또는 세상사人事에도, 익히 알고 있는 사물을 통해 음양이나 그 둘을 조합한 괘의 함의를 탐구함으로써, 그 의미를 끝없이 되새기고, 무엇을 유추類推할 수 있는 것이다.

『주역』「계사상」에서는 "한 번 음이 되고 한 번 양이 되는 것을 도라고 한다." 사실상 『주역』은 추상抽象과 구상具象의 중간에 개입하는 지극히 유연한 체계라 할 수 있다. 괘의 구성과 해석 방법을 보면, 하나의 괘는 일음과 일양의 조합 형식이고, 육십사괘나 팔괘는 육효위六爻位나 삼효위三爻位로 조합되는 공간에서 얻어낸 전체의 패牌라고 할 수 있다. 이런 점에서 육십사괘와 팔괘는 추상적인 순수 형식이다. 다른 한편으로, 구체적으로 얻은 조합 형식이 무엇을 대표하는가 하는 문제가 제기된다. 이는 반드시 구상적 사유 방식을 삶의 경험과 결부하여 확정해야 하는데, 어떤 경우에는 신비스러운 영감에 의존해서 확정해야 할 때도 있다.

점복占卜의 방식을 통해 확정된 본괘本卦나, 본괘의 효가 움직여 변한 지괘之卦는 수학의 확률에서 보면 완전히 무작위로 이루어진다. 그러나 실제의 역도易道는 광범위하게 운용된다.

『역』에서 성인의 도가 네 가지 있다고 한다. 말로 하는 것은 그 사辭를 숭

33 『주역』「계사상」, 『십삼경주소』 상책, 75-76쪽.

상함이요, 행동을 일삼는 것은 그 변變을 숭상함이요, 기물을 만드는 것은 그 상象을 숭상함이요, 점을 치는 것은 그 점占을 숭상하기 때문이다. 따라서 군자가 장차 무엇을 하려고 하거나 행동을 취할 때는 이에 묻고 나서 말을 하니, 그 명命을 받는 것이 마치 메아리 같다. 멀고 가까운 것이나 깊고 어두운 것까지 사물의 변화를 읽어내니, 천하의 지극한 정성이 아니면 누가 이처럼 할 수 있겠는가?[34]

이것은 역도의 용도에 대한 가장 교과서적인 표현이다. 이로 말미암아 괘상卦象을 확정하고 괘상을 둘러싼 영감을 얻어낸다. 물론 점복이라는 무작위적 방식에만 국한하지 않는다. 사물 자체의 특징에 근거해서 분류하고 비교함으로써 일련의 '시時' 또는 '위位'에서의 일음과 일양의 상황을 확정짓고 이로써 요구하는 결과, 즉 구체적인 괘상이나 그 운용법을 얻게 되는 것이다.

괘효를 풀어내는 방식과 취상비류를 통해 새로운 괘의 방식을 확정하는 것은 점복을 통하지 않는다고 가정한다면 근본적으로 동일하다. 물론 '취상비류'의 방식이 기존의 각종 특징을 귀납한 것일 수는 있으나, 단순히 길흉화복에 대한 예측이 아닌, 새로운 판단을 내리게 하는 근거가 될 뿐만 아니라, 창조적 사유의 원천이 될 수도 있는 것이다.

옛적에 포희씨包犧氏가 천하를 다스릴 때, 우러러 하늘의 상象을 살펴보고, 굽어보며 땅의 모양法을 관찰했다. 새나 짐승의 무늬와 토지의 적합함을 살펴서 가까이는 자신의 몸에서 취하고 멀리는 만물에서 취했다.

34 『주역』「계사상」, 『십삼경주소』 상책, 81쪽.

이에 비로소 팔괘를 만들어 신명神明의 덕德과 통하고 만물의 정情을 유추했다.

노끈을 맺어 그물을 만들고 짐승과 물고기를 잡게 하니 대개 리괘離卦에서 취한 것이다.

포희씨가 죽고 신농씨神農氏가 일어나 나무를 깎아 보습을 만들고, 나무를 휘어 쟁기를 만들었다. 쟁기와 보습의 이로움으로써 천하를 가르쳤으니 대개 익괘益卦에서 취한 것이다.

한낮에 시장을 열게 하고 백성으로 하여금 천하의 재물을 갖고 몰려와 서로의 것과 바꾸고 물러가게 했다. 각기 그 필요한 바를 얻게 되었으니 대개 서합괘噬嗑卦에서 취한 것이다.

신농씨가 죽고 황제黃帝와 요순堯舜이 일어나 변화를 이해시켜 백성들로 하여금 게으르지 않게 하고, 신묘하게 교화해 백성들이 따르도록 했다. 역易은 궁하면 변하고 변하면 소통하게 된다. 소통하게 되면 오래 갈 수 있다. 이로써 하늘이 스스로 도와서 길하고 이롭지 아니함이 없다. 황제와 요순이 윗옷과 치마를 드리워 천하를 다스리니, 대개 건괘乾卦와 곤괘坤卦에서 취한 것이다.

나무를 파고 깎아서 배와 노를 만들고, 배와 노의 이로움으로 통하지 못했던 곳을 건너게 했다. 먼 곳에 이르게 함으로써 천하를 이롭게 하니, 대개 환괘渙卦에서 취한 것이다.

소를 길들이고 말을 타게 해서 무거운 것을 끌게 하고 먼 곳에 이르게 함으로써 천하를 이롭게 하니, 대개 수괘隨卦에서 취한 것이다.

문門을 겹으로 하고 야경꾼으로 하여금 목탁을 치게 함으로써 도적을 대비하니, 대개 예괘豫卦에서 취한 것이다.

나무를 잘라 공이를 만들고 땅을 파서 절구를 만들어, 절구와 공이의 이로움으로 만민을 구제하니, 대개 소과괘小過卦에서 취한 것이다. 나무를 휘어 활을 만들고 나무를 깎아서 화살을 만들어, 활과 화살의 이로움으로 천하를 위압하니, 대개 규괘睽卦에서 취한 것이다.

상고 시대에는 굴을 파고 살거나 들판에서 거처했는데, 후세 성인이 궁궐과 집으로 바꾸어, 위에 대들보를 얹고 아래는 서까래를 깔아 비바람에 대비하니, 대개 모든 것은 대장괘大壯卦에서 취한 것이다.

옛적에 장사를 지낼 때는 섶으로써 두껍게 옷을 입혀 들판 가운데 버려두었다. 봉분을 쌓거나 나무로 표시하지도 않았으며 거상居喪 기간도 일정하지 않았다. 후세 성인이 이를 관곽棺椁으로 바꾸게 하니, 대개 대과괘大過卦에서 취한 것이다.

상고 시대에는 매듭을 지어 다스렸는데, 후세 성인이 문서의 계약으로 바꾸어 백관百官을 다스리고, 만민을 살피게 하니, 대개 쾌괘快卦에서 취한 것이다.[35]

위의 인용문에서 말하는 바는 바로 "괘상을 근거로 기구를 만들어 사용했다"라는 정황이다. 그물에서부터 글자의 발명까지, 초기의 문명이 어떻게 한걸음 한걸음 탄생하고 발전해왔는가를 생동감 있게 묘사했다. 여기서 위 인용문의 구체적 함의를 알아보기 위해 '상수역象數易'의 방법을 간략하게 설명하는 것이 『역』에 담긴 사유의 특징을 이해하는 데 도움이 될 것이다. 왜냐하면, 이러한 특징이 상수역에서 아주 전형적이고 구체적인 모습으로 드러나기 때문이다. 다음에서 「계사전」의 서술을 통해, 『역』의 사유가 어떻게 인류의 역사를 뒤바꾸어 놓을 각종 발명을 가능하

35 『주역』「계사하」, 『십삼경주소』 상책, 86-87쪽.

게 했는지에 대해 알아보기로 한다. 의문의 여지가 없이, 이러한 발명들은 인간의 운명을 바꾸어 놓는 계기가 되는 동시에, 인간이 처한 환경의 운명까지도 뒤바꾸어 놓을 수 있다.

먼저, 전설상의 복희伏犧 시대에서 어로와 수렵은 생활의 중요한 터전이었다. 그물의 발명과 그 사용은 리괘와 분리될 수 없었다. 리괘의 명칭은 백서帛書에 '라羅'로 되어있다.[36] 『이아爾雅』「석기釋器」에서 "조고鳥罟는 나羅라고 한다"[37]라고 풀이했는데, 새를 잡을 때 사용하는 그물을 말한다. 이런 해석이 "리離라는 것은 려麗다"라고 하는 것보다 취상取象의 본뜻에 비교적 더 가깝다. 그물의 형상을 놓고 설명하면, 가운데가 비어 있는데 이를 보고 리괘☲를 새그물인 라羅로 형용한 것은 아주 절묘하다. '전佃'은 전田으로도 표시된다. 『석문釋文』에서는 마융馬融의 주석을 인용해서 "짐승을 잡는 것을 전佃이라 한다"[38]라고 해석한다. 여기서 그물은 새를 잡는 단순한 도구에 그치지 않는다. 이것은 어로와 수렵 생활에 필수적인 보조 설비다.

다음으로, 쟁기耒나 보습耜 등 농경 도구의 발명을 언급하면서 이를 신농씨 시대로 판단하고, 괘상에서 익괘를 얻었다고 한다. 익괘는 손巽이 위에 있고 진震이 아래에 있다. 『단전彖傳』에서는 "익益이란 윗사람이 조금 손해를 보고 아랫사람이 이익을 얻는다"라고 해석한다. 『집해集解』에서는 촉재蜀才의 설을 인용하여 "이것은 본래 비괘否卦다"[39]라고 해석한

36 등치유베鄧球柏, 『백서주역교석帛書周易校釋』, 호남인민출판사, 2002, 358쪽.

37 『이아』 권5, 『십삼경주소』 하책, 2599쪽.

38 루더밍陸德明, 『경전석문經典釋文』「주역음의周易音義」, 중화서국, 1983, 32쪽.

39 이정조李鼎祚, 『주역집해周易集解』 권8, 『문연각사고전서文淵閣四庫全書』 제7책, 타이완 상무인서관, 1986, 740쪽.

다. 즉 비괘 구사九四의 양효陽爻와 곤괘 초육初六의 음효陰爻가 서로 위치를 바꾸어 위의 양효에 손해를 끼치고 아래에 이익을 준다. '비否'에서 '익益'으로 변화하는 과정에서 땅이 진동하는데 괘의 형상에서 나타난 것처럼 아주 생동감이 넘친다. 전체의 괘로 말하면 초구初九가 관건이 된다. 초구의 효사爻辭에서 이르기를, "큰일大作을 도모하는 것이 이롭고, 길하여 허물이 없을 것이다"라고 한다. 여기서 '큰일'이란 땅을 갈고 파종하는 것을 뜻한다. 이는 우번虞翻이 "진震은 이월괘二月卦다. 밤낮의 길이가 같아지고 조성鳥星이 떠오르는 것을 보고 경건히 백성들에게 때를 일러주니, 이에 땅을 갈고 파종한다"[40]라는 말과 서로 통한다. 즉 이런 성상星象을 보게 되면 역법을 반포하여 농사일을 재촉해야 한다. 이때가 가장 적합한 시기다.

서합噬嗑의 괘상에 대해서 왕필은 이렇게 말했다. "서噬는 깨문다는 것이고, 합嗑은 위아래의 턱이 서로 맞물린다는 뜻이다. 무릇 사물이 서로 친밀하지 않은 것은 틈새가 있기 때문이다. 사물이 고르지 않은 것은 지나침이 있기 때문이다. 틈새와 지나침을 깨물어 합하면 통한다. 형벌로 통하게 하니 옥사獄事를 다스리는 데 이롭다." 괘상으로 보면 '씹다', '밥을 먹다', '형벌을 가하다' 등 여러 가지 해석이 모두 가능하다. 형틀에 묶인 죄수는 입안의 음식물처럼[41] 신체가 자유롭지 못하다. 그 안에 갇혀 학대받거나 심지어 죽임을 당한다. 한낮日中의 교역交易에 대해서는 적원翟元은 다음과 같이 해석한다. "비괘否卦의 구오효九五爻의 초효初爻가 된다. 리괘의 괘상이 바로 위에 있어 '일중日中'이라 한다. (구사효가 변화하면) 간괘艮

40 이정조의 『주역집해』에서 인용한 우번의 주장을 참고하기 바란다. 리도핑李道平, 『주역집해찬소周易集解纂疏』 권9, 중화서국, 1994, 384쪽.

41 『주역』 「단전彖傳」 서합, 『십삼경주소』 상책, 37쪽.

卦는 길이 되고, 진괘震卦는 발이 되어 큰길로 나선 것과 같다. 비괘의 건괘는 하늘이고 곤괘는 백성이니 고로 천하 백성의 형상이다."[42] 이는 변괘설變卦說이다. 그 뜻인즉, 서합을 비괘의 구오와 초육의 위치가 서로 바뀐 괘로 본다는 것인데, 리離의 형상이 해日이고 진괘 바로 위에 위치하여 일중이라 하는 것이다. 「계사하」에 있는 한강백韓康伯의 주석에는, "서합이란 합치는 것이다. 시장에 사람들이 몰려들면 다른 곳의 물화가 합쳐진다. 법을 세워 물화를 합치는 것이 서합의 의미다"[43]라고 해석하는데 그 주장은 따를만하다.

황제와 요순 이래로 천하의 통치 체제가 점차 완비되어가면서 각종 창안과 발명이 끊임없이 나타났다. 이때는 정치 문화가 비약적으로 발전하는 중요한 시기인 만큼, 계급이 분화되고 국가가 등장하면서 군신 간의 의리가 정해졌다. 이를 괘상과 「단전彖傳」, 그리고 『문언文言』등에서 기술한 내용과 연관시켜 살펴보면, 건곤천지乾坤天地하니 하늘과 땅이 제자리를 잡아 존비尊卑가 나타나며,[44] 건은 굳세고 곤은 유순하고,[45] 건이 그 시작을 알리고 곤이 만물을 지어낸다고 하는데, 바로 군신의 의리에 부합한다.

또한, "변화를 이해시켜 백성들로 하여금 게으르지 않게 하고, 신묘하게 교화해 백성들이 따르도록 했다"라고 하는데, 이정조의 『주역집해』

42 이정조, 『주역집해』 권15, 『문연각사고전서』 제7책, 842쪽.

43 『주역』 「계사하」의 주석, 『십삼경주소』 상책, 86쪽.

44 이는 앞에서 인용한 「계사상」에서, "하늘은 높고 땅은 가까워 건곤이 정해지니 가깝고 높은 것이 배열되고 귀하고 천한 것이 정해진다"라고 말하는 것과 같다.

45 예컨대, 「계사하」에서는 이렇게 말한다. "대저 건괘는 천하에 지극히 건실한 것이니 덕행을 항상 쉽게 함으로써 위험한 것을 알게 한다. 무릇 곤괘는 천하에 지극히 유순한 것이니 덕행을 항상 간결하게 함으로써 막히는 것을 알게 한다." 『십삼경주소』 상책, 90-91쪽.

에서는 우번의 주석을 인용해서 "변화하고 통함으로써 이로움을 다한다"[46]라고 말하여 각종 사물을 발명하고 제작하는 바를 지적했다. 「설괘」에서 말하기를, "신神이란 것은 만물의 현묘한 바를 말한 것이다"라고 한다. 즉 사물에 내재한 신묘함을 통찰하여 변화되는 것을 재단함으로써 백성을 이롭게 한다는 것이다. 건과 곤은 순양과 순음의 괘다. 따라서 반드시 서로 배합해서 사용되는 것이다. 음은 궁하면 양으로 변하고 양은 궁하면 음으로 변한다. 박괘剝卦의 난세가 극에 달하면 반드시 복괘復卦의 치세가 돌아오고, 치세가 극에 달하면 반드시 난세가 돌아온다는 것은 천도의 자연스런 운행이다. 그래서 "역이 궁하면 변하고, 변하면 통하고, 통하면 오래 간다"[47]라고 이른다. 한강백의 주석에서는 "통하고 변하는 것이 무궁하니 그래서 오래 갈 수 있다"라고 했다. 건곤의 효들은, 서로 마찰하고 변화하여 기타 모든 괘상을 만들어 낼 수 있으므로, 변화와 지속 가능성의 원천이기도 하다. "윗옷과 치마를 드리워 천하를 다스린다"라는 내용에 대해, 『주역집해』에서는 『구가역九家易』을 인용해서 "황제 이전에 깃털과 짐승 가죽, 그리고 나무 껍질 등으로 추위와 더위를 막아냈지만, 황제 때부터 비로소 의복을 제작하여 천하에 이를 가르쳐주었다"[48]라고 했다.

환괘의 괘상은 손巽이 상괘이며 감坎이 하괘다. 이른바 "나무가 물 위에 있어 바람처럼 흐르니 배와 노의 상象이다."[49] 손은 바람과 나무를 상징하고, 감은 물을 상징한다. 모두 「설괘」에 따른 것이다. 그래서 배와 노

---

46 이정조, 『주역집해』 권8, 『문연각사고전서』 제7책, 842쪽.

47 『주역』 「계사하」의 주석, 『십삼경주소』 상책, 86쪽.

48 이정조, 『주역집해』 권5, 『문연각사고전서』 제7책, 842쪽.

49 이정조, 『주역집해』 권15에서 『구가역九家易』을 인용한 것이다. 『문연각사고전서』 제7책, 843쪽.

의 이로움은 환괘에서 취한 것이라고 했다.

수괘의 괘상은 태兌가 상괘이며 진震이 하괘다. 우번이 말하기를, "비괘의 상구효上九爻 초효가 된다. 비否의 건괘는 '말馬'과 '멀다'를 형용하고, 비의 곤괘는 '소牛'와 '무거움'을 형용한다."[50] 수괘는 비괘의 상구효와 초육효가 서로 위치를 바꾼 형상이라는 것이다. 건이 '말'이고 곤이 '소'라는 주장은 「설괘」에도 나타나는데, 건은 "좋은 말, 늙은 말, 야윈 말, 얼룩말을 상징하고", 곤은 "자모우子母牛를 상징한다"라고 이른 것이 그것이다. 이에 대해 『주역집해찬소』에서는, "제어의 수단은 구속하고, 묶고, 붙들어 매는 방법밖에 없다. 구속하고 묶는 것은 사전에 통제하는 것이고, 붙들어 매는 것은 사후에 단속하는 것이다"[51]라고 했는데, 이처럼 비괘의 초육효와 상구효가 자리를 바꾼 수괘는 말과 소를 제어해서 이용하는 괘상과 부합한다.

예괘의 괘상은 진이 상괘이며 곤이 하괘다. 한강백이 「계사하」에서 주석하기를, "예비하는 형상을 취한 것"이라고 했다. 『구가역』에서 말하기를, "아래에 간괘艮卦의 괘상이 있고 밖으로 보이며, 진은 다시 간艮이 된다. 두 개의 간이 마주 합하는 것이 중문重門의 형상이다. 목탁柝이란 것은 나무 두 개를 서로 두드리며 야간 순찰하는 것이다. 간은 손手이며 작은 나무이니 손으로 잡는 형상이 된다. 진은 발足이며 나무가 되어 걸어가는 형상이다. 곤은 밤이다. 즉 손에 목탁을 들고 밤중에 돌아다니며 문을 두드리는 형상이다. 감은 도둑이다. 물이 갑자기 불어나 넘실거리니 '난폭한 도적을 대비한다'라고 했다."[52] 이는 상수역 대가의 해석인데, 호체

50 이정조, 『주역집해』 권15, 『문연각사고전서』 제7책, 843쪽.

51 리도핑, 『주역집해찬소』 권9, 중화서국, 1994, 628쪽.

52 이정조, 『주역집해』 권15, 『문연각사고전서』 제7책, 843쪽.

괘互體卦 괘상에서 취한 것이다. 호체괘는 하나의 괘에서 초효와 상효를 제외한 나머지 4효 가운데 2·3·4효와 3·4·5효를 취하여 새로운 괘를 만들어 그 괘효의 상을 관찰하는데, 그중 호체간互體艮은 2·3·4효다. 그리고 외체괘外體卦는 진이고 진은 뒤집혀 간이 된다. 이것은 호체간과 더불어 구사효에 합하여 양편 문짝이 합하는 형상이 되거나, 밤에 딱따기를 두드리며 순찰하는 형상이 된다.

소과괘의 괘상은 진이 상괘이고 간이 하괘인데, 두 양陽이 중간에 자리 잡고, 사음四陰이 밖에 있다. 우번은 이렇게 해석한다. "진괘晋卦 위의 삼효다. 간은 작은 나무이고, 삼효가 와서 작은 나무를 잘라서 간이 된다. 그래서 나무를 잘라 공이를 만든다고 한다. 곤괘는 땅이고 간괘는 손에 나무를 들고 곤괘의 삼효를 파는 형상이다. 그래서 땅을 파서 절구통을 만든다고 한다. 간괘가 밑에서 움직이지 않고 있는 것은 절구의 형상이고, 진괘가 위에서 움직이는 것은 절굿공이의 형상이다." 이에 따르면, 소과괘는 리(離,☲)와 곤(坤,☷)으로 이루어진 진괘가 변한 것이다. 상구효와 육삼효가 서로 자리를 바꾼 후, 내체괘內體卦의 간이 작은 나무이고, 5·4·3효가 호체괘 '태兌'의 형상으로 나타난다. 태금兌金으로 간을 자르는 것이 나무를 잘라 절굿공이를 만드는 것과 같다. 그리고 '진괘'의 내괘인 곤괘는 본래 땅의 형상인데 소과괘의 간괘로 변하여 마치 나무를 잡고 곤의 토土를 파는 것과 같다. 그래서 '땅을 파서 절구통을 만든다'라고 한 것이다.

규괘의 괘상은 리가 상괘이며 태가 하괘다. 불길이 위로 치솟고 연못의 물이 아래로 흘러내리는 형상이다. 그래서 「서괘序卦」에서는 "규睽는 서로 어긋나는 것이다"라고 한다. 우번이 말하기를, "무망無妄 괘의 5효와 2효가 서로 위치를 바꾼 것이다. 손괘巽卦는 밧줄이며 나무이고, 감괘坎卦는 활이고, 리괘離卦는 화살이다. 그래서 '나무를 휘어 활을 만든다'라고 한다. (건은 금金이고) 간은 작은 나무다. 5효와 2효는 쇠붙이金로 나무를 깎는 형상이다. 그래서 '나무를 깎아 화살을 만든다'라고 한다."[53] 그 말은 본괘의 이로운 바를 고찰한 것인데, 무망上乾下雷 괘의 구오효와 육이효가 서로 위치를 바꾼 것으로 파악한 것이다. 무망괘를 놓고 말하면, 3효에서 5효까지의 호괘互卦가 손괘가 되어 밧줄과 나무를 상징하고, 규괘의 3효에서 5효까지의 호괘는 감괘가 되어 활을 상징하는데, 외괘의 리는 화살을 상징하여 '나무를 휘어 활을 만든다'라고 한 것이다. 무망괘의 외괘는 건이고 2효에서 4효까지의 호괘는 간이 된다. 건금乾金으로 간목艮木을 뾰족하게 깎기 때문에 '나무를 깎아 화살을 만든다'라고 한 것이다.

대장괘의 괘상은 상괘가 진괘고 하괘가 건괘다. 우번이 말하기를, "무망괘의 두 가지 괘상이 서로 바뀌어 형성된 것이다. … 간은 혈거穴居이고, 건은 들판이며, 손은 거처하는 모양이다. 무망괘의 건은 사람이 길에 있는 것이기 때문에 '야외에서 혈거한다'라고 한다. … 대장괘로 변하여 건의 인人이 입궁하였기 때문에 '궁실로 자리를 옮긴다'라고 한다. 간은 기다리는 형상이고, 손은 바람이고, 태는 비雨다. 건은 높고, 손은 큰 나무인데 위에 있으면 기둥이 된다. 진의 양효가 위로 움직여 '상동上棟'이 되니 집의 가장자리를 이른다. 태의 연못이 아래로 움직여 '하우下宇'가 된다. 무망의 대장괘는 손의 바람이 보이지 않고, 태괘의 비雨가 진과 격리되어 건과 단절되어 있어서 '벽을 쌓고 들보를 얹어 비바람을 피하게 하니, 이는 대장괘로부터 취한 것이다'라고 한다."[54] 이러한 해석은 약간 복

53 이정조, 『주역집해』 권15, 『문연각사고전서』 제7책, 843쪽. "乾爲金" 구절은 리도핑, 『주역집해찬소』 권9에서 보완함.

54 리도핑, 『주역집해찬소』 권9, 630-631쪽; 이정조, 『주역집해』 권15, 『문연각사고전서』

잡하다. 대략적인 뜻은 본괘가 무망괘의 건과 진이 상하로 자리를 바꿔서 형성되었다고 하는 것이다. 아래에 있는 무망괘 진의 양효가 위로 이동해서 대장괘가 되기 때문에 '상동'이라 한다. 대장괘의 삼효에서 5효까지의 호괘는 태가 된다. 태의 연못澤이 움직여서 아래로 흐르기 때문에 '하우'라 한다. 이 과정에서 무망괘의 2효에서 4효까지의 호괘인 간은 멈추어 기다리는 형상이고, 무망괘의 3효와 5효까지의 호괘인 손의 바람이 나타나지 않으며, 대장괘의 3효에서 5효까지의 호괘인 태의 비가 진괘로 차단되어 있다는 것들을 이른다.

대과괘의 괘상은 상괘가 태괘이고 하괘가 손괘인데, 네 개의 양효가 가운데 있고 두 개의 음효가 밖에 있다. 이것이 어떻게 관곽 제도를 가리키는 영감의 원천이 되었을까? 이에 한강백은 "지나치게 두터운 것을 취한 것이다"[55]라고 주석을 달았다. 하지만 그 뜻이 명확하지 않아 이해하기가 어렵다. 대과大過의 괘사卦辭에 의하면, "대들보가 휘어지니橈, 갈 데가 있으면 형통하다"라고 한다. 여기서 '요橈'란 '꺾이다'라는 뜻이다. 「단전」에서 말하기를, "대과는 큰 것이 지나친 것이다. 기둥이 휘어지는 것은 밑둥치와 끝이 약하기 때문이다. 강한 것이 지나치지만 가운데에 자리 잡고 있고, 손의 바람이 기쁘게 운행한다. 갈 곳이 있는 것이 이로우니 형통한다"라고 한다. 여기서는 분수에 넘치거나 과도한 것을 '과過'로 해석한다. 주희는 다음과 같이 해석한다. "대大는 양陽이다. 네 개의 양효가 가운데에 자리 잡고 있어서 지나치게 성대하니 대과라 한 것이다. 상하 두 개의 음효가 양효의 압박을 견디지 못한 탓에 '기둥이 휘어지는' 형상이 된

제7책, 844쪽.

55 『주역』「계사하」의 주석, 『십삼경주소』 상책, 87쪽.

다. 또한, 네 개의 양효가 비록 지나치나 2효와 5효가 가운데에 있기 때문에 안에 있는 손괘가 밖으로 기쁘게 나와서 행할만한 길이 있다. 그래서 갈 데가 있는 것이 이로워 형통할 수 있는 것이다."[56] 이러한 「단전」과 주희의 해석을 결합하여 보면, 곧 자체의 고유한 형세에 따라서 말한 것으로서 초효는 본本이고 상효는 말末인데 둘 다 음효로서 유순하고 약하다.[57] 손괘는 유순하고 태괘는 기쁘니[58] 통과하여 지나가기에 적합하고 갈 곳이 있는 것이 이롭다. 앞서 「계사하」에서 언급한 상장喪葬 제도의 변혁은 '중부中孚'에서 '대과'로의 변화로 해석될 수 있는데, 어떤 이는 '중부'의 손괘와 태괘가 상하로 자리를 바꿔서 이루어졌다고 주장한다. 중부괘 네 개의 양효가 밖에 나누어 자리 잡고 있는 형상이 마치 들판에 시체가 버려진 것과 같고, 대과괘 네 개의 양효가 두 개의 음효로 둘러싸여 있는 형상이 봉분을 쌓아 매장된 것과 같기 때문이다.[59] 사람의 영혼이 '대과'의 섭리에 따라 떠나간다는 것이다.

'서계書契' 발명 조항에 관해서는 두 가지 주장이 대립한다. "대유大有에서 취했다"라고 하는 『백서주역帛書周易』의 주장은 쾌괘에서 비롯된다는 통행본通行本의 주장과 완전히 다르다.[60] 쾌괘의 괘상은 상괘가 태괘이고 하괘가 건괘다. 『구가역』에서 말하기를, "옛날에는 문자가 없어서 약속이나 결의할 때 매듭을 지었다. 큰일이면 매듭을 크게 짓고 작은 일이면 매듭을 작게 하였다. 매듭이 많고 적은 것은 사물이 많고 적음에 따른

56 주희, 『주역본의周易本義』, 톈진고적서점, 1986년 영인본, 155쪽.

57 『십삼경주소』 상책, 41쪽에 있는 왕필의 『주역』 '대과' 주석을 참고하기 바란다.

58 『주역』 「설괘」, 『십삼경주소』 상책, 95쪽 참조.

59 이정조는 『주역집해』에서 우번의 학설을 인용하여 "중부는 상하가 바뀐 형상이다"라고 하였다.

60 등치유베, 『백서주역교석』, 528쪽 참조.

다. 각자가 매듭을 지은 새끼를 가지고 나중에 서로 따져본다. 이것만으로도 세상을 충분히 다스렸다. … 쾌夬란 결決이다. 백관이 글書로써 직책을 다하고 만민이 계契로써 일을 명확히 하였다. 계란 '새기다'라는 의미다. 대장괘는 나아가 쾌괘가 되는데, 쇠붙이로 나무나 대나무에 새기는 것이 서계의 형상이다. 그래서 쾌괘를 본받아 서계를 만들었다."[61] 본괘 오효의 양효가 하나의 음효를 정하는데 즉 강한 것이 부드러운 것을 확정하는 형상이다. 대장괘의 괘상을 살피면, 위는 진괘고 아래는 건괘다. 진은 대나무나 갈대를 상징하고, 건은 군자나 금金의 상징이다(자세한 것은 「설괘전」에 있다). 본괘는 대장괘에서 변화한 것이다. 그래서 대나무나 나무에 새겨서 서계를 만드는 것을 상징한다. 또한, 방통괘旁通卦인 '박괘'를 보면, 박괘의 내괘가 곤인 점에서 문文과 무리를 상징한다(자세한 것은 「설괘전」에 있다). 이러한 까닭으로 '쾌'는 서계로써 백관을 다스리고 만민을 살피는 형상이 된다.

그물網罟에서부터 서계에 이르기까지, 이 모든 발명품은 자연계를 모방한 결과라기보다 괘상을 모방한 데서 비롯된 것이다. 앞서 언급한 「계사전」의 견해는 기술의 본질에 대해 사고한 것이다. 표면적으로 기술의 성과나 새로운 도구와 수단의 개발이 무에서 유를 창조하는 발명으로 보이지만, 실제로는 자연의 힘에 내재한 일부 특징들을 발견하고 이를 조작할 수 있는 방법으로 이식하는 과정이다. 이러한 이식을 가능하게 하려면 제각기 특별한 모습을 지녀서 서로 비교하기 어려운 특징들을 어떤 통일된 인지적 기준에 포함해 분류하고 비교함으로써 개념들을 연상하고 확장할 수 있어야 한다는 것이다. '음양'이 바로 그러한 인지적 기준이 된

61 이정조, 『주역집해』 권15, 『문연각사고전서』 제7책, 844쪽.

다. 통상적으로 삼효위의 팔괘를 상象을 취하는 기준으로 삼지만, 더 많은 정보와 차별적 특성을 망라해야 하는 탓에 실제로 운용되는 것은 육십사괘 체계가 주류를 이룬다. 육십사괘 체계는 음양의 조합을 통하여 모든 사물과 형세를 판별하는 기준적 특징을 설정하는 방식이다. 분명한 것은 이러한 기준적 특징이 어떤 사물의 특수한 세부 사항까지 규정할 수 없을 뿐만 아니라, 인지적 시각에서 특정 사물을 정확하게 묘사할 수도 없다는 사실이다. 그러나 음양 조합의 틀로써 통일적 기준을 이해하고 파악하려는 노력은 사물 간의 상호 관련된 특징을 비교하고 그러한 기초 위에 서로의 관계를 살피거나, 사물의 발전적 형세를 가늠하는 측면에서 더욱 총체적이고 미래 지향적이며 융통성이 있는 시각을 제공한다.

괘와 괘 사이, 즉 음양 조합 체계의 요소들은 피차 서로 융통될 뿐만 아니라 상호 반영되기도 한다. 이 점은 괘를 풀이할 때 흔히 사용되는 '호체互體', '괘변卦變', '방통旁通' 등 상수象數 역학의 방법에서 익히 구현되었다. 호체괘는 '호괘'라고도 하는데, 호괘로 취하는 것은 주로 2효에서 4효까지, 혹은 3효에서 5효까지의 효위에서 취하는 팔괘의 형상을 고려한 것이다. 이로써 내괘와 외괘 사이의 괘상에 맞추어 육십사괘의 음양 형세에 내포된 뜻을 풍부하게 한다. 예컨대 익괘는 흔히 비괘에서 나온 것으로 해석된다.[62] 즉, 비괘 상건上乾의 사양효四陽爻와 하곤下坤 초음효初陰爻가 위치를 바꿔 형성된 것이다. 비괘의 천지가 서로 교통할 수 없는 탓에 '궁즉변窮則變'이란 형상이고, 나중에 익괘로 변하는데 이는 사물이 발전하는 추세에 따른 것이기도 하다. 송명 시대의 유학자들도 괘변설卦變說을 부정하지 않았다. 이러한 사상은 비록 상수파象數派에 의해 극단적으로 발

62 앞서 서술한 익괘의 해석을 참조하기 바란다.

전되어 번잡하다는 폐단을 낳았다. 하지만 거기 내포된, 우주의 모든 형세가 홀로그램과 밀접한 관련이 있다는 사고방식은 보편적으로 인정된 것이다. 방통은 '서로 반대하면서 상생한다'라는 원리를 입증하는 것이다. 예를 들어, 건과 곤, 쾌와 박, 소과와 중부, 대과와 이頤 등은 모두 동일한 효위爻位에서 음과 양이 상반되는 괘상이다.

역학은 『역경易經』과 『역전易傳』 및 이에 대한 기나긴 해석의 역사로 구성된다. 그 자체에 서로 관련된 각종 사상들이 포함되거나 점차 진화 발전해온 것이다. 이러한 사상은 상당히 함축적인 것으로서 터무니없이 과장된 사변적 주장이 없는 반면에, 음양의 모델에 대한 묘사와 해석이나 심지어 '취상' 단계와 같이 구상화하는 운용 방법 속에 깊게 침투해 있다. 음양을 준거의 한 요소로 삼는 '역'의 체계가 일련의 성숙한 우주론을 갖춘 것은 명확한 사실이며, 우주는 홀로그램의 속성을 지니고 있을 뿐만 아니라 음과 양의 두 요소로 구성된 미묘하고도 복잡한 역동적 관계 속에서 끊임없이 변화하고 발전한다. 또한, 끊임없이 평형의 상태를 깨뜨리고 다시금 끊임없이 조화의 상태를 회복하고자 한다. 비록 『역전』에서 전문적인 생태 보호를 언급하지 않았더라도, '삼재三才의 도道'를 설파하는 점에서는 인간과 자연의 조화를, 계획된 모든 것의 전제로 간주하는 사상이 이미 내포된 것이다. 다시 말하자면, 양호한 생태적 상황은 '부유한 대업'을 이루고 '날로 덕을 성대하게' 하는 기초라는 것이다.

2 오행: 취상비류의 체계

오행은 고대 종교와 무속에서 음양의 범주와 나란히 비교될 만큼 중요한 위치를 점하고 있다. 통상적인 견해에 따르면, 세상에 전해지는 문헌 중에서 가장 일찍 오행을 언급하고 있는 경전은 『상서尙書』「홍범洪範」이다.

『상서』「홍범」에서는 다음과 같이 말한다.

무왕 13년에 왕이 기자箕子를 방문했다. 왕이 이윽고 말하기를, "아아! 기자여. 하늘이 백성에게 음덕을 베풀어 서로 돕고 살게 하였는데, 나는 인륜을 베풀 줄 알지 못하는구나." 이에 기자가 말하되, "제가 듣건대 옛날 곤鯀이라는 사람이 홍수를 막으려다 오행을 어지럽히니, 천제가 진노하여 홍범구주洪範九疇를 가르쳐주지 않아 인륜이 무너지게 되었다고 합니다. 곤은 죽임을 당하고 우禹가 뒤를 이어 일어났는데, 하늘이 우에게 홍범구주를 내려주어 인륜이 베풀어졌다고 합니다. 그 첫째는 오행이고, 둘째는 오사五事를 공경하여 행함이요, 셋째는 팔정八政을 힘써 행함이요, 넷째는 오기五紀와 조화를 이룸이요, 다섯째는 황극皇極을 세워 사용함이요, 여섯째는 삼덕三德으로 다스리는 것이요, 일곱째는 계의稽疑를 밝히는 것이요, 여덟째는 서징庶徵을 고려함이요, 아홉째는 오복五福을 누리고 육극六極을 벌해야 합니다."[63]

유교의 『서경書經』에서는 「홍범」편이 비록 『주서周書』[64]에 수록되어 있지만, '오행' 학설이 주나라 때부터 시작된 것으로 볼 수 없다. 『사기史記』「주본기周本紀」에 따르면, 무왕은 즉위 11년 11월에 군사를 이끌고 맹진盟津을 건너 『태서太誓』를 짓고 은나라 주왕紂王을 쳤다. 이듬해 2월에 목야지전牧野之戰이란 역사적인 전쟁이 벌어졌다. 『사기』에서는 "무왕이 은

---

63 『상서』「홍범」, 『십삼경주소』 상책, 187-188쪽.

64 '홍범'이란 두 글자는 금문今文에서는 '鴻範'이라 적혀 있다. 피시뢰이皮錫瑞, 『금문상서고증今文尚書考證』, 중화서국, 1998, 242쪽 참조. 청나라 염약거閻若璩 이후 사람들이 한동안 고문古文 『상서』의 신빙성에 대해 의구심을 보이고 있지만, 여기서는 관습에 따라 '홍범洪範'으로 통용한다.

나라를 평정한 2년 뒤에 기자에게 은나라가 망한 까닭을 물었다. 기자는 차마 은나라의 죄악을 말하지 못하고 국가의 존립과 패망에 대하여 말했으며 무왕 역시 난처하여 하늘의 이치에 대하여 물었다"라고 기록했다. 이에 『정의正義』에서는, "기자는 은나라 사람으로서 차마 은나라가 악하다고 말하지 못하고 주나라를 다스리는 데 도움이 되는 말을 무왕에게 고했는데 그것이 바로 홍범구류洪範九類이다. 무왕은 류類로써 천도天道를 물었다"[65]라고 말한 것이다. 여기서 무왕이 '난처하였다'라는 것은 취상비류, 즉 직관에 의존한 형상적 사유를 일컫는 것과 같다. 무왕 12년 초에 은나라가 멸망하였다면 이른바 '그 후 2년'은 앞뒤로 계산할 때, 당연히 13년과 14년 사이이다. 즉 「홍범」편에서 이르는 "무왕 13년에 왕이 기자를 방문했다"라는 기록과 부합한다. 이를 『사기』의 기록과 대조하면 은나라와 주나라의 교체기에 덕성과 학문이 뛰어난 은나라 인물 기자에 의해 오행설이 주나라의 무왕에게로 전수되었던 것이다. 그러나 오행설이 실제로 등장한 시기는 아마도 은나라 때보다 이른 시기였을지도 모른다. 왜냐하면, 하나의 중요한 사상은 일시에 형성되는 것이 아니고 기나긴 태동기를 거치기 때문이다.

「홍범」편에서는 오행의 구체적 내용을 다음과 같이 서술한다.

> 오행이란 첫째가 수水이고, 둘째는 화火이고, 셋째는 목木이며, 넷째는 금金이고, 다섯째가 토土다. 물은 낮은 데로 흐르고, 불은 위로 타오르며 나무는 굽어진 것을 곧게 하며, 쇠붙이는 모양을 바꿀 수 있고, 흙은 작물을 심어 거둘 수 있다. 낮은 데로 흐르는 물은 짠맛을 이루고, 타오르는 불길

65 사마천, 『사기』 「주본기」 제1책, 중화서국, 1959, 131쪽.

은 쓴맛을 이루며, 굽거나 곧게 할 수 있는 것은 신맛을 이루고, 뜻대로 모양을 바꿀 수 있는 것은 매운맛을 이루며, 작물을 심고 거두는 것은 단맛을 이룬다.[66]

구주九疇의 기타 부분을 보면, 그 두 번째를 '오사'라 한다. 모貌·언言·시視·청聽·사思가 바로 그것인데, 후대인들이 오행과 많이 비교하기도 한다. 세 번째는 '팔정'이라 불리는데, 바로 식食·화貨·사祀·사공司空·사도司徒·사구司寇·빈賓·사師다. 앞의 세 가지는 경제와 종교에 관련된 사항이고, 뒷부분의 다섯 가지는 직관의 명칭이다. 네 번째의 '오기'는 세歲·월月·일日·성신星辰·역수歷數 등 다섯 가지의 제사 대상이다. 이러한 것들은 모두 농경 생활에 필요한 생태적 환경과 긴밀하게 관련되는 자연적 숭배 대상이다. 다섯 번째의 '황극'은 대중지극大中至極을 이르는데, 한쪽으로 치우치거나 패거리를 위하지 않는, 지극히 바르고 공정한 왕도 정치를 건립하는 것을 말한다. 여섯 번째의 '삼덕'은 정직正直·강극剛克·유극柔克 등의 세 가지 덕성이다. 일곱 번째의 '계의'는 복서卜筮의 책임자를 뽑고 복서의 체계를 세우는 방법이다. 여덟 번째의 '서징'은 우雨·양暘·오燠·한寒·풍風을 가리킨다. 즉 다섯 가지 기후를 통해 세상사人事 등에 대한 예시적 징조를 관찰하는 것이다. 아홉 번째는 '오복육극'이라고 한다. 오복은 수壽·부富·강녕康寧·유호덕攸好德·고종명考終命이고, 육극은 흉단절凶短折·질疾·우憂·빈貧·악惡·약弱이다.[67] 이는 각각 극단적으로 좋고 나쁜 결과를 말한다.

66 『상서』「홍범」, 『십삼경주소』 상책, 188쪽.

67 『십삼경주소』 상책, 188-192쪽 참조.

오행 사상의 직접적인 연원은 복사卜辭에 나타나는 '오방五方' 개념에 이르기까지 소급될 수 있다. 은허殷墟 복사 가운데 동방을 '석析'이라 하고, 서방을 '이彝'라 하며, 북방을 '복伏'이라 하고, 남방을 '인因'이라 한다는 기록이 보인다.[68] 여기서 '석'은 『상서』「요전堯典」에 있는 "궐민석厥民析" 구절에 있는 '석'과 같은 뜻이다.[69] 봄이 되어 농사철이 돌아오면 장정들이 농사일을 나누어 맡아 각자의 일을 하게 된다. '이彝'는 갑골문에 처음 나타나는데, 두 손으로 닭을 잡아 제사를 올리는 형상이었다. 닭은 육축六畜 가운데 인류에게 가장 친숙하고 일찍부터 익히 알려진 동물이다. 그래서 여러 제기祭器를 대표하는 '이彝'라는 글자는 전적으로 닭을 가리키게 되었다. '복伏'이란 만물이 복장伏藏한다는 뜻으로, 은나라 사람들의 '북방'이나 '겨울철'에서 그러한 관념이 생겨난 것이다. '인因'은 그 뜻이 봉鳳 또는 붕鵬이다. 갑골문에서 회오리바람을 타고 하늘로 솟구치는 대붕大鵬의 형상을 빗댄 것으로 무형의 기류를 의미한다. 또한, 은나라 사람들은 자신들의 왕도王都를 '중상中商'이라 하는데, 오방을 점쳐 풍작의 여부를 미리 알아보는 복사에 나타난다. 또한 '상토商土'를 동서남북 사방과 병렬시키기도 했는데 이러한 사실들은 당시에 명확한 오방의 개념이 존재했다는 것을 증명한다.

「홍범」편에 있는 기자의 이야기에 따르면, 대우大禹가 홍수를 다스릴 적에 하늘에서 홍범구주를 내려주어 질서를 회복하게 했다고 한다. 이는 옛일에 가탁하여 오행에 근거한 구주의 권위를 드러내기 위한 것으로 추측된다. 춘추 시대에는 진나라 대부大夫인 각결郤缺이 조선자趙宣子와 나눈

---

68 중국사회과학원역사연구소, 『갑골문합집甲骨文合集』, 중화서국, 1982, 64쪽을 참조.

69 『상서』 권1, 『십삼경주소』 상책, 119쪽 참조.

대화에서 이른바 구공九功을, "육부六府와 삼사三事를 '구공'이라고 한다. 수水·화火·금金·목木·토土·곡穀을 육부라고 한다. 정덕正德·이용利用·후생厚生을 삼사라고 한다. (육부와 삼사가)바르게 행해지는 것을 덕례德禮라 한다"[70]라고 하면서 오행을 언급했다. 곽점초간에 포함된 『오행편五行篇』은 자사子思와 맹자로 이어지는 사맹학파의 저작으로 알려져 있는데, 여기에서는 인仁·의義·예禮·지智·성聖을 다섯 가지의 덕행으로 삼았다.[71] 그러다가 『여씨춘추呂氏春秋』「십이기十二紀」에 이르러, 오행학설은 바야흐로 거대한 체계를 구축하게 되었다. 이러한 당시 사정은 팡푸龐朴가 말한 것처럼, "선진 시대를 통틀어 오행을 언급하지 않은 사상가가 거의 없었다. 차이가 있다면 단지 분량이 많고 적다는 것과 언급된 방향만 다를 뿐이었다."[72]

오행 체계의 운용 원칙을 개괄하여 보면, 취상비류와 상생상극相生相克 두 부류밖에 없다. 일찍이 「홍범」이 지어질 시대에 '낮은 데로 흐르고', '위로 타오르며', '굽어진 것을 곧게 하며', '모양을 바꿀 수 있고', '작물을 심어 거둘 수 있는' 것과 같은 성질에 대한 비교가 이미 나왔다. '상象을 취하여 비슷한 종류끼리 묶고, 그 모든 것을 직관적으로 형용한다'라는 것은 오행 체계 사유 방법의 기초이자 생명력의 원천이라 볼 수 있다. 전국시대 직하학파稷下學派의 『관자管子』「유관도幼官圖」에는 벌써 이에 대한 통합적 분류가 상세하게 나타났고, 『여씨춘추』와 『예기』「월령月令」에 이르

70 『좌전』「문공칠년文公七年」, 『십삼경주소』 하책, 중화서국, 1846쪽.

71 리링, 『곽점초간교독기』, 78-79쪽 참조. 마왕퇴馬王堆 백서帛書에도 「오행편」이 수록되어 있는데, 이에 대해서는 팡푸, 「마왕퇴 백서가 사맹학파 오행설의 비밀을 밝혔다馬王堆帛書解開了思孟五行說之謎」, 『문물文物』, 1977년 제10기를 참고하기 바란다.

72 팡푸, 『침사집沈思集』, 상하이인민출판사, 1922, 219쪽.

러 그 체계가 명확하게 정비되었다. 「홍범」 등의 문헌에서, 후대에 와서 보편적으로 인정되는 관념에 근거하여 취상비류의 개략적인 내용을 추출하여 도표로 정리하면 다음과 같다.

유별	목	화	토	금	수	출전
품성稟性	곡직曲直	염상炎上	가색稼穡	종혁從革	윤하潤下	『상서』, 「홍범」
오사五事	시視	언言	사思	청聽	모貌	위와 같음
덕성德性	명明	종從	예睿	총聰	공恭	위와 같음
덕성德性	철哲	예乂	성聖	모謀	숙肅	위와 같음
천간天干	갑을甲乙	병정丙丁	무기戊己	경신庚辛	임계壬癸	『예기』, 「월령」
오계五季	춘	하	장하長夏	추	동	
오제五帝	태호太皞	염제炎帝	황제黃帝	소호少皞	전욱顓頊	『월령』, 『여씨춘추』
오신五神	구망句芒	축융祝融	후토后土	욕수蓐收	현명玄冥	위와 같음
오충五蟲	비늘鱗	날개羽	알몸倮	털毛	껍질介	위와 같음
오음五音	각角	치徵	궁宮	상商	우羽	위와 같음
숫자	팔八	칠七	오五	구九	육六	위와 같음
오미五味	신맛	쓴맛	단맛	매운맛	짠맛	『관자』,『월령』,『여씨춘추』
오취五臭	누린내	탄 냄새	향내	비린내	썩은 냄새	『월령』, 『여씨춘추』
오사五祀	호戶	부뚜막竈	중中	대문門	행行	위와 같음
제선祭先	지라	허파	염통	간	콩팥	위와 같음
기후	바람	더위	습함	건조	추위	위와 같음
방위	동쪽	남쪽	중앙	서쪽	북쪽	『관자』, 『월령』, 『여씨춘추』
체질	근육	피	살	피부, 털	뼈	『월령』, 『여씨춘추』
몸구멍	눈	혀	입	코	귀	위와 같음
오장五臟	간장	심장	비장	폐장	신장	위와 같음

색깔	청색	적색	황색	백색	흑색	『관자』, 『월령』, 『여씨춘추』
감정	분노	기쁨	그리움	근심	두려움	『월령』, 『여씨춘추』
목소리	부르짖음	웃음	노래	울음	윽박지름	위와 같음
동작	쥐다	망설이다	토하다	기침하다	진저리치다	위와 같음
오상五常	인仁	예禮	신信	의義	지智	위와 같음
기운	부드러움	휴식	충만함	안정됨	견고함	『소문素問』, 「오운행대론五運行大論」
정치	발산發散	명요明曜	안정安靜	경勁	유연流演	『소문』, 「오상정대론五常政大論」
곡식	삼麻	밀	기장	벼	콩	위와 같음
과일	자두	은행	대추	복숭아	밤	위와 같음
열매	씨核	섬유질絡	과육肉	껍질殼	과즙濡	위와 같음
가축	개	말	소	닭	돼지	위와 같음
직관職官	사농司農	사마司馬	사영司營	사도司徒	사구司寇	『춘추번로』

취상비류의 방법에 따라 오행에 편입될 수 있는 특징적 계열은 거의 무한할 수 있다. 그러나 실제에서는 시대를 달리하거나 저작자의 성향에 따라 그 배치가 약간씩 들쑥날쑥하기도 한다. 예컨대 '기후'의 측면에서는, 『관자』 「유관幼官」에서 '조燥 · 양陽 · 화和 · 습濕 · 음陰' 등의 다섯 가지로[73] 배열하고 있는데, 이는 실제의 상황을 포괄하는 데 있어서 위의 도표에 있는 것보다 적절하지 못한 면이 있다.

이하의 논의에서는 위의 도표에서 난해하다고 여겨지는 부분과 중요한 대목에 대해 설명하고자 한다. 가장 이른 시기에 오행을 명확하게 다룬 「홍범」에서는 비록 사시四時와 오방을 언급하지 않았지만, 복사에는

73 대망戴望, 『관자교정管子校正』 권3, 『제자집성』 제5책, 38-39쪽 참조.

오방과 계절풍에 대한 기록이 이미 있었고 진한秦漢 이래 오행 체계를 운용함에 있어서 그 중심에 오방과 계절풍의 보편적 전형성이 내재해 있는 점을 고려해야 한다. 따라서 그러한 것들이 오행 사상이 출현한 원시적 동기와 관련된다는 점은 근거가 있다. 이는 다름 아닌 전통적 농경사회에서 필연적으로 의지할 수밖에 없는 생태적 환경 가운데 지극히 기본적인 조건이 되는 계절풍 기후에 대한 표현인 것이다. 앞서 예로 든 복사에도 이에 상응하는 바람의 명칭이 존재하는 것도 또 하나의 증거가 된다.

전국 시대 이후, 체계적으로 편찬된 각종 전적들에서는 항상 오제五帝와 오신五神을 오행과 배치시키기도 하는데, 『예기』「월령」 도식에 오제와 오신이 나오고, 한나라 때 위서緯書에도 태미오제太微五帝가 등장한다. 이런 것들은 그 관념의 원형을 추적해 보면 앞서 인용한 복사에 등장하는 사방의 '제帝' 관념에 연원을 둔 것으로 보인다. 오늘날 사정과 달리, 오방신의 역사적 원형은 초기에는 그 진위를 가리기가 쉽지 않았는데, 사시와 오방이란 주기적 기후 현상과 농경의 이미지가 서로 아주 밀접하다는 것은 사실이다. '구망句芒'은 '구맹勾萌'과 같이 봄철에 초목과 꽃이 싹트는 것을 가리킨다. 「월령」에는 늦은 봄을 다음과 같이 말한다. "이달에 생기가 바야흐로 성하고 양기가 발동한다. 움츠려 사는 것들이 모두 나오고 새싹이 삗어나 안쪽으로 들어가지 않는다." '구맹'이 바로 그런 뜻이다. '축융祝融'은 '주명朱明'인데, 여름철의 성대하고 눈부신 광명을 가리킨다. '욕수蓐收'는 가을철의 수확을 의미하고, '현명玄冥'은 겨울철의 어둠과 적막함을 이른 것이다. 중앙의 '후토后土'는 바로 큰 사신社神이다. 기타 여러 영역에서 오행과 배합되는 기후적 특징들도 각각 춘하추동의 사계절에 맞추어 형성된 것이다. 유독 '토土'란 명칭과 관련된 기후 현상은 장하長夏에 해당하기도 하고 사계절보다 왕성한 것을 가리키기도 한다.

오충五蟲의 분류에 대해 정강성鄭康成은 이렇게 말한다. "충린蟲鱗은 벌레가 알껍데기를 벗고 나오는 형상이고, 충우蟲羽는 벌레가 바람에 날개를 펼치는 형상이고, 충라蟲倮는 벌레가 벌거벗고 노출된 형상이며, 충모蟲毛는 벌레가 서늘한 기운에 따라 추위를 대비하는 형상이고, 충개蟲介는 벌레가 땅 속에 몸을 숨기는 형상이다."[74] 오음五音의 분류에 대해서도 정강성은 다음과 같이 해석한다. "목木에 속하는 것은 맑고 탁한 소리 가운데 있기 때문에 백성을 상징한다. 봄날 기운이 화창하니 성조는 각角이다."[75] "화火에 속하는 것은 약간 맑은데 일事을 상징한다. 여름 기운이 온화하니 성조는 치徵다."[76] "토土에 속하는 것은 가장 탁한데 군君을 상징한다. 계하季夏의 기운이 온화하니 성조는 궁宮이다."[77] "금金에 속하는 것은 궁宮 다음으로 탁하여 신하를 상징한다. 가을 기운이 온화하니 성조는 상商이다."[78] "수水에 속하는 것은 가장 맑아서 만물을 상징한다. 겨울 기운이 온화하니 성조는 우羽다."[79]

「월령」의 도식에서 이르는 '제선祭先'은 제기를 진열하여 조상先에게 올리는 제물이다. 계절에 따른 오사五祀의 안배 및 그 제선의 분류에 대하여 『백호통의白虎通義』에서는 다음과 같이 말한다.

봄에는 호戶의 제사를 지낸다. 호라는 것은 사람이 출입하는 외짝의 지게문이며, 봄에 만물이 지게문을 밀고 밖으로 나간다. 여름에 부뚜막竈에

74 손희단孫希丹, 『예기집해禮記集解』 상책, 중화서국, 1989, 405쪽.

75 손희단, 『예기집해』 상책, 405쪽.

76 손희단, 『예기집해』 상책, 440쪽.

77 손희단, 『예기집해』 상책, 462쪽.

78 손희단, 『예기집해』 상책, 466쪽.

79 손희단, 『예기집해』상책, 485쪽.

제사를 지낸다. 부뚜막은 불의 주인인데 인간은 그것으로 밥을 짓는다. 여름은 또한 화기가 왕성하여 만물을 잘 자라게 한다. 가을에 대문門에 제사를 지낸다. 대문을 닫고 갈무리하여 자신을 굳게 한다. 가을은 또한 만물이 성숙하여 안으로 갖추고 자신을 지킨다. 겨울에는 우물井에 제사를 지낸다. 우물은 땅속에서 물을 저장하는 것이다. 겨울은 또한 수기가 왕성하여 만물이 칩거하며 숨는다. 유월에는 중류中霤에 제사를 지낸다. 중류는 중앙에 흙이 있는 형상이다. 유월은 또한 토왕土王이다.[80]

또한, 이렇게 말한다.

봄에는 호戶에 제사를 지내는데, 제물로서 왜 지라脾臟가 가장 적합할까? 지라는 토土다. 봄의 목기가 왕성하여 토를 죽이기 때문에 이길 수 있는 것으로 제사를 지낸다. 겨울에는 콩팥을, 유월에는 염통을 쓰는데, 이런 것들은 이길 수 있는 것이 아닌데 왜 제물로 쓰는가? 토의 자리가 중앙에 위치하여 지극히 존귀하기 때문에 염통을 제물로 쓴다. 염통은 오장五臟 중에서 존귀한 것이다. 콩팥의 수는 지위가 가장 비천하여 자기를 이기는 것을 먹을 수 없다.[81]

오미五味에 관해서, 『백호통의』에서는 이렇게 말한다. "북방의 맛이 짠 것은 만물이 짜기 때문에 굳세게 되는 이치이니, 오미에 짠맛이 들어가 굳세게 되는 것과 같다. … 동방은 만물이 소생한다. 신맛은 소생하게

80 천리陳立 편찬, 우저위吳則虞 교감, 『백호통소증白虎通疏証』 권2, 중화서국, 1994, 79-80쪽.

81 천리 편찬, 우저위 교감, 『백호통소증』 권2, 80쪽.

하는 것이니 오미에 신맛이 들어가 맛이 시원한 것과 같다. … 남방은 잘 자라게 한다. 쓴맛은 잘 자라게 하는 것이니 오미에 모름지기 쓴맛이 있어야 맛을 잘 살릴 수 있다. … 서방은 만물의 성장을 누그러뜨린다. 매운맛은 누그러뜨리는 것이니 오미에 매운맛이 들어가 맛을 조절하는 것과 같다. … 중앙은 가운데서 조화를 이루기 때문에 달다. 오미는 단맛을 으뜸으로 한다."[82]

오취五臭에 관해서, 『백호통의』에서는 이렇게 해석한다. "북방에 썩은 냄새가 나는 것은 북방이 수에 속하고, 만물이 유폐되어 갈무리되기 때문이다. 또한, 물이 더럽고 혼탁해서 썩은 냄새가 난다. 동방은 목에 속하는데, 만물이 새롭게 지상에 올라와서 누린내가 난다. 남방은 불에 속한다. 양기가 성하게 움직여서 탄 냄새가 난다. 서방은 금에 속한다. 성숙한 만물이 다시 원래 상태로 복귀하기 때문에 비린내가 난다. 중앙은 토에 속한다. 토기가 자라나기 때문에 그 냄새가 향기롭다."[83] 여기서 동방 목기의 누린내는 목향木香을 이른다.

「홍범」에서 언급한 '오사五事'에 대하여 동중서는 천하를 통치하는 제왕의 기상으로 간주하고 있는데, 아마도 군주가 천명을 받드는 기능을 특별히 강조한 것 같다. 세상사人事의 안배는 반드시 계절의 요구에 부합해야 하고 이를 어기거나 거스르지 못한다는 것은 농경 문명의 기본 신념이다. 오행의 사상을 따르거나 이를 참조해서 세상사를 안배하는데, 이에 파급되는 영향은 농사, 생산의 금기, 정부의 명령, 예악, 생리의 조절 등, 거의 모든 중요 영역을 포괄한다.

---

82 천리 편찬, 우저위 교감, 『백호통소증』 권2, 170-171쪽.

83 천리 편찬, 우저위 교감, 『백호통소증』 권2, 172-173쪽.

진한秦漢의 대제국이 탄생하기 이전에 편찬된 『여씨춘추』 및 후대에 와서 『예기』에 수록된 월령의 모델은, 비록 12개월을 단위로 배열한 것이지만, 그 사상적 기초는 의심할 바 없이 오행이다. 계절적 특징에 대한 관찰은 서로 다른 시간적 척도와 기후적 현상의 모델에 따라 행할 수 있지만, 운용의 융통성이나 문화적 코드에 적용되는 광범위한 영역을 고려할 때, 오행보다 더 적합한 것은 없다. 실제 내용이나 사유의 특징이란 측면에서 보면, 십이기十二紀는 어디까지나 오행 모델의 부속품이나 파생 양식에 지나지 않는다. 물론 월령의 도식에도 현저하게 이상화된 흔적이 남아 있어 이를 실제 현실에 수용하는 것은 무척 어렵다. 그러나 유교 경전인 『예기』의 일부분으로 편입되어 후대에 이르러 각종 제도를 입안하는 데 하나의 본보기를 제공했다는 점은 확실하다.

후세에 잘 알려진 오행 학설의 또 하나의 추론 법칙은 '상생相生'과 '상극相克'이다. 사실상 사계절이 교체하는 이면에 존재하는 상생의 의미는 말하지 않아도 자명하다. 그러나 "목생화木生火", "화생토火生土"와 같은 말들은 『회남자』와 『춘추번로』에 이르러서야 비로소 가능했다. 오행 간의 상승相勝에 관해서는, 『묵변墨辯』에서 "오행에서 항상 이기는 것이 없다고 하는 주장은 맞는 말이다"[84]라고 언급했는데, 오행에서 서로를 이기는 것은 상대적이다. 오행의 생극生克 법칙은 다음과 같이 나타낼 수 있다.

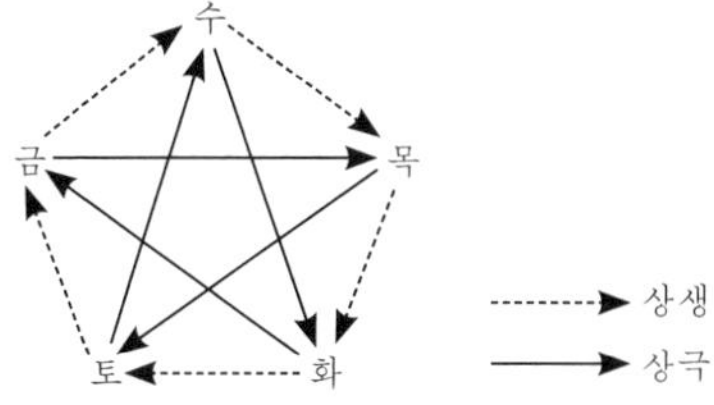

84 손이양孫詒讓, 『묵자간고墨子間詁』 권10, 「경하經下」, 『제자집성』 제4책, 195쪽.

『백호통의』 권4에서는, 서로 다른 계절과 운행 상태에서 오행 간의 연속 관계가 어떻게 이루어져 있는지 일찍이 말한 바가 있다. 후세의 술수가들이 이를 본보기로 삼는데 그 내용은 다음과 같다.

목왕木王 화상火相 토사土死 금수金囚 수휴水休
화왕火王 토상土相 금사金死 수수水囚 목휴木休
토왕土王 금상金相 수사水死 목수木囚 화휴火休
금왕金王 수상水相 목사木死 화수火囚 토휴土休
수왕水王 목상木相 화사火死 토수土囚 금휴金休

위의 도식은 오행의 생극 관계에 대한 최종 결론이라고 할 수 있다.

오행의 생극이 질서 정연하고 상호 협조하는 상태를 두고 '오행지상五行之常'이라 한다. 『황제내경黃帝內經』「소문素問」에서 다음과 같이 이르는 것들이 모두 '오행지상'에 해당한다. 오행에서 평기平氣라고 하는 것은, "목은 뻗어 나가서 조화를 이루기 때문에 부화敷和라 하고, 화는 위로 올라가 밝게 하므로 승명升明이라 하고, 토는 조건을 갖추어 화생시키기 때문에 비화備化라 하며, 금은 잘 살펴서 평정하기 때문에 심평審平이라 하며, 수는 가만히 있으면서 순종하기 때문에 정순靜順이라 한다"라는 것을 지칭한다. 불급不及이라는 것은 오행의 기운이 제힘을 다하지 못하는 것을 가리키는데, "목이 약해서 기운이 한쪽으로 쏠리는 것을 위화委和라 하고, 화가 약해서 밝은 기운을 위로 끌어내지 못하는 것을 복명伏明이라 하고, 토가 약해서 기운이 위축되어 화생을 지켜보기만 하는 것을 비감卑監이라 하고, 금이 약해서 굳센 기운이 적어 거죽을 따라가는 것을 종혁從革이라 하며, 수가 약해서 물이 말라 흐르지 못하는 것을 학류涸流라 한다"

라고 말한다. 태과太過에 대해서는, "목이 지나쳐서 조화를 잃고 튀어나오는 것을 발생發生이라 하고, 화가 지나쳐서 불빛이 뜨거운 것을 혁희赫曦라 하고, 토가 지나쳐서 비대하여 두터워지는 것을 돈부敦阜라 하며, 금이 지나쳐서 겉만 지나치게 굳어지게 되는 것을 견성堅成이라 하고, 수가 지나쳐서 기운이 따르지 않는데도 밖으로 넘쳐 흘러내리는 것을 유연流衍이라 한다"[85]라고 이른다. 그래서 오운五運의 정政은 "저울대와 저울추로 저울질하는 것과 같다. 높으면 억누르고 낮으면 들어 올린다. 조화하면 감응하고, 변화하면 회복된다. 이것은 바로 만물이 생장하고 수렴하게 되는 이치이고 기운의 정상적인 규율이다. 이러한 규율을 어기면 천지와 사계절의 기운이 막히게 된다"[86]라고 말하는 것이다.

『한서漢書』 이후에 편찬된 정사正史에는 대체로 『오행지五行志』[87]가 있는데, 앞선 왕조의 재해와 상서롭고 기이한 일들을 상세하게 기술했다. 즉 오행의 규율에 어긋나서 자연계의 재해가 발생했다는 관념에 근거하여 각종 재해 등을 분류하고 서술한 것이다. 후한 시대에 백호관白虎觀에서 열린 '백호통白虎通' 회의의 결의안을 최종적으로 마무리한 반고가[88] 자연계의 재해와 이상 기후 현상을 어떻게 해석할까 고민했을 때, 다음과 같은 동중서의 견해를 염두에 두었는지도 모른다.

85 『황제내경소문黃帝內經素問』「오상정대론五常政大論」, 상지균常志鈞 등 정리, 『중의팔대경전전석中醫八大經典全釋』, 화하華夏출판사, 1994, 55쪽.

86 『황제내경소문』「기교변대론氣交變大論」, 상지균 등 정리, 『중의팔대경전전석中醫八大經典全釋』, 54쪽

87 반고班固, 『한서』 권27, 제5책, 중화서국中華書局 1962년판, 1441-1522쪽 참고.

88 『백호통의』는 한나라 때 음양오행 이론을 세상사에 결부시켜 해석한 금문학파今文學派의 경전이다.

화가 목을 범하면 땅속에 칩거해 있던 벌레가 일찍 나오고 천둥 번개가 친다. 토가 목을 범하면 태생 동물이 요절하고 난생 동물이 알을 깨지 못하며 새와 벌레들이 상처를 많이 입는다. 금이 목을 범하면 전쟁이 일어난다. 수가 목을 침범하면 봄에는 서리가 내린다. 토가 화를 범하면 천둥 번개가 많고, 금이 화를 범하면 초목이 말라붙는다. 수가 화를 범하면 여름에 우박이 내리고, 목이 화를 범하면 지진이 일어난다. 금이 토를 범하면 오곡五穀이 상하고 재앙이 일어나고, 수가 토를 범하면 여름이 춥고 무서리가 내리며 연체동물이 번식하지 않는다. 화가 토를 범하면 심한 가뭄이 있게 된다. 수가 금을 범하면 물고기가 번식하지 않는다. 목이 금을 범하면 초목이 죽었다가 다시 발아하고, 화가 금을 범하면 초목이 가을에 꽃을 피운다. 토가 금을 범하면 오곡이 여물지 않는다. 목이 수를 범하면 칩거하는 벌레가 겨울에 땅속으로 들어가지 않고, 토가 수를 범하면 땅속에 칩거하던 벌레가 겨울에 나온다. 화가 수를 범하면 하늘에서 별들이 떨어진다. 금이 수를 범하면 매우 추운 겨울이 된다.[89]

"하늘은 일정한 법칙을 가지고 있다"라는 순자荀子의 생각과는 달리, 한나라 때의 사람들은 인간사의 좋고 나쁨이 자연계의 운행에 영향을 미칠 수 있다고 여겼다. 의지와 운명 사이에 있는 '하늘'이 각종 재해를 통해 군왕에게 경고하고, 군왕은 이로써 마음을 바로잡고 덕을 닦아 더욱 더 엄중한 결과를 피하게 된다고 생각했다. 긍정적인 면에서 보면 성인이 예를 정하고 악률을 만든 것도 '오상五常'의 운행에 따르는 것이었다. 그 내용은 다음과 같다.

89 동중서, 『춘추번로』「치란오행」, 소여, 『춘추번로의증』, 383-384쪽.

이런 까닭으로 선왕이 성정性情에 바탕을 두고 도수度數를 헤아려 예의禮義를 만들었으니, 생기生氣의 조화를 모으고 오상의 운행을 이끌어서 양으로 하여금 흩어지지 않고 음이 밀폐되지 않게 하며 강기剛氣가 성내지 않고 유기柔氣가 두려워하지 않게 했다. 이 네 가지가 창달하여 안에서 조화를 이루고 겉으로 나타나서 모두 그 자리에 편안하여 서로 빼앗지 않게 된다.[90]

오행의 배열에는 천지인 삼재의 각 영역이 다 포괄되어 있다고 할 수 있다. 계절과의 배합은 비록 그중의 한 측면에 불과하지만 가장 핵심에 존재하여 다른 것으로 대체할 수 없는 영역이다. 오행에는 뚜렷한 우주론적 사상이 스며들어 있는데, 이른바 "일단 발하게 되면 모두 절도에 맞는다"라는 것이다. 이 "절도에 맞는다"라는 말에서 가장 중요한 것은 기후의 순환 법칙에 대한 이해와 그 운용이다.

오행설은 중국 고대의 소박한 시스템적인 사유라 할 수 있다. 관련 사물이나 사태에 대한 총체적인 구분은 통시적인 것과 공시적인 것의 두 차원이 결합한 것으로서, 양자는 상충하는 것이 아니라 상호 감응하는 관계다. 통시적 차원에 따라 사계절이 서로 순환하면서 이에 호응하는 다섯 단계 또는 단계별 특징으로 구분된다. 공시적 차원에서는 단계마다 다섯 가지 양상의 요소들로 구분되는데, 이 요소들은 각각의 층위에서 상응하는 요소와 상동적 관계에 있다. 공시적 층위에서의 특성은 이에 상응하는 통시적 단계에서 정확하게 일치하여 발휘될 가능성이 있고, 심지어 지나치게 왕성한 탓에 부정적인 영향을 초래하기도 한다. 이러한 오행설의 연

90 『예기』「악기樂記」, 손희단, 『예기집해』 하책, 1000쪽.

계성은 천문 현상과 대기권, 지표면 생태권 및 세상사의 시스템 등 삼재三才라고 하는 삼대 시스템 사이의 상동성과 감응 관계를 가리킨다.

3 —— 천도관天道觀과 음양오행의 생태적 해석

오행 체계는 기후 현상의 많은 특징과 연계되기 때문에 상당히 포괄적일 수밖에 없다. 중국의 고대 경전에는 각양각색의 기후 현상과 관련된 기록이 잔뜩 실려 있는데, 예를 들어 서주西周 말기와 동주東周 초기 간에 형성된 것으로 보이는 『시경』「빈풍」의 '칠월'은, 농촌 생활과 기후 현상을 묘사한 서사시다. 이외에 『관자』의 「유관도」, 『하소정夏小正』, 『여씨춘추』의 십이기수十二紀首, 『회남자』의 「시측훈時則訓」 등에는 모두 절기에 의해 안배된 자세한 농사력農事曆이 있다.

1 농경 생태와 생물 기후학

생물 기후학에서 다루는 것은 유기체가 환경의 계절적 변화에 적응하면서 발생하고 관찰할 수 있는 반응 효과다. 다시 말해, "생물 기후학은 반복적으로 나타난 생물 현상의 시간성, 생물과 비생물적 요소의 측면에서 시간성이 형성된 원인, 그리고 같은 종류나 다른 종류의 각 단계에서 이루어지는 상호 관계를 연구한다."[91]

주기적으로 순환하는 기후 요소들은 계절적 특징을 이루는데, 특히 춘하추동 사계절에 대응하여 구분되는 요소들은 각 기후대의 보편적 현상이 아니고, 사계절이 뚜렷한 문명권에서도 극단적으로 중시하지 않는

91 [미국]리스H. Lieth, 『생물 기후학과 계절성의 모델화Phenology and Seasonality Modeling』, 얀방티顔邦倜 등 뒤침, 중국과학출판사, 1984, 2쪽.

다. 사실상 중국 고대인들이 1년을 사계절로 구분하고 다시 24절기로 나눈 목적은 주로 농사철을 파악하기 위한 것이었다. 농업 생산활동은 합리적으로 안배된 농사철을 요구한다. 전근대적 농경 생활은 기후의 주기적 변동으로 인하여 유리하거나 불리한 각종 영향을 면할 길이 없었고, 그에 따라 농사철을 조정하는 생물 기후학의 방법을 특별히 중시했다. 그 핵심은 바로 자연계 전체에 표출되는 생태적 반응 효과를 고려하고 각종의 천문과 기상 및 기후 현상의 요소들을 종합적으로 관찰하고 판단하는 것이다. 사람이 지닌, 책력에 상응하는 각 종류의 생산 활동이나 일상 경험들은 당연히 기본적인 참고 자료가 된다. 기후의 연차적 변화로 인해 이러한 경험들은 해마다 실제 상황과 맞물리지 않는 탓에 1년 단위의 실측은 필수적으로 요구된다.

이러한 생물 기후학적 관찰은 흔히 총체적인 인지적 성향을 유발한다. 전근대적인 농경사회에서는 온도, 기압, 강우량 등과 같이, 특정한 시공간의 좌표로 표시되는 기상적 요소들을 정밀하게 측량할 만한 계측기가 없었다. 게다가 농작물의 파종 시기 판단은 어느 단일 요소나 여러 요소의 기계적인 조합으로 결정될 수도 없었다. 이에 따라 총체적인 생태적 반응 또는 종합적 징후로 관찰하는 생물 기후학은 그 무엇으로도 대체할 수 없는 지위를 누리게 되었다. 실제로 육지의 식물, 곤충, 조류, 포유동물 등과 같은 생태 시스템의 각종 먹이사슬에는 모두 계절에 대한 적응 노력이 수반된다. 그러나 생물의 주기적 변화 현상은 어디까지나 일정한 계열의 생물과 물리적 변수라는 복잡한 상호 작용으로서, 변화에 대응하는 종種이나 군락, 그리고 생물의 체내에 일어나는 평형 현상에 대한 종합적 반응이다.

음식물을 획득하는 기본 모델로서 농경의 생태적 특성은 특정한 지역의 토양 조건을 이용하여 인류가 이용할 수 있는 생체 에너지를 생산하는 것이다. 기후 현상은 생태 시스템 속에서 농작물의 재배나 성장에 요구되는 빛 · 온도 · 물의 배합에 대한 자연적 반응 효과를 알려주는 인디케이터로서, 농사철의 안배에 중요한 작용을 한다. 말하자면 어떤 특정한 단계에서 특정한 기후 현상과 특정한 농작물 간에는 확실한 동시적인 반응 효과가 있다는 것이다. 기후 현상의 지시적 반응 효과는 바로 여기서 나온다. 그러한 반응 효과를 관찰하면 두 가지 차원으로 이루어지는데, 하나는 기후 현상과 농작물의 계절적 순환이고, 다른 하나는 특정한 기후 현상과 특정한 농작물 간의 동시성이다.

생물 기후학에서 관찰되는 이러한 두 가지 차원은 전통적인 천도天道 관념에서 거듭 강조되었다. 공자가 일찍이 다음과 같이 감탄한 바가 있다. "사계절이 운행하고 만물이 생장하는데 하늘이 무슨 말을 하더냐?"[92] 이러한 '천天'의 관념은 농경문화의 생태적 특징을 적절히 포괄하고 있다. 『주역』「계사상」에서는 "넓고 큰 것은 천지와 짝하고, 변화하고 통하는 것은 사계절과 짝한다. 음양의 법칙은 일월과 짝하고, 쉽고 간단한 선善은 지극한 덕과 짝한다"라고 하고, 또한 "한 번 닫히고 한 번 열리는 것을 일러 변화라 하고, 오고 감에 막힘이 없는 것을 일러 통한다고 한다"라고 하여 '변화'를 규정했다. 고대 사상가들이 마음속으로 하늘의 도리를 열정적으로 찬양할 때 이러한 소장消長과 영허盈虛의 모델을 그 누구도 철저하게 불식할 수 없었다. 이는 농경 문화의 구조와 경험에 기반을 둔 것이기 때문이었다. 이른바, "지향하는 바로써 같은 부류를 모으고 물物로써 무리를 나눈다"라는 「계사상」의 말에서부터 전체 괘상의 배열 체계에 이르

92 『논어』「양화陽貨」, 주희, 『사서장구집주』, 180쪽.

기까지, 모두 각종의 반응 효과에 대한 비교와 분류에 지나지 않는 것이다.[93]

도가는 도교의 근원론과 마찬가지로 뚜렷한 순환론적 색채를 띠는데 사계절 질서와 밤낮의 변화를 그 대상으로 한다. 『도덕경』에서는 말하는 '귀근歸根', '복명復命', 그리고 "돌아가는 것은 도의 움직임이고 약한 것은 도의 작용이다"라는 것이나 "하늘의 도는 남는 것을 덜어서 모자란 것을 보충한다"라고 하는 말이 대표적인 예다.[94] 『장자』의 「천도天道」편에서는 만물의 변화가 사계절의 질서에 따른 것이라고 하면서, "봄과 여름이 앞서고 가을과 겨울이 뒤서는 것이 사계절의 질서다. 만물이 변화하여 생성하는 가운데 움터서 올라오는 모양이 있고 무성해지다가 쇠락하기도 하는데, 그것이 변화의 흐름이다"라고 지적했다. 『태평경』에서도 "하늘의 도리는 이같이 순환하니 한 바퀴 돌고 나서 다시 시작한다"라고 하면서 순환적 모델의 중요성을 강조했다. 오대五代 시기의 도사 담초譚峭는 『화서化書』에서 변화에 대해 독특한 그의 주장을 펼쳤는데, "허虛는 신神이 되고, 신은 기氣가 되며, 기는 혈血이 되고, 혈은 형形이 되며, 형은 영아嬰兒가 되고, 영아는 아이가 되며, 아이는 소년이 되고, 소년은 장정이 되며, 장정은 노인이 되고 노인은 죽음으로 변한다. 죽음은 다시 허가 되고 허는 다시 신이 되며, 신은 다시 기가 되고 기는 다시 물物로 변한다. 변화

93 실제로 『주역』의 예측 방식에 생태적 반응 효과와 관련된 동시성이 고려된 것으로 보인다. 칼 융C. G. Lung은 어느 『역경』 번역본의 서론에서 동시성Synchroicity을 언급한 적이 있었다. 두 가지 이상의 현상 사이에 '의미적 일치meaningful coincidences'가 존재함을 알렸는데 이는 단순한 우연성Synchronism과 다르다. [영국]앤서니 스토Storr, Anthony, 『융』, 진징陳靜, 장잔강張建剛 뒤침, 중국사회과학출판사, 1989, 143쪽.

94 『노자도덕경』 제16, 제40, 제77장, 『제자집성』 제3책, 9, 25, 45쪽.

가 끊이지 않아서 무궁하게 순환한다"[95]라고 말했다. 이 역시 일종의 순환론적 모델에 지나지 않는다.

생물 기후학은 별도로 존재하는 단순한 수치의 집합이 아니고, 전체적 반응 효과 또는 어떤 방면의 홀로그램적 표징을 표출하는 전체적 반응 효과이다. 그 대상 범위가 생물의 개체적 표징에서 전체 군락의 표징에 이르기까지 그야말로 다양하다. 사실상 자연계의 생장 성쇠에 감응하는 인체도 이러한 대상이 될 뿐만 아니라, 생물의 주기적 변화를 다루는 생물 기후학의 방법이 시행되는 중심축이기도 하다. 중국의학의 이론과 실천, 특히 경락經絡 학설은 인체 및 그 생태적 징후를 관찰하는 전형적인 방법이다. 예를 들면 '봄의 맥은 시위弦와 같고', '여름 맥은 갈고리鉤와 같고', '가을 맥은 뜬 듯하고', '겨울의 맥은 군영營과 같다' 등은 바로 의사가 진맥할 때 파악해야 할 징후다.[96]

생물의 주기적 변화 현상을 물후物候라고 하는데, 이러한 물후는 농사철을 확정하기 위해 참조하는 각종 생물의 현상이다. 징후徵候는 더욱 포괄적인 개념으로서 일종의 상징 형식을 가리키는데 농사철을 결정하기 위한 것이 아닌, 생물 또는 비생물적 관계까지 포괄한다. 그런데 이러한 상징은 어떤 대상을 대신해서 지칭하고자 때 부여하는 자의적인 기호가 아니라는 점에 주의할 필요가 있다. 자의적 기호는 자연히 생성된 실제 대상의 일부분이 아니기 때문이다.[97] 이와 반대로, 앞의 상징은 대상 전체에서 표출되는 일종의 반응 효과다. 따라서 이러한 반응 효과는 구별될

95 『도장』 제23책, 592쪽.

96 맥상설脈象說과 관련된 부분은 『황제내경소문』「옥기진장론玉機眞臟論」 등을 참조하기 바란다.

97 예컨대 그것은 구조주의 언어학자 소쉬르가 말하는, '기표'가 지니는 자의성이 아니다.

수 있는 것이면서도 흔히 모호하거나 다의적인 양상을 띤다.

전통적인 용법에 따르면, '징후'와 대체로 비슷한 용어는 '상象'이다. 중국의학에서 오행을 종합해서 이르는 '장상臟象'은 진찰할 때 참고하는 징후인데, 이를 생리적으로 나타나는 전체적 반응 효과가 아니라고 말하기는 어렵다. 전통적인 형이상학적인 개념은 '상', 즉 '징후'의 근저를 벗어날 수 없다. 장재張載는 "형상이 가능한 모든 것은 유有이며, 모든 유는 상象이고, 모든 상은 기氣다"[98]라고 말한다. 실제로 존재하는 것이 모두 '상'이라면, 상이 포괄하는 범위는 거의 모든 것이 된다. 『도덕경』 제21장에서는 "도라는 것은 황홀할 뿐이다. 있는 듯 없는 듯한데 그 안에 물物이 있으며, 없는 듯 있는 듯한데 그 안에 상象이 있다"라고 한다. 이는 도의 실체가 어렴풋이 상으로 존재한다는 것을 형용한 말이다. 제35장에서도 '집대상執大象'이라고 말했는데, 이에 하상공河上公은 "집執이란 지킨다는 뜻이고 상이란 도道다"[99]라고 해석한 바가 있다.

실제에서 생물 기후학은 농경 생태에서 요구되는 일반적인 관찰 방법에 지나지 않는다. 하나는 생태권과 기후적 유형의 차이로 말미암아 각기 다른 관찰 내용을 보유하고 있다는 것이고, 다른 하나는 일정한 문명 체계 안에서 농경 문화가 주도적인 지위를 차지할 때, 생물 기후학의 방법에 포함된 인지적 경향이 해당 문명 체계에서 배태된 형이상학적 사고의 토대가 된다는 것이다. 이 두 가지가 그리스 문명과 화하華夏 문명에서 생물 기후학이 서로 다른 의의를 지니게 되는 요인이다. 동아시아에서 농사철은 반드시 계절풍 기후의 특징과 관련되는데, 계절풍 기후라는 조건

98 장재, 『정몽正蒙』 「건칭乾稱」, 『장재집張載集』, 63쪽.

99 왕카 교감, 『노자도덕경하상공장구老子道德經河上公章句』, 중화서국, 1993, 139쪽.

속에서 생태적 반응 효과를 고려한 순환적 모델의 형상화가 가능하고, 그것이 바로 옛사람들에게 익숙한 '음양오행'이다. 비록 그리스 로마 문명이 뛰어난 항해와 상업 문화를 가지고 있었다고 하지만, 상대적인 측면에서 보면 오직 화하 문명만이 '징후'에 대한 사유를 정립했다고 말할 수 있다.

2 동아시아 계절풍 기후와 음양오행 모델

황하 중하류에서 화하 민족이 최초로 국가를 건립한 이래, 칭짱青藏 고원 동쪽과 만리장성 남쪽은 줄곧 중화민족이 개척한 농경 문명의 중심구역이 되었다. 만리장성의 라인은 대체로 500mm 강수량 분포선과 일치해서 농경과 유목 지역을 나누는 분계선을 형성한다. 중국의 지세를 보면 칭짱 고원 남쪽의 제1급 계제階梯 지역과, 내몽고 고원 남쪽의 제2급 계제에 해당하는 광활한 지역은 모두 예외 없이 동아시아 계절풍 기후의 영향권에 들어있다. 이에 따라 생물 기후학적 관찰로 완벽한 계절성의 모델을 수립해서 이러한 기후 자원을 표현하고 적응하는 것이 아주 중요했다. 중국 기후의 두 가지 기본 특징인 계절풍과 대륙성 기후는 대체로 이러한 연유로 음양오행 모델에 반영되었던 것이다.

계절풍 기후는 대륙과 해양의 열에너지가 고르지 않게 가열됨으로써 형성되고 유지되는 것이다. 중국 동부 지역은 겨울에는 해양이 열기의 원천이 되고 육지는 냉기의 원천이 되지만, 여름에는 정반대다. 겨울에는 주로 대륙에서 불어온 기단의 영향을 받아 편북풍이 많아서 기후적 특징은 저온 건조하고 비가 적다. 여름에는 주로 바다에서 불어온 기류의 영향을 받아 편남풍이 많아서 기후적 특징은 고온 다습하고 비가 많다. 격심한 연교차와 일교차 또한 중국 대륙성 기후의 특징을 강하게 드러낸다. 이외에 각 지역 간의 강우량이 매년 큰 차이를 보인다는 것도 중국 계절풍 기후의 또 다른 특징이다. 이로 인해 빈번하게 나타나는 기후적 재해와 이에 따른 홍수와 치수治水의 필요성이 중앙 집권제를 초래한 지리적 요소가 아닌지 주목할 만한 과제이기도 하다.

음양의 관념이 변증법적 사유의 대립적 통합방식에 따라 각종의 징후를 통괄하는 하나의 체계라면, 오행 관념의 확장과 이를 종합적으로 운용하는 방식은 사계절 순환 속에 각종 역법, 기후, 물후의 제반 요소들을 체계적으로 엮어서 배열하는 방법이라 할 수 있다.[100] 단순히 숫자를 놓고 추단한다는 시각에서 본다면 오행 체계의 구조적 특징이 단조롭고 다의적으로 해석되며 임시방편적인 것 같지만, 그 효용성은 결코 부정하지 못한다. 이러한 효용성은 사계절의 순환으로 인한 동북아 지역의 생태적 반응 효과와 그 변화에 대한 전반적인 형상화 과정에서 나오는데, 앞서 거론한 '취상비류'의 방법, 즉 관찰과 내면적 성찰을 결합하고, 이를 '물후'라는 생태적 반응 효과와 서로 관통하는 데서 도출된다. 이것은 간결하면서도 탁월하고 효과적인 방법인 것이다.

오행의 모델은 일반적인 기후현상 관찰방식보다 더 진보한 것이다. 주로 오행 모델에 의해 편성된 내용은 구체적인 어떤 생물의 번식에 초점을 둔 것이 아니라 여러 증후군으로 다루었다. 『여씨춘추』와 『황제내경』은 진한 시기의 농경 문명에서 간행되지 않았던 것으로 보이지만, 황하 유역의 생태적 지식을 다룬 것은 틀림없었다. 앞서 제시한 음양오행의 도표를 검증할 때 특히 이 점을 염두에 두어야 한다. 오행 배열 도표에서 제시한 기상과 방위 등은 황하 유역의 정황과 비교적 부합하는 면이 있다.

---

100 예를 들어, '월령月令'의 모델은 바로 이러한 확장인데, 『여씨춘추』의 「십이기」, 『예기』의 「월령」, 『사민월령四民月令』에 보인다.

예를 들어 토土로 대표하는 장하는 음력 유월과 칠월 사이인데 바로 여름의 계절풍이 불어오는 장마철이다. 그래서 그에 해당하는 기후가 습한 것이 된다. 방위의 배치도 매 계절의 풍향과 일치한다. 충蟲의 특징도, 유사한 생물들이 그 종류에 따라 주기적으로 변화되는 법칙을 총괄한 것이다. 소리音 · 맛味 · 냄새臭도 대체로 이와 같다. 다만 숫자의 배치는 약간 혼란스럽다고 하겠다. 이하의 제帝 · 신神 · 사祀 · 제祭의 네 항목은 인간사의 측면에서 의도적으로 획정한 것으로 보이는데, 질서를 갈구하는 심리적 욕구를 충족시키기 위해서, 신화神話 또는 제도의 구조적 차별성을 자연의 생태적 지식과 맞추려고 한 것이다. 체질, 몸 구멍孔竅, 오장五臟, 색깔, 감정, 목소리, 동작 등은 고대 의학 체계에서 임상 관찰의 근거였다. 이러한 관찰 방식도 마찬가지로 농경 문명의 생물 기후학적 방법에서 파생된 것이다. 이외에 팔괘 또한 계절과 방위 등 요소들과 서로 배치되어 오행, 즉 동아시아 계절풍 기후의 특징과 서로 호응하게 되었다.

사실상 중위도 지역은, 위도별 지역적 특성에 의해 구별되는 동일한 기후대라 할지라도 그 내부에서도 서안, 내륙, 동안의 세 유형으로 명확히 구분된다. 일반적으로 대륙의 서안에 해당하는 북위 40° 이상의 지역은 1년 내내 서풍대西風帶에 속하는데, 해양성 기단의 영향을 받는 데다가 난류가 연안을 통과하기 때문에 연교차와 일교차가 모두 작고, 연중 강우량이 비교적 골고루 분포되어 있지만, 가을과 겨울에 강우량이 더 많다. 이는 오행 모델과 부합하지 않는 명확한 특징이다. 이른바 동아시아 지역의 '건조한 가을'은 아시아 대륙성 기단의 영향을 받는다는 특징을 반영할 뿐이다. 또한, 대륙 서안의 해양성 기후대에 속하는 서북유럽 지역은 근대 산업혁명의 발원지로서 전 세계 '호모사피엔스' 집단의 생태적 모델을 크게 변화시켰다. 북위 40°와 30° 사이의 대륙 서안은 여름이 건조한 아열대성 기후, 즉 지중해성 기후에 속하는데, 이 일대가 바로 고대 그리스 로마 문명이 확산된 지역이다.

대륙 동안에서는 겨울과 여름의 풍향과 해류의 분포가 같은 위도상에 있는 서안과 선명한 대조를 이룬다. 따라서 기온과 강수량 및 계절의 배치가 완전히 다르다. 동아시아 지역은 세계에서 가장 큰 대륙과 해양 사이에 위치하기 때문에 계절풍 기후 및 물후의 계절적 교체가 아주 뚜렷하다. 이러한 점들은 이 지역에 생활하는 사람들에게 깊은 인상을 남길 수밖에 없는데, 그에 따라 음양오행 관념은 유라시아 대륙의 동부 북위 55°와 35° 사이의 온대 계절풍 기후대에서 배태되어, 북위 35°와 25° 사이의 아열대와 북위 25°와 10° 사이의 열대 계절풍 기후대까지 확산된 것이다.

지구상에서 손꼽을 만한 몇 개의 고대 문명을 배태한 유라시아 대륙에 있어서, 동아시아 지역이 처한 지리적 위치와 기후별 유형은 이 지역 화하 문명의 무형 유산인 종교와 철학의 기층에 존재하는 기호적 모델과 구조적 상동 관계에 있다. 이에 따라 동아시아 계절풍의 기후별 유형은 중국과 서양 간의 구조적 차이를 형상화해서 중국 본토의 우주론적 상상력에 서양과 판연히 다른 기본적 소재를 제공하게 되었다. 그러나 이러한 관념적 층위에서 드러난 구조적 상동성은 문화의 총체적 형국에서는 결정적인 것이 될 수 없었다. 동아시아 계절풍 기후는 해당 지역의 인구와 조직 및 음식물을 얻는 방식 사이의 피드백 관계에 놓인 특수한 기제를 만들어냈는데, 농경이 이 지역의 생태적 모델에서 주도적인 지위를 차지하게 될 때 비로소 생물 기후학에 기초한 인지적 경향, 다시 말해 관념적 측면에서 기후의 유형별 특징에 대한 구현이 인류 문명사에서 지속적인 영향력을 가질 수 있게 되는 것이다.

같은 계절에 내리는 비와 온도는 기후 자원의 생산적 효과를 충분히 발휘하는 데 아주 유리하다. 초목이 자라지 않는 겨울철 몇 개월에 강수량 대부분이 집중되는 유럽보다 동아시아 지역의 경작기에는 우기가 비교적 길고 집중되어 있다. 한나라 때 황하 유역의 경작 제도가 거의 완벽하게 갖추어졌는데, 그 이후 수천 년 동안 밭을 갈고 농작물을 가꾸는 농경 문화의 모델이 되었다.[101] 『시경』「소아小雅」의 '백화白華' 등에서 벼농사를 노래하는 구절을 보면, 당시 북방에는 이미 벼농사를 지을 수 있는 여건이 조성되어 있었다.[102] 후한 시기에 편찬된 『설문해자』에서는 벼의 품종을 여섯 가지로 나누었다. 중국의 경제 중심이 점차 남쪽으로 이동한 후, 벼는 동아시아 계절풍 지역에서 가장 보편적인 농작물이 되었다. 프랑스 아날학파의 일원인 페르낭 브로델Fernand Braudel의 주장에 따르면, 단위 면적당 벼의 발열량은 밀보다 5배나 많다고 한다.[103]

동아시아 지역 농경 모델의 고효율에 힘입어 해당 지역의 문명은 관찰과 인지적 방법을 얻게 되었고, 사회 조직에서도 농경에 적합한 생태적 모델을 채용하게 되었다. 또한, 잔손질이 많이 가는 경작 활동 자체에도 단위 면적당 비교적 많은 인력이 투입되었다. 이로 인해 동아시아 지역의 인구와 농경 활동 간에 모종의 피드백 체제가 존재하게 되었다. 공자가 제시한 '많은 인구庶', '부유함富', '교육敎'이란 원칙이[104] 마침내 그 이후 중국에서 수천 년간 일관된 사회적 정책으로 인증되었는데, 조혼과 출산 장려가 이러한 것들이다. 그중에 유교가 가장 중심적인 역할을 담당했는

101 쉬줘윈許倬雲, 『한대농경漢代農業』, 장쑤江蘇 인민출판사, 1998판 참조.

102 벼농사의 상황은 『시경』「빈풍」'칠월'에서도 찾아볼 수 있다.

103 [프랑스]페르낭 브로델, 『15~18세기의 물질문명, 경제와 자본주의Civilisation matérielle, économie et capitalisme, XVe-XVIIIe siècle』, 스캉치앙施康强, 구량顧良 뒤침, 생활·독서·신지 삼련서점, 1992판, 173쪽.

104 『논어』「자로子路」, 주희, 『사서장구집주』, 143-144쪽 참조.

데, 그것은 생태적 가치의 방편에 그쳤고 무엇을 창조한다거나 원동력이 된 것은 아니었다.

농경 생태가 한족漢族 지역의 전통에서 중요한 위치를 점하게 됨에 따라, 생물 기후학적 관찰 방법과 가설은 암암리에 사람들의 사상과 관념에 중대한 영향을 미쳤다. 기후 현상과 계절풍이 상호 연계되는 순환성 및 주기적 순환의 단계별 특징들은 생물 기후학에서 관찰하는 대상이 된다. 이를 농경적 생물 기후학에서 일반적 증후학symptomology으로 확대해 나갈 때, 그 핵심은 전통적인 천도의 관념으로 포괄하는 기본적 특징과 일치한다.[105] 이를 세분해서 말하면 효응성 · 순환성 · 동시성 · 실용성이란 네 가지 잣대가 된다.

첫째, 물후나 징후는 자연계의 일정한 생태적 반응 효과를 나타내는 인디케이터인 만큼 이러한 반응 효과의 지시적 작용을 떠나서는 의미가 없고, 그 바탕은 이미 경험한 생태적 반응 효과, 즉 '효응성'에 있다는 것이다.

둘째, 변동하는 것을 면하기 어렵지만, 서로 연동된 생태적 반응 효과가 주기적으로 나타나는 것이 바로 '순환성'이다.

셋째, 특정한 징후와 이를 가리키는 생태적 반응 효과 간에 동조되는 빈도가 일정하게 존재하는 것이 '동시성'이다.

넷째, 징후의 지시적 작용으로 모종의 실천적 결과를 낳도록 이끌고, 이러한 실용적 목적으로 징후에 관심을 두는 것이 '실용성'이다.

음양오행이라는 일련의 도식에 나타난 증후학적 방법 및 생태적 법

105 중국 고대의 물후, 즉 계절풍 기후권의 생태적 특징인 징후의 형상화 및 중국종교사상에 미친 영향에 관해서는 우저우吳洲, 『중국종교학개론』, 중화대도中華大道출판사, 2001판을 참조하기 바란다.

칙은 대단히 큰 융통성을 보인다. 황하 유역 이외의 계절풍 기후대까지 이를 확대해도 지장을 초래하지 않을 정도다. 실제로 고전 의학을 포함한 전통 사상의 융통성은 이러한 생각에 근거한다. 생태적 반응 효과에 감응하는 인체의 평형 감각은 편향된 감정 상태를 회피하려 하지만 계절적 순환성에 따라 수립된 특수한 모델과 완전히 정합하는 것도 아니다. 물론 어떤 형태로 순화론적 모델에서 벗어나는 것도 아니다. 그러나 희로애락과 같은 것들은 모두 균형을 잃은 정서인 탓에 인체의 생리적 평형 감각에 영향을 미칠 수 있는데, 사계절이 생장 쇠락하는 것과 같은 생태적 반응 효과의 시간적 특성에 부합하여 조화를 이룬다. 이러한 모델 또는 기타 차원에서 요구되는 정합성의 세부적인 사항들은 약간의 변화가 있긴 해도 동태적 평형을 유지하는 과정에서 융합을 저해하는 요인으로 작용하지 않는 것이다. 요컨대 무사無思, 무욕無欲, 무위無爲로 소사所思, 소욕所欲, 소위所爲를 포용하고 통합하며 협력하는 그것이 바로 고전에서 거듭 강조하는 '중화中和'의 의미다.

중국종교에서 중화의 방법론은 일종의 순환론적 생기生機 관념이 음양오행의 체계에 스며들어 있다는 것을 지적한다. '취상비류'의 방법과 그 운용의 관건은 지시된 대상을 확인하고 이를 논리적으로 추론하고 연역하는 과정에 드러나는 모호한 상수象數의 배열에 있지 않다. 피차 상통하는 개체에 있는, 혼돈된 상태의 생태적 반응 효과를 통해 여러 '상象' 간의 분류 및 비교와 추단이 가능한 것이다. 이러한 반응 효과는 통상 정서적인 중용과 생태적인 시간에 따른 정보의 특징으로 표출되는데, 이를 통합해서 말한 것이 중화다.[106] 음양오행은 사실상 이러한 조화의 반응 효과

106 '화和'에는 동태적으로 "시기적절하다"라는 의미가 있다. 이는 바로 『중용』의 첫머리에

를 중심에 놓고 전개되는 징후의 분류 체계다. 음양은 주기적 파동의 틀 속에서 어떤 조화로운 반응 효과에 비추어 서로의 방향이 어긋난 불균형 상태를 말한다. 오행의 생극 관계도 이러한 조화로운 상태, 혹은 일반적 의미에서의 생태적 반응 효과가 보이는 계절적 변화 양상을 드러내는 데 지나지 않는다. 고대의 종교에서는 존양存養과 성찰省察 등의 수양 공부를 통해 이러한 조화로운 반응 효과를 얻을 수 있다고 주장한다.

'중화'를 바탕으로 한 서술은 경전에 드물지 않게 보인다. 『도덕경』에서는 "날카로운 것을 무디게 하여 얽힌 것을 풀며, 빛을 부드럽게 하여 티끌과 섞인다"라고 하고, "중화의 기운으로 조화를 이룬다"[107]라고 하는 것들이 모두 그것이다. 사맹학파에 속하는 경전인 『예기』「중용」에서는 '중화' 두 글자는 같은 경전에서 말하는 '성誠'과 결코 분리되지 않는다. '중화'는 순환적 모델 속에서 개체가 체득할 수 있는 조화로운 생태적 반응 효과인데, 농경 문명의 내재적 초월성을 실천하는 취지이면서 징후를 살피는 방법의 핵심이다.

방법적인 측면에서 거론하면, 순자가 말하는 '해폐解蔽'를 예로 들 수 있을 것이다. "마음을 비워 하나로 고요하다虛壹而靜"라는 원칙은 징후를 살피는 방법과 그 운용에 대한 대표적인 것이다. 순자는 그 가운데 오묘함을 정밀하게 밝혔다. 그는 이렇게 말했다. "사람이 태어나면 아는 것이 있고, 아는 것이 있으면 뜻하는 바가 있게 된다. 뜻이란 것은 갈무리한 것인데 그러면서도 허虛함이 있다고 하는 것은 자신이 갈무리한 것으로 받아들이려는 것을 방해하지 않기에 허虛라고 이른다." 또한 "그 하나가 이

서 주장하는 속뜻이다.

107 『노자도덕경』 제4장과 제42장, 『제자집성』 제3책, 3쪽, 26-27쪽.

쪽 하나를 방해하지 않는 것을 '일壹'이라고 이른다"[108]라고 일렀는데, 이는 『중용』의 취지 및 장자의 심재좌망心齋坐忘에서 후대 유학자들이 말하는 주일무적主一無適에 이르기까지 같은 맥락에서 모두 심오한 생태 의식, 즉 인간이 환경과 조화를 이루면서 하나로 꿰뚫는다는 의식에 근거한 것이다. 인간은 스스로 허정虛靜한 상태를 유지함으로써 외계의 변화와 각종 다양한 징후를 감응하게 되는데, 이러한 징후들은 차례로 나타나 서로 충돌하지 않는다.

'중화'는 수양의 공부로서 그 목적은 허정虛靜으로 인도하는 데 있다. '허정'은 '중화'로 구현될 수밖에 없지만, 결코 유가의 전유물이 아니다. 청담淸淡, 소박素朴, 허정, 수일守一, 성誠, 중화, 해폐, 무념無念, 무주無住, 무상無相 등의 개념들은 그 출처와 치중하는 곳이 모두 다르다. 그러나 일정한 선에서 그 개념들이 서로 호환되기도 하며, 모두 맑고 고요한 몸과 마음으로 명경지수明鏡止水처럼 복잡한 물상을 그려내도록 하는 데 근본적인 의미를 둔다.[109]

증후학적 관찰에서 조정할 필요가 있는 것은, 스스로 체험할 수 있는 조화로운 생태적 반응 효과, 달리 말해 '현명玄冥의 영도零度'라고 하는 기본 토대다. 증후학적 관찰로 드러난 기본적 대립의 특징들은 대개 반응 효과의 영도를 중심으로 측정된다. 음양오행의 움직임과 확산 과정에서 징후를 파악하는 방법은 그 자체로 심오한 철학이 되는데, 하나는 '현명의 영도'에 맞추어 기후적 현상이나 내면적 성찰에서 얻은 반응 효과를 방향이 서로 어긋난 두 가지의 불균형적 상태로서 음양을 읽

108 『순자荀子』「해폐解蔽」, 왕선겸, 『순자집해荀子集解』 권15, 『제자집성』 제2책, 264쪽.

109 중국화한 불교에서는 이와 비슷한 서술이 적지 않다.

어내는 것이다. 다른 하나는 오행의 생극 관계를 부연하는 것이다. 근본 취지가 생태적 반응 효과의 계절성 차이를 분명히 드러나는 데에 있기 때문이다. 이에 힘입어, '현명의 영도'는 자체의 시간적 기억을 지속하고 재생한다. '현명의 영도'는 외재적으로 파악되는 대상이 아니다. 그 자체로 만물의 생장과 쇠락을 주도하면서도 자신의 존재를 드러내지 않는 관찰자다.

증후학적 방법의 핵심으로서 '중화'는 세 가지 의미를 구현한다. 첫째는 관찰하는 과정에 나타난 반응 효과의 영도로서, 음양의 불균형을 측정하거나 오행생극의 순환 과정이 정체됨으로써 야기된 계절성의 불균형이다. 둘째는 '해폐'의 관찰자다. 감정 또는 그밖에 다른 편향적인 간섭을 해제해야 적합한 관찰자가 될 수 있다. 셋째는 개체의 주변적 환경을 평형 상태로 나아가게 하는 목표다. 이 점은 실천 과정에서 생태와 도덕성 등과 같은 다중적 의의를 지닌다. 이 세 가지는 하나이면서 셋이요, 셋이면서 하나가 된다고 이를 수 있다.

인지적 성향으로서 '중화'는 유교와 도교의 근원론, 수양공부론 및 경계론境界論의 근거이며 기초이다. 증후학적 방법과 삼중의 차원에서 대응한다. 『중용』의 첫머리에서 언급한 것처럼, 유교에서의 근원론은 천하의 대본大本이나 달도達道라고 하는데, 장재는 다음과 같이 말한다. "태화太和는 도라고 한다. 부침浮沈, 승강昇降, 동정動靜하면서 서로 감응하는 성질이 있는데, 기운이 몰려와 서로 다투어 이기고 지고, 잦아들고 펼쳐지기도 하는 것의 시초가 된다."[110] 이러한 장재의 주장에 따르면 기는 본래 허무하고 고요한 것이다. 정묘함에 감응하여 생성되고 모이게 되면 형상

110 장재, 『정몽』「태화太和」, 『장재집』, 7쪽.

을 갖춘다. 그러나 "형상이 있으면 형상과 대립하는 짝이 있게 되고 짝은 반드시 그 작용과 반대되는 것이다. 반대되는 것이 있으면 적이 있게 되며, 적대적 관계는 반드시 화해하여 풀리게 된다."[111]

도가와 도교에서도 전통적으로 '중화'를 거론한다. "기란 것은 … 천기天氣는 아래로 낳는 것을 기뻐하고, 지기地氣는 위로 기르는 것을 좋아한다. 기의 법칙은 하늘 아래와 땅 위에서 운행하고, 음양이 만나서 교차함으로써 조화를 이룬다. 중화의 기와 삼합三合하여 만물을 기르고, 세 기운이 서로 아끼고 통하면 재해가 없다."[112] 음양 이외에 중화의 기운도 같이 언급하고 있는데, 그 표현이 어색해도 『도덕경』에서 주장하는 "충기沖氣로 조화를 이룬다"라는 것과 같은 맥락의 생각으로 이해된다.

전통적으로 농경 생태는 중국인의 정신세계에 있어서 하나의 구심점이다. 생물 기후학적 관찰을 기준으로 설정한 방법론적 가설은 오랜 관념을 통하여 은연중에 영향력을 발휘하게 되었다. 농경 기후현상에서 광범위한 징후에 이르기까지, 다시 음양오행과 같은 시스템으로 발전하기까지, 모두 징후를 살피는 방법이 발전한 과정이었다. 그중 음양과 오행 등의 여러 대립적 요소 간의 '중화'는 이러한 방법의 핵심이었다.

111 장재, 『정몽』 「태화」, 『장재집』, 10쪽.

112 왕밍, 『태평경합교』, 149쪽.

제2절

사물과 자아: 생태 윤리의 철학적 기초

우주에 존재하는 인간의 위치는 우주적 생태관의 본질적인 문제다. 이에 대한 관점은 생태적 문제를 다루는 태도를 직접 결정하는 것이 될 수는 없겠지만 대략적이나마 그 윤곽은 그려볼 수 있다고 생각한다. 중국 본토의 종교와 비교해 불교의 우주적 구성 체계는 특별한 측면이 있다. 불교의 우주적 구성 체계는 인과응보를 기초로 이와 관련된 정신적 요소의 영향을 강조한다. 여기에 다시 신화적 색채와 권선징악적 효과를 부여할 뿐만 아니라, 물아일여物我一如에 대해 견해를 천명한다. "무정물에도 불성이 있다無情有佛性"라는 말은 불교의 독특한 화두로서, 물아일여의 관념에서 파생되었다. 본 절에서 논의하는 이러한 내용들은 생태 윤리관의 철학적 기초에 해당한다.

1 —— 인간은 만물의 영장이다

인간과 우주 만물의 관계를 탐구할 때, 결코 '인간 중심주의'란 논제를 회피할 수 없다. 고대 그리스의 대표적인 소피스트인 프로타고라스Protagoras가 "인간은 만물의 척도"라는 엄청난 주장을 했는데, 이것이 이 방면의 전형적인 생각이다.[113] 그러나 이러한 논제는 그리스 철학이나 서양의 전유물이 아니다. 약간 다른 형식으로 다른 문명에도 많이 등장한다. 중국 고

113 프로타고라스 저술의 원본이 소실되었다고 보는 관점은 아리스토텔레스의 저서(즉, 아리스토텔레스 저술의 표준판 1053a35)의 인용에 나타난다. [고대 그리스]아리스토텔레스, 『형이상학形而上學』, 묘리티엔苗力田 주편, 『아리스토텔레스 전집』 제7권, 중국인민대학출판사, 1993, 223쪽.

대의 종교적 전통도 이러한 논제의 영향권에 있다. 생태 철학의 영역에서 인간 중심주의를 언급하고자 할 때, 생태와 관련된 모든 학설이 인류의 사고를 통해 얻은 것이고 인류를 문명의 주체로서 인식해온 것을 가리킨다면, 이 경우의 인간 중심주의는 어떤 행위의 원리를 전제로 한다. 동양 신비주의의 '물아일여'도 인류가 사고하고 체험한 결과인 것이다.[114]

또한, 인간은 생물집단biological population의 하나로서, 다른 생물 집단과 마찬가지로 개체의 자아 보호, 특히 종군種群을 번식하는 본능이 있다. 생물학적 의미에서, 각각의 생물 집단은 자기중심적이다. 이 때문에 먹이사슬 구조나 경쟁심, 적대적 관계 등을 형성한다. 일부 생물 개체와 종군에 있어 잔혹한 면이 있지만, 이러한 관계를 통해 전체 생태계 또는 생물군락의 층위에서 평형과 안정 및 조화를 유지한다. 이런 의미에서 인간 중심주의는 일반적인 생물의 보편적인 본능에 지나지 않는다. 그러나 인류가 고도의 문명을 발전시킴으로써 이러한 본능을 충족시키는 능력을 강화했을 때는 사정이 다르다. 인류의 지나친 번식은 오히려 환경을 악화하는 요인으로 작용하기 때문이다. 먹이 사슬의 최상층부에 있는 인류가 자행하는 행동 방식과 전체 생태계에 파급되는 결과는 다방면에 걸쳐 다른 생물 집단의 그것보다 훨씬 상상을 초월한다.

인식론적 의미에서의 인간 중심주의가 근절될 수 없다는 것은 동어반복이다. 인간이 인간이란 종에 속하기 때문이다. 생물학적 의미에서의 인간 중심주의는 이중성이 있어서 이를 경계할 필요가 있다. 오늘날 상황은 적당한 방식으로 일부 충동적인 성향을 억제하고 있지만, 대다수 사치

114 허후애홍何懷宏, 『생태윤리학: 정신 자원과 철학적 기초生態倫理學: 精神資源和哲學基礎』, 허베이河北대학출판사, 2002, 360-361쪽 참조.

성 소비 환경에 노출된 탓에 소비에 대한 과도한 압력과 만회할 수 없는 손실은 피해야 할 것이다.[115]

생물의 진화와 사회 발전이라는 시각에서 종합적으로 관찰하면 생물학적 의미에서의 인간 중심주의는 그 뿌리가 대단히 깊어서 인식론적 의미에서 어떻게 회피할 길이 없지만, 윤리적 측면에서는 가치 중립적이다. 이외에 가치론적 의미에서의 인간 중심주의도 있는데, 이러한 시각은 다음과 같다.

> 인간에게 이익은 도덕적 원칙을 결정짓는 유일한 상관 요소다. 도덕적 원칙의 설정과 그 선택 여부는 인간의 수요와 이익을 만족시키거나 실현할 수 있는가에 달려있다. 다음으로 인간은 도덕적 관심을 받을 자격을 갖춘 유일한 생물이라는 점이다. 마지막으로 인간 이외의 다른 생물은 도구적 가치만 있고 내재적 가치가 없다. 대자연의 가치는 인간의 정감이 투사된 산물에 지나지 않는다.[116]

이외에 다른 설명이나, 이 인용문에서 분석해야 할 문제점은 여기서 논외로 한다. 가장 중요한 의미는 인간 중심주의와 반인간 중심주의가 앞서 거론한 의미들보다 더 분명하게 인간이란 종에 초점을 맞추고 있다는 것이다. 간단히 말하면, 본능적 측면에서 윤리나 가치를 초월하는 것은

115 사치성 소비는 생물학적 시각에서 보면 필수적인 것이 아니다. 그러나 말과 행동이 고도로 사회화한 인류에게 무엇이 필수적이고 어떤 기준에 의해 그 점이 결정될까 하는 물음이 제기된다. 주희 등이 주장한 '천리인욕天理人欲'이란 변론은 천리 개념을 설정해서 일상생활 방식과 관련된 기본 욕구를 판정하려고 한 시도다. 이에 대한 설득력 여부는 별도의 논의가 필요하다.

116 허후애홍, 『생태윤리학: 정신 자원과 철학적 기초』, 360쪽.

특별하기 때문이고, 그것이 인간의 정신세계에만 속하는 특징이라는 것이다.

인류가 환경 보존의 책임을 맡는 것은 두 가지 요인을 고려한 것이다. 하나는 환경 문제가 인류의 생존과 지속 가능한 발전을 가로막는 장애 요인이라는 것을 의식하여 아름다운 미래나 당장 내일이라도 생존할 수 있도록 부적절한 행동 방식을 바로잡아야 한다는 것이다. 이는 종군의 생존 기술이라는 관점에서 고려한 것이다. 다른 하나는 감성적 측면에서 동식물을 인류의 동반자로 보거나, 이성적으로 동식물도 도덕적 배려를 받을 자격이 있다는 생각이다. 이는 윤리나 가치의 측면을 고려한 것이다. 이러한 생각은 인간 중심주의의 두 층위와 각각 호응된다.

유교사상에서 이르는 "대우주 속의 인간"은 일반적으로 인간만이 만물의 영장이라는 것이다. 인간이 음양의 정화精華이고 오행의 빼어난 기운이기 때문에 우주에서 교만한 종군이라고 다음과 같이 강조한다.

> 따라서 사람은 천지의 덕이고 음양의 교류이며 귀신의 모임이고 오행의 빼어난 기운이다. 이 때문에 하늘은 양陽을 잡아 해와 별빛을 드리우고, 땅은 음陰을 잡아 산천에 구멍을 내어 기운이 통하게 한다. 사계절에 오행을 베풀어 조화롭게 하니 달이 생긴다. 이로써 처음 보름은 차고 그다음 보름은 모자라게 된다. 오행의 움직임은 서로 교체하여 다한다. 오행은 사계절인 열두 달 사이에 서로 근본이 된다. 오성五聲과 육율六律의 열두 율관律管은 돌아서 서로 궁宮이 된다. 오미五味와 육화六和의 열두 달간 먹는 것은 돌아서 서로 바탕이 된다. 오색五色과 육장六章의 열두 달 의복 빛은 돌아서 서로 바탕이 된다. 그런 까닭에 사람은 천지의 마음이며 오행의 단서이며 오미五味를 먹고 오성五聲을 분별하며 오색五色을 입고 사

는 존재다.[117]

인간과 우주 만물의 차이를 분석하고 그러한 차이에 의해 인간이 만물보다 우월하다고 잘라 말한다. 이것이 유가학파의 공통적 경향이다. 순자는 이렇게 말한다. "물과 불은 기운은 있으나 생명이 없고, 풀과 나무는 생명이 있으나 앎이 없다. 새와 짐승은 앎은 있으나 예의가 없다. 사람은 기운도 있고 생명도 있고 앎도 있고 또한 예의도 있기에 천하에서 가장 귀한 존재다."[118] 또 다른 예로는 맹자는 인간이 금수와 다른 것은 바로 인의仁義, 즉 인간의 본성이 착한 데 있다고 주장한다.[119] 이것은 가치론적 측면에서 인간의 우월성을 확보한 것이다.

도교사상은 인간 중심주의란 논제에 독특한 취향을 드러낸다. 한쪽으로는 유교의 논조와 비슷하게 다음과 같이 주장한다. "도는 하늘을 낳고 땅을 낳고 사람을 낳고 만물을 낳는데 그중에 사람이 가장 신령하다. 선인仙人이 되고 성인聖人이 되는 것은 사람만이 기약할 수 있고, 하늘과 천지를 돕는 것은 사람만이 할 수 있다."[120] 이 대목은 유교의 영향을 받았을 가능성이 아주 크다. 그런데 다른 쪽에서는 생명의 본질과 그 표현 형식면에서 인간이 우주 만물과 별다른 차이가 없다고 한다. 『무능자無能子』와 같은 도교 경전에 이런 표현들이 적지 않게 나타난다. "사람은 새와 곤

117 『예기』「예운禮運」, 손희단, 『예기집해』 중책, 608쪽.

118 순황荀況, 『순자』「왕제王制」, 왕선겸, 『순자집해』 권5, 『제자집성』 제2책, 104쪽.

119 『맹자』「이루하離婁下」 제19장, 주희, 『사서장구집주』, 293-294쪽, 초순焦循, 『맹자정의孟子正義』, 『제자집성』 제1책, 334쪽.

120 『창도진언唱道眞言』 권5, 정복보丁福保, 『도장정화록道藏精華錄』 하권, 저장浙江 고적출판사, 1989, 32쪽.

충처럼 천지 사이에 떠다니는 하나의 기운일 따름이다."[121] 이에 공감하거나 유추해 본다면 다른 생명체도 이해득실을 따지는 본능에 충실하기 위해 자신만의 독특한 언어와 사고를 지니고 있으니 인간과 무슨 차이가 있겠는가?[122] 맹수나 곤충에게도 무리를 짓는 본능이 있어 표현의 형식면에서 인류의 품성과 별 차이가 없다.

사람은 금수禽獸와 무슨 차이가 있는가? 둥지나 동굴에 거처하고, 암수의 짝이 있으며, 부자 사이의 핏줄이 있고 생사의 감정이 있다. 새가 반포反哺하는 것은 인仁이고, 매가 태胎에 든 것을 가엾게 여기는 것은 의義이며, 벌에게 군왕이 있는 것은 예禮를 아는 것이고, 어린 양이 무릎을 꿇고 젖을 빠는 것은 지智이며, 꿩이 짝을 잃고 다시 짝을 찾지 않는 것은 신信이다. 그 도道를 누가 아는가? 만물 가운데 오상과 오행이 없는 것은 없다.[123]

여기서 보여준 관찰은 이를 데 없이 자세하고 생물학적 지식도 아주 풍부하다. 하지만 내린 결론은 성급한 면이 있다. 인간이 만물과 다를 바가 없다면 인간으로서 의기양양할 것도 없을 것이다.

도가의 관점에 비추어보면 예악禮樂의 문명은 인간의 본성뿐 아니라 물성까지 해친다. 교만하고 방자한 문명을 제거해야 인간과 자연이 서로 조화를 이루는 '지덕지세至德之世'로 복귀할 수 있다고 한다.

내 생각에는 천하를 잘 다스리는 자는 그렇지 않다. 저 백성들에게는 떳

121 왕밍, 『무능자교석無能子校釋』, 중화서국, 1981, 253쪽.

122 『무능자』 권상에 있는 '성과제일聖過第一'.

123 담초, 『화서』 권4, 『도장』 제23책, 598쪽.

> 떳한 본성이 있다. 베를 짜서 입고 밭을 갈아먹으니 이를 동덕同德이라 한다. 한결같이 치우치지 않으니 이를 명하여 천방天放이라 한다. 그러므로 지덕의 세상에서는 그 행실이 느리고 무거웠으며 그들이 보는 것은 침착했다. 이런 시대에는 산에 길이나 굴이 없었고 못에는 배나 다리가 없었다. 만물이 모여 살아 마을이 연이었고, 짐승들은 무리를 짓고 초목은 멋대로 자랐다. 그러므로 짐승들을 굴레에 매어 같이 놀 수 있었으며 새와 까치의 둥지에도 올라가 엿볼 수 있었다. 대개 지덕의 세상에서는 짐승과 함께 살았고 만물과 가족처럼 지냈다. 어찌 군자나 소인을 알았겠는가. 한가지로 무지하여 그 덕에서 떠나지 않고 한가지로 욕심이 없었으니 이를 일러 소박素朴이라 한다. 소박했기에 백성들은 그 본성을 잃지 않았다.[124]

순박한 세계는 예절 교육이란 굴레를 제거하는 사회일 뿐만 아니라 생태적으로 조화를 이루는 사회다. 비록 완전히 포기할 수는 없지만, 인간 중심주의와 문명 세계에 대한 반성과 비판은 그 형태에 있어서 항상 공생의 관계로 나타난다.

그러나 도교의 사상적 전통에서는 해결해야 할 수많은 과제가 남아 있다. 첫째, 내부에 존재하는 서로 다른 의견들을 어떻게 볼 것인가 하는 문제다. 둘째, 인류의 감성과 윤리적 성향을 다른 생명체에 투사함으로써 다른 생명체를 진정하게 존중하는 것이 가능한가 하는 문제다. 이는 인간 중심적 사고의 함정에 매몰될 우려도 없지 않다. 또한, 인간 중심주의의 논제에서 비켜 나간 화제이긴 하지만 결코 외면할 수 없는 것도 있는

---

124 『장자莊子』「마제馬蹄」, 왕선겸, 『장자집해』 권3, 『주자집성』 제3책, 57쪽.

데, 동물의 권리를 어떤 방식으로 논증해서 찾아낼까 하는 문제다. 아무튼, 도교 학설과 그 신앙을 함께 하는 사람들에게는 이런 종류의 문제가 또 다른 화젯거리를 제공할 것이다.

한편, 중국불교에서는 이러한 논제를 어떻게 이해하고 있을까? 이를 위해 중국불교의 '고苦' 개념과, 삼계육도三界六道의 우주적 모형 및 '무정유불성無情有佛性'이란 관점을 연계하여 종합적으로 고찰할 필요가 있다. 불교의 주장에 따르면, 중생은 해탈하기 전에 전세의 업보에 따라 육도六道를 끊임없이 윤회한다. 이러한 관점에 따르면, 인간과 동물은 자연계의 연속적인 통일체로서 항상 인과응보의 사슬을 통해 상호 전환되는데, 붓다조차 깨달음을 얻기 전에는 끊임없는 윤회를 겪으며 각양각색의 동물로 화신化身한 바가 있었다. 그래서 동물일지라도 경시해서는 안 되고, 상상 속의 지옥이나 아귀도餓鬼道에 있는 생령들까지 제도하거나 공덕을 베풀 필요가 있다. 대기권에 사는 일부 동물들과 마찬가지로 그것들이 전세의 형제자매, 또는 부모나 친척이었을지도 모르기 때문에 가능한 인류의 동포를 대하는 것처럼 자비나 동정심을 보이고 법보시를 해주어야 한다.

하늘天 · 인간人 · 수라修羅 · 축생畜生 · 아귀餓鬼 · 지옥地獄이라는 육도윤회六道輪迴에서, 인간의 지위가 그다지 좋은 것만은 아니지만 나쁜 것도 아니다. 중요한 것은 성불과 깨달음, 즉 생사고해生死苦海를 벗어나는 종교적 목표의 성취다. 그 점에 있어서 다른 오도五道에 비교하면 인도人道가 가장 좋은 처지에 해당한다. 천도天道는 축복된 보답을 받아 천상의 즐거움을 누리지만 고해에서 벗어나려는 치열한 염원이 부족하다. 지혜가 결핍된 탓에 나머지 다른 세계의 환경도 좋지 않다. 성취 동기나 해탈의 여건을 고려하면 인도가 가장 적당하다. 불법의 세계에 무슨 중심주의가 있다면 그 가치를 설명하는 측면에서는 인간 중심주의보다는 동물 중심주의라고 보는 것이 타당하다. 유정세간有情世間과 기세간器世間, 유정이 거주하는 세계, 또는 정보正報, 전세의 업에 따라 받는 업보와 의보依報, 중생의 마음과 몸이 의존하는 세계가 상호 보완하는 시야에서 윤회의 주체는 고락苦樂을 느끼는 유정, 즉 동물에 해당하기 때문이다. 따라서 '무진연기無盡緣起'의 세계에서 모든 생명체와 그들이 의존하는 환경은 자연계의 연속체로 구성되는데, 대승불교에 있어서 성불의 개념은 전체 세계에 대한 성취를 이른다.

2 —— 삼계육도: 불교 우주론의 도식

고대 중국 본토에서는, 별자리나 기상 관찰 등과 같이 제한된 범위 내에서 이루어지는 천문학에 만족했다. 이와 비교하면 불교의 우주론적 도식에는 시적인 상상력이나 극단적으로 과장된 숫자 및 질서정연한 구조물로 충만해 있다. 그러나 그처럼 장대한 경관은 윤회의 주체와 이에 부수되는 환경 간의 연대 관계를 핵심으로 삼아 전개한 것에 지나지 않는다. 인과응보에 의한 윤회설은 이러한 우주적 경관의 바탕이 된다. 따라서 이러한 상상의 체계는 사실적 관찰에 근거한 기록이라기보다 권계勸誡의 산물이라고 하는 것이 더 타당하다.

불교의 우주적 도식은 삼계·육도·제천諸天 등의 개념들로 구성된다. 이 세 가지 개념들은 서로 겹쳐져서 윤회의 주체를 가리키기도 하고 인과응보의 환경을 가리키기도 한다. 하지만 그 직접적인 함의는 전자, 예를 들어 '육도' 중의 인간, 아수라, 아귀, 축생을 가리키거나, 후자인 제천의 명칭, 지옥을 가리킨다. 환생하여 다시 태어나는 순간에서 보면 응보는 선악이 서로 다른 우주적 환경이란 층위에서 실현된다. 삼계의 중생은 욕계欲界·색계色界·무색계無色界인데, 나중의 두 세계는 제천에 속하지만, 욕계는 천도와 인도를 비롯해 지옥도에 있는 중생들과 두루 관련된다. 이러한 세계를 총체적으로 말하면, 여러 층으로 겹쳐진 이른바 삼천대천세계三千大千世界이다. 하나의 세계마다 그 중심에는 수미산須彌山이 있고 그 주위에 사대주四大洲가 있는데, 인간은 남염부주南閻浮洲에 거주한다. 이것이 불교 우주론의 대략적인 내용이다.

『장아함경長阿含經』, 『기세경起世經』, 『누탄경樓炭經』, 『婆沙經파사경』, 『구사론俱舍論』, 『현양성교론顯揚聖敎論』, 『대지도론大智度論』 등과 같이, 인도에서 번역되어 들어온 경론에는 삼계와 제천을 포괄한 '삼천대천세계'에 대한 설명이 상당히 풍부하게 기록되어 있다. 이들 경전에서 서술한 우주의 총체적 구조는 대개 유사하지만, 세부적인 사항으로 들어가면 큰 차이를 보인다. 양나라 보창寶唱의 『경률이상經律異相』, 당나라 도세道世의 『법원주림法苑珠林』, 송나라 지반志磐의 『불조통기佛祖統紀』, 명나라 인조仁潮의 『법계안립도法界安立圖』 등과 같은 중국 불교의 경전들은 각종 자료에 있는 내용을 취합한 것들이다. 여기서는 주로 이들의 저술에 따라 불교의 우주론적 도식을 설명하고자 한다. 그중에 일치하지 않는 수량적 개념은 깊게 따지지 않는데, 수량화된 개념이 본래 비유적 성격을 띠기 때문이다.

불교의 우주론에 등장하는 수량적 개념은 지극히 과장된 것이다. 고대 인도에는 거리나 길이를 나타내는 '유순由旬'이라는 단위가 있는데 지금의 단위로는 40km에 해당한다. 불경에서 나타난 우주 구조의 체적은 지극히 크기 때문에 '유순'으로 표기되는 경우가 많다. 그 수가 걸핏하면 억만 유순이다. 그뿐만 아니라 천신의 신장도 거대하다. 사천왕四天王의 신장은 1/2 유순이나 되는데, 2m의 거인들을 천 명씩 연결한 길이에 해당한다. 그러나 정작 신장이 1유순이 되는 제석帝釋이나 16유순이 되는 자재천상自在天相과 비교하면 그야말로 작은 무당의 수준이다.

> 대개 삼계가 위치를 정하고 육도가 구분되니, 추하고 묘한 얼굴이 다르고 괴롭고 즐거운 자취가 다르다. 그 근원을 관찰하면 색色과 마음心을 떠나지 않고, 그 돌아감을 점검하면 생멸이 아닌 것이 없다. 생멸하면서 윤회하는 것을 무상無常이라 하고, 색과 마음이 헛된 그림자인 것을 고뇌의 근본이라 한다. 그러므로 『열반경涅槃經』에서는 이를 큰 강에 비유했고, 『법화경法華經』에서는 화택火宅에 견주었다. 성인은 이를 깨달아 수레를 멈추고 근원으로 돌아가니, 삼유三有를 초월하고 점차 십지十地로 넘어간 것이다. 세계가 성립된 그 본체를 궁구하면 사대四大로 이루어진 것이니, 업業과 연緣이 결합하여 시간에 따라 만들어졌다가 운수가 다하고 재앙이 일어나면 다시 멸滅로 돌아가니, 수명이 짧은 이를 장수한다고 이르고 수명이 긴 자를 단명한다고 하는 것이다. 대개 허공은 실제로 있는 것이 아니기에 그 용량이 무변하며, 세계는 다함이 없으므로 그 모양이 일정하지 않다. 이리하여 대천세계大千世界는 법왕法王이 통괄하고, 소천세계小天世界는 범왕梵王이 거느린다. 수미산은 제석이 거처하고, 철위산鐵圍山은 선계를 둘러싼 성城이고, 대해는 팔유八維에 잠긴 것이며, 해와 달은 사방의 등불이 된다. 수많은 중생은 여기를 집으로 삼는다.[125]

불교적 관념으로 이해하는 '우주'는 무한히 확장되는 특징이 있을 뿐만 아니라, 기본적 구조도 비슷하다. 그것이 바로 '삼천대천세계'다. 수

125 도세, 『법원주림』 권2, 『대정신수대장경大正新修大藏經』(이하 『대정장』으로 함), 타이완 재단법인 불타교육기금회 출판부, 1990, 제53권, 227쪽.

나라 때 천축天竺의 삼장三藏인 사나굴다闍那崛多가 번역한 『기세경』 권1에서는 다음과 같이 말한다.

붓다께서 말씀하셨다.

"비구들아, 하나의 해와 달이 돌면서 사방 천하를 비추는 것처럼, 이처럼 사천세계四天世界에 천 개의 해와 달이 있어 비추어지는 곳을 1천세계라고 한다. 비구들아, 천千세계에는 천 개의 달과 천 개의 해와 천 개의 수미산왕이 있고, 4천 소주小洲와 4천 대주大洲와 4천 소해小海와 4천 대해大海가 있으며, 4천의 용龍 종족과 4천의 큰 용 종족과 4천의 금시조金翅鳥 종족과 4천의 대금시조 종족과 4천의 악도처惡道處 종족과 4천의 대악도처 종족과 4천의 소왕小王, 4천의 대왕, 7천의 갖가지 큰 나무, 8천의 갖가지 큰 산과 1만의 갖가지 큰 니리(泥犁, 지옥), 그리고 천 명의 염마왕閻摩王, 천 개의 염부주閻浮洲, 천 개의 구타니瞿陀尼, 천 개의 불파제弗婆提, 천 개의 울단월鬱單越과 천 개의 사천왕천四天王天, 천 개의 삼십삼천三十三天, 천 개의 야마천夜摩天, 천 개의 도솔타천兜率陀天, 천 개의 화락천化樂天, 천 개의 타화자재천他化自在天, 천 개의 마라천摩羅天과 천 개의 범세천梵世天이 있다."

"비구들아, 범세梵世에 범왕梵王이 한 분 있는데 위력이 가장 강하여 항복시킬 이가 없으며, 천 명의 범자재왕梵自在王의 영역을 통섭하면서 '나는 능히 짓고 능히 변화하고 능히 홀릴 수도 있다'라고 말하고, '나는 아버지와 같은 이다'라고 말하며, 모든 일에서 스스로 이렇게 교만하여 큰소리를 치니 아만我慢을 내는 것이라. 여래는 그렇지 않다. 왜냐하면, 일체 세간은 저마다의 업력에 따라 나타나 일어나고 성립되기 때문이다."

"비구들아, 이 천세계千世界는 마치 주라(周羅, 수나라 말로 상투를 이른다)와 같은데, 소천세계小千世界라 한다. 비구들아, 주라의 일천세계는 제2의 중천세계中千世界라 한다. 비구들아, 이와 같은 제2의 중천세계를 하나로 헤아려 다시 천계千界가 가득 차면 이를 삼천대천세계라 한다. 비구들아, 이 삼천대천세계는 동시에 성립된다. 동시에 이루어진 뒤에 다시 무너지며, 동시에 무너지고 난 뒤에 다시 일어나며, 동시에 일어나서 안주하게 된다. 이처럼 세계가 두루 다 타버리는 것을 무너졌다고 하고, 두루 다 일어나는 것을 성립되었다고 하며, 두루 머물게 되는 것을 안주라고 한다. 이것이 두려움 없는 일불찰토一佛刹土의 중생이 사는 곳이다."[126]

위의 인용문에 따르면, 개별 세계마다 그 기본 구성은 해와 달이 한 세트로서 비추게 되며, 사대주(염부·구타니·불파제·울단월), 사소주, 사소해, 사대해, 그리고 욕계와 색계, 제천(사천왕천으로부터 타화자재천까지는 욕계에 속하고, 마라천계는 욕계와 색계의 중간에 속하고, 범세천은 색계에 속한다)등을 포괄한다. 그러나 윗글에서 무색계천無色界天을 따로 언급하지 않았다.

그런데 이러한 세계는 중첩되면서 확장되는 특징이 있다. 각각 천 개씩 개별적 세계가 존재하는데, 마치 상투 하나하나씩 하나의 소천세계를 구성하는 것과 같다. 천 개의 소천세계가 다시 모여서 하나의 중천세계를 형성하고, 천 개의 중천세계가 다시 삼천대천세계를 구성한다. 그야말로 "하늘 밖에 또 하늘이 있다"라는 것이다. 그리고 우주는 업력에 따라 생겨난 것이라 한다. 소천세계 하나하나에 있는 천 개의 범세梵世를 통섭하는 범왕이라 할지라도 자신의 의지대로 이들 범세를 지배할 수 없다는 것이다.

126 사나굴다, 『기세경』 권1, 『대장경』 제1권, 310쪽.

각각의 개별적 세계에는 수미산이 그 중심에 있다. 명나라 승려 인조가 여러 경전의 내용을 취합해서 정리한 것에 따르면 다음과 같다. 수미산 외에 일곱 겹의 바다인 향수해香水海가 있고, 향수해 하나하나마다 금산金山이 있어서 칠중금산七重金山이 되는데, 그것들이 차례로 수미산이란 중심을 에워싼다. 그 외에 함수해咸水海가 있다. 사대주四大洲와 팔중주八中洲 및 수만 개의 소주小洲가 모두 함수해 속에 편재해 있다. 그 밖에도 소륜위산小輪圍山들이 주위를 둘러싸고 있다.[127] 이처럼 인조가 설명한 내용은 『기세경』의 그것과 약간 다른 면이 있지만, 주의할 점은 우주적 모형의 일관성이다. 구체적인 세부 사항과 경전들 간의 사소한 차이점이 아니다. 동일한 경전이더라도 깊이 따져보면 세부적으로 빈틈이 많은데 이는 신화적 세계관의 특징이기도 하다.

사대주는 네 개의 독립된 대륙으로, 각각 수미산 외곽의 함수해 가운데 네 개 방위에 위치한다. 동승신주東勝神洲, 남섬부주南贍部洲, 서우화주西牛貨洲, 북구로주北俱盧洲가 바로 그것이다. 우리가 사는 현실세계는 남섬부주에 위치한다. 또한 "삼천대천세계는 무량한 인연으로 이루어진다. 대지가 수륜水輪을 의지하는 것처럼 수륜은 풍륜風輪을 의지하고, 풍륜은 공륜空輪을 의지하며, 공륜은 의지하는 바가 없다. 그러나 중생의 업에 감응하여 세계가 안주하게 된다"라고 말한다.[128] 이 말은 『화엄경華嚴經』에서 나왔는데, 『법원주림』과 『불조통기』에서 인용되어 널리 통용되었다. 텅 빈 허공 위에 풍륜, 수륜, 지륜이 차례로 세계를 지탱하여 대지의 밑받침이 되었다고 말하는 것이다.

---

127 『법계안립도』 권2, 『속장경續藏經』 1집 2편編 을乙 제4책, 452쪽.

128 도세, 『법원주림』 권2, 『대장경』 제53권, 278쪽.

앞서 인용한 『기세경』에 따르면, 삼천대천세계는 일시에 생성되고 유지되며 괴멸된다. 따라서 한 세계의 중생들이 업보에 감응하여 연기緣起하는 사정은 다른 모든 세계에서도 동일하게 적용되는데, 그들이 피차 서로 감응하고 공생하기도 할 것이다. 육도윤회하는 중생의 업력으로 야기된 의보依報에는 염부주 깊은 곳의 지옥, 예컨대 땅속으로 4만 유순의 거리에 있는 무간지옥無間地獄이나, 세계의 외곽에 위치해서 일월日月의 빛이 닿지 않는 팔한지옥八寒地獄 등도 포함한다. 약간 얕은 곳은 땅속으로 500유순의 거리에 있는 염라 왕성인데 이곳에는 아귀들이 상주하는 거처다. 이밖에도 지표면 여러 곳에는 업력에 따라 아수라를 비롯해 일부의 아귀와 축생이 흩어져 살고 있다.

대지와 바닷물 위에는 제천이 있다. '천'이란 좋은 업보로 태어난 중생을 가리키거나 그에 상응하는 의보의 층위를 가리킨다. 당연히 제천에도 그들의 권속인 약간의 축생도 있지만, 축생의 거처가 일정하지 않아 나머지 여러 의보에 편재되어 있다. 제천의 구분은 일반적으로 욕계 · 색계 · 무색계로 나누어진다. 색계와 무색계는 제천에만 존재하고, 욕계는 천계天界뿐만 아니라 육도의 중생과도 통한다.

유정有情 중생의 거처는 욕계 · 색계 · 무색계의 삼계에 있다. 『법원주림』에서는 다음과 같이 말한다.

> 먼저 욕계에 대해 말하면, 욕欲에 네 가지가 있다. 첫째는 정욕情欲이요, 둘째는 색욕色欲이며, 셋째는 식욕食欲이요, 넷째는 음욕淫欲이다. 그다음의 색계에는 두 가지가 있으니, 첫째는 정욕이요, 둘째는 색욕이다. 무색계에는 정욕 한 가지만이 있다. 처음에는 네 가지를 다 갖추었으나 욕이 강하고 색이 미약하기에 욕계라 한 것이다. 그다음의 색계는 색이 강하

고 욕이 약하기에 색계라 한 것이다. 세 번째의 무색계는 색이 끊어지고 욕이 모자라기에 무색계라 한 것이다.[129]

이것은 넓은 의미로 중생의 '욕'을 설명하면서, 그와 상응되는 삼계를 거론한 것이다. 생존의 환경이란 측면에서 욕계는 식욕과 음욕을 포함한 유정중생의 거처, 즉 위로는 육욕천欲天, 가운데는 사대주, 아래로는 무간지옥 등을 가리킨다.

『경률이상』과 『법원주림』에서는 삼계와 제천의 명칭과 수량에 관해서 설명했는데, 두 경전의 내용은 매우 다르다. 도표로 설명하면 다음과 같다.

욕계 제천		색계 제천		무색계
『경률이상』	『법원주림』	『경률이상』	『법원주림』	『경률이상』 (『법원주림』)
사천왕천四天王天 도리천忉利天 (삼십삼천三十三天) 염마천炎摩天 도솔천兜率天 화락천化樂天 타화천他化天 마천魔天, 욕계와 색계의 경계 모두 육천六天	간수천干手天 지화만천持華鬘天 상방일천常放逸天 일월성수천日月星宿天 사천왕천四天王天 삼십삼천三十三天 (도리천忉利天) 염마천炎摩天 도솔타천兜率陀天 화락천化樂天 타화자재천他化自在天	범신천梵身天 범보천梵輔天 범중천梵衆天 대범천大梵天 광천光天 소광천小光天 무량광천無量光天 광음천光音天 정천淨天 소정천少淨天 무량정천無量淨天 편정천遍淨天 엄식천嚴飾天	범중천梵衆天 범보천梵輔天 대범천大梵天 (이상 초선初禪) 소광천小光天 무량광천無量光天 광음천光音天 (이상 이선二禪) 소정천少淨天 무량정천無量淨天 편정천遍淨天 (이상 삼선三禪) 복생천福生天	공처천空處天 식처천識處天 무소유처천無所有處天 비상비비상처천 非想非非想處天 (나머지는 같다)

129 도세, 『법원주림』 권2, 『대장경』 제53권, 278쪽.

<table>
<tr><td></td><td>모두 십천十天</td><td>소엄식천少嚴飾天
무량엄식천無量嚴飾天
엄식과실천嚴飾果實天
무상천無想天
불번천不煩天
무열천無熱天
선견천善見天
대선견천大善見天
색구경천色究竟天
마선수라천摩醯首羅天

모두 이십삼천二十三天</td><td>복애천福愛天
광과천廣果天
무상천無想天
불번천不煩天
무열천無熱天
선현천善現天
선견천善見天
색구경천色究竟天, 일명 아가니타천阿迦膩吒天
(이상 사선四禪)

모두 십팔천十八天</td><td></td></tr>
</table>

욕계 제천을 언급한 여러 책에서는 일반적으로 사천왕천에서부터 자재천까지의 내용을 다룬다. 사천왕천은 수미산 사방의 중턱에 각각 위치하는데 높이는 모두 4만 2000유순이다. 사천왕은 불교의 호법신으로서, 동방지국천왕東方持國天王의 명호는 제두뢰타提頭賴吒이고, 남방증장천왕南方增長天王의 명호는 비루륵毗婁勒이고, 서방광목천왕西方廣目天王의 명호는 비루박차毗婁博叉이고, 북방다문천왕北方多聞天王의 명호는 비사문毗沙門이다. 오늘날 사찰의 천왕전天王殿 양측에서 공양을 받는 네 명의 신들이다.

도리천은 수미산 정상에 위치하는데 서른세 개의 천궁天宮이 있다. 도리천을 관장하는 분은 석제환인釋提桓因, 즉 제석천帝釋天이다. 사방에 각각 팔천八天이 있고, 서른두 명의 대신大臣이 각각 다스리고 있는데 이를 모두 합하면 삼십삼천三十三天이다.[130]

130 『경률이상』 권1 「천지부天地部」, 『대정장』 제53권, 1-2쪽 참고.

염마천의 염마는 '시時'로 의역되어 그 왕의 이름이 선시善時이고, 도솔천의 도솔은 '지족知足'으로 의역되어 그 왕의 이름이 선희善喜다. 화락천의 왕명은 선화善化이다. 색色·성聲·향香·미味·촉觸의 오진五塵을 스스로 정화함으로써 즐거움을 누린다. 타화자재천의 왕명은 자재自在인데, 남이 한 것을 자기 것으로 돌려서 즐거움을 누린다. 염마 이상의 사욕계천四欲界天은 모두 풍륜風輪으로 지탱되는데, '풍대風大'가 바로 그들의 물질적 토대다. 그 상층부의 마천魔天은 욕계와 색계 사이에 존재한다. "마魔란 것은 맷돌처럼 공덕을 갈아 없애는 것이다."[131]

수미산을 중심으로 그 주변의 사대주, 그 위의 제천, 그 아래 지하의 전체 공간에는 운명이 서로 다른 중생들이 살고 있다. 그들은 과거의 업보로 현재의 상황에 처하게 되었고, 금생의 행위에 따라 다시 새롭게 환생할 것이다. 육도중생이 각기 거주하는 환경 및 그들이 어떤 업을 지어 이러한 과보果報를 받았는가 하는 의문과 관련해서 불경에는 무수히 많은 설명이 있다.

수라修羅 중생의 거처는, 『법원주림』에서 인용된 『정법념경正法念經』에 따르면, 다섯 등급으로 나뉜다. 첫째는 지상의 중상산衆相山 속에 살고 있는데 그 힘이 가장 약하다. 둘째는 수미산 북쪽의 바다 밑으로 2만 1000유순 가량 들어간 곳에 살고 있다. 셋째는 다시 2만 1000유순이나 더 들어가는 곳에 거주하고, 넷째는 또다시 2만 1000유순의 깊이로 들어가는 곳에 거주하며, 다섯째는 넷째보다 2만 1000유순의 깊이로 더 들어가는 곳에 거주한다. 다섯 등급의 거처에는 모두 수라왕이 그의 중생을 거느리고 거주한다. 또한 『기세경』에서는 이렇게 말한다. "수미산 동쪽으로 산

131 『경률이상』 권1 「천지부」, 『대정장』 제53권, 2쪽 참고.

에서 1000유순을 지나게 되면 큰 바다 아래에 비마질다라鞞摩質多羅 아수라왕이 살고 있는 국토가 있다. 세로의 넓이가 8만 유순이다. 일곱 겹의 성벽이 둘레를 에워싸고 있으며, 모두 장엄한데 일곱 겹 금은金銀의 방울이 달린 그물로 꾸며져 있다."[132] 아수라왕의 거처는 이처럼 화려하고 장엄하다.

아귀 중생의 거처로는, 『법원주림』에서 인용된 『파사론婆沙論』에서는 두 종류로 파악한다. 정주正住와 변주邊住가 그것이다. 정주는 『선생우파새경善生優婆塞經』에 이른 것과 같이, 염부주 500유순 아래에 염라귀왕성이 있고 염라왕이 귀중鬼衆을 거느리고 산다고 한다. 변주라는 것은 『파사론』에서 주장하는 것처럼 두 가지 경우가 있다. 위덕威德이 있으면 산골짜기와 허공, 또는 해변에 거주하는데 모두 궁전이 있다. 위덕이 없으면 똥오줌으로 더러운 곳이나 잡초가 무성한 무덤 근처에 거주한다.

축생의 거처도 두 가지 종류가 있다. 첫째의 정주는 두 철위산 사이의 어둡고 컴컴한 곳이나 큰 바닷속, 또는 강 가운데의 모래톱에 거주하는 것이다. 둘째의 변주는 지옥, 아귀, 수라 등의 육취六趣에 거주하는 것이다.

지옥地獄 중생은 극악한 업을 짓고 태어나 잔혹한 고통을 겪는다. 거처하는 환경도 가장 열악하다. 지옥의 종류와 명칭 및 그 형태에 관해서는 경전마다 내용이 다르다. 『법계안립도』에서 인조는 여러 불전에 근거하여 설명하는데, 남섬부주 아래에 대지옥大地獄이 있고, 모래톱 위에 변지옥邊地獄과 독지옥獨地獄이 있으며, 산골짜기와 산위, 광야와 공중에도

132 『기세경』 권5, 「아수라품阿修羅品 제육십일第六之一」, 『대정장』 제1권, 336쪽. 이 조목은 『법원주림』에서 인용된 것이다.

있다고 한다. 남섬부주를 제외한 나머지 동승신주, 서우화주, 북구로주에는 변지옥과 독지옥만 있고 대지옥은 없다고 하는데, 혹자는 북구로주에 지옥이 없다고 말한다. 대지옥은 팔열지옥八熱地獄과 팔한지옥八寒地獄을 이른다.[133] 가장 유명한 지옥은 바로 남섬부주 아래의 팔대지옥八大地獄인데, 팔지옥八地獄이라 하기도 한다. 즉 등활지옥等活地獄, 흑승지옥黑繩地獄, 중합지옥衆合地獄, 규환지옥叫喚地獄, 대규환지옥大叫喚地獄, 소자지옥燒炙地獄, 대소자지옥大燒炙地獄, 무간지옥이다. 『신파사론新破邪論』에 의하면, 팔대지옥 주위에 각각 열여섯 개의 소지옥小地獄이 에워싸고 있다.

『업보차별경業報差別經』에서는 아수라보阿修羅報을 얻는 열 가지 업을 자세히 설명하고 있다. 첫째는 몸으로 미세한 악업을 짓는 것이고, 둘째는 입으로 미세한 악업을 짓는 것이고, 셋째는 뜻으로 미세한 악업을 짓는 것이다. 넷째는 교만憍慢에서, 다섯째는 아만我慢에서, 여섯째는 얻지 못한 법을 얻었다고 하는 증상만增上慢에서, 일곱째는 자기보다 뛰어난 이를 보고 자기와 같다고 하는 대만大慢에서, 여덟째는 삿된 도를 행하면서 그것을 제일로 알고 바른길을 무시하는 사만邪慢에서, 아홉째는 자기보다 뛰어난 이를 대하고도 자기가 더 뛰어난 줄 착각하는 만만慢慢에서 기인한 것이다. 열째는 여러 선근善根이라 여기고 아수라도阿修羅道로 나아가는 것이다. 혹자는 아수라의 중생들이 대개 화를 잘 내고 거만하며 의심하는 버릇이 있는 등의 세 가지 업을 받아 태어난다고 주장한다.

아귀도에 빠지는 업인業因에 관해서, 『법원주림』에서는 『정법념경』을 인용하여 다음과 같이 설명한다. "욕심을 부리거나 질투하며, 삿된 생

133 대지옥·변지옥·독지옥이란 삼분법은 동진 시대 려산廬山의 혜원慧遠과 가제파伽提婆가 함께 번역한 『삼법도론三法度論』 권하(『대정장』 제25권)에도 보인다. 『법원주림』에서도 그 설을 인용했지만 여러 설을 수용했기 때문에 서로 일치하지 않는 부분이 있다.

각을 품거나 아첨하는 마음을 일으키고, 남을 속이거나 인색해서 재물을 쌓아두고도 보시하지 않으면 모두 아귀도에 태어난다."[134] 대부분이 탐업貪業으로 인해 윤회한다는 주장이다.

일부 불경에서는, 중생들이 불살생不殺生 · 불투도不偸盜 · 불사음不邪淫 · 불망어不妄語 · 불양설不兩舌 · 불악구不惡口 · 불기어不綺語 · 불탐욕不貪欲 · 불진애不瞋恚 · 불사견不邪見 등의 십선十善을 닦으면 욕계의 천보天報를 얻을 수 있고, 유루십선有漏十善과 정상定相을 닦으면 색계의 천보를 얻을 수 있으며, 다시 공무변처정空無邊處定 · 식무변처정識無邊處定 · 무소유처정無所有處定 · 비상비비상처정非想非非想處定 등의 사공정四空定을 닦으면 무색계의 천보를 얻는다고 한다. 이로 인해 여러 선업으로 천보를 얻는다는 삼계 차별설이 나왔다.[135]

불교 우주론의 삼대겁설三大劫說은 인류가 생태 환경을 파괴하여 초래한 재앙에 대한 계시적인 예언이기도 하다.[136] 인류의 업보는 자업자득이고 자신의 소행에 책임져야 한다. 그러나 인류에게는 자타가 공동으로 작용하는 이른바 '공업共業'이란 것도 있다. 환경 파괴는 한 개인의 힘으로 좌우할 수 있는 것이 아니라 인류의 공업으로 말미암은 것이다. 오늘날의 관점에서 보면 환경 문제는 상당 부분 인간의 정신세계와 관련이 있다. 이점에 유의하면 공업설共業說과 결부하여 환경 문제를 해결할 방안을 모색할 수 있을 것이다.

---

134 도세, 『법원주림』 권6, 『대장경』 제53권, 313쪽.

135 『불조통기』 권31, 『대정장』 제49권, 303-311쪽 참고.

136 『경률이상』 권1, 『대정장』 제53권, 1-10쪽과 『법원주림』 권1 「겁량편劫量篇」, 『대정장』 제53권 269-277쪽 참고.

3 —— 무정유성無情有性과 민포물여民胞物與

'인人'과 '물物'의 관계를 주축으로 하여 형성된 생태적 지혜는 필연적으로 '성정性情'의 개념과 연관된다. 왜냐하면, 이러한 관계의 구성 요건인 '인간'은 사상과 감정이 있고, 자연의 사물과 대면할 때 사고와 인지적 능력을 발휘하기 때문이다. 이점을 고려해서 이 방면의 내용을 검토해야 할 것이다.

1 무정유성

대도大道는 모든 것에 내포되어 있다. 이것이 도라고 하는 형이상학의 고유한 함의다. 이러한 본질적 의미와 극단적 일면을 드러낸 것이 바로 "오줌과 똥에도 도가 있다"라고 하는『장자』의 주장이다.

> 동곽자東郭子가 장자에게 물었다.
> "도라는 것이 어디에 존재합니까?"
> 장자가 말했다. "어디에든 존재하지 않는 곳이 없다."
> 동곽자가 말했다. "예를 들어 지적해 주십시오."
> 장자가 말했다. "개미에게 있다."
> "어째서 그처럼 하찮은 곳에 있습니까?"
> "강아지풀이나 논에 자라는 피에도 있다."
> "어찌해서 더욱 하찮은 것에 있습니까?"
> "기와나 벽돌에도 있다."
> "어찌해서 더욱 심해집니까?"
> "오줌과 똥에도 있다."[137]

불교에도 이와 비슷한 논제가 있는데, 바로 '무정유성'이다. 『대승현론大乘玄論』「불성의佛性義」에서는, "불성이 있는 것을 알고자 한다면 단지 중생에게만 불성이 있지 않다고 이를 것이다. 초목에도 불성이 있다"라고 말한다. 또한 "일체의 제법이 보리菩提가 아님이 없는데, 어찌하여 일체의 제법이 불성이라는 것을 받아들이지 않는가?"[138]라고 말한다. 분명한 것은 불교의 세계관이 유정중생의 윤회 현상을 둘러싸고 전개된 것이긴 해도, 초목과 같은 무정물에도 불성이 있다는 점을 여기서 명확하게 인정했다는 사실이다.

심지어 우두종牛頭宗 법융法融의 『절관론絶觀論』에서는 "도는 한쪽으로 편중되지 않는다"라는 관점에서 초목도 성불할 수 있다고 말한다. 『남양화상문답잡징의南陽和尙問答雜徵義』에서는, 우두산牛頭山 원선사袁禪師가 일찍이 혜능慧能의 직계 제자인 신회神會에게 "불성이 모든 곳에 두루 존재하는가?"라고 물어보았다는 기록이 있다. 선회가 답하기를, "불성이 모든 유정물에는 두루 존재하지만 모든 무정물에는 있지 않다"라고 했다. 아마도 우두종 소속의 그 선사는 이어서 이렇게 물었을 것이다. "선배 대덕들이 다 같이 말하기를, 푸르고 푸른 대나무가 모두 붓다의 법신이고 무성하게 핀 노란 국화도 모두 반야가 아님이 없다고 말하지 않았던가?" 소위 선배의 견해란 우두종 내부에서 전승되는 관점일 것이다. 그런데 신회는 그것을 외도의 견해라고 여기고 『열반경涅槃經』에서 명확히 밝힌 불성이 없는 것이 이른바 무정물이라는 점을 강조했다.[139]

무정에 불성이 있는지 없는지에 대한 논쟁은 선종 내부의 유파들 간

---

137 『장자』「지북유」, 왕선겸, 『장자집해』 권6, 『주자집성』 제3책, 141쪽.

138 『대정장』 제45권, 40쪽.

139 양증운 편집 · 교정, 『신회화상선화록神會和尙禪話錄』, 중화서국, 1996, 87쪽.

에도 심각한 의견 대립을 보인다. 일반적인 견해에 따르면, 선종의 사대조四代祖인 도신道信으로부터 파생된 우두종 계열은 이 문제에 분명히 긍정적인 태도를 견지했다. 남종 혜능의 문하인 남양南陽 혜충선사慧忠禪師와 석두종石頭宗 계열은 이를 지지했으나, 하택河澤 신회와 마조馬祖 계열은 부정적인 태도를 보였다.

전하는 말에 의하면, 마조 도일道一 문하의 대주大珠 혜해慧海가 『화엄경』을 강론하는 어떤 좌주와 "황화반야黃花般若, 취죽법신翠竹法身"이라는 화두를 놓고 토론한 적이 있었다고 하는데, 그의 입장은 하택 신회와 거의 같았다. 『경덕전등록經德傳燈錄』 권28에 혜해 화상慧海和尙의 말을 다음과 같이 기록했다.

> 『화엄경』을 강론하는 좌주가 물었다.
>
> "선사는 어떤 연유로 '푸르고 푸른 대나무가 모두 붓다의 법신이고, 무성하게 핀 노란 국화도 모두 반야가 아님이 없다'라는 것을 불허합니까?"
>
> 선사가 답하기를,
>
> "법신은 형상이 없어서 푸른 대나무에 감응하여 모양을 갖추고, 반야는 지각이 없어서 노란 국화에 감응하여 비로소 형상을 드러낸다. 국화와 대나무 자체에 반야와 법신이 있는 것이 아니다. 그래서 불경에 '붓다의 참된 법신은 마치 허공과 같고, 사물에 감응하여 형상을 나타낸 것이 물속의 달과 같다'라고 말한 것이다. 국화가 반야라면 반야는 무정과 같고 대나무가 법신일진대 대나무가 무슨 작용을 한다는 말인가? 좌주는 알겠는가?"
>
> 좌주가 답했다.
>
> "무슨 뜻인지 모르겠습니다."

선사가 말했다.

"견성한 자라면 도 역시 얻었을 것이고, 도 역시 얻지 못했다면 쓰임에 따를 뿐이지 시비에 머물지 않는다. 견성한 자가 아니라면 대나무를 말하면서 대나무에 집착하고 국화를 말하면서 국화에 집착하며, 법신을 말하면서 법신에 구애되고 반야를 말하면서 반야를 모르니 그래서 죄다 논쟁을 일삼는다."

좌주가 절을 올리고 나갔다.[140]

당나라의 월주越州는 불교가 활약하는 지역의 하나로서, 그 무렵 불교 교리를 연구하는 수많은 사문沙門들이 몰려들었다. 그들은 절강浙江 일대에 전파된 우두종의 영향을 받기 마련이었다. 혜해의 관점은 반야가 깨달음의 지혜이고, 법신은 응화應化의 운용이 있다는 것인데, 양자를 무정물인 목석과 동일시한다면 깨달음이나 운용이 있을 수가 없다는 것이다. 진정하게 견성한 사람으로서 말한다면 상황에 따라 설명할 수 있고 시비에 빠지지 않는다고 한다. 이러한 혜해의 입장은 원융圓融의 정신을 강렬하게 시사한다.

똑같이 마조 문하에 속하는 백장百丈 선사가 이에 대해 논평한 바가 있다. 표면적으로는 '무정유불성'을 긍정하는 것처럼 보이지만 실상은 그렇지 않다.

어떤 이가 선사에게 물었다.

"무엇이 유정에 불성이 없다 하고, 무정에도 불성이 있다고 하는가요?"

140 『대정장』 제51권, 441쪽. 『조당집祖堂集』 권4에도 같은 내용이 있다.

선사가 말했다.

“사람에서부터 붓다에 이르기까지는 성인이 되려는 감정에 집착한 것이고, 사람에서부터 지옥에 이르기까지는 범부의 정에 집착한 것이다. 지금 당장이라도 범부와 성인이라는 두 경계에 물들어 애착심을 낸다면 유정물에 불성이 없다고 이를 것이다. 지금 당장 범부와 성인이라는 두 경계와 일체 유무有無의 제법을 취하고 버리는 마음이 모두 없고, 또한 취하고 버리는 마음이 없다는 그 생각조차 없으면 무정에 불성이 있다고 이를 것이다. 그 정에 얽힌 것이 없기에 무정이라 한다. 목석과 허공이나 국화나 대나무처럼 정이 없어서 불성이 있다는 것과 다르다. 있다는 것을 가지고 말한다면, 어찌 수기授記를 받아 성불한다는 것을 경전에서 볼 수 있겠는가? 지금 알고 느끼는 것은 단지 유정이 바뀌어 변하게 된 것이 아니니, 이를 푸른 대나무와 같다고 비유한 것이고, 기틀에 응하지 않음이 없고 때를 알지 못함이 없다는 것은 노란 국화와 같다고 비유한 것이다.”

또 이르기를,

“붓다의 단계를 밟게 되면 무정에 불성이 있고, 붓다의 단계를 밟지 못하면 유정에 불성이 없다.”[141]

그 뜻은 이렇다. 범부와 성인의 경지에 집착하고 애착심에 물들어 있으면 유정에 불성이 없다는 것이고, 범부와 성인의 경지 및 제법에 대하여 취하고 버리며 이에 대한 분별 의식조차 모두 없게 되면 무정에 불성이 있다는 것이다. 그러나 목석과 같이 무정한 물질 자체에 성불의 가

---

141 적장賾藏 편집, 『고존숙어록古尊宿語錄』 권1, 12-13쪽. 이 책은 상하이고적출판사에서 1991년에 명나라 만력 45년에 편찬된 『경산장徑山藏』 판본을 영인한 것이다.

능성이 있다는 뜻은 아니다. 따라서 응기수연應機隨緣의 시각에서 '취죽황화翠竹黃花'란 선시禪詩를 이해해야 할 것이다.

중당中唐 시기에 홍주종洪州宗과 병립한 호남湖南의 석두종 계열은 어떤 태도를 취했을까? 석두石頭 희천希遷은 제자와 이렇게 문답했다. 제자가 물었다. "선이란 무엇인가요?" 선사가 대답했다. "그냥 벽돌이다." 또 물었다. "도란 무엇인가요?" 선사가 대답했다. "나뭇조각이다."[142] 이러한 대화는 얼핏 선문답 형식으로 보이지만, 혹시 앞서 거론한 '무정유성'이란 화두에 대한 긍정적인 의사를 다른 형식으로 표현한 것이 아닌가 한다.

앞서 말한 백장 회해懷海 화상의 '무정유불성'에 대한 이해는 혜충 국사의 '무정설법無情說法'이란 화두에서 계시를 받은 것 같다. 이 화두는 선종禪宗의 내부에서 널리 회자된 것이다. 『경덕전등록』 권5에 다음과 같이 기록했다.

> 남양南陽의 행자 장분張濆이 말했다.
>
> "스님께서 무정설법을 강론해주신 데 감사드립니다만, 제가 그 속의 오묘함을 미처 이해하지 못했사오니 일깨워주시기 바랍니다."
>
> 국사가 답하기를,
>
> "무정설법을 묻는다면, 다른 무정의 뜻을 풀어야 내 설법을 들을 수 있다. 너는 무정설법만 듣고 가거라."
>
> 장분이 물었다.
>
> "하오나 지금 당장 유정의 방편이라도 얻고자 합니다. 무엇이 무정의 인연입니까?"

142 도원道原, 『경덕전등록』 권14, 『대정장』 제51권, 309쪽.

국사가 대답했다.

"지금 일체의 움직임과 운용 가운데 있다. 범부와 성인의 두 갈래에 일어나고 멸하는 것이 조금이라도 없으면 식識에서 벗어난 것이다. 있고 없음의 경계에 속하지 않으면 불길이 솟듯이 깨닫게 되고, 정식情識에 얽매이는 것이 없음을 듣고 있을 뿐이다. 그래서 육조六祖가 이르기를, '육근六根은 외부의 경계에 대응한 것이고 분별심은 진식眞識이 아니다'라고 했다."[143]

무정설법은 일반적인 사고로는 헤아릴 수 없는 면이 있다. 혜충은 "일어나고 멸하는 것이 없고", "정식에 얽매이는 것이 없는 것"으로 '무정'의 함의를 해석한 것 같은데, 특히 근根·경境·식識 삼자의 화합이란 토대 위에서 이를 논했다. 하지만 혜충의 화두를 궁극적으로 어떻게 보아야 하는가 하는 점은 여전히 어렵다. '경'의 중요성과 깨달음을 지나치게 강조하는 태도에 대한 불만을 은근히 암시했을까? 실로 잘라 말할 수 없는 내용이다.

석두의 삼전三傳 제자인 동산洞山 양개良价 선사는 이 화두를 놓고 여러 차례 참구했다.

양개가 위산潙山 영우靈祐를 배알하고 물었다.

"요즘 혜충 국사가 무정설법을 내걸었다고 들었습니다만, 양개는 그 미묘함을 모릅니다."

위산이 답했다.

143 『대정장』 제51권, 244쪽. 그리고 정靜, 균筠 두 선사가 편찬한 『조당집』 권3, 악록서사岳麓書社, 1996판에서도 보인다.

"내게도 있지만 들을 만한 사람을 얻기 어렵네."

"그렇다면 가르침을 청합니다."

위산이 말했다.

"부모님이 주신 입으로 말하지 못하겠네."

"스님과 때를 같이하여 도를 좋아한 사람은 없는가요?"

위산이 말했다.

"여기서 석실과 잇닿아 있는 곳에 가면 운암雲巖 도인이 있네. 풀잎을 헤쳐나가 그분의 풍모를 보게 되면 분명히 존경하게 될 것일세."

운암에 이르러 물었다.

"무정설법은 어떤 사람이 들을 수 있습니까?"

운암이 말했다.

"무정설법은 무정이 들을 수 있지."

양개가 말했다.

"스님은 듣습니까?"

운암이 말했다.

"내가 들을 것 같으면 너는 내 설법을 들을 수 없게 되지."

"어쨌거나 양개는 스님의 설법을 듣지 못했습니다."

운암이 말했다.

"내 설법도 듣지 못하는데 하물며 무정설법을 듣겠는가."

양개는 이에 게송을 써서 운암에게 바쳤다.

"희한하고, 희한하다. 무정으로 풀어내니 생각조차 못 하네. 귀로 듣고자 해도 나타나지 않더니, 눈으로 듣고 알게 되었네."[144]

144 도원, 『경덕전등록』 권15, 『대정장』 제51권, 321쪽.

이는 동산 양개의 구도 경력에서 가장 중요시되는 장면이다. 위산은 백장 회해의 제자이자 마조의 재전再傳 제자다. 그는 '무정설법'에 대해 가타부타하지 않았다. 무정한 설법은 정식情識에 얽매인 것을 제거해야 비로소 들을 수 있고, 또한 손바닥을 마주칠 수 있는 것이다. 이로 미루어 목석무정木石無情은 진여眞如의 경지와 일치할 것을 강조한 것으로 보인다. 동산 양개의 "그림자를 보고 깨달았다睹影得悟"라는 말은 견성 체험의 전주곡이었다.

한편, 여러 가닥으로 나뉜 불성론佛性論의 바탕에 대해서 라이용하이는 다음과 같이 말한다. "목석무성설木石無性說은 심식心識과 각성覺性으로 불성을 해석하는 것이지만 무정유성설無情有性說은 진여로 불성을 해석하는 것이다."[145] 이러한 지적은 매우 적절하다. 『조당집』과 『경덕전등록』 등 선종 역사서의 기록에 의하면, 혜충 국사는 당시 남방의 "마음이 곧 부처다"라는 말과 "눈썹을 올리고 눈을 깜짝이는" 홍주종 계열의 방법이 모두 불성의 작용을 가리키는 것으로 강조되는 추세에 이의를 제기했다. 이러한 태도는 그의 '무정설법' 화두와 일치한다. 종밀宗密은 『선원제전집도서禪源諸詮集都序』에서 우두종과 석두종 두 계열을 일체의 모든 것을 인멸하여 의지할 바 없는 것을 종지로 삼고자 하는 '민절무기종泯絶無寄宗'으로 간주했다. 어찌 보면 식견이 높다고 하겠는데, 우두종과 석두종 계열은 무정유성의 문제 등 여러 방면에서 그들의 지론이 비슷한 관점을 보이기 때문이다. 다른 한편에서는 하택종이든 홍주종이든 모두 영지靈知와 각성을 강조하는 동시에 '무정유성'의 관점을 부정했다.

그러나 중국 불교사에서 가장 주목해야 할 저서는 천태종 담연湛然

145 라이용하이, 『중국 불성론』, 중국청년출판사, 1998, 229쪽.

법사의 『금강비金剛錍』다. 그 이론적 바탕은 여전히 천태종의 학설에 두고 있지만, 한 생각 가운데 삼천 제법을 갖추고 있다는 '일념삼천一念三千'이란 학설은 사물들 간에 떼어놓을 수 없는 밀접한 관련성이 있다는 것을 전제로 한다. 그리고 보응과 성불이 모두 고립된 주체로서 작용하는 것이 아니라고 인식한다. 이러한 인식은 '무정유성설'을 지탱하는 근거가 된다.

천태종의 지례知禮는, 『사명십의서四明十義書』에서 이러한 점을 중생이 본래 갖추었다는 이구삼천理具三千으로 해석할 수 있고, 낱낱의 차별적 현상인 사법事法으로 해석할 수도 있다고 주장한다. 예를 들어, '하나의 풀이나 하나의 꽃'이 '한 생각'과 서로 의지하여 한 몸처럼 전체적 형상을 나타내는, '일념삼천'의 사조事造로 해석하는 것이다. 이러한 사조삼천事造三千은 인연에 따라 일정하게 '이구삼천'의 세계를 펼쳐 보인다. 『사명십의서』에서는 이렇게 말한다.

> 이 두 가지의 조造는 각각 삼천三千으로 논할 수 있다. 이구理具는 중생이 본래 삼천의 제법을 갖추고 있다는 것인데, 그것이 성선性善과 성악性惡이다. 사조事造는 삼천을 변조하는 것으로서, 수선修善과 수악修惡을 말한다. 사조로 논하면, 무명無明의 식음識陰을 취하여 능조能造로 삼고, 십계十界의 의보依報와 정보正報를 소조所造로 삼는다. 이조理造로 논하면, 조造는 즉 구비하는 것이다. 능조와 소조 하나 하나가 바로 리理인 이상, 낱낱의 이체에 삼천의 성덕性德이 구비되어 있다. 그래서 육근六根과 그 대상인 육경六境을 이르는 십이입十二入이 각각 천여시千如是를 구비하는 것이다.[146]

146 『사명십의서』, 『대정장』 제46권, 841쪽.

이것은 무슨 말인가. 이른바 삼천법三千法은 삼천세간三千世間을 말한다. 십여시十如是, 십법계十法界, 삼종세간三種世間이 서로 배합되어 형성된다. '십여시' 설은 구마라집의 번역본 『법화경』에서 비롯된다. 즉 "여시상如是相, 여시성如是性, 여시체如是體, 여시력如是力, 여시작如是作, 여시인如是因, 여시연如是緣, 여시과如是果, 여시보如是報, 여시본말구경如是本末究竟"이다.[147] 십법계는 바로 육범六凡인 지옥·아귀·축생·수라·인간·하늘 및 사성四聖인 성문聲聞·연각緣覺·보살菩薩·불佛이다. 십계가 갖추어지면 백개의 법계가 생긴다. 이를 백계百界라 하는데, 백계의 중생들이 모두 십여시의 범주를 구비하면 천여시千如是가 된다. 거기에 오음五陰, 중생衆生, 국토國土라는 세 가지의 세간世間을 곱하면 '삼천'이란 숫자가 된다.

어찌하여 십계의 중생을 비롯해 여시성, 여시상, 여시체, 여시력 등과 같은 특수한 사실성을 규정하게 되었을까? 우주 만물이 공제空諦, 가제假諦, 중제中諦로 돌아간다는 '원융삼제圓融三諦'의 추상적 알맹이로서는 그 내재적 규정이 성립되게끔 하는 톱니바퀴처럼 맞물려진 각 방면의 관련성을 논리적으로 도출할 수 없다. 이론적 규정에 있어서 십계 중생의 숫자는 개연성을 고려한 경험적 사실이기 때문이다.

그런데 앞의 방법은 어쩌면 '십여시'에 적용하면 가능한 문제일지도 모른다. 그것들이 연기緣起의 관계를 선험적으로 기술하는 방식이기 때문이다. '십여시'는 제법의 실상이란 특수한 규정에 근거하여 현상과 본질, 형체와 작용, 원인과 결과 등의 범주에서 논한 것인데 한쪽은 자체로 독립된 내포적 범주에 따라 모든 법마다 차별상이 의식에서만 존재한다고 하는 '변계소집성遍計所執性' 현상으로 기술하는 방식이다. 다른 한쪽

147 『법화경방편품法華經方便品』, 『대정장』 제9권, 5-12쪽.

은 연기에 따른 "이게 있으니 저게 있고, 이번 생이 있으니 다음 생도 있다"라는 식의 시간과 내재적 관계에 따라 관찰하는 방식이다. 전자는 여시상, 여시성, 여시력, 여시작의 상相 · 성性 · 력力 · 작作이고, 후자는 여시력, 여시작, 여시인, 여시연, 여시과, 여시보의 력力 · 작作 · 인因 · 연緣 · 과果 · 보報다. 본말구경本末究竟은 앞의 아홉 개 범주를 통섭統攝한 것이다. 『법화현의法華玄義』에서는 그 함의를 이렇게 해석한다.

> 형상은 밖을 차지한 탓에 이를 보고 분간할 수 있어서 상相이라 한다. 본성은 안을 차지하고 자체가 변하지 않아 성性이라 한다. 재료는 체體라 한다. 실체의 기능은 력力이고, 구조는 작作이며, 습인習因은 인因이며 조인助因은 연緣이다. 습과習果는 과果이며 보과報果는 보報이다. 초상初相은 본本이고, 후보後報는 말末이다. 그 귀취歸趣하는 곳을 구경究竟이라 한다.[148]

형계荊溪 담연은 『십불이문十不二門』을 남겼다. 이 책에서 그는 한 걸음 더 나아가 원돈지관圓頓止觀으로 체득한 '일념삼천'의 곡절을 자세히 밝혀내고, '십불이문十不二門' 설을 제기했다. 십불이문이란, 색심불이色心不二에서부터 차례로 내외內外, 수성修性, 인과因果, 염정染淨, 의정依正, 자타自他, 삼업三業, 권실權實, 수윤受潤에 이르기까지 열 가지의 '불이不二'를 말한다. 지관止觀의 방편을 실행하기 위해 '색심'에서 '수윤'까지 '둘'을 주장했지만, 실제로는 '둘'이면서도 '둘'이 아니다. 그래서 '불이'다. 그 가운데 색심불이, 내외불이內外不二, 의정불이依正不二 등은 '무정유성' 관점의 입론 근거를 이해하는 데 도움이 된다. 담연은 '의정'을 다음과 같이 논한다.

---

148 『대정장』 제33권, 694쪽.

의정불이문依正不二門이란, 비로자나毘盧遮那가 일체가 불이라고 하여 무시無始 때문에 '일념삼천'임을 증명했다. 3천 가운데 2천의 생음生陰은 정正이고, 국토 1천은 의依에 속한다. 의정依正이 이미 일심一心에 자리했다면, 일심이 어찌 능조와 소조로 나뉠 수 있는가? 비록 능조와 소조의 구분이 없더라도 의정은 완연히 나타난다. 이는 이성理性이란 이름의 관행觀行으로 의정이 둘이 아닌 상相을 갖춘다. 그래서 자타自他의 인과로 하여금 서로 포섭한다. 그러나 중생은 리理에 있어서 과果가 갖추어지지 않아도 일체가 비로자나의 묘경妙境이 아님이 없다. 그러나 다시 응하여 제불諸佛의 법체는 두루 하지 않으면서 두루 하고, 중생의 이성은 국한되지 않으면서 국한된다. 시종始終이 바뀌지 않고, 대소大小가 거리낌이 없으며, 인과의 이치가 같은데 의정에 무슨 구별이 있겠는가? 따라서 정토淨土와 예토穢土, 승신勝身과 열신劣身, 진신塵身과 법신法身의 수량이 같고, 진국塵國과 적광寂光이 다르지 않다. 이는 곧 낱낱의 진찰塵刹이 일체의 찰토刹土이고, 낱낱의 진신이 일체의 몸이다. 넓고 좁고, 뛰어나고 모자란 것도 헤아리기 어려우며, 정토와 예토의 자리도 무궁하여 다함이 없다. 일념삼천의 공제空諦, 가제假諦, 중제中諦가 아니라면 이처럼 자유자재한 작용이 이루어지겠는가? 이처럼 중생과 붓다가 생겨남을 알게 되었으니, 피차의 사법계事法界와 이법계理法界가 서로를 거두는 것이다. 이로써 염정불이문染淨不二門이 성립된다.[149]

천태종의 원돈지관圓頓止觀으로 이해한 '일념삼천'은 총체적이다. 생명의 주체와 주체가 지닌 포괄적인 심리적 활동이 중생衆生 세간과 오온

149 『대정장』 제46권, 703-704쪽.

五蘊 세간이다. 국토 세간은 이와 상응하는 물질적 환경을 가리킨다. 전자는 정보이고 후자는 의보다. 이 세 가지 세간은 각각 일천법一千法을 갖추고 있다. 즉 "3,000 가운데 2,000의 생음은 정正이고, 국토 1,000은 의依에 속한다"라는 것이다. 생명과 환경은 사성四聖과 육범六凡 등으로 구분되는데, 이를 십계와 서로 곱해서 나온 백법계百法界에 따라 차이가 나타난다. 모든 법계의 생명은 전부 '십여시'의 본질적 규정성을 갖추고 있다. 그러나 이 세 가지 세간은 일심에서 일시에 나타난다. 어디에도 의정과 능소能所의 절대적 차별성이 존재할 수가 없는 것이다. 다시 말하면 그것들은 상호 의존적이고 상호 포섭되는 것이다.

그러나 이러한 의정불이문은 중생의 생태 환경과 붓다의 생태 환경을 '이성'으로 관조할 때 일치성을 지닌다고 설명하는 것에 지나지 않는다. "낱낱의 진찰이 일체의 찰토이고 낱낱의 진신이 일체의 몸이다"라고 보는 것이다. 중생과 붓다는 정보正報, 즉 주체성이라는 시각에서 볼 경우에만 상호 융통하고 포섭하는 것이 아니다. 그들이 생존하는 환경도 마찬가지다. 이는 사람들이 불신佛身의 정토를 존중하는 것처럼 범부 중생의 신심身心과 국토를 존중해야 한다는 것을 의미한다. 이러한 시각을 생태철학의 관점에서 해석하면 다음과 같은 사실을 도출할 수 있다. 성불은 단순히 정신적 세계의 개조만으로 이루어지는 것이 아니고, 환경적 요소와의 대응된 결과와 관련되고, 게다가 생명 현상과 환경이 필연적으로 상호 수반될 때 비로소 변화가 발생한다는 것이다.

담연은 『금강비』에서, "한 개의 티끌과 하나의 마음은 일체 중생과 붓다의 심성心性"이라고 말한다. 즉 상즉相卽과 상입相入의 시각에서 한 개의 티끌과 하나의 마음이 모든 중생과 붓다의 심성을 내포하거나 융합되어 있다는 것이다. 자기의 마음은 어떤 절대적이고 특수한 정신적 활동에만 국한된 것이 아니라, 그와 상호 의존하는 환경 속에서 자신의 존재와 지위를 구현한다. 각각 특화한 환경은 저마다 특별한 '생명'의 인지적 대상이고 실천이 필요한 대상이다.[150] 동시에 다른 모든 생명과 각자覺者, 즉 붓다의 심성을 내포하는 일부분이기도 하다. "다 함께 형성하는 까닭이고, 다 함께 변화하는 까닭이며, 그래서 경계가 같게 되고 일이 같게 되는 까닭이다."[151]

『금강비』에서 담연이 '무정유성'을 논증할 때 '진여'를 비롯해서 '불변수연不變隨緣', '수연불변隨緣不變'이란 이론적 틀을 차용하기도 했다. 그는 이렇게 말한다.

> 만 가지 법이 진여란 것은 변하지 않기 때문이다. 진여가 만법萬法이란 것은 인연에 따르기 때문이다. 무정에 불성이 없다는 것을 믿는 것은 만법에 진여가 없다는 것이 아니겠는가? 따라서 만법이라 칭하는 것이 어찌 티끌과 차단될 수 있으며, 진여의 실체가 어찌 피아彼我에만 존재하겠는가? 물결이 없는 강물은 없고, 습기가 없는 물결도 없으나, 습기로 어떻게 혼탁함과 투명함을 구별하고, 물결로 어찌 맑음과 흐림을 나눌 수 있겠는가. 맑기도 하고 흐리기도 하지만 하나의 본성에는 차별이 없다. 비록 의보依報와 정보正報를 짓는다고 해도, 그 이체理體는 다르지 않다. 만약에 '인연에 따라 변하지 않는다隨緣不變'라는 것을 인정한다면, 다시 무정에 유무를 따지는 말이 되니 어찌 스스로 모순되는 것이 아니겠는가?[152]

---

150 여기서 말한 '생명'은 불교의 전통적 지식에 따르면 유정중생, 즉 동물의 차원 위에 있는 생명체를 가리킨다.

151 담연湛然, 『금강비金剛錍』, 『대정장』 제46권, 782쪽.

152 담연, 『금강비』, 『대정장』 제46권, 782쪽.

진여의 이체는 자아와 유정 중생에만 국한되지 않는다. 정보와 의보에도 모두 진여가 내포되어 있다. 한 걸음 더 나아가 이를 '색심일여色心一如'로 논증할 수 있다.

> 색色은 어찌하여 도처에 있는가? 색은 곧 마음이기 때문이다. 왜 그런가? 의보는 공동의 업業으로 지어지고, 정보는 개별적인 업으로 지어진다. 공동의 업이 편재함을 믿으면서 어찌 개별적인 업이 편재함을 믿지 않는가? 능조와 소조는 모두 마음의 작용이다. 마음의 실체가 어느 장소에 국한될 수 없기 때문이다. 그래서 시방불토十方佛土에 중생의 이성이라는 마음의 씨앗이 모두 있다는 것이다.[153]

여기서 명확히 드러낸 주장은, 의보가 공동 집단의 업으로 이루어진 것이라면 정보는 개별적인 업에 기인한다는 것이다. 정신적 세계가 국한적인 것처럼 보이지만 실제로 그렇지 않다. 능조의 마음과 소조의 색은 전부 마음의 작용이다. 이렇게 파악한다면, 무정의 환경에서도 왜 불성이 존재하지 않겠는가?

'무정유성'이란 화두는 늦어도 송나라 때에 이미 사람들의 마음에 깊이 각인되었다. 동파거사東坡居士로 알려진 소식蘇軾은, 〈증동림총장로贈東林總長老〉란 시에서 다음과 같이 일렀다. "시냇물 소리는 붓다의 장광설이요, 산 빛은 맑고 깨끗한 법신이라. 밤이 되어 팔만사천 법문 들려오니, 훗날 사람에게 이를 어찌 다 이를까? 溪聲盡是廣長舌 山色無非清淨身 夜來八萬四千偈 他日如何舉似人"[154]

---

153 담연, 『금강비』, 『대정장』 제46권, 783쪽.

2 유가와 도가의 애물 사상愛物思想

유가와 도가에는 모두 애물 사상이 있다. 이 사상은 대자연을 소중히 아끼고 보호하려는 태도로 구현된다. '애물愛物'이란 피가 돌고 영리한 동물만을 사랑하고 아끼는 것이 아니다. 꽃과 잡초에서 산천초목에 이르기까지 유정물과 무정물을 망라하여 모두 아끼는 마음을 이른다. 애물은 생태윤리사상의 기본이다. 자연을 존중하는 것은 바로 인류가 생존하는 터전인 주변 환경을 아끼고 보살피는 태도다.

여기서 유가의 관점을 보다 완벽하게 이해하려면 이를 친친親親, 인민仁民, 애물과 같이 끊임없이 확장되는 윤리적 인식의 동심원을 염두에 두어야 한다. 이에 대해 맹자는 다음과 같이 말한다. "군자는 물物에 있어서 아끼되 어질게 대하지 않고, 백성들에 있어서는 어질게 대하되 가까이하지 않는다. 어버이를 가까이하면서 백성들을 어질게 대하고, 백성들을 어질게 대하면서 물物을 아낀다."[155] 그 뜻은 이렇다. 친親, 민民, 물物 등과 같이 친소親疎 관계가 대등하지 않은 대상에 대해 감정적 표현과 그 윤리적 태도를 달리 취해야 한다는 것이다. 대상에 따라 약간씩 다르게 '친근함'과 '인자함', 그리고 '아낌'이라는 세 가지 방법을 취함으로써 태도의 차이를 구현하면서도 애호한다는 일관성을 유지하는 것이다. 그러나 '애물'과 관련된 대상의 범위는 대단히 광범위하다.

맹자는 양혜왕梁惠王과 대화를 나눌 때 다음과 같이 지적한 바가 있다. "군자는 짐승을 대함에 있어 산 것을 보고 차마 그 죽는 것을 보지 못하며, 우는 소리를 듣고 차마 그 고기를 먹지 못하는 법입니다. 그러기에

154 『소동파전집蘇東坡全集』「전집前集」권13, 중국서점, 1986, 193쪽.

155 『맹자』「진심상盡心上」, 주희, 『사서장구집주』, 363쪽.

군자는 푸줏간을 멀리합니다."[156] 이것은 유가의 인서仁恕 정신이다. 남의 사정을 자신의 처지로 미루어 생각하는 군자의 '측은지심惻隱之心'을 말 못 하는 동물에게까지 확대해서 깊은 동정심을 유발하게 한다. 그러나 "군자는 푸줏간을 멀리한다"라는 식의 방법은 철저하지 못한 면이 있다.

『예기』「제의祭義」에서는 '효孝' 개념을 확대하여 자연계의 사물을 이용하는 데 지켜야 할 계절적 규범을 논한 바가 있다.

> 증자曾子가 말하기를, "효는 그냥 두면 천지를 막는다. 두루 미치게 하여 사해에 이르도록 하고, 후세에 베풀어 아침저녁으로 행하게 해야 한다. 미루어 동해에 풀어놓아 법도로 삼고, 서해에 풀어놓아 법도로 삼고, 남해에 풀어놓아 법도로 삼고, 북해에 풀어놓아 법도로 삼아야 한다. 『시경』에 '서쪽에서 동쪽까지, 남쪽에서 북쪽까지 따르지 않는 것이 없다'라는 말이 바로 이를 말한다."
> 증자가 말하기를, "때가 되어야 나무를 벨 수 있고, 때가 되어야 짐승을 도살할 수 있다. 내 스승께서 이르시기를, '나무 하나를 끊고 짐승 한 마리를 잡는 것도 때에 맞지 않으면 효가 아니다. 효에는 세 가지가 있으니, 작은 효는 힘으로 하고, 중간의 효는 마음으로 하며, 대효大孝는 부족함이 없게 한다. 어버이의 사랑을 생각하여 수고로움을 마다하지 않는 것은 힘을 쓴 것이라고 할 수 있다. 어진 이를 존경하고 의리에 편안한 것은 마음을 썼다고 하겠다. 널리 베풀고 만물을 갖추어 부족함이 없게 했다고 이를 것이다'라고 하셨다."[157]

156 『맹자』「양혜왕상梁惠王上」, 주희, 『사서장구집주』, 208쪽.

157 손희단, 『예기집해』 하책, 1227-1228쪽.

이는 유교에서 가장 높게 평가하는 효의 근본을 애물 사상과 관련지어 논한 것이다. 이렇게 말할 수 있겠다. 효의 덕은 천지에 바탕을 둔 것으로서, 인심에 도움이 되며 고금이 다르지 않고 원근의 차이도 없다. 어버이를 사랑하는 마음을 확대하면 비록 미물일지라도 사랑해야 하는 도리가 있다. 작은 효는 "어버이의 사랑을 생각하여 수고로움을 마다하지 않는" 것으로 가족을 대하는 태도이고, 중간의 효는 "어진 이를 존경하고 의리에 편안한" 것으로 타인을 대하는 태도이며, 대효는 "널리 베풀고 만물을 갖추어 부족함이 없게" 하는 것으로 만물에 대하는 태도다. 이러한 「제의」 사상은 일찍부터 광범하게 효를 인식하고 있었다는 것을 보여준다.

그러나 유가의 애물 사상을 가장 정교하고 심도 있게 다룬 것으로는 장재의 『정몽』을 손꼽을 수 있다. 그중 「건칭」편에서는 "모든 백성은 나의 형제이고 만물은 나와 더불어 같다"라는 민포물여의 사상을 주창했다.

> 건을 아버지로 칭하고 곤을 어머니로 칭한다. 나는 이에 미미한 존재로서 그 가운데 혼연일체가 된다. 그러므로 천지에 가득한 기를 내 몸으로 삼고, 천지를 통솔하는 장수를 내 본성으로 삼는다. 모든 백성은 나의 형제이고, 만물은 나와 함께 더불어 있다.

이 단락의 글은 『서명西銘』(『정완訂頑』이라고도 한다)에서 비롯되었다는 설이 있지만 실제로는 「건칭」에서 발췌된 것이다. 그 뜻은 다음과 같다. 건곤은 음과 양이란 두 가지 우주의 기본 세력 또는 기본적 에너지 형태를 지칭하는데, 만물을 생성하는 근원이기 때문에 부모와 같은 존재다. 큰 변화의 용광로 속에 있는 나는 사실상 보잘것없는 존재다. 그러나 확대해 보면, 천지에 충만한 기는 바로 나의 몸이고 천지를 주재하는 기화

氣化의 도는 바로 나의 본성이다. 사람과 사람, 사람과 만물 간에는 칸막이가 없다. 심지어 "모든 백성이 전부 나의 형제이고 만물은 모두 나의 친구"라고 부를 수 있다. 이외에 『정몽』에서는 마음을 확대해 천하의 만물을 체득하는 것도 언급했다. 그것이 바로 애물 사상에 대한 또 다른 설명이다.

> 마음을 크게 하면 천하의 만물을 체득하게 된다. 체득하지 못한 만물이 있으면 마음 밖에 있는 것이다. 세상의 인심은 보고 듣는 것이 편협한 데 머물지만, 성인은 본성을 다한다. 보고 듣는 것으로써 그 마음을 속박하지 않으니 천하 만물이 내가 아닌 것이 하나도 없다고 바라본다.[158]

장재의 "천하 만물이 모두 내가 아닌 것이 하나도 없다"라는 사상은 이학에서 벗어난 혼자만의 노래가 아니다. 정호程顥도 이렇게 말했다.

> 지극한 인仁의 경지에 이르면 천지가 한 몸이 되고, 천지 사이에 있는 모든 사물이 팔다리와 온갖 몸이 된다. 사람으로서 어찌 팔다리와 온갖 몸을 보고 아끼지 않을 수 있겠는가? 성인의 인이 지극함이라. 오직 성안만이 이 마음을 헤아릴 수 있을 뿐이다.[159]

이는 널리 베풀어 대중을 구제하는 성인의 도량을 말한다. 그러나 모든 사람이 요순이 될 수 있다면, 천지 만물은 한 몸으로 융합되는 것이

---

158 장재, 『정몽』 「대심大心」, 『장재집』, 24쪽.

159 정호程顥 · 정이程颐 , 『이정집二程集』 「어록語錄」 권4, 제1책, 중화서국, 1981, 74쪽.

다. 이 점을 사람마다 체득하고 실천하도록 노력해야 할 것이다.

'애물'과 긴밀히 관련되는 사상의 하나로, 유교에서 바라보는 우주의 "끊임없이 생성하고 발전하는生生不息" 관념을 들 수 있는데, 이것이 사실상 '인애仁愛'의 근원이다. 이러한 사상의 배경은 중국이 고대로부터 농경 국가였다는 데 있다. 유교의 전통적인 도덕적 형이상학에서는 다음과 같이 인식한다. 즉 천도의 순환에는 생장의 힘이 갈무리되어 있고, 인륜과 혈육의 정에 녹아있는 '인애'는 실제로 이러한 생장의 힘으로 구현되는데, 천도와 인륜의 혼연일체를 '지선至善'으로 간주한다는 것이다. 『주역』「계사상」의 "천하의 큰 덕을 생生이라"하고, "생하고 생하는 것을 역易이라 한다"라는 말이 바로 그 말이다. 송나라의 유학자인 장재, 정호, 정이程頤, 주희, 왕선산王船山까지 "천지는 만물을 생성하는 것으로써 마음으로 삼는다天地以生物爲心"[160]라는 주장을 모두 인정한다. 생태적 배경에서 보면, 이러한 형이상학은 농경 생활에 긴요한 작물의 생장 문제에 관심을 기울인 데 연원이 있다.

중국의 토착 종교로서 또 다른 큰 교파를 형성한 도교에서는 만물이 모두 도의 본성을 타고 났다는 전제하에 인류는 평등심으로 만물을 대해야 한다고 주장한다. 즉 "도道로써 바라보면 만물에는 귀천이 없다"라는 것이다. 그리고 『태상노군허무자연본기경太上老君虛無自然本起經』에서는 이렇게 말한다.

> 그 마음을 고르게 하여 탐하고 집착하는 바가 없으며 친근함이 없고 소원함이 없이 마음을 고르게 하여 하늘과 같고 땅과 같게 한다. 살생해서

---

160 이에 대해 주희, 『주역본의周易本義』의 복괘復卦에 대한 해석을 참조하기 바란다.

> 는 안 되는데 그 까닭은 무엇인가? 날고 꿈틀거리는 벌레조차 모두 도의 형상을 갖추고 있다.

벌레 같은 미물도 날개를 치며 날아가거나 천천히 꿈틀거린다. 미천하게 보이는 생명 꼴이라 할지라도 생태 시스템의 전체적인 아름다움 속에서 다른 어떤 것과 바꿀 수 없는 나름의 가치를 지닌다. 그래서 귀천을 막론하고 평등심으로 그것들을 대해야 하는 것이다.[161]

그러나 도교의 언어적 시스템에는 논쟁을 야기할 불씨가 남아있는데 바로 노자의 "천지불인天地不仁"이라는 관점이다. 노자는 이렇게 말한다.

> 천지가 어질지 않아 만물을 추구芻狗로 여기고, 성인이 어질지 않아 백성들을 짚으로 만든 강아지처럼 여긴다.

'추구'란 고대의 제물이다. 고대에 제사를 올릴 때 복을 비는 용도로 짚을 묶어 강아지를 만들곤 했는데 제사가 끝나면 내다 버린다.[162] 이 단락에 대해 하상공은 다음과 같이 주석한 바가 있다.

> 하늘이 베풀고 땅이 교화함에 어짊과 은혜로 하지 않고 저절로 그러함에 맡긴다. 천지가 만물을 낳을 때 사람이 가장 귀하나, 천지는 풀이나 강

---

161 도교 생태의 이론에 관해서, 쟝초균蔣朝君, 『도교의 생태 윤리 탐구道敎生態倫理結構初探』(미간본), 샤먼대학 석사 학위 논문.

162 이에 대해 『장자』의 「천운天運」과, 『회남자』의 「제속훈齊俗訓」, 「설산훈說山訓」에 대한 고유高誘의 주석을 비롯해서 주겸지朱謙之, 『노자교석老子校釋』 등을 참조하기 바란다.

> 아지 보듯이 여기니, 보답을 요구하거나 바라지 않는 것이다. 성인은 만백성을 아끼고 기르지만 어짊과 은혜로 하지 않고 천지를 본받아 저절로 그러함에 맡긴다.

이 단락의 뜻은 천지가 만물을 기르고, 성인은 백성을 어진 마음과 은혜로써 대하지 않고 순전히 저절로 그러함에 맡긴다는 것이다. 그러나 여전히 천지에는 베풀고 교화하는 진실함이 있고, 성인은 아끼고 기르는 정이 있다는 것을 강조한다. 즉 수단은 방임과 무정이고 본래의 의도는 애물이다.

그러나 위진현학魏晋玄學의 귀무론貴無論을 대표하는 왕필의 주석에는 또 다른 깊은 뜻이 있다.

> 천지는 절로 그러함에 맡기니 의도적이거나 조작함이 없고, 만물이 절로 서로를 다스리기 때문에 어질지 않다는 것이다. 어질다는 것은 반드시 만들어 세우고 베풀어 교화하는 것이기에 은혜가 있고 인위적인 것이 된다. 만들어 세우고 베풀어 교화하면 만물이 그 진실함을 잃게 되고, 은혜가 있고 인위적인 것이라면 만물이 두루 갖추지 못한다. 만물이 두루 갖추지 못하면 갖추어 장만할 것이 부족하다. 땅은 짐승을 위해 풀이 나게 하지 않았지만 짐승은 풀을 먹고, 사람을 위해 개를 낳지 않았지만 사람이 개를 잡아먹는다. 만물에 아무것도 해 주지 않고서도 만물은 각기 그 소용되는 바에 적응하니 넉넉하지 않은 것이 없다. 만일 지혜를 자기로부터 말미암아 세운다면 맡기기에 만족스럽지 않다.[163]

163 왕필, 『노자주老子注』, 『제자집성』 제3책, 3쪽.

왕필의 주석이 훈고訓詁의 측면에서 반드시 정확한 것은 아니다. 그는 '추구'를 짚으로 만든 제물로 간주하지 않고 실제의 풀이나 개로 보았고, 위의 단락에서 풀과 개를 생태 시스템 속에 실제로 운용되는 존재로 해석했다. 그럼에도 불구하고 왕필의 해석은 일말의 합리성을 시사하는 독자적인 견해를 보여주었다. 노자의 본래 의도는 천지가 베풀어 주지 않아도 만물은 절로 자라고 성인이 베풀어 주지 않아도 백성은 절로 양육된다는 사실을 말한 것으로 보인다. 생태 시스템 자체가 평형과 자율을 유지하는 힘이 있어서 인위적인 간섭이 필요 없으며, 심지어 이러한 간섭은 역효과를 초래할 수 있다고 강조하는 점에서 왕필의 주석은 의미심장한 면이 있다고 여겨진다.

서양의 윤리학 가운데 이른바 '대지의 윤리Land Ethic'라는 것이 있는데, 항상 생태 시스템의 전체적 평형 상태를 유지하기 위해서는 개체적 생명의 가치를 희생해야 한다는 점을 비난한다. 이와 같은 윤리학은 알도 레오폴드Aldo Leopold의 명저인 『모래군의 열두 달A Sand County Almanac』에서 충분히 논의되었다.[164] 결론 부분에 다소 과장된 대목이 없진 않지만 생태 윤리의 다양한 측면에 많은 시사점을 제기한 점에서 진지하게 다룰 필요가 있다.

사실상 대자연의 에너지 순환은 먹이 사슬을 통해 일어난다. 대자연의 생존 법칙에는 잔혹한 면이 적지 않은데, 이는 그 누구도 부인하지 못할 뿐만 아니라 완전하게 바꾸어놓을 수도 없는 엄연한 현실이다. 이러한 현실에 직면하는 개체나 종군은 반드시 일정한 고통을 감내해야 한다. 이

164 [미]알도 레오폴드, 『모래군의 열두 달』, 우메이전吳美眞 뒤침, 생활·독서·신지 삼련서점, 1999. 참조.

를 노자 사상과 결부해 볼 때 '애물'의 방법에 일정한 한계를 설정할 필요가 있다. 그렇다고 해서 이를 부정한다는 뜻은 아니다. 생태 시스템의 자연적 운행은 일정한 수준의 잔혹함을 내포하는데 대다수의 경우가 인류의 상상을 초월한다.

인류에게 일정한 범위 안에서 만물을 아껴야 한다는 의무가 주어진다고 가정해보자. 이러한 의무는 일부의 종이나 어떤 계층을 편애하고 선호해서 이들의 고통을 경감시키기 위해 인위적으로 자연의 순환 과정에 개입하는 것은 아닐 것이다. 그것은 자연적 의미에서의 평형 상태와 생태 시스템 자체의 안정을 유지하고 보호할 의무가 있음을 의미한다. 간섭해야 할 필요가 있더라도 신중을 기해야 하는 것이다. 영국의 생태 윤리학자 롤스톤Holmes Rolston은 다음과 같이 말했다.

> 문화라는 이름으로 대자연 속에 존재하는 잔혹함을 가중해서는 안 된다. 더 큰 선을 추구하기 위한 목적이 아니라면 더욱 그렇게 해서는 안 된다. 어떤 인위적 행위가 필요한 고통을 초래할 것인지를 판단하려면, 그러한 고통이 생태 시스템의 기능에 통상 존재하는 기본적인 고통과 유사한 것인지 확인해야 한다. 따라서 고통을 가중하지 않는 것이 도덕이다. 고통을 줄이는 것은 도덕이 아니다. 여기서 '필요한 고통'이란 생태적 또는 생태적 추세에 따르는 것을 가리킨다. 이러한 추세에 함의된 것은 '권리'가 아니라 '정확성'이다.[165]

165 [영]홈즈 롤스턴, 『환경 윤리학Environmental Ethics』, 양통진楊通進 뒤침, 중국사회과학출판사, 2000, 80쪽.

밍크코트와 같은 사치품의 수요를 충족시키려고 희귀한 동물을 잡아 죽이는 행위와 일부 농업용이나 공업용으로 사육되는 동물들에 가해지는 고통은 모두 몰가치하다. 이는 응당 회피해야 할 인위적으로 가중된 고통이다. 이밖에 다른 고통도 있다. 1983년과 1984년 사이의 엄동설한에 미국의 와이오밍주에 있는 8만 4000마리 영양들에게 가해진 고통인데, 이들의 고통은 인간의 생각대로 경감시켜야 할 성질의 것이 아니었다. 그 당시 많은 사람이 성금을 모아 먹이를 마련했지만, 생물학자들은 이런 방식으로 먹이를 공급하면 영양들의 생존력을 떨어뜨릴 수 있어서 장기적으로 이 종군의 생존에 도움이 되지 않다고 주장했다. "사람이 야생 동물과 접촉할 때, 자연의 선별 과정에서 발생하는 동물들의 고통을 면제해줄 권리나 행복의 권익을 가지고 있지 않다는 것이다."[166]

만물을 사랑한다는 '애물'은 인간이 자신의 기호에 맞추어 자연의 발전 과정에 개입하는 것을 의미하지 않는다. 애물은 반드시 실용적 태도와 결합되어야 한다. 그렇지 못한다면 필요 이상의 감정을 표출하거나 억지를 부리는 것이 지나지 않고 심지어는 자기기만에 빠지기도 한다. 인간은 엄연히 하나의 '자연'이란 생태 시스템 속에 살고 있다. 그 속에서 하나의 종은 반드시 다른 종의 생물적 가치를 빼앗아야 살아남을 수 있다. 이로 인해 고통스럽더라도 그것이 생태 시스템의 생물학적 법칙이니만큼 어찌할 도리가 없다. 유교와 도교를 포함한 종교 대부분이 이 점을 근본적으로 부도덕한 것으로 여기지 않는다. 이러한 전제하에, 앞서 언급한 "때가 되어야 나무를 벨 수 있고, 때가 되어야 짐승을 도살할 수 있다"라는 『예기』「제의」의 말은 효를 위한 것인 동시에 만물을 아끼는 실용적 태

166 [영]홈즈 롤스턴, 『환경 윤리학』, 75쪽.

도라고 할만하다. 물론 채식주의자들이 동물을 사냥하거나 도살하는 것을 극단적으로 반대하는 것도 존중한다. 앞에서 언급한 "고통을 가중하지 않는 도덕"을 선택할 수 있는 것과 마찬가지로 채식주의를 선택할 수 있을 것이다. 그렇게 해서 몸과 마음의 평온을 얻을 수 있다면 권장할 만하다. 그러나 이와 같은 두 가지의 태도에 있어서, 노자의 '천지불인'이라는 명제 뒤에 내재한 "자연의 일을 간섭하지 않는다"라는 주장은 반드시 진지하게 다루어야 할 것이다.

제3절
중국종교의 현실적 생태관

중국 고대의 생태적 실천은 여러 방면에서 유·불·도 삼교의 생태관과 관련이 있다. 중국과 같은 농경 국가에 있어서, 천도의 순환 법칙, 일조량, 기온, 습도 등 생태권의 기후 요소들 및 계절적 순환이란 기준에서 보면, 농사철의 안배를 포함한 인류 활동의 조화로운 삶은 원래부터 민감한 영역이고 실천적 행위 면에서도 관심의 초점이 된다. 물론 생태적 의의와 그 결과로 빚어진 행위는 농경 문화의 범위에만 국한되지 않는다. 자연에 적응하고 자연을 개변시키는 모든 방식까지 포괄한다. 유구한 역사에서 중국종교의 생태관이 어떤 영향력을 발휘했는지는 아주 미묘한 문제인데, '생명 사상'이란 명제에 대해 여러 가지로 서술한 것보다 훨씬 더 복잡하다. 이러한 서술에서 구현된 것은 통상 이념과 계획이나 도의적 측면에서의 개연성에 그치고, 그와 상관되는 실행 조건이나 절차 및 체제에서의 한계 등과 같은 요소들을 만족할 만한 수준에서 고려되지 않았다. 그러나 생태적 실천 방식은 직접적인 의미에서 그와 확실하게 상응하는 '생태 실천관'으로 구체화된다. 이러한 실천관은 전체적으로 세 부분을 포함한다. 즉 첫째, 어떻게 할 것인가. 둘째, 왜 해야 하는가. 셋째, 어떻게 하면 더 잘할 수 있는지다. 마지막 부분은 두 번째 부분을 반성하는 차원에서 전개된다. 다음에서 이러한 생태 실천관을 차례로 검토하기로 한다.

1 —— 생태 보호에서 생태 계획까지

고대 중국에서는 생산 활동을 도모하는 과정에 어렴풋하게 생태 보호의 중요성을 의식하고, 부분적으로나마 이에 관련된 조치들을 모색하고 정리했다. 자연 자원을 제한적으로 개발하고 이용하게 함으로써, 재생이 가능한 자원을 유지하고 고갈되지 않게 하는 것이 인류 사회의 지속적 발전 가능성에 유리하다는 의식이 이미 선진 시대의 유교 경전 속에 싹텄다.

1 제한적 이용과 개발

『논어』의 기록에 의하면 "공자께서는 낚시질은 하시나 벼리로 잡지 않으시고 주살로 잠자는 새를 쏘지 않으셨다子釣而不綱 弋不射宿"라고 한다.[167] 이는 "사지를 부지런히 움직여 일하지 않고, 오곡五穀조차 분별할 줄 모르는"[168] 사람이 자신에게 요구하는 생태적 금령과 같다. 공자는 어렸을 적에 가난하고 궁핍한 탓에 여러 가지 거친 일을 했다.[169] 하지만 근본적으로 생산 활동에 직접 종사하지 않는 사대부 계층에 속했기 때문에 이러한 금령은 매우 의미심장하다. 공안국孔安國은 이에 다음과 같이 주석했다.

167 『논어』「술이述而」, 주희, 『사서장구집주』, 99쪽.

168 이 말의 출전은 『논어』「미자微子」, 주희, 『사서장구집주』, 184-185쪽에 있다.

169 『논어』「자한子罕」을 참조하기 바란다.

"조釣란 낚싯바늘 하나가 달린 낚싯대로 낚시하는 것이다. 강綱은 굵은 밧줄로 흐르는 물을 가로막고, 여러 개의 낚싯바늘을 그 줄에 하나하나 매달아 늘어뜨리는 것이다. 익弋은 비단실을 화살에 매고 쏘는 것이다. 숙宿은 둥지에서 잠을 자는 새를 가리킨다."[170] 육덕명陸德明은 『경전석문經典釋文』에서 "綱강의 발음은 剛강이다"라고 한다. 황간皇侃은 이에 "큰 벼리大綱를 만들어 넓은 물을 가로막고 그 위에 많은 낚싯바늘을 매달아 물고기를 잡는다"[171]라고 했다. 『설문해자』에서 "격繳은 비단실을 꼬아서 만든 줄이다"라고 하는 것이 바로 이것을 말한다. 이 구절의 뜻은 다음과 같다. 공자가 물고기를 잡을 때 낚싯대만 사용했고, 낚싯바늘을 여러 개 매달은 큰 벼리로 강물을 가로막고 포획하지 않았으며, 또한 비단실을 매달은 화살로 둥지 속에 잠자는 새를 쏘지 않았다는 것이다. 이에 많은 후대 유학자는 공자가 어진 마음으로 만물을 아꼈다고 말하는데 대체로 맞는 말이다. 그런데 큰 벼리로 물고기를 잡고 둥지 속에 잠자는 새를 쏘는 행위는 "저수지의 물을 퍼내어 물고기를 잡는" 의미와 통한다. 옛사람들은 이런 종류의 방법이 생태계에 끼치는 악영향을 이미 의식한 것 같다. 그래서 공자와 같은 사대부 계층의 지식인들은 솔선수범해서 사람들을 깨우치고 동물 자원을 제한적으로 이용하도록 노력했던 것이다.

"물을 퍼내어 물고기를 잡는" 방식의 자원 개발을 적극적으로 반대하는 주장들은 선진과 양한 시대의 전적에 드물지 않게 보인다.

---

170 유보남劉寶楠, 『논어정의論語正義』, 『제자집성』 제1책, 148쪽. '강綱'에 대한 정현의 주석은 공안국의 그것과 비슷하지만, 정현의 주석은 오래 전에 소실되었다. 이 글의 주석은 『태평어람太平御覽』 권834에서 찾을 수 있다. 유보남의 『논어정의』에서는 왕인지王引之가 『경의술문經義述聞』에서 '강綱'을 '망網'으로 보는 관점을 비판했는데 여기서는 유보남의 주장을 따른다. 주희의 주석으로는 이 구절의 미묘한 내용을 자세히 알 수 없다.

171 유보남, 『논어정의』, 『제자집성』 제1책, 148쪽.

『예기』「왕제王制」에서는 이렇게 이른다.

천자와 제후는 큰일이 없으면 해마다 세 차례 사냥을 한다. 가장 좋은 사냥감을 말려서 제향祭享에 올리는 제물로 삼고, 그다음 것은 빈객을 접대할 때 쓰며, 가장 못한 것은 군주의 부엌에 보내 일상 식용으로 한다. 큰일이 없으면서 사냥하지 않으면 불경不敬하다고 한다. 사냥할 때 예禮로써 하지 않으면 하늘이 낸 생물을 학살한다고 한다. 천자는 사면을 포위하지 않으며 제후는 무리를 습격하지 않는다. 천자가 짐승을 포획하면 큰 깃발을 내리고 제후가 포획하면 작은 깃발을 내리며, 대부가 포획하고 나면 수색을 돕는 좌거佐車에게 명하여 멈추도록 한다. 좌거가 멈추면 백성들이 비로소 사냥에 나선다. 수달이 물가에서 제사를 지내는 것을 본 연후에 어민들이 비로소 못에 들어가 물고기를 잡고, 승냥이가 잡은 짐승으로 제사를 지내는 것을 본 연후에 사냥을 나선다. 산비둘기가 화하여 새매가 된 연후에 그물을 치고 새를 잡고, 초목이 시들어 떨어진 연후에 산에 들어가 벌목한다. 풀벌레가 칩거하지 않으면 불을 놓아 화전을 일구지 않고, 어린 새끼를 잡지 않으며, 새알을 꺼내어 오지 않는다. 새끼를 밴 짐승을 죽이지 않고, 갓 태어난 새끼를 죽여 짐승의 씨를 말리지 않으며, 새 둥지를 엎어버리지 않는다.[172]

윗글의 뜻은 다음과 같다. 천자와 제후는 중대사가 없는 해를 골라 세 차례씩 사냥한다. 그 사냥감은 제기인 '두豆'에 올릴 고기, 빈객 접대용, 군주의 주방용 등으로 각각 용도를 구별해서 채워 넣는다. 그러나 예법에

172 손희단, 『예기집해』 상책, 333-335쪽.

따르지 않고 사냥하는 것을 '학살'이라고 한다. 이를 피하려면 다음의 요구를 들어주어야 한다. 천자와 제후는 사냥감을 모조리 잡을 수 없다는 것이다.[173] 천자의 사냥이 끝나면 지휘용 '큰 깃발大旌'[174]을 내려놓아야 하고, 제후의 사냥이 끝나면 지휘용 작은 깃발을 내려놓아야 한다. 대부의 사냥이 끝나면 사냥감을 수색하고 몰아오는 수레를 정지하는데 그 수레가 멈추어야 백성이 비로소 사냥에 나설 수 있다는 것이다. 수달은 정월에 물고기를 잡아 물가에 널어놓고 제사를 지내는데, 이러한 수달의 제사가 끝난 연후에 어민들이 못이나 늪에 들어가 물고기를 잡을 수 있고, 마찬가지로 승냥이도 짐승을 잡아 제사를 지내는데 이러한 제사가 끝나야 수렵을 할 수 있다는 것이다. 이는 비록 잡아서 죽일지라도 생명의 존엄함을 옛부터 인식해왔다는 것을 말한다. 산비둘기가 성장하여 새매가 된 이후에 비로소 그물을 설치해서 잡고, 초목이 시들어 떨어진 연후에 비로소 관민들이 산림에 들어가 재목을 얻을 수 있다고 한다. 이러한 조치들은 물론 일시적인 손실을 피할 수 없겠지만 장기적인 안목에서 바라본 것이다. 동물은 새끼나 알을 취하지 않고, 새끼 밴 것과 어린 것을 죽이지 않으며, 새 둥지를 끌어 내려 엎어버리지도 않는다. 이같이 수달의 제사 대목 이후의 몇 가지 요소들은 모두 생태적 의미가 뚜렷하게 드러난다. 약탈식 난개발로 인한 자원의 고갈과 생태계의 파괴에 대해 유가에서는 이미 충분히 인식하고 있었다고 하겠다. "못물이 마르면 용과 물고기가 떠나고, 산이 헐벗으면 새와 짐승이 떠난다"[175]라는 말은 이를 증명한다.

---

173 손희단은 "사면을 포위하지 않는다不合圍"를, 삼면만 둘러싸고 완전히 포위망을 합치는 것이 아니라고 주장한다. 이에 대해 『예기집해』 상책, 333-335쪽을 참조하기 바란다.

174 여기서의 '대정大旌'은 '대휘大麾', 곧 대장기를 말한다. 『주례周禮』「건거巾車」에 "대장기大麾를 세워서 수렵을 한다"라고 일렀다.

또한, 공자는 "쓰임새를 절제해서 사람을 아끼고 백성을 부리려면 때를 맞추어야 한다"[176]라고 말한다. 이 말은 아마도 농사철을 빼앗지 않도록 하고 백성의 부담을 가중시키지 않으려는 의도로 주장했을 여지가 있지만, 계절의 법칙에 순응해야 한다는 사상을 널리 유포했다는 점에서 예사롭지 않은 생태적 의미를 발견할 수 있다. 이에 대해 맹자와 순자의 말은 더욱 자세하다.

> 농사철을 어기지 않으면 곡식은 배불리 먹고도 넉넉하고, 그물을 자주 못에 넣지 않으면 물고기를 배불리 먹을 수 있으며, 도끼를 들고 때를 맞추어 산림에 들어가면 목재를 마음껏 쓸 수 있다. 곡식과 물고기를 충분히 먹을 수 있고 목재도 마음껏 쓸 수 있는데, 이는 백성들의 삶을 보양하고 죽은 자를 장사지내는 데 여한이 없게 한다. 삶을 보양하고 장사지내는 데 여한이 없게 하는 것이 왕도 정치의 시작이다.[177]

> 그러므로 때를 맞추어 키우면 여섯 가지 가축이 길러지고, 때에 맞추어 살생하면 초목이 번성하고, 때에 맞게 법령을 내리면 백성은 하나가 되어 어진 이를 따르게 되는 것이 성왕聖王의 제도다. 초목이 자라나 꽃이 피고 잎이 무성한 시기에는 도끼를 들고 산이나 숲에 들어가지 않는데 이는 그 삶을 꺾고 그 자람을 끊지 않는 것이다. 자라, 악어, 물고기, 미꾸라지, 철갑상어 등이 알을 배고 있을 때는 호수에 그물을 치거나 독초를 풀지 않는다. 그 삶을 꺾고 그 자람을 끊지 않는 것이다. 봄에 밭 갈고 여

175 『순자』「치사致士」, 왕선겸, 『순자집해』 권9, 『제자집성』 제2책, 172쪽.

176 『논어』「학이學而」, 주희, 『사서장구집주』, 49쪽.

177 『맹자』「양혜왕상」, 주희, 『사서장구집주』, 203쪽.

름에 김을 매고 가을에 거두어 겨울에 저장하는 네 가지는 때를 놓치지 말아야 오곡이 거덜 나지 않고 백성들이 먹고도 남음이 있게 된다. 고인 웅덩이, 깊은 연못, 개울, 하천에서도 그때를 금하여 삼가게 하면 물고기와 자라가 더욱 많아져서 백성들이 먹고도 남음이 있게 된다. 베어내고 기르고 키우는 그 시기를 잃지 않으면, 산림이 벌거숭이가 되지 않고 백성이 쓰고도 남을 만한 목재가 있게 된다. 성왕의 운용은 위로는 하늘을 살피고 아래로 땅에 맞추어 천지 사이에 가득 차게 하며 만물 위에 한껏 베풀게 한다. 은밀하지만 밝고, 짧은 것 같지만 길며, 좁게 보이지만 넓으니, 신명神明의 넓고 큰 것은 지극히 간략하다. 그러므로 하나로써 더불어 하나가 되는 사람을 일러 성인聖人이라 이른다.[178]

숲이 자라나고 동물들이 번식하는 시기에 벌목하거나 수렵하는 것은 생태적 시각이나 장기적인 측면에서 분명히 득보다 실이 많다. 그래서 생태 시스템의 평형을 유지하고 생물 자원의 재생 가능성을 유지한다는 전제하에, 객관적인 생태 법칙을 따라 계획적이고 제한적으로 개발될 필요가 있다. 그래야 비로소 자연계가 무궁무진한 삶의 원천이 된다. 그 가운데 가장 중요한 법칙은 바로 동식물 번식과 생육에 관련된 계절적 법칙이다. 『예기』「왕제」에서 이르는 "숲과 산기슭, 강이나 호수 일대에 시기에 따라 들어가게 하여 벌목하거나 물고기를 잡는 것을 금하지 않는다"[179]라는 말은 이런 뜻이다. 즉 생물 자원을 이용하려면 반드시 계절적 법칙을 고려해야 한다는 것이다. 순자는 이에 한 걸음 더 나아가 생태적 안정과 발전

178 『순자』「왕제」, 왕선겸, 『순자집해』 권5, 『제자집성』 제2책, 105쪽.

179 손희단, 『예기집해』 상책, 335쪽.

의 지속 가능성이야말로 왕도 정치의 초석이라는 견해를 보여주었다.

2 유교의 생태 계획

선진과 양한 교체기에는 실천적 가치에서 출발하여 다양한 생물 종의 중요성 및 무절제한 수렵 행위와 그 결과에 대한 직관적 인식이 존재했다. 하지만 전체 생태권의 법칙에 대한 인식은 당시에는 모호한 단계에 머물고 있었다. 그러나 이 점은 황하 유역의 농경 생태를 둘러싼 체계적인 계획 방안을 수립하려는 화하華夏 민족의 노력에 장애 요인으로 작용하지는 않았던 것으로 보인다. 그 이후로 전체적인 과학적 사례에 뚜렷한 변화가 없었고, 생태 계획의 영역에서도 이와 관련된 새로운 특징이 나타나지 않았다. 따라서 고대의 생태 계획을 논의하려면 그 입지점을 여전히 선진과 양한 교체기, 즉 유교 문명이 정착하는 시기에 둘 필요가 있다.

농경 문화의 여러 특징은 선진과 양한 시기의 생태 계획에 결정적인 영향을 미쳤다. 농경 생활에서는 농작물의 생장과 이와 관련된 모든 자연적 요소에 관심을 쏟기 마련이다. 경작 방식이 크게 바뀌지 않을 경우, 수확의 여부는 토양과 기후 및 관개灌漑 등의 요인과 밀접한 관련이 있다. 그중 토양의 비옥함과 척박함은 단기간에 결정되고 고정적인 상태로 있지만, 관개는 해당 지역의 동원 인력에 따른 치수治水와 지형의 활용 정도에 달려있다. 여기서 기후 조건은 단기간에 비교적 크게 변동되는 비인위적 요소다. 일정한 온도와 강우량은 농작물을 수확하기까지 늘 의존할 수밖에 없는 필수 요건이다. 이는 작물이 토양 조건에 맞추어 생장하는 것과 같다. 기후 조건의 변화는 안정적이든 이상 기후이든 간에, 과학이 발달하기 이전의 인식 수준에서는 '천상天象'의 요인과 결부시키기 마련이었다. 이로써 수립된 일련의 인과적 해석 가운데 사실과 부합되는 것도 있었지만 일부는 엉터리 과학이었다. 군주의 부정한 행위가 가뭄과 장마를 야기한다고 간주하는 인식이 바로 그것이다. 그러나 이 때문에 천도의 순환 법칙에 관한 관심을 환기했고, 천도의 법칙에 순응해서 최선의 생태적 환경이나 사회적 효과를 얻을 수 있는 조치를 강구하게 만들었다. 결과적으로 중국 고대 생태 계획의 가장 중요한 기초를 형성하도록 인도한 것이다. 그러나 이러한 생태 계획은 인지적 수준 등의 각 방면에서 제약이 있어서 과학적이라기보다 다분히 문학적인 성격을 띠었다.

『예기』「월령」 등의 책에서는 고대 사상사에서 주목할 필요가 있는 생태 계획의 모델을 기록으로 남겼다.[180] 이 모델의 시간적 구성은 비교적 논리 정연하다. 즉 1년에 사계절이 있고 한 계절마다 맹孟 · 중仲 · 계季의 세 달이 있어 합치면 열두 달이 된다. 매월 모두 실제의 상세한 계획이 안배되어 있다. 맹춘孟春을 예로 들어, 이러한 계획들이 어떻게 짜였고 어떤 방면들의 내용이 포함되어 있는지 살펴보기로 한다.

> 맹춘의 달에는 해가 영실營室에 있다. 저녁 무렵에 참성參星이 남방의 중앙에 있고 아침에는 미성尾星이 남방의 중앙에 있다. 그날은 갑을甲乙이고 그 제帝는 태호大皞이며, 그 신은 구망句芒이고 그 벌레는 인충鱗蟲이다. 그 소리는 각角이고 율은 태족大蔟에 응한다. 그 숫자는 팔八이고 그 맛은 시며 그 냄새는 비리다. 그 제사하는 대상은 호戶이며 제사에는 비脾를 먼저 올린다. 동풍이 얼어붙은 땅을 풀고, 엎드려 있던 벌레가 비로소 떨치고 일어난다. 물고기가 얼음 위로 올라오며, 수달은 처음 잡은 물고기

180 『여씨춘추』의 「십이기十二紀」 첫머리에도 '월령'의 내용이 있는데 문자 표기는 거의 같다. 이에 대해 『제자집성』 제6책, 1-123쪽을 참조하기 바란다.

를 제사 지내는 것처럼 늘어놓고, 큰 기러기와 작은 기러기가 돌아온다.

천자는 청양青陽의 왼편 곁방에 거처하고 난새鸞를 타고 길을 나서는데 창룡倉龍을 말로 삼아 멍에를 하고, 푸른 깃발을 세운다. 푸른 옷을 입고, 창옥倉玉을 패용하며 보리밥과 양고기를 먹는다. 그 그릇은 성글게 하여 통하게 한다. 이달에 입춘立春이 있다. 입춘의 사흘 전에 태사大史가 천자를 알현하고 말하기를 "아무 날은 입춘이니 성대한 덕이 목木에 있습니다"라고 한다. 천자는 이에 목욕재계한다. 입춘일에는 천자가 친히 삼공구경三公九卿과 제후諸侯 및 대부大夫를 거느리고 동쪽 들에 나가서 봄맞이를 한다. 돌아와서는 조정에서 공경대부들을 상찬賞讚하고 정승에게 포덕布德과 명령을 온화하게 할 것을 명한다. 기쁜 일을 행하고 은혜를 베풀되 아래로 만백성들에게 미치게 한다. 경사慶賜를 수행하는 데 부당함이 없도록 한다. 이에 태사에게 명하여 법전을 지키고 법도를 받들며 천상의 일월성신日月星辰의 운행을 살펴서 그것들이 머물고 떠나는 시간을 틀리지 않게 하고, 그 진퇴의 더디고 빠름을 잘못 가늠하는 일이 없도록 한다. 그리하여 처음부터 떳떳한 상도常道를 행한다. 이달에 천자는 원일元日을 가려서 상제上帝에게 오곡이 잘되기를 빌고, 원신元辰을 택하여 천자가 친히 쟁기와 보습을 수레에 싣고, 함께 배승한 호위병인 보개保介의 용사와 어자御者를 사이에 두고, 삼공구경과 제후 및 대부를 거느리고 가서 몸소 황제의 적전籍田에서 밭을 간다. 천자가 쟁기를 잡고 세 번 밀면, 삼공三公은 다섯 번 밀고 경卿과 제후는 아홉 번 민다. 밭 가는 일을 끝내고 돌아와 태침大寢에서 술잔을 잡는다. 삼공구경과 제후 및 대부들은 모두 어전御前에서 연회를 여는데 이를 명하여 노주勞酒라고 한다.

이달에 하늘의 기운은 아래로 내려오고 땅의 기운은 위로 올라간다. 하늘과 땅이 화동和同하여 초목이 움트고 싹이 난다. 왕이 명하여 농사를 시작하라고 포고布告한다. 전준田畯에게 명령하여 동교東郊에 기거를 정하게 하고, 모두 밭의 경계를 바로 잡고 수리하게 하며, 논두렁길과 밭의 고랑을 살펴서 물이 잘 흐르게 하며, 구릉과 비탈진 험한 곳, 들판과 습지에 적합한 오곡을 잘 골라 심도록 해서 백성들을 가르쳐 인도하되, 반드시 몸소 행하도록 한다. 논과 밭의 일을 정리하고 나서, 농사짓는 준칙準則이 먼저 정해지면, 농민들은 더 이상 의심하지 않는다. 이달에 악정樂正에게 명하여 국학國學에 들어가 문무文舞를 익히게 하고, 이에 제전祭典을 수행하게 된다. 산림山林과 천택川澤에 제사하게 하고 희생犧牲에는 암컷을 쓰지 못하게 한다. 나무 베는 일을 금지하고 새집을 엎어버리지 못하게 하며, 애벌레와 새끼를 배거나 갓난 짐승, 처음 날기를 배우는 새를 죽이지 못하도록 한다. 새끼를 잡지 말게 하고 새알을 꺼내어 오지 않게 한다. 대중을 끌어모으지 말게 하며 성곽을 쌓고자 하여 노역에 시달리지 않도록 한다. 무덤 밖에 드러난 해골과 시체는 묻어주도록 한다. 이달에 전쟁을 일으켜서는 안 된다. 전쟁을 일으키면 반드시 하늘의 재앙을 받을 것이다. 전쟁이 일어나도록 해서도 안 되고, 이편에서 먼저 전쟁을 시작하지 말아야 한다. 그러니 하늘의 법칙을 변역變易하지 말아야 하고, 만물을 살리는 땅의 이치를 단절하지 말아야 하며, 사람이 지켜야 할 도리를 문란하게 하지 말아야 한다.[181]

이달의 가장 중요한 일은 바로 농사 준비다. 따라서 밭두둑을 고치고, 구릉과 비탈, 들판과 습지 등 다양한 지형과 토질을 잘 관찰해서 그에 적합한 곡물을 심도록 하는데, 이런 일은 정부가 나서서 맡아야 할 책임

---

181 손희단, 『예기집해』 상책, 400-419쪽.

이라고 한다.

만물이 소생하는 따뜻한 봄철의 기후와 상응하여, 제사 활동도 활발히 개시된다. 동쪽 교외에서 봄을 맞는 행사 이외에 상제에게 풍년을 기원하는 제사를 올리고, 여러 산천이나 숲과 호수에도 제사를 지낸다. 그 나머지 달은 매달마다 각 절기의 특징과 어울리는 인사人事를 안배한다. 그 외에 계절마다 특히 봄이나 여름에는 각 절기의 특징을 맞춘 금기가 있는데, 그 목적은 자연 생태를 보호하는 데 있다.

맹춘의 계획과 그 이후의 중춘仲春 내지 계동季冬에 이르기까지, 서술의 구조나 계획된 항목의 배열은 대체로 일치한다. 단지 유의할 사항의 구체적인 내용 면에서 약간의 차이가 있을 뿐이다. 즉 매 항목에 있어 맹춘이면 맹춘에 해야 할 내용이 있고, 계동이면 계동에 해야 할 내용이 있는 것이다. 크게 보면 이러한 계획 항목은 첫째, 기후 현상, 둘째, 조정朝廷에 대한 정부의 명령, 셋째, 일반 민중에 대한 정부의 명령 등을 포함한다. 구체적인 사항은 다음 표와 같다.[182]

기후 현상	별자리星象, 천간天干, 제帝, 신神, 충蟲, 음音, 律, 수數, 미味 취臭, 오사五祀, 제선祭先, 기상氣象
조정	거居, 승乘, 가駕, 재載, 의衣, 복服, 식食, 기器, 사사祠祀 등의 행정적 안배
민중	농경, 어로와 수렵, 임업, 공상工商 등의 기타 금기

그 가운데 일부는 매달 서로 다른 특징들이고, 나머지는 절기의 특징에 속하는데 주로 오행의 상황에 따라 결정된다. 동일한 계절 내의 달

182 이 표는 『예기』 「월령」을 근거로 정리한 것이다. 그중 일부 항목은 고정되어 있어 매달 구체적인 안배가 있지만, 나머지는 언급조차 되지 않는 것도 있어서 형편에 따라 임시로 안배해 보았다. 그리고 서술에서 조정과 민중에 대한 정부의 명령은 서로 겹쳐지는 양상을 보인다.

에 관한 서술은 같다. 천자의 수레와 복식에 관한 의례적 안배, 심지어 천자가 계절마다 행하는 의식주 행위 등은 그 자체로는 자연계의 운행 질서에 직접적인 영향을 주지 않지만, 모종의 상징적 가치를 지닌다. 이를 통해 해당 계절이나 그달의 생태권적 특징에 관심을 환기하게 한다. 이 외에 주의해야 할 점은 매달의 의례 절차에는 종교적 제사와 모방무술模倣巫術의 내용까지 포괄하고 있다는 것이다.[183]

생태 계획의 시각에서 보면, 가장 중요한 것은 세 번째 단계, 즉 정부나 국가의 명령으로 독촉하거나 금지하는 방식이다. 이로써 생산과 노동 활동을 조절하게끔 한다.

> 이달仲春에는 밭 가는 것을 잠깐 쉬게 한다. 이에 덧문과 창문들도 보수하고 사당과 침묘寢廟의 수리를 모두 마친다. 큰일을 일으켜서 농사일을 방해하는 일이 없도록 한다. 이달에는 개울과 연못의 물을 말리지 말아야 하며 저수지 바닥을 파헤치는 일을 하지 말아야 하고 산림을 불태우지 말아야 한다.
>
> 이달季春에는 사공司空에게 명하여, "장차 비가 내리게 되면 아래로 흘러야 할 물이 도리어 위로 올라와 피해를 주는 수도 있으니 국읍國邑을 순행하여 원야原野를 두루 살펴보고, 제방을 잘 수리하며 도랑과 개천이 잘 통하게 하고, 도로를 개통하여 장해와 막힘이 없게 하라. 사냥에 쓰는 차부罝罘와 새를 잡는 그물인 나망羅罔과 사냥에 쓰이는 방패인 필예畢翳를 모두 거두어들이고, 짐승에게 먹이는 독약 등은 궁궐의 구문九門 밖을 나

183 '모방무술imitative magic'이라는 용어는 프레이저J. G. Frazer의 『황금가지: 무속과 종교에 대한 연구』, 쉬신위徐新育 · 왕페이지汪培基 · 장쩌스張澤石 뒤침, 중국민간문예출판사, 1987년판에서 취했다.

가지 못하게 하라"라고 한다. 이달에 들과 산림의 관리하는 관원에게 명령하여 뽕나무를 베지 못하게 한다. 산비둘기가 울면서 날개를 푸덕이고 뻐꾸기가 뽕나무에 내려앉거든 누에 그릇, 시렁, 둥글고 모난 소쿠리와 같은 양잠 도구를 준비하게 한다. 후비后妃가 재계하고 동쪽을 향하여 몸소 누에를 친다. 부녀들을 단속하여 외관을 꾸미지 못하게 하며 부녀자를 관리하는 부사婦使를 시켜 누에치기를 권장하게 한다. 누에치기가 이루어지고 나면 누에고치를 나누어주고 그 실의 많고 적음에 따라서 등급을 정한다. … 이달에 드디어 매어 두었던 황소와 발정하여 날뛰는 숫말을 풀어서 암컷을 유목하고 있는 곳에 놓아 번식하게 한다. 그중에 희생으로 쓸 만한 것과 망아지와 송아지를 가려서 그 마릿수를 모두 적어 둔다.

이달孟夏에는 자라는 것은 계속하여 더 자라게 하고, 궁실을 헐거나 무너뜨리는 일이 없도록 하고, 토목의 공사를 일으켜서도 안 된다. 대중을 징발하는 일도 없어야 하고, 큰 나무를 베는 일도 없도록 한다. 이 달에 천자가 비로소 칡베로 만든 치의絺衣를 입는다. 들과 산림을 맡은 관원에게 명하여 전원을 둘러보게 하며 천자를 대신하여 농민을 위로하고 농사를 권장하게 하여 농사 시기를 놓치는 일이 없게 한다. 사도司徒에게 명하여 현읍縣邑과 시골을 돌아다니며, 농사일에 힘쓰기를 독려하게 하고, 도읍에서 하는 일 없이 노는 자가 없도록 한다. 이달에 들짐승들을 몰아내어 오곡을 해치는 일이 없게 하고, 큰 사냥은 못 하도록 한다. 농사가 결실을 보아 보리가 무르익게 된다. 천자는 이에 돼지고기와 보리밥을 맛보는데 먼저 침묘에 올린다. 이달에 온갖 약초를 채집해둔다. 미세한 풀은 말라 죽고 보리는 무르익는다. 가벼운 형벌을 단행하고 작은 죄를 재판하며, 경범죄로 수감된 자는 내보낸다. 농잠農蠶을 마치고 후비는 누에고치를 천자에게 헌납한다. 이에 고치세繭稅를 징수한다. 고치세를 징수할 때는 사용한 뽕의 많고 적음에 따라 공평하게 부과하고, 귀천貴賤과 장유長幼를 가리지 않고 동일한 비율로 한다. 고치세를 공제한 나머지는 각자가 가져가 교묘郊廟의 예복을 짓게 한다.

(중하仲夏에는)백성으로 하여금 쪽藍을 베어다가 물들이지 못하게 하고, 재를 태워 양잿물을 만들지 못하게 하며 볕에 베布를 말리지 못하게 한다. … 풀어서 놓아먹이던 암컷을 무리에서 따로 떼어내고, 날뛰는 망아지를 잡아 묶고 마정馬政의 정령政令을 반포한다.

이달季夏에는 수목이 바야흐로 왕성해지기 시작한다. 이에 산림의 관리인 우인虞人에게 명하여 산에 들어가 나무를 돌아보며, 벌목하지 못하도록 한다. 토목 공사를 해서도 안 되고, 제후들이 모임을 가져서도 안 된다. 군사를 일으켜 무리를 동원해서도 안 된다. 대역사大役事를 일으켜 양기養氣를 흔드는 일도 없어야 하고, 미리 영令을 발포하여 명을 기다리는 일이 없도록 하고, 신농씨의 일을 방해하지 말아야 한다. 비가 자주 내리면, 신농씨의 공이 장차 이루어지게 된다. 이때 큰일을 일으키면 하늘의 재앙이 있다. 이달에는 토지와 날씨가 무더워진다. 때때로 큰 비가 내려서 밭의 잡초를 불태우면 물이 휩쓸고 내려가고, 볕이 뜨거워 열탕과 같아서 잡풀을 죽이는 데 이롭다. 밭에 거름주기가 좋고 토지를 기름지게 할 수 있다.

이달孟秋에는 농사지은 곡식이 무르익는다. 천자가 햇곡식을 맛보게 되는데, 먼저 침묘에 천신薦神한다. … 제방을 완전하게 하고, 제방의 막힌 곳을 조심하며, 홍수의 범람에 대비하게 하며, 궁실을 수리하고, 담장의 틈을 메우며, 성곽을 보수하게 한다.

이달仲秋에는 성곽을 쌓거나 도읍을 건립하고 구멍을 뚫거나 창고를 수리할 수 있다. 이에 유사有司에게 명하여 백성을 독촉해서 조세를 거두게 하고, 힘써 나물을 캐어 비축하게 하되 무엇이나 모두 많이 비축해두도록 한다. 이어 보리의 파종을 권장하여 시기를 놓치는 일이 없게 한다. 그 중에 때를 놓친 자가 있으면 곧바로 죄를 묻는다. … 무릇 큰일을 거행하는 데에는 음양의 대수大數를 거스르는 일이 없게 하며, 반드시 시령時令에 순응하고, 조심해서 그 유類에 의지해야 한다.

(계추季秋에는) 총재冢宰에게 명하여 농사를 지은 곡식을 모두 거둬들이게 하고, 오곡의 조세 수입을 집계하게 한다. 황제의 친경전親耕田 수확은 신창神倉에 저장하는 데 극진히 공경하고 조심하도록 한다. … 이달에 천자는 사냥을 나가는데 다섯 가지 병기兵器의 사용법을 가르쳐 익히게 하고, 마사馬事에 관한 정령을 반포한다. … 이달에는 초목이 누렇게 되어 떨어진다. 이에 땔나무를 벌채하고 숯을 굽는다. 칩거하는 벌레들이 모두 머리를 숙이고 안에 있으면 모두 흙을 발라 그 틈을 막는다. 이에 형옥刑獄의 처리를 독려하여 죄인을 미결로 머물러 두지 않도록 한다. 녹봉의 등급이 부당한 것과 공양이 마땅하지 않은 것은 회수한다. 이달에 천자는 개고기와 곁들여 햅쌀을 맛보는데 먼저 침묘에 천신한다.

이달孟冬에는 천자가 처음으로 갖옷裘을 입는다. 유사에게 명하여 말하기를, "하늘 기운은 위로 올라가고 땅 기운은 아래로 내려가서 천지의 기운이 서로 통하지 않아서 폐색閉塞하여 겨울이 되었다"라고 아뢰게 한다. 백관들에게 명하여 삼가 창고倉庫와 부고府庫를 덮고 감추게 한다. 사도司徒에게 명하여 적취積聚하는 것을 순시하게 하고, 거두어들이지 않는 것이 없도록 한다. … 이달에는 공사工師에게 명하여 여러 기물을 바치게 하고, 제기祭器를 진열하여, 법도에 맞는가를 헤아려 살핀다. 행여 지나치게 교묘하게 만들어 천자의 마음을 방탕하게 하는 일이 없도록 한다. 반드시 치밀하게 만든 것을 상등으로 쳐서 기물에 공장工匠의 이름을 새기고 그 정성을 생각하게 한다. 부당한 공이 있으면, 반드시 그 죄를 다스려서 그 정실情實을 추궁한다. … 이달에 물을 관리하는 수우水虞와 연못을 관리하는 어사漁師에게 명하여 수천水泉과 지택池澤의 부세를 거두게 한다.
(중동仲冬에는) 국사國事에는 죽기로 다할 것을 계칙戒飭한다. 유사에게 명하여 말하기를 "토목 공사는 일으키지 않아야 하며, 삼가 곡물을 저장한 뚜껑을 열지 않도록 하며, 실옥室屋을 개방치 않으며 무리를 일으키지 않고 굳게 닫았다"라고 아뢰게 한다. 땅 기운이 파괴되어 누설되면 이를 천지의 방房이 열린 것이라 이른다. 칩거하던 모든 벌레가 죽게 되고, 백성들에게는 반드시 질병이 있게 되며, 또한 그에 따라 상사喪事가 일어나게 되니, 이런 달을 명하여 창월暢月이라 한다. … 이달에는 농사지어 수확한 것을 갈무리하고 쌓아두지 않은 것이 있거나 말과 소 및 가축을 풀어놓은 것이 있으면 이를 가져가더라도 힐책하지 않는다. 산림과 늪에서 먹을 나물을 채취하는 자가 있거나 짐승들을 사냥하는 자가 있으면 들판을 관리하는 야우野虞가 그를 가르쳐 인도하고 서로 침탈하는 자가 있다면 죄를 주고 용서하지 않는다.
이달季冬에는 어사漁師에게 명하여 비로소 물고기를 잡게 한다. … 백성들에 명령을 내려 오곡의 종자를 내어놓게 하고 농민에게 명하여 경작할 일의 계획을 세우게 한다. 쟁기와 보습을 수리하게 하고, 밭갈이 도구를 갖추게 한다. … 천자가 이에 공경대부와 함께 국가의 법전을 계칙戒飭하고 시령時令을 강론함으로써 다음 해에 할 일을 대비한다.[184]

이상의 내용은 중춘에서 계동까지 기간인 11개월의 정령과 제도에

184 손희단, 『예기집해』 상책과 중책, 421-505쪽. 위에서 인용한 여러 내용들은 매달의 끝에 보이는데 여기서는 이를 한자리에 모아서 엮었다.

서 발췌한 것인데, 생태적 후속 결과와 직결되는 부분들이다. 즉 인류 행위의 반응 효과를 자연의 인과적 사슬에 맞추어 분석한 부분이다. 일부 생태적 특징들을 상징적으로 결부시키거나 표현하고자 한 것은 결코 아니다. 비록 후자가 「월령」에서 상당한 지면을 차지하고 있지만, 11개월의 전체 내용과 앞서 서술된 맹춘의 월령과 상응하는 내용은 월령의 모델로서 완전한 생태 계획의 청사진을 구성하고 있다.

이러한 생태 계획은 거의 모든 달의 농사에 대한 안배로 이루어진다. 중춘에 부역 때문에 농사일을 방해하지 못하도록 "큰 행사를 하지 말 것"을 강조한다. 맹하孟夏와 계하季夏에도 "토목 공사를 일으키지 말고 대중을 동원하는 일이 없어야 한다"라고 경고하는데, 그 목적은 일치한다. 다만 중동에 토목 공사를 일으키지 말고 대중을 끌어모으지 말아야 한다는 것은 농사 자체를 겨냥한 것이 아니고, 하늘과 인간이 서로 호응하는 목표에 도달하기 위한 것으로 보인다. 성곽의 수선과 궁궐 건립 등 대형 역사役事가 적합한 시기는 맹추孟秋와 중추仲秋다. 물론 가을걷이 시기는 피해야 한다. 소극적인 측면에서 주의를 요하는 것 이외에 관청에서는 전면에 나서서 농민들이 매달 적합한 시기에 농경과 관련된 활동에 종사하도록 독려한다. 이는 전체 생태 계획에서 일관되게 드러나는 기본적 내용이다. 이에 대해서는 인용문에 자세하게 서술되어 있어서 번거로운 설명을 줄인다.

산림이나 하천, 그리고 호수에 잠재된 풍부한 생물 자원은 반드시 제한적으로 개발해야 하고, 1년의 단위로 합리적 안배를 하여 보호되어야 한다. 통합적인 원칙은 숲의 생장과 동물 번식의 중요한 시기에 남벌하거나 수렵 행위를 금해야 한다는 것이다. 맹춘에는 벌목을 금하고 중춘에는 산림을 불태우는 행위를 금하며, 계춘季春에는 뽕나무를 베지 않고 맹춘에 큰 나무를 벌채하지 않는다. 가을과 겨울에는 식물의 성장기가 끝났기에 이러한 금령이 없다. 물고기를 잡는 것은 겨울에만 허락한다. 동물 보호가 관건이 되는 시기는 봄철이다. 예컨대 맹춘에 "새집을 엎어버리지 못하게 하며, 애벌레와 새끼를 배거나 갓난 짐승, 처음 날기를 배우는 새를 죽이지 못하도록 한다. 새끼를 잡지 말게 하고 새알을 꺼내어 오지 않게 한다." 정현은 이에 "겨우 싹을 틔우는 어린 것들이 상하기 때문"이라고[185] 풀이했다.

이러한 월령의 모델은 총체적인 사유를 선명하게 구현하고 있는데, 즉 인류의 행위와 그 제도를 설계하는 데에 반드시 천도의 순환이란 법칙에 따라 계절과 매달의 상세한 시간표를 편성해야 한다는 것이다. 행동방식과 제도의 차이는 사실상 사회적 시스템에 있는 인간이 자연계의 주기적 변동에 적응함으로써 나타나는 차이일 뿐이다. 바꾸어 말하면, 일정한 시간대에 있는 인간의 행동 방식은 반드시 해당 시간대의 생태권 특징과 동질성을 구현해야 한다는 것이다.

왜 그렇게 해야 하는가? 그 까닭은 인간의 행위가 모종의 동질성을 띠지 않으면 자연계의 무정한 징벌을 면하기가 어렵기 때문이다. 이에 대해 『예기』「월령」에서는 매달 계획된 방안을 서술하면서 끝부분에 계절이나 절기의 특징을 위반할 때 초래되는 결과를 단정적으로 선언하고 있다. 맹춘을 예로 들면 다음과 같다.

> 맹춘에 여름의 정령을 행하면 불시에 비가 오고 초목이 일찍 떨어져 나라에는 수시로 두려움에 떠는 일이 있다. 가을의 정령을 행하면 그 백성들에게 크게 전염병이 유행하게 되고, 회오리와 폭우가 한꺼번에 쏟아지

185 손희단, 『예기집해』 상책, 419쪽.

고, 명아주, 가라지, 대쑥, 사철쑥들이 아울러 무성하게 된다. 겨울의 정령을 행하면 홍수와 지나친 비가 수해를 일으키며, 눈과 서리가 크게 백곡을 상하게 하여, 먼저 심은 곡식을 수확할 수 없게 된다.[186]

『예기』「월령」은 농경·임업·목축·어업·상공업 등 각종 생산 형태를 포괄한 완전한 계획으로, 생태 보호에만 국한되지 않았다. '월령'의 모델은 한나라 때 상당히 주목받았다. 그 외에 후한 시기에 널리 알려진 『사민월령』도 있는데, '사민'이란 사농공상士農工商을 가리킨다.[187] 이와 같은 종류의 '월령' 모델은 한나라 때까지의 농업 생산과 기후 현상 및 생태 지식을 총괄한 것이었다. 『사민월령』의 등장은 '관방월령官方月令'에서 '민간월령民間月令'으로의 이행하는 과도기적 모습을 보여준다. 하지만 생태 계획의 시각에서 보면 정령 시스템의 근거에 관한 관심이 점차 약해지고 있다는 것을 의미한다.

『후한서後漢書』 권52에 『사민월령』의 저자인 최식崔寔의 전기가 있다. 그의 조부는 최인崔駰이고 최인의 조부는 최전崔篆인데 모두 역학에 능통한 학자다. 최전은 『주역림周易林』 64편을 저술하여 길흉을 판별했는데 영험한 점이 많았다고 한다.[188] 최인은 13세 때 『시경』·『역경』·『춘추』에 능통했다. 최식은 변방의 군수를 역임한 경력이 있는데, 치적이 뛰어나고

186 손희단, 『예기집해』 상책, 421쪽.

187 『사민월령』에 기록된 농사 활동은 『예기』「월령」보다 훨씬 풍부하고 구체적이었다. 이 책은 '농가월령'의 첫 번째 대표작이라 할만하다. 비록 종교 제사의 풍속을 중요시하고 이를 기술한 바가 있지만, 『예기』「월령」처럼 '천인감응'을 장황하게 이야기하지 않았다. '오행'의 모델을 운용할 때도 조리정연한 듯하지만 실제에 적중되지 않은 폐단을 극복하고 대체로 계절과 기후 현상을 참조하여 실용적인 성격을 구현했다고 하겠다.

188 범엽范曄, 『후한서』 권52, 제6책, 중화서국, 1965, 1705쪽.

법을 잘 지켜 순리循吏라 칭할 만했다. 게다가 성품이 후덕하고 효성이 지극했다. 『후한서』에 다음과 같이 기록하고 있다.

> 부친이 죽자 전답과 집을 팔아 봉분을 만들고 비석을 세워 기렸다. 장례가 끝나고 가산이 고갈되어 궁핍했는데 술을 빚어 생계를 유지했다. 당시 사람들이 조롱거리로 삼았으나 그는 끝내 후회하지 않았다. 또한, 생계를 유지할 만큼만 취하고 이윤을 남기지 않았다. 나중에 벼슬길에 올라 변경에 부임해서도 궁핍하게 살았다. 건녕(建寧, 168-172) 연간에 병사했다. 가족들이 벽을 보고 섰을 뿐 아무것도 없어서 장사를 치르지 못했다.[189]

부친의 장례를 치르기 위해 가산을 탕진하고 술과 간장을 빚어 살림에 보탰다는 것은 실로 부득이한 경우다. 이러한 행위는 유가의 주류적 관점에서는 멸시할만한 것이기 때문에 최식 본인에게도 난감한 문제였다. 그래서 농산물을 가공·판매해도 이윤을 남기지 않았다.[190]

최식은 일찍이 여러 유학자들과 함께 오경五經을 고증한 대목을 보면, 가학家學의 연원이 깊다는 것을 알 수 있다. 『사민월령』이 『주역』의 음양 이론에서 영향을 받았다는 것은 분명한 사실로 드러난다. 실제로 음양오행의 영향은 '월령'과 같은 농경 계획에 일관되게 나타난다. 『사민월령』은 제대로 보존되지 못한 탓에 『제민요술齊民要術』 등과 같은 책의 인용과 이리저리 흩어진 내용을 취합해서 그 대략의 내용만 알 수 있다. 하지만 현재로서는 『사민월령』에 서술된 생태 계획의 전모는 알 길이 없다.

---

189 범엽, 『후한서』 권52, 제6책, 1731쪽.

190 『사민월령』에는 각종의 된장과 식초 등 식품에 관한 상세한 기록이 있다. 최식과 『사민월령』에 관한 연구는 후주오윈許倬雲 『한대농업漢代農業』, 광시廣西사범대학 2005년판에서도 보인다.

전하는 내용만 보면 생태 보호와 관련된 내용이 극히 부족하여 국가적 제례 의식의 배경을 가진 『예기』「월령」과 견주어 논할 수 없다. 다만 생태 보호가 어떤 특수한 집단, 개체나 계층의 직접적이고 단기적인 이익과 무관하다는 사실은 지적할 수 있겠다. 비록 그들이 생태 보호를 반대하거나 배척하지 않고 더 나아가 관심까지 표명할 수도 있겠지만, 산림과 호수 등 자원을 보유하지 않는 민간의 처지에서 말한다면 생태 보호에 큰 관심을 두는 것은 사치스러운 담론에 가깝다. 민간의 월령은 반드시 기후 현상 등의 형식으로 표출되는 생태 지식을 포함하고 있지만, 그렇다고 계통적인 생태 계획을 수립한 것은 아니다. 이런 계획은 민간인 신분의 권한과 능력을 훨씬 초월하기 때문이다.

전통적 체제에서 생태 보호는 '왕제王制'의 범주에 속한다. 왕제는 국가적 '천인합일' 이념을 나타내는 각종 상징적 행사, 역법과 절기의 반포, 권농勸農 활동, 산림과 하천의 이해관계를 둘러싼 각종 계절적 금령, 관리 체계에서의 직책 구분 등으로 공동 구성된다. 이는 『순자』「왕제」, 『예기』「월령」 및 『주례』의 관련 부분에서 읽을 수 있는 생각이다. 다시 말해 유교적 사유의 형태에서 출발하여 생태 보호의 계획을 논의해야 현실성을 확보할 수 있다는 것이다.

유교의 생태 계획은 생태에 대한 보호 조치를 포괄할 뿐만 아니라, '자연 숭배'를 내용으로 하는 일련의 제사 활동도 포함한다. 도표로 나타내면 다음과 같다. 그중 오사五祀와 제선祭先의 구별은 종교와 관련되지만 앞서 '오행'의 도표로 나타내었기 때문에 여기서는 생략한다. 그리고 일부의 제사 준비 작업도 제사와 직접 관련이 없기에 생략하기로 한다.[191]

---

191 『사민월령』에서 발췌한 내용은 쓰성한石聲漢, 『사민월령교주四民月令校註』, 중화서국,

『예기』「월령」	『사민월령』
맹춘의 달에 입춘의 사흘 전에 태사太史가 천자를 알현하고 말하기를, "아무 날은 입춘이니 성대한 덕이 목木에 있습니다"라고 한다. 천자는 이에 목욕재계한다. 입춘일에는 천자가 친히 삼공, 구경, 제후 및 대부를 거느리고 동교東郊에 나가서 봄맞이를 한다. … 이 달에 천자는 원일을 가려서 상제上帝에게 오곡이 잘되기를 빌고, 원신을 택하여 천자가 친히 쟁기와 보습을 수레에 싣고, 함께 배승한 호위병인 보개의 용사들과 어자御者를 사이에 두고, 삼공구경과 제후 및 대부를 거느리고 가서 몸소 황제의 적전에서 밭을 간다. … 이에 제전을 수행하게 된다. 산림과 천택에 제사하게 하고 희생犧牲에는 암컷을 쓰지 못하게 한다.	1. 정월 초하루는 정일正日이라 한다. 가장은 몸소 처자를 이끌어 조상에게 제사를 지닌다. 매월 상순의 정일丁日에 묘문廟門에서 조상에게 제사를 지낸다. 막힌 양기가 나왔기에 복과 길상을 비는 것이다. 상해일上亥日에 곡신穀神과 조상에게 제사하여 풍년을 기원한다.
중춘의 달에는 원일을 택하여 백성에게 사社에 제사 지낼 것을 명한다. … 제비가 돌아온다. 제비가 온 날에 태뢰太牢로써 고매高禖에 제사한다. 천자가 친히 가면 후비后妃가 구빈九嬪을 거느리고 천자를 모시는 예를 올린다. 활 전대를 차고 고매 앞에서 화살을 준다. … 천자가 새끼 양을 희생으로 바치고 얼음을 열어 먼저 침묘에 바친다. 상정일上丁日에 악정樂正에게 명하여 춤을 교습하게 하고 먼저 석채釋菜의 예를 거행한다. … 이달에는 제사에 희생을 사용하지 않고 대신 규벽圭璧을 사용하며 가죽과 비단을 바꾸어 쓴다.	2. 태사太社에 제사를 올리는 날이다. 조상에게 부추韭와 계란을 바친다.
계춘의 달에는 나라에 역귀를 쫓는 제사를 지낼 것을 명한다. 구문에서 희생물을 찢고 역귀를 내쫓는 책양磔攘의 행사를 거행함으로써 봄기운을 마무리한다.	3. 누락

1965, 89쪽을 참조했다.

맹하의 달에는 입하 사흘 전에 태사가 천자를 뵙고 "아무 날은 입하이니 성한 덕이 화火에 있습니다"라고 말하게 한다. 천자는 이에 목욕재계한다. 입하일에는 천자가 친히 삼공, 구경, 대부들을 거느리고 남교南郊에 나아가 여름맞이를 한다.	4. 누락
중하의 달에 유사에게 명하여 백성을 위해 산천의 모든 근원에 제사를 지내고 천제에게 기우제를 지내게 한다. 이때 성대한 음악을 연주하게 한다. 이에 모든 고을에 명하여 기우제를 지내는데, 여러 제후와 경사卿士들이 백성을 돕는 것은 곡식이 잘 여물도록 비는 것이다. 농사를 지은 기장이 무르익으면 이달에 천자가 닭고기와 함께 기장밥을 맛보며 앵두를 올리면 먼저 침묘에 바친다.	5. 하지夏至에 밀과 생선을 조상에게 바친다.
계하의 달에는 사감四監에게 명하여 여러 고을에서 '짐승에게 먹이는 풀秩芻'을 크게 모아 희생을 기르게 한다. 백성들 모두 힘을 내게 하여 황천皇天의 상제와 명산대천 사방의 신을 종묘사직의 신령으로 삼게 하고, 이런 신들이 백성을 위해 복을 빌게 한다.	6. 초복날에 조상에게 밀과 과일을 바친다.
맹추의 달에는 입추 사흘 전에 태사가 천자를 뵙고, "아무 날은 입추로서 성대한 덕이 금金에 있습니다"라고 아뢰게 한다. 천자는 이에 목욕재계한다. 입추일에 천자가 친히 삼공, 구경, 대부들을 거느리고 서교西郊에 나아가 가을맞이를 한다. … 이달에 농사지은 곡식이 무르익는다. 천자가 햇곡식을 맛보되 먼저 침묘에 바친다.	7. 누락

중추의 달에는 재宰와 축祝에게 명하여 제사에 쓸 희생을 살펴보게 한다. 빛이 완전하고 결함이 없는지 살펴보고 꼴을 먹여 기르는 모습을 자세히 관찰하여 살찌고 여윈 것을 살피고 물색을 살펴 반드시 음양의 종류에 따라 구별한다. 체구가 크고 작은 것을 헤아리고 뿔이 길고 짧은 것을 보아서 모두 법도에 맞는지 살핀다. 다섯 가지를 마땅하게 갖추었으면 그 희생은 상제가 흠향할 것이다. 천자는 이에 구나驅儺 의식을 거행하여 서늘한 추기秋氣를 통하게 하고 개고기와 함께 마실麻實을 맛보며 먼저 침묘에 바친다.	8. 점대筮를 뽑아서 중추절 이후의 좋은 날을 골라 세시歲時에 봉안하는 신에게 제사를 올린다. 태사太社에 제사하는 날에는 기장과 돼지를 조상에게 바친다.
계추의 달에는 상제에게 상제嘗祭의 대향大饗을 거행하는데, 희생을 맛보아 희생의 조건이 갖추어졌음을 천자에게 보고한다. … 천자가 이에 융복戎服을 입고 위의威儀를 엄하게 꾸민 뒤에 활을 잡고 화살을 끼워 사냥한다. 주사主祠에게 명하여 사냥한 날짐승을 제물로 올려 사방의 신에게 제사하게 한다. … 이달에 천자는 개고기와 함께 햅쌀을 맛보며 먼저 침묘에 바친다.	9. 누락
맹동孟冬의 달에는 입동 사흘 전에 태사太史가 천자를 뵙고 "아무 날이 입동이니 성대한 덕이 수水에 있습니다"라고 아뢰게 한다. 천자는 이에 목욕재계한다. 입동날에 천자가 친히 삼공구경과 대부를 거느리고 북교北郊에 나가서 겨울맞이를 한다. … 이달에 태사에게 명하여 거북껍질과 시초蓍草에 희생의 피를 발라 앞일을 점치게 하고 괘상의 길흉을 살피게 한다. … 이달에는 증제蒸祭에서 한껏 술을 마신다. 천자가 이에 내년에 풍년들기를 일월성신에게 빌고 희생을 크게 나누어 공사公使와 문려門閭에 제사하며 수렵한 것으로 선조와 오사五祀에 제사를 지낸다.	10. 겨울 술을 빚는다. … 동지, 섣달, 정월에 조상에게 부추와 계란을 바치는 제사를 지낸다.

중동仲冬의 달에는 천자가 유사에게 명하여 사해四海와 대천大川 및 이름난 수원水源, 연못, 우물, 샘에 제사를 지내게 한다.	11. 동짓날에 기장 반죽에 소를 넣어 찐 떡을 바친다. 먼저 우물 속의 현명玄冥에게 바치고 그다음에 조상에게 바친다. 흰 개를 사서 이를 길러 조상에게 제사할 때 쓴다.
계동季冬의 달에는 유사에게 명하여 대나大儺 의식을 거행한다. 희생물을 찢고 진흙 소를 만들어 한기寒氣를 내쫓는다. 철새들이 사납고 빠르게 날아간다. 이에 산천의 제사 및 상제의 대신大臣, 천지신명의 제사를 마친다. 이달에 어사에게 명하여 비로소 물고기를 잡게 한다. 천자가 친히 가서 물고기를 맛보며 먼저 침묘에 바친다.	12. 납일臘日에 벼와 기러기를 바친다. … 수렵한 것을 조상과 오사 제사에 올린다. 그다음 날을 작은 설날小新歲이라 한다. 술을 올리고 강신降神한다. … 그다음 날에 또 제사 지낸다. 이를 증제라 한다. 그다음 삼 일에 무덤에 제사를 지낸다. 이달에 여러 신이 자주 내왕하여 대사大蜡의 예禮를 일으킨다. … 돼지 머리살을 발라 납일에 떡갈비炙箑로 만들어 제사를 지내고, 동쪽 문에 흰 닭을 찢어 걸어놓는다. … 대사의 예를 일으키니 이에 임금, 스승, 구족九族, 친구를 모두 숭배하고 조심해서 끝까지 배신하지 않고 의리를 지킨다.

전통 농업에서 천인天人의 관계에 관심을 기울이는 까닭은 정확히 말해서 전통적인 농경 활동이 주기적인 기후 요소와, 나아가 인지적 측면에서 기후적 요인의 변화를 판별하는 생물 기후학에 전적으로 의존하기 때문이다. 반드시 농사철이란 주기적 순환 법칙에 따라야 하는 여러 가지의 조치와 배려가 생겨나 이것이 유교 국가의 사회적 초석이 되었다. 이와 같은 수많은 안배를 생태 계획이라 칭하는 곡절은 이러한 안배가 농경

생태의 수요를 충족한다는 배경을 이해해야 한다. 그러한 배경 아래 일련의 생태적 보호 조치를 포함한 인간과 자연의 관계를 조율함으로써 전체 농경사회의 지속적인 발전 가능성을 보장하려는 것이다. 예컨대, 제1절에서 서술한 바와 같이, 음양오행은 고대 생물 기후학에서 운용되는 체계적 방법으로서 명확히 사계절의 순환이란 대기권의 환경적 특징을 가리킨다. '천지天地'는 옛사람들이 현상적 의미에서 인식하고 있는 그런 환경이다. 바로 이러한 환경적 특징 및 징후 체계가 이러한 생태 계획의 구조적 특징을 형성한다. 당연히 이러한 계획은 전반에 걸쳐 구현될 뿐만 아니라, 모든 것을 포괄하는 특징을 드러낸다. 이는 다음과 같이 『예기』「예운」에서 진술한 바와 일치된다.

> 그러므로 성인聖人이 법칙을 만드는 데에는 반드시 천지를 근본으로 삼고, 음양을 단서로 삼으며, 사시四時를 자루로 삼고 해와 별을 벼리로 삼으며, 달로 분량量으로 삼고 귀신을 무리로 삼으며, 오행을 바탕으로 삼고 예의를 그릇으로 삼으며, 인정人情을 밭으로 삼고 사령四靈을 가축으로 삼는다. 천지를 근본으로 삼기 때문에 사물을 움직여 볼 수 있고 음양을 단서로 삼기 때문에 정情을 분별할 수가 있다. 사시를 자루로 삼기 때문에 일을 권할 수 있고, 해와 별을 벼리로 삼기 때문에 일을 벌여놓을 수 있으며, 달로서 양量을 정하기 때문에 나무를 심어 공을 이룰 수 있으며, 귀신을 무리로 삼기 때문에 일을 지킬 수 있고, 오행을 바탕으로 하므로 일을 회복할 수 있다. 예의를 그릇으로 삼기 때문에 일을 성취할 수 있고, 인정을 밭으로 삼기 때문에 사람이 중심이 될 수 있으며, 사령을 가축으로 삼기 때문에 먹을 것이 절로 따라온다.[192]

이러한 계획은 대체로 실용적이다. 관청의 계획이 지나치게 엄격하고 정돈되어 있어서 형식에 치중한 면이 있을지도 모른다. 그러나 이러한 엄정성조차도 계획의 일부분이고 실제의 운용 면에서 이런 틀은 융통성 있게 조율된다. 하지만 계획은 반드시 엄정한 것이어야 한다. 왜냐하면, 농경 문화와 긴밀히 연계된 기후의 변화는 원래 변동이 심하고 때로는 혹독해서 사전에 이를 판단하고 대비하는 것이 지극히 어렵기 때문이다. 이런 상황에서는 차라리 엄정한 방식으로 주기적 특성을 표현한 시간성을 먼저 제시하고, 실제 상황에 따라 적절히 판단하면서 조정하는 것이 더 효율적이다.

2 —— 도구적 가치와 내재적 가치 및 시스템적 가치

하나의 생태 관념이 단지 생물의 종과 환경을 지속적으로 이용할 수 있도록 하는 데 그치거나, 생태적 위험과 자원 고갈을 모면하게 하며 후대의 이익을 보장하는 데 골몰한다면 이러한 생태관은 환경을 인류에게 종속시키는 인간 중심주의, 또는 인간의 이익에 충실한 생태관이다. 바꾸어 말하면, 테크놀로지의 관념으로 환경을 보는 것인데 이는 환경의 도구적 가치를 중시하는 태도다. 환경 자체의 내재적 가치를 중요하게 여기지 않는 것이다. 전자는 환경을 인류의 생존이나 발전의 수단으로 보는 것이고, 후자는 타자와의 상호성이란 시각에서 탈피하여 그 자체로 본질적 가치를 발현할 수 있다는 데 근거를 둔다.

생태 시스템의 측면에서 우리가 직면하는 것은 더 이상 도구적 가치가

192 손희단, 『예기집해』 중책, 612-613쪽.

아니라 오로지 생명의 근원으로서 그 무엇이다. 생태 시스템이 도구적 가치란 속성을 지니더라도 우리가 직면하고 있는 것은 내재적 가치도 아니다. 생태 시스템은 오로지 자신을 위해 부분적이나마 완전한 생명의 형식을 감싸고 지킨다. 우리는 '시스템적 가치systemic value'라고 하는 제3의 용어로 사물을 묘사해야 하는 처지에 이르렀다. 이 중요한 가치는 인류 역사와 마찬가지로 개체에 농축되어 있지 않고 전체적 생태 시스템 속에 충만해있다. … 시스템적 가치는 창조성이 넘치는 어떤 과정이다. 이 과정의 산물이 바로 도구적 이용의 관계망 속에 편입된 내재적 가치인 것이다.[193]

이러한 시스템적 가치는 만물을 창조하는 대자연projective nature에 있다. 여기서 생태권이나 종이 지닌 도구적 가치를 전혀 고려하지 않았던 것은 아니다. 환경 요소와 종에 대한 의무를 강조한 것이다. 이로 인해 우리는 테크놀로지 관점에서 윤리적 관점으로 뜻을 확대하게 되었다. 그러나 그중에는 아직도 모호한 부분이 많다.

고도로 발달한 사회적 시스템으로 생태 계획을 인식한다면 전통적 생태관의 치명적인 약점인 테크닉의 부족으로 인한 예견성의 결핍을 의식해야 한다. 이 점은 인구가 끊임없이 증가하면서 부단히 토지를 개간하고 나무를 심는 과정에서 더욱 선명하게 드러난다. 오늘날에 이르러 비로소 인류는 상호 관련되는 환경 변화의 추세를 회피하거나 되돌려 놓을 수 있는 능력을 갖추게 되었다. 단순히 고전적 낭만주의 입장에서 이러한 기술적 태도를 무작정 비난하거나 공업 문명에 대해 원초적인 적의를 드러

193 〔영〕홈즈 롤스턴, 『환경 윤리학』, 255쪽.

내는 태도는 언급할 만한 가치조차 없다. 더 현실적인 태도는 어떻게 하면 기술적 측면의 공공의 이익과 정서적 측면의 윤리 문제를 통합할 수 있을까 하는 점을 궁리하는 것이다.

생태 윤리는 '환경윤리'라고도 칭한다. 생태 윤리는 인류와 환경 간의 도덕적 관계를 중심으로 전개되는 윤리적 규범과 이러한 규범을 현실에 구현하는 정감과 태도다. 하나의 환경 윤리는 반드시 자연에 대한 인류의 행위를 평가해야 하고, 도덕적 측면에서 일부 행위가 어중간해지지 않도록 설정해야 한다. 선하기도 하고 악하기도 한 행위는 환경에 악영향을 미칠 뿐만 아니라 때로는 인류 사회의 지속 가능성을 위협하기 때문이다. 그러나 환경에 대한 평가는 과학기술에 의지하지 않고서는 기대한 효과를 얻기 어렵다고 여겨진다.

전통적 생태 계획의 목표는 『역전』에서 이른 바와 같이 "풍부하게 가지는 것을 대업大業이라 하고, 날마다 새롭게 되는 것을 성덕盛德이라 하며 생하고 생하는 것을 역易이라 한다"라는 식의 이념에서 비롯된 것으로 보인다. 환경적 의미에서 이를 해석하면 여기서 추구하는 것은 천지인 삼재의 조화다. 즉 공리적 목표와 인간과 자연의 조화라는 이념은 서로 일치한다는 것이다. 이는 삼재를 통해 일종의 이상적인 협력 관계가 형성되기를 바라는 것을 의미한다. 인간이 자신의 공리적 목표를 실현할 때, 이는 동시에 끊임없이 생장하는 우주의 역량을 촉진하는 것이 된다. 생태 윤리를 설정하는 것도 그 본질에 있어서 끊임없이 생장하는 이러한 역량을 유지하기 위한 것이 아닐까 한다.

그런데 구체적인 실천에서 경제 활동의 공리성, 생태 윤리, 그리고 인간과 자연의 조화라는 이 삼자 간에는 각종 변동 상황이 발생할 수 있다. 경제 활동에서 추구하는 것은 이익의 극대화다. 이는 단기적이거나 장기적인 이익이 될 수 있는데 단기적 이익의 목표가 크게 왜곡되거나 과장되면 장기적 환경 보호를 위한 모든 노력은 지나친 기대에 그친다. 매우 난처한 상황에 봉착하지 않더라도 일부 항목에 대한 환경 평가는 과학기술의 제약으로 여러 방면에서 모두 수용할 수 있을 만한 결론을 내릴 수가 없다. 그럴 때 생존 투쟁과 경제 활동은 그 자체의 법칙에 따라 전개된다.

홈즈 롤스턴의 『환경 윤리학』에 따르면, 경제 활동은 자연을 도구적 가치에 한정 짓는 것이다. 고대의 생태 윤리는 생물의 종과 군락에 내재한 가치를 중시하고 그것들에 대해 경외의 대상으로서 윤리적 지위를 부여했다. 천지인 삼재의 조화라는 이념은 인간이 하나의 구성원으로 소속된 자연계의 시스템적 가치에 관심을 둔다. 이론상으로 시스템적 가치는 도구적 가치와 내재적 가치를 조정하고 통합하는 것이 된다.

합리적인 생태 실천관의 목표라면 이들 세 가지 가치를 조화롭게 하는 것이 마땅하다. 다른 종과 그 환경에 관련된 도구적 가치는 반드시 장기적이고 근본적인 이익을 중심으로 고려되어야 한다. 환경 보호 조치, 일련의 인류 생존 방식의 자율적 조정과 절제, 그리고 인구 통제는 모두 필수적이다. 또한, 생물의 종과 종군의 내재적 가치도 존중되어야 한다. 인류는 자연 환경과 그 속에서 서식하는 모든 동식물에 대해 일정한 의무와 책임을 져야 한다는 것을 반드시 의식해야 한다. 환경의 내재적 가치에 대한 약속을 잘 이행할 때 비로소 시스템적 가치가 보증될 수 있고 자연의 조화로운 질서를 유지할 수 있다. 이것은 또한 인류의 근본적인 이익과 직결된다.

중국종교사상의 맥락 속에 일부 시스템적 생태 윤리가 존재한다면, 그것은 도론道論에 근거한 천인天人의 학문으로 출현하거나, 그중의 한 갈래로서 존재하기 마련이다. 그런데 어떤 면에서는 그러한 생태 윤리의 시스템적 수준이 그다지 높지 않아 유교의 생태 계획보다도 더 추상적이고 모호하다.

여러 불교 종파에서 말하는 '무정유성'이나 유가의 애물설愛物說은 대체로 철학적 논증으로 입론된 것에 지나지 않는다. 기껏해야 윤리의 철학적 기초일 뿐이고, 윤리 규범의 면에서 확실히 무엇인지 가리키는 바가 없다. 절대적인 윤리 규범의 구속력이 없고 단지 감정적 성격을 띤 태도나 견해를 밝혔을 따름이다. 그 자체에서 구체적이고 명확한 규범과 신조를 추론해낼 수 없다는 데 문제가 있다.

고대 종교의 생태 윤리는 통상 의인화 수법을 빌어 표현된다. 즉 사물을 의인화해서 그 근거의 타당성을 제시한 것이다. 『태평경』에서는 천지를 부모에 빗대어 이와 상응하는 윤리적 책임을 다음과 같이 논한다.

> 하늘은 인간의 목숨을 기르고 땅은 인간의 형체를 양육한다. 지금 많은 행위가 그 부모를 해치는 것이다. 사계절의 기운은 하늘이 살펴 운행하는 것인데 이제 그 아비를 해치고, 땅을 어미로 삼아 옷과 음식을 얻어 양육되는데 이를 아끼고 이롭게 하지 않고 도리어 해친다. 인간들이 너무나 버릇없이 막되게 굴어서 도리를 따르지 않고, 땅을 파헤치고 토목 공사를 크게 일으킨다. 심하게는 황천黃泉까지 파고들고, 얕게 판 것도 몇 길이나 된다. 홀로된 어미는 여러 자식이 삼가 효도하지 않는 것을 근심할 뿐, 괴롭고 답답한 마음을 하소연할 곳이 없다. … 평범한 인간들은 대지가 지각이 없어 고통을 느끼지 않는다고 여기지만, 위로 하늘이 감응한다. 인간만이 이를 모를 뿐이다. 그래서 아버지가 재난과 변괴를 다시 일으키고 어머니도 분노하여 만물을 양육하지 않는다. 부모가 함께 분노하니 자식에게 어찌 재앙이 없겠는가? 무릇 천지는 지극히 자비롭지만,

오직 불효와 대역무도함은 천지도 용서하지 않는다. 어찌 두려워하지 않겠는가?[194]

이는 애물의 입장, 즉 환경의 내재적 가치를 주장한다. 그러나 어떤 종교든 의인화한 생태 윤리는 기본적인 약점이 있다. 기본적인 사고의 맥락과 그 신조가 분명하게 드러나지 않아서 실천적 측면에서 취약하고, 이에 따라 그 영향력이 크게 감퇴한다.

그러나 도가나 도교의 기본 사상인 '무위無爲'나 '도법자연道法自然', 즉 자연 환경에 대한 간섭을 배제하고, 자연 그 자체로의 법칙을 존중하자는 명제는 한결같이 생태 윤리의 가치를 가장 잘 구현하고 있는 것으로 보인다. 다른 생물의 종을 보호하려는 노력은 마땅히 이러한 프레임에서 이루어져야 한다. 이는 환경의 도구적 가치를 이용하는 인류 활동에 대해 기본적인 한계점을 제시하며, 그것은 바로 자연계의 자율성과 자정 능력을 파괴하지 말라는 경고다.

불교에서는 살생을 금지하고 육식 대신에 채식을 주장한다. 이타적인 대승大乘의 차원에서는 극단적으로 다른 생물의 생존을 위해 희생까지 감수할 수 있다고 한다. 『현우경賢愚經』에는 늙고 굶주린 호랑이를 구하고자 어린 왕자가 자신의 몸을 먹이로 던지고, 비둘기를 구하고자 시비왕尸毘王이 매에게 자신의 살점을 베어주었다는 일화가 있다. 그러나 이러한 일화들은 환경 문제를 해결하는 근본적인 활로가 될지는 의문이다. 자연스러운 해결책이 아니고 게다가 대다수에게 용인될 수 없기 때문이다. 자연의 시스템 속에 하나의 종으로 존재하는 인간은 기타 모든 종과 마찬가

194 왕밍, 『태평경합교』, 115-116쪽.

지로 자연 환경에서 자원을 갈취함으로써 자신의 생존을 도모한다. 대부분의 환경 문제들은 인류의 기본적 생존 욕구가 충족되지 못한 데서 나온 것이 아니다. 욕망을 과도하게 추구하는 데서 나온 것이다. 그러나 소박하고 물욕이 없는 삶의 방식을 추구하는 것은 동아시아 종교의 보편적인 인식이다. 무절제하게 자연을 갈취하고 날로 환경을 악화시키는 시대의 흐름을 이러한 인식을 통해 되돌려 놓을 수 있을 것으로 기대한다.

구분의 필요성이 제기된다면 각 종교의 생태적 관점은 다음과 같이 요약된다. 유교에서는 장기적인 안목에서 환경의 도구적 가치를 중시하고, 생태 계획과 정치적 역량을 기반으로 이러한 점들을 현실에서 구현하려고 시도한 것이다. 불교에서는 연기론이나 업보론을 근거로 해서 생태 윤리를 다른 동물, 즉 유정중생有情衆生에게까지 확대해서 이들에게 완전히 평등한 내재적 가치를 부여하고 있다. 다른 생물의 종이 인류를 위해 희생한 바와 마찬가지로 인류도 그들을 위해 극단적인 희생을 감수할 수 있다는 것이다. 이와는 달리 도교에서는 고도의 지혜를 발휘해서 시스템적 가치를 구현했는데, 인간의 간섭이 필요 없는 자연계의 독자적인 창조력과 자율적 정화 능력을 중시했다.

3 —— 삶의 방식과 생태 정치

현상적 측면에서 보면, 현대 사회의 많은 문제는 인류의 과도한 수요와 부당한 욕망으로 야기된 것이다. 자연의 약탈적 개발과 이로 인해 발생한 일련의 생태 환경 문제는 모두 여기서 발원한다. 즉 인류의 메울 수 없는 끝없는 욕망과 관련이 있다. 이에 대한 대책은 삶의 방식에 대한 변혁은 물론이고, 생태 문제에 대한 관리적 측면과 정치적 대안도 모색되어야 할 것이다.

1 맑고 소박한 생태적 삶

노자의 "맑고 고요함이 세상의 표준이다"[195]라는 사상은 소홀히 할 수 없는 가치를 지니고 있다. 욕망을 절제하여 스스로 청허淸虛함을 지킨다는 이러한 관점은『도덕경』에 자주 등장한다.

> 따라서 성인은 무위로 일을 처리하고 말 없는 가르침을 행한다. 만물이 작용해도 고맙게 여기지 않고, 생성해도 소유하지 않으며, 베풀어도 그 보답을 바라지 않고, 공을 이루어도 머무르지 않는다. 머무르지 않기에 떠나지 않는다.

> 오색은 사람의 눈을 멀게 하고, 오음은 사람의 귀를 어둡게 하며, 오미는 사람의 입맛이 잃게 한다. 말달리고 사냥하는 것은 사람의 마음을 광분하게 하고, 얻기 어려운 재물은 사람의 행동을 그르치게 한다. 성인은 배腹를 위할 뿐, 눈을 위하지 않는다. 그러므로 나중의 저것을 멀리하고 뒤의 이것을 취한다.

> 명예와 몸, 어느 것이 더 귀한가? 몸과 재산, 어느 것이 더 중한가? 얻음과 잃음, 어느 것이 더 큰 관심거리인가? 그러므로 지나치게 좋아하면 반드시 손실이 크고, 많이 쌓아두면 그만큼 크게 잃는다. 만족할 줄 알면 욕되지 않고, 그칠 줄 알면 위태롭지 않아서 오래도록 존재하게 된다.[196]

---

195 『노자도덕경』 제45장, 『제자집성』 제3책, 28쪽.

196 각각 『노자』 제2장, 제12장, 제44장에서 인용했다. 『제자집성』 제3책, 27-28쪽.

노자는 이상적 인격을 한결같이 "완전한 비움에 이르러 고요함을 지키는致虛極 守靜篤" 것으로 이해했다. 이는 욕망을 자제한 조용하고 내성적인 삶의 태도를 말한다. 화려하고 웅장한 건축물, 현란하고 번잡한 실내장식, 사치스럽고 퇴폐적인 삶은 고도의 과학기술이 뒷받침되지 되지 않거나 합리적인 생태 계획이 부재할 때는 항상 환경 파괴나 재생 불능의 약탈적 개발을 그 대가로 치른다. 생태와 정치적 시각에서 볼 때, 이러한 행위들은 재검토되어야 할 것이다.

"만족할 줄 알면 욕되지 않고 그칠 줄 알면 위태롭지 않다知足不辱 知止不殆"라는 말은 소비 욕망을 절제한다는 측면에서 유·불·도 삼교를 비롯한 일반적인 민간신앙의 태도와 부합된다. 도교에서는 청허함을 지키는 삶의 방식을 수행 체계와 결합하는 전통을 계승해 오고 있는데, 그 내용은 다음과 같다.

> 고요함은 움직임의 바탕이다. 사람이 능히 맑고 고요하면 천지가 귀하게 여긴다. 사람의 신神은 고요함을 좋아하지만 마음이 어지럽히고 마음은 고요함을 좋아하지만 욕망에 끌리게 되니 항상 그 욕망을 떨쳐버리게 된다면 마음은 절로 고요해진다. 그 마음을 가라앉히면 신이 절로 맑아진다.[197]

> 이른바 성인은 정情을 적절하게 할 뿐이다. 굶주림을 면할 정도로 먹고, 몸에 맞추어 옷을 입는다. 이처럼 자신을 절제하니 더러운 마음이 생겨날 수 없다.[198]

197 『태상노군청정심경太上老君清淨心經』, 『도장』 제27책, 156쪽.

198 『통현진경주通玄眞經注』 권3, 『도장』 제16책, 687쪽.

역사적 경험과 현실 상황에서 보여주는 바와 같이 삶의 방식이 심각한 생태적 결과를 초래한다고 이른다. 하지만 그 영향의 크고 작음과 적극적이거나 소극적인 대응 등은 소비 욕망과 결부된 경제적 수급과 기술적 변수 및 생태 계획 등, 다방면의 중간 과정을 거쳐서 이루어진다. 다시 말해, 삶의 방식이나, 삶의 방식과 관련된 의식의 형태가 직접적으로 그에 상응하는 결과를 초래하지 않는다는 것이다. 따라서 단순히 삶의 방식 자체나 심리적 형태의 통제만으로는 현실적인 효력이 없을 뿐만 아니라 이상적인 결과도 기대할 수 없다. 삶의 방식과 관련된 고전적 학설을 실제로 검토해 보면, 도교의 '청허자수淸虛自守'와 같은 이념은 단순히 이념적인 호응에 그치는 것이 아니다. 이에 대해 다음의 논리를 주목할 필요가 있다.

> 삶의 방식을 둘러싼 각종 이론 → 삶의 방식 자체 → '이성적 인간'을 중심으로 한 경제 활동 → 기술적 변수(자연을 개조하고 이용하는 방식) → 생태 계획(생태적 결과로 예상되는 목표 조정)

고대나 현대 사회에 있어서 이러한 단계들은 모두 중요하지만, 특히 현대 사회에서 그 중요성은 더욱 두드러진다. 위의 순서로 전개되는 운용 방식은 실제로 존재하는 것이지만, 그대로 운용되지 않는 경우도 많다. 삶의 방식은 종교적 전통, 윤리적 교훈, 민간 풍속 등에 의해 결정될 수 있으며, 현대 사회에서 늘 그러하듯이 경제적 규제에 좌우되기도 하기 때문이다. 다른 한편에서, 생태 계획의 내용이 합리적이고 그 집행 과정도 양호하다면 소비사회에서[199] 일정한 정도의 사치스러운 경향이 존재하고

---

199 '소비사회'란 용어에 대해 마이크 페더스톤Mike Featherstone, 『소비문화와 포스트모더니즘

경제적으로 보편적인 수준의 수요를 자극하더라도 자연계에서는 여전히 재생 가능한 자원을 유지하고 인류 사회의 지속적인 발전 가능성을 확보하게 될 것이다. 물론 이러한 계획들이 현실적이어야 하고, 또한 이와 관련된 과학기술이 모종의 난관을 돌파하여 이러한 삶을 보장할 수 있다는 것을 전제로 한다. 그럴 때 단순한 삶의 방식에 대한 규제는 시급한 문제가 되지 않으며 심지어는 소박한 삶을 지향해야 한다는 주장조차 경제 발전에 어느 정도 부정적인 영향을 끼칠 수 있을 것이다.

실제로 생태 문제의 대응과 그 해결책은 방대한 사회적 시스템과 연관된다. 기술과 계획이 만병통치의 위력을 발휘하지 못할 때 삶의 방식을 조정하는 문제는 선택의 기회를 제공하는 것이 된다. 더욱이 일부 생물자원은 일단 파괴되면 복구할 수 없거나 다시 회복되기 어렵다. 또한 이러한 과정을 원점으로 되돌려놓을 수도 없다. "만족할 줄 알면 욕되지 않고 그칠 줄 알면 위태롭지 않다"라는 중국의 전통적 종교사상은 소비를 전면적으로 억제하기보다는[200] 그 실제에서 완전한 인격을 갖추는 방향으로 나아가게 하는 데 그 역할이 있었다. 특히 경쟁 사회에서는 더욱 절실히 요구된다. 『도덕경』에서는 이렇게 말한다.

> 잘난 사람을 받들지 말아야 백성들 사이에 다투는 일이 없어진다. 얻기 어려운 재화를 귀하게 여기지 않아야 백성을 도둑으로 만들지 않는다. 탐낼 만한 것을 내보이지 말아야 백성의 마음을 어지럽히지 않는다. 그러므로 성인의 다스림은 마음을 비우고 배를 채우며, 뜻을 약하게 하고

Consumer Culture and Postmodernism』, 류징밍劉精明 뒤침, 역림譯林 출판사, 2000년판에서 참고했다.

200 역사상 모두 그렇다는 것은 아니다. 위진魏晋 시대의 사치 풍조 같은 것이 그런 사례가 된다. 이 시기에는 『노자』, 『장자』가 지식인들 사이에서 추앙되었다.

뼈를 강하게 한다. 항상 백성으로 하여금 지식과 욕망을 없게 하면 지혜롭다고 하는 자들이 함부로 나서지 않는다. 무위로 행하면 다스려지지 않는 것이 없다.[201]

이런 관점은 극단적으로 해석하면 안 된다. 현대 사회나 문명이 고도로 발달한 모든 사회 체계, 예컨대 고대 중국의 예악禮樂 사회와 같은 곳에서는 효과적인 해독제가 되기 때문이다. 단지 그에 상응하는 효력을 발휘하면 그것으로 충분하다.

2 『주례』의 체계적 생태 관리 기능

중국 역대의 관직 체계는 명칭이 자주 바뀐다. 하지만 근본적인 직능職能의 구분에서는 뚜렷한 지속성이 유지된다. 유가 경전에는 『의례儀禮』, 『예기』, 『주례』가 있는데, 이러한 삼례三禮 가운데 으뜸인 『주례』[202]는 이 방면에서 유교 제국의 청사진 혹은 모델을 제공한다. 당나라 개원開元 연간에 편찬된 『당육전唐六典』[203]의 주석에서는 그 출처를 『주례』까지 소급하는 경우가 있다. 『주례』에는 상당히 강렬하고 뚜렷한 생태 의식이 드러나는데, 관직 체계에 산림과 하천 등의 자연 자원을 관리하는 일련의 직책을 구상했다. 그들은 국가에 필요한 물자와 세금을 조달하는 책임 이외에 각종 자연 보호 구역을 설정하여 각 종류의 재생 가능한 자원을 보호하고 계절과 관련된 시간적 요소에 관한 금령을 시행하여 약탈적 자원 개발과

201 『도덕경』 제3장, 『제자집성』 제3책, 2쪽.

202 『주례』의 편찬 시기에 대해서는 논란이 분분하다. 여기서는 첸무錢穆의 『주관년대周官年代』의 주장에 따라 그 대부분의 내용이 전국 시대에 형성된 것으로 간주한다.

203 이임보李林甫 등, 『당육전』, 중화서국, 1992년판 참조.

그 이용을 방지했다. 그 목적은 지속 가능한 발전을 도모하기 위한 것이었다.

사실상 생태 보호 직능을 가진 직책을 설치하는 것은, 『월령』에서 기술한 정책들을 관철하기 위한 일환이었다. 천天 · 지地 · 춘春 · 하夏 · 추秋 · 동冬의 육관六官 체계는 수많은 구역을 획정하고 관리하는 책임을 모두 지관地官인 대사도大司徒와 그가 통솔하는 하급의 직관職官들에게 분배한 것이었다. 『주례』「대사도大司徒」에서 다음과 같이 말한다.

> 대사도의 직책은 제후국의 토지도면土地圖面과 백성의 숫자를 기재하는 호적戶籍을 관장함으로써 왕을 보좌하고 나라를 안정시키는 것이다. 천하의 토지도면에 의거하여 구주九州의 지역과 면적을 두루 알고, 산림, 천택, 구릉, 하천 부지, 늪지대에서 나오는 물산을 변별한다. 천하의 제후국과 공경대부가 가지고 있는 식읍食邑의 수량을 파악하고 기내畿內의 영역을 제한하여 경계를 획정한다. 사직단社稷壇을 건립하고 큰 나무를 심어 전주田主로 삼는데 각각 들판의 토질에 적합한 나무를 쓰고 그 이름을 '사社'와 '야野'로 부르게 한다. 토지에 따라 부세賦稅를 계산하되, 다섯 가지 지형에 적합한 물산을 변별한다. 첫째는 산림이다. 그 동물은 털 짐승이 적합하고, 그 식물은 염색하는 데 적합한 것이어야 한다. 거기서 사는 백성은 털이 많고 다부지다. 둘째는 천택이다. 그 동물은 비늘이 있는 물고기가 적합하고, 그 식물은 열매 맺는 것이어야 한다. 거기서 사는 백성은 피부가 검고 윤택이 있다. 셋째는 구릉이다. 그 동물은 날개 달린 짐승이고, 그 식물은 씨가 있는 것이어야 한다. 거기서 사는 백성은 몸이 원만하고 크다. 넷째는 하천 부지다. 그 동물은 껍질이 딱딱한 갑각 동물이 적합하고, 그 식물은 가시가 있는 것이어야 한다. 거기서 사는 백성은 피부

가 희고 여위었다. 다섯째는 늪지대다. 그 동물은 털이 짧은 짐승이 적합하고, 그 식물은 넝쿨이 있는 것이어야 한다. 거기서 사는 백성은 살이 찌고 키가 작다.[204]

이처럼 대사도의 직책은 모든 분야를 총괄하는 직책을 맡고 있는데, 그중에 생태와 관련된 부분은 다음과 같다. 먼저 국가의 근간이 되는 토지도면과 백성의 호적을 관장한다. 토지도면에 근거하여 구주의 지역과 면적을 소상하게 이해하여 산림과 천택, 구릉, 하천부지, 늪지대 등의 상이한 지형의 명칭과 물산을 파악한다. 각 제후국과 기내의 식읍이 어떻게 되는지 그 수량을 판별하고 그 경계를 획정하며, 거기에 해자를 파고 토담을 올려 경계를 구축한다. 사직단을 쌓고, 큰 나무를 심어 전주가 빙의한 전신田神에게 제사 지내게 하는데, 각각 들판의 토질에 적합한 수종樹種을 심고 '사'와 '야'라는 명칭을 부여한다. 대사도는 각종 토지에 적합하게 부세를 제정한 원칙에 따라, 앞에서 말한 다섯 가지 토지의 물산과 생명 현상을 분간한다. 이러한 토지 분류와 관리 방식에 따라 그에 상응하는 진상물의 징수, 백성의 생계 및 생태 보호 조치 등을 제정하는데, 이는 대사도가 총괄하는 직무의 하나다. 이밖에도 토지의 관리 및 생태 보호도 물론 포함된다.

토균土均은 토지에 관련된 행정을 관장한다. 토지를 관리하는 지수地守를 고르게 배치하고, 농장을 지사地事에게 고르게 맡겨서 토지의 공물을 균등하게 수납하며, 각 제후국과 식읍에 관련된 정령과 형벌 및 금령을 조

204 『주례』 권10, 『십삼경주소』 상책, 702쪽.

화롭게 한다. 그와 관련한 가옥의 설치, 예속禮俗, 상사喪事, 제사祭祀를 포함한다. 모두 토지의 좋고 나쁨에 따라 경중輕重의 법을 시행하며 그와 관련한 금령을 결정한다.

초인草人은 토지를 비옥하게 하는 것을 관장한다. 토양을 살펴서 어떤 농작물이 적합한가를 판단한다. 여러 거름의 종류를 가려서 흙빛이 붉고 단단하면 소 거름을 쓰고, 적황색이면 염소 거름을 쓴다. 기름지고 푸석푸석하면 노루 거름을, 마른 늪지에는 사슴 거름을, 짜고 질퍽하면 오소리 거름을, 모래땅이면 여우 거름을, 찰기가 있고 검은 흙이면 돼지 거름을, 단단하게 덩어리진 토양이면 피마자 즙을, 가볍고 점성이 없는 토양이면 개 거름을 쓴다.

도인稻人은 벼를 심는 논을 관장한다. 저수지를 만들어 물을 비축하며 제방을 쌓아서 물을 막고 도랑을 만들어 물을 흘려보내게 한다. 배수로를 만들어 물을 고르게 하며 논둑을 만들어 물을 고이게 하고 봇도랑을 만들어 물을 빼내며 잡초를 베어내어 다른 논으로 흘려넘치게 한다. 논을 만드는 데 있어서 모든 논바닥은 여름철에 물을 가두어 잡초를 썩히게 한다. 무릇 풀이 자라는 늪지대에는 까끄라기가 있는 벼와 보리를 심게 한다. 가뭄에는 기우제에 필요한 제물을 제공한다. 상사喪事에는 필요한 갈대를 제공한다.

토훈土訓은 토지도면에 대한 해석을 관장한다. 왕에게 지도를 해석하여 각 지역에 적합한 농사를 아뢰며, 각 지역에 해로운 것을 변별하고, 물산이 나오는 시기를 파악해서 왕에게 필요한 특산물을 언제 구할 수 있는지 아뢴다. 왕이 순행할 때 왕의 수레 옆에서 수행한다.[205]

---

205 『주례』 권16, 『십삼경주소』 상책, 746-747쪽.

토균은 토지 관리를 책임지는 비교적 중요한 역할을 맡고 있다. 정현의 주석에 의하면, "정政은 징徵으로 읽는다. … 지수地守는 우형虞衡에 속한 것이고, 지사는 농장을 관리하는 직책이다"[206]라고 한다. 이른바 '우형'이란 산우山虞·임우林虞·천형川衡·택우澤虞 등의 직책을 가리킨다. 초인은 토지를 개간하는 방법을 주관하여 토지를 비옥하게 하고, 각종 토양에 적합한 품종을 헤아려 이를 재배하도록 한다. 『주례』에 따르면 아홉 가지의 토질이 있는데, 그 내용은 본문에 자세히 나와있듯이 토질의 색깔과 성분에 따라 서로 다른 동물의 골즙骨汁이나 뼈를 태운 재를 시비하여 토질을 개량한다. 그리고 도인의 직책은 벼농사와 관련된 논을 관리한다. 토훈은 지도의 도면을 해석하는데, 구주의 산천 형세와 지상에 서식하는 독사와 같이 맹독성을 띤 생물을 서술하면서 이러한 지역의 물산을 명확하게 파악하고 그것들이 생장하는 계절 등을 알아낸다.

> 산우는 산림의 정령政令을 관장한다. 각종 물산을 엄격하게 관리하기 위해 수금守禁을 제정한다. 한겨울에는 볕이 바른 곳에 있는 양목陽木을 베고, 한여름에는 그늘진 곳에 있는 음목陰木을 벤다. 수레바퀴나 쟁기를 만드는 데는 어린나무를 베어 제때에 관아官衙에 들인다. 백성에게 명을 내려 목재를 벨 때는 기일을 정하도록 한다. 무릇 나라 공사에는 산림에 들어가 재목을 택해도 금하지 않지만, 봄가을에 나무를 벨 때는 봉금封禁 구역에 들어가면 안 된다. 무릇 나무를 훔친 자는 형벌이 있다. 산림의 신에게 제사를 지내고자 하면, 제사를 주관하여 길과 제단을 청소하고 여러 사람의 통행을 금하게 한다. 왕이 친히 사냥할 때에는 산야 주변의 풀을

206 『주례』 권16, 『십삼경주소』 상책, 746쪽.

> 벤다. 수렵을 마칠 때는 수렵장 한가운데 우기虞旗를 세워 포획한 짐승을 모으고 짐승의 왼쪽 귀를 베어 각자의 성과를 계산한다.
>
> 임형林衡은 평지와 산기슭에 있는 숲을 순시하며 금령을 집행하는데, 지키는 자를 고르게 배정하고 수시로 그들의 성과를 헤아려 상벌을 내린다. 목재를 베려면 산우에게 법을 받아서 그 정령을 관리한다.[207]

산우는 『예기』 및 선진 시대의 전적에 나타나는 우인虞人 또는 산인山人을 지칭하는데, 산림의 정령을 주관하고 물품의 원산지에 울타리를 설치해서 경계를 정한다. 정현의 주석에 따르면 '수금'은 "지키는 자를 위해 금령을 반포하는 것이다. '지키는 자'란 그 지방의 백성들이 벌목하는 것을 지키는 사람이다."[208] 즉 산림을 지키는 사람을 위해 각종 금령을 설정하는 것이다. 벌목의 시기에 따라 시기를 제한하고, 벌목에는 공사公私의 구분을 두어 행한다. 그 외에 우인은 산림과 수렵에 관련된 제사를 지내거나 사냥이 끝날 때도, 그에 대한 사전 준비와 마무리 작업을 해야 한다. 『주례』의 저자가 산림의 생태 보호와 그 조치에 있어서 얼마나 주도면밀하게 고려했는가를 여기서 알 수 있다.

지관地官의 여러 직책 가운데, 산우의 통제를 받아야 하는 임형은 평지와 산기슭을 관리한다. 평지와 산기슭을 임록林麓이라 하는데, 정현은 "대나무가 자라는 평지를 임林이라 하고, 산기슭은 록麓이다"[209]라고 일렀다. 이러한 직책은 주로 평지와 산기슭을 순시하는 임무를 맡아서 금령을 집행하고 구역을 정해 산림을 보호하는 사람을 배정하고 수시로 감독하

207 『주례』 권16, 『십삼경주소』 상책, 747쪽.

208 『주례』 권16, 『십삼경주소』 상책, 747쪽.

209 『주례』 권9, 『십삼경주소』 상책, 700쪽.

고 조사해서 업적에 따라 상벌을 내린다.

산우의 직책은 비슷하지만 보호 대상에 따라 천형과 택우 등과 같은 구체적인 직책도 있다.

> 천형은 천택을 순시하고 금령을 집행하는데, 지키는 자를 고르게 배정하는 것을 관장한다. 시기에 맞추어 지키는 자를 배정하며 금령을 범한 자를 잡아 징벌한다. 제사를 거행하거나 빈객을 맞이할 때는 강에서 나온 물산을 제공한다.
>
> 택우는 나라 호수의 정령을 관장하고 엄격한 금령을 만든다. 그 지역민들이 호수의 재물을 지키게 하고, 시기에 맞추어 옥부玉府에 공물을 들이며 그 나머지는 백성에게 나누어준다. 무릇 제사와 빈객 접대에는 호수에 나온 물품을 올린다. 상사喪事에는 갈대와 부들을 공급한다. 왕이 친히 사냥하면 호수 주변의 풀을 벤다. 수렵을 마칠 때 수렵장 한가운데 우정虞旌을 세워 포획한 짐승을 분류하고 등급을 매긴다.
>
> 적인迹人은 나라의 수렵장과 관련한 정령을 관장한다. 관련된 금령을 엄격히 시행해서 지키도록 한다. 수렵하는 모든 자는 이에 명령을 받아야 한다. 어린 짐승을 잡거나 새알을 줍고, 독화살로 사냥하는 것을 금한다.
>
> 관인丱人은 금옥金玉과 주석朱錫의 산지를 관리하고 관련된 금령을 엄격히 시행해서 지키도록 한다. 필요한 시기에 채굴하려면 그 물질이 있는 지도의 도면을 그려서 주고, 금령을 어기는 자가 있는지 순시한다.
>
> 각인角人은 시기에 맞추어 짐승의 이빨과 뿔, 그리고 뼈 종류를 산택山澤 지역의 농민에게 징발하는 것을 관장하여 나라에 바치는 조세의 정령에 합당하게 한다. 도량형기로 계산하여 나라의 재용財用에 맞게 공급한다.
>
> 우인은 시기에 맞추어 산택 지역의 농민에게 깃털을 징수하여 국가에

바치는 조세의 정령에 합당하게 하는 것을 관장한다. 무릇 징수하는 깃털은 열 개가 1심審이 되고, 100자루는 1단摶이 되며 10단은 1박縛이 된다.[210]

위에서 서술한 여러 직책에는 몇 가지 조항에서 생태 환경과 자원 보호에 관련한 것이 많다. 천형은 하천과 호수에 관련한 금령의 집행 상황을 순시하고, 감시원들에게 구역을 배정하며, 시기에 맞추어 보호림을 설정하고 금령을 어긴 자를 징벌한다. 택우는 나라의 호수에 관한 정령을 맡아 경계와 금령을 설정하고 시기에 맞추어 옥부에 이 지역에서 생산된 물품을 공급한다. 적인은 수렵장의 관리를 관장하는데, 그 내용은 정현이 주석한 바와 같다. 사냥은 모두 적인의 통제를 받아야 하고, 적인의 금령에는 어린 짐승을 잡거나 새알을 줍거나 독화살로 짐승을 사냥하는 행위 등도 포함되어 있다. 이와 유사한 금령은 「월령」의 맹춘 조항에서 보이는데, 여기서는 일반적인 규약의 형태로 제시되었다.

이 외에도 관인은 광인礦人이라 하는데, 광물의 탐사와 채굴 및 징수를 맡고 있다. 각인과 우인은 각각 짐승의 이빨, 뿔, 뼈, 깃털을 징수한다. 이 대목에서는 특별히 환경 보호와 관련된 내용이 없다. 대체로 이러한 자원들은 당시에는 그리 중요한 것이 아니었고 채굴 능력도 한계가 있었기 때문이다.

징수의 책임과 관련된 직책 가운데 장갈掌葛과 장염초掌染草 같은 것도 있다.

210 『주례』 권16, 『십삼경주소』 상책, 746-747쪽.

장갈은 시기에 맞추어 갈포葛布 재료를 산농山農에게 징수하는 일을 관장한다. 갈포를 징수하거나, 초공草貢 재료를 택농澤農에게 징수하여 나라에 바치는 조세를 대신하도록 한다. 저울로 무게를 달아서 받는다.

장염초는 봄가을에 염색 재료로 쓰일 물건을 징수하는 일을 관장하는데, 저울로 달아서 수납하되 때를 기다려 다시 나누어준다.

장탄掌炭은 초목의 재와 숯을 징수하라는 명령을 관장한다. 시기에 맞추어 거두어들이며 저울로 무게를 달아 수납해서 필요할 때 나라에 바친다. 무릇 숯과 재에 관한 것이면 모두 관장한다.

장도掌荼는 적당한 시기에 씀바귀를 모아두어 상사에 제공하는 일을 관장한다. 야생 초목의 열매를 징수하여 나라에 일이 있을 때 공급한다. 무릇 축적할 수 있는 물건이면 모두 거두어두고 쓸 일이 있으면 나라에 바친다.

장신掌蜃은 조개 따위를 거두어 무덤 바닥을 깔 때 필요한 조개껍데기를 공급하는 일을 관장한다. 제사할 때 제기를 장식하는 조개껍데기와 담장을 바를 때에 필요한 조개껍데기 분말을 바친다.

유인囿人은 행궁이나 동산에 노니는 짐승을 관장하고 온갖 짐승을 기른다. 제사와 상사 및 빈객을 접대할 때 산 짐승이나 도살한 고기를 바친다.

장인場人은 나라의 농장을 관장하는데, 각종 과일이나 진기한 식물을 재배하고 시기에 따라 과실을 거두어 저장한다. 제사 때나 빈객을 접대할 때 과일을 바친다. 종묘 제향 때도 마찬가지다.[211]

이상으로 알 수 있듯이 『주례』에서는 일련의 직위를 구상했는데, 그

211 『주례』 권16, 『십삼경주소』 상책, 748-749쪽.

기본적인 직책은 산택의 농민들에게 자연계의 각종 재료를 징수하는 데 있었다. 직책의 구분이 명확하고, 게다가 자원 보호라는 목적을 위해 시간적 요소까지 고려했다. 실제로 이러한 틀에서 할 수 있는 일은 이보다 훨씬 많았다.

지관 부분에서 생태 보호와 관련된 직관의 설계는 상당히 치밀하다고 하겠다. 생태의 계획과 보호는 국토 자원의 전면적인 조사에서 비롯된다. 기본적 지세와 지형을 산림, 천택, 구릉, 하천 부지, 늪지대 등 다섯 가지로 구분하고, 그러한 지형에 적합한 동식물 종류가 각각 있으며, 생활하는 백성의 특징도 다르다고 여겼다. 이렇게 제정된 정책은 5등급으로 땅을 나누고 12종으로 토양을 구별한 것에 근거하기 때문에 지향성과 합리성에 부응할 뿐만 아니라, 현지의 실정에 맞추어 시행하는 데도 편리했다. 생태 자원이나 지형의 차이로 말미암아 자연히 관리 방식에도 그와 상응한 차이가 드러난다. 각기 다른 실제의 수요에 따라 직위를 설치한 것은 관리상의 한 방편이었다. 그 가운데 토균은 농지세와 부세 정책의 제정을 책임지고, 이를 관철하기 위해 산우와 택우 등을 임명하여 그들의 구역을 지키도록 하는 역할을 담당한다. 산림과 습지는 생태 면에서 비교적 중요하지만, 그 관리가 어려운 탓에 전담하는 자를 파견해야 한다.

『주례』에서 계획된 청사진을 펼쳐보면, 당시의 생태 보호가 농경 생산의 조직과 관리, 국가 재정 정책의 제정과 시행 등 여러 요소와 결합하여 전반적으로 고려된 것임을 알 수 있다. 이러한 계획은 전체 국면에 대한 다양한 의식을 구현한 것으로서, 직능적 요소에 따라 각기 다른 직관을 지정하고 파견해서 각자의 책임을 다하도록 만들었는데, 관리와 감독에도 편리했다. 이러한 계획의 사고방식은 지극히 온전할 뿐만 아니라 명확한 목표 지향성과 실행 가능성까지 갖추고 있어서 고도의 관리 기술과 그 수준을 보여주었다.

그러나 『주례』의 다른 부분과 마찬가지로, 정연하고 일관적인 서술 내용과 그 방식이 구체적 내용의 측면에 이르기까지 모두 정확하고 합리적인 것이라고 보장할 수는 없다. 더욱이 주공周公이 당대에 실제로 실행한 제도의 실상이라고 단정할 수는 없다. 하지만 이러한 것들은 일종의 사유적 경향이나 제도적 모델을 대표하는 것임에는 틀림이 없다. 사물 인식과 생산 수준이 높아짐에 따라 구체적인 내용들은 계속 수정하고 개선될 여지가 있는 것이다. 그런 점에서 이러한 총체적 사고방식은 현대인들에게 중요한 시사점을 남긴다.

대사도의 직책은 후대의 삼성육부三省六部 체계에서 호부상서戶部尙書 등으로 계승되었다.[212] 그중 호적 관리, 재정, 조세 등의 직능은 그대로 유지되었으나, 총책임을 맡았던 생태 보호의 직능 및 그가 통괄했던 관련 관직들, 즉 생태 계획과 생태 보호 및 감독 등의 역할을 맡았던 실질적인 담당자는 후대에 이르러 대다수 사라졌다. 다시 말해 관리상의 어려움과 그 중요성에 대한 인식의 부족 등 여러 원인으로 인해 유교의 관직 체계에서 생태 보호와 관련된 부분이 많이 약화되었고, 그에 따라 생태 계획의 추진에도 많은 지장을 초래했다. 시간이 갈수록 그 결과의 심각성은 더욱 현저하게 드러날 것이다.

그러나 이러한 실천적 측면의 부족함이 최초의 이론에 소홀한 점이 있다거나 무능하다는 뜻은 될 수 없다. 사실상 양호한 정치 체계는 양호

---

212 두유杜佑, 『통전通典』 「직관오職官五」 '호부상서戶部尙書', 중화서국, 1988년판과 이임보李林甫 등, 『당육전』 권3, 『호부상서』, 중화서국, 1992년 판 참조.

한 생태 상황을 보장한다는 인식을 전제로 한다. 이러한 인식은 유교사상에 명확하게 나타나 있다. 『순자』에서는 이렇게 말한다.

> 사람으로 태어나 무리를 짓지 않을 수 없고, 무리는 직분이 없으면 다투고, 다투면 어지러워지고, 어지러우면 떠나고, 떠나면 약해지고, 약해지면 만물을 이기지 못한다. 그러므로 궁실을 얻어도 편안하게 살 수가 없으니 잠깐이라도 예의를 버릴 수 없다고 말하는 것이다. 예의로써 어버이를 섬기는 것을 '효孝'라고 이르고, 예의로써 형을 섬기는 것을 '제弟'라 이르고, 예의로써 윗사람을 섬기는 것을 '순順'이라 이르고, 예의로써 아랫사람을 부리는 것을 '군君'이라 이른다. 군주란 무리가 잘 되게 하는 것이다. 무리의 도가 합당하면 만물이 모두 마땅함을 얻고, 여섯 가지 가축들이 모두 잘 자라고, 많은 생명들이 모두 그 명命을 얻게 된다.[213]

이 대목은 사람들이 익히 알고 있지만, 대부분 마지막 몇 구절은 주의하지 않거나 인용하지 않았다. 왜 "무리의 도가 합당하면", "많은 생명이 모두 그 명을 얻게" 되는가? 물론 양호한 정치 체계와 양호한 생태 보호 체계 사이에 수많은 중간 과정이 있다. 하지만 훌륭한 정치 체계가 있으면 문제를 해결하기가 한결 쉬워질 것이다. 순자는 「왕제」에서 이상적인 직관 체계의 개요를 규정하고 그 윤곽을 그려 놓았는데, 여기서 생태 보호의 직책을 겸유하는 여러 직관을 언급했다.

> 서관序官: 제방과 교량을 보수하고 봇도랑을 파서 물이 흐르도록 하며, 많

213 『순자荀子』「왕제」, 왕선겸, 『순자집해』 권5, 『제자집성』 제2책, 105쪽.

은 물이 두루 돌게 하고 저수지를 안전하게 하되, 때에 맞추어 트고 막아서 그 해에 홍수나 가뭄으로 흉년이 들지라도, 백성으로 하여금 경작할 수 있도록 하는 것은 사공司空의 일이다. 높고 낮은 땅을 살피고, 기름지고 척박한 데를 보아서 다섯 가지 곡식의 파종을 순서대로 하게 하며, 농사의 공功을 보살피고 삼가 기른 것을 저장하도록 하되, 때에 맞추어 보수하게 하여 농부들이 농사일에 전념하고 다른 일에 힘쓰지 못하게 하는 것은 농사를 담당하는 치전治田이 할 일이다. 때에 맞추어 산림을 불태우는 법령을 고치고, 산림과 늪지대의 초목, 물고기, 자라 등 여러 가지를 기르되, 때에 맞게 금지하고 풀어서 나라에서 넉넉하게 사용해도 재물이 궁하지 않도록 하는 것은 우사虞師의 일이다. 고을이나 마을을 화순하게 하고, 점포나 집을 정하고, 여섯 가지 가축을 기르게 하며, 여가에 필요한 나무를 심게 하고 교화를 권장하며 효도와 공손을 가르치되, 때에 맞게 따르고 고치게 하여 백성들로 하여금 명령에 따르게 해서 편안하게 마을에 살 수 있도록 하는 것은 고을의 스승인 향사鄉師가 할 일이다. 백공百工을 논단하고 시절에 따른 일들을 살피며, 기물의 정교함과 조잡함을 판단하고 물건이 튼튼하고 쓰임새가 편리한 것을 만들도록 하며, 쪼고 다듬어 문양을 낸 것으로 감히 집을 장식하지 못하도록 하는 것은 장인의 우두머리인 공사工師가 할 일이다. 음양을 살피고 길흉을 점치며 거북껍질을 지져 점괘를 뽑고, 다섯 가지 조짐의 형상을 보아 상서롭지 않은 것은 물리치고 좋은 것은 택하는 일을 주관하고, 그 길흉과 요상하고 상서로움을 아는 것은 곱사등이 무당인 구무傴巫나 절름발이 무당인 파격跛擊이 할 일이다.[214]

214 『순자』「왕제」, 왕선겸, 『순자집해』 권5, 『제자집성』 제2책, 106-108쪽.

완벽한 정치 체제는 고대인의 관심사인 기능적으로 완비된 관직 체계가 아니다. 하나의 사회에서 생태 보호란 이념을 추진하는 바탕이 되어야 한다. 고대에서는 관직 체계를 완벽하게 하는 것이 생태 계획의 실행을 보장한다는 것을 이미 의식했다. 이는 실로 탁월한 식견이 아닐 수 없다.

현대 생태학의 역사는 1960년대 독일 생태학자 에른스트 헤켈Ernst Haeckel이 가장 먼저 '외콜로지Ökologie'란 명칭으로 학문 분야를 지칭한 데서[215] 비롯된다. 1973년에 노르웨이 철학자 아르네 네스Arne Naess가 「표층생태학과 심층생태학의 기나긴 생태운동The Shallow and the Deep, Long-Range Ecology Movement」이라는 논문을 발표하여 두 가지 개념의 차이를 공식적으로 제기했다. 즉 표층 생태학Shallow Ecology과 표층 생태 운동Shallow Ecological Movement 및 심층 생태학Deep Ecology과 심층 생태 운동Deep Ecological Movement을 가리킨다. 1985년에 미국의 빌 드볼Bill Devall과 조지 세션스George Sessions가 공저한 『심층 생태학: 자연을 소중히 여기는 삶Deep Ecology: Living as if Nature Mattered』의 출판은 심층 생태학이 이론적으로 성립되었음을 의미한다. 심층 생태학에 의하면, 인위적으로 발생한 문제를 근원적으로 단절하기 위해서는 기술적 차원에서 환경 문제를 연구하고 해결해야 할 뿐만 아니라 가치관, 삶의 방식, 사회 제도, 경제 운영, 교육 방식 등도 고려해야 한다고 말한다.[216] 중국종교의 생태 사상은 바로 이러한 면에서 심층 생태학에 속한다고 볼 수 있다.

---

215 〔미〕도널드 워스터D. Worster, 『자연의 경제체계: 생태사상사Nature's Economy: A History of Ecological Ideas』, 상무인서관, 1999, 232-234쪽 참조.

216 왕정핑王正平, 「심층생태학: 새로운 환경가치 이념深層生態學: 一種新的環境價值理念」, 『상하이사범대학학보』, 사회과학판, 2000년 제4기.

앞서 논의한 바와 같이, 중국 고대 종교의 생태 사상은 다음과 같은 사항을 포괄한다. 즉 도론道論 철학의 생태적 함의, 천인지학의 조화 이념, 음양오행의 모델이나 취상비류 방법의 생태적 함의, 불교의 우주관과 무정유성설, 유교와 도교의 애물 사상, 유교의 월령 모델 속의 생태 계획 내용, 관직 체계 속의 수많은 생태 보호 관련 직책, 유·불·도 삼교에서 이르는 삶의 방식과 관련한 교훈 등이다. 여기서 중국 고대 종교의 생태 사상은 철학, 심리학, 인지과학, 사회학, 정치학 등 여러 인접 학문과 상호 관련된다. 이와 같은 논제들 가운데 전형적으로 현대적 의의를 지닌 것들은 대체로 다음과 같은 내용이다.

첫째, 고대 사상의 총체론적 특징은 생태학적 측면에서 시사하는 바가 있다. 더 중요한 사실은 하나의 문화적 요소로서 천지인 삼재의 조화 이념이 전 사회적으로 생태 의식을 계몽하는 데 기여할 수 있다는 점이다.

둘째, 유교의 '인민애물仁民愛物'과 '민포물여', 불교의 '무정유성'과 '중생유성衆生有性' 등의 명제들이 생명이나 전체 환경의 내재적 가치를 긍정하고 있기 때문에 현대 생태 윤리에 인문학적 자원을 제공한다는 점이다.

셋째, 유교 경전에 있는 생태 계획과 생태 보호 의식이 오늘날에도 참고할 만한 가치가 있다는 점이다.

넷째, 유·불·도 삼교에서 주장하는 삶의 방식에 관한 가르침을 현대적 관점에서 재해석할 때, 다른 어떤 방면보다 뛰어난 현실적인 의의가 있다는 점이다.

생태 의식을 계몽하고 생태 계획을 완비하며, 민주 정치를 건설하고 소유와 분배에 대한 제도를 개선하는 것들은 모두 오늘날의 생태 문제를 해결하는 데 있어서 소홀히 대할 수 없는 선결 과제다. 중국종교의 생태 사상은 양호한 생태 환경을 건설한다는 점에서 여러 방면에 걸친 긍정적인 메시지를 전한다. 그러한 경험과 교훈은 더할 나위 없이 소중한 것이기 때문이다. 다만 고전적 학설에서는 그 정수를 흡수하되, 소아병적인 태도는 회피해야 할 것이다. 오늘날 우리가 직면하고 있는 생태 문제는 사회적 시스템을 거쳐서 나타난 것이기에 반드시 사회적 시스템을 통해 그 해결책을 찾는 것이 바람직하다.

제 2 장

인생과 윤리

종교사상의 핵심은 인생관에 있다. 종교적 실천에 있어 중요한 내용 중의 하나가 바로 인간 관계, 다시 말해 출가한 후에 이루어지는 승단僧團과의 관계, 그리고 타인과의 관계를 처리하는 것이다. 따라서 종교와 도덕은 서로 떼어놓을 수 없고, 이러한 긴밀한 결합에 힘입어 체계화된 종교적 윤리관이 형성된다. 종교적 윤리관에서는 도덕적 내용이 종교란 형식에 융합되어 종교와 도덕 사이에 뚜렷한 경계가 드러나지 않는다. 한쪽에서는 종교적 윤리가 도덕적 외연을 확장해, 인간의 거의 모든 행위와 관계들이 모두 종교적 윤리의 규제를 받고, 다른 한쪽에서는 종교적 윤리에 의해 종교가 현실적 사회 세력으로 성장하여 사람들을 효율적으로 관리하고 감독한다.

제1절

중국종교의 운명론과 인생관

개체의 생명이란 관점에서 인생의 문제를 보면, 당장 직면하게 되는 것은 인간의 생명 현상과 정신적 현상, 그리고 이 둘과의 관계다. 이를 중국 고대 종교사에서는 '형신形神'의 관계라고 한다. 인류 개체의 생명은 제각기 의지와 목표를 가지고 있지만, 대다수 이를 실현하지 못한다. 이에 따라 사람들은 어둠 속의 힘을 깊고도 확실하게 느끼게 되어 운명에 대해 고뇌한다. 불가항력적인 운명, 특히 예정된 죽음이란 인생의 말로에 봉착하여 삶의 의미에 회의를 느끼게 되는데 그것이 종교적으로 인생의 가치에 대해 음미하는 계기가 된다. 인생의 가치를 음미하면서 저마다 얻은 결론은 사람들을 제각기 다른 인생길로 이끌게 되고, 이에 상응하여 인생의 문제에 대한 서로 다른 관점은 많은 종교를 서로 구분 짓는 중요한 요소가 된다. 본격적인 논의에 앞서 먼저 중국종교의 형신론形神論부터 살펴보기로 한다.

1 —— 중국종교의 형신론

동일한 문화적 배경에서 나온 유교와 도교는 이 문제에 대한 관점이 거의 비슷하다. 즉 양자가 모두 인간의 정신이 육신을 벗어나 독립적으로 존재한다고 여긴다. 불교는 물질이나 정신적 존재와 무관하게 별도로 존재하는 실체를 모두 타파해야 한다고 주장하면서 윤회설을 주장한다. 이런 주장은 정신과 육체가 서로 떨어져 있는 것을 전제로 한다.

1 귀신신앙과 형질신용形質神用

도교와 비교하면 유교는 이성적 정신에 비중을 두고 현세를 중시한다. 특히 공자가 괴력난신怪力亂神이라 한 것에 의지하여 유교는 줄곧 귀신을 공경하되 가까이하지 않는 태도를 보였다. 비록 "제사를 지낼 때는 조상이 살아있는 것처럼 행하고, 신에게 제사 지낼 때는 신이 강림한 듯이 하라祭如在, 祭神如神在"라고 했지만, 귀신의 존재를 뚜렷하게 인정하거나 부정하지 않았다. 중화 문화 속에서 귀신 신앙은 오랜 역사를 갖고 있을 뿐만 아니라, 그 자체가 조상에게 제사를 지니는 근거이자 유교가 존재하는 까닭이 되기 때문이다.

옛사람들은 사람이 죽은 후 불멸하는 영혼이 귀신이라고 여겼다. 죽은 자를 매장하고 시간에 맞추어 제사를 지내는 것은 망자의 영혼이 안정된 귀착점을 찾도록 배려한 것이다. 본래 '귀鬼'와 '신神' 사이에는 엄격한 경계가 없었다. '신'은 고귀하고 '귀'는 비천하며, '신'은 하늘에 있고 '귀'는 인간 세상 주위에 돌아다닌다는 차이만 있을 뿐이다. 평범한 사람이 죽으면 '귀'가 되지만 유명한 부족의 추장이나 전설 속의 인물들은 '신'이 된다. 귀신 문화는 이처럼 중국에서 유구한 전통을 지니는데, 일찍이 원시 시대에 영혼과 귀신 관념이 이미 형성되어 있었다. 조상 숭배와 제사는 바로 귀신 신앙의 집약적 표현인 것이다.

또한 귀신 문화의 중요한 특징 중 하나는 바로 일상생활에 널리 존재하는 금기다. 금기는 모든 사람의 행위와 언어를 규제한다. '금기'란 불결한 사물에 대한 미움, 위험한 사물에 대한 두려움, 그리고 성스러운 것에 대한 숭배로 인해 생기는 일종의 금제다. 어떤 금기든 간에 이를 어기면 방식이나 정도가 다른 벌을 받는다고 믿는다. 귀신 문화가 널리 존재하는 고대에서 금기는 중요한 사회적 규범으로서 그 역할을 담당했다. 물론 민간에 존재하는 귀신 신앙과 금기 풍습은 나중에 도교에 흡수되었지만, 조상에게 올리는 제사에서의 금기는 여전히 유교의 범주에 속한다.

수많은 금기가 귀신 신앙과 연관이 있는 것은 사람이 죽은 후에도 영혼이 계속 존재한다는 관념에 기인한다. 그중에 가장 무서운 것은 귀신이 몸에 붙거나 말썽을 일으키는 경우다. 망자의 영혼에 대한 두려움 탓에 여러 금기가 생겼던 것이다. 옛사람들은 이름도 제 몸의 일부라고 보았기 때문에, 금방 죽은 사람에게도 시호諡號를 부여한다. 그렇게 하지 않고 직접 망자의 이름을 부르면 귀신이 부르는 소리를 듣고 즉각 나타난다고 여겼다. 시호는 귀신이 알 수 없는 망자의 새로운 이름이기 때문에 살아있는 사람이 시호로 망자를 지칭해도 별 문제가 없다고 한다.

장례를 치를 때도 망자의 후손들은 반드시 상복을 입어야 한다. 상복의 원래 뜻은 '효성'을 드러내거나 망자에 대한 공경심에서 나온 것이 아니었다. 귀신이 알아보지 못하도록 모습을 바꾸는 데 있었다. 가까운 사람일수록 더 많이 변신해야만 망자의 영혼이 모르게 할 수 있다는 것이다. 따라서 상복을 입고 허리에 삼끈을 메는 행위의 본래 뜻은 자기를 위장하여 귀신이 못 알아보게 하는 것이고, 또 하나는 귀신을 몰아내거나 겁을 주는 것이다. 효자가 상장喪杖을 짚어야 하는 원인은 바로 여기에 있었다.

한편, 유교의 종교적 관념은 귀신 신앙을 바탕으로 하지만 유교의 발전 과정에서 불교와 도교의 도전에 대응하기 위해 귀신의 존재를 부인하는 관점도 있었다. 이러한 관점은 대개 위진남북조 시대의 형신 관계에 관한 토론을 통해 나타났다. 이 시대에는 유·불·도 삼교가 다투면서 서로 간에 영향을 주고받았다. 당시 지배자들 대부분의 태도는 유교의 삼강오륜을 활용하면서 일면으로는 불교와 도교를 빌려 감정적으로 백성을 위로하는 데 있었다. 불교와 도교의 근본적 교리는 신불멸론神不滅論인데, 유교가 불교와 도교를 공격하면서 '형신'의 문제에 대한 철학적 논쟁으로 불붙었다. 범진范縝은 신멸론神滅論에서 오래 지속된 '형신' 논쟁에 대한 자신의 태도를 정리했다. 범진은 유교를 옹호하는 입장에서 불교를 반대했고, 그의 기본적 관점은 "정신은 형체이고, 형체는 정신神卽形也, 形卽神也"[1]이라는 것이었다. 이를 더 깊게 논증하기 위해, 범진은 '질용質用'의 통일 원리를 이용하여 '형신'의 문제를 풀려고 했다. 신멸론의 '질용' 통일은 바로 '체용불이體用不二'라는 뜻이다. 범진의 주장에 따르면, 형체는 질료인質料因이고 작용은 바로 형체 자체의 운동 또는 바탕의 자연스러운 표현이다. 범진은 이러한 관점으로 '형신'의 관계를 파악해서 형체는 질료인이며 실체이고, 정신은 작용으로 설정했다. 즉 "형체는 정신의 바탕이고, 정신은 형체의 작용"[2]이라는 점에서 작용은 바탕에 의지하지만, 정신은 형체를 떠나 존재할 수 없는 종속적인 존재인 것이다. 다시 말해 "형체가 존재해야 정신이 있고 형체가 없어지면 정신도 사라진다"[3]라는 것이다. 다른 한편으로는 형체와 정신이 하나가 되며, "형체는 본질이라 칭하고, 정신은 작용이라 불리며, 형체와 정신은 서로 떼어놓을 수 없는 존재"[4]라고 했다. 정신은 바로 특정한 형체, 곧 인체의 움직임이며 자연스러운 표현이고, 형체와 정신은 서로 외적인 관계를 지닌 두 가지의 사물이 아니라, "이름만 다르지 실체는 하나다."[5] 따라서 양자가 서로 나누어지거나

---

1 요사렴姚思廉, 『양서梁書』「범진전範縝傳」제3책, 중화서국中華書局, 1973년, 665쪽.

2 요사렴, 『양서』「범진전」, 665쪽.

3 요사렴, 『양서』「범진전」, 665쪽.

4 요사렴, 『양서』「범진전」, 665쪽.

5 요사렴, 『양서』「범진전」, 665쪽.

합쳐질 수 있는 존재가 아니라는 것이다.

범진은 실체와 작용이 일치하기에 저마다 다른 본질質이 각각 다른 작용을 하므로 정신적 활동은 반드시 모든 물질이 다 갖추고 있는 '작용用'이 아니라고 생각했다. 사람의 본질이 나무의 본질과 서로 달라서 양자의 작용도 서로 다르며, 인간은 본질적으로 지각 작용이 있으나 나무는 지각 작용이 없다는 것이다. 그는 사람이라도 일단 죽었으면 그 형체는 나무의 본질과 같게 되어 살아 있는 사람만 가질 수 있는 지각의 정신적 작용을 갖추기는 불가능하다고 주장했다. 살아있는 자와 죽은 자 사이에는 질적인 차이가 있는데 지각의 정신적 작용은 살아있는 형체에만 비로소 갖추어진다고 결론을 내렸다.

범진은 질용의 통일 원리를 이용하여 형신의 문제에 내재한 기존 유물론자들의 이론적 결함을 설득력 있게 극복했다. 기존의 유물론자들은 모두가 형체와 정신의 구별은 조기粗氣와 정기精氣의 차이뿐인데, 정신은 마치 불과 같아 정밀한 기운으로 구성되어 있으며 형체는 초燭나 나무와 같아 땅에서 생긴 조잡한 기운으로 이루어졌다고 주장했다.

범진 이전의 학자들은 모두 장작불이나 촛불로 형신의 관계를 비유함으로써 신불멸론을 반박했다. 하지만 이런 반박은 형신이원론形神二元論을 극복하지 못했을 뿐만 아니라 오히려 유신론자들에게 이용당했다. 동진 시대 혜원慧遠의 주장처럼, 타오르는 불을 한 나무에서 다른 나무로 옮길 수 있듯이 정신도 한 형체에서 다른 형체로 옮길 수 있어 무궁무진하다고 한 것이 바로 그런 사례다. 범진은 칼날과 날카로움의 관계로 형신의 관계를 비유하여 "정신과 형체의 관계는 마치 날카로움과 칼날의 관계와 같다. 날카로움을 떠나면 칼날이 없을 것이고, 칼날을 버리면 날카로움도 없을 것이다. 칼날을 버려도 날카로움이 여전히 있다고 들은 적이 없는데 어찌 형체가 없어져도 정신을 계속 유지할 수 있겠는가"[6]라고 지적했다. 이러한 논리는 형신의 관계를 정기와 조기의 관계로 파악한 종래의 장작불 비유를 보완해주었다.

그런데 이러한 무신론 사상은 주로 지식인 계층에 영향을 주었지만, 평민에게는 여전히 귀신신앙에 근거한 조상 숭배 풍습이나 금기 등, 민간에서 사회적 규범의 구실을 하는 요소들의 영향이 더 컸고 지금까지도 잔재해있다.

2 연기양생煉氣養生과 성명쌍수性命雙修

귀신신앙도 도교가 존립할 수 있는 사회적 여건이기 때문에, 귀신 존재 여부라는 문제에서 도교는 유교와 별다른 차이가 없다. 귀신신앙의 목적에만 다른 점이 있을 뿐이다. 유교에서는 귀신을 믿고 받드는 것이 조상 제사를 위한 것이지만, 도교에서는 신선이 되기 위한 것이다. 형신의 문제에서도 유교의 귀신 신앙은 형체와 정신의 분리를 주장하는 반면에 도교는 형체와 정신이 하나로 결합해야 장생구시長生久視의 경지에 도달할 수 있다고 한다. 이러한 신앙 때문에 도교에서는 형신의 문제에서 유교와 다른 관념 체계를 세웠다.

이러한 차이는 무엇보다도 금단술金丹術에서 잘 드러난다. 중국의 금단술 역사는 춘추 전국 시대로 거슬러 올라간다. 원시적인 금단술은 옛사람들의 경험과 지식에서 발생했다. 옛사람들은 약을 먹어서 병을 고칠 수 있다는 사실을 알고서 병들지 않으면 수명을 연장하고 불로장생까지 할 것이라고 여겼다. 이것이 '장생설'과 선약仙藥의 연결 고리다. 의약학의 발

6 요사렴, 『양서』「범진전」, 666쪽.

전은 확실히 광물성 약품이 몸을 강건하게 하며 치병하는 효과가 있다는 사실을 입증했다. 동진 시대 갈홍葛洪은 "선약을 복용하면 천지와 같이 오래도록 장수할 수 있다"[7]라고 주장했고, 어떤 방사方士들은 금단을 복용함으로써 수명을 늘려 불로장생을 갈망하기도 했다.

도교의 창립에 따라 초기의 신선 방술은 도교의 수련 방술로 발전하고, 신선 방사도 도사로 변모했다. 도교는 육체적 장수와 우화성선羽化成仙이라는 목표를 달성하기 위해 처음부터 수련 방술을 중시했다. 신선도교는 인위적으로 정제한 단약이나 금액金液을 복용하는 것을 신선술의 중요 수단으로 삼았다. 금단가金丹家들은 비소를 함유하는 광물질과 수은, 동, 납, 주석 등을 같이 제련하여 황금색 '약금藥金'과 은백색 '약은藥銀'으로 만들어, 이러한 '약금'이나 '약은'을 복용하면 장수할 수 있다고 여겼다. 금단의 주요 원료는 수은, 납, 유황, 비소 등을 대량으로 함유하는 약제이기에 가열된 단정丹鼎 속에서 비상砒霜으로 산화한다. 당연히 장복하면 중독되어 죽게 마련이다. 이로 인해 금단술은 사회적 여론의 지탄을 받아 후대에 내단內丹과 외단外丹이라는 두 파로 갈라졌다.

도교 금단술의 직접적인 이론적 근원은 온갖 물질들이 서로 전환할 수 있다는 만물 변천론이다. 그렇다면 만물의 변천은 인류의 장수와 어떤 관계가 있는가? 금단을 복용하면 어떻게 불로장생할 수 있는 것인가? 금단가들은 그 이론적 근거를 물질의 성분이 전이되고 바뀔 수 있다는 데서 찾았다. 즉 모종의 수단으로 한 가지 물질의 성질을 다른 물질로 전이시키는 것이다. 이외에 금단가들은 또 한 가지 믿음을 가지고 있었다. 만물은 스스로 완전한 방향으로 나아가려는 경향이 있으며 물질에도 생명

7 왕밍, 『포박자내편교석抱朴子內篇校釋』, 중화서국中華書局, 1985년, 74쪽.

이 있고 광석이 금속으로, 비금속이 완벽한 귀금속으로 발전한다는 신념이다. 다만 이런 자연적 진화의 과정이 너무나 길어서 인위적으로 조절할 필요가 있다고 생각했다. 그것이 단방丹房이나 정로鼎爐처럼 모종의 수단을 동원하여 그러한 자연적 진화 과정을 단축하는 방법이다. 인위적으로 정제된 단약은 시간적으로 압축된 것이기 때문에 단약을 복용하면 압축된 시간이 밖으로 확장되어 복용자를 불로장생하게 만든다고 여겼다.

물질들 사이의 전환은 '형체'의 형성과 생명의 유구함을 시사한다. 이런 전환에 개입된 인위적인 조절은 도교가 '신神'과 '형形'의 관계에 관한 인식을 구체화한 것이다. 물질은 생명의 형성 과정이고 인간의 생명에는 주체적인 제어 능력이 있다. 특히 형신의 관계에 관한 도교적 담론은 도교의 신선신앙과 연관이 있다. 진晉나라 때 도교 신자들은 육체적으로 신선이 되기 위해서 이론적 측면에서도 형신의 관계에 일정한 관심을 보여주었다. 예컨대 육체와 영혼이 서로 의존하여 분리될 수 없다고 주장하는 갈홍은 『포박자내편抱朴子內篇』「지리至理」에서 "있음은 없음에서 생기고 형체는 정신이 있어야 설 수 있다. 있음은 없음의 궁전이고 형체는 정신의 집이다. 이를 둑으로 비유하면 둑이 무너지면 물이 다 흘러가 버릴 것이고 양초로 비유하면 초가 다 녹아버리면 불이 일어설 수 없을 것이다"[8] 라고 역설했다. 그런데 이처럼 정신이 형체에 의존한다는 관점은 당나라 때에 이르러서는 변화되었다.

도교 형신관의 또 한 가지 중요한 특징이 있다. '형'과 '신', 즉 물질적 생명과 인류의 정신 사이에 하나의 중간 고리가 있는데 그것이 바로 '원기元氣'라는 것이다. 이런 관점은 도교의학에서 형形, 기氣, 신神 삼위일체

8 왕밍, 『포박자내편교석』, 110쪽.

라는 인체 의학 사상으로 대두되었다. 도교의학자들의 주장에 따르면, 형체, 원기, 정신으로 이루어진 인체 시스템 속에 형체, 원기, 정신이란 삼대 요소가 인체 생명 활동에서 차지하는 위상이 제각기 다르다고 하면서 그 중에 원기는 생명의 근본이라고 한다.

그런데 도교의학자의 눈에는 비록 형체, 원기, 정신이 삼위일체가 되어 상부상조하여 유기적 생명체를 구성한다고 하지만, 여기서 원기의 위치는 특별하다. 원기는 형체와 정신을 연결하는 작용을 한다. 생명 활동에서 형체와 정신, 즉 몸과 마음을 일치시키는 매개로써 인체 생명의 시스템 속에 지극히 중요한 역할을 발휘하는 생명의 근본이다. 이와 같은 인식은 '형신' 관계의 문제에 대한 도교의 독특한 견해다. 이러한 사상은 대체로 다음과 같은 몇 가지 의미가 있다.

첫째, 원기는 생명체가 발현하는 물질적 기초이며 형체는 원기가 모여 이루어진다는 것이다. 둘째, 원기는 생명체가 발현하는 물질적 기초일 뿐만 아니라 인체의 생명 활동을 유지하고 지배하는 '정신'의 물질적 원천이다. 그래서 기를 수련함으로써 화신化神할 수 있다는 것이다. 셋째, 도교의학자의 주장에 따르면, 인체 안에 있는 원기의 충족 여부, 운행의 원활성 여부는 인체 건강과 직결되기에 형체와 정신을 같이 기르고 수련하며 신체를 건강하게 하고 장수하기 위해 원기를 길러야 한다는 것이다.

이러한 원기 사상을 근거로 여러 가지 양생 수련 체계가 이루어졌다. 그중에 내단은 오랜 모색 과정을 거쳐 찾아낸 가장 체계적이고 완벽한 수련 방법으로 알려져 있다. 그 핵심은 정신이 생명 과정을 지배한다는, 즉 '정신'이 '형체'를 지배한다는 것이다. 이러한 방법은 주로 다음의 세 방면에서 구현된다.

첫째, 존사통신存思通神이다. 존사통신이란 의념意念을 특정 신체 부위에 집중시키는 것으로서, 의상意想이나 의수意守 등의 공법功法을 운용한다. 양생 수련 과정에서 기법氣法으로 얻을 수 있는 온갖 특수 효과를 보기 위해, 무념무상의 경지에 대뇌가 특수한 상태로 진입하도록 하여 인체의 에너지를 활성화한다. 도가와 도교에서는 '존사存思'의 방법이 각기 다르다. 전통적인 도가의 입정入靜 방법은 편안하게 마음을 비우고 외계의 영향을 배제함으로써 의념을 통제하고 허정의 경지에 이르도록 한다. 그러나 도교는 종교적 감화력을 이용하여 심신이 가급적 빨리 입정 상태에 이르도록 한다. 여기서 존사의 신神은 도교신앙의 신선과 일맥상통하는데, 신을 신봉하고 의지하기 때문에 도교 신자의 의식 속에는 신선이 바로 곁에 있다는 현실감이 존재한다. 경건하게 전념하는 상태에 몰입해서 의념으로 몸 안팎에 있는 신을 묵상하고 잡념을 떨쳐내어 무념무상의 경지에 다다른다. 기법의 차원에서 보면 '존사통신'은 활용성이 높은 입정의 기교이기 때문에 신선사상을 가진 자들이 손쉽게 접근할 수 있다. 의념을 불러일으키는 데 중점을 두는 '존사통신'에는 인체의 생리와 심리적 관계에 대한 도교의 깊은 인식이 담겨 있다.

둘째, 내단수련內丹修鍊이다. 이른바 '내단'이란 '성태聖胎'라고도 하는데, 도교 신자가 사용하는 전문 용어다. 그들은 인체를 정로鼎爐라 하고, 정기신精氣神을 약물로 비유한다. 특수한 수련을 함으로써 정기신으로 하여금 체내에서 응집되어 하나의 융합물이 되게 한다. 그 융합물이 바로 '내단'이다. 정기신은 내단 수련의 약물로서 '삼보三寶'라고 불리며 각각의 역할은 다르다. 그중에 정은 바탕이고 기는 원동력이고 신은 주재자다. 도교 신자들이 내단술을 탐구하며 실천하는 동기와 목적이 신선 세계를 추구하는 데에 있지만, 내단술은 육체적 생명과 정신적 건강, 나아가 '불로장생'을 추구하기 때문에 객관적으로 심신의 건강에도 이롭다.

셋째, 성명쌍수다. 만당晩唐 시기 이후의 도교 경전에 '성명性命'이라는 두 글자가 내단수련의 핵심으로 인정되었다. 불교의 주장에 따르면, '성명'은 이분적이고 수성修性은 수명修命을 목적으로 하는 것이 아니다. 그런데 초기 도교 수련법은 명命을 수련하지만 성性을 수련하지 않았다. 단지 내단파內丹派만이 도道와 선禪을 융합해 성명쌍수를 주장하여 뛰어난 수련법이 되었다. 내단 이론에서 '성'과 '명'은 모두 특정한 의미가 있다. 이른바 '성'은 정신뿐만 아니라 본성이나 본래 면목도 포함되어 있다. '명'은 몸뿐만 아니라 타고난 원기나 선천조기先天祖炁까지 포함하는 개념이다.

도교 내단가들은 성명쌍수의 이론적 기초 위에서 오랜 수련을 하여 '성공性功'과 '명공命功'이라는 두 가지 방법을 찾아내고, '성공'과 '명공' 중에 어느 것을 먼저 해야 하는지로 논쟁을 벌였다. 하지만 사실상 '성공'과 '명공'은 명확히 구분되지 않는다. 수심修心부터 시작하든지 정기精氣 수련부터 시작하든지 간에 모두 '성'과 '명'이라는 두 측면과 관련되기 때문이다. 수성을 떠나서는 수명이 불가능하고 수명을 떠나서는 수성이 불가능한 탓에 수성과 수명은 서로 분리될 수 없다. '성명쌍수'의 관점은 도교 철학과 사상에 좌우될 뿐만 아니라 내단술 자체의 경험으로 결정된다. 이를 바탕으로 이루어진 '형신' 관계에 대한 견해는 도교 철학의 '형신관념'이 독특한 이론적 의미를 지니게 했다.

3 무자성無自性과 업보業報

불교에서는 관념에 있어서 모든 객관적 실체의 존재를 부정한다. 모든 사물이 그 자체의 진실성과 객관성을 지니지 않으며, 단지 사물은 여러 요소가 중합된 것으로 파악한다. 독립된 실체가 아니기에 세계의 본질은 공

空이라고 주장한다. 이른바 '사대개공四大皆空'이나 '만법개공萬法皆空'은 바로 이 점을 말한다. 이러한 공의 본질에 대해 불교에서는 처음에 '여성(如性, Bhutatahata)'이라 하고, '바로 그렇다'로 직역했다. 이러한 허무하고 추상적인 개념은 우주만유宇宙萬有가 그저 그렇게 존재하기에 감성이나 이성으로 감지할 수 없다고 한다. 오로지 '오悟'에 의해 체득하거나 깨닫게 될 뿐이다. 우주만유가 감지되거나 해석될 수 없다면, 어떤 사물을 두고 이렇다고 규정하는 순간 그것은 사물의 본래 모습과 거리가 있는 것이다. 우주만유의 공은 '공'의 인식 여부와는 상관이 없다. 우주는 그 '자성自性'이 공한 것이다. 공은 우주의 본체가 아니라 만물이 존재하는 진실한 상태이기 때문이다.

불교에서는 공을 만유의 본질로 파악하지만, 여기에서 '공'은 절대적인 허무나 공허가 아니다. 만유는 무상무아無常無我하며 실제로 존재하는 것이 아니라는 것을 가리킨다. 실재하지 않기 때문에 관념적으로 반드시 공이어야 하는데, 뒤집어 말하면 공은 실재하지 않는 것에 집착하는 심리적 상태를 타파하는 것이다. 일체의 사물은 모두 연緣으로 말미암아 일어난다. 원인과 조건의 집합인 탓에 실재하는 것이 아니다. 사물은 연을 기다려 일어난다. 즉 발생의 원인과 필요한 조건이 있어야 하고, 절대적으로 독립된 자유自有가 아니다. 자유는 인연에 따라 존재하는 것이 아니다. 항상 존재하는 것이고, 항상 존재하기에 불멸한다. 하지만 어떤 사물이라도 영원히 불멸하는 것은 없다. 사물은 스스로 존재하는 것도 아니고 항상 존재하지도 않는다. 단지 여러 인연의 조건들이 중첩되고 복합된 것에 지나지 않는다. 인연의 조건을 떠나서는 그 어떤 것도 존재하지 않는다. 그래서 사물의 '유有'는 참된 '유'라고 할 수 없다. 그러나 사물을 '무無'라고도 할 수 없다. 절대적인 '무'라면 아무것도 없으며 실체도 없고 감응도 없어야 한다. 하지만 만물은 인연에 따라 일어나거나 인연에 따라 소멸한다. 그래서 '무'는 참된 '무'가 아니고 '무'라고도 말할 수 없다. 사물은 인연에 따라 일어난 조건의 복합체로서, 항상 존재하지 않고 자아도 없는 '무상무아'이기 때문에 '유'라고 말할 수 없다. 또한, 사물은 인연으로 말미암아 일어나지만, 여러 조건의 복합으로 이미 존재하기 때문에 '무'라고도 말할 수 없다.

불교에서는 우주 만유의 객관적 실재성을 부인하고 객관적 세계를 가상假象으로 간주한다. 이와 동시에 '공'이 절대적인 허무가 아니라 진공묘유眞空妙有라는 것을 인정하고 있다. 이것이 불교 교리의 기본적 철학이다. 불교에서 우주 만유의 진실성을 부정하는 목적은 현실세계와 현실적 삶의 가치를 근원적으로 부인하는 데 있다. 불교의 주장에 따르면, 사람들이 만상萬象의 가유假有에 집착하는 것은 일종의 '무명無明'이다. '무명'에 속박되어 본래 무아無我의 대천세계에서 유아有我를 추구하고, 환상을 진실로 받아들여 번뇌를 자초했을 뿐이다. 육체는 탐욕으로 힘들게 되고 정신은 환상 때문에 혼란스러워지면서 인생은 고해苦海가 된다. 인생의 고난에서 해탈하려면, 무명의 상태에서 깨어나 불교의 진리를 깊이 깨달아야 하며, 우주의 참된 본성을 인식함으로써 허상의 세속적 삶에서 벗어나 최종적으로 성불해야 한다는 것이다.

이러한 불교의 주장에 따르면, 세상만사는 모두 공허하지만, 그 자체가 실재하는 것이 아니다. 일체는 모두 마음이 지어낸 환상이고 가상의 존재다. 이러한 관점을 기초로 이루어진 형신관은 당연히 물질적 형태의 형形에 대해 부정적인 태도를 보인다. 그것이 바로 '인아공人我空'이다. 불교에서는 인생의 가치를 부정하기 위해 인간의 물질적 존재인 육체까지 부정했다. 육체는 수많은 요소나 조건들이 결합해서 형성된 탓에 명확하게 규정되지 않으며 자성自性도 없다. 단지 허황한 존재일 뿐, 영원불멸의 실체가 될 수 없다는 것이다. 불교는 세계와 사람 생명 자체의 자성을 부정함으로써 인생의 의미와 가치를 부정하고, 나아가 인생의 고달픔에서 벗어나려고 했다. 그러나 이러한 이론을 널리 알리는 과정에서 불교 이론은 그 자체로 거대한 모순에 빠진다. 그것은 바로 형체와 정신 사이의 모순이다. 불교에서는 우주 만유와 생명체의 참된 존재를 부정하는 한편, 다른 쪽에서는 불변하는 인간의 영혼이 업보를 받고 해탈하는 역할을 담당한다고 주장한다. 만약 인간이 만유와 같이 여러 요소가 합성된 것이라면, 그 구성 요소들은 끊임없이 움직이고 변화하게 될 것이다. 따라서 인체에는 영원불멸의 실체가 존재할 수 없다. 그렇다면 그 윤회하는 영혼은 어떻게 존재하는가? 이러한 이론적 모순은 불교사상을 원만하게 해석할 필요가 있다는 것을 말해준다.

2 —— 중국종교의 운명론

종교는 근본적으로 인생에 대한 사고이고, 운명의 문제를 불가피하게 정면으로 다루어야 한다. 유·불·도 삼교에서 표방하는 운명관은 같은 점도 있지만, 전혀 다른 점도 있다.

1 상제上帝와 천인天人의 관계

고대 중국에서 신봉한 최고신은 '제帝'나 '상제'라고 한다. '제'나 '상제'는 또한 '천天'이라고도 불린다. 천과 상제는 이름만 다르고 같은 개념이다. 중국의 농업은 일찍부터 시작되었는데 생산력이 발달하지 않은 고대 농업의 성공 여부는 주로 계절과 기후의 변화에 달려있었다. 그래서 민간신앙에서는 천체나 천상天象에 대한 미신이 광범위하게 남아있다. 고대인들에게 '천'은 변덕스럽고도 신비한 존재였다. 밤낮의 교체, 사계의 순환, 비바람과 천둥 번개의 발생 등은 고대인들에게 모두 혼란스럽고 신비한 현상들이었다. 그들은 신들이 이러한 것들을 조종한다고 상상하여 일월성신과 풍우뇌전風雨雷電 등 천체나 천상을 숭배하게 되었다. 종교 관념이 발전함에 따라 하늘에 대한 숭배와 귀신 신앙이 점차 결합하면서 하늘도 이에 따라 신격화되었다. 고대 중국에서 가장 일찍 나타난 최고신은 일신日神이었다. 나중에 일신과 조상신이 결합되어 '천제天帝'라는 형상이 형성되었다. 이에 따라 자연신은 조상신으로 대체되었으며 인간의 권력과 하늘 사이에 혈통을 접목해 인간의 종법宗法 관념이 신격화되었다.

원시 공동체 사회에서 씨족은 사회의 기본 단위다. 몇 개의 씨족으로 부족을 이루고 몇 개의 부족이 다시 부족 연맹을 구성한다. 당시의 종교는 다신 신앙으로 표면화되었는데, 씨족과 부족이 합병되고 조합됨에 따라 종교 신앙도 점차 통일되었다. 세력이 강한 씨족의 신이 부족신이 되고, 부족신은 다시 부족 연맹의 신이 되었다. 계급 사회에 접어들어 국가가 형성되면서 통일된 전지전능의 최고신이 등장했다. 통일된 신의 등장은 천하를 통일한 제국의 형성을 의미하는데, 일신 숭배는 국가의 통합에 필요한 이데올로기적 요구라 할 수 있다. 통일된 신의 형성이나 일신론一神論의 강요는 전제적 통치와 연결된다. 통일 왕권의 수립에 따라 관방官方의 귀신 신앙은, 이른바 '신도관神道觀'이란 의식 형태로 상제 또는 하늘의 뜻에 따라 통일된 왕권의 합리성을 입증하는 역할을 했다.

하늘이 의지와 감정이 있다면, 그 의지와 감정은 자연과 사회적 현상을 통해 표출되기 마련이다. 특정한 수단을 동원하면 하늘의 의지와 감정을 엿볼 수 있고, 하늘의 뜻을 따라 행동하면 길흉을 선택하거나 전화위복의 계기로 삼을 수 있다. 이러한 것들은 인간이 자신의 운명을 장악하려는 일종의 소박한 노력이기도 하다. 외부의 힘으로 제어하기 어려운 재해를 당하거나 위기 상황일수록 무술巫術도 성행했다. 점복 행위도 천인 관계를 처리하기 위한 중국 고대인들의 노력이라고 할 수 있다. 오늘날 미신으로 치부되는 일부 방식들은 미래를 예측하고 운명을 지배해서 목적과 소원을 달성하려는 고대인들의 수단이었다. 그것은 인간이 자연세계에 대한 자신의 위상을 확인하는 인식이며, 인간과 자연의 관계에 대한 초보적인 이해였다. 점복의 목적은 위기 상황을 모면하여 평온을 되찾게 하는 데 있을 뿐만 아니라, 하늘의 뜻을 빙자하여 제왕의 행위를 규제하려는 데에도 있었다. 이는 인간의 적극적 행위로 객관적 필연성을 초월하려는 의식을 드러낸다.

'천인감응'의 학설은 한나라 동중서가 제기한 천인 관계에 대한 설명이다. 동중서는 "도의 큰 근원은 하늘로부터 나왔다. 하늘이 변하지 않으면 도 역시 변하지 않는다"[9]라고 했다. 그는 '하늘'을 조물주로 보고 "하늘은 만물의 조상이다. 하늘이 없으면 만물도 생겨나지 않는다"[10]라고 역설했다. 이를 바탕으로, 그는 우주 만물의 구성 요소를 천지, 음양, 오행, 인류 등 열 가지로 나누었다. 즉 "천天 · 지地 · 음陰 · 양陽 · 목木 · 화火 · 토土 · 금金 · 수水의 9와 사람을 합친 10이 모든 하늘의 숫자다."[11] 그는 음양오행을 세계의 모델로 삼았는데, 자연계와 인간사가 이러한 모델에 따라 상호감응하는 것이 곧 하늘의 뜻과 천명을 구현했다고 믿었다. 인간은 하늘의 복제판이며 하나의 축소된 우주이고 우주가 확대된 것이 인간이기 때문에 하늘과 인간이 서로 통한다고 했다. 인간의 활동이 의식과 목적이 있

9 반고, 『한서』 「동중서전董仲舒傳」 제8책, 2518-2519쪽.

10 동중서, 『춘추번로』 「순명順命」, 소여, 『춘추번로의증』, 410쪽.

11 동중서, 『춘추번로』 「천지음양天地陰陽」, 소여, 『춘추번로의증』, 465쪽.

는 것처럼 자연계의 변화도 의식과 목적이 있는 하늘의 활동이라는 것이다. 양체는 하늘의 은덕을, 음체는 하늘의 징벌을 나타내고, 자연계의 춘하추동 사계절은 각각 하늘의 경축慶, 상여賞, 징벌罰, 형벌刑을 나타낸다고 했다.

이러한 동중서의 주장은 같은 종류의 사물이 서로 감응하는 현상의 배후에는 외적인 무형의 동력이 있으며, 모든 사물의 변화는 그 힘에 의해 촉발된다는 것이다. 그는 금슬琴瑟의 공명共鳴 현상을 예로 들었다. 공명이 절로 일어나는 것이 아니라, 어떤 무형의 힘이 시켜서 그렇게 된 것이며[12] 다른 모든 사물의 변화도 모두 이처럼 무형의 힘이 "그렇게 시켜서" 일어나는데, 이른바 "그렇게 시키는 것"이 바로 하늘의 뜻이라고 했다. 그는 하늘의 뜻을 자연계의 모든 일과 만물을 움직이는 변화의 원동력으로 간주했다. 자연계의 모든 것은 하늘의 의도에 따라 인류를 봉양하기 위해 창조된 것이라고 주장했다. 하늘의 의도는 무형적인 것이어서 파악하기가 어렵지만, 음양오행의 움직임으로 나타난다고 했다.

후한 중기에 천인 관계의 문제가 다시 논쟁의 초점으로 떠올랐다. 그 결과는 상제의 천명을 부정하지는 않았지만, 인간의 위상이 우선시되었다. 왕부王符는 "백성이 안락하면 천심이 편안하다"[13]라는 원칙을 제시했다. 이 원칙에 의하면, 군왕은 백성의 일을 잘 처리해야 비로소 하늘의 비호를 받을 수 있게 된다. 후한 말기의 순열荀悅도 비슷한 관점에서 "군주는 천명을 받아 백성을 부양하고", "백성이 있어야 나라가 있다"[14]라고 주장했다. 이러한 관점은 왕충王充과 왕부 모두 일치한다.

12 동중서, 『춘추번로』「동류상동同類相動」, 소여, 『춘추번로의증』, 360쪽.

13 왕부王符, 『잠부론전교정潛夫論箋校正』「본정本政」, 상하이서점上海書店, 1986년, 89쪽.

14 순열荀悅, 『신감申鑒』 권4, 「잡언상雜言上」, 『사부총간四部叢刊』 경명가정본景明嘉靖本.

중장통仲長統의 주장에 따르면, 성군과 현신賢臣은 천도를 알 필요가 없고 계절에 맞추어 역사役事를 일으키면 된다고 했다. 천도를 아는 자는 점쟁이나 무당 따위에 불과하여 큰일을 이루기에 부족하다는 것이다. 그는 천도만 믿고 인간의 일을 도모하지 않는 자를 혼군昏君이나 집안과 나라를 망하게 하는 신하로 보았다. 그가 이르기를, "천지는 나를 따라 바르게 되고 상서로운 일이 나에게 감응해서 모여든다. 악한 것도 나를 떠나면 사라진다"[15]라고 했다. 그렇지 않으면 종일토록 점을 치거나 천문을 헤아리고 제사를 지내도 패망하는 나라를 구할 수 없다는 것이다. 중장통은 이에 근거하여 "인사人事는 근본이고 천도는 지엽적인 것이다"[16]라고 결론을 내렸다. 나아가 천문, 제사, 점복에 연연하는 유교 정치의 폐단을 비판했다. 이는 미신이 성행한 한나라의 정치적 부패상을 경험한 자들이 천인 관계를 다시 숙고하고, 더 정확한 천인의 소통 방식을 모색한 결과였다.

천인 관계는 유교 이론의 영원한 화젯거리였다. 당나라 후기에 발생한 정치적 위기는 천인 관계를 다시 토론의 장으로 옮겨놓았다. 현실의 변란을 겪어온 관리들은 정치적 성패나 국가의 흥망이 모두 인간의 행위로 조성된다는 것을 깨달았다. 천명은 바로 인간사에 있으며, 인간사가 잘 이루어져야 상제의 칭찬을 얻을 수 있다는 것이다. 상제가 선악을 포폄하는 기준은 인간 행위의 선악으로 보았다. 인간은 자신의 덕행을 통해서 하늘의 복을 받는다고 생각하여 천도는 인간사에 있다고 하며, 인간사를 떠나서는 천도를 논할 수 없다고 주장했다. 이러한 발상은 당나라 후

15 중장통, 『창언昌言』 하, 엄가균嚴可均, 『전상고삼대진한삼국육조문全上古三代秦漢三國六朝文』 제2책, 중화서국, 1958, 955쪽.

16 중장통, 『창언』 하, 엄가균, 『전상고삼대진한삼국육조문』 제2책, 중화서국, 1958, 955쪽.

기 유학자들이 보여준 천인 관계에 대한 기본적 인식이며, 인간사를 중시하는 유교사상의 발전된 모습이었다.

천인 관계에 대한 한유韓愈의 견해가 이를 대표한다. 그는 유학자로서 천명과 하늘의 상선벌악賞善罰惡을 믿었다. 그렇지만 간사한 자가 득세하고 선한 자가 억울한 일을 당할 때 선한 자는 상제의 상벌이 과연 공정한지 의심할 것이다. 한유는 험난한 벼슬길에서 "하늘은 대체 어떻게 하려는가? 운명은 무엇인가? 사람에게 달려있나? 아니면 사람에게 달려있지 않은가?"[17]라고 의문을 품은 적이 있었다. 사정이 그러해도 그는 "유교의 도는 죽지 않았고 천명은 속이지 않는다斯道未喪 天命不欺"[18]라고 굳게 믿었다. 한유와 류종원柳宗元 두 사람 모두 천인 관계의 근본적 문제에 있어서 한나라 이후의 전통적인 견해에 동의하지 않았다. 한유는 복을 짓는 사람이 좋은 보답을 얻지 못하면 교화를 어떻게 할 것인가 하고 의문을 던졌다. 류종원도 선인과 악인에게 상제가 보응을 내리지 않으면 악행을 물리치고 선을 행할 길이 없다고 했다. 이러한 관점은 "하늘이 덕을 가진 자를 도와준다"라는 유교의 전통 사상이 곤경에 처했음을 드러내었다.

류종원은 인간의 노력을 중시하는 사상을 계승해서 "화를 복으로 바꾸고 굽은 것을 바르게 펴는 데 천명이 무슨 상관이랴? 오직 나의 노력에 달렸다"[19]라고 했지만, "하늘과 인간은 서로를 간섭하지 않는다天人不相豫"라는 것을 더 강조했다. 유우석劉禹錫은 류종원이 천인 관계를 명확하

17 한유, 「상고공최우부서上考功崔虞部書」, 치위수위안屈守元 외, 『한유전집교주韓愈全集校註』 제3책, 쓰촨대학출판사, 1996, 1181쪽.

18 한유, 「상고공최우부서」, 1181-1182쪽.

19 류종원, 「유고황질부愈膏肓疾賦」, 『류하동전집柳河東全集』, 연산燕山출판사, 1996, 453쪽.

게 파악하지 못했다고 판단하고, 「천론天論」을 써서 한층 더 심도 깊게 천인 관계를 논했다. 그는 여태껏 이루어진 천인 관계에 관한 논란에 두 가지 관점이 있다고 했다. 하나는 하늘이 착한 자에게 상을 주고 악인에게 벌을 준다는 견해다. 다른 하나는, 천도는 아무런 하는 일이 없다는 견해다. 유우석은 이 두 가지 관점이 모두 단편적이라고 생각하여, "하늘과 인간은 번갈아 서로를 이길 수 있다天人交相勝"[20]라는 상호 대립적 관점을 제시했다. 그의 주장에 따르면, 하늘의 직능은 만물의 생장과 번식에 있고 인간의 직능은 만물을 다스리는 데 있다. 음양 대립의 작용으로 상호 투쟁하면서 생장과 소멸을 반복하는 것이 자연의 역할이라면, 사회를 만들고 법률과 제도를 마련해서 시비를 가리는 것은 인간의 역할이라고 한다. 그런 점에서 자연의 역할과 인간의 역할은 서로 대체될 수 없다. 과연 그렇다면 "하늘이 인간을 이기고天勝人", "인간이 하늘을 이긴다人勝天"라는 것이 무엇인가? 유우석이 보기에 하늘이 일부러 사람을 이기려고 하는 게 아니다. 인간이 자연을 지배하지 못할 때 자연의 역량이 절로 일어나 작용한다는 것이다. 인간이 하늘을 이기려고 애를 썼다는 것은 의심할 수 없는 사실이다. 자연계가 사심이 없기에 인간은 의식적으로 법칙을 활용해서 자연을 이겨나갈 수 있는 것이다. "하늘과 인간은 서로 간섭하지 않는다"라는 류종원의 사상과 "하늘과 인간은 번갈아 서로를 이길 수 있다"라는 유우석의 사상은 천인 관계 문제에서 유가가 도달한 최고 수준의 의식을 보여주었다.

20 유우석, 「천론」 상, 토민陶敏 · 토홍위陶紅雨, 『유우석전집편년교주劉禹錫全集編年校註』 하책, 악록서사岳麓書社, 2003, 988쪽.

2 청정무위淸淨無爲와 도기론盜機論

운명 문제에 대한 의식은 도가와 도교에 분명한 차이가 있다. 도가는 자연에 순응하는 청정무위를 주장한다. 천인 관계에서 도가는 천도를 더 중시하는데, 천지의 관점에서 인간은 단지 만물 중의 하나에 지나지 않기 때문이다. 그래서 인도人道의 원칙을 강조하는 것은 타당하지 않다고 했다. 노자는 "대도大道가 없어지니 인의仁義가 있게 되었다[21]"라고 했다. 따라서 천도를 진정으로 이해하려면 어짊과 의로움을 저버려야 한다. 노자는 천도와 인도를 대립적으로 파악하고 천도는 곧 인도에 대한 부정이라고 생각했다. 노자의 관점에서 천인의 대립은 곧 '무위無爲'와 '유위有爲'의 대립이다. 노자가 '무위'를 주창한 까닭이 여기에 있다.

노자의 무위 사상은 이중성을 지닌다. 한편에서 '무위'는 즉 '자연'이다. 이른바 "도는 함이 없으면서도 하지 않는 것이 없다"라는 말은 '도'가 자연스러운 것이라는 뜻이다. 의식적으로 만물을 생성하고 발전시키는 것이 아니다. 노자의 '도'는 의지가 있는 조물주가 아니다. 노자는 또 이렇게 주장한다. 성인이라면 응당 '도'와 마찬가지로 "무엇을 한다고 생색을 내지 않고서도 하지 못하는 일이 없어야無爲而無不爲" 한다. 성인의 행위는 "만물의 자연스러움을 돕고 감히 꾸며내지 않는" 것이다. 즉 무위의 원칙에 따라 만물과 자연의 운행을 보조하고 의도적으로 조작하지 않는다는 것이다. 이는 객관적 자연 법칙을 존중하는 태도로서 충분히 타당성이 있다. 주목할 만한 점은, "만물의 자연스러움을 돕는다"라는 내용이 '도'가 아무것도 안 하는 것이 아니라 사적인 행위를 "감히 하지 않는다"라는 것이다. '도'를 본받는 인간은 당연히 어떤 행동을 취하고 실천해야 한다. 그

21 『도덕경』 제18장, 『제자집성』 제3책, 10쪽.

것이 바로 '무불위無不爲'라는 것을 알 수 있다.

다른 한편에서 '무위'는 '귀근복명歸根復命'과 상호 관련된다. 노자는 도의 세계로 '귀근'하는 것을 '복명'이라 했다. 인간은 주어진 운명 앞에서 무력하기 마련이라고 생각하여, "하늘의 그물은 크고 엉성해도 놓치는 것은 없다[22]"라고 했다. 아득한 어둠 속에서 그 누구라도 '천망天網'의 지배에서 탈출하지 못한다. 따라서 자연의 운명 앞에 순응할 수밖에 없다고 주장했다. 이러한 관점은 유교의 천명론天命論과는 별다른 차이가 없다고 하겠다.

천인 관계의 문제에서 장자는 노자보다 한 발 더 나갔다. 장자가 보기에 자연적인 것은 모두 아름답고 좋지만, 인위적인 것은 모두 형편이 없다고 한다. 그는 '천天'을 소나 말의 네 다리와 같이 본래부터 자연스럽게 존재한 것으로 간주했다. 하지만 '인人'은 말에게 굴레를 씌우거나 소에게 코뚜레를 꿰는 것처럼 자연의 바탕 위에 의식적인 행위를 가한 것으로 여겼다. 장자는 인위적으로 자연을 파괴하지 말고 합목적성을 빌미로 자연적 운명에 대항하지 말 것을 거듭 강조했다.

그러나 도교는 천명과 인위의 관계에 도가와 전혀 다른 태도를 보였다. 도교는 살아가는 것을 즐거움으로 삼아서 삶을 중시하고 죽음을 혐오하는 종교다. 심지어는 장생불사까지 추구한다. 도교란 모습으로 세상에 나왔을 때부터 삶을 중시하는 교리를 강조했다. 그들은 생명이 도의 구현이고 생生은 도의 본성이라 여겼다. 그래서 '생'은 천지와 마찬가지로 중요했다. 자연히 영원한 삶과 불사를 추구하고 살아있는 신선이 되는 것을 도교 수련의 이상적인 경지로 삼았다. 이러한 도교의 주장은 인명이 천명

---

22 『도덕경』 제73장, 『제자집성』 제3책, 44쪽.

에 있는 것이 아니고, 생명의 유무와 수명의 길고 짧음은 그 자신이 결정한다는 것이다. 수련과 양생을 통하여 정신을 안정시키고 형체를 튼튼히 하면 장생불사도 가능하다고 했다.

그 대표적인 인물이 갈홍이다. 갈홍은 자연계의 생성이 무위자연 그 자체라고 생각했다. 이런 관점은 도가 사상을 흡수해서 나온 것이지만 자연과 인위의 관계는 도가와 다르다. 도가에서는 '무위'를 주장하지만, 갈홍은 '능위能爲'를 말한다. 그가 볼 때, 자연계는 끊임없이 변화하는 것이고, 이러한 변화는 사물을 한 종류에서 다른 종류로 변하게 하는 것이다. 즉 질적인 변화가 발생한다. 따라서 사람도 이러한 '변화의 술법'을 가질 수 있다. 그는 "변화의 술법으로 무엇인들 못 하겠는가?"[23] 라고 말하면서 이러한 술법으로 무엇이든지 할 수 있다고 생각했다. 자연 변화의 규칙에 근거해서 인간이 필요한 조건을 만들어내면 능동적으로 사물을 고치고 변화시킬 수 있다는 것이다. 이는 과학적인 견해다. 그렇지만 아무런 조건 없이 모든 사물을 상호 전환하고 변화의 술법으로 신비로운 경지에 도달할 수 있다면 그것은 신화다. 갈홍은 다음과 같이 말한다. "조화를 도야陶冶하는 것으로 사람보다 신령한 것은 없다. 따라서 얕게 도달한 자는 만물을 부릴 수 있으며 깊게 얻은 자는 불로장생한다."[24] 주관적 능동성을 발휘하면 만물을 지배할 수 있다는 것이 틀린 말은 아니지만, 크게 과장된 측면이 있다. 장생불사할 수 있다는 말은 종교신학의 관점이고, 게다가 유심론적 경향이 선명하게 드러난다. 갈홍의 주장에 따르면, 사람은 모태에서 기를 받아 형체를 이루고, 그 뒤 하늘과 땅 사이에 태어난다. 그

23 왕밍, 『포박자내편교석』, 284쪽.

24 왕밍, 『포박자내편교석』, 46쪽.

의 '명命'은 천지나 부모로부터 결정된 것이 아니라, 우연히 적절한 조건들이 만나서 이루어진 것이다. 태아가 형성될 때 이어받은 기氣의 차이는 우연한 것이고, 나중의 성선成仙 여부는 이어받은 기만이 아니라 굳은 의지의 유무에도 달려있다. 그는 "장생을 구하고 지극한 도를 닦는 비결이 의지에 있다[25]"라고 했다. 주관적인 의지력을 발휘해서 백절불굴의 노력 끝에 신선이 될 수 있다는 이야기다. 즉 선도仙道수련이 결국 신앙과 의지력으로 귀결된다는 것이다.

당나라 때 도교사상가 이전李筌의 관점도 의지론적 색채를 드러낸다. 이전은 사람이 능히 자연을 정복할 수 있다고 강조하면서, 동식물이 모두 음양오행의 기를 받아 자라고, 만물의 생성은 음양의 기운을 도둑질한 결과라고 말했다. 사람도 천지 음양오행의 기운을 훔쳐서 자신을 기를 수 있는데, 밭에 곡식을 심거나 누에를 치는 것도 수水·토土·일日·화火·미米·인人·예穢의 칠기七氣를 도둑질해서 일용의 생활 물자로 삼는 데 지나지 않는 것이라고 주장했다. 이와 반대로, 만물도 사람의 기운을 도둑질하기 위해 천재天災나 질병 같은 각종 재앙을 조성한다고 했다. 따라서 이전은 천지 만물과 인간 사이에 모순과 투쟁이 존재하여 "서로 도둑질하는" 관계라고 했다. 이것이 '자연의 이치', 즉 자연 법칙이라고 강조했다. 이전은 이러한 도둑질을 '도기盜機'라고 규정했다. 그는 다음과 같이 말한다. "왜 도기라고 하는가? 자기가 소유하지 못한 것이 남에게 있다는 것을 알고, 암암리에 계책을 세우고 몇 번씩 기회를 엿보다가 아무도 모르게 도둑질해와서 자신을 윤택하게 하는 것을 일러 도기라 한다."[26] 예를

25 왕밍, 『포박자내편교석』, 17쪽.

26 이전, 『황제음부경소黃帝陰符經疏』 권중, 「부국안인연법장富國安人演法章」, 『도장』 제2책, 742쪽.

들어보자. 인류는 원래 의복이 없었다. 그런데 동물의 털가죽으로 의복을 만들 수 있다는 것을 알고, 이를 얻기 위해 암중모색하면서 필요한 조건을 갖추고 현실적 가능성을 충족시키는 객관적 규칙을 마련한다. 양을 길러 그 모피를 취하고, 모피를 마름질하여 의복을 만드는 것과 같다. 이런 식으로 가능성을 현실로 바꾸어 필요한 욕구를 충족해왔다.

물론, 이전은 도둑질하는 것만으로 인간의 목적이 달성된다고 생각하지 않았다. 도둑질하되 반드시 '도道'가 있어야 한다고 지적했다. 즉 법칙에 따라 훔쳐야 길하게 되고 이를 어기면 재앙을 만난다고 했다. 이 때문에 사람이 무엇을 도적질할 때는 "이치를 살피는" 것이 반드시 요구되었다. 심오한 이치를 알아야 비로소 적절한 기회를 얻을 수 있고 사물의 가능성을 인간의 수요에 적합한 현실적 사물로 전환할 수 있게 된다. 사람이 이렇게까지 할 수 있는 근거는 '마음心'이 있기 때문이다. 자신의 본성과 만물의 근원을 인식하게 되면 음양오행의 법칙도 인식하게 되기 마련이고, 그 법칙에 따라 행동할 수도 있다. 이로써 신선이 될 수 있는 것이다.

이전의 '도기론'에는 합리적인 요소가 있다. 그는 자연계의 사물을 피차 모순된 투쟁으로 보았다. 자연계에 일정한 법칙이 존재한다는 것을 인정하면서, 다른 한편으로는 인간이 주관적 능동성을 발휘할 수 있다는 점을 지적했다. 계획을 세우거나 대책을 꾸미면 인간에게 유리한 가능성을 현실로 변화시킬 수 있다는 것이다. 곡물을 창고에 쌓아두면 봄이 되어도 싹이 트지 않고, 풀로 덮어두면 가을에 서리를 맞지 않게 할 수 있다. 이처럼 인간이 자연적 특성을 알게 되면 일을 처리할 때도 능동성을 발휘할 수 있다. 그러나 이전은 인간의 주관적 능동성을 지나치게 과장한 면이 있다. 그는 '도기론'에 근거해서 수련을 통해 음양오행의 심오한 기운을 훔쳐서 본성을 기르면 신선이 되어 불로장생할 수 있다고 했다. 그러나 이런 관점은 도교의 신앙을 잘 구현한 것에 지나지 않는다.

3 인연론因緣論과 도덕적 수양론

불교의 주장에 따르면, 천지간에 있는 일체의 사물은 눈 깜짝할 사이에 변화하고 생멸윤회의 과정에 놓여있다. 만물은 인연의 화합으로 이루어지며 모든 것은 인과 관계에 있다. 생로병사와 부귀빈천, 길흉화복과 수요장단을 비롯해서 한마디 말과 행동조차 전부 스스로 지어낸 업보의 결과이며, 현세의 행위는 또한 내세적 삶의 원인이 된다. 하여간 인간의 존재와 그 운명은 하느님의 뜻이 아니라 자신의 행위에 대한 필연적 결과다. 따라서 누구나 다 자신의 과거와 현재 및 미래에 대한 책임을 전적으로 감당해야 한다. 이것은 불교의 운명관이다.

불교의 '인연론'에 따르면 우주 만물은 인연의 화합으로 이루어진다. 어떤 사물이나 현상이라도 그 발생과 존재에서 변화하고 발전하며 마침내 멸망에 이르기까지 모두 원인이 있다고 한다. 이런 의미에서 '인연론'은 '인과론因果論'과 다를 바가 없다. 자연계나 외부 환경을 막론하고 관념과 인생까지도 보편적인 인과의 사슬에 묶여있고, 게다가 이들 삼자 사이에도 필연적인 인과 관계가 존재한다. 이러한 인식을 바탕으로 불교는 현실세계와 현실적 삶 속의 모든 것에는 필연성이 존재한다고 강조하는 일면, 다른 한편에서는 현세의 고난을 극복하려면 반드시 고난을 일으키는 원인을 단절해야 한다고 가르친다.

인연론은 신령과 운명 그리고 우연성이 인생을 주재한다는 것을 부정한다. 삶에서 발생한 일체의 것을 자신의 '업보'로 간주하고, 현실적 삶과 자신의 미래에 책임을 지라고 요구하며, 도덕적 주체로서 자신을 드러내어 스스로 삶을 변화시키고 자신의 운명은 자신이 장악하는 것을 독려했다. 인과론은 불교 교리의 핵심 중의 하나로, 불교에서 세계를 인식하여 해석하는 근본적인 방법이다. 불교는 인과론을 근거로 우주 만물의 발생 및 소멸의 원인을 설명하고 현실적 사회 생활의 필연성을 해석하며, 고달픈 인생의 뿌리를 논함으로써 불교 특유의 운명관을 형성했다. 현세에 수행하는 종교적 실천은 이러한 인과적 운명을 바꾸고자 하는 주체적 노력이다.

인과론에 기초한 불교의 운명관에 따르면, 인간은 인연의 화합으로 끝없이 이어지는 인과의 사슬로 묶여있다고 한다. 삶의 운수는 빈부와 귀천, 또는 수요장단을 막론하고 선천적 원인에 의해 결정되고, 현실 생활에서 이를 결정하거나 바꾸어놓을 수 있는 것이 아니었다. 그런데 이러한 원인은 외재적 천명이나 상제에 의해 결정된 것이 아니라 자신이 과거나 전생에 행했던 결과라는 것이다. 이것이 이른바 '인과응보'다. 이런 관점은 비록 운명 결정론이기는 하나 숙명론은 아니다. 기왕의 원인은 스스로 지은 것이니, 인과응보의 측면에서 이를 해석하면 인간의 행위가 무력한 것만은 아니다. 사람은 현재와 과거는 고칠 수 없지만, 미래는 결정할 수 있다. 일체 모든 것이 인과의 사슬에 있기 때문이다. 그래서 한 개인의 행위가 필연적으로 어떤 결과를 초래할 것이 분명하므로 반드시 자신이 책임을 져야 하고, 자신의 과거와 현재, 특히 미래에 책임을 져야 한다. 현재에 선업을 많이 쌓아야 나중에 복을 얻을 수 있다. 이는 인과응보론의 기본 사상이다. 비록 신비로운 느낌이 있긴 하지만, 현실 사회에서 수많은 신도의 행위를 효과적으로 조절하고 있는 것은 사실이다.

권선징악의 인과응보를 강조하는 불교의 방법은 도덕의 주체성을 강조하는 면이 있다. 대중에게 자신의 삶과 행위에 대해 전적인 책임을 요구하고, 자신의 운명을 스스로 결정하고 개척하기를 주장함으로써, 도덕적인 자주自主, 자립自立, 자각自覺, 자원自願을 제창했다. 다른 한편으로는 업보를 지나치게 과장하고 이를 절대적인 위치로 격상시킴으로써 인생이 전개된 원인을 개인적 행위의 결과로 몰아넣었다. 이는 사실상 인생고락의 근간이 되는 사회적 원인을 은폐하고, 사회적 모순과 차별이야말로 인생의 고난을 초래하는 근원적인 원인이라는 사실을 말살하는 결과를 낳았다.

일체의 모든 것이 인과의 사슬에 놓인 한, 사람들의 행위는 필연적인 결과를 가져온다. 선행을 하면 복을 받고 악행을 하면 응분의 대가가 주어진다. 인과응보가 가진 권선징악의 기능은 이미 중국 민중의 의식 속에 깊이 자리 잡았다. 이러한 불교 윤리의 관념에서 중국인들은 예로부터 "선행에는 선한 보답이 있고 악행에는 악한 보답이 있다善有善報 惡有惡報" 라는 속담으로 민중의 신념을 표현하고, 이를 선행을 베풀어 복을 구하고 악행을 방지하는 동기로 삼았다. 이러한 노력은 숙명론에 대한 저항을 나타낸 것인데, 불교 운명관의 뚜렷한 특징이기도 하다. 선행을 하면 복을 받고 악행을 하면 대가를 치러야 한다. 선업을 닦고 악행을 하지 말아야 고생을 하지 않고 즐거움을 얻을 수 있다. 이것이 불교와 다른 종교의 차이다. 불교에서는 미래의 복을 구하려면 상제나 신령에게 기도하며 의지해서는 안 되고, 선행을 베풀어야 한다고 주장한다. 개개인의 운명은 자신의 손에 쥐고 있으며, 그 외에 어떤 사람이나 신이라도 자신의 미래를 좌지우지할 수 없다고 한다. 미래 생활의 행복 여부는 전적으로 현세적 행위의 필연적 결과인 것이다. 인과응보론을 통해 알 수 있듯이, 유익한 선행을 하면 복락을 가져다주지만, 악행을 하면 그 대가를 치러야 한다. 자신의 운명을 개척하여 복락을 누리고자 하려면 반드시 선업을 닦고 악행을 하지 말아야 한다. 그 구체적인 내용으로 다음의 세 가지가 있다.

첫째, '적선積善'이다. 여기서 '선善'은 중생이나 불佛·법法·승僧 삼보三寶에 유익한 선한 일을 꾸준히 공양하고, 한평생 선행만 하고 악행을 하지 않는다는 것을 가리킨다. '적積'은 한 방울 한 방울씩 작은 선행이라도 많이 하면 그것이 쌓여서 많고 큰 것을 이룰 수 있다는 것을 가리킨다. 선에는 크고 작음이 없으며 사事에는 거대하고 미세한 것이 없기에 가리지 않고 모두 적극적으로 행해야 한다. 작다고 행하지 않으면 안 된다. 큰일은 작은 일로 이루어지며, 작은 일을 안 하면 큰일도 못 하게 되어 결국 선업과 인연을 맺지 못한다. 불교에서는 신자들에게 대소를 불문하고 선악만 따지라고 가르친다. 선행만 하면 복된 보답을 얻는다는 것이다.

그러나 현실 생활에서는 착한 사람이 반드시 좋은 보답을 받거나 악한 사람에게 반드시 재앙이 있는 것은 아니다. 오히려 선량한 사람의 인생이 순탄하지 못하고 나쁜 짓을 하는 자가 벼락 출세를 한다. 불교의 인과응보에 의하면, 이번 생에 선행을 해도 고생하는 것은 과거에 악을 저지른 탓이고, 이번 생에 악행을 해도 복락을 누리는 것은 과거에 선행한 결과라고 한다. 그렇다면 내생에 편하게 향락을 누리려면 이번 생에 반드시 선행을 베풀고 악행을 하지 말아야 할 것이다.

둘째, '지악止惡'이다. 선업을 닦는 수선修善은 정면에서 자발적으로 불교의 도덕적 기준에 따라 선행하라는 것이다. '지악'은 소극적으로 불교의 도덕적 기준에 어긋나는 행위를 철저히 근절하라는 것이다. 요약하면 '지악'을 해야 비로소 '수선'을 할 수 있고, 묵은 때를 벗겨야 깨끗하게 된다는 것이다. 아울러 '수선' 자체가 '지악'인데, 자신이 순수하게 정화되어야 한 점 티끌이라도 묻어나지 않게 된다.

하지만 현실 생활에서 평범한 세속인이 실수나 잘못을 면치 못하는 것은 '악업' 때문이다. 인과응보설에 따르면 악업이 한번 지어지면 반드시 절대적인 '업력業力'이 생겨 업보를 초래한다. 사람의 의지대로 움직일 수 있는 것이 아니고 불가항력적이어서 일종의 숙명이나 마찬가지다. 그러나 이러한 운명도 변화시킬 수 있다. 그 방법은 반드시 악행의 대가를 치러야 함을 깨닫고 가능한 악업을 짓지 않고 여러 조치를 강구하여 업보를 최소화하는 것이다. 그 방법은 세 가지가 있다. 하나는 악에 대한 수치심을 갖는 것인데, 불교에서는 이를 참괴慙愧라 한다. 그다음은 자신의 행위를 반성하고 과오를 비판함으로써 회개하는 마음을 내는 것이다. 나머지는 잘못을 저지르면 방임하지 않고 제때에 즉각 바로잡아 그 영향을 최대한 축소하는 것이다.

셋째, '정진精進'이다. '수선'을 하든지 '지악'을 하든지 모두 부지런히 용맹정진하고 평생 태만하지 말아야 한다. 이러한 적극적이고 진취적인 정신을 '정진'이라고 한다. 이른바 '정진'은 산스크리트 비르야Virya의 의역인데, '근勤'이라고 번역된다. 각종 수행 과정에서 꾸준히 노력한다는 뜻으로, 용감하게 나아가 위험과 난관을 두려워하지 않고 끝까지 수행에 지치지 않겠다는 뜻이다. 정진은 시발정진始發精進과 종성정진終成精進으로 구분된다. 전자는 수행을 처음 시작할 때 뜻을 세우고 부지런히 노력해서 절대로 물러서지 않겠다는 것을 뜻한다. 후자는 선과善果를 맺고 나서도 여전히 용맹정진을 멈추지 않는다는 것을 뜻한다. 불교에서 주장하는 정진은 일종의 생명에 대한 태도이며 삶의 정신이다. 생명이 다하지 않는 한, 앞으로 나아가기를 멈추지 않는 종교적 심정이기도 하다.

3 —— 중국종교의 인생관

인생관은 인간의 생명과 그 가치에 대한 총체적 견해다. 종교적 관념은 삶과 죽음에 대한 사고에서 비롯된다. 그 근본을 따져보면 종교관이 바로 인생관이다. 세계의 수많은 종교를 살펴보면 어느 종교나 모두 인생의 의미, 생명의 본질과 가치에 관해 그 나름의 해석이 있다. 특히 유·불·도 삼교는 인생의 문제에 대해 더 심각하게 생각했다. 인생의 가치와 그 의미는 사회윤리나 도덕적 경지와 분리될 수 없다. 따라서 유교와 도교, 그리고 불교에서는 모두 윤리도덕의 시각에서 인생에 관한 견해를 밝혔던 것으로 보인다.

1 입덕위주立德爲主와 사생취의捨生取義

고대 중국에서는 주로 유학자들이 인간에 대해 명확하고 자세한 견해를 드러내었다. 공자는 사람의 중요성과 그에 대한 이해를 명확하게 제시하고, 사람이 우주에서 가장 존귀하며 만물보다 더 나은 가치를 지닌다고 강조했다. 『논어』에서 "괴이함怪, 힘셈力, 음란함亂, 귀신神에 대해 말하지 않고", 대부분 인사人事를 다루었다. 공자가 보기에는 스스로 이해하고 자아를 인식하며, 타인을 사랑하는 것이 인간의 기본적 직책이었다. 인사와 관련이 없는 것들에는 의미를 두지 않았다. 인간의 존엄성과 그 가치를 가장 윗자리에 올려놓았다. 유가에서는 "인자仁者는 사람을 아낀다"[27]라는 것이다. 공자는 마구간에서 불이 났을 때 사람이 다쳤냐고 물었지만, 말이 다쳤냐고 묻지 않았다. 또한, 공자는 "사람도 못 모시는데 어찌 귀신을 모시겠는가?"라고 말했다. 주희는 이에 대해 "성실하지 않고 공경하지 않아도 사람은 모실 수 있지만, 귀신만큼은 모실 수가 없다"[28]라고 해석했

27 『맹자』「이루하」, 주희, 『사서장구집주』, 289쪽.

28 『논어』「선진先進」, 주희, 『사서장구집주』, 125쪽.

다. 사람의 가치를 중시하는 점에서 유가는 일맥상통하는 면이 있다.

공자는 또한 사람의 가치를 중시하는 전제하에 노예 사회에 행해졌던 비인간적인 순장殉葬 제도를 비판했다. 그는 사람뿐만 아니라 사람 대신에 용俑으로 순장하는 것도 반대했다. 공자는 "용을 처음 만든 자는 자손이 끊길 것이다"라고 극언했다. 주희가 이에 덧붙여 다음과 같이 해석했다. "용을 만든 사람은 단지 사람의 모양을 본떠서 순장했을 뿐인데 공자가 이처럼 미워했으니 백성들을 굶기고 죽게 하는 경우는 더 말할 것도 없다."[29] 이로 미루어 인간의 존엄성을 존중하고 백성을 아끼는 사상은 유가의 오랜 전통이라 하겠다.

인간의 지위에 대해 공자가 설파한 것이 예전의 것과 다른 점이 있는데, 그가 말한 인간의 지위는 우주에서는 천지와 나란히 서 있는 게 아니라는 것이다. 이때의 사람은 이미 기본적으로 하늘과 상제의 속박에서 이탈하여 천지인의 삼자 중에서 인간이 가장 고귀하다는 것이다. 그는 괴력난신을 말하지 않았고 시종일관 현실적 인생 문제를 강조해왔다. 사람이 귀하다는 공자의 사상은 후대 유교 신봉자들에 의해 계승되고 발전되었다. 『예기』에서 "인간은 천지의 마음이다人者 天地之心也"[30]라고 말했다. 맹자는 "천시天時는 지리地利만 못하며 지리는 인화人和만 못하다"라고 말했다. 주희는 '인화'를 "백성의 마음을 얻어서 조화를 이루는 것"[31]이라고 해석하고 천지 앞자리에 있는 인간이 바로 백성이라고 밝혔다. 장재는 "천지를 위해 마음을 세우고 백성을 위해 목숨을 바친다. 앞서간 성자聖者들을 위해 끊어진 학문을 계승하고, 만세萬世를 위해 태평太平 시대를

29 『맹자』「양혜왕장구상梁惠王章句上」, 주희, 『사서장구집주』, 205쪽.

30 『예기』「예운」, 『십삼경주소十三經注疏』 상책, 1424쪽.

31 『맹자』「공손추하公孫丑下」, 주희, 『사서장구집주』, 241쪽.

연다"[32]라고 했다. 천지는 본래 마음이 없었는데 인간이 이를 위해 마음을 세운다는 것은 다름 아닌 인간을 천지의 주재자로 삼는다는 말이다. 이처럼 천지를 위해 정립한 마음은 이미 인간이 자연의 법칙을 꿰뚫고 있다는 선언이며, 인간이 도달할 수 있는 최고의 정신적 경지다.

유교는 유난히 인간의 도덕적 가치를 중시해왔다. 유교를 대표하는 인물들은 사람이 사람인 까닭은 사람이 도덕 의식을 갖추고 있기 때문이라고 말한다. 인간은 스스로 도덕적 책임이 있는 존재라고 자각하는 것이야말로 그 무엇보다도 소중한 것이다. 인간의 사회적 속성이 도덕이기 때문에 그들은 인간이 윤리도덕을 갖출 때만이 동물과 근본적으로 구별된다고 이른다.

유교는 사람 구실을 하는 인간의 도리를 이론으로 정립했다. 주체로서의 자아의식에 대한 반성을 기반으로 삼아 여러모로 인간이 다른 사물과 구별되는 주도적 지위를 비롯해 금수와 차별되는 본질적 특성을 밝혀내었다. 전통적 유교에서는 인간과 짐승이 서로 구별되는 근본적 특징이 이성에 있다고 말했다. 이러한 이성은 인식의 범주로 파악되는 서양의 이성 정신과는 다르다. 중국인의 이성은 도덕적 이성을 중요시한다. 거기에는 비록 인지적 이성도 포함되어 있지만, 인지적 이성은 도덕적 이성을 위한 것이다. 따라서 사람과 짐승의 구별은 도덕 의식의 유무에 있고, 사람이 도덕의 주체다.

여타 종교나 철학적 관점에서 제시한 인생의 가치에 대한 기준은 저마다 다르다. 유교의 관점에서 보면, '입덕立德', '입공立功', '입언立言'이란 세 가지 조항이 불후의 인생 가치다. 이러한 '삼불후三不朽' 설은 중국 역

32 장재, 『근사록습유近思錄拾遺』, 『장재집』, 376쪽.

사에 지대한 영향을 끼쳤다. 이른바 '입덕'은 고결한 도덕적 수양을 가리키고, '입공'은 국가와 사회에 공적을 남기는 것을 가리키며, '입언'은 후세에 공헌할 만한 이론적 업적을 가리킨다. 물론 이러한 '삼립三立'은 개인이 동시에 겸비하기가 무척 어렵고, 개별 사회의 가치관에 따라 정도의 차이가 있어서 보편적인 가치 기준이 될 수 없을 것이다. 유교의 관점에서는 개인의 인생을 판단하는 기준이 세속적인 '성공'이 아니고, 삶에서 정의를 택하는 '취의取義'나 도덕적인 완성인 '성인成仁'에 있다. "성공과 실패로써 영웅을 논하지 않는다不以成敗論英雄"라는 것은 중국의 전통 사상이다. 수천 년간 성공한 자가 허다하게 있었지만, 사람들에게 칭송되지 않았고, '인仁'을 이루었거나 덕을 세운 사람의 꽃다운 이름만이 영원토록 전해졌다. 물론 성패 여부를 놓고 영웅을 논하지 않는다는 것은 '입공'을 반대하는 것이 아니다. 단지 '입공'의 가치가 '입덕'에 비교해 한층 높다는 뜻이다. '입언'은 비교적 보편성이 결여되어 있다. 저술을 하여 이론을 정립하는 것은 오로지 소수 지식인만의 권리이기 때문이다. 이와는 대조적으로 '입덕'은 가장 보편적인 의의를 지닌다. 유교에서 가장 중요시되는 인생의 가치이기 때문이다. 인생의 가치는 인간의 생명과 그 의의에 대한 실질적인 평가이고, 주로 개인과 사회의 관계에서 요구되는 모순을 해결한다. 이러한 모순에 대해 서로 다른 윤리 체계에 따라 그 기준도 다르기 마련이다. 유교의 기준은 바로 '의義'다. 유교의 해석에 의하면 '의'는 대개 다음과 같은 세 가지 뜻이 있다.

첫째, '의'는 합리적이고 정의로우며 일리가 있다는 뜻이다. 주희가 "옳다는 것도 없고 옳지 않다는 것도 없는 그 사이에 '의'라는 것이 존재한다"[33]라고 말한 것은 바로 '의'를 행위의 준칙으로 본 것이다.

둘째, '의'는 존비상하尊卑上下의 종법宗法 관계다. 여기서는 '義의'와

'儀의'는 같은 뜻이다. 『주례』「대사도」에서 "의儀로 등급을 나누면 백성들이 분수에 넘치지 않는다"[34]라고 했다. 이것은 넘을 수 없는 등급이라도 소홀히 해서는 안 된다는 뜻이다. 종법 제도를 기반으로 하는 유교의 윤리관에서 '의'는 사회적 계급 및 사회 구성원 모두에게 적용되는데, 그들의 사회적 신분과 지위에 따라 지켜야 할 규범을 대표한다. 주희가 말한 바와 같이, "의라고 일러도 일의 옳고 그름과 몸의 거취를 판단하는 것은 함부로 결정해서는 안 되는 것이다."[35]

셋째, '의'는 여러 도덕규범의 종합인 동시에 첫째와 둘째의 뜻을 겸비한다. 유교에서 이러한 뜻의 '의'를 사용할 경우는 대체로 다음의 두 가지 상황이다. 하나는 '의'가 하나의 범주로 단독으로 사용될 경우고, 다른 하나는 '의'가 '인仁'이나 '예禮'와 같이 '인의' 또는 '예의'라고 칭할 경우다. 물론 '인'과 '의'는 다르다. 유교의 관점에서 볼 때, '인'은 최고의 도덕적 경지고, '의'는 이러한 목표를 실현하는 데 반드시 거쳐야 할 길이다. 무엇이 '바른길'일까? 주희의 해석에 따르면, "마땅히 천리天理에 따라 행해야 하고 인욕人欲의 사특함이 없어야 한다."[36]

인생의 가치를 논할 때면 필연적으로 생사의 문제를 언급한다. 생사의 문제에 대한 유교의 관점은 여러 측면에서 이해할 수 있다. 우선, 삶과 죽음을 순환 관계로 보는 것이다.

주돈이周敦頤는 다음과 같이 말했다. "처음의 시작이 끝으로 돌아가니, 삶과 죽음의 내막을 알겠노라. 위대하도다, 역易이여! 그토록 지극하

33 주희, 『사서장구집주』, 71쪽.

34 『예기』「대사도」, 『십삼경주소』 상책, 703쪽.

35 주희, 『사서장구집주』, 185쪽.

36 주희, 『사서장구집주』, 287쪽.

구나."[37] 『역전』에서는 죽음과 삶을 물질 사이에 행해지는 서로 다른 형식의 전환으로 간주한다. 이렇게 생사 문제를 시원하게 대할 수 있어서 주돈이가 그토록 감탄한 것이다.

그다음에는 도덕적 가치로 개체의 생명을 초월하자는 것이다. 생명은 개인에게 있어 그 의미와 가치는 절대적이고 지고무상하다. 그러나 유교에서는 개인의 생명보다 개인으로서의 사회적 의미와 그 가치 실현에 더 큰 비중을 둔다. 주희는 "자신을 죽여서 인을 이루는 것도 단지 하나의 옳음을 성취할 따름이다"[38]라고 말했다. 이른바 "인을 이루는 것"은 자신의 가치와 인생 목표를 실현하는 것이다. 사람은 반드시 한번 죽는다. 삶을 구하는 것은 인간의 본능이다. 생사 문제에서 유교는 무조건 살길을 구하는 것에 반대하며, 생존을 위해 인간의 도리를 포기하는 것은 짐승과 다를 바 없다고 여긴다. 유한한 삶으로부터 무한한 생명의 가치를 창조한다는 것이 유가의 주장이다. 인생은 가치 있는 삶을 살아야 그 죽음도 숭고하고 위대해지며, 죽어야 할 자리에 죽는 것이 삶을 더욱 뜻있게 만든다. 주희가 말하기를, "도란 것은 사물이 마땅히 그러한 이치다. 진실로 이를 듣게 되면 삶을 받아들이고 죽음이 편안하니 더 이상 여한이 없다"[39]라고 했다. 이는 인생의 가치에 대한 기본적인 생각이다. 하루아침에 생명이 추구하는 목표를 달성하게 되면 편안한 마음으로 죽음과 대면할 수 있다는 것이다. 말하자면 '도'가 진리와 이상이며, 유교를 대표하는 인물들의 안중에는 목숨보다 더 높은 가치다. 이에 대해 주희는 다음

37 「태극도설太極圖說」, 『주돈이집周敦頤集』 권1, 『전세장서傳世藏書』 「자고子庫」 '제자諸子' 2, 해남국제신문출판중심海南國際新聞出版中心, 1996년판, 2017쪽.

38 주희, 『사서장구집주』, 163쪽.

39 주희, 『사서장구집주』, 71쪽.

과 같이 말한다. "원하고 싫어하는 것으로 생사보다 더 심한 것이 있으니, 그것은 의리를 굳게 지키고자 하는 양심이다. 이 때문에 살려고 하면서도 구차하게 살려고 하지 않고, 죽음을 싫어하면서도 피하지 못할 자리가 있는 것이다."[40] 이러한 살신성인과 사생취의捨生取義는 양심의 판단에 따라 생사를 결정하는 인생의 태도로서, 후세에 미친 영향이 아주 컸다. '사생취의'는 수많은 애국지사의 굳은 신념이 되었다. 명나라 말기의 사상가 유종주劉宗周는 "어찌하면 도를 얻을 것인가? 그 요지는 생사심生死心을 타파하는 것이다"[41]라고 주장했다. 생사심을 타파하는 방법은 바로 도덕적 가치를 추구하는 것이다. 그는 "삶과 죽음의 갈림길에서 생사를 타파하려면 어떻게 타파할 것인가? 오직 의리에 따라 또렷하게 분간할 수 있다면 참됨을 알게 되어 한길로 나아갈 수 있으니 생사라 할 것이 어디 있겠는가? 사는 것이 옳다면 스스로 살게 되고 죽는 것이 옳다면 스스로 죽게 되니 눈앞에 단지 하나의 의義가 있는 것만 보고 생사가 있는 것을 보지 않는다"[42]라고 했다. 청나라 초기의 사상가 왕부지王夫之는 "삶은 의를 실어서 삶이 귀한 것이고, 의는 삶을 보람되게 하니 삶을 버릴 수 있다"[43]라고 역설했다. 여기서 말한 '의'는 개개인의 도덕적 가치다. 그것이 있어야 삶에 의미가 주어지고, 개체의 생명과 도덕적 가치 가운데 가치를 택하고 생명을 버릴 수 있다. 이러한 선택은 개아個我를 초월하고 죽음을 숭고한 경지로 복귀하는 것으로 본다. 이는 '사생취의'의 유교적 전통이 크게 빛

40 주희, 『사서장구집주』, 332쪽.

41 황종희黃宗羲, 『명유학안明儒學案』 하, 중화서국, 1985, 1580쪽.

42 유종주, 『증인사회록證人社會錄』, 『유종주전집劉宗周全集』 제2책, 저장고적출판사, 2007, 658쪽.

43 왕부지, 『상서인의尙書引義』 「대고大誥」, 중화서국, 1976, 127쪽.

을 발하는 대목이다.

마지막으로, 혈연이라는 종법 관념을 기초로 행해지는 유교의 효도孝道는 생사 관계에 대한 독특한 해석이다. 사망은 개체의 생명을 종결하지만, 후손이 핏줄을 이어가기 때문에 개체의 생명은 후손의 몸을 통해 연속적으로 이어진다. 이렇게 대대로 전승되어 내려가 개체 생명의 유한성을 초월하고, 가족이나 종족 번식을 통해 무한히 확장된다. 바로 이러한 의미에서 "불효에는 세 가지가 있는데 자식이 없는 것이 가장 크다不孝有三 無后爲大"라는 가족 규범이 생겨났다.

2 청심과욕淸心寡慾과 귀생보명貴生保命

노자는 "도는 항상 함이 없으면서 하지 않는 것이 없다"[44]라고 한다. 천도가 바로 그러하므로 길고 오래도록 존재할 수 있는 것이다. 도의 '무위'와 천지가 제 마음대로 하지 않는 것은, 도와 천지가 영원히 존재하는 이유다. 이것은 도가의 자연관이자 인생관이다. 인간의 생존 방식도 마땅히 천도의 운행 법칙과 같아야 한다. 천도가 무위하기 때문에 인도人道도 무위해야 한다. 노자가 말하기를, "사람은 땅을 본받고 땅은 하늘을 본받고 하늘은 도를 본받으며 도는 스스로 그러한 것을 본받는다[45]"라고 했다. 사람의 본성은 원래 무위자연한 것이었는데, 각종 사욕이 생기게 된 원인은 사회적 가치를 유행시켜 그쪽으로 나아가게 하는 데 있었다. 사회적인 숭상은 인간의 욕망을 부추겨 사욕으로 인해 서로의 것을 쟁탈하게 하고 사회적 무질서를 조성한다. 그런데 이러한 풍조는 대개 통치자가 유도한 것

44 『도덕경』 제37장, 『제자집성』 제3책, 21쪽.

45 『도덕경』 제25장, 『제자집성』 제3책, 14쪽.

이다. 통치자가 현명한 자를 숭상함으로써 백성이 명예를 다투게 만들고, 구하기 어려운 물건을 귀중하게 취급함으로써 백성을 도둑으로 만들며, 갖고 싶은 물건을 자랑함으로써 민심을 현혹한다. 그래서 인간의 악한 품성이 사회적으로 조성되고, 악한 품성을 지닌 사회는 통치자에 의해 지배되어 끌려다닌다. 사회의 문명화 정도가 높을수록 인간 대 인간의 투쟁도 갈수록 극렬해지며 인성도 날로 사악해지는 것이다. 자연히 도덕과 이상에서 멀리 떨어져 인생도 고난의 가시밭길이 되었다. 이러한 의미에서 노자는 "성聖을 끊고 지智를 버리면 백성의 이익이 백배가 되고, 인을 끊고 의를 버리면 백성이 다시 효성스럽고 자애로워지며, 교巧를 끊고 이利를 버리면 도적이 없어진다. 이 세 가지는 문文으로 삼기에 부족하다. 그러므로 추가로 따라야 할 것이 있다. 소박함을 드러내고 질박함을 품게 하며 사사로움과 욕심을 줄이고 학學을 끊으면 근심이 없다"[46]라고 강조했다.

도가에서 주장하는 청정무위는 생명의 가치를 세속적 삶을 누리는 데 두지 않았다. 육체와 목숨을 보전하게 함으로써 '도'와 일체를 이루고 세속의 혼란에서 벗어나 불멸의 생명을 얻는 데 있었다. 도가에서 이르는 '도'는 영원히 존재하고 곳곳에 있으며, 우주 만물의 근원이고 본체다. 인간은 만물의 하나로서 자연히 그 내면에 '도'의 성품이 잠재되어 있다. 이것은 노자가 말한 생명의 '뿌리根'이고, 장자가 말한 사람의 '본성性'이다. 노자와 장자는 생명을 보전하고 죽음을 초월하기 위해서는 반드시 '도'에 깃들어 있는 '뿌리' 또는 '본성'을 보전해야 한다고 생각했다. 이러한 사상은 도교로 계승되었다.

---

46 『도덕경』 제19장, 『제자집성』 제3책, 10-11쪽.

도교에서는 인간의 생명이 천명에 있는 것이 아니라고 했다. 생명의 유무와 장수 여부는 생명 자체에 달려있으며, 도를 닦아 양생養生하고 마음을 안정시키면 불로장생한다고 일렀다. 이 점이 도교가 다른 종교와 뚜렷이 구별되는 특징이다. 도가 만물을 낳듯이 도와 생명은 서로를 지키며 보호한다. 그런 점에서 도는 생生이고 생은 도다. 따라서 생명을 존중하는 것은 바로 도를 존중하는 것이다. 도와 생은 둘이면서 하나고, 하나이면서 둘이다. 이 양자는 잠시도 떨어질 수 없다. 이것이 도교의 기본적 교리다. 그러나 생명에 대한 존중은 인위적으로 온갖 욕정을 탐한다는 뜻은 아니다. 무절제하게 욕망에 빠져들면 오히려 자기를 해쳐서 도를 잃고 죽음을 재촉하게 된다고 말한다.

이러한 논리는 생명에 대한 선진도가先秦道家의 견해를 도교에서 수용한 것이다. 표면적으로 볼 때, 선진도가에서 "사람의 생生은 기가 모인 것인데 기가 모이면 살고 흩어지면 죽는다"[47]라고 하여 생사의 곤혹스러움과 공포를 이미 초탈한 것처럼 보인다. 일체의 모든 것들은 자연에 순응해야 하고 인위적으로 어떤 것을 추구하지 말아야 하며, 생과 사를 같은 것으로 보고 죽음으로 인해 슬퍼하지 말고 살아있다고 해서 즐거워하지 말아야 한다고 주장한다. 그러나 이처럼 초연한 태도가 결코 생사 문제를 방임한다는 것은 아니다. 사실상 도가에서는 생명의 중요성을 강력하게 주장하고 있으며 세속적 갈등으로 말미암아 생명에 위해를 가하는 행위를 금하고 있다. 노자는 생명이란 존재에 최우선의 지위를 부여할 것을 강조했다. 그는 "명예와 몸 가운데 어느 것이 더 친한가? 몸과 재물 가운데 어느 것이 더 소중한가? 얻음과 잃음 가운데 어느 것이 더 근심스러

47 『장자』「지북유」, 왕선겸, 『장자집해』 권6, 『제자집성』, 제3책, 138쪽.

운가?"[48]라고 물음을 제기했다. 결론은 말할 나위가 없다. 명예와 부를 추구하다가 생명을 잃을 수 있기 때문이다. 오래 살기 위해서는 만족함을 알고 욕망을 절제해야 하는 것이다.

장자의 주장은 다음과 같다. 인간의 도덕적 규범은 전부 인위적이고 상대적이다. 선과 악은 모두 인간의 본성과 어긋난다. 따라서 개체의 생명을 보전하는 시각에서 볼 때, 선악의 구별은 무의미하며, 모든 것의 기준은 생명을 안전하게 하는 것이라고 말한다. 그는 "착한 일을 해도 이름이 날 정도로 하지 말며 나쁜 일을 해도 벌 받을 만큼 하지 말라"[49]라고 말했다. 선행을 한다면 명예를 추구하지 말라는 것인데, 명예가 화를 불러들이기 때문이다. 또한, 악행도 저지를 수 있는데 형법에 저촉되지 않도록 해야 한다. 범법자가 되면 벌을 받거나 목숨까지 잃을 수 있기 때문이다. 이러한 장자의 심중에 있는 가치 기준은 절대적이다. 그것이 바로 개체로 존재하는 생명이다. 장자는 노자와 똑같이 생명을 최우선 순위에 두었는데, 생명을 귀중히 여겨 잘 보존하는 것이야말로 진정한 도라고 했다. 국가나 천하에 군림하는 성군聖君의 공적은 개체의 생명과 견줄 수 없을 만큼 미미하다는 것이다. 인간으로서 몸 밖의 것을 추구하다가 목숨을 잃는 것은 인생의 크나큰 슬픔이다. 개체적 생명의 가치는 도덕과 행위의 기준이다. 외재적 공적과 물질적 이득이 얼마나 크고 매혹적이든지 간에 생명을 그 대가로 희생할 수 없다는 것이다.

장자는 개체의 생명을 보전하는 최고의 방법은 사회에 무용無用한 존재가 되는 것이라고 생각했다. 사람들은 모두 사회에 쓸모가 있는 존재

48 『도덕경』 제44장, 『제자집성』 제3책, 28쪽.

49 『장자』 「양생주養生主」, 왕선겸, 『장자집해』 권1, 『제자집성』, 제3책, 18쪽.

가 되기를 바라고 사회로부터 보상을 얻어 자신의 욕망을 충족한다. 그러나 이러한 유용有用이 재앙의 원인이 될 줄은 모른다. "산에 있는 나무는 제 몸을 찍고 기름불은 제 몸을 불태운다. 계피桂皮는 먹을만해서 베어지고 옻나무는 쓸만해서 껍질이 벗겨진다.[50]" 여기서 유용과 유해有害의 관계는 동전의 양면이다. 사회에서 쓸모가 있는 것은 자신의 생명에게는 해롭다. 도덕적 기준도 상대적이거나 가치 중립적이라면 오로지 개체의 생명이 최고의 가치가 된다.

장자는 죽음에 대해 많은 담론을 남겼다. 심지어 이를 찬미하고 노래까지 불렀다. 그토록 개체의 생명을 중시하고 자연의 생명을 도덕적 이상의 중요한 근거로 삼은 자가 어찌 죽음을 찬미했을까? 그 이유는 생명을 중시할수록 죽음에 관한 두려움도 깊어지고 생사를 초월하려는 소망도 강렬해진다는 데서 찾을 수 있다. 이른바 "죽고 사는 것은 명命이다. 밤과 낮이 일정하게 있는 것은 천天이다. 인간으로서는 간여할 수 없는 것은 모든 만물의 정情이다."[51] 그러나 인간은 죽음을 초월할 길이 없고, 초월할 수 있는 것은 죽음에 대한 공포다. 지극한 즐거움이나 천상의 즐거움을 추구하는 데 가장 큰 장애물도 죽음에 대한 공포다. 죽음의 공포를 초월해야 비로소 가장 큰 즐거움을 얻을 수 있는 것이다. 이러한 측면에서 죽음을 노래한 것과 생명의 가치를 중시한 것은 동일한 주제다. 장자는 다음과 같이 말한다. "죽게 되면 위로 군주가 없고 아래로 신하도 없다. 또한, 사계절의 일도 없어서 천지를 봄가을로 여기게 되니 남쪽으로 내려다보며 왕 노릇을 하더라도 이에 미치지 못한다."[52]

---

50 왕선겸, 『장자집해』 권1, 『제자집성』 제3책, 30쪽.

51 왕선겸, 『장자집해』 권2, 『제자집성』 제3책, 39쪽.

52 왕선겸, 『장자집해』 권5, 『제자집성』 제3책, 111쪽.

생사 문제에서 도교 나름의 해석도 있다. 도교는 살아있음을 즐기며 삶을 중시하고 죽음을 싫어할 뿐만 아니라 불로장생까지 추구하는 종교다. 초기 도교가 행세할 무렵부터 생을 중시하는 교리가 강조되었다. '생도합일生道合一'[53]은 도교의 기본적 관점이다. 도교 신도들이 볼 때, 생명은 도의 표현이고 생은 도의 본성이어서 생은 천지와 같이 중대하다. 그래서 장생불사를 추구하여 '살아있는 신선'이 되는 것은 도교 수련의 이상적 경지가 되었다. 이처럼 개체적 생명의 가치와 그 의의를 중시하는 태도는 도교가 다른 종교와 구별되는 근본 특징이다.

도교에서는 신선이 되려면 먼저 사람이 되어야 한다는 것을 전제로 한다. 그 점에서 성선成仙이라는 도교적 이상은 현실적인 인생과 긴밀하게 연계되어 있다. 인간이 되는 첫걸음은 자신의 생명을 잘 보살피고 신체의 건강과 온전함을 지키는 것이다. 이 점은 "신체와 머리칼, 털, 살갗은 부모에게서 받은 것이니 함부로 훼손시키지 않는 것이 효도의 시작이다"[54]라는 유교의 윤리 규범과 일치한다. 게다가 성선이라는 최종 목적으로 인해 개체의 생명을 유교보다 더 소중하게 여기게 되었다. 이에 따라 '귀생보명'이 도교 교리의 필연적인 결론이 되었다. 종교적 이상을 추구하는 도교의 출발점이 거기에 있기 때문이다.

3 인생고단人生苦短과 생사쌍견生死雙遣

불교에서는 인생의 의미와 가치를 근본적으로 부정하지 않았다. 하지만 인생에 대한 평가는 대체로 부정적이다. 불교의 '사제설四諦說' 가운데 '고

53 『태상노군내관경太上老君內觀經』, 『도장』 제11책, 397쪽.

54 공안국, 『고의효경古義孝經』「개종명의장開宗明義章」, 『사부총간삼편四部叢刊三編』 경명홍치본景明弘治本.

제苦諦'는 삶의 의미와 생명에 관한 탐구로서 불교의 독특한 인식을 보여준다. '고제'는 중생의 생명과 삶의 본질이 '괴로움'이라는 뜻이다. 이러한 괴로움은 전적으로 감정이나 육체의 고통이 아니라 정신적 압박감, 즉 번뇌를 가리킨다. 인생을 고해苦海로 보는 것은 불교의 가치 판단이다. 가장 영향을 많이 끼치는 '팔고八苦'는 다음과 같다. 첫째, 생고生苦는 생명이 탄생하는 과정에서 겪는 고통이다. 둘째, 노고老苦는 노년기에 접어들어 죽음을 직면하고 공포 속에서 살아가는 것이다. 셋째, 병고病苦는 안에서부터 피부 바깥까지 생기는 온갖 육체적 고통과 질병, 그리고 정신적 두려움, 우울증, 비탄, 치매 등 모든 근심거리다. 넷째, 사고死苦는 생명이 소멸해가는 과정 자체가 고통의 연속이다. 다섯째, 원증회고怨憎會苦는 증오하는 일들이 줄지어 찾아오고, 원수와 머리를 맞대야 하는 고통이다. 여섯째, 애별이고愛別離苦는 사랑하는 사람과 헤어져야 하는 고통이다. 일곱째, 구부득고求不得苦는 욕망이 많을수록 얻고자 하는 마음도 더욱 강렬해지고 그에 따라 고통도 극대화된다. 여덟째, 오온성고五蘊盛苦는 '오온'을 망라한 것인데, 육체로서의 색色, 희로애락 같은 감정이나 느낌인 수受, 이성과 개념 작용인 상想, 의지적 활동인 행行, 앞의 네 가지 활동을 의식하는 식識을 말한다. 이러한 '오온'이 고통의 뿌리인 것이다.

불교에서 볼 때 인생은 몽환처럼 진실성이 없다. 송나라 승려 설숭契嵩이 "성인聖人은 인간 세상을 크게 바라본다. 천지와 부부 사이에 영원한 윤리는 만 가지나 되지만 대개 정과 사랑으로 이루어져 모두 다 꿈과 같이 공허하고 진실하지 않다"[55]라고 말했다. 인생을 몽환으로 간주하는 것

55 석설숭釋契嵩, 『비한상非韓上』 제일第一, 『심진문집鐔津文集』 권14, 『사부총간삼편』 경명홍치본.

은 불교의 기본적 세계관이다. 불교에서는 사물을 허황하고 비현실적인 존재로 보고 우주만유는 인연의 화합으로 생겨난 것이라고 주장한다. 세속사회에서 집착하고 추구하는 일체의 모든 것도 물론 진실한 것이 아니다. 세상 사람들은 허상을 실상으로 보기 때문에 인생은 꿈과 같은 것이다. 아침에 꿈을 깨고 일어나는 것을 '깨달음'이라고 한다. 불교의 인생관은 불교 신자들이 인정하는 지혜라고 하겠다.

불교에서는 고달픈 인생이 꿈과 같다고 말하지만 철저하게 인생의 의미를 부인한 것은 아니다. 그들은 인생의 괴로움으로 인해 생명을 경시하거나 포기하는 태도에 대해서는 반대한다. 명나라의 고승 자백노인紫柏老人은 이렇게 말했다. "양생養生에 뜻을 둔다면 생명을 가벼이 볼 수 없다. 생명을 무겁게 보려면 우선 그 주인을 모셔야 한다. 그 주인이 누구인가? 바로 생명을 주관하는 것이다."[56] 물론 인간이라면 자신의 생명을 중시하고 경시하지는 않는다. 그러나 허수아비처럼 방랑해서는 안 되며 진정으로 삶의 의미와 그 가치를 파악해야 한다. 불교의 주장에 따르면, 생명의 가치는 온갖 욕정의 충족과 세속적 향락에 있는 것이 아니라 평온한 마음과 담백한 삶에 있다. 물질적 향락과 욕망의 충족은 진정한 즐거움을 가져오지 못하고 막대한 고통을 초래하기 때문이다. 인간의 욕망이 영원히 충족될 수는 없는 법이다. 게다가 욕망을 충족시키는 수단 자체도 새로운 욕망을 불러일으키는 원인이 된다. 한 번 향락을 맛보게 되면 충족되지 못한 미진한 느낌과 그에 따른 고통에 시달려 욕망의 늪에서 영원히 헤어나지 못한다. 요구가 많을수록 욕망도 강해지며 마음도 괴로워진다. 그래

56 진가眞可, 「장송여퇴長松茹退」, 『자백노인집紫柏老人集』 권5, 명나라 천계天啓 연간 7년 석삼거각본釋三炬刻本.

서 참된 기쁨은 물질적 향락에 있지 않고 청심과욕의 고요함에 있다. 정신적 완벽함과 숭고한 도덕 경지를 추구함으로써 물질적 향락을 초월하고, 지속적이며 진실한 쾌락을 얻게 되는 것이다. 이것이 불교에서 추구하는 정신적 삶의 즐거움이다. 정신적 완벽함과 물질적 향락을 초월한 숭고한 기쁨이야말로 진정한 즐거움인 것이다.

인류가 추구하는 쾌락은 생명의 가치에 대한 긍정이며, 보람찬 인생과 충실한 삶을 염원하는 것은 생명에 대한 사랑이다. 그 속에 생명과 쾌락의 영원함에 대한 갈망이 담겨있다. 하지만 어떤 생명이든지 죽음은 불가피하다. 인생의 의의에 대한 생각은 필연적으로 죽음에 대한 사유로 이어진다. 생사관은 인생에 대한 태도를 집중적으로 반영하는데, 특히 불교가 그렇다. 불교의 주장에 따르면, 인간의 생명은 무상무아이다. 인간은 모두 생사가 있는 법인데, 생사의 문제에 집착하면 번뇌에 빠져 끝없이 윤회한다. 생명의 영원함을 구현하려면 이러한 질곡에서 벗어나 생사윤회를 초탈하여 열반에 들어야 한다. 이것이 바로 불교의 생사관으로, 유교나 도교와 대비되는 뚜렷한 특징이다.

죽음은 생명에 대한 부정이다. 생명이 소유한 모든 것을 말살하고, 일체의 생명 진행 상황을 종료하는 불가항력적인 힘이다. 인류는 불가피한 죽음을 의식하고 삶의 의미를 탐구해왔다. 죽음에 대한 공포와 두려움 때문에 종교적 정서에 호소해왔던 것이다. 죽음이 인류 최대의 공포인 만큼, 삶을 그리워하고 죽음을 싫어하는 것은 인지상정이다. 그러나 두려움만으로 죽음의 필연성을 바꾸어놓을 수 없다. 죽음은 인생을 일장춘몽으로 만들고 모든 노력과 분투를 허망하게 만든다. 죽음 앞에 생명은 사소하고 보잘것없게 보인다. 그러나 사람은 단지 한 번 죽지만 종교적 역량은 영원히 존재한다. 불교는 죽음에 대한 공포를 해결함으로써 세상에 유행하게 되었다. 불교에서는 생명이 참된 것이 아니고 꿈처럼 허망하다고 주장하는데, 그러한 이유로 죽음을 두려워하지 않는다. 삶의 괴로움 탓에 생명의 의의까지 전적으로 부정하지 않는 것과 마찬가지다. 불교에서 강조하는 것은 죽음이야말로 생명의 의의와 본래 뜻을 분명하게 드러내어 보여주는 것이라고 한다. 죽음을 통해서 비로소 인생을 깨닫고 나아가 생사에 집착하지 않는다는 것이다.

이러한 불교의 주장은 인생이 그렇게 짧다는 것이다. 백 세까지 장수해도 우주의 진화 과정과 비교하면 한순간에 지나지 않는다. 생명은 삶 속의 모든 것과 우주 만물과 마찬가지로 일순간의 무궁한 변화 속에 노출되어 있다. 그래서 희로애락의 감정에 휩쓸리지 말고, 이해득실로 인해 집착하거나 괴로워하지 말라고 한다. 인생은 백마가 달려가는 것을 문틈으로 엿보는 것과 같다. 개인적인 차이가 있더라도 마지막에는 결국 죽음이라는 동일한 상황에 처하게 될 것이다. 사람 사는 세상에 많은 차별과 계급이 있지만, 오직 죽음만이 가장 공평하다. 죽음이야말로 일체의 차별을 타파하고 최종적 평등 세계에 이르게 한다. 이러한 죽음의 특성은 사람들로 하여금 일상적 삶의 득실과 인생의 영욕이 생명의 본질이나 가치와는 전혀 상관없다는 점을 깨닫게 한다. 유교에서 죽음의 의미를 생명의 가치를 통해 이해했다면, 불교에서는 죽음의 의미를 통해 생명의 가치를 깨닫게 했다. 따라서 불교에서는 생사 문제가 인생의 최대 화두이며, 불교의 이치를 참구參究하는 데 필요한 요체要諦라고 거듭 강조한다.

불교의 종지는 생사관을 타파함으로써 고해에서 벗어나도록 하는 것이다. 명나라의 고승인 덕청德淸은 불법이 사람들로 하여금 "영원히 생사윤회의 괴로움에서 벗어나게[57]" 한다고 생각했다. 불교의 주장에 따르면, 어느 생명도 죽게 마련이지만 죽는 것은 단지 육체뿐이고 영혼은 아니다. 형체가 죽지만 정신은 사라지지 않는다. 불교에서 추구하는 진정한 영원불멸성은 영혼을 형체의 제약에서 벗어나게 함으로써 윤회를 멈추고 생사를 초탈하여 태어나지도 않고 죽지도 않는 경지에 도달하는 것을 이른다. 이는 궁극적인 의미에서의 정신적 완벽함을 말한다.

제2절

중국종교의 사회적 모델과 윤리

어떤 종교라도 일종의 사회 조직 형태로 존재한다. 이러한 사회 조직은 종교적 윤리의 산물이자 종교적 도덕 정신의 사회적 기초다. 종합적으로 살펴보면 유교, 도교, 불교의 사회 조직과 윤리 규범에는 비슷한 점이 많으면서도 뚜렷한 차이점이 있다. 종법 제도와 유교 윤리가 중국종교의 사회 조직과 윤리사상의 근간이 된다면, 불교의 승단 조직은 고대 인도에서 기원했다. 도교의 궁관 조직은 고대 중국의 가족 제도에서 그 영향을 받았고, 불교 승단을 본받아 중국화한 종교 조직의 모델을 형성했다.

1 —— 종법 제도와 족규族規

종법 제도는 과거의 역사가 되었지만, 그 영향이 여전히 많이 남아있다. 혈연과 종족은 '효'의 토양이자 유교를 비롯한 중국의 전통적 윤리도덕의 출발점이다. 아울러 중국 고대의 종법 제도와 국가 통치 체계 간에도

57 덕청, 『법어法語』「시진선인示陳善人」, 『감산노인몽유집憨山老人夢游集』 권4, 청나라 순치順治 연간 17년 모포등각본毛褒等刻本.

밀접한 관계가 있었다. 이른바 '가국동구家國同構', 즉 가족과 국가가 같은 구조로 연결되어 있다는 학설이 있는 것처럼, 중국의 고대사에서는 종법으로 일컬어지는 가족과 국가의 관계는 줄곧 변화해왔다. 이러한 관계는 '가국동구'의 종법 제도에서부터 가족과 국가가 서로 대립하는 문벌門閥 중심의 사족士族 제도를 거쳐, 봉건 사회 전성기에 접어들어 사족 제도가 소멸함에 따라 종법과 가족 제도는 귀족과 황실에만 속하는 특권이 될 수 없게 되었다. 전 사회적으로 보편화된 가족 제도는 한편에서는 국가 통치 체계와 철저히 분리되었고, 다른 한편에서는 봉건 전제 국가의 사회적 기반이 되는 일련의 변화 과정을 거쳤다. 그 후 국가 통치 체계가 전면에 부상함에 따라 점차 국가 의식이 사람들의 마음속에 형성되었고 이에 따라 충군보국忠君報國의 애국 사상이 중화민족의 전통적 미덕이 되었다.

1 종법 제도의 전형성

'가국동구' 시기는 고대 종법 제도의 전성기였다. 당시 종법 제도는 가족 제도이면서 국가 통치 체계의 구성 방식이었다. 역사적인 측면에서 종법 제도는 진보적 의의가 있었다. 종법 제도는 역사의 산물로서 그 자체로 발생, 성장, 번성, 소멸의 과정이 있다. 가족은 가까운 혈연 관계가 있는 수많은 가정으로 구성되었다. 가족의 구성은 일정한 규칙을 따라야 하는데 그것이 바로 '종법'이다. 문명 사회에 진입하면서 중국 고대의 가족 제도는 줄곧 부계의 혈통으로 이어져왔다. 동일한 남성 조상을 둔 여러 가문이 다시 종족을 구성했다. 따라서 가문과 종족은 서로 갈라놓을 수 없고 때로는 하나로 합쳐지기도 하여, 중국 고대의 가족 제도와 종법 제도 간에 밀접한 관계를 유지했다.

종법은 혈연의 관계를 기초로 한 것이다. 공동의 조상을 받들어 혈육 간의 정을 유지하고, 종족 내부에서 존비와 장유를 구분해서 상속의 질서와 지위가 다른 종족의 구성원들에게 각자의 권리와 의무를 규정하는 법칙이다.

종법 제도는 부계 씨족 사회의 가부장제로부터 발전해왔다. 부계 사회에서 가계는 부계에 의해 계산되는데, 부계 가장이 가족 구성원을 지배하고 그들에 대한 생살여탈의 권한을 쥐고 있었다. 부계 가장이 죽게 되면 재산과 권력을 상속받을 사람이 있어야 하기에 관습상 일정한 상속의 질서를 규정했다. 부계 가장의 생전 권위는 사후에도 존중된다. 가부장의 영혼에 보호받으려는 후손들의 관념 탓에 남성 조상에 대한 숭배와 이에 따른 여러 제사 행위가 이루어졌다. 조상 숭배는 종법 제도와 긴밀히 연계되고 가족 내부의 정신적 응집력이 되기도 했다.

계급 사회에 진입하면서 점차 종법 제도는 주로 통치 계급의 내부에서 시행되었다. 내부적 관계를 조율하고 귀족들의 세습적 통치를 유지하면서 백성을 노예로 부리는 도구로 활용되었다. 부계 사회의 후기에는 부족 연맹의 우두머리가 어느 정도 후대 국왕과 비견되는 권력을 갖게 되었다. 하지만 그 직위는 각 부족의 추장들이 서로 의논해서 선출했다. 이것이 이른바 '선양禪讓'이다. 하우夏禹가 죽은 뒤 그의 아들 계啓가 자리를 물려받아 선양하는 전통을 남겼는데, 그 결과 공동의 천하를 한 가문의 천하로 바꾸어 중국 역사상 최초의 노예 왕조를 열었다. 이러한 세습적 통치권의 확립은 종법 제도의 형성을 상징적으로 표현한 것이다.

종법 제도는 정치와 경제 등 여러 방면에서의 특권과 지위에 관련한 상속의 질서를 확정했다. 동시에 이러한 특권과 지위의 상속자는 혈연의 관계에 따라 일부 권력과 재산을 다른 종족의 구성원에게 배분해야 한다는 것도 규정했다. 상속의 질서를 확정하고, 종족 내부의 혈연 관계에 의해 존비와 친소를 구별했다. 이에 따라 각자의 권리와 의무를 규정하는 것은 상부상조하기 위한 것인데, 바로 이것이 종법 제도의 기본 내용이 되었다. 이에 부응하여 종족 내부의 결속력을 강화하기 위해 조상 숭배 제도를 발전시킨 것이다. 여기서 종宗의 본래 의미는 조상 제사의 '장소'라는 뜻이다. 이른바 "종이란 조상의 묘廟를 받드는 것"이라는 뜻이다. 종은 곧 조묘祖廟와 종묘宗廟를 가리킨다.

종묘 제사는 가장 중요한 일이기 때문에 종족에서 지위가 가장 높은 사람이 주관한다. 같은 종족의 구성원은 공동의 조상, 종묘, 성씨, 묘지를 가지며 같은 종법 제도의 구속을 받는다. 그래서 종법 제도의 조상 숭배는 고대 중국에서 신앙과 종교 및 정신적 응집력과 이데올로기 형성에 여러 가지로 기여했다.

주周나라는 종법 제도가 완벽해져서 전성기로 접어든 시기의 왕조다. 이 시기의 종법 제도는 가장 전형적이고 치밀했다. 이러한 까닭으로 종법 관념을 사상적 기초로 한 유교에서는 주나라를 이상적 사회의 전형으로 간주했다.

서주西周와 춘추 시대의 종법 제도에서 발견되는 주요 특징은 적서嫡庶를 엄격하게 구분하고 종손에게 우선적 상속권이 있다는 것을 전제로 했다는 것이다. 종족 내부에서도 대종大宗과 소종小宗으로 구분했다. 대종이든 소종이든 정적正嫡을 종자宗子로 삼았고, 종자에게 특별한 권력이 있어서 종족 구성원들은 반드시 종자를 떠받들어야 했다. 종족 내부의 상속법은 아들에게 물려주는 것을 원칙으로 했는데, 이로 인해 직계와 방계의 구별이 생겼다. 직계는 장자 상속제의 직접적인 상속이며 다른 형제들이 방계가 된다. 이른바 적嫡과 서庶는 일부다처제에서 정처가 낳은 자식이 '적'이고 첩이 낳은 자식이 '서'다. 이에 따라 직계 적전嫡傳은 대종이 되고 방계와 서출庶出은 소종이 된다.

주왕周王은 천자天子라 칭하는 이른바 상제의 장자長子로서, 천하의 대종으로 떠받들어진다. 왕위를 장자가 계승하기 때문에 대대로 천하의 대종이 되는 종자로서 모든 제후의 주상主上이다. 천자가 천하의 대종이므로 그가 거처하는 곳을 '종주宗周'라고 칭한다. 주왕의 다른 아들들은 제후로 봉해지고, 왕실을 수호하는 병번屛藩으로서 그들의 지위도 직계의 장자한테 대대로 상속된다. 주왕에게는 주씨周氏 성姓을 가진 제후가 소종이 되지만, 제후는 그들의 제후국 내에서는 대종 종자가 된다. 제후의 다른 아들들은 경대부卿大夫로 임명되어, 제후와 견주면 비록 소종이지만 자기 계열의 후손 중에서는 직계의 장자가 종통을 계승하면 그들의 대종이 된다. 기타의 아들들이나 후손들은 대부大夫나 사士로 임명되어 그들의 종통에서 대종이 된다. 동성同姓의 제후들 간에도 종법 관계가 있고, 성씨가 다른 제후들과 혼인 관계를 맺는다. 성씨가 다른 제후들 간에는 제후국 내의 성씨가 다른 귀족들과 혼인 관계를 맺기도 한다.

고대 중국에서는 정권의 구성과 가문의 혈연적 유대가 일치하기 때문에 나라와 가족을 합쳐서 국가國家 또는 가국家國이라 통칭한다. 가장家長은 한 가문의 군주이며 나라의 군주는 한 나라의 가장이다. 이것이 중국 고대 정치와 종법 제도의 중요한 특징인데, 정치, 윤리, 철학 및 이데올로기의 형성에 중대하고 결정적인 영향을 끼쳤다.

이처럼 세습제를 실시한 탓에 각 계급의 대종자와 소종자들은 직위나 관직을 물려받을 수 있었고, 종족들뿐만 아니라 다른 사회의 구성원까지 통치할 권력을 갖는다. 국가의 각급 행정 기구는 어떻게 보면 확대된 종족 조직이기도 하다. 혈연에서 종법으로 가는 것은 가족 제도의 정치화인 것이다. 천자는 제후들에 대해 감독과 시찰, 관직 임명, 작위 수여 등의 권력을 갖고 있고, 제후는 천자에게 조빙朝聘, 조공朝貢, 병역兵役, 노역勞役 등의 의무를 수행해야 했다.

2 종법 제도의 붕괴

한편으로는 생산력의 발전과 격심한 사회 변혁의 영향으로, 서주 춘추 시대의 전형적인 종법 제도는 전국 시대 이후로 기존의 형태를 유지하기 어렵게 되었다. 주나라의 평왕平王이 동쪽으로 천도한 이후, 천하의 대종인 주천자周天子는 이미 유명무실하게 되었다. 춘추 시대 후기에 각 제후국 내에서 대부가 권력을 독점하는 일이 흔히 발생하여 종법에 근거한 예전의 계급 제도가 붕괴하기 시작했다. 전국 시대에 각국은 국력을 강화하고 패권을 장악하기 위해 잇달아 변법變法을 시행했다. 변법의 주된 내용은 군주의 권력을 확대하여 봉건 국가의 중앙 집권력을 강화하는 것이었다. 제후국 내에 즐비하게 들어찬 귀족 집단들은 각급의 정권과 긴밀하게 결합되어 있지만, 이들이 중앙 집권 정책을 실행하는 데 장애물로 간주되면서부터 각국은 변법을 시행함으로써 귀족 집단의 세력을 제한하거나 약화하려고 노력했다. 분봉제도分封制度를 폐지하고 새로운 관료제를 도입해서 세습제를 대체하는 방향으로 나아갔다. 관료가 세습적인 녹봉을 받을 수 없으니 종자를 중시하는 종자 제도는 여러 아들 사이에서 고르게 분배하는 상속제로 대체되었다. 진秦나라의 변법이 상대적으로 가장 철저했다. 법률의 형식으로 대가족 제도를 금지하고 호적을 편찬함으로써 일가일호一家一戶의 소가족을 직접 국가에 종속시켰다.

다른 한편으로는 종족 내부에서 여러 가족 간의 이해 관계가 충돌하고 동거 생활에서 필연적으로 발생하는 각종 갈등 문제가 혈연 관계에 근거한 결속력을 점차 약하게 만들었다. 서자 출신의 구성원들이 관료로 입신하고 전공戰功을 세워 현달하거나, 농경과 상업에 종사함으로써 부호가 되자, 그들은 허명 뿐인 종자를 더 이상 존경하지 않았다. 그뿐만 아니라 지배도 달갑게 여기지 않았다. 국가 정권의 제약이라는 외부적 억압과 구성원들의 이탈이란 내부적 원심력이 이중적으로 작용하여 종족 제도는 차츰 와해되고, 이에 따라 종족과 각급 정권의 분열도 피할 수 없게 되었다.

진한 시기 이후, 일반적인 사회 상황을 놓고 말하면 대종과 소종의 구별은 더 이상 중요한 사안이 되지 못했다. 종자 제도는 이미 역사의 뒤안길로 사라졌다. 게다가 봉건 통일 제국의 행정 관료 시스템은 종족 조직의 관여를 허용하지 않았다. 이러한 의미에서 엄정한 종법 체계는 더 이상 존재하지 않았다고 해도 과언이 아니었다. 그 후 종법 가족 제도와 정치 체제는 국가 통치 체제에서 서로 분리되었다.

그러나 종법제는 붕괴했지만, 봉건사회의 자연 경제라는 여건하에 같은 종족끼리 한 지역에서 집단으로 거주하는 것은 일종의 보편적 현상이었다. 진한 시대의 일부 종족들은 정치적 지위와 경제 규모, 그리고 번창한 가문을 내세워 명문名門 거족巨族으로 발전하였는데, 각종 연줄로 얽힌 지방에서 권세를 부려 그 지역의 백성을 억압했다. 그뿐만 아니라 국가 정책의 실행까지 방해하면서 중앙 정권과 대립각을 세웠다. 이러한 명문 거족을 억누르기 위해, 진시황과 한고조는 중국을 통일하고 나서 천하의 명문 거족과 부호들에게 이주를 강요했다. 한무제도 "강종대성强宗大姓을 이주시켜 종족끼리 뭉쳐 살지 못하게 했다."[58] 조정에서도 의도적으로 가끔 냉혹한 관리를 파견해서 무고한 죄명을 덮어씌우고 이들을 연좌시

58 범엽, 『후한서』「정홍전鄭弘傳」의 주석2, 제4책, 1155쪽.

켰는데, 그 목적은 토호 세력을 제거하는 데 있었다. 구족九族을 멸하는 전통은 지방의 호족 세력을 소멸시키고자 했던 이러한 과거와 긴밀한 관련이 있다.

그러나 후한 시대에 들어서면서 대지주 중심의 장원 경제가 발전하고, 중앙 정권 통제력이 약화됨에 따라 다시 명문 거족 세력이 급성장했다. 그들은 성보城堡를 구축하고 대가족 인원을 동원해서 군사 집단인 부곡部曲을 설치했다. 지방 정권을 장악해서 관리들을 막후에서 조종했으며, 전란 시기에는 종당宗黨을 결집해 무기를 들게 함으로써 독자적인 세력을 형성했다. 그 결과 마침내 통일 제국이 해체되었다.

이러한 명문 거족 세력은 점차 발전하면서 위진 남북조 시대의 문벌 제도를 형성했다. 문벌사족門閥士族은 각자의 고향에서 권력을 장악하고 있을 뿐만 아니라, 서로 연합해서 조정을 좌지우지할 수도 있었다. 이때문에 황실은 그들과 같이 천하를 공유할 수밖에 없었고, 국가 법령에 사족士族은 음서蔭敍와 노역 면제 등의 특권을 가진다고 명문화했다. 사족은 스스로 고귀하다고 여겨서 중인 계급인 서족庶族과 통혼하지 않았다. 사족 가운데 서족과 혼인 관계를 맺거나 서족 계층이 관직에 등용되어 일했던 직책을 맡게 되면 당시에 '혼환실류婚宦失類'라고 소문날 만큼 치욕스러운 일로 여겼고, 이로 인해 사족들 사이에서 배척되었다.

이 외에 문벌 사족의 수령은 회유나 핍박 등의 수단으로 문생門生들을 거두고 도망자를 비호했다. 수많은 농민을 자신의 '음호蔭戶'나 '부곡'으로 삼아 그들을 호령하는 무소불위의 권력을 소유했다. 평상시에는 그들의 노동력을 착취했으며 전란 시에는 동족의 자제들과 함께 가병家兵으로 편성되었다. 이는 심각한 인신의 억압과 통제였다.

명문 거족으로 발전해온 문벌 제도는 춘추 시대의 전형적인 종법 제도와 비교할 때, 종족 내부의 항렬 체계가 대종과 소종이란 혈연 관계로 엄격히 구분되지 않았다. 각각의 지파支派나 각 집안의 정치적 세력과 재력에 의해 편파적으로 결정되었다. 종족 중에서 관직이 높고 재산이 많은 구성원이 실질적인 우두머리가 되었고, 그는 종자의 지위를 대신하여 더욱 가혹한 형태로 종족 집단을 통제했다. 하지만 여전히 혈통과 문벌이 중시되었는데 이를 통해 사회적 지위가 결정되었다. 종족 내부에서도 가부장제가 시행되어 존비와 귀천을 구분했고, 항렬에 따른 복종을 강조하는 점에서 종법 제도와 문벌 제도는 완전히 일치한다. 과거 종법 제도와 가장 큰 차이점은 종법 제도에서는 천자를 최대의 종자로 삼아 각기 다른 종자들에게 모두 절대적인 복종을 강요하지만, 문벌 제도는 이런 차별 관계가 없는 탓에 각 가문이 중앙 정권이나 황실과 늘 대립한다는 것이다. 종법의 혈연 관계는 단지 해당 가문의 내부에서만 효력이 있었고, 더 이상 전국적 통치 체제의 근거는 되지 못했다. 이른바 '가국대립家國對立'이라는 단계로 이행했던 것이다.

그러나 남북조 시기의 명문세가는 수나라 말기의 농민 전쟁에서 큰 충격을 받았다. 수나라와 당나라는 과거 제도를 통해 인재를 뽑고, 구품중정제九品中正制를 폐지함으로써 많은 서족 출신의 선비들에게 벼슬길로 나가는 기회를 열어주었다. 이른바 '구품중정제'는 다음과 같은 것이다. 각 주군州郡에서 이품二品의 현직 중앙 관리 중에서 중정中正을 추대하고, 이 중정이 문벌과 행실을 문서로 심사해서 소중정小中正이라고 하는 각 지방의 인재를 구품九品으로 나누어 선발하는 제도였다. 구품은 상상上上·상중上中·상하上下·중상中上·중중中中·중하中下·하상下上·하중下中·하하下下이다. 이러한 구품 중정제의 폐지로 인해 문벌 제도가 점차 몰락했지만 가문을 숭상하는 풍조는 당나라 시대에도 여전히 잔존했다. 특히 당나라 말기에 지주호족地主豪族과 번진藩鎭의 군벌軍閥 세력들이 연합하여 대대적인 전란이 발생했는데, 근 백 년에 가깝게 분열과 전쟁의 소용돌이로 내몰았다. 그러나 당나라 말기 오대五代 시기의 전란을 겪음으로써 문벌 제도와 사족 지주는 치명적인 타격을 받았다. 게다가 송나라 시대에 중앙 집권이 강화되고, 서족庶簇 출신 지주가 과거를 통해 고위 지배층에 오르면서 자신들의 경제적 능력을 더욱 발전시켰다. 그제야 지속적으로 국가 권력에 대항해온 명문 거족들이 역사의 무대에서 퇴장했다.

3 가족 제도의 재건

중국 고대 봉건사회의 국가 통치체계는 종법 제도의 와해와 봉건 경제의 성숙에 따라 꾸준히 발전했다. 이와 동시에 국가 권력과 대항했던 명문 거족이 사라진 후, 봉건적 전제 제도를 공고히 하는 목적으로 지주 계급의 통치자가 가족 제도를 봉건 통치에 유리하도록 재건하고 개조하기 시작했다.

역사적 환경이 바뀌고 오래된 탓에 서주와 춘추 시대의 전형적인 종법 제도를 고스란히 복원한다는 것은 사실상 불가능하다. 그러나 상고 시대의 종법 제도에서 조상을 숭배하고 종통을 공경하는 존조경종尊祖敬宗의 원칙은 후대에 이르러 일정한 조율 과정을 거쳐 관철되었다. 이에 따라 족보를 만들고 사당을 건립하는 것을 비롯해 족전族田을 구입하고 족장族長을 추대하며 족규를 제정하는 것들을 기본적 특징으로 하는 봉건적 족권族權을 구현하는 종족 제도가 성행하게 되었다. 이러한 종족 제도는 봉건 통치의 수요에 부응하여 부단히 발전되고 보완됨에 따라 봉건 사회 후기까지 거의 천년의 역사 속에 봉건적 정권과 예교禮敎란 이름으로 오랫동안 깊은 영향을 끼쳤다. 그 내용은 다음과 같다.

첫째는 종보宗譜의 수찬이다. 종족은 혈연을 유대로 이루어진 것이며 종보는 종통의 계보를 밝히는 것이다. 종통의 계보가 밝혀지면 종족은 혼란스럽지 않다. 종보는 남북조 시대에 '보첩譜牒'이라고 칭하면서 당시 대단히 성행했다. 하지만 당나라 이전의 보첩이 대다수 전란 통에 소실되었고, 구시대의 보학譜學은 쇠퇴의 길로 접어들어 끊어진 상황이었다. 그 이후 송나라 시대에 구양수歐陽修가 구씨가보歐氏家譜를, 소순蘇洵과 소식 부자가 소씨가보蘇氏家譜를 만든 것에 힘입어 가보家譜는 다시 지주 계급의 주목을 받았다. 가문의 우열을 중시하는 구시대의 보학과 달리, 신시대의 보학은 주로 조상을 존경하고 족인族人을 수용하는 정신을 나타냈다. 정이는 "천하의 인심을 거두어 종족宗族을 수용하고 풍속을 두텁게 하여 근본을 잊지 않게 하려면, 반드시 보계譜系의 세족世族을 밝히고 종자宗子의 법을 정해야 한다"[59]라고 했다.

명청明清 시대에 들어와서 종보는 보편적인 것이 되었다. 집단으로 거주하는 농촌 사회에서 족보가 없는 집이 없다고 해도 지나친 말이 아니었다. 천업賤業에 종사하는 소수의 몇몇 사람을 제외하고는 대다수 족보에 편입되었다.

둘째는 종사宗祠의 건립이다. 종사는 관습적으로 사당祠堂이라고 불리는데, 조상의 신주를 모시고 제사를 지내는 장소로서 종족의 상징으로 인식된다. 조상을 숭배하여 종묘나 사당을 지어 제사를 지내는 현상은 원시사회 후기부터 이미 존재했다. 천자나 제후의 조묘는 종묘라 이르고, 사대부의 조묘는 가묘家廟라 불린다. 주나라 때의 규정에 따르면, 천자는 7묘廟, 제후는 5묘, 대부는 3묘, 선비는 1묘의 사당을 두고, 서인庶人은 별

59 정호·정이, 『이정집』 제1책, 85쪽.

도의 사당 없이 침실에서 제사 지낸다. 평민은 거실에서만 제사를 지낼 수 있으며 사대부 이상이 되어야 사당을 지을 수 있었다. 송나라 때의 사당은 보통 종족이 아닌 집안의 명의로 지어진 것이며 거실과 직접 이어져 있어서 단독 건물이 아니었다. 원나라 때에 이르러 종족의 단위로 건립된 종사가 출현했다. 명나라 초기 이래 "서인은 사당이 없다庶民無廟"라는 규정이 타파되었다. 명 세종世宗 때 민간에서도 같은 종족끼리 종묘를 지을 수 있도록 공식적으로 윤허했다. 그 뒤로 종사나 사당 건물을 곳곳에서 볼 수 있었다. 종사의 제사는 의식이 성대하고 장중해서 가장 중요한 종족의 행사가 되었다. 종사는 제사의 장소이면서도 종족의 사무를 처리하고 족규와 가법家法을 집행하는 곳이기도 했다.

셋째는 족전의 설치다. 종족의 재산은 달리 사산祠產이라고 한다. 명의상으로 족인들끼리 공유하는 재산인데 여기에 산림과 토지 및 건물이 포함된다. 조상이 후손들에게 따로 분배하지 말라는 유언을 내린 재산 이외에, 종족 재산의 공급원은 주로 세 가지가 있다. 하나는 후손이 관직에 올라 기부한 것이고, 그다음은 후손이 부유하여 기부한 것이며, 마지막은 종족에서 내쫓은 자손의 재산을 몰수한 것이다. 종족의 재산 가운데 가장 중요한 부분은 해마다 지세地稅 수입이 있는 족전이다. 족전은 제전祭田, 의전義田, 학전學田으로 구분되고 보통 소작농을 부려 농사를 짓도록 하지만, 때로는 족인의 단합을 목적으로 각 집안의 인원을 차출해서 의무적으로 경작하는 예도 있다. 이는 원시 촌락 경제의 흔적이다. 제전의 지세는 제사로 쓰이고, 의전의 지세는 궁핍한 족인을 구제하는 데 쓰이며, 학전은 종족의 학비로 쓰인다. 그러나 이 3가지는 서로 구별되지만 엄격하게 적용되지는 않는다.

넷째는 족장의 추대다. 족장이란 종족의 제반 사무를 처리하는 최고 우두머리다. 그러나 족장은 예전 종법 제도의 종자와는 다르다. 종족의 종자란 신분은 대종세적大宗世嫡의 혈통을 계승한 것이지만, 족장은 일반적으로 천거된다. 족장은 족정族正이라고도 하는데, 형식적으로는 천거되었지만, 종족의 구성원 개개인이 모두 족장의 추천권 내지 피추천권을 갖는 것은 아니었다. 족장을 천거할 권리는 종족의 장로長老나 부귀한 자에 한정된다. 연소자나 막일을 하는 사람에게는 추천권이 없다. 그리고 족장이 되려면 여러 조건을 갖춰야 한다. 하나는 반드시 연배가 높아야 하고, 그다음은 인품과 덕망이 높아야 하며, 마지막으로 가장 중요한 것은 재력과 권세가 있어야 한다. 그래서 실제의 족장은 대개 지주나 토호였다. 족장의 권력에는 제사를 주관하고, 종족의 재산을 관리하며, 족인을 교화하거나 징계하며, 족인들 간의 각종 분규나 갈등을 중재하는 것들이 있다.

다섯째는 족규의 제정이다. 종족의 규약이 족규인데 족장은 종족의 규약에 따라 권력을 행사한다. 족규는 종족의 법률로서 봉건적 질서를 유지하는 역할을 하며 족인들에게는 의무적인 구속력을 갖는다. 족규 가운데 상당수가 어느 조상의 유훈이기 때문에 대대로 전승되어 개정되지 않는다. 또한, 어떤 족규는 족보를 수찬하거나 보수할 때 종족 내부의 명망가들이 상의해서 결정되기도 하는데, 일단 정해지면 부동의 권위를 갖는다. 정해진 족규는 서로 다른 전통과 경험 및 지역과 세력 등에 걸친 여러 요인으로 인해 각 종족의 가풍을 나타내며 나름의 특색도 있다. 하지만 삼강오륜을 바탕으로 봉건적 예교와 이학의 색채를 띤 사상적 원칙을 표명하는 점에서는 모두 대동소이하다. 족규나 향약은 민간의 규약이지만 합법적 권위를 지니고 있어서 봉건·국가의 양해 아래 효력을 발휘함으로써 국법의 부족함을 보완하고 봉건적 통치를 공고히 하는 데 중요한 역할을 한다. 이는 봉건 도덕의 법제화 혹은 형법적 수단으로 강제 집행되는 봉건적 윤리도덕의 규범이다. 한 국가와 민족의 윤리도덕이 형벌의 수단으로 강제성을 띠게 될 때, 그 윤리도덕은 이미 막바지에 몰렸음을 의미한다. 그것은 또한 중국 고대의 봉건적 전제 국가가 한때 홍성했다가 쇠퇴의 길로 접어들었다는 전환의 상징이기도 했다.

2 —— 도교 조직과 청규清規

도교는 중국에서 자생적으로 발전한 토생토장土生土長의 종교로서, 천여 년의 역사를 통해 일련의 궁관 조직과 청규를 갖추게 되었다. 물론 중국 고대 종법 제도와 불교 승단 조직의 영향도 있었지만, 신앙의 대상과 교리에 이르기까지 불교와 확연히 구별되는 종교다. 궁관 조직과 청규 계율은 독특한 특색을 지녀서 중국 고대 종교생활의 중요한 몫을 차지한다. 신자들의 삶과 정신세계를 지배했을 뿐만 아니라 중국 고대의 전통적 윤리도덕에도 깊은 영향을 미쳤다.

1 도교 궁관과 조직

궁관宮觀은 도사들이 수도 생활을 하고 신에게 제사를 지내며, 종교적 행사까지 치르는 장소다. 또한, 도사들이 일상 생활을 영위하며 기거하는 곳으로서 도궁道宮과 도관道觀을 합쳐서 일컫는 명칭이기도 하다.

도교 궁관은 오두미도五斗米道의 창시자 장릉張陵이 설립한 24치治에서 유래되었다. 장릉이 도교를 창립할 당시에 소를 잡아 24소所에 제사하고 토단土壇을 쌓아 그 위에 초옥草屋을 지어 이를 '이십사치二十四治'라고 했다. 이로 미루어 최초의 '치'는 도교에서 신에게 제사를 지내는 장소다. 진대晉代에 와서 '치' 이외에 려廬, 정靖, 관館이라고도 칭했다. 치의 건물은 대개 초라해서 대부분 초가지붕이고 도읍과 멀리 떨어져 있었다. 도교가 발전함에 따라 도읍에 관을 건립하기 시작했는데, 그 숫자가 늘어나 규모도 차츰 커졌다. 남북조 시기의 남조南朝에서는 초진관招眞館, 구진관九眞館, 화양상하관華陽上下館 등이 있었고, 북조北朝에는 '도관'이라는 명칭이 처음 등장했다. 당나라의 통치자들은 도교를 숭상하여 궁관을 대규모로 건립했다. 이 시기의 궁관은 건물이 웅장하고 규모가 크며, 도사들이 제사하는 장소뿐만 아니라 수도와 일상생활의 공간이 되기도 했다. 도교 궁관은 당나라 때 제도화되어 송·원·명나라를 거치면서도 이를 수축하고 건립하는 열기가 식지 않았다.

기존의 자료에 의하면 궁관의 건축양식은 대개 다음과 같이 세 단계로 나누어진다. 첫째는 '정靖'과 '치治'다. 둘째는 '천존전天尊殿'을 중심으로 한 궁관 건축양식이다. 셋째는 오늘까지 존재하는 '삼청전三淸殿'을 중심으로 한 궁관 건축양식이다.

도교 궁관의 발전에 따라 조직과 관리 체계가 점점 달라지면서 두 가지 서로 다른 유형의 궁관이 형성되었다. 그것이 바로 자손묘子孫廟와 십방총림十方叢林이다.

자손묘는 소묘小廟라고도 하는데, 그 특징으로는 대개 세 가지를 들 수 있다. 첫째는 사유 재산이기 때문에 사제師弟 간에 대대로 전한다는 것이다. 사제 간에는 법사法嗣의 전승뿐만 아니라 재산의 상속 관계도 존재한다. 둘째, 사부師父는 재산과 종교적 사무를 관리하고 제자를 받아들이거나 경전의 내용을 가르칠 수 있지만, 계율은 전할 수가 없다. 셋째, 종판鐘板을 매달 수 없고, '불유단不留單'이라 하여 유랑하는 운유도사雲遊道士를 받지 않는다. 요컨대, 자손묘에는 거주자가 많지 않고 구조가 간단하며 사부가 바로 '당가當家'라고도 불리는 주지인데, 완연히 한 가족 같다.

십방총림은 십방상주十方常住라고도 하는데 주요 특징으로 다음 세

가지가 있다. 첫째는 공유 재산이기 때문에 도교 신자들은 일정한 심사를 거쳐 명패를 걸고 거주하게 되는데, 상주하는 신자들은 대부분 우수하다고 인정되어 선발된 자들이다. 둘째는 전계傳戒는 가능하지만 제자는 받을 수 없고 수계受戒의 대상은 '소묘'의 추천을 거쳐 결정된다. 셋째, 규모가 크고 상주하는 신자가 많아서 조직과 관리 체계가 엄격하다.

십방총림은 규모가 비교적 크고 공유 재산이며 상주하는 신자도 많아서 비교적 엄격한 조직과 관리 체계를 가지고 있다. 관련된 직책도 정교하게 설치되어 있고 각각의 분장 업무도 치밀하다. 방장方丈, 감원監院, 도관都管 등의 주요 집사執事에서, 고두庫頭와 채두菜頭와 같은 일반 집사들에 이르기까지 모두 신도들의 천거로 선출된다. 모든 집사는 일정한 임기가 있고, 집사가 직무를 감당하지 못하거나 부정을 했을 경우, 신도들이 이를 공론화함으로써 해당 집사를 파면할 뿐만 아니라 계율에 의해 처리할 수도 있다.

주요 도교 직책의 분장은 다음과 같다. 방장은 명의상 도관의 주인으로서 최고 책임자이지만 총림叢林의 구체적 사무를 관리하지 않는다. 반드시 덕망이 높아야 하고, 삼당대계三堂大戒, 즉 초진계初眞戒, 중극계中極戒, 천선대계天仙大戒를 모두 받은 인물이어야 하며, 율사律師로부터 도법을 전수받은 도사여야 한다. 방장은 전계할 수 있고, 전계 기간에는 그를 율사라고 칭한다.

감원은 주지住持라 부르며 '당가'라 속칭하기도 하는데, 전적으로 총림의 실제 사무를 통괄하는 인물로서 관리 능력을 갖춰야 한다. 도원都院은 감원의 조수로서 주로 감원을 보조하며 총림의 실제 사무를 관리한다. 도강都講은 환당圜堂과 발당鉢堂 등의 사무를 맡는다. 도주都廚는 식당의 취사와 급식에 관련된 일을 담당한다. 당주堂主는 운유 도사들을 접대하고 돌보는 일을 책임진다. 전주殿主는 전당을, 화주化主는 탁발하는 것을, 고공高功은 염경사念經師를, 고두는 재정 수지를 각각 담당한다. 도교가 발전함에 따라 궁관의 체제도 끊임없이 변화되었고, 여러 궁관 사이에도 다소 차이점이 있다. 이상으로 소개한 것은 일반적인 상황을 말했을 뿐이다.

2 도교 계율

계율은 종교 신자가 이상을 실현하고 수행의 목적을 달성하기 위한 하나의 수단이다. 대부분 종교에서는 신자들에게 하나의 이상적 세계를 그려주고 있지만, 이러한 세계는 현실세계와 선명하게 대립한다. 특히 인간의 자연적 본성과는 서로 모순된다. 인간의 본성을 고치고 바꿔 특정 종교에서 설정한 이성적 세계로 나아가게 하고자 각종 계율을 정한다. 도교는 생명의 존엄성을 인정함으로써 불로장생과 신선을 추구하지만, 그 이상적 목표는 인간의 본성과 현실적 삶에 있어서 모순을 빚게 마련이다. 이 때문에 엄격한 계율이 존재한다.

『도교의추道教義樞』「십이부의十二部義」에서는 '계戒'를 해소解, 경계界, 방지止로 해석한다. 그 뜻은 "중악衆惡의 속박을 해소하고 선악의 경계를 분간하며 여러 악행을 방지할 수 있다"[60]라는 것이다. 그리고 '율律'을 솔직率, 정직直, 두려움栗으로 해석하는데, 그 뜻은 "죄악을 논할 때는 솔직하고, 정직하여 왜곡하지 않으며, 계율을 범한 것을 두렵게 여기도록 한다." 계율은 '육정六情'과 '십악十惡'을 겨냥한 것이다. 육정은 안眼·이耳·비鼻·설舌·신身·심心에서 일어나는 정욕이며, 십악은 몸으로 하는 살생, 도둑질, 음행을 비롯해 입으로 하는 일구이언, 욕설, 망언, 변명 및 마

60 『도교의추』「십이부의」, 『도장』 제24책, 816쪽.

음으로 하는 탐욕, 성냄, 삿된 견해를 가리킨다. 이러한 도교 계율은 도사들의 생각과 언행을 규제해서 악행을 방지하는 조항이다. 수도 생활을 하는 데에 반드시 준수해야 할 법규이기 때문에 강제성이 있다. 『운급칠첨』 권38 『설계說戒』에서는 "도를 닦는 데 『대지혜도행본원상품대계大智慧道行本願上品大戒』를 받지 않고서는 신선이 될 수 없다"[61]라고 했다. 다시 말해 계율의 준수 여부는 수도하는 도사의 성선成仙 문제와 직결된다. 이를 위배하면 신선은커녕, 죄를 짓게 된다는 것이다. 계율이 도교에서 얼마만큼 중요한 지위를 차지하는지 이를 통해 잘 알 수 있다.

초기의 도교에는 공식화된 계율이 없었다. 『태평경』에는 '계誡' 자가 있는데, "재물과 여색에 탐닉하면 뱃속의 태아에까지 화가 미친다는 계貪財色災及胞中戒"와, "불효자는 오래 살 수 없다는 계不孝不可久生戒"라는 문구에 등장하는 '계'가 바로 그것이다. 『노자상이주老子想爾注』에는 '도계道誡'라는 단어가 등장하는데, "도에서 중화中和가 가장 귀중하니, 마땅히 중화로써 행해야 하며, 뜻하는 바가 넘쳐서 '도계'에 위배되면 안 된다"[62]라고 했으며, "명예와 공훈은 몸의 원수다. 공명으로 나아가면 몸이 곧 소멸한다. 그래서 '도계'로 타이른다[63]"라는 말 가운데 있는 '도계'가 바로 그것이다. 여기서 말하는 '계'와 '도계'는 후대의 도교에서 말하는 '계율'은 아니다. 하지만 인심을 규제하고 행동을 제약하는 의미는 있었다. 위진 남북조 시대에 들어와서 정식으로 조문條文 형식을 띤 계율이 생겨났다. 신천사도新天師道의 「노군설일백팔십계老君說一百八十戒」, 상청파上淸派와 영보파靈寶派의 「설십계說十戒」, 「사미정지경십계思微定志經十戒」 등이 바로 그

61 장군방張君房 편, 이영성李永晟 점교點校, 『운급칠첨』 권38, 중화서국 2003년판, 828쪽.

62 라오쭝이饒宗頤, 『노자상이주』, 상하이고적출판사 1991년판, 7쪽.

63 라오쭝이, 『노자상이주』, 7쪽.

것이다. 그 후에 서로 다른 계율이 점점 파생되어 조문이 번잡하게 되거나 간략하게 되었다. 그러나 이들 계율의 주요 내용에는 별다른 변화가 없었다. 여전히 삼강오륜의 관념을 근거로 했다. 부인할 수 없는 사실은 도교 계율의 발전 과정에서 일부 내용과 형식이 불교 계율을 답습하거나 그 영향을 받았다는 점이다. 이는 도교 계율이 불교에 연원이 있다는 것을 의미하지 않는다. 중국 고대의 민간신앙과 제사 행사에서는 이미 많은 금기가 있었다. 심지어 공자도 '예禮'로써 사람의 생각과 언행을 규제했다. 따라서 도교 계율의 연원은 중국 고유의 문화적 전통에서 찾아야 할 것이다.

도교 계율의 종류는 매우 다양하다. 가장 기본적인 것으로 오계五戒, 팔계八戒, 십계十戒가 있다. 이러한 기본적 계율에서 다시 원시천존元始天尊의 27계, 60계, 129계, 300계, 심지어는 1,200계까지 파생된다. 현존하는 도교 계율은 주로 『정통도장正統道藏』의 동진洞眞 · 동현洞玄 · 동신洞神의 3부部에 있는 계율류戒律類에 수록되어 있다. 『운급칠첨』이나 『도장집요道藏輯要』에도 일부분이 있다. 중요한 것으로는 『태상경률太上經律』, 『동현영보천존설십계경洞玄靈寶天尊說十戒經』, 『태상노군경률太上老君經律』, 『천선대계天仙大戒』, 『초진계初眞戒』, 『중극계中極戒』 등이 있다.

도교의 '청규'는 원명元明 교체기에 나타난 것으로 계율과 마찬가지로 도사의 언행을 규제하는 조규條規다. 하지만 양자 간에 약간씩 차이가 있다. 계율은 사전에 행위를 단속하는 행동 규범이지만, 청규는 계율을 범한 도사를 사후에 징계하는 조항이다. 일반적으로 청규는 각 도관에서 자체적으로 정한 것이라 계율을 어긴 도사에 대한 처벌도 도관마다 크게 다르다. 예컨대 「교주중양제군책벌방敎主重陽帝君責罰榜」에서는 다음과 같이 규정한 바가 있다.

(1) 국법을 어기면 쫓아낸다.

(2) 재물을 훔치면 존장尊長에게 보내어 의발衣鉢을 불태우게 하고 내보낸다.

(3) 시비를 일삼고 작당하여 행패를 부리면 매질해서 내보낸다.

(4) 음주, 호색, 탐욕, 육식 가운데 하나만 어겨도 처벌해서 내보낸다.

(5) 간사하고 교활하며 질투하고 기만하는 자도 내보낸다.

(6) 난폭하고 교만하며 대중을 따르지 않는 자는 벌로 재계齋戒하게 한다.

(7) 언성을 높이거나 큰소리치며 조급하게 서두르는 자는 향香을 바치게 한다.

(8) 이상한 말과 희언戲言을 일삼고 무단 외출하는 자는 등유燈油를 내게 한다.

(9) 일에 전념하지 않고 잔꾀를 부리며 게으른 자는 벌책으로 차茶를 바치게 한다.

(10) 가벼운 죄를 범한 자는 벌로 절을 하게 한다.[64]

도교 계율의 내용은 역사적 변천에 따라 발전했지만, 그 기본 원칙은 당시 사회 율법을 하한선으로 하고 일정한 시대적 도덕, 특히 봉건적 예교를 주된 내용으로 삼았다. 현재 도교 궁관의 계율은 국가의 법률에 따르는 것을 전제로 그 교리와 도덕적 규범을 제정한 것이다.

3 도교의 종교 윤리

도교에서 규정한 행위 규범은 사실상 봉건 사회의 각종 윤리 규범이다.

64 『전진청규全眞淸規』, 『도장』 제32책, 159쪽.

반드시 도덕에 맞게 행동하고 선과 악 가운데 선을 택하라고 요구한다. 그 내용은 군신君臣 관계란 측면에서는 '충'으로, 가정 윤리의 측면에서는 '효'로, 사회 관계의 측면에서는 '인애'와 '자비'로 나타났다. 이러한 내용은 대부분 유교의 윤리 체계를 본받은 것이지만 그 나름의 특색도 있다. 바로 신선신앙을 도덕적 규범으로 표방한 것이다. 이는 도교 자체의 계율과 청규에 기초한 것이기도 했다.

초기 도교의 윤리사상을 반영한 『태평경』은 "적선한 집은 반드시 경사스러운 일이 있고, 적선하지 않은 집은 반드시 재앙이 있다"[65]라는 『주역』의 선악응보善惡應報 사상을 계승하여 '승부론承負論'을 내세웠다. 『태평경』에서 선악응보를 "선을 행하면 명命이 저절로 길어지고 악을 행하면 명이 절로 짧아진다"[66]라는 문구로 개괄했다. 즉 선행과 악행은 수명의 장단과 응보 관계가 있다고 주장한 것이다. 천지는 인간의 선행을 좋아하고 악행을 싫어한다. 천상에서 신선을 파견하여 인간의 행위를 기록하게 함으로써 인간이 저지른 크고 작은 잘못들을 모두 다 알고 있는 것이다. 그래서 『태평경』에서는 사람들을 격려하여 '참된 도덕'을 추구하게 하여 '상선上善의 사람'이 되고 나아가 신선의 경지에 오르게 한다. 그러나 평범한 사람이 때로는 열심히 선행을 했지만, 좋지 않은 결과를 얻거나, 악행을 한 자가 오히려 좋은 결과를 얻기도 한다. 이러한 인과 관계를 『태평경』에서는 '승부설承負說'로 다음과 같이 해석했다.

> 대개 사람의 행위를 보면, 힘써 선행을 베풀었지만 도리어 악보惡報를 받

65 『주역』「곤坤」, 『십삼경주소』 상책, 19쪽.

66 왕밍, 『태평경합교』, 526쪽.

고 항상 악행을 했지만 오히려 선보善報를 받기도 한다. 그래서 현자賢者가 말한 게 틀렸다고 한다. 힘써 선을 행하고도 재앙을 얻는 것은 조상이 저지른 죄악을 승부承負한 탓이니, 대대로 전해 내려온 재앙이 축적되어 그 사람을 해친 것이다. 악을 행했으나 선보를 받는 것은 조상이 축적해 온 큰 공덕 때문에 그 사람이 복을 받는 것이다. 큰 공덕을 행하면 천만 배가 되어 돌아와 조상에게 비록 남은 재앙이 있어도 그 사람을 해치지 않는다. 공과는 과거로 돌아가거나 그 후대로 대대로 전해지기 때문에 오대조五代祖의 공과까지 후인들이 모두 감당해야 한다.[67]

다시 말해, 선악의 응보가 본인에게만 해당하는 게 아니라 후손에게까지 영향을 미친다는 것이다. 물론 본인도 선조들의 선악에 대해 그 응보를 감수해야 한다. 그 파급 범위는 전대의 오대조에서 후대의 오대에까지 이른다. 그런데 자신이 큰 공덕을 행하면 조상으로부터 내려온 재앙을 피할 수 있다는 것이다. 이는 선을 행하는 자가 악보를 받고 악을 행하는 자가 선보를 얻는다는 문제에 대한 해답일 뿐만 아니라, 선을 행하고 공덕을 쌓으면 재앙을 면할 수 있다는 행동 지침이기도 하다.

여기서 '승承'과 '부負'는 관련이 있으면서도 서로 구별되는 개념이다. 『태평경』에서 다음과 같이 말한다.

승은 앞에 있고 부는 뒤에 있다. 승이란 조상이 본래 천심天心을 이어받아서 행하는 것을 이른다. 사소한 잘못을 범해도 스스로 모르고 날마다 누적되어 오래되면 잘못들이 한곳에 모여 커진다. 지금의 후생들이 무고하

67 왕밍, 『태평경합교』, 22쪽.

게 그 잘못으로 화를 입고 끊임없이 재난을 당한다. 그러므로 앞에 있는 것이 '승'이고 뒤에 있는 것은 '부'다. '부'는 재앙이 한 사람만으로 해결되는 게 아니라는 뜻이다. 대대로 평안하지 않고 전후로 서로 짊어져야 하는 탓에 부라 한다. '부'는 조상이 후생에게 남긴 빚이다."[68]

비유컨대, 부모가 도덕을 잃어 이웃에게 허물을 남기면 후대의 자손들은 이웃으로부터 영문도 모르게 해를 입는다. 이것으로 승부의 빚을 이해하게 된다. 지금의 선왕이 천지의 뜻을 얻지 못한 것은 한 사람이 하늘을 어지럽힌 것이 아니다. 하늘이 크게 노하여 기뻐하지 않기 때문에 병고와 재해가 만연하고, 나중에 제위에 오른 자가 다시 승부해야 하는 것이다."[69]

그 뜻은 개인적 행위나 국가의 정치라도 모두 선악과 치란治亂으로 인한 승부의 문제가 있다는 것이다. 천신이 그중에서도 중요한 역할을 맡고 있는데, 본인이나 후세의 수명과 직결되어있다는 종교주의적 색채를 짙게 드러낸다. 선악 판단의 기준은 세속적 도덕에 따르고 있지만, 천신이 개입함으로써 그것은 예전의 세속적 도덕이 아니라 종교적 윤리가 되었기 때문이다. 외부적 구속력이 더 이상 사회적 여론이 아니었고, 지고한 천신에 있다는 것이다. 이처럼 『태평경』은 도교 윤리의 사상적 기초를 다졌다는 점에서 주목되었다.

도교가 발전함에 따라 도교 윤리관도 점차 성숙하고 완전하게 되었다. 양송兩宋 시기에 출현한 공과격功過格과 같은 도교의 권선서勸善書들은

68 왕밍, 『태평경합교』, 70쪽.

69 왕밍, 『태평경합교』, 54쪽.

거의 완벽하게 도교의 윤리 관념을 반영했다. 또한, 도교의 윤리 관념이 완벽해지는 데는 송나라 때 이학의 발생도 밀접한 관련이 있다.

송나라 때는 내우외환과 각종 사회 모순이 뒤엉켜 사회가 극도로 불안했다. 사람들은 대개 도교에 의지하여 신선의 보살핌을 받고자 했고, 재앙을 면하고 복을 내리기를 하늘에 빌었다. 바로 이러한 사회적 심리의 수요에 부응해서 남송 초기에 새로운 도교 교파가 생겨났고, 권선서도 시대의 요구로 출현했다.

도교 권선서의 주요 내용은 응보 사상을 매개로 도교의 종교적 윤리와 성선成仙 사상을 관련짓는 것이었다. 도교의 인생 철학과 윤리학을 하나로 합쳐서 선행을 권하고 악행을 금지하는 도덕적 행위를 장수와 요절, 생존과 죽음의 문제에 대한 해결책으로 제시했다. 권선서에 의하면, 장수하여 신선이 되기 위해 무엇보다도 선행을 많이 해야 하고 현실적 윤리 규범을 지켜야 한다. 불로장생을 바라는 세속적 인간들의 심리에 초점을 맞추어, 태상노군太上老君이나 문창제군文昌帝君과 같은 신명神明의 가르침을 신앙적 권위로 내세워 사회적 규범을 잘 지키도록 유도했다. 이를 통해 현실 사회의 도덕적 행위를 제어하고 선악을 판정함으로써, 인간과 인간 간의 사회적 관계를 조율하고 봉건적 사회 질서의 유지를 도모했다. 이러한 역할은 유교의 삼강오륜이 미치지 못하는 부분이었다.

생사의 문제 외에 운명과 부귀, 길흉화복, 후손의 여부 등 여타의 인생 문제에서도 모두 인간의 도덕 행위와 연결지을 수 있었다. 도교 권선서는 금욕적 태도로 천국의 복락을 추구하지 않고 현세의 즐거움을 그 목적으로 삼았다. 그 윤리관은 고행苦行을 내세우는 것이 아니라 공공의 이익과 쾌락에 있었다. 복록과 경사스러운 일이 많고, 많은 자손과 부귀영화를 누리며 길한 일들이 뜻대로 이루어지기를 염원했다. 선과 악은 모두 그와 관련된 각각의 응보를 받는다는 것이다.

권선서는 『태평경』의 '승부설'을 "가까이는 제 몸에 보응하고近報在身, 멀리는 자손들에게 보응한다遠報子孫"라는 내용으로 간략하게 압축하고, 이번 생에 무게를 두고서 현세보現世報, 입지보立地報, 자손보子孫報를 강조했다. 또한, 자신의 고된 수행이 완벽한 도덕적 경지에까지 도달해야 신이 내려준 복락을 얻을 수 있다고 했다.

그밖에도 권선서는 주체의 의지가 도덕적 수양과 그 행위에 영향을 미친다고 간주했다. 선악을 택하는 자유 의지는 자기 마음에 달린 것이지 신과는 무관하다고 주장했다. 신은 감시와 감독의 역할만 한다는 것이다. 물론 마음속에서 일어나는 착하고 나쁜 생각들도 신이 즉각 알게 되고 그에 상응하는 응보를 내린다고 한다. 이 때문에 어두운 곳에서 부끄러운 일을 하지 말아야 하며, 사람이 있든 없든 자발적으로 착한 마음을 챙기고 나쁜 생각을 버려야 한다고 이른다.

도교 권선서가 세상에 나오자 곧바로 통치자들의 주목을 받고 사회에 지대한 영향을 미쳤다. 황제, 고관대작, 대유학자들은 한결같이 사회제도와 질서 유지에 있어 권선서의 역할과 그 가치를 의식했다. 역대 통치자들이 주도하여 송나라 이후로 권선서가 대대로 전해져 내려왔고, 이에 대한 주석도 많았다. 그 신봉자로는 궁정의 내관, 관료 계층, 사대부, 문인에서부터 항간의 백성에 이르기까지 무척 많았다. 특히 명나라와 청나라 시기의 도교에서는 권선서를 내세워 종교적 훈화를 하는 것이 하나의 특징이 되었다. 이에 힘입어 권선서는 사회 풍속과 민간 정서에 깊이 침투해서 민중의 삶에서 분리될 수 없는 한 부분이 되었고, 근현대에 들어와서도 여전히 제 역할을 했다.

순수한 의미에서의 사회적 윤리도덕은 사회 여론의 힘을 빌려 사회 구성원의 언행에 대해 외적인 제약을 가하고 내면의 양지良知로 자신을 반성하게 한다. 게다가 도덕적 구속력은 주로 내면적 신념에서 우러나온다. 이 점에서 종교적 신앙의 힘은 도덕적 구속력을 한층 강화한다. 신앙에 의해 사람들의 언행을 규제하는 점에서 도교는 다른 종교와 같다. 하지만 도교적 신앙으로 인한 구속력의 측면에서는 다른 종교와 크게 구별된다. 많은 종교에서는 그 이상과 목표를 피안彼岸이나 내생來生에 귀속시키지만, 도교에서는 이상적 도달점을 현세에 둔다. 현세의 장수나 요절을 중시하는 것이다. 도교의 주장에 따르면, 선을 행하면 오래 장수하고 악을 행하면 요절한다. 신령의 힘으로 인간의 각종 행위에 대해 상벌을 내리는 것도 일반적인 윤리도덕보다는 더 효과적이다. 인간이라면 대개 사회 여론에는 무신경할 수 있지만, 누구나 장수하기를 바란다. 생명의 법칙이 윤리 규범의 객관적 근거가 된다는 점에서 사회 구성원들로 하여금 사회적 규범을 더욱 쉽게 수용하도록 한다. 또한, 도교의 입지점이 중국 고대의 귀신 신앙인 탓에 수많은 계율도 귀신 신앙의 여러 가지 금기에서 유래한 것이다. 따라서 도교 계율과 윤리사상의 이론적 체계화가 반대로 민간 사회의 금기에 대해 규범적 역할을 강화하게 될 것은 자명하다. 현대 문명이 날로 발전하면서 그 영향력이 일상생활 곳곳에 파급되는 오늘날에도, 뿌리 깊은 귀신 관념이나 오랜 민간 풍습은 도교신앙에 편승해서 일상생활과 종교 신앙 및 도교의 언행 속에서 여전히 중요한 역할을 맡고 있다. 도교에 시류에 부적절한 요소들이 있는 것도 사실이다. 하지만 개체의 생명을 중시하고 생명의 가치를 윤리적 도덕규범의 전제로 한 점에서, 오늘날 새로운 도덕규범의 체계를 구축하는 데 여전히 중요한 시사점이 되며, 그 긍정적인 의의를 부인할 수는 없다.

3 —— 불교 승단과 계율

불교는 외래 종교로 중국 본토에 전파되는 과정에서 점차 나름의 특색을 형성하게 되었는데, 이 점은 불교의 종교 제도와 윤리사상 방면에도 잘 드러난다. 불교 자체의 제도와 규범을 유지하는 일면, 중국 고대의 종법 관념을 받아들여 유가 사상의 영향 아래 독특한 중국 불교의 제도와 윤리를 형성했다.

1 불교의 사원 경제

불교 교리에 의하면 승려라면 마땅히 걸식해야 하고, 사원이 세워진 이후 시주의 보시로 생계를 유지해야 했다. 걸식 중인 고급 승려들은 각지의 사찰을 왕래하며 문객이나 모사謀士로 행세할 수 있었지만, 강호를 유랑하는 승려 대부분은 생계가 막연할 수밖에 없었다. 사원 생활은 상대적으로 안정적이지만 시주의 재력 여하에 따라 빈부의 격차가 심했다. 동진 말년에는 승려들 가운데 장사치나 막일꾼이 되거나 의원과 점술가 등으로 각자의 살길을 모색하는 현상이 보편화되자 사회적 여론의 매서운 질책을 받기도 했다. 북위北魏 시대에 이르면 부도호浮圖戶와 승저호僧抵戶[70]라는 편법으로 사원은 일종의 특수한 경제적 실체가 되었다. 반면에 남조의 양무제梁武帝 때는 '사신舍身'과 같은 수단을 동원하여 사원 경제에 필요한 자금을 축적했다.

개황開皇 원년(581년)에 수문제隋文帝가 즉위하여 전국적으로 불교를 부흥시키라는 엄명을 내렸다. 수나라 불교의 중요한 특징으로 거대한 종

---

70 '승저호'는 굶주림을 진휼하려는 의도로 설치된 민호民戶를 가리키는데 사원에 곡식을 바치는 일을 떠맡았다. 대다수 북위의 포로들이라서 지위는 사원의 소작인보다도 낮다. '부도호'는 사원에서 강제 노역을 하는 노예로서, 대개 중죄를 지은 관노官奴들로 충원되었다.

파의 형성을 들 수 있는데, 이는 중국불교의 사원 경제가 고도로 발전한 결과이기도 하다. 그들은 일관된 학설 체계를 갖추고 있었으며, 상대적으로 안정적일 뿐만 아니라 수많은 신도를 보유하고 있었다. 이와 아울러 사제師弟 전승을 보장하는 법사法嗣 제도까지 세웠다. 그리고 서로 다른 종교 교리를 발전시키고 각 종파 간의 정치 세력이나 경제적 이익을 반영하면서 사회에서 저마다의 역할을 맡았다.

수나라 시대에는 일종의 특수한 불교 경제 활동인 '무진장행無盡藏行'이 나왔다. '무진장행'은 삼계교三階敎에서 비롯된 것인데, 불교 발전을 도모하기 위해 재물을 거두어 축적하는 행위를 일컫는다. 양무제 시대에 최초로 등장한 삼계교는 이를 선행의 중요한 수단으로 취급했고, 이것은 이러한 교파의 가장 큰 특징이 되었다. '무진장'의 재물을 가난한 자들에게 베풀어 그들의 선한 마음을 불러일으키고, '무진장'에 재물을 보시한 사람들도 보리심菩提心을 낸다는 것이다. 보시는 한 개인의 독립적인 활동이 아니라 집단의 사업으로 간주했다. 따라서 각자의 사상적 행위는 반드시 '무진장행'으로 융화되어야 하고, '무진장행'에 가입한 구성원들은 날마다 "돈 한 푼이나 좁쌀 한 홉씩"이라도 바쳐야 한다. '무진장행'은 삼계교의 경제력을 일시에 급속도로 발전시켜 통치자들을 불안에 떨게 했다. 또한, 여러 차례 박해를 당하는 과정에서 수많은 고승이 사신捨身하기도 했다.

당나라 초기에 균전제均田制를 시행하여 남성 도사에게는 30묘畝를, 여성 도사에게는 20묘를 주었으며, 승려와 비구니에게도 동일하게 주었다. 국가에서는 사원 경제가 사회 경제의 일부분임을 공식적으로 인정했지만, 노역과 조세를 면제하는 특권은 계속 유지해주었다. 당나라 때의 사원 경제에는 대체로 두 가지 유형이 있었다. 하나는 황제의 칙령으로 건립한 국가대사國家大寺다. 장안長安의 서명사西明寺나 자은사慈恩寺처럼 사원 경제에 필요한 재정을 모두 국가에서 충당하는 경우이다. 이러한 정치적 비호와 재정적 도움을 얻은 사원이 일단 독립적인 경영권을 획득하게 되자, 즉각 주변의 거호巨戶를 인수 합병하고 주州나 현縣의 경계를 넘어 각종 장원莊園을 건립했다. 장원식 대사원 경제는 중국 불교의 종파가 형성되고 발전하는 중요한 요소가 되었다. 강대한 경제력을 기반으로 종교 철학의 체계를 구축하고 창조하는 데 필요한 학술적 자료와 여건을 조성할 수 있게 되었고, 아울러 이러한 학술 활동이 유지되고 다양하게 발전할 수 있도록 했다. 이러한 의미에서 당나라 때의 대사원은 국가의 학문 중심지이기도 했다.

송나라 때에 이르러 불교의 사원 경제도 새롭게 발전했다. 이러한 발전은 당나라의 선종禪宗에서 시작한 폐쇄적 산림 경제와는 달랐다. 도시가 번창하고 도농都農 간의 수공법과 상업이 발전하면서 사원 경제와 세속사회의 연계성을 크게 자극하게 되었고, 이에 따라 사원 경제가 상당히 활발하게 전개되었다. 사원들은 보편적으로 정미소, 점포, 창고 등 상업적 성격을 띤 업소를 개설하여 영리적 사업에 뛰어들었다. 이에 부응하여 사원 내부에서도 직무의 분장이 날로 세분되고 상하 계급의 경계도 더욱 뚜렷하게 확립되어, 더 이상 초기 선종의 평등적 인간 관계는 존재하지 않았다. 농선일여農禪一如에 근거한 사원 경제도 장원 경제의 규모를 갖추게 되었고, 그에 따라 사원 생활과 세속 생활은 경제와 정치적 측면에서 유착 관계를 형성했다.

칭기즈칸 때부터 몽골의 통치자들은 라마교를 통해 티베트의 상류계층과 유대를 맺으려고 시도했다. 티베트가 몽골에 귀속된 이후, 쿠빌라이는 유독 사캬파(薩迦派, Sakya)의 발전을 지원했다. 연경燕京에 도읍을 정한 다음 파스파(八思巴, Phagspa)를 국사國師 또는 제사帝師로 삼아 천하의 불교를 통솔하도록 지시하고, 티베트와 몽골 및 북방의 한족漢族 주거 지역에 라마교의 전파를 추진했다. 파스파로부터 시작하여 원나라 때에는 전통적으로 라마(喇嘛, lama)를 제왕의 스승으로 삼았다. 새로운 황제가 즉위하기 전에는 반드시 제사로부터 계戒를 받아야 했다. 불교의 우두머리인 제사는 원나라 중앙의 주요 관원으로서, 중앙기구인 총제원사總制院事를 이끌고 전국 불교와 티베트 지역의 행정 사무를 관할했으며, 전국 불교의 수뇌 인물이 되어 라마교로 하여금 전국 불교를 통치하게 했다. 이러한 황실의 지지 아래, 원나라 때에는 대사원을 건립하거나 대규모의 전답을 하사하는 일들은 거의 중단된 적이 없었다. 당시의 사원은 토지를 경영하는 것 이외에, 각종의 상업과 수공업에도 종사했다. 각지의 전당포, 주점, 창고, 여관 등도 대부분 사원의 소유가 되어 송나라 때보다도 더 활발하게 운영되었다.

명나라 때의 불교는 원나라 때와 매우 달랐다. 주원장朱元璋은 제위에 오른 뒤에 불교적 기반을 이용해서 불교를 정화하고 통제하는 방침을 세우는 데 역점을 두었다. 주원장이 불교에 대한 관리 활동을 강화하는 근본 목적은 민중과의 조직적 연대를 차단하여 대중이 이에 현혹되어 모반의 수단으로 이용되는 것을 방지하는 데 있었다. 그는 불교 정화사업을 통하여 승려로서 불교 신앙과 관련된 일에 전념하게 하고, 다른 세속적 업무, 특히 재물을 모으거나 정치적 참여와 같은 일은 엄단했다.

같은 북방 소수민족인 만청滿淸의 통치자도 원나라 때의 통치자와 마찬가지로 중원에 진입하기 전 사전에 티베트 라마교와 연계를 맺었다. 전국을 통일한 후에 내지의 불교를 지속적으로 이용하면서 한편으로 엄격하게 제어하는 정책을 취했으며, 라마교를 통해 몽골과 티베트의 상류

계층을 다스리며 중앙 집권의 수단으로 삼았다. 물론 통치 사상의 보완과 개인적 정신생활의 필요로 청나라 황실에서 불교에 관심을 두는 황제도 적지 않았다. 청나라 말기에는 국력이 쇠약해짐에 따라 불교 사원이 날로 황폐해졌고, 게다가 전쟁의 파괴로 인해 불교는 전반적으로 위기 상황에 처했다.

2 불교의 제도와 의궤儀軌

불교는 종교로서 당연히 자체의 규범과 제도를 지닌다. 출가와 수계受戒 규칙, 승단이나 선종의 총림 제도와 청규, 매일 반드시 행해야 하는 공과功課, 정기적인 법회나 참회 등이 이에 포함된다. 이러한 종교의 의궤와 제도가 불교의 전승과 민간에서의 영향을 공고히 했다. 이러한 규범이나 제도가 없었다면 불교도 없었을 것이라 할 수 있다.

불교가 중국에 전해져 속세를 떠난 스님은 '사문沙門'이라고 칭하고, 출가하지 않는 신도는 성별에 따라 호칭을 달리한다. 출가하지 않은 남자의 경우는 '청신사淸信士'라 하고, 여자는 '청신녀淸信女'라고 한다. 양자를 합하여 '거사居士'라고 병칭한다. 출가의 중요성을 강조하여 『열반경』에서는 "출가하여 수도하면 모든 지혜를 성취할 수 있다"[71]라고 했다. 이와 비교해 환속의 절차는 아주 간단한데 누구에게든 알리기만 하면 된다. 그러나 출가하려면 복잡한 신분 변환의 절차를 거쳐야 하는데 이 과정에 출가 목적의 순수성과 확고한 의지를 검증받는다. 출가하기로 마음먹은 사람은 먼저 고승대덕을 '의지사依止師'로 모시고 머리를 깎고, 의지사에게서 '사미계沙彌戒'나 '사미니계沙彌尼戒'를 받은 뒤, 곧바로 수습 기간에 들

71 『대반열반경大般涅槃經』 권상, 『대정장』 제1권, 192쪽.

어간다. 수습 기간 동안에 남자 견습생일 경우는 '사미沙彌', 여성일 경우는 '사미니沙彌尼'라고 불린다. 여성은 만 18세가 되면 다시 '식차마나계式叉摩那戒'를 받아 '식차마나니式叉摩那尼' 즉 '학계녀學戒女'가 된다. 남녀 견습생은 만 20세가 되어야 '구족계具足戒'를 받게 되고, 구족계를 받은 후 공식적으로 출가자로 인정되어 '비구'나 '비구니'라고 불린다. 또한, 대승불교를 수행하는 비구는 스스로 원해서 보살계를 받을 수도 있다. 불교를 숭상하는 일부 제왕들 가운데 양무제를 비롯한 수문제와 수양제가 보살계를 받은 적이 있었다. 한족의 출가 형식은 당나라와 송나라 때보다는 엄격했지만, 원나라 이후로는 점차 완화되었다.

최초의 선종 교단은 대부분 율사律寺에 머물고 있었는데 나중에 독립해서 선종 사원이 되면서 '총림'이라고 불렸다. 초기에는 총림의 규모가 아주 작아 하나의 사원에 방장方丈, 법당法堂, 승당僧堂, 요사채만 있었다. 총림의 일반 구성원은 '청중淸衆'이라고 불린다. 방장은 주지의 거처라는 뜻과 그 사원의 주지승이라는 뜻을 동시에 갖는다. 그런데 총림에서 설치한 열 가지 직무를 통틀어 요사寮舍라고 병칭하는 것으로 미루어, 방장과 요사는 불교의 건물을 가리키기도 하고, 한편으로 사원의 직무를 지칭한다는 것을 알 수 있다.

오늘날 총림에서 계율에 따라 행하는 활동은 대개 하안거와 동안거를 포함한다. 총림에서는 매년 시행하는 결하結夏, 해하解夏, 동지冬至, 연조年朝 등 4대 절기를 매우 중시한다. 결하와 해하는 인도의 구제도를 답습한 것이고, 동지와 연조는 토착화되는 과정에 나타난 것이다. 불교에서 매년 음력 사월 보름에서 칠월 보름까지의 기간을 사원에 머물면서 수행에 몰두하는 기간으로 정했는데, 이를 '안거安居'라 한다. 안거 기간의 첫날은 결하이고 마지막 날은 해하다. 그리고 매년 음력 시월 보름부터 이듬해 정월 보름까지 총림에서 안거 결제를 하는 것을 '결동結冬' 또는 동안거라고 한다. 그 외에 괘단掛單, 안단安單, 첩단貼單이란 것도 있다. '괘단' 또는 '괘탑掛搭'이라 하는 것은 구족계를 받은 비구가 의발衣鉢과 계첩戒牒을 갖추고 운유하다가 잠시 절에 머무는 것을 가리킨다. 괘단을 오래 해서 함께 지낼 수 있다고 판정되면 선당禪堂으로 보내어 상주하는 객승이 되고, 이를 안단이라 한다. 본사 총림의 명단에 상주하는 인원으로 등록된 것을 첩단이라고 한다.

법회는 중국 불교에서 대중들과 함께 단체로 거행하는 기도 위주의 대형 불교 행사이다. 그 내용은 승려에게 음식을 대접하는 재승齋僧, 죄업을 참회하는 예참禮懺, 망령 제도亡靈濟度, 명절 기념 행사, 방생放生 등으로 나누어진다. 그중에 비교적 중요한 것은 명절 기념 행사와 망령 제도를 위한 법회 활동이다.

수륙水陸법회와 염구시사焰口施食는 망령을 제도하기 위한 가장 중요한 법회다. 전자는 성대하고 장중하며, 후자는 횟수가 많고 보편적이다. 수륙 법회의 정식 명칭은 '법계성범수륙보도대재승회法界聖凡水陸普度大齋勝會'다. 처음에는 전란에서 사망한 망령을 제도하기 위한 것이었지만, 나중에는 떠도는 외로운 넋과 죽은 친척과 친구들도 그 대상에 포함되었다. '염구'는 달리 '면연面燃'이라고도 하는 아귀의 호칭이다. 경전에서는 이를 험상궂게 묘사하여, 비쩍 마르고 목이 바늘만큼 가늘며 입에서 불을 토한다고 했다. 불교 신도들은 아귀로 환생하는 고난을 면할 목적으로 아귀들에게 먹을 것을 시주한다. 시주하는 방식은 종파에 따라 서로 다르다. 근대에는 중대한 법회를 원만하게 끝마치는 날이나 상기喪期 중에 항상 염구시사 법회를 거행한다.

불교의 명절 법회는 한전 불교漢傳佛敎의 주요 명절과 맞추어 거행되는데, 그 날짜는 대개 다음과 같다.

정월 초하루: 미륵보살의 탄생일

2월 초파일: 석가모니의 출가일

2월 보름: 열반절(석가모니 열반 기념일)

2월 21일: 보현보살의 탄생일

2월 29일: 관음보살의 탄생일

4월 4일: 문수보살의 탄생일

4월 초파일: 석가모니불 탄생일. 욕불절浴佛節이라 하고 이날 방생 법회가 열린다.

4월 보름: 남전南傳불교와 티베트불교에서는 불탄절과 성도일 및 열반일로 인정한다. 세계불교연합회에서 이 날을 '세계불타일'로 지정했다.

6월 19일: 관음보살의 성도일

7월 13일: 대세지보살의 탄생일

7월 보름: 하안거 마지막 날인 불환희일佛歡喜日. 나중에 귀절鬼節로 바뀌었다.

7월 30일: 지장보살 탄생일. 신도들이 종이배를 만들어 그 안에 지장보살과 시왕전의 염라왕을 모시고 밤에 불을 붙여 법회가 끝나면 태워버리거나, 혹은 길 입구에 연등蓮燈을 밝힌다.

9월 19일: 관음보살 출가일

9월 30일: 약사불 탄생일

11월 17일: 아미타불 탄생일

12월 초파일: 석가모니 성도일. 납팔절臘八節이라고도 한다. 석가모니가 고행을 포기하고 수자타 여인의 우유죽 공양을 받은 것을 기념하기 위해 이날에 죽을 부처님께 공양한다. 속칭 납팔죽臘八粥이라 한다.

3 불교의 계율과 윤리

세속적인 사회 규범은 윤리로 나타나고 종교적 규범은 계율 형식으로 존재한다. 양자의 목적과 수단은 서로 다르지만, 인간의 행위를 제한하고 구속하는 점에서는 기본적으로 일치한다. 어떤 의미에서는 종교적 계율 자체가 윤리적 의미를 이미 갖춘 것이다. 특히 대인 관계를 처리할 때나 이해 관계 또는 가치 평가의 기준으로 적용될 때는 더욱 그러하다. 종교 계율과 세속 윤리는 모두 자연스러운 인성을 규제함으로써 현실적 인격의 이상화를 도모할 수 있다. 이 점에서 불교 계율과 세속 윤리 간의 관계는 서로 밀착되기 마련인데, 한전 불교는 그 정도가 더욱 심했다. 불교의 세속화 경향은 종교 계율로 하여금 세속적 윤리 기능을 한층 강화하는 데 일조했다.

구체적으로 말하면, 불교 계율은 대체로 삼귀의三歸依, 오계五戒, 팔계八戒, 십계十戒, 250계 등을 포괄한다. 이른바 '삼귀의'란 불법승佛法僧 삼보三寶에 귀의하는 것을 말하는데, 재가在家 신도들의 입교入敎 증명이다. '오계'는 재가의 신분으로 교단에 가입한 남녀 신도들을 위한 것으로, 거사居士들에게 매달 정해진 날짜에 출가를 체험할 수 있도록 제정한 계율이다. '팔계'는 일명 '팔관재계八關齋戒'라고도 한다. 한전 불교의 교리에 의하면, 매달 음력 초파일, 14일, 15일, 23일, 그리고 매월 마지막 양일을 이른바 '육재일六齋日'이라고 하는데, 이날에 수지受持를 받을 수 있고, 수지를 많이 받을수록 공덕도 많이 쌓게 된다고 한다. '십계'는 사미와 사미니의 계율이다. '250계'는 비구의 계율이고 '348계'는 비구니의 계율인데, 비구와 비구니 계율을 일명 '구족계'라 한다. 오계와 팔계 그리고 십계의 내용은 다음의 도표와 같다.

오계	팔계	십계
불살생不殺生	불살생	불살생
불투도不偸盜	불투도	불투도
불사음不邪淫	불사음	불사음
불망어不妄語	불망어	불망어
불음주不飮酒	불음주	불음주
	이비시식離非時食	이비시식
	이가무시청離歌舞視聽, 이향유도신離香油塗身	이가무시청
	이고대광상離高大廣牀	이향유도신
		이고대광상
		이금은보물離金銀寶物

오계는 모든 불교도에게 적용하는 근본 계율이다. 첫째, 살생계는 사람뿐만 아니라 새, 짐승, 벌레, 물고기 등 모든 생명체가 전부 그 대상이다. 직접 죽이는 것은 물론, 남을 시켜 죽이거나 저주로써 주살呪殺하고, 살인하는 것을 바라보기만 하는 것들도 모두 살생과 동등하게 다룬다. 중국 불교의 채식주의 전통은 이러한 살생계 정신의 구체적인 표현으로 간주할 수 있다. 둘째, 투도계는 물건 주인의 동의 없이 어떤 이유나 수단을 동원하든지 간에 재물을 침탈하는 행위는 모두 금한다. 셋째의 사음계는 두 종류가 있는데, 거사에게는 부부 관계 이외의 것을, 출가 승려에게는 어떠한 성행위도 금하는 것이다. 넷째의 망어계는 네 가지가 있는데 하나는 기만하거나 허언을 하는 것이고, 둘은 감언이설이고, 셋은 비방과 욕설이고, 넷은 시비를 조장하는 말이다. 다섯째는 음주계다. 술이 심성을 혼미

하게 만들기 때문에 신도들이 맑은 정신을 유지하도록 이 계율을 정한 것이다.

불교 윤리의 요구는 인격 완성에만 초점을 둔 것이 아니라, 인간과 중생, 인간과 자연의 관계를 조화롭게 하는 데에도 관철되어 있다. 그 도덕적 경지는 만물 평등의 관계까지 도모하는 것이었다. 『관무량수경觀無量壽經』에서 "불심佛心은 대자비大慈悲다"[72]라고 했다. 자비의 정신은 대승불교의 모든 실천 행위에 배어있는 것이다. 산스크리트梵文에서는 자慈와 비悲가 구분되어 있는데, 이에 대해 『대지도론大智度論』에서는 "대자大慈는 일체 중생에게 즐거움을 주고, 대비大悲는 일체 중생의 괴로움을 빼내는 것이다. 대자는 기쁘고 즐거운 인연을 중생에게 베풀어주고, 대비는 중생으로 하여금 괴로움의 인연에서 벗어나도록 한다"[73]라고 했다. 자비의 정신을 구현하는 실천이 바로 '보살행菩薩行'인데, 주된 항목으로는 '사섭四攝'과 '육도六度'가 있다. '사섭'은 보살이 중생을 인도하는 네 가지 방편을 가리킨다. 하나는 보시布施라 하는데 자기 재물을 남에게 나눠주는 것이다. 둘은 애어愛語라 하는데, 대화할 때 부드러운 안색으로 정성을 다하고, 솔직하고 친절한 마음으로 좋은 말을 하는 것이다. 셋은 이행利行이라 하는데, 남을 돕는 것을 즐거움으로 여겨 좋은 일 하는 것이다. 넷은 동사同事라 하는데 남들과 화목하게 지내며 진심으로 대하는 것이다. '육도'는 중생을 제도하여 해탈의 피안에 도달하게 하는 여섯 가지 길이다. 즉 보시 · 지계持戒 · 인욕忍辱 · 정진精進 · 선정禪定 · 지혜智慧를 말한다. 첫째는 보시로서, 보시의 이타성은 앞에서 이미 말한 바가 있다. 둘

72 『관무량수경』, 『대정장』 제12권, 343쪽.

73 『대지도론』 권27, 『대정장』 제25권, 256쪽.

째는 지계로서, 지계는 자신의 행위에 대한 강제적 규범을 지니고 있어서 그 윤리적인 의미는 두말할 나위 없다. 셋째는 인욕인데, 인욕은 다시 두 가지 의미가 있다. 하나는 행패를 당하거나 고달픈 역경에 처해도 원한과 분노를 일으키지 않는다는 뜻이고, 다른 하나는 제법의 실상에 안주해서 마음이 흔들리지 않고 외물이나 환경의 변화에도 평정심을 유지한다는 뜻이다. 불법佛法에서 인욕은 만복의 근원이다. 넷째는 정진이다. '정精'은 잡스럽지 않고 순수하다는 뜻이고, '진進'은 게으르지 않고 용맹정진한다는 뜻이다. 불법을 수행하거나 중생을 이롭게 하는 일에는 모두 용맹정진의 정신이 필요하며 시종일관 한결같은 의지와 품성이 요구된다. 다섯째는 선정이다. 선정은 일체의 잡념과 망상을 버린다. 비애, 비방, 명예, 칭찬, 조롱, 고난, 희락 등에 흔들리지 않고 내심으로 평정을 유지하며 청정수행을 할 수 있는 공력이다. 여섯째는 반야般若다. 반야는 지혜를 말한다. 불법의 이치에 통달해서 시시비비를 정확히 판단하고 의혹과 망설임을 물리치는 능력이다. 불법의 이치는 '연기성공緣起性空', 즉 일체의 사물이 인연의 화합으로 생겨나지만, 그 본성은 비어있다는 교리를 가리킨다. '연기성공'은 세계관이나 인생관을 형성하는 근본적 변인이며 불교 신앙의 핵심이다. '육도'는 유기적으로 결합되어 상호 관련성을 드러내는데, "스스로 깨달아 남을 깨닫게 하며 스스로 이롭게 해서 남도 이롭게 하는自覺而覺他 自利而利他" 대승불교의 자비 정신을 구현한다. 이러한 정신과 윤리도덕은 아주 높은 차원의 융합성을 지니기 때문에 강력한 윤리적 기능을 수행한다. 불교의 이타주의는 무아, 즉 자아를 완전히 버릴 것을 강조한다. 이는 불교의 세계관과 밀접한 관련이 있다. 불교의 주장에 따르면, 만법萬法은 모두 비어 있기에 본래부터 자아가 없는 것이다. 이런 점에서 유가 사상의 본질과 호흡이 잘 맞는다. 그러나 유교에서 추구하는 무아는 마땅히 그렇게 해야 하는 상황에 처할 때 자신을 비워야 한다는 것이다. 이런 차이점에도 불구하고 유교와 불교는 인격의 고결함과 "자신을 비우고 남을 이롭게하는" 측면에서 모종의 합일점을 찾았다고 하겠다.

제3절
자아 초월: 중국종교의 인격적 모델

이른바 '이상적 인격'은 '이상적 자아'라고도 한다. 현실적 인격과 자아에 대한 초월은 이상적으로 완벽한 인격을 가리킨다. 이는 인간의 발전 방향과 그에 도달하기를 기대하는 경지인 동시에, 인생의 목표와 인간적 행위의 내면적 원동력이기도 하다. 그러나 유·불·도 삼교에서 보여준 이상적 인격에 대한 추구는 전혀 다르다. 유교는 성현이 되고자 하고, 도교는 신선이 되기를 바라며, 불교는 열반하여 성불하는 것을 추구한다. 설정한 이상적 인격의 목표가 다르므로, 그에 따라 추구하는 이상적 인격의 모델과 그 특징도 다르며 이를 성취하는 실천 방법도 뚜렷하게 구별된다. 당연히 공통점도 존재하는데 그것은 바로 자아의 초월이다.

1 —— 학구성현學求聖賢과 유교의 인격적 모델

유교는 입세入世의 종교로서 추구하는 인격적 모델도 현실적인 의미를 지닌다. 유교사상의 핵심은 윤리도덕 관념이고 그중에 가장 중요한 내용은 인격적 이상을 설정하고 이를 추구하는 것이다. 사람됨은 유교에서 가장 중요시하는 학문과 실천의 근본 취지다. 사람됨의 표준은 성현이 되는

데 있다. 수천 년 동안 진정으로 성현이 된 자가 나타나지 않았지만, 이에 대한 노력이 수천 년을 이어오면서 한 번도 중단되지 않았기 때문에 이상적 인격은 오히려 영속적인 호소력이 있다는 점을 증명했다.

1 이상적 인격의 모델과 그 특징

고대 중국의 유교는 완벽한 인격에 관한 사상을 간직하고 있었다. 유교의 주장에 따르면, 이상적 인격을 추구하는 것은 인생의 목표이며 최고 가치다. 유교의 인격적 모델은 완벽한 자아를 갖추는 데 필요한 주요 기준과 그 추동력이다.

최초로 인격적 모델을 구상한 자는 공자다. 공자가 제시한 '인仁'의 개념에 그 의미가 내포되어 있는데, '인'은 이상적 인격의 경지를 말하기도 한다. '인'이 추상적 원칙이라면, 요순은 유가에서 설정한 이상적 인격의 구체적 모델이다. 이러한 '성인聖人'은 덕과 품성이 고상할 뿐만 아니라, 천하 창생의 이익을 도모하고 백성을 복되게 했는데, 유교에서는 이들을 이상적 인물의 표준으로 삼았다. 그러나 요, 순, 우, 주공과 같은 인격적 모델은 일반인들이 결코 넘볼 수 없는 성인의 최고 경지다. 이러한 인물들은 흔히 최고 통치자이면서 인간 세상에서 지고무상의 절대 권력을 가졌는데, 현실적 삶에서는 당연히 희귀한 경우에 속했다. 그래서 공자는 다시 한 등급을 낮춘 기준을 제시했는데, 그것이 바로 '군자君子'다. 주희는 "성인聖人은 신명불측神明不測을 이르고, 군자는 재주와 덕성이 출중한 이를 부르는 말이다"[74]라고 말했다. 여기서 군자와 성인의 차이가 분명하다는 것을 알 수 있다. 군자의 주요 품격은 내재적 도덕 수양에 있고 언제 어디서나 '인'과 '의'를 자아 완성의 기준으로 삼는다. 반면에 성인은 역사상의 위인이며 관념적 형태의 이상적 인격체로서 현실에서는 거의 존재하지 않는다. 상대적으로 군자가 실생활에 존재하는 살아있는 인격체이기에 자신의 노력 여하에 따라 성취할 수 있는 인격적 모델이다.

맹자는 공자 사상을 바탕으로 더 구체적인 '대장부大丈夫'란 인격 기준을 제시했다. "천하의 넓은 곳에 거처하고 천하의 바른 자리에 서며, 천하의 대도大道를 행한다. 뜻을 얻으면 백성과 함께하고, 뜻을 얻지 못하면 홀로 그 도를 행한다. 부하고 귀해도 그 마음을 어지럽히지 못하고, 가난하고 천해도 그 지조를 옮기지 못하며, 위엄과 무력을 가지고도 굽히게 할 수 없다. 이것이 이른바 대장부다."[75] 이러한 인격적 모델은 자발적으로 개인의 도덕적 품격을 추구하고, 자신의 착한 품성을 발휘함으로써 내면적인 인격의 완성을 도모한다. 그들은 사회적 규범을 준수하고 개인의 욕망을 절제하여 일심으로 대중을 위해 봉사하는 인격적 모델의 전형이었다. 이러한 '대장부'는 '성인'이나 '군자'와는 별다른 차이가 없다.

순자도 이상적 인격체를 '성인'이나 '군자'라고 했지만, 그 착상은 공자나 맹자의 경우와 달랐다. 순자의 마음속에 있는 성인도 개인의 도덕수양을 중시하고 인의예지 등 도덕규범의 구현을 숭고한 도덕적 경지의 이상으로 삼았다. 이러한 것들은 유교의 전통이다. 하지만 순자가 생각하는 인격적 모델은 나름의 특징을 지닌다. 하나는 순자가 '성인'이나 '군자'는 흠결이 없이 완벽해야 한다고 거듭 강조한 점이다. 그는 "군자는 불완전하거나 불순한 것이 '아름다움'이 아니라는 것을 안다"[76]라고 했다. 여기서 그가 추구한 인격적 모델이 순수하면서도 완전무결한 사람이라

---

74 주희, 『사서장구집주』, 99쪽.

75 『맹자』「등문공하滕文公下」, 주희, 『사서장구집주』, 265-266쪽.

76 『순자』「권학勸學」, 왕선겸, 『순자집해』, 『제자집성』 제2책, 10쪽.

는 것을 알 수 있다. 다른 하나는 순자가 설정한 인격적 모델이 다방면에 걸쳐 전면적인 지식을 갖춘 사람이라는 것이다. 이 점은 맹자와 큰 차이가 있다. 맹자는 이성의 역할을 강조하면서 다소 과장한 측면이 있다. 그는 "그 마음을 다하면 그 본성을 알 수 있고, 그 본성을 알면 하늘을 알게 된다"[77]라고 했으며, 사람이 이성을 통해 "위로는 하늘과, 아래로는 땅과 어울려 운행할 수 있다"[78]라고 말했다. 당연히 이러한 경지는 오직 성인만이 겨우 도달할 수 있다. 그러나 순자의 인격적 모델은 하늘이 사람에 의해 정복된 것을 뜻한다. 순자가 보기에는 천지가 만물을 낳는 이치를 탐구하는 것은 아무런 의미가 없고, 만물이 인류를 위해 봉사하는 요령을 터득하는 것만으로 족하다는 것이다. 자연계에서 사는 인류로서 단지 "그 행동에 조리가 있고, 그 양생이 적당하며 그 생명이 다치지 않으면"[79] 그것이 바로 하늘의 뜻을 안다는 것이다. 인격적 모델에 대해 맹자와 순자의 생각이 다른 것은, 천인 관계에 관한 두 사람의 견해와 밀접한 관계가 있다. 맹자는 천인합일을 주장했지만, 순자는 천인상분天人相分을 주장했다.

유교의 인격적 모델은 선진 시대에 이미 그 기초를 다졌다. 한나라 때 유가에서는 인격적 모델을 마련하고 구체화하는 과정이 선진 시대 유가만큼 전면적으로 이루어지지 않았다. 단지 공자와 맹자를 그 범주에 포함시켰을 뿐이다. 인격적 모델의 품성에 대해 송유宋儒는 한편에서는 "천리를 보존하고 인욕을 없애야 한다存天理 滅人欲"라고 하여 이상적 인격에 수행자의 구도 정신과 종교성을 띠게 했다. 다른 한편으로 그들의 이상적

---

77 『맹자』「진심상盡心上」, 주희, 『사서장구집주』, 349쪽.

78 『맹자』「진심상」, 주희, 『사서장구집주』, 352쪽.

79 『순자』「권학」, 왕선겸, 『순자집해』, 『제자집성』 제2책, 207쪽.

인격은 현실성이 있다. 주희는 이렇게 말했다. "구차하게 아첨하여 권세를 절취하는 것은 첩이나 부녀자가 순종하는 도리일 뿐이다. 대장부의 일이 아니다."[80] 독립적 인격을 지녀야 '대장부'인 것이다.

유교에서 설정한 인격적 모델은 대체로 두 가지 큰 특징이 있다. 하나는 옛것을 숭상하는 가치 지향성이다. 유교에서 추앙하는 인격적 모델은 모두 고대의 제왕들이다. 그들에 관한 역사 자료나 사적事迹이 지극히 드물어 후대인들은 그들을 잘 알지 못했다. 이러한 빈자리는 유교에서 역사적 인물을 미화하거나 이상화하는 데 적합한 공간이 되었다. 실존 인물은 누구나 단점이 있고 실수할 수 있다. 하지만 역사적 인물을 이상적 인격체로 설정하면 그러한 문제가 없기 마련이다. 그러나 역사적 인물의 우상화에도 문제가 있다. 사적이 너무 적은 탓에 형상화된 성인들이 모두 관념적인 탓에 구체적인 형상을 제시하기가 여간 어렵지 않았고, 그에 따라 이를 배우고 본받을 가능성도 희박해졌다. 공자는 "위대하구나, 요의 군주됨이여! 높고 높구나! 하늘만이 위대한데, 오직 요가 이를 본받았구나. 가없이 넓구나! 백성들이 벗어날 길이 없구나"[81]라고 말한 적이 있다. 고대 제왕들이 도대체 어떤 일을 했는지 누구도 명확하게 말할 수 없으므로 유교에서는 이런 필치로 실없이 묘사할 수밖에 없었다. 하늘처럼 숭고하고 위대한 인격을 일반인들이 어떻게 본받겠는가. 이러한 인격적 모델은 없는 것과 다를 바 없다. 맹자 역시 허다하게 역사적 인물들을 이상화했다. 상탕商湯, 문왕, 무왕, 주공은 그로 인해 모두 성인이 되었다. 맹자 이후로도 유교에서 공인된 성인의 대열이 부단히 늘어났다. 그러나 동시에

80 주희, 『사서장구집주』, 265쪽.

81 『논어』 「태백泰伯」, 주희, 『사서장구집주』, 107쪽.

성인의 기준도 점차 아래로 내려갔다. 성인들 간에도 층차와 고저의 구별이 생겼다. 맹자는 요순의 덕행이 본성으로 말미암았다고 했지만, 탕왕과 무왕은 후천적 수양을 거쳐 비로소 그런 경지에 도달했다고 주장했다. 당나라 때의 한유는 요, 순, 우, 탕, 문왕, 무왕에서 곧바로 공자와 맹자까지 한 줄로 꿰어지는 계보를 만들고, 이를 '도통道統'이라 칭하면서 이상적 인격의 계통을 확립했다.

다른 하나는 내성외왕의 현실적 의미다. 여기서 '내성'은 개인의 도덕적 수양을 말한다. 도덕적 품행이 높은 사람이 되어야 국가의 대사를 감당하고 태평성대를 열어 백성의 복리 증진에 기여할 수 있다는 것인데, 이러한 자가 제왕 노릇을 하기에 가장 적합하다. 이상적 인격은 '내성' 방면에서 주로 덕성의 수양에 치중한 것이라면, '외왕' 방면의 인격적 모델은 주로 치국평천하治國平天下로 나타난다. 이것은 사회와 정치적 방면에서의 성취다. '내성'과 '외왕'이 이상적 인격의 고유한 특성이기 때문에 이 둘은 성인이 두루 갖춰야 할 덕목이다. 양자를 겸비하는 사람을 이른바 '성왕聖王'이라 하고, 성왕은 천하의 사람들이 본받아야 하는 최고의 본보기다. 비록 성인에 있어서 '내성'과 '외왕'은 서로 뗄 수 없지만, 유교에서는 '내성'을 위주로 하고 '외왕'은 반드시 '내성'에 근거해야 한다고 주장한다. '내성' 공부가 이루어지면 '외왕'의 실천도 자연히 완성된다는 것인데, 이른바 "인자仁者에게 대적할 자가 천하에 없다"라는 것이다. 이렇게 해서 비로소 "그 몸을 닦아 천하를 평정할 수 있다."

2 이상적 인격의 성취 방법

이상적 인격은 타고난 것이 아니다. 유교에서는 사람이 만물보다 귀하다고 주장하지만, 천부적 소질은 단지 사람이 될 수 있는 가능성을 의미할 뿐이다. 길러지고 교육을 받아야 비로소 사람의 도리를 깨달아 이상적 인격을 갖추게 되는 것이다.

유교에서는 특히 학습을 중시한다. 그들의 주장에 따르면, 도덕적 인격의 높음과 낮음은 개인의 지식 함량과 정비례하기 때문에 학문에 힘쓰는 것이 인간이 되는 첫걸음이고 이상적 인격의 출발점이다. 유교에서는 또한 교육을 중시한다. 공자를 비롯한 역대 거유巨儒들은 모두 한 세대를 풍미한 저명한 스승들이다. 그들은 학당을 지어 글을 가르치는 목적은 지식의 전수를 통해 성인군자가 되는 데 필요한 요건을 갖추게 하는 것이었다. 공자는, "태어나면서부터 아는 자는 상등이요, 배워서 아는 자는 그다음이요, 노력하고 배워서 아는 자는 또 그다음이니, 애써 노력하고도 배우지 않으면 백성으로 하등이 된다"[82]라고 했다. 그런데 누가 태어나서 바로 아는 사람인가? 아마도 없는 것 같다. 공자 자신조차도 "나는 나면서부터 아는 사람이 아니다. 옛것을 좋아하고 부지런히 찾아다니며 배운 사람일 뿐이다"[83]라고 말했다. 유교의 성인도 공부를 해야 하는데 하물며 보통 사람이라면 더 말할 필요도 없을 것이다. 공자의 '배워서 아는學而知之' 사상은 맹자에 의해 계승·발전되었다. 맹자도 성인은 타고난 것이 아니라 후천적 학습과 삶의 시련과 도덕적 실천을 통해 성취한 것이라고 주장했다. 맹자가 볼 때, 고대의 성인들 가운데 요순을 제외한, 탕湯과 같은 성인들은 대개 후천적인 학습을 통해 성인의 경지에 이른 것이다. 공자가 성인이 될 수 있는 이유도 '배우는 일에 게으르지 않음'에 있었다. 순자는 학습을 한층 더 중시했다. 그는 성악설을 내세워 후천적 학습과 교육이 없

82 『논어』「계씨季氏」, 주희, 『사서장구집주』, 172-173쪽.

83 『논어』「술이」, 주희, 『사서장구집주』, 98쪽.

으면 성인은커녕 인간도 될 수 없다고 잘라 말한다. 그는 "배움의 절차는 끝이 있지만, 그 의미로 말하면 잠시도 버려둘 수 없다. 배우면 인간이요 버려두면 짐승이다"[84]라고 말했다.

학습의 중요성은 학습 내용에 있다. 유교에서 학습 내용은 주로 '예禮'다. 유교의 '예'는 넓고 좁은 의미로 구분된다. 넓은 뜻의 '예'는 각 종류의 전통적 문화 지식을 가리키는데 역사 문헌과 경전 등을 포함한다. 좁은 뜻에서는 주로 서주西周 시대의 사회 정치 제도, 계급 질서, 윤리 규범, 의례적 절차 등을 가리킨다. 양자가 합쳐서 유교에서 배우는 '예'의 전체적 내용을 구성한다. 따라서 '예'에 대한 학습은 전통과 역사, 정치와 문화에 대한 지식, 현실적 정치에 대한 관리 기능 등을 하는 것으로 이루어진다. 공자는 "가르침에 차별을 두지 않는다有敎無類"라고 주장하여 사학私學을 개설함으로써, 귀족들만이 공부하는 주 왕조의 전통을 깨고 교육 대상의 범위를 확대했다. 평민 출신이라도 배움을 통해 국가 경영에 참여하고 이상적 인격까지 갖추게 했다.

유교에서 배움을 강조하는 목적은 최종적으로 이상적 인격을 기르는 데 있다. 인간에게 필요한 이상적 인격을 갖추려면 먼저 큰 뜻을 세우고 중대한 결심을 해야 하며 굳은 의지력이 뒤따라야 한다. 그렇게 하지 않으면 아무런 성취도 없다. 유교에서 입지立志를 강조하는 까닭이 여기에 있다. 하나의 인재가 되는 점에서 개인의 성공 여부는 그가 마음속에서 확립한 뜻과 밀접하게 관련된다. '입지'는 성공의 첫걸음이다. "최상을 본받아야 겨우 그 중간이라도 얻는다"라는 것이다. 원대한 포부를 세우지 않으면 아예 이상적 인격도 성취할 수 없다는 말이다. 공자는 다음

84 『순자』「권학」, 왕선겸, 『순자집해』, 『제자집성』 제2책, 7쪽.

과 같이 말했다. "나는 나이 15세에 학문에 뜻을 두었고, 30세에 확고한 뜻을 세웠으며, 40세에 삶의 방향에 의심이 없었으며, 50세에 천명天命을 깨닫고, 60세에 무슨 말을 들어도 받아들이게 되었으며, 70세에 하고자 하는 바를 그대로 따르더라도 일정한 법도를 넘지 않게 되었다."[85] 15세에 학문에 뜻을 두었다는 것은 그 이전에 공부할 줄 몰랐다는 뜻이 아니다. 15세부터 배움의 목표를 명확히 알게 되었다는 뜻이다. 그 목표는 평생토록 '도'를 추구한다는 것이다. 15세부터 명확한 학습 목표를 세웠기 때문에 30세에 비로소 학습의 성과를 얻어 출세의 기본 조건을 갖추게 되었다. 요즘 표현으로는 생존과 취업에 필요한 전제 조건이 마련되었고, 자신의 삶과 미래를 보장하는 직업적 기능을 터득하게 되었다는 말이다. 이것은 기본이다. 유교에서는 배운 것을 실제 현실에 적용할 것을 강조하고 공리공담을 일삼는 지식인을 반대한다. 가족을 부양할 수 없으면 백성을 위해 무엇을 도모할 가능성도 전혀 없고, 성인이 되기는 아예 불가능하다. 이에 기초하여 40세가 되어야 정신적 승화가 가능하며 어떤 유혹에도 흔들리지 않는 경지에 이를 수 있다. 이처럼 40세의 '불혹不惑'은 내면적인 신념과 마음먹은 일에 평생 종사하겠다는 결심이 외부의 유혹으로 바뀌지 않는다는 것이며, 자신이 추구하는 목표에 대해 한 점의 의심도 없다는 뜻이다. 여기서 최초의 '입지'가 얼마나 중요한지 알 수 있다. 게다가 개인의 성장 과정이 부단히 학습하고 끊임없이 뜻을 세우면서 자신의 포부를 업그레이드하는 과정임을 알 수 있다. 그렇게 해야 현실적 인격을 이상적 인격으로 점차 변화시킬 수 있다는 것이다. 주희는 뜻을 숭상하는 '상지尙志'에 대해 다음과 같이 해석했다. "상尙이란

85 『논어』「위정爲政」, 주희, 『사서장구집주』, 54쪽.

고상함이고 지志란 마음이 지향하는 바다. 선비가 공경대부의 도리를 얻지 못하고 농農, 공工, 상商, 고賈의 직업을 일삼는 것은 부당하니, 그 뜻만 고상할 따름이다."[86] 즉 애초에 마음먹은 관직에 진출하지 못하고 농·공업과 상업을 넘보면 포부가 아무리 높아도 '마음이 지향하는 것'에 지나지 않는다는 뜻이다. 만년의 주희는 이처럼 유명무실한 입지를 통렬하게 비판했다.

입지를 중시하는 것은 유학자들이 진리 추구에 뜻을 둔다는 것을 말한다. 이상적 인격을 성취하려면 반드시 자신이 지향하는 가치와 그 목표를 명확하게 해야 한다. 그 선택 과정에서도 주체로서 자각하고 스스로 원해서 하는 것이어야 한다. 그렇게 될 때, 비로소 의지를 불태우고 자신이 쟁취할 목표를 자발적으로 택할 수 있을 뿐만 아니라, 확고부동한 기반 위에서 그 목표를 추구할 수 있게 된다. 이른바 "인을 실천하는 것이 자신에게 달려 있다爲仁由己"라는 말이 바로 그 뜻이다. 이에 대해 왕양명王陽明은 "나의 영명靈明이 곧 천지 귀신의 주인이다"[87]라고 분명하게 밝힌 바가 있다. 인간의 의지는 형체와 정신의 주재자로서 자립성이 있다. 자신이 판단하고 결정하는 과정은 전적으로 자신이 결정하고 책임지는 것이며, 여기에 외부의 간섭이나 강요가 있을 수 없다. 자유롭게 선택해도 아무런 제약을 받지 않는다. 따라서 어떤 뜻을 세우고 어떤 길로 갈 것인가에 대한 주도권은 완전히 자신의 수중에 놓여있다. 물론 이러한 선택의 자유는 절대적이지 않다. 선택된 목표는 주어진 것이기에 특정한 역사적 여건의 제약을 받기 때문이다. 이러한 제약의 구체적 표현은 유학자들이

86 주희, 『사서장구집주』, 359쪽.

87 왕수인王守仁, 『전습록하傳習錄下』, 왕수인 찬撰. 오광吳光 등 편교編校, 『왕양명전집王陽明全集』 상책, 상하이고적출판사 1992년판, 124쪽.

당시에 스스로 확립한, "도에 뜻을 두고, 덕에 근거하며, 인에 의지해서 예에 노닌다"라는 내용에서 찾아볼 수 있다. 도·덕·인·예와 같이, 추상적인 것에서 구체적인 것까지의 4단계는 그 내용이 모두 당시 사회와 정치, 경제, 문화 등 여러 방면의 제약을 받았던 것들이다. 유교의 인격적 모델도 특정한 역사적 내용을 구비한 것임을 여기서 엿보게 된다.

3 이상적 인격을 성취하는 방법

이상적 인격을 성취하려면 가장 중요한 것은 도덕적 실천, 즉 유교에서 말하는 공부功夫다. 공부에는 두 가지가 있다. 하나는 '극기복례克己復禮'이고, 다른 하나는 자신에게서 원인을 찾는 '반구제기反求諸己'다.

첫째, 극기복례인데 이를 복례중행復禮重行이라고도 한다. 유교의 주장에 따르면, '예'에 관한 지식만 갖추거나 도덕규범의 전체 내용을 이해했다고 해도 완전한 인격을 성취한 것으로 간주하지 않는다. '예'나 사회윤리의 규범에 맞추어 자발적으로 행하고 '지행합일知行合一'의 경지에 도달할 때, 비로소 이상적 인격을 갖추었다고 말한다. 따라서 유학자들은 실천의 문제인 '행行'을 대단히 중시한다. 물론 유학자가 말하는 '행'은 현대적 의미에서의 실천이 아니라 그 주요 내용은 도덕에 있다. 이른바 '극기복례'란 특정한 윤리 규범에 맞추어 자신의 행위를 규제하고, 자율적 능력을 길러 자신의 행위가 '예'에 부합되도록 함으로써 마침내 '인'의 경지에 이른다는 것이다.

공자는 '학學'과 '행', 혹은 '지知'와 '행'의 관계를 정확하게 인식하여 도덕적 실천이 지식이나 학문보다 더 중요하다고 강조했다. 그는, "제자가 되려면 집에 들어가서는 효도하고, 밖에 나와서는 어른을 공경하며, 말을 삼가하고 미덥게 하고 널리 대중을 아끼되 어진 이를 가까이 해야 한다. 이를 행하고 남은 힘이 있거든 글을 배워야 한다."[88]라고 말했다. 여기서 공자가 언행일치를 특별히 강조하고 있음을 알 수 있다. 사람에 관한 판단도 "그의 말을 듣고 그 행실을 지켜보라"[89]라고 주장했다. 공자가 말하는 '행'은 주로 도덕적 실천을 가리키는데, 이는 개인의 심신수양을 의미한다.

맹자는 이러한 도덕적 실천을 '행도行道'라고 칭하고 사람마다 자발적으로 도리에 따라 행동할 것을 요구했다. 맹자는 "자신이 도를 행하지 않으면 처자에게도 행해지지 않는다"[90]라고 했다. 스스로 도를 행하지 않으면 처자식조차 가르칠 수 없고, 게다가 남을 교육한다는 것은 무리한 일이다. 맹자 역시 언행일치를 강조했는데, 언행이 불일치한 사람을 '광狂'이라 일컬었고, 그런 사람은 "말이 행동을 돌아보지 않고 행동은 말을 돌아보지 않아" 늘 쓸데없이 말만 떠벌린다고 잘라 말했다. '행'에 대한 이해에 있어, 맹자와 공자의 차이점은 맹자가 '행'의 내향성을 더욱 중시했다는 데 있다. 다시 말해 맹자는 '행'을 내면적 탐구 활동으로 이해한 것인데, 자신의 선천적 본성을 인식한 연후에 고유한 착한 심성을 확대해서 채우고, 이를 통해 잃어버린 천성을 회복하고자 한 것이다. 이른바 놓아버린 마음을 건진다는 '구기방심求其放心'이 바로 그것이다. 맹자가 보기에는 인간의 선천적 본성은 구하려 들면 얻게 되고 놓게 되면 잃어버리게 되는 것이므로, 도덕적 실천은 자연히 '양지良知'와 '양능良能'을 추구하는 과정이라는 것이다.

순자는 공자의 "배워서 안다"라는 주장을 계승하고 발전시켜 '행'을

88 『논어』「학이」, 주희, 『사서장구집주』, 49쪽.

89 『논어』「공야장公冶長」, 주희, 『사서장구집주』, 78쪽.

90 『맹자』「진심장구하盡心章句下」, 주희, 『사서장구집주』, 366쪽.

지식을 획득하는 기초 과정으로 간주했다. 그는 "듣지 않는 것은 듣는 것만 못하고, 듣는 것은 보는 것만 못하며, 보는 것은 아는 것만 못하고 아는 것은 행하는 것만 못하다. 배움은 행함에 이르러야 그치게 된다"[91]라고 말했다. 순자는 지식이 견문에서 나온 것을 지적하면서 '행'이 지식보다 더 중요할 뿐만 아니라 지식의 목적이 된다고 밝혔다.

주희가 말하기를, "넓게 배운 것은 정통하게 아는 것만 못하고, 정통하게 아는 것은 실천에 옮겨 행하는 것만 못하다"[92]라고 했다. 이 3단계 중에서 주희는 '행'을 가장 중시했다. 그래서 주희는 학문과 실천, 혹은 지식과 행동의 관계에 주목해서 배움의 문제까지 다룬 것이다. 그의 주장에 따르면 독서는 배움이지만 일을 하는 것도 학습이다. 실제로 일을 처리하는 과정에 할 줄 모르는 것과 할 줄 아는 것 사이에 반드시 사고가 개입되기 때문이다. 생각만 하고 이론을 배우지 않으면 할 줄은 알지만 왜 그렇게 해야 하는지를 모른다. 그렇게 되는 이유를 모르면 그렇게 해야 할 당위성도 모르기 마련이다. 그래서 학문과 실천을 상호 결합해야 한다. 그러나 '행'에 대한 주희의 해석은 사회적 실천으로서의 의미는 아니다. 비록 사회적 관계 속의 윤리와 도덕적 행위를 언급했지만, 그것은 지식과 행동의 내면적인 일치성을 밝힌 점에서 그 의미가 있다. 주희는 이 양자의 관계를 눈과 발의 관계로 비유하면서 인지적 과정에서 드러나는 '행'의 중요성을 정확하게 서술했다. 비록 '지행知行'을 두 가지 다른 단계로 구분했지만 '지행'의 선후 관계는 상대적이라고 파악했다. 특히 주목되는 것은 '행'이 지식을 검증하는 기능을 지닌다는 점을 분명히 지적했다

91 『순자』「유효儒效」, 왕선겸, 『순자집해』, 『제자집성』 제2책, 90쪽.

92 여정덕黎靖德 편, 『주자어류朱子語類』 권13, 제1책, 중화서국 1986년판, 222쪽.

는 사실이다. 그는 다음과 같이 말했다. "나아갈 줄 알아서 나아가는 것은 이를 행함으로 말미암아 다시 그것이 도달할 바를 안다는 것이니, 이는 깊이 아는 자다. 마칠 때를 알아서 마치는 것은, 나아갈 줄 아는 데서 다시 더 나아가 이를 마치는 것이니, 이는 큰일을 행할 수 있는 자다."[93] 여기서 주희는 실천의 여부가 지식의 진위를 판별하는 기준이라고 보았다. 주희의 이와 같은 사상은 후세에 큰 영향을 미쳤다. 왕부지는 지행의 관계를 "서로 도움으로써 유용하게 하고",[94] "나란히 나아가 공을 이룬다"[95]라고 파악했는데, 이러한 관점은 지식과 행동을 유기적으로 파악한 결과였다.

둘째, 반구제기다. 예절을 배움으로써 외부적 규범을 내면적 인격에 스며들게 하고 그 뒤 이를 행동에 옮겨보아도, 그것이 곧바로 인간으로서의 완성된 인격을 의미하지 않는다. 반드시 끊임없이 자신을 성찰해야 한다는 것이다. 즉 계속해서 자기 생각과 행위를 되돌아보아야 한다는 뜻이다. 공자는 개인의 내면적 성찰을 대단히 중시했다. '예'와 '의'를 기준으로 삼아 부단히 자신의 사상과 행위를 객관적으로 반성하고 검토할 것을 요구했다. 증자曾子는 이에 한 걸음을 더 나아가 다음과 같이 명확하게 지적했다. "나는 하루에 세 번 반성한다. 남을 위해 도모함에 정성을 다했던가? 벗과 더불어 사귐에 신의를 다했던가? 가르침을 전함에 익히지 못한 것을 전수했던가?"[96] 공자 자신도 자주 내면의 성찰을 했다. 공자는 다음과 같이 말했다. "나아가 공경公卿을 섬기고, 들어와 부형父兄을 섬기고, 상사喪事에는 감히 게으름을 피우지 않고, 술을 마시더라도 흐트러진 모습

93 주희, 「답오회서答五晦書」, 『주희집朱熹集』 제4권, 쓰촨교육출판사 1996년판, 1971쪽.

94 왕부지, 『예기장구禮記章句』 권31, 『선산전서船山全書』 제4책, 악록서사 1992년판, 1256쪽.

95 왕부지, 『논사고전서설論四庫全書說』 「논어위정편論語爲政篇」, 『선산전서』 제6책, 598쪽.

96 『논어』 「학이」, 주희, 『사서장구집주』, 48쪽.

을 보이지 않았다. 이런 것들이 어찌 나에게만 해당하겠느냐?"[97] 공자가 볼 때, 개인이라도 부단히 자기반성을 하면 양심에 물어도 부끄러운 바가 없게 된다는 것이다. "스스로 반성해서 흠잡을 데가 없다면 무엇을 근심하고 두려워하겠는가?"[98]라는 말과 같다.

맹자는 이런 반성을 '반구제기'라고 했다. 그는 다음과 같이 말했다. "남을 아껴도 친해지지 않는다면 그 어짊을 반성하고, 남을 다스려도 따르지 않는다면 그 지혜를 반성하며, 남을 예로써 대해도 답하지 않는다면 그 공경을 반성할 것이다. 행하여도 얻지 못하거든 '모두 자기 자신이 반성해서 구할 것이다反求諸己' 그 몸이 바르면 천하가 돌아올 것이다."[99] 자신의 행위에 대한 반성은 맹자가 말한 '성誠'을 구하는 것이다. 맹자는 "성誠은 하늘의 도이고, 성誠을 생각하는 것은 사람의 도다"[100]라고 말했다. 스스로 반성해야만 '성'에 이를 수 있고, 진실한 사람만이 자신의 행위를 반성할 것이다. 이 둘은 서로 인과 관계가 된다. 특정한 윤리 규범으로 자신의 행위를 비추어보게 하고, 엄격하게 이를 준수하게 한다면 최대한의 즐거움을 얻을 수 있다는 것이다.

주희는 이에 더 나아가 유교적 전통을 살리고자 했다. 그는 다음과 같이 말했다. "만물의 이치가 내 몸에 있다. 이를 체득하여 실행하면 도가 나에게 있어 즐거움이 가득할 것이다. 너그럽게 행하되 사적인 것이 용납하지 않으면 인仁을 얻을 수 있다."[101] 이처럼 내성공부內省功夫를 중시하

97 『논어』「자한子罕」, 주희, 『사서장구집주』, 113쪽.

98 『논어』「안연顔淵」, 주희, 『사서장구집주』, 133쪽.

99 『맹자』「이루장구상離婁章句上」, 주희, 『사서장구집주』, 278쪽.

100 『맹자』「이루장구상」, 주희, 『사서장구집주』, 282쪽.

101 주희, 『사서장구집주』, 350쪽.

는 유교사상은 자기 수양의 방법일 뿐만 아니라, 이상적 인격의 형성에도 큰 의미가 있다. 반성할 능력이 주어진 것은 인류가 짐승과 구별되는 주요 특징 중의 하나이기 때문이다. 인간은 자신을 자각하기에 짐승과 구별된다. 그를 통해 주체적 지위를 확립하고, 반성의 방법을 통해 자아를 인식하게 된다. 바로 이러한 방법에 힘입어 유교에서는 사람이 사람으로 행세하는 도리, 인생의 목표와 그 의미, 그리고 자신의 가치에 대해 깊이 자각하고 자아의 성장과 발전을 촉진시켰다. 이러한 내성 공부는 또한 인간으로서의 책임 의식을 구현한 것이기도 했다. 책임 의식은 주체적 인격에 대한 의무이지만, 이를 통해 인생의 가치와 그 의의를 실감하게 되고, 인간으로서 살아가는 보람을 체득하게 된다. 유교의 반성은 일종의 도덕적 자율이다. 이러한 자발적 수양 방법은 도덕과 이상적 인격의 실현이 외부적 권위에 대한 경외심이나 재난의 공포와 징벌을 두려워해서 행하는 것이 아니다. 도덕적 추구와 자기완성에 대한 동경심과 그 의지로 이루어진다는 것이다. 바로 이러한 점에서 유교의 인문 정신이 도덕적 경지로까지 체현되었다고 말할 수 있다.

2 —— 불로성선不老成仙과 도교의 인격적 모델

도교의 신선은 모종의 이상적 경지에 도달한 '실체'로서, 무한한 생명과 초능력을 지닌 존재로 널리 알려져 있다. 신과 같은 속성을 지니고 있다고 하지만 일반적인 사람이 오랜 수련을 통해 변화된 것으로 간주된다. 물론 신선 자체도 저마다 다르다. '인선人仙', '지선地仙', '천선天仙'의 수명과 그 능력이 제각기 다르고, 최고 지위에 오른 신선이라면 그 생명과 능력은 '도'와 합일되는 경지라고 한다. 일반적으로 말하면, '신선'은 하나의 명확하지 않은 개념이다. 주로 생명과 능력이 무한에 근접하거나 이미 무한대에 도달한 존재를 말한다. 신선신앙에 의지하는 도교 신자들은 게을리하지 않고 정확한 수련 과정을 거치기만 하면 영원한 생명과 무한한 능력에 근접하게 되고, 최종적으로 신선이 된다고 확신한다. 그러나 도교에서는 추구하는 신선신앙은 사실상 일종의 인격적 모델을 표현한 것에 지나지 않는다.

1 신선신앙의 형성

신선신앙은 중국 고대인들이 인간에게 주어진 유한한 생명과 능력을 초극하려는 염원을 점차 발전시켜 온 것으로서, 장기간에 걸쳐 얻어낸 중국 고대 문화의 결실이다. 이는 객관적 세계와 삶에 대한 이성적 인식의 결과일 뿐만 아니라 신비한 능력에 관한 믿음과 그에 대한 갈망이기도 했는데, 이러한 것들이 모두 신선신앙에 영향을 미쳐서 점차 이러한 종류의 신앙과 학설이 체계화되어 나타났다.

인류는 아득하면서도 수시로 변화하는 세계 앞에 무능하고 미미한 존재에 지나지 않는다. 머나먼 시대의 원시 인류는 더욱 그러했다. 그들은 열악한 생존력으로 자연의 재해와 질병의 유행을 제어하려고 했지만, 그들의 평균 수명은 극히 짧았다. 좋은 환경에서 오래도록 살아남기 위해 인류는 끊임없이 그 길을 찾고자 노력했고, 이를 통해 인간의 유한성을 초월하려고 했다. 바로 이러한 노력이 인류를 미개 사회에서 문명 세계로 나아가게 했다. 인류는 생존을 위한 투쟁 과정에서 대뇌의 용량이 점점 늘어나고 추상화하는 능력도 점차 제고되었다. 이에 따라 맹아기 상태에 있던 자아의식도 눈을 떠서 자기와 외계의 사물을 따로 구분하기 시작했다. 신비하고 기이한 외부의 세계를 인식하면서 원시 인류는 두려움을 느꼈고, 혹독한 대자연의 위력 앞에 인류의 모든 노력은 항상 실패로 끝났다. 죽음은 모든 개체를 끊임없이 위협했고 변화무쌍한 자연계는 무궁한 위력을 드러내면서 공포감을 조성했다. 이러한 것들이 원시 인류로 하여금 생명의 유한함을 절실하게 느끼도록 했다.

자신의 유한함을 느끼면서도 그 유한함을 기꺼이 받아들일 수 없는 것이 인간이다. 인류의 내면적인 갈망은 이러한 유한함에서 벗어나려고 노력한다. 하지만 지능이 낮은 원시 인류는 복잡한 자연 현상을 인식할 수 없고 자연의 법칙을 제대로 파악할 수 없었다. 게다가 자연을 통제한다는 것은 생각조차 할 수 없었다. 이에 따라 그들은 자신의 희망을 남다른 권능에 의탁할 수밖에 없었는데, 원시 종교의 영혼 관념과 신령 관념은 이로부터 싹트게 되었다. 영혼관은 원시 인류가 생명 현상을 어떻게 인식했는가를 보여주는 결과물이다. 그들은 육체가 소멸한 뒤에도 모종의 신비스러운 것이 죽지 않고 육체를 벗어나 다른 형태로 계속 존재함으로써 생명을 유지한다는 환상을 지녔다. 이와 비교해 신령관은 원시 인류가 자연계를 어떻게 인식했는가에 대한 결과물이다. 그들은 어떤 초자연적인 힘이 존재하여 변화무쌍한 자연 현상을 장악하는 동시에, 인류의 운명도 지배한다는 환상에 잠겼다. 이러한 영혼관과 신령관은 모두 무한한 힘에 대한 유한한 인류의 갈망이었다. 이러한 갈망은 종교의 출현에 필요한 심리적 조건이기도 하다.

도교의 신선신앙은 오래도록 생명을 지속하고 대자연을 장악하려는 인류의 갈망과 심리적 욕구를 종교적으로 표현한 것이다. 신선의 두 가지 큰 특징은 바로 이러한 갈망을 반영한다. 그 하나는 능력이 무한하다는 것이다. "몸을 솟구쳐 구름속에 들어가고 날개도 없이 비행하는가 하면, 혹은 용과 호랑이를 타고 천상에 올라가고, 새와 짐승으로 변해서 하늘을 떠다니거나 강과 바닷속을 잠행하고, 명산을 가로질러 날 수도 있다. 앉아서 비바람이 몰아치게 하고 일어서서는 구름과 안개를 불러오는가 하면, 땅을 그어 강을 만들고 흙을 집어 산을 만들기도 한다. 불구덩이에 뛰어들어도 타지 않고 물속에 들어가도 젖지 않으며 엄동설한에도 추위를 느끼지 않고 여름철 폭염에 노출되어도 땀을 흘리지 않는다."[102] 나머지 하나는 "장존불사長存不死하여 하늘과 더불어 시작하고 마친다"[103]는 것이다. 이러한 추구는 정작 도교 신자 자신들의 한계에 대한 불만에 기인한 것으로서, 유한함을 초극하려는 인류의 심리와 부합된다고 할 것이다.

원시 사회에 나타난 영혼관과 신령관은 고대 중국에서는 한 번도 끊긴 적이 없었다. 이성주의 사조가 흥성한 선진 시대에도 단절되지 않았다. 그중에 묵자墨子의 사상이 대표적이다. 원시 종교 관념은 한나라 때에 이르러 더욱 크게 발전하여 후한 말년에 도교가 등장하는 데 적합한 환경을 마련했다. 그와 아울러 이전에 발생한 신학神學 사상과 신선 설화도 도교 신선신앙의 형성과 성선成仙 이론의 구성에 다양한 소재를 제공했다. 도교 신선신앙과 그 학설은 이러한 신학 사상의 유구한 전통에서 배태된 것이었다.

인류의 이성과 사유 능력이 점차 제고되고, 외부 세계와 자신에 대한 인식이 심화됨에 따라 객관적 사물을 통제하는 능력도 강화되었다. 이성 중심주의는 인간으로 하여금 이성적인 시선으로 자연과 자신을 살피도록 했으며 그 결과로 많은 성과를 거두었다. 이성적 인식의 성과는 나중에 도교 신학으로 개조되어 신선설의 이론적 근거가 되었고, 그 때문에

102 왕밍, 『태평경합교』, 306쪽.

103 왕밍, 『태평경합교』, 306쪽.

이성 중심의 과학적 인식과 종교적 신앙인 신선설 사이에 양자를 어떻게 조화롭게 할 것인가 하는 문제도 생겨났다.

이성의 발전은 최초에는 추상화하는 능력의 신장으로 나타났다. 구체적 사물을 추상화하는 능력은 '류類' 개념의 사용으로 표면화되었다. 언어의 운용에서 일반화된 개념으로 바로 앞에 있는 한 부류의 대상을 지칭할 때, 구체적 사물이 지닌 신비성은 자연히 소멸하기 마련이다. 인간이 최고신을 추상화할 때도 '제帝' 혹은 '천天'이라는 개념이 머릿속에 관념으로 존재한다. 이렇게 관념화된 존재가 형상화된 신령을 점차 대체하기 시작했다. 관념화된 최고신과 인간의 최고 통치자가 연계되면서 인간의 역량이 극대화되었고, '천'의 신비적 색채는 점차 사라졌던 것이다. 이 점은 춘추 전국 시대의 이성 중심주의 흐름에서 뚜렷이 구현되었다.

이성에 대한 자각은 신비적 존재와 그 역량에 대한 신앙심을 동요시켰고, 천상을 주재하는 신이 공정하게 일을 처리하지 못한다고 느꼈을 때 불만과 원망을 털어놓기도 했다. "어찌 하늘은 고르지 못해 이 같은 어지러움을 내리고, 어찌 하늘은 은혜롭지 않아 이 같은 큰 변괴를 있게 하셨나"[104]라고 노래한 것이 바로 그런 경우다. 이러한 노래는 인간의 이성과 능력이 증대되었음을 알려준다. 이 무렵에는 심지어 하늘을 제쳐놓고 자신들의 역량에 달렸다고 믿기도 했다. "백성이 받는 재앙을 어찌 하늘이 내릴까. 모여 떠들고 돌아서 미워하는 사람들이 힘쓴 탓이라네."[105] 이러한 이성적 정신과 주체로서의 각성은 중국 문화를 찬란하게 빛내는 이성적 인식의 성과물을 창출했다. 이러한 성과는 후대 도교사상가들에게 수

104 『시경』「소아」'절남산節南山', 『십삼경주소』 상책, 441쪽.

105 『시경』「소아」'시월지교十月之交', 『십삼경주소』 상책, 447쪽.

용되어 도교 신학의 이론적 체계를 구축하는 데 활용되었고, 도교 신선신앙의 형성에 지대한 영향을 미쳤다.

도교에서는 생명에 대한 선진 시대 도가의 견해를 받아들였다. 노자와 장자는 생명의 중요성을 강조하고 세속적인 모순과 갈등으로 생명을 위협하지 말 것을 요구했다. 생명을 귀중히 여겨 보존해야 한다는 '귀생보명'이라는 주장은 지극히 현실적인 발상이었다. 생명과 명예 및 복록을 상호 비교할 때 그중에 생명을 선택한 것이다. 이러한 가치관은 당연히 이성적이고 냉철한 판단이었다.

귀생보명 사상의 출현은 생명의 고귀함 이외에 생명 현상 자체에 대한 이성적 인식이 근거에 깔려있었다. 선진 시대와 진한 시대의 인물들은 생명의 근본을 인체 내의 정기신精氣神으로 파악하고 생명의 길고 짧음을 정기신에 대한 양생 문제와 연계시켰는데, 이는 신선신앙에 적용할 수 있는 단서를 제공한 것이었다. 그러한 인식의 전형적인 사례는 중국 고대 의학의 기초를 다졌다고 평가되는 『황제내경』이다. 이러한 인식은 생명 현상에 대한 이성적인 이해에서 비롯된 것이었다. 한나라 때의 시대적 풍조는 다분히 종교색이 짙었다. 정기신에 대한 인식도 그러했다. 이러한 경향은 『회남자』에서 두드러지게 나타났다. 『회남자』에서는, '신神'이 "변화하지 않음"으로써 천지와 공생할 수 있다고 주장했다. 여기서 말하는 '신'은 비록 정기精氣를 가리킨 것이지만 신령이란 의미도 있어서 전통적인 '귀신' 따위와 비슷한 점이 있었다. 『회남자』 이후의 도교에서는 이에 더 나아가 정기신에 대한 인식을 종교화하고, 영혼으로서의 의미를 강조했다. 그뿐만 아니라 이를 생명의 근원으로 간주함으로써 불로장수하고 신선이 되는 근거를 마련했다.

2 신선신앙의 발전

후한 말년에 장릉은 파촉巴蜀 지역에서 오두미도를 창립했고, 장각張角은 중원 지역에서 태평도太平道를 열었다. 도교 사학자들은 이 두 개 종교 조직의 출현을 도교의 공식적 창립을 상징하는 것으로 인정한다. 그 이후 성선에 대한 탐구 활동은 새로운 국면에 접어들었다. 다시 말해 후한 이후로 신선신앙이 종교적 형식으로 발전하기 시작한 것이다. 도교 발전의 전체 역사를 일별해 볼 때 신선신앙도 부단히 발전하고 성숙해지는 과정을 거쳤음을 알게 된다.

도교 창립의 초기부터 성선 사상은 상대적으로 완벽한 체계를 갖추었다. 비록 이론적 체계화의 단계까지는 이르지 않았지만, 도교의 성선설에 대한 근거와 방향은 이미 제시되었다. 그 무렵 신선신앙의 특징은 삶의 의미와 죽음의 두려움을 대대적으로 선양하는 것인데, 이로써 도교적 재생이라는 주된 취지로 나아가는 방향을 확정했다. 『태평경』에서는 종전에 있었던 죽음의 비애와 생명에 대한 갈망을 스스로 깨닫게 했으며, 자발적 생존 본능을 도교를 신봉하고 불로장생을 추구하는 근거로 활용했다. 초기 도교에서는 자연계와 생명 현상에 대한 옛사람의 인식을 원용해서 장생불사의 가능성을 논증하고, 이에 대한 일련의 방법을 설계하여 그러한 목적을 성취하게끔 종교적 실천을 강조했다.

초기 도교에서는 원시 종교의 '천신'을 신앙 대상으로 설정하고, 다시 이를 선진 시대 도가의 우주 근원설과 결부하여 신학적 색채가 짙은 우주 생성론을 수립했다. 그들의 우주 생성론은 '도'와 '천'을 하나로 파악한 것인데, '도'는 만물의 근원으로 일체의 모든 사물에 존재한다고 함으로써 장생불사의 가능성에 대한 논리적 근거를 마련했다.

'도'는 영원하고 사람은 '도'를 받아 태어났기 때문에 도의 체현이며 구체화다. 따라서 인간은 '도'와 공존하며 불사의 존재가 될 수 있다. 이러한 이론은 초기 도교에 등장하는 영혼불멸설의 근거다. 인간의 생명에는 '도'와 같은 실체가 존재하는데, 그 실체가 생명의 뿌리이며 장생불사의 근거가 되고 그 내용은 정精·기氣·신神·일一이라는 것이다. 장생불사하려면 반드시 이러한 생명의 뿌리를 지켜야 하고 인체에서 떠나지 못하도록 해야 한다. 이에 따라 당시 도교에서는 수신守神, 수기守氣, 수정守精, 수일守一 등의 수련 원칙을 제시하고 이를 통해 장생불사를 도모했다. 이 시기의 이론들은 체계화되지 않았지만, 후대에 이르러 장생불사설이 발전하는 데 주춧돌이 되었다. 당시 도교신앙은 주로 하층민 사이에서 유행했고 그때까지는 통치자들의 관심과 주목을 받지 못했다. 그러나 한편에서 『태평경』이 농민의 계급적 소망을 반영하고 수많은 민중의 심리와 부합했기 때문에 빠른 속도로 전파되었다.

위진 남북조 시대 이후에 도교의 신선신앙은 상류 귀족층의 관심을 끌기 시작했다. 문화적 소양이 높은 지식인들은 신선신앙을 적극적으로 수용했을 뿐만 아니라 이론적 체계화에도 간여하여 장생불사설을 크게 발전시켰다. 게다가 당시 정치적 요구도 도교의 발전을 촉진하는 데 한몫을 했다. 그 대표적 인물이 갈홍이다. 갈홍은 신선의 존재와 성선 가능성에 대한 문제를 논증하고 설명했는데, 여기서 그는 세 가지 방법을 동원했다. 하나는 역사서의 기록과 자신의 견문에 근거해서 신선의 존재를 증명한 것이다. 그다음은 인식의 한계성을 지적하여 신선의 존재에 대한 세속인들의 의혹을 반박했다. 마지막은 유추하여 추리하는 방법을 통해 이를 논증한 것이다. 비록 갈홍의 논증이 전적으로 타당한 것이라고 말할 수 없지만, 그가 큰 노력을 기울인 것은 사실이다. 그의 노력은 장생불사에 대한 추구가 이미 성숙 단계에 접어들어 더 이상 원시 신앙이 아니었다는 것을 입증한다. 갈홍은 신선의 존재와 그 가능성을 논증하고 장생불사의 이론을 체계적으로 정리하고 발전시켰다. 이러한 시기의 장생불사설이 드러낸 가장 큰 특징은 바로 육체성선肉體成仙이다. 동진의 "허손許遜이 신선이 되어 하늘로 올라갈 때 그 집안의 닭과 개도 덩달아 하늘로 올라갔다"라는 일화가 바로 그것이다. 갈홍은 이러한 육체 성선설을 널리 유포시켰다. 그는, "형形은 반드시 신神에 의해 성립되고"[106] 신은 형을 떠나 존재할 수 없다고 했다. 아울러 육체를 지닌 채 태허太虛의 경지에 오르는 '천선天仙'이야말로 최고의 경지라고 주장했다.

위진 남북조 시대에 한층 더 발전하게 된 도교는 당나라 시대에 이르러 이미 완벽한 이론적 체계와 그 실천 방법 및 조직의 형태까지 갖추고, 통치자들의 강력한 지지까지 얻게 되었다. 도교는 크게 발전하여 불교나 유교와 같이 사상적 영역에서도 솥발처럼 삼자가 대립하는 형세를 구축했다. 이들 세 종교는 통치자와 많은 신도의 지지를 확보하기 위해 치열한 논쟁을 전개했다. 이러한 배경하에 도교는 경쟁에서 살아남기 위해 필연적으로 자체의 학설과 이론을 심화시키는 길로 나아갈 수밖에 없다. 한편으로 도교 자체의 전통 사상을 발전시키고, 다른 한편으로는 불교와 유교사상의 자양분을 흡수해서 논리를 보강했다. 그에 따라 도교는 거대하게 진보하는 것과 동시에 불교와 유교와의 대립 관계에서 벗어나 이들의 사상과 점차 융합되었다. 당송 시기에 나타난 도교의 가장 뚜렷한 특징은 수련 방법의 근본적인 변환이었다. 그러한 요인은 외단의 폐해로 인해 육체성선의 방법이 잇달아 실패한 데서 찾을 수 있다. 당나라 황제 몇 명이 금단金丹을 복용하고 죽었다는 사실은 장생불사의 사상을 근본적

106 왕밍, 『포박자내편교석』, 110쪽.

으로 변혁하게 했다.

당나라 때의 도교는 '마음'을 '도'로 삼아 장생불사설에 지대한 영향을 주었다. '마음'이 곧 '도'이기 때문에, "마음을 밝혀 본성을 깨닫는다明心復性"라는 것은 곧 "도를 이룬 것이다." 당나라 이후의 도교는 전통적으로 정기신 수련, 즉 '연명煉命'을 강조하고, 이와 함께 심성수련을 병행하는 것을 '성명쌍수'라고 했다. 당나라 때에 나타난 도교 장생불사설의 근본적인 전환은 외단 위주의 전통적 수련 방법이 '성性'과 '명命'의 수련으로 방향을 틀었다는 데 있다. 이러한 전환은 후대의 도교로 하여금 장생불사설의 발전 방향을 다른 쪽으로 향하게 했다는 데 그 의미가 있다.

남송 초기의 전진교는 도교 혁신파를 대표한다. 전진교는 전통 도교의 낡은 이론을 제거하고, 당송 이래의 성명쌍수 수련법을 크게 발전시켰다. 전진교는 몽골 통치자의 지지를 얻어 원나라 때 대단히 흥성했는데, 원나라 때는 물론 후대에 이르기까지 커다란 영향을 미쳤다. 전진교는 이론적으로 삼교를 융합해 삼교의 최종적 목표가 일치한다고 주장했다. 수련 방법의 측면에서도 불교와 유교의 수련법을 차용하여 장생불사설의 내용을 한층 다양하게 했다.

3 신선신앙의 영향

도교 신선설은 역사상 수많은 신도가 이에 경도되어 꾸준히 추구해 왔던 사상이다. 그 때문에 신선과 관련된 각종 내용들이 신도들의 입을 통해 널리 퍼져 중국 고대 정치와 문화의 각 영역에 스며들었다.

신선신앙은 우선 군주 정치에 대한 영향으로 나타났다. 역사적으로 볼 때 적지 않은 봉건 군주들이 도교에서 주장하는 불로장생의 신선을 염원하고 이를 얻기 위해 도교를 숭상했다. 그들의 특수한 정치적 지위에 힘입어 중국의 정치적 상황과 현실 생활에 크나큰 영향을 초래했는데, 이러한 영향은 대체로 두 가지로 설명된다. 하나는 통치자들이 막대한 재력을 쏟아서 열광적으로 불사를 추구했다는 점이다. 그들은 방사들의 허튼 소리를 그대로 믿고 정치적 부패와 백성들의 고난을 가중시켰다. 다른 하나는 도교 신선설이 청정무욕淸靜無欲을 주창하여 통치자들의 포악한 행위에 모종의 제약을 가했다는 점이다. '무위이치無爲而治'라는 도교의 정치적 주장이 일단 통치자들에게 채택되면 사회적 안정이나 백성들의 부담을 경감시키는 데 좋은 효과를 낳았다. 금원金元 교체기에는 몽골족이 천하를 종횡무진 질주하면서 유럽과 아시아 대륙의 대부분을 정복했다. 몽골 군대는 당시 매우 잔혹해서 공격하던 성을 함락하고 나면 매번 성안의 주민을 모조리 학살했다. 전진교 도사 구처기丘處機는 몽골 군대가 대거 중원으로 진격할 당시, 먼 길을 마다하지 않고 고생스럽게 찾아가서 칭기즈칸을 만났다. 장생불사에 대한 그의 소망을 이용해서 살육 행위를 줄이라고 설득한 결과, 수많은 백성을 살리기도 했다.

도교는 군주 정치에 영향을 미쳤을 뿐만 아니라 민중의 일상생활과 행위를 규제하는 역할도 했다. 민중은 가혹한 전제 정치에 시달려 억압을 받는 한편, 그 자신도 이기적이고 충동적인 본성을 지닌 탓에 인간들 사이의 모순과 갈등 그리고 분쟁에 휘말리기도 했다. 도교에서는 민중의 이기심과 탐욕의 한계를 초월하고, 이로 인한 정신적인 억압과 긴장감을 해소하기 위해 신선신앙을 삶의 목표로 내세워 이러한 압박감을 모면할 일련의 이론과 방법을 제시했다. 그것은 주로 사람들의 행위를 규제하면서 신선신앙과 부합하는 각종의 규범에 대한 것인데, 이러한 것들은 신선이 되는 첫걸음으로서, 더 높은 단계에 도달하기 위해 갖추어야 할 기본이며 필수 조건이었다. 이를 통해 신선사상은 백성들의 일상적인 활동에까지 파고들었다. 세속적인 측면에서 도교의 행위 규범은 봉건 사회의 각종 윤리 규범과 완전히 일치한다. 도교에서는 사람들에게 '도덕'에 맞게 행동하고 착하게 살 것을 요구한다. 그 '선善'의 기준은 바로 충효를 비롯한 인애仁愛와 자비 및 신의다. 이러한 것들은 모두 유교의 윤리사상을 답습한 것이었다. 도교에서는 이를 신선설 체계에 융합하여 신령의 감시에 대한 두려움과 장생불사의 욕망을 이용하여 사람들을 독려해서 도덕을 지키도록 한 것에 지나지 않았다. 그 때문에 도교는 유교적 윤리 규범과 비교해 외재적 권위와 신앙적 지지를 많이 얻게 되어 순수한 설교 형태의 방법보다 더 나은 결과를 얻었고, 그 영향력도 과소평가할 수 없었다.

신선신앙의 영향은 또한 문인 사대부의 심리와 정신적 상태에도 반영되었다. 도교 신도가 아닌 문인들은 신선이 실제로 존재한다고 맹신하지는 않았지만, 도가나 도교의 일부 관념들, 심지어 장생불사라는 관념까지 은연중에 수용했다. 널리 알려진 신선신앙은 도교 신도들에게는 실재하는 이상적 경지였지만, 도교를 믿지 않는 사람들에게는 이상적 설교에 불과했다. 하지만 이러한 이상적 설교에 포함된, 세속을 초월해서 유유자적하는 신선은 확실히 동경하고 추구할만한 것이었다. 세속적 삶의 이상적 경지였기 때문이다. 이러한 설교는 현실적 존재로서의 삶을 비판하는 시각이기도 했고, 삶에서 찌든 심신의 피로를 해소하거나 세속적 압박에서 탈피하는 수단이기도 했다. 수많은 민중의 마음속에는 '신선'처럼 사는 것이 그들이 동경하는 최고의 경지이며 삶의 운치였다. 공명을 좇아다니다가 참담한 실패를 맛본 문인 사대부들이야말로 '신선'처럼 물욕이 없고 분쟁을 초월한 경지에 노니는 것을 훨씬 더 갈망하기 마련이다. 중국 고대 사회의 문인 사대부는 중요한 역할을 맡은 문화적 담당층이며 전승자였다. 그들이 문화를 창조하고 전파함으로써 사회적 양심을 견지했는데, 그들의 생활 태도가 민중에게 미친 영향이 실로 엄청났다.

한나라 이후로 중국 문인들은 유교 문화의 훈도 아래 대부분 국가와 백성의 운명을 걱정하는 의식을 지녔다. 그들은 벼슬길에 올라 치국의 재능을 펼쳐 천하창생의 이익을 도모하려는 포부를 지녔다. 하늘이 놀랄 만한 위업을 성취하고 만민의 칭송을 받아 청사靑史에 길이 전해지기를 갈망했다. 그러나 현실 사회에서는 그들의 소원을 이룰 수 없었다. 어리석은 군주는 그들의 재능을 알아주지 않았으며 전횡을 일삼는 탐관오리들도 그들의 주장을 용인하지 않았다. 당시 문인들 대부분은 실망과 고통으로 침울한 분위기에 휩싸여 있었다. 고통에서 벗어나기 위해 그들은 도피를 선택하고 정신적 해탈의 길을 모색했다. 이런 경우에 도가와 도교의 학설은 그야말로 매력적인 존재였다.

노장老莊과 도교의 청정무위설이라는 아무런 근심과 걱정도 없는 소요逍遙의 경지가 자연스럽게 문인들에게 공명되어 공감을 획득했다. 그들은 이에 정신적 위로를 얻어 "유약함이 강함을 이길 수 있다"라는 관념을 신봉하게 되었고, 청정을 추구하고 무위를 표방하는 자기 위안으로 심리적인 균형을 되찾았다. 그들은 비록 신선을 믿지 않았지만, 현실적 삶에서 '신선'의 경지를 즐길 수 있어서 그 속에서 번뇌와 고통을 잊기를 희망했다. 그들은 티끌 세상을 멀리 벗어나 산수에 정을 의탁하고, 금琴을 타고 피리를 불기도 했고, 달을 바라보며 술잔을 기울이기도 했다. 스스로 웃고 즐기면서 한적하게 '신선'으로서 쾌락과 소요를 음미했다. 그들은 좌절의 고통을 겪은 뒤 인간 세상의 부귀가 헛된 것을 깨닫고, 출세와 공명심이 안겨준 상처를 달래면서 부귀영화를 되돌아보지 않고 담백하고 간소한 삶을 추구했다. 이러한 삶의 추구는 중국 역사상 대대로 문인과 학자들에게 영향을 끼쳤다. 그들은 도교사상의 영향을 깊이 받아 자주

도사들과 내왕하고 도교 사원을 유람하며 도교 신도들과 현리玄理에 관해서 담론했다. 그뿐만 아니라 그중 일부는 이러한 영향으로 도사가 되기도 했다.

많은 문인이 청정을 추구하고 산림에 은거하는 또 하나의 요인은 생명이 쉽게 스러지는 데서 기인한 두려움과 안타까움이다. "무엇 때문에 고요히 앉아 탄식하는가? 꽃다운 나이에 스러지는 걸 슬퍼하는 것이라네. 백 년도 살지 못한 채 떠나니, 인간의 목숨이 가을 잎과 같구나"[107]라고 표현한 슬픔이 그것이다. 이러한 슬픔은 짧고 쉽게 소멸하는 생명에 대한 문인들의 근심이다. 그들은 "이름은 오래 남지 못하고", "인생은 그다지 길지 않다"라고 비탄하면서, "시대의 책임을 떠맡지 않고 타고난 성명性命을 영원히 보존한다"[108]라는 신선의 경지를 갈망했다. 벼슬길이 막히고, 공훈을 세우고 업적을 쌓는 삶의 가치가 실현될 길이 없을 때, 유한한 삶의 여정에서 자유를 누리는 데 가치와 의미를 두었다. 그렇게 함으로써 영혼을 해방하고, 각종 부담과 번뇌에서 철저히 벗어날 수 있었다. 현실 사회에서는 구속이나 간섭을 떨치지 못한 탓에 마음대로 할 수가 없으며, 각종 규범 또한 위선적 설교이거나 세상을 기만하는 수단에 불과했다. 문인들은 즐겁게 살아가기 위해 세속적 속박과 번뇌를 피하려고 했고, 이로 말미암아 '둔세遁世'의 생각과 행위가 생겨났다. 신선은 아무런 구속이 없었다. 구름처럼 한가로이 떠돌거나 학처럼 들녘에서 노니는 삶과 평온하고 조용한 마음의 세계는 중국의 문인 사대부들이 동경하는 경지였다. 그들은 진심으로 신선이란 존재를 믿었던 것이 아니라, 단지 신선과 같은

107 곽박郭璞, 「유선시遊仙詩」, 루친리逯欽立 교열, 『선진한위진남북조시先秦漢魏晉南北朝詩』 중책中冊, 중화서국 1988년판, 867쪽.

108 범엽, 『후한서』 「중장통전後漢書仲長統傳」 제6책, 1644쪽.

방식으로 현실에 안주하기를 소망했을 뿐이었다. 신선의 세계는 세속사회의 거짓과 추악함이 없었고, 그들이 추구하는 진실과 아름다움의 경지를 대표하는 것이었다.

3 —— 각행원만覺行圓滿과 불교의 인격적 모델

열반은 산스크리트 니르바나Nirvana의 음역이다. 이는 또한 '니일泥日', '니환泥洹'으로도 번역된다. 의역하면 적멸寂滅, 원적圓寂이라 하는데, 일반적으로 무명無明의 번뇌를 소멸시키고 인과의 업보를 단절함으로써 도달하는 정신적 세계를 가리킨다. 한 번이라도 열반을 증득하게 되면 죽거나 태어나지도 않는 영원한 안락의 경지에 진입하게 된다. 불교의 모든 수행과 노력은 모두 이러한 목적에 도달하기 위한 것이다. 열반은 불교의 윤리도덕이 추구하는 최고 목표이며, 인간적 행위의 가치를 판별하는 기준이기도 하다. 이러한 경지에 도달하는 것이 바로 성불成佛이고, 열반의 경지에 이른 붓다가 바로 불교의 이상적 인격이다.

1 절대적 선善으로서의 열반

'열반'에는 대개 세 가지의 의미가 있다. 즉 불교의 발전 과정에서 열반의 함의를 세 가지 층위로 다르게 해석한 것이다. 하나는 열반을 절대적인 적정寂靜이자 '적멸'로 본 것인데, 속세에서 이해하는 사망과는 다른 것이다. 그다음은 열반을 무형적인 것으로 파악한 것인데, 마음으로 체득할 뿐이지 말로써 전할 수 없는 초월적 실체이며, 일종의 아름답고 미묘한 경지를 가리킨다. 마지막은 열반을 '서방 정토'나 '극락세계'로 본 것이다. 이로 미루어 열반의 경지는 사변적인 것에서 경험적이고 형상적인 것으로 전환되었음을 알 수 있다. 이는 불교의 세속화 과정과 대체로 일치한다.

열반은 불교란 종교의 최종적 목표이며, 또한 도덕적 이상의 최고 목적이기도 하다. 불교에서는 누구나 성불할 수 있다고 강조한다. 다시 말해 불교의 이상적 인격은 신비한 것이 아니라 누구나 성취할 수 있다는 것이다. 하지만 성불은 고달픈 과정이므로 굳은 신념을 요구한다. 뼈를 깎는 수련과 전심전력을 쏟음으로써 성불의 경지를 깨닫고 열반에 들게 되며, 인생의 궁극적인 목표를 성취한다.

불교에서는 그들의 도덕적 경지를 유교와 도교에 비교하여, 불교의 목표야말로 최고의 경지이고, 유교와 도교는 초보적인 경지에 불과하다는 결론을 내렸다. 유교는 인의예지신을 근본으로 해서 인간의 관계를 조화롭게 만들고 사회를 안정시켜 삼강오륜의 질서를 확립하는 데 중점을 둔다. 그 도덕적 추구의 최종 목표는 현실적 인생과 완벽한 사회다. 따라서 현실 생활을 떠나지 않기 때문에 진정한 초월이 아니며, 인승人乘 · 천승天乘 · 성문성聲聞乘 · 연각승緣覺乘 · 보살승菩薩乘 중에서 가장 낮은 단계인 '인승' 단계에 해당한다고 말한다. 도교에서는 성인에 대한 존경과 지혜를 멀리하고 자연을 본받아 무욕無欲과 청정淸靜의 삶을 강조하며, 육체를 돌보지 말고 총명함까지 물리쳐 허무로 돌아갈 것을 주장한다. 도교의 도덕적 이상은 세속적 삶을 초월하는 면이 있지만, 생명을 보전해야 하는 탓에 궁극적으로 생사의 윤회를 초탈하지 못한다. 그래서 불교의 '천승' 단계에 해당한다. 보디사트바Bodhisattva와 붓다가 이른 열반의 경지야말로 모든 도덕적 추구와 수행의 최종 목적이며 궁극의 도덕적 의의를 지니는 것이다.

인격적 모델은 일종의 도덕적 가치이기도 하다. 도덕적 가치란 사회와 인간의 존재에 대한 사람의 행위와 그 발전 가능성에 대한 의미를 말한다. 인간과 사회의 존재나 그 발전에 긍정적 의미를 부여하는 행위라면 적극적인 도덕적 가치를 갖는다. 서로 다른 윤리관은 저마다 다른 가치와 도덕적 기준을 가지고 있어서 동일한 대상에 대해서도 견해가 다르기도 하고 심지어는 상반되는 도덕적 판단을 내릴 수도 있다. 인격적 모델의 측면에서도 중국의 전통적 윤리사상인 유·불·도 삼교는 완전히 다른 기준을 내세웠다. 유교에서는 치국평천하를 인생의 최고 이상으로 간주하고 내성외왕을 이상적 인격으로 설정했다. 도교에서는 자연으로 돌아가는 반박귀진返璞歸眞을 도덕적 완성으로 간주하고, 장생불사를 이상적 인격으로 삼았다. 불교에서는 열반적멸涅槃寂滅을 최고의 이상으로 설정하고 성불을 인생의 궁극적인 목표인 동시에 최고 경지에 도달한 이상적 인격으로 삼았다.

불교의 도덕적 기준으로 평가하면 세속적 사회의 모든 것은 영구불변한 가치를 지니는 것이 아니다. 세상 사람들이 추구하는 희희낙락하고 안일한 삶과, 공명이나 출세 등은 모두 헛되고 부질없는 것이다. 인생에는 번뇌만 있으며 안락은 근본적으로 존재하지 않는다. 진정한 가치는 오직 적멸의 해탈에 있다는 것이다.

불교에서는 이러한 것으로 일체의 사물과 현상 및 인간의 행위를 평가한다. 열반은 당연히 도덕적 추구의 궁극적 목표였다. 비록 그것이 하나의 추상적 개념에 불과했지만, 사람들로 하여금 고해에서 벗어나 영원한 안락을 얻게 하는 것이다.

불교 윤리도 인생의 행복을 추구하지만, 행복에 대한 이해는 세속의 것과 완전히 다르다. 불교 윤리의 행복은 현실적 삶을 근거로 한 것이 아니다. 물질적 삶의 만족이나 개인의 정신적 완성도 아니고 사회적 진보도 아니다. 불교의 주장에 따르면 이 모든 것들은 다 허무한 것이다. 불교에서 말하는 '행복'은 고통이 없는 영원한 안락이다. 인생의 고난에서 완전히 벗어나고, 번뇌와 고통이 반복되지 않도록 그 뿌리까지 철저히 제거했다는 것을 뜻한다. 이러한 행복은 당연히 현실세계에는 존재하지 않는다. 불교의 도덕적 기준은 현실세계에 대한 철저한 부정이라 할 수 있다.

그러나 불교의 가치관이 일종의 부정적 개념이라 해도 현실 생활에서는 또 다른 의미가 있다. 하나는 초월적 이상을 추구하게 함으로써 인간의 정신적 교양 수준을 끌어올려 속물의 근성을 근절하는 것이다. 그다음은 숭고와 완벽함을 추구하게 함으로써 세속적 명리와 분규를 완화하는 데 도움이 된다는 것이다. 마지막은 현실적 고통에 대한 인내심을 길러주어 사람들의 불안한 마음을 안정시키는 데 도움이 된다는 것이다. 불교에서 세계를 마음의 현상으로 간주하는 것과 같이, 열반의 경지에서는 이상적 인격이나 인생의 행복은 모두 마음 상태를 이를 따름이다.

열반을 궁극적인 삶의 목표로 삼아 적멸과 해탈을 도덕적 기준으로 설정했다면, 이러한 목표에 대한 적합성과 그 기준의 타당성은 사물과 인간 행위의 선악을 판단하는 척도가 된다. 세속적 도덕의 경지에도 여러 단계가 있듯이, 불교의 선善에도 세 가지 단계가 있다. 즉 방편선方便善, 해탈선解脫善, 본체선本體善이다.

이른바 '방편선'은 해탈을 위해 필요한 일체의 선행으로, 세속적 관념에서의 선을 말한다. '해탈선'은 번뇌의 굴레를 벗고 참된 열반의 경지를 얻기 위해 갖추어야 할 도덕적 가치를 말하는 것인데, 이를 통해 인간의 본질을 완성하게 된다. '본체선'은 절대적이고 궁극적인 선이며 열반의 경지다.

일단 최고의 선에 도달하게 되면 속세의 선악 기준을 초월한다. 일체 선악의 대립을 초월함으로써 속세의 도덕적 선과는 전혀 다른 성격을 띠게 되는 것이다. 이러한 절대적 지선至善은 하나의 독립적이고 영원한 가치로서, 세속적 도덕에서 주장하는 선과 비교하면 궁극의 근원이다. 하지만 그것은 일종의 공상에 불과하다. 인류는 줄곧 절대적인 지선을 추구했고, 모든 악을 소멸시키고자 시도했으며 절대 지선의 이상 사회를 꿈꾸었다. 그러나 그것은 순수한 소망과 아름다운 공상에 그쳤을 뿐이다.

2 중생평등衆生平等과 개유불성皆有佛性

불교의 이상적 인격은 만민을 다스리는 성인이나 중생의 고난을 해소하는 신선이 아니다. 중생 구제를 으뜸의 가르침으로 삼고 자비심으로 '중생평등'의 이상을 추구하는 것이 이상적 인격으로 나아가는 구체적인 행위가 된다. '평등平等'은 산스크리트 '사마Sama'의 의역이다. '차별'과 상대되는 개념으로서 위아래와 귀천의 차별이 없이 균등하다는 뜻이다. 불교에서의 '평등'은 두 가지 측면에서 이해할 수 있다.

첫째, '성지평등性智平等'이다. '성지평등'은 다시 두 가지 의미가 있는데, 하나는 만유의 본성이 평등하다는 것이다. 이는 불교에서 제시한 평등 관념의 본체론이다. 세간의 온갖 형상들이 모두 인연의 화합으로 이루어졌지만, 만유의 공空 또한 절대적인 허무가 아니다. 그것은 "있는 것도 아니고 없는 것도 아니며", "참도 아니고 거짓도 아닌" 중관中觀의 본래 바탕이다. 이를 만물에 적용해 보아도 마찬가지다. 즉 평등하다는 것이다. 한마디로 말하면, 우주 만유는 모두 참되지 않다는 것이 본체론적 의미에서의 평등 관념이다. 다른 하나는 중생의 지혜가 평등하다는 것이다. 불교의 주장에 따르면, 누구나 같은 지혜를 갖추고 있어서 불교의 참뜻을 이해하고 깨달을 수 있다는 것이다. 사람마다 모든 사물의 참된 모습을 알 수 있고 모든 평등을 이해할 수 있기에 대자대비大慈大悲한 마음을 일으킬 수 있다. 따라서 모든 사람이 중생과 함께 열반의 경지에 들어가 해탈할 수 있다.

불교에서 말하는 '성평등性平等'과 '지평등智平等'은 사실상 각각의 객체로 존재하는 평등과 주체로서의 정신적 평등을 밝힌 것이다. 그러나 불교의 평등관은 주로 본체론적 의미에서의 평등을 가리키고, 현상이나 존재적 측면에서의 불평등을 부인하지 않는다. 바꾸어 말하면, 불교의 평등관은 현상적 존재의 차별을 전제로 하는 것이다.

둘째, '중생평등'이다. '성지평등'이란 철학적 기반을 근거로 불교는 다시 '중생평등'이란 개념을 제시했다. 이러한 평등관은 도덕적 관념에 속하는데 도덕적 영역에서 '성지평등'의 관념을 나타낸 것이다. 즉 '성지평등'은 '중생평등'의 이론적 근거를 마련했고, '성지평등'의 모든 이론은 중생평등이라는 기본적 가치관을 해석하는 방편이었다.

'중생'이란 주로 사람을 가리킨다. 따라서 중생평등은 인간과 인간이 서로 평등하다는 뜻이다. 이러한 평등관은 불교 윤리사상의 가장 큰 특징이다. 붓다 시대의 고대 인도는 신분 계층이 엄격한 불평등 사회였다. 카스트 제도에서는 각 신분 계층은 제한되어 있어 계층 간의 이동은 거의 불가능했다. 이에 따라 인도 사회의 내부에서는 심각한 계급적 대립과 사상적 편견이 존재했다. 붓다의 중생평등관은 이러한 사회 현실을 겨냥한 것으로서 카스트 제도에 대한 하층 계급의 저항감을 반영한 것이었다. 불교에서는 이러한 네 가지 계층의 평등을 강조하여 인위적인 계급이나 차별을 반대했고 불평등한 제도를 반대하는 하층 민중들의 소원을 나타내었기 때문에 무수한 민중들의 지지와 동의를 얻을 수 있었다.

'중생평등' 관념에는 또 하나의 중요한 의미가 담겨있다. 그것은 "모든 중생에게 불성이 있어서皆有佛性" 누구나 성불할 수 있다는 것이다.

불교에서는 사회 생활의 모든 측면에서 차별이 존재한다고 인정한다. 인간이라면 형체의 측면에서는 크고 작거나 아름답고 추한 차이가 있고, 생명의 측면에서는 건강하고 허약하거나 장수하고 요절하는 등의 차이가 있으며, 성격의 측면에서는 강하고 부드럽거나 완고하고 유약한 차이가 있고, 살림의 형편이란 측면에서는 빈부와 귀천의 차이가 있다. 그러나 이런 것들은 인간의 본성이란 측면에서는 평등하기 때문에 인간과 인간 간에 어떠한 영향도 미치지 않을 뿐만 아니라, 어떠한 차별도 있을 수 없다고 주장한다. 출신 성분이나 혈통 및 카스트 제도는 불평등의 근거가 될 수 없고, 지위의 고하와 신분의 귀천으로 사람을 구분하는 근거로 삼을 수도 없다고 한다. 사람과 사람 사이에 존비의 차이가 존재하는 것은 단지 개인적인 행위의 선악에 달려있을 뿐이다. 불교에서는 이처럼 인간 관계에 나타나는 선악의 차이만 존재하고 처음부터 존비의 불평등이 존재하는 것이 아니라고 파악했다.

'중생평등'을 주장하는 까닭은, 그 정신적 본질이 인간 관계의 대립과 분규 및 서로를 경시하는 태도마저 제거하는 데 있다. 요지는 타인을 자기와 동등하게 대하라는 것이다. 자기가 기분 좋게 여기는 것이라면 남도 그렇게 여길 것이고, 남이 고통스럽게 느끼는 것은 자신도 그렇게 느낀다. 이처럼 함께 슬퍼하고 기뻐하는 것은 누구나 불성을 갖고 있다는 증거이다. 또한, 누구나 번뇌를 끊고 해탈을 갈망하는데 이러한 점은 모든 사람에게 동일한 것이다. 이를 바탕으로 해야 비로소 보살행을 하고 중생을 고해에서 제도하겠다는 큰 뜻을 세울 수 있다. 불교에서 주장하는 이상적 인격은 다름 아닌 평등과 자비심이다. 내가 이로우면 남도 이롭고, 나를 제도함으로써 남을 제도한다는 것이다.

불교에서 주장하는 중생평등은 확실히 인류 사회에서 보편적으로 존재하는 불평등에서 기인한다. 그뿐만 아니라 인간 관계에 팽배한 원한과 분쟁도 한몫을 차지한다. 이것이 바로 인간사회에 내재한 불평등의 근원적 요인이다. 따라서 불교에서는 인간 관계에 내재한 불평등이 사회 제도에 있는 것이 아니라 인간 자신에게 있다고 주장한다.

인간들 사이의 불평등은 주관적인 아집에 기인한다. 자신만이 진실의 실체라고 생각하여 인아人我와 물아物我를 구별하고, 이에 따라 필연적으로 탐貪 · 진瞋 · 치痴라는 삼독三毒이 생겨난다. 세 가지 '독'을 갖게 되면 그 자신에게 이로운 것이나 자신의 소유물만 선호하기 마련이다. 유난히 좋아하는 것에 끝없이 탐욕을 부리고 이욕을 밝히는 악한 성격이 팽배해도 제어할 길이 없다. 자기에게 불리하거나, 유리하지만 손에 넣을 수 없는 것에 대해서는 원한을 품는다. 이러한 터무니없는 생각은 어리석음의 정도에 따라 그 정도가 심각해질 수 있으며, 다른 한쪽으로는 인간 관계에서의 긴장과 대립을 조성하여 각종 부조리와 불평등을 낳게 한다.

불교에서는 개인적인 호오好惡의 뿌리를 제거해 인간 관계의 불평등을 진정으로 철폐할 것을 요구한다. 개인적 욕심을 없애고 무욕과 무아를 견지할 때, 비로소 아무런 차별도 생기지 않고, 사람들 사이에 원망이나 친근함도 없게 되어 누구나 차별 없이 대할 수 있다고 한다. 차별이 없는 보편적이고 평등한 자비심은 일체의 중생을 아끼고 동정하며, 일체의 중생을 편애하거나 원망하지 않기에 중생을 제도하여 열반의 경지에 이를 수 있다.

3 인격적 모델의 3단계

열반의 경지에 이른 이상적 인격의 실상은 불佛이다. 불교에서 말하는 '성불'은 바로 이상적 인격을 성취하는 것이다. 인간 관계에서 본질적인 차이가 없다고 하지만, 일반적인 사람과 붓다 사이에는 근본적인 경계가 있다. 앞서 논의한 중생평등은 모두 성불의 가능성이 있다는 것만 말했을 뿐이다. 중생의 실제 성품을 놓고 말하면, 현실로 드러난 그들의 도덕적 소양과 자질에는 큰 차이가 있으며, 도덕적 완성도 면에서도 차이가 존재한다. 이러한 차이 때문에 사람마다 이상적 인격을 성취하는 방법과 그 길이 저마다 다르다. 그러나 불교의 교리에 따라 계율을 지키고 수행하면 이상적 인격의 완성을 기약할 수 있다고 말한다. 불교의 인격적 모델은 신과 동일한 것은 아니지만 세속적인 사람과는 완전히 다르다. 불교의 이치에 귀의해서 인생의 본질을 깨닫기 때문이다. 그 깨달음의 정도에 따라 불교의 인격적 모델은 승가僧伽, 아라한(阿羅漢, arhan)과 보디사트바(菩薩, bodhisattva), 붓다의 세 가지 단계로 나뉜다.

이른바 '승가'는 출가해서 수행하는 불교도를 가리킨다. 출가는 불교의 교리를 확고하게 믿고 있다는 사실을 표면화한 것이다. 속인들의 처지와 비교하면, 출가는 불교의 교리를 수용하고 지키며 이를 깨우치는 데 근본적인 전환점이 된다. 따라서 불교의 이상적 인격을 성취하기 위해 최초로 요구되는 것이 출가다. 출가인은 그들의 사상과 언행을 불교의 가르침에 맞추어야 하고, 세속을 떠나 수행하면서 세속적인 번뇌를 멀리해야 한다. 이러한 까닭으로 출가는 불교의 이상적인 인격을 성취하는 데 필요한 가장 기본적인 요구다. 세속적 삶에 미련을 갖거나 세속적 관념에 집착하게 되면 불교의 이상적 인격을 성취할 수 없다. 물론, '승가'의 인격은 출가라는 외재적 형식에 있지 않고, 승가 자신에 의해 체현되는 고결한 도덕적 품성에 있으며 이를 더 중시한다. 이러한 승가의 품성은 대개 다음의 다섯 가지 요소를 포함한다. 첫째, 자신에게 엄격해야 한다. 계戒·정定·혜慧로써 자신을 바르게 세우고, 불교 계율에 규정된 생활을 하면서 세속에 연루되지 않는다. 둘째, 자비심을 베풀어 중생을 이롭게 하고, 그들로 하여금 불교의 참뜻을 깨우치게 함으로써 무명無明의 세계에 벗어나 불교에 귀의하도록 한다. 셋째, 적극적이고 진취적인 정신이다. 굳건한 신념으로 불법을 널리 알리기 위해 초심으로 돌아가 적극적으로 포교하고, 불교의 진리로 세속의 망견妄見을 타파하며, 불법을 수호하고 널리 알리는 데 일생을 바쳐 마침내 불교의 교리가 찬란하게 우주에 두루 비추도록 한다. 넷째, 자신에게는 엄격하되 남에게는 관용을 베풀어 중생을 화목하게 하고 고결한 정신을 추구하는 것이다. 물질적 삶과 세속적 명리를 추구하지 않고, 어떠한 도전도 받아들여 속인들이 감당할 수 없는 시련에도 인내하며, 위험과 고난을 마다하지 않고 남들이 할 수 없거나 감히 하지 못하는 일을 행한다. 다섯째, 정신적 초월이다. 자립自立, 자주自主, 자존自尊, 자족自足으로 이욕에 사로잡히지 않고, 권세에 굴복하지 않으며, 세속의 무리와 어울려 물들지 않고, 천자天子와 서민을 평등하게 본다. 이로 미루어 볼 때, 승가는 넓은 아량, 완벽한 품성, 고결한 정신을 두루 갖춘 인물로서, 현실 사회의 전범典範이 된다.

그러나 승가는 출가를 통해 비록 세속적인 삶을 청산했어도 여전히 현실적인 인간에 속한다. 더구나 생사윤회에서 벗어나지 못한 탓에 참된 의미에서 불교의 인격적 모델이 아니다. 진정한 불교의 이상적 인격은 승가로서 수행하고 깨달은 연후에 성취하게 된다, 그것은 세간과 인류를 초월한 인격이다. 즉 성문(聲聞, sravaka), 연각(緣覺, pratyeka buddha), 보디사트바, 붓다로 일컬어지는 불교의 '사성四聖'이다.

이른바 '성문'은 붓다의 설법을 직접 듣고서 깨달은 자를 가리킨다. 원래는 붓다의 친전親傳 제자가 설법을 듣고 깨달은 것을 뜻했다. 나중에 연각, 보디사트바와 합쳐 삼승三乘이라 지칭하고, 불법에 따라 수행하면서 자아의 해탈을 추구하는 자를 가리키게 되었다. 예류豫流 · 일래一來 · 불환不還 · 아라한 등 '성문'의 사과四果 가운데 가장 높은 자리는 아라한과이다.

'연각'은 두 가지 의미가 있다. 하나는 붓다 이전의 시대에 태어나 수행하여 스승 없이 스스로 깨달은 수행자를 가리킨다. 다른 하나는 남의 말에 따르지 않을 뿐만 아니라, 붓다의 말에도 집착하지 않고, 무명無明 · 행行 · 식識 · 명색名色 · 육입六入 · 촉觸 · 수受 · 애愛 · 취取 · 유有 · 생生 · 노사老死의 12인연과 만유의 인연을 관조해서 스스로 도를 깨달은 수행자를 말한다.

'보디사트바'는 자각自覺과 타각他覺이란 두 과위果位를 성취한 수행자를 가리킨다. 처음에는 샤카족의 싯다르타가 성불하기 전에 일컬었던 호칭이었는데, 나중에 넓게 해석되어 대승불교의 교리에 따르는 수행자를 지칭하게 되었다. 보살승의 관건은 자신의 깨달음뿐만 아니라 중생을 제도해서 고해에서 벗어나도록 하는 데 있다. 자기가 깨닫고 나서 남도 깨닫게 하며, 자신을 제도함으로써 타인도 함께 제도하는 행위를 최고의 목표로 삼는다.

성문과 연각은 모두 소승불교의 수행에서는 최고의 경지다. 그 인격적 형상은 자신의 수행과 성취에만 몰두하여 자아의 깨달음과 완벽함을 추구하는 것이었다. 중국의 전통문화와 부합하지 않는 탓에 중국불교에서는 주목받지 못했다. 중국 전통문화의 영향을 받고 성장한 불교는 토착화되는 과정에서 대승불교가 추구하는 보디사트바의 경지를 적극적으로 지지했다. 보디사트바의 인격적 형상이 적극적인 도덕적 가치를 지니고 있기 때문이었다. 그 내용은 대체로 다음과 같다. 첫째, 완벽한 개인의 도덕적 수양이고 둘째, 인자하고 너그러운 마음이며 셋째, 결연한 도덕적 의지이며 넷째, 무상無上의 도덕적 지혜이며 다섯째, 적극적인 도덕적 실천 정신이다.

그러나 보디사트바의 인격적 형상에는 불확실한 미래에 대한 희망과 순수한 정신적 위안을 안겨주었다는 한계가 있다. 하지만 그러한 성향이 극대화된 도덕적 감화력을 지니고 있음을 부정할 수 없다. 중생을 제도해야 한다는 정신으로 말미암아, 보디사트바의 존재는 중국 고대 사회에 엄청난 영향을 끼쳤다. 중국인으로서 '성문'이나 '연각'이 무엇인지 모를 수도 있지만 '보살'로 통칭되는 보디사트바를 모르는 사람은 극히 드물다. 특히 중국 민중의 마음속에 구세주와 같은 존재로 인식되는 관세음보살의 영향과 그 감화력은 붓다를 앞지를 정도였다.

하지만 불교에서 추구하는 이상적 인격과 인생의 궁극적인 목표는 붓다에 있다.

불佛은 산스크리트 붓다Buddha의 음역을 줄인 말이다. 불타佛陀, 부도浮屠, 부도浮圖로 번역된 적도 있었고, '각覺'이라고도 의역된다. '각'은 다시 세 가지 의미로 나뉜다. 자각, 각타覺他, 각행원만이 그것이다. 보통사람은 이러한 세 가지 '각'을 갖추지 못하지만, 성문과 연각은 '자각'만 갖추고, 보디사트바는 '자각'과 '각타'만 갖추고 있다. 오직 붓다만이 '각행원만'을 갖추고 있다. 소승불교는 최고의 인격적 모델로 불교의 교조인 샤카족의 싯다르타를 유일한 붓다로 간주하지만, 대승불교에서는 삼세三世와 시방十方에 한량없는 여러 붓다들이 존재하며 유정有情에 속해도 일단 깨닫게 되면 모두 성불할 수 있다고 주장한다. 바로 이러한 대승불교의 이론에 힘입어 붓다는 인생의 궁극적인 목표가 되었다.

붓다는 절대적 초월의 존재이자 완벽한 인격적 모델이며 인간이 도달할 수 있는 극점이다. 지극히 선하고 지극히 진실하며, 지극히 높고 지극히 존귀하며, 전지전능하고 갖추지 않은 것이 없으며, 어디에든 존재하지 않는 곳이 없고, 알지 못하는 바가 없으며 무엇이든 하지 못하는 것도 없는 존재다. 이처럼 절대적으로 완벽한 인격은 세간世間과 출세간出世間을 초월할 뿐만 아니라, 인류를 초월해서 최고의 신이 된 것이다. 붓다는 인류의 모든 미덕이 가장 완벽하고 집중적으로 체현된 것이자, 인류의 모든 능력을 취합해서 극대화된 존재이며, 또한 생생하게 살아있는 개체이기도 하다. 붓다의 이러한 특징은 '삼신일불三身一佛'로 표현된다. 즉 붓다는 하나지만 법신法身, 화신化身, 보신報身의 형식으로 나타난다는 것이다.

'법신'은 붓다가 열반한 이후, 몸과 지혜가 소멸하여 감성적 육체가 더 이상 존재하지 않는 것을 가리킨다. 따라서 붓다는 감성적인 개체가 아니라 하나의 정신적 실체다. '법法'을 몸으로 삼기 때문에 '법신'이라고 하는 것이다. '화신'은 붓다가 중생 제도를 위해 반드시 갖추어야 하는 감성적 형식을 가리킨다. 법신의 환화幻化는 붓다가 중생의 신앙적 요구를 충족하는 방편이다. 화신은 민속이나 중생의 관념에 따라 그 형상을 제각기 달리한다. 불교에서는 이를 32상相과 80종호種好로 묘사한다.

'보신'은 성불한 이후에 누리는 정과正果로서 특수한 국토와 형체를 가리킨다. 즉 붓다가 거주하는 국토는, 중생이 거주하는 '예토'와 대조적인 청정무구한 '정토'다. '정토'는 서방 아미타불 정토 혹은 '극락세계'라고도 일컫는 불교의 천당인데, 그것은 불교의 이상적 인격에서 얻을 수 있는 경지이고 이상적 삶이기도 하다. 불교의 인격적 모델은 비록 종교적 명상의 분위기로 가득했지만, 완벽한 인간과 고결한 도덕적 성품을 추구했다는 것은 부정할 수 없다. 현실적 삶에도 도덕성을 추구했다는 점은 적극적인 의의가 있다. 더욱이 유교 문화의 영향을 받은 보디사트바의 인격은 초세간적인 정신적 경지로 세간의 미덕을 드러냄으로써, 세간의 삶을 배려한 중국 불교의 인격적 모델을 생생하게 구현한 것이었다.

제3장 — 심성과 공부

역사의 흐름에 따라 쌓인 문화의 중심축과 그로 말미암아 형성된 문화적 매력은 문화권마다 제각기 다르다. 고대 그리스의 철학자들이 자연에 시선을 돌리고, 인도의 철학자들이 초월적 세계에 관심을 쏟을 무렵, 전통사상에 내재한 문사철文史哲이라는 독특한 방법으로 중국 고대 철학자들은 인류 자체를 연구 대상으로 삼았다. 그리하여 우주 만물 또는 고금古今의 모든 문제를 다룰 때, 중국 고대 철학자들은 왕왕 사람을 근본으로 삼는 '이인위본以人爲本'을 기본적 원칙으로 내세웠다. 인간관계에서 빚어지는 각종 현상을 본질로 파악하고, 여기서부터 출발하여 무한한 우주로 시야를 확대하고자 했다. 따라서 이를 통해 형성된 모든 학설과 사상이 지향하는 귀결점은 오로지 하나였다. 그것은 바로 인생을 가르치는 것이었다. 더 명확하게 말하면 인생의 가치가 어디에 있는가를 제시하는 것이다. 아울러 이를 구현하기 위해 합리적이면서 실행 가능한 모든 방법을 최대한 모색하는 것이다. 거대한 용광로와 같은 이러한 맥락에서 조망할 때, 중국종교사상에서도 나름의 특성을 발견할 수 있다. 그것은 심성心性

과 공부功夫에 관련된 사상이다.

제1절

예비적 고찰: 전통적 심성론과 공부론

고대 중국종교사상은 종교 학자들의 주관에 따라 저마다 다르게 해석된다. 자연으로부터 사회 현상을 유추하고 다시 사회 현상으로부터 인간사를 유추하는 예도 있는가 하면, 인간사를 가지고 이론을 정립한 다음 다시 사회와 천지 자연과의 관계에서 그에 대한 이론적 근거를 모색하기도 했다. 하지만 중국종교사상에서 인생의 가치라는 문제를 다룰 때, 그들은 인간이 생존하는 우주라는 무대를 유기적으로 이어진 하나의 총체로 간주했다. 여기서 인간의 내면적 심성까지 파고들어 이론적 체계를 구축하려고 했다. 이것이 중국종교사상의 중핵이자 중국 특유의 종교사상을 형성하는 요인이었다. 중국종교의 심성론은 바로 이러한 특색을 잘 드러내는 사상 체계의 하나라고 할 수 있다.

심성론은 고대 중국종교사상에서 유기적인 구성의 한 부분을 차지하는 영역이다. 역사상 각각의 시대마다 서로 다른 각 종파의 사상가로부터 한결같이 주목을 받았다. 하지만 심성론의 중요성과 그 의의에 대해 각 종파의 인식이 같았다고 할지라도, 역사적 배경과 학파의 취지 및 개인적 성향의 차이로 심성 자체에 대한 인식은 반드시 일치하지 않았다. 단순 논리로 분석하면 심성론은 크게 다음과 같은 내용을 포괄한다. 심心이란 무엇인가? 성性이란 무엇인가? 심과 성의 관계는 어떠한가? 심성론의 역사적 변천은 어떻게 되는가? 중국종교에서는 왜 심성론에 관심을 기울이고 있는가? 이론적인 심성론을 어떻게 하면 구체적인 인간의 삶으로 옮겨놓을 것인가? 이러한 여섯 가지 층위의 물음들은 심성론의 전반적인 체계를 이루게 된다. 하지만 정작 종교학자 개개인의 관심 분야는 이러한 전부가 아니라 그중 한 가지 또는 몇 가지에 지나지 않는다. 중국종교사상이라는 거시적이고 총체적인 시야에서 바라보아야 이와 같은 심성론에 대한 논의가 한층 깊고도 완벽해질 수 있다.

논리적 순서에 따라 심성론을 이해하려면 먼저 '심'과 '성'의 함의부터 알아보아야 한다. 역사학과 문자학, 그리고 발생학의 시각에서 분석해 볼 때, '心심'이라는 상형 문자는 은허 갑골문에서 인간과 동물의 심장 모양을 본뜬 것으로 처음 나타났다. 이러한 사실은 '心'이라는 글자에 실제로 존재하는 실물을 지시하는 구체적인 의미를 부여했다는 것을 알려준다. 갑골문의 '심'은 지어낸 것이라기보다 그려낸 것이었다. '心'이라는 그림에는 심장 근육의 무늬결과 핏줄의 형상이 생생하게 그려져 있다. 최초의 '心'은 그저 생리적인 의미에서 인간과 동물의 심장을 가리켰을 뿐이었다. 그러나 여기에는 아주 중요한 사상적 단서가 숨어있다. 생물에게만 있는 것이고 무생물에는 없다는 것이다. '심'에는 인류의 원시적 사유에 암암리 내재한 주체적 의식을 일깨워주는 최초의 인식이 내포되어 있다. 나중에 이러한 주체적 의식이 뚜렷하게 드러나면서, 인간과 동물의 심장을 뜻하는 초기의 '심'이 의미의 분화를 거치게 되고, 그 의미도 상형과 생리적인 의미에만 국한되지 않았다. 허신의 『설문해자』에 따르면 "심은 인심人心이요, 토장土藏으로 몸의 한가운데에 있는 것을 상형한 것이다." 이러한 허신의 해석에서 최소한 다음의 세 가지 정보를 추출할 수 있다.

첫째는 '인심人心'이다. 이는 인간의 '심'과 동물의 '심'을 명확하게 구별하고 있다는 것을 드러낸다. 허신의 해석에서 의도한 것은 '심'이라는 글자가 비록 인간과 동물의 심장을 형상화했지만, 인간의 '심'에는 더 큰 가치와 깊은 뜻이 담겨있다는 것이다. 곧 동물에게 결핍된 사유 능력과 그 가치를 지니고 있다는 것이다. 그래서 허신이 '심'을 '인심'으로 한정한 것으로 보인다. 한자의 해석학과 발생학의 측면에서 볼 때도 이러한 의미 분화는 인생의 문제를 해명하는 데 무게를 두는 중국 문화의 흐름을 충실히 따른 것이라 하겠다. 이로 미루어 중국종교사상의 '심'은 생리적인 뜻만이 아닌, 다른 가치와 기능의 의미로 쓰이는 경우가 더 많다는 것을 알 수 있다.

둘째는 "토장으로 몸의 한가운데에 있다"라는 것이다. 『설문해자』 원문의 '재신지중在身之中'은 몸속이 아니라 몸 한가운데에 있다는 것을 뜻한다. '중中'은 원래 시공간의 위치를 나타내는 개념인데 후대에 와서 '중심'이라는 의미를 추가했다. 때문에 '재신지중'은 '심'의 위치를 말하는 것에 그치지 않는다. 그보다 더 중요한 것은 '심'의 위치와 기능이 '인체의 한가운데', 즉 몸이 존재하고 발전하는 데 필요한 중심축으로서 다른 조직과 기관을 좌우한다는 사실이다. 이는 달리 '토장'이란 말을 통해서도 입증된다. 초기의 오행설에 의하면 '토'의 위치는 한가운데에 있고 그 지위는 나머지 목·화·금·수보다 월등하게 중요하다. 『국어國語』「정어鄭語」에는 "선황先王께서는 토와 목·화·금·수를 섞어 만물을 만들었다"라는 말이 있다. 이는 토가 목, 화, 금, 수와 같은 오행 계열에 속하면서도 나머지 사행四行보다 더 중요한 지위와 가치를 지닌다는 것을 말해준다. 결국 '토장'으로서의 '심'은 오장과 사지를 지배하는 것처럼 인간의 정신적 활동을 통괄하는 중심축이며 인간이 존재하고 발전할 수 있는 관건이 된다는 말이다.

셋째는 '상형象形'이다. 이는 '심'이라는 글자가 실물의 모양을 본뜬 상형 문자임을 말한다. 이는 글꼴의 연원으로 '심'을 설명한 것이다.

이렇게 '심'에 대한 허신의 해석을 통해 세 가지 함의를 알 수 있었다. '심'의 원초적 함의가 점차 부차적인 의미로 퇴색하면서, 그 속에 함축된 인간 특유의 주체 의식과 생존에 필요한 본체로서의 지위가 점차 부각되었던 것이다. "은주 시대 갑골문과 금문金文에 나타나는 '심'이란 글자는, 심장이란 기관을 가리키는 원시적인 의미로부터 사유의 기관, 정신과 의식, 그리고 도덕적 관념 등의 다양한 의미로 나타났다. 이는 심에 대한 미래의 발전 방향을 제시한다. 사유의 기관으로서의 '심'은 주체적 사유의 특성과 인식 활동을 의미한다면, 정신과 의식으로서의 '심'은 인간의 사상과 감정, 그리고 욕망과 같은 정신적이거나 심리적인 상태를 나타낸다. 또한, 도덕적 관념으로서 '심'은 부단한 인식 활동과 정신 수양을 통해 획득하는 윤리도덕의 정신을 나타낸다."[1] 이 점에 대해서는 뒷부분에서 자세히 설명하고자 한다.

한편, '性성'은 갑골문에 등장하지 않는 글자다. 비슷한 글자로 '生생'자가 있을 뿐이다. 학계에서는 '性'의 본래 글자가 '生'이라고 추정하며, 두 글자를 모자母子 관계로 파악하고 있다. 갑골문의 '生'은 회의 문자會意文字로, 풀이나 나무가 땅속에서 솟아 자라나는 형상을 나타낸 것이다. '생'은 '死사'의 상대 개념으로서 당연히 '살아 있다'는 '活활'의 뜻이 함축되어 있다. 이와 같은 추상적 사유는, 갑골문 시대부터 사람들이 '生'의 현상에 관심을 두고 있었다는 사실과 함께 문자 기호로 이러한 현상을 표현하려고 노력했다는 점을 말해준다. 그러나 생명의 형태를 표현할 때 종류가 상이한 생명체 간의 차이점은 당연히 아주 크고, 동일한 생명체라

1 장리원 주편, 『심心』, 중국인민출판사, 1993, 26쪽.

할지라도 시기에 따라 확연히 다른 모습을 띠기 마련이다. 원초의 '생명'을 놓고 이를 어떻게 이해하고 만들어진 글자인지에 대해서는 아직도 명확한 결론이 없다. 하지만 "생명이 존재하고, 그 생명은 일정한 과정 속에 있다"라는 것이 핵심 개념이라는 사실은 명백하다.

이처럼 기나긴 역사적 흐름을 거쳐 '生'으로부터 '性'이 출현하게 되었다. 『설문해자』「심부心部」에 따르면, "성性은 사람의 양기陽氣로서 그 바탕이 착하다는 것이다. 글꼴은 '心'을 따르고, 발음은 '生'이다." '生'에 대해서는 『설문해자』「생부生部」에서 "생生이란 '나아감進'이다. 초목이 흙 위로 자라나는 모양을 본뜬 것이다"라고 풀이했다. 문자 발생학의 관점에서 보면, 生에서 性으로 진화되는 과정에 사상적 진화도 동시에 일어난 것으로 보인다. 허신이 '성'을 생부가 아닌 심부에 분류한 곡절은 그 핵심적 의미를 '심'에서 찾고 있었다는 것을 알려준다. 물론 성의 원초적 의미가 '生'과 관련이 있다는 점을 배제하지 않았다. 따라서 '성'의 본래 뜻은 '心'과 '生'의 원초적 의미를 모두 갖추었다고 하겠다. 이 점을 거칠게 말하면, '性'이란 글자에 담긴 최초의 뜻은, '생명의 외재적인 형식'과 '내재된 원동력'을 가리킨다는 것이다. 다시 말해 '性'은 안에서 밖으로 배어 나오는 생명의 통합체이자 원천이다. 물론 이러한 최초의 의미는 뚜렷하게 표면화된 것이라 보기 어려우며, 일종의 사상적 발전의 흐름 속에 갈무리된 것으로 이해할 수 있다. 왜냐하면, 갑골문 이후 나타난 『시경』, 『상서』, 『논어』, 『맹자』, 『순자』, 『여씨춘추』 등을 통해 그러한 흔적들이 구체적으로 드러나기 때문이다. '性'이란 글자의 발명과 그 글자에 담긴 사상의 발전은 인간의 인식 능력과 사유 수준이 끊임없이 향상하고 진화한다는 사실과 밀접한 관련이 있다. 또한 '性'에 대한 보다 깊은 연구가 인간의 인식 수준을 발전시킬 수 있다는 점도 간과할 수 없다. 하지만 중국 전통문화의 영향으로 중국 사상에서의 성론性論은 대체로 인성론人性論에 치우칠 수밖에 없었다. 이는 중국 전통적 사유의 한 특색이기도 하다. 여기서 중국 철학에서 거론된 인성의 주된 의미는 다음 세 가지로 요약할 수 있다. 첫째, 산다는 것은 자연스러운 것이고 둘째, 사람은 사람 노릇을 해야 하며 셋째, 인생의 궁극적인 근거라는 것이다.[2] 그러나 중국종교사상에서 인성론에 대한 논의는 아주 복잡할 뿐만 아니라, 이른바 '성'에 대한 개념의 정리도 절실히 요구된다. 이 점에 대해서는 아래에서 자세히 다루고자 한다.

시푸구안은 다음과 같이 거듭 강조한 바 있다.

> '성性'이란 글자를 두고 훈고학의 방법으로 글자의 뜻만 해석하는 것은 언어학의 문제다. 내가 이야기하고자 하는 '인성론사人性論史'는, 중국 문화사에서 인간 생명의 근원과 도덕적 연원에 대해 논의한 각 학파나 학자들의 기본적인 시각을 이야기하는 것이다. 이는 사상사적인 문제이다. 언어학의 관점과 사상사적 관점을 구별하지 못한다면, 논의의 과정에 불필요한 혼란만 초래할 것이다.[3]

이러한 주장을 고려하면, '심'과 '성'의 어원에 대해 먼저 간략하게 살핀 다음, 더욱 넓은 사상적 배경에서 이 둘의 문제를 다룰 필요가 있다.

또한, 시푸구안은 다음과 같이 말하기도 했다. "중국의 인성론은 인문 정신에 대한 철저한 반성에서 싹튼 것이다. 따라서 인문 정신의 출현

---

2 장따이녠張岱年, 『중국철학대강中國哲學大綱』, 251-252쪽 참조.

3 시푸구안徐復觀, 『중국인성론사中國人性論史』「선진편先秦篇」, 독서 · 생활 · 신지, 삼련서점三聯書店, 2001, 1쪽.

은 인성론 성립의 전제 조건이 된다."[4] 사상사적 관점에서 볼 때, 초기 원시 문화 단계에서는 '심'과 '성'이 대등하게 다루어지지 않았다. '성'을 다루지 않고 '심'만 다룬 사상가가 있는가 하면, '심'을 배제하고 '성'만 거론한 사상가도 있었다. '성'과 '심'을 모두 논의의 대상으로 삼은 경우에도 '심'과 '성'을 하나의 범주에서 논의하지 않았다. '심'과 '성'을 통합적 안목에서 다루기 시작한 것은 선진 시대 이후에 가능했다.

여기서는 구체적인 논의에 앞서 심성론의 출발점부터 살펴보았다. 중요한 사실은 서로 다른 주장을 내세우는 선진 시대 제자백가에서도 근본적인 공통점이 있다는 점인데, 그것은 바로 인생을 가르친다는 것이다. 다시 말해 그들이 정립하고자 하는 이론의 최종적 목표는 현실의 인간이 어떻게 하면 현 존재에서 목적론적 이상에 부합하는 인격을 성취할 수 있는지를 가르치는 것이었다. 이를 '실용 이성', 또는 '실천 이성'이라 해도 무방하다. 그들의 지향점은 심성론을 통해 인간이 구체적인 상황에서 어떻게 처신해야 하는가를 설명하는 데 있었다. 그들은 실천적 방법에 논의를 집약하더라도 심성 자체에 대한 이론을 도외시하지 않았다. 심성 이론은 결코 실천적 공부와 분리될 수 없는 문제였다. 그들은 이론을 단순한 외재적 지식으로만 간주하지 않았고, 그렇게 연구하지도 않았다. 인간 생명의 실천과 그러한 경지의 승화 문제를 긴밀하게 연관 지어 탐구했다. 그들에게 심성론은 문제 해결의 정답을 요구하는 과정이 아니라, 심성을 증명하고 이를 실천으로 옮겨놓는 과정이었다. 그들의 이론은 사전에 설정된 전제를 논증하는 것이 목적이었지만, 정작 그들에게 중요한 것은 최종 목표를 어떻게 실현할 것인가에 있었다. 이에 대해 장따이녠張岱年은

4 시푸구안, 『중국인성론사』 「선진편」, 13쪽.

다음과 같이 말했다.

> 중국철학은 그 본질이 지행합일知行合一이다. 사상이나 학설이 일상생활의 실천과 하나로 녹아드는 것이다. 중국 철학자들은 우주와 인생이란 큰 주제를 연구할 때, 일상생활에서 출발하는 것이 예사다. 제 몸과 마음의 일상적 실천을 반성하는 데부터 착수하고, 실천을 통해 이론을 검증함으로써 최종적으로 다시 실천으로 돌아온다. 다시 말해 먼저 심신의 경험을 통해 체득하고 느껴진 바를 깨닫고, 그 깨달은 바를 다시 실천을 통해 검증하는 것이다. 요컨대 이론적 학설은 삶이나 행동에 귀착해야 한다.[5]

따라서 심성론을 이해하려면 인생공부론人生功夫論을 분리할 수 없다. 『사원辭源』의 해석에 의하면 공부功夫란 단어에는 세 가지 뜻이 있다. 첫째는 기술을 가진 일꾼인 '공부工夫'를 가리킨다. 둘째는 조예나 성취의 정도를 말한다. 셋째는 시간을 뜻한다. 『사해辭海』에서도 "공부工夫라 하기도 한다"라고 적고, 역시 세 가지 의미로 해석했다. 첫째는 기능공이나 노동 인력을 가리키고, 둘째는 소양이나 조예를 말하고, 셋째는 시간적 여유를 뜻한다. 따라서 단어의 뜻만 챙겨서 말한다면 '공부'의 주된 의미는 기능 인력이나 조예의 성취를 가리킨다.

그러나 문화사적 시각에서 분석하면 '공부'를 이처럼 기계적으로 간단히 이해할 수 없다. '공부'라는 어휘적 의미를 파생시켜 보아야 '공부'에 담긴 이론적 해석의 근거를 더욱 많이 도출할 수 있다. 팡퉁이方同義는 『중

5 장따이녠, 『중국철학대강』, 7쪽

국 지혜의 정신』이라는 책에서 이렇게 말했다.

> 중국철학에서는 도와 덕으로 규정된 주체적 경지에 도달하는 경로나 방법을 통틀어 '공부功夫'라 한다. … 중국철학에서 '공부'는 앞서 두 가지 의미를 취해야 한다. 즉 주체로서 힘쓰는 정도, 체력과 정신력을 소모하고 운용하는 방법, 그 결과로 도달한 소양의 정도나 수준 등이다. 이러한 까닭으로 '공부'의 함의는 지극히 광범위하다.[6]

『사해』에서는 '공工'의 뜻 가운데 하나가 '일事'이라 하여 '工'이 '功'과 통한다고 했는데, 이에 따라 '功'을 주로 공적, 노력, 효과 등을 뜻하게 되었다. 그러나 '功夫'가 '工夫'와 통용된다고 해도 '工'과 '功'은 엄밀히 말해 서로 다르다. 중국종교사상의 관련 내용과 연계해 볼 때, '功夫'란 용어로 사용하는 것이 타당하다.

중국의 전통적 종교사상에는 내공을 쌓는 방법, 노력의 결과로 달성한 최종 목표와 그 경지, 그리고 배후의 철학적 근거에 이르기까지 나름의 이론적 체계를 갖추고 있다. 이를 '공부론功夫論'이라 한다. 공부론은 '지행설知行說'이란 중국 전통사상의 인식론적 체계에 속한다. '공부'를 논하는 데 있어 중요한 것은 '행行'이다. 그러한 논의의 중심은 '지知'에 있는 것이 아니다. '행'을 논하고, '행'을 모색하며, '행'을 실천하는 데 있다. 따라서 내용 대부분은 '행'의 가능성과 준수해야 할 원칙 및 '행'으로 최종적으로 도달하게 되는 목표 등의 문제를 다루게 된다. 하지만 내재한 가

6 팡퉁이, 『중국 지혜의 정신-세상만사로부터 도술까지中國智慧的精神-從天人之際到道術之間』, 인민출판사, 2003, 44쪽.

치를 살피고자 할 때는 단순 지식의 차원이 아니라, 삶의 실천이라는 안목에서 살펴보아야 한다. 공부론은 삶의 실천이라는 시각에서 이탈하면 괴이한 짓거리에 불과하고 무척 이해하기 어렵다.

물론 이론적인 측면을 언급하면, 공부론에도 다양한 내용이 담겨있다. 자연과학 방면에서의 공부론은 생물, 물리, 무예와 같은 것들을 포괄하고, 인문학 방면에서는 수신양성修身養性이나 경세치국經世治國이 포함된다. 중국 전통종교의 사상적 특징을 고려할 때, 공부론이 주로 이상적인 인격 도야에 치중된 것도 사실이다. "이는 앎과 실천의 합일을 추구하는 중국철학의 대표적인 특징이다. 중국철학에서 철학은 사변적인 문자유희가 아니다. 어떻게 처신할 것인가를 다루는 실천 방안이다. 따라서 이상적인 인격을 어떻게 성취하며, 그 구체적인 방법과 경로가 어떠한 것인가에 관한 탐구가 중국철학의 핵심인 것이다."[7]

중국종교사상의 뚜렷한 특징은 공부론이고, 공부론의 핵심 내용은 이상적인 인격을 성취하는 방법이나 길을 모색하는 것이다. 따라서 여기서는 광범위하게 언급하는 것보다 이상적인 인격의 성취 문제를 탐구한 공부론에 대해 집중적으로 논의할 필요가 있다. 물론 심성론을 떠나 공부론을 제대로 이해할 수는 없다.

이론적으로 어떻게 할 것인가를 다루는 연구는 공부론의 과제 중 하나다. 그러나 공부론에서 중시하는 것은 말로만 토론하는 것이 아니다. 실제로 이루어지는 삶의 활동이다. 그 때문에 공부론에는 '언言'과 '행行'이란 두 가지 내용이 포함된다. 공부론을 실행에 옮기는 한편, 그렇게 실행하는 이론적 근거도 모색해야 한다. 겉으로 볼 때 각종 언설에 지나지

7 후웨이시胡偉希, 『중국철학개론中國哲學槪論』, 베이징대학출판사, 2005, 9쪽.

않지만, 그 이면에는 여러 실천적 행위들이 내재해 있다. 이 둘은 사실상 하나의 문제로서 그 골자는 '공부실천功夫實踐'이다. 공부실천의 영역은 다양하고 넓지만, 심성론의 사상을 '공부'로 옮겨 실천하는 것이 핵심이다. 이에 대해 머우쭝싼牟宗三은, "심성을 논할 때, 다들 심성에 대해 공리공담하는 것으로 여긴다. 그러나 스스로 깨달아 도덕을 실천하고자 하면 심성을 논하지 않고서는 불가능하다"[8]라고 말한 바가 있다.

이 말은 심성론과 서로 호응한다. 심성론에도 이와 같은 내용이 포함되기 때문이다. 그 하나는 이론적으로 심성론의 제반 문제를 다룬 것이다. 다른 하나는 잠재된 의미인데, 심성론을 삶의 실천으로 구현하는 방법에 관한 과제다. 결국, 심성론과 공부론은 그 본질에서 상호 융합되어야 하는 내재적 필연성이 있었다. 삶의 실천이라는 기본적인 관점에서 심성론과 공부론은 서로 일치했다. 그러나 이러한 요구가 관철되고, 심성론과 공부론이 통합된 하나의 체계로 형성하기 위해서는 다른 조건도 필요했다. 그 점에서는 자구 해석보다 사상사적인 이해가 더 중요하다는 시푸구안의 지적이 적절하다고 하겠다.

중국 문화의 역사적 변천은 사회 발전, 종교 발전, 문화 발전과 아울러 중국 인생론의 발전과 동행하는 과정이다. 이처럼 거대한 문화적 배경 하에 심성론의 발전 과정을 재검토하면서 공부론과의 통합 가능성을 타진해 볼 수 있고, 그 둘의 통합이 이미 이루어졌다는 사실도 확인할 수 있다. 물론 통합으로 말미암아 개별적 이론 체계마저 소멸하는 것은 아니다. 그 둘은 그저 새로운 체계를 형성했을 따름이다. 이러한 과정을 고찰할 때, 오로지 순수하게 심성론만을 파악하거나 공부론만 따로 분리해 살

8 머우쭝싼, 『심체와 성체心體與性體』 상권, 상하이고적출판사, 1999, 4쪽.

펴볼 수도 있다. 그러나 통합된 형태로 그 둘이 출현했다면, 최선의 연구 방법은 심성론과 공부론을 통합적 시각에서 고찰하는 것이 마땅하다. 이 점은 본격적인 논의에 앞서 반드시 밝혀야 할 전제이기도 하다.

심성론과 공부론의 통합은 일정한 역사적 과정을 거쳐 형성되었다. 말하자면, 최초에는 각기 분리된 체계로서 존재했었고, 통합 과정에도 여러 가지 역사적 요인이 개입되었다. 통합의 가능성이 이론적으로 갖추어질 무렵에 역사적 요인의 중요성은 한층 더 부각되었다. 이러한 역사적 요인들을 간추려 보면 주로 다음과 같다.

첫째, 중국 종교사상을 배태한 토착적인 종교 문화가 심성론과 공부론의 통합에 필요한 전제 조건을 사전에 마련해주었다는 점이다.

중국 문화라는 좁은 시각에서 벗어나 넓은 시각에서 세계 각지의 문화권을 조망해 보면, 역사적 축軸의 시대에는 그리스, 인도, 중국이란 세 지역에서 동시에 인류의 사유와 철학이 크게 발전했다는 사실을 발견할 수 있다. 이는 인류 정신의 발전사에 빛나는 광경이었고, 그만큼 탄복하는 까닭은 이들의 창조성에 있었다. 물론 이러한 창조성은 개별적인 독창성이기도 했다. 이들은 모두 그들이 소속된 토착적 종교 문화라는 모태에서 비롯되었다. 이러한 틀을 통해 고대 제자백가의 기원에 대해서 고찰해 보면, 제자백가들 사이에 종교 문화적 모태가 상당히 중요한 역할을 했다는 사실을 알게 된다. "옛날 도술道術이나 제왕과 귀족의 통치술인 왕관학王官學이야말로 중국 토착종교의 모태다. 이른바 '백가百家의 학문'과 '구류십가九流十家'는 이러한 종교적 모체에서 탈태한 중국철학이다."[9] 따라서 중국종교사상사에서 심성론과 공부론이 통합하게 된 동기에 대해 논

9 위둔캉余敦康, 『중국종교와 중국문화中國宗教和中國文化』 제2권, 중국사회과학출판사, 196쪽.

하려면 당연히 해당 종교의 문화적 모태를 주목해야 한다.

심성론과 공부론의 기원을 추적해 보면, 토착적 종교 문화의 모태 속에서 살아가는 고대인들의 정감과 행위에 대해 아주 흥미로운 사실을 접하게 된다. 막스 베버Max Weber의 주장에 따르면 개신교의 신도들이 일정한 원칙과 규정에 따라 자신의 행위를 단속하고 각종 도덕 윤리와 종교적 규범을 엄격하게 지키는 것은 일상적 삶에 필요해서가 아니라 천국에 가는 방편이며, 부지런히 수행하고 계율을 준수하는 행위는 단지 신앙이라는 외부적 압박으로 이루어진다는 것이다. 그들의 최종 목표는 내세나 천국에 있었던 것이다. 인문 정신이 싹트지 않았던 토착적 종교 문화의 모태도 이와 비슷할 것으로 추정된다. 토템을 숭배하고 제사를 지내며, 각종의 금기를 엄격히 지키고 지루한 종교 의식에 알뜰히 참석하는 이유가 다른 데 있지 않았다. 외계에 대한 경외심 때문이었다. 신앙의 목적도 외재적 존재인 천신에게 개인이나 부족 집단의 안녕을 기원하는 기복 행위에 있었다. 물론 이러한 종교 문화의 모태에서 유래한 각종 행위와 그 이면에 담긴 사상적 내용의 깊이가 빈약한 것도 사실이지만, 외부 형식으로 표현된 절차나 방식에는 사상적 함의가 풍부하게 내재했다는 것도 간과할 수 없다. 나중에 인류의 사유 능력이 향상되어 '이성'이란 칼로써 무지함을 베고 '개화開化'란 빛으로 세상을 밝힐 때, 지식인들은 민중을 인도하고자 하는 의도로 각종 종교 행사를 독려하는 한편, 그 행위의 이론적 해석과 근거를 모색했던 것이다. 이 무렵에 이루어지던 제사나 각종 제의 행위는 외부의 압박으로 강요된 행위가 아니었다. 이론적 당위성의 결과였다. 실천적 시각에서 이론을 모색하는 것은 오래전부터 정해진 사유의 틀이었다. 이것은 이후 심성론과 공부론의 통합화 과정에 개입한 인식의 틀이자 최초의 싹이 되었다. 이와 동시에 통합화에 대한 초기의 곤혹스러움이나 두려움은 여러 가지 종교적 정서로 변하면서 심성론과 공부론의 통합은 정서적으로 끈끈한 유대감을 형성하게 된다.

둘째, 중국 문화의 내용과 그 특성이 통합의 내재적 성격과 외재적 강제 규범을 제공했다는 점이다.

토착적 원시 종교 문화의 모태가 심성론과 공부론을 하나로 통합하는 데 그 근거를 제공했다면, 중국의 사회 역사와 문화적 특성도 이러한 통합화의 방향을 제시해주었다. "유럽 사회의 역사적 특징이 유럽 철학사의 특징을 결정했듯이, 중국사회의 역사적 특징이 중국 철학사의 특징을 결정하는 것이다."[10] 중국종교사상의 주된 내용은 대개 중국사회의 역사와 아주 밀접한 관련이 있다. 따라서 심성론과 공부론의 통합화가 진행된 사회 역사적 동인을 고찰하려면 불가피하게 광대한 중국의 사회와 문화 및 이에 의해 형성된 전통문화의 특수성을 살펴보지 않을 수 없다. 이렇게 할 때, 인류의 생존 문제에 각별한 관심을 쏟고 있는 중국종교사상의 특징이 잘 드러난다. 추측해 보자면, 아마도 최초의 원시적 고대인들은 처음부터 주체 의식을 갖지 못했을 것이다. 그 무렵 중국 땅에서 거주하는 고대 중국인들도 마찬가지로 같은 무리에 소속된 인간의 삶과 그 삶의 이면에 있는 커다란 가치와 의미에 대해서 특별한 관심을 두지 못했을 것이다. 그러나 개인적 주체에 대한 의식이 뚜렷해지고 사물에 대한 인식 능력이 높아지면서, 인간이 집단으로 외계의 각종 위험 상황에 대처해야 한다는 사실을 깨닫게 되었을 것이다. 원시인들은 그들이 갖는 본능이 다른 생물이나 자연 재해 앞에 특별히 뛰어난 바도 없다는 사실을 인식하면서 한편으로 인간의 뛰어난 점도 발견했을 것이다. 그것이 인간의 이성적

10 런지위, 『중국 철학발전사中國哲學發展史』「선진편先秦篇」, 인민출판사, 1983, 12쪽.

사유다. 환경 탓인지 몰라도, 중국인들의 이성적 사유는 생존의 문제나 그 의미와 가치 등에 '특별한 민감성'을 발휘했는데, 이 점은 상고 시대로부터 전해진 신화나 전설을 통해 잘 드러난다.

이러한 '특별한 민감성'은 '정반正反의 공존'과 '대립적 통일'이란 두 가지 의식의 형태, 즉 '우환적憂患的 의식'과 '발전적 희망'으로 요약할 수 있다.[11] 적당한 조건이 갖추어졌을 때, 이런 우환적 의식과 발전적 희망은 내면적 세계로 전환되는데, 후대에 심성론의 많은 부분을 차지하면서 공부의 실천에 필요한 내용이 된다. 그 가운데 우환적 의식은 후대의 지경持敬, 신독愼獨, 절욕節慾, 개과改過, 자성自省, 연마鍊磨 등의 심성 공부와 밀접한 내용으로 바뀌게 되고, 발전적 희망은 생생불식生生不息, 자강불식自彊不息, 진덕수업進德修業 등의 심성 공부와 관련된 내용으로 발전되었다. 이처럼 중국종교사상에서 심성과 공부를 중시하고 두 이론의 체계를 통합한 것은 중국의 사회와 문화로부터 비롯된 결과였다. "더욱 정확하게 말하면, 중국 철학에는 결코 사변적 이성이나 순수이성이 필요한 것이 아니었다. 오히려 주체적 실천의 의미나 역할을 강조했다. 철학적 기능에서도 중국철학은 인지적 이성을 발전시켜 지식을 빨리 습득하게 하고, 자연을 바꾸어 물질적 이익을 추구하지 않았다. 인간의 실천적 이성을 발전시켜 이상적 목적을 성취하고, 자연과의 조화를 통해 정신적 균형감을 도모하는 것이었다."[12]

중국 문화의 또 다른 특징은 '성령性靈'이다. "고대로 거슬러 올라가 추적해 보면 중국 문화에 원래부터 '산수성령山水性靈이 있고, 이런 '성령'

11 잔스촹, 『신편 중국철학사新編中國哲學史』 「도론導論」, 중국서점, 2002, 11쪽.

12 멍페이위안蒙培元, 『중국철학의 주체 사유中國哲學主體思維』, 인민출판사, 1993, 111쪽.

이 최종적으로 전통 철학 속에 응집된 것을 쉽게 알 수 있다. 산수를 통해서 중국철학의 사상적 의미를 한층 깊게 깨달을 수 있는 것이다. 이러한 깨달음으로 다시 산수를 되돌아보면 그 안에서 생동하는 아름다움을 직관적으로 느끼게 된다."[13] 마찬가지로 중국철학 또는 중국 문화가 지닌 이러한 '산수성령'이 중국종교사상에 깊은 영향을 끼쳤다고도 말할 수 있다. 물론 중국종교사상에 의식, 체제, 제도와 같은 내용들이 상당하다는 것도 부인할 수 없다. 그러나 그 가운데 더욱더 가치가 있는 것은 수신양성修身養性이나 심성수양心性修養과 관련된 수많은 요소다. 이러한 내용의 출현은 우연이 아니라 중국의 문화적 배경과도 밀접한 관련이 있다. "지혜로운 이는 물을 좋아하고 어진 이는 산을 좋아한다"라는 공자의 주장이나, 신선을 흠모하는 도가를 비롯해 견성성불見性成佛을 주장하는 불교든 권선징악을 강조하는 민간신앙이든 간에, 이러한 모든 것들은 심성을 중시한다는 증거다. 따라서 심성에 관한 관심과 이를 공부론을 통해 체현하는 것은 중국 문화가 중국종교사상에 미친 필연적 결과다. 이러한 배경에서 심성론과 공부론이 완벽하게 통합될 수 있었던 것이다.

셋째, 중국의 전통적 사유 방식이 통합의 내재적 근거를 제공했다는 점이다.

여기서는 전문적으로 중국 문화의 사유와 그 특성을 논하지 않고, 학계에서 인정된 중국 문화의 특성에서 심성론과 공부론의 관계를 밝히고자 한다. '천인합일'이라는 주제부터 논의하고자 하는데, '천인합일' 사상은 중국 전통문화의 주된 내용이며, 세계를 인식하는 고대 중국 철학자들의 태도를 나타낸다. 즉 고대 중국 철학자들은 세계를 인식하는 데 서

13 잔스촹, 『신편 중국 철학사』「도론」, 3쪽.

양인처럼 주체와 객체의 엄격한 분리와 대립을 요구하지 않았다. 두 대상의 통일을 강조하거나 아예 양자의 통일을 전제로 논의를 펼쳤다. 말하자면 주체를 객체와 융합하여 인식하거나 객체를 주체와 융합하여 인식하기도 한다는 것이다.

'천인합일'의 핵심 내용에는 두 가지 뜻이 있다. 하나는 '천인합일'에서의 '일一'이 도대체 무엇인가 하는 것이다. 이 문제와 관련하여 많은 학자의 연구 성과가 있었다. 일반적으로 통용되는 뜻으로 '일'은 하늘 천天 또는 사람 인人일 것이다. 아니면 이 둘이 아닌 제삼의 '일'일 것이다. 하여튼 이 세 가지 중 하나일 것이다. 구체적인 명제로는 노자의 '천인현동설天人玄同說'이나 장자의 '무이인멸천설無以人滅天說'이 있다. 그 외 '천인상통설天人相通說', '천인상교설天人相交說', '천인동체설天人同體說', '천인일기설天人一氣說', '천인일리설天人一理說', '천인일심설天人一心說' 등을 들 수 있다.[14] 이로 미루어 보면 '천인합일'은 기본적으로 천사天事 또는 인간사로 인간의 삶을 설명하려고 의도한 것임을 알 수 있다. 정확하게 말하면, 사람이 어떻게 살고 어떻게 살아가야 것인가 하는 문제를 다룬 것이다. 이는 심성론의 문제이기도 하다. 또한 '천인합일'에서의 사물 처리방식과 방법들은 공교롭게도 공부론에서 다루는 내용과 일치한다. 때문에 천인합일설은 심성론과 공부론의 통합에 크게 기여할 수밖에 없었다. 다음으로, 어떻게 '합칠 것인가'의 문제다. 즉 합치는 방법과 관련된 사유적 특성의 문제라 하겠다. 중국 전통문화에서 '천인합일'은 상징과 비유로 표현되었다. 이 점은 앞서 문자 발생학의 관점에서 '심'과 '성'을 논한 대목

14 쑹즈밍宋志明 · 향스링向世陵 · 장이티엔姜日天, 『중국고대철학연구中國古代哲學研究』, 중국인민대학출판사, 1998. 42-55쪽 참조.

에서 드러났다. 상징이나 비유적인 사유는 중국 전통적 사유의 특징이다. 『주역』의 '관물취상觀物取象'이나 도교의 연단술은 모두 이러한 사유의 특성을 잘 드러낸 것이었다. 앞서 언급했듯이 중국종교사상에서 지속적으로 관심을 표명하는 분야는 인생의 문제다. '천인합일'의 핵심은 인생을 가르치는 데 이른바 '천인합일'이란 큰 틀을 구축하는 것이라고 할 수 있다. 천인 관계에 관한 그 어떤 이론적 체계이든지 최종적 지향점은 예외 없이 '내재적인 초월'을 성취함으로써 모종의 이상적 경지에 도달하는 데 두었다. '내재적인 초월'이란 것 자체는 곧 심성론의 내용인데, 그 초월의 방법은 공부론에서 다루는 과제이기도 했다. 요컨대 전통문화의 사고 방식도 심성론과 공부론의 통합에 적극적인 촉매 역할을 했다고 하겠다.

이상의 논의를 통해, 심성론과 공부론의 통합화에 있어서 그 이면에 이론적인 근거가 마련되어 있었다는 사실이 확인되었다. 역사적 또는 문화적 환경에서도 통합의 필연성이 잠재되어 있었다. 이러한 통합화는 중국종교사상을 크게 발전하게 했고, 중국문화 체계 전반에도 깊은 영향을 미쳤다. 인간의 심성에 관한 연구, 인간적 삶의 궁극적인 목표를 어떻게 이룩할 것인가에 관한 탐구는 중국종교사상의 중요한 과제이자 특징이기도 하다.

중국문화의 발전사를 살펴보면, '심'과 '성'의 범주에 속하는 사상은 이른 시기, 곧 은주 시대의 문화권에서 싹트기 시작했다. 당시는 자연물의 성질, 기능 및 자연 변화의 규칙에 대한 논의가 대부분이었다. 이러한 논의들은 소박하고 직관적일 뿐만 아니라 사물로 표현되었는데 후대 심성론의 초기 모습이었다. 『상서』「홍범」에는 다음과 같은 내용이 있다.

물은 적시고 내려가는 것이고, 불은 타오르는 것이며, 나무는 휘거나 곧게 할 수 있는 것이고, 쇠는 그 모양이 바뀔 수 있는 것이며, 흙은 오곡을 심고 가꿀 수 있는 것이다. 적시고 내려가는 물은 짠맛을 내고, 타오르는 불은 쓴맛을 내며, 굽거나 곧은 나무는 신맛을 내고, 모양을 바꿀 수 있는 쇠는 매운 맛을 내며, 심고 가꿀 수 있는 흙은 단맛을 낸다.[15]

이 대목은 무왕武王과 기자箕子의 대화 내용이다. 그 내용은 주로 수, 화, 목, 금, 토의 자연적 성질과 그 기능에 관한 것인데, 이러한 자연물의 성질과 기능은 타고난 것이라고 강조한다. 나중에 생기거나 외부에서 주입된 성질이 결코 아니라고 한다. 그 무렵에도 자연계의 생물이나 식물의 '성性'에 관한 논의도 적지 않았다. 그중에서 비교적 심도 있는 논의를 한 사람은 범려范蠡다.

오로지 대지만이 만물을 포용하여 전체를 하나로 만들고 하나의 사물도 빠뜨리지 않는다. 제 기능을 모두 수행하면서도 적절한 때를 놓치지 않는다. 땅에는 만물이 자라고 가축이나 들짐승과 새가 그곳에서 성장한다. 그리하여 마땅히 얻어야 하는 명성과 이익을 누린다. 사물의 선악을 구분하지 않고 만물을 자라게 함으로써 사람을 먹여 살린다.[16]

위의 말에 따르면, 자연의 생명체도 '성'을 타고난 것이다.

이러한 '성'에 대한 관념을 바탕으로 은주 시대부터 인간이 지닌 감

15 『상서』「홍범」, 『십삼경주소十三經註疏』 상권, 188쪽.

16 『국어』「월어하越語下」, 쉬위안고徐元誥 편집, 왕수민王樹民·신창원沈長雲 교정, 『국어집해國語集解』, 중화서국, 2002, 578쪽.

각과 사유 능력, 그리고 심리적 현상에 대해 초보적인 인식을 갖게 되었다. 그 과정에 인성에 대한 논의도 나타났다. 『좌전』에 있는 소공昭公 25년의 기록에 따르면, 자산子産이 '성'을 빌어서 '예'를 논하는 내용이 있다.

> '예'란 하늘의 규칙이고 땅의 의리이며 사람의 행위에 관한 것이다. 천지의 규범은 백성들이 본받는 것이다. 하늘의 광명을 본받고 땅의 본성에 순응하여 천지의 육기六氣가 생겨나고 천지의 오행이 운용된다. 기운은 다섯 가지 맛이 되고, 다섯 가지 색깔로 나타나며, 다섯 가지 소리로 드러낸다. 너무 지나치면 어지러운 혼란을 초래하여 백성들이 본성을 잃게 된다. 그 때문에 예를 제정하고 이를 지켜야 한다. … 삶은 누구나 좋아하는 것이고 죽음은 누구나 싫어하는 것이다. 좋은 것은 기쁘고 나쁜 것은 슬프다. 슬픔과 기쁨은 예에 어긋나지 않아야 천지의 본성과 조화를 이루고, 조화를 이루어야 오래갈 수 있는 법이다.[17]

윗글에서 자산은 '예'의 근거와 그 중요성에 대해 논의하고 있지만, 인간은 선천적으로 '성'을 지니고 있다는 것을 암시했다. 게다가 이러한 '성'은 천지의 법칙에 따라 생성된 것으로서 '예'의 준거가 되며, 이러한 '예'는 인간의 고유한 '성'을 지켜준다는 것이다.

'성'에 대해 논하는 은주 시대의 사유를 통해 세 가지 사실이 확인된다. 첫째는 '성'을 거론하는 시각이다. 자연의 생명체와 인간 고유의 '성'을 자연이란 생태계의 맥락에서 파악했다. 다시 말해 자연의 생명체에 대한 분석을 토대로 인간의 '성'을 고찰했던 것이다. 둘째는 '성'을 논하는

17 『좌전』「소공 25년昭公二十五年」, 『십삼경주소』 하권, 2017-2018쪽.

방법이다. '성'을 후천적인 것이 아니라 선천적인 것으로 다루었다. 셋째는 '성'의 역할에 대한 강조다. '성'은 인간의 생존 문제와 결부된 요소이며 후천적으로 지켜야 할 형이상학적인 규범이라는 것이다. 이상의 세 가지 내용은 그 의미가 대단히 클 뿐만 아니라 영향력도 아주 깊었다. '성'을 거론하는 후대 연구의 기본적인 방향과 내용을 결정했다고 해도 과언이 아니었다.

'심'에 대한 논의는 『상서』에서 발견된다.

> 큰 의문이나 어려운 문제에 봉착하면 먼저 자신의 '마음'에 물어봐야 한다. 그다음에는 공경대부에게 물어본다. 그런 다음에 서민과 점치는 자와 의논하는 것이 순서이다. 자신의 마음과 같고, 거북점과 같고, 점괘와 같고, 공경대부와 같고, 서민과 같으면, 이를 대동大同이라 한다.[18]

위의 대목은 당시의 인식을 보여준다. '마음'을 일종의 주체적 기관으로 간주하고 이를 통해 이루어지는 의사 결정의 특성을 분석했다. 또한 『상서』에는 다음과 같은 내용이 있다.

> 너희들은 짐의 '마음'이 불편한 것을 걱정하지 않고 모두 '마음'을 내게 털어놓지 않는다. … 이제는 너희들에게 명하노니, 더러운 것을 가까이해서 스스로 악취를 풍기지 않도록 하라. 사람들이 몸에 의존해서 '마음'을 삐뚤어지게 할까 두렵구나.[19]

---

18 『상서』「홍범」, 『십삼경주소』 상권, 191쪽.

19 『상서』「반경중盤庚中」, 『십삼경주소』 상권, 170-171쪽.

위는 반경盤庚이 신하들에게 이른 내용이다. '심'이 도덕적 속성의 매개체이면서 동시에 집행자임을 강조하고 있다. 두 인용문을 통해 알 수 있듯이, 당시의 '심론心論'은 마음이 '사유'와 '도덕'이란 이중적 속성을 이미 갖추고 있다는 점을 명확히 보여주었다. 이는 후대의 심론에 커다란 영향을 미쳤다.

이러한 영향은 선진 유가 사상에서 찾아볼 수 있는데, 유가 사상의 근원이기도 했다. 천라이陣來 선생은 다음과 같이 지적한 바 있다.

> 서주西周의 예악 문화가 유가를 배태했다고 할 수 있다. 서주 사상은 공자와 초기 유가에 세계관, 정치 철학, 윤리도덕 등의 기초를 다져주었다. … 한편 서주 문화는 하, 상, 주 삼대三代 문화가 기나긴 세월을 거쳐 오면서 발전한 결과다. 그것은 무속 문화나 제사祭祀 문화를 거쳐 예악 문화로 발전되는 경로, 또는 원시 종교로부터 자연적 종교로 나아가 윤리적 종교로 발전되는 경로를 거쳤다. 이 점이 공자와 초기 유가 사상에 두터운 기반을 닦아 주었다.[20]

유가의 창시자 공자는 유가 심성론과 공부론의 통합을 최초로 시도한 인물이다. 공자는 '심'과 '성'을 자신의 사상 체계에 넣어 논의했지만 각자 따로 논의하는 데 그쳤다. 이 둘을 대조하면서 함께 다루지는 않았고 집중적이거나 직접적으로 심과 성을 논하지는 않았다. '성'에 관한 그의 논의에는 정작 두 마디 정도만 있을 뿐이다. 그 하나는 "선생의 문장은

20 천라이, 『고대 종교와 윤리 - 유가 사상의 근원古代宗敎和倫理: 儒家思想的根源』, 생활 · 독서 · 신지 삼련서점, 1996, 16쪽.

얻어들을 수 있었지만, 선생의 말씀에서 '성性'과 '천도天道'는 듣지 못했다"라는 말이다.[21] 이 말의 속뜻은 '성'과 '천도'를 굳이 밝힐 필요가 없다는 것이다. 성과 천도는 일상적 공부나 인간적 행위 및 그 활동에 스며들어 있는 보편적 속성이기 때문이다. 말하지 않아도 자명한 것이라서 언급하지 않는다는 것이다. 『논어』「양화陽貨」에 다음과 같은 공자의 말이 있다.

하늘이 무슨 말을 했느냐? 사계절을 운행하도록 하고 만물을 낳아 기르게 하지만 하늘이 무슨 말을 했느냐?

이는 성과 천도의 속성에 관한 중요한 지적이다. 성과 천도가 천지자연의 법칙에 따라 운행된다는 말이다. 공자는 사람이 사람답게 살려면 하늘처럼 자연의 법칙에 따라 움직여야 하고 말 대신 행동을 앞세워야 한다고 여겼다. '성'에 관한 그다음 말은 "성은 원래 서로 가까운 것이었지만 각자가 처한 환경習 탓으로 점점 멀어졌다"라는 대목이다.[22] 여기서 '성'과 '습習'을 대등하게 놓고 대비하고 있는데, 성과 습의 관계가 유사한 것인지 아니면 상반되는 것인지에 대해서는 모호한 태도를 보이고 있다. 이를 놓고 후대인들은 사람의 본성은 대체로 비슷하지만, 후천적인 공부로 달라질 수 있다고 해석했다. 사실상 이 말에는 인성은 원래 서로 유사한 것이었지만 후천적 노력으로 서로 다르게 되었다고 해석될 여지가 있다. 여기서 두 가지 해석이 가능하다. 첫째는 서로 비슷했던 성은 정말 타

21 『논어』「공야장」, 주희, 『사서장구집주』, 79쪽.

22 『논어』「양화」, 주희, 『사서장구집주』, 175쪽.

고나는 것인가, 그리고 바뀔 수 없는 것인가? 둘째는 후천적 실천이나 공부가 비슷했던 '성'에 영향을 끼칠 수 있을까? 이 점에 대해 "나는 말하지 아니하고자 한다"[23] 라는 공자의 말에서 뜻하는 바를 가늠할 수 있다. 그것은 실행, 다시 말해 공부가 중요하다는 것이다. 공자가 '심'을 논할 때 그 출발점도 행동에 두고 있었다. '심'에 대한 가장 직설적인 표현은 "안회顔回야말로 그 '마음'이 석 달 동안 인仁을 어기지 않았다"[24]라는 말에 있다. 이 말을 분석해보면, '심'과 '인'은 분리될 가능성이 있다. 더 정확하게 말하면, 대다수 일반인에게는 '심'이 '인'과 분리될 수 있다는 것이다. 그 잘난 안회조차 겨우 3개월 남짓 버틸 수 있을 뿐이기 때문이다. 여기서 공자는 '심'이 '인'을 어기지 않도록 하는 데 무게를 두었다. 곧 일상생활에는 "사욕을 억제해서 예로 복귀하는 것이 인이다." 다시 말해 심과 성에 중요한 것은 어떻게 논하느냐가 아니라 어떻게 행동하느냐다. "옛사람이 말을 함부로 하지 않은 것은 몸소 실천하는 것이 말에 미치지 못할까 부끄러워했기 때문이다."[25]

공자의 사상 체계를 보면, 행동 위주의 '공부' 사상이 지식을 습득해서 도덕적 수양을 쌓는다는 '실천'에 집중되어 있다. 이와 관련하여 그는 다음과 같이 지적했다. "덕을 닦지 않고, 학문을 연마하지 않고, 좋은 말을 들어도 실천하지 못하고, 좋지 못한 것이 있어도 고치지 못하는 것들이 모두 나의 근심거리다."[26] 공자의 주장에 따르면 지식을 습득하는 데 공부와 사고는 둘 다 소중하다. "학문을 닦아도 생각하는 바가 없으면 얻는 것

23 『논어』「양화」, 주희, 『사서장구집주』, 180쪽.

24 『논어』「옹야雍也」, 주희, 『사서장구집주』, 86쪽.

25 『논어』「이인里仁」, 주희, 『사서장구집주』, 74쪽.

26 『논어』「술이」, 주희, 『사서장구집주』, 93쪽.

이 없고, 생각에 골몰하고 배우지 않으면 위험하다."[27] 학습 방법에 관해 공자는 다음과 같은 말을 남겼다. "세 사람이 같이 가면 그중에 반드시 본받을 사람이 있다. 장점은 따라 배우고 단점을 고쳐야 한다."[28] 도덕적 수양에 대해서 공자는 "어진 사람이 남을 아낀다"라는 '인자애인仁者愛人'의 사상과 "대접을 받고자 한다면 먼저 상대방부터 대접하라"는 '충서지도忠恕之道'의 원칙에서 출발했다. 그다음이 '역행力行의 방안'이었다. 이런 방안과 관련해서 『논어』에 다음과 같은 기록이 있다.

> 자장子張이 공자에게 인에 관해 물었다. 공자가 말했다. "어디를 가더라도 다섯 가지 덕목을 천하에 행할 수 있으면 인이라 할 것이다." 그 내용을 다시 물으니 공자가 다음과 같이 대답했다. "공손함恭, 너그러움寬, 미더움信, 민첩함敏, 은혜로움惠이다. 공손하면 남으로부터 모욕을 당하지 않고, 너그러우면 대중들이 몰려들고, 미덥게 하면 책임지는 일을 맡기 마련이다. 민첩하면 공을 내 것으로 만들 수 있고, 은혜를 베풀면 남을 부리게 된다."[29]

언제 어디서든지 이 다섯 가지 덕목을 실행한다면 '인'을 어기는 일이 없을 뿐만 아니라 인자仁者로서 칭송받을 수 있다.

공자는 배우는 것과 '인'의 실행을 똑같이 중시했다. 그러나 양자의 지위는 같지 않았다. '인'에 대한 수양이 더 근본적인 것이었다. 배우고 생각하는 것들은 모두 '인'을 위한 것이라고 했다. "어질지 못한 자는 곤경

27 『논어』「위정」, 주희, 『사서장구집주』, 57쪽.

28 『논어』「술이」, 주희, 『사서장구집주』, 98쪽.

29 『논어』「양화」, 주희, 『사서장구집주』, 177쪽.

속에 오래 버티지 못하고, 환락 속에서도 오래 머물지 못한다. 어진 이는 어진 것을 편안하게 즐기고 지혜로운 이는 어진 것을 이롭게 한다."[30] 주희는 이에 다음과 같이 풀이했다.

> 어질지 못한 자는 본심을 잃었기 때문에 오랫동안 곤경에 처하면 반드시 함부로 하게 되며, 한동안 즐거운 환경에 노출되면 반드시 음란해진다. 오직 어진 이만이 그 어진 것을 편안하게 느끼며 어디로 가든지 불편함이 없고, 지혜로운 이는 어진 것을 이롭게 할 줄 알아서 지키는 바를 바꾸지 않는다.[31]

이를 종합하면 공부론의 내용은 다음과 같이 요약된다. "제자라면 집에 들어와서는 효도해야 하고 밖에 나가서는 공손해야 한다. 행실을 조심하고 처신을 미덥게 해야 하며, 널리 대중을 아끼되 어진 이와 가까이 하도록 애쓴다. 그래도 남은 힘이 있다면 글을 배워야 한다."[32]

이처럼 공자는 심성론을 출발점으로 하여 "어떻게 행하느냐"하는 것을 귀결점으로 삼았다. 행하는 방법은 심과 성의 내재적 및 외재적 관계에 영향을 끼쳤다. 실행에서는 외재적인 탐구와 공부를 중시했으며, 내재적인 생각과 깨달음도 중요하게 다루었다. 초기 유가 사상에서는 이러한 내용을 결합해 미처 체계를 갖추지 못한 심성론과 공부론의 통합을 이루고자 했다.

심성에 대한 공자의 표현과 내용은 모호하고 간략하지만 그 이면에

---

30 『논어』「이인」, 주희, 『사서장구집주』, 69쪽.

31 주희, 『사서장구집주』, 69쪽.

32 『논어』「학이」, 주희, 『사서장구집주』, 49쪽.

는 풍부한 내용과 심원한 가치가 내재해 있다. 공자가 처음 내세운 심과 성이 생명과 매우 긴밀한 관계가 있다는 주장은 후대 유가 사상에 내구內求와 외구外求의 분화를 야기했다. 그러나 이들의 최종 목표는 여전히 '성인聖人'이라는 이상적인 인격을 성취하는 것이었다. 결국, 내구와 외구의 분화 이후에 나타난 후대 유가는 길은 달랐지만 동일한 목적지에 도달하는 것이라 하겠다.

공자 사후에 유가는 여덟 학파로 분화되었다. 그중에서 맹자는 전국시대의 유명한 학파의 하나였다. 후대 선진 유가에서 특히 맹자는 심과 성을 통일된 하나의 범주로 보았으며 공부에서는 내구를 택했다. "사람의 본성은 착하다"라는 말은 잘 알려진 바와 같이 맹자의 주장인데, 그 이론적 체계에서 맹자가 최초로 논의한 것은 '성'의 개념과 중요성이다. 그 이전의 다른 유학자처럼 맹자는 '성'이 본체론에서 비롯되었다고 여겼다. 동식물들이 그 나름의 '성'을 지니고 있듯이 인간 역시 인간의 '성'을 지닌다는 것이었다. 나아가 세상 만물 모두가 각각의 성을 지닌다고 할 수 있다. 이는 바깥에서 성을 바라보는 관점이다. '성'은 세상 만물의 고유한 성질로서 세상 만물에 따라 생겨나고 세상 만물 안에 존재한다. 이것이 '성'의 보편성인 동시에 사물의 종류에 따라 서로 차별되는 전제 조건이기도 하다. 사물의 성은 종류별로 서로 다르다. 물성物性과 인성人性도 엄연히 다르다. 물성이 선한 것인지에 대해 맹자가 논한 바는 없었다. 맹자의 관심 대상은 인간이기 때문이다. 맹자는 오로지 인성이 착하다고 주장했다. 착한 인간의 '성'은 바로 인간의 '마음'이 착한 실마리가 된다. 이렇게 '심'과 '성'이 통합되었다. 이 같은 내용은 다음의 인용문에 잘 드러난다.

고자告子가 말했다.

"타고난 것을 성이라고 합니다."

맹자가 말했다.

"타고난 것을 성품이라고 한다면 그것은 '흰 것을 희다고 하는 것'과 같은가?"

고자가 대답했다.

"그렇습니다."

"흰 깃털이 흰 것은 '흰 눈이 흰 것'과 같으며, '흰 눈이 흰 것'은 백옥白玉이 흰 것과 같은가?"

고자가 대답했다.

"그렇습니다."

"그렇다면 개의 성품이 소의 성품과 같고 소의 성품이 사람의 성품과 같은가?"[33]

또한, 맹자는 이렇게 말했다.

입에 맞는 맛, 눈에 드는 빛, 귀에 듣기 좋은 소리, 코가 좋아하는 냄새, 사지가 편하고 좋은 것을 성性이라 하나, 이는 명命에 관련된 것이다. 군자는 이를 성이라 하지 않는다. 부자 관계의 인仁, 군신 관계의 의義, 주인과 손님 간의 예禮, 현명한 자의 지智, 성인聖人이 천도를 행하는 것을 명이라 하나, 이것은 성과 관련된 것이다. 따라서 군자는 이를 명이라 하지 않는다.[34]

33 『맹자』「고자상告子上」, 주희, 『사서장구집주』, 326쪽.

34 『맹자』「진심하」, 주희, 『사서장구집주』, 369쪽.

맹자는 인성과 물성, 성과 명을 대조하면서 인성의 문제에 대한 기본 입장을 밝혔다. 이 점과 관련하여 주자는 『사서집주四書集注』에서 다음과 같은 설명을 덧붙였다.

> 성이라는 것은 사람이 하늘에서 얻은 이치이고, 생生이라는 것은 하늘에서 얻은 기운이다. 성품은 형이상학적인 것이며 기운은 형이하학적인 것이다. 사람과 만물이 생겨날 때 이러한 성이 있지 않은 것이 없고, 또한 이러한 기氣가 있지 않은 것이 없다. 기운으로써 말하면 지각과 운동은 사람과 만물이 다를 바가 없지만, 이치로써 말할 때는 인의예지를 가진 것과 비교해서 만물이 가진 것이 온전하다고 할 수 있겠는가? 이는 사람의 성품이 선하지 않은 것이 없으므로 만물의 영장이 되는 까닭이다.[35]

맹자가 말한 '성'에 대해서 주희는 당시 유행했던 학술 용어로 새로운 해석을 보탰지만, 본문의 뜻과 그리 어긋나지 않았다. 성은 태어날 때부터 가진 것이라고 맹자는 생각했다. 그러나 타고난 모든 것이 성性은 아니다. 타고난 것으로 '성'만 있는 것도 아니다. 본능도 있다. 인성의 기본은 이성과 도덕을 위하는 선善, 곧 선한 마음이다. 이에 대해 리징린李景林은 다음과 같이 말한다.

> 맹자가 제시한 인성의 개념은 공자 이래 유가의 성명性命 사상을 계승하고 종합하여 한 단계 발전한 것이다. 이 점은 이론적이며 문화적인 측면에서 아주 중요한 가치를 지닌다. 종교적 관념에서는 '덕'과 '복'의 일치

35 『맹자집주孟子集註』 권11, 주희, 『사서장구집주』, 326쪽.

는 외부의 신성한 존재로 보장된다. 그러나 맹자의 인성 개념은 인간의 도덕적 규정이 현 존재의 내부에 있다는 것을 전제로 한 것이다. 인간이 도덕적 규정에 따라 '입명立命'한다는 사상을 제시한 것이다. 이를 통해 '성'과 '명'의 통합을 이루고, 현실적인 복지를 요구하는 인간의 노력에 대해 긍정적인 태도를 보였다. 이 점은 천국과 인간사를 별개의 두 개념으로 구분하는 서양 문화의 관념과 크게 다르다. 맹자는 중국 문화에 내재해 있었던 초월적인 인문의 방향에 인성 본체론人性本體論의 근거를 마련해주었다.[36]

맹자는 '인성'의 내용을 사단四端으로 규정했다. "군자의 성性인 인의예지는 마음에 뿌리를 두고 있다."[37] "측은하게 여기는 마음은 인의 발단이고, 부끄러워하는 마음은 의의 발단이며, 사양하는 마음은 예의 발단이고, 시비를 가리는 마음은 지의 발단이다."[38] 이러한 도덕심은 '인의예지'란 도덕적 관념의 발단이며 인간 고유의 '인성'으로 간주했다. 하지만 그것은 잠재적인 가능성에 지나지 않았다. 현실적이지 않다는 것이다. 장치웨이張奇偉 선생이 말했듯이, "맹자의 성선설은 '성이 선한 것이'이라는 것이 아니다. '성이 선한 것일 수도 있다'라는 것이다. 엄격히 말하면 '성선론'은 '성가선론性可善論'이다."[39]

맹자는 '심'과 관련하여 '성'을 논했다. 심과 성을 대조하면서 심성에

36 리징린, 『교양의 기원: 철학 돌파 시기의 유가 심성론敎養的本源: 哲學突破時期的儒家心性論』, 랴오닝遼寧인민출판사, 1998, 237쪽.

37 『맹자』「진심상」, 주희, 『사서장구집주』, 355쪽.

38 『맹자』「공손추상公孫丑上」, 주희, 『사서장구집주』, 238쪽.

39 장웨이치張奇偉 『아성정온: 맹자철학의 정수亞聖精蘊: 孟子哲學眞諦』, 인민출판사, 1997, 104쪽.

대해 더욱더 본질적인 탐구를 시도했다. 이러한 맹자의 논의는 심성론의 시발점이 되었다.

맹자가 '심'으로써 '성'을 설명한 까닭은 '심'의 중요성과 그 내용을 잘 알았기 때문이었다. 그가 보기에 '심'은 세 가지 뜻이 있었다. 첫째, 생각하고 지식을 저장하는 기관이다. "마음의 기능은 사고하는 것이다. 생각하면 얻게 되고 생각하지 않으면 얻지 못한다. 이러한 능력은 하늘이 내게 부여한 것이다."[40] 이 말은 인간이 적극적으로 사유하는 것은 선천적인 것임을 일러준다. 또한, 능동적으로 생각할 수 있는 '심'은 실제로 사고하는 실천 행위를 통해서만 드러난다고 주장했다. 둘째, 인의지심仁義之心과 같은 도덕심이나 양심이다. "마음이 같다고 여기는 것은 무엇 때문인가? 이를 리理라 하고 의義라 한다. 성인은 마음이 같다고 여기는 것을 남들보다 먼저 알았을 따름이다."[41] 셋째, 정서와 관련된 의지력이다. 즉 맹자가 흔히 말하는 '부동심不動心'이나, 마음을 흔들어도 성질을 억누르는 '동심인성動心忍性'이다.

이처럼 '심'과 '성'의 기본적인 뜻을 알고 나면, 심성론을 이해하기가 어렵지 않다. 즉 "마음을 다하면 '성'을 알게 되고, '성'을 알면 하늘을 알게 된다. 마음을 지키고 성을 기르는 것이 하늘을 섬기는 것이다."[42] 그 기본적인 뜻은 이렇다. 인성으로서의 인의예지는 도덕적 속성으로서 마음속에 있다. 고상한 도덕과 완벽한 인격을 갖춘 '성인'이 되려면 외부에서 추구할 것이 아니라 마음속의 선한 인성을 발전시켜야 한다. '심'의 능동적인 사유로써 '하늘을 알고 하늘을 섬기는' 목표를 달성할 수 있다는 것

40 『맹자』「고자상」, 주희, 『사서장구집주』, 335쪽.

41 『맹자』「고자상」, 주희, 『사서장구집주』, 330쪽.

42 『맹자』「진심상」, 주희, 『사서장구집주』, 349쪽.

이다. 이러한 논리는 인식론의 이론적인 명제를 제시함과 동시에, 공부론에서도 도덕적 수양의 구체적인 과정을 알려준다. 여기에는 다음의 세 가지 내용이 포함된다.

첫째, 양심을 지켜서 성을 기르는 방법이다. 맹자에 이르러 심성론과 공부론의 통합화는 이미 성취되었다. 다음과 같은 논의에 이 점이 잘 나타나 있다. "마음을 다하면 '성'을 알게 되고, '성'을 알면 하늘을 알게 된다. 마음을 지키고 성을 기르는 것이 하늘을 섬기는 것이다. 요절하거나 장수하는 데 연연하지 않고 수신修身하며 기다리는 것이 명命을 세우는 것이다."[43] 인용문 앞 대목은 심성론의 추상적 내용이고, 뒷 대목은 실천적 공부다. 양자가 하나로 합쳐져 도덕적 수양론의 기본 골격을 구성하고 있는데,[44] 이러한 내용의 근거가 바로 맹자의 심성론이다. 맹자는 인성이 선하다고 했다. 인간에게는 선천적인 도덕적 자율성과 선을 행하려는 의지가 있다는 것을 전제로, 후천적인 도덕적 행위의 실천에서도 선한 인성을 확충하는 것이 관건이라고 여겼다. 이를 위해 심성을 보존하고 기르는 데 주력해야 한다고 주장했다. 그것이 바로 선천적으로 지닌 '생각하지 않아도 알 수 있고' '배우지 않아도 할 수 있는' 양지良知와 양능良能, 곧 '양심良心'을 확충하는 것이었다.[45] "놓아버린 마음을 찾는다"라는 '구기방심求其放心'은 그 시작에 불과하다. 하지만 가장 중요한 첫걸음이기도 하다. 우선 '양심'부터 구해야 나중에 이 '양심'을 둘러싼 '성誠'을 돌이켜 생각할 수 있고, 그다음에 심성수양이라는 구체적인 공부의 길로 들어설 수 있기 때

43 『맹자』「진심상」, 앞의 책, 같은 곳.

44 주이팅朱貽庭, 『중국전통윤리사상사中國傳統倫理思想史』, 화동華東사범대학출판사, 2003, 104-105쪽 참조.

45 『맹자』「진심상」, 주희, 『사서장구집주』, 353쪽 참조.

문이다. 이것이 곧 '반성反誠'한다는 뜻이다.

> 부모를 기쁘게 하는 데는 도가 있으니, "몸을 돌이켜 정성을 다하지" 못하면 부모를 기쁘게 하지 못할 것이다. 자신을 성실히 함에는 도가 있으니, 선한 것에 밝지 못하면 그 자신에게도 성실하지 못할 것이다. 그러므로 성誠은 하늘의 도이고, '성'을 생각하는 것이 사람의 도다. 지극한 정성에 움직이지 않는 것이 없고, 정성이 담기지 않으면 움직일 수 있는 것도 없다.[46]

이는 양심을 찾아 지키는 데 가장 근본적이고 효율적인 방법이 "스스로 반성해서 성실해지도록 노력하는 것"임을 말해준다. 왜냐하면 '성선性善'은 '성誠'을 통해 드러나는 것이기 때문이다. 또한, 정성을 다하려는 노력이 뒤따를 때 비로소 진심으로 도덕적 행위를 할 수 있게 된다. '성誠'을 실현하고자 끊임없이 노력할 때 크나큰 기쁨을 맛보게 되며, "세상 만물의 이치가 모두 내게 갖춰져 있을" 가능성을 현실화할 수 있다. 이는 도를 닦는 수련 공부이자 방법이다.

둘째, 기운을 단련하고 뜻을 굳건히 하는 양신養身의 방법이다. 앞서 "몸을 돌이켜 정성을 다한다反身而誠"라고 하면서 무게의 중심을 몸身에 두었지만, 여기서 '몸'은 도덕적 의미의 몸이다. 기운을 단련하고 의지를 굳건히 하는 수련법은 기본적으로 도덕적 수련의 완성을 위한 것이다. 하지만 육체적 건강에 신경을 써야 한다는 뜻도 내포하고 있다. 사람의 건강이 무엇보다 먼저이고, 신체적으로 아픈 데가 없어야 한다. 그다음에

46 『맹자』「이루상離婁上」, 주희, 『사서장구집주』, 282쪽.

적극적이고 낙천적인 정신이 필요하다. 이에 대해 맹자는 심성론과 공부론에서 두루 언급한 바가 있다. 기氣와 뜻志의 관계를 설명하면서 맹자는 이렇게 말했다. "무릇 뜻志은 기氣를 통솔하는 장수이고, '기'는 몸體에 충만한 것이다. 뜻이 가는 대로 기운이 뒤따른다. 그 때문에 '뜻을 굳게 하여 그 기운을 함부로 쓰지 말라'고 일렀다." "그 기운의 정도는 지극히 크고 지극히 강하다. 바르게 길러서 해롭게 하지 않으면 하늘과 땅 사이에 충만할 것이다. 그 기운의 쓰임은 의義와 도道에 나란해야 한다. 그렇지 않으면 무기력하다."[47]

이러한 '호연지기浩然之氣' 사상은 한의학의 기론氣論과 일맥상통한 것으로서 육체적 건강에 많은 도움이 된다. 북송北宋의 정이는 이를 크게 찬탄했으며, 주희는 『주자어류』에서 여러 번 언급한 바가 있다. 비록 호연지기 사상이 도덕적 이상을 성취하는 요건인 점은 부정할 수 없지만, 한편으로는 육체적 건강에 대한 맹자의 독특한 수련법이라고도 할 수 있다. 신체가 건강해야 왕성한 활동을 할 수 있으며 맑은 정신으로 도덕적 완성을 위해 나아갈 수 있다. 따라서 양기養氣는 주관적인 정신 상태와 직결된다. 맹자는 이를 '뜻志'이라 했다. 주희는 이를 다음과 같이 풀이했다. "뜻이란 마음이 향하는 바다. 뜻을 품는 것이 곧 마음 수양이다. 뜻을 품는 것 외에 별개의 마음 수양이 없다."[48] 이러한 '지志'는 '부동'의 '양심'이라고 부를 수 있는데, 건강한 마음, 도덕심, 의지를 모두 포괄한다. 요컨대 '기운을 단련하고 의지를 굳건히 하는 것'은 맹자의 심성론에서 도출된 구체적인 공부이자 방법인 셈이다.

47 『맹자』「공손추상」, 주희, 『사서장구집주』, 230-231쪽.

48 여정덕, 『주자어류』 권42, 제4책, 중화서국, 1994, 1239쪽.

셋째는 과욕寡慾과 집의集義를 통해 성인이 되는 방법이다. 심성론이든 공부론이든 맹자 이론의 최종적 지향점은 성인이 되는 데 있다. 공부에서도 맹자는 '과욕'과 '집의'라는 구체적인 방법을 제시했다. 과욕이란 스스로 깨달아 능동적으로 육체의 욕망을 제거하거나 줄이는 것이다. "마음 수양에 과욕보다 더 좋은 것이 없다. 그 사람됨에 욕심이 적다면 비록 지키지 못한 것이 있더라도 잃는 것이 적고, 사람됨에 욕심이 많으면 지키고 있더라도 남는 것이 많지 않다."[49] 그렇다. 욕심이 많다면 마음속의 선한 인성을 확충하여 이상적인 인격체로 변화하는 것이 근본적으로 불가능하다. 현실적인 인간이라면 마땅히 욕심을 줄여야 한다. '과욕'은 소극적인 방법인데 이와 비교하면 '집의'는 적극적으로 정면 돌파하는 방법이다. "그 기운은 의義와 도道에 부합해야 한다. 그렇지 않다면 무기력하다. '의'는 모여서 생겨나는 것이고, 갑자기 얻어지는 것은 '의'가 아니다."[50] '집의'는 방심放心을 거두는 것이며, '양지'와 '양능'을 함양하는 것이기도 했다. 그뿐만 아니라 마음을 기르고 지조를 지키는 것이기도 했다. 그 최종적 목표는 내성외왕의 자각적 공부와 방법에 두었다. 이러한 방법들은, "내가 인仁하고자 하면 그 '인'이 다가온다"라고 하는 공자의 자각적 공부 방법을 '집의'라는 자아 확대의 방법으로 발전하게 한 것이었다. 이 점이 맹자 공부론의 특징이다. 공자의 사상을 계승하고 발전시켜 후세에 깊은 영향을 주었던 것이다. 이를 놓고 장따이녠 선생은 이렇게 말했다. "후대인들이 이르는 '수양修養'은 '수신修身'과 '양성養性'이라는 맹자의 학설을 발전시킨 것에 불과하다."[51]

---

49 『맹자』「진심하」, 주희, 『사서장구집주』, 374쪽.

50 『맹자』「공손추상」, 주희, 『사서장구집주』, 231-232쪽.

51 장따이녠, 『중국윤리사상연구中國倫理思想硏究』, 장쑤江蘇교육출판사, 2005, 157쪽.

같은 유학의 계승자로서 맹자와 순자는 인성론에서는 서로 대립각을 세웠다. 현대 과학의 관점에서 볼 때, 인간은 사회적 동물로서 이중적인 속성을 지닌다. 하나는 자연적 속성이고 다른 하나는 사회적 속성이다. 심성론의 측면에서 보면, 맹자의 인성론은 인간의 사회성에 치중되어 있지만, 순자는 자연성을 중시했다. 그러나 심층적인 의미에서의 의견 대립은 표면적인 선악의 대립만큼 크지는 않았다. 순자의 '인성지악人性之惡'이라는 주장을 심층적으로 이해하기 위해 먼저 그 학문적 사유의 틀을 알아볼 필요가 있겠다.

인간의 이성적 능력을 중시하는 순자는 그의 이론을 전개하는 과정에서도 이를 널리 활용했다. 그의 사상이 심각한 것은 "하늘과 사람의 분수가 따로 있다"라는 천인지분天人之分의 사고방식을 깔고 있는 데 그 원인이 있었다.

> 하늘의 운행에는 일정한 법칙이 있다. 요堯 임금이라서 있는 것이 아니며, 걸桀 임금이라서 없는 것도 아니다. 바르게 다스려 감응하면 길하고 어지럽고 문란하게 감응하면 흉하다. 근본을 튼튼하게 하고 아껴 쓰면 하늘도 궁핍하게 할 수 없고, 기운을 길러 대비하고 때에 맞춰 활동하면 하늘도 병들게 할 수 없다. 도를 닦으며 변절하지 않으면 하늘도 재앙을 내리지 못한다. … 때를 만난 것은 치세治世와 함께한 것이고, 재앙을 받는 것은 치세와 달리한 것이다. 하늘을 원망할 수 없으니 그 도가 그러할 뿐이다. 그러므로 하늘과 사람의 분수를 밝히면 지인至人이라 이를 수 있다.[52]

52 『순자』「천론」, 『제자집성』 제2책, 205쪽.

순자는 하늘을 이해하는 데 "하늘이 말한 적이 있더냐? 계절이 운행되고, 만물이 자라는데 하늘이 무슨 말을 하더냐?"라는 공자의 주장을 계승했다.[53] 천도는 인간의 의지에 따라 운행되지 않고 자기 스스로 규칙이 있어 인도와는 다르다는 것이다. 여기서 순자는 주체성을 지닌 인간이야말로 천도를 알고 이해할 수 있다고 주장했다. 인간의 주체적 능동성으로 시운에 따른 천명에 순응한다면 '천인합일'의 경지에 도달할 수 있다고 이성적으로 파악했다. 순자의 '천인지분'은 바로 이성적으로 인식하고 사고한 결과물이며, '천인합일' 또한 이성적으로 분석해서 내린 결론이었다.

> 하늘이 위대하다고 생각만 한다면 누가 짐승을 방목하고 제어할 것인가? 하늘을 따르고 칭송만 한다면 누가 천명을 제정해서 이용할 것인가? 때를 바라고 기다리기만 한다면 누가 시기에 맞추어 일을 꾀하려고 할 것인가? 만물이 절로 많아진다면 누가 재주를 부려 키워내려고 하겠는가? 만물이 자기 생각과 같다면 누가 만물을 관리해서 잃지 않으려고 하겠는가? 만물이 절로 생겨나기를 바란다면 누가 만물이 생장하는 이치를 밝히려고 하겠는가? 그러므로 사람을 버리고 하늘만 생각하다가는 만물의 실정을 놓치기 마련이다.[54]

순자는 이처럼 '앎'을 중시하고 현상을 이성적으로 분석하고, '천명을 제정해서 이용한다制天命而用之'라는 위대한 결론을 도출했다. 이는 하

53 『논어』「양화」, 주희, 『사서장구집주』, 180쪽.

54 『순자』「천론」, 『제자집성』 제2책, 211-212쪽.

늘에 굴복하지 않겠다는 인간의 주체적 능동성을 드러낸 주장이다. 실제로 순자의 이론적 체계 전반에 걸쳐 이러한 투지만만한 의식이 짙게 배어 있었다. 이에 대해서는 펑유란 선생이 실감 나게 표현한 바 있다. "맹자가 마음이 여린 철학자라면, 순자는 마음이 모진 철학자였다."[55]

사전에 이러한 점을 파악하면, 더욱 쉽게 순자의 심성론에 접근할 수 있을 것이다. 순자는 '성性'을 논하면서 맹자와 동일한 논리를 취했다. 즉 만물은 모두 타고난 '성'이 있다고 설정했다.

> 생겨나서 그렇게 되는 까닭을 일러 '성'이라 한다. 성은 조화에서 나오는데 정精이 모여 감응하고 섬기지 않아도 저절로 그렇게 되기에 '성'이라 이른다. '성'에서 좋아하고 미워하고 기뻐하고 성내고 슬퍼하고 즐거워하는 것이 일어난다. 이를 일러 '정情'이라 한다. 정은 자연스러운 것이지만 마음으로 선택해서 하는 것을 '생각慮'이라 이른다. 마음으로 생각하고 능력으로 움직이게 하는 것을 '인위僞'라 이른다. 생각이 쌓이고 능력을 습득한 뒤에 이루어지기에 '인위'라 한다.[56]

그러나 선천적으로 부여받은 이러한 '성'은 대체로 자연적 속성을 가리킨다는 점에서 맹자가 강조하는 '선천적인 사회성'과 달랐다. 성악설의 구체적인 내용은 다음과 같다.

> 사람의 성은 악하다. 선한 것은 인위적이다. 지금 사람의 성품은 태어날

55 펑유란, 『중국 철학사』 상권, 화동사범대학교출판사, 2000, 214쪽.

56 『순자』「정명正名」, 『제자집성』 제2책, 274쪽.

> 때부터 이익을 좋아한다. 이에 따라 쟁탈이 일어나고 사양하는 마음이 없어지게 되었다. 태어날 때부터 질투하고 미워한다. 이에 따라 남을 해치는 일이 발생하고 충신忠信이 없어지게 되었다. 태어날 때부터 듣고 보는 데 욕심이 있고 아첨과 미색을 좋아한다. 이에 따라 음란함이 생기고 예의禮義와 문리文理가 없어지게 되었다. 그러한즉 사람의 본성을 좇고 인정에 따르다 보면, 반드시 쟁탈이 생겨나 분수를 어기고 도리를 어지럽게 하여 폭력이 난무하는 세상을 만나게 된다. 그러므로 반드시 법도에 따른 교화와 예의의 도리가 있어야 한다. 그런 뒤에야 사양하는 마음이 생겨나 문리에 따라 잘 다스려지는 세상을 만나게 된다. 이로써 바라본다면, 사람의 본성이 악하다는 것은 분명하고, 선하다는 것은 인위적이다.[57]

태어나면서부터 이익, 질투, 시기, 아첨, 미색 등을 좋아하는 것을 순자는 사람의 본성으로 간주했다. 그는 이를 모두 악하다고 했다. 순자의 사고방식은 자연적 속성에서 후천적 결과를 도출하고, 이를 역으로 추론해서 성은 선한 것이 아니라 '악한' 것이라 했다. 그러나 성이 악하다고 했지만, 이는 다분히 후천적인 수양을 중시하고 이를 강조하기 위한 논리였다. 또한, 순자는 맹자의 성선설을 비판하면서 도덕적인 착한 성품이 아주 중요하긴 하지만 선천적인 것이 아니기 때문에 인위적인 내용이라고 했다. 이로 미루어 성선설과 성악설의 쟁점은 본성의 선악에 대한 도덕적 '판단'의 문제가 아니었다. 선천적으로 존재하는 본성의 '내용'에 대한 문제였다.

순자는 '천인지분'을 기점으로 삼아 성론性論에서는 "본성과 인위의

57 『순자』「성악性惡」, 『제자집성』 제2책, 289쪽.

내용이 다르다"라는 '성위지분性僞之分'을 주장했다. 그는 인위의 '위僞'가 악한 본성을 바꾸는 데 커다란 역할을 한다고 지적하고, 후천적 학습과 교육의 중요성을 강조했다. 바로 공부론에 속하는 내용이었다.

> 요堯와 우禹는 나면서부터 갖추어진 사람이 아니다. 변고變故에 자극받아 수양을 통해 인격을 완성했다. 수양하면서 (본성을) 다하기를 기다린 뒤에 갖춰진 것이다.[58]

사람의 본성이 누구나 모두 악하다면, 왜 폭군 걸桀과 성군 요堯와 같은 차이가 생길까? 이는 '예禮'의 교화에서 비롯된다. 사람은 누구나 요 임금이나 우 임금이 될 가능성이 있다는 점에서 순자의 성악설은 그 지향점이 맹자의 성선설과 최종적으로 일치한다. 사람은 누구나 요와 순이 될 수 있다는 것이다. 맹자는 내면 탐구와 성찰을 통해 착한 마음과 선한 본성을 확충하는 방법을 취했지만, 순자는 외부의 예를 준수하게 함으로써 인위적으로 본성을 변화시키는 방법을 택했다.

예학을 통한 순자의 교화 방법이 '심'으로부터 시작된 것은 지극히 당연했다.

> 사람이 가장 바라는 것은 삶이다. 사람이 가장 싫어하는 것은 죽음이다. 그런데 어떤 이는 삶을 버리고 죽음을 택하기도 하는데 삶이 싫어서 죽고자 한 것이 아니다. 살 수 없기 때문에 죽음을 택한 것이다. 그러므로 바라는 것이 지나쳐도 행동이 미치지 못하면 마음으로 중지하는 것이다.

58 『순자』「영욕榮辱」, 『제자집성』 제2책, 40쪽.

마음으로 하는 바가 이치에 맞으면, 욕심이 많다고 한들 어찌 다스림을 해치겠는가. 바라는 것이 미치지 못하는데 행동이 지나친 것도 마음이 시키는 것이다. 마음으로 하고자 하는 바가 이치를 상실하면, 비록 욕심이 적다고 한들 어찌 문란함을 멈추게 하겠는가. 그러므로 다스림과 문란함은 마음이 옳다고 하는 곳에서 살게 되고, 정情으로 하고자 하는 곳에서는 망하게 된다. 살 도리를 찾지 않고 망할 방도를 구하게 되면 비록 내가 얻었다고 말하지만, 곧 잃은 것이다.[59]

인성의 주된 내용이 나쁜 욕망으로 채워져 있다면, 자각으로 도덕성을 확대하고 뜻을 세워 절제하는 것은 불가능하고, 완벽한 인격을 갖추어 국가를 안정시킨다는 목적은 결코 이룰 수 없다. 따라서 '심'에서부터 착수하여 '예'로써 심신을 교화시키는 방법이 모색되어야 한다. 그런 다음에 인위적으로 본성을 변화시키는 것이 가능하고, 일반인으로 하여금 요 임금이나 우 임금 같은 인물이 되게끔 할 수 있다. 이 점을 주목하면 '심'과 '성'은 독자적으로 따로 존재하면서 서로 분리될 수 없다. '심'을 떠나서 '성'을 변화시킬 수 없고, '심'은 인위의 '위僞'로써 '성'을 변화시키는 중요한 역할을 하기 때문이다. 다시 말해 '성'을 바꾸는 것은 '심'의 악한 성품을 선한 성품으로 전환하는 것을 뜻한다.

본성을 바꾸게 하는 '심'의 역할과 관련하여 순자는 '심'의 내용에 다음과 같은 것이 포함되어야 한다고 생각했다. 표층적 감각 기관에 주된 역할을 하는 마음, 이성적 분석 능력으로서의 마음, 감정과 태도를 제어하는 주체로서의 마음 등이 그것이다. 이처럼 본성을 변화시키는 데 중요

59 『순자』「정명」, 『제자집성』 제2책, 284쪽.

한 '심'의 위상과 그 기능으로 '심'과 '성'의 관계를 파악하는 것이 순자 심성론의 특징이다. 아울러 순자의 공부론도 이러한 이론과 상호 보완하는 관계에 있다. 그 구체적인 내용과 방법을 소개하면 다음과 같다.

첫째, '예'의 일차적 단계로서 학습이 지극히 중요하다는 것이다.

> 나는 천하면서 귀하게 되려 하고 어리석지만 지혜롭게 되려고 하며, 가난하지만 부자가 되려고 한다. 할 수 있겠는가? 그 답은 '오로지 배우는 것밖에 없다'라는 것이다.[60]

이러한 학습에는 군자와 소인으로 구분되는데 당연히 군자의 학문을 배워야 할 것이다.

> 군자의 학문은 귀로 들어가 마음에 붙어 온몸으로 퍼져서 행동으로 나타난다. 단아하게 말하고 조심스럽게 행동하니 한결같이 본받을만하다. … 군자의 학문은 그 몸을 아름답게 하지만 소인의 학문은 출세 도구에 지나지 않는다.[61]

진정한 학습은 전심전력을 다해야 한다. 게다가 올바른 학습에서 그 의미를 찾아야 한다는 것을 설명하고 있다. 이러한 학습의 과정에서 강한 의지력과 이성적 인식 능력이 길러지는 것은 당연하다.

---

60 『순자』「유효」, 『제자집성』 제2책, 79쪽.

61 『순자』「권학」, 『제자집성』 제2책, 7-8쪽.

학문은 도중에 그만두어서는 안 된다. … 군자는 넓게 공부하고 날마다 스스로 반성해서 아는 것이 분명하고, 행함에서도 허물이 없다.[62]

학습은 권학과 수양을 병행하고, 지식과 도덕을 다 같이 중시하는 것을 뜻한다. 지식만을 얻지 않고 덕성도 길러야 하는 것이다. 이에 대해 순자는 다음과 같이 생각했다.

착한 행실을 보면 진지하게 받아들여 자신도 그렇게 할 수 있도록 해야 하고, 나쁜 행실을 보면 근심하면서 자신도 그러하지는 않은지 반성해야 한다. 자신에게 착한 것이 있으면 굳건히 여겨 스스로 기뻐해야 하고, 자신에게 착하지 않은 것이 있으면 꺼림칙하게 여겨 스스로 미워해야 한다.[63]

도덕적 관념과 예의에 부합하는 습관이야말로 일상적 학습에서 중점적으로 수행해야 할 내용이라고 말했다. 스스로 반성하고 성현이 되고자 뼈를 깎는 노력을 해야만 "아는 것이 분명하고 행함에서도 허물이 없게 된다."

둘째, 지식을 쌓거나 도덕적 성찰을 하든지 간에 기본적으로 기운을 다스리고 마음을 수양해야 한다는 것이다. 여기에는 두 가지 뜻이 내재해 있다. 하나는 육체적인 건강이고, 다른 하나는 정신적인 충족감과 낙관적인 태도다. 이에 대해 순자는 다음과 같이 말했다.

---

62 『순자』「권학」, 『제자집성』 제2책, 1쪽.

63 『순자』「수신修身」, 『제자집성』 제2책, 12쪽.

두루 선하게 하는 법도가 있는데, 기운을 다스려 양생하면 팽조彭祖의 뒤를 이을 수 있고, 몸을 닦아 명성을 이루면 요 임금이나 우 임금과 나란히 할 수 있다.[64]

여기서 칠백 살까지 살았다고 전하는 팽조를 끌어와 신체적 건강의 중요성을 부각했다. 아울러 '기운을 다스려 양생하는 방법'이 건강을 유지하는 데 대단한 가치가 있다고 했다. 그 구체적인 방법을 다음과 같이 소개했다.

기운을 다스려 마음을 수양하는 기술은 혈기가 지나치게 강하면 부드럽게 함으로써 조화를 이루게 하는 것이다. 사려가 지나치게 깊으면 하나로 쉽고 순하게 정리한다. 용맹과 담력이 사납고 굳세면 도리에 맞는 것을 돕게 한다. 몸이 민첩하고 눈치가 빠르면 행동거지를 절제하게 한다. 마음이 편협하고 옹색하면 넓고 큰 것으로 너그럽게 한다. 지나치게 몸을 낮추어 꾸물대고 이득만 탐내면 고상한 뜻을 품게 한다. 평범하여 아둔하고 게으르면 스승과 벗의 가르침으로 다잡는다. 태만하여 스스로 포기하면 재앙을 부른다고 가르친다. 우직해서 융통성이 없으면 예악으로써 어울리게 하여 생각이 트이게 한다. 무릇 기운을 다스려 마음을 수양하는 기술로서 예禮에 따르는 것보다 더 빠른 길이 없고, 스승을 얻는 것보다 더 중요한 일이 없으며, 하나를 좋아하는 것보다 더 신통함은 없다. 이를 일러 '기운을 다스려 마음을 수양하는 기술'이라 한다.[65]

64 『순자』「수신」, 『제자집성』 제2책, 13쪽.

65 『순자』「수신」, 『제자집성』 제2책, 15-16쪽.

위의 인용문에서 알 수 있듯이, 이러한 수신양성修身養性의 방법에는 생리적 · 심리적 · 도덕적인 내용을 모두 다루고 있다. '예'를 기본 방침으로 설정하고 기운을 다스려 마음을 수양하는 것을 주된 방법으로 내세웠다. 게다가 생리적인 측면과 정신적 측면과의 조화를 도모함으로써 수신양성을 도덕적 이상의 경지로 승화시켰다.

공자, 맹자, 순자를 제외한 선진유가先秦儒家의 심성론에는 『중용』의 '자성명自誠明'과 '자명성自明誠'이라는 심성론과 공부론이 있다. 여기서 '자성명'은 정성을 다함으로써 선에 밝아지는 것이고, '자명성'은 선에 밝아짐으로써 성실해지는 것을 이른다. 『역전』과 『대학』에도 '계선성성繼善成性'과 '궁리진성窮理盡性' 및 '삼강팔목三綱八目'이란 심성론과 공부론이 있다. 이러한 사상들은 공자나 맹자, 그리고 순자의 이론과 함께 후대 유교 심성론과 공부론의 통합화에 토대를 제공했는데, 통합된 유가 사상의 연원이 되었을 뿐만 아니라 중국 사상 전반에 걸친 심성론과 공부론의 통합화에 상당히 큰 영향을 끼쳤다. 그러한 성숙한 형태의 사상을 드러낸 것이 바로 『중용』이고, 그 내용은 이렇다. "하늘이 명한 것을 성誠이라 하고, 성에 따르는 것을 도道라 하고, 도를 닦는 것을 교敎라 한다." 이러한 사상은 심성론과 공부론의 통합화 방향을 규정했다고 해도 지나치지 않았다.

한편, 중국종교사상의 심성론적 연원은 도가 사상과도 관련이 있다. 노자는 '도'라는 철학적 범주를 최초로 개척했다. 그뿐만 아니라 '도'의 개념과 기능 및 그 특성에 대해서도 심도 있게 밝혀 후기 도가에서 '도'를 거론하는 데 필요한 기본적인 방향을 제공했다. 『도덕경』의 본문에는 '심'과 '성'의 관계를 직접 해명한 대목은 없지만, 무려 오천 자나 되는 글자 속에서 인성론과 관련된 『도덕경』의 주장이 무엇인지 더듬어 볼 수는 있다. 당연히 그 내용은 모두 '도'를 둘러싸고 전개된 것이었다.

『도덕경』이란 책에는 '성性'이란 글자는 없다. 하지만 그 내용에는 실질적인 인성론이 내재해 있다. '도'에서 추론된 '덕德'에 대한 논의가 바로 인성론이다. 『도덕경』의 '도'에 대해서는 다양한 해석이 가능하겠지만, 인성론의 관점에서 분석해 보면 주로 다음과 같은 내용이 포함된다. 첫째, 도는 우주 천지 만물의 본원이다. "도는 하나를 낳고, 하나는 둘을 낳고, 둘은 셋을 낳고, 셋은 만물을 생성한다."[66] 도가 만물을 생성하는 과정이 어찌 되었든 간에 세상 만물이 도에서 생겨났다고 하는 것은 수긍된다. 이러한 '도'는 본원적인 의미 이외에 본체론적인 의미도 있다. 즉 만물을 배태했을 뿐만 아니라 세상 만물 속에 흩어져 존재하기도 한다. "그러니 도가 낳고, 덕이 기르며 자라게 하고 키우고 감싸주고 실하게 하고 먹여주고 덮어준다. 낳았지만 내 것이라 하지 않고, 성취하게 했지만 기대지 않고, 길렀지만 지배하려 하지 않는다. 이를 일러 원덕元德이라 한다."[67] 그리고 만물이 적멸한 뒤에 다시 '도'로 돌아가는데, 이러한 복귀復歸를 『도덕경』에서 '귀근歸根', '복명復命'이라 한다. "만물이 아우러져 자랄 때, 나는 제자리로 되돌아가는 것을 지켜본다. 저것들이 무성하게 뻗어나가지만, 모두 그 뿌리로 돌아간다. '뿌리로 돌아가는 것歸根'을 '고요하다靜'고 한다. 이를 일러 복명復命이라 한다."[68] 둘째, '도'의 몇 가지 특성으로 '허정虛靜', '무위자연無爲自然', '유약부쟁柔弱不爭'과 같은 것들이 있다. '허정'은 "분주하게 움직이면 추위를 이기고, 고요히 있으면 더위를 이긴다. 청정清淨은 천하를 바르게 한다"[69]라는 내용이다. 그리고 '무위자연'의

66 『도덕경』 제42장, 『제자집성』 제3책, 26쪽.

67 『도덕경』 제51장, 『제자집성』 제3책, 31-32쪽.

68 『도덕경』 제16장, 『제자집성』 제3책, 9쪽.

69 『도덕경』 제45장, 『제자집성』 제3책, 28쪽.

'무'에는 이중의 의미가 있다. 하나는 '유'와 대립하는 개념이다. 유한성을 지니면서 구체적으로 구분되는 '유'와 대립하는 무한성을 가리키는데, 지극히 크면서 지극히 작은 '무'다. 일종의 '무성無性'이라 할 수도 있다. 다른 하나는 현실에서의 '무위법無爲法'을 가리킨다. "도는 항상 하는 것이 없지만 하지 않는 것도 없다. 제후나 군주가 이를 지킬 수 있다면 세상 만물은 저절로 달라질 것이다. 달라지는데도 억지로 조작하려고 들면, 나는 이름 없는 통나무로 가라앉으리라. 이름 없는 통나무는 욕심이 없고자 한다. 욕심을 부리지 않음으로써 고요하고, 천하는 절로 안정된다."[70] 그다음 '유약부쟁'은 부드럽고 약하면서 다투지 않는다는 것이다. "최상의 선은 물과 같다. 물은 만물을 이롭게 하고 다투지 않는다. 모두가 나쁘다고 하는 곳에 거처하니 도에 가깝다. … 오로지 다투지 않으니 원망을 살 일도 없다."[71] 셋째로는 도의 기능과 위상이다. 도는 만물이 준수하는 법칙이며, 인간이라도 마땅히 따라야 하는 생활 규범이다. "사람은 땅을 본받고 땅은 하늘을 본받고, 하늘은 도를 본받으며, 도는 '저절로 그러함自然'을 본받아야 한다."[72]

이러한 점들을 볼 때, 『도덕경』의 그늘에 드러난 '인성론人性論'은 일종의 '도성론道性論'이라 하겠다. 잠재적인 의미에서의 인성은 사실상 도에서 비롯된다. 도의 본체는 텅 비어 고요하고 자연스럽다. 하는 것 없이 절로 변화하고, 부드럽고 연약해서 다투지 않는다. 『도덕경』은 사람의 본성을 도에 두고 있으며, 도성道性의 내용이 곧 인성의 근거이자 내용임을 지적하고 있다고 볼 수 있다. 그리고 인성의 필연적 상태는 일종의 무정

70 『도덕경』 제37장, 『제자집성』 제3책, 21쪽.

71 『도덕경』 제8장, 『제자집성』 제3책, 4-5쪽.

72 『도덕경』 제25장, 『제자집성』 제3책, 14쪽.

부주의 상태라고 했다. 금기와 규제에 따른 가난과 궁핍, 문명의 이기에서 야기된 혼란한 정치상, 잔재주에서 비롯된 기이한 물건들, 강제된 법규와 명령에 따른 범법자 양산 문제 등이 현실세계에서 허다하게 등장하는 것도 이러한 소박한 인성을 위배한 탓으로 이해했다. 이 때문에 공부론에서도 인간이라면 모름지기 도를 따라야 하며 '도성'을 회복해야 한다고 주장했다. 즉 '도'를 지상 최대의 목표로 삼아 이상적 인격을 구현하자는 것이다.

『도덕경』에서 직접 '심'을 거론한 대목은 아홉 군데가 있다. 이를 자세히 분석해 보면 대략 다음의 세 가지로 정리된다.

첫째, '심'의 실질적인 내용은 허심虛心이다.[73] '허'는 마음의 주관적 특성이자 마음이 도의 본성에 근거함을 증명한다. 잘 알다시피 '허정'은 '도'의 특징이다. '도'를 이어받은 '마음'도 당연히 이와 같은 속성을 지닌다. 이러한 허심을 갖춘 자가 바로 『도덕경』에서 말하는 성인이다. "성인은 편견이 없다. 백성의 마음을 자신의 마음으로 삼는다. … 성인이 천하를 다스림에 있어서 모든 것을 수용하고 천하를 위해 그 마음을 혼탁하게 한다. 성인은 모두를 어린아이처럼 다룬다."[74] '무심'은 곧 허심이다. 이는 자연 그대로의 이상적인 상태를 말한다. 그러나 현실세계에서도 마음이 과연 그러할까? 둘째, 『도덕경』에는 현실세계의 마음이 외부 지향적인 탐욕 탓에 침식되어 전혀 딴 모습으로 바뀌게 된다고 했다. "오색은 눈을 멀게 하고, 오음은 귀를 먹게 하고, 오미는 입맛을 버려 놓는다. 말 타고 사냥하는 것은 사람의 마음을 발광하게 하고, 얻기 어려운 재물은 사람들의

73 장리원 주편, 『심』, 44쪽 참조.

74 『도덕경』 제49장, 『제자집성』 제3책, 30쪽.

행실을 나쁘게 유도한다."[75] 셋째, 실재적인 마음 상태와 당위적인 마음 상태에는 심각한 거리가 있다는 사실이다. 이를 고려하여 『도덕경』의 공부론에는 인심을 개조하거나 리모델링하는 방법을 제시했다. 욕망을 줄이는 방법은 '욕심'을 제거하고 '성심聖心'은 남겨두는 것이다. "똑똑한 자를 우대하지 말라. 백성들이 다투게 되는 일이 없게 될 것이다. 얻기 어려운 재물을 귀하게 여기지 말라. 백성들을 도둑으로 몰아가지 않을 것이다. 하고 싶은 것을 겉으로 드러내지 말라. 민심이 혼란하지 않을 것이다. 그러므로 성인의 다스림은 그 마음을 비우게 하고 그 배를 채워준다. 그 마음가짐을 미약하게 하고 그 뼈대는 튼실하게 한다. 항상 백성으로 하여금 앎도 없고 욕심도 없게 하며, 영리하다는 자들이 함부로 나서지 못하게 한다. 생색을 내지 않고 다스리면 다스려지지 않는 일이 없다."[76]

『도덕경』은 이러한 심성론의 기본 논조에 따라 공부론을 다음과 같이 제시했다.

첫째, 학문을 통해 도를 체득한다. '지식'에 대한 큰 그림을 이렇게 언급했다. "학문을 일삼으면 날로 늘어가고 도를 일삼으면 날로 줄어든다. 줄이고 또 줄이면 무위의 경지에 이른다. 무위의 경지에 이르면 못 할 것이 없다."[77] '학문에 힘쓰는 것'은 형이하학적인 수준의 지식을 추구하는 행위다. 학문에 정진하려면 날마다 구체적인 사물의 정보를 끌어모아 집적하는 것이 중요하다. 광범위하게 수집된 구체적인 정보가 태산처럼 쌓여야 정확한 지식을 얻을 수 있기 때문이다. 반면에 '도를 닦는 것'은 최고의 경지인 '대도大道'를 깨닫고 이해하고자 하는 것이다. 그 요체는 욕

75 『도덕경』 제12장, 『제자집성』 제3책, 6쪽.

76 『도덕경』 제3장, 『제자집성』 제3책, 2쪽.

77 『도덕경』 제48장, 『제자집성』 제3책, 29쪽.

심을 줄이고 소박하게 살면서 의식의 차원을 이동시키는 데 있다. 그렇게 할 때 비로소 구체적 사물에 근거한 지적 수준의 의식에서 벗어나 '도'를 깨칠 수 있다. 『도덕경』의 관점은 이러한 두 가지는 모순된 것이 아니라 별개의 사정에 지나지 않는다고 말했다. 이에 대해 펑유란은 다음과 같이 말했다. "도를 닦는 것은 나날이 욕망을 줄이는 것이고, 학문하는 것은 나날이 지식을 늘리는 것이다. 그러나 줄이고 늘리는 것은 서로 다른 차원의 일이다. 나날이 줄이는 것은 욕망이나 감정 따위를 가리키며, 나날이 늘리는 것은 지식을 쌓는 문제를 가리킨다. 이 둘은 모순되지 않는다. 내 말투로 해석하면, 도를 닦아 얻는 것은 정신적인 경지이고, 학문하여 얻는 것은 지식의 축적이다. 이는 서로 다른 것이다. 비록 학문이 뛰어난 사람일지라도 그 정신적 세계는 천진난만한 어린애 수준에 머물 수 있다는 것이다. 『도덕경』의 말투로 이를 표현하면, 인간이라면 지식을 더할 줄 알고知其益, 줄일 줄도 알아야守其損 한다."[78]

이러한 펑유란의 관점 이외에, 노자가 생각하는 넓은 의미의 '지식'은 세 가지가 있다. 하나는 금석문이나 문헌에 기록된 지식으로 사물을 묘사한 것들이다. 둘째는 이러한 구체적 지식에서 생겨난 지혜인데, 이러한 지혜는 다양하고 복잡한 지식을 간략하게 추상화하여 통합하는 과정을 거쳐 얻어진다. 셋째는 그러한 지혜를 한 단계 진화시켜 정신적 측면의 덕성으로 변환하는 것이다. 첫 번째 지식의 차원에서는 날마다 새로운 정보를 습득하고 축적하는 것이 필요하다. 이와 비교해 두 번째와 세 번째 차원에서는 구체적인 지식을 축약해 "유에서 무로 접어드는" 경지를 요구한다. 그렇게 해야 제대로 알고 깨달을 수 있다는 것이다.

---

78 펑유란, 『중국 철학사 신편中國哲學史新編』 상권, 인민출판사, 1998, 343쪽.

둘째, 덕성을 기른다. 『도덕경』은 유가의 도덕 윤리를 부정하지만, 도덕 그 자체는 반대하지 않았다. 『도덕경』에서는 무위의 도를 지향하는 '공덕孔德'과 '현덕玄德'을 찬양하고 이를 바탕으로 덕성의 수양을 주장했다. 그러한 수양의 방법에는 개인적인 것과 집단적인 것이 있는데, 개인적으로 덕성을 수양하는 방법은 다음과 같다. 먼저 개인적인 욕심을 줄인다少私寡慾. "만족할 줄 모르는 것보다 더 큰 재앙은 없고, 얻고자 하는 욕심보다 더 큰 허물은 없다. 그러므로 족함을 알고 만족하면 언제나 넉넉하다."[79] 심신 수양의 대전제는 멀리 갈 것도 없이 개인적인 사욕이나 현실적인 이권을 포기하는 데 있다. 그다음은 텅 비우고 마음을 가라앉힌다致虛守靜. 이 단계에서는 "그대로의 모습으로 소박함을 간직하거나", "완전히 마음을 비운 상태에서 꾸준히 고요함을 지키는" 방법을 통해 분규가 그치지 않는 세속사회에서 이탈하여 '갓난아기嬰兒'의 경지를 실제로 실현하는데, 이를 '현동玄同'이라 한다. "입을 다물고 문을 닫는다. 예리한 것을 무디게 하고 구분해놓은 것을 풀어버린다. 맑은 빛을 부드럽게 하여 더러운 먼지와 함께한다. 이를 일러 현동이라 한다."[80] 마지막으로 부드럽게 순리대로 살아간다守柔處順. 노자는 개인적 품성 가운데 "세상보다 앞서 나가지 않는 것"이 가장 중요하다고 재차 강조했다. "내게 세 가지 보물이 있어 이를 소중히 간직하고 지킨다. 그 첫째가 자애이고 둘째는 검약이며, 셋째는 세상보다 앞서 나가지 않는 것이다."[81] 이 모든 것들은 '선덕善德'을 배양하고 지키기 위한 것이다. "이 때문에 성인은 빚 문서를 손에 쥐고 사람을 다그치지 않는다. 덕이 있으면 원칙을 살피고 덕이 없으

79 『도덕경』 제46장, 『제자집성』 제3책, 28-29쪽.

80 『도덕경』 제56장, 『제자집성』 제3책, 34쪽.

81 『도덕경』 제67장, 『제자집성』 제3책, 41쪽.

면 규정을 따진다. 하늘의 도에는 사사로움이 없어 언제나 선한 사람 편에 선다."[82]

셋째, 형체를 단련하고 양생한다. 몸에 대한 『도덕경』의 관점은 크게 모순되는 것처럼 보인다. 우환이 있는 것은 몸이 있기 때문이라고 주장한다. "나에게 큰 근심이 있는 것은 내 몸이 존재하기 때문이다. 내 몸이 없다면 나에게 어찌 근심이 있겠는가?"[83] 그러나 다른 한쪽에서는 "명성과 신체 가운데 어느 것이 더 절실한 것인가? 신체와 재물 가운데 어느 것이 더 소중한 것인가? 얻는 것과 잃는 것 가운데 어느 것이 더 아픈 것인가?"[84]라고 말한다. 당연히 내 몸은 명성과 재물보다 중요하고, 몸을 상실한다는 것은 생각하기 싫을 만큼 괴로운 일이다. 몸이 존재하고 건강하다는 것은 대단히 중요하다. 그런데 이러한 몸의 존재가 우환덩어리라고 모순되게 말한다. 하지만 내용을 자세히 분석해 보면 모순되지 않는다. 『도덕경』 자체의 사상으로 미루어 볼 때, 육체와 같은 생명의 유기체가 존재하지 않는다면 어떠한 우환도 결코 존재할 수 없다. 그러나 현실적 차원에서 볼 때, 개체의 생존 문제는 기정사실이다. 몸을 보존하는 것은 지극히 당연한 일이다. 이 때문에 『도덕경』에서는 "뿌리를 깊게 하고 근본을 튼튼히 함으로써 장생구시하게 하는 길"[85]을 제시했다. 구체적인 방법은 이렇다.

하나는 양기養氣다. "기운을 모아 더없이 부드럽게 하여 갓난아기처럼 할 수 있겠는가?"[86] 세상 만물이 모두 기로 생성되어 존재하기 때문에

82 『도덕경』 제79장, 『제자집성』 제3책, 46쪽.
83 『도덕경』 제13장, 『제자집성』 제3책, 7쪽.
84 『도덕경』 제44장, 『제자집성』 제3책, 28쪽.
85 『도덕경』 제59장, 『제자집성』 제3책, 36쪽.
86 『도덕경』 제10장, 『제자집성』 제3책, 5쪽.

그렇게 된다. "만물은 음陰을 등에 지고 양陽을 앞에 안아 충기沖氣로써 조화를 이룬다."[87] 다른 하나는 '고요함靜'으로 양생하는 것이다. "뿌리로 돌아가는 것을 고요함이라 하고, 이를 본래의 참된 모습으로 되돌아간다고 이른다. 본래의 참된 모습으로 돌아갈 수 있기에 영원불멸하다고 말한다. 영원불멸함을 아는 것을 밝게 깨쳤다고 한다. 본래부터 영원불멸한 존재임을 알지 못하면 미망에 사로잡혀 스스로 재앙을 만든다. 영원불멸한 것을 알게 되면 너그럽게 되고, 너그럽게 포용하는 것이 공평한 것이다. 공평하면 왕 노릇을 하고, 왕 노릇하는 것이 하늘이며, 하늘처럼 사는 것이 도다. 도는 오래된 것이어서 몸이 다하는 날까지 위태롭지 않다."[88] 그다음 하나는, "욕망을 줄이고 하나만 품는寡慾抱一" 것이다. 『도덕경』에서는 세속인들이 물질을 지나치게 추구한 탓에 본래 의도와 상반되는 결과를 얻어 건강을 해쳤다고 파악했다. 오색이 눈을 멀게 하고, 오음이 귀를 먹게 하고, 오미가 입을 버려 놓는다는 말이 그것이다. 이를 고려하여 『도덕경』에서는 독특한 양생법을 제시했다. 그것은 바로 '포일抱一' 또는 '수박守朴'이다. 물질적인 욕망의 잡다함을 제거하고, 자연 그대로의 무위지도無爲之道로 되돌아가서 맑고 고요하게 소박함을 지켜야만 건강 장수할 수 있다는 것이다.

이러한 『도덕경』의 심성론과 공부론도 결국 하나로 통합된 것이었다. 대략적인 윤곽을 그려낸 것에 지나지 않았다 할지라도, 거기에 드러난 생각은 후대 도교에 깊은 영향을 끼쳤다. 특히 양생법과 관련한 공부론은 도교 양생학의 길을 열어주었다.

---

87 『도덕경』 제42장, 『제자집성』 제3책, 26-27쪽.

88 『도덕경』 제16장, 『제자집성』 제3책, 9쪽.

도교 이론을 집대성한 인물은 단연코 장자다. 장자는 노자의 심성론을 다른 한쪽으로 발전시켰는데, 바로 '망심忘心'과 '수성遂性'으로 요약되는 심성론이다. 이로 말미암아 그의 공부론도 자연히 '심재心齋'와 '좌망坐忘'이라는 이름으로 그 특징을 드러내었다.

『장자』에서 '심'을 논할 경우, 대개 『도덕경』의 '무심'이란 개념에서 출발했다. 장자는 그 속에 담긴 지혜를 자기 방식으로 정리하고 발전시켜 본인의 '망심설忘心說'을 주장했다. 장자의 사상은 현실적 마음의 존재 상태가 배후에 있는 본래 마음의 당위성과 괴리되고 어긋나 있다는 점을 고려한 것이었다. 장자는 먼저 당위성에 근거한 마음과 실재의 마음은 사실상 모두 본래의 마음과 어긋난 것이라고 주장한 다음, '좌망'을 통해 '천지의 마음'을 회복해야 한다고 말했다.

무엇보다도 『장자』는 '허'를 '심'의 기본적인 특성으로 파악했는데, 여기서 '허'는 『도덕경』의 심성론에서 발전시켜 온 개념이었다. 『장자』 역시 '심'이 도에서 생겨난 것으로 보았다.

> 분명한 사물들은 어둑하여 보이지 않는 것에서 생겨나고, 형체를 지닌 것들은 형체가 없는 것에서 생겨나며, 정신精神은 도에서 생겨난다.[89]

'정신'으로 대표되는 사람의 마음은 '도'에서 생겨났다고 했다. 마음이 생겨난 이후에도 도의 지배를 받고 있는 탓에, 당위의 논리로 따지면 사람의 마음은 '도'와 합쳐져서 하나가 되어야 했다. 이러한 '합일'은 애초에 '허'에서 비롯되었으며, '허'의 상태로 존재했다. 『장자』에서 다음과 같

89 왕선겸, 『장자집해』 권6, 「지북유」, 『제자집성』 제3책, 139쪽.

이 말했다.

"심재에 관해 묻고자 합니다."

대답했다.

"마음을 하나로 하게나. 귀로 듣지 말고 마음으로 듣게. 그다음에는 마음으로 듣지 말고 기운으로 듣게. 귀는 소리를 들을 뿐이고, 마음은 자기에게 맞는 것만 들을 뿐이네. 기운은 허령해서 어떤 것도 그대로 받아들이지. 도는 오직 텅 빈 곳에 모이는 법. 허가 바로 '심재'라네."[90]

『장자』에서는 "텅 비어 고요한 자연스러움"이 '마음'의 주요 특징이자 본성이라고 파악했다. 마음은 허하면서 형체가 없는 '도'와 '기'에서 생겨나 인간의 내면에서 구현된 것이라고 주장했다. 따라서 도와 기에서 생겨난 본래의 '마음'은 다음과 같은 특징이 있다. 첫째, '사려심思慮心'을 가지지 않는다. "형체는 마른 해골과 같고, 마음은 식은 재와 같다. 진실로 다 알지만 그런 이유로 자랑하지 않는다. 어둡고 흐릿하면서도 무심하여 더불어 무엇을 도모할 수 없다."[91] 이처럼 "식은 재와 같은" 상태는 아무 생각도 없고 아무런 욕심도 없다. 운명을 따라 마음을 즐겁게 하고, 도와 하나로 통하게 한다. 둘째는 '유심遊心'이다. 장자가 말한다. "담담한 경지에서 마음을 노닐게 하고, 아득한 세계로 기운을 맞추게 한다. 사물을 자연스럽게 따르게 하되 사사로운 마음이 개입하지 않는다면, 천하는 잘 다스려질 것이다."[92] '유심'은 천지를 소요하는 마음 상태를 가리킨다. 시공

90 왕선겸, 『장자집해』 권1, 「인세간人世間」, 『제자집성』 제3책, 23쪽.

91 왕선겸, 『장자집해』 권6, 「지북유」, 『제자집성』 제3책, 139쪽.

92 왕선겸, 『장자집해』 권2, 「응제왕應帝王」, 『제자집성』 제3책, 49쪽.

간의 제약에서 벗어나 능동적이고 주체적인 활동을 전개함으로써 '바라는 바가 없는' 정신적 상태에 도달한 것을 이른다. "천지의 바른 기운을 타고 육기六氣의 변화를 다루면서 무궁하게 노니는 자라면 무엇을 기다리겠는가? 따라서 이렇게 말한다. 지인至人은 자기가 없고, 신인神人은 공이 없으며, 성인聖人은 이름이 없다."[93] 이처럼 '유심'은 "비어 있어야 방으로 쓸모가 있다當其無 有室之用"라는 노자의 주장을 정신적 측면에서 적절히 운용한 것이었다. 셋째는 '망심忘心'이다. 각종 수련 방법을 통해 능동적으로 '도'와 일치하지 않는 온갖 마음을 망각하게 하여 부동심의 평정 상태에 이르게 한다. '망각하고자 노력하는' 주체적인 마음을 적극적이고 능동적으로 운용함으로써 무지무욕의 상태에 도달하게 하는데, 이러한 종류의 '마음'은 근본적으로 유지有知의 마음을 이용해서 무지無知의 마음을 이루려는 데 그 의의가 있다. 아주 의미심장한 사상이라 하겠다.

그러나 현실의 사람 마음은 그렇지 않다. 실제 현실에서 접하는 마음 상태는 '도심道心'이 아닐뿐더러 오히려 '도심'과 어긋나는 것들이다. "도를 구현하는 '심재'와 상반되는 것은 희로애락 따위의 감정과, 이권이나 영욕을 추구하는 마음인데 장자는 이를 '인심人心'이라 했다."[94] 이러한 마음은 다양한 형식으로 표현된다. 이를 구체적으로 언급하면,[95] 첫째, 성패成敗의 마음이다. "성심成心을 요량하여 이를 스승으로 삼는다면 누군들 스승이 없겠는가. 변화를 알아서 스스로 깨우친 사람에게만 이러한 것이 있겠는가. 어리석은 자에게도 똑같이 있는 법이다. 마음에 이룬 것도 없는데 시비를 따지려고 들면, 이는 오늘 월越나라로 떠나면서 어제 도착

93 왕선겸, 『장자집해』 권1, 「소요유逍遙遊」, 『제자집성』 제3책, 3쪽.

94 장리원, 『심』, 47쪽.

95 장리원, 『심』, 47-49쪽 참조.

했다는 말하는 것이나 진배없다."[96] 둘째, 기교를 부리는 마음이다. "기계를 가진 자는 반드시 기계를 쓸 일을 찾고, 기계를 쓸 일이 있으면 반드시 기계를 효율적으로 부릴 마음을 먹는다. 기계를 효율적으로 부릴 마음을 품고 있으면 순박한 마음이 갖추어지지 않고, 순박한 마음이 갖추어지지 않으면 정신이 불안하며, 정신이 불안한 자에게는 도가 깃들지 못한다."[97] 셋째, 서로 해치려는 마음이다. "신농씨 시절에는 누울 때는 편안했고 일어나서는 느긋했다. 백성들은 제 어미는 알아도 제 아비는 몰랐고, 고라니나 사슴과 함께 거처했다. 밭을 갈아먹고 길쌈을 해서 옷을 입으며 서로를 해치려는 마음 따위는 지니지 않았다. 이것이 지극한 덕이 융성했던 시대였다."[98] 넷째, 걱정하거나 즐거운 마음이다. "슬퍼하고 즐거워하는 것은 덕이 간사한 것이요, 기뻐하고 성내는 것은 도가 지나친 것이며, 좋아하고 미워하는 것은 덕을 잃은 것이다. 그러므로 마음에 근심과 즐거움이 없어야 덕이 지극하다."[99]

난세에 살았던 장자는 사람의 마음이 오래전부터 '도'와 어긋나 있다는 것을 간파했다. 장자가 동경하는 것은 아무런 구속 없는 자연 그대로의, 삶과 죽음이 없는 '도심'으로 회귀하는 것이었다.

성을 논하는 데서 장자는 맹자와 다른 태도를 보였다. 맹자가 '성'을 인간과 동물이 서로 구별되는 근거로 삼았다면, 자연주의 철학에 입각한 장자는 인간뿐만 아니라 세상 만물이 모두 가지고 있는 자연 본성이 '성'이라고 주장했다. "성이란 삶의 바탕이다. '성'이 움직이는 것을 일러 '위

96 왕선겸, 『장자집해』 권1, 「제물론齊物論」, 『제자집성』 제3책, 8-9쪽.

97 왕선겸, 『장자집해』 권3, 「천지天地」, 『제자집성』 제3책, 75쪽.

98 왕선겸, 『장자집해』 권8, 「도척盜跖」, 『제자집성』 제3책, 197쪽.

99 왕선겸, 『장자집해』 권4, 「각의刻意」, 『제자집성』 제3책, 97쪽.

爲'라고 한다."[100] 다시 말해 '성'은 세상 만물이 선천적으로 갖추고 있는 본질을 뜻하며, 이러한 본질은 '허정'의 도와 기에 근거한다. 그렇지 않다면 '위', 곧 '인위人爲'가 된다. "장자의 존재론, 만물 평등론, 인성즉물성론人性卽物性論 등을 살펴보면 만물의 '성'과 구별해서 인성을 논하는 예는 전혀 없다."[101] 인성과 물성을 하나로 파악한 점에서 장자의 인성론을 정확하게 규정한다면 성론性論이라 해야 마땅하다. 이러한 이론의 그다음 핵심은 성의 불가변성不可變性이다. 바뀌는 것은 '인위'이지 성이 아니다. "성은 바꿀 수 없으며 명은 달라지지 않는다."[102] 장자는 비유를 통해 이를 설명했다. "무엇을 자연이라 하고, 무엇을 인위라 하는가?" 북쪽 바다의 신 해약海若이 말했다. "소나 말이 네 발을 가지고 있는 것을 자연이라 하고, 말에게 굴레를 씌우고 소에게 코뚜레를 꿰는 것을 인위라 한다. 그러므로 인위로써 자연을 멸하지 말고, 이유를 꾸며내어 생명을 멸하지 말며, 무엇을 얻기 위해 이름을 희생하지 말아야 한다. 삼가고 지켜서 잃지 않게 하는 것을 일러 참됨眞으로 돌아간다고 한다."[103] 이처럼 장자는 사람이 태어나면서부터 가진 것이 '성'이라고 파악하고, 인생은 이러한 '성'을 따라 살아가야 한다고 주장했다.

> 대개 말들은 들판에 살면서 풀을 뜯고 물을 마신다. 기쁘면 목을 맞대고 서로 비비고, 성이 나면 등을 돌려 뒷발질한다. 말이 아는 것은 이것뿐이

---

100 왕선겸, 『장자집해』 권6, 「경상초庚桑楚」, 『제자집성』 제3책, 153쪽.

101 취이밍崔宜明, 『생존과 지혜-장자 철학의 현대적 해석生存和智慧-莊子哲學的現代闡釋』, 상하이인민출판사, 1996, 242쪽.

102 왕선겸, 『장자집해』 권4, 「천도天道」, 『제자집성』 제3책, 95쪽.

103 왕선겸, 『장자집해』 권4, 「추수秋水」, 『제자집성』 제3책, 105쪽.

다. 그러다가 가로대와 멍에를 씌우고 이마에 장식을 붙여주면, 말은 곁눈질할 줄 알게 된다. 목을 굽혀 가로대를 풀어보려고 하고 펄쩍 날뛰어 보기도 하고 재갈을 뱉어내거나 고삐를 물어뜯기도 한다. 말이 이처럼 대들 줄 알게 된 것은 백락伯樂의 죄라 하겠다. 저 혁서씨赫胥氏 때에는 백성은 살면서 해야 할 일을 몰랐고 다니면서 정작 가야 할 곳을 몰랐다. 입에 밥을 넣으며 즐거워하고 부른 배를 두드리며 놀았다. 백성이 할 수 있는 것은 여기까지였다. 성인이 등장하자 예악으로 굽히고 꺾어 천하의 모양을 바꾸어 놓고, 인의를 추켜세워 천하의 인심을 사려고 들었다. 백성은 이로부터 잔머리 굴리기에 열중하여 각박하게 이익을 다투게 되었지만, 막을 수는 없었다. 이것 역시 성인의 허물이다.[104]

장자는 말의 비유를 들어 후천적 지식과 규범 및 인의 도덕이 표면적으로 인생을 완벽하게 만드는 것처럼 보이지만, 그렇지 않다는 사실을 지적하고 이를 비판했다. 명리의 추구는 사람으로 하여금 '천성'을 어기게끔 유도하는 것에 지나지 않는다고 보고, 장자는 자연 그대로의 성을 보존하는 양성養性을 주장했다.

물론 인간과 동물이 지닌 '도'와 '기'는 그 차원이 다르고 질량도 다르다. 인성과 물성의 구체적인 내용이 서로 일치하지 않는 것도 지극히 당연하다. 이 점은 인성과 물성이 상통하여 하나라는 주장과도 모순되지 않는다. 공통성은 자연의 '성'에 보편성이 있다는 것을 설명하기 위한 것이고, 인성과 물성이 서로 구별된다는 것은 '성'의 특수성을 지적한 것이다. 이처럼 변증법적으로 '성'의 보편성과 특수성을 논한 것이야말로 장

104 왕선겸, 『장자집해』 권3, 「마제馬蹄」, 『제자집성』 제3책, 58쪽.

자의 탁월한 견해다. 그는 인간에 내재한 자연의 '성'에 대해 이렇게 말했다. "저 백성들에게는 떳떳한 성性이 있다. 베를 짜서 옷을 해 입고 밭을 갈아 밥을 먹는다. 이를 동덕同德이라 한다."[105] 또한, 동물에 내재한 자연의 '성'에 대해서도 다음과 같이 말했다. "올빼미는 밤중에 벼룩을 잡고 터럭 끝도 볼 수 있지만, 낮에 나오면 눈을 부릅뜨고도 산이나 언덕을 보지 못한다. 그것은 성性이 다르기 때문이다."[106]

『장자』의 심성론을 종합하면, 그 이론적 틀은 '도'에서 이탈한 인심이나 인성, 또는 인위를 '허정의 도'에 부합하는 인심과 인성으로 복귀시키는 데 두고 있다. 이를 출발점으로 삼아 장자는 수신양심의 공부 방법을 세 가지로 제시했다.

첫째는 양심養心과 존성存性이다.

운장雲將이 말했다.

"저는 하늘 같은 분을 또 만나기 어렵습니다. 한 말씀만 해주십시오."

홍몽鴻濛이 대답했다.

"어허, 마음을 기르게. 네가 무위로 살면 만물은 저절로 감화된다네. 네 형체를 내버려두고 네 총명을 뱉어버리게. 세상과 만물을 잊어버리면 아득한 자연과 같이 할 것이네. 마음을 놓아버리고 신명을 풀어, 아득하게 영혼조차 없도록 하게."[107]

마음 수양의 관건은 "마음을 놓아버리고 신명을 푸는 것解心釋神"이

105 왕선겸, 『장자집해』 권3, 「마제」, 『제자집성』 제3책, 57쪽.

106 왕선겸, 『장자집해』 권3, 「추수」, 『제자집성』 제3책, 103쪽.

107 왕선겸, 『장자집해』 권3, 「재유在宥」, 『제자집성』 제3책, 67쪽.

다. 중요한 것은 마음의 긴장을 철저히 풀어버림으로써 무욕무지의 경지에 도달하고자 하는 것이다. 그런 다음에 '도'와 합일한 자유로운 마음 상태를 얻게 된다. 이러한 마음 상태는 일반적 의미의 '허선虛善'이나 '위덕僞德'과 상반된다. 지극한 '도'를 향하는 덕성을 추구하는 것이다.

> 덕은 조화이고, 도는 이치다. 모든 것을 받아들이는 덕이 인仁이며 모든 이치에 부합하는 도가 의義다. 의로움을 밝혀 만물과 가까이하고자 하는 것이 충忠이다. 속이 순수하고 성실하여 정情으로 돌아가게 하는 것이 악樂이다. 믿음직한 행동과 바른 몸가짐으로 절도에 맞추어 따르는 것이 예禮다. 예와 악이 치우쳐 행해지면 천하가 어지럽다. 남을 바로잡으려다가 도리어 자신의 덕을 어둡게 한다. 덕은 억지를 부리는 것이 아니다. 억지로 하게 되면 만물은 반드시 그 본성을 잃는다.[108]

둘째는 심재와 좌망이다. '좌망'은 마음을 수양하고 '도'의 세계로 되돌아오는 공부다. 장자는 「대종사大宗師」편에서 '좌망'을 다음과 같이 해석했다. "손발과 몸뚱이를 팽개치고 귀나 눈의 작용을 내친 다음, 육체의 의식을 떨쳐버리고 알음알이를 지워 크게 트인 세계와 같게 되는 것을 좌망이라 한다." 물론 이러한 '잊음'에는 잊어야 할 것이 있고 잊지 말아야 할 것이 있다. 잊어야 할 것이 유형의 몸과 유한한 지식이라면, 잊지 말아야 할 것은 '도'를 따르는 '성'이며 도를 체득하고자 하는 '마음'이다. "그러므로 덕이 길러짐에 따라 형체를 잊게 된다. 사람들은 잊어야 할 것은 잊지 않고 잊지 말아야 할 것은 잊고 있다. 이를 '성망誠忘'이라 한

108 왕선겸, 『장자집해』 권4, 「선성繕性」, 『제자집성』 제3책, 98쪽.

다."[109] '잊음'은 인위를 해체하는 주체의 적극적인 행위다. 당연히 '잊음'에도 점진적인 과정을 거쳐야 했다. 다음은 수일守一의 방법으로 좌망을 가르친 상고 시대의 여선 여우女偊의 말이다. '수일'은 '본성' 하나만 지키고 나머지는 모두 잊는 공부 방법이다.

> 내가 '지키는守' 방법을 일러주었습니다. 사흘이 지나자 천하의 바깥을 알고 천하를 잊게 되었습니다. 천하를 잊게 되었지만 나는 또 지키게 했습니다. 칠 일이 지나니 만물의 바깥을 알고 만물을 잊게 되었습니다. 만물을 잊게 되었지만 나는 또 지키게 했습니다. 구 일이 지나니 삶의 밖을 알고 삶을 잊게 되었습니다. 삶을 잊게 되자 비로소 아침 햇살 같은 투명한 깨달음을 얻었습니다. 깨달음을 얻은 이후에 홀로 남게 되었고, 홀로 남게 되자 고금이라는 시간 의식을 지울 수 있게 되었습니다. 시간 의식을 지우게 되자 죽음도 삶도 없는 경지에 들어서게 되었습니다.[110]

셋째는 존신存神과 양신養身이다. 맨 먼저 행해야 할 것은 편안하고 담담하게 지내는 것이다. "성인은 쉬어가면서 쉽고 편하게 한다. 쉽고 편하게 되면 담담하다. 쉽고 편안하고 담담하게 되면, 근심 걱정이 끼어들지 못하고 사기邪氣가 엄습할 수 없다. 그래서 그 덕이 온전하고 그 신명이 손상되지 않는다."[111] 맑고 좋은 정신적 상태를 일정하게 유지함으로써 나쁜 기운의 침범을 사전에 차단하는 것이다. 그다음 순서로는 일과 휴식을 결합하는 것이다. "몸이 고달픈데도 쉬지 않으면 쓰러진다. 정력을 쏟

109 왕선겸, 『장자집해』 권2, 「덕충부德充符」, 『제자집성』 제3책, 36쪽.
110 왕선겸, 『장자집해』 권2, 「대종사」, 『제자집성』 제3책, 41-42쪽.
111 왕선겸, 『장자집해』 권4, 「각의」, 『제자집성』 제3책, 96쪽.

아 그치지 않고 일을 하면 피로가 쌓인다. 피로가 쌓이면 정력이 고갈된다. 물의 성질은 섞이지 않으면 맑고, 움직이지 않으면 평정함을 유지한다. 하지만 답답하게 막혀 흐르지 않으면 이 또한 맑을 수 없다. 이는 천덕天德의 상象이다."[112] 마지막은 욕심을 줄여 몸을 보존하는 것이다.

> 세상에서 받드는 것은 부귀, 장수, 명성이다. 즐거워하는 것은 몸의 안락, 기름진 음식, 아름다운 옷차림, 화려한 빛깔과 달콤한 음성이다. 싫어하는 것은 가난, 비천함, 요절, 비난이다. 괴롭게 여기는 것은 몸이 불편한 것, 입으로 맛있는 것을 먹지 못하는 것, 몸에 좋은 옷을 걸치지 못하는 것, 눈으로 좋은 구경을 못 하는 것, 귀로 달콤한 목소리를 듣지 못하는 것이다. 그런 것들을 얻지 못하게 되면 크게 근심하고 두려워한다. 그것들은 형체를 위한 것인데 참으로 어리석구나.[113]

하여튼 『장자』의 공부론은 대체로 "저처럼 지극히 올바른 자는 그 성명性命의 진정함을 잃지 않았다"[114]라는 기본에 충실한 것인데, 장자 사상의 대부분은 후대 도교로 계승, 발전되어 공부의 방법과 원칙을 체계화시켰다.

물론 유교와 도교 이외에, 『황제내경』처럼 자연의 생명 차원에서 심성론과 공부론의 통합을 논한 것도 있다. 게다가 후기 황로학黃老學이나 관자管子의 심성과 공부의 합일설 등도 후대 종교사상의 발생에 큰 영향을 미쳐 후대의 종교 심성론과 공부론의 통합화에 기초를 다졌다. 무엇보

112 왕선겸, 『장자집해』 권4, 「각의」, 『제자집성』 제3책, 97쪽.

113 왕선겸, 『장자집해』 권4, 「지락」, 『제자집성』 제3책, 109쪽.

114 왕선겸, 『장자집해』 권3, 「변무駢拇」, 『제자집성』 제3책, 54쪽.

다도 유가나 도가는 의심의 여지 없이 그중 가장 걸출한 대표격이다. 후세에, 특히 유교와 도교에 미친 영향은 가장 심대했다.

제2절

심성론의 기본 내용

일정한 차원에서 볼 때, 중국의 전통문화는 인본주의적 문화 유형에 속한다. 이런 점에 착안하여 논리적으로 검토해 볼 때, 중국종교사상의 주체는 의제議題의 하나인 동시에 인간과 유관한 명제를 둘러싸고 전개된 것이라고 추론할 수 있다. 다시 말해 중국 전통 사상의 하위 범주인 중국종교사상도 인본주의적 색채를 띠고 전개되었다는 것이다.

중국종교사상의 주된 내용의 하나는 바로 인생이다. 삶의 현실과 그 목적, 인생의 가치와 의미, 삶의 실천에 필요한 구체적인 절차 등에 관한 토론과 탐구가 그것이다. 이처럼 인생의 진면목에 관심을 쏟고 이해해야 중국종교사상의 핵심을 파악할 수 있고, 나아가 중국종교사상의 심성론을 제대로 이해할 수 있다. 중국종교사상의 심성론은 단순히 '심성'만 놓고 연구하는 것이 아니다. 인생론이나 인학人學의 사상 체계와 결부하여 사리를 밝히는 것이다. 중국종교사상에 있어서 심성론은 철학적 논제 이전에 생생한 삶의 실천적 명제이다. 인간이 어떻게 살아가야 하는지, 그 방향과 방법을 제시해주는 것이 목적이고, 그를 위해 존재한다.

중국종교 심성론의 가치와 그 특징을 잘 설명하려면, 일반인보다 높은 시각과 관점을 택하는 것이 필수다. 여기서 취하는 시각은 넓은 의미에서의 '인학'이라는 시각이다. 인학의 기본 관점은 개인 또는 집단의 '사람'을, 자연 · 사회 · 정신이라는 삼위일체의 존재로 간주한다. 인학은 인간이란 존재를 기점으로 "인간의 존재, 인간성과 인간의 본질, 인간의 활동과 발전에 대한 일반 법칙, 인생의 가치와 목적, 그 과정 등의 기본 원리를 총체적으로 연구한다."[115]

중국종교 심성론의 기본 내용을 연구하는 제2절에서는 인학 이론에 근거하여 심성론을 전체 중국종교사상의 하위 범주에 넣고, 부분과 전체의 관계라는 시각에서 중국종교사상 하의 심성론을 설명하려고 한다.

중국종교 심성론은 중국 전통사상 체계의 하위 범주임은 분명하다. 그러나 이러한 하위 범주는 상대적으로 독립적이고, 다른 하위 범주와 비교할 때 많은 특수성을 지니고 있는데, 가장 뚜렷한 특수성은 종교성에 있다. 여기서 다루고자 하는 것은 종교적 성격을 띤 심성론이다. 일반적인 것이거나 기타 사상가의 심성론이 아니다. 하지만 이러한 성격의 심성론은 일반적인 심성론과 어느 정도 공통점이 있다. 이를테면 관심 영역에 나름의 특수성이 있거나, 연구 방법과 목적 및 기능 면에서도 그렇다. 이 때문에 중국종교 심성론을 거론할 때는 넓은 의미에서의 종교학적 관점이 필요하다. 이러한 종교학적 관점은 논의의 대상을 명확히 한다. 종교 심성론이 다른 유형의 문화 현상이 아니라 종교사상 영역의 한 갈래이며, 뚜렷한 종교적 색채를 띠고 있다는 것이다. 여기서 '종교'는 넓은 뜻으로 이해되는데, 중국 전통 종교의 유교 · 도교 · 불교 · 원시 종교 · 민간종교 등은 모두 종교적 유형의 하나로 간주할 수 있다. 논의의 과정에 이러한 특수성을 간과해서는 안 될 것이다.

물론 이러한 논의는 믿음이 돈독한 종교 신도의 관점에서 논의를 펼

115 천즈상陳志尙, 『인학 원리人學原理』, 베이징출판사, 2005, 5쪽.

친다는 것을 의미하지 않는다. 어디까지나 객관적 서술과 이성적인 분석 및 공정한 가치 평가에 주력해야 할 것이다.

중국종교 심성론의 기본적 내용을 소개하는 과정에 또 다른 의도가 있는데, 그것은 바로 제1절에서 서술한 심성론과 공부론의 통합 문제다. 양자의 관계는 어떤 측면에서 동전의 양면 관계라고 이를 수 있다. 심성론의 최종 목적은 '공부'이고 '실천'이다. 심성론의 내용은 공부론의 시각에서 조망할 때, 중국종교사상의 이론으로서 그 가치와 의의를 가늠할 수 있고, 나아가 그 핵심 내용을 제대로 파악해서 이를 명확히 밝힐 수도 있다.

논의하는 과정에서 공부론과의 관련 내용을 명확히 밝히지는 않겠지만, 뇌리에 상방보검尙方寶劍을 드리운 것처럼, 공부론의 시각으로 종교 심성론을 살펴야 한다는 점을 줄곧 기억해야 한다. 그렇게 해야만 심성론을 고립된 명제로 만들지 않을 것이고, 또한 이도 저도 아닌 이상한 이론으로 취급당하지 않을 것이다.

이상의 내용이 중국종교의 심성을 탐구하는 데 고려해야 할 세 가지 입장과 시각이다. 제2절에서는 이러한 세 가지 원칙을 일관되게 유지하되, 사실과 논증에 근거하여 다각적인 논의를 펼침으로써 중국종교 심성론의 기본 내용을 밝히고자 한다.

심성론은 각 종교에 따라 다르고 그 차이점도 비교적 크다. 유교, 도교, 불교에서 관심을 두는 주된 내용과 이상이 제각기 다르고, 그로 인해 그들의 심성론도 독자적인 체계를 갖추고 있다. 비록 역사적 발전 과정에 서로 영향을 주고받았다고는 하지만 차이점이 많다는 사실은 명백하다. 따라서 제일 좋은 방법은 그것들을 일일이 알아보는 것이다.

1 —— 유교 심성론의 주요 내용

유교의 심성론은 초기 유가의 심성사상心性思想에 많은 영향을 받았다. 상술한 바와 같이, 유가 심성론의 핵심은 "어떻게 사람이 되며, 어떻게 착하게 될 것인가"의 문제다. 이것은 유교 심성론에서 집중적으로 다루는 과제이기도 했다.

양한 시기는 유교가 첫걸음을 떼던 시대였다. 이 무렵 유교 심성론의 특색은 신학의 목적론과 신비주의 사상이 만연했다는 것이다. 동중서와 그의 『백호통白虎通』이 이를 대표했다.

한나라의 종교사상가 동중서는 유교를 개척한 핵심 인물이었다. 그는 유가 사상을 유교로 발전시키는 데 중요한 역할을 했는데, 동중서 사상의 본질은 신학화한 유학이었다. 그가 주장한 이론의 기본적인 틀은 이렇다. "사람이 사람으로 존재하는 것은 하늘을 본받기 때문이다"라는 천인관계론에서 인간의 윤리도덕과 강상綱常이 만고불변의 것이라는 주장을 도출한 것이다. 이처럼 '하늘'을 신학화한 종교적 대상으로 파악하고 해석한 점에서 동중서는 신학 사상가로 간주되었다. 그의 사상에 따르면 '하늘'은 세 가지의 신학적 특징이 있었다. 첫째는 지극히 고귀한 권위성이다. 그에 따르면 "하늘이란 백신百神의 왕이다."[116] 하늘은 더 이상 객관적인 자연이 아니었다. 초자연적인 신성을 갖추고, 지고무상한 신의 특성이 있으며, 인간 세상의 일월성신과 사계절의 기후 및 국가의 흥망성쇠를 모두 지배하는데, 이를 '하늘의 뜻天意'이라고 했다. 바로 "임금은 하늘의 뜻을 부여받은 존재"[117]라는 것이다. 둘째는 인격성이다. 동중서는 '하늘'

116 동중서, 『춘추번로』「교의郊義」, 소여, 『춘추번로의증』, 402쪽.

117 동중서, 『춘추번로』「심찰명호深察名號」, 소여, 『춘추번로의증』, 286쪽.

에 희로애락과 함께 의지와 감정이 있을 뿐만 아니라, 권선징악을 선택하는 의식도 있다고 생각했다. "봄은 사랑스러운 마음이고, 여름은 즐거운 마음이며, 가을은 매서운 마음이고, 겨울은 슬픈 마음이다. … 하늘에 희로애락의 변화가 있듯이, 사람에게도 춘하추동의 기운이 있어서 서로 어울리고 닮는다고 일렀다."[118] 이는 하늘을 의인화하고 인격화한 것이었다. 인격화한 하늘의 근본적인 품성이 바로 덕이었는데, 동중서는 인격화한 하늘에 도덕적 품성을 부여하고, 이러한 도덕적 품성의 근본을 '인'이라 했다. "인의 아름다움은 하늘에 있다. 하늘이 인이다"[119]라는 말이 그것이었다. '하늘'의 도덕적 품성이 바로 하늘을 신격화한 세 번째 특징이다. 천인관계론에서 그 근거로 삼은 하늘이 곧 도덕적으로 신격화한 '하늘'이었다. 그런 탓에 동중서의 심성론에서 신학적 색채가 만연한 것은 당연한 결과였다.

먼저, 그는 천인감응설과 인간이 하늘의 복사판이라는 '인부천수人副天數'의 추론 방법으로 인간의 성정이 하늘에서 나왔다고 주장했다.

> 사람의 형체는 천수天數가 변화하여 이루어진 것이고, 사람의 혈기는 천지天志가 변화하여 인자하게 된 것이며, 사람의 덕행은 천리天理가 변화하여 의롭게 된 것이다. 사람의 좋아함과 싫어함은 하늘의 따뜻함과 서늘함의 변화로 이루어지며, 사람의 기쁨과 분노는 하늘의 추위와 더위의 변화로 이루어진 것이고, 사람의 운명은 하늘의 사계절 변화로 정해진다. 사람이 살아가면서 희로애락이 있는 것은 춘추동하의 변화에 응답한 것

118 동중서, 『춘추번로』「천변재인天辨在人」, 소여, 『춘추번로의증』, 335-336쪽.
119 동중서, 『춘추번로』「왕도통삼王道通三」, 소여, 『춘추번로의증』, 329쪽.

이다. … 하늘의 복사판副本이 사람이고, 사람의 성정은 하늘로 말미암은 것이다.[120]

그다음으로, 동중서는 '성'을 구체적으로 다루면서 '성'에 대한 인식을 바로잡아야 한다고 서술했다. "요즘 세상은 성에 대해 어두우므로 말하는 것이 같지 않다. 어찌 '성'의 명칭에 대해 돌이켜 보지 않는가? '성'이라는 이름은 '생生'자에서 나온 게 아닐까? 그것은 자연스러운 자질로 생겨나서 '성'이라고 이른 것이다. 성은 본질이다. '선'이란 이름에서 '성'의 본질을 찾는 것이 가능한가? 가능하지 않다면, 본질이 선하다고 이르는 것은 무슨 이유인가? '성'의 명칭은 본질을 떠날 수 없다. 터럭만큼이라도 본질을 떠나면 이미 '성'이 아니다. 이를 분명히 알아야 한다."[121] 이처럼 동중서는 '성'을 저절로 생겨난 "천성의 소박함天質之朴"[122]으로 정의했다. 따라서 '선'이라는 후천적 현실성을 인성으로 볼 수 없다고 했다. 왜냐하면, 현실적 '선'으로서의 인성은 후천적으로 학습되거나 가르침에 의한 것이기 때문이다.

마지막으로, 동중서는 이러한 기초 위에 '성삼품론性三品論'을 제시했다. 인성이 비록 타고난 것이긴 하지만, 이어받은 비율이나 정밀함과 조잡함의 차이로 말미암아 인성에도 차이가 있다고 했다. 최상급은 '성인지성聖人之性'인데, 이런 유형의 인간은 정욕이 극히 적어서 가르치지 않아도 선을 행한다고 했다. 반면에 최하급은 밥만 축내는 '두소지성斗筲之性'인데, 이런 유형의 인간은 정욕이 가득하여 가르침을 받더라도 선해질

120 동중서, 『춘추번로』「위인자천爲人者天」, 소여, 『춘추번로의증』, 318-319쪽.

121 동중서, 『춘추번로』「심찰명호」, 소여, 『춘추번로의증』, 291-292쪽.

122 동중서, 『춘추번로』「실성實性」, 소여, 『춘추번로의증』, 313쪽.

수 없다고 했다. 그 중간에 있는 것이 '중민지성中民之性'이라고 했다. 이는 대다수 사람의 '만민지성萬民之性'인데, 이런 유형은 가르침 여하에 따라 선해질 수 있고 악해질 수도 있다는 것이다. 이러한 분석에서 알 수 있듯이, 이는 "본성은 서로 가깝지만, 습관에 의해 멀어진다性相近, 習相遠"와 "성인과 소인만이 변하지 않는다唯上智與下愚不移"라는 공자의 생각을 인성론에 적용하여 발전시킨 것에 지나지 않았다.

'성'에서 시작하여 '심'에 이른 것이다. 동중서는 '중민지성'에 착안하여 '중민지성'을 가진 자야말로 '심'을 통해 '성'의 진면목을 회복할 수 있다고 했다. 구체적으로 들어가, 동중서는 하늘에 의지, 감정, 선의가 있듯이 인성에도 이중성이 있다고 생각했다. 즉 위선의 가능성과 위악의 가능성을 모두 지니고 있다는 것이다. "하늘에 음양의 운행이 둘로 나뉘듯이, 몸에도 탐욕과 인자한 성품이 둘로 나뉘어 있다. 하늘에서 음양을 금제하듯이 몸에도 정욕을 억제해야 하는데, 이는 천도와 일치한다."[123] 이 때문에 악을 버리고 선해지려면 '마음'에서부터 시작해야 했다.

동중서가 생각하기로는, 선을 바라고 악을 버리며, 모자란 점을 반성해서 알고자 하고, 희로애락 등의 감정을 느끼는 능력은 '마음'에 내재해 있었다. 아울러 그런 능력은 교화를 착수하는 실체다. "안에서 모든 악을 억제하여 밖으로 발산하지 못하도록 하는 것이 마음이다. 그래서 '마음心'은 '연약한 가지를 휘어서 억제한다'라는 뜻으로 '임栣'이라고 한다. 사람의 기질에 악함이 없다면 왜 마음을 억제해야 하겠는가? 내가 생각하기에 '심'이라는 이름은 사람의 성誠에서 얻은 것이다. 사람의 진실한 감정에는 탐욕도 있고 어진 본성도 있다. 어질고 탐욕스러운 두 가지 기질이

123 동중서, 『춘추번로』 「심찰명호」, 소여, 『춘추번로의증』, 296쪽.

모두 몸에 있다."[124] 인성에는 인仁과 탐貪의 이중성이 있는데, 악을 버리고 선을 취하는 관건은 사람의 마음으로부터 생겨난 주체적 의지로 정욕을 통제하는 데 있다. 이것이 가장 기본적인 출발점이다.

> 무릇 기氣는 심心에서 나온다. 심은 기의 군주다. 기가 어찌 따르지 않겠는가? 그래서 온 세상의 도 닦는 자들은 모두 내심內心이 근본이라고 말한다.[125]

몸과 마음의 관계에서 마음은 몸을 주재하면서 한편으로 '성'을 신격화한 '천성天性'으로 복귀시키는 매개체다. "몸은 마음을 근본으로 삼고, 국가는 군주를 주인으로 삼는 것이다."[126] 이러한 방법은 인위적으로 본성을 바꾸어야 한다는 순자의 관점과 유사한 면이 있다.

후한 시기의 유학에서는 신학화 또는 종교화한 경향이 한층 뚜렷하게 나타났다. 심성론의 핵심 내용인 인간의 본질과 본성에 관련한 문제에 그런 면이 두드러졌다. 동중서의 『백호통』은 목적론적 신학을 한 걸음 더 발전시킨 것으로서, 전체 이론의 배경에는 신비로운 분위기가 짙었다. 『백호통』에서는 '인'을 성性으로 명명하고 '탐욕'을 정情으로 규정하여 인의 성이나 탐욕의 정을 모두 선천적인 품성으로 간주했다.

> 정은 음에서 생겨나는 것인데 수시로 일어나는 욕망이다. 성은 양에서 생겨나는 것인데 이치로서 하는 것이다. 양기는 인이며 음기는 탐욕이다.

124 동중서, 『춘추번로』 「심찰명호」, 소여, 『춘추번로의증』, 293-294쪽.

125 동중서, 『춘추번로』 「순천지도循天之道」, 소여, 『춘추번로의증』, 448-449쪽.

126 동중서, 『춘추번로』 「통국신通國身」, 소여, 『춘추번로의증』, 182쪽.

그 때문에 정에는 이욕利欲이 있고 성에는 인이 있다.[127]

이 책에서는 인·의·예·지·신이라는 다섯 가지 성性이 있고, 기쁨喜·분노怒·슬픔哀·두려움懼·사랑愛·미움惡이라는 여섯 가지 정情이 있다고 주장했다. 아울러 중국 심성론에서도 아주 독특한 명제로 인정받는 "성은 착하지만 정은 나쁘다性善情惡"라는 주장을 제기했다. 이 때문에 나쁜 정을 규제하기 위해서는 군신·부자·부부의 관계에 대한 삼강三綱과 부친의 형제·형제·친족·모친의 형제·스승·친구에 대한 육기六紀를 배워야 했고, 이를 통해 성을 다스리고 정을 억제해야 했다.

무엇을 강기綱紀라 하는가? 강綱은 베푸는 것이고 기紀는 다스리는 것이다. 큰 것이 강이 되고 작은 것이 기가 된다. 그 때문에 위에서 베풀고 아래에서 다스려 사람의 도리를 가지런하게 하는 것이다.[128]

후한 말기에 왕충王充은 유교의 이단자로 낙인찍혔는데, 그는 이 시기의 심성론을 전반적으로 비판했다. 그의 기본적 태도는 성에 세 가지 품성이 있다는 것이다. 그것들은 생겨나면서부터 받은 자연의 기운에 영향을 받는데, 기운의 강약强弱, 다과多寡, 후박厚薄에 따라 차이가 생겨난다고 했다. 하지만 이러한 선천적인 성이나 운명은 후천적인 교화와 학습을 통해 바뀔 수 있고, 변화의 매개체는 바로 인심이라고 했다.

127 반고, 『백호통의』 권하卷下, 「정성情性」, 『문연각사고전서文淵閣四庫全書』 제850책, 51쪽.

128 반고, 『백호통의』 권하, 「삼강육기三綱六紀」, 『문연각사고전서』 제850책, 50쪽.

무릇 성이 악한 자는 마음이 목석과 다름없다. 비록 목석이라 할지라도 쓸모가 있는데 하물며 목석이 아닌 바에야 무엇을 더 말하겠는가?[129]

왕충은 인심을 바꾸는 것이 곧 후천적인 인성의 변화를 이룩하는 길이라고 했다. 덕으로 교화함으로써 착한 길로 가도록 하고, 법으로 금하여 악을 예방하는 것이 변화에 필요한 방법과 일련의 조치라고 했다. "학교에서는 사전에 힘써 가르치고, 법으로 금하여 사후를 방지할 필요가 있는 것이다."[130]

위진 남북조 시대에는 유교 심성론의 발전이 두 번째 단계로 접어드는 시점이다. 이 시기의 특징은 현학玄學의 경향이 아주 뚜렷하게 드러난다는 것이다. 현학으로 기울어진 당시 유교사상은 경직된 경학에 대한 반발이었고, 중국 전통사상을 자유롭게 하는 데 필요한 이론적 근거가 되었다. 이에 따라 이 시기의 유교 심성론은 더욱 넓고 깊은 단계로 진입하게 되었다.

그러한 심성론은 대략 네 단계로 구분되었다. 첫 단계는 성인과 우부愚夫의 능력 차이를 다룬 재성지변才性之辨이란 형식으로 출현했다. 그 대표적인 인물은 유소劉劭다. 유소는 먼저 인간의 본질을 성정性情으로 정의했다.

대개 인물人物의 본질은 성정에서 생겨난 것이다. 성정의 이치는 아주 미세하면서 현묘하다."[131]

---

129 왕충, 『논형論衡』「솔성제팔率性第八」, 상하이인민출판사, 1974, 27쪽.

130 왕충, 『논형』「솔성제팔」, 27쪽.

131 유소, 『인물지人物志』 권상, 「구정제일九征第一」, 리충즈李崇智, 『인물지교첨人物志校籤』, 파촉

사람의 바탕이 되는 성정은 타고날 때부터 결정된 음양오행의 불균형으로 말미암아 다를 수밖에 없다고 했다. "무릇 사람의 질량에서 중화中和가 가장 귀하다"[132]라고 주장하고, 최상의 성정은 '중화'라고 파악했다. 또한, 선천적으로 차별된 '성'에 대해 '심'이 할 수 있는 역할은, 인간의 자질이 외현되는 과정에 개입하여 후성적 변화epigenetic change에 영향을 끼치는 데 있다고 했다. "그러므로 마음의 바탕이 밝고 곧으면 겉모습도 강직해 보인다. 마음의 바탕이 아름답고 굳세면 겉모습도 결기에 차 있고 위엄이 있다. 마음의 바탕이 공평하고 이치에 따른다면 겉모습도 편안하고 여유가 있다."[133] 이는 주체 의식으로서의 '심'이 인재의 형성에 중요한 역할을 한다는 사실을 지적한 것이었다. 이와 아울러 인재를 육성하는 과정에 인심人心에 대한 교육을 중시해야 한다는 점도 분명히 했다.

두 번째 단계는 성범지변聖凡之辨으로 전개되었다. 대표적인 인물은 하안何晏과 왕필이다. 인성에 상품·중품·하품의 차별이 주어져 있다고 하는 것이 한학漢學의 성삼품론이다. 이러한 성삼품론에서 내린 논리적 귀결 중 하나는 "성인은 인정이 없고聖人無情, 범인은 인정에 맡긴다凡人任情"일 것이다. 이 점에 대해 하안도 같은 생각을 가졌다. 그는 『논어집해論語集解』에서 '성인무정聖人無情'이라는 독창적인 관점을 제시했다. 그러나 이런 관점의 이론적 근거는 현실과는 모순된다. 이를 고려하여 왕필은 수정과 보완의 과정을 거쳐서, 성인이나 범부 모두 육욕칠정을 지닌 점에서 일치한다고 주장했다. 욕망이나 감정을 처리하는 방식만 다를 뿐이었다. "사물에 응하지만, 사물에 얽매이지 않는應物而不累于物" 성인의 태도를

서사, 2001, 15쪽.

132 유소, 『인물지』 권상, 「구정제일」, 리충즈, 『인물지교첨』, 17쪽.

133 유소, 『인물지』 권상, 「구정제일」, 리충즈, 『인물지교첨』, 24쪽.

"무덤덤하게 사물을 대하는無哀樂以應物" 것과 동일시할 수 없었다. 불교에서 이르는 활기活機와 사기死機의 차이였다. 이런 식으로 왕필은 본성은 움직이지 않고 움직이는 것은 감정이라는 성정정동설性靜情動說을 주창했다. '성'을 체體로, '정'을 용用으로 간주한 셈이었는데, '무'의 철학적 범주 속에서 성정론을 전개하여 그 내용적 깊이를 더했다. 게다가 명분에 얽매이지 않고 다음처럼 개체의 자유를 추구해야 한다는 결론까지 도출할 수 있었다. "귀, 눈, 입, 마음은 모두 그의 성을 따라야 한다. 성명性命을 따르지 못하면 도리어 자연을 해친다."[134]

'심'의 문제에서 왕필은 무심본체론無心本體論을 내세웠다. 즉 '무'라는 본체로 심을 해석한 것이었다. "적막하고 고요하여 지극한 무가 그 근본이 된다. 그래서 움직임이 땅속으로 잦아들게 되면 천지의 마음이 드러난다. 만약 유有로 마음을 삼는다면 이류異類와 함께 존재할 수 없다."[135] 이는 본체의 '심'이 움직임도 없고 욕망도 없이 허무하고 소박하다는 것을 입증한다. 현실의 인심人心이 실체와 부합하여 구체화된다는 것은 곧 마음속에 개인적 욕심이나 잡념이 없다는 것을 가리킨다. 그 때문에 마음을 비운 상태로 사물을 대해야 사물에 얽매이지 않게 된다. "그러므로 성인은 천하를 거두어들일 뿐, 주장하는 마음이 없다. 천하의 마음을 모을 뿐, 제 뜻을 관철하려 하지 않는다."[136]

세 번째 단계의 주요 주제는 "명교名教에서 벗어나고 자연 그대로 내버려두라"라는 것이었다. 그 대표적인 인물이 혜강嵇康과 완적阮籍이다. 그들은 왕필의 뒤를 이어 인간의 도리를 강조하는 명교를 비판하고, 타고

134 뤄위례, 『왕필교집석王弼校集釋』 상권, 중화서국, 1980, 28쪽.

135 뤄위례, 『왕필교집석』 상권, 337쪽.

136 뤄위례, 『왕필교집석』 상권, 130쪽.

난 본성대로 살자는 임성설任性說을 내세웠다. 그들은 무엇보다 인간이 자연에서 태어난 존재임을 강조했다.

> 사람은 하늘과 땅 사이에 태어나 자연의 형체를 갖추었다. 몸은 음양의 정기다. 성은 오행의 바른 성품이다. 정情은 떠도는 혼령이 변화하려는 욕구다. 신은 천지가 만물을 부리는 근원이다.[137]

인위로 이리저리 강제하는 명교는 자연에 어긋난다. 따라서 타고난 본성대로 살자는 '임성'은 필연적인 결론이다. 곧 명교를 넘어 자연 그대로 내버려 두는 것이다. 이를 위해 반드시 개인적인 욕심을 줄여서 양성養性하고, 맑고 고요하게 지내면서 양생養生해야 한다. 심의 문제와 관련지어 볼 때, 본체에 있어 '심'과 '성'이 일치하지만, 현실에서 '심'과 '성'은 서로 분리되어 대립한다. "마음은 욕망으로 치달려 본성의 요구에 부응하지 않는다. 그래서 괴로움과 근심이 날로 싹트게 되어 삶의 의지가 소멸하고, 재앙과 변란이 일어나 만물이 쇠잔하게 된다."[138] 그러므로 '양성'의 관건은 마음을 본성에 맞추게 하는 데 있다. 나아가 심성의 수양을 통해 신체와 정신을 온전하게 하는 목적을 실현해야 한다.

네 번째 단계는 곽상郭象이 앞의 주장들을 요약하여 총괄한 것이다. 그는 '독화론獨化論'이란 철학사상으로 '명교'와 '자연'의 분쟁을 해결하려고 노력했다. 그가 제시한 심성론의 핵심은 '명교'가 곧 '자연'이라는 것이었는데, 이를 통해 분쟁을 해결할 실마리를 제공하고자 했다. 곽상은

---

137 완적, 리즈균李志鈞 · 차이위잉柴玉英 외 교점, 『완적집阮籍集』「달장론達莊論」, 상하이고적출판사, 1978 , 32-33쪽.

138 완적, 리즈균 · 차이위잉 외 교점, 『완적집』「달장론」, 33쪽.

인정에 알맞은 '적정適情'이 본성과 부합하는 '칭성稱性'이라고 주장했다. "천성은 타고난 것으로 각자 본분이 있고 덜할 수도 더할 수도 없다."[139]는 것이 바로 그 이유다. 인의도 본성의 하나로서 어길 수 없는 것이라고 했다. 따라서 '명교'와 '자연'은 대립하는 것이 아니라 일치하는 것이라고 결론지었다. 이를 근거로 그는 심과 도, 심과 덕, 심과 성, 심과 리理의 관계를 해석하고, 이를 통해 공부론의 입장에서 심성의 관계를 "아는 것을 잊고 본성을 따르는 것이 정률이다"라고 설정했다.[140] 이는 무엇을 도모하고자 하는 생각을 던져버리고 무심한 마음과 본성의 실체로 복귀하는 것을 뜻한다.

수당 시기에 유교는 불교와 도교사상에 대항하기 위해 도통론을 제기했다. 심성론의 시각에서 볼 때, 이 시기는 중건 단계에 해당한다.

수당 시기 유교 심성론의 대표적인 인물은 한유와 이고李翱다. 한유의 심성론은 도통론의 하위 범주에 속하는 이론체계다. 한유는 도통론에서 유·불·도 삼교의 차이에 관해 기술하고, 유교의 도가 진실인 반면에 불교와 도교의 도는 허무한 것이라고 주장했다. 더 자세히 말하면 다음과 같다.

> 선왕들이 말하는 교敎는 도대체 무엇인가? 박애를 일러 인이라 하고, 행하되 마땅한 것을 의라고 한다. 이로 말미암아 나아가는 것을 도라 한다. 스스로 충족하고 외부의 영향에 좌우되지 않는 것을 덕이라 한다. 그 문으로는 시詩·서書·역易·춘추春秋가 있으며, 그 법으로는 예禮·악樂·형

---

139 곽상 주석, 성현영成玄英 소, 『남화진경주소南華眞經註疏』「양생주養生主」상권, 중화서국, 1998, 71쪽.

140 곽상 주석, 성현영 소, 『남화진경주소』「양생주」하권, 323쪽.

刑·정政이 있다. 그 백성은 사士·농農·공工·상商이며, 그 지위로는 임금과 신하, 아버지와 아들, 스승과 벗, 손님과 주인, 형과 아우, 남편과 아내가 있다. 입는 옷은 삼베와 비단이며, 사는 집은 궁宮과 실室이며, 먹는 것은 조粟, 쌀, 과일, 야채, 생선, 고기다. 이처럼 도道로 삼는 것은 쉽고 명쾌했으며, 가르침으로 삼는 것은 수월하게 행할 수 있었다.[141]

이것이 바로 한유가 불교나 도교와 다르게 생각하는 유교의 도였다. 유학의 체계에서 이와 같은 도는 처음부터 끝까지 하나로 꿰뚫는 특정한 전통을 유지했다. 요, 순, 우에서 시작하여 문왕, 무왕, 주공을 거쳐 공자와 맹자까지 전해졌는데, 맹자 이후로는 전통이 끊어졌다. 그러다가 한유가 다시 이러한 '일이관지一以貫之'의 전통을 이어받았다고 하는 것이 이른바 '도통론'이다.

한유가 '도통론'을 주창한 의도는 불교의 법통론에 대항하는 데 있었다. 그의 심성론 또한 불성론에 대항하기 위한 것이었다. 본성을 논하면서 한유는 기존의 본성론을 비판적으로 수용했다.

맹자의 눈에 성性은 원래 선한 것이며, 순자의 눈에는 성은 원래 악한 것이다. 그리고 양자揚子의 눈에는 사람의 성은 선한 면도 있고 악한 면도 있는 것이다. 처음에 선한 것이 악해진다든가, 처음에 악한 것이 선해진다든가, 처음에는 선하고 악한 것이 뒤섞여 있다가 나중에 선하거나 악하게 된다고 하는데, 모두 그 가운데를 들어내고 그 아래와 위를 버린 것

141 마치창馬其昶, 『한창려문집교주韓昌黎文集校註』 권1, 「원도原道」, 상하이고적출판사, 1987, 18쪽.

이다. 하나만 얻고 나머지 둘을 잃은 것이다.[142]

결과적으로 한유는 동중서의 성삼품론을 기본적으로 수용할 만한 이론이라고 생각했다. 즉 성은 사람의 선천적인 본질이며 타고난 것으로 이해했는데, 이러한 인성은 상·중·하 세 가지로 나뉜다는 것이다. 그러나 한유의 성삼품론이 동중서와 다른 점은 정에도 세 등급이 있다는 것이다. "정의 등급에는 상·중·하 셋이 있다. 정이라 하는 것에는 일곱 가지가 있는데, 기쁨·노여움·슬픔·두려움·좋아함·미움·욕심 등이 그것이다. 그 일곱 가지에 있어 상품은 감정 표현이 모든 경우에 적절히 부합한다. 중품은 때로는 지나치고 때로는 무덤덤하다. 그러나 경우에 맞게 적합한 감정을 드러내려고 애쓴다. 하품은 표현이 무덤덤하거나 지나치고, 감정에 치우쳐 행동한다. 이는 성과 견주어 정의 등급을 나누어본 것이다."[143] 이러한 사상은 위진현학의 성정론에서 발전한 것이라 하겠다.

한유의 심성론은 도통론의 하위 범주에 속했다. 그는 유가의 도를 '심'의 주된 내용으로 삼고, '심'을 주관적 도덕 윤리의 의식이자 이러한 의식을 수양하는 매개체로 정의했다. 이는 심리적 태도에서 '심'을 규정한 것인데, 이러한 '심'의 상태는 움직임이 없이 한가한 것이었다. 그러나 현실세계의 '심'은 이와 같지 않다. 때문에 마음 수양을 해야만 하품과 중품의 '성'을 상품으로 변환시킬 수 있다.

경전에서 일렀다. "몸을 닦고자 한다면 먼저 마음을 올바르게 해야 한다.

142 마치창, 『한창려문집교주』 권1, 「원성原性」, 21쪽.

143 마치창, 『한창려문집교주』 권1, 「원성」, 20쪽.

마음을 올바르게 가지려면 먼저 그 뜻을 확실히 해야 한다." 이처럼 옛사람이 이른 바, 마음을 올바르게 하고 뜻을 확실히 하는 자는 장차 쓸모가 있을 것이다.[144]

올바른 뜻의 기준은 육경에서 배우는 교훈이다. 한유의 심성론을 훑어보면, 그가 이해한 '성'은 인생의 최종적 보루이며, 후천적 도덕의 선을 가능케 하는 형이상학적인 근거를 가리킨다. 그가 말하는 '심'도 주체에서 본체적 지위로 점차 넘어가는 과도기의 모습을 보이는데, 이는 후대 송명이학에 직접적인 영향을 미쳤다.

한유의 제자인 이고는 스승의 견해에 동의하지 않았다. 이고는 '성'은 선한 것이며 '정'은 악한 것이어야 한다고 생각했다. 즉 성은 '선'의 근원이며 정은 '악'의 근원이었다. 먼저 '성'과 '정'은 분리될 수 없다고 했다. "성과 정은 서로 부정할 수 없다. 성이 없다면 정이 나올 데가 없는데, 정은 성으로 말미암아 생겨나는 것이다. 정은 스스로 정으로 나타나는 것이 아니다. 성으로 말미암아 생겨난다. 성은 스스로 성으로 나타나는 것이 아니다. 정으로 말미암아 드러나는 것이다."[145] 이는 성과 정이 내용과 형식, 본질과 현상의 관계라는 것을 표명한 것으로 보인다. 이고는 그다음으로 정을 가리게 되면 악한 것이 된다고 말했다.

정은 터무니없고 편협하다. 편협하고 터무니없는 것은 근본이 없기 때문이다. 터무니없는 감정이 사라지게 되면 본성이 맑고 밝아서 천지사방으

144 마치창, 『한창려문집교주』 권1, 「원도」, 17쪽.

145 이고, 『이문공집李文公集』 권2, 「복성서상復性書上」, 『문연각사고전서』 제1078책, 106쪽.

로 두루 퍼진다. 이 때문에 그 본성으로 복귀할 수 있다고 이른다.[146]

'복성復性'은 이고가 상당히 자신하는 속내다. 구체적인 방법의 핵심은 마음을 고요하게 하여 감정을 가라앉히고 생각을 쉬게 하는 것이다. "보고 듣지 못하면 정상적인 사람이라 할 수 없다. 비록 눈과 귀가 밝지만, 보고 들은 것에 마음을 빼앗기지 않으면 된다. 알지 못하는 것이 없고 하지 못할 것도 없다. 그 마음이 고요하여 빛으로 천지를 꿰뚫어 본다. 이것이 성誠의 '밝음明'이다."[147] 여기서 이고의 심성론이 노장老莊과 불교의 심성론에서 많은 영향을 받았다는 것을 알 수 있다.

송명이학의 심성론을 그 이전의 심성론과 견주어 말할 때, 그 최대의 특징은 심성론을 본체론으로 승격시켰다는 데 있다. 이로 말미암아 예전에 다루지 못했던 범위와 깊이까지 문제로 삼아 고도의 논의를 전개할 수 있었다.

『송사宋史』「도학전道學傳」에는 주돈이가 도학의 우두머리로 나오는데, 바로 그가 송명이학의 창시자다. 주돈이의 심성론은 그가 구축한 우주 생성론의 이론적 체계에서 나온 것이다.

무극無極이면서 태극太極이고, 태극이 움직여 양이 생긴다. 움직임이 지극하면 고요하고, 고요함에서 음이 생긴다. 고요함이 지극하면 다시 움직이기 시작한다. 한 차례 움직임과 한 차례 고요함은 서로 그 뿌리가 된다. 음과 양이 분리되면 양의兩儀가 성립된다. 양이 변화하여 음과 합쳐지면

146 이고, 『이문공집』 권2, 「복성서중復性書中」, 『문연각사고전서』 제1078책, 110쪽.

147 이고, 『이문공집』 권2, 「복성서중」, 『문연각사고전서』 제1078책, 109쪽.

서 수·화·목·금·토가 생긴다. 오기五氣가 순서대로 펼쳐져서 사시四時가 운행한다. 오음五陰은 하나의 음양이며, 음양은 하나의 태극이며, 태극은 무극에 바탕을 둔다. 오행이 생겨나면서부터 각각 한 가지씩 성질을 가진다. 무극의 진眞과 이오二五의 정精이 묘하게 합쳐져서 엉기는데, 건도乾道는 남자가 되고, 곤도坤道는 여자가 된다. 두 가지 기운이 서로 감응하여 만물을 낳는다. 만물은 끊임없이 생성하면서 변화가 무궁하다.[148]

여기서 우주의 생성과 발전 과정을 나타내었는데, 태극-음양-오행-만물의 순서로 전개되는 것임을 알 수 있다. 근본 뿌리가 되는 태극은 사실상 태극원기太極元氣다. 그런데 주돈이는 '입인극立人極'의 '성誠', 곧 성실함이 성인의 기본이다[149]라는 발언을 통해 도덕적 본체를 우주 태극의 속성으로 승격시켰다. 이것은 심성론에서 인성의 이중성으로 구현되는데, "성이란 굳세고剛, 부드럽고柔, 선善하고, 악惡하고, 알맞을中 따름이다"라는 것이다. 이 말은 구체적으로 다음과 같이 해석된다.

굳셈은 선한 방면에서는 의롭고, 정직하고, 결단력 있고, 단호하고, 확고한 것으로 나타난다. 악한 방면에서는 성질이 사납고, 편협하고, 잔인한 것으로 나타난다. 부드러움은 선한 방면에서는 자애롭고, 온순하고, 상냥한 것으로 나타나고, 악한 방면에서는 나약하고, 우유부단하고, 간사한 것으로 나타난다. 오로지 알맞게 하는 것이 조화이고 법도에 맞는 것이며, 천하로 통하는 도리이고 성인이 일삼는 것이다. 그러므로 성인은 가

148 주돈이, 『주원공집周元公集』 권1, 「태극도설」, 『문연각사고전서』 제1101책, 416-418쪽.

149 주돈이, 『주원공집』 권1, 『통서通書』 「성상제일性上第一」, 『문연각사고전서』 제1101책, 420쪽.

르침을 정하여 사람들로 하여금 스스로 악한 성품을 바꾸고, 스스로 알맞게 처신하도록 한다.[150]

여기서 주돈이는 강유와 선악의 대립적 개념을 모두 인성에 내재한 고유한 성품으로 간주했는데, 그 이유는 사람이 기로 구성되었기 때문이다. 따라서 "무극이면서 태극인 기"의 차이로 인해 인성에도 차이가 주어지고, 오직 성인만이 이러한 기를 중화中和하여 지고지선의 경지에 다다를 수 있게 되었다. 그러나 논리적으로 검토해 볼 때, 이러한 '성'은 사실상 후천적 '기질지성'으로 드러나 나중에 장재 및 정호와 정이 두 형제가 심성론을 전개하는 빌미가 되었다. 한편 '심'은 양성養性의 현실적 주체로서 반드시 수양해야 했다. "성현은 타고난 성으로 인한 것이 아니라 마음을 수양함으로써 성취한 것이다."[151] 마음 수양의 핵심은 존성과 과욕에 있고, 여기서 '심'은 주체적 수행의 관건이면서 본성을 체득하게 하는 매개체이기도 했다.

모호하면서 간략한 주돈이의 논단으로 인해, 후대 송명이학은 세 학파로 나뉘었다. 기본론氣本論, 이본론理本論, 심본론心本論이 그것이다. 이 세 학파의 심성론 역시 비교적 큰 차이를 보였다. '기본론'을 대표하는 인물은 장재이다. 그는 "태허太虛는 곧 기이고 형상이 없다"라는 우주관을 먼저 구축한 다음, '심성'에 대해 논의했다.

태허로 말미암아 하늘이란 이름이 있고, 기화氣化로 말미암아 도라는 이

150 주돈이, 『주원공집』 권1, 『통서』「사제칠師第七」, 『문연각사고전서』 제1101책, 424쪽.

151 주돈이, 『주원공집』 권2, 「양심정설養心亭說」, 『문연각사고전서』 제1101책, 446쪽.

름이 있다. 태허와 기운이 합쳐져 성이라는 이름이 있고, 성과 지각이 합쳐져 마음이라는 이름이 있다.[152]

태허는 만물의 근본 뿌리로서 기운이 가득 찬 것을 이른다. 기운이 변화하고 합치는 과정이 바로 도다. 허와 기가 합쳐서 성을 이루고, 성은 다시 지각과 서로 합치면서 마음을 만들었다는 내용이다. 이러한 논리를 통해서 알 수 있듯이, 인성의 근원은 곧 태허의 기운을 지닌 본성이다. 그러나 태허의 기운은 먼저 형이하학의 기운으로 변화하고 난 다음에 비로소 인간이 된다. 따라서 인성의 내용은 그 본질에 있어서 태허의 기운과 형이하학의 기운이라는 두 가지 속성을 지니고, 이 두 가지 속성은 인간의 자연적 속성과 사회적 속성으로 구체화된다. 즉 "형상이 갖추어진 연후에 기질지성氣質之性이 있고, 이를 잘 회복시키면 천지지성天地之性이 있게 된다."[153] 기질지성은 인간의 품성을 말하는데, 성격의 강유, 성질의 완급, 재주의 유무와 같은 것들을 이른다. 천지지성은 도덕적 속성을 가리킨다. 인의예지 등이 그것인데, 이러한 '성'은 근원적 실체와 서로 대체된다.

심은 성과 지각이 서로 합쳐서 만들어진 것으로서 인간의 주체적 의식 활동을 가리키는데, 여기에 두 가지 의미가 포함된다. 하나는 사물을 지각하고 인지하는 능력이 마음에 갖춰져 있다는 것이고, 다른 하나는 이러한 마음의 능력과 움직임이 선천적 본성에 의해 결정되고 지배된다는 것이다. 성과 지각으로 이루어진 심은 스스로 성정性情을 통합하여 본성의 요구를 충족시킴으로써 '성을 다한다'라는 진성盡性의 목적을 달성한

152 장재, 『정몽』「태화편제일太和篇第一」, 『장재집』, 9쪽.

153 장재, 『정몽』「성명편제육誠明篇第六」, 『장재집』, 23쪽.

다. 따라서 그 본질을 놓고 말하면 심은 본성의 매개체에 지나지 않는다.

이본론의 대표적인 인물은 정이程頤다. 그는 "성이 곧 이치"라고 하여 '성즉리性卽理'를 주장했는데, "성은 곧 이치다. 이른바 리理는 바로 성이다"[154]라고 했다. 정이는 사물의 필연적인 법칙과 사회의 도덕적 원칙을 인간의 본질 또는 본성과 같은 것으로 간주했다. 이와 아울러, 인성의 형성에 '기'는 매우 중요한 작용을 한다고 강조했다.

> 성은 리다. 리는 요순으로부터 길거리에 나다니는 사람에 이르기까지 모두 한결같다. 재주는 기를 타고나고, 기에는 맑고 흐린 것이 있다. 맑은 기운을 타고난 자는 현명하고 탁한 기운을 타고난 자는 어리석다.[155]

리는 인성의 선악을 결정한다. 그러나 현명하거나 어리석은 것은 타고난 기에 의해 좌우된다. 둘의 관계에서, 기와 비교해 리가 더 근본적이며 약간 더 중요하다. 그러나 둘 사이의 결정적인 차이점은 성리性理가 선천적인 근본이라는 데 있다. 비록 현실세계에서 실현되지 못했지만 성리는 그 자체로 순수한 선이다. 타고난 것을 일러 '성'이라고 하는 '생지위성生之謂性'은 현실세계에 이미 구현된 인성을 가리키는데, 여기에는 '선하지 않은 것'과 '선한 것'의 구별이 있다.

> 성性이란 글자는 하나로 묶어서 말할 수 없다. "타고난 것을 일러 성이라"고 하는 것은 단지 선천적으로 타고난 것임을 깨우쳐 준 것에 불과하다.

---

154 정호·정이, 『이정집』 제1책, 292쪽.

155 정호·정이, 『이정집』 제1책, 204쪽.

> "천명을 일러 성이라天命之謂性"고 하는 것은 성의 이치를 말한 것이다. 요즘 사람들은 "천성이 부드럽고 느리다, 천성이 강직하고 급하다"라고 말한다. 속언에 하늘이 이룬 것이며 모두 이처럼 태어날 때부터 그러한 것이라고 한다. 이런 말들은 선천적으로 타고난 것임을 일러준다. 성의 이치라고 하면 선하지 않은 것이 없다. 하늘의 것이고, 저절로 그러한 이치라고 하겠다.[156]

이러한 점은 성리학을 집대성한 주희의 학설에 극명하게 나타났다. 주희는 '성'에 두 가지 뜻이 있다고 했다. 하나는 천명지성이고, 다른 하나는 기질지성이다. 인성을 거론할 때는 선천적인 인성과 현실적인 인성의 두 측면이 있다는 것을 밝혀야 한다고 했다. 현실적인 인성의 경우, 그 형성 과정에 타고난 리와 기의 영향을 모두 받는다고 했다. 주희는 '아직 발생하지 않은' 미발未發과 '이미 발생한' 기발旣發의 개념을 설정하여 이 문제를 설명했다.

> "사람이 생겨나 고요한 것人生而靜"은 미발시未發時다. 그 이전은 곧 사람과 만물이 생겨나지 않는 시간이므로 성이라 할 수 없다. 성이라고 말하려면 사람이 생겨난 이후가 되어야 한다. 이때 리理는 형기形氣 속에 떨어져 온전하게 성의 본체가 아니다. 그러나 그 본체 또한 리를 벗어난 것이라 할 수 없다. 사람이라면 곧 이러해야 하니 잡다하게 섞이지 않은 존재임을 알 수 있다.[157]

---

156 정호·정이, 『이정집』 제1책, 313쪽.

157 주희, 『주문공집朱文公集』 권61, 「답엄시형答嚴時亨」, 『주자전서朱子全書』 제23책, 상하이고적출판사, 2005, 2961쪽.

이러한 내용은 사실상 주희가 선종의 심성론을 차용한 것이었다. 선천적인 미발의 '본성'은 곧 리체理體이며 오염되지 않은 것이다. 반면에 기질지성은 리와 기가 함께 작용한 결과라고 할 수 있는데, 도덕과 감성적 욕구가 얽히고설키면서 나타난 결과물이다. 이미 성체性體의 본연적 상태가 아닌 것이다. 성의 본체와 심의 본체가 상호 연계된다는 점에서, 주희는 "심이 성과 정을 통솔한다"는 심통성정心統性情을 제시했다. "심은 몸을 지배하는데, 그것이 체體로 나타난 것이 성이며, 용用으로 나타난 것이 정이다. 이로써 동정의 움직임을 꿰뚫어 모든 곳에 존재한다"[158]라고 했다. 또한, 주희는 이렇게 말했다.

> 성은 체이고, 정은 용이다. 성과 정은 모두 심에서 나온 것이다. 따라서 심은 이를 통솔할 수 있다. 통솔의 통統은 병사들을 이끈다는 '통'과 같이 지배자가 된다는 것을 말한다.[159]

여기에는 두 가지 뜻이 담겨있다. 첫째, '심통성정'은 성이 곧 심의 체이며, 정이 곧 심의 용이라는 것을 가리키고, 심은 성과 정을 합쳐 이르는 말이라는 것이다. 둘째, '심통성정'은 심이 성과 정을 지배하고 통제한다는 것이다. 이러한 두 가지 관점은 주희가 그의 공부론에서 착안하여 제시한 것인데 후대 송명이학의 발생에 상당한 영향을 미쳤다.

심성론의 문제에서 정주이학은 '심통성정'의 틀을 이용해서 절대적이며 외재적인 '심리心理'의 본체로 모든 것을 귀결시켰다. 하지만 육구연

---

158 주희, 『주문공집』 권40, 「답하숙경이십구答何叔京二十九」, 『주자전서』 제22책, 1839쪽.

159 여정덕, 『주자어류』 권98, 제7책, 2513쪽.

과 왕양명의 심학에서는 이를 극구 반대했다. '심학'의 창시자 육구연은 '심'과 '성'의 관계를 둘이 아닌 하나의 문제라고 주장했다. 리理의 본체를 별도로 따질 필요도 없고, 마음이 곧 본체이며 우주이며 성性이라고 했다. 여기서 육구연은 이런 명언을 남겼다. "우주가 바로 내 마음이고宇宙便是吾心, 내 마음이 곧 우주다吾心卽是宇宙."[160] 여기서 육구연이 말하는 마음은 본체지심本體之心을 가리킨다. 이러한 본체지심은 현실의 인심人心과 상통한다. "사람은 모두 이러한 마음이 있고, 마음은 모두 이러한 이치를 지니고 있으니, 마음이 곧 이치다."[161] 심체心體와 심용心用이 서로 통한다는 증거는 인의라는 도덕적 품성을 통해 잘 드러난다. "하늘에 있어서 음양이라 하고, 땅에 있어서 강유剛柔라고 하며, 사람에게 있어서 인의라고 한다. 그러므로 인의는 사람의 본심이다."[162] 이처럼 육구연의 '심'은 본체지심과 이로 말미암아 생겨난 현실세계의 인심을 가리키는데, 그 내용은 도덕과 인의를 근간으로 한 것이다. 현실의 '인심'도 그늘에 가려지게 되면 선하지 않을 수 있다. 그 해결책은 "정신을 수습하여 스스로 주인이 되는 것"에 있다. '성'과 '심'은 하나이고 둘이 아니기 때문이다. 따라서 성은 심과 같다. 본질적인 측면에서 볼 때, '성'의 내용도 착한 인의와 도덕에 지나지 않는다.

심학을 집대성한 왕양명은 육구연의 심성론을 한층 더 발전시켰다. 왕양명은 사람의 주체 정신과 천부적 양지良知를 '천지의 마음'으로 간주하고, 이를 우주 만물의 본체로 삼았다. 그는 다음과 같이 말했다.

---

160 육구연, 『육구연집陸九淵集』 권22, 「잡설雜說」, 중화서국, 1980, 273쪽.

161 육구연, 『육구연집』 권11, 「여이재이與李宰二」, 149쪽.

162 육구연, 『육구연집』 권1, 「여조감與趙監」, 9쪽.

사람은 천지 만물의 마음이고, 마음은 천지 만물의 주인이다. 마음이 곧 하늘이니心卽天, 마음을 언급하게 되면 천지 만물이 모두 동원된다.[163]

이 마음을 이해하게 되면 우주의 이치를 밝게 헤아릴 수 있게 된다. 왜냐하면, '심'의 본체 이외에는 더 이상의 이치도 없고 사물도 없다. 일체의 모든 것은 이 마음속에 있기 때문이다. 왕양명은 이러한 마음의 본체를 근거로 심心·리理·성性·명命을 통합했다. 이를 통해 외재적이었던 인의예지신이라는 이치를 인간의 내재적 본성으로 전환했다. "마음과 이치를 둘로 나누는" 이본론을 "마음과 이치를 하나로 합치는" 심성일원론心性一元論으로 철저히 전환했던 것이다. 왕양명의 말에 따르면, 인성人性·인심人心·인리人理는 곧 '양지'를 가리킨다. 따라서 마음을 수양하는 양심養心이나 본성을 되살리는 복성은 말할 것도 없고, 이치를 밝히는 명리明理와 운명을 파악하는 지명知命도, 공부의 차원에서는 모두 "양지에 도달하고자 애쓰는" 치양지致良知에 해당한다. 이는 나중에 '치양지'에 근거한 '지행합일론'으로 통합된다. '지행'의 합일은 인식론적인 의미 이외에, 가치론과 공부론에서도 중요한 의의가 있다.

명청 교체기에 등장한 왕부지는 중국 고대 철학을 전반적으로 비판했다. 심성론의 문제를 다룰 때도 같은 태도를 보였다. 왕부지는 인간과 사물이 각각 그 성을 지니고 있고, 제각기 성과 명을 바르게 해야 한다고 주장했다. 인성의 연원에는 두 가지 있는데, 첫째는 하늘의 정기로 말미암아 형성된 것이고, 둘째는 인의예지신의 성이다. 두 번째의 성이야말로

163 왕수인王守仁 편찬, 우광吳光 외 편집·교정, 『왕양명전집』 권6, 「답계명덕答季明德」 상책, 214쪽.

사람을 사람이라고 부르는 근거다.

> 사람이 짐승과 구분되는 까닭은 그 근본이 성에 있기 때문이다. 그처럼 분명하게 처음부터 끝까지 서로 빌려 쓸 수 없는 것은 그 본질이다. 그러므로 측은함, 수치심, 공경심, 시비심은 오직 사람에게만 있고 짐승에게는 없다. 사람의 형용을 하고 인의예지신의 성을 족히 따르게 할 수 있다는 것도 오직 사람이기에 가능한 것이다. 짐승은 그렇게 하지 못한다.[164]

이러한 차이점의 근본 원인은 배우고 생각할 수 있는 잠재적 능력이 사람에게는 있지만, 동물에게는 없다는 데 있다. 다시 말해 후천적인 학습을 통해 인성을 바꿀 수 있다는 것이다. 왕부지는 한 걸음 더 나아가 '일생일성日生日成'이라는 이론을 내놓았다. "성이란 것은 삶의 이치다. 나날이 생겨나고 나날이 이루어진다."[165] "나날이 생성되는" 성을 변환하는 주된 방법은 '습習'이다. '습'은 곧 후천적 습관, 습성, 실천을 말하는데 여기에는 다분히 진화론적 의미가 내포되어 있다. 그러나 왕부지는 마음의 문제에 대해서는 장재의 주장을 받아들였다. 감각 기관으로서의 마음을 중시하고, 생각하고 인식하는 마음의 능력은 외부 사물과 접촉하면서 발생하는 것으로 파악했다.

> 마음의 정이라는 것은 일정한 형체나 형상도 없지만, 반드시 보고 들은 바에 의해서 형상의 꼬투리가 생겨난다. 보고 들은 바가 익숙하지 않으

164 왕부지, 『독사서대전설讀四書大全說』 권10, 『맹자』「고자상」, 『선산전서』 제6책, 악록서사, 1990, 1072쪽.

165 왕부지, 『상서인의尙書引義』 권3, 「태갑이太甲二」, 『선산전서』 제2책, 299쪽,

면, 마음은 그 형상을 나타낼 수 없다."[166]

왕부지는 심성의 관계에서도, '성'이 본체이고 '심'은 현상이라고 하는 '성체심용性體心用'을 주장했다. 이러한 사상은 정주이학의 최종적 결정판이라고 하겠는데, 심心·성性·정情의 관계에 있어 마음이 '성'과 '정'을 겸한다는 그의 주장은 육구연과 왕양명의 심학을 흡수한 것이었다.

2 —— 도교 심성론의 주요 내용

초기 도교 경전이었던 『태평경』의 주된 내용은 도교 심성론에 관한 것이 아니었다. 그러나 성과 관련된 내용이 전혀 없는 것도 아니다. 인도가 천도에 부합한다는 내용과 천지인의 조화를 도모하는 '삼합상통三合相通'이라는 사유 방식으로 '성'과 관련된 논의가 전개되었다. 심성론의 시각에서 이해한 천도는 다음과 같았다.

> 천지의 도는 곧 하나의 음과 하나의 양이다. 각각 반쪽의 힘을 하나로 합치고자 하여 나중에 하나를 이루었다.[167]

이처럼 음양이 서로 합치고 소통하게 하는 성질이 대도지성大道之性이다.

> 이처럼 하나의 음과 하나의 양은 위아래로 끝이 없고 옆으로 가도 끝이

166 왕부지, 『장자정몽주張子正蒙註』 권3, 「성명편性明篇」, 『선산전서』 제12책, 134쪽,

167 왕밍, 『태평경합교』, 715-716쪽.

없다. 대도는 이를 성性으로 삼고 하늘의 법은 이를 극極으로 삼는다. 모두 하나의 음과 하나의 양을 가장 중요한 관건으로 한다. 이것이 태령太靈과 자연의 술수다.[168]

동시에 이러한 도는 심의 주재主宰이기도 하다.

무릇 하나는 도의 뿌리이며, 기의 시초이고, 명이 붙어있는 곳이며 여러 마음의 주인이다.[169]

천도로부터 끌어낸 인도의 성도 같은 특성이 있다. 인성의 특성으로는 세 가지 있다. 첫째는 지극히 고요한 것이며, 둘째는 삶을 좋아하며, 셋째는 선한 것을 즐거워한다.

세상 사람은 모두 천지의 본성을 부여받았다. 오행은 오장五臟과 호응하고 사계절은 사람의 숨결과 같다. 또한, 음양의 법칙에도 부합하니 남녀가 교접하여 그 무리를 후대에 전한다. 다들 삶을 원하고 죽는 것을 싫어한다. 모두가 먹는 것으로써 몸을 보양하고, 선한 것을 좋아하고 악한 것을 싫어한다. 이는 누구나 다를 바 없다.[170]

천지의 본성은 옛날부터 지금까지 착한 것은 착한 것에 이르게 하고, 나쁜 것은 나쁜 것에 이르게 하며, 바른 것이 바른 것에 이르게 하고, 사악한

168 왕밍, 『태평경합교』, 653쪽.

169 왕밍, 『태평경합교』, 12-13쪽.

170 왕밍, 『태평경합교』, 393쪽.

> 것은 사악함에 이르게 한다. 이는 절로 그러한 술수인데 이상할 것도 없다. 그러므로 인심이 단정하고 청정하면 지극한 정성이 하늘을 감동하게 하고, 나쁜 생각이 없으면 상서로운 조짐이 나타난다.[171]

성의 내용으로 그 하나는 청정인데, 인심도 이에 따라 청정해야 하고 지극 정성을 다해야 한다. 물론 『태평경』에서는 청정이란 성을 본체의 지위로 승격시키지 않았다. 그저 천도의 특성 중 하나로 다루었을 뿐이다.

『태평경』에서 주로 거론하는 주제의 하나는 형신形神의 관계다. 후대 도교의 심성론에 비추어 보면, 형신에 관한 『태평경』의 논의가 얼마나 커다란 영향력을 끼쳤는지를 잘 알 수 있다. 이를 고려하여, 『태평경』에서 언급된 형신론形神論의 관련 내용을 철저히 알아볼 필요가 있다. 『태평경』에서는 정신의 유무가 생사를 결정한다고 여긴다.

> 온갖 일의 안위는 정신에 달려 있다. 형체를 대부大夫의 식읍인 가家에 비유한다면, 기는 수레와 말이고, 정신은 장리長吏다. 장리는 가家의 흥망성쇠를 좌우한다. 형체에 정신이 없는 것은 마치 전답과 가옥 및 성곽이 갖추어져 있더라도 장리가 없는 것과 다름없다.[172]

그러니 양생술에서 말하는 '수일守一'의 방법은 곧 '수신守神'이 된다.

171 왕밍, 『태평경합교』, 512-513쪽.

172 왕밍, 『태평경합교』, 699쪽.

하나는 마음이고, 생각意이고, 뜻志이다. 몸속의 신을 하나로 묶어두는 것이다.[173]

이러한 사상은 당송 도교의 심성론에서 수심양성修心養性의 주요 내용 중 하나가 되었다. 당연히 『태평경』에서 언급된 양생술도 후대로 내려오면서 내단 심성론에서 명공命功이 등장하는 데 지대한 영향을 미쳤다.

도교 심성론은 하나의 사상으로 형성되기까지 많은 파란을 겪었다. 도교가 성립할 시기에 활동했던 사상가들은 하나의 전문적 주제에 대해 그렇게 골몰하지 않았다. 사회문화적 환경 속에서 그 시대가 요구하는 문제에 대해서만 사색을 하고 해답을 찾으려고 노력했다. 이 점을 충분히 감안할 때, 다음 논의의 실마리를 풀어갈 수 있다. 중국 사상을 거시적인 시각에서 조망해 본다면, 위진 당시는 사회적으로 현학이 크게 유행했다. 하지만 도교 그 자체의 중심 사상이 신선사상이었기에 심성의 문제가 주된 관심사가 될 수 없었다. 그럼에도 불구하고 도교 신선사상의 배후는 심성론에 해당하는 내용으로 이루어져 있었고, 그것들이 나중에 수당의 심성론 형성에 크게 기여하게 된다. 이를 정리하면 다음과 같다.

첫째, 외단사상의 성립 논리는 "외물外物을 빌어 자신을 견고하게 하는 것"에 있었다. 이러한 논리의 전제는 사물의 성질이 비슷하면 상호 차용할 수 있다는 것인데, 사실상 그러한 전제는 "천지만물이 그 본성에서 서로 일치한다"라는 사상에 지나지 않는다. 그래서 불후의 금단을 인체에 맞게 제련하고, 이를 복용하여 장생불사한다는 것이다.

둘째, 갈홍의 『포박자내편』에도 심성론을 언급한 내용이 있다. 현학

173 왕밍, 『태평경합교』, 369쪽.

의 영향을 받아서 그런지 갈홍은 먼저 「창현편暢玄篇」부터 썼다. 그는 '현玄'을 우주의 본원 또는 본체로 간주하고, 신선이 될 수 있는 근거가 이러한 '현도玄道'에 있다고 밝혔다. 그런데 우주의 본체가 인간에 있어 외재적 존재인 이상, 논리적으로 따져 신선이 되려면 어쩔 수 없이 '현도'를 외부에서 구해야 한다. 이에 두 가지 방법을 제시했다. 하나는 금단金丹을 복용하는 것인데, 앞서 말한 첫째의 내용을 통해 그의 심성론이 무엇을 지향하는지 가늠할 수 있다. 다른 하나는 내면 수련의 방법으로, 몸속의 신을 수련함으로써 내외가 서로 통하게 하는 것이다. 마음을 닦음으로써 수성修性을 이루며, 수성을 통해 무심의 경지를 체득하게 하여, 마침내 심과 성이 일치하게 한다.

> 선도를 배우는 방법은 소박하고 가난한 삶을 즐기며, 미련이나 욕심을 씻어내고, 내면을 지켜보면서 근원의 소리를 듣고, 흙 인형처럼 무심하게 머무는 것이다.[174]

이러한 사상은 공부론에서 큰 의의가 있다. 갈홍은 다음과 같이 말했다.

> 담담하고 조용히 살면서 즐거워하고 세상에 물들거나 뜻을 옮기지도 않으며, 그 마음을 길러서 욕심을 없애고 그 정신을 쉬게 하여 소박함을 빛내고, 유혹을 깨끗이 쓸어내려 올바른 것으로 거두며, 구하기 어려운 것에 미련을 버리고 정신을 사납게 하는 일은 접어두며, 기쁨과 노여움을

174 왕밍, 『포박자내편교석』, 17쪽.

> 자제하고 좋아함과 싫어함의 꼬투리를 없애면, 빌지 않아도 복이 제 발로 찾아오고 내쫓지 않아도 재앙이 저절로 물러갈 것이다. 왜 그런가? 운명이란 안에서 결정되는 것이지 밖의 것에 달려 있지 않고, 도 역시 자신에게 있고 남에게 있지 않기 때문이다.[175]

이것이 수심修心의 내용이다. 수심의 결과는 심성이 고요해지는 것인데, 최종적인 목표는 신선이고, 그 영향력은 아주 심원했다.

> 이것은 나중에 도교에서 말하는 정기신을 수련하는 내단술과 정신적으로 일치하는데, 내단 사상의 연원 가운데 하나라 하겠다.[176]

당송 시대의 도교는 내단학이 주류였다. 심성의 문제도 수련의 차원에서 논의가 진행되었고, 그 목적도 성선의 방법이나 이론적 근거를 모색하는 데 두었는데, 당송의 내단심성학內丹心性學은 도교 심성론 가운데 가장 특색 있는 이론 중 하나가 되었다.

수당 시기에 이르러 도교는 교파의 발전과 함께, 교리와 교의教義의 방면에서도 그 내용이 더욱 정교하고 심오하게 되어 획기적인 발전을 이루었다. 이 시기의 도교 이론은 두 가지 측면에서 현저한 특징을 띠는데, 하나는 불교의 이론을 차용해서 도교 나름의 철학적 사상 체계를 구축하여 중현학을 창제한 점이다. 다른 하나는 외단법이 자체의 모순과 현실적 제반 문제로 인해 퇴조했지만, 내단법이 점차 역사의 무대에 부상하면서

175 왕밍, 『포박자내편교석』, 170쪽.

176 칭시타이, 『중국도교사中國道敎史』 제1권, 쓰촨인민출판사, 1996, 317쪽.

후기 내단학의 발전을 촉진한 점이다. 후자에 대해서는 심성론의 시각에서 송원 시기의 내단학과 결부하여 살펴볼 필요가 있지만, 여기서는 우선 당나라의 도교철학인 '중현학'의 심성론에 대해서 논의하기로 한다.

심성론에서 가장 먼저 부딪히는 문제는 '성'에 대한 해석이다. 중현 학자들이 성을 해석하는 근거도 도체道體 사상을 기반으로 한 것이다. 도와 성을 관련지은 전형적인 모델은 다음과 같다.

> 도는 허통虛通을 뜻하며, 흔히 담적湛寂이라는 이름으로 불린다. 이른바 무극대도無極大道는 바로 중생의 올바른 성이다.[177]

도체의 시각에서 설명하면, 이 말은 '도'가 우주에서 인간과 만물의 본체와 본원임을 긍정하는 것에 지나지 않는다. 그러나 심성론의 시각에서 볼 때, 이 말은 심성의 근원이 '도체'에서 유래했다는 것을 의미한다. 논리적으로 따지면, 심성을 알려면 먼저 이러한 '도체'부터 살펴야 한다는 의미이다. 중현 학자들이 볼 때, 이러한 '도체'는 세 가지 측면에서 뚜렷한 특징을 드러낸다. 첫째, 시간적 영원성과 공간적 무한성을 지닌다. "지극한 도는 유현幽玄하여 고요하고 황홀하다. 불생불멸하고 선후先後도 없다."[178] 둘째, 본체성과 본원성을 지닌다. "현도와 묘한 본원은 대지혜의 원천이라, 이름과 말을 초월하고 실제 현상과 유리된 것이며, 천하의 만물이 모두 여기서 생겨난다."[179] 셋째, 이러한 본체와 본원으로서의 도는 평범한

177 성현영, 『도덕경의소道德經義疏』 제1장, 『몽문통문집蒙文通文集』 제6권, 『도서집교십종道書輯校十種』, 파촉서사, 2001, 375쪽.

178 성현영, 『도덕경의소』 제4장, 『몽문통문집』 제6권, 『도서집교십종』, 385쪽.

179 성현영, 『도덕경의소』 제52장, 『몽문통문집』 제6권, 『도서집교십종』, 481쪽.

인간의 식견으로 알 수 없으며, 심체의 깨달음이 있어야만 얻게 된다는 것이다. "지극한 도는 미묘하여 그 어느 색깔로도 형용하지 못하고, 눈으로 보고 알 수도 없다. 그러기 때문에 본다고 해도 보이지 않는다."[180]

가장 높고 참된 도는 중생정성衆生正性의 최종 본체다. 그래서 수도의 목표는 이러한 올바른 성을 기르고, 본체를 회복하는 데 있다. 이와 같은 회귀를 완성하는 내재적 근거가 바로 사람마다 이러한 도의 본성을 갖추고 있다는 생각이다. 그런데 여기서 하나의 문제가 제기된다. 사람마다 이러한 성을 가지고 있고, 그것이 절대적 보편성을 지닌다면, 왜 그토록 많은 사람이 이를 상실했을까? 중현 학자들의 해명은 이렇다.

> 사물의 성은 자연에 바탕을 둔 것이다. 욕심이 많은 자는 애욕에 물들어 본성을 해친다. 배운 자는 분별로써 도를 방해한다. 그런 탓에 진일眞一의 본원이 드러나지 못하고, 지극한 도의 본성이 밝게 나타나지 못하여 마침내 무위에 이르지 못하고 회귀하는 데 실패할 수밖에 없다. 성인은 자연의 본성에 순응하여, 만물로 하여금 본성을 보존하도록 돕는다. 함부로 유위有爲를 내세우지 않으면서 허정虛靜의 경지로 돌아가도록 이끈다.[181]

인간과 세상 만물이 진도眞道의 올바른 성을 원래부터 가지고 있었지만, 후천적인 세속 생활을 하면서 애욕과 망상 및 사려분별에 이끌려 고요함이 움직이게 되었고, 그 결과 본성이 차폐되었다고 본 것이다. 그러나 이러한 본성은 상실된 것이 아니라 잠시 은폐되었을 뿐이다. 다시

180 성현영, 『도덕경의소』 제14장, 『몽문통문집』 제6권, 『도서집교십종』, 402쪽.

181 이영李榮, 『도덕경주道德經註』 제64장, 『몽문통문집』 제6권, 『도서집교십종』, 648쪽.

태어나 도를 닦는 자의 임무는 이런 진성眞性을 되찾고, 이를 통해 참된 도의 본체를 회복시키는 데 있다. 그렇지 않고 오로지 쾌락만 추구하다가는 득도는커녕, 원래의 본성에서 점점 멀어져 장생은 고사하고, 일상적인 고통이나 질환에 벗어나는 것조차 기약할 수 없게 된다.

> 양성養性을 못하면, 안으로는 정욕 때문에 건강을 해치고, 밖으로는 독충에게 피해를 입게 된다.[182]

따라서 마음을 닦고 본성을 회복하는 일은 현실세계의 사람들이 추구해야 할 기본적인 마음가짐이 된다. 그런데 이를 어떻게 실천할 것인가? 많은 방법이 있겠지만 가장 중요한 것을 한 가지만 든다면, '마음'에서부터 시작하는 것이다. 그렇게 되면 '심'의 범주에서 논의를 전개해야 한다.

'심'이란 것도 도체에서 생겨난 것이다. 심의 본성은 깨끗하고 고요하며 참되다. 이는 마음의 본체, 곧 심체의 상태를 이르며, 달리 무심이라고도 한다.

> 밖으로 바라는 경계가 없고, 안으로는 하고자 하는 마음이 없다. 마음과 경계를 모두 잊으니, 바로 그 마음이 곧 무심이다. 앞에 보이는 경계는 몽환이요, 나중의 마음 또한 텅 비었다. 비록 그 마음이 무심하다고 하지만, 실제로는 신령한 빛이 비치고 있는 것이다.[183]

182 이영, 『도덕경주』 제50장, 『몽문통문집』 제6권, 『도서집교십종』, 631쪽.

183 성현영, 『도덕경의소』 제3장, 『몽문통문집』 제6권, 『도서집교십종』, 382쪽.

여기서 무심의 실체는 "그 마음이 없는 상태에서 신령한 빛이 비치고 있는 것卽心無心 實有靈照"이다. 이는 있음도 아니고 없음도 아니며, 있지 않거나 없지 않은 것도 아니다. 경계에 집착하는 마음을 가리켜 없다고 부정한 것이며, 아무것도 없이 텅 빈 마음에 치우친 것을 부정해서 다시 있다고 지적한 것이다. 현상적 측면에 있어서 무심과 유심이란 것은 모두 상대적이고 부정의 대상이지만, 도의 본체에서는 모두 존재한다는 것이다. 이것이 중현학의 '현지우현玄之又玄'이라는 사유 방법이다. 이는 불교 이론을 차용해서 노자의 '도'를 한 단계 발전시킨 것인데, 자연 상태 그대로를 받아들이는 것이 관건이다. 후천적인 마음은 심체의 용으로서 더 이상 선천의 '무심'이라는 순수한 자연 상태가 아니다. 현실적 실천을 통하여 반드시 마음을 수련해야 한다. 이것이 실제의 마음, 곧 '실연지심實然之心'을 닦는 까닭이다. 이러한 실연지심은 세속 인연의 유혹을 받아 심체의 바른길을 이탈하여 점점 본성으로부터 멀어지는데, 멀어질수록 위험하므로 마음을 다스려야 한다. 그러려면 '초심'을 챙기는 것에서부터 시작해야 한다.

> 천하의 가난과 죄업은 반드시 마음을 바꾸는 것에 따라 일어난다. 한 생각과 초심 때문에 업을 쉽게 짓기도 한다. 그러므로 큰 재앙이 사소한 데부터 시작되고, 미세한 것이 점점 쌓여서 거대한 허물이 되는 것을 알아야 한다. 업보를 제거하려면 먼저 초심을 다잡아야 한다.[184]

초심을 억제함으로써 성취한 결과는 분별심과 선악의 관념 및 시비

184 성현영, 『도덕경의소』 제63장, 『몽문통문집』 제6권, 『도서집교십종』, 505쪽.

심이 없는 '무심'의 상태, 곧 무위자연의 상태에 이르는 것이다.

> 도를 배우는 자는 아름다운 빛과 소리로부터 마음을 비우고, 번잡한 세상일에 생각을 씻어낼 줄 알면, 늙은 몸으로 추한 세속에 살지라도 진정한 도를 얻을 수 있다.[185]

이렇게 해서 수당 전기에 발생한 중현학 심성론의 주요 내용을 살펴보았다. 후기에 이르면, 이러한 사상은 체도수성體道修性에서 성명쌍수로 전환하는데, 이는 후대 내단학內丹學의 이론적 근거가 되었다. 그 중간 단계에서 특히 사마승정과 두광정의 역할이 두드러졌다.

사마승정은 수성修性과 수명修命을 모두 중시하는 신중현학新重玄學 사상을 전개했는데, 그 연원은 초기 중현학과 상청파上清派 사상으로 소급된다. 사마승정은 전기 중현학의 심성론을 수성으로 수렴하는 동시에, 이를 상청파의 양명養命 사상과 결합하여 심성론의 새로운 과제인 수성과 양명의 문제를 제기했다. 이것이 전기 중현학자와 다른 논점이었다. 그 목적은 다음과 같다.

> 한쪽에서는 복기양신服氣養神의 방법을 찾아내었고, 다른 한쪽에서는 중현학의 심성 수양론을 종교적 실천 문제로 구체화했다. 그는 정靜을 중시하는 좌망의 실천을 통해 진성眞性을 회복하고, 공리공담을 일삼는 심성담론의 폐해를 바로잡아야 한다고 주장했다.[186]

---

185 이영, 『도덕경주』 제15장, 『몽문통문집』 제6권, 『도서집교십종』, 584쪽.

186 루궈룽盧國龍, 『도교철학道敎哲學』, 화하華夏출판사, 1997, 370쪽.

이러한 경향은 당오대唐五代 도사 두광정의 사상에서 한층 더 두드러지게 나타났다. 두광정은 중현학의 심성론을 전통적인 형신설과 신기설에 결합하여 이를 개조하고 포괄적인 심성론을 전개했다. 두광정 또한 도에서 만물이 생겨나기에 도성道性은 중생들이 본래부터 지닌 것이라고 생각했다.

> 도는 자연에 바탕을 두고 어디에나 존재한다. 천지 팔방의 여러 하늘에 모두 지극한 도를 선양하지 않음이 없다. 하늘 아래 모든 것이 조화의 산물이다. 꿈틀거리는 미물이라도 생기를 품고 있어 모두 '도성'을 지녔다. 이를 밝게 알 수 있다면 곧 득도자라고 부를 수 있다.[187]

도성이 현실의 중생들에게 보이지 않는 것은, 후천적 요인으로 감정에 이끌리고 또한 그들이 잔머리를 굴리는 데도 익숙하기 때문이다. 물론 그로 말미암아 중생들은 도성을 상실해서 득도하지 못한다.

그러나 두광정이 강조하려는 핵심은 여기에 있지 않았다. 그가 기본론氣本論 사상을 도입해서 전개하고자 했던 심성론의 주제는 형·신·기의 관계였다.

> 몸을 받아 태어나는 것은 도가 신神을 받아 그 형체를 낳기 때문이다. 신이란 것은 음양의 묘한 부분이다. 형은 음의 몸이고, 기는 양의 영靈이다. 사람의 몸이 태어나면 신에 가탁해서 움직이고 기로 말미암아 펴고 움츠린다. 신기神氣가 온전하면 살고, 신기가 망하면 죽는다. 그러니 형은 신

187 두광정, 『태상노군설상청정경주太上老君說常淸靜經註』, 『도장』 제17책, 187쪽.

의 집이 되고 신은 형의 주인이 되는데, 어찌 싫다고 해서 그것을 버릴 수 있겠는가? 또한, 내 몸을 태어나게 한 것은 대략 세 가지다. 하나는 정精이요, 둘은 신神이며, 셋은 기氣다. 태어나면서부터 도가 기를 주었으며, 하늘이 신을 주었고, 땅이 정을 준 것이다. 이 세 가지는 서로 결합하여 형체를 만드니 사람은 마땅히 정을 받아 기를 기르며 신을 보존해야 장생할 수 있다.[188]

이처럼 두광정의 중현사상은 순수한 중현적 사변론이 아니라, 새로운 독창성을 전개한 것이었다. "두광정의 중현학은 도체를 해석하는 과정에 심성론을 주목한 것인데, 이러한 과정에서 그는 심성론을 우주론과 수도론修道論에 결합하여 당나라의 중현학을 발전시켰고, 새로운 맥락으로 체계적인 심성론을 구축했다. 이에 따라 도교 이론의 중심이 중현학에서 성명쌍수를 특색으로 하는 내단심성론으로 넘어가는 데 필요한 촉매 역할을 했다."[189]

송금원 시기의 도교 심성론은 도교 내단학이라는 주류를 중심으로 형성되었다. 그 때문에 이 시기의 도교 심성론은 내단학의 영향이 굉장히 짙었다.

금원 시기에 출현한 전진교全眞敎는 도교 역사상 하나의 새로운 교파로 취급되었다. 전진교의 가르침은 "종리권鍾離權과 여동빈呂洞賓의 내단학설을 이어받아 발전시켰을 뿐만 아니라, 삼교를 하나로 융합시켰다는 특징을 지닌다. 이는 시대적 사조에 의한 결과다."[190] 당시는 전쟁이 빈발

188 두광정, 『도덕진경광성의道德眞經廣聖義』 46권, 『도장』 제14책, 549쪽.

189 쑨이핑孫亦平, 『두광정평전杜光庭評傳』, 난징南京대학출판사, 2005, 484쪽.

190 칭시타이, 『중국도교사』 제3권, 54쪽.

하여 사람들이 의지할 곳을 잃고 떠돌아다녔다. 그 여파로 인생의 재미와 희망을 찾을 수 없었고, 삶의 의미와 가치가 허무하고 무상해질 수밖에 없었다. 평민이나 지식인은 물론, 너나 할 것 없이 모두 비관적인 염세주의에 빠져들었다. 그즈음에 전진교는 이러한 시대적 추세에 부응하고, 자체 도맥道脈의 발전적 흐름에 순응하여 인생의 의미와 현실적 가치에 관한 종교적인 탐구와 그 해답을 모색했다. 그 결과로 나온 것이 전진교의 심성론이다.

전진교 심성론의 최종적 지향점은 여전히 속세를 초탈하여 신선이 되는 데 있었다. 이러한 까닭에 전진교 심성론을 이해하려면 종교학으로서의 목적 및 이로 말미암아 형성된 여러 특징을 소홀히 다룰 수 없다. 바로 이러한 이유로 전진교에서는 "성명性命의 본진本眞이 무엇인가, 어떻게 하면 전성보진全性保眞을 실현할 것인가"라는 문제를 둘러싸고 심성론을 전개했다. "성의 본래 모습을 온전히 보존한다"라는 전성보진은 그 자체의 논리로 볼 때, 공부 수련을 지도 이념으로 삼는 것이 명확히 드러난다. 따라서 전진교의 심성론을 다룰 때는 단순히 하나의 사변적 명제로 접근할 수 없는 한계가 있다. 심층적 층위에 다가가 그 안에 담긴 실천적 이성의 의미까지 체득해야 마땅하다.

전진교에서 다루는 첫 번째 개념은 '성'이다. 전진교에서는 성을 본연의 성으로 간주하고, 그 근거를 도에 두었다. 그래서 성을 '도성道性' 또는 '본진本眞', '진성眞性'이라 칭했다. 이러한 사상은 전진교 창시자인 왕중양에 의해 최초로 제기되었다.

> 오늘날 수행자는 몸이 어디서 생겨났는지, 성명性命이 어떤 연유로 생긴 것인지 모른다. 결訣에 이르기를, "모두 음양을 떠나 생긴 것이 아니

다."[191]

이 말은 성명의 최종적 근거가 '음양의 도'에 있다는 것이다. 이 '도'는 또한 근본적인 '진도眞道'의 본체이기도 하다.

하늘과 땅이 있고 해와 달이 있으며, 물과 불이 있고 음과 양이 있는 것을 일러 진도眞道라 한다. 경전에서 말하길, "순양純陽으로는 생겨나지 못하고 순음純陰으로는 자라지 못한다. 음양이 화합해야 만물이 탄생한다."[192]

현실세계의 수도자에게 말한다면, 득도의 여부는 '진성'을 얻는 것에 달려 있다는 것이다. 왕중양이 그의 제자 마단양馬丹陽을 가르치면서 다음과 같이 말했다.

마단양이 다시 물었다.

"수행이란 무엇입니까?"

조사祖師가 대답했다.

"수修란 것은 참된 몸의 도이고, 행行이란 것은 성명性命이니, 이를 수행이라 일컫는다."

마단양이 또 물었다.

"무엇을 장생불사라 합니까?"

조사가 대답했다.

191 왕중양, 『중양진인금관옥쇄결重陽眞人金關玉鎖訣』, 『도장』 제25책, 799쪽.

192 왕중양, 『중양진인금관옥쇄결』, 『도장』 제25책, 800쪽.

"진성을 어지럽히지 않고, 세상 인연에 얽매이지 않으며, 죽지도 않고 태어나지도 않는다. 이것이 장생불사이네."

미단양은 이어 또 물었다.

"무엇을 도라고 합니까?"

조사는 대답했다.

"성명을 근본으로 하니, 얻거나 잃을 것도 없고 헤아릴 수 없이 높고, 말로 다 할 수 없는 묘한 것이 도라네."[193]

'도성'은 그 본체에서는 도와 합일한 어떤 것이다. 하지만 현실세계의 성명性命으로 말하면 그것이 근본 가르침이 되고, 양생과 수련의 주체에게는 그것이 추구해야 할 목표이자 의지할 근거가 된다. 그렇다면, 이러한 '진성'은 본체론에서 어떠한 특징을 지니는가? 보통 이런 진성은 지극히 고요하고 텅 비어 있어 마치 허공과 같다. 이로 미루어 전진교에서 성을 거론하는 목적이 우주의 본체론과 생성론을 구축하는 것에 있는 것으로 간주된다. 성을 닦고 마음을 수련하는 이론적 틀을 제공하기 때문이다.

순수한 '진성'은 본체론으로서의 의의가 있고, '심'이 갖는 본체론적 의미와 일치한다. '심' 또한 전진교 심성론 핵심 개념 중의 하나인데, 심체와 심용의 구별이 있다. 본체로서의 심은 도, 진성, 본성과 같으며, 전진교에서는 이를 '본심本心' 또는 '심체'라고 지칭하는 경우도 있다. 심용으로서의 심은 세속적인 마음, 망상, 욕심 따위를 가리킨다. 따라서 심체로 볼 경우, 본래의 참된 성을 회복하는 것은 이러한 심체의 '심'을 밝히는 것이다. 심용으로 볼 때는, 세속적인 욕망으로 충만한 마음을 정리해서 심체

193 왕중양, 『중양진인수단양이십사결重陽眞人授丹陽二十四訣』, 『도장』 제25책, 807쪽.

가 드러나게 하는 것을 가리킨다. 그렇게 함으로써 성을 보존하는 '전진全眞'의 목적을 달성한다. 여기서 마음을 심체와 심용으로 나눈 것은 두 마음이 있다는 뜻이 아니다. 마음의 근원적 실체와 현실적 작용을 양면으로 지적한 것에 지나지 않는다. "둘이면서 하나이고, 하나이면서 둘"이라는 말의 근거를 풀어보면 그런 의미다.

먼저 심체를 논하는 대목부터 살피면, 심체의 위상은 성체性體와 마찬가지로 우주의 본체와 상응하는 자리에 위치한다.

> 수행자들이 흔히 마음을 가라앉히는 징심澄心을 말하지만, 징심의 이치를 제대로 알지 못한다. 무엇이 징심의 이치인가? 오로지 한 생각을 일으키지 않는 것이다. 성체는 참되게 비어 있고, 아득하고 맑아서 마치 맑은 하늘과도 구분할 수 없다. 이것이 참된 징심이다. 더 이상 맑게 해야 할 마음이 없는 것을 일러서 징심이라 한다.[194]

그다음으로 심체의 특징이 성체와 다를 바 없다는 것인데, 곧 허공처럼 지극히 고요하다는 것이다.

> 무심이란 것은 개나 고양이, 또는 돌과 나무와 같이 미련해서 마음이 없다는 것이 아니다. 마음을 맑고 조용한 경계에 놓아두기를 힘써서 삿된 마음이 없는 것이다. 그래서 속인은 청정한 마음이 없고 도인은 티끌에 덮인 마음이 없다. 목석이나 개나 고양이처럼 마음이 없다고 이르는 것이 아니다.[195]

194 『진선직지어록眞仙直指語錄』「단양진인어록丹陽眞人語錄」, 『도장』 제32책, 433쪽.

마지막으로 이러한 심체는 운용의 측면에서 주체로서 작용한다는 점이다. 다시 말해 구체적인 실천의 측면에서 심체에서부터 착수하는 것이 수진修眞의 관건이 된다. 세속의 일상적 마음이나 잡다한 마음을 이러한 심체로 전환해야 생사를 벗어나 진정한 신선이 된다.

전진교에서의 '심'은 현실적 실연지심의 문제이기도 하다. 실연지심은 수행자 개개인이 품고 있는 '수련하는 마음'을 가리킨다. 이처럼 실제 현실로 존재하는 마음은 본체로서의 진심眞心과 다른 것이 아니다. 본래의 마음이 갖가지 장애로 말미암아 은폐되어 있을 뿐이다.

> 모르긴 하나 사람마다 이러한 '마음의 달心月'이 있다. 뜬구름에 가려져 그 빛을 잃었을 뿐이다. 사사로운 정이나 삿된 생각들이 그 뜬구름이다. 사람들로 하여금 삿된 생각을 일으키지 않도록 할 수만 있다면, 마음의 달은 하늘에 떠 있는 달과 같이 밝게 빛나고, 천지와 더불어 시작과 끝을 함께 하게 되어 더 이상 어리석지 않을 것이다.[196]

이처럼 실제 현실의 마음과 본체의 마음은 본질적으로 구분되지 않는다. 그 작용의 측면에서 차이가 있을 뿐이다.

> 스승이 일렀다. "선대의 뛰어난 스승들이 전한 오묘한 가르침을 행할 때는 하늘의 뜻과 몰래 부합해야 한다. 어찌 하나의 꼬투리에 집착하여 도라고 하는가? 발자취만 바라보면 옛사람의 운용처가 제각기 다르게 보

---

195 『진선직지어록』「단양진인어록」, 『도장』 제32책, 434쪽.

196 『청화진인북유어록淸華眞人北遊語錄』, 『도장』 제33책, 162쪽.

이지만 묘하고 신령한 근본은 다를 바 없다. 그러므로 인심人心의 운용은 눈에서는 보는 데, 귀에서는 듣는 데, 입에서는 말하는 데, 마음에서는 생각하는 데, 손에서는 잡는 데, 발에서는 걷는 데 있다. 운용에 따라 제각기 다르지만, 마음의 본체에서는 다르지 않다."[197]

이러한 전환 과정을 거치면서, 본체의 마음은 수행자가 실제 현실에서 수련해야 할 실연지심으로 바뀐다. 그리고 이러한 실연지심에는 세 가지 뜻이 함축되어 있다. 첫째는 생리적 측면에서의 의미다. 구처기는 『대단직지大丹直指』에서 심과 기를 연결하여 심기心氣로 만들었는데, 이는 자연적 속성으로서의 마음을 표현한 것이었다.

대개 심은 화火에 속한다. 그 속에 정양正陽의 정精이 감춰져 있고, 이를 홍汞, 목木, 용龍이라 한다. 신腎은 수水에 속한다. 그 속에는 원양의 진기가 감춰져 있고, 이를 연鉛, 금金, 호虎라 한다. 먼저 수와 화의 두 기운을 위아래로 교류하게 하여 오르고 내리면서 서로 만나게 한다. 그다음에는 의념을 운용해서 끌어와 진정眞精과 진기眞氣를 나오게 하고, 이를 중궁中宮에서 혼합한다. 그리고 신화神火를 운용하여 찌고 달구어줌으로써 기를 온몸에 흐르게 한다. 그렇게 하면 기가 충만하고 신이 왕성해져서 대단大丹이 맺힌다.[198]

둘째는 인식론적 의미에서 파악한 것인데, 마음의 본체가 몽매한 탓

197 『수진십서修眞十書』「반산어록盤山語錄」, 『도장』 제4책, 834쪽.

198 구처기, 『대단직지』, 『도장』 제4책, 392쪽.

에 생겨난 '불선심不善心'을 가리킨다.

> 무엇이 불선심인가? 일체의 경계에서는 어두우므로 탐욕, 질투, 재물욕, 색욕 등, 온갖 계교와 의심이 끊이지 않고 일어난다. 이러한 업장이 오래도록 굳어지면 참된 근원이 가려져서 해탈하지 못한다. 업장들을 소멸시키면 곧바로 자성自性이 나타난다."[199]

셋째는 앞서 말한 실연지심이다. 그러한 부류를 대신해서 가리키는 뜻도 있고, 개체의 마음을 대신 가리키기도 한다. 다시 말해, 수행자 전체를 놓고 볼 때는 보편적인 이론이 되고, 개인적으로는 실제 수련에 착수할 때 구체적 근거로 삼을 수 있는 입지점이 된다. '심'은 수련의 매개체로 지칭하는 경우가 많지만, 실천의 의미도 있다. 바로 이러한 실천적 측면에서 볼 때, 앞서 첫째와 둘째의 함의는 전진교에서 성공性功과 명공命功을 수련하는 데 필요한 '심'의 내용을 담고 있다. 수련의 요체는 현실적 마음을 심성 본체의 마음으로 전환하는 데 있다. 이에 따라 '도체'를 얻고, 참된 도를 깨닫고, 진성을 드러나게 하여 마침내 생사윤회를 면하게 된다. 이로 미루어 볼 때, 전진교 심성론은 수련의 차원에서 다루어야 한다. 하나의 철학적 명제를 놓고 논쟁을 일삼자는 것이 아니다. 종교적 행위의 실천에 그 목적이 있는 것이다.

'명'이란 글자는 전진교 심성론의 또 다른 핵심 개념이다. '성'과 함께 전진교의 성명쌍수 이론을 구성하기 때문이다. 성과 명은 대립하면서 통일되는 관계를 이룬다. 성은 주로 원신元神 방면을 가리키고, 명은 주로

199 『진선직지어록』「담장진어록譚長眞語錄」, 『도장』 제32책, 435쪽.

원기元氣 방면을 가리킨다. 『중양수단양이십사결重陽授丹陽二十四訣』에, "성은 원신元神이며, 명은 원기元氣다.", "뿌리가 성이고, 명은 줄기다"라고 했듯이, 성과 명을 인체 생명의 근본을 구성하는 두 축으로 여겼다. 그 본체에서는 심心 · 성性 · 신神의 삼위일체를 이루는데, 그 가운데 신과 성은 심에 갖추어져 있고, 기는 몸에 있다. 수행의 차원에서 거론하는 심성명心性命 이론은 다음과 같다.

> 몸속의 기를 흐트러지게 해서는 안 되고, 마음속의 신을 어둡게 가리면 안 된다. 어떤 이가, "어떻게 하면 기를 흐트러지지 않게 할 수 있을까요?"라고 묻자, 스승께서, "몸을 가만히 두면 된다"라고 말씀하셨다. 또 묻기를, "어떻게 하면 신을 어둡게 가리지 않게 할 수 있을까요?"라고 하자, "마음을 부리지 않으면 된다"라고 말씀하셨다.[200]

이를 종합해 볼 때, 초기와 후기의 전진교 심성론은 마음을 맑게 하여 견성하는 데 중점을 두면서 명공 수련을 부정하지 않았다. 견성한 다음에 명공을 하는 선성후명先性後命을 기본으로 삼았다. 이는 남종南宗의 선명후성先命後性 이론과 대조된다.

도교 금단파金丹派인 남종 역시 종리권과 여동빈의 내단학에서 유래했다. 대표적인 인물이 장백단張伯端이다. 그는 불로장생의 문제에 대해 『오진편悟眞篇』을 통하여 심 · 성 · 명의 관계를 거론했다. 심과 성에 대한 장백단의 이해는 전진교의 심성론과 크게 다르지 않았다. 그 역시 내단의 관건이 성명쌍수에 있다고 간주했다. 먼저 장백단은 무엇보다도 전통적

200 『단양진인어록』, 『도장』 제23책, 704쪽.

인 외단법을 반대했다.

자황 · 웅황 · 유황이나 은 · 납 · 주사朱砂 · 수은 아니거늘
약물로 도를 구한다고 일을 더욱 그르치네
음양을 조화시켜 교감하면 될 것이니
음양 반 근斤이 한 근 되면 저절로 응결되네
연못 아래 붉은 해 떠오를 때 음기가 소멸하고
산머리 달 밝을 때 약초 싹이 새롭구나
세상 사람들아, 참된 연홍鉛汞은
흔히들 말하는 주사나 수은이 아니라네[201]

이어서 장백단은 『음부경』과 『도덕경』의 이론을 빌어와 자신의 내단술을 설명했다. 그의 내단술은 "외부의 사물을 빌어 자신을 견고하게 하는" 전통에서 벗어나, 인체에 내재한 성체性體와 심체에서부터 출발해서 명공을 닦고 불로장생을 성취하는 방법이었다. 이러한 점은 다음과 같은 시를 통해 확인할 수 있다.

곡신谷神이 장생불사하려면
모름지기 현빈玄牝으로 토대를 다져야지
진정眞精이 황금실黃金室로 되돌아간 뒤로
한 알 밝은 구슬이 환하게 빛난다[202]

201 왕무王沐, 『오진편천해悟眞篇淺解』 권상, 중화서국, 1990, 15쪽.

202 왕무, 『오진편천해』 권중, 94쪽.

그러나 장백단은 성명 수련의 선후 문제에서는 전진교와 길을 달리 했다. 그는 시를 통해 선명후성을 이렇게 말했다.

허심실복虛心實腹의 뜻이 매우 깊으니
마음을 비우려면 마음을 알아야 하고
연鉛을 단련하려면 배를 먼저 채워야
집안 가득히 황금을 거둘 수 있다네[203]

여기서 허심은 성공을 가리키고, 실복은 명공을 가리킨다. 이 시는 실제 내단 수련의 차원에서 성공과 명공의 선후 문제를 말해준다. 그러나 장백단은 이 둘의 선택 문제에서는 양자를 모두 중시하는 태도를 보였고, 나란히 놓고 비교할 때는 성공이 명공보다 더 중요하다고 여겼다. 수련에 있어서 명공이 선행되어야 한다고 주장했지만, 성공의 중요성을 간과하지 않았다. 이러한 장백단의 내단 수련 사상은 나중에 백옥섬白玉蟾에 의해 계승되고 발전된다.

3 —— 불교 심성론의 주요 내용

인도 불교사의 관점에서 보면, 샤카족의 싯다르타가 불교를 창립한 것은 생로병사라는 현실적 문제에 대한 사고의 결실이다. 그 핵심 내용은 인생의 문제인데, 이는 중국 문화의 지향점과 일맥상통한다. 인생의 문제가 중국 문화의 출발점이기 때문이다. 그 사상의 지향점 역시 개인의 '해탈'에 있으며, 이러한 추구를 통해 수많은 '해탈'의 길과 마음을 가라앉히고

203 왕무, 『오진편천해』 권중, 45쪽.

수행하는 방법을 찾아냈다.

인도불교는 중국에 커다란 영향을 미쳤다. 특히 대승불교는 중국에 깊이 뿌리를 내리고 완벽하게 토착화되었다. 대승불교가 중국에서 거둔 가장 큰 결실은 선종禪宗 창립이었다. 수당 시대의 선종은 중국불교 심성론이 얼마나 성숙하고 완비되었는지를 잘 보여주었다. 중국불교사상사의 관점에서 조망할 때, 선종과 그에 내재한 심성론의 위상은 실로 대단한 것이었다. 인도불교사상이 중국의 문화적 환경에 적응한 결과, 선종사상이 형성되었을 뿐만 아니라, 이러한 선종 사상은 선종이 후대로 발전해나가는 데 있어서 기초가 되는 사유와 그 틀을 마련해주었다. 따라서 선종의 심성론을 탐구하는 것이 불교 심성론의 대략적인 내용을 어렵지 않게 알 수 있는 지름길이다.

논의에 앞서, 인도 대승불교의 심성론을 개략적으로 알아볼 필요가 있다. 먼저 대승불교의 이른바 '불성'은 붓다의 본성을 가리키는 말인데, 그 내용은 상常·락樂·아我·정淨이다. 불교에서는 기본적으로 "심성이 본디 깨끗하다心性本淨"라고 여긴다. 그런데 대승불교의 공종空宗은 '성공性空'으로 이를 해석하고, 유종有宗은 '진여眞如'로 해석한다. 이러한 법성이나 불성이 인간의 심성인지, 아니면 인간에 내재한 심성의 본질 속에 존재하여 마음과 하나로 통합되었는지에 대한 문제에 대해서는 논쟁의 여지가 남아있다. 이러한 사상은 중국이라는 문화적 환경 속에서 전통적 문화의 사고방식, 또는 사용된 언어의 한계에 자극을 받아 여러 방면에서 새롭게 해석되고 발전하였다. 이러한 점들은 선종 심성론의 '자성청정심自性淸靜心'을 살피기 전에 반드시 챙겨야 할 예비 지식이다.

선종 심성론의 기본 내용으로 세 가지를 들 수 있다. 첫째는 성불이 가능한 일체의 중생들에게 모두 불성이 있다는 것이다. 둘째는 본체론적 의미에서 말하는 '즉심즉불卽心卽佛'이다. 셋째는 인과因果를 수행한다는 의미의 명심견성明心見性이다. 그중에서 첫째와 둘째 내용은 논리적으로 두 개의 대전제가 되고, 셋째 내용은 이러한 전제하에 도출된 결론이자 선종 심성론의 지향점이기도 하다.

여기서 첫 번째 내용, 곧 일체의 중생에게 불성이 있다는 주장을 살펴보면, 이러한 사상은 인도 불교의 불성론이 중국의 문화적 배경과 융합하면서 생성된 결과물로 드러난다. 따라서 선종 이전의 중국불교 심성론을 검토하기로 한다.

위진 남북조 시기에 이르러, 불성론은 새로운 변화를 맞이했다. 가장 두드러진 변화는 불성을 더 이상 외재적 실체로 간주하지 않았다는 점이다. 불성의 소재가 이렇게 전환되는 첫 번째 계기는 동진 시대 혜원의 '법성론法性論'이다. 혜원의 이론적 틀은 "불성이 추상적 실체"라는 기본 전제를 계승하여 법성이 곧 불성이며, 그 내용을 비유비무非有非無, 공유상즉空有相卽이라고 파악했다. 그러나 이를 구체적으로 설명하는 과정에서는 '법성'이 영구불변성을 지닌다고 주장하고, 법성 그 자체를 불멸하면서 실제로 존재하는 어떤 것으로 간주했다. 즉 불성의 본체 위에 실재성과 주체적 특성을 부여한 것이다. 이에 따라 불성의 본체는 '신불멸神不滅'과 인과응보의 주체가 되었다. 이러한 내용은 그의 '업보설業報說'에서 선명하게 나타났다. 원래 본체로서의 존재했던 불성이 혜원에 의해 주체로서의 의미와 그 실체적 내용까지 갖추게 되었던 것이다. 그리고 남북조 시대의 축도생竺道生을 거쳐 이러한 사상은 완전히 정착되었다. 축도생은 반야실상설般若實相說을 바탕으로 한층 더 성숙하고 체계적인 불성론을 구축했다. 그는 불성의 본체성을 인정하면서도, "일체의 중생이 모두 불성을 지닌다"라는 개유불성 사상을 전개했다. 실로 오랫동안 논쟁거리가 되었던 '성유性有'와 '성무性無'의 문제, 곧 불성이 모든 중생에게 보편적으로 존재하는가에 대한 회답이었다. 불성이 성불의 근거가 되는 동시에 사람마다 모두 성불이 가능함을 긍정한 점에서 독창적인 면모를 보여주었다. 그의 주장을 논리적으로 추론하면 이렇게 결론을 내릴 수 있다. 현실적 인간은 선악을 불문하고 모두 성불할 수 있고, 성불의 근거는 외재적 객체로부터 개개인의 내면적인 주체로 전환되어야 한다는 것이다.

수당 시기에 비교적 큰 영향력을 미친 종파는 화엄종인데, 화엄종의 불성론은 한층 더 중국 본토 문화의 특성을 드러내었다. 화엄종에서는 불성을 '자성청정심'으로 해석했다. 그것이 모든 불법의 근원이고 일체 중생이 성불할 수 있는 근거인데, 그 특징은 지극히 순수하고 맑다고 했다. 더 중요한 사실은 본체로서의 이러한 '자성청정심'이 중생의 실제 마음에 내재하고, 그 자체로 현실적 마음의 본체라는 점이다. 현실적 마음은 본체심이 미망으로 가려져 표출된 일면에 불과하고, 성불의 관건은 오염된 현실적 마음을 정화해서 '자성청정심'을 발현시키는 데 있다고 했다. 여기서 불성은 자성自性의 특징을 완벽히 갖추게 되었다. 이는 화엄종이 『대승기신론大乘起信論』의 영향을 심대하게 받았다는 것을 말해준다.

『대승기신론』은 많은 사람으로부터 '위경僞經'으로 의심받았다. 그러나 『대승기신론』의 역사적 파장은 두말할 나위 없이 심대했다. 일반적으로 『대승기신론』은 철저한 유심주의唯心主義 불교 이론이고, 유심唯心 계열에 속한 경전으로 여겨졌다. 진여眞如, 아뢰야식阿賴耶識, 훈습熏習을 비롯해서, 본각本覺이나 불각不覺과 같이 중요한 불교 개념에 대해 이론적 수준에서 고도의 독창적인 해석을 가했을 뿐만 아니라, 특히 '일심이문一心二門'이란 이론 체계는 심원한 사상을 풍부하게 개진하고 있어서 중국 불교사상에 커다란 영향을 미쳤다.

『대승기신론』의 심성론 체계는 '일심이문'을 통해 드러난다. 여기에서는 '일심'은 중생의 마음을 가리키며, '여래장如來藏' 또는 '진여'라고 한다. 지금 이 마음이 곧 법체法體이고 만법을 낳는다는 것이다.

> 말한 바의 법이란 것은 중생의 마음을 이른 것이다. 이 마음이 곧 모든 세간법世間法과 출세간법出世間法을 포함한다.[204]

이 마음은 외재적 근거인 만법의 실체이고, 내재적 근거인 중생심衆生心이기도 하다. 진여이체眞如理體로서의 특징은 형이상학적이며, 본체성과 주체성을 갖는다. 그 현상적 속성은 불생불멸, 영원불변, 청정무구하여 일체의 상에서 벗어나고, 여러 공덕이 스스로 드러나 묘용이 무궁무진하다.

일심은 다시 이문二門인 심진여문心眞如門과 심생멸문心生滅門으로 나뉜다. 여기서 '문門'은 경로, 수단, 방법, 과정을 가리킨다. '이문'은 "하나가 둘을 낳는 것一生二"처럼, 생성론의 의미에서 '일심'이 새로운 두 개의 실체를 낳는 것이 아니다. 진여이체가 만법을 포괄하는 상반되면서도 상호 교섭하는 두 가지 경로나 방법을 말한다. 다시 말해 '이문'은 대립하면서 상생하는 '진여이체'의 기능을 뜻한다. 따라서 본체로 말하면, '심진여心眞如'는 만법을 생성하는, 우주 만물의 본체이다. 현상으로 말하면, 만법은 현상계에서 '심진여'를 체성體性으로 삼지만, 그 자체의 체성이 없이 생멸을 거듭한다. 이로 미루어 볼 때, '심진여문'은 진여이체로서 '불변'하는 자성청정自性清淨의 작용이고, '심생멸문'은 진여이체로서 인연에 따라

204 가오전농高振農, 『대승기신교석大乘起信校釋』, 중화서국, 1992, 12쪽.

'수연隨緣'하며 자성청정을 지키지 않는 작용이다. 그러나 자성청정의 진여이체, 곧 중생심이 과연 생멸의 작용을 일으키는 것이 가능한가, 또는 그 내재적 근거가 어디에 있는가 하는 문제는 정확하게 대답하기 어려운 과제다.

하지만 실제의 『대승기신론』 사상은 중국 본토의 문화적 관습과 상당한 부분이 일치하기 때문에, 관점을 바꾸어 문제 해결을 시도하는 것이 마땅하다. 다시 말해 '심진여문'이나 '심생멸문'을 인식론과 정신적 경지에 무게를 두고 설명한 것으로 이해해야 정신적 경지를 추구하는 중국인의 사유와 잘 부합하기 때문이다. '만법萬法'이 마음에 따라 생멸한다는 것을 주관적 경지를 염두에 두고 하는 말로 이해할 때, '만법'은 만물에 대한 인간이 반응한 결과, 또는 반응 그 자체라고 통틀어 말할 수 있고, '진여'는 바로 그러한 반응 능력과 잠재적 근거라고 볼 수 있는 것이다. 이렇게 정리하면 일반적인 모순에 대해 어느 정도 합리적인 해석이 가능하다.

요컨대 심성론의 차원에서 볼 때, 『대승기신론』에서 제시한 '일심이문'은 독특한 이론적 체계를 갖추어 생성론과 본체론의 시각에서 심체와 심용의 관계를 밝혀주었다. 이러한 구상은 『대승기신론』의 저자가 정교한 융합 기술과 함께 대단한 이론적 사변 능력까지 갖추고 있음을 시사한다.

당연히 이러한 『대승기신론』의 심성론 관련 내용은 선종의 심성 사상에도 영향을 미쳤다. 모든 중생에게 불성이 있다는 이론은 선종을 실제로 창시한 혜능에 의해 한 단계 발전하였다. 혜능은 성불을 '식심견성識心見性'으로 간주했다.

보리菩提는 단지 마음을 찾는 것일 뿐이다. 어찌 애써 밖에서 구하는가? 내 말을 듣고 따라 수행한다면 서방 정토는 바로 눈앞에 있다.[205]

불성은 원래 마음에 있다. 마음의 바탕을 알면 불성을 볼 수 있고, 문득 깨달아 성불할 수 있다는 것인데, 여기서 앞서 언급한 두 번째의 전제인 즉심즉불이 도출된다. 개유불성이라는 첫 번째의 전제가 성불의 길이 자신에게 있고, 거기서 모색해야 한다는 것을 일렀다면, 두 번째의 전제는 그 길로 향하는 실체가 '이 마음'에 있다는 것을 지적했다. 일반인에게는 사람의 마음이 두 개인 것처럼 여겨진다. 하나는 때 묻지 않고 본래 그대로인 본심이고, 다른 하나는 사려와 욕망과 분별이 있는 현실적 마음이다. 그러나 혜능이 볼 때 마음은 하나일 뿐이다. 어지러운 마음은 본심의 잘못된 작용에 지나지 않는다.

밖으로 상에 집착하지 않는다면 마음이 어지럽지 않다. 본성은 그대로 깨끗하고 편안하니, 경계를 보고 경계를 생각해서 어지러울 뿐이다. 여러 경계를 보고도 마음을 어지럽히지 않으면 그것이 바로 참된 정定이다. 선지식들아, 상에서 밖으로 벗어나는 것이 곧 선禪이다.[206]

본체론에서 볼 때, 본심은 어지러움의 뿌리이자 만법의 최종적 근원이며 본바탕이다. 이와 관련하여 혜능은 다음과 같이 말한 바 있다.

---

205 『단경壇經』「의문제삼疑問第三」, 『대정장』제48권, 352쪽.

206 『단경』「좌선제오坐禪第五」, 『대정장』 제48권, 353쪽.

밖으로 물건 한 가지 없이도 없이 능히 설 수 있으니, 이는 본래의 마음이 만 가지 법을 낳는 것을 이른 것이다. 그래서 경전에서 "마음이 일어나면 온갖 법도 생겨나고, 마음이 사라지면 온갖 법도 사라진다"라고 했다.[207]

『단경』에서도 이를 비유적으로 묘사한 바 있다.

때마침 바람이 불어 깃발이 펄럭거렸다.

한 승려가 말했다.

"바람이 움직였다."

다른 승려가 말했다.

"깃발이 움직였다."

논쟁이 그치지 않았다.

혜능이 나아가 말했다.

"바람도 아니고 깃발도 아닙니다. 어진 분들께서 마음을 움직였네요."[208]

위의 두 인용문은 한결같이 '마음'이 우주의 본체이자, 자성의 본체이며, 수행의 관건이라는 사실을 설명해준다. 저간의 사정을 미루어 볼 때, 그러한 '본심'은 애초에 불성론의 그림자에 지나지 않고, 중국 문화의 영향을 받고 형성된 개념이다. 그러나 일체의 중생에게 모두 불성이 있고, 그 불성이 또한 자신의 '본심'이라고 한다면, 불도를 닦고 성불하는 길은 필연적으로 '명심견성'이 될 수밖에 없다.

207 『단경』「부촉제십付囑第十」, 『대정장』 제48권, 362쪽.

208 『단경』「행유제일行由第一」, 『대정장』 제48권, 349쪽.

지금 도를 배우는 자들이 단박에 보리를 깨우치려면, 각기 제 마음과 본성을 꿰뚫어 보아야 한다. … 지혜로써 관조하고, 안과 밖으로 명철하게 스스로 본심을 꿰뚫어야 한다. 본심을 알게 되면 곧바로 해탈한다.[209]

이러한 혜능의 심성론은 남종선南宗禪의 기본 사상이다. 후대 선종의 심성론은 대부분 여기서 유래하여 전개되었다. 예를 들어, 황벽단제黃檗斷際 선사禪師 희운(希運, ? ~ 850)은 다음과 같이 말한 바 있다.

마음이 곧 붓다이다. 위로는 모든 붓다로부터 아래로는 꿈틀거리는 모든 미물에 이르기까지 모두 불성을 지녔고, 마음의 바탕이 똑같다. 그래서 달마 조사가 서쪽 하늘에서 와서 오직 심법 하나만 전했으며, 모든 사람이 본래부터 붓다이고 수행할 필요가 없다는 점을 곧바로 지적했다.[210]

이를 종합해 볼 때, 중국의 삼대 종교인 유교, 불교, 도교의 심성론은 공통적으로 모두 하나의 특징을 지닌다. 그것은 인생의 실제 상황에 관심을 기울여 이상적인 상태를 설정하고, 이를 현실적 삶의 문제를 해결하는 기준으로 삼아 고심한 끝에 갖가지 원칙이나 방법을 결정했다는 점이다. 이를 통해 원만하지 못한 인생에 긍정적 의의를 부여할 수 있었다. "하늘과 더불어 하나가 된다與天合一"라는 중국인의 사상은 심성론의 이론적 취지가 반드시 인생의 실천으로 귀결되어야 한다는 것을 의미했다. 따라서 심성론의 핵심은 형이상학적인 사변이나 의문의 추구에 있지 않았다. 비

209 『단경』「반야제이般若第二」, 『대정장』 제48권, 351쪽.

210 『황백단제선사완릉록黃檗斷際禪師宛陵錄』, 『대정장』 제48권, 386쪽.

록 그 가운데 예리하고 심오한 사상이 존재한다고 할지라도, 중국종교의 심성론에는 수많은 이론적 탐구 과정을 통해 무형의 기본적인 선이 하나로 꿰뚫고 있다. 그것은 인간의 삶을 위한 것이었다. 차원을 달리해서 말한다면, 인생을 가르친다는 것은 심성론의 배후에 존재하는 "부처님 손바닥"이다. 이 점을 이해하지 못하면 중국종교의 심성론이 의미하는 바를 명확하게 알 수 없다. 더군다나 오늘날 그 쓰임새와 가치를 발굴하는 일은 불가능하다. 이러한 점들을 고려해서 중국종교의 심성론을 개괄하면 다음의 세 가지 특징을 제시할 수 있다.

첫째, 주체의식이 뚜렷하고 강조되었다는 점이다. 유교의 경우, 역사적 여건과 문화적 관심의 전환에 따라 '심'의 함의가 증가하거나 감소하기도 했지만, '심'의 주체 의식이 약화한 적은 전혀 없었다. 공자는 "사람이 도를 넓힐 수 있다人能弘道"라고 했고, 맹자는 "마음을 다한다盡心"라고 했는데, 이는 "본성을 다하여 하늘을 안다盡性知天"라는 사상의 출발점이며 핵심이었다. 송명 시기의 정주이학에서도 "마음을 바르게 하고 뜻을 정성스럽게 함正心誠意"을 인식과 행위의 근거로 삼았다. 그밖에 육구연과 왕양명의 '심학'과 '양지'도 있다. 유교에서 도덕적 의미가 농후한 '심'을 강조한 연유는, 인생의 의의가 도덕적 완성에 있다는 점을 말하고자 한 데 있었다. 도덕적인 완성이 가능하게 하려면 '심'의 주체적 통제에 전적으로 의존해야 했다. 이와 비교해 도교에서 거론하는 '심'은 비록 유교와는 다르지만, '심'의 주체적 지위를 긍정한 점에서는 마찬가지다. 몸을 닦든지 마음을 수련하든지 그 과정에서 '심'은 지배적인 역할을 한다. '이 마음'은 대체로 현실적 삶에서 작용하는 마음을 가리킨다. '이 마음'을 운용하여 욕망과 허욕을 제거하고, '이 마음'을 운용하여 토납吐納, 호흡呼吸, 정좌靜坐, 수일守一로 이끄는데, 그 과정에서도 '심'은 주체로서 능동적인 의미를 지닌다.

유교와 도교에서는 모두 자심自心의 최대 가치가 무슨 본체 따위에 있는 게 아니라고 여겼다. 물론 본체로서의 마음도 일정한 의미를 지니지만, 그 자체의 가치는 마음 그 자체를 실현하는 데 있다고 파악하고, 현실적 삶과 양생 수련을 이끌어야 한다고 생각했다. 그리고 이때의 마음이야말로 더욱더 큰 기능과 의의를 갖추게 된다고 간주했다. 이에 따라 중국의 종교사상은 중국 철학처럼 일정한 수준에서 실용적 이성과 가치적 이성으로 체현되었다. 비록 중국 불교사상이 앞뒤의 전개 과정에서 얼마간 다른 점이 존재하기도 했지만, 불교 심성론을 대표하는 선종에서는 '마음'의 본체적 지위와 절대적인 속성을 긍정하고, 동시에 점수돈오漸修頓悟의 과정에서 '마음'의 역할을 중점적으로 논의했다. 선종에서는 '마음'을 자심, 자성, 또는 붓다라고 했는데, 이는 주체적인 마음이 이상적 상태로 지향하는 과정에서 어떤 것과도 대체될 수 없는 기능을 설명하기 위한 것에 불과했다. 유교, 불교, 도교의 심성론에서 주체적 특성을 유독 강조하는 까닭은 전통적 문화의 환경에서 비롯되었기 때문이었고, 한편으로는 이러한 특성이 전통문화의 전형을 구축하기도 했다.

둘째, 이상적 경지에 대한 추구와 이를 정립한 점이다. 일반적으로 유교의 이상적 목표는 성현이 되는 데 있었다. 도교의 목표는 불로장생의 신선이 되는 것이며, 불교의 목표는 견성성불見性成佛이다. 성聖, 선仙, 불佛 그 자체는 일종의 경지를 뜻하는 기호일 뿐, 그 이면에 지향하는 내용은 모두가 추구하는 의미와 가치다. 유교의 성현은 인격이며, 특히 도덕적 인격이 지극히 완벽해진 상태를 말하는데, 이와 상응하는 것은 사회적 대동大同과 조화다. 도교의 신선은 개인의 심신을 자족의 경지에 끌어올려 극도로 완성한 상태다. 도교는 흔히 불로장생을 목표로 삼고 있다고 하지만, 불로장생의 지향점은 단순히 불사의 추구에만 있는 것이 아니다. 신선이 되었다면 개인적인 측면에서 우선 몸이 편안하고, 병들지 않고, 근심 걱정 없이 사는 것이 된다. 의식을 자족하고 원만할 뿐만 아니라, 정신적으로도 자유롭고 거리낌이 없으며 능력이 무한하여 부족함이 없다. 또한, 사회적인 측면에서도 전쟁이 없는 태평성대를 누리며 개개인이 현재의 처지에서 안주하고 평안한 상태다. 따라서 불로장생은 개인을 두고 이르는 말이기는 하지만, 결국 사회 구성원 전체가 잘 사는 것이 이러한 이론의 필연적인 결론이다. 불교는 생로병사에서 시작하여 자성청정심을 회복함으로써 성불의 경지에 이른다고 주장한다. 붓다가 무엇인가? 무엇이 붓다의 경지인가? 이론 외적인 측면에서 보면, 인생의 번뇌를 깨달아 자신의 정신적 경지를 승화시키는 데 지나지 않고, 이로 말미암아 형성된 집단 생활에서도 생로병사가 없고 사람과 사람이 서로 해치는 일이 없는 상태다. 이러한 삼교의 이상이 실현될 확률이 제로에 가깝다고 할지라도, 그들의 심성론에서 다루는 내용 중 이를 최종적 목표로 삼지 않는 대목은 한 군데도 없다. 그것은 개개인이 추구하는 경지이면서, 소속 집단이 도달해야 하는 경지이기 때문이다. 이상적 경지는 유·불·도 삼교의 심성론에서 구현하는 또 하나의 큰 특징이라 하겠다.

셋째, 도덕 의식이 필수이며 이를 향상시켜야 한다는 점이다. 더 말할 나위 없이 유교에서는 도덕을 추구한다. 삼강三綱, 오상五常, 팔조목八條目은 "유교사상이 곧 윤리도덕"이라고 할 만큼 도덕 기준에 큰 영향을 미쳤다. 도교 역시 도덕을 대단히 중시했다. 그 가운데 가르침을 담은 선화仙話가 있고, 수도자의 행실을 규정하는 도규道規가 있으며, 도덕을 강론하는 『태상감응편太上感應篇』과 같은 경전이 있다. 비록 종교색이 짙었지만, 도덕적 내용과 실천 방법에서는 세속적 도덕과 일치했다. 불교 역시 도교와 대동소이했다. 심성론의 문제에서 유교는 상당 부분 인심과 인성을 도덕적 의미에서의 심과 성으로 해석했다. 이와 비교해 불교와 도교는 '심'을 도덕과 동일시하지 않았지만, 수행자의 도덕적 품성은 응당 갖추어야 할 전제 조건이 되었다. 그렇지 않으면 성불과 성선은커녕 지옥에 떨어질 공포를 느껴야 한다고 했다. 따라서 유·불·도 삼교의 심성론에는 도덕의식과 관련한 내용이 상당히 강조되었다고 하겠다.

이외에도 유·불·도 삼교의 심성론에는 여러 공통된 특징이 있다. 지면의 한계로 여기서 장황하게 서술하지 않고 생략하기로 한다.

제3절

도덕 공부와 신체 건강

독일의 문화 철학자 카시러Cassirer Ernst는 다음과 같이 말한 바 있다.

> 처음부터 종교는 이론적 기능과 실천적 기능을 동시에 이행해야 했다. 종교에는 하나의 우주학과 하나의 인류학이 포함되어 있고, 우주의 기원과 인간사회의 기원 문제에 회답해야 한다.[211]

어떤 면에서는 중국종교의 실천적 기능이 그 외재적 표현 형식에 있어서 각기 다양한 공부 사상으로 구현되었다고 이를 수 있다. 이른바 공부 사상은 말과 행동, 사상과 공부의 통합을 말한다. 개인적인 측면에

211 [독일] 카시러, 『인간론An Essay on Man』, 간양甘陽 뒤침, 상하이역문출판사, 1985, 120쪽.

서 수행이나 공부는 실천이 핵심이다. 그러나 이를 확대하고 달성하고자 하는 목표 중의 하나는 가능한 많은 개인이 동참하는 데 있으며, 이로써 대다수 사람이 이러한 법문에 따라 수행하여 그에 상응하는 도움을 받도록 해야 한다. 모든 실천적 법문도 일련의 언설에 힘입어 종교적 포교를 확대할 필요가 있으며, 보편성을 지닌 모델과 교육적 의의를 갖추어야 한다.

중국종교의 공부 사상은 어떻게 이상적인 인간이 될 것인가를 지향한다는 점에서 말과 행동이 모두 갖추어진 사상이다. 다시 말해 그 이론적 실제 내용과 핵심이 순수한 지식을 전달하는 데 있지 않고, 실천과 수행에 필요한 내용과 방법을 나타내는 데 있다는 것이다. 중국종교사상의 공부론이 사실상 '언어'란 옷을 입은 실천적 법문이라는 의미다. 공부 사상에서 논하는 바는 순수한 이론적 탐구와 근본적인 차이점이 있다. 순수한 이론적 탐구가 어떤 이론적 틀을 새로이 구축하거나 보완하는 데 그 목적이 있다면, 공부 사상의 지향점은 하나의 정해진 이론을 전제로 완벽한 실천 법문을 제정하고, 이러한 이론을 행동으로 실현하는 데 있다. 이런 까닭에 공부 사상의 실제 내용은 '사상'을 통해 '공부'를 바라보는 것이다. 따라서 이 자리에서 공부 사상을 거론하는 주된 목적은 종교적 수행과 관련된 학설이나 사상을 통해 그 이면에 내재한 '공부'를 탐구하는 데 있다.

그런데 여기서 하나의 문제가 제기된다. 중국종교의 공부 사상이 의지하는 사상적 배경이 무엇인가 하는 문제다. 사상과 실천이란 측면에서 보면, 중국의 전통적 종교사상에는 실천적 내용이 지향하는 바는 동일하지 않다. 이를테면 전쟁의 실천, 치국의 실천, 의료의 실천, 교육의 실천 따위다. 또한, 이를 이끄는 실천적 지식과 사상도 다양할 수밖에 없는데, 여기서 그것들을 일일이 다 밝힐 수도 없고 그럴 필요도 없다.

중국종교에는 실천적 공부를 가르치는 이론이 헤아릴 수도 없이 많고, 심성론도 그중에 하나다. 가장 중요할 뿐만 아니라 특색이 있고 가치가 있는 이론 중 하나임은 분명하다. 심성론 사상 자체로 볼 때, 그것은 애초에 공부를 수행하기 위해 마련된 내용이었고, 이는 공부론과 하나로 통합되었다.[212] 여기서는 정해진 이론적 전제, 곧 중국종교 심성론을 배경으로 공부 사상을 구성하고 있는 도덕 공부와 신체 건강 사상을 살펴보기로 한다.

도덕 공부와 신체건강 사상은 정형화된 공부 사상의 두 측면이다. 앞서 논의한 바와 같이 중국종교 심성론에서 관심을 쏟는 내용은 인생의 문제다. 인생의 문제는 다방면으로 표출되는 인간 자체의 생존과 발전의 문제로 요약된다. 중국종교 심성론으로 볼 때는 사람이 살면서 부딪히는 문제는 크게 두 가지로 나뉜다. 즉 도덕적으로 건전한 것과 신체적으로는 건강한 것이다. 따라서 중국종교의 공부 사상도 도덕 공부와 신체건강 사상으로 양분해서 논의할 수 있다.

1 —— 중국종교의 도덕 공부 사상

인간이 사회의 형성과 더불어 공존하기 시작했다면, 윤리도덕의 문제도 인간의 생존과 동일한 궤도에 있다고 볼 수 있다. 사회성이라는 특성은 인간과 사회와의 관계 속에서 인간이 생존하기 위해 정해진 것이다. 윤리도덕이 사유의 측면에서 해결하고자 하는 바는 인간과 인간 사이에 일어나는 쌍방 또는 다방면의 모순이 무엇이고, 그것들을 어떻게 봉합하는가

212 이 점에 대해서는 제1절에서 이미 언급한 바가 있다.

의 문제다. 이는 윤리학에서 도덕이 어떤 방식으로 가능한가 하는 문제이기도 한데, 곧 인간에게 왜 도덕이 필요한가, 그리고 그것을 어떻게 실현할 수 있는가의 문제다. 중국종교에서의 도덕 사상도 이러한 기본적인 형이상학의 문제를 취급하지만, 그 착안점과 무게 중심은 여기에 두지 않는다. 중국종교사상에서 도덕 공부를 주목하는 까닭은 그 관심사가 보편적으로 인정된 도덕적 준칙에 따라 도덕 공부를 어떤 방식으로 어떻게 실천하고 구현하는가에 있기 때문이다. 중국종교의 도덕 사상은 그 내용이 아주 복잡하여 포함되지 않는 것이 없을 정도다. 이를테면 도덕의 필요성, 도덕의 기능과 역할, 도덕의 규범과 준칙, 도덕의 평가와 목표, 도덕적 수양과 교화, 그리고 이상적인 인격 따위를 들 수 있다. 하지만 절대다수의 내용은 현실적 인간이 행해야 할 '교화'와 관련한 것들이다. 그 때문에 중국종교의 도덕 사상은 '도덕 공부' 사상이라고 말할 수 있다. 다시 말해 공부론의 시각으로 중국종교의 도덕 사상을 파악해야 거기 내재한 합리적 가치를 새롭게 발견할 수 있다는 것이다. 여기서는 이러한 점에서 출발하여, "남에게 선을 행하고與人爲善", "만물에게 선을 행하고與物爲善", "자신의 선행을 완성하고成己之善", "대선을 성취한다成就大善" 등의 네 가지 영역을 통해 중국종교의 도덕 공부 사상을 탐구하기로 한다.

첫째는 남과 더불어 선을 행한다는 여인위선與人爲善 사상이다. 유·불·도 삼교에서는 한결같이 모두 선을 행할 것을 말한다. '여인위선'은 확고 불변한 기정의 사실을 근거로 제시된 것이다. 다시 말해 인간으로 태어났다면 반드시 인간 집단 속에서 살아야 하고, 개인과 집단의 관계를 어떻게 도모해야 하는가의 문제가 최우선으로 고려되어야 한다. 그 해답은 기본적으로 '여인위선'에 있다. 그러나 '여인위선'을 어떻게 해야 하는가에서는 삼교는 미세한 차이를 보여준다. 유교에서는 '여인위선'

을 인애仁愛 사상이라는 주제의 하위 범주로 다룬다. 그러한 논리의 핵심은 종법宗法 사상에서 도출되었는데, 마땅히 가까이해야 할 사람과 친해야 한다는 친친親親의 원칙이다. 구체적 내용에서는 '충서忠恕'의 가르침으로 구현된다.

공자는 "어진 이는 사람을 아낀다仁者愛人"라고 했다. 이러한 사상으로 설명하고자 하는 바는 대체로 '인애사상'이다. 이를 통해 해결하려는 주제는 '남'과 '나'와의 관계이고, 그 기준은 '아낌愛'이다. 무엇을 '아낀다'고 하는 것은 아무런 감정도 없이 억지로 하는 것이 아니다. 주체로서의 자아가 내면적으로 자각할 때 나오는 감정이다. 따라서 유교의 '여인위선'에는 주체의 자각 의식, 곧 내가 스스로 깨달아 자발적으로 타자에게 선을 행한다는 의식이 깔려있다. 이것은 "사람이 도를 넓히는 것이지, 도로써 사람을 넓히는 것은 아니다人能弘道 非道弘人"라는 공자의 말이다. 도덕적 실천을 거쳐서 얻은 자연스러운 결론인 셈이다. 하지만 공자의 이와 같은 '애愛'는 단계가 있다. 이와 관련하여 공자는 다음과 같이 말했다.

> 군자는 근본에 힘쓰나니 근본을 확립해야 도가 생긴다. 효와 공손함은 인을 행하는 근본이다.[213]

'인애'의 기본과 그러한 실천의 출발점은 효도와 공손함이다. '인애'를 구체적으로 실천하는 순서는 다음과 같다.

> 제자라면 집안에 들어와서는 효도하고, 밖에 나가서는 공경해야 하며, 공

213 『논어』「학이」, 주희, 『사서장구집주』, 48쪽.

손하되 믿음직해야 하며, 널리 사랑하되 어진 이를 가까이해야 한다.[214]

이러한 유교의 도덕공부 사상은 종법 사상에 그 핵심이 있는 것임을 알 수 있다. 부모에게 효도하고 형제를 아끼는 '인애'로부터 점차 나아가 남을 두루 사랑하고 '여인위선'의 경지로 이를 확장한다. 효와 공손함은 '인애'의 출발점일 뿐만 아니라 인애사상의 체계에서 가장 중요한 사항이기도 하다. 원래부터 차별이 존재하는 '인애'가 일단 타인의 신상에까지 미치게 되면, 자연히 타인에게도 최대한의 인애를 실현하기 마련이다.

인은 사람다움이다. 가까운 이들과 친하게 지내는 것이 가장 중요하다. 의는 마땅함이다. 현명한 이를 높이는 것이 가장 중요하다. 친하게 지내는 데 차별이 있고 현명한 이를 높이는 데 등급이 있기 때문에 예가 있다.[215]

이에 대해 맹자도 같은 말을 했다. "나의 어버이를 섬기는 마음이 남의 어버이에게 미치며, 나의 어린아이를 기르는 마음이 남의 어린아이에게 미친다." 따라서 자신으로부터 출발하여 남에게까지 미치는 것이 자아와 타자의 관계를 처리하는 유교의 기본적인 입지점이다. 여기서 강조하는 것은 '나'이고, '남'이 아니다. 이러한 도덕적 교화의 과정을 통해 가르침을 받는 자는 언제나 자신의 내면적 감정에서 출발하여 타인과 공감하기가 아주 쉽다. 이에 따라 도덕적 교화도 외재적이고 딱딱한 규범에

214 『논어』「학이」, 주희, 『사서장구집주』, 49쪽.

215 『중용』, 주희, 『사서장구집주』, 28쪽.

머물지 않고, 친절하고 충만한 감성의 자발적 요구로 인해 타인에게까지 미치게 된다.

여기서 확충된 내용은 '충서'인데 그 내용은 다음과 같다.

> 어진 이는 자기가 서고자 하면 남을 서게 하고, 자기가 성취하고자 하면 남을 성취하게 한다.[216]

> 서恕라는 것이지. 그것은 내가 원하지 않는 것을 남에게도 하지 않는 것이다.[217]

'충서'의 가르침은 동일한 문제에 대한 두 가지 다른 서술 방식이다. 하나는 적극적이고 긍정적인 측면을 지지하고 다른 하나는 소극적이고 부정적인 측면을 불식한다. 요즘 말로 하면, 자기가 하고 싶으면 다른 사람도 하고 싶다고 생각하여 다른 사람을 먼저 챙기는 것을 이른다. 자기한테 일어나지 말았으면 하는 일이면 다른 사람도 싫을 것으로 생각하여 다른 사람에게 그런 일이 일어나지 않도록 애쓴다. 이것은 '충서'의 기본 원칙이고 각양각색의 구체적인 일을 통해 드러난다.

한편 도교의 '여인위선'에는 두 가지 내용이 있다. 자기를 귀하게 여기고 삶을 중시하는 '귀기중생貴己重生'과 조상의 영향이 후손에게 미친다는 승부 사상이 그것이다. 오두미도의 『노자상이주』에서는 일찍부터 "선한 공을 쌓아 천신과 통한다"라는 사상을 제시했다. 이는 선공善功이 천신

216 『논어』「옹야」, 주희, 『사서장구집주』, 92쪽.

217 『논어』「위령공衛靈公」, 주희, 『사서장구집주』, 92쪽.

과 통하는 데 필수 조건임을 의미한다.

선한 공을 어떻게 쌓는다는 것일까? 도교에서는 두 가지로 말한다. 하나는 선을 행하는 것이고, 다른 하나는 악을 삼가는 것이다. 『태미선군공과격太微仙君功過格』 서문에서는 "악을 멀리하고 선을 가까이하면 신선되는 것이 멀지 않다"라고 했다. 선행의 목적이 최종적으로 신선이 되는 데 있다는 것이다. 『태상감응편』에서도, "천선天仙이 되려면 일천 삼백 개의 선을 행해야 하고, 지선地仙이 되려면 삼백 개의 선을 이루어야 한다"라고 했고, 또 "하늘과 땅에는 잘못을 살피는 사과司過의 신이 있다. 잘못의 경중에 따라 인간에게 셈을 빼앗는데, 셈이 감하게 되면 빈궁하게 되고, … 셈이 다하면 죽게 된다"라고 했다. 도교에서 선을 행하고 악을 멀리하는 기준은 대체로 유교의 도덕 사상과 같다.

> 신선 되기를 바라는 자는, 충忠 · 효孝 · 화和 · 순順 · 인仁 · 신信을 근본으로 해야 한다. 덕행을 닦지 않고서는 방술에 힘쓸지라도 불로장생할 수 없다.[218]

이러한 기본 원칙을 중심으로 도교에서는 많은 계율을 만들었다. 이와 관련하여 『도장』에 무수한 기록이 있는데 여기서는 일일이 언급하지 않는다.

우연인지는 몰라도 중국 불교에서도 동일한 관점을 취하고 있다. 대승불교의 도덕 사상은 불법의 체계에서 비롯되었다. 가장 대표적인 계율

218 왕밍, 『포박자내편교석』, 53쪽.

로 오계五戒, 팔계八戒, 십계十戒를 들 수 있다.[219] 이러한 계율은 일종의 부정적인 방식으로 대중에게 악행을 삼갈 것을 일러주는데, 그중에 악이 아닌 '여인위선'의 내용도 없지는 않다. 당연히 불교에도 '여인위선'의 내용을 적극적으로 긍정한다. 이를테면 사섭四攝과 같이 포시섭布施攝·애어섭愛語攝·이행섭利行攝·동사섭同事攝이 있고, 그밖에 사무량심四無量心·육도六度·팔정도八正道가 있다. 이것들은 모두 긍정적인 시각에서 선행을 바라보고 인간과 인간 사이의 관계를 처리할 때 응당 챙겨야 할 행위로 규정했다.

둘째는 만물을 아끼고 더불어 살아가는 여물위선與物爲善 사상이다. '여인위선'의 원칙과 정신을 확장할 때, 논리적으로 도출되는 결론은 '여물위선'이다. 이는 유·불·도 삼교에서 자연스럽게 받아들이는 사상이다. 삼교의 도덕 사상이 기본적으로 일치한다는 점에서 '여물위선'은 도덕 공부의 핵심 내용이 된다. 그러나 삼교는 그 취지에 있어서 나름의 차이가 있어서 '여물위선'의 세부 내용에도 다른 점이 있기 마련이다.

유교의 '여물위선'은 만물을 아끼는 정서가 농후하다. 공자는 『논어』「안연」에서 '인'을 사람을 아끼는 '애인愛人'으로 해석했다. 맹자는 성선론을 바탕으로 범주를 확대해서 보편화시켰는데, '인'이 사람뿐만 아니라 다른 사물까지 아끼는 '애물愛物'이라고 주장했다. '양심'에는 만물을 두루 사랑하는 선단善端이 있기 때문이다.

> 군자는 새와 짐승을 대함에도 살아있는 것을 보고 차마 죽는 꼴은 보지 못한다. 죽는 소리를 듣고 그 살을 차마 먹지 못한다. 그래서 군자는 푸줏

219 불교의 계율에 관한 논의는 이 책의 제2장 제2절의 내용을 참조하고, 여기서는 생략한다.

간을 멀리한다.[220]

이처럼 '인애'의 범주가 확대되어 보편성을 띠게 되자, 자연히 '인'의 함의도 깊어져서 사람과 만물을 두루 아끼는 데까지 나아갔다.

> 군자는 만물을 아끼되 인으로 대하지 않고, 백성을 인으로 대하지만 가까이하지는 않는다. 가까운 사람을 친하고 백성은 인으로 대하며, 백성을 인으로 대하여 만물을 아낀다.[221]

이러한 정신은 만물을 아끼고 백성을 사랑하라는 도덕적 요구가 되었다.

송명 시기의 장재는 이러한 사상을 사람과 만물이 같은 부류에 속한다는 '민포오여民胞吾與' 사상으로 발전시켰다.

> 하늘은 아버지이고 땅은 어머니다. 그 사이에 조그만 내가 있어 섞여서 살아간다. 따라서 천지에 가득 찬 것은 나의 몸이요, 천지를 운행하는 것은 나의 본성이다. 백성은 나의 형제자매이며 만물은 나의 벗이다. 임금은 우리 부모의 맏아들이며 대신들은 맏아들의 집사다. 나이 많은 이를 존경하기 때문에 모든 어른을 받들고, 외롭고 약한 자를 사랑하기 때문에 모든 약한 자를 보살핀다. 성인은 천지의 덕과 부합하고, 현자는 그중에서 뛰어난 자다. 무릇 하늘 아래 늙고 병든 사람이나 손발을 잃고 불구

220 『맹자』「양혜왕상」, 주희, 『사서장구집주』, 208쪽.

221 『맹자』「진심상」, 주희, 『사서장구집주』, 363쪽.

가 된 사람, 자식이 없거나 홀아비 또는 과부가 된 사람들도 전부 내팽개칠 수 없는 나의 형제들이고, 어디에다 하소연할 데가 없는 불쌍한 사람들이다.[222]

이 말의 주된 뜻은 사람 하나하나가 모두 나의 형제자매라는 사실에서 유추하여 세상 만물이 모두 나의 동포라고 주장하는 데 있다. 도덕적인 입장에서는 '인애'의 원칙이 모든 사물에 적용되어야 한다는 것을 주장한다. 이는 만물을 널리 사랑하고 만물과 더불어 살아가야 한다는 것을 의미한다. 왕양명은 이를 직설적으로 표현했다.

어린애가 우물에 빠지는 것을 보면 두렵고 측은한 마음이 생긴다. 이는 마음속의 인이 그 아이와 일체가 되어 같은 부류로 여기기 때문이다. 새와 짐승이 슬피 우는 소리가 들리면 차마 듣지 못하는 마음이 생기기 마련이다. 이는 마음속의 인이 새와 짐승과 일체가 되어 새와 짐승에게도 느낌이 있다는 생각이 들기 때문이다. 풀과 나무가 꺾인 것을 보면 연민의 정이 생긴다. 이는 인이 그 풀과 나무와 일체가 되어 저들에도 생명이 있다는 것을 느끼기 때문이다. 기왓장이나 돌이 깨진 것을 보면 아깝다는 마음이 생긴다. 이는 마음속의 인이 그것과 일체가 되기 때문이다. 비록 소인의 마음일지라도 반드시 그런 것이 있기 마련이다.[223]

유교 도덕 사상의 주류가 된 이러한 사상은 일종의 도덕 지상주의라

222 장재, 『정몽』「건칭편제십칠乾稱篇第十七」, 『장재집』, 62쪽.

223 왕수인, 우광 외 편집 · 교정, 『왕양명전집』 하책, 권26「대학문大學問」, 968쪽.

고 할 수 있는데, '여물위선'은 근원적으로 외부의 강요에 의한 것이 아니라, '인애'에 근거한 심성의 자각적 요구로 구현되기 때문이다. '내성외왕'을 지향하는 과정에서 유생들에게 요구하는 도덕적 실천 중 하나는 만물을 아끼고 사랑하는 것이고, 이러한 도덕적 품격이 완전무결하게 갖추어져야 비로소 유교에서 추구하는 이상적인 인격을 완성했다고 일컫는다.

도교의 '여물위선'은 유교와 약간 다르다. 중생重生과 승부 사상에서 나타난 '여물위선'의 방식은 생명을 보호하는 '호생護生'과 살생을 금지하는 '계살戒殺'이다. 나누어 설명하면, 첫째로 이 두 가지는 도교의 계율에 무수히 등장하는데 그러한 계율은 한쪽으로는 도덕적 실천을 강조하고, 다른 한쪽에서는 도덕 공부를 통해 내재적 본성을 체득하고 승화시킬 것을 요구한다. 둘째로 수많은 도교 설화를 통해 나타난다. 도교의 계율로만 따지면 절대 다수의 계율은 모두 유정물에 대해서는 '호생'과 '계살'을 결합할 것을 주장한다. 초기의 노자상이계老子想爾戒에서 발견된 27계 중에는 피를 가진 생물을 먹지 말고, 미식을 즐기지 말고, 죽이지 말라는 규정이 있다.[224] 노자상이계에서 발전된 노군백팔계老君百八戒는 도교 계율을 한층 더 구체화하여 세속화시켰는데, 그 안에는 생태와 환경 보호에 관련된 규정이 많았다. 예컨대, 동물들을 해치거나 다치게 하는 수렵과 어로를 금지했고, 화전을 일군다고 산림이나 들판을 태우는 것을 금지했으며, 함부로 벌목하는 것을 금지했고, 풀이나 꽃을 함부로 꺾는 것을 금지하는 규정들이 있었다.

도교의 계율에 이러한 딱딱한 조항만이 있는 것은 아니다. 그 배후에는 이론적인 구심점도 있다. 그것이 바로 중생과 승부 사상이다. 앞서

224 『태상노군경률』 참조. 『도장』 제18책, 218쪽.

언급한 바와 같이 선한 공덕을 쌓아야 불로장생하고 신선이 될 수 있는데, '여물위선'은 선한 공덕을 쌓는 데 가장 중요한 방편이다. 다시 말해 선행을 해서 선한 공덕을 쌓듯이, 불로장생하고 신선이 되기 위해 그 밑천을 마련해야 한다. 반대로 악을 저지르면 예전에 쌓았던 선한 공덕마저 모두 날려버릴 뿐만 아니라, 심지어는 악행의 업보까지 발생하여 신선이 될 자격까지 상실한다. 원래 적선의 행위는 신선을 추구하는 것과 무관한 도덕적 의미로서의 순수한 행위였는데, 도교의 도덕공부 사상체계에서는 이를 성선成仙 의식과 결부해놓았다. 여기서는 그러한 결합의 가능성에 대한 의문을 풀기 이전에 바로 이러한 결합 때문에 결과적으로 도교의 도덕 윤리가 실행 가능한 근거를 얻었다는 점을 주목할 필요가 있다. 도교와 무관한 사람이 보기에는 도교 계율들이 아무것도 아닐 수 있지만, 도교 신자들에게는 그들의 '법률'이다. 선행과 악행의 기록이 신선이 되는 길에 도움이 되거나 방해가 되기 때문이다. 잘못하면 수명을 감하게 되고 가족에게까지 재앙이 미칠 수 있다. 그래서 신자들은 언제나 도교 계율을 중요하게 여긴다. 동일한 사상이 도교의 권선서에도 선명하게 나타나는데, 그중 몇 개의 예를 골라 살펴보기로 한다.

> 새를 화살로 쏘고 짐승몰이를 하며, 겨울잠을 자는 벌레를 헤집고, 둥지에 깃든 새를 놀라게 하며, 개미구멍을 메우거나 새 둥지를 뒤엎고, 짐승의 태胎를 다치게 하고 새알을 깬다.[225]

> 까닭 없이 거북이를 죽이거나 뱀을 때려잡는다. 이와 같은 죄악들은 사

---

225 『태상감응편』, 권12, 『도장』 제27책, 59-62쪽.

명신司命神이 그 경중에 따라 점수를 계산해서 수명을 감한다. 점수가 소진되면 죽게 되고, 죽은 뒤에도 남은 부채가 있으면 재앙이 자손에게 미친다.[226]

살아있는 것을 돈을 주고 사서 방생하거나, 재계齋戒하고 살생을 경계해야 한다. 발걸음을 뗄 때는 항상 발밑에 벌레와 개미가 있는지 살펴보고, 불을 조심해서 다루어 산림을 태우지 않도록 한다. … 산에 올라 새와 짐승을 그물로 잡지 말며, 물가에 가서 독을 풀어 물고기와 새우를 잡지 말아야 한다. 밭을 가는 소를 도살하지 말고, 문자가 적힌 종이를 버리지 말아야 한다. … 나쁜 짓을 하지 않고 착한 일을 받들어 행하면, 오래도록 악한 별이 비치지 않고 항상 길신吉神이 보호해줄 것이다. 가까운 보응은 자기에게 있고 멀게는 자손에게 보응이 있다.[227]

『태상감응편』과 『문창제군음즐문文昌帝君陰騭文』은 도교의 권선서로 대단한 권위를 가지고 있을 뿐만 아니라, 도교인들의 도덕 수행에도 깊은 영향을 미쳤다. 물론 일반 민중 교화에도 상당한 의미가 있었다. 위의 인용문은 문장 표현이 통속적이고 이해하기 쉽지만, 그 안에 깊은 이치와 교육적 의의가 담겨있다. 이른바 도교의 도덕공부 사상인 '여물위선'의 정신이 잘 표현되어 있어서 광범위하게 영향을 미치게 되었던 것이다.

여기에 호응하여 이러한 사상은 도교 설화에도 대거 나타났다. 도교 설화는 종종 생동감이 있는 이야기를 매개로 하여 전파된다. 평범한 사람

226 『태상감응편』, 권29, 『도장』 제27책, 134-135쪽.

227 『문창제군음즐문』, 탕다츠오 외, 『권선서주역勸善書註譯』, 중국사회과학출판사, 2004, 56-58쪽.

이라도 동물에게 착한 일을 해서 복을 받았다거나, 생명을 해친 탓에 악행의 보응으로 그 재앙이 후대에 미쳤다는 이야기가 그것인데, 이를 통해 '여물위선'의 도덕공부 사상을 전달했다. 이런 종류의 이야기는 도교 경전에 무수히 발견되는데, 여기서 일일이 나열할 필요는 없을 것이다. 다만 이러한 유형의 도교 설화가 선을 행하라고 권하는 데 큰 역할을 했다는 점은 부인할 수 없다. 그러한 의미에서 도교 설화는 도교에서 도덕적 교화를 촉진하는 데 주요한 수단과 방식이 되었을 뿐만 아니라, 이러한 설화를 담은 선서善書는 도교의 계율과 함께 도교의 도덕공부 사상을 형성하게 되었다.

불교의 교리와 계율에도 살생을 금하고 방생을 권장하는 규정이 많은데, 그러한 내용은 유교나 도교와 대체로 일치한다. 불교에서는 이를 인과응보 사상과 연관 지어 성불의 전제 조건으로 수용했다는 점에서 살생과 방생은 불교의 도덕공부 사상의 주된 관심사가 되었다.

셋째는 선행을 통해 자신의 내면적 성취를 도모한다는 성기지선成己之善 사상이다. 어떤 점에서 볼 때, '내성외왕'은 유·불·도 삼교의 도덕공부 사상을 합리적으로 요약한 것이라고 말할 수 있다. '여인위선'과 '여물위선'이 외왕外王의 덕을 표현한 것이라면, '성기지선'은 내성內聖의 덕을 구현한 것이다. '성기지선'으로 도덕의 가능성 문제를 해결하려고 할 때, 외왕外王의 덕은 자신의 심성에 내재한 선으로 이동하게 된다. 이와 동시에 공부론에 착수하여 자신에게 고유한 선을 어떻게 실현할 것인가, 다시 말해 내재적인 선의 표출과 회복 문제를 중점적으로 다루게 된다. 그런 점에서 '성기지선'은 '여인위선'과 '여물위선' 사상의 내재적 근거가 된다.

유교에서 말하는 '성기지선'의 골자는 인애사상을 마음속 깊이 뿌리

내리게 하는 것이다. '구방심求放心' 또는 '치양지致良知'의 실천에는 적어도 다음과 같은 네 가지 내용이 포함된다.

하나는 신독愼獨이다. '신독'은 지선의 도를 행함에 있어서 영혼이 없는 겉치레를 방지하려는 노력이다. '신독'의 관건은 자신에게 약속한 것을 지키는 힘을 강조하는 데 있다. 아울러 이러한 약속으로 자신에게 고유한 선을 깨달아 자각적이고 자발적인 요구가 내면에서 우러나오게 한다. 신독은 도덕적 실천이 형식에 치우쳐 도덕이 지닌 본래의 의미를 잃지 않도록 하는 데 그 목적이 있다.

둘째는 극기자성克己自省이다. 유교의 이상적 인격체는 말할 것도 없이 성인군자이고, 도덕에서는 지선에 도달하는 것이다. 이것은 끝없는 과정이고, 현실 속의 인간이 선을 추구하는 여정을 잠시도 중단하지 않고 나날이 새롭게 발전해야 한다는 것을 의미한다. '극기자성'은 자신의 내면에서 그 원인을 모색하는 것이다. '극기'가 과거와 이별하고, '인'에 부합되지 않는 지금의 행위와 결별하는 것이라면, '자성'은 '극기'의 과정에서 스스로 돌이켜 생각하면서 허물을 깨닫고 고치며, 선행을 보면 이를 실천에 옮기는 것이다. '극기자성'은 선을 지향하는 방법이자 태도다. 그 속에는 겸허하고, 부끄러움을 알며, 성실하고 믿음을 중요시하는 등 유가의 도덕적 요구가 내포되어 있다.

셋째는 견현사제見賢思齊다. '극기자성'이 내재적 마음으로부터 착수하는 것이라면, '견현사제'는 '성기지선'의 과정에서 외부로부터 배우는 방법이다. '극기자성'의 주안점이 낡은 '나'를 새로운 '나'로 바꾸는 것이라면, '견현사제'는 '극기'에 필요한 기준치를 제공한다. 표준이 되는 '현賢'은 현실세계의 현인 군자일 수도 있고 이상적인 인격을 상징하기도 한다. 현인 군자를 보고 그와 나란히 할 것을 생각한다는 점에서 '견현사제'

와 '극기자성'은 상생의 관계에 놓여있을 뿐만 아니라, 양자의 관계를 도모하는 과정에서 개인의 도덕 공부를 촉진한다.

마지막은 자강불식自强不息과 지우지선止于至善이다. '자강불식'은 유교의 인생관으로 '성기지선'의 도덕공부 사상에 깊게 배어있다. '자강불식'은 마음의 주체에게 호소하는 데서 출발하는데, 유한한 개체의 선행과 무한한 집단의 선함을 결합함으로써 '성기지선'으로 나아가는 과정에 의지를 격앙시키는 역할을 한다. 유교에서 완벽한 인격을 추구하는 과정에 보여주는 강인하고 단호한 모습은 이를 통해 집중적으로 나타난다. '지우지선'에 있는 '지선'은 순수한 이상적 인격체를 설정하여 무한히 노력하는 과정이다. '자강불식'이 '지우지선'의 정신적 원동력이라면, '지우지선'은 '자강불식'의 지향점이다. 유한과 무한, 현실과 이상을 완벽하게 조화한 이 두 가지 내용은 중화민족이 지닌 주요한 도덕적 품격의 일부가 되었다.

유교의 '성기지선'을 증익增益의 방법이라고 이른다면, 도교와 불교는 감손減損의 방법을 택했다고 볼 수 있다. 성선과 성불을 위해 가능한 많은 적선과 공덕을 쌓아야 한다고 도교와 유교에서 강조하고 있지만, 실제 개인의 수양에서는 이와 반대로 감손의 방법을 채택했다.

도교의 '성기지선'에는 세 가지 핵심 내용이 포함되어 있다.

하나는 근원으로 되돌아가는 감손의 길이다. 도교에서 볼 때, 근원은 마음이 깨끗해서 텅 빈 상태다. 근원으로 되돌아가는 것은 사실상 본래의 청정한 상태로 회귀하는 것이고, 그것이야말로 인간으로서 가장 선한 상태이며 도교에서 추구하는 이상적 인격이다. 문화인류학에서 볼 때, 인류 최초의 소박한 상태는 욕심이 없었고 잔머리를 굴리지 않았으며 싸우지도 않았다고 한다. 모든 것이 자연스럽게 이루어졌고 후천적인 학습에 물들지도 않았다고 한다. 여기서 명확한 것은 후대 인류의 인격적 특징이다. 역사가 생긴 이래로 인심이 사납게 되어 더 이상 본래의 상태로 복귀할 수 없게 되었는데, 이는 도교에서 바라지 않는 일이었다. 이러한 점에서 이상적인 인격의 설계는 '성기지선'의 위대한 구상이라고 말할 수 있다.

또 한 가지는 "내 운명은 내게 달려 있지 하늘에 있는 것이 아니다我命在我 不在天"라는 것이다. 얼핏 보면 "내 운명은 내게 달려 있지 하늘에 있는 것이 아니다"라는 말은 감손의 길과 모순되지만, 개체에 내재한 심층적인 면에서는 그렇지 않다. 도교에서 추구하는 이상적인 인격을 현실적 환경에서 성취할 만한 여건이나 근거가 없으므로, 주체의 정신적 측면에서 용맹정진의 정신과 마음 자세를 강화하도록 요구한 것이다. 이러한 점은 유교의 '자강불식'과 일맥상통한다. 마찬가지로 "내 운명은 내게 달려 있지 하늘에 있는 것이 아니다"라는 것은 자발적으로 선행을 실천하는 방법이자, 도교의 이상적 인격을 갖추는 데 필요한 마음가짐의 하나다. 이러한 마음가짐은 성선을 추구하는 과정에서 수많은 도교인의 신념을 돈독히 하고 역경을 극복하는 데 큰 힘이 된다. 그뿐만 아니라 도교인으로서의 건전한 성품과 적극적인 정신세계를 조성해주기도 한다.

마지막은 개체로서의 소요逍遙의 경지다. 육체적 신선에서 정신적 신선에 이르는 것은 일종의 도교적 변환이다. 도교적 변환의 의의는 개체 의식으로서의 불사를 추구하는 데 있다. 개체 의식으로 불사를 추구하는 까닭은 그럴 만한 목표가 있기 때문인데, 이른바 신선 세계에 진입해서 자유로이 노닐 수 있다는 의식에 근거한다. 도교에서 우화등선을 이상으로 삼는 것은 불사나 불로장생뿐만 아니라 이상적인 삶을 누리는 데도 있기 때문이다. 신선의 세계에서 소요의 경지를 언급한 내용은 무수히 많지만, 도덕적 이상이란 시각에서 살펴보면 도덕적 자족의 상태에 도달한 의식까지 모두 망라된다. 이는 한편으로 감손의 방법을 철저하게 시행한 결과로 드러나는데, 인간의 현실적 마음을 초월적 마음으로 변환하게 하여 무욕의 자족 상태에 이른 것을 의미한다. 또 다른 한편에서는 "내 운명은 내게 달려 있지 하늘에 있는 것이 아니다"라는 마음가짐을 통해 자족한다는 의식을 일깨우는 길이다. 곧 잠재적인 자족감을 현실적 자족감과 일치시킴으로써 도덕적 이상을 실현하게 되고, '마음' 역시 신선 세계 속에서 아무런 걸림 없이 소요할 수 있게 되는 것이다.

불교에서 추구하는 '성기지선'의 방법은 도교와 크게 다를 바 없다. 불교에서는 "있는 것도 아니고 없는 것도 아니다非有非無", "있는 것도 아니고 없는 것도 아니라는 것도 아니다非非有非無", "하나도 아니고 둘도 아니다非一非二", "하나도 아니고 둘도 아니라는 것도 아니다非非一非二" 등의 부정적 사유 방식으로 양 극단을 배제하고 우주 만법의 본래 면목을 인식한다. 도덕 공부 사상에 있어서도 불교는 깨달음覺과 깨닫지 못함不覺, 점漸과 돈頓, 세속에 물든 마음染心과 본래 마음本心 등의 대립적 방법을 통해 내면의 마음이 무심의 경지에 이르도록 한다. 그렇게 해서 도덕적으로도 인륜과 대덕大德에 통달하고, 걸림이 없는 무애無碍와 일념삼천一念三千의 경지에 도달함으로써 개체로서의 선을 성취한다.

넷째는 사회적으로 보편타당한 선을 완성한다는 '성취대선成就大善' 사상이다. 유·불·도에서는 입세와 출세에 대한 논쟁이 아무리 치열해도 '내성외왕'이나 '성기지선'으로 복지 사회를 구현한다는 점에서는 인식을 같이한다. 사회를 구하고 인간을 제도하는 것이 공통된 목표다. 이상적 사회의 설정에서는 다소의 차이가 있는 탓에 구체적인 실행에서 세 종교는 서로 다른 방법을 취하고 있다. 이 점은 다음의 인용문에서 잘 드러난다.

> 대도大道가 행해지던 그 시절에는 천하를 모든 사람의 것으로 여겼다. 어질고 유능한 사람을 선발했고, 신의를 중시했으며 화목한 분위기를 길렀다. 사람들은 제 어버이만 어버이로 여기지 않았고 제 자식만 자식으로 여기지 않았다. 노인들로 하여금 편안하게 여생을 마치도록 했고, 젊은이는 적절한 일거리를 갖게 했고, 아이들은 잘 자랄 수 있게 했다. 홀아비, 과부, 고아, 자식이 없는 늙은이, 장애인, 병자도 모두 부양했다. 남자는 일정한 직업이 있었고, 여자는 시집갈 자리가 있었다. 재물이 땅에 버려지는 것을 싫어했지만 자기 것으로 챙기지 않았고, 힘을 쓰는 것을 싫어하지만 제 한 몸만을 위하지 않았다. 이런 까닭에 음모가 폐쇄되어 일어나지 않았으며, 도적이나 절도범, 역모자, 반란자가 생겨나지 않았다. 대문이 있어도 닫지 않고 살았으니, 이를 일러 대동大同이라 한다.[228]

> 작은 나라에 인구도 적게 한다. 열 가지, 백 가지 도구가 있어도 사용하지 않게 하고, 백성의 생명을 소중히 여기고 멀리 이사 가는 일이 없도록 한다. 배와 수레가 있어도 타는 일이 없고, 갑옷과 무기가 있어도 쓸 일이 없게 한다. 사람들에게 다시 노끈을 메어 쓰도록 하고, 음식을 달게 먹도록 하고, 의복을 아름답게 입도록 하고, 거처를 편안하게 하고, 풍속을 즐기도록 한다. 인접한 나라가 서로 바라보고, 닭 우는 소리와 개 짖는 소리가 서로 들릴지라도 백성들은 늙어 죽을 때까지 서로 왕래하는 일이 없다.[229]

---

228 『예기』「예운」, 『십삼경주소』 하책, 1414쪽.

229 『도덕경』 제80장, 『제자집성』 제3책, 46-47쪽.

제1대원, 원하옵건대 내세에 아뇩다라삼막삼보리를 얻을 때, 스스로 광명을 밝게 불태워 무량 무변한 세계를 비추게 하고, 32종의 대장부장大丈夫相과 80종의 수형호隨形好로 그 몸을 장엄하게 하여, 일체 유정有情의 중생들도 나와 같게 하소서.

제2대원, 원하옵건대 내세에 보리菩提를 얻을 때, 몸이 유리처럼 안팎이 밝게 비치어 티 없이 맑고 깨끗하며, 광명이 광대하고 공덕이 높고 우뚝하며, 몸은 편안하게 안주하고, 장엄한 빛줄기를 그물처럼 비추어 일월을 능가하고, 유명幽冥의 중생들이 모두 밝게 깨달아 그들이 바라는 대로 여러 사업을 성취하게 하소서.

제3대원, 원하옵건대 내세에 보리를 얻을 때, 무량무변한 지혜의 방편으로 유정의 중생들이 필요한 물건들을 남김없이 모두 얻을 수 있도록 하여 중생으로 하여금 부족함을 느끼지 않도록 하소서.[230]

이상의 세 인용문에서 나타나듯이, 유·불·도 삼교에서 염원하는 유토피아의 세계는 어느 정도 다른 면이 있지만, 그 기본적인 내용에서는 대체로 일치한다. 공통된 점을 들어보면, 첫째로 물질적 기본 욕구를 충족시켜 준다는 점이다. 이는 생존에 필요한 기본적인 사회 보장을 뜻한다. 둘째는 사회 구성원이 모두 동등한 지위를 유지하며 서로를 기만하거나 죽이지 않는다는 것이다. 셋째는 자족한 삶을 누리며 사회적으로 안전하다는 것인데, 사람들끼리 화목하게 이웃으로 지내며 권력 투쟁이나 이해관계로 빚어지는 현상은 존재하지 않는다. 넷째는 사회적으로 조화롭고 안정되어 있으며, 정치적 관용과 청렴이 일상화되어 있다는 것이다.

230 『약사유리광여래본원공덕경藥師瑠璃光如來本願功德經』, 『대정장』 제14권, 405쪽.

그 방법적인 측면에 있어서 유교는 "배워서 성취함이 있으면 관직에 나아가야 한다學而優則仕"라는 것을 강조한다. 유교에서 사회적 이상을 실현하는 방법은 성의誠意, 정심正心, 격물格物, 치지致知, 수신修身, 제가齊家, 치국治國, 평천하平天下다. 일련의 순서에 따라 나열된 이러한 경로는 개인이 사회적 선을 추구하는 길이면서 사회와 국가에 봉사하는 길이기도 하다. 유교적 이상은 '인仁'의 개념으로 사회를 다스리는 데 있기 때문에 사회적 현실과 아주 긴밀한 관계를 맺고 있다. 도가와 도교에서 사회적 이상을 실현하는 방법도 유교와 대동소이하다. 『도덕경』 제54장에 다음과 같은 말이 있다.

> 도로써 몸을 다스리면 그 덕이 참될 것이고, 집안을 다스리면 그 덕이 남음이 있을 것이고, 마을을 다스리면 그 덕이 커질 것이고, 나라를 다스리면 그 덕이 풍성해질 것이고, 천하를 다스리면 그 덕이 두루 퍼질 것이다.[231]

이 말은 노자에서 나왔지만, 나중에 도교에 전폭적으로 수용되었다. 도교 경전에 나타난 노자의 주석에도 이러한 본래의 뜻이 그대로 계승되었다는 점에서 노자의 수덕修德 개념은 도교의 수덕 개념이기도 했다. 이는 개인의 도덕을 확충함으로써 천하를 교화한다는 목적을 실현하는 것이었다. "대국을 다스리는 것은 작은 생선을 요리하는 것과 같다治大國若烹小鮮"라고 하며, "유약하고 고요함을 지킨다守柔持靜"라는 이념을 기저로 하는 도교의 '덕'은 유교의 '인덕仁德'이 아니라 자연에 순응하는 무위의 덕이다. 그 최종적인 지향점도 사회의 자연적 질서에 두었고 인위적인 다

231 『도덕경』 제54장, 『제자집성』 제3책, 33쪽.

스림에 두지 않았다. 한편, 불교의 사회적 이상은 사회에 대한 개인의 공헌을 강조하는 것이라 할 수 있다. 그러나 이와 동시에 개인이 사회의 지배층이 되어 통치하는 것을 원치 않고, 불교계와 같은 단체로 남아있기를 바란다. 비록 다소의 차이는 있겠지만, 세 종교에서 설정한 이상적인 사회는 상당한 부분이 서로 일치한다. 이러한 공통점은 명쾌하게 설명할 수 있다. 중국종교의 도덕 공부 사상은 개체의 선을 '여인위선'과 '여물위선'으로 확장해서 대선大善으로 나아가게 한다는 것이고, 이를 통해 조화롭고 안락한 이상적 사회를 구현한다는 것이다. 이것이 유·불·도 삼교가 지향하는 도덕 공부 사상의 최종 결론이다.

일반인들은 종교의 의미를 '궁극적 관심ultimate concern'이라고 한다. 이른바 '궁극적 관심'은 사람들의 마음이 최종적으로 귀결되는 자리를 말한다. 중국종교의 도덕 공부 사상에서 도덕 공부를 다룰 경우도 최우선으로 고려할 점은 이러한 '궁극적 관심'을 도덕적인 수양으로 관철하는 데 있다. 이상적인 경지로 표현되는 성현이나 신선, 또는 붓다의 품격에 나타나는 여러 특성은, 대개 인간으로서 추구해야 할 도덕적 품성에 대한 일종의 규범에 지나지 않는다. '궁극적 관심'은 인심의 요구에 기반을 둔 것이다. 종교는 본래 여기서 출발하여 사람의 마음은 중심핵으로 삼아 도덕 공부와 이상적 인격체의 실현 문제를 통합하고, 종교적 목적의 달성과 함께 자아실현의 목표도 성취한다. 여기서 종교 조직과 개인은 하나가 되고, 여러 가지 이론들은 구체적인 행동을 통해 결실을 본다. 이렇게 볼 때 중국종교의 도덕 공부 사상은 종교 조직과 인학人學, 그리고 공부론을 하나로 묶는 사상일 뿐만 아니라, 도덕 사회의 구축과 개인적 인격 완성의 문제를 두루 다루고 있는 점에서도 오늘날 시사하는 바가 대단히 크다.

2 — 중국종교의 신체 건강 사상

유·불·도 삼교는 모두 신체 건강에 대해 제각기 언급하고 있다. 유교는 주로 도덕 공부의 실천에 관심을 쏟고 있지만, 그것이 신체 건강을 소홀히 한다는 뜻은 아니다. 신체 건강에 대한 생각과 이에 대한 유교의 기본적인 태도는 『효경孝經』의 한 구절로 요약할 수 있다.

> 몸과 머리칼과 피부는 부모에게서 받은 것이니, 이를 감히 훼손하지 않는 것이 효의 시작이다.[232]

『효경』에서 인간의 신체 건강을 중시한다는 사실은 의심의 여지 없이 자명하다. 왜냐하면, 여기서 신체의 머리칼이나 터럭 하나라도 훼손시키지 말 것을 요구하고 있기 때문이다. 털끝 하나도 훼손하지 못하도록 하는 근거는 "부모에게서 받았다"라는 것에서 찾을 수 있고, 그러한 실천의 목적도 예절과 효도에 있다고 볼 수 있다. 하지만 객관적으로 볼 때 이토록 예절에 대한 절대적 기준치를 강화하려는 동기는 다른 데 있었다. 신체 건강에 관한 사상과 언행이 '예'를 실천하는 과정에서 하나로 관철되면서 결과적으로 유학자들의 신체 건강을 보장하는 효과를 낳기 마련이다. 공자나 맹자와 같은 유가의 성현에서, 동중서나 주희와 같은 대유학자의 언행을 되짚어보면, 그들은 모두 예외 없이 사람들의 심신 건강에 관심을 쏟았으며, 심오한 신체 건강 공부 사상을 지녔다는 사실을 발견할 수 있다.

공자가 신심의 건강을 중시했다는 흔적은 주로 음식과 관련한 논의

232 『효경』「개종명의장開宗明義章」, 『십삼경주소』 하책, 2545쪽.

에서 잘 나타난다. 『논어』「향당鄕黨」에는 다음과 같은 말이 있다.

> 밥은 곱게 찧은 것을 싫어하지 않았고 회는 가늘게 썬 것을 싫어하지 않았다. 밥이 쉬어 변한 것과 생선이 상하고 고기가 부패하면 먹지 않았다. 색깔이 나쁘면 먹지 않았고 냄새가 나쁘면 먹지 않았다. 알맞게 삶지 않으면 먹지 않았고 때가 아니면 먹지 않았다. 반듯하게 썰지 않으면 먹지 않았고 음식에 알맞은 장醬을 갖추지 않으면 먹지 않았다. 육류를 많이 먹어도 밥보다 많이 먹지 않았다 … 사온 술이나 사온 육포는 들지 않았다. 생강을 거르지 않고 들었고 어떤 음식이든 많이 먹지 않았다.[233]

비록 공자가 먹고 먹지 않는 기준을 '예禮'에 두었지만, 부인할 수 없는 사실은 먹지 않는 것에 대하여 여러 가지로 상세하게 규정한 것들이 대체로 모두 건강에 유익하다는 점이다. 여기서 다음과 같은 사실을 추론할 수 있다. 공자가 받들었던 '고례古禮'의 일부 내용이 사실상 고대의 성현들이 일상적 경험을 통해 얻었던 건강에 대한 소중한 정보들로부터 나왔을 가능성이다. 이러한 사상은 나중에 공자가 절대적 가치를 두고 받들었던 '예'의 내용이 되었고, 유생의 건강을 유지하는 데 크게 기여했던 것으로 여겨진다. 앞의 인용문에서 잘 알 수 있듯이, 공자는 상한 것과 날것을 먹지 않았고, 때가 아니면 먹지 않고, 과식하지 않았다. 여기에는 음식의 위생적 상태, 계절 음식, 식사량 배려 등에 관한 사상이 나타나 있어서 식이요법의 금과옥조로 삼을만하다. 공자는 비교적 심신의 건강 문제에 신경을 많이 쓰는 편이었고, 그중 일부 사상은 일정한 수준에 도달했음을

233 『논어』「향당」, 주희, 『사서장구집주』, 119-120쪽.

보여주었다. 공자를 계승한 맹자 역시 '양기설養氣說'을 통해 신체 건강에 대한 관심을 보였다. 그래서 후대의 수많은 기공사氣功師들이 기공의 연원을 맹자에게 찾기도 했다.

유교를 실질적으로 창립한 인물은 동중서다. 그가 내세운 '천인감응' 사상 역시 신체 건강의 차원에서 조명해 볼 때, 그러한 가능성이 보일 뿐만 아니라 대단한 가치를 지닌 것으로 평가된다. 동중서의 이론 체계는 "하늘과 사람이 같은 부류에 속하고 서로 감응한다"라는 것이다. 그는 이를 근거로 인간의 행위는 정치적 행위든 일상적 행위든 모두 천도에 순응해야 한다고 생각했다. 나아가 마음 수양이나 먹고 자는 일상생활에서도, 예를 들어 사계절의 운행이나, 봄에는 휴양하고 겨울에는 웅크리며, 기쁨과 노여움에는 중용을 취하고 사욕을 절제하는 것과 같이, 의지가 있는 하늘의 요구에 따라 순응해야 한다고 했는데, 이렇게만 할 수 있다면 당연히 신체 건강에 유익하다.

유교를 한 단계 발전시킨 주희에 이르면, 신체 건강 사상은 더욱 두드러진다. 주희의 신체 건강 사상은 몸과 마음의 건강을 동시에 챙기는 데에서 시작된다.[234]

주희의 신체 건강 사상에는 그의 생사론과 성명론이 서로 긴밀하게 연계되어 있다. 주희는 천도가 유행하고 음양이 교감하여 생겨난 것이 만물이라고 간주하고, 사람이란 생명체는 이러한 과정에서 리理와 기氣가 결합된 결과물이라고 했다. 여기에는 두 가지 내용이 포함되어 있는데 그것은 바로 기로 형성된 신체적 요소와 리로 형성된 무형의 요소다. 이 두

234 이 대목에서 언급하는 주희의 건강 사상은 「삼교 합류와 주희의 심신건강 사상三敎合流與朱熹的身心健康思想」에서 관련 내용을 참고한 것이다. 잔스촹, 『도교 과학기술과 문화양생道敎科技與文化養生』, 과학출판사, 2004, 118-132쪽.

요소가 하나로 합쳐지면서 서로 분리될 수 없는 관계를 이룬다는 것이다. 그래서 그는 "사람이 태어나는 까닭은 이기理氣의 결합에 있다"[235]라고 했다. 기가 유형의 신체를 구성한다면, 리는 정신적 심리와 도덕적 자질을 함께 구성한다. 따라서 주희의 심신 관념에는 인간의 신체, 도덕심, 그리고 정신적 심리라는 세 가지의 내용이 포함되어 있다. 주희의 신체 건강 사상은 그 기원에서는 이러한 리와 기를 수양하는 것에 지나지 않는다. 다시 말해 심리적 건강과 도덕적 건강으로서의 리와 신체적 건강으로서의 기를 수련하는 것이다.

전반적으로 볼 때, 주희는 도덕심의 건강을 출발과 도착 지점으로 삼고 있는데, 심신 건강 사상에 대한 이론적 틀은 다음과 같다.

> "마음을 수양하는 것을 주로 하고, 기운을 기르는 것은 부수적으로 한다. 마음과 기운을 모두 기르지만, 마음을 기르는 가운데 또한 도심道心을 기르는 것이 중요하다"라고 했다. 이를 통해 알 수 있듯이 주희의 심신 건강 사상은 도교의학을 포함한 중국 전통의학의 양기養氣와 양신養神을 중시하는 이론을 계승한 것으로 드러나는데, 특히 도덕심의 건강을 유난히 강조하고 있다. 이는 주희의 심신 건강 사상에 나타난 특징이라고 하겠다.[236]

이에 근거해서 주희는 심신 건강의 방법과 양생의 원칙을 네 가지로 설명했다.

첫째, 양생은 '도'에 순응해야 한다. 주희는 인간 생명의 근원을 천도

235 여정덕, 『주자어류』 권4, 제1책, 65쪽.

236 잔스촹, 『도교 과학기술과 문화 양생』, 124쪽.

에 두고, 장수와 요절이 천도에 따라 결정된다고 여겼다. 이른바 천도는 인체 내부에서 음양의 두 기운이 다르면서 분리되지 않고, 교차하면서 싸우지 않고, 감응하면서 조화를 이루는 법칙을 구현한다. 심신의 건강을 유지하려면 양이 결여되어서도 안 되고 음이 부족해서도 안 된다. 음을 기르고자 하면 동시에 양도 보존해야 하는데, "건은 만물의 시초를 주관하고 곤은 만물을 이룬다. … 무릇 만물은 모두 음양의 속성을 지니며 이와 같지 않은 것은 없다."[237] 곧 천하의 만물은 모두 건과 곤이 함께 작용하여 생겨나고 음양의 두 기운을 떠나서 성명이 성립되지 않는다는 것이다. 음이 있다면 양도 있어야 하고 유가 있다면 강도 있어야 심신의 건강을 유지할 수 있다. 이와는 달리, 양이 없는 순음이나 음이 없는 순양의 상태에서는 모두 병들기 마련이고 그러한 상태는 바람직한 길이 아니다.

음양의 두 기운은 인체 내에서 부동의 상태로 멈추어 있지 않고, 끊임없이 교감하고 변화한다. 서로 교감하고 호응함으로써 양생학에서 말하는, "음으로 양을 기르고 양으로 음을 길러서, 두 기운이 서로를 기르는" 목적을 성취한다. 따라서 양기는 반드시 두 기운을 서로 통하게 해야 하고, 이러한 방법으로 도에 이르고 천지와 나란히 장수할 수 있다. "사람은 건곤의 법도를 본받아야 성현이 될 수 있고", "천지와 더불어 비교될 수 있다."[238]

둘째, 양생은 '중中'을 유지해야 한다. 주희는 그의 신체 건강 사상에서 '중'을 전체론적인 관점과 평형적 관점으로 이해했다. 먼저 전체론적인 관점부터 말하면, 양생의 문제를 말하면서 주희는 전체론적인 관점에

237 주희, 쑤융蘇勇 점교點校, 『주역본의』, 베이징대학출판사, 1992, 138쪽.

238 주희, 쑤융 점교, 『주역본의』, 138쪽.

대해 깊은 이해를 보여주는데, 이는 전통적 중의학中醫學의 원리를 원용한 것이었다. 중의학에서는 인체를 유기적인 전체로 파악하여 각각의 구성 요소가 상호 연관성을 가지고 서로에게 영향을 미친다고 보았다. 병의 원인을 진단하고 시술할 때도 모두 전체론적인 관점에서 출발했다. 머리가 아프다고 머리만 치료하고, 발이 불편하다고 발만 치료하는 것이 아니었다. 마찬가지로 주희도 전체론적인 관점이 아니면 과부족의 문제를 제대로 판단할 길이 없다고 했다. 양생에서는 전체의 국면을 살펴야 부족한 것과 지나친 것을 파악할 수 있다. 그렇게 한 다음에 비로소 양생의 도에 따를 수 있는 것이다. "무릇 모든 사물에는 양면이 있는데 큰 것과 작은 것, 두터운 것과 얇은 것 따위다. 선한 것 가운데서도 그 양극단을 파악하고 요량하여 '중'을 취한 연후에 운용하면 택하는 것이 정밀해지고 행하는 것이 지극해진다. … 이것이 지나침과 모자람이 없고 도가 행해지는 까닭을 아는 것이다."[239] 그다음은 주희의 양생관에 나타난 평형적 관점이다. 여기서 평형은 평균이 아니라, '적당함'을 뜻하는 개념으로 이해할 필요가 있다. 실제 상황에 따라 경중과 완급을 적당하게 처리함으로써, 각각 제자리를 차지하여 일정한 능력을 발휘하게 하는 것이다. 때문에 '중中'에는 '정위正位'의 뜻이 포함되어 있다. 심신의 가운데 있는 심心은 '정위'를 차지하고, 기氣는 종위從位를 차지한다. 기운으로 말하면, 양기는 정위를 차지하고 음기는 종위를 차지해야 건강을 유지한다. "음이 유순하여 중정中正의 자리를 차지하니 … 바르고 길하다"라고 하며, "음이 유柔하여 중정의 자리를 차지하지 못하니 … 그 점괘는 크게 흉하다"[240]라

239 주희, 『사서장구집주』, 20쪽.

240 주희, 쑤융 점교, 『주역본의』, 14쪽.

고 했다. 평소에 흔히 "음양이 조화를 잃었다"라고 말하는데, 이는 음양이 제 위치를 잃어서 조화를 상실했다는 뜻이다. 음양의 조화를 잃어서 건강을 상한다는 것은 이러한 이치로 설명되며, 전통적 중의학에서는 이를 병리病理나 병인病因으로 간주한다.

신체 건강 사상으로 볼 때, 주희의 '중'은 '맞다', '부합하다'의 뜻으로 해석할 수 있다. 그때그때 실제 상황에 맞추어 적절히 대응하는 것이다. 주희는 희로애락을 상황에 맞게 표현해야 하고, 억제하는 것은 옳지 않다고 생각했다. 물론 지나치면 안 되고, 모든 것을 순리에 따르는 것이 최선이다. 이를 '중절中節', 또는 '마땅함宜'이라고 한다. 성정을 수양하는 데 지나치게 분노하거나 기뻐하는 모습을 보이는 것은 마땅하지 않다. 자신의 감정을 강제로 억누르는 것이 마땅하지 않은 것과 같은 이치다. 그래서 주희는 다음과 같이 말했다.

> 군자가 중용을 택하는 까닭은 군자의 덕을 지녔기에 때에 따라 중中을 유지할 수 있기 때문이다. … 무릇 중은 일정함이 없고 때에 따라 존재하니, 이것이 평상의 이치다.[241]

셋째, 양생은 '고요함靜'을 주로 해야 한다. 이는 정신적인 활동을 통해 자아를 수양함으로써 심신의 건강을 도모하는 것을 가리킨다. 양호한 심리적 상태와 고상한 도덕적 품성은 마음이 고요한 정적인 상태에서 쉽게 얻어진다. 정적인 상태에 도달하는 가장 좋은 방법은 마음을 조급하게 먹거나 서두르지 않는 것이다. 이를 위해 고요하게 함으로써 마음을 수양

241 주희, 『사서장구집주』, 19쪽.

하는 것이 기본적인 자세다. 심신 건강에 이보다 더 좋은 방법이 없다. 먼저, 기로써 마음과 몸을 평안하고 온화하게 다스려야 양기를 기르는 목적을 달성할 수 있다. "편안하고 고요하게 함으로써 미미한 양기를 기르는 것이다."[242] 그다음에는 기의 운행이 원활한지, 정情을 일으키는 것이 절도에 맞는지, 기氣와 의意가 분리되지 않는지, 이렇게 해서 심신의 건강에 유익한 것이 있는지를 몸소 느끼고 살필 수 있어야 한다.

> 경계하고 두려워하는 것에서부터 시작하여 이를 요약해 나가니, 지극히 고요한 중中의 상태에 이르러 조금도 치우치거나 기울어진 바가 없고, 그 하나를 지키는 것을 잃지 아니하면, 그 중中이 지극하여 천지가 바로 선다. 신독으로부터 시작하여 이를 정밀히 하니, 사물을 대하는 자리에 이르러서도 조금도 어긋남이 없고, 가는 데마다 그렇지 않은 것이 없으면, 그 화和가 지극하여 만물이 자라난다.[243]

화락한 정靜의 상태에서 바야흐로 기운이 일어나고, 그 기운을 운행함으로써 의意와 합칠 수 있다는 것인데, 이는 건강에도 유익하다.

주희는 주정主靜 공부에 있어서 육욕에 탐닉하는 것을 경계했고, 그렇게 해야 강인한 의지력과 도덕적 품행을 기를 수 있다고 했다. 주희가 주장하는 정신과 의지력은 자강불식의 정신을 가리키는데, 다음과 같이 인욕人欲과는 대립한다.

---

242 주희, 쑤융 점교, 『주역본의』, 119쪽.

243 주희, 『사서장구집주』, 18쪽.

> 강剛은 견강불굴堅剛不屈이란 뜻이다. 사람이 갖추기 가장 어려운 품성이다. … 하고 싶은 것이 많으면 강剛이라 할 수 없다.[244]

하늘의 덕이 강剛한 것은 양기로부터 왔기 때문이며, 인욕이 사사로운 것은 음기를 얻은 탓이다. 음기가 많으면 양기가 손상되기 마련인데, 지나치게 육욕에 탐닉하지 않아야 양강陽剛의 기운과 정신을 손상하지 않는다. '중'을 견지해야 한다는 주희의 양생 사상을 종합해 보면, 인간의 욕망이 모두 저버려야 할 부정적인 대상이 아니라는 것을 알 수 있다. 그러나 이는 인간의 욕망이 이치에 부합되어야 한다는 것을 뜻한다. 도심道心으로 인욕을 제어하는 것이지, 인욕에 도심이 제어되는 것이 아니다. 이는 반드시 설명되어야 할 부분이다.

넷째, 양생은 '때時'를 지켜야 한다. 주희는 『주역참동계고이周易參同契考異』에서, "『주역참동계』라는 책은 『역』을 설명하기 위한 것이 아니라, 납갑법(納甲法, 주역 육십사괘의 여섯 효에 각각 오행을 배속하여 괘상의 기미와 길흉을 추단하는 방법)을 빌어 시간을 달리하는 화후(火候, 불기운이 감지되는 징후와 그 시기)의 진퇴에 맞추어 시행하는 것을 우의寓意한 것이다"[245]라고 지적한 바 있다. 주희는 내단법의 핵심 내용 중 하나가 이른바 "시간을 달리하는 화후의 진퇴에 맞추어 시행하는 것行持進退之火候異時"이라고 여겼다. 『주역참동계』는 '화후의 진퇴'를 판명하고 통제하는 방법을 알려주는 책이다. 이러한 사상은 『주역참동계』 속에 두드러지게 표현되어 있다. 하루의 화후가 있고, 1개월의 화후가 있고, 1년의 화후가 있는데, 이는 모두 양기

244 주희, 『사서장구집주』, 78쪽.

245 『도장』 제20책, 118쪽,

의 상태를 알려준다. 이와 관련하여 주희는 다음과 같이 말했다.

> 일식一息의 사이에는 그믐晦·초하루朔·초승달弦·보름달望이 있다. 상현上弦에는 기운이 바야흐로 자라나는데 위에서 아래로 내려온다. 하현下弦에는 기운이 바야흐로 사라지는데 아래에서 위로 올라간다. 망望에는 기운이 가득 차서 해가 아래로 가라앉고 만월이 위에 뜬다. 그믐과 초하루 사이에는 해와 달이 위에서 겹쳐지는데, 이른바 "수水를 들어서 화火를 끄고, 금金이 찾아오면 처음의 본성으로 돌아간다"라는 말이 바로 그것이다.[246]

주희는 달이 차고 기울어지는 것과 일찍 뜨고 늦게 지는 것에 비유하여 체내 기운의 운동과 변화가 생生·장長·영盈·소消·식息·적寂의 여러 단계를 거치는 것을 밝혔다. 호흡하는 데도 때가 있고 기의 운행에도 법도가 있음을 나타냄으로써 내단 수련의 주천화후周天火候 현상을 표현했다. 이밖에도 주희는 음양의 두 기운이 변화하는 것을 괘상卦象으로 설명하기도 했는데, 여기서는 양기養氣를 할 경우, "때를 지키고" 법도에 따라야 한다는 관점을 은근히 포함시켰다. 특히 그는 대장괘大壯卦, 둔괘遁卦, 복괘復卦, 임괘臨卦를 해석하면서 양기의 방법이 계절과 유관함을 명확히 밝혔다. 겨울철은 몹시 추우므로 음에 속하고, 체내의 양기陽氣를 길러야 양이 소멸되어 독음獨陰이 되는 폐단을 방지한다. 음양이 조화를 잃게 되면 반드시 병이 생긴다. 그렇다고 억지로 양기를 기르는 것도 옳지 않다. 봄철에는 만물이 생동하며, 음기가 물러나고 양의 기운이 자라난다. 이때

246 주희, 『주역참동계고이』, 텐진天津고적출판사, 1988, 22쪽.

가 양을 기르는 시기다. 따라서 때를 놓치지 않고 양기를 길러야 한다. 여름철은 양의 기운이 극성하고 음기가 미약한 시기다. 이때는 조심스럽게 음기를 길러주어야 음이 소멸해 독양獨陽이 되는 폐단을 방지한다. 그렇다고 해서 억지로 음기를 조장해서도 안 된다. 가을철은 음기가 자라나는 시기인데, 강한 양의 기운으로 억눌러 싸우는 것은 좋지 않다. 음양이 서로 다투면 반드시 쌍방이 모두 피해를 보고 몸에도 좋지 않다. 이 점은 "하나의 강剛과 하나의 유柔는 각기 정해진 위치가 있고, 이것이 저것이 되면서 때에 따라 변화한다"[247]라는 말로써 설명할 수 있다.

이상과 같이 심신 건강과 관련한 네 가지 양생 방법과 원칙은 하나로 통합된 사상 체계로 드러난다. 이러한 사상은 주희의 신체 건강 사상을 형성하는데 주된 내용이 되었을 뿐만 아니라, 후대에 이르러서도 깊고 광범위한 영향을 끼쳤다.

신체 건강 사상과 관련한 유교의 다른 내용도 많이 있지만, 여기서는 생략한다.

불교 경전이나 논설로 전해지는 신체건강 공부사상은 독특한 면이 있을 뿐만 아니라, 독창적인 가치도 아울러 지닌다. 불교에서 언급하는 신체 건강은 전문적인 건강 장수법인 좌선과 요가 수행법 등이 있는데, 밀교의 『금강수명다라니金剛壽命陀羅尼』라는 경문이 있고, 소승불교의 좌선법으로는 사선四禪의 사신족四神足 수행법 등이 있다. 이는 모두 신체를 강건하게 하고 연년익수하는 방법을 다루는 전문적인 경전과 수행법이다. 이외에 각종 경전에도 신체 건강 수행법이 산재되어 있다. 이러한 논설과 수행법들을 통틀어 불교의 신체건강 공부사상이라 한다.

---

247 주희, 쑤융 점교, 『주역본의』, 152쪽.

불교의 신체 건강 사상은 크게 두 가지로 나뉜다. 하나는 형체를 기르는 것이며, 다른 하나는 심리 상태를 조절하는 것이다. 물론 이 두 가지는 상호 관련성이 있고 분리하여 논의할 수 없다. 그러나 최종적 목표는 하나다. 건강한 인간과 건전한 인생을 이루려는 것이다.

첫째, 외형의 신체를 기르는 공부다. 이 대목은 다시 세 부분으로 나누어 설명할 수 있다.

먼저, 불교의 채식주의다. 불교의 계율은 승려와 신도라면 반드시 채식해야 하며, 육식을 금지한다고 규정하고 있다. 이러한 계율은 소화하기 어려운 음식물 섭취를 절제하게 하고, 조리 과정에서 생겨나는 잡다한 음식물 쓰레기를 줄여주는 한편, 미식을 탐하여 입맛을 길들이는 욕망을 감소하게 하여 청정심을 유지하게 한다. 당연히 신체 건강에도 유익한 규정이다. 더 중요한 사실은 생태 윤리학의 관점에서 볼 때, 채식주의의 이러한 요구들은 살생을 막고 유정의 중생을 잔혹하게 대하지 않으려는 자비심에서 나왔다는 점이다. 채식주의자가 되면 사랑하는 마음을 간직할 뿐만 아니라, 유정물을 해쳤다는 양심의 가책도 받지 않는다. 마음이 편안하여 화목하게 즐거운 생활을 누릴 수 있으며, 스스로 돌이켜 보아도 부끄러움이 없는 환경을 조성할 수 있어서 장수할 수 있다.

그다음은 참선을 수행하기 전에 준비하는 조오사調五事다. '조오사'란 조식調食 · 조수調睡 · 조신調身 · 조식調息 · 조심調心을 말하는데, 선정禪定에 들기 전에 반드시 지켜야 할 다섯 가지 법칙이다. 조식은 선정을 수습하는 자가 필요한 양만큼 때에 맞추어 적절하게 음식물을 섭취하는 것을 이른다. 불결하고 탁한 음식이나 금기시된 음식물은 피해야 한다. 『증일아함경增一阿含經』에서는 먹는 것을 소홀히 하면 "신체가 허약하고 정신이 혼미해져서 의지가 견고하지 못하고", 과식을 하게 되면 "마음이 막혀서 앉으나 서나 불안하다"라고 지적했다. 조수는 선정을 수습하는 자가 수면을 조절하는 것을 이른다. 수면할 때는 일정한 취침 시간에 적당하게 잠잔 뒤에 일어나야 한다. 수면의 목적은 휴식함으로써 정신을 맑게 하고 기분을 상쾌하게 하여 마음을 안정시키는 데 있다. 과도하게 자거나 오래도록 잠들지 않는 것은 좋지 않다. 적당하게 수면을 취해야 신체 건강에 도움이 된다. 조신은 최선의 자세로 수행하는 것을 이른다. 천태종의 지자智者 스님은 『선문구결禪門口訣』에서 다음과 같이 말했다.

> 행行 · 주住 · 좌坐 · 와臥에도 항상 염두에 둘 것이 있다. 자주 눕게 되면 혼미해지고, 오래 서있으면 피로가 극심하고, 많이 걷게 되면 어지러워서 일심을 유지하기 어렵다. 앉는 자세는 그런 점이 없어 자주 할 수 있다.

이 말은 몸의 자세를 조절하는 것이 혼미함과 피로와 어지러움을 면하게 하고, 건강에도 이롭다는 점을 알려준다. 이러한 구결 속에는 행 · 주 · 좌 · 와에 대한 여러 가지 설명뿐만 아니라, 특히 심신의 건강에 유익한 정보도 들어있다. 조식調息은 호흡을 조절하는 것을 이른다. 바람風 · 헐떡거림喘 · 억누름氣으로 나타나는 세 가지 실조失調 현상을 극복하면 마음이 고요하고 편안해진다. 이는 객관적으로 보아도 체내의 기운을 순조롭게 운행하는 현상이고, 자연히 건강에도 좋다. 조심은 산란한 마음을 그치게 해서 수선修禪의 평정 상태로 나아가게 하는 것을 이른다. 이 점에 대해서는 심리 상태를 조절하는 대목에서 따로 설명할 것이다.

마지막은 병을 직접 치료하는 방법이다. 이에 대한 상세한 설명은 『마하지관摩訶止觀』에 있다. 여기서 언급된 치병의 방법은 대체로 여섯 가지로 요약된다. 하나는 하단전 · 발 · 환부 · 정수리에 의념을 집중하는 방법이다. 둘은 취吹·호呼·희嘻·가呵·허噓·희呬의 육자결六字訣로써 간肝·심心·폐肺·신腎·비脾의 오장에 있는 병을 치료하는 방법이다. 셋은 조식 호흡이다. 넷은 의념과 상상력을 운용해서 병든 부위를 치료하는 방법이다. 다섯은 무심의 경지에서 만물의 근원을 살펴서, 일체의 병고가 뿌리도 없고 본체도 없다고 깨닫는 방법이다. 모든 질병이 뿌리도 형체도 없다는 것을 깨달음으로써 병을 치료한다. 여섯은 약물의 처방이나 주술로써 구체적인 질병을 치료하는 방법이다.

둘째, 심리 상태를 조절하는 공부 사상이다. 심리는 내재적인 신체의 일부분이다. 심리를 조절할 수 있다면 정신 건강에 좋고, 건강한 심리는 외형적인 신체를 튼튼하게 한다. 이는 넓은 의미에서 심신 건강의 목표와 부합된다. 이러한 내용을 다섯 단계로 나누어 설명하기로 한다.

먼저, 방생을 선호하고 살생을 삼가는 도덕적 정서다. 이러한 정서는 딱딱한 도덕이나 윤리 규범이 아니다. 마음속에 내재한 정감에서 우러나온다. 채식과 마찬가지로 평온한 마음을 보존하거나 박애 정신을 함양하는 데도 도움이 된다. 적절히 심리를 조절하게 된다면 온화한 마음을 기를 수 있고 신체 건강까지 도모할 수 있다. 이러한 방법은 소박한 사랑이 신체 건강에 아주 중요한 역할을 한다는 것을 보여준다.

그다음으로 오개五蓋를 버리는 것이다. 개蓋는 선정의 공덕을 가로막는 장애를 이른다. '오개'를 버린다는 것은 수행자가 선정에 들 때 나타나는 다섯 가지 심리적인 장애, 곧 탐욕개貪欲蓋·진에개嗔恚蓋·수안개睡眠蓋·도회개掉悔蓋·의개疑蓋를 제거하는 것이다. 이러한 다섯 가지 방법은 수행자들로 하여금 손쉽게 마음을 거두어 입정入定에 들게 하고, 탐욕·나태·분노·고뇌는 물론이고 스스로 불신하는 마음까지 버리는 데 도움이 된다. 이는 행선行禪의 목적을 이루는 데 그치지 않고, 심리적인 건강을 유지하는 데도 유익하다.

이어서 불교의 참회다. 불교 경전에 의하면 참회는 지난날에 저지른 죄업에 대해 통렬하게 뉘우치는 의식 또는 수행법이다. 불교의 계율에 따라 교도들이 저지른 죄업은 참회할 수 있는 것과 참회하지 못하는 것으로 구분된다. 참회할 수 있는 죄는 죄를 범한 자에게 참회해서 허물을 고치게 하고, 여러 신이나 승려, 대중 앞에서 용서를 구하는 기회가 주어진다. 중국 불교의 이러한 방법은 동진 때부터 시작되어 송나라 때 그 전성기를 맞이했다. 그 핵심 내용은 참회하는 자가 붓다나 여러 보살 앞에 경문이나 주문을 외면서 죄업을 고백하고, 진심으로 뉘우치면서 향후 교리에 따라 행동하고 다시는 죄를 범하지 않겠다고 맹세하는 것이다. 심리학적인 측면에서 보면, 참회한 자는 일반적으로 억압된 무의식을 외부로 배출해 죄책감으로 인한 심리적인 부담에서 해방된다. 이는 심리적인 건강뿐만 아니라 신체 건강에도 좋은 효과가 있다.

그다음이 좌선 수행이다. 『마하지관』 제8권에, "네 가지 삼매三昧를 잘 닦아 조화를 이루게 하면 도력이 생겨 아무런 병도 생기지 않는다"라고 말한다. 이는 좌선 수행이 건강을 지키고 질병을 예방하는 데 적극적인 의의가 있다는 것을 일러준다. 실제 좌선 수행의 근본 뜻은 '마음'의 건강을 지키는 데 있다. 좌선하는 과정에서 외부로부터 오는 잡념이 제거되고 번뇌나 스트레스가 줄어들어 마음이 맑아지며, 이에 따라 외부의 욕망이나 사물에 대해서 초연해진다. 이는 심리적 안정과 신체적 건강이란 두 측면에서 극대의 효과를 가져다준다. 그 가운데 지관법문止觀法門은 일체의 망념을 그치게止 하여 최고의 지혜를 관觀하게 하는 법문으로, 복잡한 현실세계의 속박에서 벗어나게 하는 수행법이다. 이러한 방법이 심신의 건강에 유익하다는 것은 말할 나위도 없다.

마지막으로 들 수 있는 것은 해탈에 대한 불교의 지혜다. 대승불교에서는 명심견성과 해탈자재解脫自在를 주장하고, 지금 이 마음을 중시해서 평상심이 곧 도라고 생각한다. 이러한 논조의 배경에는 현실 속에서 해탈을 간절히 구하고자 하는 세속인들의 인생관을 배려한 흔적이 남아있다. 붓다가 어디에 있을까? 서방 극락정토가 어느 곳에 있을까? 이러한 물음에 대해 불교는 너 자신에게, 그리고 인생에 대한 너 자신의 태도에 달려있다고 답한다. 마음이 깨끗하다거나 물들었다는 판단은 생각의 변화에 달려있다. 속박은 다른 한편에서는 해탈이고, 번뇌의 이면이 보리菩提다. 뒤집어놓으면 승화된 경지이며 철저한 깨달음이 된다. 신체 건강이건 심리적 건강이건 간에 일반 민중의 삶에 필요한 불교의 최대 가치가 여기에 있는 것이다. 오늘날 유행하는 변태적 심리와 광기, 우울증, 공황장애 따위는 심리적인 질환에 지나지 않는다. 이러한 심리적 질환이 생기는 원인은 삶에 대한 투철한 의식의 결핍에 있고, 해탈하지 않으려고 하는 태도에서 비롯된다. 불교는 사람들에게 묘리妙理를 철저히 깨닫고 심신을 해탈하여 자유롭게 살아가라고 가르친다. 이러한 지혜가 오늘날 정신 질환의 치료에 도움이 된다는 점에서 현대인 삶에도 일정하게 시사하는 바가 있다.

도교의 신체건강 공부사상은 유교와 불교에 비교할 바가 아니다. 양적인 측면에서 상당히 앞설 뿐만 아니라, 그 질적 수준도 뛰어나다. 크고 작은 도교 경전과 논저를 살펴보면, 도처에 연심煉心과 양성養性에 대한 내용이 나타나고, 신심의 수양에 관한 이론으로 지면을 채우고 있다. 어떤 점에서는 체계적으로 양생학을 밝혀놓은 것이 도교 이론의 특징이라고 할 수 있다. 이러한 특징은 중생重生이라는 이론적 특징과 함께, 장생불사와 우화등선을 추구하는 도교적 목적에서 비롯되었다.

도교의 신체건강 공부사상은 그 내용이 매우 다양하고 복잡해서 여기서 일일이 언급할 수 없다. 그중 가장 특징이 강하고, 현재의 시점에서 그 가치가 인정되는 몇 가지를 택해 소개하기로 한다. 소개하는 순서는 다음과 같다. 먼저 심리를 조절하는 방법에서부터 시작하여, 그다음 신체를 기르는 방법을 다루기로 한다.[248]

먼저, 심신心神을 기르는 방법이다. 이는 다시 세 가지로 나뉜다.

첫째는 수일존사守一存思다. '수일존사' 사상의 연원은 선진 시대에까지 소급된다. "혼백을 싣고서 포일한다載營魄抱一"라는 『노자』와 "나는 그 하나를 지킴으로써我守其一 그 조화 속에 산다"라는 『장자』의 말이 그것이다. 이러한 사상이 후대의 『태평경』에 이르러 몸과 마음을 통제하고 의념을 집중하는 수련법으로 발전되었다. '하나一'에 대한 이해가 제각기 다른 탓에 '수일守一' 의 '일'이 '진일眞一', '현일玄一', '삼일三一' 등으로 표현되기도 했지만, 그들의 착안점은 대체로 일치했다. 즉 평범한 세속의 지각이나 정감을 제어하여 정신이 산란해지는 것을 방지하는 것이다. 따라서 "본질적으로 '수일'은 의념을 집중시키는 하나의 방법이다. 장기간에 걸쳐 연습하면 자신의 정서를 통제하는 능력을 길러 외부의 간섭을 배제할 수 있고, 나아가 평온한 심정을 유지할 수 있어 건강에 유익하다는 것이다."[249]

이러한 수일법과 상통하는 것이 존사술存思術이다. 정신을 집중하고 잡념과 정욕을 제거함으로써 심신을 통제하는 것이다. 존사의 대상을 신

248 도교 계율에는 육식과 살생을 삼가고 생명을 보호하는 등의 내용들이 포함된다. 이 내용들은 앞서 불교의 관련 내용과 비슷해서 여기서 재론하지 않고, 특징이 강한 것들에 한정하여 논의하고자 한다.

249 잔스촹, 『도교문화 15강』, 베이징대학출판사, 2003, 238쪽.

체 내부에 두거나 외부의 경물에 둘 수 있고, 신체 내외의 경상景象을 동시에 존상할 수도 있다. 『황정경黃庭經』에는 이와 관련된 기록이 많이 있는데, 도교 수련에서 널리 응용되어 심신을 조절하는 데 매우 유용한 구실을 했다는 것이 입증되었다. "도교의 존사법에는 여러 신비스러운 내용이 포함되어 있지만, 한편으로는 인간의 정신 능력에 일정한 조절 기능이 있다는 것을 암시하기도 한다. 왜냐하면, 존사법으로 정신력을 한곳에 집중시킬 수도 있고 다른 곳으로 전이시킬 수도 있기 때문이다. … 이런 방식은 대뇌의 피로를 푸는 데 아주 유용하다."[250]

둘째는 다양한 연심술煉心術이다. 심성을 중시하기 때문에 도교의 수련법에는 마음을 단련하는 공부 사상이 많이 나타난다. 앞서 언급한 '수일존사' 이외에 마음을 닦는 다른 방법도 무수히 많다. 그중에서 특히 송원 시기의 내단학에서 주장한 성명쌍수의 수련법이 흔히 거론된다. 도교의 연심술을 종합해 보면, 먼저 정욕을 버린 다음에 처음 싹트는 마음을 통제하고, 그런 연후에 심성을 수련함으로써 허정의 상태로 복귀하여 신성神性을 구현하는 것으로 요약된다. 왕중양은 『입교십오론入教十五論』에서 강심降心과 연성煉性의 문제를 전문적으로 다루면서 수련인이 '이 마음'에 집중할 것을 역설했다. 그 방법은 끓어오르는 정욕 때문에 마음이 흐트러지지 않도록 주의를 기울이는 것인데, 이러한 생각은 도교 금단파의 남종과 기본적으로 일치한다.

> 한 생각이 뜬금없이 나타날 때, 평상시의 마음으로 생각하면 고요함을 얻지 못한다. 이는 마음을 찌르는 가시일 뿐이다. 급히 버리고 오래도록

250 잔스촹, 『도교문화 15강』, 241쪽.

순숙純熟해야 한다. 망념으로는 희로喜怒보다 더한 것이 없다. 분노 속에서도 생각을 돌이키면 분노가 없고, 기쁨 속에서도 억제할 줄 알면 기쁘지 않을 것이다. 다른 감정도 마찬가지다. 오래도록 그대로 두면 절로 차분해진다. … 대개 일이 닥치면 대응하기 마련이고, 일이 지나가면 원래 마음으로 돌아간다.[251]

이와 관련하여 당나라의 도교 의학자 손사막孫思邈은 『비급천금요방備急千金要方』에서 그 효능을 다음과 같이 설명했다.

생각이 많으면 정신이 피곤하고, 걱정이 많으면 의지가 분산되며, 욕심이 많으면 의지가 흐려진다. 일이 많으면 몸이 노곤하고, 말을 많이 하면 기가 결핍되며, 많이 웃으면 내장이 상한다. 근심이 많으면 마음이 떨리고, 즐거움이 많으면 의욕이 지나치고, 기쁨이 많으면 실수를 하게 되고 정신이 어지럽다. 화내는 일이 많으면 백맥百脉이 고르지 못하며, 좋아하는 것이 많으면 헷갈려 사리를 분간하지 못하고, 미워하는 일이 많으면 초췌해지고 즐겁지 않게 된다. 이러한 열두 가지를 없애지 않으면, 영기榮氣와 위기榮氣가 실조하고 혈기가 제멋대로 운행하여 생명을 잃게 된다. 오로지 지나치거나 모자라지 않게 하는 것이 도에 가깝다. 따라서 외연外緣에 연연하지 않음을 아는 것이 진인眞人이 처음 도를 배우는 방법이다.[252]

---

251 장백단, 『옥청금사청화밀문금보내련단결玉青金笥青華密文金寶內煉丹訣』 상권, 『도장』 제4책, 364쪽.

252 손사막, 『천금방千金方』 제27권, 「양성養性」 '도림양성제이道林養性第二', 화하출판사, 1993, 380쪽.

이는 '마음 수련'의 초보적인 방법이자, 도를 배우는 기초이기도 하다. 마음 수련이 일정한 경지에 이르면 마음이 고요하여 자연스럽다. 사물에 얽매이지 않고, 바깥일에 동요되지 않으며, 무심한 상태에서 맑고 밝게 된다. 건강학의 시각으로 보면 심신心神이 건강한 최적의 상태라고 하겠다.

셋째는 인지 감각을 최소화하는 것이다. 마음은 신체의 모든 기관을 지배하는 하는 탓에 시각·청각·취각·미각·촉각 따위의 감각을 통해 끊임없이 간섭을 받는다. 마음이 고요해지려면 다른 감각 기관의 활동을 감소하게 하여 정신적 간섭을 되도록 줄여야 한다. 노자가 말하는 "욕심을 낼만한 사물을 보지 않는 것不見可慾"이고, 장자의 '심재'와 '좌망'도 이를 고려하는 말이다. 그 이후 도교에서는 보고 듣는 것과 언행을 절제하는 방법을 다음과 같이 강구하기도 했다.

> 양생의 방법은 이렇다. 침을 멀리 뱉지 않고, 빠르게 걷지 않으며, 애써 들으려고 하지 않고, 오래도록 보지 않는다. 오랫동안 앉아있거나 늘어질 때까지 누워있지 않는다. 춥기 전에 옷을 껴입고, 덥기 전에 옷을 벗는다. 배고플 때까지 참다가 음식을 먹지 말고, 포만감을 느낄 때까지 배를 채우지 말아야 한다. 갈증을 느낄 때까지 참다가 물을 마셔서는 안 되고, 지나치게 물을 많이 마시지도 말아야 한다.[253]

객관적으로 볼 때, 이러한 '수시반청收視返聽'의 방법은 "오색으로 눈을 멀게 하고 오음으로 귀를 먹게 만들고, 오미로 입맛을 잃게 하는 것"을

253 왕밍, 『포박자내편교석』, 245쪽.

방지하는 효과가 있다. 단도직입적으로 말하면, 감각 기관의 탐욕을 합리적으로 절제함으로써 모든 감각 기관의 우두머리인 정신을 맑게 하는 것이다. 이는 신체의 건강 장수에도 도움이 된다. "눈으로 보는 바가 없고 귀로 듣는 바가 없으며 마음으로는 아는 바가 없으면, 그대의 정신은 장차 그대의 신체를 지킬 것이고 신체는 오래 살 것이다. 그대의 내면을 삼가고 그대의 외부는 닫아야 한다. 아는 것이 많으면 실패한다."[254]

두 번째 부류는 신체를 단련하는 양형養形 수련이다. 일반적으로 알려진 양형 수련법은 세 가지로 나뉜다. 하나는 정공법靜功法이고 둘은 동공법動功法이며 셋은 방중술房中術이다. 정공법은 다시 복기服氣, 태식胎息, 조식調息 등으로 나뉘고, 동공법은 무술이나 체조 등으로 나뉜다. 그러나 하나의 공법마다 모두 동정動靜의 결합을 중시하기 때문에 정공과 동공의 구분은 어느 쪽에 치중하는가에 달려있을 뿐, 그 자체만으로는 엄격하게 구분되지 않는다. 이하의 지면에서 이를 간략하게 살펴보기로 한다.

첫째, 복기와 태식이다. 복기와 조식은 도교인이 가장 선호하는 건강과 양생에 필요한 수련법인데, 도교 기공의 기초다. 이러한 사상의 근원은 노자의 '전기치유專氣致柔'와 장자의 '토고납신吐故納新'에 찾을 수 있다. 이 방법의 기본적인 순서는 세 단계로 나뉜다. 첫 단계에서는 정신을 안정시켜 의념을 집중시키고, 두 번째 단계에서는 의념으로 기를 운용하여 신체의 각 부위로 인도한다. 신체의 부위는 하단전이나 백회혈일 수도 있고, 질병을 치료하는 데 필요한 부위를 집중적으로 공격하거나 인체에 단丹을 형성하는 데 치중할 수도 있다. 세 번째 단계는 수공收功이다. 마음을 승화시켜 무위의 경지로 나아가 의념과 기를 합일하게 한다. 호흡을 통해

254 왕선겸, 『장자집해』 제3권, 「재유在宥」, 『제자집성』 제3책, 65쪽.

기를 운용함으로써 체외의 기와 체내의 선천지기先天之氣를 어우러지게 하는데, 구체적인 조작 방법에서는 다소의 차이를 보이지만 실질적인 면에서는 대체로 일치한다. 즉 내기와 외기를 공동으로 운용하여 심신의 건강을 이롭게 하는 것이다. "대부분 도교에서 복기를 설명할 때는 항상 양자를 서로 결합해 내외의 교류와 천인감응을 이루게 한다."[255] 도교에서는 기식氣息을 단련하는 이러한 방법이 호흡의 리듬을 조절하고 폐활량을 강화해 호흡을 깊고 완만하게 함으로써 무병장수의 목적을 이루게 한다고 생각한다.

태식은 복기의 고급 단계다. 그 방법은 다음과 같다.

> 처음에 행기行炁하는 법을 배우려면, 비강鼻腔으로 기를 흡입해서 숨을 닫고, 마음속으로 120까지 세고 난 뒤에 입으로 미미하게 기를 토해야 한다. 기를 끌어올 때는 공기가 드나드는 소리가 귀에 들리지 않게 한다. 항상 들어오는 것이 많고 나가는 것이 적게 하며, 깃털을 코와 입 위에 올려놓고 기를 토할 때 깃털이 움직이지 않게 하는 것이 요령이다. 연습량에 따라 조금씩 숫자 세기를 늘려나간다. 오랫동안 하다 보면 천까지 늘어날 수 있다. 천까지 이르면 노인이 다시 소년으로 되돌아가고 하루하루 젊어진다.[256]

이를 비유적으로 표현하면, 출산하기 전의 태아가 모태에서 입과 코로 호흡하지 않는 것과 같다. 그래서 이러한 호흡법은 일종의 내식법內息

255 잔스촹, 『도교문화 15강』, 243쪽.
256 왕밍, 『포박자내편교석』, 149쪽.

法이다. 구체적인 내용은 남북조 시기의 『태식경胎息經』에서 찾아볼 수 있다. 이러한 공법은 고난도의 수련법이라 일반인은 접근할 수 없다. 그러나 도교인들은 이 공법을 터득하게 되면 불로장생할 수 있다고 믿는다.

둘째는 내단법이다. 내단공법의 형성과 발전은 장기간의 세월을 거쳐 이루어졌고, 당송 시기에 이르러서야 비로소 전성기를 맞이했다. 기본적 원리는 인체를 수련의 기초로 삼는 것이다. 도교 내단학에서는 인체를 '노정爐鼎'으로, 체내의 정기신을 단약丹藥으로 비유하고, 의식을 운용하여 정기신의 단약을 체내에서 소주천小周天 또는 대주천大周天을 시키면 '성단聖丹'을 얻을 수 있다고 생각한다. 이러한 과정에서 얻은 단을 몸속에 오래 보존하면 불사의 신선이 된다고 여겼다. 구체적인 방법은 다시 네 단계로 나뉜다. 첫 단계는 축기築基 과정이다. 몸이 편안하고 의식이 고요한 상태를 유지해야 한다. 내단법을 행하는 예비 단계로 신체를 보양하는 과정이다. 두 번째 단계는 연정화기煉精化氣의 과정이다. 외기外氣를 차단하여 내액內液을 생성시키고, 다시 내액으로 내기內氣를 충족시킨다. 세 번째 단계는 연기화신煉氣化神의 과정이다. 정기신의 단약을 제련하여 성태聖胎를 만들고, 성태를 체내에 지속적으로 순행시켜 사람의 신지神志와 의식을 초월적인 상태로 변화하게 한다. 네 번째 단계는 연신환허煉神還虛 또는 연신합도煉神合道라고 일컫는 과정이다. 이것은 내단 수련의 최고 경지다. 이러한 경지에 도달하면 형신구묘形神俱妙하여 천지와 더불어 오래 살 수 있으며, 매미가 허물을 벗듯이 신성한 경지로 올라가 불로장생한다고 믿는다. 물론 이 대목은 종교적 신비주의 분위기가 충만하여 가부를 논할 처지가 아니지만, 내단 수련이 불사의 가능성을 말하지 못한다고 하더라도 연년익수에 효과가 있다는 사실만큼은 부인하지 못한다. 왜냐하면, 이러한 공법은 체내의 각 기관을 조절하여 유기적으로 그 기능을 발휘하게 할 뿐만 아니라, 잡념을 제거하는 데도 적극적인 의의가 있기 때문이다. 따라서 연년장수라는 기본적인 목표도 이를 통해 성취할 수 있는 것이다.

셋째는 도교의학이다.[257] 넓은 의미에서의 도교의학은 양생학의 내용을 포함하지만, 여기서는 좁은 의미의 도교의학을 다루고자 한다. 도교의학은 전통의학에 속하는 중요한 흐름으로, 신체 건강을 비롯해서 질병의 치료와 예방에도 큰 역할을 했다. 도교의학의 약리학藥理學과 치료학의 지식 수준은 대단한 경지에 이르렀다고 평가된다. 이를테면 처방, 침구, 병증, 병인, 약물치료, 식이 요법, 의료 기술 등에 걸친 일련의 탐구 결과는 중국의학의 발전에 크게 기여했는데, 이는 도교가 신체 건강을 위해 적극적인 노력을 기울였다는 사실을 입증한다.

넷째는 방중술이다. 도교의 방중술은 달리 황적지도黃赤之道라 칭하기도 하는데, 남녀의 섹스 기교 및 금기 따위의 문제를 다룬다. 도교는 방중술에 대해 두 가지 기본 태도를 보인다. 하나는 욕구를 인정하되 탐닉하지 않는다는 것이다. 다른 하나는 욕구를 절제하되 끊지 않는다는 것이다. 이러한 관념은 도교의 음양관陰陽觀과 정욕관情慾觀에서 비롯된다. 도교 내부에서는 천도에 음양이 있듯이 음이 양을, 양이 음을 떠나서는 안되며 둘 가운데 하나가 결여되는 것을 반대한다. 천도의 자연적 속성과 위배되기 때문이다. '천인합일'의 법칙에 따라 인도人道 역시 반드시 음양으로 이루어진다. 따라서 현실의 남녀도 이러한 도리에 순응할 수밖에 없다. 이처럼 도교의 일반적인 인식은 남녀 관계를 정욕의 자연스러운 욕구로 인정하고, 이를 억제하게 되면 다음과 같이 건강을 해친다고

257 구체적인 내용은 가이젠민蓋建民, 『도교의학道敎醫學』, 종교문화출판사, 2002년판을 참고하기 바란다.

생각했다.

> 사람은 음양 교접을 하지 않을 수 없으니, 그대로 두면 질병을 초래한다. 그러나 욕정에 이끌려 절제하지 않으면 수명을 감한다. 그 술법에 능한 이는 사정을 억제함으로써 뇌수腦髓를 보충하고 음단陰丹을 환류시킴으로써 내장에 혈액을 충실하게 하며, 금지金池에서 옥액玉液을 채취하고 상단전의 화량華粱에서 신神 · 기氣 · 의意를 인도하여 늙어도 아름다운 용모를 갖추어 천수를 누린다.[258]

이처럼 남녀 관계를 인간의 자연스러운 일로 긍정하는 동시에, 지나치게 탐닉하지 말고 수신양성과 신체 건강의 방술로 대처해야 건강을 유지하며 장수하게 된다고 했다. 도교인은 적절한 시기에 적당히 남녀 관계를 갖는 것이 신체 건강에도 대단히 중요하다고 인식했던 것이다.

도교에는 앞서 논의한 신체 건강 공부 사상 이외에 건강과 불로장생을 도모하는 다른 법문이나 희귀 도서가 아직도 많이 남아 있다. 이를테면 도인導引이나 무술, 체조 따위의 동공법이 있고, 동공과 정공을 겸한 소법嘯法 등이 있지만,[259] 여기서 일일이 언급하지 않는다. 여기서 도교의 제반 방술들을 종합해 보면, 이러한 것들은 신체 건강을 목적으로 도교에서 나온 것들이며, 과학적 근거가 충실하고 실용적인 양생 법문인 것만은 명백하다. 이는 모두 거대한 문화 유산으로서, 현대 인류의 삶에 유용하게 쓰일 수 있도록 향후 지속적인 연구와 정리가 필요하다.

---

258 왕밍, 『포박자내편교석』, 129쪽.

259 잔스촹, 『도교문화 15강』, 246-253쪽.

제4장 — 정감과 체험

중국이란 문화적 특수성 속에서 성장한 중국종교사상은 필연적으로 그 자체만의 독특한 색을 띠기 마련이다. 이러한 특수한 환경 시스템을 고려해서 시공간이란 틀 속에서 중국종교사상이 지속해서 변화하는 형식을 고찰하고, 그 특징을 파악하려는 노력은 사상사의 전개를 이해하는 데 필요한 작업이다. 여기서 중국종교사상에 나타난 정감과 체험의 문제를 언급하지 않을 수 없는데, 중국종교의 여러 사상이 대체로 이를 통해 표현되었기 때문이다.

제1절
정감론과 자아 통제

중국종교는 그 자체로 하나의 복잡한 시스템이다. 원시종교를 비롯한 도교, 불교, 기독교, 천주교, 이슬람교 및 기타 여러 민간종교에 이르기까지 정감에 대한 이해와 인식, 평가 등의 방면에서 다원화된 특색을 드러낸다. 정이란 도대체 무엇인가? 정은 어떻게 생기는가? 정은 어떤 형태로 존재하고, 어떻게 알 수 있는가? 정은 무엇 때문에 움직이고 어떤 가치가 있는가? 정을 어떻게 마무리하고, 어떻게 되돌릴 수 있는가? 이러한 물음에 대해 각 종교에서는 나름의 독특한 문화적 배경을 기반으로 다양한 종교적 체험과 그 의미를 설명한다. 사회적으로 광범위한 포용성과 강력한 구심력을 지닌 중국 문화의 전반적인 풍토 속에 각각의 종교들이 서로 다르게 주장하는 정감론과 수행 방식에서도 공통된 특징들을 발견해 낼 수 있다. 이러한 특징들을 설명하려면 우선 전체 종교적 시스템에 깊이 축적된 중국의 종교 문화를 미시적으로 분석하고 거시적으로 알아볼 필요가 있다.

1 —— 심로心路가 유현幽玄하니 무정無情에서 유정有情을 본다

일반적으로 말하는 정감에는 두 가지 의미를 내포한다. 하나는 외부의 자극에 대한 긍정적이거나 부정적인 심리적 반응이다. 예컨대, 기쁨 · 분노 · 슬픔 · 두려움 · 그리움, 혐오 따위이다. 다른 하나는 감정이나 욕망을 가리킨다. '정'은 정감을 포함하지만, 정감과 대등할 수는 없다. 정감은 '정'의 좁은 뜻인데, 대부분 사람이 지닌 객관적 존재 상태를 흔히 지칭한다. 옛 사람들은 보통 '정'이란 글자를 가지고 정감을 말했지만, '정'과 '감'을 연결하여 한 단어로 사용하는 일은 거의 없었다. 오히려 '정'과 성性을 대응시키고 정과 욕欲을 연결하여 설명했다. 중화 문화가 크게 유행하는 환경 속에 여러 교파가 흥망성쇠를 거듭하면서 발전해나갔는데, 그러한 기나긴 역정을 통하여 각 교파의 교도들은 어슴푸레하게 심리적 변화를 겪게 되었고, 이에 따라 중국종교는 다양하고 복잡한 정감론의 사상과 관념 체계를 점차 형성하게 되었다. 어떻게 보면 정감론은 중국의 종교 이론에서 가장 중요한 대목이면서 결코 소홀히 할 수 없는 부분인지도 모른다. 여기서는 주로 정감론의 내용과 특징에 대해 분석하기로 한다.

1 중국종교의 정감론 내용

중국종교의 정감론은 주로 존재론, 생성론, 가치론 등의 사상이나 관점을 포괄한다. 도덕적 정감과 자연적 정감 및 종교적 정감 등은 여러 유형의 정감에 대한 논의와 평가다. 이들 사상과 관점들은 각 교파의 경전經典, 과의科儀, 재계齋戒 및 중요 인물의 저작에 모두 충분히 반영되어 있다. 따라서 정감의 본질에 대한 인식과 정감에 대한 가치 지향성이란 두 측면에서 통합적으로 파악해 볼 수 있다.

① 정감의 본질에 대한 인식

정은 무엇인가? 정은 어떻게 생기는 것일까? 정은 어떤 형태로 존재하는가? 이러한 정감의 생성과 존재의 유형이 정감의 본질에 대한 물음인데, 이는 천고의 의문이면서 난제에 속하기도 한다. 선현들은 고유의 종교적 문화를 배경으로, 정감의 본질에 대해 여러 가지 견해를 제시했다.

『주역』은 중국 문화의 중요한 원천 중 하나이자 중국종교의 중요한 원천이기도 하다. 중국종교의 여러 교파가 모두 여기서 사상적 자양분을 취했다. 『역』에서 이르기를, "느낀 바를 관찰하면 천지 만물의 정을 짐작할 수 있다"[1]라고 했다. 천지 만물의 정은 인간의 주관적 체험이나 감응을

1 『십삼경주소』 상권, 46쪽.

통해 현현한다. 『역』에서 또한 "이정利貞은 성정性情이다"[2]라고 했다. 이는 정감의 본질에 대한 비교적 이른 시기의 인식이다. 왕필은 이에 대해 주석을 달았는데, "그 정이 성性에 있지 않다면 어떻게 오래도록 바르게 행할 수 있겠는가?"라고 했다. 공영달孔穎達은 『주역정의』에서 "성은 타고난 자질로서 바르고 사악하지 않으며, 정은 '성'의 욕구다. 만약 성으로 정을 제어하되 그 정으로 하여금 성과 같게 할 수 없게 되면 오래도록 바르게 행하지 못한다"[3]라고 했다. 이는 성과 정이 그 본질이 서로 다른 탓에 양자의 상호 관계에서 파악할 것을 요구한 것인데, 나중에 성정설性情說로 발전하게 되었다.

유교의 성인으로 추앙되는 공자는 도덕과 인성의 측면에서 정감을 매우 중시했다. 이른바, 인에 근본을 둔 것이나 애인愛人, 충서, 효제孝悌 등은 모두 정감에 기초하여 도덕적 규범으로 승격된 것들이다. 맹자가 말하는 인의예지라는 네 가지 도덕관도 인간에 내재한 정감에 기초하여 확립된 것이다. 그것이 바로 사단四端이다. 이른바 측은한 마음이 인의 발단이고, 부끄러움을 아는 것이 의의 발단이며, 공경하는 마음이 예의 발단이고, 시비하며 따지는 마음이 지의 발단이라고 하는 것들이다. '사단'을 한층 더 확대하고 발전시키면 인의예지의 성을 구현할 수 있다.

동중서는 학파로 존속하던 유가를 종교로 승격시킨 주요 인물이다. 숭천崇天이라는 그의 신학 사상은 한무제 때부터 국가적 지원을 받아 대대적으로 제창되었다. 『한서』 「동중서전董仲舒傳」을 보면, 성정의 본질에 대한 인식이 잘 드러난다. 그는 "성은 생명의 본질이고, 정은 인간의 욕망

---

2 『십삼경주소』 상권, 17쪽.

3 『십삼경주소』 상권, 17쪽.

이다"라고 했다. 여기서 동중서는 아예 정과 욕을 동일시했다. 또한, 그는 "하늘이 위하는 것은 사람이고, 사람의 성정은 하늘에서 비롯된다"[4]라고 주장했다. 사람의 성정은 하늘이 부여한 것이고 사람에게서 절로 생겨나는 것이 아니라는 말이다. "사람에게 성정이 있는 것은 하늘에 음양이 있다는 것과 같다. 사람의 기질을 말하면서 그 정을 언급하지 않는 것은 마치 하늘의 양을 말하면서 그 음을 말하지 않는 것과 같다"[5]라고 했다. 그는 사람의 성정과 하늘의 음양 운행을 서로 대비시켰다. 그가 볼 때, 사람에게는 성이 있을 뿐만 아니라 정도 있고, 정은 사람에게 없어서는 안 되는 기질이다. 사람의 기질을 언급하면서 인간의 정을 언급하지 않는 것은 하늘의 태양을 말하면서 달을 언급하지 않는 이치와 같다는 것이다.

송원과 명청 시기에는 유·불·도 삼교가 융합된 이학이 유행했는데, 이학자들도 성정에 관해 여러 새로운 관점을 제시하여 중국종교의 정감론 전개에 있어 절정기를 구가했다. 정을 심 또는 성과 연계하여 종합적으로 고찰하게 된 것은 송나라 이후의 일이었다. 그 가운데 심통성정설은 장재에 의해 처음으로 제창되었다. 그가 이르기를, "마음은 성정으로 이루어져 있다. 형체가 있으면 반드시 본체가 있고, 성이 있으면 반드시 정이 있다"[6]라고 했다. 인간의 마음이 성정을 통섭한다는 뜻이다. 주희는 이러한 장재의 관점에 적극적으로 동의했다. 주희는 "성이란 마음의 이치이고 정은 성의 작용이며 마음은 성정을 주관한다"[7]라고 했으며, 또한 "성은 이치로써 말하고 정은 발하여 작용하는 데서 나오고, 마음은 곧 성

4 동중서, 『춘추번로』「위인자천」, 소여, 『춘추번로의증』, 318쪽.

5 동중서, 『춘추번로』「심찰명호」, 소여, 『춘추번로의증』, 299쪽.

6 장재, 『성리습유性理拾遺』, 『장재집』, 중화서국, 1978, 374쪽.

7 여정덕, 『주자류어朱子類語』 권5, 제1책, 89쪽.

정을 통할한다"[8]라고 했다. 이는 곧 정, 성, 심의 세 가지가 그 본질에서는 서로 다르다고 해석한 것인데, 성정에 대한 마음의 통섭 작용을 강조하여 정은 곧 성의 발현이며 마음의 작용이라는 것이다. 여기서 성과 정은 하나의 체용體用 관계다. 그는 "마음 하나에 그 자체로 인의 본질과 작용을 갖추고 있다. 희로애락이 발하기 전에는 체體지만, 측은지심에서 발하면 곧 정이 된다"[9]라고 지적하면서 다음과 같이 말하기도 했다.

> 대개 생각이 싹트기 전이나 사물이 나타나지 않을 때를 희로애락이 발하기 전으로 본다. 이때의 마음은 적연부동寂然不動한 체體로서, 여기에 천명의 성을 체로서 갖추고 있다. 지나치거나 모자라지 않고 한쪽으로 치우치지도 않으니 이를 일러 '중中'이라 한다. 그 느끼는 바에 따라 천하와 통하기 때문에 희로애락의 성이 이에 발하고 마음의 움직임이 드러난다. 이로써 경우에 어긋나는 바가 없고 비뚤어진 것이 없는 것을 일러 화和라고 한다. 이는 인심이 바르고 성정이 도덕적이어서 그러한 것이다. 그러나 발하기 이전에는 찾아볼 길이 없고, 이미 느낀 다음에는 안배할 수가 없다. 다만 평일에 쌓은 장경莊敬과 함양涵養의 공부로 인욕의 사사로움에 어지럽지 아니한다면, 그 발하기 전의 경지는 맑은 거울과 고요한 물과 같고, 그 발하는 것도 경우에 합당하지 않음이 없다. 이는 일상 수양 공부의 힘이다.[10]

> 마음에 희로애락이 있어서 그 바름을 얻지 못한다고 하여, 모든 인욕이

8 여정덕, 『주자류어』 권5, 제1책, 94쪽.

9 여정덕, 『주자류어』 권20, 제2책, 470쪽.

10 주희, 『주희집』 제6권, 3383쪽.

다 그렇다고 말할 수는 없다. 이는 정이 없어서는 안 되는 까닭이다. 발하여 경우에 맞게 되면 옳은 것이고, 발하여 경우에 어긋나면 치우침이 있어 그 바름을 얻지 못한다.[11]

여기서 정의 발생 원리, 곧 정은 측은한 마음에서 발생하여 형성된 희로애락임을 거듭 강조했다. 게다가 정의 운용과 그 효과를 명확히 분석하고, 인심의 바르고 그름에 따라 발현되기 때문에 정이 경우에 맞거나 어긋나기도 한다는 일련의 후속 결과를 설명했다. 이러한 주희의 생각에 따르면, 정은 마음의 통제를 받아야 하는 것이고, 마음이 지닌 체와 용이란 두 가지 자질을 명확히 밝힐 때, 비로소 마음을 감성이나 지각 정도로 겨우 이해하는 불교의 관점을 비판할 수 있다. 이에 대해 그는 다음과 같이 말했다.

성은 본체이고, 그 용用은 정이다. 마음은 성정을 통솔하니 동정動靜을 포함하여 이를 주재한다. 때문에 정자程子께서 이르기를, "마음은 하나다. 때로는 체를 가리키고, 때로는 용을 가리킨다"라고 한 것도 이를 말한다. 지금 성을 본체로, 마음을 용으로 이해하게 되면 정은 쓸데없는 것이 되고, 마음 역시 동動에 치우치게 된다. 또한, 성을 체로 삼는 것은 인의예지가 발하기 전의 상태를 말하는 것이다. 보고 듣는 작용의 근본으로 이해하는 것에 그치는 것이 아니다. 이를 명확히 해야 하는데, 내가 이룬 성性은 저 불씨佛氏들이 그 언저리도 엿보지 못한 것이니 어찌 나의 참됨을 어

11 여정덕, 『주자류어』 권16, 제2책, 343쪽.

지럽힐 수 있겠는가?[12]

주희는 여기서 정이의 "마음이 하나다. 때로는 체를 가리키고, 때로는 용을 가리킨다"라는 말을 끌어왔다. 쉽게 말하면 이렇다. 마음을 체로 삼게 되면 정은 상대적으로 용이 되고, 마음을 용으로 삼게 되면 성은 상대적으로 체가 된다. 만약에 성을 체로 이해하고, 마음을 성의 용으로 파악하게 되면, 정의 작용은 본체의 통제를 상실하게 되고 그에 따라 마음은 용이라는 특성만 지니게 된다. 따라서 한쪽의 움직임에 치우쳐도 마음의 주재 작용을 등한히 할 것이다.

도교의 시각은 어떠한가? 도교는 기나긴 역사를 통하여 정감의 문제를 무수히 논한 바가 있다. 도교에서 말하는 정감은 일종의 자연과의 교감이다. 도교에서는 노자와 장자를 신봉하는데, 노자와 장자는 '천天'과 '도道'를 강조한다. 그러한 주장은 다름 아닌 생명을 둘러싼 자연적 정감과 연계된 본체의 존재, 또는 정감의 체험과 연계된 존재를 감지하는 것을 의미한다. 도교인이 볼 때, 하늘에서 천도를 행하고 사람이 인도를 행하는 까닭은 생명에 대한 인간의 정감이 투입되어 융합되기 때문이다. 도교는 자연을 숭상하는 데서 비롯되었다. 그들은 이른바 유교식 도덕적 정감을 부정하고 유교적 인성론에 반대하며, 인성은 사람이 태어나면서 갖춘 자연적 기질이고 정과 욕은 인간의 도덕적 본성이 아니라고 여겼다. 도교는 대체로 자연적 정감에 대해 순응하지만, 한편으로는 무정하면서도 유정한 시각으로 세속의 도덕적 정감에 대해 반대하거나 초연한 태도를 보인다. 도교 학자들은 불교의 '육근'으로 도교의 '육정'을 해석하는데,

12 주희, 『주희집』 제7권, 3890쪽.

곧 눈·귀·코·혀·몸·의식을 '육정'이라 칭하기도 한다. 그들은 눈으로 색깔을 보고 귀로 소리를 듣고 코로 향기를 맡고 혀로 맛을 알며, 몸으로 촉각을 느끼고 마음으로 이치를 아는 것이 마땅하다고 여겼다. 도교 경전 『정지경定志經』에서도 "육정에 한번 물들면 행실이 더럽다"라고 했다. 『주역참동계』와 같이 권위 있는 도교 경전에서도 정감의 본질에 대한 인식을 다음과 같이 표명했다.

> 성은 주로 안에 머물며 받침대를 세우고, 정은 주로 밖을 경영하여 성곽을 쌓는다性主處內, 立置鄞鄂. 情主營外, 築垣城郭.

인성의 주요 기능은 "안에 머무는處內" 것인데 이를 통해 세상에 입신할 수 있고, 인정의 역할은 주로 "밖을 경영하는營外" 것인데 이를 통해 세상과 화합할 수 있다.

수당 시기에 와서 도교 학자들은 도교 이론을 대폭 정리하여 보편화했는데, 그러한 과정에 정감의 문제도 비교적 심도 있게 연구했다. 성현영은 '참된 도眞道'를 체득하여 인생의 최고 가치를 구현하고 불멸의 경지에 이르기 위해서는 그 길을 심성에서부터 시작해야 한다고 주장했다. 그는 마음을 비우고 망념을 일으키지 않으며 성품을 참되게 하면 진성眞性으로 복귀한다고 여겼다. 진성과 진정眞情은 서로 연관되는 것인데, 이로 말미암아 사실상 성현영의 진도설眞道說에는 가식적인 '교정矯情'을 없애고 '진정'을 남긴다는 의미가 자연스럽게 내포되었다. 그는 이렇게 말했다.

> 거울에 사물이 비치는 것은 저절로 그러한 것이고, 사람이 기뻐하고 좋

아하는 것은 조물주에 의한 것이다. 이는 교성矯性이 아니기에 무궁한 것이다.[13]

그 의미는 진성이야말로 사람의 타고난 본성이라는 것이다. 거울에 외부의 사물이 비치는 것이 저절로 그러한 것과 마찬가지로, 인간의 감정 표현도 자연스럽게 드러난 진정이어야 한다는 것이다. 가식적인 '교성'을 부정해야 비로소 '무궁함'을 얻을 수 있다는 뜻이다. 맹안배孟安排는 모든 중생에게 도성道性이 있다고 주장했는데, "일체의 중생 심지어 축생이나 나무와 돌에도 모두 도성이 있다"[14]라고 했다. 이는 "도는 무소부재無所不在하다"라는 장자의 사상에 대한 해석이다. 또한 『현문대의玄門大義』에서도 도성이 "비록 어둡고 고요한 하나의 근원으로 돌아가지만, 만물에 두루 있다"라고 했고, 『태현경太玄經』에는 "도성道性은 중생과 자연에 있어서 모두 같다"라고 했다. 이러한 생각들은 한결같이 도성이 우주 만물에 두루 편재하고 있다는 관념을 천명하면서 그 가운데 일종의 무정유성의 사상을 전하고 있다.

다음으로 불교의 견해를 보면, 정은 정서나 정감인데 외계와 접하면서 사물에 촉발되어 일어나는 충동적인 심리적 반응이라고 한다. 이를 통상 칠정七情이라 칭한다. 칠정에 대한 불교의 해석은 일반적으로 기쁨·분노·슬픔·즐거움·사랑·미움·욕망을 가리킨다. 이처럼 칠정은 욕망을 포함하는데, 정과 욕은 사실상 병렬 개념이다. 욕欲의 이론에는 4욕설, 5욕설, 그리고 6욕설이 있다. 예컨대, 5욕은 재물·여색·명예·식탐·수면

13 곽상 주석, 성현영 소, 『남화진경주소』 하책, 501쪽.

14 『도교의추』 권8, 『도장』 제24책, 832쪽.

을 가리킨다. 성과 정은 양대 심리 현상으로 심성론의 두 가지 주요 범주이다. 일부 불교학자들은 이미 발한 것이 정이고 발하기 전의 것을 성이라고 생각한다. 정토종의 혜원慧遠은 생멸제법生滅諸法의 실상을 성공性空으로 표현되는 무생無生과 무명無名의 신神으로 파악했다. 그는 생멸법이 정으로 말미암아 생기는 것으로 간주하고, 정은 사물에 느낌을 받아 발동하여 드디어 거대하게 변화하여 유행하게 되고, 거대한 변화로 유행하는 그 속에 신이 내재해 있는 것이 윤회의 실상이라고 했다. 그의 주장에 따르면, 정은 거대한 변화의 모태이고 신은 정의 뿌리라는 것이다. 성은 고요한 상태로 움직이지 않는 것이며, 성과 대응하는 것이 바로 본각本覺과 덕용德用이다. 만약에 진여나 불성으로 성을 가리킬 경우, 본각은 곧 진여나 불성에 상응하는 바른 지혜나 근본지根本智가 된다. 불가에서는 늘 고요하되 항상 관조하고, 관조하되 항상 고요한 것으로 적조일여寂照一如라는 붓다의 경지를 표현한다. 그러나 정이란 것은 생각이 꼬리를 무는 유동적 심리 상태다. 성과 상대적이기 때문에 깨닫지 못한 상태에 속하고, 깨닫지 못한 탓에 집착이 생겨 평범한 사람의 경지에 이르게 된다. 정은 성에서 나오고 성은 정 속에 숨어 있다. 성은 생하게는 하지만 스스로 나타남이 없고, 정은 생해진 바의 것으로서 끊임없이 생겨난다. 또한, 일부 불교 학자들은 불성을 깨친 경계에서는 법계의 일체 법에 불성이 모두 있다고 한다. 중생에게 불성이 있고 초목과 산수에도 불성이 있다는 것이다. 천태종의 중흥조 담연은 무정유성설을 비교적으로 명백히 밝혔다. 그는 열 가지 측면에서 무정유성의 가능성을 논증했고, 징관澄觀과 연수延壽는 중생설衆生說은 유정이고 비중생설非衆生說은 무정이라는 설법을 적극적으로 옹호한 바가 있다. 연수는 『종경록宗鏡錄』에서 다음과 같은 물음을 던졌다.

불성을 말하면서 지혜와 경계를 모두 거두어 유정에 있는 것을 불성이라 하고 무정에 있는 것을 법성이라 하니, 이는 어떤 가르침인가?

이에 그는 스스로 이렇게 대답했다.

마음에 있다면 불성이라 하고, 경계에 있다면 법성이라 한다. 비록 인연에 따라 다르고, 생하고 생해진 바에 따라 구분되는 것처럼 보이지만, 성性의 근본은 대략 같아서 일체가 다르지 않다. 마치 물병에 제호醍醐를 담는 것처럼 그릇에 따라 모양이 다르고, 물이 강과 바다로 나뉘는 것처럼 흘러가는 곳에 따라 이름을 얻는다. 하나의 맛인 진심眞心도 이와 같다.[15]

이는 무정유성설에 대한 또 다른 해석으로서, 천태종과 화엄종이 이 문제를 놓고 서로 다른 견해를 보여준다.

중국종교의 발전 과정에서 민간종교는 줄곧 중요한 위치를 차지해 왔다. 민간종교가 없었더라면 중국종교 전체 체계에 아무런 생기도 없었을 것이다. 수많은 민간종교의 여러 교파에서도 정감의 본질에 대해 제각기 다른 견해를 보였다. 청나라 때 민간종교의 특성이 있는 태곡학파太谷學派의 경우, 창시자를 비롯한 여러 문도가 정감의 본질에 대해 자세히 거론한 바가 있다.

태곡학파의 학인들은 정감을 '성공聖功'의 수양과 관련지어 설명했다. '성공'이란 간단히 말해 심신心身의 성명을 수양함으로써 일종의 내성內聖 공부를 얻어 삶의 궁극적 경지에 도달하자는 것이다. 태곡학파의 창

15 연수 편집, 『종경록』 권80, 삼진三秦출판사, 1994, 857쪽.

시자 주태곡周太谷은 『주씨유서周氏遺書』의 「문칠정問七情」에서 다음과 같이 말했다.

> 심경의 변화가 폐에 일어나면 기쁨이 되고, 간에서는 노여움이 되고, 비장에서는 슬픔이 되고, 콩팥에서는 두려움이 되고, 쓸개에서는 사랑이 되고, 위장에서는 미움이 되고, 침묵하면 욕망이 생긴다. 그래서 공자가 쓸개를 여자로 비유하고 위장을 소인으로 비유했다. 또 이르기를, 여자와 소인은 기르기가 어려운데, 가까이하면 버릇이 없고 버릇이 없다 보니 사랑과 미움이 생겨나 멀리하게 되면 원망한다고 했다. 쓸개가 간을 멀리하면 간은 따스함을 잃게 되고, 위장이 심장을 멀리하면 심장은 그 기능을 잃게 된다. 간이 따스함을 잃게 되면 성은 인仁을 잃게 되며, 심장이 기능을 상실하게 되면 마음도 존재하지 않는다. 마음이 존재하지 않으면 성도 존재하지 않으니 존재하지 않는 것으로 무엇을 이룰 수 있겠는가?[16]

여기서 주태곡은 양생의 관점에서 기쁨·분노·슬픔·즐거움·사랑·미움·욕망이란 칠정이 발생하는 기제와 인체 각 부위의 조화 기능을 함께 밝힘으로써 심신 수양의 측면에서 정감의 본질에 대한 인식을 드러내었다.

태곡학파의 계승자 장적중張積中도 정감의 본질에 관해 많은 말을 남겼다. 그는 『장씨유서張氏遺書』에서 정情, 욕欲, 애愛에 관해 다음과 같이 해석했다.

---

16 팡바오촨方寶川 편집, 『태곡학파유서太谷學派遺書』 제1집, 제1책, 장쑤광릉고적각인사江蘇廣陵古籍刻印社, 1997, 165쪽.

미세한 것에 밝은 것을 정이라 하고, 과감하게 구하는 것을 욕이라 하며, 정이 들어 절로 생기는 것을 애라 하고, 이에 거스르는 것을 미움이라 한다.[17]

장적중은 『백석산방어록白石山房語錄』에서도 "성이 명보다 앞서 있고 정이 몸보다 먼저 있으면 선천의 성정이고, 성이 명보다 뒤에 있고, 정이 몸보다 뒤에 있으면 후천의 성정이다"[18]라고 말했다. 또 다른 말도 있다.

선천의 성은 그 전체가 하나의 태극이고, 후천의 성은 각각의 사물이 하나의 태극이다. 3일 동안의 본성은 본겁(本劫, 과거세)의 성이다. 또한, 여러 겁을 거쳐 온 성도 있다. 명命 가운데 따라온 것도 3일과 여러 겁을 거쳐 생겨난 성이다. 불이 돌 속에 있을 때 보이지 않지만 한 번 치게 되면 불티가 나오는 것처럼, 사람의 성도 몸속에 있을 때는 보이지 않지만 한 번 발하게 되면 성이 있는 것을 알 수 있다.[19]

움직여서 정이 되면 성이 그 가운데 있고, 고요해서 성이 되면 정이 그 가운데 있다.[20]

이러한 장적중의 관점에서 볼 때, 사람의 정은 사람의 성에 따라 정해진다는 것이다. 성이 명보다 먼저 존재한다면 정은 몸보다 먼저 존재하고 성이 명보다 나중에 존재한다면 정은 마음보다 나중에 존재하는 것이

17 팡바오촨 편집, 『태곡학파유서』 제1집, 제2책, 42쪽.
18 팡바오촨 편집, 『태곡학파유서』 제1집, 제2책, 17쪽.
19 팡바오촨 편집, 『태곡학파유서』 제1집, 제2책, 8쪽.
20 팡바오촨 편집, 『태곡학파유서』 제1집, 제2책, 33쪽.

다. 다시 말해 인간의 운명에 선천적으로 존재하는 성이 있다면 자기의 뜻대로 할 수 없는 정이 있을 것이고 인성이 후천적으로 길러진 것이라면 인간의 정은 마음먹은 대로 발하게 된다. 움직임과 고요함 사이에 정이 나타나고 성도 나타난다. 사람 몸에 있는 인성은 마치 돌 속에 잠재된 불씨와 같다. 본래는 불이 일어나지 않지만 서로 부딪치게 되면 불티가 생기는 것과 같이 인성도 마찬가지다. 일정한 정감이 촉발하면 그 본성이 드러나지만, 그렇지 않을 때는 고요히 움직임이 없다. 장적중은 돌과 불의 비유를 들어 성과 정을 설명하고 있는데, 여기서 성정에 대한 그의 깊은 통찰력과 예리한 논리가 잘 드러난다.

② 정감에 대한 가치 지향

정은 왜 가치가 있는가? 정은 무엇 때문에 움직이는가? 이러한 정감의 가치 판단 및 선택과 관련된 문제들로부터 중국종교의 정감론이 비롯된다. 이들 문제에 대한 논의를 통해 서로 다른 교파들이 내세우는 정감론의 취지를 엿볼 수 있다.

중국 원시종교의 배경하에, 선현들은 정감에 대해 일종의 원초적 가치 지향성을 드러내었다. 『시경』「관저關雎」에 있는 "즐거워하면서도 지나치지 않고 슬퍼하면서도 상심하지 않는다樂而不淫, 哀而不傷"라는 구절은, 일종의 원만한 정을 구현한 것인데 후대의 유가에 직접적인 영향을 미쳤다. 유가에서는 처음부터 사람의 심리적 정감, 특히 도덕적 정감을 중시했다. 정감의 필요성은 도덕적 정감을 구현하는 중요한 동력이며, 정감의 의도와 그 목적은 그러한 사고의 흐름을 결정한다. 따라서 정감에 대한 의식은 유가 사상에서 빠뜨릴 수 없는 한 부분이 되었다. 공자는 사랑과 존경을 주된 내용으로 하는 '진실한 정감'을 강조했다. 그는 비록 극기복례가 인이라고 주장하고 있지만, 예절의 격식보다 예를 행할 때의 정감 체험을 더 중시했다. 예악은 필요한 것이고, 예악이 없으면 사람에게 내재한 정감을 기탁할 곳이 없고 표현할 길도 없다. 그러나 예악은 외부적 형식에 지나지 않는다. 형식만 중시하면 내면세계의 문제를 해결하지 못한다. 마음속의 정감이 진실하고 경건하면 예악도 공허한 형식이 되지 않는다. 공자는 "어진 이는 사람을 아낀다仁者愛人"라는 명제를 제시하고, 인을 행하는 방도가 '충忠'과 '서恕'에 있다고 말했다. 이는 인간의 주관적 의향에 근거한 동정심과 책임감 및 도덕의식으로 정감의 가치를 택하도록 배려한 것이다. 애인 사상의 본질은 내재적 심리의 정감에 있다. 정감의 체험과 의도적 활동을 통해 도덕적 원칙을 확립하고, 도덕적 평가를 통해 정감 체험이라는 가치를 실현하는 기제를 형성한다.

맹자는 사단의 정이 누구에게나 다 있다고 생각하여 네 가지의 도덕적 정감을 인성의 근원으로 삼았다. 이른바 '사단'은 사실상 사회적 정감과 사회의식을 가리키는 것이며, 개인적 정감의 필요성이나 의식을 뜻하지 않는다. 왜냐하면, 이 네 가지의 정감은 사회적 윤리와 도덕을 근간으로 삼기 때문이다. 맹자와 후대 유교의 주류들은 모두 성선론자다. 그러한 이유는 그들이 주장하는 인간의 심리적 정감에는 이미 도덕성을 갖추고 있어서 도덕적 선으로 발전할 잠재력이 충분히 있다고 보기 때문이다. 정감에 대한 그들의 가치 지향점은 다분히 사회적 윤리와 도덕의 필요성에 치우쳐 있는 것이다.

동중서는 천인감응 사상으로 인륜의 관계를 명확히 구분했다. 정감의 가치 지향성이란 측면에서 수긍할만한 도덕적 내용을 선별하는 데 치중했기 때문이다. 그는 인류의 정서적 활동에 따라 '하늘'의 정서적 활동의 변화가 일어난다고 추론하고, 역으로 '하늘'의 춘하추동 운행에 따른 인간 행동의 변화를 추론해 냄으로써 '천인유비天人類比'라는 이론을 전개했다. 그는 다음과 같이 말했다.

> 봄은 사랑의 표지이고 여름은 즐거움의 표지이며, 가을은 위엄의 표지이고 겨울은 슬픔의 표지다. 그래서 사랑하면서도 위엄이 있고, 즐거워하면서도 슬픔이 있는 것은 사계절의 법칙이다. 기쁨과 분노를 표현하지 못해 재앙을 초래하거나, 슬픔과 즐거움을 드러내는 의리가 사람에게만 있는 것이 아니다. 하늘에도 있다. 그리고 춘하春夏의 양기와, 추동秋冬의 음기가 사람에게만 있는 것이 아니고 하늘에도 있다. 사람에게 봄기운이 없다면 어떻게 널리 사랑하여 대중을 포용하겠는가? 사람에게 가을 기운이 없다면 어떻게 위엄을 세워 공을 이루겠는가? 사람에게 여름 기운이 없다면 어떻게 성대하게 길러 삶을 즐기게 하겠는가? 사람에게 겨울 기운이 없다면 어떻게 죽음을 애도하며 상복을 입은 이를 위로하겠는가? 하늘에 기쁜 기운이 없다면 또한 어떻게 따사로운 봄날에 만물을 생육시키겠는가? 하늘에 노여운 기운이 없다면 어떻게 싸늘한 가을에 만물을 쇠락하게 하겠는가? 하늘에 즐거운 기운이 없다면 어떻게 양기를 소통하게 하여 여름에 만물을 성장시키겠는가? 하늘에 슬픈 기운이 없다면 어떻게 음기를 자극하여 겨울에 만물을 웅크리게 하겠는가? 그래서 하늘에는 희로애락의 운행이 있고 사람에게도 춘하추동의 기운이 있어서 대체로 부합한다고 이른다.[21]

여기서 하늘은 인격화되었다. 사람의 정감이나 의지를 하늘의 그것

21 동중서, 『춘추번로』 「천변재인」, 소여, 『춘추번로의증』, 335쪽.

으로 삼았기 때문에 봉건 통치의 윤리도덕도 당연하게 하늘의 정리情理에 녹아들게 되었던 것이다. 이처럼 봉건 통치 계급에 이용된 천인감응론은 동중서에 의해 탄생했다. 그는 또한 성정설에 음양론을 도입하여 '성인정탐설性仁情貪說', 이른바 '성선정악론性善情惡論'을 제시했다. 인간에게 정도 있고 성도 있듯이, 인성에도 선성善性과 악정惡情이 있다. 그래서 그는 성은 어질고 정은 탐욕스럽다고 했다. 한편 그는 성삼품설을 만들어 인성이 삼품三品으로 나뉜다고 주장하기도 했다. 하나는 태어날 때부터 정욕이 거의 없고 아주 선량해서 가르치지 않아도 능히 선을 행하는 성인지성聖人之性이다. 다른 하나는 태어날 때부터 정욕이 아주 많을 뿐 아니라 착한 구석이 전무하고 가르치기도 어려운 밥통 같은 '두소지성斗筲之性'이다. 마지막은 성인性仁과 정탐情貪이 혼재된 중인지성中人之性이다. 그는 성인의 교화가 가능한 중인中人을 가르침으로써 탐욕스러운 정과 악한 성을 제거할 것을 강조했다. 또한, 그는 이렇게도 말했다.

> 하늘의 명령을 명이라 하는데 명은 성인이 아니면 행하지 않는다. 질박함을 일러 성이라 하는데 성은 가르치지 않으면 형성되지 않는다. 인욕을 정이라 하는데 정은 제도에 의하지 않고는 절제되지 않는다.[22]

이러한 사상은 나중에 지배 계층에 수용되어 '교화를 밝히고明敎化', '법도를 바로 잡는正法度' 두 가지 정책의 근거가 되었다.

당나라의 이고는 중국의 전통적인 성정설과 불교의 불성론을 결합하여 '멸정복성론滅情復性論'을 제기했다. 그는 인성이 본래 선하여 성인이

22 반고, 『한서』 권56, 「동중서전」, 제24책, 2515쪽.

될 수 있지만 칠정의 간섭으로 성인이 되지 못한다고 주장했다. 그는 이렇게 말했다.

> 사람이 성인聖人이 되는 바는 성 때문이고, 사람이 그 성을 못 챙기는 까닭은 정 때문이다. 기쁨·분노·슬픔·두려움·사랑·미움·욕망의 일곱 가지는 대개 정으로 말미암은 것이다. 정에 어둡게 되면 성은 숨게 마련이니 성의 허물이 아니다. 칠정이 순환하여 차례로 나타나는 탓에 성이 충족될 수 없다.[23]

> 성과 정은 서로 없을 수 없다. 비록 그러하나 성이 없으면 정이 생겨날 수 없다. 정은 성에서 생긴다. 정은 스스로 정이 될 수 없고 성으로 말미암아 정이 되며, 성은 스스로 성이 되지 못하고 정에 의해서 밝아진다.[24]

이고는 이처럼 정은 성에서 생겨난다고 보았다. 정이 성에서 파생되기 때문에 성은 기본적이고 정은 종속적이라는 점을 명확히 하고, 동시에 성은 정을 통해서만 표출된다고 지적했다. 그래서 선성善性을 회복하여 성인이 되고자 한다면 근본적인 대책을 멸정滅情에 두어야 한다고 했다. 그는 "망령된 정이 소멸하고 본성이 청명하여 육허六虛에 두루 유행하는 것을 일러 그 성을 회복한 것이라 한다"[25]라고 했다. 이는 중국의 '성선정악론'에 대한 최종 결론이자, 송명 시기에 유교에서 주창하는 "천리를 보존하고 인욕을 멸한다存天理 滅人欲"라는 이론의 단서가 되었다.

---

23 이오, 『이문공집李文公集』 권2, 「복성서상」, 『문연각사고전서』 제1078책, 106쪽.

24 이오, 『이문공집』 권2, 「복성서상」, 『문연각사고전서』 제1078책, 106쪽.

25 이오, 『이문공집』 권2, 「복성서상」, 『문연각사고전서』 제1078책, 106쪽.

송명유학의 핵심이론인 심성학은 도덕적 정감으로 인간의 존재 방식을 설명한 것이라 해도 과언이 아니다. 정주程朱학파의 이른바 "정으로써 성이 있음을 안다以情而知性之有"라는 말과, 육왕陸王학파의 "정으로 말미암아 성의 존재를 본다由情而見性之存"라는 말은 모두 정이 성의 발현임을 강조한다. 성정은 체용의 관계이며, 정을 떠난 심성학은 유체무용有體無用의 학문이라는 것이다. 정호는 불교의 '정定'이란 학설을 받아들여 "천인天人과 내외內外의 근본이 하나"라는 학설을 제창하고, '심무내외心無內外'와 '성무내외性無內外'라는 '정성설定性說'을 주장했다. 그러나 그가 말한 내용은 불교와 다르다. 그가 말하는 '성'은 도덕적 이성을 가리키고, '정'은 도덕적 정감을 가리킨다. 그의 주장에 따르면, 사람에게 정감이 있는 것은 인간 존재의 기본 방식이다. 인간으로서 정감이 없다면 어떻게 사람 노릇을 하며, 어떻게 인을 행할 수 있을까? 이점에 착안하여 그는 정감을 배척하고 금지하는 것에 반대했다. 정감의 문제를 개방하고 정감을 도야함으로써 도와 이치에 부합할 것을 강조하고, 성정의 합일과 정리情理의 합일을 도모했다. 그는 성인이 되어 천지와 하나가 됨으로써 "정이 만사의 순리를 따르되 무정한 경지"를 추구했다. 성인의 유정은 참된 유정이다. 성인의 정은 만사의 순리를 따르지만 사사로운 정으로 일을 처리하지 않는다. 그래서 '무정'하다고 할 수 있다. 그러나 여기서 말하는 '무정'은 개인적인 정이 없다는 뜻이지 결코 정이 없다는 뜻은 아니다. 정호는 선진유가에서 주장하는 '인'의 경지를 보편적 우주와 종교적 정감으로 한 단계 승화시켰다. 그의 '혼연여물동체설渾然與物同體說'과 '천지만물일체설天地萬物一體說'은 실로 이러한 정신의 구현이었다. 사람과 만물은 모두 이치에 따라 끊임없이 생장하지만 그래도 인人과 물物은 서로 구별된다. 가장 큰 차이점은 사람에게는 "미루어 헤아리는推" 능력이 있다는 것이다. 다시 말해 자신을 통해 타자의 마음이나 사물을 미루어 헤아릴 수 있지만, 사물은 그렇지 못하다. 따라서 오직 사람만이 '인'을 인식할 수 있으며 능히 만물까지 미루어 헤아릴 수 있다는 것이다. 그는 사람이라면 만물을 사랑할 줄 알아야 한다고 주장했다. 이러한 사랑과 보살핌은 영원한 가치를 지니며, 절대적이고 무한한 천지의 생성 원리에 그 뿌리를 둔 것으로, 사람은 결코 이기적일 수가 없고 자신의 몸만을 아껴서는 안 된다고 말했다.

주희는 정을 마음의 작용으로 간주하여 이를 정감의 가치 지향점으로 삼았다. 그는 '심리합일心理合一'을 강조했는데 이른바 리理는 우주의 본질일 뿐 아니라 사람의 본질이라고 했다. 사람의 본질로서 이치는 마음속에 있는 것이고 마음의 바깥에 존재하지 않는다. 그래서 우주의 본체가 마음의 본체로 전환하게 되고 마음의 본체가 곧 우주의 본체가 된다는 것이다. 마음 밖에 따로 본체가 존재하는 것이 아니라고 생각했다. 심과 리는 하나로서, 심은 전체적으로 리이고 리는 전체적으로 심이라 했다. 이를 근거로 주희는 '심체용설心體用說'을 주장했다. "심에는 체와 용이 있는데 발하기 전은 심체心體이고 이미 발했을 때는 심용心用이다"[26]라고 했으며, "성은 체이고 정은 용이다"[27]라고 하여 성정이 모두 마음에서 나온다고 말했다. 마음에 체용이 있고 이러한 체용으로 성과 정을 구분한 것이었다. 주희의 주장에 따르면, 정감과 본성은 모두 마음에 의해 통제되는 것이다. 정감적 활동은 정신적 활동의 중요 내용이자, 마음이란 본체의 작용이기도 하다. 그러나 정감적 활동은 어디까지나 감성적이고 형이하

26 여정덕, 『주자류어』 권5, 제1책, 90쪽.

27 여정덕, 『주자류어』 권5, 제1책, 91쪽.

학적인 현상이다. 그것은 높은 정신적 경지가 아니다. 감성적 정감은 반드시 정감을 초월하는 정신적 경지로 승화되어야 성정의 합일과 심리心理의 합일을 구현하게 된다. 그래서 그는 이렇게 말하기도 했다.

> 앞에서 성정의 구별을 말했다. 이는 정의 움직임에서 말한 것인데 성은 그 속에 있다. 사물이 이르러야 알고, 알게 하는 것은 마음의 느낌이다. 무엇을 좋아하거나 싫어하는 것은 정이다. 드러나는 것은 그 움직임이다. 좋아함과 싫어함을 자연의 법도에 맞게 하는 것이 성이다.[28]

정은 단순히 외물에 대한 자연스러운 반영이 아니라 하나의 가치 선택이다. 좋아하거나 싫어하는 정감이 있지만, 그 기준과 취향은 바로 성에 있다. 인성은 좋아하거나 싫어하는 것의 근거일 뿐만 아니라 좋아함과 싫어함을 자연의 법도에 합치시키는 내재적 척도와 규범인 것이다.

왕양명은 양지설良知說에서 "천지만물이 하나"라는 말로 귀결하면서 일종의 종교적 정신으로 세상을 구제해야 한다는 의식을 드러내었다. 그는 칠정이 인심에 부합해야 하는 것이라 하면서, "자연의 흐름에 따르는 것은 모두 양지良知의 작용이다"[29]라고 했다. 칠정에 집착하여 자연의 흐름이란 참된 본질에 순응하지 못하면 그것은 욕망이고 진정한 쾌락이 될 수 없다고 했다. 칠정의 자연스러운 흐름에 따를 때만이 비로소 정감의 즐거움을 진정으로 체험하여 '진정한 즐거움眞樂'을 맛본다고 했다. 왕양명이 어느 봄날에 그의 제자들과 함께 남진南鎭으로 가서 꽃나무를 보

28 주희, 『주희집』 제6권, 3523쪽.

29 왕양명, 『전습록傳習錄』, 장쑤江蘇고적출판사, 2001, 302쪽.

았다고 하는 '남진관화南鎭觀花' 고사가 이를 잘 설명한다. 꽃을 바라보기 전에는 마음과 꽃은 다 같이 적막한 상태에 있어 본체의 쾌락을 맛보지 못한다. 하지만 일단 꽃을 보고 나면 단번에 사람과 꽃은 일체가 되는 경지에 이르게 된다. 왕양명의 제자 왕기王畿는 개인의 자연적 속성, 곧 감정과 욕망을 본체의 높은 차원까지 끌어올려 사회의 도덕적 관념에 필요한 자연적 근거로 삼았다. 왕기는 감정과 욕망을 인간의 본질이나 본성으로 파악했다. 이는 왕양명의 '양지설'을 근본적으로 수정한 것이었다. 왕양명의 또 다른 제자 왕간王艮은 "백성의 일상생활이 바로 도百姓日用卽道"라고 하는 학설을 제시했다. 그들은 한결같이 "본체가 작용이고 작용이 본체"라는 논리로 양지를 인간의 감성적 생활과 연계시킴으로써 리와 욕을 통합하고자 시도했다. 정감의 가치 취향에 있어 이학으로 하여금 한층 더 세속적인 내용과 특징을 갖추도록 강조한 것이었다.

이지李贄는 '유정론唯情論'을 전개했는데, 천하에 오직 '정情'이란 글자 하나만이 있다고 주장하여 명나라 말기에 커다란 반향을 불러일으켰다. 그는 참됨眞과 성실誠이 자기만의 정감 세계를 추구하는 데 녹아들어야 한다고 했다. 정이야말로 참된 것이며 정감의 진위를 가리는 방법은 사람을 감동시키는 데 있다고 주장했다. 진심眞心이 있는 사람이 바로 진인眞人이고, 진인들만이 서로 소통하고 감동할 수 있으며 진정眞情을 교류할 수 있다고 했다. 그는 이를 다음과 같이 말했다.

> 참됨에 이르면 홍종대려洪鐘大呂처럼 크게 치면 크게 울리고 작게 치면 작게 울린다. 정신의 골수가 함께 연계되어 그렇게 된다.[30]

---

30 이지, 『분서焚書』 권2, 「하초약후夏焦弱侯」, 『이지문집李贄文集』, 사회과학문헌출판사, 2000,

이는 공명 현상을 통해 본질적인 의의를 지닌 정情의 존재를 논증한 것이다. 사람과 사람 사이에 정감의 공명이 일어나는 까닭은 정이 진실한 데에 있다. 여기서 말하는 '정신의 골수'는 바로 사람의 도리다. 그것은 만물을 번식하게 하는 천지의 지극한 정에 근원하고, 또한 그것은 천성적으로 타고난 진정眞情이나 동심童心이다. 정감의 보편적 의의가 그에 의해 여기서 특별히 강조된 셈인데, 이지가 진정과 진심을 중시했다는 사실은 그의 언행에도 여실히 반영되어있다. 그가 볼 때, 사람들은 "염불할 때 염불만 하면 되고 어머니를 뵙고 싶으면 어머니를 찾아가 만나면 된다. 억지로 없는 정을 꾸며내거나 자신의 본성을 거슬러 양심을 속이거나 뜻을 왜곡할 필요는 없다. 곧은 마음으로 움직이는 것이야말로 진불眞佛이다."[31] 여기서 그는 진정을 중시하는 정감의 가치 취향을 거듭 명확히 표현했다.

도가에서는 '무정無情'을 주장한다. 따라서 정감적 유형이 아닌 이지적 유형에 속한 것으로 보인다. 하지만 자세히 검토하면 도가는 사실상 유가의 도덕적 정감에 대해 반대할 뿐, 보편적인 의미의 정감은 반대하지 않는다. 노자는 인의를 반대하고 '효자孝慈'를 주장하여, "인을 끊고 의를 버리면 백성은 효도와 인자함으로 돌아간다絶仁棄義, 民復孝慈"[32]라는 점을 지적했다. 이와 관련하여 러시아 귀족 출신으로 다년간 중국에 체류했던 피터 굴라트Peter Gullart는 외국인 특유의 시각으로 노자의 '도'를 바라보았는데 그 내용은 다음과 같다.

43-44쪽.

31 이지, 『분서』 권2, 「위황안이상인삼수爲黃安二上人三首 · 실언삼수失言三首」, 『이지문집』, 76쪽.

32 『도덕경』 제19장, 『제자집성』 제3책, 10쪽.

> 비록 인간의 형체는 없지만, 노자의 도에는 인성이나 지각이 없는 게 아니다. 막연하거나 냉혹해서 멀리 미치지 못할 정도의 괴상한 물건도 아니다. 오히려 그것은 최고의 지혜이고, 전 우주가 이로 말미암아 신성한 질서, 영원한 법칙, 무한한 아름다움을 부여받는다. 그것이 주도하는 무한한 사랑에 힘입어 살아있는 모든 생물 하나하나에 각자 지정된 영역이 존재하고, 그곳에서 보호를 받고 자양분을 얻는다. 이처럼 도는 단지 모든 존재의 어머니일 뿐만 아니라 우리 인간들의 어머니이기도 하다. 우리가 그러한 어머니에 대한 자식이란 점을 인식할 수 있다면 인류 너머 모든 창조물까지 껴안을 수 있을 것이다.[33]

피터 굴라트가 볼 때, 노자의 '도'는 사실상 종교적 의의를 지닌 보편적인 사랑으로 존재하는 어떤 것이다. 이를 통해 전 우주로 하여금 무한한 사랑을 받게 할 수 있다. 노자의 '도'에 대한 이와 같은 해석은 상당히 일리가 있다고 하겠다. 장자는 윤리를 초월한 '자연'의 정, 즉 '무정의 정無情之情'을 제시한 바가 있다. 정욕이 인성을 형성한다는 주장에 반대하여, 정욕은 외재적인 것으로 인의와 마찬가지로 인성이 될 수 없다고 한다. 모든 외재적인 인의와 정욕은 모두 "사람을 어지럽히는 성"이고, 모두 "물物로 인하여 성이 바뀐다"라는 것이다. 이러한 이유로 반드시 인의를 제거하고 정욕을 버려야 하고, 무지와 무욕의 자연적 본성에 순응해야 영아嬰兒의 상태로 복귀하게 된다고 이른다. 장자는 이렇게 말한다.

33 피터 굴라트, 『신비의 빛-백 년 중국 도관 탐방기神秘之光一百年中國道觀親歷記』, 허샤오단和曉丹 뒤침, 윈난雲南인민출판사, 2002, 163쪽.

내가 말하는 무정은 사람이 좋고 나쁨에 의해 안으로 그 몸을 상하지 않게 하고, 언제나 자연에 따르면서 삶을 번거롭게 하지 않는 것이다.[34]

다시 말해 무엇을 좋아하고 싫어하는 감정은 사람을 상하게 할 수 있어 온전한 삶과 양생에 해롭다는 것이다. 사람이라면 누구든지 "때에 맞추어 편안하고, 순리에 따르면 슬픔과 즐거움이 들어올 길이 없다"[35]라는 말이다. 또한 "생사의 존망, 빈궁과 부귀, 현명함과 모자람, 비방과 칭찬, 굶주림과 목마름, 추위와 더위 따위는 모두 사물의 변화이며 천명의 운행이다"[36]라는 점을 이해하게 되면, 거꾸로 매달린 상태의 삶에서 풀려나는 '현해懸解'의 경지에 도달할 수 있는 것이다. 장자는 단순히 "정을 부정하고 지혜를 긍정하거나無情而主智", "정을 부정하고 이치를 긍정하는無情而主理" 사람이 아니었다. 그가 부정하는 것은 정감 속에 있는 도덕적 내용이었고, 강조하는 것은 순수 자연의 진실한 정감이었다. 그는 "사람의 꼴을 갖추었지만, 사람의 정이 없다면",[37] "희로애락이 가슴속에 스며들지 않는다"[38]라고 했다. 장자가 이처럼 자연스러운 정감을 중시했다는 사실은 아내의 죽음 앞에 "물대야를 두드리며 노래를 부르고鼓盆而歌", "나비가 되는 꿈을 꾸고夢爲蝴蝶", "물고기의 즐거움魚之樂"을 놓고 논쟁하는 고사나 우언寓言을 통해 충분히 입증된다.

한나라 때 불교가 중국에 들어온 이후, 불교계에서는 성선정악性善情

34 왕선겸, 『장자집해』 권2, 「덕충부」, 『제자집성』 제3책, 36쪽.
35 왕선겸, 『장자집해』 권2, 「대종사」, 『제자집성』 제3책, 43쪽.
36 왕선겸, 『장자집해』 권2, 「덕충부」, 『제자집성』 제3책, 35쪽.
37 왕선겸, 『장자집해』 권2, 「덕충부」, 『제자집성』 제3책, 36쪽.
38 왕선겸, 『장자집해』 권5, 「전자방田子方」, 『제자집성』 제3책, 131쪽.

惡 사상을 받아들여 불성론을 대대적으로 선양했다. 이를 통해 정욕과 정식情識을 부정하고 절대적인 초월을 주장했지만, 중국화된 선종에서는 정욕이나 정식, 그리고 현실적인 정감 행위까지는 부정하지 않았다. 불교의 관점에서 볼 때, 성은 본성이다. 본래부터 적정寂靜한 것이거나 본래의 것을 깨달은 어떤 것이다. 이와 비교해 정은 마음으로 느낀 바의 표현으로 시비是非의 꼬투리이며 이해利害의 뿌리다. 성과 정은 서로 구별되면서도 서로 연계된다. 동진 시대의 축도생은 사람마다 모두 불성, 곧 청정한 본성이 있다고 믿었는데, 이는 성불의 원인이나 근거가 된다고 하여 성불을 하려면 반드시 도를 닦아 정욕을 배제해야 한다고 생각했다. 천태종의 담연은 무정유성설無情有性說을 내세웠는데, 진여연기론眞如緣起論에 의지하여 유정물과 마찬가지로 무정물에도 진여의 불성을 갖추고 있다고 주장했다. 이는 불성이 유정물에만 국한된다는 견해를 넘어 불성을 보편적이고 절대적인 본체로 간주했을 뿐만 아니라, 불성이 지고지상하다는 기존의 상식을 깨뜨렸다. 풀과 나무나 기왓장과 돌에도 불성이 있다는 것이다. 『화엄경』에서는 '청정원명淸靜圓明의 본체'를 성의 본체로 간주하고, "더럽고 깨끗한 마음染淨之心"을 정욕으로 규정했는데, 정욕은 인간 세상의 모든 추악함과 번뇌의 근원이니만큼 정욕에서 벗어나 '청정원명'의 본성을 구현해야 한다고 주장했다. 선종의 육조六祖 혜능은, "돈오頓悟하면 부처가 되고", "선근善根이 끊어진 사람이라도 모두 성불한다一闡提人皆得成佛"라는 축도생의 성불론을 계승하여, 인간의 본성은 곧 부처라고 주장했다. 혜능은 "본성은 부처이고, 본성을 떠나서는 부처가 따로 없다本性是佛, 離性無別佛" "깨닫지 못하면 즉 부처가 중생이요, 한 생각을 깨치면 중생이 곧 부처다故知不悟, 卽是佛是衆生. 一念若悟, 卽衆生是佛"라고[39] 하여 중생과 부처의 차이는 단지 미오迷悟의 여부에 있다고 했다. "따라서 일체의 만법이

모두 자기 몸속에 있음을 알 수 있다. 그렇다면 왜 자신의 마음에서 진여의 본성을 단박에 드러내지 않을까?"[40] 스스로 본성을 성찰해야만 무념에 이르러 망념을 떨쳐낼 수 있고 그 자리에서 당장 성불할 수 있다는 것이다. 이러한 것들은 유교의 성선정악 이론에서 보여주는 정감의 가치 취향과 기본적으로 일치한다.

2 중국종교의 정감론과 그 특징

중국종교의 정감론에서 그 내용을 분석해서 종합해보면, 복잡한 문화 시스템 속에서 각 종파의 정감론에 일련의 공통된 특징이 있다는 것을 어렵지 않게 발견할 수 있다. 이런 특징들은 중국종교의 정감론 체계에 선명한 개성을 드러낸다. 이는 주로 다음과 같이 표현된다.

① 강렬한 생명 의식

인류의 인식사認識史를 통해 볼 때, 인간은 본능에 충실한 야만인에서 생각할 줄 아는 호모사피엔스로 전환하자마자, 곧바로 자연과 인간의 본질에 대해 인식하기 시작했다. 상고 시대 중국의 조상들은 거대한 자연의 위력 앞에서 자연과 인생의 신비, 인간의 생존과 대자연과의 관계를 탐구했고, 이를 선후로 한 시점에 자연 숭배, 귀신 숭배, 생식 숭배, 토템 숭배, 조상 숭배와 같은 원시 숭배 사상을 낳게 되었다. 원시 신앙의 발생은 선인들로 하여금 생명 의식을 각성하게 하는 것과 관련이 있다. 생명 의식의 각성을 가장 잘 반영하고 있는 것이 바로 생식 숭배와 조상 숭배인데,

---

39 혜능, 궈펑 주석, 『단경교석壇經校釋』, 중화서국, 1983, 58쪽.

40 혜능, 궈펑 주석, 『단경교석』, 중화서국, 1983, 58쪽.

이러한 숭배 사상에 인류 초기의 원시적인 정감 요소를 담아 개체와 집단에 대한 강렬한 생명 의식을 후대로 전해 주었던 것이다. 은주殷周 시기에는 생명에 대한 끈끈한 정감을 천명신학天命神學으로 구현하여 "덕으로 하늘의 뜻에 따라야 한다以德配天"라는 자아의 각성이 자연스럽게 나타났다. 이로 인해 중국의 문화 사상, 특히 중국종교의 정감론 사상에 강렬한 생명 의식이 점차 자리를 잡게 되었다.

중국의 원시 종교로부터 시작된 이러한 강렬한 생명 의식은 종교적 정감론의 주체적 지향점의 하나이자, 중국종교문화에 활력을 불어넣은 한 요인이 되었다. 조상 숭배의 경우를 놓고 보면, 유교나 도교 또는 기타 어느 종교든 간에 모두 특유의 조상 숭배 절차나 제사 의식이 있다. 사묘寺廟와 궁관宮觀, 신사神祠와 전당殿堂, 제사 절차와 절하는 예법 등은 중국종교의 전반에 걸쳐 대대로 전승되어 더 이상 완벽함을 꾀할 수 없을 만큼 대단한 일로 정착되었다. 또한, 중국사회의 전체 흐름에서, 뿌리를 찾고 조상을 물어 같은 핏줄이나 법맥을 인정하는 일도 중국종교가 생명의 정감을 견고하게 응결하는 자연스러운 방식이었다. 생식 숭배의 경우, 중국에서는 자기 생명의 뿌리를 남기느냐의 문제가 세인들의 큰 관심사다. 자신의 뿌리를 남긴다는 이러한 의식은 어찌 보면 조상의 뿌리를 찾는 의식보다 훨씬 더 강렬하다. 그래서 중국종교의 정감론 사상 체계 속에는 이러한 의식이 아주 뚜렷하게 나타난다. 유교의 선현들이 물려준 부신父神 숭배 의식이나 남성 생식기능 숭배 사상, 이밖에 도교의 원조로부터 전해 내려온 현빈玄牝 숭배 관념 등 모두 이러한 "뿌리를 남긴다留根"라는 의식을 표현한 것에 지나지 않는다. 자식을 얻기 위해 송자관음送子觀音에게 예배하는 전통도 중국의 토착 종교가 보여주는 가장 전형적인 뿌리 의식이다. "불효에는 세 가지가 있는데 자식이 없는 것이 가장 크다不孝有三, 無後

爲大"라는 말이 중국 민족의 무의식에 깊이 뿌리박힌 전통적 관념을 잘 대변한다. 이처럼 전통 종교의 정감 사상에 깊은 영향을 받았기 때문에, 중국인과 서양인을 비교한다면 중국인의 생식 욕구는 매우 강렬하며 생명에 대한 정감도 한층 더 풍부하다고 말할 수 있다.

② 인정에 대한 배려

인류가 형성한 종교 문화의 밑뿌리를 살펴보면 『성경』에는 아담과 이브가 선악의 열매를 먹고 의식이 깨어났다는 이야기로 시작한다. 여기서 인류의 정감과 욕망으로 생명 의식을 설명하고 있는데, 이러한 원시적 정감과 욕망은 일종의 원죄로 설정되어 있다. 원죄 탓에 인류의 시조에서부터 지금까지 용서를 빌며 몸부림을 칠 수밖에 없는 것이다. 그러나 이러한 서양의 경우와 달리, 중국의 원시 종교는 처음부터 정감과 욕망에 대해 부정적인 태도를 보이지 않았다. 게다가 이후의 전통 종교에서도 인류의 정감과 욕망에 대해 특별히 부정적인 견해를 보이지 않았다. 일부 교파에서는 정감에 대해 부정적인 관점을 보이기도 했지만, 그 역시 정감과 욕망을 근본적으로 부정한 것은 아니었다. 동중서가 '성선정악설'을 내세우고, 이학에서 "천리를 보존하고 인욕을 멸한다"라고 하지만, 이 말도 정감을 부정하는 뜻이 아니었다. 정감에 대해 모종의 도덕적 규범을 설정하여 이에 부합된 행동을 하도록 배려한 것일 뿐이다. 중국에서 주류를 이루는 종교 문화의 흐름을 통해 어렵지 않게 알 수 있듯이, 유교, 불교, 도교와 기타 중국종교도 본질적으로 모두 '정情'이란 글자를 중시한다. 이러한 정감은 주체성을 주된 내용으로 삼아 개성을 풍부하게 할 뿐만 아니라 자아를 잘 표현하게 한다. 또한, 정감은 개체의 생명에만 속하지 않고 어느 정도 보편적인 의의를 지닌다. 그렇지 않다면 개체 간의 소통이 불가능하기 때문이다. 보편적인 의미에서의 참된 정감은 인류가 공유하는 정감이다. 이를 통해 주체 간의 소통이 이루어지고 존재의 의미와 그 표현이 가능하게 된다. 이러한 보편적인 의의를 지닌 "참된 인정을 베푸는" 것이야말로 중국종교의 근본적인 특징이라 하겠다.

멍페이위안은 『심령 초월과 경계心靈超越與境界』라는 저술을 통해 중국종교의 정감론에 내재한 특징을 분석하고 다음과 같이 말한다.

> 유가는 도덕적 정감과 '선성善性'을 말한 점에서 도덕적 의지가 있고, 도가는 자연적 정감과 '진리'를 말한 점에서 미학적 취향을 보이며, 불교는 종교적 정감과 '불성'을 말한 점에서 종교적 의지가 있다.[41]

중국의 주류 종교에 나타난 정감론의 사상적 특징에 대한 그의 이해는 상당히 정확하다고 할 수 있다. 실제로 유·불·도 삼자는 그 본질에서 모두 인류 본연의 진실된 정감에 관심을 보이지만, 정감에 대한 가치 지향점이 서로 다를 뿐이다. 유가는 정감에 대한 도덕적 가치를 중시함으로써 선을 강조하고 도덕적 의지를 추구한다. 도가는 정감 그 자체의 자연스러움과 순수함에 주목하여 진리를 강조하고 미적 즐거움을 누리고자 한다. 중국화한 불교의 선종은 정감의 종교적 내용에 무게를 두고 견성견불見性見佛을 강조하며 종교적 의지를 추구한다. 이러한 세 유형은 모두 정감에 떠나지 않으면서 이를 초월하는 정신적 세계를 말하는 것이다.

41 멍페이위안, 『심령 초월과 경계』, 인민출판사, 1998, 99쪽.

③ 엄숙한 종교적 정서

각기 다른 전통 종교에도 모두 '궁극적 실재ultimately real', 곧 종교적 핵심 가치가 있기 마련이다. 세계 각 민족의 종교적 전통에서 중시하는 핵심가치로는 여호와, 옥황상제, 알라, 크리슈나, 브라만, 비슈누, 시바와 같은 인격화한 신성한 주재자가 있고, 범천梵天, 도道, 무無, 존재存在, 태일太一, 공空, 열반涅槃과 같은 비인격의 초월적 관념도 있다. 일단 신도가 되었다면 '궁극적 실재'를 진심으로 경외해야 한다. 게다가 종교적 경건함으로 인식되는 이러한 경외감을 통해 최종적으로 구원을 약속받고 자아의 가치를 실현하게 된다고 굳게 믿어야 한다.

> 각종 종교적 전통이 핵심적 숭배 대상인 인격신이나 초월적 관념에 대해 절대적인 물질적 권위(우주의 창조자)와 정신적 권위(가치 판단의 주체)를 부여했기 때문에, 그에 대한 이성적 증명은 불가능하고 불필요하다. 따라서 신앙인은 그 핵심적인 진리성에 대해 '열정적 헌신passionate commitment'을 다하여야 한다. 이것이 바로 우리가 말하는 '종교적 정서religious sentiment'다.[42]

서양과 비교하면 중국종교의 정감론에는 일종의 엄숙한 종교적 정서가 더 많이 함축되어 있는 것으로 드러난다. 각 주류 교파들의 정감론과 사상적 관점은 겉으로 모두 무정無情과 관련이 있는 듯하지만, 실제에서는 무정한 데서 유정함을 드러내는 것이 중국종교의 대표적 특징이다.

유교의 풍부한 정감론 사상은 무정과 관련되지만, 그러한 무정의 진

42 단춘單純, 「유가의 종교적 심경론論儒家的宗教情懷」, 『종교학연구宗教學研究』, 2003년 제4기.

정한 함의는 정감이 없다는 것이 아니라 도덕적인 성현의 정감을 가리키는 데 있다. 역사적 관점에서 볼 때, 유교의 정감론은 전반적으로 유정을 무정으로 변환하는 경향을 드러낸다. 곧 일반적 정감을 성현의 도덕적 정감으로 승화하기를 모색하는 것이다. 이러한 성현의 정감이 중국 문화에 미치는 영향은 대단히 광범위해서 중국인들이 살아가는 여러 환경에 다양하게 스며들었다. 예절을 중시하고, 의리를 강조하며, 존비를 따지고, 효도하며, 인정에 호소하고, 천명에 따르는 중국인들의 태도는 모두 이러한 종교적 정감을 지닌 신도들의 심리와 무관하지 않다. 유학자에게 '천명'은 통상, 지고무상의 인격신이 아니라 일종의 신성하고 초월적인 이념이다. 초월적 이념에 대한 집착은 그들로 하여금 모든 세속적인 고통이나 유혹에서 벗어나게 하고, 고상한 정신세계에서 자아의 가치를 실현할 수 있게 했다. 송나라 유학자 장재는 저명한 '횡거사구橫渠四句'를 남겼는데, 그 내용인즉 "천지를 위하여 마음을 세우고, 백성을 위하여 명을 세우며, 옛 성인을 위하여 끊어진 학문을 계승하고, 만세를 위하여 태평을 연다爲天地立心, 爲生民立命, 爲往聖繼絶學, 爲萬歲開太平"라는 것이다. 이 말은 이러한 초월적 이념의 구체적 실현을 가리킨다. 유교의 전반적인 정감 사상의 체계는 인류의 미래를 위한 엄숙한 종교적 정서를 전하는 데 그 의의가 있다.

도교에서는 교리적 측면에서 정감의 요소를 언급한 사례는 드물다. 그나마 찾아볼 수 있는 정감 사상도 대개 무정과 관련된 것들이다. 하지만 도교에서 말하는 무정의 진정한 함의도 정감이 참으로 없다는 것이 아니라, 비세속적인 정을 이른다. 도교의 정감론이 지향하는 바는 전반적으로 무정에서 유정으로 치중하는 경향이 있는데, 세속적인 정감을 소박하고 자연스러운 정감으로 순화시키는 방법을 모색한다. 이러한 자연적 정감은 중국 문화의 심층에 자리한 유전인자로서, 보이지 않는 형태로 중국 민중의 의식 속에 깊이 뿌리박혀 있다. 루쉰이 중국 문화의 뿌리가 도교에 있다고 말하는 까닭도 바로 여기에 있다. 도교에서 추구하는 생명의 근원과 구조, 과정, 가치, 본질, 존재, 수양 및 생명의 경지 등에 대한 일련의 문제에도 모두 이러한 소박한 정감적 요소가 녹아들어 있다. 여기서 전하는 것은 무정함 속에서 유정함을 본다는 '도道'의 정감이다. 이는 엄숙하고 신성한 종교적 정서이기도 하다.

불교의 정감 사상도 무정과 연계되어 있지만, 불교에서 말하는 무정의 진정한 함의는 속세에서 묻혀온 정의 티끌을 제거해서 보편적인 정으로 일반화하는 것에 있는데, 이것이 중생을 이롭고 안락하게 한다는 '이락유정利樂有情'이다. 정욕의 외재적 표현은 자아와 법에 대한 집착으로 귀결된다. 자아와 법에 대해 집착하는 것은 세계와 생명의 실상에 대한 무지나 무명으로 말미암은 집착과 같이 미혹에 속한다. 따라서 불교에서는 지관止觀을 통해 특수한 능력을 개발함으로써 집착을 없애고 공성空性과 상응하는 이상을 실현하고자 한다. 출가인의 불법 수행에는 이와 관련한 금기 내용이 들어있는데, 결혼하지 않고 세속의 오락이나 애정을 멀리하는 것도 이와 무관하지 않다. 설숭契嵩과 같은 일부 불교학자들은 정이 수행에 장애가 된다고 간주하고, 사람이 생사윤회에 빠지게 되는 것도 모두 정에 연루되어 그렇게 된 것이라고 말한다. 그러나 반드시 알아야 할 것은, 정이나 세속에 연연하지 않는 태도가 정감을 부정하는 것이 아니라는 점이다. 인간으로서 정에 얽매일 수밖에 없는 것은 현실이다. 그러나 불교에서 강조하는 것은 정감으로 인한 어려움을 사실대로 인식하고 어려움에서 벗어나 초월하는 데 있다. 절대 정감을 부정하는 것은 아니다. 자칫 "불도는 정을 끊는다佛道絶情"라고 여기게 되면 편견에 빠진다. 번뇌가 곧 보리라는 불법의 원칙에도 어긋난다. 실제로 중국화한 불법 수행에서는 정감이 항상 특정한 지위를 점하고 있다. 특히 선종에서는 본성의 정식情識에 부합할 것을 주장하기도 한다. 이러한 불교의 보편적 정감이 중국 불교의 모든 체계에서 구현되고 있어 엄숙하고 자비로운 종교적 정서를 전달해 준다.

중국 민간종교의 각 교파에서 거론하는 정감 사상은 주류 교파의 다중적 영향을 받은 탓에 다소 복잡하다. 하지만 그 잡다한 표상을 투과해 보면 그 가운데 얼마간의 정감적 내용을 추출해 낼 수 있다. 태곡학파처럼 짧은 역사에도 불구하고 정감 사상의 종교적 특성을 잘 드러내고 있는 것이 그러한 경우에 해당한다. 태곡학파는 유교의 도통을 계승하면서 불교와 도교의 내용도 수용하고 있는데, 이 교파의 특징은 정감론을 다루면서 생명을 우선순위에 놓고 있다는 점이다. 의식과 호흡을 일치시키기 위해 정감을 조절하고 제어할 것을 강조하고, 인간의 유현幽玄한 감정 변화를 성공聖功의 경지와 연계했다. 구전口傳으로 직관적 체험을 수행하는 방식을 택하기 때문에 이 교파는 신비의 베일에 가려진 부분도 많지만, 이러한 가운데 엄숙하고 신비로운 '성공'의 종교적 정서를 잘 보여준다.

④ 강력한 수용력

중국종교의 정감론에서 빠뜨릴 수 없는 또 다른 특징은 방대하고 복잡한 사상 체계에 대한 강력한 수용력이다. 특수한 문화적 토양 위에서 배태한 수많은 교파의 정감 사상은 모두 나름의 적합한 방식으로 시스템 속에 자리를 잡고 균형을 유지한다. 서양의 종교적 관념과는 달리, 각기 다른 종교들의 정감 사상을 파악하고자 할 때, 중국의 종교학자들은 종종 현격한 상이점을 찾기보다는 유사하거나 일치되는 요소를 발견하는 데 주력한다. 예를 들어, 종교에서 신앙심은 신도들이 느끼는 종교적 정감에 대한 집약적 표현이고, 해당 종교에 대한 정감의 표현은 모두 믿음을 통해 체득된다는 것이다. 중국종교학자들은 종교적 신앙의 의의가 모두 궁극적 진리의 길로 나아가게끔 인도하는 데 있다고 굳게 믿는다. 이는 수레의 바큇살들이 하나의 중심축을 향하고 있는 것과 같다. 사람들은 그들이 택한 종교적 교리나 의식 속에 빠져들 때, 그들이 택한 종교만이 유일하고 옹호할만한 가치가 있는 것으로 여긴다. 그러나 사람들이 지혜와 포용력 및 통찰력을 어느 정도 획득한 뒤에는 천국으로 가는 길이 어느 종교만의 특권이 아니고 신성한 법칙도 모든 사물에 공평하게 적용된다는 사실을 깨닫는다. 그러한 점에서 종교적 교리나 의식 및 그에 대한 숭배 방식은 다른 신앙의 형태들을 구분하고 격리하는 주요 원인이 되는데, 이는 신앙의 본질이 아니다.

도교와 불교는 중국의 전형적인 양대 종교다. 이를 서로 비교해 볼 때 양자는 상당히 비슷한 면모를 보여준다. 두 종교에서 숭배하는 성인이나 신령, 심지어 사찰의 풍격이나 건축 양식에서도 모두 서로를 차용하고 있다. 그 둘은 신에 대한 믿음에서도 서로가 다른 쪽의 신을 존경하고 숭배한다. 물론 그렇다고 해서 두 종교가 뒤섞여서 하나가 되었다거나 차이가 거의 없다는 것을 뜻하지는 않는다. 이는 상대방에 대해 각별한 배려와 포용력을 지니고 있다는 사실을 말한다. 중국종교의 정감 사상에서 나타나는 이러한 특징은 신앙인들의 정감에도 당연히 지대한 파급 효과를 낳기 마련이다. 중국의 경우는 종교 신자들의 출신이 아주 복잡한데, 이러한 기존의 종교에서 보여주는 정감론의 영향을 받아 그들의 종교적 신앙도 늘 그렇듯이 언제나 실용적이다. 종교란 외피를 걷어내고 안쪽을 들여다보면, 대다수 신자가 어떤 종교를 믿는다고 말하지만 대개 자신에게 필요한 일정한 정감을 의도하고 있는 것을 알 수 있다. 그들에게 신앙은 일종의 구색을 갖추는 데 필요한 것이고 그리 중요하지 않다는 것이다. 중요한 것은 종교를 믿음으로써 심리적 위안을 얻고, 정신적 어려움을 해결하며, 남다른 대우나 은혜를 입고, 그밖에 내면적 요구를 충족시키는 모종의 은사恩賜를 받느냐 따위에 있는 것이다. 그래서 중국의 수많은 신도는 서로 다른 여러 종교 사이를 넘나들며 수시로 오고 간다. 한때는 도교를 신봉하다가 다른 때는 기독교를 믿고, 이쪽에 가서는 천주교를 믿지만, 저쪽에 가서는 또 다른 종교를 믿기도 한다. 외국의 일부 종교학자들은 이를 두고 "중국에는 진정한 종교가 없고 중국인에게는 진정한 신앙이 없다"라고까지 말한다. 이는 사실상 중국종교와 그 신도들에 대한 오해다. 중국종교의 정감론에 강력한 수용력이 있다는 점을 인식하지 못한 데서 기인한 것이다.

2 —— 자아 통제: 정은 맑은 곳에서 닦아야 한다

정은 어떻게 마무리할까? 어떻게 정을 닦아야 할까? 이런 것들은 모두 종교적 정감을 체험하는 데 필요한 기본 내용이다. 이른바 '체험'은 실천을 통해 주변의 사물을 인식하는 것이며 본인이 직접 겪어보는 것이다. 그리고 정감의 체험은 실천을 통해 얻은 정감의 인식이고 체험이다. 중국종교 각 교파에서 보여주는 정감의 실제 체험은 각기 고유한 특색이 있고, "정을 마무리하고了情" "정을 닦는修情" 법이나 방식도 다양하다. 하지만 자아를 스스로 통제함으로써 정감을 맑게 한다는 점에서는 근본적으로 일치한다. 중국종교사상의 흐름을 정확하게 이해하려면 각 교파에서 제시하는, "정을 마무리하고, 정을 닦는" 구체적인 정감 체험의 방식과 그 특징을 세심하게 살펴야 한다. 역사적으로 볼 때 중국종교에서 제시하는 정을 닦고 마무리하는 주요 방식은 다음과 같다.

1 산수지락山水之樂을 통한 정감 전이

중국종교의 수행자들은 보통 산수와 자연을 이용하여 자아를 제어한다. 그들은 자연 속으로 들어가 자연의 이치를 깨닫고 마음을 순화하며 인격을 도야하는데, 이로 말미암아 중국종교의 체계에는 산수의 성령性靈을 중시하는 수행 방식이 마련되었다.

유학자들이 말하는 산수 자연의 즐거움은 인간과 자연이 하나로 융합되는 데서 얻어지는 마음속의 즐거움이다. 이러한 즐거움은 일종의 사회의식으로, 특히 도덕의식이 녹아있는 심리 상태를 이른다. 유학자는 대자연 속에 노닐며 인간과 자연의 조화에서 우러나오는 즐거움을 누린다. 그들은 산수를 매개로 이러한 산수지락을 즐기는 종교적 정서에 의지하여 자신의 인격을 우주 본체의 경지로 승화시킨다. 이처럼 자연 속에서 도덕적 정감을 얻고자 하는 유학자의 정감 수행은 그 특징이 뚜렷하게 나타난다. 『논어』에서는 다음과 같이 말한다.

> 지혜로운 이는 물을 좋아하고, 어진 이는 산을 좋아한다. 지혜로운 이는 움직이고, 어진 이는 고요하다. 지혜로운 이는 즐겁게 살고, 어진 사람은 오래 산다."[43]

산은 고요하고 물은 움직인다. 어진 사람은 고요함 속에서 자연을 체험하고 지혜로운 사람은 움직임 속에서 체험한다는 말이다. 산을 좋아하고 물을 좋아한다는 이정移情 방식의 주체적 체험을 통해, 자연계는 정복의 대상이 아니라 인간의 정감적 요소가 녹아들어 있는 것으로 인식되

43 『논어』「옹야」, 주희, 『사서장구집주』, 90쪽.

며, 심지어 윤리적 대상이 되기도 한다. 인간과 자연은 대립하거나 분리될 수 없으며 하나로 융합되어야 한다는 것이다. 인생의 의미는 자연의 영원함 속에서 구현되며, 인간의 주체성도 마음속의 즐거움을 직접 체험함으로써 확인된다. 이에 대해 정호는 다음과 같이 말한다.

> 하늘과 땅 사이에 사람만이 홀로 지령至靈한 존재가 아니다. 자신의 마음은 곧 초목과 조수鳥獸의 마음이다. 사람은 다만 하늘과 땅 가운데 태어났을 뿐이다.[44]

> 사람이 하나의 몸을 천지 만물 가운데 함께 놓아두면서, 이들과 나란히 보는 것이 무슨 어려움이 있겠는가?[45]

이는 바로 자연에 대한 주체적 체험이다. 정호는 또한 "옛날 주무숙(周茂叔, 주돈이)에게 배울 적에, 매번 안자(顔子, 안회)와 중니仲尼의 즐거움이 어디에 있는지, 무슨 일로 즐거워하는지 찾아보게 했다"[46]라고 말하는데, 문제의 해답은 "공자가 증점曾點과 뜻을 같이 한다吾與點也"라는 내용이다. 그 내용은 증점이 봄날에 여럿이 어울려 자연을 만끽하는 것이 자신의 포부라고 공자 앞에 말한 것을 이른다. 정호는 산수풍월을 빌미로 마음속의 즐거움을 체득하고, 자기의 마음을 천지 만물의 마음에 융합하여 물아양망物我兩忘과 천인합일이란 조화로운 경지를 구현하고자 한 것이다. 같은 맥락에서 주희는 "천지 만물과 더불어 아래위로 같이 흐른다與天地萬物

44 정호·정이, 『이정유서二程遺書』 권1, 상하이고적출판사, 2000, 54쪽.

45 정호·정이, 『이정유서』 권2, 80쪽.

46 정호·정이, 『이정유서』 권2, 66쪽.

上下同流"라는 즐거움의 경지에 진입해야 한다고 말한다. 그는 "만물과 하나로 되어 막힘이 없고, 마음이 편안하면 어찌 즐겁지 않겠는가?"[47]라고 힘주어 말한다. 형체를 감싸고 있는 이기심을 제거하고, 자아를 중심으로 하는 사사로움이 없을 때 비로소 사람은 만물과 형신동체形神同體가 되며 자연과 주객합일主客合一할 수 있다는 것이다. 주희는 또한 "무릇 천지 만물의 이치가 모두 내 몸에 갖추어져 있으니 이보다 큰 즐거움이 없다"[48]라고 말한다. 그 말은 내 마음의 이치와 천지 만물의 이치가 원래 같은 것이고, 이를 체득할 줄 아는 것이 진정한 즐거움이라는 뜻이다.

유가에서 자연에 도덕적 의미를 부여하고 자연 속에서 인격을 도야할 것을 말했다면, 도가에서는 자연에 미학적 의미를 부여하고 사람이 자연과 하나가 됨으로써 윤리와 명리名利를 초월하는 심미적 정감을 주장한다. 『장자』「추수편秋水篇」의 '물고기의 즐거움魚之樂'은 바로 이러한 자아의 체험 방법을 통해, 물속의 물고기처럼 "유유히 노닌다"라는 결론을 얻게 되었다. 장자는 이러한 즐거움을 물고기의 생동감에 투사함으로써 물고기의 즐거움을 느낄 수 있었다. 물고기의 즐거움은 '인간의 즐거움人之樂'이 자연에 반영된 것이고, 인간의 즐거움은 물고기의 즐거움으로 체현되었다. 장자가 말하는 '소요유逍遙游'는 인간이 천지의 정신과 교류하는 자유로운 경지를 의미한다. 인간은 육체를 분리할 수 없고 일상의 생활환경에서 벗어날 수도 없다. 그러나 장자가 '무대無待'라고 말하는 상대적 관계를 초월한 주체적 체험이 가능하다면, "육극六極의 밖으로 나아가", "무하유지향無何有之鄕에서 노닐고",[49] "홀로 천지의 정신과 왕래할 수 있

47 여정덕 편, 『주자어류』 권31, 제3책, 796쪽.

48 여정덕 편, 『주자어류』 권32, 제3책, 814쪽.

49 왕선겸, 『장자집해』 권1, 「응제왕」, 『제자집성』 제3책, 18쪽.

다."[50] 저명한 도사 도홍경은 높은 벼슬과 녹봉에도 마음을 움직이지 않고 산속에서 맑은 수행을 했다. 황제가 국가의 대사를 의논하고자 올 때마다 몸소 산에 올라가 그의 가르침을 청했기 때문에, 도홍경을 '산중재상山中宰相'에 비유했다. 그러한 자아 통제의 수행은 산수 자연을 빌려 정감을 전이하는 역사적인 증거다.

불가에서는 산수 자연에서 도를 깨치는 것을 한층 더 중시한다. 이른바 "천하의 명산은 중들이 모두 차지하고 있다天下名山僧占多"라는 말은 빈말이 아니다. 산수에 정감을 전이하는 불교의 이정을 절실히 반영한 것이다. 『속전등록續傳燈錄』에 다음과 같은 이야기가 있다.

> 길주吉州 청원靑原의 유신惟信 선사가 법좌에 올랐다. "노승이 30년 전에 참선하지 않았을 때는 산은 산이요 물은 물이었다. 나중에 알음알이를 몸소 얻고 나니, 산은 산이 아니고 물은 물이 아니었다. 그런데 지금 경계를 다 놓아버리고 쉬는 자리에서는 예전과 같이 산은 산이요 물은 물이다."[51]

이는 산수를 말하는 전형적인 불교의 공안公案이다. 늙은 선사가 30년 전에 참선을 하지 않았을 때, "산은 산이요 물은 물로 보았다見山是山, 見水是水"라는 것은 상식적인 시각에서 말한 것으로, 일종의 집취執取다. 나중에 알음알이를 얻어 증험해보니, "산은 산이 아니고 물은 물이 아니었다見山不是山, 見水不是水"라는 것은 초월적 시각에서 말한 것으로, 일종의 공성空

50 왕선겸, 『장자집해』 권8, 「천하天下」, 『제자집성』 제3책, 313쪽.

51 거정居頂, 『속전등록』 권22, 『대정장』 제51권, 614쪽.

性이다. 30년 후에 확철대오廓徹大悟했을 때는 산은 그대로 산이고 물은 그대로 물이라고 보았다. 이는 궁극적인 시각에서 말한 것으로 일종의 원만圓滿이다. 이것이 바로 산수에 정감을 전이하여 깨친다는 불교의 심오한 이치이며, 지식을 지혜로 전환하는 정감적 깨달음이다.

2 수신양성을 통한 정감의 제어

중국종교에서 강조하는 자아 통제self-control의 수행에서 또 다른 정감 체험의 방식은 수신양성을 통해 정감을 제어하는 것이다.

유가에서 중시하는 것은 도덕적 수양으로 정감을 체험하고 자아를 통제하는 것이다. 유가의 기본적인 특색은 주객합일과 내외합일을 강조하는 데 있고, 이는 스스로 삶을 즐기는 태도와 직관에 의한 자아의 체험 및 수행을 통한 자아 통제로 표현된다. '마음속의 즐거움心中之樂'이라는 정감 체험은 공자가 이른 것처럼 "아는 것은 좋아하는 것만 못하고, 좋아하는 것은 즐기는 것만 못하다."[52] '아는 것知之者'은 사물에 대한 지식에 한정되어 있다면, '좋아하는 것好之者'은 정감의 필요성과 가치 평가까지 포괄한다. 그러나 '즐기는 것樂之者'은 내재적 자아의 체험과 그 가치 평가를 통해 자신의 삶을 즐기는 경지에 도달하는 것을 가리킨다. 여기서 명확히 드러나는 것은 공자가 정감적 체험을 일반적인 지성보다 상위에 두고 한 차원 높은 경지로 간주하고 있다는 점이다. '지知'는 외재적 지식이지만, '즐거움樂'은 내재적 체험이고 인생에서 추구해야 할 경지다. 유가에서 말하는 '마음속의 큰 즐거움'은 욕망의 충족과 물질적 풍요를 누리는 것보다 내면의 정신적 체험과 이에 대한 감수성을 강조한 것이다. '안

52 『논어』「옹야」, 주희, 『사서장구집주』, 89쪽.

빈락도安貧樂道'와 '낙천안명樂天安命'의 삶을 주장하는 것이며, 이는 도덕적으로도 스스로 삶을 충실하게 하는 것이다. 이러한 정감 체험은 인자仁者만이 가능하다. 공자는 그의 제자 안회를 보고 오랫동안 인을 지킬 수 있어서 진정한 '마음속의 즐거움'을 체득했다고 다음과 같이 칭찬했다.

> 어질구나 안회顏回여. 한 바구니의 밥과 한 바가지의 물로 누추한 거리에서 지내는 것을 남들 같으면 그 근심을 감당할 수 없을 터인데, 안회는 그 즐거움을 바꾸고자 아니하니 어질구나, 안회여![53]

유가는 '인'을 최고의 도덕적 기준으로 삼고 '즐거움'을 최고의 도덕적 체험으로 삼는다. 인이 있으면 즐거움을 체험할 수 있다. 이것은 바로 '공자와 안회의 즐거움孔顏之樂'이다. 도덕적 수양을 바탕으로 하여 정감을 제어하는 것이다.

장자는 유가의 도덕적 정감에 반대하고 금욕주의의 종교적 정감에도 반대한다. 그는 인성이 원래 '자연의 도自然之道'에서 나왔다고 하면서, '자연의 도'에 대한 인식은 자아의 체험을 통해서 획득해야 한다고 말한다. 아울러 이러한 체험은 또한 정감에서 나온 것이며 그러한 정감을 초월한 것이 본체의 체험이라 주장한다. 장자가 볼 때, 세속의 명리를 추구하는 인정은 자연에서 나온 것이 아니라 인위적이며, 진정한 정이 아니다. 진정한 정은 자연에 따라야 하고, 세속의 정을 그러한 정으로 여기지 않는다. 즉 인위적이며 의도적인 감정 표현이 없이 자연의 바른 질서에 순응하는 정감의 표현이 바로 명리를 초월한 '무정지정無情之情'이라는 것

53 『논어』「옹야」, 주희, 『사서장구집주』, 87쪽.

이다. "때에 맞추어 편안하고 순리에 따르는安時處順" 삶은 진정으로 대도大道와 하나가 되는 길이다. 진정眞情을 가진 인물이 바로 도를 체득한 사람이다. 이러한 정감론의 관점에서 볼 때, 장자는 수성修性과 체도體道로 정감을 제어함으로써 자아의 통제를 실현했다고 하겠다. 여기서 장자가 택한 수행 방식은 유가와는 확연히 구별된다. 자연의 본성과 도를 강조하기 때문이다. 장자의 소요유는 세속을 초월하는 유심游心이며, 정감을 맑게 수행하는 목적은 자신이 동경하는 자유의 경지에 도달하는 데 있다. 이른바 '장자의 정신'이라 일컫는 역사적 평가에는 세 가지 논점이 있는데, 하나는 세속의 질곡桎梏에 대한 비판을 출발점으로 삼았다는 것이다. 다른 하나는 '제물齊物'과 '무기無己'를 통해 내심의 자유를 얻어 세속의 얽매임을 초탈했다는 것이다. 다시 말해 '소요유'의 정신적 자유, 곧 '유심'을 획득했다는 뜻이다. 또 하나는 다시 세속으로 돌아와 "자기를 비움으로써 세상에 노닐며虛己以游世", '유심'과 '유세游世'을 통합하는 경지에 도달함으로써 개체로서의 몸과 정신을 온전하게 간직했다는 것이다. 이 세 가지 논점에는 세속적 정감을 효율적으로 제어하며 자연적 정감을 끝없이 추구한다는 자아 통제의 수행관이 잘 드러나 있다.

불교에서는 감정을 조절하고 정서를 통제하며 욕망을 억제할 것을 말하는데, 이는 성불과 직접 관련되는 문제이기 때문이다. 이러한 문제를 잘 처리하는 것은 불자들에게는 일종의 생활 예술이자 심리적 균형을 유지하는 기술이기도 하다. 불교는 일체의 현상을 부정하는 '공적심空寂心'이나 '청정심淸靜心'을 제시하여, 모든 현상을 '환幻'이나 '공적空寂', 또는 '진여'로 볼 것을 요구한다. 그러나 '정식情識'이 있는 모든 사람에게도 불성이 있다고 한 이상, 정감의 문제도 막연하게 바라보고만 있을 수 없었다. 화엄종에서는 "정에 즉하고 비정에 즉한다卽情卽非情"라는 상즉무애설

相卽無碍說을 제시함으로써 원융의 경지를 구현하고자 했다. 후대의 선종에서는 어떠한 정감도 부정하지 않았다. 정에 맡기되 정에 집착하지 않으면 정신적 초월이 가능하여 붓다의 경지에 이를 수 있다고 말한다. 이로 미루어, 불교에서도 도가와 마찬가지로 '수성'과 '체도'를 통해 정감을 제어할 것을 강조했다는 사실을 짐작할 수 있다. 유가나 도가와 다른 점은 불교에서 주장하는 '수성'과 '체도'를 통한 정감의 제어가 도덕적 정감이나 자연적 정감을 수행하는 데 있지 않고, 오직 속세에 물든 정을 깨끗이 씻어낼 것을 말한다는 것이다. "불교에서 탐·진·치의 '삼독'을 타파하고, 인색함·사악함·원망·게으름·산만함·미련함의 '육폐六弊'를 제거하라고 주장하는 바는 사실상 종교적 신념을 이용해서 내부 정욕의 간섭과 외부 물질 세계의 유혹을 없애자는 데 있다. 불교의 교리에 의해 규정된 방향으로 나아가 언행을 하고 사유하게 되면 악을 물리치고 성정이 착해질 뿐만 아니라 어리석음이 지혜롭게 되고, 미혹함이 깨달음으로 바뀐다. 물든 데서 청정淸淨으로 나아가고, 세속 세계에서 피안의 세계로 전환하는 데 필요한 하나의 방법인 것이다."[54] 이처럼 불제자들은 일반적으로 정욕의 절제를 강조할 뿐만 아니라, 심지어는 철저히 단절시키거나 욕정의 뿌리까지 뽑아내어 견성見性할 것을 강조한다. 하지만 선종에서는 정감의 체험을 중시한다. 선사禪師들은 "눈썹을 치켜뜨고 눈을 깜빡이는揚眉瞬目" 각양각색의 감정 표현을 통하여 붓다의 경지를 체득한다. 유학자들이 불교를 보고 '무정'이라 이르지만, 실제에서는 '사정私情'을 일삼는 것이다. 선종에서는 정을 성이 차단된 심리적 표현으로 간주한다. 성의 본질이 밖으로 드러난 것은 아니다. 그러나 광선狂禪이나 불조佛祖를 매도하는 행위

54 주이팅 주편, 『중국 전통 윤리사상사』, 309쪽.

는 실제 그 본질이 불조를 마음속에 모시고 정으로 인해 성근性根을 해치지 않는 것을 전제로 한 것이다. 물론 궁극적 목적은 당연히 정염情染을 없애고 불성을 곧바로 가리키는 데 있다.

민간종교의 자아 통제 수행은 대부분 신비적 색채를 많이 띤다. 민간종교의 신봉자는 종종 인간의 정감을 심신의 성명 수양과 연계한다. 태곡학자 장적중은 『백석산방어록』에서 인간의 정감은 세심하게 인기人氣를 수련하는 것과 밀접한 관련이 있다고 한다. 기의 상태는 희로애락의 정을 통해 관조할 수 있고 그렇게 해서 갖추어진 것이 인의예지의 특성이라 한다. 또한, 기는 인간의 정서나 오장육부에도 영향을 준다고 말한다.

> 기뻐하면 기가 느슨해지고, 화를 내면 기가 위로 올라가며, 갑자기 기쁨을 터뜨리면 양기가 상하고, 분노를 폭발하게 되면 음기가 상한다.[55]

또한, 그는 『장씨유저삼종張氏遺著三種』에서 이렇게 말한다.

> 사람의 정은 제각기 가려진 바가 있어서 도道로 나아가지 못한다고 한다. 대개 그러한 고민은 사사로움에 있다. 사사로움에는 지혜를 쓰지만 제대로 응할 수 없고, 지혜를 쓰고도 밝게 깨달아 자연스럽지 못하다. 지금 외물의 간섭을 싫어하는 마음으로 무물無物의 경지를 구하려는 것은 마치 거울을 뒤집어놓고 얼굴을 비추려고 하는 것과 같다.[56]

55 팡바오촨 편집, 『태곡학파유서』 제1집, 제2책, 31쪽.

56 팡바오촨 편집, 『태곡학파유서』 제1집, 제2책, 32쪽.

이 말은 사람의 정감이 제각기 어둡게 가려져 있는 탓에 큰 도와 서로 부합할 수 없다는 것이다. 그렇게 된 원인은 사람이 정을 표현할 때 종종 사적인 측면에서 고민하는 데 있다. 만약 어떤 문제를 고려할 때 이를 사사로운 정으로 대할 것 같으면 객관적이고 공정하게 사물에 응할 수 없다. 또한, 밝게 깨달을 수도 없고 자연의 법칙에 순응하지도 못한다. 따라서 "거울을 뒤집어놓고 얼굴을 비추는反鑒索照" 어리석은 짓에서 벗어나, 외물의 속박이나 세속의 정에 연연하지 않는 마음으로 무물의 경지를 관조하고, 이를 통해 대도를 체득할 것을 강조한 것이다.

3 인문 예술을 통한 정서 표현

중국종교의 자아 통제 수행에는 또 다른 정감 체험의 방식이 있다. 그것은 바로 인문 예술을 통해 정서를 표현하는 것이다. 이러한 정감 체험 방식과 관련된 내용은 아주 풍부한데 문학, 음악, 무용, 서예, 음식, 조소彫塑, 석각石刻, 건축 등 인문 예술의 여러 영역을 망라한다. 이와 같은 인문 예술의 발전사에는 각 종파의 신도들이 남긴 정감 수행의 흔적이 깊이 아로새겨져 있다. 시문詩文을 예로 들면, 중국종교의 각 교파에는 유교의 『시경』과 『이소離騷』 및 선시禪詩와 도운道韻 같이 무수히 많은 종교적 시가들처럼, 종교적 정서를 담은 대량의 시문이 전승되고 있다. 각 교파의 신도들은 여기에 그들의 종교적 정서를 마음껏 토로했다. 수많은 종교 학자가 이에 가세하여 정감 수행의 과정과 그 끝에 대한 그들의 생각과 느낌을 시가로써 표현했다.

명나라의 원홍도袁宏道는 공안파公安派의 창시자 중 한 사람으로, 종교적 신앙을 선禪에서 정淨으로 전환한 문학가이기도 하다. 역사에 미친 그의 영향은 주로 문학과 미학 방면에 있었다. 그는 "홀로 성령性靈을 토로한다"라는 '독서성령獨抒性靈' 이론과 아무런 구속이나 걸림도 없고 심지어 지켜야 할 법조차 없는 창조 정신을 주장했다. '개성의 자유'로부터 무아에 이를 것을 강조하며, 그 자신의 초기 사상을 반성하고 비판을 가했다. '흥취趣', '여운韻', '담박함淡'을 강조함으로써 정감의 보편성과 영원한 가치를 추구하는 데 노력했다. 시가의 방면에서 그는 "시를 빌려 정을 토로하는 것借詩抒情"과 "정을 녹여 시를 쓰는 것融情入詩"을 중시했다. 그는 이렇게 말했다.

> 대개 정이 지극한 말은 저절로 사람을 감동하게 한다. 이를 일러 참된 시라 하니 널리 전할 만한 것이다. 어떤 이는 지나치게 드러내는 것을 병으로 여기나, "정이 때에 따라 변한다情隨境變"라는 것을 일찍이 알지 못한 탓이다. "시어는 정에 따라 생기는字逐情生" 것이니, 오직 제대로 표현하지 못할 것을 두려워할 뿐이거늘 어찌 노골적인 데가 있다고 하는가?[57]

원홍도가 생각하기로, 정이 지극한 말로 쓰인 시는 자연스럽게 사람을 감동하게 한다. 이러한 시가 되어야만 비로소 참된 시라 할 수 있고, 오래도록 전할 수 있는 시가 된다는 것이다. 어떤 이는 정이 지나치게 드러나 좋지 않다고 하지만, 이는 정이 처한 환경에 따라 변한다는 사실을 모르기 때문이며, 시어가 정에 따라 생겨나는 점에 무지한 탓으로 본다. 충분히 표현되지 않는 점을 걱정할 것이지 지나치게 드러내는 것을 흠으로 지적하는 태도는 옳지 않다는 것이다. 원홍도가 깨달은 바는 참된 시가

57 첸바이청錢伯城 전교箋校, 『원굉도집전교袁宏道集箋校』, 상하이고적출판사, 1979, 188-189쪽.

대대로 전해지는 근본 요인이 다른 데 있지 않고 성에 맡겨 발하여 인간의 정욕을 전달하는 데 있다는 것이다.

민간종교에서도 시문을 통해 정서를 표현하고 뜻을 드러내는 것들이 자아를 수행하는 중요한 방법이 된다. 태곡 학파에는 정감을 토로하고 뜻을 밝히는 수많은 시문과 시론이 있다. 장적중은 『장씨유서』에서 시에 대해 다음과 같이 논한다.

> 시가 유행하고 유행하지 않는 요인은 무엇을 억누르는 데 있지 않다. 시는 정에서 나오고 성에 뿌리를 둔다. 정에서 나와야 기의 참됨을 얻을 수 있고, 성에 뿌리를 두어야 신神의 묘함을 얻을 수 있다. 따라서 시는 인정人情을 근본으로 하고, 그 운용은 허虛에 있다. 글이 되지 못하는 것은 비우지 않기 때문이다.[58]

여기서 장적중은 시가 전해져 널리 유행하게 되는 까닭이 사람이 감정을 억누르지 않기 때문이라고 생각했다. 시는 정에서 발하고 성에 근거한다. 정에서 발해야 비로소 기운이 충만한 시를 얻게 되고, 성에 근거해야 신묘한 시가 된다. 시는 인정을 근본으로 할 때, 그 운용도 밝고 환하여 영묘함을 다한다. 텅 비어 신령하지 않다면 시가 될 수 없다는 것이다. 그는 또한 인정의 기氣가 시의 성격을 좌우한다고 다음과 같이 말한다.

> 시는 바람風이다. 하늘에서는 바람이고 사람에서는 기氣다. 기가 격앙되면 그 말도 비분강개해지며, 기가 안으로 감겨들면 그 말도 완곡해진다.

58 팡바오촨 편집, 『태곡학파유서』 제1집, 제2책, 270쪽.

기가 위축되면 그 말도 안쓰럽고, 기가 맑으면 그 말에도 깊이가 있다. 대개 참됨이 있어서 그러하고 감출 수가 없으니, 모두 성정性情에서 나온 것이기 때문이다.[59]

여기서 시는 바람이라고 한다. 하늘에서는 바람이라고 말하지만, 사람에서는 기라고 이른 것이다. 기운이 격앙된 시라면 그 시어들은 대다수 비분강개한 심정을 표현하게 된다. 기운이 안으로 감겨들어와 달라붙는 시는 그 시어들도 대개 완만하고 부드러울 것이며, 기운이 위축되어 다급한 시는 그 시어도 대개 애절할 것이다. 기운이 맑고 담담한 시는 그 시어도 고상하고 심원하기 마련이다. 이 모든 것은 사람의 성정에서 나온 것이며 진실한 정감을 표현한 것이라 할 수 있다. 시에서도 이처럼 진실한 정감을 숨길 수 없는 것이다.

4 도의 체득과 끈끈한 혈육의 정

부모에게 효도하며 혈육 간의 정을 돈독히 하는 것은 중국종교 각 교파의 자아 통제 수행에서 한결같이 중시하는 '료정了情'과 '수정修情'이란 정감 수행의 방식이다. 이 점은 중국종교와 서양 종교의 큰 차이를 말해준다.

유가에서는 주로 윤리도덕의 관점에서 효도를 강조함으로써 정감을 체험하고자 한다. 『효경』을 보면, 효는 가장 높은 차원의 도덕이고 하늘과 땅에서 이루어져야 할 당연한 도리다. 효의 기본 내용은 "어버이를 섬기는 것事親"이며, 이는 다음과 같이 어버이를 사랑하고 공경할 것을 요구한다.

59 팡바오촨 편집, 『태곡학파유서』 제1집, 제2책, 238쪽.

슬하에 있을 때는 공경하는 마음을 다하고, 봉양할 때는 그 즐거움을 다하도록 하고, 병이 들었을 때는 근심을 다하며, 돌아가실 때는 슬픔을 다하고, 제사를 모실 때는 엄숙함을 다하여야 한다.[60]

윗자리에 있을 때는 교만하지 아니하고, 아랫사람이 되었을 때는 소란을 피우지 아니하며, 무리 속에 있을 때는 다투지 않는다.[61]

윗자리에 있으면서 교만하면 망하게 되고 아랫사람이 되어 소란을 피우면 형벌을 받게 되고 같은 무리 속에서 다툰다면 다치는 일이 생긴다. 이 세 가지를 제거하지 않는다면 비록 날마다 소, 양, 돼지의 고기로써 보양한다 하더라도 역시 불효다.[62]

『효경』에서는 또한 "자기의 몸을 훼상하지 않음不敢毁傷"을 어버이를 섬기는 중요한 규정으로 삼아 '효도의 시작'으로 간주한다. 그 이유는 이렇다. "몸과 머리카락과 피부는 부모로부터 받은 것身體髮膚, 受之父母"[63]이기 때문이다. 다시 말해 자기의 신체와 머리카락과 피부조차 부모의 것이지 자기의 것이 아니므로 모든 일을 처리할 때도 당연히 부모의 말씀을 따라야 한다. 이러한 자식과 부모의 관계는 마치 노예와 주인의 관계와 같다. 후대로 내려오면서 이에 근거하여, 이른바 "아버지가 아들을 보고 죽어라 하면 아들은 반드시 죽어야 한다"라는 말까지 지어내기도 했다.

60 『효경』「기효행紀孝行」, 『십삼경주소』 하책, 2555쪽.

61 『효경』「기효행」, 『십삼경주소』 하책, 2555쪽.

62 『효경』「기효행」, 『십삼경주소』 하책, 2555쪽.

63 『효경』「개종명의」, 『십삼경주소』 하책, 2545쪽.

이외에 효행의 각 단계를 그림으로 나타낸 '이십사효도二十四孝圖'까지 등장했는데, 이는 모두 엄격한 윤리도덕관으로 효친孝親의 목적을 강화하려 한 것이었다. 비록 유가에서 효행이란 정감적 체험을 효도의 등급으로 세분화하여 추진하려 한 점은 부인할 수 없지만, 혈육 간의 끈끈한 정을 통해 전통 사회 전반에 걸쳐 인정을 보편화한 점에서는 효도의 파급 효과를 극대화했다고 인정된다.

이와 대조적으로 효도를 통한 도가의 정감 체험은 유가와 다르다. 노자가 보기에는 유가에서 주장하는 효친의 도덕규범은 단지 '도덕'이란 명칭을 붙인 데 불과하다. 실제의 도덕과는 대립할 뿐만 아니라, 양자는 엄격하게 구별된다. 노자의 도덕관에도 '무명' 사상이 일관되게 나타난다. 노자는 이렇게 말한다.

> 가족 관계가 화목하지 못하니 효도와 자애가 있다.[64]

> 인을 끊고 의를 버리면 백성들이 다시 효도하고 자애를 베풀게 된다.[65]

두 인용문에 표현된 '효도와 자애孝慈'의 함의는 구별된다. 앞 인용문의 것은 명名이고, 뒤의 것은 실實이다. 실제로 효도하고 자애롭게 대하는 것이 중요하고, 이른바 "효도하고 자애를 베풀게 된다"라는 명분은 그리 중요하지 않다는 뜻이다. 노자의 주장에 따르면, 효친의 도는 본래부터 주어진 것이 아니다. '무위'의 도가 상실되어 가족 관계가 무너진 결과

64 『도덕경』 제18장, 왕필 주석본, 『제자집성』 제3책, 10쪽.

65 『도덕경』 제18장, 왕필 주석본, 『제자집성』 제3책, 10쪽.

다. 성인이나 지혜로운 이가 나서서 효친의 도를 정해놓았기 때문에 효도란 말이 생겨난 것이다. 노자는 먼저 도를 얻은 이후에 효도의 길로 나아가야 효도에 내실을 기할 수 있고 육친의 정도 자연스럽게 우러나온다고 한다. 장자는 도를 체득하여 효도함에 관해 노자보다 더 많은 말들을 쏟아놓았다. 아내가 돌아갔을 때 그는 곡을 하기는커녕, "퍼질러 앉아 물대야를 두드리며 노래를 불렀다."[66] 사실상 이러한 사상은 "삶과 죽음을 하나로 보는齊生死" 자연스러운 정감 체험에서 비롯된다.

효도의 문제에서 불교는 역대로 줄기차게 배불론자排佛論者들의 공격 목표가 되었다. 수당 시기에 유명한 배불론자로 행세한 이영李榮은 승려들의 출가를 불충과 불효로 간주하고 매섭게 비판한 바가 있다. 이에 대해 불교는 여러 방면으로 대응했다. 첫째로 불경에서 효도와 관련한 내용을 찾아내고 출처를 인용함으로써 승려의 출가가 효친의 도와 모순된 것이 아니라고 했다. 둘째로 『불설부모은중경佛說父母恩重經』 등과 같은 일부 경전을 지어내어 불교에서도 효친의 도를 중시한다고 논증했다. 셋째는 정면으로 대응하여 효도를 선양한 점이다. 송나라 때의 선승 설숭契嵩은 『효론孝論』을 저술하여 불문佛門의 효친관孝親觀을 상세히 논하기도 했다. 그는 효친관이라는 측면에서 불법과 유교의 강상綱常이 서로 어울리는 것이라고 말했는데, 붓다가 효를 말함으로써 불문에도 효행이 권장되어 결과적으로 세상에 널리 효가 행해지는 분위기를 조성했다는 것이다. 송나라 시대 이후로는 '지계持戒와 효행'의 통일, '효순孝順과 염불'의 통일이라는 중국불교의 효친관이 아주 뚜렷하게 나타났다. 자아 통제의 수행이라는 실질적 측면에서 보면, 불교에서 효친의 정을 일체 중생을 사랑

66 왕선겸, 『장자집해』 권5, 「지락」, 『제자집성』 제3책, 110쪽.

하는 데까지 확대한 점은 더 높은 불성의 경지에서 보편적인 사랑을 베풀 것을 주장한 셈이며, 부모와 혈육 간의 정만을 중시하지 않았다는 것이다. "몸을 던져 호랑이 밥이 되어준다捨身飼虎"라는 이야기와 같이, 수많은 불교의 설화에 담긴 교훈은 이러한 보편적 사랑의 의미를 잘 말해준다. 이로 미루어 볼 때, 불가의 자아 통제 수행에도 그 논리적 측면에서는 효친의 도를 통한 정감 체험이 내포되어 있음을 알 수 있다. 그들은 유가와 같이 "효로써 천하를 다스린다以孝治天下"라고 표방함으로써 효친의 도에 대한 의미를 지고한 도덕적 이상의 구현에 두지 않았다. 또한, 도가처럼 자연스럽게 이루어지는 효친의 정감 체험을 강조하지도 않았다. 효친의 정을 보편적 사랑인 중생의 정과 평등한 위치에 두었던 것이다. 이러한 료정과 수정의 정감 체험은 실질적으로 중생을 널리 구제하고 유정물을 안락하게 한다는 불교 신앙의 취지에도 부합한다.

5 과의科儀와 계율戒律을 통해 정감 정화

사람의 정감에는 착한 면도 있고 나쁜 면도 있는 탓에 세계 종교의 각 교파에는 모두 정감의 선악을 판별하는 기준이 마련되어 있다. 게다가 그러한 기준을 관철하여 권선징악을 행하게끔 하는 그들 나름의 과의와 계율도 있다. 중국의 경우, 이러한 종교적 과의와 계율은 아주 엄격하다. 기독교, 이슬람교, 유대교, 불교, 도교 등은 모두 음행, 살인, 탐욕, 거짓말 등에 대한 여러 계율을 바탕으로 각종 청규淸規나 계율 및 과의 형식을 제정한다.

이러한 과의와 계율은 외재적 형식으로 신도의 정감 체험을 제약하여 내면화에 필요한 역량을 강화한다. 신도의 자아 통제 수행에 권선징악적인 제약을 가해 정감을 바르게 쓸 수 있도록 하는 역할을 하는 것이다.

예를 들면, 경문을 낭송함으로써 계율을 지키게 하는 송지誦持 행위는 도교 신도들이 자아를 통제하고 정감을 바르게 하는 데 흔히 동원되는 일종의 정감 규범이다. 도교의 경우, 스승으로부터 경經이나 참문讖文 또는 부록符籙을 받게 되면 반드시 몸에 지니고 염송念誦해야 하며, 읊조리는 소리에도 별도의 음조音調가 있다. 『노자팔십일화경老子八十一化經』에는 "입을 모아 독경하는 소리가 웅성거리는데, 눈에는 구슬 같은 방울이 주루룩 떨어진다"라는 구절이 있다. 도사들이 독경할 때 내는 보허성步虛聲은 그 아름다움이 마치 옷자락을 나부끼며 허공을 걷는 듯하다. 이를 두고 푸친자는 "아마도 육조六朝 이래의 시를 읊는 소리를 따르는 것 같다"[67]라고 했으며, 또한 이렇게 말한다.

> 경이나 부록을 지니게 되면 반드시 경건하게 계율을 지켜야 한다. 도경道經에서 상세히 말했기 때문에 번거롭게 열거하지 않겠다. 근세에 들어 전진교나 정일파正一派를 막론하고 모두 경전과 과교科敎를 중시했다.[68]

또 다른 예로는 불교에서 살생을 금지한다는 것이다. 불교 신자들의 방생放生에도 일련의 절차가 있다. 그들의 방생 행사를 눈여겨보면, 생명에 대한 외경심이 드러나 있을 뿐 아니라 정감에 대한 신도들의 자율성도 구현되어 있음을 알 수 있다.

중국의 사찰이나 도관에서 소원을 빌고 기도하는 것은 신도들에게 가장 간단하고 보편적인 활동이다. 이러한 간단하고 보편적인 활동을 통

67 푸친자, 『중국도교사』, 상하이서점, 1990, 152쪽.

68 푸친자, 『중국도교사』, 상하이서점, 1990, 153쪽.

해 신도들의 풍부한 정감 체험과 그들이 믿는 종교의 가치판단 기준 및 정감 수양의 정도를 심도 있게 살펴볼 수 있다. 불상 앞에 머리를 조아리며 기도하는 행위는 사실상 자기를 두 개의 존재로 나눈 상태에서 자신과 자신의 마음이 서로 대화를 나누는 과정이다. 그들의 마음이 그들 자신과 대면하는, 그 자신의 고유한 본질을 대하는 태도이기도 하다. 신도들은 소원을 빌고 기도하는 과정에서 내면의 악한 감정을 너그럽게 용서하고 선량한 소망과 정감을 만끽한다. 이러한 의례 형식을 행함으로써 마음속 깊은 곳에 엉킨 스트레스가 풀리며 평화롭고 안정된 마음을 얻게 된다고 믿는 것이다. 민간에서 행하는 일부의 제사 활동, 예컨대 조신竈神, 토지신, 재신財神, 관음보살, 관제關帝 등에 대한 숭배에도 종교적 정감 체험과 수행의 요소들이 포함되어 있다. 이로 인해 형성된 일부의 금기에도 신봉자들의 마음속에서 배태된 모종의 정감적 습성이 내재해, 그들이 체험하는 정감적 공간의 확산을 일정하게 제약하곤 한다. 그리고 중국사회 각 계층의 신도들이 행하는 가장 대표적인 정감 체험과 수행 방법은 조상숭배다. 특정한 날짜에 행하는 각종 형식의 제사 활동은 서양에서는 좀처럼 보기 드문 풍경이다. 자손들은 조상의 영령 앞에 추모의 정을 표현하고 그동안의 행위를 점검하고 반성함으로써 복잡한 자신의 정감을 정리한다. 그들은 개인으로서, 조상의 가르침을 헤아리지 못하고 근본을 망각한 점이 있다면 이를 심리적 정감이나 도덕적 품성에 결함이 있는 것으로 여긴다. 민간에서 이루어지는 이러한 제사 활동은 종족들 간의 정감을 유지하고 이를 키워나가는 데 대단히 중요한 작용을 한다. 민족이라는 단위에서 고려할 때도, 이러한 활동은 혈연적 유대감을 형성시키는 데 필요한 정감 표현의 방식이다.

제2절

경험적 인지와 직관적 관조

중국종교의 사상사적 흐름에 나타나는 특징 중 하나는 인지와 지각의 방면에서도 찾아볼 수 있다. 중국종교의 인지 체계와 지각 방식은 특수한 언어적 시스템 속에서 점차 형성되었는데, 이러한 것들이 중국종교사상에 직접적이고 깊은 영향을 끼침으로써 중국종교사상은 서양 종교와 다른 특성을 보이게 되었다. 따라서 중국종교의 인지 체계와 지각 방식에 대한 검토가 선행되어야 비로소 중국종교의 사상적 특질을 명확하게 파악할 수 있다. 중국종교사상의 흐름을 통해 알 수 있듯이, 중국종교는 인지적 측면에 있어서 서양의 종교에 비교해 경험적 인지를 더 중요시하고 실천적 사유를 강조한다. 진리로 나아가 자아 초월의 길을 모색한다는 점에서도 중국종교는 직관적 성찰intuitional reflection을 중시하고, 깨달음을 강조하는 경향이 있다.

1 —— 일묵이견一黙而見: 궁행실천窮行實踐으로 진리를 추구한다

하나의 종교적 시스템을 가만히 들여다보면, 어떤 종류의 인지 방식으로, 어떤 경로를 통해 인지하며, 어떤 인지적 이념을 추구하고, 그렇게 인지한 중점 요소가 어디에 있으며, 그 목적이 무엇이고 인지 행위에 대한 가치를 어떻게 구현하고 있는가 하는 점들이 잘 드러난다. 이러한 요소들은 해당 종교의 특색을 가장 명확히 반영한다. 따라서 특정 종교의 시스템을 파악하기 위해서는 먼저 그 인지적 체계를 살펴볼 필요가 있다.

1 중국종교의 경험적 인지

인식론의 범주에서 '경험'은 여러 철학자나 종교가들에 의해 광범위하게 탐구되었다. 현대 영국의 대표적인 종교 철학자 존 힉John Hick은 경험을 의식의 표상으로 이해하면서 이를 두 가지로 나누어 분석한 바가 있다.

> 우리가 무엇을 의식하고 있다면 그것은 이미 경험하고 있다는 것을 뜻한다. 근본적인 차이점은 두 가지다. 하나는 자신의 정신적 상태가 배제된 외부 사물에 대한 경험이고, 다른 하나는 자신의 정신적 상태를 돌이켜 의식하는 종류의 경험이다. 내가 창문 너머로 정원에 있는 떡갈나무를 바라볼 때, 나는 떡갈나무를 시각적으로 경험한다. 그러나 내가 암산을 할 때는 두뇌로 몇 개의 숫자를 더해가는데, 이때의 나는 어떠한 외재적 사물도 경험하지 않고, 두뇌로 하는 것만 의식한다. 이 양자 간의 차이점은 이렇다. 계산은 나의 의식 속에서만 존재하지만, 나무는 정원에 존재한다. 매번 이러한 정황에서 나의 의식은 모두 일종의 표상을 반영한다. 그러나 후자는 나 자신을 벗어나 사물에 대한 하나의 경험을 구성하고, 전자는 나의 정신세계에만 그치는 하나의 경험을 구성한다.[69]

종교 체험자가 일컫는 '종교적 경험'은 일종의 순수 주관적인 정신활동에 속한다. 그들이 말하는 신 또는 신성물에 대한 느낌과 체험은 모두 감각기관 밖에 존재하는 탓에 이를 객관적 대상으로 삼아 그 근거를 확증할 길이 없다. "세계 각 종교의 신학자들은 죄다 신의 존재를 믿고 있

---

69 존 힉, 『제5차원: 영성의 탐색第五維度: 靈性領域的探索, The Fifth Dimension: An Exploration of the Spiritual Realm』, 왕즈청王志成 · 쓰주思竹 뒤침, 쓰촨인민출판사, 2000, 129-130쪽.

다. 그러나 이와 동시에 그들은 신은 알 수 없는 것이며 초경험적인 존재라 인정하고, 감각적 경험의 대상이 될 수 없다고 주장한다."[70] 그런데 경험론적 자연주의자로 자처하는 실용주의 철학자 칼 뒤링(Karl E. Dühring, 1833-1921)은 종교적 경험은 인간이 경험하는 일종의 성질이나 생활 태도로 간주한다. 초자연적 실체가 아니라 자신의 정신세계를 표현한 것에 불과하다는 것인데, 이는 사실상 종교적 경험의 객관적 내용과 그 대상을 철저히 부정하는 것이다. 또한, 장쯔강張志剛 교수는 『종교철학연구』라는 저술을 통해 종교적 경험에 대해 다음과 같이 논평한다.

> 종교적 경험은 신도들만의 특유한 정신적 활동이라 볼 수 있다. 종교적 경험의 궁극적 목표는 초자연적이고 초우주적인 어떤 경지에 도달하는 데 있다. 비유를 하자면, 불교에서 설명하는 '열반', 도교에서 말하는 '도', 유대교인이나 기독교인이 묘사하는 '하느님과의 만남' 등이 바로 그런 것들이다. 대다수 신도는 앞에서 말한 의미의 경험이 교리나 신학보다 훨씬 더 소중하고 중요하다고 여긴다. 왜냐하면, 이러한 종류의 경험은 신앙적 대상에 대한 내재적 직관이나 이를 직접 체험한 증거지만, 교리나 신학은 외재적 표현이나 간접적 논증에 속하기 때문이다.[71]

여기서 밝힌 장쯔강 교수의 견해는 종교적 경험의 본질과 그 특징 및 신도들의 마음에 내재한 종교적 경험이 지닌 중요성을 지적한 점에서 그 의의가 있다.

---

70 뤼다지, 『종교학강요』, 중국고등교육출판사, 2003, 94쪽.

71 장쯔강, 『종교철학연구』, 중국인민대학출판사, 2003, 176쪽.

사실상 경험은 다중의 의미를 지닌 개념이다. 좁은 뜻의 경험은 직접 이루어지는 감성적 경험, 곧 인간이 외부 세계를 감지하는 것을 가리킨다. 이와 비교해 넓은 뜻의 경험은 감성적 경험 이외의, 주체로서 각종 심리적 활동을 통하여 얻은 느낌까지 포괄한다. 곧 내면에서 감지하는 고통이나 기쁨 따위의 정신적 체험을 포함하는데, 강력한 주체성과 정감성이 그 특징이다. 여기서 거론하는 경험은 넓은 뜻의 경험이다. 또한, 경험적 인지experiential cognition는 직관적 인지라고도 하는데, 일상생활이나 일상적 행위의 지식을 바탕으로 이루어지는 인지로서, 살아가면서 느끼는 감정과 직접적인 체험 및 무의식적 습관으로 인해 일어나는 인지적 활동이다. 경험적 인지의 기능은 유추적인 유형에 속한다. 이는 사물과의 외재적 연계성을 통하여 추론하는 과정에서 주체의 내면적 체험을 중시하지만, 그 인지적 기능은 보편성을 띤 추상적 개념을 강조하는 데 있지는 않다. 역사적으로 볼 때, 경험적 인지는 행동적 인지와 정감적 인지를 위주로 하는 인류의 원시적 인지 방식에서 벗어난 이후, 비교적 일찍부터 출현한 인지 유형이다. 일상생활의 측면에서 보면, 경험적 인지는 경제 활동과 과학의 발전 과정에서도 중요한 인지 활동이다. 이러한 경험적 인지는 사람들의 경험과 지식을 중심으로 형성된 일종의 인지적 관성cognitive inertia으로, 인간의 일상사와 행위에 큰 영향을 끼친다. 경험적 인지는 인류의 인지 방식을 구성하는 한 요소일 뿐만 아니라, 이미 인류의 인지 체계 전반에 녹아들어 있는 것이다.

중국종교에 나타난 주된 인지 방식은 경험적 인지다. 이를 통해 자아를 실현하고 인생의 의미를 깨닫는 인지적 이념을 구현한다. 이러한 인지는 인간을 중심으로 전개되고, 체험을 통해 "말없이 생각함으로써 터득할 것默而見"을 강조하는데, 그 목적은 어떻게 해서 이상적인 인격을 실현할 수 있는가, 어떻게 하면 성현이 될 수 있는가에 있다. 중국종교의 경험적 인지는 이성적 사유를 중시하는 것이 아니다. 주체로서 실천에 옮기는 데 그 의미를 두고, 실천을 통해 이루어지는 경험적 인지를 특히 중시한다. 따라서 인간의 인지적 이성을 계발하여 지식을 얻거나 자연계를 개조해서 물질적 이득을 취하는 데 무게를 두지 않는다. 인간의 경험적 지식을 충실히 함으로써 성인聖人·신인神人·지인至人·진인眞人 등의 이상적 인격을 구현하고, 자연계와 하나가 되는 느낌을 유지하여 정신적 균형 감각을 획득하는 데 무게를 둔다. 바로 이러한 경험적 인지 방식으로 인해 중국종교는 필연적으로 '실천궁행實踐躬行'을 중시하게 되었을 뿐만 아니라, 실천을 통해 직관적 성찰과 '진지眞知'의 수양을 강조할 수밖에 없었다. 유교의 '성학聖學'은 곧 성인이 되는 학문이다. 실제에서도 유학자들은 그들의 학문을 스스로 '실천궁행의 학문'이라고 일컫는다. 도교에서는 그들의 학문을 '도덕의 학문'이라 하는데, 그들은 실천을 통해 도를 체득하거나 도를 실천함으로써 신선이 되는 것을 강조한다. 이것이 바로 '선인仙人의 학문'이다. 불교에서는 그들의 이론을 '내학內學'이라 칭하는데, 사실상 이 말은 "성지聖智를 내면에서 증험한다"라는 뜻으로 실제의 수행 문제를 성불의 가능성과 결부한 것이다. 여기서 말한 이러한 내용은 중국종교에 비록 이성적 사유나 논리적 해석이 부분적으로 존재한다고 할지라도, 그 근본적인 특징이 실천을 통한 경험적 인지에 있다는 사실을 말한다.

유교에서는 개인의 돈독한 행실을 강조하고, 이를 실천하는 가운데 '참된 앎眞知'을 얻는다고 주장한다. 그들은 '참된 앎'이 확실한 체험에서 도출된 지식이기 때문에 진정으로 쓸모가 있는 지식이라 여긴다. '참된 앎'은 오로지 실천하는 가운데 얻을 수 있다. 여기서 말하는 '참됨'은 논리적인 진위의 '참'이 아니고 과학적으로 증명된 이론적 지식도 아니다. 말하자면 객관적 사물에 대한, "이것이 무엇인가"하는 그런 지식이 아니라, 심신과 성명性命의 학문에 관한 지식, 곧 '사람됨'에 관한 지식인 것이다. 유교의 관점에서 보면, 모든 '참된 앎'은 개인적인 실천과 경험에서 나오고, 이러한 지식이야말로 실제로 믿을만하고 진정으로 사람에게 도움이 된다. 반면에 과학기술은 기발하고 현란한 기교 따위에 불과하므로 소중히 여길 가치가 없다고 한다. 경전에서 얻은 지식은 경험적 인지의 실천 과정을 통하여 비로소 '참된 앎'으로 전환된다. 실천 과정을 거치지 않은 것은 진정한 지식으로 인정하지 않는다. 이러한 유교적 의미를 생각하면, 진정한 앎은 외부적인 것이 아니라 내재적인 어떤 것이며, 견문에 의한 앎이 아니라 덕성에 의한 앎이다. 또한, 이러한 지식은 비록 내재적인 것일지라도 반드시 실천과 체험을 통해서만 획득할 수 있다. 이른바 "어려운 일은 먼저하고 나중에 얻는다先難而後獲"라는 말은 실천을 먼저 해야 그다음 비로소 지식을 얻을 수 있다는 뜻이다. 이러한 '앎'이 바로 인자仁者의 지知다. 인은 실천의 측면에서 말하는 것이고 지는 인식의 측면에서 이르는 것이다. 진정한 앎은 인의 실천을 떠날 수가 없다. 이 둘을 통합하게 되면 지는 곧 인이고 인은 곧 지가 된다. 성리학자들은 모두 이러한 '참된 앎'을 강조한다. 그들이 말하는 '참된 앎'은 몸소 실천함으로써 얻어진 지식, 즉 자각적 도덕성명道德性命의 앎이다. 이학자의 관점에서 보면 '참된 앎'은 경험적 인지를 통해 얻은 지식이기 때문에 본질에 가장 가깝다. 선을 알고 악을 안다고 하는 것은 단지 개념상의 이해에 그친다. 어떤 것이 선이고 어떤 것이 악이라고 머리로만 헤아려서는 실제의 문제를 결코 해결하지 못한다. 진정으로 선과 악을 이해하는 길은 도덕적 실천을 통해 경험적 인지를 체득하는 데 있다. 이렇게 해서 얻어진 지식은 개인의 경험과 분리되지 않으므로 가장 믿을만하다. 주희는 '참된 앎'이란 실천을 통해 몸소 체험해서 얻은 앎이기에 가장 참되고 가장 믿을만하다고 명확히 지적했다. 참된 앎은 어설프게 알거나 대충 해보다가 그만두는 것이 아니다. 사물의 내부까지 파고들어 확실하게 알고 경험적 인지를 통해 절실하게 체험하는 것이다. 이에 대해 주희는 다음과 같이 말한다.

> 조금 아는 데서 시작하여 이를 실제로 체험하게 되면, 반드시 믿을만한 것을 저절로 얻게 된다. 이것이 바로 '참된 앎眞知'이다.[72]

'참된 앎'은 실제 체험에서 얻은 앎이다. 절실한 체험을 얻으려면 반드시 해당 영역에 직접 들어가 몸소 겪고 실천하는 가운데 경험적 인지가 이루어져야 한다. '참된 앎'과 '일상적 앎常知'의 차이는 단지 심도深度의 차이에만 있지 않다. 그 핵심은 자득自得의 여부와 내재적 체험의 유무에 있다. 이러한 점은 언어적 개념으로 해결될 수 있는 성질의 것이 아니다. 오직 실천을 통한 경험적 인지의 방식만으로 비로소 획득할 수 있는 것이다.

유교와 마찬가지로 도교에서도 실천을 통한 경험적 인지를 강조한다. 이 점은 그들의 교조이자 종사宗師인 노자와 장자의 차이에 의해 극명하게 드러난다. 도교에서 말하는 '참된 앎'도 경험적 인지를 통해 얻은 앎이고, 논리적 개념으로 추론된 어떤 인식이 아니다. 노자가 주장하는 '무지'와 '무식'은 대상을 초월한 인식이며 경험을 통한 직관적 인지 행위다. 모든 앎을 부정한다는 뜻은 아니다. "되돌아가는 것을 본다觀復"라는 노

72 주희, 『주문공문집朱文公文集』 권59, 「답조공문答趙公文」, 『주자전서』, 2860쪽.

자의 학문은 사실상 '귀극복본歸極復本'의 학문으로, 최초의 본진本眞 상태로 회복한다는 뜻을 담고 있다. 이러한 상태는 갓난아기의 모습으로 돌아가는 것처럼 보이지만, 속뜻은 모든 간접적 인지 행위를 초월하여 '참된 앎'을 획득했다는 말이다. 장자가 '앎이 없는 앎無知之知'을 주장하고 모든 구체적인 지식을 한사코 반대한 것은 바로 이러한 '참된 앎'을 얻기 위한 것이었다. 장자는 일체의 대상적 인식이 모두 의도적으로 이루어지거나 기심機心에 의한 것이며, '진심眞心'으로 그렇게 된 것이 아니라고 한다. '진심'은 일체의 대상적 인식을 배제한 허령명각虛靈明覺한 마음이다. 이러한 '진심'이 있을 때, 비로소 '참된 앎'을 얻게 될 뿐만 아니라 그로 인해 어떤 정신적 경지에 도달하여 "도와 더불어 존재하면서" 마침내 지인이나 진인이 된다는 것이다. 장자가 말하는 '심재'와 '좌망'은 바로 이러한 종류의 특수한 경험을 직관적 인지 방법을 통해 얻은 것이다. '물고기의 즐거움'이나 '호접몽'에 관한 그의 체험도, 개인적 정신세계에서 체득한 그 자신의 경험과 느낌을 이른 것에 지나지 않는다. 장자는 어떤 면에서는 직관적 사유와 경험적 인지를 본격적으로 거론한 대표적인 인물이라 할 수 있다. 『장자』에는 직관적 사유와 경험적 인지의 중요성을 수많은 일화를 들어 소개한 바가 있다. 개인의 실천적 경험이 원숙한 경지에 도달하여 자유자재로 운용하는 단계에 이르게 되면 이른바 진정한 자기만의 지식을 얻을 수 있다는 것이다. 그러나 이러한 지식은 보편적 원리로 이론화하기가 대단히 어렵다. 개인적 경험과 직관을 통해서만 체득할 수 있으므로 일반적 이론이나 언어로는 이를 표현할 길이 없다. '포정해우庖丁解牛'가 바로 그런 예다.

포정이란 백정이 한평생 소를 잡았는데, 아주 숙련된 기술로 소를 해체하여 눈으로 소의 모습을 보지 않고, 소의 뼈마디 사이로 칼날을 움직이는 경지에 이르렀다. "신神과 합치함으로써 눈으로 보지 않기 때문에以神遇而不以目視", 비로소 "천리에 따라依乎天理", 빈틈이 없는 뼈마디 사이에도 칼날을 밀어 넣을 수 있다고 한다. 여기서 말하는 '천리'는 객관적 법칙이고, "신과 합치한다神遇"라는 말은 개인의 특수한 체험이며 일반적 의식이 아니다. 이러한 의식의 체험은 개인적인 실천을 통해서 깨닫는 것이고, 간접적인 방법으로는 얻지 못한다. 왜냐하면 '참된 앎'이 개인의 실천적 경험에서 응결되고 구체적인 사물 속에 존재할 때, 비로소 경험적 인지의 방식으로 획득되기 때문이다. 이러한 논리를 확대하면, 하나의 개인이 어떤 구속도 없이 자유롭게 사회생활을 즐기고, 삶의 법칙을 잘 파악하여 곤란을 겪지 않는 유일한 해결책을 발견할 수 있다. 그것은 개인적인 삶 속에서 실제로 체험하면서 '참된 앎'을 깨닫는 데 있는 것이다.

저명한 도교 이론가 갈홍은 불로장생이란 신선의 경지를 인생에서 마땅히 추구해야 할 근본 목표라고 파악하면서, 이를 인생의 최대 행복이라 했다. 갈홍은 이러한 경지가 개인의 의지와 실천을 통해 충분히 실현될 수 있는 것이며, 여기에 특별한 이성적 인지가 필요하지 않다고 주장했다. 그는 『포박자내편』「대속對俗」에서 다음과 같이 말한다.

> 나는 이제야 신선이 될 수 있다는 것을 알았다. 나는 곡기穀氣를 끊고 먹지 않아도 살 수 있다. 나는 영홍靈汞을 만들어 날아오르거나, 단사丹砂를 제련하는 황백술黃白術도 구할 수 있다고 확신한다. 하지만 그러한 근본 이치를 말하라고 한다면 나도 잘 모른다.[73]

---

73 왕밍, 『포박자내편교석』, 50쪽.

이 구절은 갈홍 자신이 겪은 허다한 초현실적 경험을 언급한 것이다. 이러한 일들은 모두 가능하고 직접 체험할 수도 있지만, 그렇게 되는 원리를 설명하라고 요구한다면 이를 언어로 표현할 길이 없다는 뜻이다. 이러한 점으로 미루어보아, 갈홍도 개인의 경험적 인지를 대단히 중요시했다는 사실을 짐작할 수 있다. 갈홍이 볼 때, 사물에 대한 개인의 지식은 각자가 스스로 실천을 통해 체험하고 검정한 어떤 것이다. 그 실용적 목적에 충실하면 그만이고, 남들에게 따로 이해를 구할 필요가 없다. 더구나 일부러 말을 꾸며 자세히 설명할 필요도 없는 것이다.

중국불교에서도 경험적 인지를 대단히 중시한다. 이 점은 불교가 인도에서 중국으로 건너와서 중국불교로 정착되는 과정에 잘 드러난다. 인도의 베단타 철학에 의하면, '브라만(Brahman, 梵)'만이 세상에서 유일하게 존재하는 실재다. 물질적 세계를 비롯해 인류 전체의 존재를 포괄한 일체의 존재들은 모두 환상이고, '마야(摩耶, maya)'이다. '브라만'을 이해하려면 먼저 종교적 경험과 인지 과정을 거쳐야 한다. 현대 인도의 종교사상가 라다크리슈난Sarvepalli Radhakrishnan이 힌두교를 배경으로 이에 대해 잘 설명하고 있다. 그의 주장에 따르면, 감각 기관을 통해 획득된 지식은 모두 영원성에 관련한 궁극적인 지식이 아니라, 일종의 환상이고 일순간에 스쳐 지나가는 표상적 지식이라는 것이다. 우주의 진정한 지식 혹은 경험적 인지나 직관적 인지를 통해 얻은 지혜는 당연히 '브라만'에 관한 지식이어야 하고, 그러한 지식은 지적인 능력보다 경험적 인지나 직관적 인지를 통해야만 획득될 수 있다고 말한다. 이러한 지식은 신비주의나 반계몽주의obscurantism 및 극단적 정서주의emotivism의 지식과 다르며, 마술적 환상이나 아련한 몽상 혹은 초자연적 계시와도 다르다. 언어로 설명할 수 없는 존재에 대한 일종의 자각 의식인 셈인데, 이러한 의식 세계는 힌

두교를 배경으로 한 경험적 인지를 통해 접근이 가능한 것이다.

중국에 인도 불교가 전해지면서 이러한 경험적 인지는 중국불교에 커다란 영향력을 끼치게 된다. 중국불교사를 보면, 초기에는 선정禪定과 직관直觀이 나란히 유행하다가 곧 이 둘이 하나로 합쳐지고, 이어서 다시 정토관법淨土觀法과 불성사상佛性思想이 하나로 융합한다. 그리고 수당 시기에 이르면 각 종파의 사상들이 이합집산을 거듭하면서 천태종, 화엄종, 선종 등의 여러 종파가 나타나 저마다의 특색을 지닌 경험적 인지를 갖추게 되었던 것이다. 그러나 한편으로 중국불교에는 고유의 종교인 유교와 도교에서 끌어온 풍부한 종교적 경험과 인지적 자원이 존재한다는 점도 간과할 수 없다. 예컨대, 『주역』「계사」의 "말은 뜻을 다하지 못한다言不盡意"라는 주장과 왕필이 『주역약례周易略例』「명상明象」에서 "뜻을 얻으면 말을 잊고得意忘言", "뜻을 얻으면 형상을 잊는다得意忘象"라고 하는 내용이 바로 그러한 것들이다. 또한, 맹자는 "만사가 모두 나에게 갖추어져 있다萬事皆備于我"[74]라고 하면서, 진심盡心 · 지성知性 · 지천知天을 강조하고 이를 통해 천도를 체득할 수 있다고 이른다. 노자는 '현람玄覽'[75]을 주장하면서 고요한 정관靜觀을 통해 '도'의 경지로 나아가야 한다고 말한다. 장자 역시 경험적 인지 방식인 '심재', '좌망', '망기忘己' 등의 방법으로 '도'와 합일할 것을 말한다. 중국 불교는 이처럼 주변 종교의 풍부한 인지적 경험과 자원을 원용함으로써, 인도 불교와 소통할 수 있게 되었다. 새로운 경험적 인지 방식을 창출하여 인도 불교 특유의 인지적 내용을 높은 수준으로 발전시켰을 뿐만 아니라, 이를 통해 중국종교 자체의 인지적 경험과 그 내

74 『맹자』「진심상」, 주희, 『사서장구집주』, 350쪽.

75 『도덕경』제10장, 왕필 주석본, 『제자집성』 제3책, 5쪽. 본문의 '원람元覽'은 '현람玄覽'을 가리킨다.

용도 풍부하게 갖출 수 있었고, 중국불교만이 가진 경험적 인지를 형성하게 되었던 것이다.

중국불교의 경험적 인지 가운데 인도 불교와 구별되는 주요 특징은 본래 마음을 진리와 본체로 파악하여 이 둘을 결합함으로써 경험적 인지를 획득한다는 데 있다. 이러한 점에서 직관적 통일성과 원융이란 특색을 선명하게 드러낸다. 중국불교에 내재한 경험적 인지의 내용은 아주 복잡하고 다양한데, 팡리티엔은 『중국불교철학요의中國佛教哲學要義』에서 이를 중생衆生, 심心, 리理, 불佛로 개괄하고, 이 네 가지 가운데 나중의 셋을 중점적으로 거론한 바가 있다. 먼저 심에 대한 경험적 인지를 다시 세분화하여, 망심이나 진심을 관觀하는 것으로 나누기도 하고, 진성이나 불성이나 자성을 관하는 것으로 구별하기도 했다. 리에 대한 경험적 인지는 통상적으로 말하는 관공觀空, 곧 공성空性을 관하는 것인데, 불교의 관점에서 보면 진리는 우주의 참된 본질인 공空을 반영한다. 따라서 진리에 대한 경험적 인지는 바로 이러한 공의 이치를 깨닫는 것이다. 남조의 축도생 이후로, 특히 천태종, 화엄종, 선종 등 여러 종파에서는 종종 이를 불성과 결부하여 경험적 인지의 대상으로 삼기도 했다. 마지막으로 불佛에 대한 경험적 인지를 살펴보면, 중국 불교는 제불諸佛 가운데 유난히 서방의 삼성三聖에 편중되어 있고 그중에도 특히 아미타불을 경험적 인지의 대상으로 삼았다. 이외에 경험적 인지 방식과 그 유형이 다원화되어 있는 점도 중국불교의 특징으로 손꼽을 수 있다. 예를 들면 내관內觀과 외관外觀, 동관動觀과 정관靜觀, 횡관橫觀과 종관縱觀의 인지 방식이 있을 뿐만 아니라, 직관直觀, 공관空觀, 가관假觀, 중관中觀 등과 같은 것도 있다. 여기서 내관의 경우는 다시 관심觀心, 염심念心, 수심守心으로 구분된다. 외관의 경우에는 외물에 대한 경험적 인지가 있고, 주체의 일상적 삶을 객관적 대상으로 삼는 경험적 인지도 있다. 이밖에 오랜 세월에 걸쳐 치열한 논쟁거리가 된 돈오나 점오와 같은 것도 있다. 이러한 것들은 모두 중국 불교의 경험적 인지가 어떠한 것인지 잘 보여준다.

중국의 허다한 민간종교들도 역사적 변천 과정에서 경험적 인지에 대한 중요성을 한결같이 강조했다. 이러한 민간종교의 교리, 계율, 과의, 수행 등에는 모두 각종 종교적 체험과 경험적 인지에 관련한 내용으로 채워져 있었다. 원나라 때의 백련교白蓮教를 예로 들면, 그들은 『무량수경』, 『관무량수경』, 『아미타경』을 합편한 『정토삼부경淨土三部經』에, 다시 천친天親의 「정토론淨土論」을 합친 '삼경일론三經一論'을 주요 경전으로 삼고, 염불삼매에 몰두함으로써 서방 정토로 가는 데 근본 목적을 두었다. 교주가 신도들에게 요구한 내용은 다음과 같다.

> 일과日課마다 소리 내어 부처 이름을 천 번씩 부르고, 이를 매월 행하여 일 년이 지나면 36만 번 부처의 이름을 부르는 것이 된다.[76]

또한, 염불할 때의 마음가짐도 다음과 같이 요구했다.

> 미타彌陀가 현시하는 것이 곧 자성自性이다. 한 생각 한 생각이 둥글고 밝게 되면 한 마음 한 마음이 모두 실상이니, 온갖 강물이 흘러들어 큰 바다를 이루는 것과 같다. 그 수행으로 16종의 관문觀門을 열어 보였으니, 마음을 거두어 묘한 경지에 이르면 성性과 상相이 텅 비었다는 것을 알 수 있다. 이는 마치 맑은 거울에 얼굴이 비치는 것과 같다. 그 과보는 9품으

76 보도普度, 『여산연종보감廬山蓮宗寶鑑』 권1, 『대정장』 제47권, 309쪽.

로 차례로 화생化生시키니, 근기의 좋고 나쁨을 불문하고 모두 제도하고 다시는 물러서지 않는 불퇴계不退界에 올라 무상無上의 보리도菩提道에 이른다.[77]

이로 미루어 볼 때, 당시의 백련교가 일찍부터 실천을 통해 종교의 신비적 경험을 스스로 체득할 것을 강조한 사실이 여실히 드러난다. 입으로 염불하는 단계에서 실상을 체득하는 단계의 염불로 나아가, "마음을 거두어 묘한 경지에 이르고攝心妙境" "성과 상이 텅 비게 되는了性相空" 경지에 도달할 것을 주장한 것이다.

또 다른 예로 나교羅敎를 들 수 있다. 나교는 명나라 성화成化와 정덕正德 연간에 베이징 북쪽 밀운현密雲縣에서 생겨나 당시는 물론 후대까지 많은 영향을 끼쳤다. 나교의 창시자는 나몽홍(羅夢鴻, 1442-1527)인데, 그는 십여 년간의 고된 수련 끝에 선종에서 이르는 '각오성불覺悟成佛'의 도리를 깨쳤다. 그는 이렇게 말했다.

중생에게 귀명歸命하나니, 일심이 곧 삼보三寶다. 심성을 스스로 깨닫게 되면 그것이 바로 불보佛寶이며, 심체는 본디 자성自性이니 그것이 곧 법보法寶라 이름하고, 심체가 둘이 아니니 곧 승보僧寶라 한다.[78]

제불諸佛의 법신法身은 인간의 마음속에 있다. 부처라 생각하면 자신이 스스로 부처이고, 마음이 밝으면 삼라만상을 떠난 겁외심劫外心을 얻는

77 보도, 『려산연종보감』 권2, 『대정장』 제47권, 309쪽.

78 『파사현증약시권破邪顯證鑰匙卷』, 「파삼보신통품제오破三寶神通品第五」, 마시사 · 한빙팡의 『중국민간종교사』, 195쪽에서 재인용.

다. 이 점을 깨달을 수 있다면 멀리서 찾을 필요가 없다. 자성이 서방 정토이니 외부에서 얻을 필요가 없고, 손가락을 튕기는 사이에 극락국極樂國에 오른다.[79]

나몽홍은 일개인의 성불 여부가 외부에서 인가한 득도 증명서에 있지 않다고 주장한다. 서방 정토에 왕생할 필요도 없이 곧바로 천국으로 진입한다고 하며, 그것은 오로지 개인의 깨달음 여하에 달려있다는 것이다. 하루아침에 견성하면 티 없이 맑고 환한 경지에 이르러 그 자리에서 바로 성불할 뿐만 아니라 "손가락을 튕기는 사이에 극락세계에 오른다"라는 것이다. 나몽홍의 이러한 '깨달음'은 다분히 종교적 신비 체험이라는 경험적 인지를 시사한다. 일단 도를 깨닫게 되면 눈앞의 모든 것들이 순식간에 변한다. 천지 사이에 걸림이 없고, 나와 남이란 구별심이 없다. 한 조각 광명으로 생사를 초월하여 "삶과 죽음이 없는" 경지에 이른다. 이는 사실상 하나의 특수한 경험적 인지다. 그것은 개인의 신비적 체험으로 얻은 깨달음이며, 순식간에 일어난 비논리적이고 직접적인 깨달음이다. 그는 일체의 사유와 언어를 배제할 것을 주장하고 일체의 개념적인 인식을 말살할 것을 요구했다. 오로지 무의식 상태에서 "생각이 없는 것으로써 생각하고, 무념으로 사려를 제거하여以無思爲思, 無念以去慮" 시공을 초월하고, 비논리적인 상태에서 절대적 초월을 실현함으로써 본체의 경지에 진입할 것을 주장한 것이다.

79 『정신제의무수증자재보권正信除疑無修證自在寶卷』, 「쾌락서방인간난비품제십사快樂西方人間難比品第十四」, 마시사 · 한빙방의 『중국민간종교사』, 195쪽에서 재인용.

2 중국종교의 경험적 인지와 그 가치

중국종교의 경험적 인지에 대해 그 역사와 현실적 측면을 다방면으로 고려해서 가치를 부여하고 그 의미를 분석할 수 있다. 그러한 주요 가치는 대체로 네 가지로 요약된다.

첫째, 중국종교는 경험적 인지를 중시함으로써 강렬한 생명 정신을 구현하고 있다는 점이다. 중국종교의 경험적 인지가 인간을 중심으로 전개되기 때문에 각 종교에서는 생명의 존재성에 관한 일련의 주제들을 광범위하고 심도 있게 탐구하고, 이로 인해 중국종교는 일종의 강렬한 생명 정신을 드러낸다. 다시 말해, 중국종교는 밑바탕에서부터 생명에 관한 관심을 경험적 인지로 극명하게 드러낸다는 것이다. 이러한 경험적 인지는 그 핵심적인 내용에서 서양과 크게 다르다. 중국종교의 경험적 인지는 우주와 관련된 객체의 문제에 무게를 두지 않는다. 그보다는 생명의 존재와 밀접하게 관련된 문제, 예를 들면 생명의 본질과 생존의 가치, 생명의 구조와 그 과정, 생명의 존재와 연속성, 생명에 대한 수양과 그 경지 등과 같은 문제를 집중적으로 탐구한다. 이에 힘입어 중국종교에서는 인생론과 관련한 논의가 유난히 활발했다. 중국종교의 발전 과정에서 언급되는 우주론, 본체론, 방법론, 진리론 등은 모두 순수하고 객관적인 사변적 학문이 아니라, 인간 생명의 존재성과 관련된 안신입명安身立命의 학문이었다. 하지만 종교마다 보이는 생명에 관한 탐구는 그 무게 중심이 동일하지 않았다. 유교에서는 윤리도덕의 관점에서 인생을 경험하고 체득하는 데 치중했다. 인간의 생명 문제를 기반으로 수신제가와 치국평천하를 도모할 것을 강조했는데, 이를 통해 이상적 삶의 경지인 내성외왕의 길을 개척하고 인생의 진정한 가치를 실현하고자 한 것이다. 반면에 도교는 생명 자체의 경험적 인지에 무게를 두었다. 도교에서 받드는 최고의 정신세계인

'도'는, 그 본질에서 생명의 의미를 포함한 정신세계이자 우주와 생명의 근원을 하나로 융합하는 정신이고, 생명의 존재를 형이상학적으로 실감한 경험적 체증體證인 것이다. 불교에서도 중생을 두루 사랑하고 자기를 제도함으로써 남을 제도하는 자비심을 주장했다. 계정혜戒定慧의 경험적 수행을 중시하고, 생명에 대한 외경심과 생명 존중 사상을 강조함으로써 강렬한 생명 정신을 드러낸 것이다. 각 민간종교도 마찬가지다. 비주류 종교로서의 민간종교는 주류 종교의 거대한 배경하에, 다른 방식으로 생명의 존재에 대한 경험적 인지를 적극적으로 획득하려고 한 점에서 생명의 이상과 그 가치를 꾸준히 구현해나가는 내재적 역동성을 보여준다.

둘째, 중국종교는 경험적 인지를 중시하여 심후한 인문학적 소양을 축적하게 되었다는 점이다. 중국의 각 종교는 그 발전 과정에서 경험적 인지를 시종일관 중시하여 인간의 도리를 폭넓게 탐구했는데 그 결과 중화 문화의 거대한 인문학적 소양이 끊임없이 축적되었다. 이러한 파급 효과는 주로 네 가지로 요약된다. 하나는 중국종교의 각 교파에서 여러 가지 방식으로 생명의 존재에 대한 인지적 경험을 획득함으로써 개인과 사회집단에 있어서 삶의 질을 향상시키는 데 일정한 영향을 끼쳤다는 것이다. 심성 수양 문제에 대한 수많은 실천적 경험과 이와 관련한 휴머니즘 문화를 풍부하게 마련한 계기가 되었다. 다른 하나는 중국종교의 각 교파에서 그들의 경험적 인지를 통해 방대한 인문학적 아카이브를 구축한 점이다. 사서오경을 비롯해서 『도장』이나 『대정장』 등과 같이, 안개가 뒤덮은 바다처럼 넓고 풍부한 경서經書, 보전寶典, 비적秘籍을 구비하게 되었는데, 그 속에 담긴 인문학적 가치는 세계의 그 어떤 문화와 견주어도 유일무이한 독보적인 것이라 할 수 있다. 이러한 방대한 인문학적 아카이브야말로 중국종교가 세계 문명에 끼친 공헌이다. 또 하나는 중국종교의 각 교파에서 경험적 인지를 통해 인간의 도리를 강조한 점이다. 경험적 인지가 일정한 층위에서 일정 부분의 공통된 의식인 인간의 도리와 규범을 심어주고, 이로 인해 풍부한 윤리사상이 형성되었던 것이다. 이는 세계인에게 예의지국이라는 중화의 이미지를 심어주는 데 결정적으로 기여했다고 볼 수 있다. 마지막 하나는 중국종교에서 중시한 경험적 인지가 중화민족 개개인에게 실천적 유형의 사고와 개인의 성격을 형성하는 데 무시할 수 없는 인문학적 영향을 미친 점이다. 가까운 예를 들면, 중국인들은 흔히 지식과 경험의 실용성을 중시한다. 자기가 믿고 있는 종교적 경험에 대한 태도에도 얼마간의 공리적 경향이 엿보이는데, 이는 중국종교에 내재한 경험적 인지 방식의 영향에 기인한 현상이라고 할 수 있다.

셋째, 중국종교에서 경험적 인지를 중시함으로써 행위의 실천 문제를 중점적으로 부각시킨 점이다. 어떤 이는 중국의 주류 종교에 나타난 파별에 대해 거론하면서· 유교는 치세治世를 중시하고, 도교는 치신治身에 역점을 두며, 불교는 치심治心을 각각 중요하게 여긴다고 평가했는데 이는 각 종교의 특징에 대한 정확한 분석이다. 그러나 중국종교의 각 교파에 나타난 또 다른 공통점 역시 매우 중요하다. 그것은 실천을 통한 경험적 인지를 중시하기 때문에 각 교파 모두 실천의 문제를 중요하게 다루고 있다는 점이다. 치세를 중시한 유교가 실천궁행을 통한 치세를 강조한다면, 치신을 중시한 도교는 도를 체득하고 실천하는 치신을 강조하며, 치심을 중시한 불교는 계정혜의 수행을 실천하는 치심을 강조한 것이다. 각기 다른 시대의 여러 종파에서 볼 수 있듯이, 중국종교에서 강조하는 '지知'는 실천을 통해 얻은 경험적 '지'이고, 그 '행行'도 경험적 인지를 전제로 한 실천적 '행'이다. 이는 바로 중화민족이 중요하게 여기는 실천적 정신의 근원이기도 하다.

넷째, 중국종교는 경험적 인지를 중시함으로써 창조와 발전에 필요한 자원을 풍부하게 축적할 수 있었다는 점이다. 과거에는 종교와 과학이 물과 불처럼 서로 양립할 수 없는 존재라는 고정관념이 있었다. 종교 전체의 작동 기제를 고려하여 종교와 과학 사이의 내재적 관련성을 탐구하고 그 심층에 있는 사상과 지혜의 정수를 발굴해내는 경우는 극히 드물었다. 이러한 탓에 종교에 내재한 수많은 알맹이들이 신비의 베일에 가려 세상에 알려지지 않았다. 그러므로 이러한 고정관념을 깨고 역사와 현실이란 고원에 올라서서 시공간의 간격을 꿰뚫어 볼 필요가 있다. 종교학과 과학철학이 교차하는 지점에서 종교적 표층을 뒤덮고 있는 베일을 벗겨내고 종교와 과학 간의 내재적 관련성을 객관적으로 파악할 때, 인지적 가치가 있는 학술적 요소들을 추출해 낼 수 있는 것이다. 비록 중국종교의 실천적 활동이 생명의 존재에 대한 경험적 인지를 중심으로 전개되었다고 하지만, 그 연구 영역을 줄곧 생명의 시스템이란 좁은 시야에 국한할 필요는 없다. 생명과 관련된 것들을 모두 망라하는, 더 넓은 시야에서 그 인식의 영역을 확장하는 것이 더욱 바람직하다. 중국종교가 일찍부터 경험적 인지를 중시한 덕분에, 객관적으로 각종 인지적 정보를 수집, 정리하여 경험적 인지의 성과물을 대량으로 획득하는 데 유리한 측면이 있다. 이 점은 특히 도교에서 두드러지게 나타났다. 도교는 오랜 인지적 경험 활동을 통해 창조와 발전에 필요한 자원을 풍부하게 축적했는데, 이러한 것들은 전통적 과학기술의 발전에 적극적으로 공헌했다. 자연 현상에 관한 신비 사상과 그 성취는 중국의 과학기술사에서 매우 중요한 위치를 차지하고 있고, 게다가 전통적인 과학기술과도 아주 밀접한 관계에 있었다. 도교에서는 도를 술법에 응축해 술법으로 도를 표현하는 방술이 고도로 발달했는데, 예를 들면 외단황백술外丹黃白術, 도인導引, 복기服炁, 존사

存思, 복식服食, 방중술, 별점星占, 풍수風水 등과 같은 각종 방술과 도술들은 대개 고대 중국의 의학, 약물학, 양생학, 화학, 천문지리학, 수학 등에 다양하게 영향을 끼쳤다. 이처럼 도교가 중국 고대 과학기술에 끼친 영향과 그 공헌은 세계종교사와 과학기술사에서 찾아보기 드문 희귀한 사례에 속한다.

그러나 이와 아울러 역사와 현실의 관점에서 응당 살펴야 할 것은 중국종교의 경험적 인지가 중화 문화에 부정적인 영향을 미친 점이다. 경험적 인지를 일방적으로 강조한 탓에 이성적 사고와 논리를 소홀히 하게 되어 일반 이론을 구축하는 의식이 결핍되었던 것이다. 도교의 경우, 교단 내부에 의술이 뛰어난 자와 의료에 종사하는 자도 많았지만, 경험적 인지를 지나치게 중시하고 일반 이론의 정립을 상대적으로 경시한 결과 진정한 의미의 도교의학 이론을 체계적으로 수립하지 못했다. 달리 말하면, 중국종교의 경험적 인지가 주객합일을 강조한 탓에 지식에 대한 명확한 검증을 중시하지 않았던 것이다. 인지적 대상에 대한 정확한 설명이나 미시적인 정량 분석이 결여되었을 뿐만 아니라 인지적 대상에 대한 주체의 인식도 모호하게 처리하는 관습이 있었다. 이러한 것들이 현대적 의미의 과학기술적 성과를 낳는 데 불리하게 작용했고 그에 따라 근대 중국의 과학기술이 낙후하게 된 원인을 이러한 종교적 태도에서 찾을 수 있다. 중국종교에 내재한 경험적 인지의 가치를 제대로 실현하기 위해서는 이처럼 경험적 인지가 미친 부정적인 영향을 냉철하게 인식하고, 이러한 인식을 통해 향후 연구 개발을 합리적으로 진행해야 할 것이다.

2 —— 직관적 관조: 수도의 핵심은 직관을 통한 깨달음에 있다

서양 종교와 비교하면 중국의 각 종교에서 자아를 수행할 때 무엇을 더 중시하고 있는지 잘 드러난다. 그것은 바로 어떤 직관을 통하여 자아에 내재된 마음이나 본성을 도나 신명과 같은 대상과 교감하고 소통하게 하려는 경향이다. 간단히 말하면 도를 닦는 방법에서 직관이나 관조의 형식을 많이 취한다는 것이다. 중국종교의 전반적인 시스템을 파악하려면, 먼저 그러한 직관적 관조의 방법을 고찰하고 그 속에 나타난 가치를 분석할 필요가 있다.

1 직관적 관조의 수행 방법

직관에 대한 이해와 해설은 학자마다 서로 다르다. 17, 18세기 유럽의 지식인들은 직관Intuition을 인간의 이성적인 행위로 보았는데, 이를 논리적 추리가 가능한 근거로 삼아 의심할 수 없이 명백한 개념을 발견할 수 있을 것이라고 여겼다. 이성적인 직관은 이성적 인식의 최고 표현이자 논리적 사유의 전제와 결과라는 것이다. 스피노자는 오직 직관을 통해서만 사물의 정확한 본질을 곧바로 인식하여 오류를 범하지 않을 수 있고, 무한 실체나 자연계의 본질을 인식할 수 있다고 주장했다. 데카르트는 직관이 감성에 근거하지 않고 "이성의 빛lumen rationis에서 탄생한다"라고 주장했다. 근대와 현대의 일부 서양 심리학자들은 종종 직관을 일종의 신비적인 것으로 파악했을 뿐만 아니라, 이성적 사유를 허용하지 않는 사유 형식이나 인식 능력으로 간주했다. 프로이트는 직관을 일종의 잠재의식으로 간주하고 모든 창조 활동의 원천이 된다고 주장했다. 야코비(Carl G. J. Jacobi, 1804-1851)는 직관이 절대자, 곧 신에 대한 직접적인 깨달음이라고 생각했다.

한편 '현대 개신교 신학의 대부', '현대 해석학의 창시자', '종교 정감론의 제창자'라 불리는 신학자이자 철학자, 종교사상가인 독일의 슐라이어마허(F. D. Ernst Schleiermacher, 1768-1834)는 종교의 본질이 사유나 행위에 있지 않고 직관과 정감에 있다고 주장했다. 슐라이어마허는 '우주적 직관intuition of the universe'이라는 개념을 제시하고, 이것을 보편적이고 이상적인 종교 법칙이라 규정했다. 그리고 우주적 직관을 기초로 하여 각처에서 종교가 나타나고, 이에 의지하여 종교의 본질과 그 경계를 확정 지을 수 있다고 여겼다. 그는 직관과 그 대상과의 관계를 고찰함으로써 모든 직관이 피직관자의 작용에 의한 것이며, 직관적 대상의 독자적인 움직임이 선행될 때만이 비로소 직관자로서의 인간이 인성에 부합하는 이해와 표현을 할 수 있다고 주장했다. 그가 보기에 종교는 바로 이러한 직관적 느낌이다. 모든 개별적인 사물은 전체 중 일부고, 모든 유한의 사물은 무한의 표상인 것이다. 슐라이어마허의 주장에 따르면, 직관은 언제나 '직접적인 감각'을 드러낸 것이며 어떤 사물을 개별적이고 분리된 것으로 파악하는 것이다. 각종 직관은 그 본질에 있어서 모두 어떤 정감과 관련되는데 '우주적 직관'에 의해 환기된 것이 바로 '무한에 대한 정감'이고 이른바 전통 종교의 '경건함'이다. 오늘날 직관에 대해 어느 정도로 깊이 있게 이해할 수 있게 된 것은 슐라이어마허의 이런 노력이 있었기 때문이다. 슐라이어마허 이후 현대 서양철학의 직관주의intuitionism는 수많은 철학가들에 의해 계승되었는데, 쇼펜하우어의 주의주의voluntarism, 니체의 초인사상, 베르그송의 생명철학, 크로체Bendetto Croce의 정신철학, 후설의 현상학이 대표적이고 그 밖에 윤리학 분야의 수많은 철학자가 이에 동참하고 있다. 이들은 모두 직관주의를 인식론의 기초로 삼아 나름의 철학적 체계를 구축한 것이다. 베르그송은 비이성주의에서 출발하여 직관이 곧 비이성적인 교감이고 이러한 교감으로 인해 자신을 대상 속에 두게 된다고 주장하기도 했다.

현대 중국학자들은 대체로 직관을 심리적 현상이나 사유의 틀, 또는 인지적 능력이나 인식의 방법으로 간주하고 이를 다각도로 고찰한다. 황난선黃楠森과 양수칸楊壽堪의 설명에 따르면, 직관은 인식의 주체가 자신을 비롯한 내면의 마음, 외부 세계, 우주, 가치, 진리 등을 인식하는 능력이다. 일반적으로는 추론을 거치지 않고 곧바로 지식을 획득하는 인식 능력을 직관이라 통칭한다. 직관은 일종의 사유 형식이자 인식 능력인 점에서 사회생활과 과학 탐구에 대거 활용되고, 즉각적이며 날카롭고 신속한 것이 그 특징이다. 그 어떠한 직관도 모두 이전에 획득한 경험과 지식에 의거하는데, 바로 이러한 경험과 지식이 어느 순간 문득 튀어나와 문제 해결의 실마리를 제공한다. 직관은 과학적 인식과 예술 창작 활동에서 중요한 역할을 한다. 그러나 모든 직관은 실제 행위와 분리되지 않으며 이성적 분석에 의존한다.[80] 팡리티엔의 주장에 따르면, 직관은 현대에 성립된 용어로서 인류의 보편적 심리 현상이며, 분석이나 추론을 거치지 않고 객체를 즉각적으로 통찰하고 완전하게 파악하는 인식 능력과 사유 방식이라고 한다.[81]

여기서는 이러한 직관에 대해 중국종교의 특수한 수행법으로 고찰하고자 한다. 앞서 논의한 바와 같이, 중국종교는 실천을 통하여 경험적 인지를 얻는 것을 중시하고, 그러한 경험적 인지는 인간을 중심으로 전개된다. 이러한 의미에서 종교적 실천을 통해 인지적 경험을 얻는 행위는 자아실현을 도모하고 스스로 깨달음을 입증하는 수행 과정이라 할 수 있다. 그렇다면 어떻게 해서 자아를 실현하며, 어떤 방식으로 스스로 깨달

80 황난선·양수칸 주편, 『신편철학대사전新編哲學大辭典』, 산시山西교육출판사, 1993. 741-742쪽.

81 팡리티엔, 『중국불교철학요의』 하권, 중국인민대학출판사, 2002, 1032쪽.

음을 입증하여 도를 성취할 수 있을까? 중국종교에서 제시하는 득도의 비결은 바로 직관적 관조觀照에 있다. 관조는 '깨달음悟'이란 글자에 무게를 두고, 직관을 통해 자의식을 느끼고 자아를 깨달을 것을 강조한다. 스스로 느끼고 깨닫는 직관적 관조에는 어떻게 관조할 것인가 하는 방법상의 문제 이외에 무엇을 관조하는가 하는 대상의 문제도 포함되어 있다. 직관은 내면으로 향하는 자아의 직관만 있는 것이 아니다. 그 체험에서도 자아의 체험만을 가리키지 않는다. 그러나 현대 과학에서 말하는 직관은 비록 뚜렷한 주체적 요소를 가지고 있다 하더라도 그 기본적 특징은 여전히 외향적인 것에 두고 있다. 이와 달리 중국종교에서 주장하는 직관은 내면 지향적인 자아의 반성과 자아의 직관에 있다. 외부 사물에 대한 인식을 그다지 중요하게 여기지 않으며, 인식의 중심을 자신에게 전이하도록 하여 주체적 자아를 직관적으로 관조한다. 물론 인간도 하나의 자연물이다. 그렇지만 중국종교에서는 자연물로서의 인간을 관조하는 것이 아니다. 인간의 내재적 본성을 직관적으로 관조하는 것이다.

유학자들은 자아의 인식과 깨달음을 현실에 옮겨 도덕적 본심을 수양하는 것을 인생의 주된 임무로 여겼다. 자신의 내면세계로 되돌아와 직관적 관조를 통해 '성인의 학문'을 체득함으로써 성인의 경지에 이를 것을 주장했다. 이들의 주장에 따르면, 인간은 감정적이고 이성적인 동물에 그치지 않는다. "만물이 모두 나에게 갖추어져 있다"라고 하듯이, 인간은 만물의 영장이자 정신적 주체다. 인간은 대상에서 인간의 본질을 찾을 필요가 없다. 인간을 대상화하거나 물화하는 형식으로 자기 스스로 문제를 해결할 필요도 없다. 자신으로 되돌아와 심성心性을 직관적으로 관조함으로써 심이 무엇이고 성이 무엇인가를 인식하며, 성을 깨달은 바를 심으로 깨달을 수 있을 때 비로소 자신의 문제를 해결할 수 있다. 그러나 사람이 모두 내재적 본질을 갖추고 있다고는 하지만, 개개인이 모두 직관적으로 관조해서 자의식을 이해하고 깨달음을 얻는 것은 아니다. 자의식의 이해와 자아의 깨달음을 실현하여 『중용』에서 이른바 "애쓰지 않아도 맞고 생각하지 않아도 얻는不勉而中, 不思而得" 성인의 경지를 이르려면, 반드시 자신을 돌이켜 성실함이 부족하지 않은가를 살피고 자신에게서 그 잘못을 찾아야 한다. 공자는 "스스로 반성하고內自省", "스스로 뉘우치는內自訟" 것을 강조하고, 증자 또한 "나는 날마다 세 가지로써 나 자신을 살핀다吾日三省吾身"라고 일렀다. 이는 모두 직관적 성찰을 통해 자신의 내면세계나 마음속 깊은 곳에서 자아의 본질을 실현해야 한다는 주장들이다. 『맹자』와 『중용』에서 어렴풋하게 읽어낼 수 있듯이, '성誠'은 '천인합일'의 도덕적 본체다. '성'은 하늘이 하늘답게 되는 도이며 사람이 사람답게 되는 도이다. 그것은 사람에게 내재함으로써 존재한다. 인심이 성실한 것이 곧 천도의 '성'이다. 스스로 성실함을 이룰 수 있다면 천도의 성을 실현할 수 있다. 천도의 성은 곧 만물이 만물답게 되는 바탕이다. 그래서 마음으로 정성을 다하면 사물이 존재하고 그렇지 않으면 사물도 존재하지 않는다. 『중용』에서 이르는 "제 스스로 이루고自成", "제 스스로 도를 행한다自道"라는 말은 바로 이러한 작용을 가리킨다. 송명이학의 대가인 주희는 이러한 직관적 관조를 "돌이켜 자신에게 허물을 찾는反求諸己" '몽각관夢覺關'이라 칭했다. 본성을 스스로 알면 그것이 곧 '깨달음覺'이고, 스스로 알지 못하면 '꿈夢'이라는 것이다. 깨달음은 성현의 경지이고 꿈은 단지 동물의 경지다. 평생토록 행하여도 "꿈결에 일생을 보낸 것"과 같다면 인간의 삶이 허망하다는 것이다. 이로 미루어 볼 때, 직관적 관조는 하나의 특수한 수행법으로서, 유학자들이 몸을 닦고 도를 깨치며, 지식을 탐구하고 이를 실천에 옮겨 마침내 '내성외왕'의 경지에 이르도록 하는 데 아주 중요한 의의를 지닌다.

도교의 경우, 불로장생을 추구하는 단정파丹鼎派나 법술에 의존하는 부록파符籙派든 간에 모두 '신명神明'과 '자연'의 본성을 강조한다. 그들은 나에게 '신명'이 있다면 모든 사람도 '신명'이 있고, 나에게 '자연'의 본성이 있다면 모두 '자연'의 본성을 지닌다고 주장한다. 인간의 신명과 자연의 본성이 인간의 본질을 형성한다고 여긴 것이다. 전통적 도교사상에 의하면, 도교에서 말하는 '자연'은 인간과 대응하는 천지자연이나 외부 사물의 성질과 존재 원리가 아니라 인간에 내재한 자연성이다. 도교인의 주장에 따르면, '자연'은 인간에 내재함으로써 존재하는 어떤 것이다. 자연은 인간의 내재적 본성이기 때문에 수행할 때는 반드시 자아의 인식이 요구된다. 즉 자신을 돌이켜 관조함으로써 자신에게 내재한 '상덕常德', 다시 말해 '자연의 본성'을 인식하는 것이다. 따라서 인간은 마땅히 자신을 인식함으로써 자아의 신명과 자연의 본성을 직관적으로 관조해야 한다. 도교인은 이러한 직관적 관조의 수행법으로 도를 깨닫고 이를 실천에 옮김으로써, 이른바 신선의 경지에 도달하는 것이야말로 인생에서 가장 중요한 일이라고 말한다.

노자가 말하는 '정관靜觀'도 자아 반성 혹은 자아 체험 형식을 띤 일종의 직관적 관조라 할 수 있다. 이른바 노자의 '관觀'은 바로 자신을 되돌아보는 것이다. 마음의 거울을 깨끗이 닦는다는 '척제현람滌除玄覽', 몸으로 몸을 관조하는 '이신관신以身觀身', 갓난아이 상태로 돌아간다는 '복귀어영아復歸於嬰兒', 본디 그대로의 소박함을 지키는 '견소포박見素抱朴', 순박한 상태로 되돌아가는 '반박환순返璞還淳' 등은 모두 그러한 뜻이다. 노자의 '도'는 침묵하고 고요한 것이며 말로 표현할 수 없는 것이다. 오로지 자아의 직관적 관조를 통해서만 드러난다. 노자는 자연을 자주 언급하고 인간에 대해서는 드물게 언급하지만, 이는 결코 인간을 중시하지 않는다는 뜻이 아니다. 이는 인간을 '자연'의 사람으로 변환시키고 '자연'을 인간의 본성으로 삼아 인간 그 자체로 돌아오기를 주장하는 것이며, 본래의 무정, 무욕, 무지의 '자연' 상태로 되돌아올 것을 강조한 것이다. 다시 말해, 자신을 직관적으로 관조함으로써 자신의 존재를 명확히 알고 자연의 본성을 구현하자는 것이다. 장자 역시 '자연'의 도를 세상에서 가장 높은 존재이며 인간의 본성이자 근원적 존재로 간주한다. 장자가 보기에는 자연의 도와 신명은 하나로 합쳐진 것이다. 장자는 자신의 신명으로 하여금 허정의 상태에 처하게 하고, 자신을 스스로 관조함으로써 "텅 빈 가운데 흰빛이 생겨나는虛室生白" 경지에 이르게 되면 저절로 도의 존재를 구현하게 된다고 주장한다. 장자가 주장하는 '좌망'은 내면의 마음으로 되돌아오는 것이며, 자신의 형체를 잊고 오로지 내면에만 집중하는 수행법이다. 이를 통해 큰 도와 하나가 되고, 내외의 구별이 사라져 내외합일과 물아양망의 경지에 도달하게 되는데, 이러한 과정에서 자연의 본성을 실현한다. 도교의 내단과 기공학氣功學도 대체로 직관적 관조의 수행법을 운용한 것에 지나지 않는다. 내면의 소리와 빛에 집중하는 반청내시反聽內視를 통하여 일상적 의식을 내부로 되돌려 점차 잡념을 줄여나가면, 기교나 명리에 연연하는 세속적인 마음이 제거되어 무사無思와 무념의 경지에 이르게 된다. 게다가 자신의 생명장生命場이 아주 양호한 상태로 제자리를 잡게 되면 건강 장수에 도움이 되는 일종의 기공태氣功態를 형성하게 된다. 물론 기를 운행하는 과정에 각종의 환각이 일어날 수도 있지만, 최고의 경지에 이르게 되면 그러한 현상들은 모두 사라진다. 이러한 사실로 미루어 볼 때, 직관적 관조는 특수한 수행법이라 할 수 있고 도교에 있어서도 지극히 중요한 의의가 있다.

중국불교는 오도悟道의 과정에서 직관적 관조의 특징을 가장 뚜렷하게 드러낸다. 불교의 주된 취지는 중생을 교화하여 생사윤회를 초월하게 하고, 해탈을 얻어 성불하는 데 있다. 이러한 취지에 부합하여 불교에서는 인생과 우주의 참된 본질을 탐구하고 삶의 이상적 경지를 추구하는데, 최종적으로는 체험 형식의 직관적 관조에 의해 실현된다. 직관적 관조의 수행법은 불교수행에서 매우 중요한 위치를 차지한다. 불교의 관점에서 보면, "언어의 길이 끊어지고 마음 가는 곳이 없다言語道斷, 心行處滅"라는 것은 바로 최고의 절대적 진리이며, 무상無相의 절대 경지다. 불교학자들은 관觀, 조照, 증證, 오悟와 같이 직관의 뜻을 함의한 전문용어를 자주 사용한다. 천태종, 화엄종, 선종과 같은 여러 종파에서도 이와 같은 용어들을 흔히 거론하는데, 대체로 직관의 주체와 대상 및 형식과 경지 등 다방면에 걸쳐 많은 내용을 망라하고 있다.

불교에서는 관觀을 강조하며, 불교의 지혜로 세상을 관찰하고 진리를 관조할 것을 주장한다. 주체의 마음이 직접 관조의 대상에 들어가 대상과 하나가 되어 주객主客과 능소能所의 구별이 없게 하며, 주체로서 본래 마음을 관조하거나 본래의 마음을 돌이켜 마음자리를 체득한다. '관'은 지혜의 관조 작용이며, 하나의 명상이자 직관이다. 관조하는 대상은 심心, 법法, 불佛 등이다. 관심觀心은 곧 주체 그 자체의 의식을 관조하는 것인데, 현상을 관조하는 마음과 본질을 관조하는 마음으로 양분한다. 관법觀法은 일체 존재의 서로 다른 현상과 참된 본성을 관조하는 것을 말한다. 불교의 반야학般若學 계열에서는 지금 현재 관조하고 있는 대상의 보편적이고 절대적인 본성, 곧 공성空性을 특히 강조한다. 관불觀佛은 붓다에 대한 상념을 마음속에 끌어올리고, 붓다의 상호相好와 공덕을 생각하는 데 몰입하여 깊은 명상의 경지, 이른바 붓다의 경지에 이르는 것을 말한다. 이처럼 관조의 대상이 달라서 관조의 유형과 차원도 다르다. 상대적인 측면에서 말하면, 각종 관조 방법 가운데 중국 불교에서 비교적 중시하는 방법은 내관內觀이다. 내관은 내면을 성찰하는 것을 관조한다. 내관은 사실상 내면을 관조하는 자신을 관조하는 것이며, 자기 마음의 본성을 관조하는 것이다. 한편, 중국 불교에서는 관공觀空도 중시한다. 관공의 방법은 아주 많은데, 그중 가장 중요한 방법은 종관縱觀, 횡관橫觀, 직관直觀을 들 수 있다. 종관은 사물의 전후와 연속성을 관조하는 것이고, 횡관은 사물 간의 피차와 의존성을 관조하는 것이라면, 직관은 당장 앞에 주어진 그 사물의 본성을 즉각적으로 관조하는 것이다. 이러한 것들은 모두 사물의 공성을 관조하는 방법이다. 관공은 직관의 수행에서 가장 중요하고 기본적인 방법일 뿐만 아니라, 중국의 불교 수행에서 요구하는 궁극적인 경지이기도 하다.

불교에서 말하는 조照는 곧 조감照鑑이고 조견照見이다. 중국불교에서는 최고의 진리이자 궁극적인 본체인 '진여'를 주체의 마음과 연계하여, 진여에도 만물을 관조하는 묘용이 있다고 말한다. 진여의 본체는 텅 비어 고요한 공적空寂이다. 이 때문에 중국 불교에서는 '조'와 '적'을 연결하여 '적조寂照'나 '조적照寂'이란 용어를 만들었다. 적은 적정寂靜이며 진여의 본체가 텅 비어 고요한 상태를 가리킨다. '적조'는 곧 이러한 진여의 본체인 적체寂體로서 관조하는 것이다. '조적'은 곧 텅 비어 고요한 진여의 본체를 관조하는 것이다. 선종은 선禪 수행에서 '조'의 작용을 특히 중시한다. 조동종曹洞宗에서 주장하는 묵조선黙照禪은 말없이 고요하게 앉아서 지혜로써 자신의 영묘한 심성을 비추어보는 것을 이른다. 부동의 자세로 좌정坐定하여 무념무상의 상태에서 묵묵히 관조에 전념함으로써 맑고 깨끗한 본성을 꿰뚫어 보고 최고의 진리와 하나로 일치시킨다. 임제종臨濟宗의 경우에는 이른바 '사조용四照用'이라는 방식을 운용한다. 조는 대상을 비추어보는 것이고 용은 주체의 역량에 맞추어 운용하는 것을 말하는데, 여기에는 선조후용先照後用, 선용후조先用後照, 조용동시照用同時, 조용부동시照用不同時가 있다. 이러한 '사조용'은 주체와 객체를 관조하는 방식으로, 이를 통해 주체와 객체가 따로 존재한다는 세속적인 시각과 분별심을 타파한다. 중국 불교에서 언급하는 '조적', '적조', '묵조' 및 여기서 말하는 '조용'은 비록 구체적인 내용에서는 서로 다르게 설명되지만, 조의 방법이나 방식의 측면에서는 사실상 모두 직관적 관조에 해당한다.

또한, 불교에서는 증證을 소중히 여긴다. '증'은 수행하는 주체의 직접적인 깨달음을 의미하는데 이를 증회證會 또는 증계證契라 한다. '증'은 일종의 주관적 체험인 점에서 다른 한편에서는 자증自證, 친증親證, 내증內證이라고도 칭한다. 주체의 지혜가 진리에 계합契合하여 과위果位를 얻는 것을 증과證果라 한다. 예를 들어 아라한, 보디사트바, 붓다라는 이름은 차원을 달리하는 '증과'를 이른 것이다. 계정혜의 삼학에서 계율을 닦는 것을 사증事證이라 하고 정定과 혜慧를 닦는 것을 이증理證이라 한다. '증'은 인식론적 의미의 지해知解나 증명이 아니라 직관으로 곧바로 진리를 계합하는 것이다. '증'의 동기와 목적도 지식탐구에 있는 것이 아니라 해탈에 있는 것이다.

불교에서 말하는 오悟는 미迷와 대립하는 개념이다. '오'는 미혹迷惑, 미망迷妄, 미실迷失, 미오迷誤의 상태에서 벗어나 인생과 우주의 참된 모습을 깨닫는 것이다. 동진 후기 이래로, 중국불교 내부에는 돈오와 점오의 두 가지 학설이 나란히 유행했는데, 전자는 단계를 거치지 않고 곧바로 진리를 얻어 단박에 깨치는 것이고, 후자는 여러 단계를 거쳐 오랜 기간 수행하고 노력한 끝에 조금씩 진리를 얻어 점차 깨닫는 것이다. 불교에서 말하는 반야나 현량現量 및 각覺과 직각直覺 또한 그 정황이 서로 다르게 나타난다. '반야'에는 여러 종류가 있는데, 의미상으로 주관적인 것과 객관적인 것으로 구분된다. 객관적 의미에서의 반야는 성공性空을 가리키지만, 주관적 의미에서의 반야는 지혜다. 주관적 의미의 반야는 특히 제법의 연기緣起가 무자성으로 말미암는다는, 다시 말해 공에 관한 지혜를 관조하는 것을 가리킨다. 이것은 일종의 깨달음을 의미하는 혜관慧觀이며, 일반적 의미의 지해知解가 아니다. 그 본질에서 감성과 이성의 인식을 초월한 신비적 직관이다. '현량'은 분별심을 없애고 인지적 대상의 자상自相, 곧 사물 그 자체에 대한 인식을 제거해나가는 것을 말하는데, 이는 일종의 즉각적인 깨달음이나 직관을 가리킨다. 또한, 불교에서는 '각'을 중시하고, 사물을 꿰뚫어 보고자 할 때는 실상을 직접적으로 파악하고, 그 깨달음도 진리에 계합해야 한다고 주장한다. 이러한 시각에서 볼 때, '각'에도 직관의 의미가 내포된 것을 알 수가 있다. 한위漢魏와 서진西晉 시대에 유행했던 주요 선법으로는 수식數息, 상수相隨, 지止, 관觀의 '사선四禪'을 비롯해서 염불삼매와 수능엄삼매首楞嚴三昧 및 관신觀身과 관법觀法 등을 들 수 있다. 그 가운데 사선의 '관'은 직관적 관조이고, 나머지의 수식, 상수, 지는 직관적 관조에 진입하는 데 필요한 예비 공부에 해당한다. 이처럼 불교에는 선법의 종류가 많을 뿐만 아니라 직관적 관조와 관련한 내용도 상당히 풍부하다. 자신을 관조하는 관신과 사물을 관조하는 관법 외에, 제불의 현신을 관하는 선정禪定도 있는데, 관불觀佛의 선정도 일종의 직관적 관조다. 관신과 관법, 그리고 관불의 수행법에서 신身, 법法, 불佛은 관조의 주된 대상이자 방법이다. 그 특징은 직관의 대상이 비교적 구체적이고 방법도 간단하다는 데 있다. 한편, 도생道生 법사는 널리 알려진 바와 같이 '자성설自性說'을 제기했는데, 사람마다 성불할 수 있는 내재적 근거가 있으며, 불성도 개개인의 마음속에 있지 피안에 있는 것이 아니라고 주장했다. '불성'을 깨치려면 '입조入照'에 의지해야 돈오할 수 있다는 것이다. '지관止觀'을 강조하는 천태종 역시 '반관내조反觀內照'로서 주체 내면에 있는 불성, 즉 '보리심'이나 '자성청정심'을 실현시킬 것을 주장한다. 선종의 '심학'에서도 그들이 이르는 심은 우주의 마음이고, 스스로 마음속이나 중생의 마음속에 있다고 한다. 개인의 마음을 떠나서는 우주의 마음이라 이를 수 없다는 것이다. 이에 따라 선종에서는 직관적 관조를 통해 '명심견성', 곧 자신의 '본래 마음'을 알고 자신의 '본성'을 나타낼 것을 강조한다.

이러한 주류 종교의 영향으로 중국 민간종교에서도 대다수 직관적 관조의 수행법을 중시했다. 태곡학파가 그런 경우다. 이 점은 장적중이 제자들에게 태곡太谷의 도를 익힐 것을 당부한 서한을 통해 검증할 수 있다. 장적중은 「여진운초서與秦雲樵書」에서 이렇게 말했다.

> 경우의 일이란 것은 상황에 따른 것이다. 물대접 그릇이 둥글면 그 안에 든 물도 둥글고, 물대접이 네모지면 그 안의 물도 모나게 된다. 일이 순조롭게 된다고 기뻐할 만한 것이 못 되고, 일이 순조롭지 않다고 근심할 것이 아니다. 근심과 기쁨에 중심이 흔들리지 않아야 성이 안정된다. 성이 안정된 이후에 몸이 편안하며, 몸이 편안한 이후에 명이 정해지고, 명이 정해진 이후에 마음이 태연하게 된다. 근심과 기쁨에 동요하지 않는 것은 강제에 의한 것이 아니라 자연스러운 것이다. 내면에 무게를 두면 외양을 가볍게 여기기 마련이고, 내면에 축적된 것이 있어야 외양이 변하지 않는다. 축적한다는 것은 덕을 쌓는 것이다. 안과 밖이 한마음이 되고 처음과 끝이 둘이 아닐 때 비로소 그 덕을 내세울 수 있다. 덕은 빈 그릇이 아니다. 신명身命이 합쳐진 이후에 생겨난다. 신명을 합치는 것은 그리 어

렵지 않다. 안과 밖이 한마음이 되면 신명이 합쳐진다.[82]

도를 닦아 일정한 경지에 도달하려면 반드시 자연의 순리에 따라야 한다. 억지로 할 수 없는 것이다. 기쁨과 근심에 속마음이 흔들리지 않으면 본성이 안정되고, 몸이 편안해야 정해진 운명에 따라 태연하게 지낼 수 있는 법이다. 내면의 적덕積德을 중시하면 외부의 영향에 흔들리지 않으니 이는 곧 내성외왕의 길이기도 하다. 내외의 일심一心으로 비로소 덕을 쌓을 수 있으며, 덕은 마냥 빈 그릇이 아니라 신명을 바쳐 채워야 할 그릇이다. 이러한 일은 그리 어렵지 않으며 내외를 하나의 마음으로 하여 둘을 결합함으로써 성취할 수 있다는 것이다. 요컨대 장적중은 여기서 자연에 순응하는 사상의 영향을 선명하게 드러내고, 유가의 내성외왕이란 이념을 수용함으로써 내면으로 향하는 직관적 관조를 자연스럽게 중시하게 되었다고 하겠다.

2 직관적 관조의 기능과 평가

직관적 관조는 중국종교에서 중시한 특수한 수행법이기 때문에 중국종교사상의 발전에서도 매우 중요한 의의가 있다. 이러한 직관적 관조의 주된 기능으로 다음의 네 가지를 들 수 있다.

첫째, 지혜 계발의 기능이다. 직관적 관조란 수행법에 따라 '계啓'란 글자와 관련된 공부에 힘쓰게 되면 마음의 먼지를 털어내어 내면의 등불을 밝힐 수 있으며, 지혜의 배를 끌어내어 문명의 대해에 유유히 노닐 수 있다. 도를 닦는 과정에서도 지식을 지혜로 전환해 무상無上의 과위果位에

82 팡바오촨 편집, 『태곡학파유서』 제1집, 제2책, 318쪽.

오를 수 있다는 것이다. 유교에서는 이를 일묵이현一默而見, 지성무식至誠無息, 지어지선止於至善으로 표현한다. 불교에서는 자비와 지혜를 함께 실천하는 비지쌍운悲智雙運이나 인불합일人佛合一로 표현하며, 도교에서는 "천지와 더불어 영원하고與天地同壽", "만물과 나란히 생겨난다與萬物幷作"라는 말로 표현한다. 또한 '오悟'란 글자가 들어간 문장에 주목하면, 내면의 깊은 곳에 침잠하여 인생의 의미를 깨닫고 스스로 깊이 반성하여 지혜가 밝아지고 자신의 본성을 꿰뚫어 볼 수 있다. 대천세계를 내면에 두고, 만물이 모두 나에게 갖추어져 있음을 알게 될 뿐만 아니라, 마음의 눈으로 삼라만상의 표층을 꿰뚫어 우주 만물과 직관적으로 소통하고 여러 사물을 격물치지格物致知함으로써, 창조에 필요한 영감의 불꽃이 터져 나오게 할 수도 있다. 이러한 직관적 관조로 사물은 본연의 모습을 드러내며, 인간은 이를 통해 진리를 파악할 수 있는 것이다.

둘째, 치사致思와 원융圓融의 기능이다. 생각을 하나로 모으는 '치사'의 관점에서 볼 때, 중국종교의 직관적 관조에 사실상 '원융'의 작용이 어느 정도 있다는 점을 발견할 수 있다. 전통적인 경험적 인지와 오늘날 유행하는 이성적 인지 사이에 작용하는 이러한 '원융'은 주로 인간을 중심으로 구현된다. 직관적 관조는 인간 그 자체를 관조하기 때문에 인본주의에서 출발한 것이며, 사람됨을 목적으로 한다. 그러므로 도구적 이성주의 시대에 나타나는 소외의식과 정신분열 현상을 극복하는 데 도움이 될 뿐만 아니라, 이성주의 문명으로 피폐해진 심리적 상태를 조절하는 데도 유용하다. 도구적 이성과 경험적 인지를 하나로 모아서 이를 실제의 운용과정에 적용하면, 일정하게 양자의 균형을 유지하면서 화합과 원융의 차원에 이르게 할 수 있는 것이다. 이는 현대 사회에 과학기술이 남용되면서 빚어진 사회, 경제, 문화의 역기능과 생태적 재난을 미연에 방지하고,

사회적 화합과 지속적 발전, 안정적 경제 성장 및 문화적 번영을 실현하는 데도 긍정적인 의미가 있다.

셋째, 도덕의 내면화 기능이다. 직관적 관조는 중국 전통종교의 신도들이 그들의 도덕적 심성을 내면화하는 데 중요한 역할을 한다. 유교에서는 날마다 세 차례 자신을 반성하는 일삼성日三省이나 홀로 있을 때 조심하는 신독愼獨을 강조하고, "현명한 이를 보면 그와 같아지려고 생각하고, 현명하지 않은 자를 보면 자신을 반성하라"[83]라고 한다. 도교에서는 '무위무집無爲無執'과 '견소포박見素抱朴'을 강조하며, 불교에서는 '명심견성明心見性'과 '자성불도自成佛道'를 주장한다. 이는 모두 내면으로 돌아가 자아를 관조하게 함으로써 심성을 수양하고 착한 도리를 깨닫게 하는 말들이며, 이를 통해 자신이 소속된 종교의 도덕적 규범을 내면화하고 그 역량을 최대화한다. 물론 직관적 관조와 같은 도덕의 내면화 기능이 갖는 역사적 또는 현실적 의의에 대해서는 객관적으로 대할 필요가 있다. 한쪽의 면만 보면, 개인이 처한 시대 상황에 맞추어 도덕적 역량을 강화하는 데 필요한 근거를 확보하고, 남들과 더불어 조화롭고 안정된 사회 공동체를 형성하는 데 유리한 측면도 있다. 그러나 다른 한 면으로는 도덕적 기준이 시대에 따라 달라질 수 있다는 점을 간과한 탓에, 애써 내면화한 도덕 의식이 시대에 뒤처진 것일 경우에는 도리어 완고한 반시대적 도덕으로 전락할 수도 있다. 중국 봉건사회의 일부 도덕의식이 사람들의 내면에 여전히 잔존하면서 현재까지 말끔히 정리되지 않고 있는데, 이러한 원인은 직관적 관조를 통한 도덕의식의 내면화 문제와 일정한 관련이 있을 것으로 예상할 수 있다.

83 『논어』「이인」, 주희, 『사서장구집주』, 73쪽.

넷째, 사회적 교화 기능이다. 직관적 관조를 통한 도덕의 내면화 기능이 개인에게 미치는 영향을 말한 것이라면, 사회적 교화 기능은 사회집단에 미치는 영향이다. 중국종교의 각 교파는 오랜 종교적 실천과 직관적 관조를 통해 얻은 인생의 도리를 그들 교파의 이상적 인격이라는 형식으로 형상화하고, 이를 사회에 전파함으로써 중국종교 특유의 사회적 교화 기능을 수행했다. 서양 종교의 이상적 인격 모델이 대개 이성적 능력이 뛰어난 지자智者에 있다면 중국종교의 인격 모델은 성현聖賢에 있는데, 이는 중국종교에서 주장하는 직관적 관조의 사회적 교화 기능과 무관하지 않다. 유교의 성인이나 도교의 진인, 지인, 신인, 그리고 불교의 붓다는 모두 삶의 궁극적 경지일 뿐만 아니라, 그 이상적 인격이 사회에 미친 영향력은 가히 무한하다고 할 수 있다. 각 종교의 지도자들은 모두 직관적 관조를 수행하면서 득도하는 과정에 그들의 사회적 교화력을 최대한 발휘했다. 공자는 "먹는 데 있어 배부름을 구하지 않고, 사는 데 있어 편안함을 구하지 않았으며" 오직 구도에 뜻을 두고 "아침에 도를 들으면 저녁에 죽어도 좋다朝聞道, 夕可死可矣"라고 말했다. 성리학자들은 "물을 뿌리고 청소하면서 윗사람의 부름에 응대할 것"과 인륜의 일상생활 속에서 사람됨의 도리를 깨닫고자 했다. 육구연陸九淵은 덕성을 실천하는 '존덕성尊德性'을 강조했고, 주희는 끝없이 묻고 배우는 '도문학道問學'을 강조했다. 그들은 한결같이 생명을 바쳐 도를 구하고, 목숨이 다하도록 도를 인증하고 행함으로써 개인적 인격을 완성하고, 그러한 인간적인 매력으로 중생의 정신적 삶을 한 차원 높였다. 또한, 사회 전체의 도덕적 정화에 전력을 기울인 점에서 직관적 관조를 통해 얻은 사회적 교화 기능이 그들을 통해 충분히 구현되었다고 하겠다.

제3절

정신감응과 초현실적 체험

세계의 각 종교에서는 정신감응 현상에 대해 많은 관심을 보인다. 이는 정신감응 현상이 종교에 은연중에 존재한다는 것을 의미하며, 그 때문에 각 종교의 신자들과 주변 인사들은 종교에 대해 모종의 신비감이나 두려움을 느끼게 된다. 사실상 정신감응 현상을 수반하지 않는 종교는 더 이상 종교라 할 수 없을 것이다. 종교에 내재한 정신감응 사상은 사상적 인식의 차원에서 정신감응 현상을 분명하게 드러낼 뿐만 아니라, 이러한 관념들은 종교사상의 발전과 그 흐름에서도 상당한 비중을 차지한다. 각기 다른 종교사상의 발전과 그 흐름을 살피고자 한다면, 그러한 종교 문화의 심층까지 내려가 정신감응 사상이 종교적 행위와 관련하여 전개된 기본적인 정황부터 먼저 파악할 필요가 있다. 정신감응 사상은 중국 각 종파의 사상 체계에서 중요한 부분이며, 그 수행 방식도 중국 문화 특유의 색채를 띠고 있으므로, 이와 같은 사상과 수행 방식에 관한 탐구는 중국종교사상과 그 역사를 이해하는 데 큰 도움이 된다.

1 —— 기운이 뒤엉켜 만물이 무르익는다氤氳化醇 : 화합과 교감으로 신령과 소통한다

인류는 내면적 정신세계와 우주와의 관계를 명료하게 규명함으로써 미혹에서 벗어나 개인적 삶의 한계를 초월하려고 줄곧 노력해왔다. 정신감응은 자연스럽게 이러한 인류의 염원에 부응하는 인식의 통로가 되곤 했다. 도대체 무엇이 정신감응이고, 그것이 실제로 존재하는 것인가. 이러한 물음은 인류 역사상 지금까지 쉽게 답할 수 없는 미묘한 문제다. 또한,

이러한 물음에는 묘한 매력이 있어 인간이 애써 해결하고자 하는 난제이기도 하다.

① 인류의 영원한 과제

좁은 뜻의 정신감응은 사람들이 생각한 것들이 서로에게 존재한다고 믿는 인류의 잠재능력이다. 이러한 능력은 어떤 정보를 통상적인 감각기관 이외의 경로로 전달하여 상대방이 마음속으로 이를 감지할 수 있게 한다. 이때의 정보는 종종 일반적인 감각 기관을 통해 얻는 정보와 같은 것으로 묘사된다. 이를 심전감응心電感應이라 하는데, 이른바 타심통他心通이나 서우각犀牛角이라 하는 것이다. '서우각'은 전설상의 코뿔소 뿔을 가리키는 것으로, 코뿔소 뿔 위에 있는 가느다란 흰 줄무늬가 대뇌와 직접 연결되어 영민하게 감응한다고 한다. 평상시 흔히 "마음에 영서靈犀가 있어 통했다"라고 말하는 것은 이러한 현상을 가리킨다. 한편, 넓은 뜻의 정신감응은 사람 사이의 영적 감응은 물론이고 사람과 동물 사이에 이루어지는 감응을 비롯해 동물과 동물 사이, 사람과 신명 사이의 영적 교류까지 포괄한다. 인류가 기나긴 세월을 거쳐 이른바 기이한 영적 교감이나 이와 유사한 현상들을 관찰해 왔지만, 이에 대해 현대인들은 연구사를 통해 허구적인 것으로 간주하거나 신앙심에 의한 정신감응과 유사한 현상으로 해석한다. 일반인들도 정신감응을 몽환적 상징, 예지력, 투시술, 감정이입 등의 현상들과 연관 지어 쉽게 말한다. 어떤 이들은 정신감응을 여섯 번째 감각인 육감으로 칭하고 육감이 실제로 존재한다고 맹신하기도 한다.

서양 과학에서도 정신감응 현상을 연구하고 있지만, 이성 지향적인 경향이 강하다. 영어권에서는 흔히 정신감응을 텔레파시telepathy라고 지칭하는데, 텔레파시에는 '테크닉'이란 뜻이 내포되어 있다. 이는 서양인들이 정신감응을 일종의 기능으로 간주하여 연구한다는 것을 의미한다.

정신감응 현상이 지닌 모종의 창의적 가치에 주목하는 이들도 있다. 플라톤의 계시론은 바로 이러한 정신감응을 중요한 심리적 상태로 간주한 것이다. 일단 이러한 심리적 상태에 놓이게 되면 창조자가 마치 자신의 몸 밖에 있는 어떤 근원에서 돌출하여 계시를 내리고, 모종의 신비한 힘에 이끌려 새로운 창조의 세계로 진입하게 된다는 것이다. 플라톤은 『대화편』에서 이를 다음과 같이 묘사한다.

> 코리반트corybant의 사제들이 춤출 때 그들의 정신은 모두 광기로 지배된다. 서정 시인들이 시를 지을 때도 이와 마찬가지다. 그들이 일단 음악과 리듬의 힘에 지배를 받게 되면 주신酒神 디오니소스와 같은 광란의 기쁨을 느낀다. 이러한 감각의 영향으로, 그들도 디오니소스의 여사제들처럼 주신에게 빙의되어 강물에서 젖과 꿀을 빨아들일 수 있다. 그들이 정신이 맑게 깨어있을 때는 할 수 없는 일이다. 서정 시인들의 영혼도 이와 같다. 그들 자신의 꿀을 얻기 위해 시신詩神의 정원에 날아들어 꿀이 흐르는 샘물에서 정화를 흡수하고 그들의 시를 짓는다.

이처럼 정신감응에 잠재된 창의적 가치 때문에 현실세계의 수많은 사람은 어떤 방식이든지 이러한 심리 상태를 유발하려고 애를 쓴다. 실제로 세계 각처의 유명 인사들은 그러한 상태에서 많은 계시와 도움을 받았다는 사실을 부정하지 않는다. 그들이 그러한 계시로 말미암아 보통사람은 도저히 이룰 수 없는 영광과 명예를 얻은 사례는 일일이 열거할 수 없을 정도다. 대표적인 사례로 아인슈타인을 들 수 있는데, 그는 어느 날의 일을 다음과 같이 회상한 바가 있다.

하루는 그가 베른의 특허청에서 의자에 앉아 있을 때 문득 한 생각이 떠올랐다. "만약 어떤 자가 자유 낙하를 하게 된다면 과연 그 자신의 중량을 느낄 수 있을까?" 그는 떨 듯이 놀랐다. 이처럼 간단한 사고 실험이 그 자신에게 깊은 인상을 남겼다. 이것이 바로 그가 중력 이론을 구상할 때의 느낌이다.[84]

이러한 정신감응에 관한 탐구와 체험은 종교계의 실제 행위를 통해 뚜렷하게 나타난다. 사람들은 흔히 정신감응을 종교적 전통이나 신비한 종교적 체험과 연결한다. 영국 출신의 불교학자 제인 호프Jane Hope의 주장에 따르면, 인류의 정신세계와 자연계의 감응은 현실적 삶에 꿈의 의미나 신화와 종교적 상징을 부여함으로써 심층적 무의식을 형성하게 된다고 한다. 그녀는 이렇게 말한다.

우리는 자신의 감각을 믿을 수 있을까? 이 세계는 눈에 보이는 그대로의 모습일까? 우리들의 감각으로 이해하는 이 세계를 초월할 다른 길은 없을까? 이러한 심층적 차원의 문제들은 줄곧 동서양의 철학과 정신적 전통의 주제로서 다루어지는데, 종교적 전통이나 신비주의 경험 및 일부 심리학 이론을 통해 지금까지도 우리들의 관심을 끌고 있다.[85]

중국의 종교학자 뤼다지도 『종교학강요宗教學綱要』에서 이러한 정신

84 [미국]쉬이훙徐一鴻, 『아인슈타인의 우주愛因斯坦的宇宙, Einstein's Universe』, 장리張禮 뒤침, 칭화淸華대학출판사, 2004, 23쪽.

85 [영국]제인 호프, 『심령세계의 언어心靈世界的語言, The Secret Language of the Soul』, 펑이한封一函 외 뒤침, 중국청년출판사, 2001, 31쪽.

감응의 종교적 경험을 다음과 같이 설명한다.

> 이른바 종교적 경험이란 것은, 종교를 믿는 이들이 신성물에 대해 느끼는 일종의 내면적 감수성이나 정신적 체험이다. 예를 들어 각 종교의 독실한 신자들, 특히 종교나 교파의 창시자를 비롯해서 이른바 고도高道, 고승高僧, 성도聖徒, 선지자先知者와 같은 '반인반신'의 종교인들은 그들이 믿고 있는 신이나 신의 권능 및 성물聖物로부터 직관적 형태의 체험과 느낌을 얻는다고 말한다. 어떤 이는 신과 직접 교류하면서 신으로부터 계시를 받는다고 대외적으로 천명하기도 한다. 또한, 그들은 이러한 직관적 체험과 직접적인 교류가 자신이 믿고 있는 대상이 신성한 것임을 입증하는 증거일 뿐만 아니라 그들 종교와 교파의 진실성에 대한 근거라고 주장한다.[86]

불경의 기록에 의하면 고타마 싯다르타는 마가다국 네란자라(Nairanjara, 尼連禪河) 강가의 핍팔라pippala 나무 아래에서 일곱 밤낮 동안 잠들지 않고 좌선한 끝에 마지막 '깨달음'을 얻었다고 한다. 깨달음을 얻은 이후 핍팔라 나무는 보리수菩提樹란 이름을 얻게 되었다. 이러한 정황에 관한 이야기는 바라나시의 사르나트에서 자신을 버린 다섯 명의 시자侍者들을 거두어 고집멸도苦集滅道의 사제四諦를 가르칠 때 나온다. 싯다르타는 득도한 이후 한 달 동안 마왕 파순의 유혹과 시련을 극복하는 과정에서 자신의 깨달음을 증명했다. 모세는 황량한 시나이 산에 올라 불타는 가시덤불 속에서 유대교의 하나님 야훼를 만나고 직접 십계명을 받았다

86 뤄다지, 『종교학강요』, 79쪽.

고 한다.[87] 기독교 복음서에 의하면, 나사렛 예수가 요르단강에 와서 세례를 받고 강기슭에 오르자 갑자기 하늘이 열리면서 성령이 비둘기처럼 내려와 그의 머리 위에 머물고, 동시에 "내 아들아" 하는 소리를 들었다고 한다. 예수는 성령을 얻은 뒤에 광야로 가서 40일 동안 금식하며 마귀에게 시험을 받았고, 이러한 가혹한 시련을 거친 뒤에 세상에 나가 하느님의 복음을 전했다.[88] 마호메트는 40세가 되던 해에 히라산 동굴에서 명상하면서 가브리엘 천사의 계시를 받았고, 이후 일생 이러한 신성한 체험을 끊임없이 겪었다고 전한다.

기독교의 전통에는 신비 체험과 관련한 수많은 기록이 있다. 비록 그 신빙성에 대해 의문을 표하는 사람도 있지만, 교회의 상층부에서는 이와 같은 신비 체험을 긍정적으로 이해하려고 노력한다. 그들은 이러한 신비 체험에 근거해서 신학 체계를 구축하고 그에 대한 해석까지 덧붙인다. "이러한 체계의 기초는 기도나 묵념에 있는데, 이런 방법을 굳게 믿는 이들은 그렇게 해야 영혼이 정화되어 하느님에게 다가갈 수 있다고 생각한다. 일상화된 기도나 묵념을 통해 고차원의 신비 체험을 얻는다고 믿기 때문이다."[89]

이슬람의 전통에는 수피즘sufism이 있다. 이슬람교의 탁발 수행자를 수피sufi라고 하는데, 그들은 신비적 합일을 통한 종교적 체험을 매우 중요시한다. 수피즘은 본래 이슬람교 가운데 고행과 금욕을 주장하는 단체에 지나지 않았다. 그들은 경건한 신앙심을 바탕으로 순종, 인내, 극기, 청빈을 삶의 목표로 했는데, 나중에 그리스, 페르시아, 인도 등의 철학과 종

87 『구약』「출이집트기」 참고.

88 『신약』「마가복음」 참고.

89 단춘, 『종교철학』, 중국사회과학출판사, 2003, 216쪽.

교적 전통의 영향을 받아 이슬람 신비주의로 발전했다. 초기 수피즘에서는, 그들의 신비 체험이 마치 정신적 착란으로 황홀경에 빠진 것처럼 표현되기도 했는데, 후대로 오면서 수피 사상가들의 가르침을 받아 신비 체험을 통해 범신주의pantheism나 '신과의 합일Wisal al-Haqq'을 추구하는 종교적 행위로 발현되었다. 정통적 수피즘의 교리에 따르면, 인생의 목적은 알라와 합일하는 정신적 경지를 획득하는 데 있다. 이 때문에 이슬람에서는 정신적 지도자의 가르침을 받아 명상하고, 이를 통해 자신의 영혼을 정화할 것을 강조한다. 수피즘의 교도들은 "어떤 신비적 존재가 실제로 있다고 굳게 믿는다. 접신接神의 상태에서는 그러한 존재로부터 계시와 가르침을 받는 것을 체험할 수 있지만, 이를 경험한 이후에는 그러한 신비 체험을 이성적 언어로 설명하는 것이 불가능하다고 여긴다. 다시 말해 종교적 신비 체험은 신앙의 주체가 숭배 대상인 객체와 접신하는 상태로 이루어진다는 점에서 비이성적이고 정서적인 어떤 것이다. 일단 그러한 상태에서 벗어나게 되면 신비감도 사라지기 때문이다."[90]

요컨대, 과학계나 종교계든 이성적 추론이나 정신감응이든 간에 정신감응 현상에 관한 인류의 탐구는 여태껏 중단된 적이 없었다. 그러나 정신감응 현상은 모호하고 신비스럽기 때문에 이에 대한 여러 해석도 현대 과학과 접목되기 어려웠고, 지금까지 체계화된 이론도 정립되지 않았다. 정신감응은 인류의 전통적 탐구 영역이면서 앞으로도 꾸준히 연구해야 할 영원한 과제다. 과거 중국종교에서는 이러한 주제를 구체적이고 생동감 있게 구현하여 오늘날 새로이 연구할만한 풍부한 문화유산을 남겨주었다고 하겠다.

90 단춘, 『종교철학』, 214-215쪽.

2 중국종교의 정신감응 사상

중국종교의 정신감응 사상은 중화민족이 고대부터 중시해온 생명 의식, 중화 문화에 내재한 대화大化의 도, 그리고 중국의 선현들이 사유방식의 측면에서 연계성과 전체성을 강조하는 것과 밀접한 관련이 있다. 어느 종교라 할 것 없이, 생명 그 자체 및 이와 밀접하게 관련되는 정신감응 문제에 관심을 보이기 마련이다. 특히 중국종교는 타민족의 종교와 비교해 인간의 정신세계와 우주의 관계에 대해 많은 관심을 보였으며, 정신감응 현상에 대해서도 많은 기록을 남겼다.

상고 시대 중국의 선현들은 일찍이 원시종교 시절부터 생명 현상과 직접 관련되는 정신감응 문제에 의미를 부여하고 이를 탐구해왔다. 그들은 영혼의 눈으로 우주 세계를 감지하고, 전체 우주가 음양의 두 기운이 상호 작용하여 서로 뒤엉킨 태화太和의 상태로 있는 것이라고 여겼다. 『역전』「계사하」에 "하늘과 땅의 기운이 뒤엉켜 만물이 무르익게 된다天地絪縕, 萬物化醇"라는 글귀가 있다. 인온絪縕에 대해서 공영달은 "서로 들어붙어 있다相附着"라는 뜻으로 해석하고, 주희의 『주역본의』에서는 "뒤엉킨 상태交密之狀"라고 설명했다. 이는 바로 원기의 결합과 상호작용을 뜻한다. 북송의 장재는 음양의 두 기운이 움직일 때, 기운 덩어리가 태허太虛에 날아올라 끊임없이 오르내리기를 쉬지 않은 것으로 설명한다. 『역전』에서 말하는 '인온'이나 '태화'는 음양의 두 기운이 대립하면서 통일하는 상태를 가리킨다. 장재는 이에 대해 다시 부연 설명했다.

> 태화는 이른바 도다. 떠올랐다가 가라앉고, 오르고 내리며, 움직이다가 고요해지는 가운데 서로 감응하는 성질이 있다. 이로써 인온이 생겨나 밀고 당기고, 이기고 지며, 굽히고 펴는 것이 비롯된다.[91]

옛날 중국인들은 천지 만물이 음양 두 기운의 '인온'과 '태화'의 작용으로 생겨난다고 생각했다. 하늘과 땅 사이에 있는 인간은 천지의 정기를 먹고 살아간다. 그 정기는 "하늘과 땅의 기운이 뒤엉켜 무르익은" 정수이며, 이로 말미암아 천지 만물과 필연적으로 감응할 수밖에 없는 '일점영명一點靈明'을 얻게 된다. 이러한 '영명'은 세월의 먼지에 뒤덮인 채로 가려지기가 일쑤이고, 아득한 어둠 속에 반짝거리다가 사라지곤 한다. 바로 이러한 점에서 종교는 각종 수행법을 통해 인간에게 내재한 한 점의 '영명'을 다시 드러내게 하고, 타인은 물론이고 세상 만물 및 신성한 존재들과 감응하게 하는 것이다.

아주 오래된 중국의 원시종교에는 여러 가지 정신감응 현상과 이로 말미암아 형성된 관련 사상들이 있다. 『브리태니커 백과사전』의 '영기靈氣' 조항에는 "무巫라고 불리는 중국의 제사장들은 그들 스스로 접신하거나 영기를 자신의 몸속으로 흡수하는 능력이 있다고 하며, 이렇게 해야 예언하는 능력이 생긴다고 주장한다"라고 기술되어 있다. 전통적 중국종교사상의 주요 원천은 『주역』에서 비롯되는데, 『주역』은 그 자체로 일종의 정신감응 경전이기도 하다. 건과 곤이나 음과 양이 서로 감응하면 길하고 정상적이다. '감응感應'이란 단어도 『주역』의 함괘咸卦에 있다. 함괘의 「단사彖辭」에서 이렇게 말한다.

> 함은 감感이다. 유柔가 올라가고 강剛이 내려와 두 기운이 감응하여 서로 관여한다. 머물면 기뻐하고, 남자가 여자에게로 내려온다. 이로써 형통하니 곧고 바르게 해야 이롭고, 여자를 아내로 맞이하면 길하다. 천지가 감

91 장재, 『정몽』 「태화」, 『장재집』, 7쪽.

응하여 만물이 화생하고, 성인이 인심을 감동하게 하여 천하가 화평하다. 그 감응하는 바를 관찰하면 천지 만물의 정감을 볼 수가 있다.

여기서 함咸은 상호 교감을 의미한다. 함괘의 육효 중, 위의 삼효는 태(兌,☱)인데 구사와 구오의 양기가 내려와 유柔에 속하고, 아래의 삼효는 간(艮,☶)인데 초육과 육이의 음기가 올라가 강剛에 속한다. 음유陰柔가 위로 향하고 양강陽剛이 아래로 내려가 음양의 두 기운이 서로 감응하여 쌍방이 어울리게 된다. 음양의 교감에 절제함이 있어 쌍방이 모두 기쁨을 느끼게 되는 것이다. 이것이 마치 남자가 예의를 갖추어 여자에게 구혼하는 것과 같으므로 형통함을 얻게 되며, 정도를 지켜나가는 데도 유리하다. 그래서 아내를 얻는 것이 길한 것이다. 이를 넓게 표현하면 천지 음양도 남녀처럼 서로 감응하여 만물을 잉태하고 생장하게 하고, 성인이 천지를 본받아 정성을 다하여 인심을 감동하게 하면 천하를 번영하게 하고 평화를 이룬다는 것이다. 이처럼 '교감'의 상을 자세히 관찰하면 천지 만물의 정황이 명백히 드러난다. 『주역』에는 이러한 감응 사상이 많이 발견된다. 예컨대 「계사상」에서 "느껴서 마침내 천하의 연고에 통한다感而遂通天下之故"라고 이르는 것과, "나오는 말이 선하면 천리 밖에서도 응한다出其言善, 則天里外應之"라는 말들은 모두 감응 사상을 달리 표현한 것이다. 또한 『주역』의 점복占卜 체계도 감응 사상을 생동감 있게 반영한다. 제인 호프는 『심령세계의 언어』에서 다음과 같이 말한 바가 있다.

고대 중국의 점복학에서는 점복으로 사물을 명석하게 예견하고 개인의 영혼이 우주와 조화를 이룰 수 있다고 말한다. 조화의 일치성에 대한 이런 유형의 기본적 해설은 현존하는 책으로서 가장 오래된 점복 체계인

『역경』의 중심 내용이다. 그 핵심적 문자의 내용은 기원전 15세기까지 소급되는데, 도교와 유교의 기원도 이에 포함된다. 시초蓍草의 줄기에서 나온 64종의 육효는 항구적으로 움직이는 우주의 모든 양상을 반영한다. 각기 대응하는 괘상 간의 상호 작용으로 각종 형상을 만들 수 있었던 것이다. 고대 중국의 점복은 우주의 힘과 교류할 뿐만 아니라 점복사로 하여금 미래의 일을 해석할 수 있도록 한다.[92]

여기서 외국인의 눈에 비친 중국 특유의 정신감응 사상과 종교적 원천이 잘 드러난다. "선현들은 인간과 신이 서로 감응할 수 있다고 믿었다. 팔괘는 감응에 필요한 일종의 도구다. 지금도 도심에서 멀리 떨어진 향촌 마을에 가면 많은 사람이 화려하게 팔괘를 대문 위에 걸어 놓고 있는 것을 종종 볼 수 있다. 이는 감응 사상에 대한 오래된 관념이 아직도 사회에 남아 있다는 것을 의미한다."[93] 『역』의 정수는 천지를 본받는 이러한 감응 사상에서 찾을 수 있다.

'감感'이 능동적 주체에서 피동적 대상으로 향하는 작용이라면, '응應'은 피동적 주체에서 능동적 대상으로 향하는 반응이다. 모든 사물 간에는 '감'과 '응'이 상호 작용하며 감응이 없으면 사물의 발전과 변화도 없다. 이러한 중국 전통문화를 배경으로 역사상 각 종파에서는 정신감응과 관련한 수많은 관념을 양산해내었다. 천인감응은 중국종교의 신비주의적 경향에 나타난 정신감응 사상의 주요 개념 가운데 하나다. 중국종교의 천인감응 사상은 인간의 운명이 하늘에 의해 결정되며 모든 일에 하늘

92 [영국]제인 호프, 『심령세계의 언어』, 평이한 외 뒤침, 중국청년출판사, 2001, 43-44쪽.

93 잔스촹, 『역학과 도교사상의 관계 연구易學與道敎思想關係硏究』, 샤먼대학출판사, 2001, 37쪽.

의 뜻이 있다는 것이다. 무수히 많은 상고 시대의 전설과 역사적 현장에는 모두 이러한 천인감응의 문화가 함축되어 있다. 이른바 상천上天과 감응하여 낳았다고 하는 감생신화感生神話에도 정신감응 사상의 요소가 내재해 있다. 간적簡狄이 제비 알을 삼켜 설契를 낳았다는 『사기』「은본기殷本紀」의 기록이 그런 예다.

> 은나라의 시조 설契의 어머니는 간적이다. 그녀는 유융씨有娀氏의 딸이며 제곡帝嚳의 둘째 비妃가 되었다. 세 사람과 함께 목욕을 갔다가 제비가 떨어뜨린 알을 보고 간적이 주워 삼켰다. 이로 인해 잉태하여 설을 낳았다.[94]

또 다른 예로 강원姜嫄이 거인의 발자국을 밟아 기棄를 낳았다는 『사기』「주본기」의 기록을 들 수 있다.

> 주나라의 시조 후직后稷은 이름이 기棄다. 그의 어머니는 유태씨有邰氏의 딸인데 이름이 강원이다. 강원은 제곡帝嚳의 원비가 되었다. 강원이 야외로 나가 거인의 발자국을 발견하고 마음이 즐거워 밟아보려고 했다. 밟고 나니 임신한 것처럼 몸에 태기를 느꼈다.[95]

이러한 감생 신화들은 모두 고대의 통치자에 의해 천자의 남다른 신이성을 널리 퍼뜨린 사례에 해당한다.

---

94 사마천, 『사기』「은본기」, 제1책, 91쪽.
95 사마천, 『사기』「주본기」, 제1책, 111쪽.

천인감응 사상의 중요한 관점은 "하늘에서 이적을 보였다上天降象"라는 데 있다. 하늘이 황하에서 하도河圖가 출현하게 하고 낙수洛水에서 낙서洛書가 나오게 함으로써, 미망에 사로잡힌 인류에게 나아갈 길을 제시하고 미래를 추단하게 했던 것이다. 『주역』「계사상」에 있는 "황하에서 도圖가 나오고 낙수에서 서書가 나와 성인은 이를 본받는다河出圖, 洛出書, 聖人則之"라는 구절처럼, 수많은 방사와 유생들이 『주역』에 근거해서 각종 참언讖言을 지어내고 견강부회할 수 있었다. 하늘은 각종 현상으로써 사람과 감응하는데, 이를 제비玄鳥, 거인의 발자국巨迹, 큰 거북大龜, 무지개長虹, 흰 이리白狼, 벼이삭嘉禾 등으로 나타낸 것이다. 『상서』에는 삼대三代의 교체에 관한 기록이 있다. 그중 「탕서湯誓」에는 "하夏는 죄가 많아서 하늘이 명하여 죽이게 했다有夏多罪 天命殛之"[96]라는 말이 나온다. 이는 바로 상商의 탕湯 임금이 하늘의 뜻을 받들어 하나라의 운명을 바꾼다는 뜻이다. 이것이 혁명이다. 「태서泰誓」에서도 "상商의 죄가 하늘에 미쳐 하늘이 명하여 죽이게 했다商罪貫盈 天命誅之"[97]라고 말하며, 「강고康誥」에서도 "이러한 사연을 상제께서 들으시고 문왕文王을 치하했다. 하늘은 이에 문왕에게 대명大命을 내려 은殷을 멸하게 했다."[98] 여기서도 주나라가 하늘의 뜻을 받아 상나라의 운명을 바꾸어놓았다고 한다. 이러한 상서祥瑞의 관념은 인간사와 천지 만물 간의 감응을 강조하는 데 있다. 상서는 길한 징조를 가리킨다. 상祥은 원래 없던 것이 지금 나타나는 현상을 가리키고, 정禎은 원래 있던 것이 현재에는 다르게 나타나는 현상이다. 『예기』「중용」에, 나라가 흥하게 될 때는 "반드시 정상禎祥이 있다"라는 말이 있다. 공영달

96 『십삼경주소』 상책, 160쪽.

97 『십삼경주소』 상책, 181쪽.

98 『십삼경주소』 상책, 203쪽.

은 이를 다음과 같이 해석했다.

> 나라에는 원래부터 참새가 있었다. 지금 색깔이 붉은 참새가 날아왔다는 것은 정禎이다. 나라에 애당초 봉황새가 없었는데 인제 와서 봉황새가 있게 되었다는 것은 상祥이다.[99]

천하가 잘 다스려지고, 성현이 나타나거나 경사스러운 일이 있게 되면 저절로 기이한 현상이 출현한다. 길조를 예시하고 분위기를 북돋아 놓는 것이다. 춘추 시기에 진晋나라의 대신 자범子犯은 천상天象으로 중이重耳를 설득하고, 중이로 하여금 장래의 일에 대해 자신감을 느끼게 했다. 후한後漢의 대신들은 항상 천문 현상을 보고 인간사를 해석했다. 순제順帝 때 북해인北海人은 음양학에 정통하여 천인의 관계로 조정의 일에 대해 의견을 제시하곤 했다. 『자치통감資治通鑑』에도 이와 관련된 기록이 있다.

> 지난해 8월에 형혹성熒惑星이 헌원성좌軒轅星座에 나타났다. 마땅히 조건에 맞는 궁녀를 골라 대궐 밖으로 출가시켜야 한다. … 지난해 윤10월에 흰 기운이 서쪽 천원성좌天苑星座에서 참숙參宿의 왼쪽 발 방향으로 이동하여 옥정성좌玉井星座로 들어갔다. 아마도 입추가 지나면 서강西羌이 침범할 우환이 있을까 두렵다. … 이번 달 14일 을묘乙卯에 흰 무지개가 해를 꿰뚫었다. 마땅히 조정과 지방관아에 명을 내려 일제히 입추 뒤에 소송을 처리할 것을 알려야 한다. … 신이 들은 바로는 황천이 만물과 감응하되 허투루 움직이지 않습니다. 재앙의 변화는 인간과 감응하는 것이니

99 『십삼경주소』 하책, 1632쪽.

> 만큼 스스로 책임을 물어야 할 것입니다.[100]

여기서 매번 나타나는 천문 현상은 모두 길흉과 관련된다. 흰 무지개가 해를 꿰뚫는 '백홍관일白虹貫日'은 모든 재앙과 전란의 근본 원인으로 일컬어진다. 옛날 사람들은 하늘도 어떤 의지가 있으며 끊임없이 인간의 세상사를 주시하고 있다고 믿는다. 이른바 "고개 들면 석 자 위에 신명이 있다擧頭三尺有神明"라는 말이 그런 뜻이다. 이러한 말들은 중국 고대인들에게 천인감응 사상이 얼마나 깊은 영향을 끼쳤는지를 잘 말해준다.

한편, 중국의 전통적 종교사상에는 '인부천수설人副天數說'이라는 것이 있다. 하늘이 자신의 형상에 맞추어 인간을 창조하고, 인간은 하늘의 의지를 받들어 자란다는 주장이다. 이러한 인부천수설도 주로 천인감응의 관계를 말하고 있다. 한나라 유학자 동중서는 『춘추번로』「인부천수人副天數」에서 이를 전문적으로 다루었다.

> 오직 사람만이 천지와 짝할 수 있다. 사람에게 360개 관절이 있어 하늘의 숫자와 짝이 되고, 형체의 골육은 땅의 두터움과 짝한다. 위로 귀와 눈이 있어 잘 듣고 밝게 볼 수 있는 것은 해와 달의 형상이고, 몸에 경혈과 혈맥이 있는 것은 하천과 계곡의 형상이며, 마음에 희로애락이 있는 것은 신기神氣와 같다. … 하늘은 한 해의 숫자로 사람의 몸을 만들었기 때문에 작은 관절이 360개가 되어 일수日數와 부합하고, 큰 관절은 12마디로 나뉘어 월수月數와 부합한다. 안으로 오장五臟이 있어 오행과 부합하며, 밖으로 사지四肢가 있어 사시四時와 부합한다. 눈을 뜨고 감는 것은 낮과 밤

100 사마광司馬光, 『자치통감』, 중화서국, 1956, 1663쪽.

과 부합하며, 강하고 부드러운 것은 겨울과 여름과 부합한다. 슬퍼하고 즐거워하는 것은 음양과 부합하며, 마음속에 계산이 있는 것은 도수度數와 부합하고, 행함에 윤리가 있는 것은 천지와 부합한다.[101]

그리고 『여씨춘추』「응동應同」에도 "무리가 같으면 부르고 기운이 같으면 합치고 소리가 비슷하면 응답한다類同則召, 氣同則合, 聲比同則"라고 한다. 이는 사실상 폭넓은 인식의 영역에서 정신감응을 파악한 것인데, 일종의 사물과 사물 간의 감응이기도 하다.

하늘의 권능과 은혜 아래, 통치자든 백성이든 간에 모두 하늘을 우러러 공경하고 은덕을 베풀어줄 것을 간절히 빈다. 역대 통치자들이 나라를 구하기 위해 하늘을 바라보고 통곡하거나, 연호를 바꿔 천명을 다시 받기도 하며, 가뭄에 기우제를 올리는 까닭도 여기서 찾을 수 있다.

불교는 중국에서 발전하는 과정에 정신감응 현상을 깊이 인식하고 이를 잘 활용했다. 불교의 대표적인 공안公案인 염화미소拈華微笑는 사실상 석가세존과 마하가섭 사이의 정신감응을 뜻한다. 세존이 꽃을 집어 드니 가섭이 빙그레 웃었다는 일화는 『대범왕문불결의경大梵王問佛決疑經』에서 나온다.

붓다가 영취산에 머물 때, 대범천왕은 황금빛 우담바라를 붓다에게 바쳤다. 세존은 꽃을 집어 대중들에게 보여주었지만 백만의 인천人天들은 모두 영문을 몰랐다. 오직 마하가섭만이 얼굴을 펴고 미소를 머금었다. 이에 세존이 말했다. "내가 지닌 정법안장正法眼藏과 열반묘심涅槃妙心을 저

101 동중서, 『춘추번로』「인부천수」, 소여, 『춘추번로의증』, 354-357쪽.

마하가섭에게 부촉한다."[102]

이 공안은 중국 불교에서 널리 전해져 중국 불교의 수행 및 중생을 구제하는 방식에 심원한 영향을 끼쳤다. 또 다른 예를 들면, 불교에서 이르는 '윤회의 수레바퀴Bhava-chakra'는 사람의 지혜를 드러내 보이는 것으로 해석되기도 하지만, 중생들이 환생하는 정신적 피안의 방향을 의미한다고도 볼 수 있다. 마치 조타기操舵機처럼 생긴 수레바퀴 안쪽의 바큇살에는 짐승과 굶주린 유령들이 우글거리는 왕국을 표현한다. 지옥계에는 영원히 녹지 않는 눈과 얼음이 있고, 활활 타오르는 화염도 있다. 이러한 지옥계의 현실과 환상 중간에 인간이 겪는 고통에도 차별이 있다. '칼의 들판'이라 불리는 아름다운 시골은 실제 밖으로 나다니는 거주자들에게는 형언할 수 없는 지옥이다. 그러나 타 종교와 서로 다른 점도 있다. 괴로움을 겪는 영혼들이 나중에 붓다의 도움으로 고통에서 벗어나 다른 세계에 다시 태어날 수 있다는 것이다. 불교에서는 '천天' 또는 '제파提婆'라 일컫는 천상의 신격이라 할지라도 끊임없는 재생과 윤회의 수레바퀴를 벗어날 수 없다고 한다. 또 다른 예로 선종을 들 수 있다. 중국화한 불교인 선종은 '선의 깨달음禪悟'를 강조한다. '선禪'은 고도의 정신 집중을 통해 깊은 사색에 잠기는 상태를 의미한다. '선'의 뜻에는 어묵語黙과 적조寂照의 방법이 있고, 선의 수행에는 돈오와 점오의 과정이 있다. 최종적으로 깨달음의 '오悟'자에 귀착된다. 그런데 이러한 '오'의 실제 내용은 세계나 타자 및 성령에 대해 마음 깊은 곳에서 이루어지는 일종의 감응이나 소통이다. 불가에서는 수행의 과정에 정신감응으로 선념善念을 유도하고 이를

102 「석씨계고략서釋氏稽古略序」, 『대정장』 제49권, 752쪽.

수양의 방편으로 삼는다. 불교에서 말하는 '육신통六神通'도 이러한 정신 감응 사상을 강조하는 것에 지나지 않는다. 한편, 유식종唯識宗에서는 제8식 아뢰야식을 주장한다. 아뢰야식은 마치 일종의 신기한 종자 은행과 같이 선악의 씨앗을 무진장하게 보관하고 있는데, 자아에 집착하는 제7식 말나식末那識을 통해, 의식意識·안식眼識·비식鼻識·설식舌識·이식耳識·신식身識을 끌어내어 유식唯識의 대천세계를 펼쳐 보인다. 유식종은 이처럼 아집에 의한 세계의 실상을 정신감응 현상으로 이해하여 선악의 선택 문제를 명쾌하게 판단할 것을 강조한다. 따라서 유식종에서 구현하고자 하는 세계도 사실상 선량한 세계에 초점을 두고 있다고 하겠다. 그 신도들 역시 이러한 선한 마음의 가르침을 받아 몸과 마음의 평형을 유지한 상태로 정혜쌍수定慧雙修를 행하고 불법을 널리 알리는 일을 한다.

도교의 정신감응 현상과 그 사상은 대단히 복잡하고 다양하게 나타난다. "어떤 이는 도교사상을 '감응' 두 글자로 요약하기도 했는데, 비록 극단적인 표현이라 할 수도 있지만, 어느 측면에서는 감응 사상이 도교에서 차지하는 중요성을 잘 지적한 것이라 하겠다."[103] 초기 도교 경전인 『태평경』에서는 동중서의 '인부천수'와 '천인감응' 사상을 수용해서 이를 방대한 체계를 지탱하는 이론적 토대로 활용했다. 『태평경』의 저자인 우길于吉의 주장에 따르면, 사람은 만물과 소통할 수 있으며, 동류同類뿐만 아니라 이류異類간에도 서로 감응할 수 있다고 한다. 동류 간의 감응은 사람과 사람 간의 감응을 이르고, 이류 간의 감응은 사람과 동식물 외에 사람과 귀신, 사람과 천지와의 감응을 말한다. 또한, 우길은 머리가 둥근 것은 하늘과 감응한 것이며 발이 네모진 것은 땅과 감응한 것이라 했다. 네 팔

103 잔스촹, 『역학과 도교 부호의 비밀易學與道敎符號揭密』, 중국서점, 2001, 46쪽.

다리는 사계절과, 오장은 오행에 대응하는 것이며 인체의 360개 경맥은 1년 360일과 대응한 것으로 보았다. 머리가 아픈 것은 원기가 기쁘지 않기 때문이고, 네 팔다리가 아픈 것은 사계절의 기운이 조화를 이루지 못한 탓이다. 귀와 눈에 질병이 있는 것은 일월성日月星의 삼광三光이 법도를 잃었기 때문이고, 발한과 발열이 있는 것은 음양의 기운이 서로 다투기 때문이다. 정신이 어지러운 것은 만물이 제 위치를 잃어버렸기 때문이고, 귀신들린 병은 천지신명이 노한 탓이며, 전염병이 유행하는 것은 태양의 기운이 침해되었기 때문이다. 상한傷寒 증세는 태음太陰의 기운이 침해된 탓이며, 병들어 갑자기 죽는 것은 형기刑氣가 지나치게 압박하기 때문이고, 복부가 팽만하거나 수척한 것은 입춘에서 동지까지의 여덟 절기가 어긋났기 때문이다. 이처럼 여러 병인病因들을 분석하는 정황을 미루어 볼 때, 『태평경』에서는 인체가 외부적 환경의 영향을 받고 있다는 사실을 이미 인식하고 있었던 것으로 드러나며, 그러한 영향은 인체와 천지 간의 물질적 기감응氣感應에 속한다. "이는 자연에 대한 소박한 인식을 표명한 것으로, 전체적인 면에서 과학적이라 말하기는 어렵지만, 합리적 요소들도 얼마간 포함되어 있다. 그런데 『태평경』의 경우는 이러한 합리적인 요소들을 발전시키지 못하고 신비주의에 경도되어 '감응'의 이론만을 발전시킨 한계를 보였다."[104] 『태평경』에서는 천지를 인격화하고 인간의 질병은 천지의 존엄함을 무시한 탓에 비롯되는 것으로 파악한다. 나라가 제대로 다스려지지 않을 때도 하늘에서 재앙과 변고를 통해 다음과 같이 경고한다고 이른다.

104 잔스촹, 『역학과 도교사상의 관계 연구』, 샤먼대학출판사, 2001, 108쪽.

큰 재앙과 변고는 천지가 크게 말한 것이며, 중간 정도의 재앙과 변고는 천지가 중간 정도로 말한 것이고, 작은 재앙과 변고는 천지가 작게 말한 것이다.[105]

또한, 이렇게 말하기도 했다. "상서롭지 못한 흉조가 크게 나타난 것은 천지가 크게 노한 것이며, 상서롭지 못한 흉조가 중간 정도로 나타난 것은 천지가 중간 정도로 노한 것이고, 상서롭지 못한 흉조가 작게 나타난 것은 천지가 작게 노한 것이다. … 재앙과 변고는 대소에 따라 기록하되 털끝만큼도 틀리지 말아야 한다."[106] 이러한 감응 사상은 후세에 지대한 영향을 미쳤다.

'태상노군'의 이름에 가탁한 여러 도교 경전에서도 다방면에 걸쳐 감응의 문제를 언급하고 있다. 그중 가장 두드러진 것으로 『태상감응편』을 들 수 있다. 이 책은 『감응편』이라 약칭하기도 하는데, 작자의 문제에 대해서는 아직도 확실한 정론이 없다. 『송사』「예문지」에는 이창령李昌齡의 『감응편』 1권이 언급되고, 『군재독서부지郡齋讀書附志』에는 협강夾江의 은자隱者 이창령이 편찬한 『감응편』 8권이 있으며, 『정통도장』「태청부太清部」에도 "이창령이 전하고 정청지鄭清之가 찬贊했다"라는 『태상감응편』 30권이 수록되어 있다. 이로 미루어 『태상감응편』은 송나라 때에 이미 출현했음을 짐작할 수 있다. 후대에 부연敷衍되고 주소註疏가 가해지는 과정에서 그 내용도 다르게 고쳐져 복잡하게 얽힌 것으로 추정된다. 『태상감응편』은 인간의 보편적인 관심사인 '화복禍福'의 문제를 처음부터 언급한

105 왕밍, 『태평경합교』, 323쪽.

106 왕밍, 『태평경합교』, 324쪽.

다. “화복의 문은 따로 없다. 오직 사람이 스스로 불러들일 따름이다. 선악의 보답은 마치 그림자가 몸을 따르는 것과 같다”라고 지적하면서 시작한다. 『감응편』의 저자가 보기에는 서로 다른 행위는 서로 다른 결과를 초래하며, 복이니 재앙이니 하는 것도 전적으로 자기 생각이나 행동거지에 달려있다고 한다. 사람이 선과 악을 일삼을 때는 반드시 그에 따른 보응이 있다는 것이다. 그렇게 되는 까닭은 천지 간에 감응의 법칙이 존재하기 때문이다. 개인으로서 다복하고 장수하려면 응당 선행을 하고 덕을 쌓아야 한다. 또한, 저자는 화복길흉의 인과응보를 구체적으로 입증해 보이기 위해 20여 종의 선행과 100여 종의 악행을 열거하여 사람들이 참조하게 했다.

도교의 법술과 과의科儀에도 정신감응과 관련한 여러 요소가 잡다하게 뒤섞여 있다. 예를 들면, 복서술卜筮術, 무혹술巫惑術, 금가술禁架術, 부계술扶乩術, 환술幻術, 강신술降神術, 부록符籙, 영기靈棋, 태을太乙, 육임六壬, 기문둔갑술奇門遁甲術, 축유祝由, 감여堪輿, 재초齋醮, 도인導引 등이 그것이다. 도교의 부록 수행은 정신감응을 근거로 하며, 감응을 통해 효력을 나타내려고 하는 것이다. 부符는 일명 부자符字라고 칭하는데, 필획의 굴곡이 글자와 비슷하면서도 글자가 아닌 일종의 도형이다. 록籙은 일명 묵록默錄이라 칭하는데, 천조天曹의 관속과 좌리佐吏의 이름을 적어놓은 비문秘文이다. 부록의 작용은 귀신의 힘을 빌려 악마를 내쫓는 것으로, 그 연원은 원시 사회의 무술巫術까지 소급된다. 부적을 그리고 염불을 외며, 귀신을 쫓고 요귀를 물리치고, 복을 빌고 재앙을 떨쳐버리는 것들은 모두 도교 부록과 법술의 주된 구성 요소다. 도교에서는 부도符圖와 인장印章 위에 그려진 부록이 천신의 문자라고 하며, 부록에는 귀신을 소환하고 병을 고치며 사기邪氣를 제압하는 기능이 있다고 말한다. 법술을 부릴 때는 항상 지팡이, 검, 거울 따위의 법기法器를 사용하는데, 법기에 부주符呪나 구결口訣을 결합하여 일종의 정보전달 신호로 운용한다. 이런 방식으로 신명에게 기도하면 효과가 더욱 신속하게 나타난다는 것이다. 도사가 법술을 시행할 때는 기물을 높이 받쳐 들고 물 위에 부적을 그리기도 하고, 주사朱砂로 종이에 부록을 쓴 후 이를 태운 재를 물에 녹이기도 한다. 병자나 귀신에 홀린 사람이 그 물을 복용하게 되면 온갖 병이 낫는다고 한다. 진晉나라 때 갈홍은 『포박자내편』「등섭登涉」에 부록의 벽사辟邪 기능을 소개하고, 10여 장의 부적까지 그려놓아 사람들이 이를 활용할 수 있도록 했다.

속칭 도장道場이라는 도교의 재초는 제신諸神에게 제사를 올릴 때 '초醮'라는 방법을 사용하는데, 이 역시 신령 감응의 기능이 있는 일종의 청신 의식請神儀式이다. '초'는 본래 관례나 혼례에 등장하는 상고 시대의 의례였다. 삼례三禮의 하나인 『의례』「사관례士冠禮」에서는 "만약 예례醴禮를 하지 않으면 술로 초례를 행한다若不醴, 則醮用酒"라고 말했다. 단술醴을 올리지 못할 때 술을 올려 초례를 지낸다는 것이다. 여기서 초醮는 술을 따르지만, 술잔을 주고받지 않는 의례를 이른다. 전국 시대 초나라 사람 송옥宋玉은 『고당부高唐賦』에서 "여러 신들에게 초례를 행하고 태일太一에게 절을 한다醮諸神, 禮太一"라는 말을 했다. 『포박자신선금작경抱朴子神仙金勺經』에 기록된 선문자단법羨門子丹法을 보면, 방사方士들도 사조祠竈와 같은 종교적 제사 활동을 했다고 한다. 『한서』「교사지郊祀志」에도 관련 기록이 있다. 선제宣帝 때 "어떤 이가 익주益州에 금마金馬와 벽계신碧鷄神이 있는데 초제醮祭를 올려 모실 수 있다고 아뢰었다. 이에 대부大夫 왕포王褒를 파견하여 부절符節을 지참해서 구하게 했다"라는 기록이 그것이다. 여기서 "초제를 올려 모신다醮祭而致"라는 것은 초제의 의식을 하여 신을 청한다는 뜻인데, 거기에는 정신적 감응 방식도 포함되기 마련이다. 『정일위

의경正一威儀經』에서는 "초라는 것은 천지 신령들이 흠향하기를 비는 것이다"라고 일렀다. 『상청영보대법上清靈寶大法』 권 59의 『재법종지문齋法宗旨門』「사은초謝恩醮」에서도 두광정의 말을 인용해서, "광성자廣成子가 이르기를, 초라는 것은 … 대개 진군眞君을 청하고 신령을 강림시키는 것이다"라고 했다. 이러한 것들은 모두 정신감응 사상의 영향이 그 속에 침투해 있다는 사실을 반영한다.

민간종교는 하층 노동자 집단의 종교다. 그 사상적 기초는 유·불·도 삼교 사상과 다신론多神論에 있다. 민간종교의 구성원은 대다수 농민이나 빈민층이고, 이외에 유랑민과 소규모 수공업자들도 포함되는데, 이들은 모두 사회에 대해 극도의 반항심을 가지고 있다. 당연히 정신감응 사상도 이들 종교의 교리와 사상에 깊은 영향을 주었다. 민간종교의 신도들이 향을 피우고 경문을 외우는 재초 의식을 행할 때, 의식적이든 무의식적이든 간에 정신감응 사상에 의존하기 때문이다. '부계술'이 바로 그러한 사례에 해당한다. 부계扶乩는 부기扶箕 또는 부란扶鸞이라도 칭하는데, '감응'을 통해 '신'을 청하는 법술이다. 일찍이 부계를 통해 자고신紫姑神을 청하는 도교적 법술이 한때 널리 유행한 적도 있었다. 자고는 전설 속의 측신廁神으로 점복에 능통했다. 남조의 종름宗懍이 『형초세시기荊楚歲時記』에 기록한 바에 의하면, 매년 정월 대보름날 "저녁에 자고를 맞이하여 이듬해 양잠과 뽕나무에 관해 묻고 농사일을 점친다"라고 했다. 나중에 자고 이외에 마고麻姑, 무녀巫女, 칠저七姐, 하고荷姑 등도 부계신扶乩神에 포함되었다. 부계의 방법은 계필乩筆로 모래판 위에 글씨를 쓰게 하는 것이다. 계필은 정자丁字 모양으로 작은 나무방망이 두 개를 엮어 붓처럼 만든 것이고, 그 아래 모래판은 키箕처럼 생겼는데 여기에 모래나 쌀을 깔아놓는다. 부계를 행할 때는 촛불을 밝혀놓은 다음 향을 피우고 신령이 강림하기를 청한다. 그런 다음 계필을 모래판 위에 흔든다. 계사乩師는 모래판 위에 그려진 도형을 보고 어떤 글귀인지 판단하고 그 글의 의미에 따라 길흉을 예측한다. 각 지역이나 시대에 따라 부계의 방법이 서로 조금씩 다르지만, 기본적인 면에서는 대동소이하며 민간종교에 미친 정신감응 사상의 영향을 모두 일정하게 반영한다.

3 정신감응 사상의 특징

중국종교에 나타난 정신감응 사상의 주요 특징을 다음과 같이 개괄할 수 있다. 첫째, 중국종교의 정신감응 사상은 다분히 실리적 성격을 띠고 있다는 점이다. 점복의 경우를 놓고 말하면, 옛사람들이 신명을 숭배하고 신명에게 점을 쳐서 물어보는 것은 각각의 시대에 필요한 실리적 목적과 부합하기 때문이다. 『예기』「교특성郊特性」에서 납제蜡祭를 묘사하는 대목에 이러한 관념을 잘 드러내고 있다.

> 큰 납팔蜡八에 이기씨伊耆氏가 비로소 납蜡을 시작했다. 납이란 '찾는索' 것이다. 매년 12월에 만물을 모아 놓고 찾아서 제사를 올린다. 납제는 선색(先嗇, 신농씨)을 주로 하고 그다음에 사색(司嗇, 후직씨)에게 제사한다. 백곡百穀의 종자로 제사를 올림으로써 농사를 가르친 색嗇에게 보답한다. 권농관인 농農을 비롯해서 우(郵, 밭), 표(表, 원두막), 철(畷, 밭 사이 길)의 신 및 금수禽獸에게도 제사를 지내니, 은혜를 보답하는 인의 지극함이요 그 공을 잊지 않는 의의 극진함이다. 옛날 군자는 일을 시키면 반드시 보답했다. 고양이 귀신을 맞이하여 제사를 지내는 것은 밭의 쥐를 잡아먹기 때문이고, 호랑이 귀신을 맞이하여 제사를 지내는 것도 밭작물을 해치는 산돼지를 잡아먹기 때문에 이들을 맞이해서 제사한다. 저수지와 수로의

신에게도 제사를 지낸다.[107]

천상의 일월성신에 제사를 올리는 것은 일월성신이 광명을 가져다 주기 때문이다. 그래서 우러러 받들고 숭배할 만한 가치가 있는 것이다. 대지에 있는 목·화·토·금·수의 오행에 제사하는 것은 그것들이 생존과 번식에 이롭기 때문이며, 명산대천에 제사하는 것은 재물을 끊임없이 공급하기 때문이고, 새나 짐승 따위에게도 제사를 지내는 까닭은 그것들 나름의 역할이 있기 때문이다. 이는 옛사람들의 종교 신앙이 일종의 실용주의적 정신에서 비롯되었다는 것을 설명한다. 팔괘로 신명의 행위를 점치고 묻는 것도 이러한 정신과 일맥상통한다. 당시 옛사람들은 그들의 삶을 영위하는 가운데 자신들의 이익을 취하고자 노력한 것이었다. 그러나 이처럼 실리적 성격에 기반을 둔 종교적 정신감응 사상은 후대에 심각한 영향을 미쳤다. 민간에 행해지는 각종 형식의 숭배에도 모두 어느 정도의 실용성을 강조하게 되었을 뿐만 아니라, 노골적으로 실리적 경향을 드러내었다. 관세음보살에게 비는 것도 자식을 얻기 위해서였고, 재신財神에게 기도하는 것도 재물을 얻는 것이 주된 목적이 되었다. 민간에 만연된 이러한 경향은 보편적인 현상이었다.

둘째, 정신감응 사상이 종종 미신을 강요하거나 어떤 목적을 실현하는 데 이용되었다는 점에서 비교적 정치적 색채를 강하게 띠고 있다는 것이다.

각 시대의 봉건 왕조에서는 통치자들 대부분이 정신감응 사상을 정치적 목적으로 이용했다. 한나라 때에는 '천인감응'과 '천인합일' 및 참위

107 『십삼경주소』 하책, 1453쪽.

설讖緯說이 한 시대를 떠들썩하게 했다. 동중서는 '인부천수설'에 따라, 사람은 천지의 정화로서 하늘과 가장 닮은 존재라고 주장했다. "인간으로 군주가 된 자는 하늘에서 상象을 취하고 이를 본받아야 한다"라고 했다. 그의 주장에 따르면, 인간의 일과 활동은 하늘에서 비롯되고 하늘과 반응한다. 하늘을 대신하여 백성을 다스리는 군주일지라도 예외가 아니었다. 군주의 행위에 따라 하늘에서 상서로운 징조나 괴이한 현상을 나타냄으로써 상을 주거나 응징한다. 그러나 '천인교감天人交感'이나 '군권신수君權神授'로 나타난 신비주의적 정신감응 사상은 당시 유행하던 참위설과 결합하면서 급속도로 다른 양상으로 전개되었다. 통치 계급이 그들의 권력과 이익을 위해 다투는 과정에서 백성을 우롱하고 기만하는 이론적 도구로 이용했던 것이다. 한대의 왕망王莽과 유수劉秀는 앞뒤를 다투어가며 참위讖緯, 부명符命, 서응瑞應, 그리고 하늘과 신명의 계시를 내세워 권력을 찬탈하기도 했다.

종교의 정신감응 사상은 또한 공명을 추구하고 부와 이익을 좇는 자들도 이용하였다. 송나라 문인들 사이에 부계扶乩가 성행한 사실은 실리를 추구하는 문인들의 심리와 무관하지 않았다. 그들은 출세의 목적을 위해 항상 부계 따위의 방식에 의존해서 신령과 감응을 시도하고, 이를 통해 이익을 취하거나 자신들의 앞날을 점쳐보려고 했다. 육유陸遊는 '기복箕卜'이라는 시에서 이렇게 묘사했다.

온갖 풀이 신령한 맹춘孟春에
자고紫姑를 맞이하는 옛 풍속이 있다
부엌에서 대소쿠리를 가져와
부녀자의 치마로 덮어 가린 다음

두 아이를 시켜 붙들게 하고는

붓을 꽂아 글자가 써지기를 축원하면

이윽고 무엇이 있는 것처럼

잠깐 사이에 응답이 있다

과거에 붙고 말고는 확인할 것 없고

한번 웃고 즐거우면 그것으로 충분하다[108]

육유는 비록 부계를 심심풀이로 대하고 한번 웃고 말았지만, 이 시의 정황을 미루어 보면 당시 유행했던 부계가 과거科擧와 무관하지 않다는 것을 여실히 증명하고 있다. 독서인들이 과거 시험이 임박해서 불안한 마음에 부계를 통해 신의 계시를 얻고자 기원한다. "과거에 붙고 말고는 확인할 것 없고豈必考中否"란 구절은 과거의 결과에 대한 예측을 말한다. 부계로 앞날의 일에 관해 묻는 일도 있다. 『열미초당필기閱微草堂筆記』 권4에 이러한 기록이 전한다.

요안공姚安公이 과거를 보기 전에 부계자扶乩者를 만나 공명의 유무를 물었다. "앞길이 만 리나 된다前程萬里"라는 판단이 나왔다. 또 어느 해에 급제할 것인가를 물어보았다. 이번에는 "과거 급제는 만년萬年을 기다려야 한다"라는 판단이 나왔다. 그 뜻은 입신출세의 길이 따로 있다는 것을 가리킨 것이다. 계사癸巳 만수萬壽 연간에 은사恩賜로 급제하고 나서야 비로소 '만년'이란 말을 깨달았다. 나중에 운남雲南 요안부姚安府의 지부知府

108 육유, 『검남시고교주劍南詩稿校註』 제6책, 첸중롄錢仲聯 교주, 상하이고적출판사, 1985, 2979쪽.

로 벼슬살이를 하다가 고향으로 돌아가기를 청하고 다시 세상에 나오지 않았다. '전정만리'라는 말도 들어맞았다.[109]

계선乩仙이 이른 '만년萬年'은 다양한 해석이 가능하다. "아득하고 기한이 없다", "그 길은 통하지 않는다", 또는 "만세萬歲 천자가 은혜를 베풀 때" 등으로 해석할 수 있는데, 당사자는 반드시 이들 가운데 한 가지 상황과 마주치기 마련이다. 이는 사실상 부계의 영업 비밀이기도 하다. 귀신은 본래 영험한 존재가 아니지만, 사람들로 말미암아 영험하게 된다는 것이다.

피지배계층도 지배 계급에 저항하기 위해 종교적 정신감응 방식을 이용하여 민중을 동원하고 조직을 효과적으로 운용했다. 기원전 209년에 있었던 진승陳勝과 오광吳廣의 반란이 대표적인 사례다. 그들은 '진승왕陳勝王'이라는 참첨讖籤을 물고기 배 속에 넣어두고 이를 신의 뜻이라 하여 조직을 결성하고 민중 봉기를 끌어냈다. 다른 예로는 후한 말기에 장릉이 오두미도를, 장각은 태평도를 각각 창립한 사실을 들 수 있다. 이들에게 거대한 조직력과 대중적 호소력이 있었던 것은 의도적으로 종교적 정신감응 사상을 이용한 것과 밀접한 관련이 있다. 장릉이 오두미도를 전할 때, 부적을 태운 물을 마시게 함으로써 병을 고치고 기도와 축문으로 민중을 현혹했다. 병자에게는 머리를 조아려 죄를 뉘우치도록 가르쳤다. 완치된 자는 재생의 은혜에 보답하는 마음으로 그를 신으로 모시고 교리를 성심껏 믿어 너나 할 것 없이 민중 봉기에 가담했다. 장각도 "창천이 죽고 황천이 일어나니, 갑자년에 천하가 대길하리라蒼天已死, 黃天當立, 歲在甲子, 天

109 기윤紀昀, 『열미초당필기』, 상하이고적출판사, 1980, 60쪽.

下大吉"라는 구호를 내세워 천공장군天公將軍이라 자칭하고 교도들을 동원하여 봉기했다. 이러한 것도 종교적 정신감응의 힘을 운용한 것에 지나지 않았다.

셋째, 중국종교의 정신감응 사상이 다양한 방식으로 전통문화의 심층에 스며들어 그 사회적 영향력이 대단히 깊다는 점이다. 한 민족의 종교적 신앙은 그 민족 문화의 심층부에 자리 잡은 정신적 의식이라 할 수 있다. 중국 전통문화도 마찬가지로 각기 다른 종파에서 내세우는 그들 신앙의 기본적 사상 체계가 중화민족 문화의 내부에 스며들어 있기 마련이다. 이러한 사상 체계 중에 정신감응 사상은 하나의 중요한 구성 요소에 속한다. 각 종파의 정신감응 사상은 다원화된 방식으로 민간에 나타난다. 민간에 유행하는 여러 유형의 천지신명은 각 종파가 그들 신령을 통해 정신감응 사상을 구현하는 방식이기도 했다. 옛날에는 자식이 많은 것을 복으로 여겼다. 이 때문에 사람들은 생육의 신에게 절을 하고 신과 감응함으로써 자식을 얻으려고 했다. 민간 불교에 관음보살 신앙이 있지만 본래 인도불교의 관음보살은 자식을 낳게 해주는 능력이 없었다. 불교가 중국에 전해진 후, 빠른 속도로 중국화하면서 관음보살은 아기를 낳게 해주는 신으로 변모했고, 자식을 바라는 부녀자들은 모두 절에 가서 관음상 앞에 절을 올리게 되었다. 불교의 호법신 중에 속칭 모야차母夜叉라는 귀자모鬼子母가 있다. 이 역시 자식을 낳게 해주는 보살이다. 또한, 민간도교에도 송자낭랑送子娘娘 신앙이 있다. 낭랑묘娘娘廟에서는 서왕낭랑西王娘娘, 천비낭랑天妃娘娘, 구천현녀九天玄女, 태산낭랑泰山娘娘을 모신다. 민간종교에서는 주나라 문왕 희창姬昌을 모시기도 한다. 전하는 바에 따르면, 주나라 문왕에게 99명의 아들이 있었는데 나중에 다시 뇌진자雷震子를 거두어 100명의 아들을 두는 복을 누렸다고 한다. 당나라 때의 진정고陳靖姑는 푸젠성 푸저우福州 창산倉山의 탑정塔亭 사람이다. 일찍이 고전古田 임수향臨水鄕으로 시집가서 아기를 낳다가 죽었다. 죽기 전에 스스로 말하기를, "죽은 뒤에 신이 되어 산고産苦를 구하겠다"라고 했다. 촌로들은 그 말에 감동하여 사당을 세우고 제사를 올렸다. 또 다른 예도 있다. 중국인은 부자가 되기 위한 목적으로 재신을 숭배한다. 민간에는 문재신文財神과 무재신武財神이 있다. 문재신은 춘추 시대 월나라 대신 범려范蠡다. 범려는 모략이 뛰어나 구천勾踐을 도와 오나라를 멸망시켰다. 그 후 이름을 숨기고 강호를 방랑하면서 세 차례나 천금을 모았다가 세 차례 모두 가난한 사람들에게 나누어주었다. 나중에 그는 도읍陶邑에 정착하고 자호自號를 도주공陶朱公이라 했다. 그리고 도교의 전설적인 인물 조공명趙公明은 무재신이다. 전하는 말에 따르면, 조공명은 종남산終南山 출신으로 종규鐘馗와 동향인이다. 장천사張天師를 스승으로 모시고 정일현단正一玄壇 조원수趙元帥로 봉해졌다. 그는 천상의 무장이었지만 민간에서는 무재신으로 받들고 있다. 민간에서는 또한 관공關公을 재신으로 모시는데 집안에 신위를 설치하고 향을 피워 제사를 올린다. 현대에 이르기까지 수많은 사람이 집안에 각종 재신을 모셔두고 절을 하는 모습을 어렵지 않게 볼 수 있다.

이렇게 천지신명에 대한 민간의 숭배 의식을 통해 정신감응 사상이 중국의 사회 문화에 얼마나 넓고 깊은 영향을 끼쳤는지 실감할 수 있다. 민간의 각종 풍속에서도 각기 다른 종교적 정신감응 사상이 투영되어 있는데, 다양한 주문呪文 속에도 감응의 의미가 내포되어 있다. 주呪는 원래 고대의 무사巫師가 신에게 제사를 드릴 때 외는 일종의 축도문祝禱文이었다. 언어가 가진 신비한 마력을 굳게 믿는 신앙에서 비롯된 것이었다. 민간에는 밤길을 가는 여행자들이 늘 외우는 다음과 같은 주문도 있다.

입문경入門經 출문경出門經
출문우상出門遇上 관세음觀世音
삼천동자三千童子 전인로前引路
팔백금강八百金剛 호아신護我身
요마귀괴妖魔鬼怪 화회진化灰塵

이러한 주문을 외움으로써 밤길의 공포를 잊고 용기를 얻곤 했다. 이러한 풍속은 불교에서 나온 정신감응 사상의 영향으로 설명될 수 있다. 또한, 민간에서는 아이가 잠을 자지 않고 울고불고하면서 시끄럽게 할 때, 부모는 항상 다음과 같은 글귀를 써서 눈에 잘 뜨이는 위치에 붙여놓는다. 교감의 효과를 얻고자 하는 것이다.

높고 높은 하늘이여, 넓고 넓은 땅이여	天皇皇, 地皇皇
우리 집에 울보 하나 있는데	我家有個好哭郎
길 가는 군자가 세 번씩 외워주면	過路君子念三遍
해가 중천에 뜰 때까지 잘도 잔다	一覺睡到大天光

아이가 경기驚氣를 일으킬 때도 시골 사람들은 혼이 빠졌다고 생각하여 술사術士나 아이의 친모를 시켜 혼을 불러들이게 한다. 이름을 부르고 대답하게 함으로써 정신을 감응하게 하여 아이의 혼을 제자리로 불러온다. 이러한 것들은 모두 중국종교의 정신감응 사상이 민간 풍속에 투영된 현상이다.

넷째, 중국종교의 정신감응 사상은 그 내용이 상당히 풍부하지만 대개 천인감응을 중심으로 하늘과 신의 계시를 강조한다는 점이다. 중국종교에서 정신감응 사상이 아무리 내용이 풍부하고 범위가 넓다고 하지만, 그 전체 내용을 개괄하면 네 가지로 압축된다. 통상적으로 신령과 귀신으로 나타나는 천天과 인간, 인간과 인간, 인간과 만물, 만물과 만물 간의 감응이 그것이다. 그중 서양 문화와 크게 다른 점은 중국종교의 정신감응이 '천인감응'을 중심으로 전개되고, 하늘과 신의 계시를 한층 강조하는 데 있다. 서양 문화에서는 인간과 인간 간의 정신감응에 많은 관심을 기울이며 항상 이성으로써 판단하고 증명하고자 한다. 이렇게 다른 양상을 띠게 된 까닭으로 몇 가지를 들 수 있다. 하나는 중국에서 종교적 정신감응 사상이 종종 지배 계층과 피지배 계층의 정치적 목적을 위해 이용되었다는 것이다. 절대적 권위와 의지를 표명하기 위해서는 천인 간의 상호 교감에서도 '하늘'을 인간의 지위보다 극단적으로 우위에 두어야 했다. 천인감응이나 하늘과 신의 계시와 같은 감응도 자연히 관심의 대상이 되어 중국종교에서 정신감응 사상의 주류를 형성하게 되었던 것이다. 다음으로 들 수 있는 원인은 서양과 비교해 볼 때 전통문화의 영향으로 중국 민중들 속에는 개성을 발휘하거나 독립된 인격을 인정할 만한 정신적 공간이 결핍되어 있다는 것이다. 이러한 탓에 중국인의 성격에는 일종의 '하느님 부재上帝缺位' 현상이 존재한다. 중국 민중들의 이같은 특별한 성격은 중국 종교문화에 내포된 정신감응 사상의 발전에 큰 영향을 미쳤을 뿐 아니라, 하늘과 신의 계시에 의존하는 감응 사상이 주류를 이루게 했다. 마지막으로, 중국종교에서는 주객을 구분하지 않고 천지 우주만물과 인간의 합일을 더욱더 강조했다는 데서 그 원인을 찾을 수 있다. 주객합일의 관념에서 탈피하기 어려우므로 인식의 주체라는 시각에서 정신감응의 문제를 인간 중심적 사고로 접근하기가 쉽지 않았다. 그렇다 보니 실제 생활에서도 항상 수동적으로 하늘과 신명을 대하고 평등하게 상호교감하지 않았다. 이로 인해 종교적 정신감응 사상도 천인합일이 중심이 되어 하늘과 신의 계시를 강조하는 경향이 주류를 형성한 것이다.

4 정신감응 사상의 가치

중국 역사상, 종교적 정신감응 사상이 사회에 미친 부정적인 영향은 비교적 뚜렷하게 드러난다. 정신감응 사상은 지배 계층이나 부정직한 인물들의 의도적인 농간으로 미신과 신비주의 색채를 띠기도 했고, 지배자가 민중을 우롱하고 현혹하는 수단으로 전락하기도 했다. 동시에 귀신의 존재와 괴이한 현상을 다룬 수많은 이론이 출현하여 현대 과학정신과 정면으로 충돌하고 마찰을 빚게 됨으로써 과학적 정신의 정상적인 발전에도 악영향을 미쳤다. 그러나 중국종교의 정신감응 사상을 중국 전통문화라는 큰 그림 아래에 놓고 보면, 어느 정도 긍정적 가치를 지니고 있다는 점을 잘 알 수 있다. 그 가치를 열거해보면 대체로 다음의 네 가지 측면에서 살펴볼 수 있다.

첫째, 악행을 억제하고 선행을 권하는 데 도움이 된다는 점에서 윤리도덕적 가치를 지닌다.

중국종교에서 강조하는 정신감응 사상은 신명이 인간의 악행을 감독하고 징계함으로써 착한 일과 덕행을 유도하는 데 주된 의미가 있다. 선악의 응보를 강조하기 때문에 사회생활의 측면에서 악행을 예방하고 선행을 권장하는 역할을 하는 것이다. 『주역』에는 "선을 쌓는 집안에는 반드시 남은 기쁨이 있고, 불선不善을 쌓는 집안에는 반드시 남은 재앙이 있다"라고 역설한다. 선행이 누적되면 집안에 경사스러운 일이 많이 있게 되고, 악행이 누적되면 집안에 많은 재앙이 일어나기 마련이라는 뜻이다. 도교에서 말하는 '승부'의 이치도 마찬가지다. 『태상감응편』에서는 다음과 같이 말한다.

> 삿된 길은 가지 말고 어두운 방 안에서도 속이지 말아야 한다. 덕을 쌓고 공을 누적하며 자비심으로 만물을 대해야 한다. 나라에 충성하고 부모에 효도하며, 형제간에 우애가 있고 벗들에게는 공경해야 한다. 자기가 바르게 되어야 남들을 감화할 수 있다.

또한 『태상감응편』에서는 천선天仙이 되려면 일천 삼백 가지 착한 일을 해야 하고, 지선地仙이 되려면 적어도 삼백 가지 착한 일을 해야 한다고 말한다. 아울러 인체 내부에도 인간의 행위를 감독하는 '삼시신三尸神'이 있는데, 수시로 인간의 악행을 기록할 뿐만 아니라 경신일庚申日이 되면 하늘에 올라가 천조天曹에 보고하거나, 혹은 지부地府에 내려가 죄상을 고발하고 인간의 온갖 잘못을 털어놓는다고 한다. 인간의 수명과 길흉화복이 이에 따라 결정된다는 것이다. 또한, 선행을 닦는 데도 한 생각마다 공을 들여야 한다고 강조한다. 세상 사람들에게 악을 행하지 말고 착한 일을 하라고 권고하며, 좋은 일을 하면 하늘에서 복을 주고 악행을 하면 재앙을 내린다고 강조한다. 민간에서 신봉하는 조왕신竈王神도 이와 유사하게 허세를 부리거나 낭비벽이 심한 인간의 행실을 감독하고 징계하는 역할을 한다. 이렇게 신령과 감통하는 정신감응 사상들은 중국 전통문화라는 배경 아래 모든 이의 심중에 깊이 스며들어 강력한 도덕적 동기를 부여했다. 이를 통해 악을 행하는 자는 두려움에 떨고, 선행하는 자는 심리적 위안을 얻도록 했다. 그뿐만 아니라 내면적 성찰을 통해 유학자들이 말하는 '신독'의 경지에 이를 수도 있었다. 이러한 점에서 중국종교의 정신감응 사상은 시대를 초월한 도덕적 가치를 지닌다고 할 수 있다.

둘째, 제왕들의 절대적 권력 행사에 절제를 경고한다는 의미에서 정치 사회적 가치를 지닌다.

중국종교의 일부 정신감응 사상, 예컨대 『국어』에서는 천도天道를 마음의 문제로 다루면서 '마음'이 곧 '제심帝心'이라는 사상을 제시했다. 제帝는 상제上帝와 천제天帝를 이르며 인격적 의지를 가진 존재다. 좋고 나쁘다는 감정을 드러낼 뿐만 아니라 선행을 장려하고 악행을 처벌하는 힘도 갖추고 있다. 이 때문에 마음을 천제의 정신적 의지라 간주하고 이를 '제심'이라 칭한다. 『국어』에서는 대우大禹의 치수治水 경험과 교훈을 기술하면서, 공공共工과 백곤伯鯀이 제방을 쌓고 웅덩이를 메우는 방법으로 물길을 막아 결과적으로 천제의 뜻을 위배한 탓에 실패했다고 논평했다. 이에 우禹는 하천을 준설하여 막힌 곳에 물길을 터주고, 지대가 낮은 곳은 호수로 만들어 물이 고이게 함으로써 물산도 풍부하게 했다. 이러한 방법으로 물을 다스렸는데 그 결과 홍수 때도 물살이 막힘없이 잘 흐르게 되어 크게 성공했다. "그 때문에 하늘에는 음침한 날씨가 없고 땅에는 별이 드리웠다. 물에는 침체된 기운이 없었고 불은 이글거리지 않았다. 귀신이 횡행하지도 않았고 백성들은 음심을 품지 않았으며, 사시四時는 어김이 없었고 작물에는 재해가 발생하지 않았다. 우의 공적을 따라 본받고 자연의 법도와 규율을 헤아려 행하니 훌륭한 공적을 거두지 않는 이가 없어 '상제의 마음帝心'이 흡족했다. 황천이 이를 가상하게 여겨 복을 내려 천하를 다스리게 했다."[110] 여기서 이른바 '제심'이란 사실상 천제의 정신적 의지로 표현된 천도의 법칙이다.

천도의 법칙은 정신적 의지의 성질을 부여받았기 때문에 모종의 도

110 쉬위안고, 『국어집해國語集解』 「주어하周語下」, 왕수민 · 신창원 점교, 중화서국, 2002, 96쪽.

덕적 속성을 지니게 되고, 천도를 구현하는 '제심'은 인심과 상통하는 것이 된다. '제심'은 선을 좋아하고 악을 싫어하며 선행은 권장하고 악행은 처벌한다. 인심도 이처럼 악을 멀리하고 선을 지향해야 하며, "선을 부추기고 악을 억눌러야 한다."[111] 인간의 사상과 그 행위는 반드시 "천지를 헤아려 본받고 계절에 따라 움직이며, 백성과 신령의 요구에 맞추고 사물의 법칙에 마음을 쏟아야 한다."[112] 이렇게 될 때 비로소 '제심'과 부합하여 천제의 칭찬과 보호를 얻을 수 있다. 특히 나라를 다스리는 군주라면 응당 어진 덕을 품고 예의를 지켜야 한다. 민심에 순응해야 천하가 바르게 다스려지고 백성들이 편안하게 된다. 만약 도를 등지고 덕에서 벗어나 민심과 어긋나게 되면 그것은 곧 '제심'을 위반하는 일이 된다. 천제는 재이災異를 내려 "그 마음을 권계勸誡함으로써"[113] 악을 버리고 바른길로 돌아오게 한다. 『음부경陰符經』에서는 천지와 만물 및 인간의 관계를 다음과 같이 규정한다.

> 하늘에 오적五賊이 있으니 이를 아는 자는 번창한다. 오적은 마음에 있어 하늘에 시행되고, 우주가 손안에 있어, 만 가지 변화가 몸에서 일어난다. 하늘의 성품은 사람이요 사람의 마음은 기틀이니, 하늘의 도를 세워 사람을 안정시킨다. 하늘이 살기殺氣를 일으키면 별자리가 뒤바뀌고, 땅이 살기를 일으키면 용과 뱀이 뭍에 올라오며, 사람이 살기를 일으키면 천지가 뒤집힌다.

이는 천지인이 서로를 견제하는 감응의 관계를 강조한 것이다. 이와

111 쉬위안고, 『국어집해』「주어하」, 왕수민 · 신창원 점교, 485쪽.

112 쉬위안고, 『국어집해』「주어하」, 왕수민 · 신창원 점교, 98쪽.

113 쉬위안고, 『국어집해』「주어하』, 왕수민 · 신창원 점교, 485쪽.

비교해 동중서와 같은 무리들이 널리 주장하는 '천인감응'과 '인부천수'와 같은 사상들은 봉건 계급의 지배 논리를 정당화하기 위해 신비주의적 이념을 강조한 것에 불과했다. 당시 유행했던 참위설과 결합하면서 지배 계층이 백성을 기만하고, 그들의 권력 쟁탈에 필요한 이론적 수단으로 전락했다. 제왕들은 즉위한 후에 대다수 칙령을 발포하면서 하늘의 뜻을 감히 거역하지 못해 왕위에 오르게 되었다고 말하는 것도 그런 경우였다. 그러나 한편으로 이러한 신비주의적 감응 사상에서 강조하는 바는 국가의 치란治亂 문제였다. 나라가 잘 다스려지지 못하면 하늘에서 재앙을 내려 경고하고 심지어는 왕조의 운명까지 바꾸어놓을 수 있다는 것이다. 이로 인해 천인감응 사상은 역설적으로 제왕에게 심리적 압박감을 주어 그들로 하여금 절대 권력을 남용하여 백성을 어육魚肉처럼 함부로 다루지 못하게 했을 뿐만 아니라, 욕망을 절제해서 국정에만 전념하도록 했다. 이러한 의미에서 볼 때 종교적 정신감응 사상에도 어느 정도 정치 사회적 가치가 있음을 짐작할 수 있다.

셋째, 심리적 안정과 정신 치료에 도움이 된다는 점에서 심리학적 가치가 있다.

중국종교의 정신감응 사상에는 심리학과 관련된 풍부한 사상들이 함축되어 있다. 이러한 사상이 환자들의 심리적 안정과 정신치료에 활용되어 기이한 효과를 얻기도 한다. "도사라면 십중팔구가 의원이다十道九醫"라는 속담이 있듯이, 많은 도사가 의원 노릇을 할 때 대개 정신감응의 방법을 운용한다. 도교의학에서 치병의 방법으로 흔히 사용하는 축유법祝由法은 이러한 정신감응 사상을 운용한 것이다. 축유법을 시행할 때는 부적과 주문이 동원된다. 그런 다음 환자로 하여금 조용한 방에 들어가 명상을 하고 자신을 스스로 반성하게 함으로써 정신적 '목욕沐浴'을 시킨다. 실제로 이렇게 의념을 끌어내게 되면 잡념이나 삿된 생각과 나쁜 마음이 깨끗이 제거되고, 초조한 느낌이나 긴장감 및 우울증 등 좋지 않은 감정들도 정리된다. 좋지 않은 정신적 요소들이 인체 기관에 미치는 피해를 줄이게 함으로써 환자는 신과 감응하는 느낌을 얻고, 상쾌한 기분을 느끼는 상태에 이르게 된다. 생명 시스템의 평형을 유지하게 함으로써 완쾌시키는 것이다. 명나라 때의 대의학가大醫學家 장개빈張介賓은 『유경類經』 권12의 「논치류論治類」에서 축유법을 다음과 같이 소개하고 있다.

> 예전의 무의巫醫들은 온갖 병을 이기는 까닭을 알았으며 그 병이 생기는 바도 미리 알았다. 축祝으로 가능했던 것이다. 이러한 몇 마디 말은 귀신에게 축유祝由하는 이치를 설명한 것이다. 어리석은 나는 그 이치를 분명히 하고자 한다. 무릇 "귀신과 비슷하다"라고 하는 것은 맞는 듯하지만 실제로는 그렇지 않다는 말이다. "싫어하는 바가 있고 그리워하는 바가 있다"라는 것은 귀신이 마음에서 생긴다는 말이다. "병을 이기는 것을 알고 그 병이 생기는 것을 알아 축으로 치료한다"라는 것은 그 병이 들게 한 원인을 찾아 마음속에 있는 귀신을 제거한다는 말이다. 왜 그런가? 무릇 사람의 칠정은 좋고 나쁜 감정에서 일어나고, 좋고 나쁜 감정이 한쪽에 치우치면 기운도 한쪽에 치우치게 된다. 치우침이 있으면 이기고 지게 되며, 정신이 산란하게 된다. 정신이 기울어지게 되면 사기邪氣가 다시 자리를 잡게 되어 귀신이 마음속에서 생겨난다. 이 때문에 평소에 싫어하는 자가 있으면 싫어하는 자가 나타나고, 평소에 그리운 자가 있으면 그리워하는 자가 나타난다. 평소에 의심하는 자가 있으면 의심받는 인물이 나타나고, 평소에 두려워하는 자가 있으면 두려워하는 자가 나타난다. 질병뿐만이 아니라 꿈도 그러하다. 이른바, "싫어하는 바가 있고 그리워하

> 는 바가 있어서" 혈기血氣가 안에서 어지러워지고, 이 때문에 "귀신과 비슷하다"라고 말한다. 또한, 신기神氣가 제자리를 잃게 되면 이로 말미암아 사기가 침범한다. … 무릇 모든 사기가 침범하는 경우는 모두 신기가 제자리를 지키지 못한 탓이다. 이를 일러 "정기正氣가 허약해서 사기가 이기고 그 때문에 오귀五鬼가 나타난다"라고 말한다. 이것이 이른바 '고사故邪'이며, "온갖 병을 이기는 까닭을 안다"라고 하는 말이다. … 마음에 머무는 바가 있으면 신도 거기에 의지하고, 의지하는 바가 바르지 않으면 사귀邪鬼가 생겨난다. 이것이 이른바 "그 병이 생기는 바를 안다"라는 것이다. 뿌리를 알아야 치료할 방법도 있는 것이다. 그 때문에 싫어하는 것을 살피고, 그리워하는 것도 살피고, 이기는 것을 살피고, 병이 생기는 까닭도 살펴야 한다. 이렇게 하는 축유에 효험이 없을 수가 없다.[114]

여기서 장개빈은 축유를 통해 치병의 기제를 치밀하게 분석하고, 좋지 않은 의념을 제거하여 병을 치료하는 축유의 본질을 밝혔다. 귀신과 감응하는 기제를 통해 환자의 심리 상태를 조절함으로써 내외의 심리적 균형감을 얻게 하고, 그 결과 양호한 치료의 목적을 달성하게 했던 것이다. 이러한 점들을 고려하면 중국종교의 정신감응 사상에 일정한 심리학적 가치가 있다고 말할 수 있다.

넷째, 창의적 사고에 동기와 활력을 불어넣고 있다는 점에서 이를 지속해서 연구하고 개발할만한 가치가 있다.

중국종교를 감싸고 있는 신비의 베일을 벗겨내면 많은 사실이 드러난다. 각 종파의 정신감응 사상에 창의적 사고를 활기차게 전개할 정신적

114 장개빈, 『유경』 권12, 「논치류論治類」, 인민위생출판사, 1965, 352-253쪽.

공간이 무수히 존재한다는 사실을 발견할 수 있기 때문이다. 일정한 조건이 주어진다면 이러한 공간에서 창조적 활동에 필요한 영감을 얻는 데 많은 도움을 받을 수 있을 것이다. 누군가 영통하다는 소문들은 대부분 검증할 길이 없고 검증할 필요도 없다. 하지만 그 속에서 전개되는 기이한 상상력과 남다른 심미 의식, 그리고 특유의 예술적 감각은 종종 보는 이로 하여금 절로 감탄을 금할 수 없게 한다. 이러한 것들은 중국종교의 정신감응 사상이 인간의 창의적 사고를 유발한 결과물로 나타난다. 채순蔡順과 주창周暢의 어머니는 멀리 떨어져 있는 아들을 부르고 싶을 때면, 매번 손가락을 깨물어 불렀다는 설화도 있다. 이러한 인간과 인간 간의 정신감응에 관한 소문과 문헌들은 정신감응 현상을 통해 그들의 도덕적 품성을 반영하고 있을 뿐만 아니라, 도덕적 가치와 사회적 의미도 함께 가지고 있다. 게다가 중국의 옛사람들은 일찍부터 정신감응 현상의 존재에 많은 관심을 보이며 이를 자신들의 지혜로 활용해서 대담한 상상력을 펼쳤다. 현대인들도 이러한 현상에 대해 숙고하면서 많은 영감을 얻을 수가 있다. 중국종교의 무술巫術, 점서占筮, 참위讖緯, 부계扶乩, 우보禹步, 단도丹道와 같은 것들에도 다방면의 정신감응 사상에서 촉발된 창의적 영감이 번뜩이며, 깊이를 알 수 없는 신비함이 있어서 미래예측 분야나 동시성 원리 및 양생학의 연구 대상으로 그 가치가 충분히 인정된다. 모든 도술의 근원으로 간주하는 도교의 우보를 예로 들어보면, 이를 도교의 전통적 단도와 결합하여 현대 양생학으로 연구해볼 만하다. 당나라 때의 도교의학자 손사막은 『천금익방千金翼方』「금경禁經」에서 우보를 이렇게 설명한다.

> 무릇 우보법禹步法은 좌우의 발을 옮기되 앞뒤를 다르게 한다. 이 법을 익히려면 반드시 삼광三光의 기운을 먼저 얻어야 한다. 그런 다음에 우보법

> 을 행해야 영험이 있다. 삼광은 해, 달, 별을 가리킨다. 우보에는 삼보三步, 칠보七步, 구보九步가 있는데 일정하지 않다. 삼광의 기를 받으려면, 아주 청명한 날에 태양을 향해 두 발로 나란히 서서 먼저 소원하는 바를 빌고 마음이 움직이는 대로 몇 가지 주문을 왼다. 그런 다음에 우보로 세 걸음을 걷는다. 발을 내디딜 때, 먼저 머리를 들어 태양을 바라보고 입을 크게 벌려 햇빛을 흡입한 후에 곧바로 입을 다문 상태에서 세 걸음을 옮긴 다음 비로소 숨을 내쉰다. 삼보는 서있는 상태에서 두 번 발을 옮기는 것을 일보로 친다. 삼보는 곧 여섯 차례 발을 옮긴 것이다. 햇빛을 향해 우보를 행할 때는 왼발은 먼저 옮기고 오른발은 왼발 뒤에 옮긴다. 달빛이나 별빛을 향해 우보를 행할 때는 오른발은 먼저 옮기고 왼발은 나중에 옮긴다. 단지 걸음 수만 다를 뿐이다. 별을 향해 우보를 행할 때는 반드시 구보를 채워야 한다. 구보는 태양을 향해서 세 걸음을 옮기고 다시 여섯 걸음을 채우는 것이다. … 또한, 별을 향해 우보로 아홉 걸음을 걸을 때, 단숨에 오랫동안 할 수 없으면 세 걸음마다 폐기閉氣하는데 구보를 채우면 세 차례 폐기하는 것이 된다.

여기서 드러나는 것은 우보의 전체 과정에 천인교감의 정신감응 사상이 관철되어 있다는 사실이다. 법을 행하는 자는 삼광의 기운을 흡입하고 일월성日月星을 응시한 채로 숨을 참고 내뱉으며 호흡을 조절한다. 이는 『주역참동계』의 원리와 같다. 인체의 소우주를 천지 자연의 대우주와 상호 호응시킴으로써 천지자연의 운행 법칙 속에 인체 내단 수련의 근거를 모색한다는 점에서 우보와 일치한다. 여기서 천인교감의 의도를 읽을 수 있을 뿐만 아니라, 감응 사상의 양생학적 가치를 충분히 헤아려 볼 수도 있다. 중국종교의 정신감응 사상은 그 자체로 활력이 충만한 사상 체계로서, 오늘날에 이르기까지 그 오묘한 내용이 여전히 시공을 초월한 매력을 발산하고 있다. 향후 현대 과학이 발전함에 따라 중국종교의 정신감응 사상에 관한 연구와 그 가치에 대한 이해가 한층 진전될 것으로 예견된다.

2 —— 지성이면 감천: 수심修心의 핵심은 정성에 있다

정신감응은 그 본질에 있어서 자연과 정신세계에 대한 중국종교의 특수한 인지 방식이다. 중국종교의 정신감응 사상에서는 하늘과 신의 계시가 주류를 이루었기 때문에 천인교감을 획득하는 것이 정신감응 수련의 주요 문제로 부각되었다. 그렇다면 종교적 활동으로 정신감응을 실행하여 이른바 '영통靈通'을 어떻게 얻을 수 있었을까? 그 수련법은 대체로 다음과 같다.

1 지극한 정성에 의한 영통

중국의 각 종파에는 모두 그들 나름의 정신감응 수련방식이 있다. 그중 하나의 공통점을 들면, 다들 "지성이면 감천"이라고 생각하는 것이다. 마음으로 '정성'을 다하는 것이 '영靈'과 통하는 비결이다. 그래서 '마음心' 공부에 치중한다. 바로 이러한 이유에서 중국종교의 정신감응 수련법을 탐구하려면 반드시 중국 전통문화 속에 있는 '심'의 범주를 이해할 필요가 있다.

장리원은 『심心』이라는 저술을 통해 '심'의 범주가 중국의 정신문화와 그 문화적 생명을 하나로 집약한 것이라고 말한다. 이는 '심'의 범주를 비교적 객관적으로 파악한 것으로 알려진다. 이와 동시에 그는 '심'의 범주를 세밀하게 분석해놓은 바가 있다. 이를 간략하게 요약하면 다음과 같다. 첫째, 인체의 심장이면서 사유의 중추 기관이다. '심'이란 글자는 심장의 모양을 형상화한 것으로 본래의 뜻은 심방心房이다. 『설문해자』에는 "심이란 사람의 심장으로서 토土에 속하는 장기이며, 몸 가운데 있는 것을 상형한 것이다"라고 한다. 둘째, 주체 의식이다. 셋째, 천심天心이다. 넷째, 없으면서 있는 것이다. 다섯째, 유식唯識이고 유심唯心이다. 여섯째, 리理다. 일곱째, 무엇을 아는 것이다.

고대의 일부 경전에도 심에 대한 수많은 주장이 엿보인다. 『역경』에서는 심리心理를 강조하고, 『상서』에서는 선악의 마음을 강조하고, 『시경』에서는 덕심德心을 강조하며, 『좌전』에서는 인인仁人의 마음을 강조하고, 『국어』에서는 제심帝心을 강조한다. 선현들은 '심'이란 한 글자를 놓고 이처럼 섬세하게 분석하고 그 미묘한 의미를 파악하고자 노력했다.

과연 그렇다면 마음을 어떻게 닦아야 영통할 수 있는가. 이에 대해 각종 다양한 이론들이 있다.[115]

유학자들은 대부분 마음을 중시했다. 공자는 수심修心의 문제를 논하면서, "칠십이 되어서야 비로소 마음이 끌리는 대로 해도 법도에 어긋나지 않았다"라고 했다. 공자는 마음에 보편적인 의의를 부여하여 진덕進德과 수업修業을 하나로 통합할 것을 강조했다. 마음이 이끌리는 대로 행하는 자유를 성취해야 비로소 인격이 완성된다고 했다. 그러나 마음에 대한 기존의 논의는 어떻게 처신하는가에만 무게를 두고, 자연 현상의 배후에 있는 본체를 탐구하는 강렬한 의식은 결여되어 있다. 왜냐하면, 공자의 '종심소욕從心所欲'에서 실제로 중시한 것이 도덕적 자유에 대한 '영통'

115 '심'의 문제에 관해서 이 책의 제3장 제1절과 제2절에서는 이미 자세히 논한 바가 있다. 여기서 주로 정신감응의 시각에서 분석한다.

이기 때문이다. 맹자 역시 수심의 문제를 거론하면서 '인심仁心'을 함양할 것을 주장했다. 마음의 본분은 생각하는 데 있고, 인간의 정신 활동이 이루어지는 장소라고 여겼다. 맹자는 "진심盡心이면 지심知心이고, 지심이면 지천知天"이라는 체계적인 이론을 제시하고, 이를 도덕적 수양 문제와 결부시킴으로써 개인적 도덕의식의 함양을 강조했다. 맹자는 "측은하게 여기는 마음이 인의 단서이고, 부끄러움을 아는 마음이 의義의 단서이며, 남을 배려하는 마음이 예의 단서이며, 옳고 그름을 따지는 마음이 지의 단서다"[116]라고 생각하고, 여기서 '네 가지 마음'을 사단四端이라는 도덕적 관념으로 발전시켰다. 이러한 맹자의 주장에 따르면, 도덕적인 마음에서 '왕도王道'의 일이 나오고, 도덕적 의식이 도덕적 실천으로 전환되면서 주체의 마음과 객체의 사물이 하나로 통합된다. 이러한 통합이 이루어질 때, 비로소 '영통'을 경험하고 '천인합일'과 심물합일心物合一이라는 최고의 도덕적 경지에 도달한다는 것이다. 순자도 수심을 논하면서 마음이 신명의 주인이니 군자가 마음을 함양할 때는 '성誠'이라는 글자보다 더 좋은 것이 없다고 주장했다. 그는 텅 빈 마음으로 하나에 집중해서 조용하게 바라본다는 '허일이정虛一而靜'의 원리를 제시했다. 오로지 '허일이정'이 이루어져야만 비로소 자연과 사회의 법칙을 이해할 수 있고, 편견에 가려진 마음을 열어 영통의 경지에 이를 수 있다고 했다. 이는 정신감응에 대한 순자의 인식을 잘 드러내고 있다는 점에서 주목되는 대목이다. 동중서는 수심을 논하면서 마음에는 '희로애락'의 정서적 활동 이외에[117] 욕정을 제어하는 기능도 있다고 주장했다. 마음과 하늘을 결합하

116 『맹자』「공손추상」, 주희, 『사서장구집주』, 238쪽.

117 동중서, 『춘추번로』「인부천수」, 소여, 『춘추번로의증』, 355쪽.

게 되면 외재적인 천의天意의 권위를 빌어 내재적 개체 의식을 제약한다고 했는데, 그러한 개체 의식에는 군주와 신민의 주체 의식까지 포함한다고 말했다. 인심이 천심天心과 부합하고 하늘로 말미암아 생겨난 것이기 때문에, 주체 의식은 능동적으로 천심에 전이되어 천심에 따라 움직이게 된다. 그 결과로 천인감응이 이루어져 합일하게 된다는 것이다. 이처럼 주체 의식이 객관화됨에 따라 마음도 외재적 본체의 의미를 띠게 되었다. 장재는 수심을 논하면서 심통성정을 주장했다. "사람은 본래 마음이 없으나 사물로써 마음으로 삼는다人本無心, 以物爲心"라고 했다. "그 마음을 크게 하면 능히 천하의 만물을 받아들일 수 있다. 만물을 받아들이지 못한 것이 있으면 마음이 바깥에 있는 것이다."[118] 마음은 오직 사물에서 감응함으로써 영통할 수 있다. 만물과의 교류를 통해서 견문은 넓힐 수 있으나 '덕성지지德性之知'의 영적 감응은 일으킬 수 없다는 것이다. '덕성지지'의 영적 감응을 일으키기 위해서는 성인들처럼 "마음을 크게 해야 한다." 정호와 정이도 수심을 논하면서 장재의 심통성정설을 근거로 심유체용설心有體用說을 주장했다. 그들의 주장에 따르면, 마음의 체는 적연부동寂然不動한 성을 가리키고, 그 용은 천하의 정과 감이수통感而遂通하는 것을 가리킨다. 그러한 자리에 심心·성性·정情이 하나가 된다. 그들은 마음을 다시 인심人心과 도심道心으로 구분하고, 사욕을 제거하고 천리天理를 보존할 것을 강조했다. 또한, 그들은 "마음이 무한하다心無限量"라는 전제하에, 천하에는 마음 밖의 사물이 존재하지 않고 천지 만물이 모두 내 마음속에 있다고 했다. 내 마음을 떠나서는 천지 만물도 존재하지 않는다는 것이다. 이렇게 마음은 천지 만물과 합쳐져서 하나가 되었다. 주희는 수

---

118 장재, 『정몽』「대심편大心篇」, 『장재집』, 24쪽.

심을 논하면서, "마음은 리理와 기氣를 포함한다"라고 주장했다. 그는 "깨닫는 바는 마음의 리理이고, 깨닫게 하는 것은 기의 영靈이다"[119]라고 했으며, "천하의 만사가 일심에 근거한다"[120]라고 말했다. 또한, 그는 "마음을 비워 밝게 하여 사물과 감응하면虛明而應物", 영통할 수 있다고 주장했다. 육구연과 왕양명도 수심을 논하면서 '양지'의 마음을 구할 것을 주장했다. 육구연의 주장에 따르면, 마음은 '양지'라 부르기도 하는데 양지는 곧 마음이고 마음의 본래 모습이다. 양지는 만물 조화의 기능이 있다. 양지만 구하면 만물이나 세상만사에 달통하여 만물과 더불어 상대할 자가 없는 것이다.

도교인은 수심을 논하면서 다들 '허심虛心'으로 지극한 정성을 다하면 영통할 수 있다고 주장한다. 노자는 '무상심無常心'과 '허기심虛其心'을 강조했다. 장자는 세속을 떠나있는 도가의 길을 따라 마음을 자연의 본체인 도와 연결해 인의예지에 얽매이지 않는 삶을 꿈꾸며 개체 의식의 초월을 중시했다. 물아物我와 주객의 경계를 타파하고, 좌망으로 주체적 정신의 절대적 자유를 실현하여 영통의 경지에 이를 것을 강조했다. 『회남자』의 저자는 『황제내경』의 사상을 활용하여 "마음은 형체의 주인이고, 신은 마음의 보배다"[121]라고 주장했다. 당나라 때 도교의 대표적 인물 왕현람王玄覽은 도를 닦아 신선이 되는 것은 "연형煉形에 있지 않고 수심에 있다"라는 도리를 깨달았다고 했다. 그는 마음과 외물의 관계를 중점적으로 탐구하고, 마음이 만물과 만사의 본체이며 만물과 만사는 마음에 근거한다고 했으며 "이 때문에 마음이 살아있으면 제법諸法도 살아있고 마음이 없어

119 여정덕, 『주자어류』 권5, 제1책, 85쪽.

120 주희, 『주문공문집』 권75, 「송장중륭서送張仲隆序」, 『주자전서』 제24책, 3623쪽.

121 『회남자』 권7, 「정신훈精神訓」, 고유 주석본, 『주자집성』 제7책, 103쪽.

지면 제법도 없어진다"[122]라고 주장했다. 마음을 거두어 경계를 벗어나는 '수심이경收心離境'의 길을 갈 때만이 비로소 허무에 진입하여 마음이 도에 합쳐지게 되고, 태청太清의 세계라 하는 영통한 선경仙境에 이른다고 했다.

불교의 각 종파에서는 고차원적인 본체론에서 '마음'을 논한다. 마음을 법의 근원으로 간주할 뿐만 아니라, 이러한 마음에서 우주 만물이 파생된다고 주장했다. 천태종의 지의智顗는 '일념삼천론一念三千論'을 제시했는데, 우주의 본체로서 마음은 '일체의 법'을 생하게 하고 '일체의 법'을 포함한다고 했다. 그에게 만법은 단지 일념심一念心'의 구현이자 '일념심'의 결과물이다. 다시 말해 오직 '일념심'만이 만법의 영적 감응을 불러일으킬 수 있다는 것이다. 유식종은 본체론의 관점에서 "모든 것은 마음이 지어낸 바다一切唯心所造"라고 하며 세계의 모든 존재가 마음속에 존재한다고 주장했다. '만법유식萬法唯識'과 '일체유심一切唯心'은 세상 만물이 모두 '마음'이 지어낸 것이기 때문에 이 '마음'을 떠나서는 우주 만물의 존재도 없다는 것이다. 유식종에서는 '마음'을 둘로 나누었는데, 하나는 인식되는 '심외지경心外之境', 곧 '상분相分'이라 하고 다른 하나는 인식의 능력을 갖춘 '심내지경心內之境', 곧 '견분見分'이라 했다. 이 둘은 인식의 대상과 주체로 구분되지만 모두 마음속의 인식 작용인 심식心識을 떠날 수 없다. 오직 '심식'을 통해서만 미세하게 드러나 '견분'으로 하여금 '상분'과 일치시킬 수 있고, 만법과 영적 감응을 일으킬 수 있다는 것이다. 화엄종의 종밀은 진여는 생하고 멸하지도 않는 항구 불변의 존재이며, 제법은 마음의 작용으로 생멸이 있다고 주장했다. 그는 사법계四法界가 '일심'에 의해 생겨나고, 일체 제법의 영적 감응이 모두 "마음에 따라 회전한다隨心

122 왕현람, 『현주록玄珠錄』 권상, 『도장』, 제23책, 623쪽.

回轉"라고 했다. 밀교에서는 '일진법계一眞法界'가 마음으로 귀속되기 때문에 '일진법계'는 곧 '일심'이라고 주장했다. 마음이 모든 존재의 본체이며 근거라는 것이다. 선종의 혜능은 직지인심直指人心과 견성성불을 통해 단박에 깨쳐 영통할 것을 주장했다. 이로 미루어 볼 때, 불교의 각파는 모두 '정심淨心'과 '연심煉心'을 통해 마음속의 아집과 세속적 오염을 제거하고 지극한 정성으로 영통하여 성불할 것을 강조했음을 알 수 있다.

2 영물靈物 숭배를 통한 영통

원시 종교에서부터 중국의 선현들은 만물에 영혼이 있다고 여겼다. 영성이 있는 사물을 경건하게 대하고 이로써 영적 감응을 얻고자 한 것이다. 중국 고대의 종교 활동에서 흔히 등장하는 복서卜筮는 일반적으로 갑골이나 시초蓍草와 같은 자연물을 사용한다. 여기에 특별한 영적 성질이 있다고 생각했기 때문이다. 『좌전』에서는 '복지卜之'와 '서지筮之'를 여러 차례 언급한다. 복卜은 거북의 뼈이고, 서筮는 시초다. 갑골과 시초는 상나라 때의 복서 활동에는 자주 사용되었는데, 상나라가 멸망한 이후에 갑골이 점차 시초로 대체되었다. 주나라 때에 이르러, 특히 『역경』이 세상에 나온 후, 복서 활동에서는 주로 시초를 사용했다. 그 원인은 두 가지다. 하나는 황하 상류의 서북 고원 일대에 시초가 비교적 많이 자라 채집하기가 쉽기 때문이다. 다른 하나는 시초가 특이하게 생겼기 때문이다. 시초의 모양을 보면 속이 둥글고 비어있으며 줄기가 매우 단단하다. 『역전』「계사상」에서 이를 일러 "시초의 덕은 둥글고 신통하며, 괘의 덕은 모난 듯이 반듯하여 지혜롭다"라고 했다. 시초의 품성이 신비로워서 사면팔방에서 일어나는 사정을 예측하는 기능이 있고 무소부지의 지혜까지 갖추고 있다는 것이다. 또한, 옛사람들은 거북을 재해를 방지하는 영물로 여기고, 상고 시대에는 거북으로 점을 쳤다. 『상서』「홍범」에는 "거북점과 시초괘가 모두 사람의 뜻과 어긋나면 가만히 있는 것이 길하고 움직이면 흉하다"라는 기록이 있다. 이는 거북점의 징조를 보고 길흉을 예측했다는 사실을 알려준다. 『사기』「귀책열전龜策列傳」에도 신령한 거북에 관한 기록이 있다.

> 신이한 거북이 강남江南의 가림嘉林 속에 있다. '가림'에는 호랑이나 이리 같은 무서운 짐승이 없으며 부엉이나 올빼미와 같은 사나운 새도 없다. 독초 같은 풀도 나지 않고 들불도 여기까지는 미치지 못하며 도끼나 낫도 닿지 않은 곳이다. 이를 '가림'이라 이른다. 신이한 거북은 그 속에서 항상 아름다운 연꽃 위에 둥지를 틀고 산다. 왼편 옆구리에 글씨가 있는데 "갑자甲子 중광重光에 나를 얻은 필부는 인군人君이 되며, 토정土正이나 제후諸侯가 나를 얻으면 제왕이 된다"라는 것이다. 흰 뱀이 우글거리는 숲에서 이를 얻고자 하는 자들이 재계齋戒하고 오랫동안 지키고 있는 것이 마치 소식을 기다리는 사람과 같았다. 이 때문에 땅에 술을 뿌리고 머리를 풀어가며 제사를 지내는데 사흘 밤낮을 갈구해야만 얻을 수 있었다.

이 기록은 신구神龜에 대한 옛사람들의 정성과 믿음을 반영한다. 동물 가운데 거북의 수명이 가장 길다. 옛사람들은 거북의 호흡을 모방해서 먹지도 마시지도 않고 장생을 추구했다. 당시 중국인의 관점에서는 천하 만물을 성장시키는 신비한 힘으로 시초와 거북에 견줄만한 것이 없었다. 『주역』「계사상」에서 이렇게 이른다.

> 천하의 부지런함을 이루는 것으로 시蓍와 구龜보다 더 큰 것은 없다. 이러

므로 하늘에서 신물神物을 낳고 성인은 이를 준거로 삼는다.

이러한 종류의 '신물'은 성인이 어떤 행위를 할 때 참조한 것이었다. 춘추 전국 시대의 군주들은 중대사를 결정할 때 모두 복서를 거쳤다. 그들 본인이 먼저 목욕재계를 하고, 궁중에 대엿새 동안 머물며 기도하면서 복서의 결과를 듣고난 뒤에 중대사를 결행했다. 이것이 바로 『중용』에서 이르는, "나라가 장차 홍하려고 때에는 반드시 상서祥瑞가 있고, 망하려고 할 때는 반드시 요얼妖孼이 있다. 시초괘와 거북점에 나타나며, 사체四體에서 움직인다"라는 말의 구체적 내용이다. 여기서 '사체'는 동작動作과 위의威儀 사이를 말한다. 요컨대, 이러한 사실들은 초기 종교적 활동에 시초와 같이 신비한 사물에 대해 강렬한 숭배 의식을 드러내고 있다는 것을 알려준다.

3 법술을 통한 영적 능력 발현

법술을 펼쳐서 영통력을 발휘하는 것은 중국종교의 보편적인 방법이다. 과거의 티베트에서는 점복의 방식도 아주 많고 다양했다. 옛날 티베트에서는 정부로부터 공양을 받아 전문적으로 신을 불러와 계시를 받는 사람들이 있었다. 그들의 임무는 바로 입정入定이나 정신이 혼미한 상태에서 신과 대화하는 것이었다. 파사나(波斯那, prasena)라고 하는 티베트인의 점복이 바로 그것이다. 이러한 점복은 지각을 상실한 심지心智를 거울 위에 투사해 시각적 도상이 나타나게 함으로써 점을 치는 방법이다.

고대 중국에도 심령 강신술이 있었다. 강신降神은 '신내림'이라도 하는데, 무술巫術 의식을 통해 귀신을 불러와 악귀를 쫓고 흉사를 피하는 방법이다. 『시경』「대아大雅」의 '숭고崧高'에도 "이 산에 강신하여 보후甫侯와 신백申伯을 낳았다"라는 말이 있다. 지난날 민간에서는 누가 병이 나면 무사巫師를 초청해서 푸닥거리를 했다. 몸을 회전시키거나 제자리에서 펄떡펄떡 뛰며 신령이 몸에 붙었다고 스스로 이르면서 신의 말투로 길흉을 예측한다. 때로는 평범한 사람도 신이 몸에 붙었다는 환각에 빠지기도 하는데, 이는 무사가 유도한 결과에 불과하다.

하편 — 중국종교사상의 미래

제5장 — 계통과 사유

기나긴 역사의 흐름에서 인류는 찬란한 문화를 창조했다. 모든 문화콘텐츠는 인류의 사유와 활동의 결실이었다. 멍페이위안은 이에 대해 다음과 같이 말했다.

> 전통문화에 대한 깊은 논의는 필연적으로 사유 방식의 문제로 귀결된다. 사유 방식은 전통문화의 구성 요소일 뿐만 아니라 전통문화가 고도로 응축된 핵심이기 때문이다. 바꾸어 말하면 사유 방식은 모든 문화의 설계를 담당하는 주체다.

여기서 말하는 '사유 방식'은 일정한 시대의 사람들이 갖고 있는 인식의 방식을 가리킨다. 그것은 각종 사유적 요소 및 그 결합이 일정한 방법과 순서를 따라 나타나는 상대적으로 안정된 형태의 사고방식이며, 주체적 관념으로 객체를 파악하는 과정이다. 다시 말해 인식의 발동과 진행 및 발상의 전환에 간여하는 내재적 기제나 과정인 것이다. 그 본질에서는 외부 세계나 그 자신에 대한 인류의 인식적 모형화模型化가 이루어진 뒤에 형성된 사유적 관성慣性의 틀이다. 쉽게 말해서 인류가 무엇을 사유하는 과정에 이루어지는 외부 사물에 대한 인식과 그 자신의 반성적 사고가 항상 일정한 격식과 궤적에 따라 진행한다는 말이다. 그런데 이러한 격식과 궤적이 해당 민족이 처한 지리적 환경과 사용하는 문자 및 민족적 이념 등의 일련의 요소들과 밀접하게 관련을 맺고 있다는 것이다. 일정한 사유 방식이 형성되어 보편적인 것으로 받아들여진 뒤에는 상대적 안정성을 갖게 되면서, 고정된 사고 구조의 전형적인 형식과 순서 및 틀을 형성하게 된다. 또한, 이로 말미암아 문제를 보는 시각이나 방식이 결정되고 인간의 사회적 실천과 모든 문화적 활동이 모두 이에 따라 이루어진다. 이 때문에 사유 방식은 단지 사유의 형식이나 방법만을 가리키는 것이 아니다. 다양한 각종 문화적 행위의 대상이나 목표를 일치시키는 사유의 내용과 형식 및 그 구조와 기능의 통합체인 것이다. 그 사유 방식이 일련의 기본적 관념으로 작용함으로써 문화적 주체에 내재한 패러다임이 되어 사회적 실천 방식을 규정하고 제약하기 때문이다.

종교는 민족 문화의 중요한 구성 요소이며, 종교적 사유 방식도 민족 단위의 사유 방식이라는 토양에 깊게 뿌리를 내리고 있다. 물론 이러한 '종교적 사유 방식'이라는 용어에 대해 이의를 제기할 수도 있다. 왜냐하면, 종교에서는 우주에 관한 탐구를 믿음에 호소하고 이성적 사고의 개입을 배제하기 때문이다. 그러나 사실상 종교적 사유는 인류의 원시적 사유와 밀접한 관련이 있다. 현재까지 알려진 사상이나 그에 영향을 받은 문화의 유형은 모두 하나의 공통된 연원에서 비롯된다. 그것이 바로 원시 종교와 신화다. 토템 숭배나 조상 숭배를 주된 내용으로 하는 원시 종교는, 예외가 없이 모두 옛사람들의 감정이나 생존에 대한 갈망 및 원시적 사유가 결합된 결과물로 나타난다. 종교적 교리와 신앙은 사상적 측면의 지식으로 간단히 귀납할 수 없다. 특정한 사유의 양식에 기반을 둔 인류의 행위로 간주해야 하며, 이는 주체의 감정과 의지 및 이성이 종합되어 형성된 삶의 방식이다. 무술巫術을 포함한 원시 종교에 나타난 초기 인류의 생존경쟁 의식과 그 필연성의 문제가 대다수 여기에서 비롯된다. 종교적 사유 방식은 사물의 본질을 탐구하는 인류사에서 가장 이른 시기에 형성된 방식이다. 인류는 이를 통해 사물의 배후에 있는 궁극적 원인을 규명하려고 시도하며, 이러한 시도는 인류의 사고 본능이기도 하다. 심지어 종교도 이러한 사고의 외형화된 형식에 불과하다고 말할 수 있다. 비록 원시 종교의 사유 방식이 현대인의 사고방식과 질적인 면에서 차이가 존재한다고 하지만, 서로가 복잡하게 얽혀 있는 점은 부인하지 못한다. 철학, 과학, 예술 등 여러 영역에 걸쳐있는 사고방식의 원초적 모태가 원시 종교의 사고방식이기 때문이다. 인류가 지향하는 정신적 삶의 최종 귀결점이 진선미眞善美를 추구함으로써 삼자를 하나의 계통, 곧 시스템으로 통합시키는 데 있다고 한다면 이러한 과정에서 과학은 진선미의 가치를 논증하는 사상적 체계의 구축에 주력한 반면, 종교는 진선미의 경지에 도달하는 데 그 의미를 부여한다. 전자가 지식의 탐구를 주목적으로 한다면 후자는 정신적 지주와 깨달음을 얻고자 하는 데 있다고 볼 수 있다.

물론 종교는 "일상생활을 지배하는 힘이 인간의 두뇌 속에 투영된 환상이다." 하지만 간과할 수 없는 측면도 있다. 그것은 종교가 인류의 정신적 활동이나 심리 현상으로서 무질서하게 뒤섞여 있는 것이 아니라, 그 자체에 일정한 이론과 원칙이 있으며 이러한 내적인 것들로 종교라고 하는 독특한 사유 방식을 구성한다는 점이다. 이른바 종교적 사유 방식은 종교 내부에서 다양한 내용과 형식으로 행해지는 인식 활동에서 지켜야 할 내재적 규칙과 심층 구조를 가리키는데, 이는 종교적 인식 활동에서 비교적 안정된 요소에 해당한다. 또한, 종교는 그 인식의 대상인 천지인과 귀신을 관념적으로 파악하는 사고의 기본적 틀이기도 하다. 거시적으로 말하면 종교는 독특한 사회 문화적 현상일 뿐만 아니라 인류가 관념적으로 세계를 파악하는 하나의 방식인 것이다. 그 때문에 종교에 관한 연구는 세계를 인식하는 기본인 사유 방식에 대한 연구와 분리될 수 없다. 중국종교사상의 역사적 맥락과 그 특징을 고찰하고자 할 때도 종교적 사유 방식을 하나의 출발점으로 삼아 접근할 필요가 있다.

사상사의 시각에서 볼 때, 철학이 시대정신의 이성적 표현이라면 종교는 시대정신의 형상화와 직관적 표현이라고 할 수 있다. 종교적 사유 방식이 철학적 사유 방식은 물론이거니와 전체 민족 문화의 사유적 개성을 형성하는 데 깊은 영향을 미치기 때문이다. 중국 고대 문화의 특징은 윤리도덕을 중시하고 내면적 성찰과 실천궁행을 강조하는 것이었다. 이에 중국종교는 옛사람들의 내면세계를 탐구하여 그들의 윤리와 정신 및 영혼을 조화롭게 하는 것을 목표로, 삶에 필요한 안신입명安身立命의 가치관과 원칙을 제공한다. 일상적 삶의 도리와 그 실천 방법을 제공하는 것인데, 이는 종교적 사유와 민족문화 간의 긴밀한 관계를 결정한다. 따라서 중국의 종교적 사유 방식에 관한 심층적 탐구는 중국종교의 특징을 총체적으로 파악하는 데에 기여할 뿐만 아니라, 중국 철학과 중국 전통문화의 사유 방식을 연구하는 데도 도움이 된다. 형식적인 측면에서 볼 때, 형상적 사유와 추상적 사유는 인류의 사유 활동에 보편적으로 나타나는 사유 방식이다. 하지만 인류의 사유 활동 전체를 싸잡아 말할 수 있는 것은 결코 아니다. 인류적 사유의 보고에는 『주역』의 팔괘와 음양오행에 근거한 중국의 종교적 사유도 있고, 이러한 사유 방식은 인류적 사유를 구성하는 데 빠뜨릴 수 없는 중요한 부분이기도 하다. 실제로 중국과 서양의 문화는 그 사유 방식이 본질적으로 다르다. 서양문화는 처음부터 지혜 방면으로 인지의 방향을 설정하고, 주체와 객체라는 이분법적 사고로 인식의 대상을 정태적靜態的으로 파악하고 그 개념을 분석한다. 반면에 중국의 전통적 종교 문화는 '오도悟道'를 강조하며, '도'에 대한 이해를 통해 초월적 이상과 형이상학적 세계를 추구한다. 의리義理의 성격을 띤 상상력을 발휘하고 깨달음을 얻음으로써 궁극적으로 원융화합圓融和合의 경지에 도달하고자 한다. 이를 구체적으로 말하면, 중국종교의 사유 모형은 실을 통해 허를 논하고 실천적 주체와 오성적 사유를 강조한다. 또한 관물취상觀物取象을 비롯해서 형상을 초월한 담론을 사유의 수단으로 하는 의상과 유비적 사유를 강조하며, 음양의 균형과 천지인의 조화로운 발전을 목표로 하는 시스템과 화합적 사유를 추구한다. 이러한 것들은 이성적 사변에 익숙한 서양적 사유와는 완전히 다른 동양적 사유의 틀이라 할 수 있다.

중국종교의 사유 방식을 탐구하기 위해서는 먼저 유·불·도 삼교에서 시작할 필요가 있다. 무수히 존재하는 민간종교들은 대개 유불도 삼교사상을 바탕으로 선택되고 여과된 결과물이고, 그들의 교리와 사유의 틀도 이러한 삼대 종교에서 찾아낼 수 있기 때문이다. 다른 한편으로 유·불·도 삼교 자체도 일정하게 민간종교의 사상과 형식을 수용해서 발전한 것도 사실이다. 그러나 유·불·도 삼교가 발전하는 과정에 그 사상적 요소가 점차 민간종교에 스며들어 민간종교의 발전에 중요한 사상적 원천이 되었다는 점도 간과할 수 없다.

제1절

주체와 오성적 사유

중국종교의 주체적 사유는 주체의 내면적인 요구에 의한 가치 판단과 그 태도에서 출발한다. 신보다는 사람을 중심에 놓고, 자연 만물과 그 객관적 속성을 사유의 대상으로 삼지 않고 그 자신을 사유의 대상으로 삼는다. 주체적 사유는 주체로서 천도를 깨달아 이를 실천하는 것을 최고의 원칙으로 삼되, 주체의 의도적인 행위를 통해 우주와 인생을 인식하고 이를 직접 몸으로 증명하는 '반성체증형反省體證型'의 사유다. 이러한 종교적 사유의 틀에서는 해탈의 길을 스스로 찾고 피안에 있는 구원자에게 호소하지 않는다. 세속적 현실에서 종교적 형이상학의 궁극 세계를 실현할 수 있어서 애써 주체의 몸과 마음 밖으로 찾아다닐 필요도 없다. 곧바로 자아의 완성과 실현에 주력하는 것이다. 이러한 중국종교의 주체적 사유는 대체로 다음의 두 가지 방면으로 표출된다. 첫째, 인간의 주체성을 고양하는 것이다. 유교에서는 인간과 천지가 서로를 의지하고 인자仁者는 천지 만물과 같이한다는 등의 사상을 제창함으로써 인간의 본체적 지위를 천지와 대등하게 승격시켰다. 도교에서는 도가의 전통을 이어받아 인간을 사대四大의 하나로 보고, "도는 크고 하늘도 크며 땅도 크다. 왕도 크다. 세상에는 네 가지 큰 것이 있는데 왕이 그 하나를 차지한다"[1]라고 주장했다. 중국불교에서는 불성을 인성화하여 '불성아佛性我'를 진아眞我라고 주장했다. 티끌 세상에 사는 사람일지라도 칠정과 육욕 및 능소能所와 성상性相의 대립을 초월하면 붓다의 경지로 승화될 수 있다고 강조했다. 요컨

1 『도덕경』 제25장, 『제자집성』 제3책, 14쪽.

대 중국종교는 내세보다는 현세에 더 많은 관심을 두고, 현실적 삶을 영위하는 신도들의 마음속에서 바로 정신적 초월을 이룰 수 있다고 했다. 개인적 주체의 '궁극적인 관심'에 맡겨두면 최종적으로 천당의 영광이나 피안의 영원함을 동경할 필요도 없이 안심입명의 축복을 누릴 수 있다는 것이다. 서양 종교의 원죄설과 속죄 의식은 중국종교에는 존재하지 않았다. 피안에 존재하는 신성한 우상도 중국종교에서는 절대적인 지위를 차지하지 못했다. 중국종교의 궁극적 지향점이 대개 신도들 스스로 신념과 자각에 그 기반을 두었기 때문이다. 그런 점에서 정신적 승화의 문제에 대한 중국종교의 태도는 현실의 초월을 주장하면서도 현실을 벗어나지 않는 것이었고, 중국종교에서 묘사하는 인생의 최고 경지는 자아의 초월과 해탈 및 완성에 있었다. 다시 말해 바로 이러한 주체적 사유에 힘입어 중국종교의 초월 이론은 세계 종교라는 거대한 숲에서 한 그루의 나무로 홀로 설 수 있었다.

둘째는 실천궁행이라는 개인적 수행을 강조하고 있다는 점이다. 중국종교에서 체득하고자 하는 최고의 인식 대상은 바로 천도다. 천도 그 자체는 간단하지도 않고 외재적인 인식의 대상도 아니다. 그 근본 정신은 인간의 내재적 본성과 일치시켜 상호 감응하고 소통하는 데 있다. 천도는 인간이 사유로 파악해야 할 뿐만 아니라, 감정으로 느끼고 실천을 통해 구현하며 심미적 아름다움 속에 깨달아야 한다. 다시 말해 중국종교에서는 천도를 체득할 것을 추구한다. 이는 주체로서의 자신을 기본적 좌표로 설정하고 이를 천도와 연계시키는 것이다. 이러한 이유로 기나긴 역사의 흐름 속에 사변적 이성은 중국종교에서 시종일관 경시되었다. 비록 도교의 연단술이 중국 고대 과학의 발전을 촉진했다고 하지만, 그 목표는 여전히 인간의 실천적 이성을 발전시켜 어떤 이상적 경지에 도달하도록 하는 데 있었고, 이를 통해 사회와 자연을 초탈한 자아의 정신적 평형 상태를 얻었다. 도교 역시 주체로서의 자아실현과 깨달음을 특징으로 할 뿐만 아니라, 대부분의 경우에서 주체의 의지와 신념으로 수행의 전 과정을 완성하려는 종교였다.

중국종교의 주체적 사유에서 핵심적 요구 사항은 인간으로서 마땅히, 그리고 자발적으로 천도를 체득해서 천지를 본받는 데 있고, 이를 통해 천지의 전능을 갖추고 천지의 전덕全德에 통달함으로써 천지 만물과 일체가 되는 경지에 도달하고자 하는 것이다. 이러한 사유 방식의 영향으로 중국종교사의 전 과정에 세속화의 경향이 만연하게 되어, 각 교파의 교리는 현세와 피안의 세계로 엄격히 양분되지 않는다. 중국종교에서는 천도를 숭상하는 동시에 천도를 관찰하고 모방하며 느끼고 통할 수 있다고 믿고, 천天과 인人이나 도道와 기器가 서로 체가 되고, 서로 체용 관계에 있다고 주장한다. 이로 말미암아 초자연적이고 모호한 힘, 곧 만물 위에 존재하는 인격신이나 상제上帝에 대한 굴종 의식을 약화했을 뿐만 아니라 개인의 실용에 이바지하는 소박한 사상관이 잉태되어 중국종교로 하여금 사회생활에 적극적으로 동참하게 만들었고, 삶의 세속적 가치를 중시하게 했다. 현실적 삶에 집착하는 중국종교의 주된 흐름은 눈앞의 삶에 대한 태도를 소중히 여겨 인생의 문제에 대한 많은 토론을 추구하는 것이었다. 바로 이러한 이유로 중국종교에서는 귀신에 대한 관념이 비교적 희박하다. "삶도 알지 못하는데 어찌 죽음을 알겠는가?"라거나 "사람도 섬기지 못하는데 어찌 귀신을 섬길 수 있는가?"[2]라는 등의 말들이 이를 대변한다. 중국종교의 수많은 의식과 행사는 모두 현생과 현세에 주안점을

2 『논어』「선진」, 주희, 『사서장구집주』, 125쪽.

두고 있다. 사후에 피안의 세계로 구원을 받아 떠나는 것보다 인간 세상의 즐거움을 한층 더 간절하게 원했다.

중국종교에서 강조하는 것은 유한한 존재로서 개체가 실천궁행을 통해 무한성과 영원성을 획득하는 것이다. 현세주의를 원칙으로 내세우는 특징 때문에 중국종교는 이성적 사변을 비교적 소홀히 대한 반면, 주체의 반성이나 체험에 관련된 오성적 사유는 대단히 중시한다. 여기서 이르는 오성적 사유는 만물을 통섭하는 자신의 정신적 상태를 인식의 대상으로 하여 스스로를 돌이켜 반성하는 방법으로 '천인합일'의 신비적 체험을 얻는 사유 방식을 가리킨다. 오성의 근본적인 방법은 스스로 궁리하여 깨우치고, 스스로 도를 닦아 깨닫는 데 있다. 이러한 사유 과정에서는 주체 그 자체가 우주의 중심이며 만물의 척도가 된다. 주체는 그 자신의 정감, 의지, 이지理智를 결합시키고, 이 세 가지를 통합하는 가운데 지혜를 얻는다. 스스로 깨닫게 되었다면 그것은 바로 세계를 인식했다는 뜻이다. 이러한 의미에서 오성적 사유의 과정은 이지적 인식의 과정, 정감 체험의 과정, 가치 판단의 과정을 하나로 통합하는 과정이다. 중국종교의 관점에서 볼 때, 오성적 사유는 근본적으로 생명의 지혜를 획득하는 필연적인 방법이다. 그 특징은 직접성과 돌발성에 있다. 즉 깨닫는 주체가 정해진 순서에 따라 점차 진행되는 과정을 거치지 않고, 중간에 어떤 연결고리도 없이 직접 대상을 느끼는 것이다. 이른바 영감이 떠올랐다고 하거나 돈오했다는 것처럼 최초의 전제 조건이 순식간에 최종의 결론에 이르게 된다. 중국종교의 사유적 전통에서는, '심'은 주체적 사유와 오성적 사유를 연결하는 존재이며, 이를 통해 개인적 주체로 하여금 자신의 정신세계로 되돌아가게 할 수 있다. 자아를 실현하고 인식하며 깨닫게 하는 것이 사유의 주된 임무이며, 삶의 실천에 필요한 출발점이다. 유교의 "진심

盡心, 지성知性, 지천知天", 도교의 "체도體道와 오도悟道", 불교의 "실상의 깨달음과 명심견성" 등은 모두 이러한 의미가 있다.

개괄적으로 말하면, 중국종교의 오성적 사유에서 추구하는 '오悟'는 분석이나 논리적인 이해와 완전히 상반되고 직접적인 경험이나 감각과도 다르다. '오'는 사물의 본질이나 그 내포에 대한 직관적 관조와 투철한 관찰이라고 해석할 수도 있다. 여기서 강조하는 오성은 감성과 이성의 통일이며, 직접성과 간접성, 구체성과 추상성, 생동성과 심각성, 다양성과 통일성의 융합이다. 현대 사회에서는 철학적 이성을 포괄하는 과학 정신이 문화 속의 논리화, 양식화와 기호화의 측면을 지나치게 부각하고, 인간에 대한 이해도 추상적이고 일반적인 것으로 해석한다. 반면에 중국종교 정신의 오성적 사유는 정감, 경건함, 내면적 체험 등의 방면에서 이를 보완하여 인간의 완전성을 구현하게 한다. 오늘날 서양의 사상계에서도 날이 갈수록 이러한 측면을 중요하게 다루고 있는데, 실존주의의 대가인 윌리엄 바레트William Barrett는 이 점을 다음과 같이 지적하고 있다.

> (그리스 사상가들은) 사물에 대한 지적인 판단이 정확한 것이라면 진리는 인간의 지적 능력 안에 존재한다고 생각했다. … 중국의 현인들은 모두 이와 확연히 대립하는 견해를 보였다. 인간이 그 자신의 지적 능력을 완전히 폐쇄하면 진리를 획득할 길이 없다. 하지만 중국 현인들이 보기에는 지적 능력 안에 진리를 찾는 것은 착오를 범하는 것일 뿐만 아니라 일종의 비정상적인 인류의 심리다.[3]

---

3 [미국]윌리엄 바레트, 『비이성적 인간—실존주의 철학 연구』, 두안더지段德智 뒤침, 상무인서관商務印書館, 1995, 227쪽.

요컨대 중국종교의 주체와 오성적 사유는 인간의 지·정·의가 하나로 통합된 인지적 구조로써 객관적 세계를 대면하고 인식하며 지·정·의를 마음에 통일시키는 것이다. 마음으로 체득하여 깨달음으로써 천도나 성명을 확인하는 동시에, 이러한 깨달음을 개인적 주체의 실천 행위로 관철함으로써 인생의 가치와 완벽한 인격을 실현하고자 한다. 이러한 통합된 인지적 구조 속에 주체의 오성은 주도적 지위를 차지하여 사유 활동의 방향을 제시하는 작용을 한다. 지·정·의를 통합하는 이러한 방식은 이성과 비이성이 상호제약하고 상호침투하며 상호작용하는 사유 방식으로, 현대의 사유과학과 인류학 연구에 그 중요성이 날이 갈수록 커지고 있다.

1 —— 유교의 주체와 오성적 사유

유교에서는 "사람이 도를 넓히지 도가 사람을 넓히는 것은 아니다"라는 주체적 이념을 견지하고 있다. 우주와 인생, 천도와 자연에 대한 인식은 주체로서의 도덕적 실천에 기초한 것이며, 인생의 근본 목적과 그 의미도 성현이 되는 데 두었다. 여기서 분명한 점은 그렇게 하는 것이 인식의 문제에만 그치지 않는다는 것이다. 평생토록 몸소 실천하고 끊임없이 체득하면서 이상적 인격을 이루는 과정이 필요한 것이다. 사실상 유교사상이 발전하는 전체 과정에 있어서, 모든 가르침의 핵심은 수신修身에 있었다. 개인적 주체의 윤리도덕 실천이 내성외왕의 근본인 것이다. 유교에서는 인간은 현실 사회에서 살아가는 유한한 개체에 불과하지만, 도가 인간의 삶과 동떨어진 것이 아니므로 도덕과 학문을 수양하고 실천하면 유한한 자아를 초월하여 천도의 운행을 체감할 수 있다고 한다. 유교는 비록 도교처럼 육체의 불로장생에 뜻을 두고 있지 않지만, 정신적 영원함을 추구하면서 이를 부단히 증명하고 그들 자신의 언행에 내면화되기를 꿈꾼다. 그것이 입덕立德, 입언立言, 입공立功의 삼불후三不朽다. 근본적인 의미에서 극기복례 및 덕과 인에 의거하기를 주장하는 의도는 인간을 속박하는 데 있지 않았다. 반대로 개인적 주체로 하여금 욕심도 아집도 속박도 없는 자유로운 인생의 경지에 이르게 하는 것이었다.

유교에서는 일찍이 그들의 성인으로 추앙하는 공자에 대해 "선생님의 문장에 대한 말씀은 들을 수가 있었지만, 선생님께서 성性과 천도에 대해서 말하는 것은 들을 수가 없었다[4]"라고 평한 적이 있다. 공자가 "성과 천도"라는 주요 문제에 대해 침묵한 이유는 다른 데 있지 않았다. 근본 원인은 유교에서의 '천'이 본체나 인격화된 어떤 것이 아니라 윤리화된 것이기 때문이다. 유교의 핵심적 가치는 인간의 주체성을 선양하는 데 있다. "옛사람들이 말을 쉽게 내지 않는 것은 실천이 뒤따르지 못할까봐 부끄러워하기 때문이다."[5] 유교에서 도를 펼치는 방식은 종교의 최고 이상이 신도들 개개인의 언행과 실천을 통해 드러나기를 바라는 것이다. 이른바 "옛날의 학자는 자기를 위해 공부하더니 지금의 학자는 남을 위해서 공부한다"[6]라는 말이 바로 그것이다. 여기서 "자기를 위한다爲己"라는 말의 속뜻은 "그 경우를 바르게 하여 이익을 도모하지 않으며, 그 도를 밝혀 공功을 헤아리지 않는 것이다."[7] 우주와 인생에 대한 사고와 탐색이 결과적으로 자신의 인격을 이상적 경지로 승화시키는 동시에, 진정한 정신적 초월을 누릴 수 있다는 것을 강조한 것이다. 반대로 '남을 위한다爲人'라는

4 『논어』「공야장」, 주희, 『사서장구집주』, 79쪽.

5 『논어』「이인」, 주희, 『사서장구집주』, 74쪽.

6 『논어』「헌문憲問」, 주희, 『사서장구집주』, 155쪽.

7 반고, 『한서』「동중서전」 제8책, 2524쪽.

사유 방식은 학문의 도를 대상화하거나 객체화함으로써 주체를 떠나 단순한 인식적 행위로 전락하게 된다. 중국 종교문화사에서 공자가 '성과 천도'를 드물게 말하고 인간사에 관심을 쏟으며, 귀신을 공경하되 가까이하지 않고 현실의 삶으로 눈길을 돌려서, 천도에 관한 믿음을 인간사 탐구로 옮겼다는 사실은 중요한 의의가 있다. 그것은 '사람'의 발견이었다. "괴력난신을 말하지 않고", "사는 것도 모르는데 어찌 죽음을 알겠는가"에서부터 "호연지기를 길러서", "아래위로 천지와 함께 흐르게 한다上下與天地同流"에 이르기까지, 모두 유교 선현들이 표명한 사고의 출발점이 시종일관 개인적 주체의 현실적 삶에 있다는 것을 의미한다.

유교는 주체적 사유에서 출발하여 인간의 정신세계에 많은 관심을 기울였다. "삼군三軍의 장수는 탈취할 수 있지만 필부匹夫의 뜻은 꺾을 수는 없다"라든가, "부귀로 미혹시킬 수 없고, 빈천으로 뜻을 바꾸게 할 수 없고 무력으로도 굴복시킬 수 없다"라는 말들에서 주체의 정신세계에 대해 자부심을 품고 인격의 독립성을 지키기 위해 온 힘을 다하는 유교 정신을 엿볼 수 있다. 유교의 주체적 사유는 개인으로 하여금 세상에 뛰어들어 책임을 다할 것을 요구한다. 그것은 경거망동이 아니라 천도를 힘써 체득하는 것이다. 천도가 바로 인도인 것을 자각함으로써, 마음을 바로잡아 몸을 닦고 조심스럽게 제왕의 직분을 다한다. 이러한 과정은 수신을 기점으로 제가와 치국을 거쳐 최종적으로 평천하에 이르게 된다. 사람이 주체가 되어 만물의 주재자로서 천지와 나란히 세상사에 참여할 뿐만 아니라, 우주의 중심으로서 "천지를 위해 입심立心하고, 백성을 위해 입명立命하며, 옛 성인을 위해 끊어진 학문을 계승하고, 만세의 후손을 위하여 태평성대를 열어나간다."[8] 이처럼 유교의 주체적 사유는 자아의 가치를 대단히 긍정적으로 평가한다. 인간이 성인의 경지에 도달하는 과정에서 유교는 개체로 하여금 반드시 스스로 반성하고 자신에게서 그 원인을 찾게 함으로써 스스로 깨닫게 한다. 이렇게 사유하는 과정에 주안점을 두고, 맹자는 "그 마음을 다하면 그 성을 알 수 있고, 그 성을 알고나면 하늘을 알게 된다"[9]라고 한다. 말하자면 자연과 만물 속에서 인간의 본질을 찾을 필요가 없다는 것이다. 또한, 인간을 대상화하거나 물화의 형식으로 문제를 해결할 필요도 없는 것이다. 이어서 맹자는 다시 "단명하거나 장수하는 것을 둘로 보지 않고 수신하며 기다리는 것이 입명이다"[10]라는 명제를 제시했다. '입명'의 기초를 주체로서 꾸준히 행하는 수신에 두고, 외부에 있는 초자연적인 신령에 의탁하지 않는 것이다. 한유도 『원도』에서 "그러한즉 옛날의 이른바, 마음을 바르게 하고 뜻을 성실하게 하는 것은 장차 하고자 하는 바가 있기 때문이다"라고 역설했다. 유교에서는 오성적 사유로써 "진심盡心, 지성知性, 지천知天"할 것을 강조할 뿐만 아니라, 이러한 깨달음을 "존심存心, 양성養性, 사천事天"하는 수신修身의 실천에 옮기는 것을 더욱더 중시했다.

여기서 명확히 짚고 넘어갈 것은 유교에서 정신을 강조하고 형체를 경시하는 사상과 서양 종교의 영육 이원론은 어떠한 유사성도 없다는 점이다. 영육 이원론은 하느님이 인간의 영혼을 관장하고 구원한다는 것인데 유교에서는 "만물이 모두 나에게 갖춰져 있다"라고 하며, '안신입명" 과 '낙천지명樂天知命'을 주장한다. 이러한 구호들의 지상 목표는 영혼의 구제보다는 정신적 자유를 누리는 데 있다. 이것이 바로 유교의 주체적 사유가 돋보이는 대목이다. 유교는 이를 윤리적 실천의 영역까지 끌어와

8 왕수인, 오광 외 편교, 『왕양명전집』 상책, 6쪽.

9 『맹자』「진심상」, 주희, 『사서장구집주』, 349쪽.

10 『맹자』「진심상」, 주희, 『사서장구집주』, 349쪽.

"어진 이는 남을 아낀다仁者愛人"라고 주장한다. 이러한 도덕적 원칙의 확립은 주체의 내면적인 심리적 요구와 감정적 체험을 통해 터득한 것이기 때문에 하느님의 뜻에 따라 세상 사람들을 우호적으로 대하는 기독교 사상과 명확히 구별된다. 게다가 소크라테스처럼 변증법이나 논리적 추론으로 도덕과 선의 개념과 그 의의를 입증하는 것과도 구별된다. 기독교나 소크라테스식의 방법은 그 본질에 있어서 도덕적 이념을 지적 능력의 결과물로 간주하고, 주체적 생명의 가치를 발현하는 것이 아니기 때문이다. 유교의 핵심 이념인 '인'의 함의는 사실상 개인적 주체가 행하는 윤리도덕적 실천으로 그 범위가 결정된다. "다섯 가지를 천하에 행한다면 인仁이라 할 수 있는 것이다."[11] 그 다섯 가지는 공손함恭, 너그러움寬, 믿음信, 민첩함敏, 은혜로움惠이다. 모두 실천적 범주에 속한 것들로 다섯 가지의 인품이나 도덕적 실천으로 간주된다.

유교에서는 주체적 의식의 자각과 그 실천을 통해 주체와 객체, 인간과 자연의 통합을 강조한다. 이는 자연을 대상화하지 않고 인격화하는 것인데, 그러한 경지를 추구하는 방법에 대해서 다음과 같이 언급한다.

> 오직 천하의 지성至誠이라야 그의 성性을 다할 수 있다. 그 성을 다할 수 있으면 사람의 성을 다할 수 있고, 사람의 성을 다할 수 있으면 물物의 성을 다할 수 있다. 물의 성을 다할 수 있으면 천지의 화육化育을 도울 수 있게 되며, 천지의 화육을 도울 수 있게 되면 곧 천지와 나란히 병립할 수 있게 된다.[12]

---

11 『논어』「양화」, 주희, 『사서장구집주』, 177쪽.

12 『중용』, 주희, 『사서장구집주』, 32쪽.

만물이 모두 나에게 갖추어져 있다. 내 몸을 뒤돌아보아 성실하면 이보다 더 큰 즐거움이 없다.[13]

이는 유교가 전적으로 '주체'의 원칙에 근거해서 사유의 틀을 구축하고 있다는 것을 말한다. 만물 자체가 이미 나에게 갖추어져 있으므로 인간의 본성을 남김없이 모두 발휘한다면 만물의 본성도 충분히 발현시킬 수 있다는 것이다. 말하자면, 주체로서의 자아를 인식하고 이를 현실에 구현할 수 있다면 세상 만물의 근본 법칙도 인식할 수 있고, 나아가 천지의 화육을 도울 뿐만 아니라 천지와 나란히 존립하는 주체로서의 가치를 실현할 수 있다는 말이다. 그것이 천지인의 의미다. 요컨대 유교에서 강조하는 주체와 오성적 사유의 틀은 그 본질에 있어서 사람과 자연 만물을 통합시키는 주춧돌을 마련하는 데 있으며, 이러한 주춧돌을 마련하여 자연을 인식하고 개조하기 위해서는 주체를 객관화할 수 있는 정신적 상태인 '성誠'이란 조건을 갖추어야 한다는 것이다. 이에 따라 유교에서는 '존성存誠'이나 '진성盡性'의 사유 방식으로 대상을 인식하고 그에 따라 실천할 것을 주장하며, 천지인 삼재의 차원에서 화합과 통일을 매우 강조한다. 이러한 사고방식은 허무맹랑한 신비주의가 아니다. 이 점에 대해 장재張載는 이렇게 지적한다.

유학자는 명明으로 말미암아 성誠에 이르고, 성으로 말미암아 명에 이르기 때문에 천인天人을 합일한다. 배움에 이르러서도 성인이 될 수 있고 하늘을 얻어도 사람들을 버리지 않는다.[14]

13 『맹자』「진심상」, 주희, 『사서장구집주』, 350쪽.

물론 유교에서는 '신사愼思'나 '명변明辯'을 주장하기도 한다. 비록 후천적인 교육을 통해 사물의 본성을 체득할 것을 강조하고 있지만, 사실상 '신사'와 '명변'은 '성誠'과 같은 정신적 경지에 도달한 다음에 이루어진다. '성'의 경지에 도달해야 비로소 힘쓰지 않아도 꿰뚫어 볼 수 있고, 깊이 생각하지 않아도 이치를 터득할 수 있어서 중도에 맞게 할 수 있는 것이다. 또한 개인적 주체도 정성을 다했는지 돌이켜 보고, 천지의 도리를 극진히 구현함으로써 진정한 즐거움을 체득하게 된다. 이러한 최고의 정신적 즐거움이 유교에서 끊임없이 추구하는 "공자와 안회의 즐거움孔顔之樂"이다.

이러한 사유를 전개하는 과정에서 유교는 "천인의 관계를 다루지 않는 학문은 학문이라고 칭할 수 없다"라고 간주하고, "학문의 길은 다른 게 아니라 잃어버린 그 마음을 찾는 것일 뿐"[15]이며, "대인은 갓난아기 때의 마음을 잃지 않는 자다"[16]라고 주장한다. 마음은 사유의 기관이고, "마음의 기능은 생각하는 것心之官則思"이기 때문이다. 여기서 이르는 '생각思'은 그 대상이 주체와 분리된 자연과 만물에 있지 않고, "만물이 모두 갖춰져 있는" 자아의 정신적 주체를 가리킨다. 또한 '마음心'도 인체 내의 단순한 기관으로 해석되지 않는다. 온몸을 주재하는 것으로서, 지·정·의를 하나로 합치는 것이며, 천지 만물을 포용하는 총체적인 존재다. 이에 대해 『순자』「해폐解蔽」편에서는 다음과 같이 말한다.

사람은 어떻게 도를 아는가? 가로되, '마음'이다. 마음은 어떻게 알 수 있

14 장재, 『정몽』「건칭편하乾稱篇下」, 『장재집』, 65쪽.

15 『맹자』「고자상」, 주희, 『사서장구집주』, 334쪽.

16 『맹자』「이루하」, 주희,『사서장구집주』, 292쪽.

는가? 가로되, 마음을 비워 하나로 집중해서 고요해지는 것이다.

"마음을 비워 하나로 집중해서 고요해져야虛壹而靜", 비로소 "욕심과 미움이 없고, 처음과 끝이 없고, 가깝고 먼 것도 없으며, 넓고 얇은 것도 없고, 옛날도 없고 지금도 없는" 무심의 상태에 이르게 되어 도의 본질을 깨닫게 된다는 뜻이다. 이는 우주적 천도와 인륜의 근원을 인식하는 데, 오성적 사유의 매개체인 '심'이 핵심적 작용을 한다는 점을 명확하게 밝힌 것이다. 이와 상응하여 유교에서는 사유의 결과물인 지식에 대해서도 독특한 견해를 보여준다. 공자는 일찍이 이에 대해 다음과 같이 말한 바가 있다.

나는 열다섯에 배움에 뜻을 두고 서른에 주견을 가지게 되었으며, 마흔에 흔들림이 없게 되었고, 쉰이 되어 천명을 알았다. 예순에 남들이 하는 말을 잘 들을 수 있었고, 일흔이 되어서야 하고싶은 대로 해도 법도를 넘어서지 않았다.

학문에 뜻을 두는 것에서부터 시작하여, '지명知命'을 거쳐 '불유구不逾矩'에 이르렀다는 말은 공자가 지식의 목적과 최고 경지의 규범을 추구함으로써 천도를 깨달은 후에 "하고싶은 대로 해도 법도를 넘어서지 않는" 경지에 도달했다는 것을 설명한다. 주희는 "예순에 남들이 하는 말을 잘 들을 수 있었다六十而耳順"라는 공자의 말을 이렇게 해석했다.

듣는 말을 모두 이해하여 마음에 조금도 거슬리는 바가 없으니, 아는 것이 지극하여 생각하지 않고도 알아듣는 것이다.[17]

여기서 최고의 지식, 곧 "아는 것이 지극한 것"은 생각하지 않고도 알아듣는 것이며 "스스로 이치를 깨닫는 것自玄悟"이다. 공자가 이르는 "말없는 가운데 알아듣는다默而識之"라는 말의 의미도 여기에 있는 것이다.

유교에서는 인간의 체험을 극단적으로 밀어붙여 이를 심리적 관점에서 논단하고 정감과 자아의 체험을 사유의 보편적 원리로 변화시켰지만, 개인적 주체의 도덕적 의지나 심미적 정감은 그 자체로 인식적 기능을 지니고 있다. 유교에서 주장하는 주체와 오성적 사유는 순수 주관적일 뿐만 아니라 이성적인 범주를 초월하기 때문에, 지성至誠과 진성盡性으로 천명을 깨닫게 할 수 있다. 치지致知가 곧 지도至道이며, 솔성率性과 순정順情을 거쳐 치중화致中和하게 되면 그것이 바로 달도達道이다. 또한, 비이성적인 정감에 의한 의지도 이성적으로 관철되기 마련이다. 이른바 "날마다 세 가지로써 스스로 돌이켜본다"라는 말은 개인적 주체로서의 정감이 개인에 한정된 좁은 범주를 벗어나 우주와 천도의 본체와 직접 대면함으로써 깨달음을 얻을 수 있다는 것에 근거한다. 중국의 유교는 그들의 정신적 삶에서 사유는 언제나 천명과 도를 중시하는 이성적 관념에 의해 이끌려왔다. 이러한 탓에 감정적 분출, 자유분방한 상상력, 충동적 모험으로 광적인 종교 전쟁에 휘말리지 않았다. 예는 유교 문화의 주요 범주 중 하나다. '예'가 비록 원시 종교의 금기에서 변화한 것이라 하지만, 종교적 금기를 포용하고 이를 초월한 어떤 것이다. '예'는 귀신을 공경하는 신령 숭배 사상을 포용하고 있을 뿐만 아니라, 거기에는 인류 집단 간의 규범이나 개인 간에 지켜야 할 교제의 원칙 등에 관한 인문학적 내용도 함축하고 있다. 유교에서는 하늘과 조상에 대한 제사를 강조하지만, 실제 이

17 『논어』「위정」, 주희, 『사서장구집주』, 54쪽.

러한 제사나 의식들은 완전히 세속화된 것에 지나지 않는다. 유교의 시야에서 볼 때, 천인은 본래 하나가 될 수 있고 사람과 귀신은 서로 거래를 틀 수 있기 때문이다. 천인과 귀신은 모두 인학仁學을 중심으로 한 거대한 네트워크에 포섭되어 있는 것이다. 예악禮樂이 존재하는 것도 주체의 내면세계에 빚어진 문제를 해결하기 위한 것이 주된 목적이었다. 이른바 "예禮라서 예라 말하지만, 그것이 옥과 비단을 이르는 것이겠는가? 악樂이라서 악이라 하지만 그것이 종鐘과 북을 이르는 것이겠는가?"[18]라는 말이 이를 가리킨다. 참되고 경건한 내면적인 정감이 뒤따르지 않으면 예악 또한 공허한 형식에 불과하다는 것이다.

송명이학 시대에 이르러, 유학자들은 우주와 인생의 문제를 탐구하면서 한쪽에서는 인간의 주체성을 계속 강조하고 다른 한쪽으로는 오성적 사유의 운용 방식에 대해서도 치밀하게 논의했다. '태극'은 우주의 법칙과 근원을 나타내는 유교의 최고 범주에 속하는데, 주희는 이를 "천지만물을 총괄하는 리理", 또는 '일리一理'라고 칭했다. 이에 덧붙여 주희는 "사람마다 하나의 태극이 있다人人有一太極"라고 하면서, 개인적 주체는 모두 하나의 소우주로서, 압축된 형식으로 우주의 이치를 온전히 포함하고 있다고 주장했다. 또한, 정이도 "하늘에 이러한 리理가 있어 성인이 이에 따라 행하니 이것이 이른바 도다"[19]라고 말하고, "도는 하나다. 사람의 도리를 다하지 않고서는 천지의 도리를 다하지 못한다. 하늘과 사람을 둘로 보는 것은 그릇된 것이다"라고 주장했다. 이는 인간의 주체성을 극도로 강조한 것이었다. 이와 아울러 천도와 천리를 사색하는 과정에서 유교는

18 『논어』「양화」, 주희, 『사서장구집주』, 178쪽.

19 정호·정이, 『이정집』 제1책, 274쪽.

개인적 주체의 깨달음에 그 핵심이 있다고 파악하여 "도의 전체 내용은 성인이라도 일러줄 수 없다. 모름지기 배우는 자가 스스로 공부해서 깨달아야 한다"라는 학문적 전통을 유지시켰다. 육상산陸象山의 경우는 깨닫는 방법을 구체적으로 설명하기도 했다. 그 방법은 "편안히 앉아 눈을 감고安坐瞑目 심지를 보존하고자 애쓰며用力操存, 밤낮으로 행하는 것이었다."[20] 이렇게 본래의 마음을 밝히는 사유 과정은 주희가 볼 때 다음과 같이 개인적 주체의 수양 과정과 상부상조하는 것이 된다.

> 배우는 이의 공부는 오직 거경居敬과 궁리窮理 두 가지에 있다. 이 두 가지 일이 서로를 나아가게 하는데, 궁리할 수 있으면 거경의 공부가 날로 발전할 것이며, 거경할 수 있으면 궁리의 공부가 날로 치밀해진다.
>
> 함양涵養하는 가운데 절로 궁리의 공부가 있는데, 그것은 함양하는 이치를 궁구하는 것이다. 궁리하는 가운데 절로 함양의 공부가 있는데, 그것은 궁구하는 그 이치를 함양하는 것이다.[21]

요컨대, 성리학자들의 관점에서는 '리'를 인식하는 과정이 바로 심성을 수양하고 깨닫는 과정이다. 먼저 장재는 『정몽』「대심편」에서, "견문의 편협한 데서 그치는" 일상적 사유에서 초월할 필요를 지적했다. 그는 이렇게 말한다.

20 『육구연집』 권35, 「어록하語錄下」, 471쪽.

21 여정덕, 『주자어류』 권9, 제1책, 149-150쪽.

마음을 크게 하면 천하의 사물을 체득하게 된다. 사물을 체득하지 못하는 것은 마음이 바깥에 있기 때문이다. 세상 사람들의 마음은 견문의 편협함에서 그치지만, 성인은 본성을 다하여 보고 듣는 데 얽매이지 않는다. 천하를 볼 때도 어느 하나 자신과 같지 않은 사물이 없다. … 하늘은 너무나 커서 바깥이 없다. 그러므로 바깥에 있는 마음은 천심과 합일할 수 없는 것이다.[22]

황종희도 『명유학안』「자서自序」에서 다음과 같이 지적했다.

천지 사이에 가득 찬 것은 모두 마음이다. 사람과 천지 만물은 일체다. 그러므로 천지 만물의 이치를 궁구하는 것이 곧 내 마음속에 있는 것이다.[23]

왕양명은 노골적으로 '심외무학心外無學'을 강조하고, 외부의 사물에서 지식을 얻는 것에 대해 반대했다. 그는 이렇게 주장했다.

마음은 무엇을 아는 것의 본체이고, 마음은 저절로 알게 된다. … 이것이 바로 양지良知이니 밖에서 구할 필요가 없다.[24]

무릇 사물의 이치는 내 마음 밖에 있는 것이 아니다. 내 마음 밖에서 사물의 이치를 구하면 사물의 이치가 없다.[25]

---

22 『장재집』, 24쪽.

23 황종희, 『명유학안』, 7쪽.

24 왕수인, 오광 외 편교, 『왕양명전집』 상책, 6쪽.

여기서 왕양명이 말하는 '학學'은 사람들로 하여금 자신의 고유한 도덕적 본능을 자각하도록 하는 것이다. 인식의 행위가 완전히 도덕적 수양에 포함되어, 주체와 오성적 사유는 여기서 인식론이나 윤리학과 하나로 통합된다. 사실상 육왕심학陸王心學의 전체 체계가 "사람마다 이 마음이 있고, 사람마다 이러한 이치를 갖추고 있어 심心이 곧 리理"[26]라는 관점을 중심으로 전개되었던 것이다. 여기서 '심'은 주체의 내면적인 인식이나 우주적 삶을 체험으로 입증하는 근원으로서, 유한과 무한을 하나로 하여 만물을 통섭하는 특성이 있다. 다시 말해 "삼라만상은 방촌方寸 사이에 있고, 가득 찬 마음이 발하여 우주에 충만한 것은 이러한 이치가 아닌 것이 없다."[27] 심과 리는 똑같이 우주 곳곳에 존재하고 있다는 것이다. 이를 확대 해석하면 다음과 같은 말이 된다.

> 우주는 내 마음이며, 내 마음이 우주다宇宙便是吾心, 吾心卽是宇宙.[28]

> 마음의 본체는 대단히 크다. 내 마음을 다할 수 있다면 하늘과 같아진다. 학문을 하는 것은 단지 이러한 이치를 아는 것에 지나지 않는다.[29]

심지어 경전 읽기를 주장하는 주희까지도 심신의 수행을 유자儒者 학문의 제일의第一義로 삼아야 한다고 거듭 강조했다. 주희는 "학문이란

---

25 왕수인, 오광 외 편교, 『왕양명전집』 상책, 42쪽.

26 육구연, 『육구연집』 권11, 「여이재이」, 149쪽.

27 육구연, 『육구연집』 권34, 「어록상語錄上」, 423쪽.

28 육구연, 『육구연집』 권22, 「잡저雜著」, 273쪽.

29 육구연, 『육구연집』 권30, 「어록하語錄下」, 444쪽.

것은 자신의 삶에서 가장 절실한 부분을 깨치는 것이다. 독서는 그다음의 일이다"[30]라고 했다. 실제 성리학에서도 '이일분수理一分殊'와 '즉심즉리卽心卽理'와 같은 명제가 있다. 이치는 본래 하나지만 구체적으로는 각기 다르게 나타나 마치 달그림자가 만 개의 강물 위에 떠 있는 것과 같다고 한다. 이는 학문의 관건이 정연하고 획일적인 이론적 사변의 전개에 있는 것이 아니라 자신의 실천과 깨달음에 있고, 여기서 시작되어야 한다는 점을 말한다. 이른바 "하루아침에 활연관통豁然貫通하게 되면 모든 사물의 표리와 정조精粗에까지 미치지 않는 것이 없고, 내 마음의 전체 대용大用으로 환하게 알게 된다."[31] 유교에서는 지식 창조의 근원이 '활연관통'의 직관적 깨달음에 있다고 이미 명확하게 규정하고 있었던 것이다. 비록 그것이 논리적인 규정도 일부 포함하고 있지만, 추상적인 논리성 혹은 잡다한 감성의 외적 종합에 의한 것이 아니라, 현실적 분별의식을 초월한 원초적인 창조성에 의한 것이었다. 이처럼 개인적 주체가 장기적으로 사색하고 이를 실천하면서 깨달음을 증명하는 과정에 만물과 도, 그리고 인생의 의미를 깨닫는 것이 점차 유학자들의 인지 과정에 비교적 안정적이고 보편적인 사유의 틀로 정착하여 확대되면서 '안신입명'의 근거를 제공해 주었다. 다시 말해 이러한 사유의 틀로써 삶의 신념을 구축하고 도덕적 원칙을 견지하게 함으로써, 개인적 주체로 하여금 정신적 삶의 평안함을 맛보게 하고 환경의 변화에 의연하게 대처하게 했을 뿐만 아니라, 최종적으로 그들의 종교에서 설정한 이상적 인격의 경지에 도달했던 것이다.

---

30 여정덕, 『주자어류』 권10, 제1책, 161쪽.

31 주희, 『사서장구집주』, 7쪽.

2 — 도교의 주체와 오성적 사유

도교의 궁극적 목표는 도를 닦아 깨달음을 얻어 최종적으로 진인이나 신인이 되는 데 있다. 외단 수련이나 내단 수련이든 간에 모두 백일승천白日昇天이나 우화등선羽化登仙을 염원하며, 그것이 아니면 최소한 정신적인 영혼불멸이라도 이루려고 한다. 득도나 우화등선은 "내 목숨은 나한테 있지 하늘에 달린 것이 아니다"라는 생명에 대한 주체적 사유를 바탕으로 설정된 목표이며, 여기에는 개인적 주체의 적극적인 수련이 요구된다. 이 때문에 도교에서는 그들의 학문을 직접 몸으로 체득하는 '체도體道', 또는 몸소 실천하는 '천도踐道'라고 이른다. 도는 절대적이고 어디에나 존재하는 그런 것이다. 구도자는 현실적 삶을 떠나 절대적인 도를 구할 필요가 없고, '진인'이 되었다고 해도 무리를 떠나 살거나 세상을 등질 필요도 없다. 이 모든 것들은 현실 사회의 삶에서 이루어질 수 있다. 도는 바로 너 자신의 몸에 있기 때문에 이른바 진인의 학문은 곧 자신을 위하는 '위기爲己'의 학문이다. 따라서 도교의 초월적 경지도 피안이 아니라 차안此岸에 있다. 세속의 신도라 할지라도 정성껏 수련하면 신선이 되어 승천할 수 있고 내생을 기약할 필요가 전혀 없는 것이다. 멍페이위안 선생은 이 점에 대해 다음과 같이 예리하게 지적한 바가 있다.

> '도'는 우주의 본체론이지만 반드시 삶의 문제로 구체화되어야 하고, 삶의 문제로 말하면 주체성을 지닌 '덕'으로 실현되어야 한다. "덕은 득得이다." 곧 도에서 이를 얻어 "사람이 되는 인간의 도"를 성취하는 것이다.[32]

32 멍페이위안, 「'도'의 경지—노자철학의 심층적 의미'道'的境界—老子哲學的深層意蘊」, 『중국사회과학』, 1996년 제1기, 117쪽.

도교에서 우주의 도를 인식하고 탐구하는 최초와 최종의 목적은 우주의 궁극적 기원을 캐묻는 데 있지 않다. 개인적 주체의 요구와 자신이 처한 상황에서 출발하여, 현실적 사회와 삶의 문제를 직접 대면하면서 인류의 정신적 초월과 해탈을 실현하기 위해 필연적으로 거쳐야 할 길을 모색하는 데 있는 것이다.

도교에서 받드는 무위는 늘 소극적인 무위를 강조하는 것으로 일반인들이 종종 곡해한다. 실제의 무위는 주체적 사유에 기반을 둔 적극적 자유의 선택이며, 천도를 깨달은 후 우주의 법칙에 적극적으로 순응하는 것이다. 천도를 본받아 매사를 자연에 맡기고 인위적인 꾸밈을 버림으로써, 세상사를 잊거나 받아들이지도 않는 능동적인 태도가 바로 '무위'이다. 이렇게 함으로써 비로소 "도로써 천하를 다스리고以德莅天下", "만물을 이겨도 스스로 다치게 하지 않을 수 있다勝物而不傷." 『황제음부경黃帝陰符經』의 첫머리에, "하늘의 도를 관찰하고 하늘의 운행을 장악하면 다 끝나는 것이다. … 우주가 손안에 있어 만 가지 변화가 몸에서 일어난다"[33]라고 하여 이 점을 명확히 밝히고 있다. 이처럼 "건곤이 손안에 있고 만 가지 변화가 마음에서 비롯된다"라는 주체적 사유는 모든 것을 하늘에 맡겨 호소하는 노예적 사유와는 근본적으로 구별된다. 실제 도교 경전을 보면, 주체로서의 독립성과 자아의식에 대한 이러한 긍정적 인식을 흔히 발견할 수 있는데 예를 들어, "고요히 소리도 없고 아득히 형체도 없으며 무엇에 의존하지 않고 독립하여 변하지 않는다"[34]라고 하고, "스스로 알고 있지만 드러내지 않고, 스스로 아끼지만 귀하게 여기지 않는다"[35]라고 말하기

33 『도장』 제2책, 717쪽.

34 『도덕경』 제25장, 『제자집성』 제3책, 14쪽.

35 『도덕경』 제72장, 『제자집성』 제3책, 43쪽.

도 한다. 심지어는 "세상 사람들이 모두 칭송해도 우쭐거리지 않고, 세상 사람들이 모두 비난해도 의기소침하지 않는다"[36]라고 하는데, 이러한 말들은 모두 개인적 주체의 독립성과 그 의식에 대한 긍정적 가치를 대변한다.

도교의학에서는, "내면을 주시하며 소리를 듣고反聽內視", "의식을 되돌려 내면을 관조하면서反觀內照" 자아를 인식하고 수심양성修心養性하며 "본연의 모습으로 돌아가는反本歸眞" 자아의 수행을 강조하는데, 이러한 과정에서 주체와 오성적 사유를 선명하게 드러낸다. 그 핵심은 내면을 주로 하되 외부의 것을 부수적인 것으로 대하고, 양생을 근본으로 하되 치료를 지엽말단적인 것으로 취급하는 데 있다. 『신농본초경神農本草經』에서 주장하듯이, "상품上品은 양명養命이고, 중품中品은 양성養性이며, 하품下品은 치병治病인 것이다." 이를 진료에 적용할 때, 동원되는 모든 방법도 주체 그 자체에서 출발하되, 내부의 생명 요소로 하여금 유기체 자체의 잠재력을 충분히 발휘하게 함으로써 치병과 신체 건강의 목적을 성취하는 것이다. 도교의학의 주장에 따르면, 성명의 이치는 인간에게 내재해 있고, 주체 자체에 내포된 '정기신精氣神'이야말로 생명의 원천이다. 이른바 "정신이 안에서 지켜주면 병이 어디서 들어오겠는가?精神內守, 病安從來"라는 말이 있는데, 이는 주체의 정신을 하나로 모아 흐트러지지 않게 함으로써, 자아의 평정이나 자아의 승화라고 하는 양호한 정신적 상태를 유지할 수 있다는 것이다. 이에 따라 도교의학에서는 신체 건강에 미치는 개인의 내면적 요소, 특히 기쁨, 노여움, 슬픔, 두려움 등의 심리적 요인에 대한 조절 작용을 중요하게 여긴다. 심리적 감정은 주체의 자아 통제를 통해서 비로소 초연하게 평정심을 유지할 수 있다. 욕심을 줄여 소박함을

36 곽상 주석, 성현영 소, 『남화진경주소』 권1, 『소요유』 상책, 8쪽.

견지함으로써 외계의 사물에 좌우되지 않고 자주성을 지킬 수도 있는 것이다. 그러한 의미에서 도교의학에서 이르는 양생의 최고 경지는 개인적 수양의 정신적 경지라고 말할 수 있다. 주체의 내면 의식을 조절함으로써 신체와 정신의 균형을 유지하고, 최종적으로 생명을 질서정연한 상태에 이르게 했던 것이다. 이처럼 도교의학은 시종일관 주체의 자아 통제와 병인에 대한 총체적 이해를 강조해왔다. 역사에 등장하는 수많은 명의가 종종 고명한 도사들이기도 했는데, 그들은 도교에서 주장하는 생명의 자주성을 의료 활동에 운용함으로써 커다란 성과를 낳을 수 있었다.

도교의 학설은 대부분 생명에 대한 학설이라고 할 수 있는데, 언제 어디서나 생명을 아끼고 소중히 여기는 것으로 널리 알려져 있다. 도교인은 사람으로서 몸과 마음을 다 바칠 때만 비로소 우주와 생명을 이해할 수 있다고 생각한다. 이러한 과정에 도교는 지식과 이성의 합리성을 전적으로 부인하는 것이 아니라, 우주적 생명의 총체에 대한 거시적인 이해의 바탕 하에 지식과 이성을 두어야 한다고 주장한다. 도교에서는 생명과 덕행을 소중하게 여기는 '중생귀덕重生貴德'이라는 교리를 받들고, 내단과 외단에 집착하며 의학에 대해서도 꾸준히 탐구하고 있지만, 이는 모두 천지 만물의 영기를 널리 받아들여 성명性命의 영원함을 실현하자는 데 그 뜻이 있다. 사실상 도교의 모든 종교적 수행은 생명을 중심으로 전개된다. 또한, 우주적 삶을 인식하는 도교적 사유도 주로 생명에 대한 깨달음으로 표현된다. 생명에 대한 체험은 개념, 판단, 추리 등의 사유 방식으로 표현할 수 없다. 도교에서 "본성을 체득하여 신성을 간직하고體性抱神", "집착과 정신적 속박에서 벗어날解心釋神" 것을 주장하는 까닭은 일반적 사유보다 오성적 사유에 의해 내면에 있는 생명의 빛이 터져 나오기 때문이다. 도교에서 볼 때, 혜성慧性의 깨달음은 지식으로 얻은 도리보다 한층 더 심각하고 전면적이다. 상대성에 의존하는 지식은 종종 걸림돌로 작용하여 본체에 대한 접근이나 대도에 대한 통찰을 가로막는다. 이른바 "믿음이 있는 말은 아름답지 않고 아름다운 말에는 믿음이 없으며, 선한 사람은 변명하지 않고 변명하는 사람은 선하지 않고, 아는 사람은 박식하지 않고 박식한 사람은 알지 못하는 것이다."[37] 생명의 지혜는 아주 소박하게 개인적 주체의 깨달음 속에 내포되어 있다. 요컨대 도교에서 추구하는 오도悟道는 "도는 이름이나 말과 떨어져 있고, 이치는 감정이나 사고와 단절되어 있다道離名言, 理絶情慮"라는 것에 근거한다. 언어나 명칭으로 도가 무엇인지를 따지고, 감정으로 이치가 어디에 있는지를 가늠하게 되면, 도에 접근하지 못하고 도리어 더 멀어진다. 도는 그 자체로 정신적 또는 물질적 형태로 존재하지 않는 것이며, 없으면서도 모든 것을 포괄하는 절대적인 것이기 때문이다. 이러한 절대성의 인식은 통상적인 학문이나 지혜, 분석, 추론 따위의 유한한 지식으로는 결코 얻을 수 없는 것이다. 이에 대해 『장자』「양생주」에서는 "유한한 것으로써 무한한 것을 좇는 것은 위태롭다"라고 일렀다. 본체는 각 부분의 단순한 종합이 아니기 때문이다. 본체에 대한 인식은 서로 다른 각각의 구성요소에 대한 인식을 덧보태어 얻은 인식과 대등하지 않다. 오로지 깨달음을 얻어야 절대적 본체를 파악하고 인식할 수 있는 것이다. "도는 작은 성취에 가려지고 말은 화려한 수식에 가려진다. 따라서 유가와 묵가의 시비가 있게 되어 옳은 것을 그르다고 하고, 그른 것을 옳다고 한다. 옳은 것을 그르다고 하고, 그른 것은 옳다고 우기는 것은 도를 밝히는 것만 못하다."[38]

---

37 『도덕경』 제81장, 『제자집성』 제3책, 47쪽.

38 곽상 주석, 성현영 소, 『남화진경주소』 권1, 『제물론齊物論』 상책, 33쪽.

도교의 최고 범주인 '도'는 그 자체로 오성悟性이 충만한 하나의 개념이다. 우주의 본원으로서 도는 형상이 없고 말로 설명할 수도 없으며, 아무런 작용도 하지 않으면서 하지 못하는 것도 없다. '도'의 함의는 무한하지만 가장 기본적 함의는 '초월성'이란 최고의 준칙을 가리키며, 도를 체득했다는 것은 곧 진리를 터득한 것이 된다. 이 때문에 도교에서는 "도와 같이 되는 것同于道"을 인생에서 추구하는 최고의 이상으로 여긴다. 즉 "도를 일삼는 것은 그 도와 하나가 되는 것이다." 그러나 도교에서는 인간과 도의 관계를 처리할 때, '도'를 일반적인 인식의 대상으로 간단하게 파악하지 않았다. 사람이라면 마땅히 도를 체득하여, '도'와 합일함으로써 개인적 주체의 생명 속으로 내면화할 것을 요구한다. "도와 같이 된다"라는 것은 깨달음을 통해 세속을 초월하는 데 있기 때문이다. 그렇다면 어떻게 도를 체득할 수 있을까? 이에 대해 노자는 일찍이 "학문을 하면 나날이 늘고 도를 행하면 나날이 줄어든다爲學日益, 爲道日損"라고 말한 바가 있다. "나날이 줄어든다"라는 것은 도를 체득하려면 오성적 사유가 요구되기 때문이다. 오성적 사유에 몰입하는 것은 개인적 주체의 텅 빈 마음의 상태를 가리킨다. 외계의 구체적 사물과 접촉이 많아질수록 의식의 혼란을 초래하여 수행자가 진정한 대도를 깨닫는 데 영향을 미치기 때문이다. 다음과 같은 말들은 모두 이러한 사정을 일러준다.

> 오색은 사람의 눈을 멀게 하고, 오음은 사람의 귀를 먹게 하며, 오미는 사람의 입을 그르치게 한다.[39]

39 『도덕경』 제12장, 『제자집성』 제3책, 6쪽.

대문을 나서지 않아도 천하를 알고, 창문으로 내다보지 않아도 천도를 본다. 밖으로 나갈수록 그 앎이 갈수록 적어진다.[40]

노자는 심지어 "성인이 되겠다는 마음을 끊고 지혜를 버리며絶聖棄智", "입을 다물고 귀를 막을塞其兌, 閉其門" 것을 요구했다. 지식이나 이지적 능력의 간섭까지 완전히 배제한 채, "남들이 모두 똑똑한" 상황에서 "나만 홀로 흐리멍덩한" 정신적 상태를 유지해야 한다는 것이다. 이로 미루어 볼 때, 노자가 주장하는 체오體悟는 자신의 마음속에 있는 '도'를 바깥에서 애써 구하지 않고, 개인적 주체로서 "마음의 거울을 닦는滌除玄覽" 데 있다고 하겠다. 곧 일체 만물의 간섭을 배제한 상태에서 감각적 경험을 초월한 직관을 얻어야만 비로소 득도의 사유 활동을 수행할 수 있다는 것이다.

한편, 장자는 '좌망坐忘'과 '심재心齋'라는 방법을 제시했다. 구체적으로 언급하면, '좌망'은 "손발을 내려놓고 총명을 물리치며, 형체를 분리하고 알음알이를 떠나 대통大通에 동화하는"[41] 방법이다. 말하자면, 모든 것을 잊어버리고 신체 감각이나 일반적 사유의 경계를 완전히 초월한 의식의 상태에 이를 때, 최고의 도를 체득하고 심오한 인식에 접근할 수 있다는 것이다. '심재'도 그런 것이다.

뜻을 하나로 하되若一志,[42] 귀로 듣지 않고 마음으로 듣고, 마음으로 듣지

40 『도덕경』 제47장, 『제자집성』 제3책, 29쪽.

41 곽상 주석, 성현영 소, 『남화진경주소』 권2, 『대종사大宗師』 상책, 163쪽.

42 "若一志"는 원문에는 "一若志"라 되어있는데, 여기서는 곽경번郭慶藩의 『장자집석莊子集釋』에서 교정한 것을 취했다.

않고 기氣로써 듣는다. 귀는 듣는 데 그치고, 마음은 심중에 부합하는 데 그친다. 기란 것은 마음을 비워 사물을 대하는 것이며 도는 빈 곳으로 모여들기 마련이다. 마음을 비우는 것이 '심재'다.[43]

여기서 강조하는 것은 마음의 허정虛靜 상태가 유지되어야 도를 얻게 된다는 것이다. 즉 "마음을 비우면 지극한 도가 가슴속에 모여드는 것이다虛其心則至道集于懷也."[44] 노자의 '견소포박見素抱樸'이나 장자의 '허실생백虛實生白'은 텅 비어 밝은 정신적 상태를 유지함으로써 오성의 창의성을 충분히 발휘할 수 있는 여건을 마련해야 한다는 것을 강조하는 말이다. 이와 아울러 장자는 "천하를 잊고外天下", "사물을 잊고外物", "삶을 잊어外生", "아침 해가 밝아오는朝徹" 것처럼 "홀로 도를 볼 수 있다見獨"라는 이론을 주장했다. "견독見獨한 이후에는 고금을 초월할 수 있고, 고금을 초월한 이후에는 삶도 죽음도 없는 경지에 들어설 수 있다"라는 것이다. 말하자면 머릿속에 천하의 국가나 몸 밖의 일체 모든 것들, 심지어 자신의 육체적 생명까지 포기할 때만이 아침에 떠오르는 해처럼 미망에서 벗어나 홀연히 깨닫게 된다는 뜻이다. '견독'에 대해 성현영은 『장자소莊子疏』에서 다음과 같이 해석한 바가 있다.

무릇 지극한 도는 한 덩어리로 뭉쳐있어 언어와 형상을 떠나 묘하다. 없는 것도 아니고 있는 것도 아니며, 과거도 아니고 현재도 아니다. 홀로 가고 홀로 오며, 상대되는 것도 없다. 이처럼 뛰어난 경지를 엿보는 것을 '견

43 곽상 주석, 성현영 소, 『남화진경주소』 상책, 82쪽.

44 곽상 주석, 성현영 소, 『남화진경주소』 상책, 82쪽.

독'이라 한다.[45]

여기서 이르는 '뛰어난 경지勝景'는 바로 도의 경지고, 이러한 경지가 펼쳐지는 것이 깨달음의 세계다. 『노자하상공장구老子河上公章句』에서도 이 점을 강조하여 감각기관에 의해 외물에 집착하는 것을 반대하고, 욕정을 끊어 "마음으로 인지할 것"을 주장했다. 이를 구체적으로 말한 것이 다음의 내용이다.

> 마땅히 그 마음을 씻어내어 정결하게 해야 한다. 마음은 "그윽한玄冥" 곳에 머물며 만사를 "살펴보고 알기覽知" 때문에 이를 현람玄覽이라 한다.[46]

마음은 타고날 때부터 인지적 기능을 갖추고 있다. 그 때문에 마음을 맑고 고요한 현명玄冥의 상태로 접어들게 하여 하늘을 바라보고 땅을 굽어보면, 만물 속에 함축된 대도가 저절로 남김없이 드러나게 된다는 것이다.

이와 관련된 유명한 우화가 있다. 『장자』「응제왕」에 있는 "혼돈混沌을 뚫었다"라는 이야기다.

> 남해의 제왕을 숙儵이라 하고 북해의 제왕을 홀忽이라 하며 중앙의 제왕을 혼돈混沌이라 했다. 숙과 홀이 서로 혼돈의 땅에서 만났을 때, 혼돈이 아주 융숭하게 이들을 대접했다. 숙과 홀이 상의하여 혼돈의 덕을 갚으

---

45 곽상 주석, 성현영 소, 『남화진경주소』 상책, 148쪽.

46 왕카 점교, 『노자도덕경하상공장구』, 34쪽.

려 했다.

"사람은 누구나 일곱 구멍이 있어 그것으로 보고 듣고 먹고 숨 쉬는데 이 분만 유독 없으니 시험 삼아 뚫어주자."

하루에 한 구멍씩 뚫어 7일이 되자 혼돈이 죽고 말았다.[47]

여기서 '혼돈'은 사실상 오성적 사유를 운용하는 주체를 대표하고, 숙과 홀은 이지적 사유를 운용하는 주체를 의미한다. 혼돈이 이목구비의 일곱 구멍으로 대표되는 감각 기관을 갖추게 되자 목숨을 잃었다. 혼돈이 더 이상 초감각적이고 초이성적인 오성적 사유 능력을 지니지 못했기 때문이다.

내단 수련이라는 도교의 독특한 공법에도 오성적 사유가 많이 운용된다. 도교에서는 정기신을 약재로 삼아 연정화기煉精化氣, 연기화신煉氣化神, 연신환허鍊神還虛, 연허합도煉虛合道라는 내단 수련의 체계를 구축하고 있는데, 이를 통해 생명의 자주성과 소요의 경지에 도달하고자 하는 것이다. 수련 과정에서 "천기를 누설할 수 없기" 때문에 반드시 이렇게 해야 한다는 정해진 규칙이나 방법도 존재하지 않는다. 한발 물러서서, 규칙과 방법을 배웠다고 해도 그것으로 도기道機를 파악할 수 있는 것은 아니다. 이러한 이유로 신자들과 수행자들이 하는 생명의 수련은 지식의 수용과 학습에만 그치지 않는다. 근본적인 것은 자신의 주변 여건과 전반적인 상황에 따라서 무엇을 얻고 깨닫는가에 있다. 추호도 의심할 바 없이, 수련의 과정에서는 '오성'이야말로 기연機緣을 파악할 수 있는 가장 믿음직한 수단이다. 깨달음이 없으면 기機를 얻을 수 없다고 단언할 수 있다. 남들

47 왕선겸, 『장자집해』, 『제자집성』 제3책, 51쪽.

의 경험이나 외부의 지식은 자신에게 있어서 절대적으로 유효한 것이 아니기 때문이다.

3 —— 불교의 주체와 오성적 사유

중국종교에서 주체와 오성적 사유를 강조하는 근본 뜻은 주체로서 자신의 내면세계를 적극적으로 탐구하고 실천하는 데 있다. 합의된 결론을 도출하거나 어떤 정설을 요구하는 것이 아니다. 오성적 사유를 추구하는 과정에 중요한 위치를 점하는 것은, 감정의 누설과 의경意境의 추구 및 심리의 조절이다. 이러한 정신 활동은 사유의 측면에서 그 표현 방식이 예술과 상통하는 점이 아주 많은데, 둘 다 자신의 깨달음을 미적인 완성을 획득하는 데 필요한 핵심적 관건으로 간주하기 때문이다. 불교 역시 중국에 유입된 이후, 커다란 변화가 나타나 무게의 중심을 피안에서 현세로 옮겨왔다. 중국불교에서 추구하는 인생의 해탈은 주체의 내면세계로 전환하여 초월하는 것으로 귀결된다. 즉 만법을 하나의 마음으로 귀결시켜 본래의 마음을 깨닫게 하는 것이다. 유식종에서는 만물이 유식唯識에 의해서 변화되며 식識이 존재하면서 경계가 사라지면 사물의 경계가 환상에 불과하다고 하면서, 오직 인식만이 참된 것이라는 사상을 전개했다. 선종의 오조五祖 홍인弘忍도 이렇게 말했다.

> 본래 마음을 알지 못하면 불법을 배워도 아무런 이로움이 없다. 본래 마음을 알고 자성自性을 볼 수 있어야 장부丈夫, 천인사天人師, 부처라 일컬을 수 있다.[48]

중국불교의 주류는 초지일관 성불의 길이 인간의 본성을 드러내거나 본래의 자리로 복귀시키는 데 있다고 강조해왔다. 어떤 이는 본성에로의 전환과 승화에 있다고 말하기도 하지만, 붓다의 초월적 경지에 도달하려면 개인적 주체의 실천적 수행이 뒤따라야 한다는 것은 그들의 변함없는 주장이었다. 중국불교의 수행 과정은 특정한 종교적 활동을 제외하고는 대체로 개인으로서 행하는 불교 교리의 실천과 도덕적 수행에 역점을 두고 있다. 천태종天台宗에서는 심, 불, 중생의 삼자는 차별이 없다고 하고, 선종에서는 '즉심즉불'을 강조함으로써, 현실적 삶을 벗어나 피안의 불국토佛國土로 들어가 성불한다는 생각을 근본적으로 바꾸었다. 이러한 사유의 틀은 성불을 개인적 주체의 심성과 심리 및 정신의 내면적 변환으로 규정한 것이며, 피안의 세계를 개체의 마음속으로 옮겨놓음으로써 외재적 초월을 내면적 초월로 변화시킨 것이다. 중국불교의 주체적 사유는 성불의 문제에서 자신을 스스로 믿고 그 자신의 자주성을 강조하는 경향이 짙었고, 이처럼 견고한 신념은 그들의 인생관을 결정지어 그들의 삶에서도 하나의 원동력으로 작용했다. 뒤집어 말하면, 개인이 굳은 신념을 견지하지 못할 때는 처한 환경에 따라 수시로 마음이 바뀌게 되어 결국 열반의 경지에 이를 수 없다는 것이다. 이러한 까닭에 구도와 성불의 문제를 외부에서 찾지 않았다. 이에 대해 육조 혜능은 이렇게 말했다.

> 너는 이제 마땅히 믿어야 한다. 부처의 지견이란 단지 너 자신의 마음이니 이밖에 다른 부처는 없다.

48 천츄핑陳秋萍, 상룽尙榮 역주譯注, 『단경』「행유품行由品」, 134쪽.

> 일체의 반야지般若知는 모두 자성自性으로부터 생기고 바깥에서 들어오는 것이 아니다.

선어록禪語錄에는 "노새를 타고 노새를 찾는다騎騾找騾"라는 유명한 말이 있다. 성불을 하려면 사고방식부터 바꾸어야 한다는 뜻이다.

> 어떤 이가 마조馬祖 스님에게 불법을 물었다.
> 마조가 이렇게 대답했다.
> "부처님이 바로 자네한테 있는데 왜 자꾸 나한테서 구하는가? 노새를 타면서 노새를 찾는 꼴이니 내가 어찌 찾아주랴?"

중국불교는 '내증성지內證聖智'를 추구한다. 비록 일부 불경에 나타난 이론적 사변의 수준도 상당히 높은 것이지만, 개인적 주체가 "어떻게 불성을 갖추는가" 하는 것도 주체의 실천에 호소해야만 이루어질 수 있는 문제다. 이지적 사변의 문제가 아닌 것이다. 중국불교의 여러 문파 가운데 선종이 홀로 우뚝 설 수 있었던 까닭은 인간의 주체성을 고양하는 것과는 분리해서 생각할 수 없다. 선종의 사유 이념에 따르면, 붓다의 경지는 사람이면 누구나 이룰 수 있고 누구나 맛볼 수 있는 그런 것이다. 선종은 경전을 버리고 기존의 가르침에 반기를 들면서, 종교적 수행과 실천의 문제에서 타력에 의존하지 않았다. 오로지 자아의 본성을 찾는 데 전념했던 것이다. 그들이 적극적으로 주장하는 바는 개인의 종교적 수행은 현세의 일상적 삶을 포함한 곳에서 이루어져야 하며, 지금 이 자리에서 수행함으로써 불도를 증명하고 깨달음을 얻어야 한다는 것이다. 이른바 "물을 긷고 땔감을 구하는 것도 모두 오묘한 도인 것이다." 어떠한 경우나 악조건에서도 모두 도를 깨칠 수 있고, 경전을 읽지 않거나 설법을 듣지 않더라도 성불할 수 있다는 뜻이다. 선종의 종교적 실천은 전적으로 개인적 주체 그 자신에 근거한 것이며, 현실적 삶 속에서 진리를 깨달아 이상적 경지를 현실의 삶에 기탁할 것을 강조한다. 이러한 가르침은 이미 세속화 또는 현세화가 되었다는 것을 의미한다. 하지만 여기서 주목할 점은 이렇게 주체에 입각한 "평상심이 바로 도다平常心是道"라고 하는 관점이 자아도취에 빠진 나태한 사유가 절대 아니라는 것이다. 그것은 사회와 인생을 통찰하고 천도의 정신을 철저히 깨달은 뒤에 얻어지는 진정한 자유와 해탈을 가리킨다. 이밖에도 일개 불교 종파로서의 선종은 '교외별전敎外別傳'이라 자칭하고, 불교 경전과 불조佛祖의 권위를 부인한다. 심지어 붓다를 비난하고 매도할 뿐만 아니라 보디사트바나 극락 정토까지 부정한다. 신앙의 측면에서도 선종은 어떠한 외적인 신이나 천국도 숭배하지 않는다. 이러한 태도는 세계 종교사에서도 찾아보기 어려운 극히 희귀한 사례다. 선종의 신격화 대상으로 유일한 것은 개인적 주체의 자심自心과 자성自性인데, 이른바 "내 마음이 본래 부처이고, 이러한 부처가 참된 부처다我心自有佛, 自佛是眞佛"라고 하는 것이다. '자심'이 우주와 인생을 창조할 뿐만 아니라, 보디사트바를 비롯한 여러 신을 창조한다는 주장은 인도불교의 성격과 다른 경향을 여실히 표명한다. 선종이 중국화한 불교의 전형적 사례로 일컬어지는 것은 결코 우연이 아니다. 선종의 출현은 중국불교의 주체적 사유가 운용된 직접적인 결과이기 때문이다.

오성적 사유는 중국불교에서도 자주 운용되는 사유 방식으로, 특히 철저하게 중국화된 선종에서 전형적으로 표출되었다. 사실상 선종, 천태종, 화엄종 등 각각의 불교 종파에서 그들이 내세우는 사상의 구체적인 내용이 동일한 것이 아니라 할지라도, 모두 "본래의 자리로 돌아가" "불성을 깨닫는" 것을 최고의 경지로 삼는 점에서는 일치했다. 물론 불교에서도 서방 극락세계를 최종 목표로 설정하고 있다. 하지만 그것은 자아의 수행으로 정과正果를 얻은 뒤에 기약할 수 있는 경지였다. 다시 말해 하나의 이상적 존재를 설정하고 이를 통해 내면의 마음을 조절하는 것인데, 이러한 전환의 과정에 오성적 사유가 개입하여 핵심적 역할을 한다는 것이다. 이처럼 오성적 사유를 중시하는 중국불교의 깨달음은 언어와 논리적 사유를 초월한 것이며, 직접적이고 총체적으로 우주와 인생을 파악하고, 반야般若의 참된 지혜를 깨달아 열반의 경지를 추구하는 것으로 표현되었다. 이러한 깨달음에 대한 이론들은 장기적인 역사의 흐름 속에 일련의 시스템을 갖추어 꾸준히 창조되고 축적되었다.

불교의 수행에서 추구하는 '료오了悟'는 진지眞智를 일으켜 미몽迷夢을 반전시킴으로써 진리의 실상을 깨닫게 하는 것을 뜻한다. 이를 구체적으로 말하면, '개오開悟'는 수행의 목적이고 '보리'는 깨달아 얻게 되는 지혜이며 '열반'은 깨달음으로 얻은 경지다. '료오'는 해오解悟와 증오證悟로 나누는데, '해오'는 진리를 머리로 이해하여 아는 것을 가리키고, '증오'는 실천수행을 통해 진리를 체득한다는 것을 가리킨다. '료오'의 방법은 다시 점오와 돈오로 구분된다. '료오'의 필요성은 불교의 인식론에서 강조하는 '친증親證'과 '현관現觀'에 있다. 이는 사물을 인식할 때 직접적으로 사물과 서로 소통하는 것인데, 그 중간에 아무런 간격이나 사유도 개입하지 않는 것을 가리킨다. 이를 '명합冥合'이라 하는데, 승조僧肇는 『조론肇論』에서 "마음을 비우되 관조하는 것을 붙드는 것虛其心而實其照"이라 말하기도 한다. 어떤 대상을 파악하고자 할 때 불교에서 통상 사용하는 방법은 쌍차雙遮나 쌍조雙照다. 더 정확하게 말하면 '쌍차'이면서 '쌍조'다. 그 어떠한 대상이라도 유가 있으면 무가 있고, 유가 없으면 무도 없다. 승조는 이를 다음과 같이 요약했다.

> 천지가 하나의 뜻이고 만물은 하나의 모습이다. 사邪와 정正이 비록 다르지만, 그 성性은 둘이 아니다.[49]

다시 말해 천지 만물은 본래 유무가 일체이고, 만유萬有는 모두 무無와 통한다. 공무空無의 묘리妙理에서 상相의 현상은 아무런 차별도 없고, 세계의 실상은 공무라는 하나의 성性에 불과하여 물아의 분별이 성립되지 않는다는 것이다. 이러한 사변을 거쳐 수행하는 과정에서 수행자는 주도적으로 '본래의 자아'로 회귀하여 '자심自心'에서 불법의 진제眞諦를 탐구하고, 진여가 본래 공하다는 사상을 확연히 깨닫게 된다. 승조는 한 걸음 더 나아가 『조론』에서 이렇게 말했다.

> 마음을 증득하지 않았다면 그만이겠지만, 증득했다면 미묘한 데까지 궁구해야 한다. 증득이 미진하다고 말한다면 그것은 아직 깨닫지 못한 것이다.

> 현도玄道는 묘오妙悟에 있고, 묘오는 즉진卽眞에 있다. 즉진은 유무를 나란히 보는 것이고, 나란히 보면 피차가 둘이 아니다. 천지와 내가 같은 뿌리이기 때문에 만물과 나는 일체다.[50]

---

49 승조, 『유마경주維摩經注』「제자품弟子品」, 『대정장』 제38권, 350쪽.

50 승조, 『조론』「열반무명론涅槃無名論」, 『대정장』 제45권, 159쪽.

이처럼 유무를 나란히 보고 천지가 나와 일체가 된다는 사상은 도교 사상과 다를 바 없다. 내재적인 논리의 측면에서 볼 때, 세계가 모두 최후의 구경究竟이라면 구경에 있어서 일체의 것들은 모두 차별이 없는 것이다. 여기서 분명한 것은 이러한 근원에 관한 탐구에는 초논리적인 깨달음이 요구된다는 점이다. 역대 고승들이 불법을 펼칠 때 종종 형상적 비유나 경전의 내용을 끌어왔지만, 그것들은 언제나 보조적 역할을 한 것에 지나지 않는다. 이른바, 말로써 이치를 설명하면 이치는 감추어지고 말은 말대로 놀게 되는 것이다. 근본적인 대책은 깨달음을 당장 실행해서 그 본색을 드러내는 것이다.

중국불교의 오성적 사유로 가장 널리 알려진 표현 방식은 선종의 돈오설이다. 돈오는 이성적 인식에 의존하지 않는다. 그렇다고 인식하지 않는다는 것도 아니다. 그것은 말로써 표현할 수 없는 느낌이나 깨달음을 가리킨다. 돈오설의 시조인 혜능은 불립문자不立文字와 직지인심直指人心을 강조했는데, 여기에는 두 가지 층위의 뜻이 함축되어 있다. '불립문자'는 언어나 문자의 사용을 완전히 배제하는 것이 아니다. 언어의 사용을 보류하거나 제한할 것을 강조한 것이다. 논리적 사유의 화신인 언어와 문자는 그 내포와 외연에 있어서 일정한 한계가 주어지기 때문이다. 일단 언어로 불교의 이치를 해석하게 되면 편차가 발생하기 마련이고, 이 때문에 가르침의 참뜻에 담긴 완전성과 무한성을 사람들이 깨닫는 것을 방해할 뿐만 아니라, 도리어 이에 얽매이게 한다. 선종의 주장에 따르면, "경經은 붓다의 말이고 선禪은 붓다의 뜻이다." 선은 마음속으로 그 뜻을 아는 것이지 말로 전하지 못한다. "입술에 닿은 그 순간, 생각으로 떨어지는 것이다." 그래서 선종은 "참뜻을 얻은 자는 부언浮言을 초월하고, 이치를 깨달은 자는 문자를 초월한다"라고 적극적으로 주장한다. 또한 '직지인심'

은 성불하여 열반의 경지에 이르려면 오로지 깨달음에 의존해야 한다는 것을 가리킨다. "깨닫지 못하면 붓다가 곧 중생이요, 한 생각을 깨달으면 중생이 곧 붓다이다."[51] 이러한 말들은 경계를 초월한 성불의 길이 내면에서 붓다의 깊은 뜻을 얼마나 철저히 깨닫는가에 달려있다는 것을 알려준다. 요컨대 선종을 창립한 기본적 입지점은 오성적 사유로써 개체의 종교적 수행을 강조하는 데 있었다. "마땅히 알아야 할 것은 지혜로운 사람이나 어리석은 자도 불성에서는 본래 차별이 없다는 것이다. 다만 미혹함과 깨달음이 같지 않은 탓에 어리석고 지혜로운 것이 있는 것이다."[52] 이러한 이유에서 선종에서는 아예 갖가지 직관의 방식을 운용함으로써, 애초에 표현과 전달이 불가능하다고 간주되는 것들을 표현하고 전달했을 뿐만 아니라 본래의 마음, 곧 지각의 작용과 분리되지 않고 존재하는 중생의 마음자리를 밝혀 그들이 스스로 깨달음과 수도에 정진하게 함으로써 붓다의 경지에 이르도록 했던 것이다. 오성적 사유의 인식 대상인 진여불성眞如佛性은 선종에서도 말로써 표현할 수 없다고 했다. 무어라 한정지을 수도 없고, 갈라놓거나 파악할 수조차 없고, 아무리 애를 써도 논리적 사유의 능력으로는 도저히 미치지 못하기 때문이다. 유일하게 가능한 방법이 '직지인심'이다. 마음자리를 꿰뚫는 '깨달음'의 방법으로 자심自心의 불성을 묵조默照함으로써 진여의 본체와 무언중에 만나는 것이다. 이러한 깨달음을 성취하기 위해 선종의 공안公案에서는 대화의 방식을 동원한다. 공안은 때로 변증의 형식을 취하기도 하지만 대개는 황당무계한 형식으로 나타난다. 예를 들면 이렇다.

51 천츄핑 · 상룽 역주, 『단경』「반야품般若品」, 163쪽
52 천츄핑 · 상룽 역주, 『단경』「반야품」, 151쪽

제자가 묻는다.

"만법萬法과 더불어 짝하지 않는 동반자는 어떤 인물인가요?"

선사가 답한다.

"자네가 서강西江의 물을 한입에 다 마셔버리면 일러주마."

선종에는 이렇게 얼토당토않은 말들이 허다하다. "빈손에 호미를 든다空手握鋤頭", "걸으면서 물소를 탄다步行騎水牛", "줄 없는 비파를 연주한다彈無絃之琵琶" 등이 그러한 것들이다. 얼핏 보기에 그럴듯하지만, 실제 사실과 다른 담론이다. 이는 의심의 여지 없이 지적인 정보의 과부하를 유도해서 극도의 긴장된 상황으로 몰아넣어 상대방으로 하여금 "입을 벙긋하는 순간 어긋나고, 입을 다물면 놓치게 되는" 진퇴양난의 곤경에 처하게 한다. 겉으로 보면 이러한 공안은 모순처럼 보이지만, 사실은 "의심을 일으켜 믿게끔 하는" 것이 주목적이다. 왜냐하면, 일반인은 통상 자신의 지적 성취에 대해 쉽게 받아들이고 쉽게 만족하지만, 선종에서는 인류가 의지하는 이성적 사유의 극한이 어디까지인지를 환하게 꿰뚫고 있기 때문이다. 선종의 관점에서 볼 때, 일상적 삶에 존재하는 주객의 이분법이란 대립적 사유의 틀로는 대도大道를 파악하거나 깨달을 수 없다. 오히려 대도를 갈라놓는다는 것이다. 선종은 일상적 언어 규범에 어긋나는 독특한 언어적 시스템을 통해 이성을 초월하고자 한다. 이는 끝없는 논리나 언어적 모순의 소용돌이 속으로 신도들을 끌어넣어 분별과 대립이 없는 일원적 사유의 틀을 갖추게 하는 데 그 의미가 있다. '공안' 훈련의 근본적 목적도 마찬가지다. 사람들로 하여금 명백하게 드러난 지적 성취가 결국에는 우주와 인생의 겉면에 국한된 것이라는 것을 깨닫게 하고, 선禪이 정면으로 마주하고자 하는 바가 사물을 초월한 논리성 너머의 광활한 영역에 있다는 것을 알게 하는 것이다. 선종은 불교의 근본정신을 깨닫는 과정에서 인간의 각성을 촉구하고, 목숨까지 다 바칠 것을 요구한다. 이렇게 외재적 한계를 초월하게 함으로써, 개인적 주체의 정신세계를 절망에 가까운 혼돈과 미몽의 상태로 밀어 넣는다. 여기서 몽롱한 상태와 비슷한 깨달음과 편안함을 얻고, 최종적으로 종교에 내재한 이른바 신비의 '궁극적 존재'도 환히 알게 된다. 이것이 불교에서 추구하는 '대원경지大圓鏡智'에 도달하는 길이다.

제2절
의상과 유비적 사유

일반적으로 서양의 종교사상은 현존하는 사물과 영원한 진리를 둘로 구분 지어 논의한다. 반면에 중국종교에서는 도덕과 자연은 서로 일치하는 것이라고 주장한다. 천도의 정신은 일종의 신비스러운 내재적 질서와 원칙이며, 전 인류가 이를 지녀야 할 뿐만 아니라 심지어 우주의 모든 존재나 공간 및 자연 현상 속에도 구현되어야 마땅한 것으로 간주한다. 중국인들의 관념에는 이러한 신비로운 질서가 기독교인들이 하느님을 대하는 것과 마찬가지로 중요하다. 고대로 거슬러 추적해 보면, 중국종교에 줄곧 산수의 영성靈性이 응집되어 있다는 사실을 어렵지 않게 발견할 수 있다. 선현들은 그들의 내면적 정감이나 깨달음을 종종 독특한 자연적 기호를 통해 표현하기도 했으며, 개인적 주체로서 객관적 세계와 상호감응하고 상통할 수 있는 지식을 동경하기도 했다. 이러한 이유로 중국종교의 우주적 그림 속에는 인간 현상을 비롯한 자연적 현상이 발현되었는데, 이는 천지 간에 끊임없이 생성되고 번성하는 생명의 움직임에 근원을 둔 것이었다. 현상 자체는 천지가 부여한 생명력이 담겨있을 뿐만 아니라 천도의 근본정신도 주입되어 있기 때문이었다. 그러한 의미에서 모든 현상은 인격적 의지와 물질적 품격의 융합이며, 천지 만물의 성쇠와 그 변화는 천도의 성명性命이 구현된 것에 지나지 않는다. 인간은 이처럼 끊임없이 생성되고 번성하는 음양의 거대한 변화 속에 몸을 담고 서로 감응하는 존재다. 중국종교의 일원론적 사유는 이러한 큰 그림에서 자연계의 모든 현상을 하나의 상징으로 간주하고, 이를 보편적 정신세계에 수용해서 해석한 것이다. 말하자면, 중국종교의 시야에서는 순수한 자연 현상과 주객 간의 엄격한 구분이 없는 것이다. 그 속성에 관한 규정이나 제한도 없기 때문에 자연히 과학적 의미에서의 인과율도 존재하지 않는다. 이에 따라 현상은 실에서 허로 전환되고, 구체적 개별 현상이 일반적 보편 현상으로 승화되면서 그 자체의 성질을 초월하게 된다. 즉 주체를 상위의 관념적 내용에 투사함으로써 개인적 주체의 정감도 운명적인 것으로 간주한다. 이에 따라 단순한 현상도 주체의 의식이 담긴 의상意象으로 변환된다. 물론 여기서 '상象'은 일종의 사유 범주인데, 그것은 주체의 의념을 개괄한 것이나 주체적 사유의 심리 과정에 나타난 표징의 외화外化로 간주할 수도 있다. 요컨대 이처럼 중국종교는 세계에 대한 이해를 표현하는 데서 나름의 독특한 형식을 창조했을 뿐만 아니라, 예리한 통찰력과 고도의 오성을 사물의 현상에 투사함으로써 형상화할 수 있었던 것이다.

이미지로서의 '의상'은 그 자체로 실재하는 것이 아니다. 항상 변화하는 상태에 있기 때문에 그 전체는 동태적이면서 직관적 사유로 포착되며, 끊임없이 연상 작용을 하여 외연을 확장할 수 있다. 중국종교의 신비성이나 신성성에 대한 관념의 핵심은 천天인데, 그것은 하나의 순수한 의

상 개념이다. 중국종교사상에 광범위하게 스며들어 유동성과 보편성을 지니고 있지만 정작 구체적으로 가리키는 바는 없다. 하나의 의상에는 특별한 사례에 관한 감성적 요소가 고도로 응축되어 있기 때문에, 수많은 특별한 사례를 체험한 이후에야 비로소 그러한 유형의 의상에 담긴 감성적 요소를 비교적 정확하게 파악할 수 있는 것이다. 중국종교의 '의상'은 단지 현상이나 형상만을 가리키지 않는다. 감성적 요소는 물론 이성적 요소도 포괄한다. 실체의 범주이면서도 관계의 범주다. 각종 의상은 모두 해당 종류의 실체와 서로 관련된다. 실체의 형상을 상징하거나 동시에 실체 간의 각종 관계를 표현하기도 하며, 때로는 관계를 통해 실체의 성격을 확정 짓기도 한다. 이른바 "상象을 세워 뜻을 드러낸다立象以盡意"라는 것은 유추를 통해 이미지에 함축된 구체적 현상의 본질적 속성이나 특징을 드러내는 방법이다. 여기서 분석의 방법을 동원하여 사유의 대상을 분해하게 되면 각각의 요소가 서로 떨어져 나가 본질적 요소나 특징을 잡아내지 못한다. 자연 상태의 성질을 그대로 개괄해야 자연스럽게 자연을 해석할 수 있고, 사유의 과정을 통해 사물의 추상적 속성을 구체적으로 재현할 수 있는 것이다. 주체의 감성적 현현顯現인 의상은 사유의 과정이 원만하게 이루어질 때 나타나는 주객합일의 구조적 형태를 띤다. 이러한 사유의 과정에서 유추가 가능한 까닭은 모든 현상이 공통된 근원과 본질을 지닌다는 보편적 관념을 전제로 하고 있기 때문이다.

중국종교의 사유에서 기호의 구성에서 나타나는 가장 눈에 띄는 특징은 의상과 언어 사이에 존재하는 평행성과 상보성이다. 이를 '언상호보言象互補'라고 하는데, 이러한 기호적 시스템은 종교사상의 매체와 소통의 매개물로서, 중국종교사상의 형성과 전파에 깊은 영향을 미쳤다. 이미지 기호의 상징성은 표면적으로는 자연적 물상과 인문적 사상事象이 상호 의존하면서 서로 간에 영향을 미치고 감응한 결과로 나타나지만, 근본적인 이유는 천도와 인간의 의지에 대한 깊은 배려에 있었다. 통상 이러한 사유의 틀로 천지자연을 파악하고자 할 때, 자연적 물상과 인문적 사상을 포괄하는 '의상' 사이의 각종 연관성과 관계 속에, 유추와 오성의 능력으로 천기天機의 징조를 찾아내고 이를 인식과 행위의 길잡이로 삼기 마련이다. 물론 중간 과정에 필요한 추론의 절차는 결여되었다. 중국종교의 선현들은 종종 그들의 학설을 주장하면서 논리적인 증명을 제시하지 않고 초논리적인 비유나 연상의 방법을 택하기 때문이다. 그들의 사유는 논리적 제약을 받지 않을 뿐만 아니라 언어적 규범을 초월하는 것도 당연시한다. 선현들은 항상 시가詩歌나 예술적 형상의 창조를 통해 우주의 이치를 가탁하거나, 우언寓言의 상상력으로 이를 음미했다. 우주와 인생의 궁극적인 존재를 추구할 때도 종종 이미지나 잠언箴言의 형식으로 사물의 본질을 관조하고 만물 변화의 기틀을 파악하는 경향을 보였다. 깨달음의 핵심 내용만 지적하고, 치밀한 논리적 추론과 체계적인 틀을 그다지 중시하지 않았던 것이다.

중국종교의 의상과 유비적 사유는 구체적으로 말해 '관물觀物'에서 '취상取象'으로, '취상'에서 다시 '유비類比'를 거쳐 '체도體道'하는 방법이다. 이러한 사유는 상고 시대에 발원하여 『주역』에서 성숙해진 이후, 중국종교사상과 문화의 발전에 거대한 규모로 장기적인 영향을 끼쳤다. 『주역』「계사하」에서 이르는 "역은 상이다易者象也"라는 말과 "팔괘가 배열되니 상이 그 가운데 있다八卦成列, 象在其中"라는 말이 이를 가리킨다. 역상易象의 본질은 원시 종교적 사유에 연원을 둔, 우주와 자연의 생명 현상과 그 움직임에 관한 기호이며 상징적 체계다. 취상의 목적은 '유비'에 있는데, 『역경』의 각 괘상은 모두 하나의 유개념類概念을 대표한다. "그것이 칭하는 명名이 작더라도 그것이 취하는 유類는 거대한 것이다." 하나의 괘상마다 모두 대립적 성격을 지닌 '—'와 '--'의 기호로 구성되어 있는데, 이는 상이한 대립적 사물 간에도 유類의 동일성이 존재한다는 것을 의미한다. 다시 말해 '취상'이 개별적 사물을 선택해서 전형典型으로 삼는 것이라면, '유비'는 개별적 사물 가운데 공통점을 추출해서 추리하는 방법이다. 취상에서 유비에 이르는 과정은 개별화에서 일반화로 나아가는 사유 방법이다. 단순한 귀납법이나 연역법과는 다른 방법이며, 전체를 부분의 한 점으로 표시하는 우주적 사유의 틀이다. 시대에 따라 변화를 거치면서 괘卦와 효爻 같은 간단한 부호가 점차 하도河圖, 낙도洛圖, 선천도先天圖, 후천도後天圖, 태극도太極圖, 무극도無極圖와 같이 복잡한 도형으로 발전하게 되었다. 이러한 도형들은 우주론이나 본체론의 대표적 모델로 널리 사용되었을 뿐만 아니라, 중국종교사에서도 대단한 권위가 있는 표기물이나 부호로 통용되었다. 종교사상가들은 이러한 기호들을 통해 방대하고 복잡한 이론적 체계를 직관적으로 표현했던 것이다.

요컨대, 의상과 유비적 사유는 주체의 판단으로 특정한 상황에서 주어진 대상과 매개체 및 주변 여건을 인식하는 것인데, 현상을 직관적으로 체험하고 관찰함으로써 현상 간의 '유'를 비교하고 추단하여 현상에 나타난 전체적인 특징과 본질적 속성을 파악하는 사유 방식이다. 이러한 사유 방식의 본질적 함의는 인간이 천도 정신의 감성적 현현인 현상을 그 자체로 체험하고 관찰하여 초경험적인 우주의 진리를 파악하는 것이 가능하다는 데 있다. 즉 인간이 마음의 지혜를 운용하면 스스로 천도를 꿰뚫어 볼 수 있다는 것이다. 그러나 자신의 한계로 말미암아 개인적 주체는 그 자신의 활동으로 일부 현상만 경험하는 데 그치기 마련이다. 보편적인 의의와 가치를 부여하려면 '유'의 비교와 일반화하는 수단을 강구할 필요가 있는 것이다. 중국종교의 사유 방식에서는 '천'이 최고의 존재자라는 관념을 비교적 폭넓게 받아들여 만물의 발생도 하늘의 뜻에 의해 천지 사이에 생명이 약동한 결과로 이해한다. 각종 현상은 서로 연계되어 있을 뿐만 아니라, 천도의 근본정신을 함유한 점에서 본질적으로 동일한 것으로 간주한다. 인간은 만물의 영장이지만 우주적 현상의 하나에 지나지 않고, 그 주체적 행위도 천도와의 합일에 있는 것이지 천도의 초월에 있는 것은 아니다. 개인적 주체는 직관을 통해 의상을 파악하고 난 뒤에 '유'를 비교하고 유추하는 과정을 거쳐 우주적 현상에 내재한 심층적 의미와 초경험적 가치를 획득한다. 이를 구체적으로 설명하면 유비적 사유는 실재하는 내용을 의상으로 보편화시킨 것으로서, 하나의 현상을 '유'로 연역한 것이라 볼 수 있다. 물론 이러한 '유'는 논리적 의미에서의 유형이 아니다. 현상들 간에 존재하는 구조, 상태, 기능 또는 특징의 유사성을 가리킨다. '유'의 연역도 당연히 현상을 비교하는 성향을 드러내기 마련이다. 이러한 유추는 종종 직관적 유추로 표현되기도 한다. 형상을 지니기 때문에 초목, 기왓조각, 조약돌과 같이 사소한 일상적 일에 빗대어 쓸 수 있고, 다른 한편에서는 초논리적 특성이 있는 탓에 형식 논리에서 결코 용인되지 않는 논리의 비약도 더러는 허용한다. 물론 의상과 유비적 사유에 있어서 의미는 상象으로 표현되지만, 상으로 전달된 뜻은 가끔 자체에 포함된 의미를 초과하여 다중적 의미를 띨 가능성도 있는 것이다. 그러나 경험과 관점에 따라 다르게 해석된다는 점은 옛사람들도 일찍이 간파하고 있었다. 이 때문에 "형상을 세워 뜻을 전한다"라는 입상진의立象盡意라는 사유의 틀을 전제 조건으로 내걸고, 다른 한쪽에서는 득의망상得意忘象, 곧 상에 얽매이지 말고 상이 가리키는 방향으로 나아가게 함으로써 그 뜻을 파악하도록 했다. 이처럼 중국의 종교적 사유는 감성적 경험의 초월을 강조하지만, 이와 아울러 경험과의 직접적인 연계성도 중시한 탓에 사실상 중간에 필요한 연결 고리가 결여되어 있는 것이 그 특징이다. 이에 따라 범주의 다의성多義性 문제가 부각되는데, 이는 의상과 유비적 사유가 널리 운용된 결과이기도 하다.

1 —— 유교의 유비와 의상적 사유

유교는 사회적 헌신을 강조하기 때문에 경험의 문제는 그들의 사유에서 중요한 위치를 차지한다. 경험은 사고로 이어지는 과정에 의상意象을 통한 유비類比의 방법을 취하곤 한다. 육경의 으뜸인 『주역』은 주술적 외양을 갖추고 있지만, 그 속에는 중화민족의 심오하고 웅대한 문화가 함축되어 있고, 이런 문화적 내용은 취상비류取象比類와 입상진의라는 사유 방식으로 전달된다. 『주역』의 사유 방식에서 핵심적 범주로 언급되는 '상象'에는 두 가지 뜻이 담겨있다. 하나는 유사성이나 모방성이고, 다른 하나는 상징성이다. 선현들이 상을 관찰하여 괘를 설정하는 과정은 곧 세상만사의 변화와 발전 과정을 모사하려는 시도다. 물론 괘상의 부호가 심층적으로 지향하는 바는 이러한 부호를 통해 대상을 직접 모방하거나 표기한 것에만 국한하지 않는다. 괘상으로 세상 만물을 모사하려는 것은 단지 하나의 수단일 뿐이고, 진정한 목적은 괘상을 통해 추상적인 철리哲理와 법칙 등을 상징하는 데 있다. 규괘睽卦의 단사彖辭에 이른 바와 같이, "천지는 서로 어긋나더라도 그 일이 같고", "만물은 서로 달라도 그 일들은 유사한 것이다." 역괘易卦의 부호는 모방을 통해 지시적 의미를 갖추게 되고 상징으로 말미암아 함축적 의미가 생겨난다. 최종적으로는 동인괘同人卦의 상사象辭에 이른 '유족변물類族辨物'의 목적을 성취한다. 여기서 '유족변물'은 다른 것에서 같음을 찾는 '유'와, 같은 것에서 다른 것을 찾아내는 '족'으로 사물을 분별하는 것을 가리킨다. 사실상 유교에서는 자연과 인문의 양대 영역에 걸쳐 의상과 유비적 사유의 틀이 매우 중요한 역할을 한다. 한쪽에서는 상수象數를 통해 우주와 자연에 대한 구조론적 사유의 틀을 구축했는데, 이에 대해 『주역』「계사상」에서는 "성인은 천하의 오묘한 것을 볼 수 있기에 그와 비슷한 것으로 형용하고 그 사물과 마땅한 것으로 본뜬다. 이런 까닭에 상象이라고 한다"[53]라고 언급했다. 다른 한편에서는 문화적 이미지로 인문적 가치 체계를 구축한 점이다. 즉 "하늘에서 상을 드리워 길흉을 나타내니 성인이 이를 본뜬 것이다." 요컨대, 유교에서는 "천문天文을 관찰하여 사계절의 변화를 살피고, 인문人文을 관찰하여 천하를 교화한다"라는 이념을 바탕으로, 존재와 세상 만물 간의 보편적 연계성에 착안하여 이를 유추해나가면, 우주 전체의 신비로운 경관을 인식하는 것이 가능하다고 여겼다. 순자가 자신 있게 이렇게 말하기도 했다.

> 방안에 앉아 사해를 바라보고 오늘에 살면서 아득한 미래를 논한다. 만물을 통찰하여 그 사정을 알고 치란治亂을 헤아려 그 법도에 통달하며, 천지를 종횡으로 살펴 인재와 만물을 마땅하게 하고, 큰 이치로 재단하여 우주를 경영한다. … 일월처럼 밝고 팔극八極에 가득할 만큼 크니, 대저 이를 일러 대인大人이라 한다. 어찌 이를 은폐할 수 있겠는가.[54]

이러한 인식 방법은 의상을 일반화하는 데 그 본질이 있다. 어느 현상에 대한 직접적인 경험이나 관념적 체험을 통해 개인적 주체의 한계를

53 『십삼경주소』 상책, 67쪽.

54 『순자』「해폐」, 왕선겸, 『순자집해』 권15, 『제자집성』 제2책, 265쪽.

극복한 이후에 얻어진 초경험적 가치와 그 의미를 말하는 것이다. 이런 방법은 현상 사이에 '유'를 비교하고 유추하는 수단에 의해 실현되는데, 우주 전체에서 일부 기본적 현상과 속성을 파악하기만 하면 천지 만물의 특징과 속성을 모두 유추해낼 수 있다는 것을 의미한다. 주희는 이를 "유로써 추리하고以類而推", "이미 이해된 데서 유추해나간다從已理會處推將去"라고 말한 바가 있다. 유우석은 『천론』에서 이를 다음과 같이 요약하기도 했다.

> 무릇 수數가 있는 것이라면, 작은 것에서부터 큰 것으로 유추해나가면 반드시 부합되는 바가 있다. 사람으로부터 시작하여 하늘을 헤아리는 것도 마찬가지다. 이치로써 따져나가면 만물을 하나로 꿰뚫게 된다.

사실상 유교에서 끊임없이 추구하는 "수신·제가·치국·평천하"는 몸, 집안, 국가, 천하를 비슷한 구조와 내포적 기능을 지닌 '유'로 간주한 것이다. 작은 것에서부터 큰 것을 헤아려 주체로 하여금 능동적으로 전체 세계를 파악하게 하는 데 그 뜻이 있었다.

유교의 성자인 공자는 명확하게 '유'의 범주를 제시하지 않았다. 하지만 제자들에게 "한 가지를 들어 세 가지를 돌이켜 알게 하거나擧一反三", "하나를 듣고 전체를 알도록聞一知十" 요구한 점에서 이미 유비적 추리의 방법을 중시했을 뿐만 아니라, 서로 다른 사물에서 공통된 속성을 추출해서 추단하는 태도를 강조하였다는 사실을 알려준다. 심지어 비유를 드는 방법을 인학仁學의 기본으로 삼기도 했는데, "능히 가까운 데서 비유를 취하는 것을 인仁의 방법이라 이를만하다"[55]라고 말하기도 했다. '인'은 유교의 핵심적 범주이고 『논어』에서 수십 차례나 등장함에도 불구하고, 그 내포적 의미에 대해서는 공자는 단 한 번이라도 명확하게 정의한 적이 없었다. 대개 일련의 유비적 사례를 들어 '인'을 묘사하는 데 그쳤을 뿐이다. 예를 들면 "말주변이 좋고 겉모양을 꾸미는 사람 가운데 인仁이 드물다", "심지가 굳고 순박하며 말이 어눌한 사람은 인에 가깝다", "오직 어진 사람만이 사람을 좋아할 수 있고 미워할 수 있다"라는 말들이 그런 것들이다. 몸소 체험하고 실천하는 구체적 행위를 통해 '인'의 내포적 의미를 깨닫게 했던 것이다. 공자는 다음과 같이 말하기도 했다.

> 지혜로운 이는 물을 좋아하고 어진 이는 산을 좋아한다. 지혜로운 이는 움직이고 어진 이는 고요하며, 지혜로운 이는 즐기고 어진 이는 장수한다."[56]

"지혜로운 이는 물을 좋아한다知者樂水"라는 말이 활기찬 생명력에 대한 추구를 나타낸 것이라면, "어진 이는 산을 좋아한다仁者樂山"라는 것은 차분한 이성에 대한 집념으로 해석된다. 이에 대해 남조 시대의 종병宗炳은 "산수는 모양으로 도를 아름답게 표현한 것인데, 어진 이는 이를 좋아한다山水以形媚道, 而仁者樂"라고 풀이했다. 여기서 형형색색의 외재적 형상으로 나타난 산수는 개인적 주체의 가치관이 담긴 이미지로 전환되며, 그러한 가운데 인자仁者는 대자연의 내재적 본질을 체험하게 된다. 이로 미루어 인은 유비적 성격을 띤 일종의 이미지로 해석하는 것이 가능하다. 인륜의 관계를 언급할 때 공자는 곧잘 비교와 유추의 방법을 운용한다. 가장 자주 사용하는 방법은 가까운 자신으로부터 시작하여 멀리 남에

---

55 『논어』「옹야」, 주희, 『사서장구집주』, 92쪽.

56 『논어』「옹야」, 주희, 『사서장구집주』, 90쪽.

게로 나아가는 '추기급인推己及人'이다. 즉 "스스로 서고자 할 때 남도 서게 할 수 있고, 스스로 이루고자 할 때 남도 이루게 하며",[57] "내가 하지 않는 것은 남에게도 강요하지 않는 것이다己所不欲, 勿施于人."[58] 이러한 공자의 유추 방법은 인애仁愛의 원칙을 내세우는 유교의 사상적 기초를 다졌을 뿐만 아니라, 비록 나와 다른 사람일지라도 존중하고 이해할 수 있어야 한다는 의식을 일깨웠다. 이와 동시에 공자는 가정의 준칙인 효제孝悌로써 사회와 국가의 준칙인 충서忠恕를 추론해내어 "가까이는 부모를 모시고 멀리는 임금을 섬겨야 한다"라고 말했다. 공자는 고상한 인격을 강조했지만, 인격과 관련해서 추상적으로 장황하게 말하지 않았다. 심지어 '인격'이라는 개념 자체도 언급한 적이 없었다. 단지 "추운 겨울이 되어야 소나무와 잣나무가 늦게 시든다는 것을 안다"라고 말했을 뿐이다. 여기서 '소나무와 잣나무'는 하나의 순수 자연물로서 그 독자성은 상실되어 있지만, 그 자체의 특성을 비교하는 가운데 서로를 돋보이게 하고, 이에 따라 '주체성'에 담긴 내용도 한결 풍부해졌다. 감성적 대상 자체의 특징을 지적함으로써 그 속에 함의된 추상적 의미를 깨닫게 한 것이다.

순자는 '유'의 종속 관계에 따라 "같고 다른 점을 분별하고", "분별하되 지나치게 하지 말고, 유추하되 체계를 어그러뜨리지 말 것"을 강조했다. 순자는 이렇게 주장했다.

> 천 년 앞을 내다보려면 오늘을 헤아려야 한다. 억만 가지를 알려면 하나와 둘부터 자세히 살펴야 한다. 고대를 알고자 하면, 주나라의 도를 살피

57 『논어』「옹야」, 주희, 『사서장구집주』, 92쪽.

58 『논어』「안연」, 주희, 『사서장구집주』, 132쪽.

고, … 가까운 것으로 먼일을 알고, 하나로써 만 가지를 알고, 미세한 것으로 환하게 안다는 것은 이를 두고 이른 말이다. … 성인聖人은 자기를 가지고 세상을 재는 사람이다. 그러므로 사람으로 사람을 헤아리고, 정情으로써 정을 헤아리고, 부류로써 부류를 헤아리고, 언변으로 공을 헤아리며, 도로써 모든 사물의 이치를 관찰하여 고금古今을 하나로 헤아리는 것이다. 부류만 어그러지지 않으면, 비록 오래되었다고 할지라도 이치는 같다. 그러므로 비뚤어진 곳으로 향하더라도 미혹되지 않고, 복잡한 사물을 관찰하더라도 현혹되지 않는 것은 이러한 방식으로 헤아린 것이다.[59]

여기서 "부류로써 부류를 헤아려以類度類" 최종적으로 얻는 것이 현상의 전체적 성격이나 모호한 지식에 그칠지도 모른다. 왜냐하면, 이미 그렇게 된 현상은 강조하지만 왜 그렇게 되었는지를 굳이 따지지 않기 때문이다. 게다가 검증되지 않은 경험과 지식은 그 자체로 초경험적이고 비이성적인 색채를 띠기 마련이다. 뒤집어 말하면 바로 이런 점이 종교적 사유의 신비성과 잘 부합하는 것이다. 이러한 비이성주의적 경향은 동중서의 학설에 잘 드러난다. 일찍이 그는 "『춘추』를 읽는 사람은 하나의 실마리를 얻게 되면 이를 다방면으로 연결 짓고, 하나의 빈틈을 보게 되면 널리 연구하여 꿰뚫어 보기 때문에 천하를 다 아는 것이다"[60]라고 지적한 바 있다. 말하자면, 하나의 실마리를 쥐고 하나의 구멍으로 보게 되면 이로부터 무한히 유추해나갈 수 있다는 뜻이다. 이른바 "다방면으로 연결 짓고多連", "널리 연구하여 꿰뚫는博貫" 방법은 통합적 이해와 일관성을

59 『순자』「비상非相」, 왕선겸, 『순자집해』 권3, 『제자집성』 제2책, 51-52쪽.

60 동중서, 『춘추번로』「정화精華」, 소여, 『춘추번로의증』, 97쪽.

강조함으로써 "전체를 종합하여 회통하고, 사례들을 묶어 탐구하는 것이다合而通之, 緣而求之." 여러 경전에 나오는 내용이라면 "비슷한 사례들을 배열하고 유형별로 취합해야伍其比, 偶其類", "전체를 종합하여 회통할 수 있게 된다." 만약에 경전에 나오지 않거나 부연 설명이 필요한 내용이라면 "실마리를 찾아내어 명확하게 드러나지 않는 의미를 해부해야覽其緒, 屠其贅", "사례들을 묶어 탐구할 수 있다"라는 것이다. 사실상 동중서의 주요 이론인 '천인상부天人相副'는 이러한 유비적 사유 방식을 운용해서 얻은 결과에 지나지 않는다. 그는 이렇게 말한다.

> 사람이 사람 된 근본은 하늘에 있으니, 하늘은 또한 사람의 증조부다. 이는 사람이 위로 하늘과 닮았기 때문이다. 사람의 형체는 천수天數가 변화해서 이루어진 것이요, 사람의 혈기는 하늘의 의지가 변화하여 온화한 것이며, 사람의 덕행은 천리天理가 변화하여 의로운 것이다. 사람의 호오好惡는 하늘이 따뜻하고 서늘하게 변화하는 것이며, 사람의 기쁨과 분노는 하늘이 추웠다 더웠다 하는 변화에 의한 것이고, 사람의 기질은 하늘의 사계절 변화에 의한 것이다. 사람의 삶에 희로애락이 뒤따르는 것은 춘하추동과 닮았기 때문이다.[61]

이와 아울러 동중서는 사람의 신체를 하늘에 있는 일월日月의 숫자와 서로 비교하여 같은 것으로 파악한다.

> 하늘은 1년의 숫자로 사람의 몸을 만들었는데, 사람의 작은 관절은 360

61 동중서, 『춘추번로』 「정화」, 소여, 『춘추번로의증』, 318쪽.

> 개로 일수日數에 부합하고, 큰 관절은 12마디로 월수月數와 부합한다. 인체 내의 오장은 오행과 부합하고, 인체 외부의 사지四肢는 사시四時의 숫자와 부합한다. 눈을 뜨고 감는 것은 낮과 밤과 부합하고, 강인하고 유약한 것은 겨울과 여름에 부합하며, 슬퍼하고 기뻐하는 것은 음양과 부합한다. … 숫자로 계산할 수 있는 것은 그 숫자와 부합하고, 계산할 수 없는 것은 그 유형과 부합한다. 모두가 이처럼 하늘과 부합하여 하나가 되는 것이다.[62]

'천인상부'의 이론은 유교에서 그 영향력이 광범위하게 파급되었는데, 비교적 흔히 거론되는 인륜의 질서도 이러한 유비적 사유에 의해 인륜의 등급과 자연의 질서를 일일이 짜 맞춘 것이었다. 『백호통의』 「삼강육기」에서는 '삼강육기'의 인륜을 다음과 같이 천지와 대비시키고 있다.

> 삼강은 천지인을 본받은 것이며, 육기六紀는 육합六合을 본받은 것이다. 임금과 신하는 하늘을 본받은 것이니 일월의 굴신屈伸에서 그 형상을 취해 그 공을 하늘로 돌리며, 아버지와 아들은 땅을 본받은 것이니 오행이 돌아가는 형상을 취해 서로를 상생하고, 남편과 아내는 사람을 본받은 것이니 사람의 음양 화합에서 형상을 취해 조화를 베푼다.

이밖에도 종종 천상天象의 음양을 끌어와 정치를 견강부회하기도 했다. "덕으로써 정치를 행하는 것은 비유컨대, 북극성이 제자리에 있어도

62 동중서, 『춘추번로』 「정화」, 소여, 『춘추번로의증』, 356-357쪽.

많은 별이 이를 향하여 돌아가는 것과 같다"[63]라는 것이다. 심지어는 천명의 존재와 그로 인해 인간사에 미친 영향을 긍정적으로 받아들여 일식이나 월식조차 '군자의 허물'로 비유할 뿐만 아니라, "성인은 하늘이 행하는 바와 부합하여 정치를 행한다. … 포상과 형벌은 춘하추동의 유형에 따라 서로 호응하니 마치 부절符節이 서로 합하는 것과 같다. 그래서 왕은 하늘과 짝하여 그 도를 행한다고 말하는 것이다."[64] 사실상 하늘이 군주의 잘못을 견책한다는 천견설天譴說은 유교의 치국 사상으로 줄곧 중요한 위치를 점하고 있었다. 일식 현상이나 운석 추락, 자연재해 등을 모두 불안의 징조로 여겼을 뿐만 아니라, 하늘이 인간에게 감응한 것이라 하여 인간도 이에 응해야 했다. 이른바 "나라에 선정善政이 없으면 일월로써 꾸짖고 재앙이 뒤따라오니, 조심하지 않을 수 없다"[65]라는 말은 바로 이러한 사유의 틀을 반영한 것이었다.

본질적인 의미에서 볼 때, '천인상부'의 이론을 천명하고 이를 시행하는 의도는 하늘의 뜻을 받들고 천도에 순응해야 한다는 것을 밝히는 데 있다. 인도가 천도에서 기원하기 때문에, "도 역시 유에 따라 서로 응하는 것이 마치 그 형태가 숫자와 서로 일치하는 것과 같다道亦宜類相應也, 猶其形亦以數相中也"라고 한다. 이는 유교적 사유에서 세계를 인식하고 파악하는 것인데, 억지로 견강부회하여 형상을 묶어 비교하는 것은 종교의 인문학적 의식에서 이론화되고 체계화된 것에 불과하며, 자연 현상 그 자체의 속성과 규칙이 아니라는 것을 의미한다. 종교에서 추구하는 것은 영원함이며, 이로 말미암아 유비적 방법의 궁극적 목적도 "천지와 더불어 이

63 『논어』「위정」, 주희, 『사서장구집주』, 53쪽.

64 동중서, 『춘추번로』「정화」, 소여, 『춘추번로의증』, 353쪽.

65 범엽, 『후한서』「정범진가장열전鄭范陳賈張列傳」 제5책, 1221쪽.

치를 같이하고 만세와 더불어 영원한與天地同理, 與萬世同久" 인륜의 대강大綱이나 정치적 노선에 있다. 이른바 "군신, 부자, 부부간의 의리는 모두 음양의 도리에서 취한 것이며", "인의仁義 제도의 숫자는 모두 하늘에서 취하고 … 왕도의 삼강三綱은 하늘에서 구할 수 있는 것이다."[66] 아울러 유교에서는 "하늘은 인에 뜻을 두며 그 길은 의에 있다天志仁, 其道也義"라는 원칙에 입각해서, 천명을 받은 사람이라면 "충신忠信과 자혜慈惠의 마음으로 예의와 겸양을 실천하는" 덕행이 있어야 한다고 주장한다. 왜냐하면 "만물의 고질병은 인의를 행하지 못하는 것이지만 오직 사람만이 인의를 베풀 수 있고, 만물의 고질병은 천지와 짝할 수 없지만, 오직 사람만이 능히 천지와 짝할 수 있기 때문이다."[67]

의상과 유비적 사유의 속 내용을 들여다보면, 유교에서 중요하게 다루는 '격물치지'라고 하는 인지 양식을 파악할 수 있다. 주희는 '격물치지'를 이렇게 설명한다.

> 이 때문에 대학을 처음 가르칠 때, 반드시 배우는 자로 하여금 천하의 사물을 접하게 하되, 이미 알고 있는 이치를 근거로 더욱 궁구하게 하여 극진한 상태에 이르도록 한다. 오래도록 힘을 쏟다가 하루아침에 대나무가 쪼개지듯이 하나로 꿰뚫게 되면 모든 사물의 겉과 속, 정밀한 것과 거친 것에 미치지 아니함이 없고, 내 마음의 온전한 모습과 커다란 작용이 환하게 드러나지 않은 것이 없다. 이를 일러 격물이라 하고, 이를 일러 아는 것이 지극하다고 한다.[68]

66 동중서, 『춘추번로』 「정화」, 소여, 『춘추번로의증』, 351쪽.
67 동중서, 『춘추번로』 「정화」, 소여, 『춘추번로의증』, 354쪽.
68 주희, 『사서장구집주』 「대학장구大學章句」, 7쪽.

여기에 나온 '격물'의 의미는 두 방면으로 이해할 수 있다. 먼저 개인적 주체는 그 자신의 정리情理를 객관적 대상에 맞추고, 특정한 인지 관계를 통해 객관적 대상 속에 주체의 감성적 내용이 현현하도록 집중하는 것이다. 그런 다음에 주체는 의상의 정경을 절실하게 체득해야 한다. '치지致知'는 '격물'의 기초 위에 의상을 체득함으로써 그 속에 담긴 내용을 깨치는 것이다. 이러한 '지'는 순수한 의미에서의 경험적 지식이 아니라, 내면의 집중과 승화를 거쳐 관념적 성격을 띠게 된 직접적 경험이다. 말하자면 이러한 '지'에는 감각 기관과 외부 사물이 서로 접촉했다는 의미뿐만 아니라, 직접 체험함으로써 자신의 믿음과 외부 사물이 하나로 꿰뚫게 되었다는 뜻도 있다. 다시 말해 자신을 포함한 자연의 각종 느낌과 이해의 정도에 근거해서 유추하거나 기타 대응 관계를 모색함으로써 천지 만물의 각종 형태와 그 상호 관계를 파악하고 최종적으로 물아物我가 서로 어우러지는 경지에 도달하는 것이다. 즉 "만물과 나는 하나의 이치이고, 저것을 알면 이것도 알 수 있으니 안과 밖의 도리는 일치하는 것이다物我一理, 才明彼, 即曉此, 合內外之道也." 북송 시대의 정자程子는 이렇게 정리했다. "격물궁리格物窮理는 천하의 모든 사물을 남김없이 모두 궁구하자는 것이 아니다. 하나의 사물을 극진히 궁구하면 그 나머지도 유추해낼 수 있는 것이다."[69]

2 —— 도교의 유비와 의상적 사유

'의상'이라는 범주가 중국종교의 사유 방식에서 그나마 한 자리를 차지할 수 있었던 까닭은 인식론과 존재론의 두 가지 특징을 동시에 갖추고 있

69 정호·정이, 『이정집』 제1책, 157쪽.

기 때문이다. 중국종교에 나타난 사유의 과정은 구체적 사물이나 직관적 형상을 통해 추상적 개념이나 사상 또는 의경意境을 표현하는 데 있다. 형상으로 의미를 부여하고, 의미를 형상으로 표출하는 특징이 있는 것이다. 도교에서 세계의 본원을 개괄하여 '도'라고 한 것은 바로 이러한 점을 선명하게 드러낸 것이다. 도는 우주 만물을 창조하는 '천지의 도'다. 모든 현상의 본원이고 모든 현상 속에 존재하며, 도교인이 끊임없이 추구하는 인지적 깨달음의 최고 형태다. 도교의 시조로 추앙되는 노자는 도를 천명할 때, 언어를 떠난 '비언非言'과 형상을 중시하는 '상상尙象'을 강하게 주장했다. 그가 취한 방법은 '의상'에 가탁하여 도를 구현하는 것이었다. 왜냐하면, 도의 운행에서 드러나는 심오한 현리玄理는 언어와 개념으로 전달할 수 없고, 의상에 가탁해야 비로소 도를 체득하는 것이 가능하다는 것을 일찍이 간파했기 때문이다. 사실상 노자가 '도'라는 개념을 제시하게 된 계기는 여성의 생식력에 대한 최초의 인식에 있었다. 그 이후 점차 여성의 생식 작용을 넓은 의미로 확대하여 전체 우주의 창조 과정을 관찰하여 '도'의 개념을 형성했던 것이다. 노자는 흔히 여성의 생식기나 모체로 도를 형용하는데, 이른바 '곡신谷神'이나 '현빈玄牝'은 여자의 생식기를 가리킨다. 가운데가 비어 있어 생육의 능력을 지니고 있는 것과 마찬가지로, 원초의 대도大道는 텅 비어 있는 하나의 모체다. 연못처럼 깊어서 만물의 근원과 같고, 황홀한 가운데 무엇인가 존재하여 천지 만물이 점차 생겨난다. 노자는 "무는 천지의 시초를 일컫는 것이고 유는 만물의 어머니를 일컫는 것이다無, 名天地之始, 有, 名萬物之母"라고 말하며 이를 여성의 생식 원리와 모자의 관계로 형상화하여 대도와 만물의 관계를 해설했다.[70] 도의 감

70 머우중젠 · 장지안, 『중국종교통사中國宗敎通史』 상책, 사회과학출판사, 2003, 30쪽.

성적 현상에 대해『도덕경』에서는 이렇게 말한다.

> 도라는 물건은 그저 형체가 없어 분간할 수 없고, 분간할 수 없는 미묘한 가운데 무엇인가 상象이 있으며, 미묘하게 분간할 수 없는 가운데 어떤 것이 있는 것이다. 그윽하고 어두운 가운데 정묘한 것이 있고, 그 정묘한 것은 더없이 참된 것이며 그 속에 믿게 하는 것이 있다.[71]

도는 아무런 "형체나 형태가 없고", "그저 어렴풋하게 분간할 수 없는惟恍惟惚" 특징을 지닌다. 또한, 황홀한 가운데 존재하는 "어떤 것有物"이고 "정묘한 것有精"이며 "믿음이 가는 것有信"이다. 이처럼 "있는 듯 없는 듯"하며 유한한 물상을 초월해 있는 의상은 형이하학의 세계를 초월한 도의 성격을 극명하게 드러낸 것이라 할 수 있다. 말하자면, 우주 만물의 무형적 규칙인 '도'가 비록 황홀하고 그윽한 것이라 할지라도 이를 파악하는 것이 전혀 불가능하지는 않다는 뜻이다. 도를 체득한 자에게 나타나는 상이 바로 이러한 '정묘함精', '참됨眞', '믿음信'이기 때문이다. 이른바 "큰 소리는 들리지 않으며 큰 형상은 눈에 보이지 않는다大音希聲, 大象無形"라는 말은 도교에서 찾고자 하는 것이 우주의 가장 근본적인 상에 불과하다는 것이다. 이는 상식을 초월한 가장 고차원의 상이며, 이를 통해 일상적 선입견에서 벗어날 것을 촉구하는 것이다. 실제로『도덕경』에서는 종종 '물', '갓난아기', '어미', '통나무' 등 비교적 일반적인 이미지를 제시하여 "하지 않으나 하지 않는 것도 없는無爲而無不爲" 도를 형용하고, 이런 이미지와 감응함으로써 '도'의 진정한 뜻을 깨닫게 했다. 한편으로 노자는

71 『도덕경』 제21장,『제자집성』 제3책, 12쪽.

추상적 측면에서 도를 언급하면서 "유가 무에서 생겼다"라고 주장했다. '무'는 이성적 사고를 통해 파악될 수도 있는 것이지만, 노자는 '무' 그 자체에 대해서는 침묵했다. 언어를 빌어 어떠한 정의도 내리지 않았다. 다만 구체적 사물에 존재하는 텅 빈 것으로 '무'의 묘함을 다음과 같이 표현했다.

> 서른 개의 바큇살이 하나의 바퀴 통에 모여있지만, 그 복판이 비어있기 때문에 쓸모가 있다. 흙을 빚어 그릇을 만들지만, 한가운데가 비어있어 쓸모가 있다. 문과 창을 뚫어 방을 만들지만, 안이 비어있기 때문에 방으로 쓸모가 있다. 그러므로 있는 것이 이롭게 되는 것은 빈 것이 쓰임이 있기 때문이다.[72]

이처럼 노자는 인식의 행위에서 '의상'의 역할을 극히 중시했다. "큰 상을 잡게 되면 천하가 그를 따라간다執大象, 天下往"라고 말했는데, 이는 세계의 주요 핵심인 '상'을 장악하게 되면 곧바로 천하의 추기樞機를 파악하는 것이 가능하다는 뜻이다. 이런 사유의 전통은 후대 도교인에게 계승되었다. 당연히 도교에서는 의상에 대한 인식과 운용을 중시하여 의상을 도구로 삼되, 의상들 간의 신비롭고 직접적인 연계성을 통해 미래상을 인지함으로써 세계에 대한 이해의 폭을 넓혔다. 게다가 이미 알고 있는 경험이나 체험을 동원하여 미지의 사물을 추측하고 묘사하기도 했는데 이러한 것들은 종교적 사유가 구체적 형상에서 추상화로 나아가는 사유의 경향과 적절히 부합하는 것이었다. 도교의 중요한 분과인 도교의학을 예

72 『도덕경』 제11장, 『제자집성』 제3책, 6쪽.

로 들면, 치병의 원리는 바로 이러한 사유 방식에 근거한 것이다. 망望 · 문聞 · 문問 · 절切이라는 사진四診은 눈으로 보고 살피며, 병의 증상을 듣고, 질병과 관련한 사항을 자세히 묻고, 맥을 짚어보거나 환부를 만져보고 두드려보는 진찰 방법으로, 그 대상은 모두 상이다. 여기에는 주로 장상臟象, 맥상脉象, 설상舌象 등이 있는데, 흩어져있는 외부의 현상을 통해 일정하게 이성화理性化된 전체의 '상'을 얻어 겉으로 드러나지 않는 내부의 사정과 병리를 파악하는 것이다.

도교에서 의상을 숭상하는 까닭은 형이상학적인 도를 추구하는 태도와 밀접하게 관련된다. 도교의 선현들이 자연과 사회 및 인생을 체험을 통해 관찰하고 이를 언어로 표현하고자 할 때, 그들이 자세히 설명하고자 하는 바는 대개 자신들의 직접적인 경험이나 체험이다. 직접적인 경험은 항상 어떤 구체적 의상과 관련된다. 『장자』「추수」에서는 이렇게 말한다.

> 말로써 논할 수 있는 것은 사물의 '거친粗' 것이고, 뜻으로 헤아릴 수 있는 것은 사물의 '정밀한精' 것이다.[73]

언어는 단지 사물의 표면을 건드리는 데 그친다. 하지만 뜻으로 헤아리는 '의치意致'는 개인적 주체의 정신을 현상에 집중함으로써 '의상'을 그려내는 것이다. 이를 통해 구체적 형상으로 나타나는 현상계에 얽매이지 않고 초월하게 되며, 최종적으로 그 배후에 존재하는 본체의 세계를 전면적으로 파악하게 된다. 이 점에 대해 왕필이 치밀하고 탁월한 논의를 전개한 바가 있다. 그는 『주역약례』「명상」에서 언어言語, 의상意象, 의의意

73 『장자집해』 권8, 「추수」, 『제자집성』 제3책, 102쪽.

義의 삼자 간의 단계적 관계를 두 방향에서 분석했다. 하나는 형상의 자취인 적상迹象과 언사言辭가 '의의'의 본체를 파악하는 필수 도구라는 것이다. 즉 "무릇 상은 뜻을 나타낸 것이고 말은 상을 설명한 것이다. 뜻을 다하는 것으로 '상'만한 것이 없고, 상을 다하는 것으로 말보다 더 나은 것이 없는 것이다." 다른 하나는 '의의'의 본체를 파악하는 것인데, 이것이 언상言象을 분석하고 연구하는 최종 목적이라고 강조했다. 왜냐하면 "글은 말을 다 하지 못하고 말은 뜻을 다하지 못하기에 상을 세워 뜻을 다 말하고자 하기 때문이다." 말하자면, "뜻은 상으로써 표현되고 '상'은 말로써 드러난다. 그러므로 말이란 것은 '상'을 설명하는 것이기 때문에 '상'을 얻으면 말을 잊어야 한다. 상이란 것은 뜻을 보존하는 것이므로 뜻을 얻게 되면 '상'은 잊어야 한다."[74] 이처럼 의상적 사유가 광범위하게 운용된 결과, 도교적 개념에서 언어의 체계는 일정하게 정의될 수 없는 회의會意의 성격을 띨 뿐만 아니라, 무어라 확정지을 수 없는 모호성과 함께, 분석해서 설명할 수 없는 관련성을 지니게 되는 것이다. 이에 따라 그 개념도 논리적 차원에서 명확히 구분할 필요를 느끼지 않았다. 의상은 구체적 대상에 대한 초월이며 형이상학적인 본체를 바탕으로 한다. 그러면서도 상징으로서 분명한 의미를 지닐 뿐만 아니라, 천도天道와 지도地道 및 인도人道에 대한 그윽하고 미묘한 의미를 드러낸다. 즉 "도를 비유했을 뿐이지 그 자체는 도가 아닌 것이다."[75]

사유의 측면에서 살펴볼 때 형상에 뜻을 담는 기호, 곧 상형 문자로 사고할 때는 통상 그 사유 방식은 유비와 관련되기 마련이다. 정해진 부

74 뤄위례樓宇烈, 『왕필집교석王弼集校釋』, 609쪽.

75 『회남자』「설산훈」, 고유 주석본, 『제자집성』 제7책, 271쪽.

수에 따라 "유로써 취하고 유로써 추리하는 것이다以類取, 以類予." 『갈관자鶡冠子』 「환류環流」에서는 "유에 속하지 않은 사물이 없고物無非類", "이를 꿰뚫는 것을 유라 한다通之謂類."라고 했다. 『회남자』 「태족훈泰族訓」에서도 다음과 같이 말한 바가 있다.

마음이 막혔는데도 이를 뚫는 데 힘쓸 줄 모르는 것은 유類에 밝지 못하기 때문이다.[76]

이러한 『갈관자』와 『회남자』는 모두 도교 경전으로 편입되었는데, 당연히 그들의 주장이나 논의도 도교에 수용되었다. 이에 따라 도교에서는 '유'의 인식 기능을 아주 긍정적으로 받아들여 만물이 모두 일정한 유형에 속하는 것으로 여겼다. 유비의 본질이 바로 만물 간의 공통된 함의를 파악하는 데 있다고 여긴 것이다. 구체적인 방법론에서 도교는 일이관지一以貫之와 "포일抱一을 천하의 법식으로 삼는다"라는 원칙을 강조하고, 다음과 같이 주장했다.

몸으로써 몸을 보고, 가정으로써 가정을 보며, 고을로써 고을을 보고, 나라로써 나라를 보고, 천하로써 천하를 본다. 내가 무엇으로 천하가 그리되는 것을 알 수 있겠는가. 이를 통해서다.[77]

이런 것이 유비의 방법이다. 그러나 이를 심층적으로 살펴보면, 도교

76 『회남자』 「태족훈」, 고유 주석본, 『제자집성』 제7책, 363쪽.

77 『도덕경』 제54장, 『제자집성』 제3책, 33쪽.

에서 주장하는 유비적 사유는 근본적으로 인간의 행위가 도에 위배되지 않는다는 것을 전제로 한 것이며, 이런 전제하에 실효성이 있다는 것을 강조하는 데 그 의의가 있다. 즉 천도를 본받아 그 자신에게 도를 구한다는 것이다. 노자는 "사람은 땅을 본받고 땅은 하늘을 본받고 하늘은 자연을 본받으며 도는 자연을 본받는다"라고 말하면서, 인류가 하늘과 도를 본받아야 할 필연성을 명확히 지적했다. 물론 법지法地, 법천法天, 법자연法自然은 현상을 직관적으로 유추하는 방법에만 그치지 않는다. 중요한 것은 형形과 기器 같은 형이하학적인 감성적 형태에 깊이 갈무리된 천도의 정신을 본받는 데 있다. 도교의 주장에 따르면, 보거나 느껴서 알 수 있는 하늘과 땅이란 구체적 '의상'을 본받아, 우주 만물의 배후에 있는 '도'를 파악하는 것은 지극히 자연스러운 일이다. 왜냐하면 '하늘'이라는 의상은 '도'와 마찬가지로 '현玄'과 '원遠'의 특징을 지니기 때문이다. '하늘'은 구체적인 시공간의 구조 속에 존재할 뿐만 아니라, 다른 한편으로는 초월적이고 형이상학적인 실체와 관련되는 어떤 것이다. 사실상 인류의 정신적 삶에 있어서 종교가 갖는 의의는 모든 형상과 상징을 담을 수 있는 체계를 제공하는 데 있다고 볼 수 있다. 이런 체계를 빌어 인류는 정신적 완벽함에 대한 갈망을 표출하기 때문이다. 인생의 짧음을 의식하게 될 때, 잠깐 머물다 가는 존재로서의 인류는 소유 방식의 이면과 배후에 있는 궁극성과 통일성을 갈망하기 마련이다. 도교에서 계승된 도법자연道法自然의 요지는 자연을 본받아 유추해나가는 것이며, 그런 가운데 최종적으로 자연과 함께하면서 인성의 회복과 승화를 바라는 데 그 의의가 있다. 물론 이러한 인성의 회복은 천도의 정신이 담겨있는 자연과의 융합이며, 더욱 고차원적이고 더욱 높은 경지에서 이루어지는 자연과의 만남이다. 이른바 "어리석은 이는 천지의 문리를 알아냄으로써 스스로 성인이라 우쭐거리지만 나는 때로 변하는 사물의 문리를 터득함으로써 현명하다愚人以天地文理聖, 我以時物文理哲"[78]라는 것이다. 이는 도교의 유비적 사유가 의도하는 바가 옛날의 도를 가지고 오늘날의 존재를 다스려 장생구시의 목적을 성취하는 데 있다는 점을 명료하게 드러낸다. 이를 위해 도교는 한 걸음 더 나아가 '생도합일'의 사상을 제시했는데, 이는 개체의 유한한 생명을 자연 대도의 영원한 생명과 결합시킴으로써 득도성선得道成仙이란 최종 목표를 이루는 것이다.

자연을 본받아 유추한다는 종교적 이념과 그에 대한 추구는 도교의 선현들이 자연에 대해 취하는 태도를 결정하게 했는데, 대다수가 자연을 모방하는 데 치중하고 자연의 개조는 등한시하는 태도를 보여주었다. 그러나 여기서 명확히 할 점은 "아무것도 하지 않은" 것이 아니라는 사실이다. "하늘보다 먼저 행하여도 하늘과 어긋남이 없었고 하늘보다 나중에 행하여도 천시天時를 받들었다."[79] 도교는 그 발전 과정에서 자연을 깊이 통찰하고 모방하는 전통과 그에 대한 열정을 시종일관 유지해왔다. 인사人事의 원칙보다 자연의 원칙을 우선적으로 내세우거나 본보기로 삼은 것도 종교적 수도 활동을 원만히 수행하기 위한 것이었다. 이런 점들은 대체로 도교인이 수도하거나 삶의 공간을 선택하는 문제로 드러난다. 도교의 시야로 보면 광활한 천지의 공간은 대우주고, 사람의 몸은 소우주다. 도교인이 수련할 장소로 선택하는 자연환경도 당연히 대우주와 소우주 사이에 있어야 하고, 이런 대소의 우주와 비슷한 '중시공간mesoscale space'이 있어야 한다. 그것이 바로 도교에서 늘 거론하는 '동천복지洞天福地'다.

---

78 『황제음부경』, 『도장』 제2책, 745쪽.

79 『역』 「건乾 · 문언文言」, 『십삼경주소』 상책, 5쪽.

도교는 의상과 유비적 사유의 원칙에 근거하여 천문과 지리를 관찰한 뒤 인류가 이를 본받을 것을 주장한다. 하늘의 공간 구조가 일종의 구조적 형태를 띤다면 도교의 거주 환경도 이와 유사한 공간 구조의 형태를 갖추어야 마땅하다. 그렇게 해야 인체 내부의 자연과 외부에 있는 자연 환경 간의 관계를 조율하는 데 유리한 조건을 갖추게 될 뿐만 아니라 천체의 공간 구조와 유사하게 조화로운 질서와 신성함을 표현하는 것도 가능하다. 또한 '도'에 따라 행한 것이라 이를 수도 있다. '동천복지'는 도교 신자들이 형상 너머의 신령 세계와 소통하고 대화하는 장소이자, 생명의 궁극적 의미가 있는 곳이다. 이러한 도교적 사유에 대해 뤼리정呂理政 선생은 다음과 같이 탁견을 제시한 바가 있다.

> 우주의 구조는 … 조화이고 완벽한 아름다움이며 전체 조직이 엄밀한 것이다. 그뿐만 아니라 끊임없이 생장하고 이어지는 자연의 힘을 내포하고 있다. 이러한 우주관의 영향을 받은 사상 가운데, 구조적으로 우주와 비교하여 유추할 수 있는 인위적인 사물이 있다면 그것 역시 우주와 같은 특성을 갖추고 있는 것이다. … 인위적인 사물을 우주적 구조의 방식에 따라 설정하거나 설정하려는 의도는 개념적으로 전통적 우주관의 확장에 있고, 그 목적은 해당 유비적 구조를 우주적 구조 속에 끌어넣어 우주의 특질을 갖추게 하는 데 있다. 이처럼 우주의 유비적 구조는 크게는 환우寰宇에서부터 작게는 인체, 혹은 그중 일부분에 이르기까지 적용되는데, 이는 중국의 가장 특색있는 전통적 관념 중 하나다.[80]

80 뤼리정, 『천·인·사회: 중국의 전통적 우주 인지 모형에 대한 시론天·人·社會: 試論中國傳統的宇宙認知模型』, 타이완 중앙연구원 민족학연구소, 1990, 81쪽.

‘동천복지’의 공간 구조가 주는 이득은 연단煉丹에 필요한 물질적 기반을 제공한다는 데 있다. 물론 ‘동천복지’라는 외부적 여건만으로는 충분하지 않다. 수행자의 뼈를 깎는 고된 노력이 뒤따라야 한다. 도교의 패턴에 따르면, 장기간 단공丹功을 행하는 가운데 자발적으로 인체 소우주의 미시공간microscale space, ‘동천복지’라는 중시공간, 대우주의 거시공간macroscale space이라는 세 공간의 조화를 일치시켜야 하고, 이렇게 해야 우화등선의 목표를 달성할 수 있다. 도교의 내단술도 하늘과 사람이 같은 구조를 지닌다는 천인동구天人同構의 원리에 따라 이루어진 것이다. 도교의 주장에 따르면, 사람의 몸은 하늘을 본받고 땅을 닮았으며 천지와 같이 동일한 음양의 범주에 속한다. 이 점을 명확히 알아야 내단 수련의 도를 논할 수 있다. 우주와 천지가 크고 신비로운 거시공간이라면, ‘동천복지’는 거대한 대우주와 동일한 구조를 지닌 하나의 중시공간이다. 이러한 중시공간은 천지조화의 신공神功을 얻을 수 있는 최적지이며, 그 속에 도를 닦는 도사는 한결 수월하게 비승飛昇할 수 있는 것이다. 이것이 바로 도교의 이념이 형상으로 표현된 ‘천인합일’이다. 도교에는 “순응하면 평범한 사람이 되고 역행하면 신선이 된다順則凡, 逆則仙”라는 말이 있다. 이를 역수성선逆修成仙이라 하는데, 말 그대로 자연을 거역하려는 것이 아니라 자연을 통찰한 바탕 위에서 개체로서의 존재가 ‘도’에서 생겨났기 때문에 다시 ‘도’로 회귀해야 한다는 사상적 신념을 의미한다. 그 주안점은 인간의 힘으로 생명이 진화하는 방향을 역행시켜 근원의 자리에서 사람과 도가 하나가 되는 데 있는 것이다.

3 —— 불교의 유비와 의상적 사유

유비와 의상적 사유는 불교가 전래되어 중국인에게 널리 수용되는 과정에 중요한 역할을 수행했다. 고대 중국의 종교 신앙은 세속적 성격이 강하여 현실적 요구에서 비롯하는 경우가 대부분이며 배타성은 비교적 덜한 탓에 신앙의 층차가 복잡하고 여러 신이 공존하는 특징이 있다. 외래종교로서 불교가 토착화하는 과정에 이러한 특징에 기대어 끊임없이 중국 전통종교의 내용을 유추하고 흡수했을 뿐만 아니라, 이에 의지하여 불교의 발전을 가로막는 저항력을 감소해나갔다. 사실상 불학이 독자적으로 발전하기 이전의 상황은 수많은 불교의 전파자들이나 신도들이 자신들의 문화적 소양이나 지식의 틀로써 불교를 이해하고 인식했던 것이다. 말하자면 중국의 전통적 종교 의식이나 신학의 관념에 비추어 불교의 가르침을 유추하거나 해석한 것이다. 그 결과 후한 시기의 불교는 황로신선방술黃老神仙方術의 일종으로 간주되기도 했다. 중국에 들어온 초기의 승려들도 법술이나 의방醫方에 의존해서 신도들을 포섭하고 그 영향력을 확대시켜 광범위하게 포교하는 길을 열어주었다. 위진 시기에 불교가 한층 더 발전함에 따라, 많은 고승은 "삼장에 밝았고 육경에도 정통했다明解三藏, 博覽六經." 그들은 중국 전통 종교와 불교적 지식을 겸비했기 때문에 중국식 개념으로 불교의 가르침을 표현하는 데 아주 능숙했다. 『고승전高僧傳』「축법아전竺法雅傳」에 다음과 같은 기록이 있다.

> 축법아竺法雅와 강법랑康法朗 등이 경전 속에 있는 개념을 노장老莊과 같은 외부의 경서와 비교하여 이해했는데, 이를 일러 '격의格義'라 한다.[81]

'격의'의 방법으로 불교 교리의 참된 함의를 확실하고 완전하게 전

81 『대정장』 제50권, 347쪽.

달할 수는 없지만, 일반인이 불교의 가르침을 쉽게 이해하고 받아들이는 데는 유용했다. 이런 까닭에 위진 시기의 중국불교는 자신들의 교리와 윤리도덕을 널리 선양할 경우, 기본적으로 유교와 도교, 특히 현학玄學에 빗대어 표현하는 방식을 택했다. 심지어 어떤 불교 학자는 장자의 「소요유」를 즐겨 인용함으로써 자신이 선망하는 정신적 자유의 경지를 표현하기도 했다. 이를테면 『모자이혹론牟子理惑論』에서도 "도道를 도導라고 말하는 것은 사람들을 인도하여 무위에 이르게 하는 것이다"[82]라고 주장하며, 도교의 '도'와 '무위'의 개념을 차용하여 불교의 최고 경지를 묘사했다. 이처럼 당시 사회의 각계각층에서는 불학의 이치를 현학과 동일시하는 분위기가 만연했던 것이다. 말하자면 불교가 중국에 뿌리를 내려 성장할 수 있었던 결정적 요인은 위진 시기에 반야학과 현학이 서로 영향을 주고받았던 데 있으며, 이를 통해 현학의 신경지를 개척할 수 있었다. 이 무렵에 형성된 반야학의 육가칠종六家七宗은 본무本無·즉색卽色·식함識含·환화幻化·심무心無·연회緣會의 육가六家에 다시 무이無異가 더해진 칠종七宗을 가리키는데, 사실상 현학 본체론의 사유로써 불교의 의리義理를 해석하는 학파들이었다. 후대로 내려오면서 불교는 도교의 양생 수련 경험을 대량으로 흡수했고, 도교 역시 불교의 수행 방식을 참고한 탓에 결과적으로 두 종교는 종교적 실천 행위에서 비슷하거나 동일한 요소가 많이 나타났다. 신령의 세계를 구성하는 데서도 두 종교의 신령 계보는 서로 공존하면서 화목하게 한 자리에 모실 수 있었는데, 저쪽에 이쪽의 것이 있고 이쪽에 저쪽의 것이 있었기 때문이다. 후대의 천태종은 아예 성선成仙을 성불의 선행 단계로 간주하고 도교의 신선 세계를 불국토에 포함시켜야 한

82 『대정장』 제52권, 2쪽.

다는 주장도 했다.

물론, '격의'의 유비적 방법은 불교를 포교하는 데 일정한 도움을 준다. 하지만 중화 문화의 흐름 속에 제대로 녹아들기 위해서는 현지 문화의 사유 양식과 완벽하게 부합하는 표현 방식이 필요하다. 잘 알다시피 중국 문자는 상형 문자인 경우가 많고, 개념의 분석이나 판단 및 추리보다는 함축된 의미를 추구한다. 그 사유 방식도 언어 분석을 바탕으로 하는 것이 아니다. 기본적으로 언어나 문자로 표현되는 각종의 경상景象을 통해 의미를 이해하고, 총체적 성격을 띤 직관, 내성內省, 체득 및 경험적 변증을 포괄적으로 사유하는 가운데, '언외지의言外之意'나 '상외지음象外之音'을 파악하고자 한 것이다. 현학과 불학이 합류하는 사상적 흐름에서 육조 시기의 불학도 당시 유행했던 언言·상象·의意의 학설을 채용하여 말로 전할 수 없는 불교의 이론과 경지를 밝히고자 노력했다. 승조는 「반야무지론般若無知論」에서 이렇게 강조한 바가 있다.

> 성인의 지혜는 그윽하고 미묘하며, 깊고 은밀해서 헤아리기 어렵다. 모양도 없고 이름도 없어 말과 상象으로써 알 수 있는 것이 아니다.[83]

한편 축도생은 중국불교사상사의 중요한 인식론적 원칙인 "뜻을 얻고 나면 말을 잊어야 한다忘言得意"라는 '혜해慧解'의 방법을 다음과 같이 제시했다.

> 무릇 상으로써 뜻을 다하지만 뜻을 얻으면 상은 잊게 되고, 말로써 이치

83 『대정장』 제45권, 153쪽.

> 를 설명하지만 이치가 통하게 되면 말을 그친다. 경전이 동쪽으로 흘러오면서 번역하는 이가 거듭 막히고 많은 이들이 문자에 얽매여 온전한 뜻은 보기 드물다. 만약 그물을 잊고 물고기를 취할 수 있다면 비로소 도를 말할 수 있다.[84]

여기서 축도생은 부호와 언어를 초월해 진리에 파고들어 불리佛理의 참된 뜻을 감지할 것을 명확히 밝혔다. 왜냐하면 의상은 정적인 상태로 존재할 뿐만 아니라 움직이는 세계와 그 규칙으로도 표현되며, 열고 닫는 변화나 끝없이 왕래하며 통하는 것들이 모두 '상'으로 현시될 수 있기 때문이다. 의상은 하나의 중간적 성격을 띤 개념으로 볼 수 있다. 의상적 사유의 본질은 상을 근거로 사유함으로써 특정한 질서가 있는 계통을 구성하여 세계를 모방하는 데 있고, 그와 동시에 의상은 인식의 끝이 된다. 중국불교는 '깨달음'을 강조하기 때문에 사물이나 전체 우주의 삶에 이르기까지 모두 의상으로 표현한다. 말하자면 이성적 규칙과 상식을 초월한 감성이나 오성적 행위는 의식적이건 무의식적이건 모두 의상적 사유와 관련된다는 것이다. 왜냐하면, 사유의 최고 경지에 도달하고자 할 때, 개념적 언어는 본체이기는커녕 도리어 장애가 되기 때문이다. 실제로 중국불교의 발전 과정에 각 학파의 사상가들이 남긴 말이나 글들은 모두 의취意趣가 있는 명언名言과 은유로 논증하는 것을 관례로 하고 있어 여운이 있을 뿐만 아니라 깊은 맛을 되새기게 한다. 그들이 창조하고 사용하는 개념이나 범주, 그리고 그들이 남긴 소疏, 석釋, 논論에도 항상 내밀히 감추어진 어떤 것이 존재한다. 예를 들어 "꽃 한 송이가 하나의 세계이고 잎 하나

84 혜교慧皎, 『고승전』 「축도생전竺道生傳」, 『대정장』 제50권, 366쪽.

가 하나의 여래다一花一世界, 一葉一如來"라고 하며, 『금강반야경』에서는 "일체의 유위법有爲法은 꿈이나 물거품이고, 풀잎의 이슬이나 번개처럼 스쳐가니 마땅히 이처럼 관觀해야 한다"[85]라고 이른다. 특히 선종은 의리성義理性을 중시하는 의상적 사유를 한껏 발전시켜, 구체적 물상이나 사상事象에서 진여의 본체를 깨달을 것을 강조하고, 이를 수도의 기본 방법으로 삼기도 했다. 대주 혜해 선사가 불법을 펼칠 때 생동감 넘치는 비유를 든 것이 그런 경우인데, 그 내용은 다음과 같다.

> 푸르디푸른 대나무는 모두 법신이고, 들판에 무성한 가을 국화는 반야가 아닌 것이 없다. 법신은 상象이 없어 푸른 대나무로 모습을 나타내고, 반야는 앎이 없어 들국화를 상대하여 형상을 드러낸다. 저 들국화와 푸른 대나무가 아니라도 반야와 법신이 존재한다. 그러므로 『금광명경金光明經』에서 이르기를, "불佛의 참된 법신은 허공과 같아 사물에 응하여 모습을 나타내니 마치 물속의 달과 같다"라고 하는 것이다.

이러한 내용은 일상적 삶에서 흔히 접하는 사물에 불법의 오묘한 뜻을 담아 전하는 방법이다.

중국불교에서 보여주는 유비와 의상적 사유의 가장 전형적인 사례는 화엄종의 승려 법장法藏이 대전大殿을 지키고 있는 금사자金獅子로써 화엄종의 근본 취지를 설명했다는 일화를 들 수 있다. 유명한 『화엄금사자장華嚴金獅子章』이 그것인데, 여기서 불교의 주요 개념들을 생동감 있게 표현하고 있다. 몇 가지 사례를 열거하면 다음과 같다. 「명연기제일明緣起第

85 천츄핑·상릉 역주, 『금강경金剛經』, 중화서국, 2007, 74쪽.

一」에서는 이렇게 말한다.

이른바 금金은 본래 자성이 없다. 장인의 솜씨라는 연緣에 의해 드디어 사자의 모습이 생기게 된다. 생기게 하는 것이 연이기 때문에 연기緣起라 한다.

「변색공제이辨色空第二」에서는 이렇게 말한다.

이른바 사자의 모습은 비어있으니 오직 참된 것은 금이다. 사자가 존재하지 않더라도 금의 본체가 없는 것이 아니기 때문에 색色이 공空하다고 한다. 또한, 다시 공은 본래 모습이 없으므로 색을 모아 밝게 된다. 환幻의 존재에 걸리지 않으니 색이 공하다고 이름을 붙인다.

「약삼성제삼約三性第三」에서는 이렇게 말한다.

사자라는 느낌이 있는 것을 편계遍計라 한다. 사자가 있는 듯하다는 것을 의타依他라 한다. 금의 속성은 불변하기 때문에 원성圓成이라 한다.

「현무상제사顯無相第四」에서는 이렇게 말한다.

이른바 금으로써 사자를 남김없이 거두어 금 이외에 다시 사자의 모습을 얻을 수 없기 때문에 무상無相이라 한다.

「설무생제오說無生第五」에서는 이렇게 말한다.

이른바 정견正見으로 사자가 생기는 것을 지켜보면 다만 금이 생기는 것이니, 금 이외에 다시 한 물건도 없다. 사자에게는 생멸이 있지만, 금 자체는 증감이 없기 때문에 무생無生이라 한다.[86]

지면의 한계로 여기서 일일이 모두 열거할 수 없지만, 이를 통해 알 수 있는 것은 대강 다음과 같다. 금을 본체의 세계로 빗대고 사자를 현상의 세계로 빗대어 인식의 대상인 금사자 자체로 여러 현상의 원통무애圓通無碍함을 설명함으로써, 심오한 불법을 형상으로 나타내어 설명하고 있다는 것이다. 이런 사유 방식은 붓다가 꽃을 들어 불법을 전하는 염화시중拈華示衆의 경우와 유사하다. 다시 말해 주관적 심리를 투사함으로써 객관적 사물의 본질과 현상과의 차별을 소멸시키고, 의상을 직관하는 가운데 온갖 사물의 본체인 진여를 파악하게 한다는 것이다. 그 특징은 정情을 다하여 체體를 드러내고, 공과 유가 다 함께 소멸되어 혼연일체를 이루게 하는 데서 찾을 수 있다.

중국불교의 의상적 사유는 불교의 의경론意境論에도 두드러지게 나타난다. 주지한 바와 같이, 중화민족의 문화 정신은 인문적 문화를 근본으로 한다. 종교사상에 대한 신앙은 정감에 의존하는 경향이 크기 때문에 현실을 초월한 문학적 의경이 필요하며, 이런 방식으로 인간의 정감을 종교적 경지로 승화시킨다. 대대로 집안에 『시경』과 『예기』가 전해진다고 자부하는 지식인들의 경우는 더욱 그러하다. 불교의 교리가 중국 문화의 토양에 뿌리를 내려 장대하게 발전할 수 있었던 것은 그 자체의 풍부한

86 팡리티엔, 『화엄금사자장교석華嚴金師子章校釋』, 중화서국, 1983년판 참조. 표제의 '사자師子'는 곧 '사자獅子'다.

내용 이외에 불교가 중국에 전파된 이후 불교 나름의 독특한 언어적 시스템을 형성했기 때문이다. 선종은 중국불교의 여러 종파 가운데 고대 인도의 불교 철학을 중국의 문화 정신에 융합시킨 가장 전형적인 종파의 하나다. 공안이든 일촉즉발의 기봉機鋒이든 간에 거기에 등장하는 구체적 사물은 대개 상징성을 내포하며, 구체적 형상을 끌어와 불법의 미묘한 뜻을 깨닫도록 한다. 예컨대 이런 방식으로 표현한다.

> 수행으로 얻은 몸은 학처럼 여위고
> 천 그루 소나무 아래 두어 권 경전만 남았네
> 도를 물으나 다른 말이 없고
> 구름은 하늘에 있고 물은 우물에 있다 하네[87]

이는 사물에 뜻을 기탁하는 탁물托物의 방법으로 물아양망物我兩忘의 선오禪悟와 관조觀照를 드러낸 것이다. 혜능도 "깃발이 움직이는 것도 아니고 바람이 움직이는 것도 아니다. 마음이 움직인 것이다"라는 말로 숨은 뜻을 드러내기도 한다. 요컨대 선종은 무경계를 경계로 하며, 종교적 형식주의를 벗어던지고 불교의 진정한 정신을 수증修證하는 데 골몰한다. 인생의 의경을 승화시켜 순청純淸의 절대점이나 공령무상空靈無相의 경지에 진입하여 상相이 아님이 없는 열반을 추구한다. 역사상 각계각층의 인사들은 불교 교리의 내용에 대해 인仁으로 보기도 하고 지智로 보기도 했다. 하지만 "법은 홀로 일어나지 않고, 경계에 의지해서 바야흐로 생겨난다法不孤起, 仗境方生"라는 불교의 의경론이 중국 문화에 미친 영향은 여전

87 『경덕전등록景德傳燈錄』 권14, 『대정장』 제51권, 312쪽.

히 유효했다. 사실상 송원 시대 이후로 불교의 선이 예술의 영역에 침투함에 따라, "있는 듯 없는 듯하거나若有若無 형상에 달라붙지도 떨어지지도 않는不粘不着" 허공의 경계와 상외象外의 담론이라는 이론을 통해 시가나 회화의 의경 문제를 다루는 데 익숙해졌고, 세월이 갈수록 하나의 관례로 정착하여 중화 문화의 예술에 많은 변화를 초래하게 했다.

불교예술의 발전도 이러한 사유 방식을 운용한 결과다. 정보는 다양성과 복잡성의 특징을 지닌다. 특히 종교적 정보는 저층에 신비성이 배어 있기 때문에 직접 이를 감지하기가 쉽지 않다. 어떤 면에서 볼 때, 불교의 허다한 예술적 형상들은 특수한 정보를 전달하는 이미지 기호다. 사실상 불교예술은 불교 교리를 제재로 하여 서방 극락세계나 인욕忍辱과 자아의 희생을 선양하는 것이며, 건축이나 조각을 비롯한 공예 미술의 대부분은 "토목土木의 정교함과 형상적 조형의 교묘함을 다한" 점에서 절세의 기관奇觀이라 칭할만하다. 그중에 특히 주목할만한 것은 석굴 사원 예술이다. 예컨대 둔황의 막고굴莫高窟은 현존하는 세계적 불교예술의 보고로서, 불교의 발전과 전파에 크게 공헌한 대표적 사례다.

제3절

계통과 화합적 사유

화합和合의 '화'는 『설문해자』에 의하면, "상응相應한다"라는 뜻이다. 그 원래 뜻은 사물 간의 배합과 협조를 가리킨다. '합'은 "입을 다물다"라는 뜻이다. 즉 입안에 있는 아랫니와 윗니로 다문다는 것인데, 부합과 문합吻合의 뜻으로 파생된다. 그래서 화합의 기본적 함의는 우주 속의 서로 다른 원소들이 어울리고 조화를 이루어 통일하는 것을 강조하는 데 있다. 일찍이 춘추 시대의 사백史伯은 이에 대해 다음과 같은 말을 남기도 했다.

> 화和는 실로 만물을 생성시키지만, 같은 것끼리는 이어지지 못한다. 다른 것으로써 다른 것을 고르게 하는 것을 일러 화라고 한다. 그렇게 해서 풍성하게 자라나고 만물이 생겨나는 것이다. 만약 같은 것끼리 보태지게 되면 결국에는 다 버려지게 된다.[88]

이러한 관점으로 볼 때, 덮어놓고 같은 것만 강조하다가는 "소리가 하나라면 들을만한 것이 없고, 색깔이 하나라면 볼만한 것이 없으며, 맛이 하나라면 먹을 것이 없고, 사물이 하나라면 비교 대상이 없어 말할 것이 없게 되는" 결과를 낳는다. 이로 미루어 선인들은 이른 시기부터 '사물의 대립적 통일'이란 다양성과 보편성을 변증법적으로 인식했다는 것을 짐작할 수 있다. 그러나 우주 만물의 다양성을 통일하는 것에는 여러 이질적인 요소들의 화합과 조화도 필요하지만, 그것은 단지 전제 조건에 불과하고 최종 목적은 될 수 없다. '화합'의 의의와 그 경지는 '생명 만들기創生'에 있는 것이다. 『여씨춘추』「유시람有始覽」에서는, "천지의 화합은 만물생성의 근본이다天地合和, 生之大經也"[89]라고 지적한다. 화합을 만물의 창성昌盛과 생생불이生生不已의 내재적 근거로 본 것이다. 왜냐하면, 이러한 차이와 대립적 요소들이 계통을 이루어 유기적으로 조합하게 되면, 특출하게 새로운 성질이나 새로운 판도뿐만 아니라 심지어는 새로운 사물까

88 좌구명左丘明, 『국어』 상책, 상하이고적출판사, 1978, 515쪽.

89 『제자집성』 제6책, 124쪽.

지 만들어내기 때문이다. 화합적 사유의 모델이 지닌 심층적 함의가 지시하는 바는 어떠한 종류의 사물이라도 그 무엇으로도 대체할 수 없는 가치와 합리성을 갖고 있으며, 또한 그 자체로 충분하거나 완벽할 수 없다는 것이다. 작게는 한 종류의 복잡한 사물에서부터 크게는 우주와 인생에 이르기까지 단순히 한 측면이나 한 종류의 사물에 의지하지 않아야 하며, 내적인 본질에 의해 규정된 다양성이 조화를 이루며 병존해야 하고, 그것들이 상호 연계되면서 교류하거나 전환하면서 생겨난 운동 과정을 통해 통일된 형태로 최적의 화합 상태에 이르게 해야 한다. 이렇게 될 때 비로소 인류가 요구하는 수요에 부응할 수 있으며, 그와 동시에 우주 자체의 완벽한 구조를 드러낼 수 있는 것이다. 이에 대해 노벨상 수상자 일리야 프리고진Ilya Prigogine은 현대 이론에서 "실험과 정량 분석을 강조하는 서양의 전통은 '자발적 자율 조직의 세계'라는 관점을 중심에 놓는 중국의 전통과 결합해야 한다"[90]라고 말한 바가 있다.

마찬가지로 중국종교도 이러한 면을 관용적 심리 상태와 전체 조화를 중시하는 사유의 모델로 계승했다. 서양 문화에서는 줄곧 현상 세계와 이념 세계, 현세와 초월계라는 분별과 대립을 강조하고, 대립적인 측면의 충돌에 치우친 변증법적인 사유를 전개해왔다. 이와 달리 중국종교의 사유는 부정적 기제를 사용하는 경우가 드물게 나타난다. 이 때문에 심心과 물物, 영과 육肉, 인간과 자연, 이성과 믿음, 현실세계와 피안 세계 등의 여러 대립 관계가 모두 조화롭게 공존할 수 있다. 천인天人, 체용體用, 지행知行, 도기道器, 음양陰陽, 유무有無, 색공色空, 리심理心 등 여러 대립적 범주들

90 일리야 프리고진, 『존재에서 생성으로從存在到演化, From Being to Becoming』, 상하이과학기술출판사, 1986, 3쪽.

은 모두 나름의 사상적 규범과 행위적 규범에 근거하여 정의되고 조화를 이룬다. 모두 현세의 인간에 의해 긴밀히 결합되고 효과적으로 균형을 유지할 수 있다는 점에서 계통의 양극화를 통해 통일과 조화를 모색하는 사유 양식이 잘 드러난다. 중국종교의 개념 체계에서도 기, 태극, 리일理一은 모두 총체성이나 전체를 대표하는 기본적 범주이고, 음양, 오행, 팔괘 등은 전체를 대표하는 기본적 구성 요소다. 계통과 화합적 사유가 강조하는 구조나 기능에는 실체와 원소들이 모두 그 안에 포함되어 있다. 인간과 자연은 하나의 상호 대응 관계이자 조화롭게 통일된 유기적 총체로서, 쌍방향으로 조절되는 시스템이다. 말하자면 물아합일物我合一, 심신합일心身合一, 형신합일形神合一이라는 구조나 기능을 갖춘 시스템인 셈이다. 이와 동시에 주체 자체의 지知, 정情, 의意, 행行 등의 여러 방면에서도 일종의 균형, 조화, 통일의 상태에 처하게 된다. 이처럼 인간이 자연을 이해하고 도덕적 실천을 하며 인생을 추구하는 것은 모두 '화합'을 기준으로 가능한 것이다. 그 최종 목표는 우주의 유기체적 동일성, 자연성, 체계성, 조화성, 관련성을 완벽하게 이해하는 데 있다.

실존주의 사상가 윌리엄 바레트William Barrett가 심각하게 우려한 바와 같이, 서양의 형이상학은 "인간이 자연계를 입법立法하는" 단편적 태도를 당연시하고, 인간과 자연의 내적인 관계를 갈라놓았다. 그는 이 점을 비판하면서 다음과 같이 말했다.

> 하이데거 이전의 서양 철학에서는 비존재의 실체를 생각해낸 적이 없었다. 그런데 불교 철학에서는 해냈고, 중국의 도교 학설에서도 존재와 비존재가 필연적으로 서로를 보충한다는 점을 기꺼이 승인했다.

인간이 우주 만물을 인식과 정복의 대상으로만 간주한다면, 그 결과로 "존재, 곧 주체와 객체가 나란히 병존하는 가운데 분열되지 않는 상태의 광활한 영역은 망각하게 된다. 인간에게는 객체를 초월한 강력한 의지력만 남고 그밖에는 아무것도 남아있지 않는 것이다." 왜냐하면, 존재의 진정한 의미는 주체 그 자체를 초월하여 눈앞에 열린 광활한 세계로 진입하는 데 있기 때문이다. "과거로부터 찾을 수 있었던, 하이데거의 존재 개념에 가장 근접한 것은 아마도 중국 철학의 '도'일지도 모른다."[91] 하이데거가 중국의 '도'에 관심을 두는 까닭은 다른 데 있지 않았다. 중국 문화의 정수가 존재론을 통해 주체와 객체의 간격을 타통시켜 심과 물의 구별을 타파하고, 서로를 유발하는 가운데 중도를 유지하고 있다는 사실을 알았던 것이다.

계통과 화합적 사유는 중국종교의 내부 관계를 처리하는 데서도 중요한 역할을 발휘한다. 역사의 기나긴 흐름에서 볼 때 각 교파는 비록 신앙의 형태는 다르지만, 모두 우주의 비밀과 인생의 가치 및 정신적 지주를 탐색했던 영혼의 궤적이라는 점에서는 일치한다. 이러한 영혼의 궤적은 각기 다른 우상 숭배와 다양한 정보를 보여주지만, 공통된 문화적 토양과 사회적 심리를 기반으로 하기 때문에 장기간의 발전 과정을 거쳐 자연스럽게 특유의 융통성을 형성하기 마련이다.

유·불·도 삼교는 처음에는 서로를 비방하다가 나중에는 서로를 인정했다. 사상과 교리의 인용을 상호 묵인하고 교류하는 융통성을 발휘함으로써, 각기 신앙하는 바에 따라 자신들의 가르침을 널리 알려 중국종교

91 [미국]윌리엄 바레트, 『비이성적 인간: 실존주의 철학 연구非理性的人: 存在主義哲學研究, Irrational Man: A Study in Existential Philosophy』 두안더지 뒤침, 228-230쪽.

의 내용에 운치를 더했다. 고대 중국인들은 대개 유교를 치세의 근본으로 삼고, 도교를 양생술로 파악했으며, 불교를 수심修心의 학문으로 간주했다. 심지어 송나라 이후에는 삼교가 합류하는 경향을 보이기도 했다. 당시의 풍조로는 "도관道冠을 쓰고 유가의 신발을 신고, 불가의 가사袈裟를 걸치니, 삼가三家가 화목하게 모여 일가一家를 이루고", "붉은 꽃, 흰 연뿌리, 푸른 연잎의 삼교는 원래 한 집안이다紅花白藕青荷葉, 三教原來是一家"라는 구호까지 등장할 정도였다. 민간에서는 푸젠성福建省 포전莆田 출신의 임조은林兆恩이 출현하여 삼교의 통일을 취지로 하는 삼일교三一敎를 창립하고 그 세력을 크게 떨쳤는데, 이 또한 중국종교의 사유 양식이 현실에 투영된 결과라고 할 수 있다. 삼일교는 유교의 삼강오륜을 근본으로 내세우고, 도교의 수신修身과 연성練性을 입문의 단계로 하며, 불교의 허공본체虛空本體를 궁극의 가르침으로 삼는 종교인데, "출세와 입세가 하나이며 삼교가 다같이 '마음'으로 귀결된다"라는 중국종교의 원융 사상을 집중적으로 구현함으로써 하나의 정신적 지주를 구축한 대표적 사례로 들 수 있다.[92] 이를 문화적 저층에서 분석하면, 중국종교에서 다원화한 교파들이 화목하게 공존하고 서로 의존하면서 교류하는 형국이 가능한 까닭을 이해하게 된다. 중국의 종교 문화가 비폭력적이고 생명을 경외시하기 때문이다. 이러한 문화는 인간과 자연을 객관화된 인식의 대상으로 파악하거나, 서로 관련성이 없는 파편으로 쪼개어 세분화하지 않는다. 이런 문화에서 추구하는 바는 극도로 완성된 인격체인 성인이나 진인이 되는 데 있고, 이를 중심으로 우주의 비밀을 투시하려고 한다.

92 린쥔숑林俊雄, 「독특한 민간신앙: 삼일교獨具特色的民間信仰: 三一敎」, 『중국종교』 2007년 제2기 참조.

화합과 원융은 중국종교의 근본적 이념일 뿐만 아니라, 세상의 모든 사물 관계를 인식하고 처리하는 주요한 사유 양식이다. 중국종교가 유구한 역사를 거치면서 쇠퇴하지 않고 흥성했으며, 끊임없이 서로 다른 시대의 신앙적 위기를 해소하고 그들의 '궁극적 관심'에 부응할 수 있었던 까닭도 여기에 있다. 그 근본 요인은 이론적 학설, 해석의 시스템, 설명의 방식이 모두 화합적 사유를 기반으로 강력한 포용성을 갖추었다는 데 있고, 이를 통해 적절한 시기에 혁신하고 시대에 따라 변화할 수 있었다. 예컨대 유교에서는 도교와 불교의 심성 이론을 도입하여 유교의 최고 이론인 송명이학宋明理學을 구축했고, 불교와 이슬람교는 중국으로 건너오면서 유교의 세속적 특징을 모델로 삼아 그들의 교리를 개조함으로써 신속히 중국사회에 진입할 수 있었다. 또한, 사회적 환경의 전반에 걸친 상호작용이 종교라는 점에서 접근해 볼 때, 기나긴 역사에서 중국종교가 서양종교와 확연히 구별되는 요인은 예교禮教와 도통道統의 긴밀한 관계를 따로 마련한 데서 찾을 수 있는데, 이를 통해 전체 사회의 정치나 문화적 예교에서 화합과 공존을 추구할 수 있었다.

고대 중국에서 종교의 '교'가 지닌 함의는 예교다. 『역경』「관괘觀卦」의 단사彖辭에 "성인이 신비로운 도로써 가르침을 베푸니 천하가 복종한다聖以神道設教, 而天下服矣"라는 말이 있듯이, 예교는 수천 년 동안 내려온 중국 문화의 전통이다. 하늘과 조상을 받드는 일을 제외하고는 사회의 도덕과 윤리적 교화라는 개념은 매우 중요하게 취급된다. '신인합일神人合一'은 선인들의 고유한 문화적 이념이며, 귀신에 대한 공경과 윤리적 교화는 따로 떼어놓고 생각할 수 없다. 중국 문화의 토양에 깊이 뿌리를 내린 유교나 도교를 제외하더라도, 인도의 불교 역시 중국에 전해진 이후 재빠르게 중국 문화의 정수를 흡수하여 예교와 인륜을 전통적 가르침으로 인정하고 이를 그들의 법문에 반영시키기도 했다. 한편, 당송 이후에는 민간신앙이 대거 출현했는데, 유·불·도 삼교의 교리와 명호에 민간신앙의 흔적을 남겼을 뿐만 아니라, 그러한 신앙 역시 예교와 도통에 전념하는 추세를 보였다. 나중에 유입된 이슬람교나 기독교도 중국에 정착한 뒤에 모두 중국의 전통문화로부터 크고 작은 영향을 받아 원래의 모습과 구별되었다. 이처럼 조정과 통합이 가능했던 근본 요인은 중국종교가 지닌 계통과 화합적 사유의 순발력과 외래의 이질적 종교 문화에 대한 수용력에 있었다고 하겠다.

1 —— 유교의 화합과 계통적 사유

육경의 으뜸인 『역경』에는 화합 사상이 풍부하게 담겨있고, 그러한 사상의 주된 형식은 중용을 숭상하는 '상중尙中'이다. 옛사람들은 일찍부터 역도易道의 심오함이 중도를 지키는 '시중時中'에 있다고 지적한 바가 있다. 모든 변화와 진퇴는 중도에 부합하는 것을 추구하며 만물은 '시중'의 정신에 따라 움직이고 멈춘다. 곧 절괘節卦에서 이른 바와 같이, "자리에 있어서 절제할 줄 알아야 중정中正으로써 모든 일이 막힘없이 풀리는 것이다當位以節, 中正以通." 이렇게 될 때 음양과 강유가 각기 그 바름을 얻을 수 있다. '시중'은 전체의 조화를 시스템의 방식으로 유지하는 내적인 기제다. 『주역』 건괘의 단사에 다음과 같은 기록이 있다.

> 위대하구나, 건원乾元이여! 만물이 그것으로 시작하니 하늘을 다스린다. 구름이 떠다니고 비가 내리니 만물이 저마다의 모습으로 유전한다. 크고 밝은 것이 처음부터 끝까지 하니 육효六爻의 위치가 제때에 이루어지고, 때로는 육룡六龍을 타고 하늘로 올라간다. 건도乾道의 변화로 각각의 성

명性命을 바르게 하고, 태화太和를 보존하고 화합하니 이에 이롭고 곧게 된다.[93]

이는 우주 만물이 스스로 조직하고 협동하는 기능을 지녔기 때문에 "태화를 보존하고 화합하는" 이른바 '화합적 질서'를 스스로 실현할 수 있다는 것을 설명한다. 간단히 말해 우주 사이의 가장 큰 조화는 각자의 성명을 바르게 유지하는 가운데 만사 만물이 상호 영향을 주고받는 움직임을 통해 전개되고 실현된다는 것이다. 실제로 『역전』에는 '음양합덕陰陽合德'이라는 중요한 사상이 있다. 팔괘도八卦圖 속에는 건乾·곤坤·간艮·감坎·진震·손巽·리離·태兌라는 여덟 개의 괘상이 서로 마주하여 상대하고 있으며, 그 음효陰爻와 양효陽爻의 총합도 대등하여 마치 한 폭의 그림처럼 대칭 형태로 조화와 질서를 이루고 있다. 이러한 지혜로운 생각은 소박한 가운데 신비로운 면모를 보여주지만, 한편으로는 우주의 변증법적 운동과 보편적 질서를 탐구하는 선현들의 정신을 우의적으로 표현한 것이라 할 수 있다. 『역전』은 이러한 우주의 생성 변화를 이론적으로 설명하여, "역易에는 태극이 있어 양의兩儀를 낳고, 양의는 사상四象을 낳고, 사상은 팔괘를 낳았다"라고 했다. 우주 만물은 하나의 혼돈에서 분화되고 통일에서 다양함으로 나아가는 계통적 조화의 과정이며, 점진적으로 '궁窮'에서 '변變'을 거쳐 '통通'에 이르고, 다시 '통'에서 '구久'에 이르는 조화의 경지다.

유교에서 말하는 '화합'은 산처럼 고요한 원칙을 지니면서 물처럼 움직이는 융통성이 있다. 이것이 지덕至德의 경지다. '화和'는 하나의 계통

93 『십삼경주소』 상책, 2쪽.

속에서 여러 대립 요소나 대립적 측면 사이의 조화 또는 최선의 동태적 관계나 관계 구조를 가리킨다. '중中'은 이러한 최선의 관계에 이르는 정확한 지점을 가리키며, 그것은 고정되어 있지 않고 유동적이다. '중용中庸'은 곧 '중'에 대한 선택과 추구로서, 변하지 않는 것으로써 모든 변화에 대응하고 변역變易에 통달하지만, 일정한 원칙을 지킨다. "중을 운용함으로써" 전반적 조화를 꾀한다는 뜻이다. 맹자는 공자에 대해 "성인으로 때에 따라 알맞게 한 분이다聖之時者也"라고 평했다. 여기서 '시時'의 함의는 "군자로서 때에 맞게 하는 것이다君子而時中." '중'의 구체적인 기준은 시간과 환경 및 조건의 변화에 따라 달라지기 때문에 임시적 방편인 '권權'이 필요하다. '권'은 여러 요소를 종합하여 '중'을 이리저리 저울질해 판단하는 구체적인 방법을 가리킨다. 공자는 이렇게 말했다.

> 함께 도에 나아가더라도 같이 서지 못할 것이며, 함께 설지라도 더불어 '권'을 논할 수 없다.

예로써 입신하고 예를 아는 사람이라도 반드시 임기응변, 곧 권을 잘 아는 것이 아니라고 한 점에서 권의 중요성을 미루어 짐작할 수 있다. 맹자는 한 걸음 더 나아가 다음과 같이 말했다.

> 자막子莫은 중간을 취하니 중간을 취하는 것이 도에 가깝다고 하겠지만, 중간을 취하되 권權이 없는 것은 오히려 하나에 집착하는 것과 같다. 하나를 고집하는 것을 미워하는 까닭은 도를 해치기 때문이다. 하나를 들어 백을 폐하는 것이다.[94]

이로 미루어 중간을 취하는 집중執中은 절충한다는 것이 아니다. 화합의 정확한 지점이나 화합의 내적 근거와 기준을 모색한 다음에 최선의 조화와 균형을 이루는 지점을 총체적으로 파악하는 사유 방식이다. 군자는 '화이부동和而不同'하지만 소인은 '동이불화同而不和'한다는 공자의 주장은 바로 이러한 점을 표명한 것이다.

종래의 사람들은 유교사상을 실용적 차원의 도덕적 훈계나 인륜과 관련한 일상적 담론으로 간주했다. 형이상학적인 멋에 대해서도 그다지 관심이 없었고, 중용도 점차 겉치레 해석에 그친 탓에 절충의 대명사로 전락하게 되었다. 그러나 유교의 인仁으로써 도의 가치 지향성을 올곧게 설정하면, 중용은 그 독특한 사유 방식으로 도의 완성을 도모하고자 하는 형이상학적인 품격을 드러낸다. 중용의 취지는 인에 근거하여 성聖에 이르고자 하는 도덕적 지향에 있고, 그것이 가리키는 바는 극단으로 치닫지 않는 원만함에 있다. 현실적 경험의 측면에 국한된 것이 아니라 인간의 가치를 끌어내어 이상적 경지에 이르도록 하는 것이다. 이런 것들이 플라톤의 이데아처럼 경험 세계에서는 영원히 실현될 수 없지만, 최소한 경험 세계를 저울질해 볼 수 있는 유일한 기준이기도 하다. 공자는 일찍이 이렇게 감탄한 바가 있다.

> 중용을 덕으로 삼음이여, 지극하구나中庸之爲德也, 其至矣乎.

여기서 '지至'라는 한 글자로 원만함을 다하여 다시 무엇을 더할 수 없는 절정의 경지를 표현했다. '중용'이라는 사유 방식에 유교가 종교를

94 『맹자』「진심상」, 주희, 『사서장구집주』, 357쪽.

세운 궁극적 가치가 담겨 있는 것이다. 공자는 인생의 최고 이상적인 경지를 "일흔이 되어서 마음대로 해도 법도를 넘지 않았다七十而從心所慾不踰矩"라고 했는데, 이에 대해 주희가 다음과 같이 주석했다.

> 구矩는 법도가 되는 그릇으로서 네모지게 만들어진 것이다. 마음이 하고자 하는 바를 따라가도 저절로 법도를 넘지 않았다는 것은 편안하게 행하고 힘쓰지 않아도 중도에 부합했다는 것이다.[95]

말하자면 수양에 관한 유교의 최고 경지는 "힘쓰지 않아도 중도에 부합하는 것이다不勉而中也." 곧 자신의 말 한마디와 행동 하나까지 중용사상으로 내면화하고, 이를 자발적으로 행하게 함으로써 도덕의 최고 경지이자 기준이 되는 인을 실현한다는 것이다. 이러한 심오한 경지는 그 인식에서 도의 적용 범위와 시공의 한계를 절실히 깨닫게 하는 것이며, 실제 행위에서도 지나치거나 모자라는 잘못을 피해야 한다는 점을 강조한 것이다. 이와 관련하여 『중용』에서는 다음과 같이 말한다.

> 도가 행해지지 않는 것을 나는 알았다. 총명한 자는 넘치고 어리석은 자는 미치지 못하기 때문이다. 도가 밝아지지 않는 것을 나는 알았다. 현명한 자는 지나치고 못난 자는 미치지 못하기 때문이다.

이에 주희는 "도道라는 것은 천리天理가 마땅히 그러함이니, 중中일 따름이다"라고 주석을 달았다. 천도를 봉행하는 관건이 집중執中에 있다

95 『논어』「위정」, 주희, 『사서장구집주』, 54쪽.

는 것을 명확하게 강조한 것이다. 『상서』「대우모大禹謨」에서는 한 걸음 더 나아가 "사람의 마음은 위태롭고 도를 향한 마음은 희미하니, 정신을 하나로 하여 진실로 그 중심을 잡아야 한다人心惟危, 道心惟微, 惟精惟一, 允執厥中"[96]라고 요약했다. 유교에서는 이를 요·순·우로부터 대대로 전해진 개인적 수양과 치국의 원칙으로 간주하고, '16자심전十六字心傳'이라 일컬었다. 『순자』「해폐解蔽」에서도 성인이 도를 아는 것은 "만물을 다 같이 늘어놓고 그 중심을 저울질한 것兼陳萬物而中懸衡焉"이라고 주장했다. "그 중심을 잡는 것允執厥中"이나 "중심을 저울질하는 것中懸衡"은 모두 유교가 중도中道를 숭상한다는 것을 반영한다. 이는 모든 인지적 행위가 '중'을 취하는 가운데 이루어질 것을 요구할 뿐만 아니라, 가장 양호한 하나의 균형점을 찾는 노력까지 요구한다. 예컨대 사회생활 속에 나타나는 도덕과 형벌, 질책과 관용, 인습과 개혁, 본질과 허식, 의리와 이익 등 일련의 모순관계에 있는 문제에 대해서도 양 측면을 조율하여 바로잡음으로써 어느 한쪽을 고집하는 과격한 행위를 방지해야 한다는 것이다. 이처럼 유교는 계통과 화합적 사유를 '중도의 추구'라는 목표에 관철함으로써 추상적 이론을 실천적 이성으로 전환했다. 주희는 정이의 말을 인용하여 중용을 다음과 같이 해석한 바가 있다.

> 치우치지 않는 것을 중中이라 하고, 바뀌지 않는 것을 용庸이라 한다. '중'이란 것은 천하의 정도正道이며 '용'이란 것은 천하의 정리定理다.[97]

96 『십상경주소』 상책, 136쪽.

97 주희, 『사서장구집주』, 17쪽.

천지의 조화가 광활하여 무궁하다고 하지만, 음양의 법도와 일월日月, 한서寒暑, 주야晝夜의 변화는 일정하지 않은 것이 없다. 이는 '도'가 중용인 까닭이다.[98]

화합을 숭상하는 초기의 사상은 대체로 몽롱한 상태의 총체적 사유로 나타난다. 모순의 전환을 통해 도를 탐구하기는커녕, 모순의 전환이라는 문제에도 인식이 미치지 못했다. 유교에서 '예'를 강조하는 이유는 『예기』에서 공자가 이른 바와 같이 "예는 절제함으로써 '중'을 얻는 것이기 때문이다禮所以制中也." 또한, 이렇게 말하기도 한다.

예를 운용하는 데는 화합이 소중하다. 선왕先王의 도가 아름다운 것은 여기에 있고, 크고 작은 일들이 이로 말미암는다. 행하기 부족한 바는 화합하는 것만 알고 화합하려고 하는 것이다. 예로써 절제하지 않는다면 이 또한 행할 수 없는 것이다.[99]

천하의 한 물건이라도 예악이 없는 것이 없다. 의자의 두 다리를 예로 들면 하나가 바르지 못하면 나란하게 되지 못한다. 나란하게 되지 못하면 비뚤어지고, 비뚤어지면 조화를 이루지 못한다.[100]

이로써 알 수 있듯이, 화합에는 반드시 엄격한 원칙이 있어야 하고 예의범절에 부합해야 한다. 원칙이 결여된 상태에서 억지로 화합을 추구

98 정호·정이, 『이정집』 제1책, 149쪽.

99 『논어』「학이」, 주희, 『사서장구집주』, 51쪽.

100 정호·정이, 『이정집』 제1책, 225쪽.

하는 것은 선량한 척 행세하면서 덕을 해치는 '향원鄕愿'의 짓거리에 불과한 것이다. '예악'은 유교의 화합적 사유로서 실천 행위의 기준이다. 이러한 원칙은 사회적 이상을 반영할 뿐만 아니라, 현대의 관점에서 볼 때도 일종의 기능주의적 사회관을 반영한 것이라 하겠다. 앞서 "화합이 소중하다和爲貴"라는 말은 예의 제도와 윤리도덕의 기본 원칙을 제시한 것으로서, 선왕의 도가 "아름다운 것은 여기에 있다斯爲美"라는 심미적 경지로 승화되기도 했다. 유교적 색채가 농후한 민간학파인 태곡학파에서는 "예악이 삼도三道, 곧 천도天道, 지도地道, 인도人道와 두루 조화를 이루어야 한다"라는 독특한 견해를 『역경』에서 끌어냈다. 그들은 천도의 음양을 미微와 현顯으로, 지도의 강유를 은隱과 현見으로, 인도의 인의는 직直과 방方으로 간주하고 이렇게 말했다.

> 음양, 강유, 인의를 겸하여 둘로 나누니 내외의 괘卦와 비슷하다. 내외의 의미는 예악을 버리고 그 누가 알겠는가?[101]

그래서 유교는 자연 현상 속에서 조화와 공존의 가능성을 모색하려고 했다. 『중용』에서는 이렇게 지적한다.

> 위로는 천시天時를 법으로 삼고 아래로는 수토水土를 이어받았다. 비유컨대 하늘과 땅이 싣지 않는 것이 없고, 덮어주지 않는 것이 없는 것과 같다. 비유컨대 사계절이 뒤섞여 운행하는 것과 같고, 해와 달이 번갈아 밝혀주는 것과 같다. 만물은 나란히 자라나도 서로를 해치지 않고, 도는 나란

101 팡바오촨 주편, 『태곡학파유서』 제1집, 제1책, 552쪽.

> 히 행해져도 서로 어긋나지 않는다. 작은 덕은 냇물이 흐르는 것과 같고, 큰 덕은 두텁게 교화한다. 이것이 하늘과 땅이 위대한 까닭이다.

물론 유교의 계통과 화합적 사유는 사물 간의 보편적 관계나 상태에 관련한 일반적인 조화를 포괄적으로 논의하는 데 있지 않다. 그 초점은 항상 대상에 대한 주체의 일정한 위치나 주체들 간의 화합에 두고 있고, 화합의 방향과 판단은 대개 정치나 윤리적 색채를 띤다.

유교에서는 '중화中和'를 우주관과 인생관의 최고 원칙과 이상적인 경지로 간주하고 그 내용을 이렇게 말한다.

> 희로애락이 아직 발하지 않았을 때를 일러 '중中'이라 하고, 발하여 모두 절도에 맞는 것을 일러 '화和'라고 한다. '중'이라는 것은 천하의 대본大本이고, '화'라고 하는 것은 천하의 달도達道다. '중화'에 이르면 천지가 제자리를 찾게 되고 만물이 자라난다.

여기서 분명한 것은 유교에서 '중'과 '화'를 단순히 개인의 감정을 표현하는 잣대로 파악하지 않았다는 사실이다. 이를 사물의 본성이나 법칙으로 올려놓고, '중'과 '화'를 추진해나가는 것이야말로 천지 만물이 제자리에서 안정을 되찾고 생장해나가는 전제 조건이며, 그렇게 함으로써 도에 이르게 된다고 간주했다. 동중서는 여기서 한 걸음 더 나아가 다음과 같이 주장했다.

> '중'은 천지가 시작하고 끝나게 하는 것이며, '화'는 천지가 생겨나고 이루어지게 하는 것이다. 무릇 덕으로는 '화'보다 더 큰 것이 없고, 도에서

> 는 '중'보다 더 바른 것이 없다. '중'은 천지가 조화를 이룬 아름다움이며 성인이 지키고자 하는 바다. 『시경』에 "강하지도 부드럽지도 않게 정사를 온화하게 편다不剛不柔, 布政優優"라고 하니, 이것이야말로 '중화'를 이르는 것이 아니겠는가? 그러므로 중화로써 천하를 다스릴 수 있는 자는 그 덕이 크게 성하고, 중화로써 몸을 기를 수 있는 자는 그 수명이 아주 길다.[102]

이처럼 우주 전체를 구조적으로 인간사와 연계하는 것에서 한 걸음 더 나아가, 인간 세계에 존재하는 대립과 화합의 질서를 표명했다. 문화적 역사성이 전개되는 과정에 인간의 존재가 "사물과 혼연일체가 되는" 총체성을 지적한 것이다.

송명이학의 시기에 이르면, 계통과 화합적 사유는 우주와 천도에 대한 탐색으로 한층 심화되었다. 장재는 누구보다 먼저 화합적 사유의 형이상학적 기초를 마련했다.

> 물物에는 고립된 이치가 없다. 같고 다름, 굽고 펴짐, 처음과 끝으로써 밝혀내지 못하면 비록 물이라 해도 물이 아니다. 일에는 시작과 마침이 있어 비로소 이루어진다. 만약에 같고 다르고, 있고 없는 것이 서로 감응하지 않으면 그것이 이루어지는 것을 볼 수 없다.[103]

> 만물은 본래 하나이기 때문에 하나로써 다른 것을 합칠 수 있고, 다른 것

---

102 동중서, 『춘추번로』「순천지도」, 소여, 『춘추번로의증』, 444-445쪽.

103 장재, 『정몽』「동물動物」, 『장재집』, 19쪽.

을 합칠 수 있으므로 '감感'이라 한다. 만약에 다른 것이 없다면 합칠 수 없다. 하늘의 본성은 건곤과 음양이다. 양극단이기 때문에 감응이 있고, 본래 하나이기 때문에 합칠 수 있는 것이다.[104]

성性은 만물의 한 가지 근원으로 나만 사사로이 얻은 것이 아니다. 오직 대인大人만이 그 도를 다할 수 있다.[105]

장재는 동시에 화합의 최고 상태를 나타내는 '태화太和'라는 개념을 제시하고, 이를 다음과 같이 설명한다.

태화는 도道라고 한다. 그 속에는 떠오르고 가라앉고, 오르고 내리고, 움직이고 고요하고, 서로 감응하는 성질이 내포되어 있다. 여기서 혼돈 상태의 천지 기운이 일어나 서로 회전하면서 이기고 지고, 굽히고 펴는 것이 비롯된다.[106]

이로 미루어, '태화'가 추구하는 화합은 정지된 상태에서 항상 균형을 유지하고 있는 것이 아님을 알 수 있다. 이른바 "하늘이 만물을 낳는 데도 질서가 있고, 만물이 모습을 갖추는 데도 질서가 있는 것이다天之生物也有序, 物之既形也有秩." 이처럼 질서가 있다는 것이 각 요소가 평면적으로 대등하다는 것을 뜻하지는 않는다. 서로 다른 차원에서 각자 독립된 속성을 지님으로써 서로 보완하거나 합리적인 정합整合 관계를 형성하고, 전체

104 장재, 『정몽』「건칭」, 『장재집』, 63쪽.
105 장재, 『정몽』「성명誠明」, 『장재집』, 21쪽.
106 장재, 『정몽』「태화」, 『장재집』, 7쪽.

우주에도 동정動靜의 상호 감응과 음양의 상호 작용으로 질서를 유지하며 조화롭게 발전하는 큰 그림을 나타낸다. 물론 그 가운데서도 똑같이 부침浮沈, 승강昇降, 굴신屈伸 등의 대립과 투쟁이 포함된다. 이러한 이상적 상태를 어떻게 실현할 것인가에 대해 유교의 전형적인 대답은 다음과 같다.

> 상象이 있으면 대립이 있기 마련이고, 대립이 있으면 반드시 반발이 있다. 반발이 있으면 곧 증오가 있기 마련이고, 증오는 반드시 화합하여 풀리게 된다.[107]

사물의 발전은 끊임없는 '대립', '반발', '증오', '화합'이란 구체적 과정으로 이루어진다. 화합적 사유의 중요한 의의는 모순 속에 대립하는 각종 요소로 하여금 더 높은 수준의 새로운 통일로 끌어올리는 데 있고, 그러한 시야는 미래지향적이며 강한 생명력을 지닌다. 대진戴震은 『맹자자의소증孟子字意疏證』에서 다음과 같이 기술한 바가 있다.

> 생생生生으로 말미암아 자연의 조리條理가 있다. 조리가 질서정연한 것을 지켜보면 예禮를 알 수 있다. 조리가 명백히 어지러워질 수 없다는 것을 지켜보면 의義를 알 수 있다. … 오직 조리만으로 '생생'하며, 조리를 잃게 되면 '생생'의 도가 끊어진다.[108]

여기서 '조리'는 "질서가 있다"라는 뜻이다. 유교의 계통과 화합적

---

107 장재, 『정몽』「태화」, 『장재집』, 10쪽.
108 대진, 『맹자자의소증』, 중화서국, 1961, 48쪽.

사유로 볼 때, '생생의 도生生之道'를 지탱하고 있는 것은 '조리'다. 그 궁극적 지향점은 인간이 기본적으로 자연의 법칙을 지키고, 그런 바탕 위에 합리적 사회 질서를 세우도록 하는 데 있다. 이렇게 함으로써 더욱더 큰 자유를 획득하여 천지와 나란히 할 수 있는 목적을 이루게 되며, 동시에 세계는 끊임없이 창조된 새로운 사물로 구성되어, '생생'하면서도 조리가 있는 세계로 질서정연하게 나아갈 수 있는 것이다.

사실상 계통과 화합적 사유에는 종교의 박애 정신뿐만 아니라 미학적 경지도 있다. 왜냐하면, 계통과 화합적 사유는 '우주의 조화'라는 아름다움과 '인간과 천지자연의 화합'이라는 아름다움을 구현하기 때문이다. 유교에서는 '인仁'을 최고의 가치로 삼는다. 이를 어떻게 실천에 옮길 것인가? 이에 대해 정호는 다음과 같이 말한다.

> 인이란 것은 천지 만물을 한 몸으로 삼아 자기가 아닌 것이 없다. 자기라는 것을 인정한다면 어디인들 이르지 못할까? 자기에게 속하지 않는다면 저절로 상간相干할 것이 없게 된다. 마치 손발이 마비不仁되어 기가 통하지 않아 모두 내 것이 아닌 것처럼 여기는 것과 같다. 그러므로 널리 베풀어 대중을 구제하는 것이 곧 성인聖人의 공용功用이다. 인은 말로 표현하기 지극히 어려우므로 다만 "자기가 서고자 하면 남도 서게 하고, 자기가 이루고자 하면 남도 이루게 하는 것이다. 가까운 데서 비유를 취하면 인을 행하는 방법이라고 이를만하다"라고 한다.[109]

여기서 '인'은 만물에 사랑을 베푼다는 뜻이다. 또한, 이러한 사랑과

109 정호·정이, 『이정집』 제1책, 15쪽.

배려는 천지가 끝없이 생성 변화하는 이치에 근원을 둔 것으로, 절대적이고 무한한 것이며 영원한 가치를 지닌다. 사람은 이기적일 수가 없어서 자기의 몸뚱이에 국한해서 마음을 일으켜서는 안 되는 것이다. 그 이유는 다음과 같다.

> 천지의 큰 덕을 생生이라 이르니, 천지의 기운이 뒤엉켜 만물이 화순化醇한다. 생하게 하는 것을 성性이라 이르니, 만물의 생의生意는 가장 볼 만한 것이다. 이러한 원元은 선善의 으뜸이고, 이를 이른바 인仁이라 한다. 사람과 천지는 한 물건이다. 그러나 사람은 유독 자신을 스스로 작다고 하니 무엇 때문인가?[110]

여기서 "자신을 스스로 작다고 하는" 것은 자신의 한계를 설정한다는 뜻이다. 만물과 인간이 모두 천지의 생생지덕生生之德에서 유래되었다는 사실을 알았다면, 마땅히 인덕仁德의 실행을 자각해야 한다. 반대로 자신과 만물을 대립의 관계에 놓거나 심지어 만물을 인식과 착취의 대상으로 간주하게 되면 인간의 직분을 망각하는 것이나 다름없다. 이것이 자신을 스스로 작다고 여기는 것이다. "이 몸을 놓아 모두 만물 속에 있게 하고 하나로 보면 크고 작은 것이 매우 쾌활할 것이다."[111] 이러한 것은 물아物我와 내외의 경계를 소멸하게하는 일종의 체험이며 '조화의 아름다움'이다. 말하자면 자신의 생명이 우주와 하나가 됨으로써 생명의 진정한 가치를 체험하고, 인의 미학적 느낌을 향유하는 것이라 하겠다.

---

110 정호·정이, 『이정집』 제1책, 120쪽.

111 정호·정이, 『이정집』 제1책, 33-34쪽.

2 —— 도교의 계통과 화합적 사유

그 어떠한 종교라 할지라도 '궁극적 관심'이나 영혼의 구제에 대한 핵심은 모두 종교 신앙과 관련된 문화적 계통 속에 들어있으며, 여기에는 종교이론, 예법, 금기, 계율, 문화 예술 등이 포함된다. 이러한 계통의 존재와 그 작용 또한 그러한 핵심적 이념에 의존한다. 왜냐하면, 그 안에 우주의 궁극적 존재, 인류의 기원, 인생의 궁극적 가치, 그리고 온갖 사물의 인과관계에 대한 해당 종교의 해석이 담겨있기 때문이다. 이러한 문화적 계통은 신도를 끌어들여 교화하고 응집하게 하는 근거일 뿐만 아니라, 그들의 행동과 생활 및 사상을 결정하는 준거가 되기도 한다. '도법자연'은 도교 신앙의 핵심적 이념이다. 도교에서는 인간의 심신을 포함한 세상의 만물을 자연적이면서 조화를 이룬 하나의 전체성으로 파악하고, 그들 존재가 절대적 선으로 나아가는 과정으로 간주한다. 이에 따라 도교는 인간과 우주 자연의 화합을 극한까지 추구하며, 도道로써 바라볼 때 만물에 귀천이 없다는 사실을 인식하고, "성인聖人도 마땅히 만물과 화합하여 천심天心을 이루고, 음양에 따라 행해야 한다"[112]라고 주장한다. 최종적으로는 만물일체, 생사일여라는 정신적 자유의 무한함을 실현하는 것이다. 이는 편협한 이해관계를 따지거나 육신에 집착하는 소아小我 의식에 얽매이지 않는 초연함이며, 인류의 삶을 무한한 우주 공간으로 확장하려는 노력이다. 말하자면 우주와 인간에 대한 동질감이나 융합 의식, 또는 하나가 되는 느낌을 통해 종교적 정서를 표현하는 것이다.

잘 알다시피, 종교적 사유에서 주체적 정감의 필요성과 그에 대한 태도는 대단히 중요하다. 유교에서 엄격한 원칙을 세워 각자의 직분을 명

112 왕밍, 『태평경합교』, 221-222쪽.

확히 하는 것으로써 사회나 인생의 화합과 질서를 추구했다면, 도교에서는 의식적이든 무의식적이든 간에 원시 시대의 모계 씨족사회로부터 전해진 여성적 성격을 띤 음유陰柔의 도를 신봉하고 이에 따랐다. '무위無爲', '무욕無欲', '고요함靜', '부드러움至柔' 등은 음陰의 특성이 있는 사유이며, 이를 통해 처세하는 것을 근본 원칙으로 삼았다. 우주 만물에 대한 도교의 인식은 다음과 같다.

> 만물을 접하면서 따로 구분하지 않는 것으로써 시작한다.[113]

> 영원함을 알아야 포용한다. 포용해야 공평해진다. 공평하면 왕 노릇을 할 것이고, 왕 노릇을 하면 하늘이 된다. 하늘이 되면 도에 이른다. 도에 이르면 오래갈 것이고, 죽을 때까지 위태롭지 않다.[114]

여기서 주관적 편견을 타파하는 관용의 심리가 도교의 사유 양식에 깊이 뿌리박혀 있다는 사실을 짐작할 수 있다. 도교의 계통과 화합적 사유는 우선 생태에 관한 지혜 방면에 두드러지게 나타난다. 이런 방면에서 도교는 세계의 여러 종교적 전통 가운데 가장 깊이가 있을 뿐 아니라 가장 미묘하고 아름답게 표현한다. 도교의 전체 교리와 수련은 모두 인간과 자연의 조화로운 공존을 극도로 중시한다. '도법자연'의 경우를 예로 들면, 자연에 귀의하는 것을 도라고 한 점에서 도의 가장 깊은 본질은 곧 자연自然이다. '연然' 자는 고대에 흔히 "완성하다"라는 뜻을 가리키기 때문

113 왕선겸, 『장자집해』 권8, 「천하」, 『제자집성』 제3책, 218쪽.

114 『도덕경』 제16장, 『제자집성』 제3책, 9쪽.

에 '자연'은 "스스로 이룬다"라는 뜻으로 해석된다. 도교에서는 자연을 적극적으로 주장하는데, 이는 인간이 그 몸을 천지의 자연 환경 속에 두고 있다는 그 자체가 생생불식生生不息의 '도'를 완벽하고 원만하게 표현한 것이며, 우주 속의 그 어떠한 사물이라도 모두 스스로 발전하는 자율성이 있다는 것이다. 이런 자율은 자생적인 점에서 어떠한 외계의 간섭도 필요로 하지 않는다. 인류는 단지 이에 순응해야 하고, 다음과 같이 강제성을 띤 인위적 행위를 하지 말아야 한다는 것이다.

> 소나 말에 네 발이 있게 하는 것을 하늘이라 이르고, 말 머리에 굴레를 씌우거나 소의 코를 뚫는 것이 사람이라 이른다. 그러므로 사람으로서 하늘을 없애지 말고, 고의로 명命을 없애지 말며, 이득을 위해 이름을 죽이지 말라는 것이다. 조심스럽게 지켜서 잃지 말아야 한다는 것을 일러 "그 참됨으로 돌아가는" 것이라 한다.[115]

즉 의도적이고 의식적인 인위적 행동으로 자연스럽게 이루어진 사물을 파괴하지 말아야 한다는 것을 강조한 것이다. 요컨대 도교에서는 천지 음양이 화합하여 만물을 낳는다는 이러한 신앙에서 출발하여 생성된 모든 생명의 존재에 대해 경외심을 갖는다. 또한, 도가 만물을 낳고 기르기 때문에 일체의 유형적인 존재는 모두 도성道性을 지니며, 모든 생명에는 도의 씨앗이 있다고 생각한다. 도교의 선서善書에는 인류를 교화하여 만물에 선을 베풀도록 하는 권계의 내용이 들어있는데, 여기서 주장하는 바는 세인들이 이승의 유한한 역정 속에서 시종일관 생명을 아끼고 경

115 왕선겸, 『장자집해』 권4 「추수」, 『제자집성』 제3책, 105쪽.

외하는 마음을 간직하여 일체의 생명을 선하게 대하고, 전력을 다해 '호생계살護生戒殺'의 계율을 준수함으로써 초월적 우주의 '도'를 현실이라는 구체적 시공간에 완벽하게 실현하고자 적극적으로 노력하는 것이다. 심지어 도교에서는 '자연무위'라는 최소한의 생존 원칙을 지키고 완벽하고 원만한 자연의 이상적 상태를 파괴하지 않는다면 그러한 사람이 곧 지극한 덕을 갖춘 사람이라고 주장한다. 고대 중국에서 심후한 생태 문화를 축적할 수 있었던 것은 대부분 자연과 생명을 존중하는 도교 문화의 특성에서 기인한다. 『도덕경』에서 더러 오해를 불러일으키는 대목은 다음과 같은 구절이다.

> 천지가 불인不仁하여 만물을 추구芻狗로 여기고, 성인이 불인하여 백성들을 추구로 여긴다.[116]

겉으로 보면 천지와 성인은 냉혹한 존재다. 심지어 어떤 이는 이를 빙자하여 도교에는 종교에 있어야 할 박애 정신이 결핍되어 있다고 비난하기도 한다. 사실상 이는 도교적 사유 양식을 전혀 이해하지 못해 빚어진 결과다. 도교의 시선으로 바라보는 전체 우주와 자연은 그 자체로 조화와 질서를 완벽하게 갖추어 생장하는 하나의 거대한 시스템이다. 이 때문에 도교에서는 "만물이 하나가 되어 크게 변화하는" 포용적 관점에서 천지 만물을 받아들일 것을 강조한다. '천도무친天道無親'은 차별과 편애함이 없는 선善이다. 이러한 점에 대해 왕필이 『노자주』에서 분명하게 밝힌 바가 있다.

116 『도덕경』 제5장, 『제자집성』 제3책, 3쪽.

천지는 자연에 맡겨두고 하는 것도 없고 조작도 없다. 만물은 스스로 서로를 다스리고 질서를 유지하기 때문에 불인하다고 한다. 인이란 것은 반드시 인위적으로 조작하여 베풀기에 은혜가 있고, 하는 것도 있다. 조작하여 베풀면 사물은 그 참됨을 잃는다. 은혜가 있고 하는 것이 있게 되면 사물은 온전하지 못하게 된다. 사물이 온전하지 못하면 갖추어놓기에 부족하다.[117]

이로 보건대, 인이란 것은 "이것을 취하고 저것을 버리는" 어떤 것이다. 그 결과로 애초의 의도와는 달리 만물이 공생하고 공존할 수 없는 상황에 이르게 된다. 여기서 '천지불인'은 그 어떠한 가치적 분별과 선택도 일삼지 않는 것이다. 이에 따라 만물은 각기 제자리를 얻어서 우주란 거대한 시스템이 조화와 안정을 유지할 수 있다.

그뿐만이 아니다. 천지 조화와 생명의 본성을 보전하는 문제와 아울러, 도교에서는 화합적 사유를 통해 인간 자신의 심신 균형을 파악하는 데 큰 노력을 기울였다. 실제로 도교에서는 줄곧 "몸과 도가 서로 보호한다身道互保"라는 것을 행위의 지침으로 받들어왔는데, 그 학설의 주요 출발점은 잃어버린 인류의 본성을 되찾게 하고 사람들로 하여금 감각적 삶의 질곡에서 벗어나 평온한 마음과 고유의 순수함을 지키게 하는 데 있었다. 도교에서는 노장의 기본 이념에 동의하여 실생활에서 다음과 같은 점들을 경계했다.

본성을 잃게 하는 것으로는 다섯 가지가 있다. 첫째는 오색이 눈을 어지

117 뤄위례『왕필집교석』제5장 주석.

> 럽혀 눈이 밝지 못하게 하고, 둘째는 오성이 귀를 어지럽혀 귀가 잘 들리지 않게 하며, 셋째는 오취가 코를 찔러 코와 머리끝을 아프게 하고, 넷째는 오미가 입을 흐려놓아 입안을 텁텁하게 하며, 다섯째는 좋아하고 싫어하는 것이 마음을 교활하게 하여 본성을 들뜨게 만든다. 이 다섯 가지는 모두 생명을 해치는 것이다.[118]

> 말을 타고 사냥하는 것은 사람의 마음을 미치게 하고, 얻기 어려운 재화는 사람의 행실을 어지럽힌다.[119]

이처럼 명리를 뒤쫓다가는 결국 자기를 잃게 된다. 심신의 조화가 파괴되어 자연스러운 인성이 훼손되고 마는 것이다. 그래서 마음을 밖으로 치닫지 않게 함으로써 자신의 참된 성정으로 되돌아갈 필요가 있다. 인간의 생명을 끊임없이 향상시켜 앞으로 나아가게 하려면 자연의 법칙과 어긋나는 가치는 추구하지 말아야 하며, 우주라는 거대한 환경 속에서 자신의 존재 가치와 자연의 본질을 하나로 합일해야 한다. 이와 동시에 심신의 균형을 유지하는 데서 한 걸음 더 나아가 인간과 사회, 그리고 운명과 조화로운 공존 가능성을 모색해야 한다. 이른바 "움켜쥐고 있으면서 가득 채우려고 하는 것은 그만두는 것만 못하고, 갈아서 날카롭게 하는 것은 오래갈 수 없다. 금옥金玉이 집안에 가득하면 지킬 수가 없고, 부귀하여 교만하면 스스로 그 허물을 남긴다. 공명功名을 이루면 물러나는 것이 하늘의 도다."[120] 이는 갈등이 없는 일종의 이상적 경지를 표현한 것

118 왕선겸, 『장자집해』 권3, 「천지」, 『제자집성』 제3책, 79쪽.

119 『도덕경』 제12장, 『제자집성』 제3책, 6쪽.

120 『도덕경』 제9장, 『제자집성』 제3책, 5쪽.

이라 할 수 있다. 이런 이상적 경지는 사실상 종교에 귀의하는 마음을 다르게 나타낸 것이라 하겠다.

물론 도교의 '무위'는 인간에 의한 자연의 개조를 전적으로 부정하는 것은 아니다. 그들이 추구하는 것은 인간의 행위가 사물의 본성과 화합하여 하나가 되는 것이며, 이를 최우선 순위에 두고 있다. '포정해우'라는 우언寓言에 이러한 내용이 있다.

> 신臣이 좋아하는 바는 도이며, 기교보다 나은 것입니다. … 신神으로 대하지 눈으로 보지 않습니다. 감각이 멈추어지면 신神이 작동하여 천리天理에 따릅니다. … 본디 그러한 대로 따라갑니다. … 저 뼈마디에는 틈이 있지만, 칼날에는 두께가 없습니다. 두께 없는 것을 틈새에 밀어 넣으니, 널찍하여 칼날을 놀리는 데도 여유가 있기 마련입니다.[121]

여기서 포정이 소를 보는 것은 심신心神의 결합을 요구하는 하나의 전체적인 형상이다. 내부에 있는 소 뼈마디 사이의 고유한 관계를 '천리'의 수준으로 끌어올려 다룬 점에서 하나의 기술이 도의 경지에 이르렀다는 것을 말한다. 그다음의 것도 가장 근본적인 것인데 도교에서는 인간의 활동도 생명과 자연의 조화를 이루는 것이 핵심이 되어야 한다고 다음과 같이 강조한다.

> 사람들과 더불어 조화를 이루는 것을 인락人樂이라 이르고, 하늘과 조화를 이루는 것을 천락天樂이라 이른다.[122]

121 왕선겸, 『장자집해』 권1 「양생주」, 『제자집성』 제3책, 19쪽.

마음을 담담한 경지에 노닐게 하고 기운을 아득한 세계에 합치게 하여, 사물의 자연스러움에 따르되 사사로움을 용납하지 않으면 천하가 다스려진다.[123]

도교인이 '무위자연'을 실천하는 과정에는 그들의 욕망과 지식 및 성정을 합리적으로 조절하고 끌어내는 것을 요구한다. 이러한 요구들은 청清·정靜·허虛·명明 등의 범주를 밝히는 가운데 나타나며, 최종적으로 '청허자수'라는 이상적 인격의 추구로 전환된다. 도교 경전을 보면, 장자는 '소요유'로써 인생의 즐거움과 우주 법칙의 통일을 추구하고, 심지어는 꿈속에서 나비가 된 이야기를 통해 인간과 자연이 조화롭게 지내는 즐거움을 표현하기도 했다. 그 목적은 자연과 화해하여 공존하는 자리에 인간의 존재 의미가 있을 뿐만 아니라, 이렇게 함으로써 자신의 발전과 진정한 자유를 실감하는 것이 가능하며, 최종적으로 "천지와 더불어 살아가며 만물과 더불어 하나가 되는" 경지에 도달할 수 있다는 것을 천명하는 데 있다. 하이데거의 말을 빌리면, 도교인은 시詩를 쓰는 마음으로 세상을 살아간다. 왜냐하면, 그들은 무한한 신령들과 상호 감응하면서 우호적이고 친절한 자연 그 자체를 경험하고 소통하기 때문이다. 도교의 '도'는 유기주의organism 성격을 지닌 것으로서, '도'에는 자연계의 만사 만물이 운동, 발전, 진화함으로써 차례로 그 존재를 드러내는 프로그램이 이미 장착되어 있다. '도'는 명상名相을 초월하지만, 구체적 사물과 전혀 무관한 것은 아니다. '도'는 구체적 사물을 통해서 존재를 드러내고 그 가치

122 왕선겸, 『장자집해』 권4 「천도」, 『제자집성』 제3책, 82쪽.

123 왕선겸, 『장자집해』 권2 「응제왕」, 『제자집성』 제3책, 49쪽.

를 실현한다. '도'의 본체 자체가 가진 바로 이러한 특성 때문에 도교는 서양 종교나 철학적 전통에 나타나는 본질과 현상이라는 이원적 대립을 피할 수 있었다.

도교의 계통과 화합적 사유는 우주 생성론에서 '삼일三一'의 사유로 구체화한다. 노자는 이렇게 말한다.

> 도는 하나를 낳고 하나는 둘을 낳으며, 둘은 셋을 낳고 셋은 만물을 낳는다. 만물은 음을 등에 지고 양을 껴안아 충기沖氣로써 조화를 이룬다.[124]

여기서 "하나라는 것은 만물의 근원이다一者也, 萬物之本也."[125] '둘二'은 사실상 대립적 음양의 양극을 가리키고, '셋三'은 음양이 병립하는 바탕 위에 양자가 조화를 이루어 통일된 '화和'의 상태를 강조한 것이다. 말하자면 음양 사이의 본질적인 관계가 곧 '화'인 셈이다. 이른바, "지극한 음은 싸늘하게 차갑고 지극한 양은 밝고 뜨겁다. 싸늘하고 차가운 것은 하늘로부터 나오고, 밝고 뜨거운 것은 땅으로부터 나온다. 이 둘이 서로 통하고 화합하여 만물이 생겨난다."[126] 음양이 화합한 결과로 만물이 창조되는 점에서 만물은 모두 음양 화합의 통일체다. 초기 도교 경전인 『태평경』의 「화삼기흥제왕법和三氣興帝王法」에서는 음陰·양陽·화和의 삼분법을 명확히 제시했는데, 이는 『역경』에 있는 "태극이 음양을 낳는다太極生兩儀"라는 음양 이분법의 내용을 풍부하게 했다. 그 구체적인 내용은 다음과 같다.

---

124 『도덕경』 제42장, 『제자집성』 제3책, 26-27쪽.

125 『회남자』 「전언훈詮言訓」, 고유 주석본. 『제자집성』 제7책, 241쪽.

126 왕선겸, 『장자집해』 권5 「전자방田子方」, 『제자집성』 제3책, 131쪽.

원기元氣에는 세 가지 이름이 있다. 태양太陽, 태음太陰, 중화中和가 그것이다.[127]

음양의 관건은 중화에 있다. 중화의 기운을 얻어 만물이 번성한다.[128]

그런데 왜 하나를 굳이 셋으로 나누어야 하는가? 그 까닭은 다음과 같다.

양만 있고 음이 없으면 단독으로 생겨날 수 없고, 다스림 또한 끊어진다. 음만 있고 양이 없으면 역시 단독으로 생겨날 수 없고, 다스림 또한 끊어진다. 음과 양이 있지만 화和가 없으면, 그 부류가 대를 이을 수 없게 되어 절멸한다.[129]

대개 모든 일에 있어서 세 가지를 서로 통하게 하면 도가 이루어진다.[130]

양이 없으면 생겨날 수 없고, 화가 없으면 이루어질 수 없으며, 음이 없으면 죽일 수 없다. 이 세 가지가 서로 보완하여 일가一家가 되고, 1만 2000가지의 사물을 함께 이룬다.[131]

127 왕밍, 『태평경합교』, 19쪽.
128 왕밍, 『태평경합교』, 20쪽.
129 왕밍, 『태평경합교』, 149쪽.
130 왕밍, 『태평경합교』, 149쪽.
131 왕밍, 『태평경합교』, 676쪽.

이로 미루어 볼 때, 서로 대립하고 배척하는 음양의 양극만으로는 새로운 사물을 만들 수 없다는 것이다. 제삼자인 '중화'의 개입이 반드시 있어야만 비로소 양 측면의 요소를 조화롭게 융합해 한층 더 새로운 화합체를 창조할 수 있는 것이다. 이처럼 도교는 '화'를 하나의 중요한 생성론 범주로 올려놓았다. 나아가 음양의 화합으로 만물을 창조한다는 관념을 구체적 사물의 생성 과정과 정태적 존재의 구조에까지 관철함으로써, 사물 간의 상생상극 관계에도 음양의 화합이 필요하다고 했다.

도교의 양생 문화는 중국종교에서 그 나름의 독자적 흐름을 형성하고 있다. 고명한 도사들은 대부분 명의名醫이기도 했고, 그들의 치료 방법도 계통과 화합적 사유에 많은 영향을 받았다. 도교에서는 인간을 형形·기氣·심心·신神·성性이란, 다차원적이고 다기능적인 생명 요소들로 구성된 하나의 유기체로 간주한다. 각각의 차원이나 요소들은 그 어떤 다른 요소들과 분리되어 단독으로 존재할 수 없다. 오장육부가 그 기능을 발휘하는 데도 심·신·성의 조화가 필요하며, 음양의 두 기운과 사계절의 변화에서 벗어나지 못한다. 몸과 마음에서 전체 환경에 이르기까지 조화를 이루어야 건강을 유지할 수 있는 것이다. 도교 양생학의 주된 관심사는 줄곧 인체 심신의 내부 관련성을 파악하는 데 있었다. 인체의 건강은 음양이 교대로 성하고 쇠퇴하는 동태적 과정에서 균형을 유지하는 데 있고, 질병의 발생은 인체의 음양이 조화를 잃은 결과라고 여긴다. 음양의 조화를 천지의 도라고 보는 것이다. 저명한 도교 학자 손사막은 『천금요방千金要方』에서, "음이 이기면 양이 병들고, 양이 이기면 음이 병든다. 음양이 조화를 이루어야 사람이 평안하다"라고 지적한 바가 있는데, 이와 유사한 말들은 흔하게 발견된다. 요컨대 도교의학에서는 상호 영향 관계에 놓인 하나의 조화로운 시스템으로 인체를 파악하고, 이를 변증법적으로 치료하는 의료 관념을 고수하면서, 음양과 허실虛實의 균형, 온량溫涼과 보사補瀉의 조화를 주장한다. 약을 쓰는 데도 오미五味나 오성五性, 그리고 승昇·강降·부浮·침沈·군君·신臣·좌佐·사使를 따진다. 이처럼 여러 처방을 합하여 하나의 처방으로 만드는 복방複方 배합의 균형 사상은 현대 의학에도 시사하는 바가 크다.

3 —— 불교의 계통과 화합적 사유

중국불교가 장대하게 발전하는 전 과정에도 계통과 화합적 사유의 흔적을 찾아볼 수 있다. 불교가 유교나 도교와 화합하면서 병립하여 중국사회에 뿌리를 내릴 수 있었던 사연은 심후한 문화적 기반에 있었다. 선현들이 남긴 '후덕재물厚德載物' 정신은 만물을 싣고 있는 대지처럼 두텁고 넓은 중화민족의 덕성을 길러주었고, 이에 힘입어 중국의 전통문화는 외래문화와 조우할 때 거대한 포용력과 강력한 융합성을 드러내었다. 불교가 중국에 전파될 당시의 포교자들은 의도적으로 화합적 사유를 운용함으로써 중국의 종교문화 시스템의 전체 구조에 따라 그 내용을 적당히 개조해서 중국 전통사회의 문화적 관념이나 윤리적 규범 및 가치 기준에 부합하도록 했다. 이와 대조적으로 기독교와 이슬람교는 일찍부터 중국에 들어왔지만, 그 발전 추세가 줄곧 불교만 못했다. 가장 중요한 원인은 깊이 들어가 융화하는 과정을 거치지 않았다는 데 있었다.

역사적으로 볼 때, 위진 남북조 시대 이후로 인도의 불교경전이 대량으로 번역되면서 그 영향력도 점차 확대되었다. 그러나 인도 불교에서 내세우는 출세 사상은 현세를 중시하는 중국인의 취향과 충돌하여 그 모순이 날로 첨예하게 대립했다. 임금도 아버지도 없다는 인도 불교의 종교적 관념이 중국인의 정치윤리 의식과 정면으로 충돌한 것이다. 이에 따라 불교가 중국의 주류 문화에 녹아들어 한 단계 더 나아갈 공간을 확보하기 위해서는 대대적인 조정을 거쳐야 했다. 이러한 개조 작업에 취사선택의 문제가 선행되었고, 불교의 교리를 비판적으로 수용하는 '개종판교開宗判教'의 방식으로 중국종교의 정신에 걸맞은 내용을 선택해야 했다. 인도의 원시 불교에서는 연기론에 근거하여 모든 존재의 실체를 부정하고, 인체를 오온五蘊이 조합된 가상假象이나 환영으로 간주한다. 인생의 모든 괴로움은 '오온'에 집착하는 데서 비롯되며, 이러한 고통에서 벗어나려면 억겁의 세월을 거치는 고된 수행이 필요하다고 주장한다. 최고의 경지로 여기는 열반을 두고, "몸이 싸늘한 재가 되고 지혜가 사라지며, 형체가 버려지고 사념이 끊어지는 것灰身滅智, 捐形絶慮"이라고 하지만, 실제로는 죽음의 대명사에 지나지 않았다. 이러한 점은 중국인이 불교를 수용하는 데 아무런 도움이 되지 못했다. 그래서 나타난 것이 대승불교다. 중국불교의 주류를 이루는 대승불교는 현세에 몸을 담고 중생을 제도한다. 대승불교의 '대자대비'라는 가르침은 유교의 '인자애인仁者愛人'이라는 윤리적 신조와 비록 형식적인 측면에서는 다르지만, 동일한 효과를 가져다주기 때문에 중국인의 현실적 윤리 의식과 인본주의 정신에 접목하는 것이 가능했다.

사회의 윤리도덕적 방면에서도 불교 학자들은 처음부터 인도 불경에서 다루는 이성 간의 관계, 가정 윤리, 사회적 계급 등의 인간관계를 유교의 윤리적 기준에 부합하게끔 조절하고 수정했다. 이와 아울러 중국적인 윤리 내용을 가진 사상들을 대량으로 불교의 교리 속에 흡수시켰다. 게다가 사회 지배층의 지지를 얻기 위해 줄곧 인도仁道의 정치를 널리 알리고, 온갖 노력을 다해 봉건 정권과 밑바닥 민중 사이의 모순을 조정하고자 했다. 후한 시대에 출현한 불교 홍보 책자인 『모자이혹론』에는 유교와 불교의 조화를 적극적으로 주장하는 내용이 있는데, 그 내용은 다음과 같다.

> 어떤 이가 물었다.
>
> "지금 그대가 도道(당시에는 불佛을 도道라고 했다)를 말하는데 … 어찌 성인聖人의 말과 다른가?"
>
> 모자牟子가 대답했다.
>
> "도를 사물로 드러내면, 집안에 있으면 어버이를 섬기고, 나라를 맡아서는 백성을 다스리며, 홀로 있을 때는 몸을 다스릴 수 있다. … 어찌 다를 바가 있는가?"
>
> 그리고 덧붙여 말했다.
>
> "불佛이란 것은 시호諡號다. 삼황신三皇神이나 오제성五帝聖이라 부르는 것과 같다."[132]

말하자면 유·불·도 삼교는 모두 '도'를 구현하는 것이며, '도'라는 기본적 범주로 삼교의 사상을 하나로 관통시킨 것이다. 즉 삼교는 우주와 인생의 철학적 의미를 탐구하고 사회 질서를 유지한다는 점에서 모두 일치한다는 뜻이다. 동진 시대의 고승 혜원은 불교를 중심으로 유교와 도교와의 융합을 시도했다. 그는 "내외의 도는 합쳐야 밝아진다內外之道, 可合而明"라고 강조하고, '리理'를 조율함으로써 불교의 교리를 삼강오륜과 연계했는데, 그런 것들이 결국에는 모두 합리적인 것이며 '리'와 동일한 것이라고 주장했다. 혜원은 『사문불경왕자론沙門不敬王者論』에서 이렇게 말한다.

---

132 『대정장』 52권, 2쪽.

일개 필부라도 온전한 덕을 갖추게 되면, 도는 육친六親에게 미치고 그 은택이 천하에 널리 퍼진다. 비록 왕후王侯의 자리에 있지 않더라도 제왕과 협력하여 백성을 돕게 된다. 이 때문에 안으로는 하늘이 내린 혈육의 무거움과 괴리되더라도 그 효孝를 어기지 않으며, 밖으로는 주군을 받드는 공손함이 결여되더라도 공경함을 잃지 않는 것이다.[133]

그밖에도 『사문불경왕자론』에서는 봉건적 예교와 인과응보를 연결하여 다음과 같이 설명한다.

혈육 간의 정으로써 사랑하고 아끼는 것을 가르쳐 백성들이 자연스럽게 양육의 은혜를 알도록 하고, 위엄으로써 공경하는 것을 가르쳐 백성들이 자연스럽게 징벌의 무거움을 알도록 해야 한다. 이 둘은 실로 전생의 인연으로 온 것이며 그 원인이 지금에 있는 것은 아니니 마땅히 그 근본을 찾아야 한다. 그러므로 죄가 있다면 형벌로써 다스려 두려워하게 함으로써 나중에 조심하게 하고, 천당天堂으로써 상을 내려 기쁘게 함으로써 나중에 스스로 선행하게 한다. 이는 모두 형체가 있으면 그림자가 있고 소리가 있으면 울림이 있는 것과 같으니 가르침에 의해 밝게 된다. 인연에 따라 순응하게 함으로써 그 자연스러움을 바꾸어 놓지 않는 것이다.[134]

송나라 이후로 일부 불교 학자들은 심지어 "효가 계율보다 우선한다孝爲戒先"라고 주장하기도 했다. 그들은 불교와 세속적 윤리가 "모두 효도

133 『대정장』 52권, 30쪽.

134 『대정장』 52권, 30쪽.

를 으뜸으로 한다"라는 것을 주요 명제로 다루었다. 논증의 과정을 통해 부모와 국가의 은혜에 보답하는 충효 정신을 고취하고, 유교에서 주장하는 이상적 인격의 경지로써 불교의 일부 정신세계를 설명함으로써, 양자 간의 일치점을 강조했다. 하지만 그러한 윤리도덕은 이미 유교화한 것에 지나지 않았다.

이러한 사실을 개괄적으로 말하면, 중국불교는 유교와 도교라는 두 종교와 상호 작용을 거치는 과정에, 한편으로는 나름의 독특한 종교적 특징을 유지하는 동시에 그 발전의 궤적 또한 유교와 도교의 사유 양식에 제약을 받아 날이 갈수록 중국화되었다고 할 수 있다. 반면에 다른 한편에 있어서는 불교에서 내세우는 '명심견성'이나 '개유불성'과 같이 폭넓은 심성론과, 망념을 제거하여 본성을 회복한다는 사유 의식 또한 유교와 도교에 깊은 영향을 주었다. 당나라 이후로 내려오면, 유교에서는 '주정主靜'과 '주경主敬'의 심성 수양의 방법을 개발하여 "천리를 보존하고 인욕을 없앨 것存天理, 滅人欲"을 강력히 주장했다. 도교에서도 점차 '수심'의 길로 접어들어 '성명쌍수'를 주장하고, 우화등선 이외에 성명지학性命之學도 함께 추진했다. 이처럼 유·불·도 삼교는 심성의 문제에서 서로의 것을 흡수하고 상호 영향을 주고받는 가운데 대동소이한 심성론을 형성했다. 그런 의미에서 삼교동심설三敎同心說은 중국종교가 지닌 계통과 화합적 사유의 대표적 결과물이라고 하겠다.

불교에서는 유교와 도교와의 화합과 공존을 중시할 뿐만 아니라, 백성들의 삶과 사상적 특징에 부응하기 위해 많은 노력을 기울여왔다. 그러한 노력의 결과로 두 가지 사실을 자각했다. 먼저 순수하고 심오한 불교 교리로 문화적 소양이 부족한 백성들을 깨우치는 데는 일정한 한계가 있다는 사실이다. 그다음은 영혼이 최후에 육신의 굴레에서 벗어나 구원된다는 불교의 가르침이 현세와 가정 윤리를 중시하는 중국인에게 크게 환영받지 못한다는 사실이다. 이러한 이유로 중국불교는 민간의 수준에 맞추어 '권선징악', '인과응보', '전생윤회'라는 현실적이고 통속화한 길로 나아갔다. 간단하면서도 쉽게 행할 수 있는 정토종淨土宗의 경우를 예로 들면, 남녀와 귀천을 불문하고 아미타불을 믿고 열심히 염불만 하면 극락왕생하여 붓다로부터 설법을 듣고 그곳에서 영생할 수 있다고 한다. 민간에 널리 알려진 제공濟公 화상和尙이 바로 이런 정토종에 속하는 인물이다. 술을 마시며 기이한 행각을 일삼는 그는 일찍이 "술과 안주는 창자를 뚫고 지나가지만, 부처님은 마음속에 앉아 있구나酒肉穿腸過, 佛祖心中坐"라는 말을 남겼는데, 이러한 말은 "부처를 꾸짖고 조사祖師들을 매도한다呵佛罵祖"라는 선종의 그것과 상통한다. 모두 정통 불교의 가르침에 따르지 않고 중국인의 현세주의적 태도에 영합한 사례로 들 수 있다. 또한, 당나라 이후의 중국불교는 자아의 심성을 통해 중생과 붓다 간의 경계를 허물고 그 간격을 나날이 좁혀갔다. 선종에서는 개인적 주체의 본성이 청정淸淨한 것이야말로 사실상 붓다와 대등한 것이라고 했는데, 후대로 갈수록 이러한 주장이 점차 설득력을 얻어 정형화되었다. 이런 식으로 세속을 초월한 불교의 신성함이 어느 정도 약화하기는 했지만, 한편으로는 일반 신도들에 대한 불교의 영향력은 크게 확대되었다. 중생이라 할지라도 불성을 드러내고 자연과 합일할 수 있으며, 우주의 참된 모습을 직관할 수 있을 뿐만 아니라, 그렇게 해서 성불할 수 있다고 주장하기 때문이다. 요컨대 불교의 초월적 인격체를 성취하는 데 도움이 되는 것이라면 무엇이든 끌어들였던 것이다.

자체 조직의 형식적 측면에서도 불교는 중국사회의 특성에 맞추어 최적화했다. 불교가 중국 문화와의 교류를 경험한 이후, 그 행위와 의례 절차 면에서 생긴 가장 큰 변화는 총림 제도의 확립으로 나타났다. 불교가 중국에 들어온 지 얼마 되지 않았을 때 출가 승려들은 인도 불교의 고행승처럼 홀로 높은 봉우리에 앉아 있거나 물가와 숲속에 은거하여 수도하는 방식을 고수했다. 시간이 흘러가면서 생산 활동을 도외시하고 걸식하며 수행하는 이러한 생활 방식은 농사를 지어 국가에 이바지하고 근검절약을 미덕으로 삼는 사회에서 환영받기는커녕 조야朝野의 반감까지 불러일으켰다. 이와 동시에 출가한 승니僧尼의 숫자가 점점 많아지면서 단체 생활을 하는 것도 하나의 추세가 되었다. 성당盛唐 시대에 이르자 마조馬祖 도일道一과 백장 회해는 인도 불교의 규범과 계율을 아랑곳하지 않고 중국식 선문총림禪門叢林 제도를 세웠다. 즉 집단 생산 활동을 통해 단체로 농사를 짓고, 함께 수도하면서 상부상조하는 집단 생활의 방식으로 사원 경제의 규모를 확대했다. 실제로 이러한 제도는 전통적 문화 정신과 융합한 것이며, 예악 위주의 유교 제도까지 포함한 것이었다. 게다가 자연을 가까이하는 도교사상에도 잘 부합했다. 그 덕분에 불교의 각 종파와 그들의 가르침은 중국 문화와 역사에 깊이 뿌리를 내려 항구적인 토대를 다지게 되었다.

계통과 화합적 사유는 중국불교 내부에 자리한 각 종파 간의 관계를 조율하는 데도 작용했다. 초기 천태종에서는 북방 불교가 실천의 '지止'에 치중하고, 남방 불교가 의리義理의 '관觀'에 치중하고 있는 현상을 겨냥하여 '지관병중止觀竝重'을 주창함으로써, 남방과 북방 간의 간격을 봉합하고 중국불교의 새로운 기풍을 조성했다. 그와 동시에 천태종에서 채용한 판교判敎의 방법은 소의경전所依經典의 우월성을 드러내고 불교 전반에 걸쳐서 그들의 지위를 강화했다. 이밖에 또 다른 중요한 작용은 불법을 하나의 총체성으로 간주하고 이에 대한 분석과 해석을 시도한 점이다. 이른바 “제법의 인연은 화합으로 생겨난다諸法因緣和合生”라는 것이 그것이다. 이를 통해 불교의 여러 경전과 서로 다른 종파의 위상을 각각 안배하고 하나로 회통會通함으로써 상호 간의 모순을 제거하려고 했다. 말하자면 중국불교 내부에 존재하는 각 종파 간의 주류 논쟁도 상즉相卽과 겸용兼容으로 파악한 것이다. 이러한 변화는 지계持戒, 염불念佛, 선수禪修 등에 뚜렷이 나타났는데, 이런 것들이 비록 서로 다른 종파에 의해 제창되고 한쪽으로 편중되어 있기는 했지만, 불교의 수행 체계라는 큰 틀 속에 모두 수용되었다. 또한, 중국불교는 대승大乘에 치중해 있었지만, 예전처럼 대승과 소승을 겸하여 수행하고 이 둘을 아울러 갖추게 되었다. 현교顯敎와 밀교密敎도 서로 충돌하지 않고 병행하여 대승의 수행법을 익혔고, 소승小乘의 계정혜戒定慧 삼학三學을 수행의 기초로 삼았다. 또한, 이에 그치지 않고 중국 불교학에서는 득도의 기준으로 설정한 여러 가지 승도乘道까지 정리했는데, 대승의 최고 경지인 보살도菩薩道를 닦는데도 소승의 성문승聲聞乘과 연각승緣覺乘을 반드시 거치도록 했다. 즉 무명無明으로 시작하는 12인연법의 원리로, 세간의 연분緣分이 모이고 흩어지며 생하고 멸하는 것을 관찰하게 하고, 고집멸도苦集滅道의 사제四諦를 닦아 물외物外의 경지에 이르도록 했던 것이다. 또한, 정토종의 서방 극락세계와 선종의 ‘즉심즉불’은 서로 대립하는 주장이지만, 이러한 발전 과정에서 ‘선정합일禪淨合一’이라 하여 하나로 통합했다. 또 다른 예를 들면, 본무론本無論에서는 ‘무’가 우주 만물의 본체라고 주장한다. 반면에 성공론性空論에서는 우주 전체의 본질이 모두 공성空性이고, 본체는 실유實有가 소멸한 것이라고 강조한다. 그러나 이처럼 서로 다른 본체론은 우주 만물의 객관적 실재성을 부정하고 있다는 점에서 공통된 기반에 근거하고 있다. 두 주장은 기본적으로 유심론에 바탕을 둔 것으로, 중국불교에서는 본체와 현상의 관계를 체용의 통합 문제로 파악하기 때문이다. 비록 현상은 천차만별하여 삼라만상으로 드러나지만, 본체는 어디까지나 동일하고 평등하며 무차별적이다. 그 둘이 어울리고 융합하면서 차별이 평등이 되고, 평등이 곧 차별이 된다. 기타의 경우도 마찬가지다. 언교言敎와 직관直觀, 점오와 돈오, 인과응보론과 신불멸론, 불성론과 불과론佛果論 간에도 모두 상호 의존하고 상부상조하는 관계가 존재한다. 이에 대해 『능엄경愣嚴經』에서는 "이치는 모름지기 단박에 깨닫고, 그 깨달음에 편승해서 일체의 장애가 녹아 없어진다. 일상사의 습관은 단번에 제거되지 않고 차례를 밟아 점차 소멸된다理須頓悟, 乘悟并銷, 非頓除, 因次第盡"라고 일렀다. 이처럼 중국불교는 심신의 행위에 대한 실증과 공부에 대한 식견을 나란히 중시했다.

사실상 불교의 교리에서도 중국불교는 화합의 세계에 치중하는 모습을 드러낸다. 화엄종은 '화엄계법연기론華嚴法界緣起論'을 통해 사물의 본성과 형상이란 시각에서 사물의 성상性相에 대한 유무, 가상과 실상, 영원함과 변화를 구분하고 유무, 가상과 실상, 영원함과 변화라는 상반된 요소의 상생을 강조함으로써 만물의 연기와 생성을 명확하게 설명한다. 이와 아울러 화엄종은 또한 '사사무애론事事無碍論'과 '주편함용론周遍含容論'이라는 명제를 제시했다. 여기서 '사사무애'는 사물과 사물, 현상과 현상 간의 관계가 원융하고 모순이 없는 것이며, 피차가 서로 원인과 결과가 될 뿐만 아니라 상호 의존하며 상호 교섭하는 관계에 있다는 것을 가리킨다. '주편함용'은 여기서 한 걸음 더 나아가 사물과 사물 간의 관계가 원융무애圓融無碍할 뿐만 아니라, 각각의 사물이 다른 일체의 사물과 분리되어 존재하지 않고, 개체로 존재하는 하나의 사물이 기타 모든 사물을 포용하고 있다는 것을 가리킨다. 말하자면 하나가 전체이고 전체가 하나이며 일一과 다多가 상즉相卽하고 대소大小가 서로를 포용한다는 것이다. 이처럼 불교도들이 흥미진진하게 이야기하는 현상과 본체, 현상과 현상의 관계는 상보적 공존과 상즉상입相卽相入의 원융무애한 붓다의 오경悟境이라는 점에서 전형적인 원융 세계관을 드러낸다. 천태종은 '일념삼천', 곧 우주 만물을 총체적으로 파악하는 것을 깨달음의 경지로 간주하고, 삼제원융론三諦圓融論을 통해 사물의 현상을 설명한다. '삼제원융론'은 모든 현상을 '공空 · 가假 · 중中'이라는 세 가지 속성으로 판단하는 것인데, 이러한 세 단계의 진리가 그 어떠한 경계에서도 모두 상즉으로 존재한다고 강조한다. 또한 '공 · 가 · 중'의 삼자는 원융한 것이며 모순되지 않는 것이라 한다. 말하자면 각각의 현상 하나하나에 모두 '공 · 가 · 중'의 삼제三諦가 동시에 나타나기 때문에, 반드시 이 삼제에서 출발하여 개개의 현상을 인식하고 파악해야 한다는 것이다. 이밖에도 중국불교는 진리를 탐구하는 과정에서 다양한 주장을 전개했다. 어떤 자는 진리를 여러 차원으로 나누어 다중적 진리관을 주장하고, 어떤 자는 다른 각도에서 사물의 속성을 밝혀내고 이를 원융회통함으로써 총체적 진리관을 제창하기도 했다. 또 어떤 자는 가장 높은 인식의 차원에서 존재하는 공성을 강조하고, 최고의 지혜는 무지에 있다고 주장하기도 했다. 하지만 총괄적으로 말하면, 각 종파의 불교학자들은 모두 진리의 구조에 내재한 여러 요소 간의 원융성을 극히 중시했다고 하겠다. 그들은 진리와 객체, 진리와 주체라는 불성의 원융성을 천명하는 데 주력하여, 대상에 대한 긍정과 부정이란 양극단을 통합하고 이를 초월한 중도론中道論으로 진리의 원융성을 구현했을 뿐만 아니라, 그 내용도 한층 더 풍부하게 했던 것이다.

제6장 — 범주와 규율

철학에서 '범주範疇, κατηγορια'는 모든 존재에 대한 가장 넓은 의미에서의 분류로 사용된다. 예를 들어 시간, 공간, 수량, 질량, 관계 따위가 모두 범주다. 분류학에서 다루는 범주는 가장 높은 차원의 부류를 통칭한다. 이는 학계에서 학문을 학과별로 나누는 것과 다르며, 백과사전에서 자연과 인간을 중심으로 하는 지식의 분류와도 구별된다. 범주론은 존재의 본질적인 구별에 착안한 철학적 분류의 계통이기 때문에 형이상학의 분과인 본체론에 속한다. 아리스토텔레스는 『오르가논Organon』에서 열 가지 사물의 기본 속성을 서술하고 그것들을 '범주'라고 지칭했다. 임마누엘 칸트는 범주를 선험적 이성으로 간주하고 이러한 범주로써 경험을 지식으로 변환시킬 수 있다고 주장했다. 일명 밀레토스 학파라고도 일컬어지는 이오니아 학파에서는 물질의 기본 원소, 곧 흙·물·공기·불을 범주로 여겼다.[1] 범주에 대한 이러한 주장의 중요성은 사람들로 하여금 인식의 문제

1 밀레토스 학파의 창시자 탈레스(기원전 624-547년 무렵)는 '물'을 세상 만물의 근원으

에 대한 흥미를 불러일으켰다는 데 있을 뿐만 아니라, 철학적 계통 분류의 선행 형태였다는 데 있다. 일찍이 플라톤은 사물 · 임재parousia · 분유methexis · 변화 · 영원불변함의 다섯 가지 범주로 구분하고, 이를 통해 이데아의 존재를 증명하려고 노력했다.

이상의 내용은 범주에 대한 서양 사상가들의 견해다. 그렇다면 중국어를 사용하는 언어적 환경에서 '범주'는 어떤 것을 가리키는가? 서양의 '카테고리'를 중국어로 번역한 '범주'는 『상서』의 '홍범구주'에서 유래한 것이다. 「홍범」에는 이렇게 기록되어 있다.

> 곤鯀이 홍수를 막으려다 오행을 어지럽히니, 천제가 진노하여 홍범구주를 가르쳐주지 않았다. … 곤은 죽임을 당하고 우禹가 뒤를 이어 일어났는데, 하늘이 우에게 홍범구주를 내려주어 인륜이 베풀어졌다. … 오행의 첫째는 수水요, 둘째는 화火요, 셋째는 목木이요, 넷째는 금金이요, 다섯째는 토土다.[2]

위의 내용에서 알 수 있듯이 대우大禹는 물을 다스리기 위해 머리를 땅에 조아리고 하늘에 물었다. 하늘이 마침내 우에게 치세에 필요한 계책을 내린 것이 바로 '홍범구주'다. '구주九疇' 가운데 첫 번째 범주가 우리에게 익숙한 금 · 목 · 수 · 화 · 토의 '오행'이다. 오행은 기본적 물질에 대한 일종의 계통 분류다. 그뿐만 아니라 상생상극이라는 계통 관계를 추론하는 내용도 갖추고 있다. 오행 체계의 최대 특징은 '행行'이라는 글자에 있으

로 보았으며, 이 학파의 또 다른 인물 아낙시메네스는 만물의 근원을 '공기'로 보았다.

2 『상서』「홍범」, 『십삼경주소』 상권, 187-188쪽.

며, 이를 통해 생성과 소멸이 교차하는 가운데 끊임없이 변화하는 우주관을 드러낸다. 『상서』의 「홍범」편은 전국 시대에 엮어진 글이지만 오행의 관념은 더욱 원시적인 것으로 알려져 있다. 오행설은 고대 그리스의 밀레토스 학파의 기본 범주와 유사하다. '구주' 가운데 남은 여덟 개의 범주는 각각 다음과 같은데, 두 번째 범주는 신중하게 오사五事를 행하는 것이고, 세 번째는 열심히 팔정八政의 정무를 행하는 것이다. 네 번째는 시기를 기록하는 오기五紀의 방법을 정확히 사용하는 것이고, 다섯 번째는 최고의 법칙인 황극皇極을 세우는 것이며, 여섯 번째는 삼덕三德으로 신하와 백성을 다스리는 것이고, 일곱 번째는 복서卜筮로 하늘의 뜻을 알아내어 현명하게 의혹을 제거하는 것이고, 여덟 번째는 각종 징조를 세심하게 연구하는 것이고, 아홉 번째는 오복五福으로 신하와 백성들을 격려하고 육극六極으로 죄악을 징계하는 것이다. 이러한 '홍범구주'에는 비록 '범'과 '주'라는 두 글자가 들어있긴 하지만, 두 글자를 하나로 합쳐 한 단어로 사용한 것은 아니었다.

위에서 언급한 내용으로 미루어, 이른바 '범주'라는 용어가 토론이나 논술의 범위로 이해될 수 있지만, 어느 정도 한계가 있다는 점도 무시할 수 없다. 범주는 인간의 사고가 점차 성숙해지면서 형성된 것이며, 객관적 사물의 보편적 실체에 대한 진전된 인식을 반영한 것일 뿐만 아니라, 이를 과학적으로 개괄한 것이라고 말할 수 있다. 범주를 설정함으로써 여러 학문 분야에 대해 일정한 규범성을 부여할 수 있으며, 대상을 총괄, 연구, 탐색하는 과정에도 쓸모가 있기 때문이다. 한편 규율規律은 법칙이라고도 하는데, 사물이나 현상 또는 과정에 내재한 본질적이고 필연적인 연계성을 가리킨다. 객관성과 보편성을 갖추고 있는 탓에 인간의 의지에 따라 움직일 수 있는 것이 아니다. 인간은 규율을 창조하고 변하게 하거나 소멸하게 할 수 없다. 단지 그것을 인식하고 이용함으로써 자연계와 인류 사회를 개조할 뿐이며, 기껏해야 인류의 파멸과 관련된 일부 규율을 제한하는 데 그친다. 이러한 규율은 과학적 예측과 실행 계획의 수립에 필요한 객관적 근거가 된다.

중국종교의 범주는 중국종교와 관련된 것으로서, 일정한 범위 안에 중국종교의 특징과 주요 내용을 반영하거나, 중국종교의 발전 법칙과 유관한 일부 개념들을 지칭한다. 예를 들면, 중국종교를 연구하는 과정에 자주 언급되는 유무, 선악, 충효, 심성, 공부 등의 개념들이 모두 중국종교의 범주에 속한다. 중국 고대 종교와 철학적 저술에서 '범주'와 대응하거나 이에 상당한 개념을 선진 시기에는 '명名'이라고 불렀다. 공자의 '정명正名'이나, "명은 실상의 껍데기다名者, 實之賓也."라는 장자의 말이 이에 해당한다. 『묵자』「경설상經說上」에도, "이르는 그것이 '명名'이고, 이르는 바가 '실實'이다. 명과 실이 짝이 되어 합쳐진 것이다"[3]라고 언급한다. 『묵경墨經』에서도 '명'을 '달達·류類·사私'의 세 가지로 구분하고 있다.[4] 당나라 때 한유가 말하는 '정명定名'도 범주와 상응하는 것이다. 송나라 이후의 학자들은 대체로 '자字'라는 글자를 가지고 범주의 개념을 지칭했다. 예컨대 남송 시대에 진순陳淳이 저술한 『북계자의北溪字義』와, 청나라 대진戴震이 저술한 『맹자자의소증孟子字義疏證』 등은 모두 범주를 다룬 저작물이었다.

3 『묵자』「경설상」, 『제자집성』 제4책, 211쪽.

4 '달명達名'은 가장 보편적인 명칭을 가리키는 것으로서, 확정된 모든 대상적 존재를 총괄하여 지칭한다. '물物'이 바로 '달명'이며, 각양각색의 사물들을 두리뭉실하게 싸잡아 가리키는 것이다. '유명類名'은 사물이 하나의 유형으로 공유하고 있는 명칭을 가리킨다. 소나 말처럼 네 다리가 달린 짐승이 이에 해당한다. '사명私名'은 특정한 어떤 개체를 가리키는 명칭이며, "이러한 개체에 있는止于是實" 것이 명名이다. 이와 같은 구분은 외부 세계에 존재하는 '실實'에 대해 묵가墨家가 실제로 어떻게 이해하고 있는지를 잘 반영하고, 이러한 점에서 이미 '범주'의 의미를 지니고 있다고 하겠다.

이와 같은 논증을 통해, 고대 중국종교와 철학에서는 범주의 함의를 비록 명확하게 규정하고 있지 않았지만, 범주에 상응하는 개념들이 확실히 존재했다는 사실을 알 수 있다. 중국의 고대 학자들은 이러한 개념들을 사용하여 나름의 사상 체계를 구축했던 것이다.

중국종교의 규율은 그 발전 과정에 있어서 자체의 고유한 본질적 속성이나 필연적 연계성을 의미한다. 중국종교의 규율은 객관성을 갖추었기 때문에 지배 계급의 의지대로 움직이지 않는다. 일반인도 중국종교의 규율을 바꾸거나 없앨 수 없다. 단지 이러한 규율들을 인식하고 이용함으로써 사회를 개조하는 데 그친다. 중국종교의 범주와 그 규율은 밀접하게 연계된 탓에 상호 의존적이며 서로 갈라놓지 못한다. 중국종교의 범주는 중국종교의 규율을 구성하는 기본 요소이고, 중국종교의 규율은 중국종교의 범주에서 발전하고 전개된다. 여기서는 이 둘을 함께 놓고 논의하고자 하는데, 그 원인으로 다음 몇 가지를 들 수 있다.

첫째, 범주와 규율을 함께 놓고 연구하는 것은 중국종교사상 발전의 내재적 논리를 밝히는 기본 경로이기 때문이다. 중국종교사상의 발전 과정을 연구하는 목적은 그러한 발전 과정에 나타난 인물이나 저술을 단순히 나열하는 데 있지 않다. 중국종교 발전사를 간단히 회고하는 것도 아니다. 물론 이러한 회고도 매우 의미가 있고 필요한 것이다. 하지만 여기서 말하는 연구는 중국종교의 전개 과정에서 나타나는 사상, 곧 사유 방식이나 객관적 규율, 또는 그 기제 등도 포함하여 이를 해명하는 데 그 목적이 있는 것이다. 이러한 내용을 연구하기 위해서는 반드시 가장 기본적인 범주부터 손을 대야 한다. 그런 다음에 규율을 다루고, 그다음에 전체적인 중국종교사상을 연구해야 한다. 익히 알다시피 종교사상은 추상적 이론에 대한 사유다. 추상적 이론에 대한 사유는 일련의 개념이나 범주,

그리고 그것들로 이루어진 명제와 추리로 구성된다. 종교사상의 발전을 그 내용 면에서 살펴볼 때, 중국종교사상의 발전사는 곧 중국종교의 범주가 발전하는 역사라고 할 수 있다. 따라서 이러한 기본적인 범주와 규율에 관한 연구를 도외시하고 중국종교사상을 이해하고 연구한다는 것은 공허한 빈말에 지나지 않는다.

둘째, 범주와 규율을 함께 놓고 연구하는 것이 중국종교의 특징을 밝히는 데 도움이 되기 때문이다. 중국사회라는 토양에 뿌리를 박은 중국종교는 자신만의 고유한 특징이 있을 뿐만 아니라, 나름의 독특한 종교적 범주 체계와 규율도 지니고 있다. '도'나 '태극'과 같은 것들은 다른 종교에서 찾아볼 수 없다. 표면상 유사한 것들이 있다고 해도 실제의 함의는 크게 다르다. '신神'이라는 개념을 예로 들면, 서양에서는 주로 하느님God을 가리키지만, 중국에서의 개념은 인격신人格神이라는 의미 이외에 '신伸'과 통용되어 변화의 의미도 지닌다. 같은 종교의 범주라 할지라도 중국종교의 언어적 환경 속에서는 다른 의미를 띠기도 한다. '불성(佛性, buddha-dhātu-viśuddhigotra)'을 예로 들면, 인도불교에서는 대개 '본정(本淨, viśuddhi-gotra)'으로 이해하지만, 중국불교에서는 대체로 '본각(本覺, buddha-dhātu)'으로 이해한다. 바로 이러한 이유로 중국종교의 범주와 규율에 관해 연구하고 토론해야 할 필요가 있는 것이다. 따라서 일부 서양 종교의 범주들을 가지고 중국종교의 범주를 간단하게 비교할 수는 없다. 중국사회의 특성과 결합해 중국종교의 범주를 분석하고 그 발전의 규율을 파악해야만 비로소 중국종교의 특징을 과학적으로 설명할 수 있다.

셋째, 범주와 규율을 함께 놓고 연구하면 중국종교사상의 발전을 유리한 위치에서 파악할 수 있고, 이와 아울러 중국종교가 나아갈 미래 방향도 비교적 명확하게 예견할 수 있기 때문이다. 중국종교의 발전 과정은 중국사회의 발전 과정과 맞물려 있다. 중국사회의 현대화 과정이 부단히 지속되고 나날이 심화하는 가운데 과연 중국종교는 어디로 나아갈 것인가? 이러한 물음은 마땅히 제기되어야 하며 이에 대한 사고와 학문적 연구가 절실히 요청된다. 중국종교의 발전 규율을 이성적으로 파악할 수 있다면 이러한 물음에 대한 해답은 상대적으로 쉽게 도출될 것이다.

제1절

수용과 변형: 전통 사상의 범주와 외래 사상

그 어떠한 외래 문화라도 일단 다른 문화권에 진입하게 되면 반드시 그 문화권의 고유한 문화적 특성에 적응해야 비로소 살아남을 수 있게 된다. 종교 역시 일종의 문화적 양식이란 점에서 이러한 규율에 따를 수밖에 없다. 저명한 사학가 천인커 선생은 이에 대해 다음과 같이 말한 바가 있다.

> 석가모니의 가르침에는 부모와 군주가 없으므로 중국의 전통적 학설이나 현존하는 제도와 상충하지 않는 것이 없었다. 중국으로 유입된 이후 오랫동안 변화를 거치지 않았다면 이를 유지하기가 매우 어려웠을 것이다. 불교 학설이 중국 사상사에 오랜 기간에 걸쳐 크게 영향을 미칠 수 있었던 까닭은 중국인이 이를 쉽게 받아들이게끔 개조하는 과정을 거쳤기 때문이다.[5]

5 천인커, 「펑유란의 중국철학사 하권에 대한 심사보고馮友蘭'中國哲學史'下冊審查報告」, 『천인커 사학논문선집陳寅恪史學論文選集』, 상하이고적출판사, 1992, 511쪽 참조.

불교가 발전하는 과정에서도 이러한 점이 명확히 증명되었다. 사실상 불교 이외에, 나중에 전입된 이슬람교와 기독교의 발전 과정도 다른 방식으로 이러한 점을 인증하고 있다.

이 책에서는 주로 중국의 전통 종교인 도교와 유교가 외래 종교인 불교와 서로 영향을 주고받는 점을 중심으로 전통 사상과 외래 사상의 범주를 다루고자 한다. 유교는 중국의 토착 종교이며, 중국 역사에서 줄곧 지배적인 위치를 차지하여 봉건 사회의 통치에 필요한 막중한 역할을 해왔다. 불교가 유입된 이후, 특히 송명 시기에는 이 두 종교가 오랜 기간에 걸쳐 마찰을 빚고 충돌하면서 끊임없이 함께 발전해왔다. 도교 역시 중국 전통 종교다. 하지만 외래 문화의 종교적 형태인 불교와 대체로 유사한 흥망성쇠의 과정을 거쳤다. 불교는 한나라 말기에 중국에 유입되었고, 도교 또한 비슷한 시기에 성행했다. 이 두 종교는 위진 남북조 시대에 제반의 여건이 조성되어 수당 시기에 이르자 전성기를 맞이했지만, 그러한 과정에 봉건 사회에서 주도적 지위를 차지하고 있는 유교와 정면으로 마주해야 했다. 유불도 삼교는 중국 전통문화의 발전 과정에서 서로 마찰하면서 끊임없이 피차의 사상과 이론을 흡수하고 융합해갔는데, 여기서 몇 가지 범주를 예로 들어 유·불·도 삼교 사상의 상호 영향 관계를 살펴보기로 한다.

1 —— 유·불·도 삼교 선악관善惡觀의 상호 융합

선악은 중국 고대의 중요한 윤리적 범주이자 중국 전통 종교인 유교와 도교의 중요 범주다. 일반적으로는 인간의 도덕적 행위에 대한 긍정적 혹은 부정적인 평가를 가리킨다. 일정한 도덕적 원칙이나 규범에 부합하는 것을 선善이라 하고, 이와 상반된 것을 악惡이라 한다.

유학자들이 볼 때, 선악의 판단 기준은 유학의 도덕적 규범에 부합하는가에 달려있다. 인의예지신仁義禮智信과 같은 도덕적 규범에 부합하는 것이라면 이를 '선'이라 하고, 이와 상반되면 '악'이라 한다. 이것이 공자 이래로 역대 유학자들이 생각하는 선악의 기본 관념이다. 선진 시대의 유가는 이러한 관념으로 성性을 논함으로써 성선설과 성악설을 주장했다. 성선설의 대표적 인물은 맹자인데, 그는 인성에 인의예지의 '사단四端'이라는 착한 성품이 있어서 인성이 본래 선하다고 주장했다. 성악설의 대표적 인물은 순자다. 그는 인성에 투쟁과 탐욕 따위의 악한 성품이 있다는 주장으로 명성을 얻었다. 한대 유교의 종사宗師인 동중서는 선진 유가의 인성론을 지양하고, 성선설과 성악설을 절충시켰다. 동중서는 인성에 선과 악의 등급이 있다고 간주하고, 이를 상중하의 세 품계로 나누는 성삼품설性三品說을 주장했다. 송명 시대의 유교는 선악에 근거해서 자연과 만물을 평가하는 것을 일반화했다. 남송 시대의 주희는 『주역』「계사상」에서 언급한, "한 번 음하고 한 번 양하는 것을 도라 이르고 이를 계승하는 것이 선이다一陰一陽之謂道, 繼之者善"라는 말에 대해, "이를 계승하는 것이 선이라는 것은 생하고 생하여 그치지 않는다生生不已는 뜻이다"[6]라고 해석했다. 그는 『대학장구大學章句』의 '지선至善'에 대해서도 "지선은 사리事理의 당연함이 지극한 것이다"[7]라고 해석했다. 명나라 때 왕수인은 '심心'으로 '선'을 해석하여 "지선은 명덕明德과 친민親民의 최고 기준이다"[8]라고 주장했다. 북송의 장재, 정호, 정이 등의 인물도 선악으로 기氣를 논했다. 이러한 것들은 인간의 도덕적 가치와 주체성을 중시하는 유교의 특성을

---

6 여정덕, 『주자어류』 74권, 제5책, 1897쪽.

7 주희, 『사서장구집주』, 3쪽.

8 『왕양명전집』 하권, 상하이고적출판사, 1992, 969쪽.

잘 반영한다. 선과 악 사이에서 유교는 선을 제창하고 악을 반대하며, 인성수양론도 모두 '성선成善'을 중심으로 전개된 것이다. 유교에서는 또한 성인의 순수한 선을 구현하기 위해 힘껏 노력해왔다. 이러한 유교의 선악관은 줄곧 유학의 중요 내용으로 인식되었고, 동시에 중국인의 가치관을 형성하는 데 깊은 영향을 미쳤다. 중국인 사이에 널리 유행하는 말 가운데 "사소한 악이라도 하려고 들지 말며, 조그만 선이라도 필요 없다고 여기지 말라"라는 것이 있다. 이런 표현은 유교의 선악관이 미친 영향이며 그 증거다.

불교에서 '선'은 하나의 교리적 범주에 속한다. '선'은 산스크리트의 '쿠살라Kusala'를 의역한 것으로, '선심善心'과 상응하는 일체의 사상과 행위를 가리킨다. 불교의 교리와 부합하는 것이 '선'이며, 악은 이에 상대되는 것이다. 『대승의장大乘義章』 권7에는 "순응하는 것을 선이라 이름하고, 어긋나는 것을 악이라 이름한다"라고 말한다. 나중에 이것이 윤리도덕의 범주로 확대되어 인류를 이롭게 하는 도덕적 행위를 지칭하게 되었다.

불교의 계율에도 악을 물리치고 선을 행하라는 말이 거듭 강조되고 있다. "모든 악을 짓지 말고, 온갖 선을 받들어 행하며, 스스로 그 뜻을 깨끗하게 하라. 이것이 여러 부처의 가르침이다." 『법구경法句經』에 있는 그 유명한 '칠불통계게七佛通戒偈'[9]다. 이 게송偈頌은 『증일아함경』의 여러 군데에 흩어져 있는데, 그중 제1권 『서품序品』에서 게송의 뜻을 다음과 같이 풀이한다.

> 네 아함阿含의 진리는 하나의 게송에 여러 부처의 가르침과 벽지불辟支佛

9 『법구경法句經』 하권, 『대장정』 제4권, 567쪽.

> 과 성문불聲聞佛의 가르침을 두루 갖추었다. 왜 그런고 하니, "모든 악을 짓지 말라諸惡莫作"라는 것은 계戒를 갖추어 금禁하고 맑고 깨끗하게 행하는 것이며, "온갖 선을 행하라諸善奉行"라는 것은 마음을 청정하게 하는 것이다. "스스로 그 뜻을 깨끗하게 하라自淨其意"라는 것은 삿된 생각과 온갖 망상을 제거하라는 것이다. "이것이 곧 여러 부처의 가르침이다是諸佛教"라는 것은 어리석고 미혹한 생각을 버리는 것이다.[10]

이처럼 유명한 게송의 전체 뜻은 사람이 악업을 짓지 않고 선을 많이 행하게 되면 "마음이 깨끗한" 경지에 오를 수 있다는 것이다. 이러한 가르침은 불교 계율의 근본 정신을 대표하기 때문에 '통계通戒'라 일컬어졌고, 역대 많은 불교 신도에 의해 존중되었다.

또한, 불교의 '선'은 자비의 정신으로 표현되기도 한다. 중국불교에서는 자비의 정신을 대단히 추앙하는데, 당나라 때의 석도세釋道世는 『법원주림法苑珠林』에서 이렇게 말한다.

> 보살이 일어나 행할 때는 구제救濟를 우선으로 하고, 여러 부처가 세상에 나올 때는 대비大悲를 근본으로 한다.[11]

중국불교에서는 보살을 이상적 인격의 화신으로 받들 뿐만 아니라, 일체의 중생들을 남김없이 구제하는 것을 최고의 이상으로 삼는다. 마치 『대승기신론』에서 이렇게 말한 것과 같다.

---

10 『증일아함경』 제1권, 『대장정』 제2권, 551쪽.

11 석도세, 『법원주림』 제64권, 『자비편慈悲篇』 「술의부述意部」, 『대장정』 제53권, 774쪽.

중생이 이처럼 심히 불쌍하다고 여긴다. 이같이 생각하고 곧 마땅히 용맹스럽게 큰 서원誓願을 세우되, 나의 마음이 분별을 여의므로 시방十方에 두루 하여 일체의 여러 선한 공덕을 닦아 행하고, 미래가 다할 때까지 무량한 방편으로써 괴로워하고 번뇌하는 일체의 중생을 구출하여, 열반 제일의第一義의 즐거움을 얻게 하기를 발원한다.[12]

이처럼 중국불교는 자비를 가장 중요한 윤리적 준칙으로 삼았는데, 민간에 널리 알려진 관세음보살은 이러한 '자비'를 대표한다. 관음신앙의 파급 범위와 그 깊이는 불교의 창시자인 샤카무니를 비롯한 기타의 붓다나 보디사트바의 신앙까지 초월한다. 이는 중국 고대인들이 겪었던 고난의 무게와 그 깊이를 잘 반영할 뿐만 아니라, 자비의 정신에 대한 그들의 동경과 갈망을 대변하고 있는 것이라 하겠다. 또한, 불교에서는 자비의 정신 이외에도, 여러 계율을 제정하여 사람들로 하여금 악을 버리고 선한 길로 나아가도록 이끌기도 했다. 살생을 금하고 생명을 아끼며, 자리이타自利利他 등의 이념을 제시한 것이 바로 그런 경우다. 이러한 내용은 이 책의 다른 장에서 이미 상세히 서술한 바가 있어 여기서는 생략한다.

불교가 중국에 유입된 이후, 그 이론과 가르침이 유가 사상의 영향을 받아 '선'의 범주에도 실천이란 의미를 띠게 했다. '선'에 대한 중국불교 학자들의 생각은 독특했는데, 그들은 불교의 윤리와 실천이 '선'이라는 하나의 글자로 설명할 수 있다고 여겼다. 예컨대 북송의 설숭은 유석합일儒釋合一의 선종 사상을 주장하면서 이렇게 말한 바가 있다.

12 『대승기신론』, 『대장정』 제32권, 582쪽.

무릇 성인의 가르침은 선善일 따름이다. 무릇 성인의 도는 정正일 따름이다. 그 사람이 올바른 사람이 되게 하는 것이며, 그 일이 착한 일이 되게 하는 것이다. 승려나 유생일 필요도 없고, 이것이나 저것일 필요도 없다. 이것이나 저것이란 것은 정情이고, 승려와 유생이란 것은 행적일 뿐이다.[13]

여기서 성인의 가르침이 단지 '선'에 지나지 않는 것임을 말한다. 성인의 '선'과 '도'는 사람으로 하여금 올바른 일을 하고 올바른 사람이 되게끔 가르치는 데 있는 것이다. 유교가 이렇게 했고 불교도 이같이 했을 뿐만 아니라, 이 문제에서 두 종교는 아무런 차이를 두지 않았다. 승려와 유생은 단지 행동 양식만 다를 뿐이었다. 또한, 중국불교에서는 선의 실천을 매우 중시하여 명나라 이후 수많은 불교학자가 저술을 통해 선행을 권장하기도 했다. 명나라 원료범袁了凡은 만년에 관직에서 물러나 일명 『요범사훈了凡四訓』이라 하는 『음즐록陰騭錄』을 저술하여 보이지 않는 하늘이 인간을 지배한다는 음즐陰騭 사상을 널리 알렸다. 그는 인간이 행하는 선악에 따라 길흉화복이 정해지고 선악의 행위가 인과응보와 관련된다는 점을 밝혀내어 선행을 적극적으로 권장했다. 명나라의 고승인 운서주굉雲棲袾宏도 불교의 윤리도덕을 쉽게 실천하기 위한 목적으로 『음즐록』의 일부 내용을 수정하고, 이를 『자지록自知錄』이라는 이름으로 편찬하기도 했다. 『자지록』의 전체 내용은 '선善'과 '과過'의 두 부분으로 나뉘어 있는데, 덕목의 분류와 선악의 공과功過에 대한 평가를 상세히 서술하고 있다. 『음즐록』과 『자지록』은 한때 널리 유행하여 집마다 모르는 이가 거의 없을 정도로 민간에 커다란 영향을 미쳤다.

13 『심진문집鐔津文集』 제2권 『보교편중輔敎篇中』, 『대장정』 제52권, 657쪽.

도교에서도 '선'을 강조한다. 일반적인 의미의 '선' 이외에, 유교와 불교의 '선' 관념까지 흡수했다. 남천사도南天師道는 간적선생簡寂先生으로 알려진 육수정陸修靜이 강남의 천사도天師道를 개혁하여 만든 도교다. 육수정은 '선'을 극히 추앙했는데, 이를 위해 도교 사원을 건립하여 '숭선관崇善觀'이라 명명하기도 했다. 북천사도北天師道는 북위北魏의 구겸지寇謙之가 오두미도를 개혁하여 만든 것이다. 이러한 신천사도新天師道에 전해지는 『운중음송신과지계雲中音誦新科之戒』에서는 『신과新科』 등을 통해 대도청허大道清虛의 도를 강론하면서 예의와 법도를 우선할 것을 강조하고, 그 다음 복식服食과 폐기閉氣 수련을 해야 한다고 말한다. 신천사도의 방법으로는 '신과지계新科之戒'를 선포하는 것이 있고, 예법을 제창하는 것도 있다. 또한, 유교의 윤리와 도덕적 규범을 감안하여 도교의 계율과 재의齋儀를 증보하거나 개정한 내용도 있다. 이뿐만 아니라 '생사윤회'라는 불교의 가르침을 수용하여 선악의 보응을 강조하기도 했다. 실제로 동진 이후부터 불교의 육도윤회와 인과응보 사상을 수용한 흔적이 일부 도교 서적에 역력히 드러난다. 이에 대해 팡리티엔方立天은 다음과 같이 말한다.

> 이러한 것들은 도교 학자가 불교의 업보 윤회 사상과 도교의 승부설承負說을 서로 융합함으로써, 권선징악이 사회적 기능과 그 효과를 강화했다는 사실을 표명한다. 이러한 사상적 경향으로 말미암아 일시에 도교 학자들이 경서를 저술하고 편찬하는 풍조가 만연하게 되었다.[14]

14 팡리티엔, 『중국불교철학요의中國佛敎哲學要義』 상권, 중국인민대학출판사, 2002, 577-578쪽.

도교에서는 특히 전진파全眞派가 삼교의 평등과 삼교일치三教一致를 강력하게 주장했다. 이러한 관점은 대표적 인물인 왕중양을 비롯한 그 후학들의 언론이나 저작물에서 살펴볼 수 있다. 일찍이 왕중양은 "유문儒門과 불가의 집안은 도교와 서로 통하고, 삼교는 대대로 내려온 하나의 조풍祖風이다." "불교와 도교는 예전부터 한 집안이며, 이 둘의 모양과 이치에는 아무런 차이도 없다"[15]라고 말한 바가 있다. 전진교는 삼교 평등이란 이론적 근거 위에 불교의 육도윤회설을 과감하게 수용하여 윤회의 괴로움을 해명하고자 했다. 『중양전진집重陽全眞集』에서는 이렇게 노래한다.

내가 이제 세상 사람 한탄하니
전생의 내력으로 무슨 인연 짓는가
성질이 모질어 갈 길조차 잃을까 봐
돌아갈 때 전전하며 먼지로 들어가네

세상 윤회 여러 사람
각자 신성神性 각자 인연 저마다 다르구나
백 년 인생도 태胎 속에서 끝나고
먼지로 오는 오온五蘊 먼지로 돌아가네[16]

또한 구처기와 칭기즈칸의 대화 내용을 기록한 곳에서도 삼교의 선악 보응사상이 뒤섞여 있는 것을 어렵지 않게 발견할 수 있다.

15 왕중양, 배루샹白如祥 편집, 『중양전진집』 제1권, 『왕중양집王重陽集』, 제로서사濟魯書社 2005년판, 9쪽, 4쪽.

16 왕중양, 배루샹 편집 , 『중양전진집』 제2권, 『왕중양집』, 35쪽 , 36쪽.

하루는 칭기즈칸이 물었다.

"그대는 말할 때마다 짐에게 살생하지 말라 권하는데, 어째서 그러는가?"

구처기가 대답했다.

"하늘의 도리는 사람을 살리는 것을 좋아하며 죽이는 것을 미워하니, 살생을 멈추고 백성을 보호하는 것이야말로 하늘의 뜻에 부합합니다. 하늘에 따르는 자는 하늘이 반드시 보살펴 집안에 복을 내립니다. 하물며 백성에게는 늘 그리워하는 것이 없지만 오직 덕을 그리워할 뿐이며, 늘 돌아갈 데가 없지만, 오직 인仁으로 돌아가기를 바랍니다. 만약 후손을 도모하는 자라면 덕과 은혜를 베푸는 것만큼 좋은 일이 없으며, 인仁과 의義에 의지한다면 육합六合의 대업이 자연히 이루어져 억조창생의 크나큰 기반을 보존하게 될 것입니다."

이에 칭기즈칸이 기뻐했다.[17]

이외에도 유처현劉處玄은 『천도죄복론天道罪福論』에서 통속적인 언어를 사용해서 신상필벌의 원칙을 세우고, 선악의 행위를 백 가지로 나누어 다음과 같이 열거했다.

남에게 손해를 끼친 죄가 없으면 장수를 누리는 복을 내리고, 살해한 죄가 없으면 운명을 고치는 복을 내리고, 질투하는 죄가 없으면 마음이 편안한 복을 내리고, 무엇에 의지하는 죄가 없으면 정신이 온전한 복을 내리고, 패악질하는 죄가 없다면 효자를 두는 복을 내린다. 착하게 도를 닦

17 왕도겸王道謙, 자오웨이동趙衛東 편집, 『전진제오대종사장춘연도주교진인내전全眞第五代宗師長春演道主敎眞人內傳』, 『구처기집邱處機集』「부록附錄」, 제로서사 2005년판, 444쪽 참고.

지 않으면 윤회의 벌을 내리고, 공평하게 처신하지 않으면 생멸生滅의 벌을 내리고, 탐심을 버리지 않으면 부족함에 시달리는 벌을 내리고, 인정머리가 없으면 요절하는 벌을 내린다. … 착한 복이 없으면 악보惡報의 벌을 내리고, 삼효三孝가 없으면 십악十惡의 벌을 내리고, 명견明見이 없으면 유명幽冥의 벌을 내리고, 참된 기쁨을 찾지 못하면 일신이 타락하는 벌을 내리고, 참된 진리를 얻지 못하면 영고榮枯의 벌을 내리고, 염세厭世를 알지 못하면 온갖 오물을 뒤집어쓰는 벌을 내리고, 신체를 단련하지 않았다면 뼈가 부러지는 벌을 내리고, 깨달음이 없으면 거짓에 미혹되는 벌을 내리고, 착한 것을 좋아하는 마음이 없으면 악에 떨어지는 벌을 내린다 … 만물을 해친 적이 없으면 끓는 솥에 삶기는 벌을 면하게 하고, 연정戀情이 없으면 죽을 고생을 하는 벌을 면하게 하고, 환상을 품지 않게 되면 허둥지둥하는 벌을 면하게 하고, 살아서 즐거움이 없으면 죽어서 슬퍼하는 벌을 면하게 하고, 두루 공경하는 마음을 가지면 불평하는 벌을 면하게 하고, 새로운 허물이 없으면 구업舊業을 소멸해주고, 하늘의 계율을 따르면 과거의 벌을 면하게 하고, 양도陽道의 수행을 쌓으면 음로陰路의 죄가 없고, 양도의 공을 닦으면 영원히 침몰하는 벌에서 구제될 수 있으며, 무위無爲의 도를 이루게 되면 모든 죄가 없어진다.[18]

이상의 내용으로 볼 때, 도교의 선악관은 유교와 불교의 내용을 절충한 것으로 드러난다. 권선징악과 선악보응의 내용을 한층 더 풍부하게 하는 데 그치지 않고, 도교로 하여금 추상적인 설명에 더 이상 심혈을 기

18 유처현, 배루샹 편집·교정, 『선락집仙樂集』 제1권, 『담처단·유처현·왕처일·학대통·손불이집譚處端·劉處玄·王處一·郝大通·孫不二集』, 제로서사 2005년판, 84-85쪽 참조.

울이지 않게 만들었다. 이러한 내용은 보통의 중하층 서민을 상대로 선악관을 설파한 점에서 도교의 세속화 과정을 잘 드러낸다. 이러한 세속화는 유·불·도 삼교의 선악 관념을 절충하고 발전하도록 하는 기초 위에 진행된 것일 뿐만 아니라, 세속화를 통해 민중의 문화생활을 직접 이끌어 사회적 안정을 유지하는 역할을 충실히 했다고 하겠다.

유·불·도 삼교는 '선'을 추구한다는 점에서 일치하며, 모두 개과천선을 주장한다. 그러나 선을 추구하는 목적에서는 차이를 보이기도 한다. 유교는 성인의 완벽한 인품을 실현하고자 하는 것이고, 도교의 궁극적 목적은 불로장생과 우화등선에 있으며, 불교는 서방 극락세계에 이르러 중생을 구제하는 데 있다. 삼교는 각자의 목적을 달성하기 위해 서로 다른 방법을 취했으며, 각기 발전하는 궤도 선상에서 서로 영향을 미치면서 융합되었다.

아울러 여기서 주목할 점은 삼교의 선악관이 모두 인간사회에서 빚어지는 역사적 변천 과정과 분리해 선악의 문제를 고찰했다는 사실이다. 한마디로 선악 자체를 전 인류의 영원불변한 고정관념으로 인식했다는 것이다. 이러한 선악관은 그 자체로 역사적 한계를 지닌다. 마르크스주의의 주장에 따르면, 선악은 역사성과 계급성이 있다. 선악관은 역사의 발전과 변화에 따라 끊임없이 발전하고 변화한다. 서로 대립하는 계급에 의한 선악의 판단과 평가는 종종 상반되기도 한다. 인류 사회의 전 역사적 발전 과정에 비추어볼 때, 사회 발전의 규율은 서로 일치해야 하고, 나아가 사회적 발전의 보편적 이익을 도모해야 비로소 진정한 선이 될 수 있다.

2 —— 불교에 수용된 도교와 유교의 '충효' 관념

효제孝悌는 유가에서 대단히 중시하는 범주다. '효孝'는 회의 문자다. 갑골문과 금문金文에서는 '老노'와 '子자'가 결합하여 아이가 노인을 부축하고 있는 모습을 표시하여 노인에 대한 공경을 나타낸다. 전문篆文에서의 뜻은 금문과 대체로 비슷하지만, 소전小篆에서 예서隸書로 변화한 이후, 해서楷書의 단계에 이르러 오늘날 '孝효'로 통용하게 되었다. 효는 공자로 대표되는 유가 학파에서 이르는 자녀와 부모 간의 관계에 대한 도덕적 행위 규범이다. 유가에서는 자식이라면 무조건 부모에게 순종하고 존경하며 섬겨야 한다고 주장한다. 『논어』「위정」에는 다음과 같은 말이 있다.

> 맹의자孟懿子가 공자에게 효에 관해 물었다.
>
> 공자가 말했다.
>
> "어기는 일이 없어야 한다."[19]

그러나 이 말을 번지樊遲가 제대로 이해하지 못해 공자가 다시 설명한다.

> 어버이 생전에는 예로써 섬기고, 죽은 뒤에는 예로써 장사 지내며 예로써 제사를 올리는 것이다.[20]

『예기』「제의」에 의하면, "군자가 행하는 효란 것은 부모가 말하기에 앞서 그 뜻을 헤아려 따르고, 부모를 깨우쳐 도에 맞도록 이끄는 것이다"[21]라고 했다. 『맹자』「만장상萬章上」에서도 이렇게 말한다.

---

19 『논어』「위정」, 주희, 『사서장구집주』, 55쪽.

20 『논어』「위정」, 주희, 『사서장구집주』, 55쪽.

21 『예기』「제의」, 『십삼경주소』 하책, 1598쪽.

효자의 지극함은 어버이를 높이 받드는 것보다 더 큰 것은 없다.[22]

대효大孝는 한평생 부모를 그리워하는 것이다.[23]

어버이를 기쁘게 하는 데도 방법이 있다. 자신을 스스로 돌이켜보아 성실하지 못하면 어버이를 기쁘게 할 수 없다.[24]

이러한 것으로 미루어, 절대적으로 순종하고 부모의 뜻에 어긋나지 않는 것이 '효'의 핵심 내용이며, 이를 통해 봉건적 종족의 혈연관계가 유지될 수 있었다는 점을 알 수 있다. 유가에서는 '효'를 대단히 중시하여 천지의 크나큰 이치로 격상시켰는데, 『효경』에 이르기를, "무릇 효란 하늘의 법칙이자 땅의 의리이며 백성의 행실이기도 하다"[25]라고 했고, 『논어』에서는 효제를 인의 근본으로 삼아야 한다고 했다.

또한 '효'의 기능은 기존의 봉건적 종법 질서를 유지하는 데도 있었다. 『논어』「학이」에서는 다음과 같이 말한다.

사람됨이 효성스럽고 우애가 있으면서 손윗사람에게 대들기를 좋아할 자는 드물다. 손윗사람에게 대드는 것을 싫어하면서 반란을 좋아하는 자는 여태껏 없었다.[26]

---

22 『맹자』「만장상」, 주희, 『사서장구집주』, 307쪽.
23 『맹자』「만장상」, 주희, 『사서장구집주』, 303쪽.
24 『맹자』「이루상」, 주희, 『사서장구집주』, 282쪽.
25 『효경』, 『십삼경주소』, 2549쪽.
26 『논어』「학이」, 주희, 『사서장구집주』, 47-48쪽.

상사喪事의 예를 극진히 하고 선조의 추모 제사에 정성을 다하면 백성들의 덕이 두터워질 것이다.[27]

봉건 제도가 확립되어감에 따라 효는 모든 제도의 근간이 되었다. 『여씨춘추』에 이르기를, "근본에 힘쓰는 데 효보다 더 귀한 것은 없다"라고 했으며, "무릇 효란 삼황오제가 근본으로 삼았던 것이고 만사의 기강紀綱이다"[28]라고 했다. 동중서는 자식으로서 효도를 다하는 것을 극단적으로 중시했는데, '부위자강父爲子綱'을 내세워 이를 봉건 도덕의 기본적 원칙으로 삼기도 했다. 송나라 이후 일부 유학자들은 여기서 한 걸음 더 나아가, "천하에 옳지 아니한 부모는 없고", "부모가 죽으라 하면 자식은 죽지 아니할 수 없다"라는 식으로 '효'를 극단적으로 밀어붙여 '우효愚孝'를 조장하기도 했다. 또한, 송나라 때의 유학자들은 '효'와 '충'을 서로 연결지어, "부모에게 효도하는 자는 그 마음을 군주에게 옮겨 충성을 다할 수 있고, 형제를 섬기는 자는 그 마음을 어른에게 옮겨 순종할 수 있다"[29]라고 주장했다. 이는 부모를 효로써 섬길 때 자연히 군주를 충으로 섬길 수 있다는 것을 뜻한다. 이로 말미암아 역대 통치자들은 효도를 대대적으로 강조하고, '효'로써 천하를 다스린다고 주장했다. 당나라 현종玄宗의 경우는 친히 『효경』에 대한 주석을 가해 현재까지 유일한 어주御注 유교 경전으로 전해진다.

유가의 관점에 따르면, 효에는 거상居喪의 의미도 있다. 이는 특정한

27 『논어』「학이」, 주희, 『사서장구집주』, 50쪽.

28 『여씨춘추』「효행람제이孝行覽第二」, 왕리치 주석, 『여씨춘추주소呂氏春秋注疏』, 2002, 1359쪽, 1362쪽.

29 여정덕 편찬, 『주자어류』 20권, 제2책, 460쪽.

시기의 사회적 관습과 풍속을 반영한 것일 뿐만 아니라, 도덕적 평가와 관련된 전통적 습속이기도 했다. 통상 부모의 상을 당했을 때는 자식으로서 효도를 다하기 위해 상복을 입고, 탈상 때까지 오락과 일상적 교제를 끊는다. 이러한 제사 의식과 일련의 행위를 통해 애도하는 마음을 담는다. 부친이 사망한 후에도 이러한 '효'를 지켜야 한다. 이른바 "3년 동안 부친의 유습遺習을 고치지 않는다면 효자라고 할 수 있다"[30]라는 것이 바로 이를 뜻한다.

도교에서도 '효'에 대해 그들 나름으로 이해한다. 한나라 때의 도교 경전 『태평경』에서는 부모를 봉양하는 것이 '효'라고 이해했다. 곧 "부모가 늙어도 기댈 곳이 있게 하는" 어떤 것인 셈이다. "늙어서 버려져, 먹는 음식은 못 먹을 정도로 거칠고 기름진 것을 먹을 기회가 거의 없고, 옷과 신발이 다 떨어져 구멍이 나도 기워줄 사람도 없다."[31] 이를 '불효'라 하면서 효의 관념을 다른 일면에서 설명하고 있다. 동진 시기 갈홍은 금단金丹 수련 사상을 비롯한 일련의 도교 저술을 통해 수행자들로 하여금 윤리도덕 방면에 필요한 규정을 지키도록 요구했다. 그중 많은 부분을 '충효'의 규정을 엄격히 준수하는 데 두었다. 이처럼 도교 신도들은 효를 행하고 충성을 다하는 것을 종교적 계율로 삼거나, 수련의 전제 조건 또는 선인이 되는 하나의 방법으로 간주했다. 예컨대 갈홍의 금단도金丹道에서는 수행자들은 각자의 등급에 따라 '입선立善'의 행위를 달리해야 했고, 이러한 '입선'의 행위 가운데 '충효'의 내용이 당연히 포함되어 있었다.

육수정은 강남의 천사도 조직을 정비하면서 도교 경전을 적극적으

30 『논어』「학이」, 주희, 『사서장구집주』, 51쪽.

31 왕밍, 『태평경합교』, 598쪽.

로 수집하고 정리했다. 이와 아울러 도교의 재초과의齋醮科儀를 제정하여 남조南朝의 구도교를 개혁하고 사족士族 중심의 신도교를 만들었다. 이러한 신도교가 바로 남천사도다. 이 과정에 육수정은 도교의 재초과의를 개선하기 위해 도교 이론의 방면에서도 일련의 개혁을 단행했다. 그는 유가의 전통적 윤리도덕인 충효예의忠孝禮儀를 도교 신도들의 계율로 삼게 했으며 특히 충효를 앞세울 것을 강조했다. 이에 따라 도사들도 교단의 계율을 엄격히 준수하게 되었을 뿐만 아니라 일심으로 선행을 닦고 공덕을 쌓는 데 힘쓰게 되어 종교적 의례와 격식이 한층 더 완벽하게 되었다.

남송 시기에 나타난 정명도淨明道 역시 '충효'를 대단히 중시했다. 선인이 되는 근본이 '충효'에 있다고 강조하고, '충효위본忠孝爲本'과 '심성정명心性淨明'을 전체 교리의 중추적 내용으로 삼았다. 정명도가 다른 교파와 구별되는 점은 무엇보다도 그들이 '충효'를 매우 중시하는 데 그치지 않고, '충효'를 실천하는 윤리적 행위를 종교 수행의 주요 비결로 다루었다는 데 있다. 정명도에서 이르는 수도修道는 내외겸수內外兼修인데, 외행外行인 '충효'로써 '제행制行'하고, 내수內修인 '징심澄心'으로써 '정명淨明'하는 것을 말한다. 이러한 의미에서 정명도의 충효 사상이 그 교리적 체계에서 차지하는 비중과 위상은 다른 어떤 교파나 종교와 비교해도 훨씬 크고 높았다고 할 수 있다. '충효'의 실천을 수도나 증도證道의 주요 수단으로 삼았다는 사실은 남송 시기의 정명도 교리에 나타난 중요한 사상적 특색이기도 했다.

불교에서는 출가 수행을 주장한다. 반면에 전통적 유가에서는 "불효에는 세 가지가 있는데 후손이 없는 것이 가장 크다"[32]라고 한다. 이 때문

32 "불효에는 세 가지가 있는데 후손이 없는 것이 가장 크다不孝有三, 無後爲大"라는 말은 『맹

에 불교가 중국에 전파될 때, 중국의 전통적인 '효' 문화와 강력하게 충돌했다. 중국의 '효' 문화에 적응하기 위해서는 불교에서 그들의 이론을 조정할 필요가 있었다. 이에 따라 중국불교의 이론에 유교와 도교의 '효' 사상이 스며들었고, 그 결과로 불교에서도 효를 중시하기 시작했다. 당나라 때의 종밀은 『불설우란분경소佛說盂蘭盆經疏』의 첫머리에 다음과 같이 말했다.

> 혼돈으로 시작하여 천지 사이에 가득하며, 사람과 귀신을 통하고 귀한 것과 천한 것을 관류하여, 유교와 불교가 모두 받드는 것은 오직 효도뿐이다.[33]

이처럼 효도에 대한 종밀의 인식은 시공을 초월하면서도 시공에 두루 존재하는 어떤 것이다. 효도는 인간과 귀신뿐만 아니라 계급이나 파벌의 한계에도 얽매이지 않는 것이며, 우주의 보편적인 진리이자 윤리적 규범이라고 했다.

북송의 설숭은 유가의 '효' 문화를 대대적으로 수용했다. '효'에 대해 이야기할 때도 『효경』의 문구를 인용했는데, "무릇 효란 하늘의 법칙이자 땅의 의리이며 백성의 행실이기도 하다"[34]라고 했다. 효행은 불변의 진리

자』「이루상」에서 나온 것이다. 원문은 다음과 같다. "불효에는 세 가지가 있는데, 그중 후손이 없는 것이 가장 크다. 순舜이 고하지 않고 장가든 것은, 후손이 없을까 여겼기 때문이다. 군자가 고하고 장가간 것이나 같은 것이다." 『십삼경주소』에서는 '무후위대無後爲大'에 대해 다음과 같이 주석했다. "예禮에 따르면 불효하는 일이 세 가지가 있는데, 아첨하고 굽은 것을 좇아 부모를 불의하게 만드는 것이 첫 번째의 불효이고, 집이 가난하고 부모가 늙어가는 데도 녹을 받아 벼슬을 하지 않는 것이 두 번째의 불효이며, 장가들지 않아 아들이 없어 선조의 제사가 끊어지는 것이 세 번째의 불효다."

33 『불설우란분경소』 상권, 『대정장』 제39권, 505쪽.

34 『효론』「원효장原孝章 제삼第三」, 『심진문집』, 『보교편하輔教篇下』, 『대정장』 제52권, 660쪽.

이며 인간이라면 반드시 갖추어야 할 덕행이라는 것이다. 또한, 그는 이렇게 말했다.

> 무릇 도란 것은 신용神用의 근본이고, 스승이란 교고敎誥의 근본이며, 부모란 것은 형생形生의 근본이다. 이 세 가지 근본은 천하의 대본大本이다.[35]

말하자면 도는 형이상학의 근본이며 스승은 가르침의 근본이고 부모는 낳아서 길러주는 근본인데, 이 세 가지는 하늘 아래에서 가장 중요한 근본이라는 것이다. 이 세 가지는 절대로 망각할 수 없는 것이며, 특히 자식된 도리로 부모가 양육해준 은혜를 반드시 '효'로써 보답해야 한다는 것이다. 또한, 설숭은 자신의 경험에 비추어 다음과 같이 말했다.

> 나를 낳은 것은 부모이고, 나를 기른 것은 부모이다. 나의 어머니가 나의 도를 이루게 했다.

그는 부모의 큰 은혜에 보답하기 위해 부모에게 효도하고 순종하는 것이야말로 천하의 도리라고 주장했다. 남송의 승려 허당虛堂은 "하늘과 땅이 이렇게 큰 것은 효를 근본으로 하기 때문이다"[36]라고 했다. 이러한 것들은 사실상 『효경』과 중국의 '천인합일'이란 전통 사상에 근거하여 불교의 효를 널리 선양한 것에 지나지 않는다. 그러나 설숭은 어디까지나 불교의 관점에서 '효'를 선양한 것이니만큼, 그의 '효' 사상에는 불교의 흔

35 『효론』「효본장孝本章 제이第二」, 『심진문집』, 『보교편하』, 『대정장』 제52권, 660쪽.

36 『허당화상어록虛堂和尙語錄』 9권, 『대정장』 제47권, 1058쪽.

적이 새겨져 있다고 하겠다. 그의 주장에 따르면, 효는 불교의 가르침에 비추어 수행되어야 하며, 부모의 생사윤회를 해탈시키는 종교적 경지로써 부모에게 보답해야 하는 그런 것이다. 그는 이렇게 할 때 진정한 효를 얻을 수 있다고 여겼다. 이를 설숭은 다음과 같이 말한다.

> 천하에 효를 일삼는 자로서 나의 성인聖人이야말로 순수한 효를 행한 인물이라고 일컬을 수 있다. 불경에서 이르기를 "삼존三尊의 가르침은 일세一世의 양친兩親을 제도하는 것만 못하다"라고 했다.[37]
>
> 봉양하는 것만으로 부모에게 보답하는 것이 부족하니, 성인은 덕으로써 보답한다. 덕으로도 여전히 부모에게 미치기 부족하니, 성인은 도로써 보답한다.[38]

여기서 이른바 '도'는 불교의 진리를 이해하고, 생사윤회를 해탈하는 도를 가리킨다. 곧 불교의 가장 높은 경지를 이르는 것이다. '덕'은 불교에서 말하는 자비를 널리 중생에게 베푸는 지고무상의 덕을 가리킨다. 이는 도를 깨달은 이후에 비로소 갖추어지는 덕이다. 이런 시각에서 볼 때, 불교도들이 비록 머리를 깎고 출가했다고 하지만 그것을 불효라고 할 수 없다. 스스로 깨닫고 남을 깨우치는 '자각각타自覺覺他'와, 자신을 스스로 제도하고 남을 제도하는 '자도도인自度度人'이라는 행위 그 자체가 곧 '대효大孝'이기 때문이다. 게다가 그들의 수행으로 말미암아 그들의 부모가 세상의 존경을 받을 뿐만 아니라 조상에게까지 영광을 더해준다. 불교

37 『효론』「덕보장德報章 제구第九」, 『심진문집』, 『보교편하』, 『대정장』 제52권, 661쪽.

38 『효론』「덕보장 제구」, 『심진문집』, 『보교편하』, 『대정장』 제52권, 661쪽.

도로서 비록 출가했지만, 여전히 효를 다할 수 있다는 것이 설숭이 얻은 결론이었다. 이러한 것들이 일종의 절충식 조화와 논증인 점은 분명하지만, 중국에서 불교가 더 잘 발전할 수 있게 하는 데 그 목적이 있었다. 그러나 근본적 입장에서는 변화가 없었다고 하겠다. 설숭이 생각하는 '효'의 목적은 여전히 성불하여 도를 깨닫고 완벽하게 자각하여 하루라도 빨리 서방 극락세계에 오르는 것에 있었다.

유학 사상 가운데 '삼년상'이 있는데, 설숭은 이를 개조하기도 했다. 중국의 전통적인 상제喪制와 예의에 따르면, 부모가 죽은 뒤에 자녀는 반드시 상복을 입고 삼년상을 치러야 한다. 그러나 불교의 이론에 따르면 죽음은 결코 끝을 의미하는 것이 아니다. 그래서 상복을 입어야 한다고 고집하지 않는다. 설숭은 이 점을 절충해서 승려의 부모가 죽은 후 반드시 상복을 입을 필요가 없고 가사袈裟를 입는 것만으로 충분하다고 주장했다. 거친 베 조각으로 기워진 가사가 곧 출가인의 상복이라는 것이다. 비통하게 눈물을 흘려야 하는가의 문제에서도 각자의 심성에 따를 것을 요구했다. 설숭은 형식이 중요한 것이 아니라 심상心喪을 지키는 것이 중요하며, 다음과 같이 마음속으로 애도를 표할 것을 강조했다.

> 상제에 곡을 하지만 나는 이를 생략하니, 대개 사랑하고 미워하는 것을 소멸시켜 청정하기를 바라기 때문이다. 사랑하고 미워하는 것을 잊지 못하면서 만물에 노닐고, 상을 당해도 슬퍼하지 않는다면 이 또한 사람으로서 어찌 차마 할 짓인가? … 불교도로서 상을 당해 어찌 슬퍼하지 않겠는가?[39]

39 『효론』「종효장終孝章 제십이第十二」, 『심진문집』, 『보교편하』, 『대정장』 제52권, 662쪽.

불가에서는 상을 당했을 때 곡을 할 것을 주장하지 않는다. 이는 이별의 한을 남기지 않고 애증의 감정을 소멸시키기 위한 것인데, 그렇게 함으로써 청정심을 회복할 수 있었다. 그들은 인생을 담담하게 관조하지 않고, 물질에 쫓기듯이 살아간다면 해탈을 얻지 못한다고 여겼던 것이다.

이밖에도 불교에서는 효를 불법의 요지로 여겼다. 명나라 때 지욱智旭은 『효문설孝問說』에서 "세간이나 출세간의 법은 모두 효순孝順을 종지로 삼는다"[40]라고 말했다. 또한, 그는 『제지효회춘전題至孝回春傳』에서 "유교에서는 효를 백행百行의 근본으로 삼고, 불교에서는 효를 지도至道의 으뜸으로 삼는다"[41]라고 주장했다. 여기서 효가 불교의 근본 종지라는 것을 직접 언급했는데, 지욱의 관점은 인도 불교의 취지를 수정함으로써 유가의 윤리사상과 회통하고자 한 것이라 하겠다.

중국불교에서 효를 중시했다는 사실은 이에 그치지 않는다. "계는 효를 종지로 한다戒以孝爲宗"라는 이론도 제시했다. 종밀은 "만 가지 계행戒行이 있다고 하나, 효가 으뜸이다"[42]라고 말했는데, 이는 불교의 계율이 아무리 많아도 모두 효를 근본으로 하고, 모든 계율은 효를 중심으로 한 것이라는 뜻이다. 설숭도 이렇게 말했다.

> 무릇 오계五戒에는 효의 뜻이 있다.[43]

> 효의 이름을 계戒라 한다. 대개 효로써 계의 단端으로 삼는 것이다. … 효

---

40 지욱, 『영봉종론靈峰宗論』 권4, 청련靑蓮출판사, 1994.

41 지욱, 『영봉종론』 권7.

42 『불설우란분경소』 상권, 『대정장』 제39권, 505쪽.

43 『효론』 「계효장戒孝章 제칠第七」, 『심진문집』, 『보교편하』, 『대정장』 제52권, 661쪽.

라는 것은 대계大戒에 앞서는 것이다.[44]

설숭의 말은 오계 속에 효의 뜻이 담겨있고, 대계는 응당 효를 우선으로 해야 한다는 것이다. 이것이 바로 "계는 효를 종지로 한다"라는 이론이다. 본래 계율은 불교도의 수행에 도움을 줄 목적으로 제정된 것이다. 나중에 불교가 세속화됨에 따라 일정한 윤리적 의미를 지니게 되었지만, 인도 불교의 경우처럼 효와 계율이 이처럼 긴밀하게 연관되지는 않았다. 중국 불교학자들이 효를 중심으로 계율을 단일화했다는 것은 특별한 의미가 있다. 사실상 불교가 중국에 유입된 이후 '효' 중심의 중국 문화와 조화를 이루기 위해 불교 계율의 내용과 그 정신을 근본적으로 조정한 것이기 때문이다. 삼교의 융합을 제창하면서, 송나라의 승려 고산지원孤山智圓은 불교 윤리를 유학에 접근하도록 해야 한다고 직접 주장하면서 이렇게 말하기도 했다.

선비가 인의를 실천하고 충효를 다하는 것을 일러 적선積善이라 한다.[45] 유교와 불교는 말만 다르지 이치는 같은 것이다. 모두 백성을 교화하여 선한 것을 가까이하고 악한 것을 멀리하지 않는 것이 없다. 유儒라는 것은 몸을 꾸미는 가르침이기 때문에 외전外典이라 하고, 석釋이란 것은 마음을 닦는 가르침이기 때문에 내전內典이라 한다.[46]

44 『효론』「명효장明孝章 제일第一」, 『심진문집』, 『보교편하』, 『대정장』 제52권, 660쪽.

45 지원, 『한거편閑居編』 제18권, 제19권, 『속장경續藏經』 101책, 타이완 신문풍新文豊, 1994, 107쪽.

46 지원, 『한거편』 제18권, 제19권, 『속장경』 101책, 타이완 신문풍출판사, 1994, 110쪽.

지원의 말에서 엿볼 수 있듯이, 여기서 충효가 이미 지선至善의 기준이 되었다는 사실을 알 수 있다. 이는 불교와 유교가 하나로 통합되어 가는 추세에 있다는 것을 의미할 뿐만 아니라, '외전'과 '내전'의 차이가 단지 수신修身과 치심治心의 방식에 있다는 점을 말해준다.

3 —— 삼교 유무관有無觀의 상호 소통과 융합

유有와 무無는 중국종교사상에서 대단히 중요하게 다루는 범주다. 고대 중국인이 생각하는 우주의 본원과 그 실체에 대한 문제와 관련되기 때문이다. 이 둘이 각각 하나의 단일 개념으로 사용된 흔적은 갑골문과 금문에 최초로 나타난다. 중국 고대의 전적에서는 흔히 '유'와 '무'가 언급되는데, 『주역』의 "이유유왕利有攸往", "이무구利無咎", "무유리無攸利" 등이 바로 그런 것이다. 『논어』에도 "능하면서도 능하지 못한 자에게 물어보며, 견문이 많으면서도 적은 자에게 물어보며, '있되 없는 것과 같고有若無' 충실하되 텅 빈 것같이 하며, 함부로 대해도 대꾸하지 아니하니 옛날에 나의 벗이 이같이 했다"[47]라는 문구가 있다. 물론 여기서 말하는 유와 무는 단지 하나의 구체적인 개념을 가리키는 것이고, 아직 한 쌍의 범주로 다룬 것은 아니었다.

유무를 한 쌍의 철학적 범주로 다룬 것은 『노자』에서부터 비롯된다. 춘추 시대에 노자는 '유무'의 범주를 나름대로 다음과 같이 해석했다.

> 천하 만물은 유에서 생겨나고 유는 무에서 생긴다.[48]

47 『논어』「태백泰伯」, 주희, 『사서장구집주』, 104쪽.

48 『도덕경』 제40장, 『제자집성』 제3권, 25쪽.

노자는 여기서 유무상생有無相生의 관점을 제시했다. '유'는 형태가 있고, 이름이 있다는 것을 의미하며, '무'는 형태가 없고, 이름이 없음을 가리킨다. 『노자』에서 등장하는 '무'와 '도'는 서로 비슷한 개념이다. 노자는 계속해서 다음과 같이 이른다.

> 도는 하나를 낳고, 하나는 둘을 낳고, 둘은 셋을 낳고, 셋은 만물을 낳는다.[49]

유무의 관계로 볼 때, "도가 하나를 낳는다道生一"라는 것은 "무에서 유가 생긴다"라는 것과 같다. '하나一'는 바로 '무'로부터 나온 것이며, '도'에서 생겨난 카오스 상태의 통일체라고 말할 수 있다. 이러한 통일체에서 다시 '둘', 곧 음양이 생겨나고, 음양이 합쳐져 만물이 생겨난다. 만물의 생성은 '도' 또는 '무'에서 비롯된다. 천하의 만물은 '무'에서 생겨나고 마지막에는 다시 아무것도 없는 곳으로 돌아간다. 노자는 이렇게 말한다.

> 지극히 텅 빈 상태에 이르러 오로지 고요함을 지키고 있노라면, 삼라만상이 아우러져 일어나 다시 되돌아가는 것을 지켜볼 수 있다. 저 삼라만상은 무성하지만 저마다 그 뿌리로 돌아간다. 뿌리로 돌아가는 것을 정靜이라 하고, 정을 복명復命이라 한다.[50]

노자는 유무상생의 사상으로 우주 만물의 생성 과정을 밝혔는데, 이러한 우주 생성론은 후대의 사상가들에게 지대한 영향을 미쳤다. 또한,

49 『도덕경』 제42장, 『제자집성』 제3권, 26쪽.

50 『도덕경』 제16장, 『제자집성』 제3권, 9쪽.

노자는 실체로서의 '유'와 허공으로서의 '무' 관계를 논하기도 했다. 그는 이렇게 예를 들어 설명한 바가 있다.

> 서른 개의 바큇살이 하나의 바퀴 통에 모여있지만, 그 복판이 비어있어서 쓸모가 있다. 흙을 빚어 그릇을 만들지만, 한가운데가 비어있어 쓸모가 있다. 문과 창을 뚫어 방을 만들지만, 안이 비어있기 때문에 방으로 쓸모가 있다. 그러므로 있는 것이 이롭게 되는 것은 없는 것이 쓰임이 있기 때문이다.[51]

여기서 '유'는 실체가 있는 것으로 '바큇살', '흙으로 빚은 것', '문과 창'을 가리키고, '무'는 그 중간에 텅 비어 있는 것을 가리킨다. 고대의 수레바퀴는 30개의 나무막대기와 차축으로 구성되어 있다. 이른바 '바큇살'은 하나의 중심축으로부터 외부로 분산되어 나간 것을 말한다. 30개의 나무막대기들이 차축으로 집중되어 있지만, 차축이 비어있어야 막대기들을 꿰어 수레바퀴 양쪽의 가로축과 연결할 수 있다. 이렇게 되어야 수레로서의 쓸모를 갖추게 된다. 점토를 이겨 그릇을 만들지만 가운데 공간이 있어야 그릇으로서 쓸모가 있다. 문과 창을 뚫어 방을 만들지만, 실내에 공간이 있어야 방으로서 쓸모가 있다. 이는 상고 시대에 절벽이나 구릉지에서 방을 만들 때의 이야기인데, 안쪽이 가득 차 있으면 사람이 들어가 살 수 없으므로 동굴을 파고 창문을 뚫어야 한다는 뜻이다. 여기서 노자는 그 어떤 사물이라도 모두 실체와 허공, 곧 '유'와 '무'의 통일체라고 지적하고 있다.

---

51 『도덕경』 제11장, 『제자집성』 제3권, 6쪽.

노자 이후, 장자는 유무의 문제를 다루면서 상대주의에 빠져들었다. 장자는 노자와 마찬가지로 세계의 본래 모습이 '도'라고 여겼다. 장자는 이렇게 말한다.

> 대체로 도에는 정情이 있고 믿음이 있으나, 하는 것도 없고 형상도 없다. 전할 수는 있으나 받을 수는 없으며, 얻을 수는 있으나 보여줄 수는 없다. 자신이 몸통이고 스스로 뿌리가 되어 천지가 생기기 전에 옛날부터 굳건히 있었다. 귀신을 신령하게 하고 상제를 신령하게 했으며, 하늘을 낳고 땅을 낳았다. 태극의 앞에 있어도 높다고 하지 않으며 육극六極의 아래에 있어도 깊다고 하지 않는다. 천지보다 먼저 생겨났지만 오래되었다고 여기지 않고, 태고 때부터 있었지만 늙었다고 여기지 않는다.[52]

그러나 장자는 유무의 문제에서 상대주의의 수렁에 함몰되어, 어차피 이 둘은 "나란히 하나로 일치하는齊一" 것이라고 주장했다. 위진 시기에 이르면, 유무에 대한 논쟁은 현학의 핵심 과제로 떠오르는데, 이러한 논쟁은 세 단계를 거쳐 전개되었다. 먼저 위魏나라 정시正始 연간에 나타난 왕필의 '귀무론貴無論'이고, 그다음은 서진西晉의 원강元康 연간에 출현한 배위裴頠의 '숭유론崇有論'이다. 그리고 나중에 곽상이 '귀무론'과 '숭유론'을 종합하여 "현명의 경지에서 독화한다獨化於玄冥之境"라는 독화론獨化論을 주장했다. 이와 같은 세 단계는 정반합의 과정으로 볼 수 있다. 이런 과정은 위진 시기에 나타난 유무에 대한 사고 과정으로서, 위진의 시대적 정신을 구현했을 뿐만 아니라, 현학의 이론이 자체적으로 발전하는 과정

52 『장자』「대종사大宗師」, 『제자집성』 제3권, 111쪽-112쪽

이기도 했다.

정반합이란 변증법적 과정을 거치면서 곽상의 이론은 현학의 사유 모델로서 최고봉에 도달했다. 곽상을 계승한 장담張湛은 새로운 모형으로 '귀허론貴虛論'을 제시했지만, 이론적인 면에서 이미 창의성을 상실했을 뿐만 아니라 그의 현학 사상에도 모순이 많았다. 이같이 유무의 문제를 해결하고 발전시키기 위해서는 새로운 이론의 도입이 필요했다. 동진과 위진 남북조 시대에는 극도의 사회적 혼란과 지배 계급의 수요로 말미암아 사원 경제가 전대미문의 발전을 거듭하면서 중국 전역에 걸쳐 불교가 널리 성행되었다. 사상계에서는 불교의 도움으로 현학을 이해한다는 '원불입현援佛入玄'을 내세워 불교의 힘을 빌려 한 단계 높은 사변적 수준으로 현학을 끌어올리고자 애썼다. 하지만 학계의 흐름은 이미 변화하기 시작했고, 현학은 마침내 후속 이론의 결핍과 모순으로 인해 나중에 등장하는 불교의 고차원적인 이론으로 대체되었다.

이렇게 현학이 몰락하기 이전에, 위진 남북조 이후로 현학자와 불교학자 간의 교류가 점차 증가하기 시작했고, 현학과 불교라는 두 흐름이 합류되는 추세가 나타났다. 현학이 성행하여 고결한 명사들이 높은 목소리로 이른바 '정시지음正始之音', 곧 정시 연간의 사상적 경향을 노래할 무렵, 외부에서 들어온 반야 학설은 신속하게 현학의 사조에 편승하고, 현학에 기대어 반야 사상을 전파했다. 당시 명승名僧인 도안道安은 『비내야서鼻奈耶序』에서 이렇게 말한다.

> 불교가 진토秦土에 흘러들게 된 것에는 내력이 있다. … 이 나라 사람인 노장老莊의 가르침이 행해져서 『방등경方等經』의 겸망兼忘과 서로 비슷한 점이 있었던 덕분에 쉽게 유행할 수 있었다.

불교가 중국에 전해질 수 있었던 것은 당시 유행했던 도가의 황로 사상에 의존했기 때문에 가능했다. 또한, 나중에 현학의 유풍을 이어받아 반야의 성공性空 사상으로 현학의 본무설本無說이 발전하기도 했다. 이에 따라 성공을 주장하는 대승공종大乘空宗은 노장사상의 영향으로 허무를 숭상하는 중국 지식층에 쉽게 공감을 얻어 빠른 속도로 전파되었다. 반야학은 현학의 학풍으로 말미암아 점차 성행되었으며, 현학의 학풍은 반야학에 근거해 사변적 색채를 더욱 풍부하게 갖출 수 있게 되었다. 양자는 서로 충돌하고 융합하면서 위진 남북조 시기의 사상계를 주도했는데, 그러한 가운데 현학이 귀무貴無, 숭유崇有, 독화獨化 등의 각 학파로 분화되면서 반야학에도 일정한 영향을 미쳤다. 반야학은 이러한 영향으로 각기 다른 학파에 의지하여 중국식 반야 사조를 형성하게 되었는데, 그것은 인도의 대승 반야 학설과는 어느 정도 차별화되고 현학과도 일정하게 거리를 두는 '육가칠종'이라는 학파의 분화로 나타났다.[53] 이와 같은 6대 파별들이 서로 영향을 주고받고 비판하는 가운데, 서로 다른 시각에서 반야의 '공관空觀'을 해석하여 반야 사상을 화려하게 꽃피웠다. 하지만 그들의 기본관점은 '일체개공一切皆空'에 있었다. 즉 주관적 세계와 객관적 세계가 모두 공허하다는 데서는 일치하는 견해를 보였다. 이처럼 '유'와 '무'의 범주에 관한 토론은 불교 내부에서 '공空'과 '유有'의 토론으로 변하여 새로운 이론으로 발전하는 계기가 되었다. '공유空有'라는 범주는 불교에서 중

53 이른바 '육가칠종'은 다음과 같은 것이다. 첫째가 본무종本無宗인데 대표적 인물로는 동진의 도안道安을 들 수 있다. 둘째는 본무이종으로 대표적 인물로는 축법태竺法汰가 있다. 셋째는 즉색종卽色宗으로 대표적 인물로는 지도림支道林이 있다. 넷째는 심무종心無宗으로 대표적 인물로는 지민도支敏度가 있다. 다섯째는 식함종識含宗인데 대표적 인물로는 우법개于法開가 있다. 여섯째는 환화종幻化宗인데 대표적 인물로는 도일道壹이 있다. 칠곱째는 연회종緣會宗인데 대표적 인물로는 도수道邃가 있다.

요하게 다뤄진다. '공'에 대한 일반적인 이해는 현실세계와 일체의 사물이 모두 인연으로 이루어진 것이라는 데 있다. 이러한 유색계有色界는 하나의 공허한 환상에 지나지 않고, 독자적으로 존재하는 실체가 아니다. '유'에 대한 일반적인 해석은 현실세계와 일체의 사물이 모두 자성自性을 지닌다는 데 근거한다. 말하자면 현실적으로 존재하는 실체를 가리킨다.

공과 유에 대한 육가칠종의 이해는 위진 남북조의 현학 사상에 크게 영향을 받았다. 특히 본무종과 본무이종本無異宗이 그러했다. 본무종의 대표적 인물인 도안은 중국불교 역사상 가장 중요한 학자의 하나로서, 승려가 되기 전에 가졌던 성은 위衛이며 상산常山 부류扶柳 사람이다. 부류는 지금의 허베이성 정딩현正定縣 남쪽을 말한다. 도안은 서진의 회제懷帝 영가永嘉 6년인 312년에 태어나 동진의 효무제孝武帝 태원太元 10년인 385년에 타계했는데, 평생을 반야학 연구에 힘썼다. 저서로는 『성공론性空論』이 있으며, 쿠마라지바鳩摩羅什 이전에 '반야성공般若性空'을 널리 전파한 승려다. 도안은 '본무本無'로써 공을 다음과 같이 해석했다.

> 제일본무입종第一本無立宗에서 이른다. "여래가 세상에 나타나 본무를 불교라 했다. 그래서 『방등경』과 같은 대승 경전에서 모두 오음五陰은 '본래 없는' 것이라고 분명히 말했다. 본무에 대한 논의는 그 유래가 오래되었다. 왜 그러한가? 어둠이 생겨나기 전에는 텅 비어 있었을 뿐이다. 원기가 뭉쳐짐에 이르러 삼라만상이 비로소 그 모양을 갖추게 되었다. 모양은 비록 타고난 것이지만, 잠깐 나타난 그 근본은 자연에서 나온 것이다. 자연이란 저절로 된 것이니 어찌 이를 만든 조물주가 있겠는가? 이렇게 보면, 무는 원래의 변화에 앞서는 것이고, 공은 모든 형체의 시작이 된다. 그래서 '본무'라 한다. 텅 비어있는 가운데 만유가 생겨난다는 말이 아니다.

대개 사람에게 걸림이 있는 것은, 있지 않은 것에 얽매이기 때문이다. '본래 없는' 것에 마음을 머물게 할 수 있다면, 이러한 얽매임에서 풀려날 것이다. 근본을 받들어 말단을 종식할 수 있다는 것은 대개 이를 두고 하는 말이다."[54]

여기서 '무'는 원기가 만물을 만들기 이전에 이미 존재한 것이며, '공'은 세상 만물의 시원이다. 그래서 '본무'라 칭한다고 주장한다. 아울러 그것이 허무한 가운데 만물이 태어난다는 주장과 다르다고 한다. 일반의 범인들은 구체적 사물에 집착하여 내려놓지 못한다. 만약 사상적으로 '본무'의 도리를 깨닫게 된다면, 더 이상 사물에 집착하지 않게 되고 일체의 정신적 번뇌를 소멸하게 하여 해탈에 이를 수 있다고 한다. 또한, 도안은 '본무'가 곧 '공'이라 하여, '심心'과 '색色'을 모두 '공'으로 간주했다. 이는 현학 사상가의 '이무위본以無爲本' 사상에 많은 영향을 받은 것이다. 이른바 '본무'는 세상 전체의 '본체'가 모두 공허한 환상에 불과하다는 것을 가리킨다. 실체로서 존재하는 것이 아니라는 말이다.

본무종 외에 '본무이종'도 노장사상에서 거론된 '유무'의 철학적 범주에 영향을 받았다. 그 대표적 인물로 축법침竺法琛을 들 수 있다. 축법침은 서진의 무제武帝 태강太康 6년인 285년에 태어나 동진의 효무제 영강寧康 2년인 374년에 타계했다. 그는 축법태(320-387)와 도안(312-385)과는 동시대 인물이지만 조금 앞선 시대에 활동했다. 승려가 되기 전에 가졌던 성은 왕王이며 낭야琅琊 사람인데, 동진의 권신權臣인 왕곽王郭의 동생이다. 축법침이 주장한 '본무이종'의 반야 사상은 길장吉藏의 『중관론소中觀

54 『명승전초名僧傳抄』「단제전曇濟傳」, 『속장경』, 제134책, 18쪽.

論疏』에 간략하게 기술되어 있다. 길장은 축법침의 말을 인용하여 본무이종의 취지를 다음과 같이 소개한다.

> 본무란 색법色法이 나오기 전에 무가 먼저 있었기 때문에 무에서 유가 나왔다는 말이다. 즉 무는 유보다 앞서고, 유는 무보다 뒤에 있으므로 '본무'라 하는 것이다.[55]

이 대목의 큰 뜻은 이렇다. 이른바 '본무'란 것은 세상에 여러 현상, 곧 색계가 나타나기 이전에 먼저 하나의 '무', 곧 공이 존재했고, 그다음에 '무'로부터 복잡하고 번다한 만사萬事와 만물들, 곧 '유'가 파생되었다는 것을 가리킨다. 그리하여 무는 유가 출현하기 이전에 이미 존재한 것이라면, 유는 무의 뒤에 존재한 것이 된다. 이를 '본무'라고 하는 것이다.

일본 학자 아즈미安澄는 『중론소기中論疏記』에서 다음과 같이 본무이종의 사상을 비교적 상세하게 소개했다.

> 『이제수현론二諦搜玄論』의 13종宗 가운데 본무이종은 그 제론制論에서 이렇게 말한다. "대체 무란 무엇인가? 깊은 골짜기처럼 형체가 없는 것으로 만물이 이로 말미암아 생겨나게 한다. 유는 비록 생겨나는 것이지만 무는 만물을 낳을 수 있다. 그러므로 붓다가 범지梵志에게 사대四大는 공으로부터 생겨난 것이라 대답한 것이다." 『산문현의山門玄義』 제5권 「이제장하二諦章下」에 의하면, 축법침이 또한 이렇게 말한다. "제법諸法은 본

55 길장, 『중관론소』 권2, 『대정장』 제42권, 29쪽. 본문 인용문의 문장 부호에 약간의 변동이 있다.

무로서 깊은 골짜기처럼 형체가 없는 것으로 제일의제第一義諦로 삼는다. 거기서 나온 만물을 세제世諦라 한다. 따라서 붓다가 범지에게 사대는 공으로부터 생겨난 것이라 대답한 것이다."[56]

이 대목에서 '공'과 '유'에 대한 본무이종의 인식이 잘 드러나 있다. 본무이종의 관점에 따르면, '무'는 정신적 실체로서 자성自性이 없는 것이고, '유'는 세상 만물을 비롯한 일체의 현상을 가리킨다. '유'가 성공性空인 까닭은 그것들이 그 자체로 존재할 수 없기 때문이고, '무'에서 파생되었기 때문이다. 다시 말해 지地·수水·화火·풍風의 '사대四大'가 무 또는 공으로부터 생겨났다는 것이다. 이렇듯 '공'에서 '사대'가 생겨난 다음에 '사대'가 다시 우주 만물을 생성한다. 이로 보건대, 본무이종의 '본무'는 불교의 '제일의제'이며 절대적 진리다. '무'로 말미암아 만물이 생성된다는 것은 세속적 인간들이 인정하는 진리인 것이다. 이같이 본무이종에서 주장하는 '무생만유無生萬有'와 '공생사대空生四大'의 관점은 노자와 장자가 말하는 '유생어무有生於無'라는 사상에서 크게 영향을 받은 것이라 하겠다. 비록 본무종에서 "무가 원래의 변화보다 앞서고, 공은 모든 형체의 시작이다"라고 주장하고 있지만, 그것은 '무' 혹은 '공'이 만물 존재의 근거가 된다는 의미에서 하는 말이다. 이는 "텅 빈 골짜기 속에서 만유가 생성된다"라는 관점을 반대하는 것이며, '만유'의 진실성을 부정하고 정신적 본체인 무 또는 공의 진실성을 인정하기 위한 것이다. 이를 본무종과 비교해 볼 때 '공'에 대한 인식은 본무이종이 노장사상에 약간 더 철저했다고 하겠다.

56 [일본]아즈미, 『중론소기』 권3 말미, 『대정장』 제65권, 93쪽.

앞에서 언급한 내용을 통해 유무의 문제를 놓고 육가칠종이 도교를 비롯한 현학과 융합하고 서로 마찰을 일으켰다는 사실을 확인할 수 있다. 위진 남북조 시기에 이르러 쿠마라지바와 승조로 대표되는 불교 철학가들은 위진현학에서 제기한 '유무' 사상의 영향권에서 벗어나 중국불교의 독자적인 길을 열어나가게 된다. 쿠마라지바는 나가르주나龍樹의 대승공종 사상을 체계적으로 연구하고 전파했으며, '삼론三論'[57]의 공관空觀에 따라 '일체개공一切皆空' 사상을 널리 알렸다. 쿠마라지바는 오로지 공만 주장하거나 유를 무시하는 태도는 보이지 않았다. 그는 '중도中道'로써 본체의 실상을 해석했다. 진제眞諦의 시각에서 볼 때 '공'이지만, 속제俗諦의 입장에서는 그것이 곧 '유'라고 했다. '필경공畢竟空'을 주장하면서 "중中을 떠나 유나 무에 집착하는 것은 한쪽에 치우친 편견이다. 유를 말하지만 유가 없고, 무를 말하지만 무가 없다"[58]라고 말했으며, 공과 유의 관계에 대해서는 이렇게 말했다.

> 공을 말하는 의도는 유를 부정하려는 것이다. 유를 버리고 공을 지키는 것이 아니다. 만약에 유를 버리고 공을 지킨다면 그것을 공이라 하지 않는다.[59]

훗날 쿠마라지바의 제자 승조가 『불진공론不眞空論』을 지었는데, 이 책은 '유무'의 문제를 체계적으로 논증한 전문적 저술이다. 이른바 '불진공不眞空'은 '불진不眞'이 곧 '공'이라는 뜻이다. 즉 '불진'으로 '성공性空'을

57 『중론中論』, 『백론百論』, 『십이문론十二門論』을 가리켜 '삼론'이라 통칭한다.

58 승조, 『주유마힐경注維摩詰經』「제자품弟子品 제삼第三」, 『대정장』 제38권, 347쪽.

59 승조, 『주유마힐경』「제자품 제삼」, 『대정장』 제38권, 354쪽.

풀이한 것이다. 승조는 세상 만물이 있는 것도 아니고 없는 것도 아니라고 했다. 있기도 하고 없기도 한 것이기 때문에 반드시 '공'과 '유'를 통일해야 비로소 '성공'의 함축적 의미를 파악할 수 있다고 한다.

수당 시기에 이르러 불교사상은 새로운 전성기를 맞이한다. 이 시기에 각기 다른 여러 불교 유파가 출현했지만, 물질 세계의 진실성을 부정하는 측면에서는 모두 동일한 관점을 제시했다. 천태종의 '원융삼제'나 삼론종三論宗의 '제법성공諸法性空'은 물론이고 모두 불교의 '공' 사상을 널리 알렸다. 여기서 주목할 점은, 수당 시기에 도교가 불교의 '공'과 '유' 사상을 거울로 삼고 그 내용을 상당히 흡수했다는 사실이다. 수당 시기의 도교사상가들은 위진현학의 숭유론과 귀무론을 모두 부정적으로 대했다. 그들이 보기에 '숭유'는 명백히 유에 막혀있었고, 반면에 '귀무'는 비록 '유'를 부정하고 있지만 '무'에 대한 지나친 집착에 빠져있어 '무' 역시 부정의 대상이 되었다. 이로 말미암아 수당 시기의 도교 중현학은 '비유비무'의 논리로 왕필의 '지무至無'를 부정했다. 그러나 수당 시기의 중현학자들은 이러한 부정만으로는 그다지 철저한 것으로 여기지 않았다. '비유비무'의 중도 논리 역시 여전히 한 가지 집착에 머물고 있어서 이러한 집착도 철저히 부정되어야만 했다. 이에 따라 '현지우현玄之又玄'이라는 중현重玄이 생겨났다. 당나라의 저명한 도교사상가 성현영은 일찍이 현玄에 대해 이렇게 풀이한 바가 있다.

> 현玄이란 심원하다는 뜻이고, 또한 막히지 않는다는 것을 이른다. 유와 무의 두 마음은 요徼와 묘妙의 두 관점으로, 하나의 도에 근원을 둔 것이며 같은 곳에서 나왔지만 이름이 다를 뿐이다. 또한, 하나의 도라고 이름한 것은 심원함을 이른다. 심원한 현玄은 리理가 막힘이 없는 곳으로 돌아

간다. 유에 막히지 않는다면 무에도 막히지 않으며, 둘에 모두 막히지 않기 때문에 우현又玄이라 이른다.[60]

또한, 성현영은 도를 다음과 같이 규정하기도 했다.

묘妙는 본래 있는 것이 아니지만, 자취에 감응하니 없는 것도 아니다. 있는 것도 아니고 없는 것도 아니며, 없기도 하고 있기도 하다. 있고 없는 것이 일정하지 않기 때문에 황홀恍惚하다고 말한다.[61]

이같이 '비유비무'를 통해 두 가지를 함께 부정하는 쌍견법雙遣法이 바로 불교의 중관학中觀學에서 유래한 것이다. 중관학은 대승불교의 사상가 나가르주나가 창안한 것으로, 그 중심 논제가 '공'이다. 나가르주나는 이러한 '공'에 중도中道의 의미를 부여했는데, 이른바 '중도'는 유有와 비유非有를 단정 짓는 경계 사이에 있는 어떤 것을 말한다. 나가르주나는 인과의 관계를 인정하면서도 인因이나 과果 자체에 자성이 있다는 것을 인정하지 않았다. 그는 널리 알려진 '팔불八不'의 명제, 곧 불생불멸不生不滅, 불상부단不常不斷, 불일불이不一不異, 불래불거不來不去를 제시하여 중도와 공론空論에 바탕을 둔 연기설緣起說을 설명하기도 했다. 그런데 여기서 설명하고 넘어갈 대목이 있다. 중현학의 '도체道體' 이론이 불교의 중관론을 그대로 가져온 것이 아니라 개조되었다는 점이다. '비유비무'나 '비고비

60 성현영, 『도덕경개제서결의소道德經開題序訣義疏』 권1, 타이완 예문인서관藝文印書館, 1965, 5쪽.

61 성현영, 『노자주老子註』 권1, 얀링펑嚴靈峰 편, 『무구비재노자집성초편無求備齋老子集成初編』, 타이완 예문인서관, 1965, 28쪽.

금非古非今'은 물론이고, 심지어는 '비비유비무非非有非無'나 '비비고비금非非古非今' 등에 이르기까지, 불교 중관학의 쌍견雙遣, 쌍비雙比처럼 공과 무자성無自性을 도출하는 데 그 의미를 두지 않고, 오로지 만물의 최고 본체인 '도'의 진실한 존재를 입증하는 데 주력했다. 말하자면 수당 시기의 중현학에서는 불교에서 주장하는 '중관中觀의 도'가 '반야의 공관空觀'이라는 본래의 뜻을 이미 상실하여 '최고 본체의 도'라는 수식어로 사용되는 데 불과했다는 것이다. 게다가 규정할 수 없는 '도'의 특성을 해명하려는 쌍견법이나 쌍비법이 오히려 '도체'의 실존을 증명하는 데 이용되었다. 이 점이 바로 중현학과 불교가 구별되는 이유다.

요컨대, 수당 시기 불교의 '유무' 범주가 현학의 영향을 받았다는 것은 분명한 사실이다. 하지만 양자 간에 서로 다른 점도 존재한다. 현학에서 말하는 '유'는 개체를 비롯한 존재자의 존재를 가리키고 '무'는 상대를 초월한 절대적인 것을 가리킨다. 반면에 불교에서 말하는 '유'는 진실성을 가리키고 '무'는 허환성虛幻性을 가리킨다. 양자의 본질적 차이는 여기에 있다. 당나라 이후, 류종원은 자신의 원기론元氣論을 통해 불교의 일체개공을 비판하고 '무'의 허망함을 지적했다. 류종원의 주장에 따르면, 불교에서 말하는 이른바 '공무空無'는 그 자체로 허망한 것이며 아무것도 없는 것과 같다. 실제로 존재하는 것은 원기元氣라고 했다. 유우석 역시 류종원과 마찬가지로 불교의 '공무'를 비판했는데, 객관적 물질 세계의 실제적 존재를 지적함으로써 그 진실성을 긍정했다. 송명 시기에 이르면, 불교의 공유관空有觀이나 도교의 유무관 이외에, 유불도 삼교가 합류한 철학적 형태인 이학이 출현했다. 주희는 불교의 허환성을 비판하는 과정에서, 리理야말로 실제로 존재하는 참된 진리이며 결코 허황한 것이 아니라고 다음과 같이 주장했다.

유가와 불가에서 성性을 다르게 말하는데, 불가에서 공이라 말하고 유가에서는 실實이라 말하며, 불가에서 무라 말하고 유가에서 유라 말하는 것일 뿐이다. 오유吾儒의 심心이 비록 허虛하지만 리理는 실實하다. 그런데 석씨釋氏는 한가지로 공적함으로 돌아간다.[62]

주희 이외에도, 북송의 철학자 장재는 류종원과 유우석의 기론氣論을 계승한 것을 바탕으로 하여 '태허즉기太虛卽氣'의 명제를 제시했다. 그는 "태허가 바로 기氣라는 것을 알면 무가 없을 것이다"[63]라고 주장했다. 이러한 장재의 말에 따르면, 세상에는 애초부터 이른바 '무'란 것이 없었다. 기운이 모여 형태가 있고 만물을 이루니 만물이 '유'가 된다. 그것이 흩어져 태허太虛가 되니 이것 역시 '유'다. 이 때문에 세상에는 이른바 '무'라는 것은 없는 것이다. 이렇듯 장재가 제시한 "태허가 곧 기라면 무가 없다太虛卽氣則無無"라는 명제는 '태허'에 물질적 실체의 속성을 부여함으로써 '허'를 절대적 공무空無나 단순히 공간적 형식으로 간주하는 이론적 착오와 결함에서 벗어나게 했다.

장재 이후, 명대의 왕정상王廷相은 장재의 관점을 계승하여 이를 한층 발전하게 했다. 그는 기氣가 '실체'라는 관념과 아울러, "도의 본체는 무라 할 수 없으며, 생함에 있어서 유무가 있다道體不可言無, 生有有無"라는 명제를 제시했다. "도의 본체를 순수한 허무라 할 수 없다"라는 왕정상의 주장은 도가와 도교 중현학의 유무관을 겨냥한 것이었다. 그는 이렇게 말한다.

---

62 여정덕, 『주자어류』 제126권, 제8권, 3015쪽.

63 장재, 『정몽』「태화편太和篇」, 『장재집』, 8쪽.

노씨老氏가 이르는 허는 그 뜻을 허무虛無에 둔 것이다. 어리석은 나처럼 원기를 도의 본체로 삼은 것이 아니므로 이를 같은 자리에 놓고 논할 수가 없다.[64]

왕정상은 도교를 비판하는 데 그치지 않고 불교의 공유관도 함께 비판했다. 그에 의하면 도체는 '실유實有'이기 때문에 불교에서 말하는 '허환虛幻'이 아니라고 했다. 그는 이렇게 말했다.

하늘 안팎이 모두 기氣고, 땅속 또한 기다. 삼라만상이 허하고 실한 것도 모두 기다. 기는 상하의 극점과 통하는 조화의 실체다. 이 때문에 허는 기를 받지만 기를 생하게 할 수 없다. 리理는 기에 실려 있지만 기를 만들 수 없다. 세상의 유자儒者들이 "리가 기를 낳을 수 있다"라고 이르는 것은 곧 노씨老氏가 말하는 "도가 천지를 낳는다"라는 것이다. 리가 기를 떠나 존재할 수 있다고 이르는 것은, 형形과 성性이 서로 의거하지 않아도 성립될 수 있다는 것이다. 곧 불씨佛氏가 산하와 대지를 병으로 여기는 것과 같으니, 이른바 진성眞性이 따로 있다는 것이다. 말이 되는가, 되지 않는가. 이로 말미암아 "본연지성本然之性이 형기形氣를 떠나 존재한다"라고 하고, "태극은 리理로써 동정動靜과 음양을 낳는다"라는 해괴한 말들이 나타나기 시작했다.[65]

여기서 왕정상은 "리가 기를 낳는다"라는 성리학자의 관점까지 비

64 왕정상, 「답하백재조화론答何柏齋造化論」, 『왕정상집王廷相集』, 중화서국, 1989, 964쪽.

65 왕정상, 『신언愼言』 「도체편道體篇」, 『왕정상집』, 중화서국, 1989, 753쪽.

판했다. 그의 주장에 따르면, 리가 기에서 분리될 수 있다는 말은 마치 불교의 진성眞性이 산하대지의 외부에 존재하는 것과 같이, 해괴망측한 소리에 지나지 않는다. 왕정상은 이처럼 유무의 문제에서 도체를 '실유'로 보는 자신의 관점을 뚜렷이 드러냄으로써, 도교와 불교의 관점을 신랄하게 비판했다.

왕정상 이후, 청나라 초기에 왕부지가 등장하여 '유무'의 범주에 대한 중국 고대의 논란을 총결산했다. 그는 기본론氣本論에서 출발하여 "모든 허공은 전부 기로 된 것이다凡虛空皆氣也"라는 명제를 명확히 제시했다. 그는 이렇게 말했다.

> 무릇 허공은 모두 기다. 기가 모이면 드러나니, 드러나면 사람들이 이를 일러 유라 하고, 기가 흩어지면 감추어지니 사람들이 이를 일러 무라고 한다.[66]

> 사람들이 태허太虛라고 생각하는 것은 기다. 허가 아니다. 허는 기를 받아들이고 기는 허를 채우니 이른바 무라는 것은 존재하지 않는다.[67]

> 하늘과 땅의 끝은 헤아릴 길이 없다. 이치로써 이를 구하면 천지의 시작이 오늘이다. 천지의 끝도 오늘이다. 시작되었다 해도 사람들은 그 시작됨을 보지 못하고, 끝이라 해도 사람들은 그 끝을 보지 못한다. 보지 못하게 되니까 마침내 아득한 옛날 이전에 한 물건이 처음 생겨나 시작되었

66 왕부지, 『장자정몽주張子正蒙註』 권1, 『선산전서船山全書』 제12책, 악록서사, 1996, 23쪽.
67 왕부지, 『장자정몽주』 권1, 『선산전서』 제12책, 30쪽.

다고 하고, 장래 어느 날에 만물이 모두 소멸하는 끝이 있을 것이라 여기는 것이다. 이 얼마나 어리석은가.[68]

이러한 왕부지의 관점에서 볼 때, 시작과 끝이 없고 옛날과 지금이 없는 우주의 무한성을 이해하지 않으면, 도가에서 이르는 "무에서 유가 생겨난다"라는 것이나, 불교에서 말하는 "피안의 세계", 그리고 이학자들이 말하는 "리에서 만물이 나온다"라는 것 따위의 여러 황당무계한 이론들은 두말할 것도 없이 우매한 말이다. 왕부지는 이같이 객관적 물질세계의 진실성을 확신하고, 도교와 불교의 유무관을 비판했다.

이상의 논의에서 선악, 충효, 유무 등의 범주를 통해 중국종교사에 나타난 전통 종교의 범주와 외래 종교의 범주 사이에 이루어진 상호 교섭과 수용의 문제에 대해 고찰했다. 사실상 이러한 범주들 외에도 기타 여러 범주가 서로 다른 종교들 사이에서 상호 영향을 끼치며 발전해나갔다. 유교의 중용과 불교의 중정中正이 그런 사례에 해당한다. 유교에서는 '중용'을 중시했다면 불교에서는 '중도中道'를 강조한다. 샤카족의 성자가 불교를 창시할 때 설파했던 가르침인 '팔정도八正道'[69]가 바로 불교의 중도 원칙이다. 팔정도는 어느 한쪽으로 치우치는 편향성을 배척할 뿐만 아니라, 고행에 치우치는 것도 거부했다. 후대 대승불교의 중관학파中觀學派는 여기서 한 걸음 더 나아가 일체의 분별과 집착에서 멀리 벗어나 아무런

68 왕부지, 『주역외전周易外傳』 권4, 『선산전서』 제1책, 979쪽.

69 팔정도는 열반을 성취하는 데 필요한 8가지의 정확한 길을 가리킨다. 첫째는 '정견正見은 그릇된 것에서 벗어나는 정확한 견해다. 둘째, '정사유正思維'는 세속적 주관이나 분별의식에서 벗어난 사색이다. 셋째, '정어正語'는 순수하고 바르며 깨끗하고 착한 말이다. 넷째, '정업正業'은 정당한 행위다. 다섯째, '정명正命'은 정당한 경제생활이다. 여섯째, '정정진正精進'은 올바른 노력이다. 일곱째, '정념正念'은 올바른 생각이다. 여덟째, '정정正定'은 올바른 선정禪定이다.

걸림이 없는 경지에 도달하는 것을 '중도'로 삼기도 했다. 이런 것은 유학의 '중용'과 유사하다. 다른 예들 든다면 심성의 문제에 대한 이해와 심성 수양의 공부론에 대한 이해인데, 유불도 삼교가 상호 교섭하면서 서로 영향을 주고받았다는 사실이다. 이에 대해 제3장에서 논의한 바가 있다. 지면의 한계로 여기서 이 범주들에 대해서는 더 이상 상세히 고찰하지 않기로 한다. 그러나 확신할 수 있는 것을 한 가지만 든다면, 중국의 전통적 종교에는 강력한 포용성이 있다는 점이다. 이른바 "바다는 온갖 강물을 받아들일 수 있을 만큼 넉넉하고 크다海納百川, 有容乃大."라는 것이다. 바로 이러한 포용력에 힘입어 중국의 전통적 종교와 문화는 각기 다른 시기에도 항상 다른 형태로 찬란한 빛을 발하게 되었다. 여기에 중국종교사상의 범주를 따로 논의하는 까닭을 찾을 수 있다. 전통 사상의 범주와 외래 사상의 범주가 상호 교섭을 통해 서로를 수용하는 현상이 필연적으로 계속 나타나게 될 것이다. 그렇게 되는 자체가 중국종교사상을 발전하게 하는 하나의 규율인 셈이다.

제2절
존재의 초월: 디오니소스 정신과 이성적 사유

일명 주신酒神 정신이라 일컬어지는 디오니소스 정신은 본래 서양 사회에서 전해지는 하나의 신화로부터 유래한 것으로, '비이성적 정신'을 상징한다. 여기서는 주로 비이성적 의미에서 디오니소스적 사유를 이해하고자 한다. 인간은 감성과 이성의 결합체다. 감성만 지녔거나 이성만 지닌 인간은 존재하지 않는다. 이런 의미에서 엘리아데는 "순수하게 이성적인 사람은 추상화된 인간에 지나지 않는다. 현실적 삶 속에서는 결코 존재할 수 없다. 아울러 모든 사람은 또한 그들의 의식적인 활동과 비이성적인 체험으로 이루어진 존재다. 그들의 무의식적인 내용과 구조 역시 신화적 사상과 형상에 비추어 놀랄 만큼 유사한 면모를 보여준다"[70]라고 말한 바가 있다. 종교도 이와 마찬가지다. 종교의 발전도 이성과 비이성이 서로 충돌하는 규율로 나타난다.

1 —— 개념에 대한 정의

1 디오니소스 정신

그리스 신화의 주신(酒神, Dionysos)은 광폭한 자연의 힘, 인류의 야성적 본능, 지나친 쾌락과 슬픔을 상징한다. 니체는 디오니소스를 그리스인이 숭배하는 예술의 신 중 하나로 여겼다. 디오니소스는 술에 취한 듯이 인생에 심취하여 미친 듯이 노래하고 춤을 춘다. 술독에 빠져 곤드레만드레 취한 가운데 생명의 기쁨을 느끼고, 그 속에서 생명이 주는 비참함과 고통을 잊는다. 춤과 음악은 이렇게 해서 생겨난 것이다. 디오니소스의 예술은 광기를 표현한 것이다. 초현실적이고 몽환적인 태양신 아폴로 정신과는 첨예하게 대립한다. '힘에의 의지로서의' 그리스 형이상학의 기적으로 인해 양자가 결합하면서 아테네 비극이 탄생하게 된다. 니체는 또한 디오니소스 정신이 비극적 경험의 진정한 근원이라고 말했다. 디오니소스는 오랫동안 그리스 비극의 유일한 주인공이었으며, 디오니소스의 고

70 [루마니아] 멀치아 엘리아데Mircea Eliade, 『성과 속Das Heilige und das Profane』, 왕젠광王建光 뒤침, 화베이출판사, 2002, 123쪽.

통이 유일한 주제가 되었다. 디오니소스의 웃음에서 올림포스산의 신들이 탄생했고, 그의 눈물 속에서 인간이 탄생했다.

'디오니소스 정신'은 독일의 철학자 쉘링Friedrich W. J. Schelling이 제시한 개념이다. 니체는 『비극의 탄생Die Geburt der Tragödie』에서 그 함축적 의미를 풀어내어 문학예술에 적용한 것에 지나지 않는다. 디오니소스 정신은 구체적으로는 그리스 비극, 곧 그리스 모든 문학 작품에 나타나는 디오니소스적 기질과 인격적 본질, 그리고 예술적 표현 가운데 '광기', '광란', '비이성적' 상태를 가리킨다. 미치광이처럼 바보같이 구는 비이성적 정신을 디오니소스 정신이라 해도 무방하다. 니체의 주장에 따르면, 디오니소스 정신은 인간이 술에 취하거나 꿈꾸는 상태에서 나타나는 자기 부정적인 충동이며 죽음의 본능이라고 했다. 문예 창작에서 디오니소스 정신은 자아의 정감이나 욕망, 그리고 인생의 고통과 세계의 허망함에 대한 묘사를 특징으로 한다. 형식적인 면에서는 전통의 속박에서 벗어나 자유롭게 창의성을 발휘하는 것을 말한다.

여기서는 디오니소스 정신 속에 있는 비이성적이고 초월적인 함의를 취하여 논지를 전개하고자 한다. 신앙적 측면에서 중국종교는 강력한 '비이성적' 성격을 지니고 있을 뿐만 아니라, 그것이 서양의 '디오니소스 정신'과 가깝기 때문이다. 이는 중국종교를 연구하는 과정에서도 반드시 챙겨야 할 부분이다.

2 이성적 사유

이성理性은 그리스어 '누스nous'에서 유래된 철학적 범주다. 본래의 뜻은 인간이나 사물의 영혼을 가리킨다. 이는 세밀하고 능동적인 일종의 물질적 성격을 지닌 것이며, 사물의 운동을 추진하는 힘이기도 하다. 나중에 이성은 인간의 인지 능력을 전문적으로 지칭하게 되었다. 서양 윤리학의 역사에 있어서도 이성은 중요한 도덕적 범주의 하나다. 이성은 감정, 의지, 신앙, 상상 등과 상대되는 개념으로 심사숙고하게 하는 사고 능력의 일종이다. 이성적 행위는 본능적 행위와 구별된다. 일시적인 자극으로 인해 사색을 거치지 않고 나타나는 무의식적이거나 목적이 없는 행위와 구별되는 행위다. 윤리학에서는 일반적으로 도덕적 행위가 이성적 행위와 부합되어야 한다고 여긴다. 이러한 이성에 대해 최소한 몇 가지 함의를 고려할 수 있다. 첫째, 이성은 신神의 지식과 상대적이며, 인간의 인식 능력을 비롯한 인간의 인식 문제와도 관련된다는 것이다. 이러한 의미에서 볼 때, 이성과 신은 서로 대립한다. 둘째, 도덕적 윤리 규범이나 인성에 부합하는 이성을 일반적으로 '도덕적 이성'이라 부른다. 이성은 비이성적인 것과 대립하는 인간의 논리적 인지 능력, 논리적 방식으로 대상 세계를 파악하는 능력이라는 것이다. 마지막으로 서양의 칸트나 헤겔, 그리고 포이어바흐L. A. Feuerbach의 이성도 있다. 칸트는 지식으로 획득한 규칙들을 종합하고 통일하는 능력을 이성이라 했다. 헤겔은 지성과 대립하는 변증법적 인지 능력을 이성으로 간주했다. 포이어바흐의 철학에서 거론하는 이성은 인간의 본성이나 본질을 가리킨다. 이 글에서는 첫 번째와 두 번째 의미를 중심으로 논의를 전개하고자 한다. 이성적 사유는 일종의 사유 방식으로, 일반적인 의미에서 개념, 판단, 추리 등의 사유 형식 혹은 사유 활동을 가리킨다.

중국종교사상의 발전 과정에서도 이성에 대한 인식과 정의가 있다. 불교에서 볼 때, 이성은 주로 다음과 같은 여러 의미를 지닌다. 첫째, '리理'와 '성性'의 병칭으로, '무위'와 '열반'을 가리킨다. 승조는 『열반무명론涅槃無名論』에서 "나오지 않고 있지도 않으면서 현도玄道로 홀로 존재하니,

이는 곧 궁리진성窮理盡性하는 구경究竟의 도다"라고 했다. 여기서 '궁리진성'은 수행을 하여 열반의 경지에 이르는 것을 가리킨다. 둘째, '리'와 '성'을 합쳐 일컫는 것인데, '리'는 도리道理나 불리佛理를 가리키고, '성'은 제법의 본질인 공성을 가리킨다. 『유마힐경維摩詰經』「제자품弟子品」에서 축도생이 주석을 달아 설명하기를, "리를 바라보고 성을 얻었으니, 마땅히 번뇌가 사라져 열반할 것이다"라고 했다. 셋째, '이불성理佛性'의 약칭이다. 『마가지관摩訶止觀』 권5의 상편에서 이르기를, "실성實性은 곧 이성理性이다. 극히 참되어 지나치지 않으니 곧 불성의 다른 이름이다"라고 했다. 또한 『법화현의法華玄義』 권5의 하편에서도 "중생의 이성이 부처와 별개의 것이 아니므로 다르지 않다. 중생은 숨어있는 것이고 여래는 드러나 있는 것이기 때문에 하나가 아니다"라고 했다. 천태종에서도 '이성'을 '진성眞性'이라 칭한다. 앞의 같은 책에서 말하기를 "진성궤眞性軌를 승체乘體로 삼는데, 꾸미지 않는 것을 진眞이라 하고 바꾸지 않는 것을 성性이라 하니, 즉 정인正因이 상주常住하여 제불諸佛이 스승으로 삼는 것이다"[71]라고 했다.

중국 고대의 유교에서도 '이성'에 대해 나름대로 정의를 내렸다. 유학자들의 주장에 따르면 이성은 인성人性 속에서 '천리天理'를 체현한 부분을 가리킨다. 북송의 정호와 정이의 주장에 따르면, 인성에는 두 가지가 있다. 하나는 천명지성天命之性이고, 또 하나는 기품지성氣稟之性이다. 천명지성은 천리가 체현된 것이며 이를 '이성'이라고도 칭하는데, 순수하게 선한 것이다. 기품지성은 '재才'라고도 불리며, 선천적으로 타고난 기에 따라 청탁淸濁이 달라져서 선과 악이 있다고 한다. 그들은 이렇게 말한다.

71 런지위, 『불교대사전佛敎大辭典』, 장쑤고적출판사, 2002년, 1063쪽.

성性은 곧 리理다. 리는 요순에서부터 길거리 사람에 이르기까지 하나다. 재才는 기에서 품부한 것이며 기에는 청탁이 있다. 맑은 것을 타고나면 현賢이라 하고, 탁한 것을 타고나면 우愚라 한다.[72]

궁리窮理, 진성盡性, 지명至命은 같은 것이다. 이치를 궁구하면 본성에 이르게 되고, 본성을 다하게 되면 천명에 이르게 된다.[73]

리라 하고 성이라 하고 명이라 하지만, 이 셋은 서로 다른 것이 없다.[74]

또한, 정이는 "성은 리다. 이른바 이성이 그것이다"라고 말하며, "이성으로 말할 것 같으면, 이 또한 생사를 위한 것이다. 그 정情은 본래 죽음을 두려워하고 삶을 바라는 것으로, 이는 이利다"라고 말한 적이 있다. 물론 이러한 정이의 말에서 "이른바 이성이 그것이다所謂理性是也"를 "이른바 리가 성이다所謂理, 性是也"라고 끊어 읽을 수 있고, "이성으로 말할 것 같으면至如言理性"을 "성性을 다스리는 것으로 말할 것 같으면"이라고 하여 이성을 치성治性으로 해석할 수도 있다. 이러한 문맥에 나타나는 '이성'도 하나의 개념으로 인정할 수 있는 것이다.

이처럼 중국 전통 종교에서의 '이성'은 앞서 언급한 서양의 언어적 환경 속에 나타나는 이성과는 커다란 차이를 보인다. 하지만 중국 전통 종교에 나타나는 '이성'적 사유는 그 특징이 아주 분명하고 뚜렷하기 때문에 주로 유·불·도 삼교의 이론에 자주 등장한다.

72 정호·정이, 『이정집』 제1책, 204쪽.

73 정호·정이, 『이정집』 제1책, 193쪽.

74 정호·정이, 『이정집』 제1책, 274쪽.

2 —— 디오니소스 정신과 이성적 사유의 상호 충돌 원인

디오니소스 정신과 이성적 사유는 중국종교 의식의 양면성으로, 역사와 지리적 환경을 공유하는 데 그치지 않고 사회 경제적 측면에서도 공통된 기반을 갖추고 있다. 이러한 여건들은 다분히 양자가 상호 격돌할 여지를 남겼다. 이와 아울러 양자는 하나의 모순된 통일체이자 하나의 모순에 대한 두 개의 얼굴로서, 서로 영향을 주고받으며 상호 의존하는 것도 예정된 순서였다.

디오니소스 정신과 이성적 사유는 공통된 역사와 지리적 환경을 지닌 탓에 피차가 서로 충돌할 가능성은 언제나 존재한다. 이른바 지리적 환경은 "생물, 특히 인류가 생존하고 발전해나가는 데 필요한 지구의 표층"을 가리키는데, 천촨캉陳傳康은 이를 다음과 같이 설명한다.

> 지리적 환경은 자연 지리적인 자연환경과 경제 지리적인 경제환경 및 사회 문화적 환경으로 나눌 수 있다. … 이 세 가지의 환경은 각기 특정한 실체를 중심으로 하는 것인데, 일정한 지역과 관련된 각종 사물의 조건과 상태로 구성된다. 이러한 세 종류의 지리적 환경은 지역과 구조의 측면에서도 상호 중첩되고 상호 연계되어 있어서 하나의 통일된 지리적 환경을 구성한다.[75]

인류 사회가 끊임없이 발전함에 따라 자연계에 대한 인류의 영향력도 날이 갈수록 점점 커지고 있다. 이에 따라 이러한 세 가지의 서로 다른 지리적 환경을 엄격히 구분하는 것도 쉬운 일이 아니다. 지리적 환경과

75 천촨캉, 『중국대백과전서 · 지리학권』, 중국대백과전서출판사, 1990, 64쪽.

종교는 밀접한 관계를 유지하고 있는데, 일부 학자들은 이를 가리켜 '종교지리학'이라 한다. 이는 서로 다른 지리적 환경 속에 서로 다른 종교가 발생한다는 것을 의미한다. 미국의 지리학자 셈플Ellen Churchill Semple은 이슬람교의 발생 원인을 거론하면서, 서아시아의 단조로운 사막 환경이 자연스럽게 일신교를 탄생하게 했다고 주장한다. 또 어떤 학자들은 농담조로 "이슬람교는 사막 기후의 종교"라고 말하기도 한다. 이러한 말들은 분명히 편견에 치우쳤다는 비판을 면하기 어렵다. 하지만 이슬람교가 아라비아반도에서 발생하게 된 것에는 일정한 지리적 원인이 작용했다는 사실을 간과할 수 없다. 중국의 경우를 보면, 오두미교는 쓰촨성四川省 학명산鶴鳴山에서 창시되었으며, 모산도茅山道는 장쑤성江蘇省 구용현句容縣 모산茅山에서 발생했으며, 신천사도는 허난성河南省 숭산嵩山에서 발원했고, 누관도樓觀道는 산시성陝西省 종남산終南山에서 활동했다. 중국불교의 삼론종은 장쑤성 서하산栖霞山에서 창립되었으며, 화엄종은 산시성山西省 오대산五臺山에서 창립되었고, 천태종은 저장성浙江省 천태산天台山에서 창립되었고, 율종律宗은 산시성 종남산에서 창립되었다. 이러한 모든 것들은 종교의 발생과 발전이 특정한 지리적 환경과 밀접한 관계가 있다는 사실을 알려준다. 여기서 말하고자 하는 공통된 역사와 지리적 환경은 주로 공통된 강역, 공통된 민족과 인구, 공통의 지형과 지세, 공통된 기후 등을 포함한다. 중국종교는 바로 이러한 중국이란 특수한 지리적 환경 속에서 발생하고 발전된 것이다. 디오니소스 정신과 이성적 사유는 중국종교의 의식 행위가 두 가지 방면으로 나타난 것이라 하겠다. 중국이란 특수한 역사와 지리적 환경 속에 단단히 뿌리를 내렸기 때문에, 공통의 사회 경제적 기반을 갖추고 있다. 고대 중국의 사회 경제적 주체는 농경 생활에 근거한 자연 경제였다. 이러한 경제 기초에는 지속성과 다원성이란 특징이 있어 중국종교의 사유 방식에 커다란 영향을 미쳤을 뿐만 아니라, 디오니소스 정신과 이성적 사유가 상호 충돌할 가능성을 제공하기도 했다.

앞에서 언급했듯이, 여기서 거론하는 디오니소스 정신은 주로 '비이성'이란 함의를 빌린 것이다. 이성과 비이성은 한 사물의 양면이라 말할 수 있는데, 양자는 서로 대립하기도 하고 상호 의존적이며 서로 영향을 주고받기도 한다. 이러한 의미에서 볼 때, 양자는 중국종교의 발전사에서 필연적으로 상호 작용하고 상호 영향을 미쳤을 것으로 짐작된다. 중국종교가 발전하는 어느 특정한 단계에서는 이성이 우위를 차지했을 것이고, 또 다른 어느 단계에서는 감성이 우위를 차지하기도 했을 것이다.

3 —— 디오니소스 정신과 이성적 사유의 상호 충돌 현상

유·불·도 삼교는 그 발전의 과정에서 나름의 '이성적 사유'를 형성했다. 그들은 자신들만의 이론적 체계를 가지고 있었을 뿐만 아니라, 나름의 독특한 범주와 명제 및 경전 등을 가지고 있으며, 자신들만의 '궁극적 관심'이나 피안의 세계로 통하는 수행법까지 갖추고 있었다. 유가는 공자 이후로 이성의 전통을 지니고 있었다. 그것은 주로 역사나 도덕에 대한 이성적 사고였다. 역사에 대해 공자가 나름의 이성적 판단을 내리고 있는 장면을 『논어』를 통해 알아볼 수 있다.

> 자장子張이 물었다.
>
> "십세十世를 알 수 있습니까?"
>
> 공자가 대답했다.
>
> "은나라는 하나라의 예禮를 답습했으니 덜고 더한 바를 알 수가 있고, 주나라는 은나라의 예를 답습했으니 덜고 더한 바를 알 수가 있다. 혹시 주

나라를 계승하는 왕조가 있다면 비록 백세百世 이후라 할지라도 알아낼 수가 있다.[76]

역대 왕조의 교체는 궁극적으로 그대로 답습할 만한 법도나 규율의 유무에 달려있는데, 이에 대한 공자의 대답은 두 가지 측면에서 긍정적으로 나타난다. 그 규율은 이른바 '덜고 더하는' 손익損益과 '답습해 내려오는' 인습因襲인데, 후대가 전대의 것을 '손익'을 통해 '인습'하는 것이 그 하나다. 다른 하나는 여기서 나타나듯이, 공자가 '상常'과 '변變'에 대한 그 자신만의 독특한 견해를 가지고 있었다는 점이다. 이른바 '인습'은 곧 '상'이고, '손익'은 곧 '변'을 말한다. 공자의 주장에 따르면, 역사의 발전 과정은 '상'과 '변'이 하나의 모순을 형성하고 있는 것이며, 이러한 역사는 '상'과 '변'의 상호 작용으로 끊임없이 발전하는 어떤 것이다. 사람이 이러한 규율을 인식할 수 있다면 장차 다가올 미래의 역사도 파악할 수 있다는 것이다. 도덕의 문제에서도 공자는 나름의 이성적 통찰력을 보여주었다. 그는 '인仁'을 윤리도덕의 핵심으로 삼아 하나의 완벽한 인학仁學 체계를 구축했다. 또한, 그는 주나라 이전의 귀신 숭배 문화를 정리하고, 이를 이성적으로 처리함으로써 귀신에 대한 제사 활동에도 도덕적 교화의 힘이 작용하게 했다. 맹자 역시 역사의 발전에 대한 자신의 견해가 있었다. 맹자는 역사의 발전과 왕조의 교체가 주로 천명으로 결정된다고 생각했다. 『맹자』「만장상」에 다음과 같은 대화가 있다.

만장萬章이 물었다.

---

76 『논어』「위정편」, 주희, 『사서장구집주』, 59쪽.

"요堯 임금이 천하를 순舜에게 주었다는데 그런 일이 있습니까?"

맹자가 대답했다.

"아니다. 천자天子는 천하를 남에게 주지 못한다."

"그러면 순이 천하를 얻은 것은 누가 준 것입니까?"

맹자가 말했다.

"하늘이 준 것이다."

"하늘이 주었다는 것은 간곡하게 말로 명한 것입니까?"

맹자가 말했다.

"아니다. 하늘은 말하지 않는다. 행실과 하는 일로써 그 뜻을 보였을 따름이다."

만장이 또 물었다.

"행실과 하는 일을 가지고 그 뜻을 보였다는 것은 어떤 것입니까?"

이에 맹자가 대답했다.

"천자는 사람을 하늘에 천거할 수는 있으나, 하늘로 하여금 천하를 넘겨주라고는 할 수 없다. 제후諸侯가 사람을 천자에게 천거할 수는 있지만, 천자에게 제후를 봉하라고는 하지 못한다. 대부大夫가 사람을 제후에게 천거할 수는 있지만, 제후에게 대부를 시켜주라고는 하지 못한다. 예전에 요 임금이 순을 하늘에 천거해서 하늘이 그를 받아들였고, 백성에게 이를 드러내어 백성이 그를 받아들였다. 그러므로 하늘이 말하지 않고 행실과 하는 일을 가지고 그 뜻을 보였을 따름이라고 말한 것이다."[77]

이런 대화를 통해 역대 왕조의 변천과 고대 왕위의 계승 문제가 모

77 『맹자』「만장상」, 주희, 『사서장구집주』, 307쪽.

두 '천명'에 의해 결정된다고 여긴 맹자의 생각을 읽을 수 있다. 이러한 유교는 송명 시기에 이르러 '이학理學'의 형식으로 출현한다. 주돈이의 『태극도설』, 주희의 '이학', 장재의 '기학氣學', 육구연과 왕양명의 '심학心學' 등은 유교의 발전 과정에 나타난 문제들을 모두 이성적 사고로 다룬 것들이다. 비록 그들이 말하는 이성이 서양 철학이나 종교에서 언급하는 이성과 많은 거리가 있지만, 이러한 유학자들의 이성도 긍정적으로 인정할 만한 가치가 충분히 있다.

중국 근대 사상가 량수밍梁漱溟의 말에 따르면, 서양 문화의 특징이 종교적이고 신앙적인 것이라면, 중국 문화의 특징은 윤리적이고 이성적인 것이라고 한다. 실제로 불교는 일종의 종교이면서 철학이기도 하다. 불교의 가르침은 일종의 종교적 수행 방법이지만 사람들에게 그에 따른 신앙을 요구한다. 그것이 하나의 신앙으로 나타날 때는 필연적으로 열정적이고 비이성적인 일면을 띠기 마련이고, 철학적 형식으로 나타날 때는 이성적인 일면을 드러낸다. 따라서 열정적인 신앙과 이성적인 사고가 완벽하게 결합한 것이 불교라고 말할 수 있다. 불법의 이론을 고려하면, 신앙은 감정적인 것에 무게를 두고 있지만, 그 신앙의 대상은 이지적 사고를 통해 통달할 수 있는 어떤 것이다. 그 점에 있어서 불교의 이성적 사고는 결코 공허한 지식이나 설교에 그치는 것이 아니라 깨달음을 거친 이론이며, 진실한 내용을 담고 있다. 게다가 이러한 내용은 대부분 실천이 가능한 것이며, 사람들이 흠모하거나 따를 만한 가치가 있는 것들이다.

여기서 유념해야 할 것은 이렇게 말하는 이성과 서양에서 의미하는 이성 간에는 큰 차이가 있고, 이 자리에서 거론하는 이성은 중국 문화를 배경으로 하는 이성이라는 점이다. 통상 중국불교에서의 이성은 '무아無我'에 기반을 두고 있다. 특히 불교에서 말하는 '일체개공'은 색계 전체를 허망하고 진실하지 않은 것이라 하며, 사고의 주체인 인간 역시 허망한 것에 지나지 않는다고 한다. 이와는 달리, 서양의 이성은 '유아有我', 혹은 '자아自我'에 기반을 두며, 이러한 이성으로 전체 세계를 주체 세계와 객체 세계로 분리하여 주관과 객관의 대립적 관계로 파악한다. 이것이 양자의 근본적인 차이점이다. 일찍이 뤄위례 교수는 불교의 '무아' 의식과 서양의 '자아' 의식 사이의 근본적인 차이점을 비롯해 불교의 '무아' 의식이 불교의 원초적 형태에서 부파部派 불교를 거쳐 대승불교에 이르기까지 변천하는 과정과, '무아' 의식과 '연기성공'과의 밀접한 관련성, '무아' 의식의 현대적 의미 등에 대해 충분히 논술한 바가 있다.[78] 따라서 여기서는 불필요한 재론은 하지 않기로 한다.

불교는 무엇보다도 하나의 종교이기 때문에 가르침을 따르는 교도와 대중에게 그 이론과 경전을 믿을 것을 반드시 요구한다. '바른 믿음正信'의 종교에는 올바른 신앙信仰, 올바른 신서信誓, 정상적인 신해信解, 정직한 신행信行, 진정한 신뢰信賴가 뒤따라야 한다. 이러한 것들은 세상의 모든 종교가 반드시 요구하는 것이며, 당연히 불교에서도 이렇게 할 것을 요구한다. '믿음'은 불교 안으로 들어가는 문턱이자, 가장 중요한 하나의 방법으로 항상 인식되었던 것이다. 『화엄경』 권14에서 다음과 같이 말한다.

> 믿음은 도의 근원이며 공덕의 어머니다. 일체의 여러 선법善法을 잘 길러내고, 의혹의 그물을 끊고 애착의 물결에서 벗어나게 함으로써 열반의

78 이에 대해 뤄위례, 「무아와 자아: 불교 무아론의 현대적 의미無我與自我: 佛敎無我論的現代意義」, 『세계종교연구』, 2002년 제2기를 참조하기 바란다.

무상도無上道를 열어 보인다.

『대지도론』 권1에서도 "불법의 대해大海는 오직 믿음만으로 들어갈 수 있다"라고 한다. 『대지도론』에는 아주 특이한 비유가 하나 있는데, 인간이 불교를 접하는 것은 인간이 보물로 가득한 산에 들어가는 것과 같다고 한다. 산중에는 많은 보물이 묻혀있지만, 신앙은 마치 두 손과 같아서 두 손을 사용해야만 보물을 캐낼 수 있다는 것이다. 이렇듯 불교의 지혜로운 보물이 묻힌 산에서는 오로지 불교를 믿어야만 비로소 얻어낼 것이 있다고 한다. 따라서 불교에서 어떤 이득을 얻고자 한다면 반드시 신앙의 요건을 갖추어야 한다. 불교 신앙에는 향을 피우는 등의 의궤儀軌 형식들을 요구할 뿐만 아니라, 심신이 하나가 되고 말과 생각이 일치할 것을 강조한다. 이는 마음으로부터 진정하게 불교를 추구하는 것이다. 이러한 '믿음'은 정신과 정감의 의식적 활동으로 나타난다. 따라서 현실적 삶에서 많은 이들이 공허함을 맛보고, 자신을 주체하지 못하고 명확한 목표의식 없이 방황하는 것은 대개 신앙이 결핍된 탓으로 돌릴 수 있다. 불교에서는 사람들에게 '믿음'을 먼저 요구하는 것으로 이러한 문제를 해결하고자 한다. 그렇다면 과연 '믿음'의 대상은 무엇인가? 다른 것이 아니라, 바로 불교의 '붓다'를 비롯한 그와 관련된 서적과 이론들이다. 불교에서는 석가모니불이 진실한 존재라고 한다. 석가모니불은 공덕이 원만한 각자覺者로서 지덕智德 · 단덕斷德 · 은덕恩德의 삼덕三德을 두루 갖춘 존재다. 그의 도덕은 원만하고 청정한 것이며, 사람들이 그를 믿고 따르기만 하면 도덕적으로 고상하고 인격적으로 완벽해질 수 있다는 것이다. 따라서 신앙이 주어진다면 그러한 신앙도 필연적으로 열정이 충만한 형태를 띠게 된다. 이런 까닭에 불교는 열정이 충만한 것이라 말할 수 있다. 비이성적인 요소가 그 이면에 내재한다.

불교 신앙은 이처럼 열정을 강조하지만, 신앙의 이성적 측면도 대단히 중시한다. 불교에서 신앙과 이성적 사유의 결합을 강조하는 것도 이렇게 말할 수 있다. 즉 이성적 사유로써 불법을 증명하고, 박대정심博大精深한 불교를 이해해야 한다는 것이다. 불교의 신앙을 일종의 이성적인 신앙으로 파악할 때, 이지理智에 근거하고 이지에서 출발하여 불법을 배우고 이해하며 실천에 옮겨야 한다. 이해가 깊어질수록 불법에 대한 믿음과 깨달음이 한층 더 배가될 것이다. 불교의 이성적 사유가 다방면에 걸쳐 무수하게 표현되고 있는 점을 살펴 여기서는 주로 불교의 인식론을 중심으로 설명하고자 한다.

불교 인식론의 목적은 궁극적 실재나 사물의 참된 본질을 인식하는 데 있다. 평범한 사람의 인식은 대개 감성의 기초 위에 이성적 분석을 가하거나, 혹은 직관적으로 파악한 현량現量의 기초 위에 유추와 추리를 더한 비량比量의 인식에 그친다. 그러나 평범한 사람의 감성으로 인식한 것이나 현량으로 인식한 것들은 모두 가상假相에 지나지 않는다. 여기서 의문시되는 것은 평범한 사람들의 인식이다. 도대체 어떻게 해서 진상眞相을 인식하지 못하는 것인가? 평범한 사람의 인식 기제가 근根 · 경境 · 식識과 이들이 화합하여 생겨난 촉觸에 있기 때문이다. '촉'이 바로 일반인의 감성적 인식이다. 감성적 인식은 안眼 · 이耳 · 비鼻 · 설舌 · 신身의 오근五根에서부터 얻어진 것이며, 인식된 것이 곧 색色 · 성聲 · 향香 · 미味 · 촉觸의 오경五境이다. 의식의 분별 작용인 이성은 곧 오경에 대한 분별이다. 중생의 모든 인식은 이러한 오경에서 벗어나지 못한다는 것이다.

그러나 오경이 외재적 사물의 참된 본성이 아닌 것은 분명하다. 예컨대 벽의 색깔은 우리가 보고 있는 그대로의 것이라 말할 수 없다. 벽이 어떤 색상을 지니고 있는지는 우리의 안근眼根에 따라 결정되는 것이다. 마찬가지로 불도 반드시 뜨거운 성질을 지닌다고 할 수 없고, 강철이라 할지라도 반드시 단단한 성질이 있다고 할 수 없다. 이러한 성질은 우리의 신근身根에 의한 것이다. 귀계鬼界의 중생은 어쩌면 불을 차가운 것으로 느끼고, 벽을 관통할 수 있는 것으로 여길지도 모른다. 따라서 불의 참된 성질은 뜨겁거나 차가운 것도 아니며, 물체의 참된 성질도 단단하거나 부드러운 것이 아닌 것이다.

그렇다면 우리들의 뿌리는 어디서 나온 것일까? 그것은 과거생過去生의 훈습薰習에서 왔다. 대대로 생사를 거듭하면서 내려온 우리가 이러한 경境에 탐닉하고, 아뢰야식阿賴耶識에 물들었기 때문이며, 일세一世의 기연機緣이 성숙하여 이러한 근根을 드러낸 것에 지나지 않는다. 중생은 저마다 서로 다른 '근'을 가지고 있고, 서로 다르게 인식한다. 이는 전적으로 과거생의 업으로 지어낸 것이다. 때문에 '근'으로 말미암은 중생의 인식은 언제나 상대성을 탈피하지 못한다. 그 어떠한 '근'으로 인식한 '경'이라 할지라도 모두 사물의 참된 본성이 아니다. 단지 중생의 '업'이 드러난 것일 뿐이다.

훈습에서 유래된 인식에서 알 수 있듯이, 평범한 사람의 인식은 습관에서 나온 것이며, 인간의 본질은 무수한 '습기習氣'의 총화다. 말하자면, 사람의 씨앗이 의식 속에 훈습되어 발하게 되는 기능이 일종의 습관성 세력을 형성하게 되는데, 그로 말미암아 이를 '습기'라고 칭한다. 곧 현재의 번뇌는 잔존한 습기에 의해 형성된 것이며, 이는 과거 행위의 연속된 힘이다. 인간의 사유와 생명 활동이 무수히 많은 습관에 의해 지배된다고 할 때, 이러한 습관은 현생의 활동에 의해 훈습된 것일 뿐만 아니라, 무수한 전생에서 남겨진 기억이기도 하다. 청정법과 반대되는 일체의 잡염법雜染法은 번뇌煩惱, 탐애貪愛, 진에嗔恚, 아상我相, 법상法相 등의 갖가지 전도몽상顚倒夢想을 포괄하는데, 이는 모두 무시無始 이래의 기억, 곧 명상名相을 드러낸 것에 지나지 않는다. 진실한 현현이 아닌 것이다. 중생들은 단지 기억한 것만 인식하고, 이러한 기억을 참된 것으로 여긴다. 그런 점에서 기억은 진실을 인식하고 해탈하는 데 장애가 된다. 세속적 세계는 하나의 습관이 주도하는 세계이자 반성이 없는 세계다. 대다수의 공통된 습관으로 인정하는 것이 곧 진리라고 하지만, 불교에서 볼 때 이러한 공통된 인식은 단지 공통된 업業이 드러난 것에 지나지 않는다.

따라서 해탈이나 사물의 참된 성질을 인식한다는 것은 근에서 유래한 인식에서 탈피하고 업식業識의 속박에서 벗어나는 것이다. 동시에 습관적 인식 기제에 대한 일종의 반성 과정이기도 하다. 그렇다면 '근'에 의지하지 않고 어떻게 인식할 수 있는가? 불교의 주장에 따르면, 인식의 작용은 중생이 본래부터 갖추고 있는 것이라 한다. 중생이 과거생으로부터 훈습되어 왔던 근에 의지한 인식을 포기할 때, 중생이 본래 지녔던 인식적 기능이 비로소 나타날 수 있다는 것이다. 이렇게 인식된 성질은 종전에 인식되었던 그 어떤 성질과도 다른 것일 뿐만 아니라, 묘사될 수 없는 어떤 것이기 때문에 공성이라고도 한다. 즉 사물의 진실이나 본래의 성질인 것이다. '공성'의 의미는 평범한 사람들이 인식하지 않는 성질을 가리킨다. 이러한 인식은 일종의 직관이다. 불교에서는 이를 현량이라 한다. 그러나 현량은 망막에 비친 사물처럼 직접 보는 것이고, 점진적인 분석을 통해 얻어지는 인식과는 다르다. 참된 성질은 직접 현현하는 것이기 때문에 현량은 이성적 인식이 아니다. 비교 분석을 통한 이성적 인식은 불교에서 비량이라 칭한다. 그러나 성자聖者의 인식에서 감성과 이성의 구분은 더 이상 적절하지 않다. 이성적 인식의 개입이 없어도 사물의 참된 원인과 결과를 인식하는 것이 가능하고, 그러한 것들이 모두 곧바로 드러나기 때문이다.

불교의 인식론은 감성적 인식과 이성적 사유가 교차하여 형성된 것이다. 분석의 과정은 이성적이지만, 인식의 방법이란 측면에서는 "사물의 직접적인 현현'을 강조한다. 이성적으로 사물을 인식할 것을 주장하지 않고, 열정적인 신앙으로 인식하고 깨달을 것을 주장한다. 이러한 열정적 신앙과 이성적 사유가 전체 불교사를 관통하고 있는 것이다.

도교의 신앙은 주로 신선신앙으로 표현된다. 도교에서 믿는 신선을 열거하면 지위가 가장 높은 원시천존元始天尊, 영보천존靈寶天尊, 도덕천존道德天尊을 비롯하여 그 아래에 옥황대제玉皇大帝, 진무대제眞武大帝, 뇌성보화천존雷聲普化天尊 등이 있고, 그 밖에 장천사張天師, 삼모진군三茅眞君, 오조칠진五祖七眞 등 여러 선진仙眞들이 있다. 도교에서는 신앙을 강조하는 동시에 이성도 강조하며, 이성의 기초 위에 신앙이 있어야 한다는 것을 주장한다. 이러한 도교는 신앙의 대상을 비롯한 그들 자신의 궁극적 관심이나 궁극적 관심에 도달하는 방법에 이르기까지 모두 체계적인 이론을 갖추고 있다. 하지만 도교의 신선설에서 먼저 해결해야 할 것은 두말할 것도 없이 인간과 신선의 관계다. 인간이 어떻게 불로장생하고 우화등선할 수 있는가 하는 문제가 도교 신도들의 근본적인 관심사이기 때문이다. 도교는 유파에 따라 각기 다른 신선의 형상을 내세우고 있지만 그래도 한 가지 공통점이 있다. 그것은 바로 이러한 신선들이 모두 세간과 세속을 초월한 생령生靈이라는 점이다. 어떻게 하면 세속인과 신성한 신들 사이에 소통의 다리를 놓을 수 있는가. 이는 여러 도교 학파가 반드시 응답해야 할 문제가 된다. 먼저 수도를 통한 성선成仙의 가능성을 타진하려면 무엇보다도 인간 자체의 요인을 분석해야 한다. 도교의 내단과 외단, 부록이나 법술이든 간에 우선 고려할 사항은 모두 인간적 요인에 있다. 세속인의 신체 조건과 초세속적인 신령 사이에 상통하는 요소를 찾아내고, 그런 다음에 이러한 상통된 요소를 논증의 기초로 삼아야 한다. 잘 알려진 바와 같이, 도교는 그 발전 과정에서 수많은 도교 학파들이 모두 하나의 이론적 기초를 확립했는데, 그것은 인간이 도를 부여받아 태어났다는 것이다. 말하자면 인간이 도를 닦아 신선이 되는 것은 인간으로서 마땅히 행해야 할 복성復性의 과정이라는 것이다. 비록 이러한 회귀의 길이 수없이 다양하다고 하더라도 그 목적은 이처럼 오직 하나이고, 길은 다르지만, 귀착점은 같다고 했다. 이러한 이성의 토대 위에 열정적인 신앙이 존재할 수 있으며, 만약 그렇지 않다면 이러한 신앙은 맹목적인 미신에 지나지 않는다.

한편, 송명 시기의 성리학자들이 말하는 '격물'은 직관을 통해 "확연히 관통하는 데까지" 이르는 것이며, 도교의 우화등선이나 불교 선종의 '돈오'에도 모두 이러한 감성적 직관이 내재해 있다. 이러한 것들도 디오니소스 정신이란 관점에서 거론할 수 있는데, 중국종교의 디오니소스 정신은 주로 중국 전통 종교의 영향을 받아 나타난다. 이에 대해 불교와 도교를 예로 들어 분석하고자 한다.

불교가 전해진 이후, 중국문화에 중대하고 깊은 변화가 나타난다. 도교 역시 중국의 토착적인 종교로서 중국의 문화 예술에 심원한 영향을 끼치게 된다. 양자의 영향은 주로 아래와 같이 몇 가지 방면으로 표출되었다.

첫째, 불교와 도교가 중국 고전 문학에 속하는 소설, 시가, 희곡, 민간설화 등과 밀접한 관련이 있다는 점이다. 불교와 도교사상은 중국 문학 작품의 내용과 주제의 범위를 대폭 넓혀 대단히 풍부하게 만들었다. 육조 시기에서 송명 시기에 이르기까지 수많은 문학 작품은 모두 도교의 영향을 받았다. 예컨대 육조 시기에 출현한 수많은 지괴소설志怪小說들이 그런 경우인데, 그중 적지 않은 작품들이 전적으로 도교를 위해 창작되었다. 『한무제내전漢武帝內傳』, 『해내십주기海內十洲記』, 『동명기洞冥記』 등이 바로 그런 작품들이다. 이밖에도 『수신기搜神記』나 『후수신기後搜神記』 등과 같이 도교사상과 직접 관련된 일부 작품들도 있다. 또한, 중국 고전의 4대 명작인 『서유기』, 『삼국연의』, 『수호전』, 『홍루몽』의 사상적 내용과 표현 형식도 도불道佛 사상과 밀접한 관련이 있다. 소설 『서유기』가 바로 이러한 전형적인 사례인데, 그 내용을 보면 불법의 무한함과 인과응보 및 윤회 사상이 일관되게 표현되고 있을 뿐만 아니라, 도교의 우화등선이나 성선 사상까지 담고 있다.

불교와 도교가 시가에 미친 영향도 아주 뚜렷하게 나타난다. 불교가 중국에 유입된 이후, 인도 불경이 대량으로 번역됨에 따라 사람들은 한자漢字의 사성四聲을 발견하게 되었다. 이른바 '사성'은 평平·상上·거去·입入의 네 가지 성조聲調를 가리킨다. 사성의 발견은 운율론韻律論이 탄생하게 한 기초가 되는데, 사성의 발견과 운율론의 탄생은 중국 시가의 창작에 직접적인 영향을 미쳤다. 일련의 시인들이 시가의 운율을 추구하기 시작하면서 시가의 율격미를 강조하고 시가 형식의 새로움을 모색했다. 위진 남북조의 수백 년 동안, 중국의 고체시古體詩는 점점 도태되었고 새로운 율격시律格詩가 출현했다. 율격시는 사회 생활을 표현하거나 창작의 수법에서도 고체시와 비교해 훨씬 더 많은 융통성을 갖추고 있었고, 여러모로 편리한 점도 많아 쉽게 전파되고 널리 알려졌다. 한편, 도교 역시 중국 고대 시가에 큰 영향을 미쳤다. 중국 고대에는 신선이나 도정道情을 표현하는 작품들이 많이 있었는데, 한나라 이후에 유선시遊仙詩가 많이 창작된 것도 이와 무관하지 않았다. 당나라 때 이백李白은 "오악의 신선 찾아 먼 곳도 마다치 않고, 일생 명산에 들어 놀기를 좋아했네五嶽尋仙不辭遠, 一生好入名山游"라고 하면서 자신을 적선謫仙이라 칭하고, 도교와 관련된 시가를 무수히 짓기도 했다. 또한, 그는 경건하게 도교를 믿고 선풍도골仙風道骨로 행세하기도 했다. 이백 이후로 이하李賀나 이상은李商隱 등과 같은 시인들도 시를 짓는 데에 모두 어느 정도 도교사상의 영향을 받았다. 그들이 문학예술 영역에서 이처럼 큰 성취를 얻을 수 있었던 것은 종교적 신앙에 대한 그들의 열정과 분리할 수 없는 것이라 하겠다.

둘째, 불교와 도교에 내재한 디오니소스 정신이 중국의 문인과 묵객墨客들에게 중요한 영향을 끼쳤다는 점이다. 양진 시기의 산수시山水詩 집대성자인 사령운謝靈運은 본인이 정작 불교의 이치에 조예가 깊은 불교 신자였다. 또한, 당나라의 걸출한 시인 왕유王維는 〈과향적사過香積寺〉라는 시에서 다음과 같이 감회를 드러내기도 했다.

향적사香積寺 가는 길 몰라
구름 자욱한 봉우리에 잘못 들어서니
고목은 무성한데 인적이 없고
깊은 산 어디선가 종소리 들리네
가파른 바윗돌에 물소리 요란한데
하늘빛은 푸른 솔 위로 차갑게 비치네
어둑한 저녁 무렵 텅 빈 계곡 웅덩이에
편안하게 좌선하여 독룡毒龍이나 제압할까

향적사는 본래 하나의 절이다. 이곳을 찾아온 왕유는 불교의 고사故

事를 떠올렸다. 서방의 어느 연못 속에 독룡이 숨어있다가 불문佛門의 고승에게 제압되었다는 이야기다. 그는 무한한 불법으로 독룡을 제압하듯이 불안한 인간의 욕망도 제압할 수 있을 것이라고 생각한 것이다. 왕유는 〈추야독좌秋夜獨坐〉라는 시에서도 불교사상에 심취한 마음을 이렇게 표현하기도 했다.

홀로 앉으니 허연 귀밑머리 서글퍼
빈방에는 밤이 깊어가는구나
비가 내리니 산중에 열매가 떨어지고
등불 아래엔 풀벌레 우네
흰 머리칼은 끝내 검어지지 않고
금단金丹은 아직도 이루지 못했구나
늙어 병들지 않는 법을 알고자 하면
오직 무생無生을 배우는 데 있거늘

그는 〈탄백발嘆白髮〉이라 시에서 "일생에 상심한 일이 몇 번이던가? 불문에 귀의하지 않고 어디서 해탈할거나人生幾許傷心事, 不向空門何處銷"라는 구절을 통해 이러한 시상을 기본적으로 개괄한 바가 있다. 왕유는 중년에 불교를 믿기 시작했는데, 그의 시에는 선종 사상이 배어 있다. "가을밤에 홀로 앉다秋夜獨坐"에서 '앉다'라는 말은 불교의 좌선을 뜻한다. 가을하늘에 보슬비가 내리고 사방이 적막한데, 한 노인이 홀로 등불을 밝히고 조용히 앉아 인생을 한탄한다. 사람은 늙어가고 머리카락 허옇게 세는데, 불로장생의 단약도 없고 생명은 영원히 머무를 수 없다. 가는 세월을 붙잡을 수 없고, 자연의 법칙이나 생로병사는 해가 뜨고 지는 것과 같이 어길 수 없다. 이러한 비참한 세계에서 벗어나려면 불생불멸이라는 '무생'을 배우는 길 외에는 없다. 오로지 불교만 고단한 인생의 처지를 바꾸어 놓을 수 있다는 것이다. 왕유와 마찬가지로 송나라의 소동파蘇東坡나 황정견黃庭堅 같은 사단詞壇 대가들도 선승禪僧 대덕大德과 교제하면서 시를 주고받는 가운데 수많은 명작을 남기도 했다.

셋째, 여기서 유의할 점은 중국 고대의 시詩, 서書, 화畵가 모두 '경계境界', 곧 경지를 특별히 강조했다는 사실이다. 시인의 '경지'와 불교의 '선기禪機'는 서로 유사한 면이 많다. 당대의 저명한 서예가 회소懷素는 승려였다. 그의 초서草書를 '광초狂草'라 하는데, 용필用筆이 매끄럽고 힘이 넘쳐서 붓을 감아칠 때는 마치 둥근 고리와 같았다. 거침없이 자유분방하게 단숨에 써 내려가는 것으로 장욱張旭과 나란히 어깨를 겨루며 명성을 떨쳤다. 후세에 이들을 '장전소광張顚素狂' 또는 '전장취소顚張醉素'라 일컬었다. 회소는 시를 짓는 데도 능하여 이백과 두보, 소환蘇渙 등과 두루 교제하기도 했다. 그는 술을 좋아했는데, 술에 취하여 흥이 날 때마다 실내의 벽이나 의복, 그릇 등을 가리지 않고 붓을 휘둘러 글씨를 써 내려갔기 때문에 당시 사람들이 '취승醉僧'이라 불렀다. 회소의 이러한 행위에서 서양의 이른바 '디오니소스 정신'을 어렴풋이 엿볼 수 있다. 이는 바로 문화의 '경지'가 불교의 '선기'와 상통하는 것임을 뜻한다. 당송 이후의 시와 글씨 및 그림의 발전과 변화는 이처럼 항상 불교의 발전과 변화에 끊임없이 연계되어 있었다.

제3절

윤리의 재개념화: 신성과 세속의 두 방향

앞의 장에서 서술한 바와 같이, 고대 중국어에서의 '종宗'은 조상의 신주를 모시는 사당이나 신묘神廟를 가리키고, '교敎'는 관괘觀卦에서 이르는 '신도설교神道設敎'의 의미를 지닌다. 이 두 글자는 비록 연결되어 함께 사용되지는 않았지만, 신도神道의 숭배와 절대 무관하지 않다. 불교가 중국에 유입된 이후에 나타난 한화불교漢化佛敎에서 '종'과 '교'라는 두 글자가 하나의 합성어로 사용되기 시작한 것이다. 이러한 의미에서 볼 때, '종교'라는 글자는 '신성神聖' 또는 '신도神道'와 필연적인 관련이 있다. 프레이저 J. G. Frazer도 "종교란 자연과 인생의 역정을 이끌고 통제할 수 있는 초인적인 역량에 대한 영합과 위안을 가리킨다"[79]라고 말한 바가 있다. 이런 말도 종교와 신비스럽고 신성한 것, 그리고 초인적인 역량을 하나로 연결한 것이라 할 수 있다. 물론 종교의 함의는 이러한 것에 국한되지 않는다. 종교에는 세속적인 면도 있기 때문에 사람들의 삶에 상당히 큰 영향을 미친다. 중국종교의 발전은 이러한 신성화와 세속화가 서로 영향을 미치며 상호 교섭하는 규율을 잘 보여준다.

1 —— 개념의 정리

종교에 관해 이야기할 때, 사람들은 흔히 '신성함'을 떠올리고, '신성함'을 종교와 긴밀히 관련시킨다. 도대체 신성함이란 무엇인가? 그 내포와

79 [영국] 제임스 조지 프레이저, 『황금가지The Golden Bough』 상권, 쉬신위 · 왕페이지 · 장쩌스 뒤침, 중국민간문예출판사, 1897, 77쪽.

외연은 어떻게 규정되는 것인가? 그것과 종교는 궁극적으로 어떠한 관계에 있는가? 신성과 대립하는 '세속'은 또 무엇인가? '세속'과 종교는 어떤 관계에 있는가? 중국종교의 발전 과정에서 '신성화'와 '세속화'의 문제를 이해하려면 무엇보다도 이러한 기초적인 의문들이 해결되어야 한다.

신성은 일반적으로 다음과 같은 몇 가지 의미가 있다. 첫째, 천성天聖과 신령神靈을 가리키는 것이다. 둘째, 지극히 숭고하고 엄숙한 것이다. 셋째, 제왕의 존칭이다. 이 자리에서는 앞의 첫째와 둘째 의미를 취하고자 한다. 신성은 결코 추상적인 개념이 아니다. 대부분 일부 구체적인 사물을 통해 그 속성이 반영된다. 말하자면 신성성은 주로 신성한 사물을 통하여 반영되는 것이다. 이런 사물은 하나의 나무가 될 수도 있고, 사람의 형상일 수도 있으며, 특정한 장소가 될 수도 있다. 눈여겨 살펴보면 거의 모든 종교에는 그들만의 종교적 성소聖所가 있다. 도교에는 도관이 있고, 불교에는 불당이 있으며, 심지어 유교조차 제사를 지낼 때 특정한 장소에서 행한다. 이러한 장소들은 신성성을 반영하는 물질적 요소로 구성된다. 이에 대해 엘리아데는 다음과 같이 말한 바가 있다.

> 가장 원시적인 종교나 가장 발달한 종교the most highly developed religion라 할지라도 그들의 역사는 모두 무수히 많은 '성현(聖顯, hierophany)'으로 이루어진 것이며, 모두 신성한 실재의 자아 표증表證으로 구성된 것이다. 가장 초보적인 단계의 성현, 이를테면 돌이나 나무와 같이 지극히 평범한 사물을 신성의 표증으로 삼는 것에서부터 최고의 단계인 성현, 곧 기독교에서 예수 그리스도로 나타난 '성육신'[80]에 이르기까지 예외가 없었

80 성육신Incarnation은 기독교의 기본 교리 중 하나다. 그리스도와 하느님은 하나의 본체를

다.[81]

중국종교의 신성성은 하늘에 대한 경외심으로도 나타났다. 신성성에 대한 고대 중국종교의 체험은 다음과 같은 말에서도 잘 드러난다.

하늘의 노여움에 조심하여
감히 장난치며 즐기지 못하네
하늘의 이변異變에 조심하여
감히 치달리고 사냥하지 못하네
하늘의 굽어보심이 밝아
네가 나고 드는 것을 다 알고 있고
하늘의 살핌이 해와 같이 환하여
네가 노니는 일을 빠뜨리지 않네[82]

삼가고 삼가할 것이니
하늘은 밝게 굽어본다
천명은 받들기 쉽지 않고
높은 곳에 있다 말라
수시로 오르고 내리며

같이 지니고, 창세 이전의 성부聖父와 같이 존재하는 것이라고 주장한다. 그리스도는 동정녀 마리아에게 성령으로 잉태되어 사람의 육신으로 태어나서 하느님의 사명을 완성했다고 한다. - 집필자의 역주.

81 [루마니아] 멀치아 엘리아데, 『성과 속』, 2002, 2-3쪽.

82 『시경』「대아·생민지십生民之什」, 『십상경주소』 상권, 550쪽.

날마다 살피고 있다네[83]

세속이란 무엇인가? 『사해辭海』에서는 '세속世俗'이라는 말을 세 가지로 나누어 풀이하고 있다. 첫째, 당시의 사회적 관습이나 풍속 등을 가리킨다. 『사기』「순리열전循吏列傳」에 "손숙오孫叔敖라는 자가 … 석달을 초楚나라 재상으로 지내면서 백성들을 가르치고 이끄니, 상하가 화합하고 세속이 아름답게 되었다"라는 기록이 있다. 둘째, 진세塵世와 유사하다. 『장자』「천지」에 "대저 밝고 환하면서 소박함으로 들어가고, 무위로써 질박함으로 돌아가 본성을 체득하고, 정신을 간직함으로써 세속 사이에 노니는 자인데, 너는 어찌 그리 놀라느냐?"는 말이 그런 것이다. 또한, 속인이나 보통사람을 가리키기도 한다. 『상군서商君書』「경법更法」에 "그대가 말하는 것은 세속의 말이다"라는 것이 그것이다. 셋째, 비종교적인 것을 의미한다. 여기서는 세 번째 의미를 취하여 종교에서 말하는 '신성'이라는 낱말과 대립하는 것으로서의 '세속'을 살펴보기로 한다. 이는 종교적 의미에서 세속을 거론하고자 하는 것이다. 세속은 현실세계에서 일어나는 인간사, 선악, 시시비비, 생사의 경계를 통칭하는 것으로, 초현실적인 종교 세계와 구별된다. 종교는 세계를 차안과 피안의 세계로 구분하는데, 차안의 세계는 일상적 현실세계나 세속적 인간사회를 가리킨다. 피안의 세계는 천국과 같은 신성한 세계를 가리킨다. 통상적인 의미에서 말하는 세속은 차안의 세계와 관련된 것들이다. 『중국윤리학백과전서中國倫理學百科全書』에 언급된 내용에 따르면, 세속은 "종교에 나타나는 초자연적이고 초사회적인 세계와 상대되는 것을 칭한다. 구체적으로는 인간들의

83 『시경』「주송周頌 · 경지敬之」, 『십상경주소』 상권, 598쪽.

정신과 육체, 감성과 이성이 서로 통일된 현실적 삶을 가리킨다."[84]

신성과 세속은 모든 종교에서 대단히 중요한 범주로 취급된다. 양자의 관계에 대해 에밀 뒤르켐Emile Durkeim은 이렇게 말하고 있다.

> 세계는 두 개의 영역으로 구분되는데, 하나는 모든 신성성이 포함된 영역이며, 다른 하나는 모든 세속성이 포함된 영역이다. 이는 종교사상의 특징이다. … 종교적 현상의 진정한 특징은 항상 전체 우주를, 이분법적 태도로 대하는 데 있다고 하겠다. 만유를 포괄하는 우주를 알 수 있는 것과 알 수 없는 것으로 크게 양분함으로써, 그 둘로 하여금 상대방을 엄격히 배척하게 한다는 것이다. 신성한 것들은 넘어설 수 없는 것이며 아득히 분리된 영역이라면 세속적인 것들은 우리에게 익숙한 영역으로서, 그것들은 반드시 신성성과 일정한 거리를 유지해야만 한다. 종교적 신앙은 성스러움이 표출되는 사물의 본질과 그와 연계된 신성한 사물 간의 관계, 혹은 신성한 사물과 세속적 사물 간의 관계를 표현한 것이다.[85]

이러한 에밀 뒤르켐의 관점을 고려하면 세속과 신성은 판이한 두 개의 영역이고 절대적으로 양분된 어떤 것인 셈이다. 세속적 영역은 신성한 영역과 일정한 거리를 두고 있고, 신성한 영역 또한 세속적 영역이 미칠 수 없게 멀리 떨어져 있다. 에밀 뒤르켐은 심지어 "신성성은 일종의 비정상적인 초월이며, 세속성은 징벌에 의하지 않고서는 이와 접촉할 수 없

84 뤄궈지에羅國杰, 『중국윤리학백과전서 · 윤리학원리中國倫理學百科全書 · 倫理學原理卷』, 지린吉林 인민출판사, 1993, 354쪽.

85 [프랑스] 에밀 뒤르켐, 『종교 생활의 기본 형식』, 조셉 스웨인Joseph W. Swain 뒤침, 런던, 37쪽, 41쪽. 이에 대해 [이탈리아] 마리아수사이 다바모니Mariasusai Dhavamony, 『종교현상학』, 가오빙장高秉江 뒤침, 인민출판사 2006년, 77-78쪽을 참고했다.

다"[86]라고 말하기도 했다. 엘리아데 역시 이러한 관점을 지지했는데, 그는 다음과 같이 말했다.

> 우리가 관심을 두는 것은 종교적 요소의 이성과 비이성이라는 관계에 있는 것이 아니라, 신성에 대한 일종의 총체적 이해에 있다. 신성한 것이 무엇인지에 대한 첫 번째 정의는 바로 신성이 세속과 반대된다는 것이다.[87]

엘리아데의 이러한 관점은 신성과 세속의 차이를 이해하는 데 도움이 되지만, 그렇다고 전적으로 옳은 것이라 단정할 수는 없다. 일반적으로 인식되는 신성과 세속의 관계는 변증법적이다. 한쪽에서는 양자가 본질적으로 달라서 서로 다른 영역에 속해 있지만, 다른 한쪽에서 볼 때 그 둘은 상호 의존적이며 상호 영향을 주는 관계에 놓여있기 때문이다. 신성이 없다면 세속이 없고, 세속이 없다면 신성이 존재하지 않는다. 양자는 일정한 조건이 주어지면 서로 전환될 수 있는 것들이다. "세속적인 물체나 세속적인 경험 및 세속적인 현상, 그리고 개인과 집단은 물론이고 사회 구성원들이 접하는 이러한 물체나 경험 및 현상의 특수한 관계는 성물聖物과 신성 체험 및 신성한 현상으로 바뀌게 마련이다. 이러한 관계를 통해 모종의 현상이 종교적 의의를 지닌 신성성으로 귀결되고, 그에 대한 표징을 드러낸다. 신성성은 신앙과 의식 절차 속에 자연스레 존재한다. 왜냐하면, 신앙은 종교적 의식에 의미를 부여하고, 종교적 의식은 신앙

86 [프랑스] 에밀 뒤르켐, 『종교 생활의 기본 형식』, 조셉 스웨인 뒤침, 런던, 40쪽. [이탈리아] 마리아수사이 다바모니, 『종교현상학』, 78쪽 참조.

87 [루마니아] 멀치아 엘리아데, 『성과 속』, 2쪽.

속에 체현되어 드러나는 사물의 기호적 표징이기 때문이다."[88] 이러한 까닭에 양자 간의 변증법적 통일 관계는 신성화와 세속화 문제를 연구할 때 항상 주의해서 파악할 필요가 있는 것이다.

2 —— 종교 신앙의 세속화와 세속적 도덕의 종교화

신성화와 세속화의 기복과 변천은 중국종교에서 종교 신앙의 세속화 및 세속적 도덕의 종교화로 나타나거나, 신성화와 세속화의 상호 융합으로 나타나기도 한다.

종교학 연구 영역에서 종교의 세속화가 갖는 의미는 사회 생활의 각 방면이 신성에서 세속으로 나아가는 것을 가리킨다. 말하자면, 신성한 종교적 원칙으로 사회적 삶을 규정함으로써 세속적 원칙을 결정하는 방향으로 나아가는 것이다. 미국의 종교사회학자 피터 버거Peter L. Berger는 기독교의 세속화를 분석하면서, 세속화는 일부 사회와 문화를 종교적 제도와 상징의 통제에서 벗어나게 하려는 하나의 과정이라고 주장한 바 있다. 일반적으로 종교의 세속화는 최소한 다음과 같은 몇 가지 측면을 포함한다. 하나는 종교의 쇠락과 종교적 영향력의 감소다. 둘은 종교의 다원화 현상과 분열 양상의 출현이다. 셋은 종교가 기타 사회 제도로부터 분화되고 분리되었다는 점이다. 넷은 종교와 주변 사회문화 간의 결속력이 약해졌다는 점이다. 마지막은 왕권에 대한 굴복이다. 중국의 종교 신앙이 세속화하게 된 원인으로 여러 가지를 들 수 있지만, 대체로 다음 몇 가지로 요약된다.

첫째, 경제가 전체 사회의 토대와 구조를 결정하는 동시에 사회적

88 [이탈리아] 마리아수사이 다바모니, 『종교현상학』, 80쪽.

의식의 형태도 결정했다는 것이다. 중국종교는 중국사회의 특수한 의식 형태로서 경제적 영향에서 벗어날 수 없었다. 유교와 도교는 그 역사적 발전 과정에서 경제적 도움을 크게 받았는데, 흥성과 쇠퇴 역시 당시의 사회경제와 밀접하게 관련되어 있었다. 불교의 경우, 중국으로 전해진 이후 중국 농경사회의 영향으로 인해 인도처럼 탁발 걸식하던 것이 사원 경제로 전환되었다. 이에 따라 사묘寺廟를 크게 짓고 대규모로 불상을 조성했다. "천하의 모든 재물 가운데 칠팔은 절집에 있다"라는 말이 이 무렵에 나왔다. 이처럼 불교와 전체 사회의 관계가 균형을 잃고 세속화 경향이 점차 현저하게 나타났다.

둘째, 종교사상이 민중의 현실 생활과 밀착되어감에 따라 종교의 세속화 과정에 일정한 영향을 미쳤다는 것이다. 농경사회에서 사회의 밑바닥에 있는 노동 인구는 지위가 낮은 탓에 많은 고충을 겪기 마련이다. 이때 도교에서 널리 퍼뜨린 불로장생과 우화등선과 같은 사상이나, 불교의 인과응보설 및 성성성불成聖成佛 이론들은 사람들의 생활 욕구를 크게 만족시켜주었다. 그들이 이러한 사상을 이해하고 운용하는 과정에 일련의 사회적 풍속을 더하게 됨으로써 본연의 종교사상을 세속화했던 것이다.

셋째, 여러 종교 간의 갈등과 상호 영향력도 세속화를 초래하게 된 요인으로 작용하게 되었다는 것이다. 익히 알다시피, 불교가 중국에 유입된 이후 당시 중국의 현지 사정에 따라 부득이하게 변모하게 되었다. 앞서 언급한 바와 같이, 불교는 자체의 발전을 위해 '충효'나 '유무' 등의 여러 범주를 바꾸어 놓아야 했다. 이러한 변화는 불교 본연의 이론과 다를 뿐만 아니라, 불교를 세속화하는 데도 일정한 영향을 끼쳤다. 예를 들어, 불교는 출가를 강조하지만, 중국의 윤리도덕은 '효'에 최고의 가치를 부여했다. 이른바 "백 가지 착한 일 가운데 효가 먼저다", "충신은 효자 집안에서 구해야 한다", "불효가 셋 있는데 자식이 없는 것이 가장 크다"라는 말들이 바로 그런 사례다. 유교와 도교에서 불교를 반대하면서 주로 '불충불효不忠不孝'의 문제를 꼬집어 반대 운동을 전개한 것이다. 불교가 중국에 전파되고 신도를 확보하기 위해서는 변화의 과정을 거쳐야 했다. 이에 따라 불교에서는 효의 관점으로 불경을 새롭게 해석하기도 했으며, 심지어 효를 강조한 경전과 문헌을 편찬하거나 효를 논하는 글을 짓기도 했다. 게다가 매년 7월 15일에 우란분공盂蘭盆供 법회를 거행함으로써 조상의 영혼을 천도하는 등, 출가 수행과 효도 간의 모순을 조절하는 데 주력했다. 이러한 노력은 중국의 세속적 도덕에 충실한 것일 뿐만 아니라 그 내용을 한층 풍부하게 하는 것으로 나타났다.

넷째, 종교의 발전에 미친 정권의 영향도 세속화를 초래한 하나의 요인이 되었다는 점이다. 신성한 종교가 봉건 왕조의 집권 세력과 정면으로 마주치게 되면 그 자체만으로도 위축되기 마련이고, 게다가 종교 자체의 운명적 발전은 통치자의 의향과 긴밀히 연관되어 있다. 중국종교의 발전 과정에서도 종교는 늘 일종의 통치 도구로 선전되었으며, 시종일관 통치 계급에 의해 통제되었다. 2천 년이 넘도록 지배 사상으로 행세한 유교는 말할 것도 없거니와 도교와 불교도 예외가 아니었다. 승관제僧官制나 도첩제度牒制 따위의 종교정책은 불교를 왕권의 통제 아래 묶어두는 효과가 있었다. 중국사회에서 왕권과 종교는 일원적이었는데, 불가피하게 종교가 왕권의 발아래 엎드리는 현상이나 신성한 종교가 세속적 왕권에 굴복하는 국면이 연출되기도 했다.

도교의 발전 과정에서도 세속화 경향을 엿볼 수 있다. 불로장생이라는 신선의 경지는 도교가 발전하는 가운데 세속적 도덕의 영향을 가장 깊게 받은 개념에 해당한다. 평범한 사람은 모두 영원한 청춘과 불사의 경지를 갈망하는데, 도교는 이러한 사람들의 요구에 영합하여 불로장생을 제시한 것이다. 이는 실제로 다른 모든 종교의 공통된 특징이기도 하다. 불교에 '극락세계'가 있고 기독교에는 '천당'이 있다. 이러한 것들은 모두 이상에 도달하려는 목적의 성격을 띤다. 이런 측면에서 도교는 그들의 신도들에게 불로장생을 선전하고, 그렇게 되려면 사회적 윤리를 잘 준수해야 한다고 말한다. 사람마다 모두 덕을 쌓고 선을 행하며, 좋은 일을 많이 하고 각종 사회적 규범을 준수해야 한다고 가르친다. 도교는 각종 경전을 통해 사람이라면 무엇보다도 나쁜 일을 하지 말고 남을 도우며, 국가에 충성하고 부모에게 효도하며, 인성 속에 깃든 이기적인 측면을 피할 것을 강조한다. 그뿐만 아니라 악행을 저지르게 되면 수명이 줄어들어 일찍 죽을 수 있다고 경고하기도 한다. 이러한 일련의 도교 이론들은 정통 중국식 윤리관이며, 그 효과의 측면에서도 중국사회에 일정한 영향을 끼쳤다고 하겠다.

도교의 세속적 생태 윤리에 대해서는 앞에서 이미 언급한 바가 있다. 여기서는 주로 선악과 관련된 도교 윤리의 세속화를 살펴보기로 한다. 도교에서는 착한 일을 하여 인仁을 행할 것을 강조하거나, 선행을 하여 악을 물리칠 것을 말한다. 착한 일을 많이 하는 것도 득도성선을 위해 소홀히 할 수 없는 것이라는 지적이다. 갈홍은 『포박자내편』에서 다음과 같이 강조한 바가 있다.

> 여러 도계道戒를 살펴보니, 모두 장생長生을 바라지 않는 것이 없다. 그러기 위해서는 반드시 선善을 쌓아 공功을 세우고, 만물을 자심慈心으로 대하고, 자신을 용서하듯이 남을 용서하고, 벌레에 이르기까지 인仁을 미치게 해야 한다. 남의 잘됨을 즐거워하고 남의 고통을 불쌍히 여기며, 남의

다급함을 도와주고 남의 곤궁함을 구제하며, 손으로 생명을 다치게 하지 않고 입으로 재앙을 불러일으키지 않으며, 남의 이익을 자기처럼 여기고 남의 손실을 자기의 손실처럼 아파하며, 스스로 존귀하거나 명예롭다고 여기지 않고, 자기보다 잘난 사람을 질투하지 않고, 입에 발린 말로 아첨하거나 몰래 해치는 짓도 하지 않아야 한다. 이렇게 하면 덕이 있게 되고 하늘로부터 복을 받아, 하는 일마다 성취하여 신선이 되는 것을 기약할 수 있다.[89]

이와 동시에 도교에서는 선악의 보응을 강조하여 『주역』에서 이른 바, "적선하는 집안에는 경사스러운 일이 넘치고, 적선하지 않은 집안에서는 재앙이 끊이지 않는다"라는 주장을 한 단계 발전시켰다. 다음과 같은 『태상감응편』의 내용이 그 증거가 된다.

길인吉人은 선을 말하고語善 선을 보고視善 선을 행한다行善. 하루에 세 가지 선이 있으면, 삼 년 안에 하늘이 반드시 복을 내린다. 흉인凶人은 악을 말하고語惡 악을 보고視惡 악을 행한다行惡. 하루에 세 가지 악이 있으면, 삼 년 안에 하늘이 반드시 화禍를 내린다.[90]

또한, 도교에서는 선행의 많고 적음을 성선成仙의 품계와 대응해 사람들이 적극적으로 선을 행하도록 유도했다. 남들보다 더 많이 선행을 베풀어야만 불로장생과 우화등선의 경지에 이를 수 있으며, 더 많은 선행을

89 왕밍, 『포박자내편교석』, 125-126쪽.

90 『도장』 제27책, 141쪽.

베풀어야 더 높은 품계의 신선이 될 수 있기 때문이다. 저명한 도교 학자 두광정은 『용성집성록墉城集仙錄』에서 다음과 같이 이른다.

> 사람이 한 번 선을 행하면 심신心神이 편안해지고, 열 번의 선을 행하면 기력氣力이 강해진다. 백 번의 선을 행하면 보서寶瑞가 내리고, 천 번의 선을 행하면 후대에 신선이나 진인을 기약할 수 있다. 2천 번의 선을 행하면 성인·진인·선인의 하급 관리가 될 수 있고, 3천 번의 선을 행하면 성인·진인·선인의 비서가 될 수 있다. 4천 번의 선을 행하면 천하의 스승인 성인·진인·선인과 나란히 주통主統이 될 수 있고, 5천 번의 선을 행하면 성인·진인·선인의 괴사魁師가 될 수 있다. 6천 번의 선을 행하면 성인·진인·선인의 경대부卿大夫가 될 수 있고, 7천 번의 선을 행하면 성인·진인·선인의 공왕公王이 될 수 있으며, 8천 번의 선을 행하면 성인·진인·선인의 황제가 될 수 있고, 9천 번의 선을 행하면 원시오제군元始五帝君이 될 수 있으며, 만 번의 선을 행하면 태상옥황제太上玉皇帝가 될 수 있다.[91]

반대로 악행을 저지를 것 같으면 화를 당하게 되고, 악행이 많아질수록 그 화가 점점 극심해진다. "무릇 사람으로서 천 번의 악행을 저지른 자는 후대에 요괴가 될 것이며, 2천 번의 악행을 저지른 자는 노예가 될 것이다. 3천 번의 악행을 저지른 자는 한질寒疾·열질熱疾·말질末疾·복질腹疾·혹질惑疾·심질心疾 등의 육질六疾에 걸려 외롭고 곤궁할 것이며, 4천 번의 악행을 저지른 자는 역병에 걸려 떠돌아다닐 것이다. 5천 번의 악행을 저지른 자는 오옥五獄의 귀신이 될 것이며, 6천 번의 악행을 저지른 자

91 『도장』 제18책, 166쪽.

는 28옥獄의 죄수가 될 것이고, 7천 번의 악행을 저지른 자는 여러 지옥의 무리가 될 것이다. 8천 번의 악행을 저지른 자는 차가운 한빙옥寒冰獄에 떨어질 것이고, 9천 번의 악행을 저지른 자는 춥고 배고픈 변저옥邊底獄에 들어갈 것이고, 만 번의 악행을 저지른 자는 설려옥薛荔獄에 떨어질 것이다. … 설려옥에 떨어진다는 것은 영원히 빠져나올 기약이 없다는 것이다."[92] 이렇듯 사람들이 스스로 불로장생을 성취하거나 도를 깨달아 신선이 되기 위해서는 반드시 "선을 행하고 악을 제거해야" 하며, "선행을 권장하고 악행을 억제해야" 한다는 것이다.

발생과 발전이란 측면에서 볼 때, 도교는 사상적으로도 세속사회에 점차 적응하는 하나의 과정을 거치는 것으로 드러난다. 이러한 적응은 초기 도교에까지 거슬러 올라간다. 한나라 말기 오두미도의 삼대三代 교주는 장릉과 그의 아들 장형張衡, 그리고 손자 장로張魯인데, 후대에 이들을 '삼장三張'이라 불렀다. 장릉은 제1대 천사天師로서 조천사祖天師라 칭하기도 한다. 그의 아들 장형은 사사嗣師, 손자 장로는 계사系師라 한다. 장로가 한중漢中을 점거하면서 오두미교로 백성을 교화하고 정권을 수립했다. 한나라 황제로부터 진민중랑장鎭民中郎將이라는 봉호를 받고 한녕태수漢寧太守로 임명되어 그 일대를 할거했다. 장로는 후한 시기에 영향력이 있는 도교의 지도자로 행세하며 '사군師君'이라 일컬어지기도 했다. '사군'은 천사와 군주를 한 몸에 집약한 것으로, 산시성에서 쓰촨성에 이르기까지 종교와 정치 및 군사의 통치권까지 장악한 종교 조직을 만들어 정교합일政敎合一의 체제를 구축했으며, 거의 30년 동안 오늘날 쓰촨성 일대인 파촉 지방에 웅거했다. 거의 같은 시기에 장각 형제가 창립한 태평도가 황하

92 『도장』 제18책, 166쪽.

를 중심으로 한 화북華北 지역에서 홍기하여, 서기 184년에 황건적 봉기가 일어났다. 그들은 머리에 황건黃巾을 두르고, "창천蒼天이란 후한의 왕조가 이미 죽었으니, 황천黃天이란 새로운 정권이 일어났다. 갑자년에 천하가 대길大吉하리라"라는 구호를 외쳤다. 이러한 구호로 혁명의 정당성과 필연성을 널리 알려 불과 한 달 만에 천하를 진동하게 하여 후한 왕조의 통치력을 뿌리째 흔들어놓았다. 그러나 봉기가 시작된 지 얼마 지나지 않아 잔혹하게 진압되었고, 태평도 역시 심대한 타격을 입었다. 수많은 종교 지도자와 교도들이 압박을 받고 처참하게 살해되었지만, 태평도의 이론과 그 영향력은 결코 소멸되지 않았다. 그들의 이러한 이론들이 현실을 통해 시험되고 조율하는 과정을 거쳐 도교의 거대한 흐름으로 유입되어 하나로 합쳐지게 되었던 것이다. 여기서 알 수 있듯이, 원시 도교는 통치 계급에 반대하는 전통이 있었지만 광범위하게 전파되어 근절될 수 없었고, 그때문에 통치 계급은 항상 방심할 수 없었다. 또한, 도교 역시 봉건 왕조의 지지를 얻지 못하면 발전을 지속하기가 어려울 수밖에 없었다. 이러한 저간의 사정을 배경으로 갈홍, 구겸지, 육수정, 도홍경 등이 차례로 나타나 원시 도교를 개조하는 작업을 단행했다. 이러한 개조는 도교 자체의 발전을 도모한 것이지만, 왕권에 대한 태도라는 측면에서 보면 일종의 세속화 과정에 지나지 않았다.

남송 초기에 형성된 정명도는 충효 사상이 아주 뚜렷했다. 정명도를 일명 정명충효도淨明忠孝道라고도 하는데, 전하는 바에 따르면 동진 때 장시성江西省 난창南昌의 서산西山에 허손許遜이라는 도사가 수도 중에 영험이 나타나 온 가족들과 함께 하늘로 올라가는 발택비승拔宅飛昇을 했다고 한다. 수당 시대에 이르자 그 지방에서 허손을 신격화한 신앙이 출현했다. 송나라 휘종徽宗 정화政和 2년(1112년)에 허손이 신공묘제진군神功妙濟

眞君으로 봉해짐에 따라, 허손 신앙은 난창 서산 일대에 크게 성행했다. 원나라 초기에 서산의 은사隱士 유옥(劉玉, 1257-1308)이 나타나 허손을 비롯한 여러 신선과 진인들을 수차례 만나 그들로부터 정명도의 진수를 이어받았다고 자칭하면서 정명도를 창시했다. 그는 난창 서산을 중심으로 활동했는데, 한때 추종하는 자가 꽤 많았다. 유옥이 창시한 신정명도新淨明道는 허손을 교조로 받들며, 허손의 도법을 위주로 이를 답습하고 발전하게 했다. 정명도의 가르침은 유불도 삼교 사상을 융합한 것이 그 특징이다. 이 종교에서 '정명충효도'라고 스스로 칭하게 된 것은 "대개 그 말들이 본심本心의 정명淨明을 요체로 하고, 행위를 규제하는 데는 반드시 충효를 귀하게 여기는 데 있었다." 이른바 '정명'은 곧 정심正心과 성의誠意다. 사람들에게 마음을 맑게 하고 욕심을 줄일 것을 가르쳐 본래의 마음으로 하여금 물욕에 흔들리지 않게 하는 것이다. 사물에 물들거나 사물과 접촉하지 않게 함으로써 청정허명淸靜虛明이란 무상無上의 청허淸虛 경지에 도달하도록 하는 것인데, 이를 정명이라 한다. 그 이론은 대개 불가에서 흔히 말하는 심성이 "본래 깨끗하고 본래 밝다本淨本明"라는 것에서 취한 것이다. 정명을 제창하는 취지는 수도자의 생각과 행동을 모두 봉건적 윤리 규범에 부합하게 하는 데 있었다. 충효와 염치를 비롯한 신중함과 너그러움이나 참고 견디는 도리 등을 스스로 깨달아 지키게 함으로써, 충신과 효자 및 양민이 되게 하는 것이다. 정명도는 충효의 대도를 적극적으로 강조하고 봉건적 강상綱常 윤리를 애써 옹호한 덕분에 원명元明 양대 시기에 이르러 많은 권신과 유생의 칭송을 받았다.

불교는 중국에 전해진 이후 중국의 토착 문화와 강력히 충돌했는데, 주요한 충돌 현상은 아래의 몇 가지로 정리할 수 있다. 불교에서는 출가하여 승려가 될 것을 주장하고 삭발 수행을 요구한다. 그러나 중국의 전통적 윤리관에서는 "신체발부身體髮膚가 부모로부터 받은 것이기 때문에 함부로 훼손할 수 없다"라고 주장하고, 삭발을 반대한다. 불교에서는 출가하여 승려가 될 것을 주장하고 일체의 세속적 번뇌를 끊어야 한다고 하지만, 중국의 전통적 효도와 윤리는 어버이를 받들고 친족을 가까이할 것을 강조하고, 혈연관계와의 유대를 강력하게 주장한다. 불교에서는 출가하여 승려가 된 이후에는 결혼하여 자식을 낳을 수 없고 후사後嗣를 도모하지 말아야 한다고 주장한다. 그러나 유교에서는 "불효에 세 가지가 있으니 그중 후손을 두지 않는 것이 가장 크다"라고 주장한다. 또한, 불교에서 주장하는 "출가인은 군주를 공경하지 않는다"라는 태도는 유교에서 말하는 충효의 원칙과 어긋난다. 이처럼 여러 가지로 충돌이 일어나기 때문에 불교가 중국에서 장대하게 발전하려면 그러한 충돌을 해결하고 자체의 이론을 수정하는 노력이 필연적으로 요청되었다.

불교는 효도관의 문제에서 유교의 비난에 대해 처음에는 구차하게 해명하거나 절충과 타협의 태도를 보이기도 했다. 그러나 이러한 소극적 태도로는 중국 본토에서 불교가 크게 발전하는 데 걸림돌이 되는 문제점들을 충분히 해결할 수 없었다. 불교의 신성한 원칙과 중국의 세속적 도덕 관념을 하나로 융합하는 문제가 당장 처리해야 할 과제로 떠올랐던 것이다. 이런 사연으로 중국의 불교 학자들은 불교 경전 속에 부모의 은혜와 효도에 관련된 경전들을 찾아 이를 번역하고 심지어는 날조하기까지 했다. 어떤 이는 중국의 전통적 사상으로 불교의 가르침을 재해석하여 양자의 모순점을 해결하려고 적극적으로 노력했다. 송나라의 고승 설숭이 이런 방면에서 많은 일을 한 인물이다. 그는 전문적인 저술을 통해 불교의 효도관이나 윤리사상이 유교의 그것과 절대로 모순되지 않는다고 설명했을 뿐만 아니라, 불교의 효도 사상이 유교에 견주어 한층 더 높은 차원의 것이라고 역설했다. 게다가 설숭은 전통 불교의 명분을 바로잡는다는 핑계로 효도 사상과 유관한 전통 불교 속의 자원을 견강부회하여 끌어내지 않고, 불교의 기본 이론에 근거하여 효도를 중시하는 것이 본래 불교의 가르침이라는 결론을 직접 도출했다. 선종의 다른 승려들과 함께 중국이라는 토양에 불교가 한 단계 더 성숙할 수 있는 방향을 모색함으로써 불교의 세속화와 인간화의 길을 터놓았던 것이다.

불교의 세속화는 불교의 실용성으로 표출되기도 한다. 일반적인 불교 이론에 따르면 생명은 육도윤회를 거쳐야 한다. 이른바 육도六道는 지옥도地獄道 · 아귀도餓鬼道 · 축생도畜生道 · 아수라도阿修羅道 · 인간도人間道 · 천상도天上道를 가리킨다. 이러한 육도는 일체 유정有情의 중생이 윤회하는 길이다. 각각의 업보에 따라 중생의 길이 정해지는데, 이는 일체 중생이 윤회를 통해 쉬지 않고 번성해나가는 철칙이기도 하다. 선인善因을 지으면 인간도나 천상도에 왕생하고, 악인惡因을 짓게 되면 아귀도나 지옥도에 떨어진다. 이같이 사람으로 하여금 악을 버리고 선을 행하게 하는 이론은 봉건 사회에서 사회적 조화와 발전을 촉진하는 데 어느 정도 긍정적인 역할을 한 측면도 있었다. 불교의 세속화가 점차 진행됨에 따라 이러한 경향은 더욱 심화되었다. 불문의 일부 고승들은 불법을 널리 알리면서 생명을 아끼고 귀하게 여기는 일반인의 심리에 영합하기도 했는데, 그들을 겨냥하여 일련의 글들을 지어낸 것이 민간신앙의 특징과 부합하는 재원문齋願文이다. 아래에서 소개하는 둔황敦煌에서 출토된 불교 필사본 「난월문難月文」이 그런 대표적인 사례다.

대저 미간의 옥호玉毫가 약동하는 상相은 보살의 십지十地를 초월하여 홀로 노닐고, 황금빛 광채로 휘황하게 비추니 만령萬靈을 능가하여 홀로 드러납니다. 권기權機의 묘용으로 썩은 집의 미혹한 무리를 끌어내시고, 멀리 떨어진 곳까지 감응하여 건달파 성城의 미혹한 패거리를 인도해주셨습니다. 귀의한 자라면 고통의 근원이 반드시 다하고, 회향回向하시는 분은 즐거운 과보果報가 깊을 것입니다. 크구나, 법왕法王이시여. 말과 이름으로 헤아릴 길이 없도다. 지금 시주施主가 자리 앞에 향로를 받들고 경건하게 꿇어앉아 재물을 내어놓고 소원을 빌고 있는 뜻은, 어떤 사람이 환란에 처하여 베풀어 주시기를 바라기 때문이옵니다. 생각건대, 앓고 있는 자는 맑고 정숙하며 순종을 다 하는 사람입니다. 며느리로서 예를 갖추어 착하고 조용하며 지덕智德을 외로이 밝게 했으며, 어머니로서 위의威儀를 모두 갖추었습니다. 과거의 업보로 금생의 복이 이루어지나니, 여자의 몸으로 감응하게 되어 임신의 고통을 면하기가 어렵습니다. 이제 열 달의 기한이 다 차고, 고리가 돌아가는 것처럼 또 하루를 맞이하여 몸이 찢어지는 고통이 있을까 걱정하고 공포에 떨고 있으니, 실로 요사스러운 재앙의 고통과 맞먹는 두려움이 아닐 수 없습니다. 그러므로 경건한 마음으로 간절하게 삼보三寶가 보살펴주기를 바라며, 진귀한 보물을 기꺼이 바치고 자비의 문을 우러러 머리가 땅에 닿도록 절을 올립니다. 엎드려 듣건대 삼보는 액운을 구제하고 고통의 뿌리를 뽑는 대단한 능력자이시고, 보살대사菩薩大士의 크나큰 자비는 소원을 모두 들어주어 혜택을 베풀어주신다고 합니다. 이처럼 공덕을 염송念誦하고 분향하면 장엄함을 모두 드러내어 환자에게 효과를 나타내게 하소서. 간절히 원하옵건대, 날이 되고 달이 차서 그 결과 기이한 신동神童을 낳게 해주시고, 모자가 평안하여 고액苦厄으로 근심하고 한탄하는 일이 반드시 없게 하소서. 관세음께서 관정灌頂하여 불사의 신방神方을 받게 하시고, 약상보살藥上菩薩이 어루만져 장생의 즐거움을 누리게 하소서. 어미는 고통으로 괴로워하는 일이 없이 밤낮으로 항상 편안하게 하고, 태어난 선동仙童은 연꽃에 둘러싸인 것처럼 화현化現하게 하소서. 또한, 복을 많이 받아 장엄함으로 시주와 집안의 가족들을 보호해주소서. 몸은 송악松岳과 같고 수명은 푸른 하늘과 같게 하소서. 총명한 지혜로 밝게 빛나며 깨달음의 마음이 날로 더해지게 하소서. 아비가 된 자는 항상 관직에 있고, 어미가 된 자는 성한 덕이 늘 있으며, 형제들은 남달리 충효하고, 자매들이 영원히 정결하게 하소서. 그런 다음 난생卵生 · 태생胎生 · 습생濕生 · 화생化生이란 사생四生의 괴로움에서 벗어나 삼생三生에 편안함을 얻고, 함께 보리심을 일으켜 정각도正覺道를 이루게 하소서.[93]

이 한 편의 글은 산모가 출산할 때 불법의 가호를 구하는 재원문이다. 산모에게 분만의 날짜가 다가올 즈음에 가족들은 뜻밖의 일이 발생할까 염려하여 재물을 내놓고 삼보를 모시며 향로를 받들고 경건하게 꿇어앉아 보살핌을 간구한다. 위의 짧은 글을 통해 엿볼 수 있듯이, 이러한 불사佛事는 모두 자손의 번성과 관련된 실용적 의미를 폭넓게 갖추고 있다. 불교의 세속화 과정에 민심이 상당히 깊숙이 침투해 있음을 짐작할 수 있다. 하지만 불교의 세속화는 '출생'의 문제에만 그치지 않는다. 인간의 출생에서 사망에 이르기까지 모든 단계에서 두루 나타난다.[94]

중국종교의 세속화를 거론하는 자리에서 민간종교에 대한 언급도 피할 수 없다. 중국 민중들이 종교를 믿는 가장 큰 이유는 '실용'에 있고, 이 점은 서양 종교, 특히 기독교와 구별된다. 이렇게 된 까닭은 어느 정도

93 황쩡黃征 · 우웨이吳偉, 『둔황원문집敦煌願文集』, 악록서사, 1995, 698쪽.

94 이에 대해 양푸쉐楊富學 · 왕슈칭王書慶, 「생로병사로 본 당송 시기 둔황불교의 세속화從生老病死看唐宋時期敦煌佛敎的世俗化」, 『둔황학집간敦煌學輯刊』, 2007년 제4기를 참고하기 바란다.

중국종교 자체의 문제와 관련이 있다. 왜냐하면, 중국의 유교, 도교, 불교가 대체로 '재세在世'를 중시하는 종교이기 때문이다. 이른바 재세적 종교는 그들이 추구하는 피안의 세계가 현실적 삶에 대한 갖가지 불만이 제거된 일종의 완벽한 세계라는 것인데, 이는 역설적으로 더욱 완벽해진 일종의 현실적 삶을 의미한다. 피안의 세계가 곧 이상적 현실세계라는 것이다. 도교에서 추구하는 불로장생과 불교의 윤회전생이 모두 이러한 형태다. 이 점에 대해 일찍이 천두슈가 정확하게 지적한 바가 있다. 서양 종교와 비교해 중국 민중은 "종교를 통해 이익을 얻고자 하는 자는 많지만, 정작 종교를 믿는 사람은 적다吃敎的多, 信敎的少."[95]라는 것이다. 이런 말은 중국 민중이 종교를 믿음으로써 무엇인가 얻기를 바란다는 것을 알려준다. 유교에서는 이러한 면모가 더욱 명확하게 드러난다. 유교에서 확립된 윤리적 도덕규범을 비롯한 교조敎條나 교의敎義들은 그 자체로 현실세계의 완벽함을 철저히 추구하는 데 있다. 이러한 점은 유학자들이 적극적으로 세상에 뛰어드는 정신을 통해 잘 드러난다. 그러나 서양의 종교, 특히 기독교는 이와 전혀 다른 일종의 '초월적' 종교다. 이러한 '초월성'은 대개 형이하학적인 것을 초월할 뿐만 아니라, 현실 사회 속에 있는 차안의 세계를 초월함으로써 형이상학적인 의의를 갖추게 되는 것을 가리킨다. 바로 이러한 중국종교와 서양 종교의 차이로 인해 중국종교는 실용성을 추구하게 된 것이다. 따라서 중국의 민간종교에는 "핵심적인 권위가 없고, 전문적인 승려도 없으며, 말이 간단하고 의미가 포괄적인 신조도 없다. 지고무상의 의례절차도 없으며, 사람들이 받들어 지켜야 할만한 원칙도

95 『천두슈 문장선편陳獨秀文章選編』 상권, 생활 · 독서 · 신지 삼련서점, 1984, 483쪽.

없다."[96] 나에게 필요한 '신'이라면 믿는 것이고, 그렇지 않으면 알려고도 하지 않는다. 여기서 알 수 있는 점은 종교적 신앙의 문제에서 대다수 중국 민중이 의도하는 바가 세속적 목적에 있다는 사실이다. 세속적 세상에서 더 나은 삶을 도모하고자 하는 탓에 중국에서 종교가 세속적으로 변할 수밖에 없었다.

또한, 중국 민간종교의 세속화는 다신多神 숭배 사상으로 드러난다. 중국 민중이 신을 숭배하는 것은 '신'에 대한 경외심에서 비롯되지만, 이와 동시에 신으로부터 어떤 유용한 것들을 얻고자 한다. 대부분 사람이 신을 구하는 목적은 관직에 오르고 운수대통하여 부자가 되며, 자손을 얻어 가문을 잇고, 농경 생활에 필요한 비와 바람이 순조롭기를 바라며, 길함을 좇고 흉함을 피하며, 재해와 질병을 물리치기 위한 것에 있다. 그들은 이러한 목적을 성취하기 위해 각자의 목적에 따라 그에 따른 여러 '신'을 섬기기도 한다. 용왕묘의 경우를 예로 들면, 용왕은 가뭄이 들면 비를 내려주는 신격인데, 이러한 용왕이 다시 해룡왕海龍王 · 강룡왕江龍王 · 하룡왕河龍王 · 정룡왕井龍王 · 우룡왕雨龍王 등으로 나뉜다. 재신묘財神廟에 있는 재신야財神爺는 사람들이 생산 활동을 하면서 재물을 모아 성공하도록 보살핀다. 이처럼 중국 민중이 신을 숭배하는 양상은 갈수록 정교해졌을 뿐만 아니라, 더욱 세속화되었다. 페이샤오퉁費孝通은 중국과 미국의 종교 방식을 비교하고 난 뒤에 감개무량함을 느껴 다음과 같이 말했다.

> 우리가 귀신을 대하는 것은 매우 현실적이다. 귀신을 섬기는 것은 바람

---

96 [미국] 크리스찬 조킴Christian Jochim, 『중국의 종교: 문화적 관점에서Chinese Religions: A Cultural Perspective』, 왕핑王平 외 뒤침, 중국화교출판사, 1991, 37쪽.

> 과 비를 순조롭게 하여 농사에 재앙을 피하고자 하는 것이다. 우리가 제사를 지내면서 손님을 초대하고 교제하며 뇌물을 건네는 것과 흡사한 면이 있다. 우리가 기도하는 것은 소원을 빌거나 애걸하는 것이다. 우리에게 귀신은 권력이지 이상理想이 아니며, 재원財源이지 공도公道가 아니다.[97]

중국 민간종교의 세속화 과정에 나타난 또 다른 특징은 중국 민중이 대체로 종교의 가르침을 엄격하게 준수하지 않는다는 것이다. 일반적으로 어떤 종교를 믿는다면 그것은 엄격하게 해당 종교에서 규정한 가르침에 따르고 행해야 할 것을 의미한다. 예수를 따르던 열두 사도의 한 명인 성 야곱이 말한 바와 같이, "실천하지 않은 신앙은 죽은 것과 같다."[98] 프레이저는 이 말을 다음과 같이 해석했다.

> 바꾸어 말해, 어떤 이가 세상을 살아가면서 신을 어느 정도로 경외하거나 사랑하지 않는다면 그 사람은 종교 신자가 아니다. 다른 한편으로 행동은 있지만, 종교적 신앙을 모두 배제했다면 그 또한 종교가 아니다.[99]

여기서 종교적 신앙과 행동의 관계를 잘 설명하고 있다. 어떤 종교를 믿는다면 반드시 실천이 뒤따라야 한다. 최소한 다시 다른 가르침을 신봉하거나 다른 종교에 귀의하는 모습을 보이지 말아야 한다. 그러나 중

---

97 페이샤오퉁, 『미국과 미국인美國與美國人』, 생활 · 독서 · 신지 삼련서점, 1985, 110쪽.

98 『성경신약전서』「야곱편」, 제2장 제17절.

99 [영국] 제임스 조지 프레이저, 『황금가지』 상권, 쉬신위 외 뒤침, 중국민간문예출판사, 1897, 77쪽.

국 민중은 그렇지 않았다. "중국인이 종교의 가르침에 관심을 기울이지 않는다는 말은 실제와 부합하지 않는다고 한마디로 잘라 말할 수는 없지만, 어떤 특정 종교의 교리를 믿으면서 다른 종교의 교리를 배척하는 것이 생사의 문제와 관련된 큰일로 여기는 중국인은 확실히 드물다."[100]

중국 민간종교의 세속화는 교당教堂이나 사원의 세속화로 드러나기도 한다. 유생들이 볼 때, 종교적 의미를 지닌 교당은 곧 집에 차린 제단祭壇이다. "중국인에게는 교당이 필요 없다. 하지만 인심人心을 훈련하기 위해 많은 사람과 접촉하고 소통하는 장소는 필요하다. 그 장소가 곧 가정이다. 중국인은 가정에서 양심良心을 기른다. 부모의 인자함, 자식의 효도, 형제간의 우애와 공손함 등이 그것이다. 그래서 중국인의 가정은 실제로 중국인의 교당이다."[101] 사실상 중국 민중의 가정은 유교를 신봉하는 교당일 뿐만 아니라, 불교를 신봉하는 교당이기도 하다. 중국 민중의 많은 가정에 관음상觀音像이 놓여있는 것이 이를 증명한다. 도교 역시 마찬가지다. 중국 도교의 조왕신은 지금까지도 중국인이 집에서 제사를 올리는 대상으로 남아있다. "조군竈君이 승천하는 날, 길거리에서 사탕을 팔기도 한다. 그 크기가 감귤만하다. 내가 있던 마을에도 이런 것이 있었는데 납작한 것이 마치 두텁고 작은 밀전병과 같았다. 그것을 '교아당膠牙餳'이라 한다. 본래는 조군에게 교아당을 먹기를 청하여 그것이 조군의 이빨에 달라붙어 나쁜 흉을 들먹이거나 옥황상제에게 고발하지 못하게 하는 데 그 뜻이 있었다. 우리 중국인의 의중에 있는 신귀神鬼는 어쩌면 살아있는 사람보다 더 온순한 듯하다. 귀신에게는 이런 강경한 수단을 동원할 수 있지

100 [미국] 크리스찬 조킴, 『중국의 종교: 문화적 관점에서』, 왕핑 외 뒤침, 중국화교출판사 1991년, 185쪽.

101 첸무錢穆, 「공자와 심교孔子與心敎」, 『사상과 시대思想與時代』, 1943, 제21기.

만, 산 사람에게는 어쩔 수 없이 음식을 대접해야 한다."[102]

중국종교의 세속화가 부단히 진행되어 심화할수록 종교의 신성성은 상대적으로 약화된다. 세속화로 인해 종교의 신성성이 약화된 이후, 세속사회에서는 신성성을 찾거나 이를 새로 구축함으로써 종교의 신성성이 상실된 이후의 공백을 메우려는 노력이 필연적으로 요청된다. 그것이 바로 세속적 도덕의 신성화 방향이다. 종교가 자체의 고유한 신성신앙神聖信仰과 계율청규戒律清規를 지켜 그 종교적 성질을 계승하려면, 무엇보다도 세속적인 권리, 정치, 경제, 제도 등과 구별되어야 한다. 그 자신의 종교적 신성함과 출세의 정신을 지켜 이상적인 정신 수양의 경지를 추구해야 하는 것이다.

도교의 신앙은 이중성을 지니고 있다. 세속의 초월을 강조하고 도와 합일하는 신선의 경지를 적극적으로 선전하고 있지만, 다른 한편에서는 세속적인 삶을 포기하라고 요구하지 않는다. 현실의 삶 속에서 인도人道를 닦고 난 다음에 다시 선도仙道를 닦을 것을 주장한다. 먼저 완전무결한 인간이 되어야만 선도를 닦아 신선이 되는 것이 가능하다고 말한다. 도교에서 말하는 인도人道의 수행은 사욕을 줄이거나 공손하고 청렴하며 다툼이 없는 관념을 인간의 내면적 정신세계 속에 확립하는 것이며, 도덕적 수양을 제창함으로써 사람들로 하여금 신성하고 고상한 경지를 자발적으로 추구하게 하려는 데 그 의의가 있다. 『태평경』에서는 "적덕積德을 그치지 않으면 신선이 될 수 있다"[103]라고 강조한다. 갈홍은 "신선을 구하는 자는 마땅히 충효, 화순和順, 인신仁信을 근본으로 삼아야 한다. 만약 덕행

102 『루쉰 전집』 제3권, 인민문학출판사, 1973, 230쪽.

103 왕밍, 『태평경합교』, 403쪽.

을 닦지 않고 방술에만 힘쓴다면 장생할 수 없다"[104]라고 이른다. 이처럼 도교에서는 '적덕', '위선爲善', '충효', '인신' 등의 도덕적 원칙을 신성화했다. 이는 세속사회의 도덕적 준칙을 인정한 것일 뿐만 아니라, 도교신앙을 널리 선양함으로써 인류의 도덕적 정신의 경지를 드높이고자 하는 소망을 표현한 것이라 하겠다. 말하자면, 도가의 신성화가 세속적 삶의 정신적 경지를 승화하게 하는 도교적 분위기를 조성했다면, 도교의 세속화 역시 도교가 존립하는 사회적 기초 및 사회 속의 많은 대중으로부터 믿음을 얻는 데 필요한 충분조건을 조성했다고 할 수 있다.

마찬가지로 일련의 불교 이론들도 세속적 도덕을 신성화했는데, 세속적 도덕을 실천해야만 비로소 원만한 성불이 가능하다고 주장했다. 중국의 전통적 윤리사상에서는 인간의 상호 관심과 사랑을 주장한다. 불교는 이러한 세속적 도덕을 극단적으로 발전하도록 하여 사람이라면 마땅히 박애의 정신을 가슴에 품어야 한다고 강조한다. 박애를 하려면 무엇보다도 자비의 마음이 있어야 한다. 자비慈悲는 산스크리트의 '마이트리 카루나maitri-karuna'다. '자(慈, maitri)'는 본래 '벗'이란 뜻으로, 중생을 친구처럼 사랑하고 보호하며 기쁨을 주는 것이다. '비(悲, karuna)'는 '함께 슬퍼한다'라는 뜻으로, 중생을 가엾게 여기며 중생으로 하여금 고난에서 벗어날 수 있게 하는 것이다. 붓다나 보디사트바가 사랑하고 보호하는 마음으로 중생을 안락하게 하고, 불쌍하게 여기는 마음으로 중생의 고통을 제거하는 것을 이른다. 『대지도론』 제27권에 다음과 같이 말한다.

> 대자大慈는 일체중생에게 즐거움을 주는 것이고, 대비大悲는 일체중생의

104 왕밍, 『포박자내편교석』, 53쪽.

> 괴로움을 없애주는 것이다. 대자는 기쁘고 즐거운 인연을 중생에게 주는 것이고, 대비는 괴로움에서 벗어나는 인연을 중생에게 주는 것이다. … 또한, 소자小慈는 마음으로만 중생에게 즐거움을 줄 것을 염원할 뿐, 실제로 즐거운 일은 없다. 소비小悲는 중생의 온갖 몸과 마음의 괴로움을 관조하며 가엾게 여길 따름이고, 거기서 벗어나게 하지는 못한다. 대자란 것은 중생으로 하여금 즐거움을 얻게 하고, 또한 즐거운 일을 주는 것이다. 대비는 중생의 고통을 불쌍히 여기고, 또한 고통에서 벗어날 수 있게 하는 것이다.[105]

대승불교에서는 이런 점을 소승불교와 달리하는 중요한 근거로 삼고 있다. 『발보리심론發菩提心論』에서는 "보리는 마음에서 나오고, 자비를 으뜸으로 한다"라고 이른다. 『대지도론』의 주장에 따르면, 자비에는 세 가지가 있다고 한다. 첫째, '중생연자비衆生緣慈悲'다. 이는 소자비小慈悲로서 아직 번뇌를 끊지 못한 범부의 자비다. 둘째, '법연자비法緣慈悲'다. 이는 중자비中慈悲로서 번뇌를 끊은 성문聲聞, 연각緣覺, 초지初地 이상의 경지에 이른 보디사트바의 자비다. 셋째, '무연자비無緣慈悲'다. 이는 대자비大慈悲로서 등각위等覺位에 오른 보디사트바와 붓다의 자비다. 이 셋을 통칭하여 '삼연자비三緣慈悲'라 하고, 간단히 '삼자三慈'라 칭한다. 불교에서는 자비가 불도의 근본이며 불법의 중요 원칙이라고 주장한다. 중국불교에서도 자비의 정신을 극도로 강조하는데, 당나라 때 승려 도세는 『법원주림』에서 이렇게 말한다.

105 『대지도론』 제27권, 『대정장』 제25권, 256쪽.

보살이 일어나 행할 때는 구제를 우선으로 하고, 제불諸佛이 세상에 나올 때는 대비大悲를 근본으로 한다.[106]

중국불교에서는 보디사트바를 이상적 인격의 화신으로 받들고, 일체의 중생을 구제하는 것을 최고의 이상으로 삼는다. 이는 『대승기신론』에서 말하는 바와 같다.

중생은 이처럼 매우 가련하다. 이렇게 사유함으로써 마땅히 용맹스럽게 큰 서원誓願을 세워야 한다. 나의 마음이 분별을 여의게 하여, 시방十方에 두루 하여 일체의 여러 선한 공덕을 닦아 행하게 하고, 미래가 다하도록 한량없는 방편으로 고뇌하는 일체의 중생을 구제하여 열반의 제일의第一義인 즐거움을 얻을 수 있도록 원해야 한다.[107]

이처럼 중국불교에서는 자비를 가장 중요한 윤리적 원칙으로 간주한다. 민간에 널리 전해진 관세음보살이 바로 그러한 '자비'를 대표한다. 관음신앙의 파급 범위와 심도의 면에서 말한다면, 그것은 심지어 불교의 창시자 고타마 싯다르타를 비롯한 기타의 다른 붓다나 보디사트바의 신앙까지 초월한다. 이는 중국 인민의 고난이 혹심하다는 것을 여실히 반영할 뿐만 아니라, 자비의 정신에 대한 중국 인민의 갈망과 염원을 반영한 것이기도 하다.

불교의 평등자비平等慈悲는 일종의 넓고 큰 사랑이기도 하다. "보디

106 도세, 『법원주림』 제64권, 『자비편』 「술의부」, 『대정장』 제53권, 774쪽.

107 『대승기신론』, 『대정장』 제32권, 582쪽.

사트바는 모든 존재자에 대해 무한한 우애와 동정을 보여준다. 그의 결의는 내가 그들의 구원자가 되는 데 있다. 내가 그들을 모든 고난 속에서 해탈시키겠다는 것이다."[108] 이러한 박애 정신은 인류에만 국한되지 않고 일체의 모든 생명체를 포괄한다. 이런 의미에서 불교는 생태 환경을 보호하는 역할도 한다. 박애는 중생을 제도하고 같이 해탈하는 것을 최고의 목표로 삼는다. 이는 위대하고 숭고한 사랑이며, 사람으로 하여금 우러러 공경하고 깊은 감명을 받게 하는 거대한 사상이기도 하다. 불교에서는 박애의 마음을 가진 다음, 이런 마음으로 다른 사람을 배려하고 사랑을 할 때 비로소 원만한 깨달음을 얻어 불법을 성취할 수 있다고 주장한다.

유교는 세속적 도덕을 신성화하는 방면에서 대단한 성과를 거둔 종교다. 유교에서는 하늘을 신성불가침의 대상으로 간주한다. 유교에서 거론하는 삼강三綱이나 오상五常은 그 자체로 천리이며, 영원하고 절대적인 지고지상의 원칙이다. 이렇듯 유교에서는 기독교나 불교 및 도교와 다른 방향에서 신성화를 추진했다. 이러한 노선에서 유교는 봉건적 윤리도덕을 직접 신성화했다. 동중서는 이런 과정에 중요한 역할을 담당했는데, 선진 시기의 유교 윤리사상에 관한 이론화 작업을 진행하여 이를 종교신학으로 개조했다. '삼강'과 '오상'을 핵심으로 하여, 천인감응과 음양오행설이란 이론적 토대 위에 체계적이고 이론적인 윤리사상 체계를 구축했던 것이다. 그는 양존음비陽尊陰卑의 원칙에 근거하여 존군비신尊君卑臣, 존부비자尊父卑子, 존부비부尊夫卑婦를 주장했다. 또한, 동중서는 여기서 더 나아가 도에 대해서도 다음과 같이 논증했다.

108 [미국] 에드워드 콘즈Edword Conze, 『역대 불교경전Buddhist Texts through the Ages』, 런던 1954년판, 124쪽. [이탈리아] 마리아수사이 다바모니, 『종교현상학』, 87-88쪽 참조.

하늘은 군주로서 만물을 덮고 드러내며, 땅은 신하로서 이를 품고 싣는다. 양기는 지아비로서 이를 낳게 하고, 음기는 아내로서 이를 도와준다. 봄은 아버지로서 만물을 낳게 하고 여름은 아들로서 이를 기르며, 가을은 죽음으로서 이를 관棺에 넣고 겨울은 아픔으로서 이를 애도한다. 왕도의 삼강三綱은 하늘로부터 구할 수 있는 것이다.[109]

여기서 '왕도의 삼강'은 '천도'와 부합되는 것으로, 바꾸는 것이 허용되지 않는다. 동중서는 또한 음양론을 원용하여 다음과 같이 분석하기도 했다.

음은 양의 합合이고, 아내는 남편의 합이며 아들은 아버지의 합이고 신하는 군주의 합이다. 사물에 합이 맞지 않는 것이 없으니 음양에도 각각의 합이 있다. 양은 음과 겸하고 음은 양과 겸하며, 남편은 아내와 겸하고 아내는 남편과 겸한다. 아버지는 아들과 겸하고 아들은 아버지와 겸하며, 군주는 신하와 겸하고 신하는 군주와 겸한다. 군신, 부자, 부부의 의리는 여러 음양의 도에서 모두 취한 것이다. 군주는 양이 되고 신하는 음이 되며, 아버지는 양이 되고 아들은 음이 되며, 남편은 양이 되고 아내는 음이 된다. 음도陰道는 단독으로 행하는 바가 없다. 그 시작도 단독으로 일어나지 않고 그것이 마칠 때도 공功을 나눌 수 없으니 겸하는 뜻이 있기 때문이다. 이러한 까닭에 신하는 군주와 공을 겸하고, 아들은 아버지와 공을 겸하며, 아내는 남편과 공을 겸하고, 음은 양과 공을 겸하며, 땅은 하늘과 공을 겸한다.[110]

109 동중서, 『춘추번로』「기의基義」, 소여, 『춘추번로의증』, 351쪽.

이처럼 동중서는 천인감응이라는 종교신학의 목적론에서 출발하여 인성人性 자체를 사람이 "하늘로부터 받은 명命"의 자질로 간주했다. 그뿐만 아니라 인성에는 '성性'과 '정情'이라는 두 가지 측면을 포괄하고 있다고 지적하기도 했다. 그의 주장에 따르면, '성'이 밖으로 드러나면 인仁이 되어 선을 낳을 수 있고, '정'이 밖으로 드러나면 탐욕이 되어 악을 낳을 수 있다고 한다. 따라서 반드시 '성'으로 '정'을 제어해야 하고, "욕심을 덜고 감정을 끊음으로써 하늘에 감응해야 한다." 인성이 비록 하늘을 구현하여 선한 품성을 낳을 수 있다고 하지만, 그것은 단지 가능성에 그치는 말에 지나지 않는다. '성인'의 도덕적 가르침을 받아야만 비로소 선이 될 수 있다는 것이다. 따라서 도덕적 교화의 '제방'을 쌓아 간사함이 밖으로 드러나는 것을 저지할 수밖에 없다.

동중서의 종교신학적 목적론은 봉건 국가의 정권 유지에 권위의 후광을 덮어씌운 것이었다. 그러나 이러한 이론에도 결함이 있기 마련이다. 지고무상한 신의 권위가 의심을 받기 시작할 때, 삼강오상三綱五常이란 권위도 함께 동요될 수 있다는 것이다. 송명 시기에 이르러 이학자들은 이러한 인격신의 종교신학적 형식만으로 유교 윤리를 선양하는 것은 대단히 위험하다고 여겼다. 이에 따라 그들은 종전의 이론을 수정하고 거듭 새롭게 천명함으로써, '삼강오상'을 곧바로 '천리天理'로 신성화했다. 그러자 '천리'는 일체의 모든 것을 결정하고 지배하는 '신神'이 되었다. 누구든지 이를 위반하면 천리를 해치는 대역무도한 자가 되었다. 이학자들은 이러한 신성한 원칙을 통해 사람들의 세속적 삶을 이끌어나갔다. 그들은 사람들이 현실적 사회 관계에 완전히 굴복하고 이에 만족할 것을 강조했

110 동중서, 『춘추번로』「기의」, 소여, 『춘추번로의증』, 350-351쪽.

다. 그뿐만 아니라 사람들에게 "천리를 보존하고 인욕을 없앨" 것을 강요하기까지 했다. 유교에서 강조하는 인생의 의미와 가치는 '천리'를 지키고 이를 실현하는 데 있었다. 충·효·절節·의를 다하는 것이야말로 인간이 존재하는 목적과 그 의의이며 최고의 가치라고 여겼다. "불효에 세 가지가 있으니 후손이 없는 것이 가장 큰 죄다", "굶어 죽는 것은 작은 일이고, 실절失節이야말로 큰일이다", "공을 이루지 못할 바에야 죽어서 호국의 넋이 되리라"라는 말 등은 모두 이러한 사상을 반영한다. 집에서 효를 다하고 나라에 충성을 다하는 충효 사상도 일방적인 절대적 복종을 요구한다. 의무만 있을 뿐 아무런 권리가 없으며, 이를 위반하는 자는 곧바로 불효자나 반역자가 된다. 유교는 위계질서에 따른 인륜의 관계만 인정할 뿐만 아니라, 오로지 사람들이 존비의 계급적 관계를 통해 인간의 가치를 최대한 발휘할 수 있다고 주장한다. 이는 개인의 존재가치와 그 의의를 부정하는 것이라 할 수 있다. 인간의 개성을 인욕으로 규정하고, '천리'로써 이를 철저히 소멸하도록 해야 한다는 것이다. 이러한 점에서 유교는 불교나 도교와 확연히 다르다. 불교에서는 '평등자비'를 강조하고 사람마다 불성이 있다고 주장한다. 도교에서도 똑같이 사랑으로 대하는 '제동자애齊同慈愛'를 강조한다. 그러나 유교에서는 사람들 사이의 위계질서와 계급을 매우 강조하고, 군군君君·신신臣臣·부부父父·자자子子 등 일련의 계급적 윤리관을 중시한다. 또한, 이러한 윤리관을 하나로 통일된 인격신인 '천天'으로 신격화하거나 '천리'로 신성화하기도 했다. 불교의 피안이 완전무결하고 평등하며 자유자재한 서방 극락세계라 할 것 같으면, 도교의 피안은 자유롭게 노닐며 웃음이 넘치는 선계仙界다. 이와 비교해 유교가 궁극적으로 추구하는 세상은 봉건적 윤리도덕으로 구축된 천인합일의 정신적 경지라고 말할 수 있다. 이러한 천인합일의 정신적 경지에서는 필연적으로 세속적 도덕을 신성화하는 것이 존재하기 마련이다. 그렇게 할 때만이 이런 정신적 경지를 사람들이 한결 수월하게 받아들이게 되며, 더욱 손쉽게 그런 경지를 현실세계에서 구현할 수 있는 것이다.

유교는 이러한 신성화의 방향에서 다른 종교들과 차별된다. 그것은 현실적 사회윤리의 관계를 직접 신성화했다는 데 있다. 이렇게 신성화된 세속적 도덕과 세속 그 자체는 서로 충돌하기는커녕, 오히려 거의 완벽하게 일치하여 신성한 '신'과 세속적 '도덕'이 그 본질에 있어서 같은 것으로 취급되었다. 중국 민중의 이러한 적응성 덕분에 유교는 사회적 안정과 봉건적 통치 질서를 유지하는 데 필요한 가장 좋은 도구가 되었다.

제7장 — 연대와 교섭

중국종교는 특정한 사회 문화적 배경 아래에 존재한다. 중국종교사상의 내포와 기능 및 역할의 문제를 알기 위해서도 중국종교와 다른 의식 형태와의 상호교섭 관계를 고려할 필요가 있다. 문화 생태의 관점에서 볼 때도, 중국종교는 정치 · 철학 · 문학 · 예술 및 전통적 자연과학 등의 여러 분야와도 직접 또는 간접적으로 관련된다. 중국종교와 여러 의식 형태의 관계를 연구하는 것은 중국종교의 본질적 특징을 전면적으로 파악하고, 그 가치를 평가하는 데 중요한 연결 고리에 해당한다.

논의의 범위를 설정하는 데 있어서, 중국종교의 문화적 배경에 존재하는 다양한 의식 형태를 주목할 필요가 있다. 여기서는 전통적인 유교경학, 의학, 천문학, 민간신앙 등의 측면에서 살펴보기로 한다.

제1절

유교경학儒教經學과 도불사상의 교섭

'유교경학'은 중국의 사상과 문화를 구성하는 중요한 요소로서, 유교 경전의 훈고는 물론, 경전의 내용과 뜻에 대한 해석도 포함된다. 앞의 장에서 이미 지적한 바와 같이, 선진 시기의 도가는 아직 도교로 전환되지 못했고, 유가 역시 유교로 발전하지 못했다. 엄격한 의미에서 볼 때, 이 무렵 공자와 맹자로 대표되는 하나의 학파에 소속된 학자들이 신봉하는 경전을 유교의 경전이라 할 수 없다. 이른바 '유교경학'이라는 것이 없었던 것이다. 하지만 한나라 동중서로부터 유교가 초보적인 형태로 나타남에 따라, 선진 시기의 유가 문헌들이 모두 유생의 학습과 연구의 범위에 포함되었다. 따라서 여기서 말하는 '유교경학'은 사실상 선진 시기에 있었던 유가의 문헌에 대한 해석과 응용까지 망라한 것을 의미한다.

시기적으로 말하면, 유교경학의 연구 내용이나 그 대상인 유교 경전은 비교적 오랜 역사적 과정을 거치면서 점차 형성되었다. 최초의 '경經'이라고 부를 만한 유교 경전으로는 '육경六經'이 있는데, 이는 곧 시詩·서書·예禮·악樂·역易·춘추春秋를 가리킨다. 그중에서 『악경樂經』은 이미 망실되었기 때문에 학자들은 아무도 그 책을 볼 수 없었다. 따라서 이른바 '육경'은 실제로 '오경五經'을 가리킨다. 한나라 때 이르러 한인漢人들이 처음으로 오경박사五經博士를 만들었고, 그 후 차례로 『논어』와 『효경』을 보태어 각각 육경과 칠경七經이 되었다. 당나라 이후 다시 삼례三禮와 삼전三傳으로 나누고[1], 여기에 『역경』, 『서경』, 『시경』을 보태어 구경九經을 이루

1 삼례는 『주례』, 『의례』, 『예기』를 이르고, 삼전은 『춘추좌씨전春秋左氏傳』, 『춘추공양전春秋

었으며, 송대에 이르러 다시 『맹자』와 『이아爾雅』를 추가하여 십삼경十三經[2]이 되었다.

화하華夏 고전 문화의 대표적인 전승 양식으로서, 유교경학은 전통적 학술에서 중요한 지위를 차지할 뿐만 아니라, 전체 중국의 고대 사회에서도 줄곧 주류적 역할을 담당했다. 기나긴 역사를 통하여 유교는 자체의 정치적 지위와, 이로 말미암아 형성된 강력한 학술적 세력에 힘입어 불교와 도교에 영향을 미치는 것이 필연적인 수순이었다. 이에 불교와 도교 역시 중국인의 삶에 광범위한 사회적 영향력을 가진 정신적 형태로써 유교경학에 반발했다. 피차가 서로 대립하면서 상호 교섭함에 따라 중국 역사에 장대한 사상의 큰 흐름을 형성하게 되었다.

1 —— 불교와 도교에 침투된 유교경학

불교와 도교에 대한 유교경학의 사상적 침투는 간단한 말로써 설명하기 어렵다. 비교적 짧은 글을 통해 이 영역의 모든 문제를 챙기는 것은 거의 불가능하다. 따라서 여기서는 주로 윤리도덕과 철학의 방면에서 이 문제를 살펴보기로 한다.

1 윤리도덕의 측면에서 본 유교경학의 사상적 침투

유교에서는 『논어』, 『효경』, 『예기』 등의 경전을 주요 매개체로 삼아 충효의 기반을 다지고, 인의예지신을 중심으로 강상의 윤리와 사회적 행위 규범을 완벽하게 구축한다. 이를 '유교경학의 윤리'라고 통칭할 수 있다. 이

公羊傳』, 『춘추곡량전春秋穀梁傳』을 말한다.

2 십삼경은 『논어』, 『맹자』, 『시경』, 『서경』, 『역경』, 『주례』, 『의례』, 『예기』, 『중용』, 『대학』, 『춘추좌씨전』, 『춘추공양전』, 『춘추곡량전』, 『이아』, 『효경』을 이른다.

처럼 경학에 기반을 둔 유교 윤리는 고대 사회의 기본적 수요에 부응할 뿐만 아니라 농경 시대의 사회 관계를 유지하는 데도 도움을 주기 때문에, 역대 왕조로부터 존중되고 추앙되었다. 이러한 분위기 속에 도교는 말할 것도 없고 불교 역시 그 영향권에서 벗어나기 어려웠다.

'토생토장土生土長'의 종교라고 하는 도교는 한나라 때의 특정한 정치·문화적 배경에서 생겨났다. 이 시기의 유가 경학은 이미 정치와 문화 방면에서 최고의 지위를 획득하고 있었다. 이에 따라 도교는 초창기 시절부터 충효와 같은 전통적 경학의 윤리사상을 적극적으로 그들의 체계로 융합해 이를 신선 수행의 실천적 덕목으로 삼았는데, 이에 대한 증거가 있다. 현존하는 최초의 도교 경전 중 하나인 『태평경』에 다음과 같이 이른다.

> 사람으로 살아있을 때, 자식으로서 당연히 효도하고 신하로서 당연히 충성해야 하며 제자로서 마땅히 순종해야 한다. 효도와 충성과 순종이 그 몸을 떠나지 않아야 죽고 나서도 혼백이 질책을 받지 않을 것이다.[3]

이 책에서 "자식이 효도하고 신하가 충성하는 것"을 천지의 마땅한 도리로 간주하고 있는데, 이는 부지불식간에 유교경학의 윤리적 감화 기능을 반영한 것이라 할 수 있다. 진晉나라 말기에 나타난 천사도 교계경전敎戒經典인 『정일법문천사교계과경正一法文天師敎戒科經』에서도 다음과 같은 기록을 찾을 수 있다.

> 도는 충화沖和로 인해 덕이 되고, 불화로 인해 상극相克이 된다. 이로써 천

3 왕밍, 『태평경합교』, 408쪽.

지가 화합하고 만물이 자라나 꽃이 피고 열매가 무르익는다. 나라와 가문이 화합해야 천하가 태평하고 만백성이 편안하며 집안이 화합해야 어버이가 자상하고 자식이 효도하며 하늘이 복을 내린다. … 도를 받드는 데 부지런히 하지 않을 수 없고 스승을 모시는 데 공경하지 않을 수 없으며 부모를 모시는 데 효도하지 않을 수 없고 군주를 섬기는 데 충성하지 않을 수 없다. … 인의는 행하지 않을 수 없고 은혜는 베풀지 않을 수 없다.[4]

이처럼 '천지의 도'를 충효와 인의로 연결해 논하는 방식은 당시의 도교가 대도大道를 본체로 삼는 데 그치지 않고, 유교경학의 윤리관으로 교화하는 것에도 관심을 기울였다는 사실을 말해준다.

'효'에 관련한 전통적 유교경학 사상에는 부모에 대한 공경과 순종을 강조하는 것 이외에, 자신의 신체를 소중히 아껴야 한다는 내용도 들어있다. 『효경』이나 『예기』와 같은 책에서는 몸을 아끼는 것을 효의 시작으로 보기도 하고, 어떤 이는 이것이 부모를 공경하고 효도하는 데 필요한 가장 기본적인 요구라고 말하기도 한다. 효로 말미암아 몸을 아끼는 이러한 사상은 생명을 중시하는 도교의 중생重生 사상과도 은연중에 일치한다. 이에 따라 도교와 관련된 인물에게도 이런 사상이 받아들여질 수 있었다. 갈홍이 그런 인물인데, 그는 『포박자내편』에서 이렇게 말했다.

내가 듣기로, 몸이 상하게 하지 않는 것을 일러 효의 끝이라 한다. 하물며 선도仙道를 얻어 장생구시하고 하늘과 땅이 끝나는 것을 볼 수 있는 것과 비교할 수 있겠는가. 온전한 몸을 받아 온전하게 돌아가는 것과 아득히

4 『도장』 제18책, 232쪽.

멀지 않겠는가. 만약 허공에 올라 햇살을 밟으며, 구름을 수레로 삼고 무지개를 차양으로 삼을 수 있다면 … 조상의 영혼이 이를 알아 나로 인해 영광을 더할 것이다.[5]

갈홍은 득도성선을 유교식 효도가 승화된 "온전한 몸을 받아 온전하게 돌아가는受全歸完" 것으로 파악하고, '효'에 대한 유교의 시각에서 도교 성선의 합리성을 해석했다. 진실로 신선이 될 수 있다면 죽은 조상의 영혼도 이를 영광스럽게 여긴다는 것이다. 삽시간에 깨달아 하늘 밖으로 날아오르는 것은 효도를 어기는 것이 아니라, 오히려 일반적 의미의 효도보다 한 차원 높은 것이라고 주장했다. 이처럼 '효'를 성선의 문제와 연계하는 방식은 도교에서 상당히 보편화되어 있다. 후대에 와서 효도와 성선의 관계를 전문적으로 다룬 경서가 등장할 정도였다. 바로 『정명충효전서淨明忠孝全書』가 이 방면의 대표적 저술이다. 이 책의 권2에 다음과 같은 말이 있다.

태상太上께서 충효대도忠孝大道의 문을 열어주었다. … 그 요점은 참선參禪으로 도를 구하거나 입산하여 연형煉形하는 데 있지 않다. 충효를 근본으로 삼는 것을 귀하게 여기는 데 있다. 마음을 깨끗하고 밝게 하여 충·효·정淨·명明의 네 가지 아름다움을 모두 갖추면, 정신이 점차 통령通靈하게 되어 수련하지 않아도 저절로 도가 이루어진다.[6]

5 왕밍, 『포박자내편교석』, 52쪽.

6 『도장』 제24책, 634쪽.

글을 지은 사람은 정명淨明의 도가 충효에 바탕을 둔 것이라고 주장한다. 왜냐하면, 충효는 태상이 세운 대도의 문이며, 수도성선의 근본이 되는 길이기 때문이다. 심지어는 도교에서 일관되게 주장하는 입산수도 등의 여러 수련법을 초월할 만큼 중요한 것이라고 강조한다.

이뿐만이 아니다. 불교는 중국에 유입된 이후, 중국 민간의 풍속과 관습에 따라 그들의 가르침을 조율하는 데 착수함으로써, 중국 현지의 사회적 수요에 부응했다. 역사적으로 볼 때, 최초의 불교 가르침은 중국의 유교경학 윤리와 완전히 합치되는 것이 아니었다. 심지어 서로 모순된 부분도 있었다. 이를테면, 부모와 군왕에게 절을 올리지 않는다는 관념은 유교의 '충효' 전통과 정면으로 충돌했다. 중국인의 사회와 융합하기 위해서는 어쩔 수 없이 중국에 유입된 불교도 유연한 포교 방식을 택할 수밖에 없었고, 이에 따라 출가의 문제와 효도 간의 모순을 해결해야 했다. 북송의 설숭契嵩이 특별히 『효론』을 지은 사정도 여기에 있었는데, 그는 이렇게 말했다.

> 무릇 효는 여러 가르침에서 모두 존중하는 것이다. 불교에서는 이를 각별히 존중한다. … 무릇 효는 하늘의 길이고 땅의 섭리이며 백성이 가야 할 길이다.[7]

설숭은 '효'를 천경지의天經地義의 경지로 승격시켰다. 그는 '효'야말로 각 종교에서 모두 지키고 따라야 할 규범이라고 하고, 여러 종교 가운데 특히 불교에서 효도를 가장 높게 받든다고 주장했다.

---

7 설숭, 『심진문집』 권3, 『대정장』 제52권, 660쪽.

불교는 효도를 인정하는 이론적 바탕 위에 유교경학에서 주장하는 인간사회의 윤리 질서를 받아들였다. 천위안陳垣은 『청초승쟁기清初僧諍記』에서 이렇게 말했다.

> 송나라 왕실은 전성기 때와 남쪽으로 천도한 뒤에도 왕과 신하들이 모두 다 삼보三寶를 숭상했다. 그 당시의 존숙尊宿들은 대개 칙령을 받들어 법당을 열었기 때문에 축송祝頌의 사詞, 제왕의 도, 조사祖師의 법이 서로 조화를 이루어 성대했다.[8]

여기서 말하는 '축송의 사'는 선사禪師가 법당을 열어 설법하기 전에 먼저 분향을 하고 왕을 위해 축복하는 것을 이른다. 이로 미루어 불교는 유교의 인륜 가운데 '효' 정신을 수용했을 뿐만 아니라, '효'에서 비롯된 '충'의 관념까지 받아들였다는 것을 알 수 있으며, 나아가 이를 총림 제도를 통해 정착하게 했다는 사실을 말해준다. 이 모든 것에서 드러난 바와 같이, 불교는 중국으로 유입된 이후에 그들의 생존과 발전을 도모하기 위해 기존의 일부 가르침을 수정하여 유교경학의 주된 도덕관과 중국사회의 윤리 질서를 받아들였다.

여기서 주목할 점은 불교와 도교에서 유교경학의 윤리를 수용할 때, 사상적 측면에서 모종의 조율과 보완 과정을 거쳤다는 사실이다. 다시 말해 유교경학의 윤리를 수용하여 이를 불교와 도교에 실제로 적용해서 운용하고자 할 때 여러 가지 문제점들이 발생하는데, 이를 조율하고 보완하기 위해 불교나 도교 나름의 시각으로 경학의 윤리를 해석하여 종교적 심

8 천위안, 『청초승정기』, 중화서국, 1962, 90쪽.

리에 호소하는 보상 기제를 잇달아 마련했다는 것이다. 도교 방면에서 예를 들 수 있는 것은 『문창효경文昌孝經』「효감장孝感章」의 다음과 같은 내용이다.

> 불효자는 백 가지 일을 행해도 속죄할 수 없지만, 효행이 지극한 집안은 만겁萬劫을 씻을 수 있다. 불효자는 천지가 용납하지 않아 벼락에 맞아 죽고 마귀로부터 해를 당할 것이지만, 효자 집안은 귀신들이 보호하고 복록을 내린다.[9]

글을 지은 이가 말하는 바는 부모에게 효도하고 공경하지 않으면 무서운 재앙을 만나게 되고, 이와 반대로 효도하면 복록을 받게 된다는 것이다. 한편, 불교 방면에서도 인과응보설을 통해 효도의 당위성을 논증하거나 보상하고자 했다. 설숭의 『효론』이 바로 그런 경우다. 설숭은 효도를 '천지의 도리'라는 차원으로 승격하게 했고, 본체론의 차원에서 '충효'의 합리성과 필요성을 논증했다. 겉으로 볼 때, 도불 양교의 이러한 방법들이 유교경학 사상의 전통과 어긋난 것처럼 보이지만, 실질적으로는 종교신학의 권위로써 충효를 근간으로 하는 유교의 윤리 정신을 강화하는 측면도 있었다. 이러한 것들 이외에도 불교와 도교에서는 권선서를 대량 발행함으로써 종교신학의 검증을 거친 충효관을 퍼뜨려 일반 민중 사이에 지대한 영향력을 행사하기도 했다. 이러한 방법과 조치는 실제로 봉건 국가의 통치에 도움을 줄 뿐만 아니라, 유교경학의 내용과도 모순되지 않기 때문에 통치자와 유생들에게 묵인되고 조장되었다. 통속적이고 이해하

9 『장외도서藏外道書』 제4책, 306쪽.

기 쉽다는 특징으로 말미암아 도불 양교의 선서善書가 유교경학의 윤리를 민중에게 전파하는 데 크게 이바지했던 것이다.

2 철학적 방면에 나타난 유교경학의 사상적 침투

불교와 도교에 대한 유교경학의 사상적 침투는 윤리도덕적인 면에 그치지 않고, 철학의 영역에도 반영된다. 이와 관련하여 불교와 도교에 나타난 유교 문헌의 인용과 주석을 예로 들어 많은 증거를 제시할 수 있다.

먼저 불교 방면에 나타난 자료를 살펴보면, 『불조역대통재佛祖歷代通載』, 『법장쇄금록法藏碎金錄』, 『홍명집弘明集』, 『광홍명집廣弘明集』 등이 있다. 이러한 문헌에서는 『논어』, 『맹자』, 『효경』의 어휘나 내용을 대폭 인용하고 있는데, 이는 사람들로 하여금 불교와 유교경학 사상이 서로 어긋나지 않는다는 점을 의식하게 했다. 그러나 문헌에 나타난 이러한 직접적 인용은 필연적으로 철학적 이치를 서로 견주는 길로 나아가기 마련이며, 양자 간의 교섭을 통해 한 차원 높은 논의를 가능하게 한다. 예컨대 송나라의 고승 설숭이 『심진문집』에서 『중용』 등의 유교 경전에 대한 견해를 다음과 같이 밝힌 것이 그런 경우이다.

> 중용中庸은 도다. 도라는 것은 만물에서 나오고 만물로 들어간다. 그래서 도를 중中이라 한다.[10]

여기서 설숭은 유교경학의 '중용'을 불교의 '중도中道' 사상에 견주었다. 이런 정황은 명나라의 고승 덕청의 논저에서도 발견된다. 덕청은

10 설숭, 『심진문집』 권4, 『대정장』 제52권, 666쪽.

항상 유교경학의 문헌을 인용하여 불교사상을 밝히고 불교사상으로 유교경학의 내용을 해석하곤 했다. 그의 문집에 이런 내용이 있다.

> 『논어』에서 "군자가 진중하지 못하면 위엄이 없고 배워도 견고하지 못하다君子不重則不威, 學則不固"라고 일렀고, 또한 『장자』에서 "속으로 주체가 없으면 곧게 설 수 없고 밖으로 표적이 없으면 행할 수 없다中無主不立, 外無正不行"라고 말했다. 이런 말들은 비록 짧지만 비유하는 바는 크다. 그러므로 세상에 나온 학문과 성현의 도는 정심正心과 성의誠意로부터 수신修身하여 격물치지하고 명심견성에 이르지 않는 것이 없다. 그러므로 공씨(孔氏, 공자)가 인仁을 하는 데 삼성三省과 사물四勿을 우선으로 했으며, 오불吾佛은 마음을 제어하는 데 반드시 삼업三業과 칠지七支를 근본으로 했다. 역대 상하 고금의 인물들을 지켜보면, 대기大器를 이루고 대업을 크게 하고, 우주를 밝게 비추어 인사人師의 모범으로 걸출하게 드러난 자는 모두 이것에서 저것에 이르고, 조잡한 데서 정밀한 곳까지 미치며, 가까운 데서 멀리까지 이르지 않은 이가 없다.[11]

덕청은 유교경학의 수양법을 선종의 수행법과 오도론悟道論에 결부하여 이를 서로 견주어 해석했다. 유교의 덕성 수양인 이른바 불충不忠·불신不信·불습不習의 삼성三省과, 물시勿視·물청勿聽·물언勿言·물동勿動의 사물四勿과 정심성의正心誠意를, 불교에서 말하는 신身·구口·의意의 삼업三業과, 살생殺生·투도偸盜·사음邪淫·망언忘言·기어綺語·양설兩舌·악구惡口의 칠지七支에 견주었다. 양자는 모두 구도의 길로서, 여기에서 저기로

11 덕청, 『감산노인몽유집憨山老人夢遊集』 상책, 베이징도서관출판사, 2005, 197쪽.

이르는 것이며 비록 길은 다르지만, 그 극치는 모두 우주를 빛내고 도와 함께 하는 경지에 이를 수 있는 것이라고 주장했다.

이뿐만 아니라, 유교경학 사상을 한층 더 잘 활용하기 위해 적지 않은 고승들이 직접 나서서 불리佛理의 성격에 맞추어 유교경학에 주석 작업을 진행하기도 했다. 이는 유교에 불교의 이치를 도입하고 유교의 가르침으로 불교를 보충하고자 한 것이었다. 앞서 언급한 덕청의 경우, 그는 『대학직지大學直指』, 『중용직지中庸直指』, 『대학강목결의大學綱目決疑』 등의 저술을 통해 불교의 선종 이념으로 유교경학을 해석한 바도 있었다. 이같이 불교의 이치로 유교 경전을 해석하고 이를 전파함으로써 경학과 종교가 상호 교섭하게 된 것은 의심의 여지가 없는 사실이며, 이를 통해 양자가 한 차원 높게 발전하는 계기가 되었다고 하겠다.

한편, 도교 방면에서도 마찬가지의 현상이 나타났다. 이전李筌은 "사람은 그 신령함을 신으로 알지만, 신령하지 않은 신이 신령스러운 까닭을 알지 못한다人知其神之神, 不知不神之神所以神"라는 『음부경』의 말을 해석하면서 다음과 같이 말한 바가 있다.

> 사람들은 대개 성스러움에서 성인聖人의 어리석음을 귀하게 여기지 않는다. 그 성스러움을 보고 다시 그 어리석음을 살펴보아야 비로소 그 성스러움을 알아볼 수 있다. 그러므로 『서書』에서 "오로지 총명하기만 하면 일을 이루지 못하고, 오로지 우매한 짓만 하면 일이 모두 어그러진다專用聰明, 則事不成, 專用晦昧, 則事皆悖"라고 한 것이다. 일면 밝으면서 일면 어두운 것이 많은 때에 그렇게 나타난다. 이윤伊尹은 술 심부름을 한 적이 있었고, 강태공은 소를 도살하는 일에 종사했으며, 관중管仲은 가죽을 만드는 일을 했고, 백리해百里奚는 죽을 팔기도 했다. 쇠락하고 어지러운 시대

에 사람들은 모두 그들을 신통한 인물로 여기지 않았다. 나중에 이윤은 은나라의 성탕成湯을, 강태공은 주나라 문왕文王을, 관중은 제나라 환공桓公을, 백리해는 진나라 목공穆公을 만나서 각각 도로써 생령을 구제하고 공功이 우주에 이르게 되자, 사람들은 모두 그들을 지신至神의 인물로 일컬었다.[12]

여기서 『상서』의 말을 빌려와 '도'를 말하고 있는데, 수련을 통해 성인처럼 되려면, 총명함도 알아볼 줄 알고 어리석음도 살펴볼 줄 알아야 한다는 것이다. 치세와 난세에 잘 처신할 수 있어야 비로소 공적이 우주를 빛내고 어디를 가든지 유유자적할 수 있다는 말이다. 바로 이러한 출신입화出神入化의 절묘한 수련 상태에 도달한 것이 곧 일반인이 생각하는 '지신至神'의 경지다. 여기서 분명한 것은 이전이 유교경학에 있는 성인의 수양법을 천지의 현기玄機를 갈파한 『음부경』의 내용과 나란히 대비했다는 사실이다. 말하자면 유교의 성인심성설聖人心性說과 도교의 지신설至神說을 철학적 차원에서 회통한 것이다.

이처럼, 『상서』는 도교와 관련된 사람들이 "도를 논하는" 근거가 되었는데, 『주역』도 예외일 수는 없었다. 이에 대해서는 송원 시기에 일어난 '심역파心易派'의 허다한 저술을 통해 입증된다. 북송의 진단과 장백단 이래로 도교에서는 심성지학心性之學을 비교적 중시해왔는데, 『주역』 연구에도 이른바 '심역心易'라는 것이 나타났다. 송말원초의 도교 학자 이도순李道純이 그 대표적 인물 중의 하나다. 이도순은 『도덕회원道德會元』의 서언에서 자신이 탐구하는 역학을 명확하게 '심역'이라 지칭했다. 그는 이렇

12 이전, 『음부경해陰符經解』, 『문연각사고전서』 제1055책, 6쪽.

게 말했다.

> 내가 생각하기에 복희伏羲는 역易을 그려 선천의 비밀을 드러냈고, 노자는 글을 지어 도덕道德을 완전히 밝혔다. 이 둘이 과연 여러 경전의 비조鼻祖인가? 지금의 학자들이 그러한 이치를 지어내지 못하는데 무엇 때문인가? 그 진전眞傳을 얻지 못한 탓이다. 나는 본디 단서丹書를 잘 알지 못했다. 널리 편력하며 찾아다니다가 지인至人을 만나게 되어 심역心易을 깨우쳐주었기 때문에 역경의 오묘함을 비로소 알게 되었다.[13]

이도순은 노자의 저술에 복희의 『역』을 끌어와 이야기하는 과정에, 『주역』과 『도덕경』이 모든 단경의 비조이며 여러 경전의 위에 초월해 있다는 사실을 인정했다. 이와 동시에 도교의 심성지학을 『주역』과 함께 붙여 연관시켰다. 이른바 "지인을 만나게 되어 심역을 깨우쳤다"라는 이야기에는, 도교 신선사상의 의미뿐만 아니라 불가의 깨달음을 얻었다는 뜻도 담겨 있다. 이는 역학의 이름을 빌려 불교 '심성'의 내실을 거론한 것이라 하겠다. 이도순과 거의 동시대 인물인 등기鄧錡도 이 방면에 심득心得한 바가 있었다. 그는 한나라 하상공河上公의 학술적 전통을 계승하여 유교의 역학에 『도덕경』의 해설을 끌어다 넣기도 했다. 등기는 『도덕진경삼해道德眞經三解』의 시작 부분부터 곧바로 『주역』의 '함괘咸卦', '항괘恆掛', '태괘泰卦', '비괘否卦', '손괘巽卦'의 상호 관계를 응용해서 『도덕경』의 '가도可道'와 '상도常道'를 구분 지어 해석하고, 이어서 『주역』의 '건괘', '곤괘', '감괘', '리괘'를 응용하여 『도덕경』의 미추美醜와 선악 등의 의미를 해석하

13 이도순, 채지이蔡志頤 편집, 『도덕회원道德會元』, 『도장』 제12책, 642쪽.

기도 했다.[14] 이 책을 한번 훑어보면, 전편에 걸쳐 『역경』의 철리와 사상이 일관되게 나타나는 것을 알 수 있다.

앞서 논의한 바에서 알 수 있듯이, 중국의 불교와 도교에서 유교의 경학 사상을 차용하고 해석하는 정황은 상당히 보편적인 것으로 드러난다. 비록 이념의 차이로 말미암아 도교와 불교가 유교경학을 적당히 개조함으로써 그들의 교리와 비교하고, 그들 교단의 필요에 부응한 측면도 있지만, 객관적으로 볼 때 이러한 차용과 해석은 불교와 도교의 교리를 한층 풍부하게 발전시켰다고 하겠다. 그뿐만 아니라 상대적으로 유교경학을 진일보하게 했다는 점도 결코 무시할 수 없다.

2 —— 유교경학에 대한 불교와 도교의 반작용

유교경학이 불교와 도교에 수용되어 변화했다고 할 때, 여기에는 사실상 유교에 대한 불교와 도교의 반작용 문제가 이미 포함된 것이라고 말할 수 있다. 왜냐하면, 유교경학의 '충효' 관념에 대한 불교와 도교의 본체론적인 요구, 유교경학을 참고하여 이루어진 경전의 주소注疏, 그리고 이와 관련한 학파의 형성 등은 모두 유교경학에 대해 불교와 도교가 미친 거대한 영향력과 이론의 역류 현상으로 나타나기 때문이다. 역사적으로 볼 때, 이러한 이론의 역류 현상은 유교의 도통道統을 전승하는 송명이학이라는 문화적 현상에 집중적으로 나타난다.

1 '사서四書'의 지위 상승과 유교경학에 대한 불교와 도교의 반작용

'이학'은 북송 시기에 일어나 남송과 원명 시기에 이르러 크게 발전한다.

---

14 『도장』 제12책, 187쪽.

이 학파는 유교의 도통 계승을 자신들의 소임으로 삼는데, 그 연원은 당나라 한유와 이고까지 소급된다. 그들의 학설은 당나라 이전의 유교와는 다르기 때문에 후대인들이 '신유가新儒家'라 일컬었다. 일명 성리학자라고 하는 이학가들은 특별히 『대학』과 『중용』이라는 두 권의 책을 중시했는데, 여기에 『논어』와 『맹자』를 더하여 '사서'라 했다. 송나라 이후로 오면서 이를 경학의 필독서로 지정함으로써 예전에 오경을 위주로 한 유교경학의 중심을 바꾸어놓았다. 이와 동시에 이학가들은 학문의 중심을 심성의 문제에 관한 토론에 두었는데, 이 또한 종전의 유교경학에서 상대적으로 소략하게 취급한 부분이었다. '사서'를 두드러지게 드러내고 '심성'을 강조한 점에서 이 두 가지 새로운 이론적 경향은 사실상 긴밀히 연계되어 있다. 한쪽에서는 담론의 영역으로 전환함에 따라 경전에 치중한 경학의 중심을 바꾸어놓았다면, 다른 방면에서는 경전의 중심을 바꾸어놓음으로써 담론의 영역으로 전환한 시도를 한층 더 강화하고 정당화했다. 이러한 이학의 양대 특징은 따져보면 모두 불교와 도교의 자극으로 말미암은 것이라 하겠다.

불교는 중원으로 유입된 이후, 끊임없이 중국의 본토 문화와 융합을 시도해왔다. 처음에는 도교에 기대어 도경道經으로 불전佛典을 해석하다가 나중에 점차 중국인에게 수용되면서 이러한 방법을 선호하게 되었다. 특히 상류층으로 전파되는 과정에서 불교는 정교하고 심오한 교리로 인해 선풍적 인기를 끌었다. 삼국 시대와 위진 남북조 시기에는 적지 않은 상류층의 신도들이 등장하기도 했으며, 당송 시기에 이르자 불교는 세속사회에 한층 더 저변을 넓혀나갔다. 불교도들이 사대부들과 빈번히 교제하면서 불교 신자가 된 사대부들도 나타나기 시작했다. 『송사』를 보면 알 수 있듯이, 양송 시기에 선禪과 도道를 즐겨 입에 올리는 사대부들이 어디에나 존재했다. 예컨대 북송의 한림대학사翰林大學士 조형晁迥은 "토납吐納과 양생술에 뛰어나고, 불가나 도가의 경전에 정통하여 경전에 대한 견강부회로 일가를 이루었다."[15] 그의 『법장쇄금록』 10권은 유교 경전으로 불가와 도가의 책을 견강부회하여 저술한 덕분에 『사고전서四庫全書』의 석가류釋家類에 편입되기도 했다. 그의 시대에 같은 왕조에서 벼슬길에 오르고 동일하게 한림대학사가 되었던 양억楊億 역시 "불교 경전과 선관禪觀의 학문에 관심을 쏟았던" 유자儒者였다.[16] 당시의 불교는 전대미문의 전성기에 접어들었는데, 예전과 크게 다른 점은 일부 유생들까지 불교를 돈독하게 믿었다는 것이다. 이러한 경향은 특히 도통 계승을 본분으로 하는 이학가들의 마음을 뼈아프게 만들었다.

이와 아울러 본토의 도교 역시 송나라 때 크게 발전했다. 비록 그 지위는 불교에 비교할 바가 아니지만, 그 발전 추세는 녹록지 않았다. 왕안석王安石은 「예악론禮樂論」에서 다음과 같이 개탄한 바가 있었다.

> 오호라! 예악禮樂의 뜻이 전해지지 않은 지 오래되었구나. 천하에 양생養生과 수성修性을 말하는 자들은 모두 부도浮屠나 노자老子로 돌아갈 뿐이다. 부도나 노자의 말이 유행하여 천하에 예악을 일삼는 자들조차 세속의 흐름에 따르고 있을 뿐이다.[17]

인용문에 있는 '부도'는 불교를 가리키고, '노자'는 도교를 대표한다. 왕안석이 볼 때, 유교의 예악에 관한 가르침도 마침내 시류에 편승하여

15 탈탈脫脫, 『송사』 제29책, 중화서국, 1977, 10086쪽 참조.

16 탈탈, 『송사』 제29책, 10083쪽 참조.

17 왕안석, 『왕문공문집王文公文集』 상책, 상하이인민출판사, 1974, 335-336쪽.

불교나 도교의 말로 바뀌게 된 것이다. 비록 이러한 평가가 반드시 옳다고 할 수는 없지만, 그 무렵 불교와 도교의 거대한 반작용이 유교경학의 예악에까지 미쳤다는 사실을 여실히 반영한다.

불교와 도교가 사상과 문화의 영역에 그 저변을 꾸준히 확대해나감에 따라, 유교는 경학의 전승 문제를 놓고 커다란 위협을 감지하게 된다. 바로 이러한 분위기에서 한유와 이고의 뒤를 이어, '송초삼선생宋初三先生'이라 불리는 손부孫復, 석개石介, 호원胡瑗을 비롯하여 왕안석과 정이, 정호를 거쳐 곧바로 주희에 이르기까지 본격적인 반격이 시작되었다. 유교의 학문을 다시 떨치려는 의욕으로 '도통설道統說'과 그 전승 체계의 문제를 제기하고, 이와 아울러 "옛 성인의 끊어진 학문을 계승하겠다"라는 자세로 역사의 무대에 등장하여 '내성외왕'이라는 유교의 도를 건립하는 데 힘을 모았다. 당나라 때에 나타난 한유 등의 인물은 주로 종교적 형식의 측면에서 불교와 도교를 비판하고, 승려와 도사의 환속을 주장했다. 이러한 비판과 공박은 상대적으로 낮은 차원에서 이루어진 것이라 하겠다. 이런 선배들과 달리, 불교와 도교에 대한 송나라 때 이학가들의 비판은 대다수 이론적인 측면에서 나타났다. 그들은 전통적 경학의 내용을 완벽하게 갖추어 불교와 도교의 허점을 공격하고, 유교 '내성'의 학문을 새롭게 재조명하여 '외왕'의 도를 재현하고자 시도했다. 왜냐하면, 경학 계통의 교육을 받고 성장한 사대부들의 관심을 끌어낼 수 있는 것이 바로 정교하고 치밀한 불교의 심성학이고 도교의 양생론이었기 때문이다. 이를 현대어로 풀이하면, 불교와 도교를 인생에 대한 '궁극적인 관심'과 사상으로 파악하여, 유가의 복색을 갖춘 사대부들의 눈길을 끌고자 한 것이라고 이해할 수 있다. 아무튼, 내우외환의 위기에 자극을 받아 이학가들은 심성학의 담론 영역에 집요하게 개입하기 시작했을 뿐만 아니라, 유교경학의 경전 속에 변혁의 근거와 사상의 활로를 적극적으로 모색했다. 이로 인해 전통적 유교경학은 송명이학의 단계에 이르러 그 담론의 영역에 거대한 변화가 나타났고, 유교 담론의 영역이 전환됨에 따라 경학의 중심에도 거대한 변화가 발생했다. 다시 말해 예전에 '오경'을 위주로 하던 경학의 중심이 그 이후 '사서'로 이동한 것이다.

경학의 담론 영역에 중대한 전환점이 생겨난 이후, '사서'는 무수히 많은 유교 경전 가운데 두각을 드러내어 전대미문의 관심이 집중되었다. 그렇게 될 수 있었던 까닭은 '사서'가 이학에 비교적 완비된 심성학의 틀을 제공했다는 데 있다. 특히 『맹자』와 『중용』의 내용은 '심성'의 문제와 가장 밀접하게 관련되었다.

『맹자』라는 책은 '오경' 중심의 전통적 경학에 대해 가장 먼저 성선설이라는 본체론적인 해석을 시도한 경전이다. 이러한 해석은 송나라 때 심성학 이론의 주춧돌이 되었고, 『중용』에 포함된 심성학의 자원까지 이학가들이 이해하고 난 뒤에, 이를 『상서』「열명說命」에서 부열傅說이 언급한 '사구교四句教'와 결부하여 도통으로 전수된 심법의 정수를 완벽하게 해석할 수 있었다. 『중용』의 본문에는 "하늘이 명한 것을 성이라 하고, 성을 따르는 것을 도라 하며, 도를 닦는 것은 교라 한다天命之謂性, 率性之謂道, 修道之謂教"라는 말이 있다. 이 말에는 이학 심성론의 기본 명제가 포함되어 있다. 그뿐만 아니라 경세치용經世致用과 관련하여 전통적 경학에서 이르는 외왕의 취지까지 구현해낸 것이며, "인성이 착하다"라는 이학의 기본 명제를 본체론의 관점에서 증명한 것으로 드러난다. 이학가들의 이해에 따르면, 인성은 하늘로부터 얻은 것이기 때문에 그 자체로 자족하고 원만한 것이다. 단지 후천적인 자양분이 다르기에 현명하고 어리석다는 차별이 있을 뿐이다. 따라서 전통적 유교경학에서 제공하는 길을 따라 자아를 수양하게 되면, 누구나 자아를 완벽하게 하는 목적을 성취할 수 있게 된다. 전통적 유교경학을 통한 이러한 심성의 자아 회귀는 불교와 도교처럼 속세를 떠날 것을 요구하지 않는다. 오히려 세속적 책임과 의무를 자기 스스로 감당하는 과정을 통해 자아의 회귀와 원만함을 이룰 수 있는 것이다. 이는 불교나 도교의 심성론보다 한 걸음 더 나아간 것이라고 하겠다. "인성이 착하다"라는 것에 대한 본체론적인 증명이 이학의 심성론에 강력한 이론적 배경을 제공했기 때문에 가능했다. 또한, 이러한 두 권의 서적은 유교경학 가운데 비교적 초기에 나타난 저작물인데, 『중용』의 작자인 자사子思는 공리孔鯉의 외아들이자 공자의 손자이고, 맹자는 자사의 제자다. 그들의 저작물에 관한 탐구는 이론적 구축이나 학문적 권위의 면에서나 모두 도교나 불교와 맞대응할 수 있을 만큼 실제의 힘이나 신뢰할만한 경외감을 두루 갖추고 있었다. 이러한 연유로 송대의 이학은 출발부터 이러한 두 권의 서적에 지대한 관심을 표명했다.

『대학』은 이학가들에게 심성학의 원초적 자료를 대량으로 제공한 것 이외에, 사상을 폭넓게 전개하기 위해 광활한 문화적 공간을 남겨두기도 했다. 『대학』에 포함된 정심正心 · 성의誠意 · 수신 · 치국 · 평천하를 비롯하여 격물 · 치지 · 지어지선과 같은 사상은 이학가들의 학술 사상을 폭넓게 하거나, 덕을 닦아 학업을 지속해나가는 데 유용한 방편을 제공해주었다. 『논어』의 경우는 유교 전통 경학의 창시자인 공자의 언행을 기록함으로써, 전통 경학의 윤리 강상을 집중적으로 드러내었다. 비록 심성학을 직접 언급하거나 체제적으로 다룬 책이라고 말할 수는 없지만, 유교경학의 전승에서 가장 이른 시기에 나타난 상징적 표지물로서, 흔들릴 수 없는 절대적 권위를 지니고 있었다. 이학이 불교와 도교를 대항하여 도통을 유지하는 가운데, 『논어』를 통해 요 · 순 · 우로 이어지는 성인의 길을 계승하는 것은 중요한 의의가 있었다. 바로 이러한 이유로 이학가들은 이러한 네 개의 유교 경전을 깊이 읽고 연구하는 것을 중요시했는데, 이학의 집대성자인 주희 때에 이르러 마침내 '사서'를 편집해서 책의 형태로 세상에 유행하게 함으로써 재편성된 '사서'라는 전적으로 경학의 중심을 옮겨놓는 일을 완결했다. 유교경학과 관련된 경전의 중심을 바꾸는 이러한 대전환은 다분히 불교와 도교를 의식한 것이며, 심성학 영역의 주도권 다툼에서 이학의 필요성을 객관적으로 반영한 것이기도 했다. 이러한 의미에서 볼 때, 송명이학에서 두드러지게 강조되는 '사서', 그중에서 특히 『맹자』와 『중용』에 대한 특별한 관심은 유교경학에 대한 중국불교와 도교의 반작용을 나타냈다고 하겠다.

2 이학 선구자들의 경력과 그들 사상에 반영된 불교와 도교의 반작용

유교경학에 대한 불교와 도교의 반작용은 이학의 주요 쟁점이나 관련 담론을 비롯해 경학 전적의 중심이 전이되는 방면에 집중적으로 나타날 뿐만 아니라, 이학의 체계를 구축한 대표적인 인물들의 경력에도 나타난다. 당나라 때의 선구자인 한유와 이고는 물론이고, 그 이후의 주돈이, 장재, 정호, 정이, 주희, 육구연, 왕양명 등도 그들 학문의 이력을 들여다보면, 대부분 불교나 도교에 다년간 출입한 것으로 드러난다. 그들의 사상은 정도의 차이는 있지만 모두 불교와 도교의 영향을 받아 곳곳에 그 흔적을 남기고 있다.

일찍이 당나라 왕조에 이학의 실마리를 열어준 이고부터 불교와 도교에 드나들기 시작했다. 『문헌통고文獻通攷』에 의하면, 석림石林 엽씨葉氏가 다음과 같이 말한 기록이 있다.

지금 『전등록傳燈錄』에는 〈증약산승贈藥山僧〉이라는 그의 시가 한 편만 실려 있는데, 그 내용은 이렇다.

신형身形을 단련하니 학鶴과 같고
천 그루 소나무 아래에 두어 권 경전뿐
서래의西來意를 묻고자 하니
구름은 하늘에 있고 물은 병 속에 있다 하네[18]

이 시의 앞에 있는 두 줄은 도교의 양신養身과 성선成仙의 뜻이 담겨 있고, 뒤의 두 줄은 분명히 선종에서 상용하는 화두다. 게다가 이 시는 승려에게 주려고 쓴 것이다. 이로 미루어 볼 때, 이고가 불교와 도교를 모두 깊이 연구했고, 교단의 인물과 수시로 내왕했음을 알 수 있다. 이고의 대표작 『복성서復性書』는 『대학』, 『주역』, 『중용』 등의 경학 전적을 바탕으로 성정性情을 비롯해서 수양을 통해 성인이 되는 방법과 같은 주요 문제를 거론했는데, 벽불辟佛의 기치를 높이 들어 유교의 도통을 회복하는 것을 자신의 소임으로 삼았다. 그러나 행간에 노출된 사상적 지향점이나 그 표현 방식을 놓고 볼 때, 불교를 끌어와 유교를 내세웠다는 혐의를 면하기 어려웠다. 왜냐하면 『복성서』에 들어있는 "감정을 제거하고 욕망을 버린다去情廢欲"라는 말은 "형상을 떠난다離相"라는 불교의 말을 유교식으로 표현한 것에 지나지 않고, "생각하지도 헤아리지도 않는다弗思弗慮"라는 주장도 불교의 '무념無念'과 전혀 관련이 없는 것이라고 말하기 어렵기 때문이다. 불교의 흔적이 대량으로 남아있는 바로 이러한 '복성설復性說'이

18 마단림馬端臨, 『문헌통고』 하책, 중화서국, 1986, 1855쪽.

후대의 송명이학에 가장 많이 흡수되고 계승된 한 부분이기도 하다.

주돈이는 줄곧 이학의 개산비조開山鼻祖로 여겨져 왔다. 『송사』에서는 "천 년이 넘는 세월이 흘러 송나라 중엽에 이르자, 주돈이가 용릉舂陵에서 태어나 성현의 부전지학不傳之學을 얻게 되었다"[19]라고 일컬었다. 주돈이를 한나라 이후 맹자를 계승한 첫 번째 인물로 간주하고, 그의 최대 공헌이 유교 성현의 도통을 계승하여 세상에 널리 알려주었다는 데 있다고 했다. 이와 관련한 『송원학안』의 기록은 한층 더 자세한데, 여기서는 다음과 같이 말하고 있다.

> 공맹孔孟 이후로 한나라 유학자들이 경전을 전하는 학문에만 그쳤기 때문에 성性과 도道의 깊은 뜻이 끊어진 지 오래되었다. 원공元公이 우뚝 일어나고 이정二程이 그 뒤를 이었으며, 다시 횡거橫渠를 비롯한 여러 대유大儒들이 배출되어 성학聖學이 크게 번창했다. 그래서 안정서원安定書院과 조래서원徂徠書院이 탁월하여 유자儒者의 본보기가 되었다. 그러나 어떤 것이 시작되는 데는 앞선 것이 반드시 있기 마련이다. 심성心性과 의리義理의 정교하고 미묘한 점을 드러내 밝힌 것을 논한다면, 어둠을 깨뜨린 원공이 가장 손꼽을만하다.[20]

여기서 말하는 '원공'은 주돈이를 가리킨다. 글을 지은 황종희가 어둠을 깨뜨리고 이학의 길을 열어준 주돈이의 공을 전적으로 인정한 점에서, 이학에 주돈이가 차지하는 위상이 매우 높았다는 사실을 짐작할 수

19 탈탈, 『송사』 제36책, 12710쪽.

20 황종희 원저原著, 전조망全祖望 보수補修, 『송원학안』 제1책, 482쪽.

있다. 그러나 주돈이 역시 다년간 불교와 도교에 출입했는데, 그러한 내력은 그가 남긴 『태극도설太極圖說』과 『통서通書』을 통해 다소의 흔적들을 찾아볼 수 있다. 주돈이의 대표작인 『태극도설』과 『통서』의 두 글에 관하여 『송사』에서는 이렇게 평했다.

> 음양오행의 이치를 미루어 밝혀, 명命은 하늘에 있고 성性은 사람에게 있다는 것을 손바닥을 보듯이 명료하게 드러내었다.[21]

『송원학안』에서도 다음과 같이 언급했다.

> 『통서』는 주자周子가 도를 전하는 책이다. … 『성리性理』에서는 『태극도설』을 첫머리에 놓지만 여기서 『통서』를 첫머리에 놓는다. 『태극도설』을 후대 유학자들이 받들게 되면 이에 대해 이의를 가진 자도 있기 마련이고, 『통서』만큼 순수하고 흠이 없지 못하기 때문이다.[22]

이로 미루어볼 때, 이 두 책에서 논하는 내용이 이학에서 대단한 관심을 두고 다루는 유교 윤리의 본체론과 관련된 문제라는 것을 알 수 있다. 그 책들은 이학에서 제기한 우주 생성론과 성리의 관계를 논증한 최초의 저서이고, 그 덕분에 후대인들이 주돈이를 이학을 창시한 첫 번째 인물로 놓는 것은 지극히 당연했다. 그러나 이 두 책에 대해서는 여러 가지 논란이 분분했다. 논란의 초점은 흠이 없을 만큼 순수하지 않다는 것

21 탈탈, 『송사』 제36책, 12710쪽.

22 황종희 원저, 전조망 보수, 『송원학안』 제1책, 482쪽.

에 있었다. 불교와 도교의 사상을 흡수했다는 것이다. 『태극도설』만 순수하지 않은 것이 아니라, 『통서』 역시 불교와 도교의 사상을 차용한 흔적이 적지 않았다.

먼저 『태극도설』에 등장하는 태극도의 유래에 대해 살펴보면, 송나라 때 이 그림을 도교의 진단에게서 얻었다는 말이 전해진다. 『송원학안』에서는 육구연의 말을 인용하여 다음과 같이 말하고 있다.

> 주진朱震은 염계濂溪가 목백장穆伯長에게서 태극도를 얻었고, 백장은 진희이陳希夷로부터 얻어낸 것이라고 일렀다.[23]

같은 책에 황백가黃百家가 자기의 숙부가 쓴 「태극도변太極圖辯」의 글을 덧붙여 다음과 같이 말한 내용이 있다.

> 주자周子의 『태극도』는 하상공에 의해 만들어진 것인데, 방사의 수련법이다. 실로 노장老莊의 장생구시와 같은 것이며, 방문旁門에 속한다. … 주자는 『태극도설』을 갱신하고 그 본질을 찾아내어 다시 노장으로 되돌려 놓았으니, 기와 조각을 주워 정밀하고 심오한 알맹이를 얻었다고 하겠다. … 주자의 '무극이태극無極而太極'은 텅 빈 가운데 일어나는 조화를 가리키는 것으로, 노장을 유가에 부합시키려는 것이다.[24]

이 주장에 따르면, 태극도는 본래 방사들의 수련법에서 나온 것이

23 황종희 원저, 전조망 보수, 『송원학안』 제1책, 501쪽.

24 황종희 원저, 전조망 보수, 『송원학안』 제1책, 514-515쪽.

다. 비록 그림 자체는 기왓조각처럼 외도外道에 불과하지만, 주염계가 손에 넣은 뒤에 이를 정밀하게 연구하여 그 속의 알맹이를 흡수하고, 노장 사상을 유가 사상에 부합되게끔 끌어넣었다는 것이다.

그 이후, 주돈이의 『태극도설』에 있는 태극도의 출처를 놓고 역대로 수많은 논쟁이 일어났다. 주돈이 본인이 창제했다는 설이 있는가 하면, 도사로부터 얻었다는 설도 있고, 불교의 원상도圓相圖에서 비롯되었다는 말도 있다. 도교의 수련도修鍊圖나 불교의 원상도와 비교해 보면 확실히 많은 부분에 유사한 점을 발견할 수 있다. 비록 도교나 불교에서 비롯된 것으로 단정할 수 없더라도 쌍방이 모두 일정한 관련을 맺고 있다는 것은 부인할 수 없는 사실이다. 이런 의미에서 볼 때, 『태극도설』은 존재 그 자체로 유·불·도 삼교가 교류하고 융합된 결과물이라고 하겠다. 그리고 주돈이의 『태극도설』과 『통서』에 유교 이외의 사상이 대폭 포함된 것도 주목할 점이다. 『태극도설』에서 제기한 '주정主靜' 사상이 바로 그러한 사례다. 본문의 내용은 다음과 같다.

> 성인聖人은 중정中正과 인의仁義로써 정하고, 정靜을 주로 하여 인극人極을 세웠다.[25]

여기서 말하는 '정'은 사람됨에 있어 가장 높은 기준인 '인극人極'이다. 마음을 고요하게 해야 '원시반종原始返終'의 상태로 돌아가는 것이 가능하다는 것이다. 천지와 더불어 덕을 함께하고 일월과 합하여 밝게 빛나며, 사계절과 같이 움직이고 귀신과 길흉을 함께하며, 태어나고 죽는 연

25 황종희 원저, 전조망 보수, 『송원학안』 제1책, 498쪽.

유를 알아서 마침내 성인이 될 수 있다는 뜻이다. '정'은 원래 도가의 핵심 사상 중 하나이다. 주돈이가 도가의 '정'이란 관념을 빌린 것은 단지 하나의 개념을 단순하게 답습한 것이 아니다. 그가 말하는 '원시반종'이라는 주정관主靜觀과 노자의 '복명'이나 '귀근'은, 최종적으로 '천인합일'에 도달하는 길과 그 경지를 묘사한 것이다. 이를 비슷하다는 이유 하나만으로 모두 다 설명하기는 불가능하다. 『태극도설』이란 책에 있는 우주의 생성 과정에 대한 묘사와 '도생만물道生萬物'이라는 노자의 서술을 놓고 다시 비교해 살펴보면, 볼 때마다 황홀감에 빠져들어 왠지 서로가 비슷하다는 느낌을 지울 수가 없다.

주돈이 이후에 등장하는 이학의 대표적 인물로는 장재, 정호, 정이, 주희, 육구연, 왕양명 등이 있다. 그들은 비록 불교와 도교를 배척하고 도통의 계승을 주된 본분으로 삼고 있지만, 앞선 이학의 개산비조들과 마찬가지로 일찍이 모두 불교와 도교의 전적을 탐독한 바가 있었다. 그들의 학설도 불교와 도교사상을 광범위하게 흡수한 바탕 위에 세워진 것이다.

장재를 예로 들면, 『송사』에서는 불교와 도교에 대한 그의 학습 내력을 다음과 같이 피력하고 있다.

> 그 책(『중용』)을 읽어보았지만 부족한 느낌이 들어 다시 여러 석씨釋氏와 노씨老氏를 탐방하고 여러 해 동안 그들의 말을 깊이 연구했다. 그러나 별다른 소득이 없음을 알고 다시 돌아와 육경六經을 탐구했다.[26]

여기서 장재가 다년간 불교와 도교의 학설에 몰입했다는 사실을 알

26 탈탈, 『송사』 제36책, 12723쪽.

수 있다. 그가 나중에 유교의 육경으로 방향을 돌렸다고 하지만, 자신의 학설을 구축할 때 은연중 불교와 도교의 학설에 영향을 받았던 것으로 보인다. 잘 알다시피 장재는 유교의 기론氣論을 획기적으로 발전시켰다. 그러나 그 사상적 연원을 돌이켜보면 도교와 무관하지 않다는 것을 쉽게 알 수 있다. 이 점과 관련해서 오대 남당南唐의 저명한 도사 담초의 『화서』로 거슬러 올라가 그 단서를 찾아낼 수 있다. 『화서』에서는 '태허'를 도화道化의 기본 형태로 파악하고 있다. 태허 속에는 없는 것이 없다. '허虛', '신神', '기氣', '형形'은 "명칭을 붙이면 네 가지가 되지만, 그 뿌리는 하나다命之則四, 根之則一." 모두 도화 과정에 있는 시공時空의 표징으로, 결국 모두 '태허'라는 근원으로 돌아간다고 주장한다. 장재는 『정몽』「태화편」에서 많은 지면을 할애하여 '태허'를 거론했다. '태허'는 무형으로서 '기'의 본체와 관련된 것이라고 주장하고, 만물은 단지 '기'의 다른 표현 형식에 지나지 않는다고 생각했다. 이것 역시 '태허'를 도와 유사한 일종의 본체적 존재로 간주하는 시각이다. 게다가 담초는 『화서』에서 '화化'라는 개념을 특별히 강조했는데, 장재 또한 『정몽』「신화편神化篇」에서 '화'의 묘용을 많이 거론하고 있다. 장재가 담초의 『화서』 사상을 차용했다고 단언할 수는 없지만, 그가 "여러 석씨釋氏와 노씨老氏를 탐방하고 여러 해 동안 그들의 말을 깊이 연구했다"라는 학문의 이력을 놓고 보면, 『화서』를 본 적이 없다고 말하기는 어렵다. 게다가 '기화氣化'나 '태허' 등에 대한 그의 생각이 『화서』에서 계시를 얻지 않았다고 배제하기도 곤란할 것이다. 그밖에도 해당 본문에서 도가의 경전을 직접 인용하여 논의를 전개한 대목도 적지 않다. 예컨대 『정몽』「태화편」에서는 다음과 같이 말하고 있다.

기운의 덩어리로서 태허는 오르내리며 떠돌아 잠시도 멈추지 않는다.

『역』에서 이르는 '인온氤氳'과 『장자』에서 말하는 "살아있는 사물들이 불어내는 입김生物以息相吹"이나 '아지랑이野馬' 같은 것이 바로 이런 것이 아닐까?[27]

여기서 "살아있는 사물들이 불어내는 입김"이나 '아지랑이'와 같은 말들이 『장자』「소요유」에서 직접 인용된 것임을 보여준다. 또한 『정몽』「신화편」에서도 이렇게 말한다.

"변하면 화한다變則化"라는 말은 거친 데서 정밀한 곳으로 들어가는 것이다. "화하여 떨어져 나가는 것을 변한다고 이른다化而裁之謂之變"라는 말은 미묘한 것을 드러내어 나타나게 하는 것이다. "곡신불사谷神不死"하기 때문에 미묘한 것을 드러낼 수 있고 감추지 못하는 것이다.[28]

여기서 "변하면 화한다"라는 말은 『중용』의 문구이고, "화하여 떨어져 나가는 것을 변한다고 이른다"라는 말은 『주역』「계사상」의 문구다. 하지만 "곡신불사"는 『노자』의 유명한 구절이다. 이처럼 『정몽』의 「태화편」과 「신화편」에서 인용된 문헌의 출처로 미루어 볼 때, 『장자』와 『노자』의 학설을 직접 끌어와 그의 기화 이론을 해석한 것으로 드러나며, 이를 통해 이학 사상을 풍부하게 한 것임을 알 수 있다.

이 밖에 주희, 육구연, 왕양명 등과 같은 이학의 대가들도 불교나 도교와 긴밀한 관계를 유지하고 있었다. 주희는 송명이학의 집대성자로서

---

27 장재, 『장재집』, 8쪽.

28 장재, 『장재집』, 16쪽.

불교나 도교를 수시로 비난했지만, 그의 안목과 흉취가 관대하고 광범위해서 각종 학설에 대해 상대적으로 너그러운 태도를 견지할 수 있었다. 그는 당시의 거의 모든 지식 영역들을 두루 섭렵한 것으로 알려져 있다. 이에 대해『송원학안』에서 다음과 같이 언급한 바가 있다.

> 주자朱子의 위학爲學을 말할 것 같으면, 경敬을 주로 하여 그 근본을 세우고, 사물의 이치를 끝까지 파고들어 그 앎에 이르며, 자신을 스스로 돌이켜 반성함으로써 그 내용을 실천에 옮기는 것이다. 그리고 폭넓게 여러 책을 모두 읽었는데, 경서經書와 사서史書 이외에도 제자백가, 불교와 도교, 천문과 지리 등의 학문을 두루 섭렵하고 연구하지 않은 분야가 없었다.[29]

이 내용은 주희의 폭넓은 학문 내력을 정확히 서술한 것이다. 주희는 제자백가의 학문은 물론, 특히 불교나 도교사상도 끝까지 연구한 다음에 비로소 만족했다고 이른다.

주희는 청소년 때 임제종의 선사 도겸道謙을 스승으로 모신 적이 있으며, 여산廬山의 도사 허곡자虛谷子 유열劉烈에게 가르침을 청하기도 했다. 천룽제陳榮捷선생의 고증에 따르면, "주자가 도사와 내왕한 것은『문집文集』에 기록된 것만 보아도 무려 십여 명이나 된다. 평생에 걸쳐 교유한 도사는 아마도 이 숫자를 넘었을 것이다"[30]라고 한다. 도사와 내왕한 것을 제외하더라도, 주희는 불교와 도교의 서적을 고정考訂하기도 했는데, 공

29 황종희 원저, 전조망 보수,『송원학안』제2책, 1505쪽.

30 천룽제,『주자학신탐朱子學新探』, 학생서국學生書局, 1988, 605쪽.

동도사空同道士 추흔鄒訢이라는 이름으로 『참동계고이參同契考異』와 『음부경고이陰符經考異』라는 책을 지어 도교의 내단수련 이론을 연구한 바도 있다. 또한, 그의 문인門人들이 몇십 년간에 걸쳐 강의한 내용을 바탕으로 편집한 『주자어류』에 별도의 편과 장을 마련하여 불교와 도교를 논한 것도 있다. 여기서 주희는 이학의 핵심 개념인 '이일분수理一分殊'를 해석하면서 불교의 '월인만천月印萬川'을 차용했다는 것은 누구나 알고 있는 사실이다. 이처럼 불교와 도교는 주희의 이학 체계가 형성되는 과정에 깊은 영향을 미쳤다.

왕양명은 송명이학의 또 다른 중요 인물이다. 그 역시 경학 전적의 사상을 바탕으로 자신의 이론을 구축할 때, 적극적으로 불교와 도교의 사상을 받아들인 흔적을 뚜렷하게 보여준다. 그는 이렇게 말한다.

> 불씨佛氏와 노씨老氏가 쓰는 것은 나도 모두 쓸 수 있다. 즉 내가 진성지명盡性至命하는 가운데 이 몸을 완전하게 양생하는 것을 일러 선仙이라 하고, 내가 진성지명하는 가운데 세상의 더러움에 물들지 않는 것을 일러 불佛이라 한다. 다만 후세의 유자儒者들이 성학聖學의 온전함을 모른 탓에 불씨와 노씨의 견해와 다르게 되었을 뿐이다. … 성인은 천지의 백성이나 만물과 같은 몸이니, 유불儒佛과 노장老莊도 나에게 모두 유용하다. 이를 일러 대도大道라 한다.[31]

이러한 왕명양의 주장에 따르면, 유·불·도 삼교는 모두 쓸모가 있는 것이고, 단지 성학에 이르는 길만 다를 뿐이지 그 근본은 하나라는 것이다.

31 왕수인 찬撰, 우광 외 편교編校, 『왕양명전집』 권35, 하책, 1289쪽.

왕양명은 항상 불교나 도교의 개념을 차용하여 자신의 학설을 해석했다. '입지立志'를 해석할 때도 그는 이렇게 말했다.

> '존천리存天理'하는 것을 한시라도 잊지 않으면 그것이 곧 입지立志다. 이를 잊지 않고 오래도록 하게 되면 자연히 마음속에 응결되는 것이 있는데, 마치 도가에서 이르는 성태聖胎를 맺는 것과 같다.[32]

여기서 유교경학의 '입지'와 '존천리'로 도교의 수련 현상인 '결태結胎'와 관련지어 함께 거론하는 것은 유교 이외의 사상적 자원을 모두 수용하겠다는 그의 태도를 나타낸다. 그는 또한 "선도 생각하지 않고 악도 생각하지 않을 때 본래면목本來面目을 알 수 있다"라고 말했는데, 이는 불씨佛氏가 이르는 '본래면목'을 알지 못하는 자를 위해 방편을 설정한 것이라 하겠다. 그는 이렇게 말한다.

> 본래면목은 곧 우리 성문聖門에서 말하는 '양지良知'다. … "사물에 따라 궁구한다隨物而格"라는 것이 '치지致知'의 공부다. 즉 불씨佛氏가 말하는 '상성성常惺惺'이다. 또한, 그들이 말하는 본래면목을 항상 유지한다는 것이다. 체험 단계의 공부는 대략 서로 비슷하다. 그러나 불씨는 개인을 위하는 사사로운 마음이 있어서 서로 다른 면이 있다.[33]

왕양명은 불교와 유문儒門의 성공聖功을 비교하면서, 불교의 '본래면

---

32 왕수인 찬, 우광 외 편교, 『왕양명전집』 권1, 상책, 11쪽.

33 왕수인 찬, 우광 외 편교, 『왕양명전집』 권2, 상책, 67쪽.

목'이 곧 경학에 있는 '양지'고, 경학의 '치지' 공부가 바로 불교의 '상성성'이라고 했다. 공부의 측면에서 둘이 대체로 비슷하지만, 불교는 자신을 위하는 이기적인 면이 있기 때문에 궁극적인 목표는 유교와 크게 다르다고 생각했다. 이는 유교경학과 불교를 같은 자리에 놓고 이를 서로 비교함으로써 불교를 분석하고 배척했지만, 그 이면에 불교의 이론을 차용한 흔적을 보여주는 것이라 하겠다.

위의 분석을 통해 알 수 있듯이, 불교와 도교가 유교경학의 사상과 내용을 가져오는 데 관심을 보였다고 하지만, 다른 한편으로 유교경학의 대표적인 이론들이 대개 불교와 도교에서 그 자양분을 흡수한 것으로 드러난다. 하지만 구체적인 역사를 통해 진단해 볼 때, 이러한 유교경학과 도불 양교 사이의 상호교섭 작용은 종교와 경학이란 잣대로 간단히 양분할 수 없다. 양자는 마치 함께 흐르는 두 개의 강물처럼, 그 진행 과정에서 서로 영향을 주고받기도 했다. 앞서 논의한 내용은 순전히 해석의 문제에 대한 방편이고, 분석과 조율을 거친 개략적인 서술에 지나지 않는 것이다. 실제에서 유교경학과 도불 양교와의 상호 작용은 상당히 복잡하게 전개된다. 무수히 많은 호수와 강물처럼 그 생명이 살아 움직이며 발전하는 가운데, 끊임없이 구름이 되었다가 비가 되어 내리는 것과 같이, 각종 물의 흐름이 뒤섞여서 하나가 되었다가 다시 여러 개로 나누어진다. 이처럼 나뉘고 합쳐지는 과정이 반복되는 가운데, 각자의 활력이 유지되어 부패하거나 사망에 이르지 않았던 점에서 유교경학과 도불 양교와의 상호 작용은 다방향 또는 다원성의 특징을 지닌다. 어떤 문제 의식이나 혹은 어떤 개념이라도 처음에는 불교에서 제기되었지만, 다시 유교경학의 대표적 인물에 의해 발전된 다음에 도교에 영향을 미치게 되고, 최종적으로 다시 불교로 되돌아왔을 가능성이 있는 것이다. 아니면 정반대로 되었을 여지도 있다. '심학心學'이 그런 사례에 해당한다. '심학'이라는 개념은 도교에서 최초로 제기한 것으로, 수많은 도교 경전에 '심학'을 언급한 내용이 나타난다. 『상청자정군황초자령도군동방상경上清紫精君皇初紫靈道君洞房上經』에 다음과 같은 기록이 있다.

> 무릇 선仙이란 것은 심학心學이다. 마음이 성실하면 신선이 될 수 있다. 도란 것은 내면을 추구하는 것이고, 내면에 빈틈이 없어야 도를 얻을 수 있다. 무릇 진眞이란 것은 적막함 속에서 수련하는 것이다. 텅 비어 고요하게 되면 진의 경지에 도달한다. 신神이란 것은 모름지기 감응하는 것이다. 감응이 축적되면 영통한다. 항상 이를 지킬 수 있다면 신선이 되어 떠날 날이 머지않다. 만약 다투는 마음을 내어 정신을 소모한다면, 본체와의 화합에 오로지할 수 없어 동정動靜에 정기를 잃게 된다. 귀와 눈이 넓고 밝은 자는 아무리 애를 써도 소용없다. 도는 그럴수록 더욱 멀어진다.[34]

여기서는 도교의 신선 수련을 성심誠心과 수심修心에 연계했는데, 도를 닦아 선인이 되려면 우선 마음이 성실해야 하며, 마음이 성실하면 신선이 될 수 있다는 뜻이다. 이를 '심학'이라 한 것이다. 나중에 도교의 '심학' 이론을 선종에서 수용하여 그들의 심성학을 구축하는 데 이용하고, 그런 다음에 다시 도교 경전에 영향을 끼치게 된다. 그러한 흔적은 『동현영보도요경洞玄靈寶道要經』에 다음과 같이 나타난다.

> 무릇 구도자는 마땅히 무득無得의 마음으로 구해야 한다. 전심前心도 아

34 『상청자정군황초자령도군동방상경』, 『도장』 제6책, 547쪽.

니고 후심後心도 아닌 불기불멸不起不滅의 마음으로 구해야 한다. 비밀스러운 마음으로 구해야 하며, 크고 넓은 마음으로 구해야 한다. 꾸밈이 없고 솔직한 마음으로 구해야 하며, 인욕忍辱으로 정진하는 마음으로 구해야 한다. 고요하고 유약한 마음으로 구해야 하며, 자비와 효성이 지극한 마음으로 구해야 한다.[35]

여기서 말하고 있는 신선을 도모하는 도교 심학의 방법은 불교의 영향을 받은 것으로 드러난다. 처음부터 강조하고 있는 '불기불멸의 마음', '비밀스러운 마음', '넓고 큰마음' 등은, 행문行文의 방식은 물론, 문자의 내용까지 모두 불교 심학의 의미를 내포하고 있다. 그리고 이러한 심학은 다시 송명이학으로 발전하는데, 특히 명대에 왕양명이 '심학'이라는 학파를 열어 이를 대대적으로 주장함으로써 유교 심학을 세상에 크게 떨쳤고, 그 바람에 다시 거꾸로 도교 내단학에 지대한 영향을 미치게 되었다. 이런 현상은 종교와 경학사상 간의 교섭에서 우연한 것이 아니라 보편적인 현상이었다. 따라서 중국의 도불 양교와 유교경학 간의 교섭을 이해하려면, 반드시 이러한 상호 작용의 다양성과 복잡성을 충분히 고려해야 한다.

3 —— 유교경학과 도불사상의 상호 교섭 원인과 그 의의

도불 양교와 유교경학 간의 상호 교섭은 특정한 문화적 배경 아래 발생한 것이다. 이러한 상호 교섭은 사상 그 자체의 특성에서 볼 때, 필연적인 것이라 할 수 있다. 그 원인을 구체적으로는 언급하면 다음과 같이 세 가지로 요약된다.

---

35 『도장』 제6책, 305-306쪽.

1 중국 전통문화의 포용성과 유교 경전 자체의 종교적 의미

중국 전통문화에 내재한 강력한 포용력과 유교 경전 자체의 종교적 내용과 그 의미는 도불 양교와 유교경학 사상 간의 상호 교섭에 필요한 분위기를 조성했을 뿐만 아니라, 그 내재적 소통의 가능성을 마련해주었다. 중국은 그 어떤 사상이라도 모두 관대하게 포용했고, 그 내용까지 겸허하게 안으로 수렴한 역사가 있다. 『주역』「계사하」에 이런 말이 있다.

천하는 같이 돌아가지만 길이 다르고, 하나로 일치하지만, 온갖 것을 생각한다天下同歸而殊道, 一致而百慮.

이 말은 나중에 '삼교합일'이라는 사상적 융합을 주장하는 사상가들이 자주 인용하는 상투적인 전거가 되었다. 그 속에는 "천하에 백가百家가 있어도 그 이치는 같은 것이다"라는 사상도 포함되어 있는데, 이런 생각은 나중에 유교경학과 도불 양교가 상호 융합할 때 가장 많이 사용한 이론적 근거였다. 『논어』「자로」에서 말하는, "군자는 화합하지만 똑같지는 않고 소인은 똑같지만 화합하지 못한다君子和而不同, 小人同而不和"라는 것도, 같기를 바라지만 다른 점을 인정하고 너그럽게 포용하는 태도를 표현한 것이다. 『장자』「서무귀徐無鬼」에도 이런 말이 있다.

그러므로 바다는 동쪽으로 흐르는 강물을 사양하지 않으니 큰 것이 지극함이다. 성인은 하늘과 땅을 함께 껴안아 그 은택이 천하에 미치지만 아무도 그 힘이 누구의 것인지 모른다.

이 말도 군자라면 겸허하게 물러서서 천지를 포용할 줄 알아야 하

고, 만물보다 앞서 나가지 않는다는 뜻이다. 겸허와 관용을 기초로 형성된 중국의 전통문화는 이러한 사상의 포용성이 곧바로 그 주요한 지향점이 된다. 강력한 배타성에 있는 것이 아니다. 이는 곧 대국적인 문화의 자신감과 관용성이 표출된 것이라 할 수 있고, 이를 통해 강력한 동화력을 발휘할 수 있었다. 중국 전통문화에 내재한 이러한 자신감과 관용성으로 말미암아 서로 다른 학파나 사상 간의 교류가 가능했고, 그들 사상 간의 융합에 필요한 분위기가 조성되었던 것이다.

이와 아울러 유교경학의 원전 그 자체에도 종교성을 띤 내용을 대거 포함하고 있는 점도 주목할 필요가 있다. 『예기』, 『시경』, 『서경』은 물론이고, 『역』과 『춘추』를 비롯한 거의 모든 유교 경전에 종교 제사에 관한 내용이 다량 포함되어 있다. 예를 들면, 『예기』의 「교특성」편은 고대 천자天子가 시행한 교제郊祭와 사직社稷 및 오악五嶽 등의 대규모 행사를 주로 기술한 것일 뿐만 아니라, 제사의 유래를 밝혀 의식 절차를 상세하게 서술하고 그 의의까지 설명한 것이다. 「상복喪服」편은 주로 조상의 제사에서 각기 다른 계층의 인물들이 갖춰야 할 각기 다른 예의에 대해 설명한 것이며, 「예기禮器」편은 천자와 제후를 겨냥한 것인데 주로 제사의 기물을 배치하는 문제와 관련한 내용이다. 이렇게 본다면, 『예기』에 있는 글들은 대부분 제사와 관련된다고 할 수 있다. 『역』의 경우도 이와 유사하다. 곤괘困卦에 관해 다음의 기록이 이를 뒷받침한다.

> 구이九二, 술에 취해 아직 깨지 못했는데, 붉은 띠朱紱를 맨 자가 오려고 한다. 서둘러 향사享祀를 지내면 이로울 것이다. … 구오九五, 코가 베이고 다리가 잘려 붉은 띠를 맨 자에게 잡혀갔다. 나중에 기회를 얻어 도망쳐 돌아왔다. 서둘러 제사祭祀를 지내면 이롭다.[36]

여기서 말하는 '불紱'은 고대 제복祭服의 장식 띠를 가리키는데, 고대의 귀인貴人들이 제사를 지낼 때 허리에 매는 것이다. 이 괘는 제사의 장면을 암암리에 함축하고 있다. 기제괘旣濟卦의 괘사에도 다음과 같은 기록이 있다.

> 구오九五, 동쪽 이웃집에서 소를 잡는 것은 서쪽 이웃집에서 소박한 제사를 지내는 것만 못하다. 실로 그 복을 받을 것이다.[37]

여기서 "동쪽 이웃집에서 소를 잡는다東鄰殺牛"라는 말은 아주 풍성하게 제사를 지낸다는 뜻으로, 동쪽 은나라 사람이 소를 잡아 귀신을 후하게 제사하는 것을 가리킨다. '소박한 제사禴祭'는 아주 간소하게 제사상을 차려 제사를 지내는 것으로, 서쪽 주나라 사람처럼 간소하게 제사를 지내는 것만 못하다는 뜻이다. 『역』에서는 이처럼 제사 활동을 통해 거기에 내포된 경신敬愼과 수덕修德의 도리를 설명한다. 이러한 종류의 기록은 허다하게 찾아볼 수 있는데, 예컨대 관괘觀卦, 수괘隨卦, 대과괘大過卦 등에도 이와 관련된 내용이 많이 내포되어 있다. 그런 점에서 『주역』의 모든 괘가 종교적 제사의 의미를 많든 적든 간에 모두 얼마간 포함하고 있다고 해도 결코 지나친 말이 될 수 없다. 유교경학 자체가 종교적 성격을 농후하게 띠고 있어서, 유·불·도 삼교 간의 교섭에 필요한 사상적 합일점의 공간을 제공하여 상호 작용의 내재적 가능성을 보여주었다.

---

36 황서우치黃壽祺·장스안원張善文, 『주역역주周易譯注』, 상하이고적출판사, 2004, 363쪽, 365쪽.

37 황서우치·장스안원, 『주역역주』, 484쪽.

2 전통적 교육 체제와 유·불·도 삼교의 학술 교류

중국에서는 일찍이 하夏·상商·주周 시대부터 '상庠', '서序', '고종瞽宗', '벽옹辟雍' 등과 같은 교육 기관들이 이미 존재했다. 교육 내용도 예의, 음악, 무용 등을 비롯하여 아주 다양하고 폭넓었다. 하지만 당시의 학교에는 귀족의 자제들만 다닐 수 있었고, 평민이나 노예는 교육을 받을 권리가 없었다. 춘추 시기에 접어들어 왕실이 몰락하고 관학이 쇠퇴하여 개인적으로 강학하여 제자를 가르치는 현상이 나타나기 시작했다. 그중에 가장 유명한 인물로 공자를 들 수 있다. 공자는 당시 노魯나라에서 제자들을 모아 '육예六藝'를 가르쳤는데, 제자가 무려 삼천이나 되었다고 한다. 전국 시기에 이르자 제자를 모아 강학하는 현상이 한때 유행하는 풍조가 되었다. 그 이후 진시황이 천하를 통일하고, "사학을 금하고 관리를 스승으로 모시는禁私學, 以吏爲師" 정책을 시행했다. 사학은 금지되었지만, 관학은 금지 대상에서 벗어나 계속 유지될 수 있었다.

한나라가 건국되고, 한무제 건원 원년(기원전 140년)에 동중서가 정시廷試를 보는 자리에서 그 유명한 「천인삼책天人三策」을 올렸다. 한무제에게 태학太學의 설립을 건의한 책문策文인데, 그 내용은 다음과 같다.

> 태학은 현사賢士를 배출하는 기관이며 교화의 본원本原입니다 … 신臣은 폐하께서 태학을 일으켜 밝은 스승을 모시고 천하의 선비를 양성하기를 간절히 원합니다.[38]

한무제 건원 5년(기원전 136년)에 『시』·『서』·『역』·『예』·『춘추』의 오

38 반고, 『한서』 제8책, 2512쪽.

경박사를 설치하고, 기타 제가諸家의 박사를 폐지했다.[39] 이어서 원삭元朔 5년(기원전 124년)에 승상丞相 공손홍公孫弘이 한무제에게 건의하여, 박사를 위해 태학생太學生을 배치하고 태학을 설립할 것을 진언했다. 이에 따라 오늘날 산시성 서안西安의 장안성長安城 남쪽에 박사와 태학생을 위한 교사校舍가 세워졌는데, 이것이 정식으로 창립된 중국 태학의 시초다. 처음에는 학생의 숫자가 매우 적어 불과 수십 명 남짓했지만, 한나라 성제成帝 때 입학 정원의 제한을 취소하고 교사를 증축함에 따라 박사의 제자들이 3,000명까지 급증했다. 한나라 평제平帝 때 왕망이 섭정하던 무렵인 원시元始 4년(서기 4년)에, "왕망이 진언하여 명당明堂, 벽옹, 영대靈臺를 세우고, 학생을 위해 숙소를 1만여 칸 신축하게 했다"[40]라고 하는데, 여기서 '명당'은 천자가 제사를 올리는 장소이며 '벽옹'은 당시의 교육 기관인 태학이고, '영대'는 왕립 천문대를 가리킨다. 이로 미루어 태학의 규모가 이때 크게 확장되었던 사실을 확인할 수 있다. 후한 때 광무제 유수劉秀는 교육 문제를 대단히 중시하여 여러 차례 태학을 방문해서 직접 강의하기도 했다. 이에 힘입어 태학은 더욱 발전하여 후한 말 환제桓帝 때는 당시 태학생 인원수가 무려 3만 명에 이르렀다고 한다.

왕도王都 지역에서 태학을 설립한 것 이외에도, 한나라는 경제景帝 말년에 관립 지방 학교까지 설립했다. 한무제는 태학을 일으키는 동시에 군

---

39 '박사博士'라는 단어는 전국 시기에 최초로 나타난다. 학자에 대한 통칭이고 관직의 이름은 아니었다. 진시황이 천하를 통일한 후에 '박사'를 설치했는데, '박사'는 종묘의례를 관장하는 봉상奉常의 속관屬官으로서, 『시』와 『서』 및 백가百家의 언론을 맡아 관리하는 등, 조정에서 문화를 담당하는 관리다. '박사'는 유가에만 한정된 것이 아니다. 한나라는 진秦의 체제를 계승하여 예전처럼 '박사'를 설치했다. 이때의 박사도 경학에만 한정되지 않았다. 문학이나 형명刑名의 학문에도 모두 박사를 설치할 수 있었다. 한무제가 '오경박사'를 설치하고 기타 제가諸家의 박사를 폐지한 이후에 유가의 경학이 박사의 직책을 독점하게 되었다.

40 반고, 『한서』「왕망전王莽傳」 제12책, 4069쪽.

국郡國에도 모두 학교를 세우도록 지시했다. 한나라 평제 원시 3년(서기 3년)에 왕망은 글을 올려 관학의 설립을 청원하는 것과 함께 중앙과 지방의 학습 체계를 제정할 것을 요구했다. 이에 각 군국에서의 학교 설립이 보편화되었다. 관립 태학과 지방 학교 이외에, 한나라에서는 개인의 사설 교육도 상당히 보편화되어 크게 발전했다. 반고가 〈양도부兩都賦〉에서 "사해四海 안에 학교가 숲처럼 즐비하여 상庠과 서序 같은 지방 학교의 문이 미어터진다"라고 말할 정도였다. 이런 말은 문학작품에서의 과장된 느낌을 토로한 것에 불과하지만, 이를 고려해도 한나라 때 이루어진 완벽한 교육 체제와 그 성대함을 잘 반영해준다고 하겠다.

한나라 때에 학교를 설립할 때부터 교육의 주된 내용이 유교에 편중되어 있었다. 관립 태학과 지방 학교는 물론이고, 숲처럼 즐비하게 들어선 민간의 사학에 이르기까지 모두 유가의 경전을 읽는 것을 교육의 주된 내용으로 삼았다. 한나라 때의 이러한 교육 형태와 그 내용은 후대에 그대로 계승되고 발전되었다. 위진과 수당은 물론, 송원과 명청에 이르기까지 관학이든 사학이든 학교의 명칭이 제아무리 변하더라도 교육의 주된 내용은 줄곧 큰 변화가 없이 대개 유교경학을 중심으로 이루어졌다. 이러한 흐름은 수당 시대에 과거 제도가 개선된 이후에도 이어졌다. 역대 왕조들은 유교경학을 과거의 내용으로 삼고, 이를 통해 인재를 선발했다. 공명과 관록의 부추김으로 인해 유교의 경학 사상은 한층 더 널리 보급되고 강화되었다. 이러한 교육 제도 때문에 중국 역사상 글자를 알아보고 책을 읽을 줄 아는 사람이라면 맨 먼저 유교경학 사상의 가르침을 받아야 했고, 그것은 엄연한 객관적 사실로 인정되었다. 따라서 어느 정도 성취한 도교 학자나 불교 고승들도 거의 모두 우선적으로 유교의 경학 사상에 빠져들어야 했다. 게다가 그들 자신도 유교사상이 지배적 권위를 누리는 사회에서 성장한 탓에 유교를 거친 다음에 도교나 불교로 나아갈 수 있었다. 이렇게 된 상황에 구체적 개인으로서 주장하는 그들의 사상 역시 불가피하게 혼합된 상태로 표출될 수밖에 없었다. 이는 일종의 거대한 사회적 현상으로서, 유교경학과 도불 양교의 융합에 필요한 광활한 문화적 배경을 제공할 뿐만 아니라, 도불 양교와 유교경학이 서로 교섭해야 하는 필연성을 조성해주었다고 하겠다.

3 정치적 권력의 후원과 유·불·도 삼교 사상의 상호 교섭

권력을 장악한 통치자의 시각에서 볼 때, 제가·치국·평천하는 유교경학을 떠나서 성립할 수 없고, 장생구시는 도교를 떠날 수가 없으며, 청담清淡과 유현幽玄은 불교와 분리될 수 없다. 그리고 불교와 도교는 나름의 권선勸善과 교화의 기능이 있어서 정치적 영향력을 행사하는 데 여러모로 좋은 점이 많다. 그래서 역대 왕조의 통치자들은 그들의 정권을 안정시키기 위한 정치적 의도에서 유·불·도 삼교의 합일을 주장하고, 도불 양교와 유교경학의 대융합을 적극적으로 추진했다. 이러한 의도적인 삼교의 병용은 위진 남북조 시기에 불교와 도교가 바야흐로 흥행하기 시작할 때부터 이미 나타났다.

남조 시기의 양무제는 독실한 불교 신자로 세상에 널리 알려져 있다. 그는 일찍이 세 차례나 사원에 몸을 바쳤을 뿐만 아니라, 조정의 대신을 통해 거액의 시주를 함으로써 속신贖身을 한 적도 있었다. 또한, 친히 『반야심경』을 강론하고, 『마하반야바라밀다경주해摩珂般若波羅蜜多經註解』와 『삼혜경의기三慧經義記』 등의 불교 전적을 저술하기도 한 점으로 미루어 볼 때, 불교를 무척 좋아하고 중시했다는 사실을 짐작할 수 있다. 그가 남긴 〈술삼교시述三敎詩〉에서는 자신을 이렇게 말한 바도 있다.

어릴 적에는 주공周公과 공자를 배웠고
약관弱冠에 육경六經을 다 읽었다
책을 널어놓고 효의孝義를 찾았으며
청사靑史에 인서仁恕가 그득함을 알았네
말한 바 실천하여 자만심 물리치니
착한 일 행함은 생명을 아끼는 데 있구나
중년에 다시 도서道書를 보고 나서
유명有名과 무명無名을 알았다네
…
만년에 불교책을 펼쳐봤더니
달빛이 많은 별을 비추는 것 같구나[41]

여기서 양무제 자신이 삼교를 섭렵한 것을 알 수 있는데, 유교에서 도교를 거쳐 다시 불교에 이르게 되었다는 저간의 사정을 말해준다. 『남사南史』의 기록에 의하면, 양무제가 재위할 당시에는 한쪽에서는 사원을 많이 건립하게 하고, 다른 한쪽에서는 오경박사 제도를 설치하여 유교 경학을 중점으로 가르치는 학교를 세우게 했다고 한다. 또한, 불교 경전의 주해 작업을 진행하는 동시에 유교경학의 전적에 대한 주소注疏 작업에도 꾸준히 간여했다고 한다. 양무제는 『춘추답문春秋答問』, 『상서대의尙書大義』, 『중용강소中庸講疏』, 『공자정언孔子正言』, 『효경강소孝經講疏』 등 모두 200여 권의 책을 저술하고, 이밖에 『열반涅槃』, 『대품大品』, 『정명淨名』, 『삼혜三慧』 등 여러 경전에 대한 의기義記를 수백 권이나 만들어낸 바도 있

41 도선道宣, 『광홍명집』 권30, 『대정장』 제52권, 352쪽.

다.[42] 직접적인 정치적 책략에 의한 것이나, 아니면 스스로 모범을 보이려는 의도에서 비롯된 것이든 간에, 양무제가 최초로 삼교의 합류를 시도한 인물인 점은 부정할 수 없다. 그의 특수한 정치적 신분을 빌미로 양무제의 이러한 행위가 도불 양교와 유교경학의 교섭과 발전에 끼친 영향까지 과소평가해서는 안 될 것이다.

수당 이후로 접어들면서 각 시대의 통치자들은 기본적으로 유교를 중심에 놓고 불교와 도교를 부수적인 것으로 하는 삼교의 병용을 정치적 방침으로 채택했다. 수나라는 비록 중국 역사상 단명한 왕조에 지나지 않았지만, 짧은 기간 동안 유교를 위주로 한 삼교 병합의 방침을 일관되게 유지했다. 수문제와 수양제는 유학을 숭상하고, 유교 경전에 대한 연구와 학습에 비상한 관심을 보였다. 개황開皇 3년(583년)에 수문제는 비서감秘書監 우홍牛弘의 건의를 받아들여 사신을 파견해서 천하에 흩어진 유교 경전을 수색하도록 조치했으며, 그와 동시에 도교와 불교를 적극적으로 후원하기도 했다. 『수서隋書』에 기록된 조서詔書의 내용은 다음과 같다.

> 불법은 깊고 오묘하며, 도교는 겸허하고 너그럽다. 모두 큰 자비를 내려 중생을 제도한다. 무릇 유정물이라면 모두 다 보호받을 수 있다. 그래서 영상靈相을 새기고 주물로 만들며, 진형眞形을 그려놓고 선남선녀들이 모두 우러러 추앙하게 함으로써 성誠과 경敬을 다할 수 있게 한다. … 감히 불상과 천존상天尊像과 악嶽·진鎭·해海·독瀆의 신상을 훼손하거나 훔치는 자가 있다면 무도의 죄로 따지겠다. 사문沙門으로서 불상을 훼손하거나 도사가 되어 천존상을 훼손하는 자는 악역惡逆의 죄로 따지겠다.[43]

42 이연수李延壽, 『남사』 제1책, 중화서국, 1975, 223쪽 참조.

이러한 내용은 대권을 손에 쥔 황제가 곧 불교나 도교와 나란히 존엄하다는 것을 의미하며, 삼교의 발전과 전파에서 제왕들의 정치적 지지가 있었다는 사실을 말해준다.

당나라의 통치자는 최초로 자신의 성씨를 높여서 황실의 권위를 강화하고자 했다. 이를 위해 도교의 교주인 노자를 그들의 친족으로 끌어넣어 조상으로 추인하고, 도교의 서열을 유교와 불교보다 앞에 놓았다. 이연李淵은 무덕武德 8년(625년)에 「선노후석조先老後釋詔」를 다음과 같이 반포했다.

> 노자의 가르침과 공자의 가르침이 이 땅에 가장 앞선 종교다. 석가의 가르침은 나중에 일어난 것이니, 마땅히 손님을 대하는 예로써 숭상해야 한다. 먼저 노자를 앞세우고 그다음 공자로 하고 마지막을 석가로 정하도록 해라.[44]

이와 아울러 당 왕조의 각 시기에 통치자들이 의도적으로 도교의 지위를 높이고자 각별히 도사들을 총애하는 조치를 취한 적도 있었다. 당 고종唐高宗 이치李治는 노자를 '태상현원황제太上玄元皇帝'로 봉했을 뿐만 아니라 친히 박주亳州로 가서 노군묘老君廟에 참배하기도 했다. 또한, 그는 『도덕경』을 상경上經으로 받들고 과거를 준비하는 공인貢人과 거인擧人들로 하여금 이를 학습하도록 다음과 같이 말하기도 했다.

---

43 위정魏征 외, 『수서』 제1책, 중화서국, 1973, 45-46쪽.

44 『속고승전續高僧傳』 권25, 『고승전합집高僧傳合集』, 상하이고적출판사, 1991, 312쪽.

지금 이후로 『도덕경』도 상경으로 한다. 모든 공인과 거인들은 반드시 이에 통달해야 한다. 나머지 경서와 『논어』는 그대로 한다.[45]

그런데 나중에 이치는 측천무후와의 관계 때문에 조서를 내려 불교를 도교와 나란히 대우했다. 그후 측천무후가 왕권을 장악한 천수天授 2년(691년) 4월에 다시 다음과 같은 조서를 내렸다.

석교釋教를 도법道法보다 위에 두고, 비구와 비구니를 도사와 여관女冠보다 앞에 있게 하라.[46]

이 내용을 보면 불교의 지위가 격상된 것이 분명하다. 하지만 이러한 조치는 당시 정치적 암투를 위한 수단에 불과했다. 실제로 당 왕조의 사상계에서 정통적 지위를 차지하고 있는 종교는 무어라 해도 유교였기 때문이다. 예컨대 당태종은 이렇게 말하기도 했다.

짐이 좋아하는 바는 오로지 요순의 도道와, 주공이나 공자의 가르침이다. 마치 새에 날개가 있고 물고기가 물에 의존하는 것처럼, 잃게 되면 반드시 죽을 것이니 잠시라도 없을 수 없다.[47]

당나라 때는 '오경'을 통일하고 그 내용을 바로잡아 『오경의소五經義疏』를 반포했는데, 이러한 폭넓은 조치는 경학의 역사상 유례가 없는 것

45 유구劉昫 외, 『구당서舊唐書』 제3책, 중화서국, 1975, 918쪽.

46 유구 외, 『구당서』 제1책, 121쪽.

47 오경吳兢, 『정관정요貞觀政要』 권6, 상하이고적출판사, 1978, 195쪽.

이었다. 당시의 정황으로 미루어 사실상 유·불·도 삼교를 병용하는 것이 주된 목적이었고, 어느 한 종교를 높이 받들어 다른 양쪽 종교를 제거하거나 근본적인 타격을 가하려는 것은 아니었다.

그 이후 중국 역사상 유·불·도 삼교에 대한 정책이 기본적으로 확정되었다. 비록 특정한 시기나 단계에서 삼교 중의 어느 하나가 교세를 떨치면 다른 쪽이 침체하는 등의 변화가 있기는 했지만, 유교경학을 정통으로 내세우고 불교와 도교를 병용하는 기본적 모델에는 큰 변화가 없었다.

요컨대 불교와 도교는 유교경학과 상호 교섭하는 가운데 서로를 거울로 삼아 발전하고 개선되어 갔다. 그 결과 도교는 마침내 원시 종교에서 탈피하여, 정교하고 심오한 이론적 수준이나 복잡다단한 신선 체계 및 완벽한 종교적 의례 절차를 갖춘 민족종교로 변신할 수 있었다. 불교 역시 중국에서 토착화되는 과정을 거침으로써 중화민족에 동화되었고, 최종적으로 중국 문화와 혼연일체가 되어 중국불교로 자리를 잡게 되었다. 또한, 유교경학도 이러한 교섭을 통해 끊임없이 발전하고 날로 혁신하여 꾸준히 새로운 학술의 생명을 길게 이어나갈 수 있었다. 이러한 상호 작용과 융합의 역사 속에, 중화민족의 문화는 관대한 포용력과 함께 동질성을 추구하고 이질성을 보존할 수 있었으며, 화이부동和而不同의 문화적 특질을 형성하고 이를 완벽히 개선할 수 있었던 것이다. 이처럼 모든 것을 두루 포용하거나, 다원적 문화로 조화로운 발전을 꾀하는 사상의 특질은 오늘날 그 중요성이 더욱 돋보인다. 역사는 맑은 거울과 같다. 어떠한 학술 사상의 발전은 물론, 하나의 민족이나 하나의 국가에서 그 문화가 융성하려면 너그럽고 넓은 마음이 있어야 하고, 외부의 지식을 끊임없이 흡수해야 한다는 것을 알려준다. 어느 한 곳을 고집하여 집착하거나 한쪽의 견해에 구속되어서는 안 되는 것이다. 이점에 대해 일찍이 주희는 〈관서 유감觀書有感〉이라는 시에서 다음과 같이 노래한 바가 있다.

네모진 연못이 거울처럼 펼쳐지니
하늘빛 구름 그림자가 함께 배회하네
묻노니, 어찌하여 이처럼 맑을 수 있을까
근원에서 솟는 물이 내려오기 때문일세

근원으로부터 솟아나는 물이 내려와야 생기가 충만한 맑은 도랑물이 비로소 존재할 수 있다. 이같이 너그럽고 넓은 마음과 자신감에 넘친 포용의 기풍이 있어야 각종 다양한 선진 문화를 끊임없이 흡수하여 성대한 민족문화를 꽃피울 수 있는 것이다.

제2절
고대 과학과 중국종교사상

중국종교는 원래 의학과 천문학을 연구하는 전통을 가지고 있다. 유·불·도 삼교는 물론이고, 이슬람교에도 의학과 천문학 이론이 상당히 풍부하게 포함되어 있다. 종교와 의학, 그리고 천문학 사이의 이러한 동반자적 관계는 양자 간의 영향을 미치는 데 선천적 여건을 마련해주었다. 기나긴 역사의 전개 과정에서 중국종교사상과 고대 의학 및 천문학 간의 상호 파급 효과는 줄곧 끊이지 않고 의학과 천문학의 발전을 진전하도록 했을 뿐만 아니라, 중국 고대 과학기술과 종교사상을 한층 더 다채롭게 하고 크게 발전하게 했다.

1 —— 고대 의학과 천문학이 중국종교사상에 미친 영향

고대 의학과 천문학이 중국종교사상의 발전에 미친 영향은 주로 종교적 문헌과 의학이나 천문학 관련 문헌에서 찾아볼 수 있지만, 그 양쪽에 종사하는 인물의 신분적 양면성에도 나타난다. 중국의 종교 문헌에는 천문학과 의학에 관련된 지식이나 저술이 대량으로 전하고 있으며, 이와 아울러 종교계의 많은 고승과 대덕들도 의사나 천문학자의 신분을 겸비하고 있기 때문이다.

1 종교 경전에 포함된 의학과 천문학 관련 문헌

중국종교의 전적에는 의학과 천문학 관련 문헌들이 다수 포함되어 있는데, 지면의 한계로 여기서는 영향력이 가장 광범위한 도교와 불교를 예로 들어 설명하고자 한다.

『도장』에 수록된 도교 경전들 가운데 의학과 천문학에 대한 내용이 상당량 포함되어 있다. 초기 도교 경전인 『태평경』을 보면, 그 속에는 처방과 침구鍼灸 및 의학 이론 등에 관한 기록들이 대량으로 수록되어 있다. 『태평경』의 「초목방결草木方訣」이나 「생물방결生物方訣」의 경우에는 인체에 유익한 정도에 따라 초목과 생물을 여러 등급으로 분류하고, 치병治病과 용약用藥은 인명을 구하는 데 있다는 점을 각별히 유념하고 신중히 다룰 것을 강조한다. 또한, 약물로 쓰기 위해 생물을 채취하는 것은 부득이한 일이지만, 함부로 해치는 것을 경계함으로써 도교에서 중시하는 '천인天人의 조화'라는 관념을 보여준다. 그리고 「구자결灸刺訣」에서는 도교 음양설과 천문율력天文律曆을 결합해 침구의 원리를 설명하고 있다. 이런 주장에 따르면, 침을 놓고 뜸을 뜰 때 360맥脈이 1년의 360일에 대응하는 것에 맞추어 조절해야 한다고 한다. 매일 그에 따른 하나의 맥이 있고, 맥의 상태도 사계절과 오행에 따라 변화하기 때문이다. 만약에 사계절과 오행의 변화에 따르지 않을 것 같으면 곧바로 질병이 생기게 되는데, 이때 병을 치료하고자 하면 인체 맥상脈象의 움직임을 사계절의 운행과 합치해야 한다는 것이다.[48]

한편, 도교 경전에 속하는 『황제내경』도 도교와 고대 의학 및 천문학의 밀접한 관계를 전형적으로 보여주는 대표적인 의학서다. 이 책의 주요 부분은 전국과 후한 시기에 이르는 기간에 이루어져, 중국에 현존하는 의학 문헌 가운데 최초의 것으로 알려져 있다. 원본은 모두 18권이며, 그중 9권은 『소문素問』이라 한다. 나머지 9권은 책 이름이 없었지만, 한나라와 진晉나라 시기에 『구권九卷』 또는 『침경針經』이라 칭했다가 당나라 이후 『영추靈樞』라 불렸다. 『소문』과 『영추』는 각 81편으로 모두 162편의 글이 포함되어 있다. 『소문』이 주로 자연계의 변화 법칙이나 인간과 자연의 관계 등을 논한 것이라면, 『영추』의 핵심 내용은 오장육부五臟六腑와 경락經絡에 대한 학설이다. 한의학의 기초가 되는 저작물인 『황제내경』은 중국 전통의학의 이론적 기반을 구축한 것으로 높게 평가된다. 음양오행설로 인체 조직의 구조와 생리적 기능 및 병리病理 현상을 해석함으로써 중국 전통적인 천인합일 사상을 반영하기 때문이다. 그리고 이 책에서는 구체적인 질병 치료의 문제를 다루는 내용이 대거 포함되어 있는데, 열병熱病·상한傷寒·풍병風病·통병痛病 등의 치료법들이 그런 예다. 또한 『황제내경』은 중국의학의 중요한 문헌일 뿐만 아니라, 천문학 관련 지식까지 풍부하게 포함하고 있다. 이 책의 「천원기대론天元紀大論」에 다음과 같은 내

48 왕밍, 『태평경합교』, 173쪽, 174쪽, 179쪽 참조. 이 대목에서 언급된 '생물生物'은 금수禽獸를 가리키는데 현대 학문의 분류에서는 '동물'의 범주에 속한다.

용이 있다.

> 태허의 적막하고 광활함은 모든 물질의 기반이며 변화의 기원이다. 만물은 이로써 시작하고, 오운五運으로 순환하여 하늘의 운행을 마친다. 펼쳐진 기운은 참으로 신령하니 모두 곤원坤元으로 통합된다. 구성九星이 하늘에 매달려 밝게 비추고 칠요七曜가 두루 선회하여 음이라 하고 양이라 하며, 유柔라 하고 강剛이라 한다. 어둡고 밝게 드러나는 것이 제 위치를 차지하고, 추위와 더위가 풀렸다가 심해지기도 한다. 생하고 생하면서 변화를 거듭하여 만물의 품성이 모두 드러난다.[49]

이 글에서는 공허하고 광대한 우주와 별자리의 움직임 및 사계절의 관계를 나타내고, 이로 인해 만물이 발생하는 하나의 과정을 보여준다. 이러한 점에서 『황제내경』은 인류 역사상 최초로 천체의 운동 문제를 제기한 것이라 볼 수 있다. 게다가 이러한 운동이 '두루 선회周旋'하는 방식으로 진행된다는 사실도 관측을 통해 제시했다. 비슷한 학설이 현대 천문학으로 밝혀진 것은 불과 수백 년 전의 일이었다. 중국의 다른 모든 전통 문화와 마찬가지로 『황제내경』의 이런 관측도 사실상 인간의 일을 도모하기 위해 비롯된 것인데, 우주의 천체 운동이 지구에 한서寒暑의 변화를 초래하고, 나아가 생물의 발생에 큰 영향을 미치기 때문이다.

또한, 의학과 천문학이 하나로 집성된 이러한 저작물은 후세의 의학자들에게 기본 경전으로서 탐독되고 연구되는 한편, 도교 경전에서도 그

---

49 왕빙王冰 주석, 임억林億 외 교주校註, 『황제내경소문』 권19, 『문연각사고전서』, 제733책, 206쪽.

와 대등한 수준으로 중요하게 취급되었다. 『황제내경』은 도교의 중요한 경전 중 하나로 『도장』에 수록되었을 뿐만 아니라, 도사들에 의해 끊임없이 연구되고 주석이 가해지기도 했다. 현재까지 가장 완벽한 『황제내경』 주석본은 당나라의 도사 왕빙과 송나라의 도사 임억이 교정한 『황제내경소문보주석문黃帝內經素問補注釋文』이다. 왕빙과 임억이 모두 도교의 인물인 까닭에 그들이 『내경』을 주석할 때도 『내경』의 의학 이론에 도교의 수신과 불로장생 사상을 자연스럽게 결합시켰다. 예컨대 『내경』에서 『영추』에 해당하는 부분의 제목은 왕빙이 지은 것이고, '영추靈樞'란 명칭이 시사하는 도교적 의미는 말할 나위도 없다. 『황제내경』이라는 책이 의학과 천문학은 물론, 도교 분야에서도 대단히 중요한 문헌이란 사실은, 의학과 천문학 및 중국종교 간의 복합성을 경전의 측면에서 입증한 대표적인 사례이다.

이러한 서적 이외에 내단학의 저술로 유명한 『주역참동계』의 경우도 앞의 논의와 유사한 부분이 드러난다. 기공氣功 계열의 초기 문헌인 이 책은 달의 운행을 아주 정밀하게 관찰한 것을 바탕으로 서술되었는데, 여기서 도교와 의학 및 천문학이 하나로 통합되어 나타난다. 그리고 『황정경黃庭經』은 도교의 독특한 인체관인 신신설身神說을 바탕으로 장부설臟腑說의 내용을 대거 선보이고 있다. 그 점에서 『황정경』은 신선이 되는 비결을 담은 도교의 중요한 수련 법문인 동시에 중국 전통의학의 장부설을 잘 표현한 중요한 전적이기도 하다. 또한 『신농본초경』과 『도경연의본초圖經衍義本草』도 아주 중요한 본초학 저작물이다. 그밖에 『갈홍옹주후비급방葛洪翁肘后備急方』과 『비급천금요방』 등도 모두 도교의 전적이자 중국 전통의학의 처방전 계열에 속하는 전적이기도 하다. 이처럼 도교 경전 속에서 도교와 의학 및 천문학이 하나로 통합된 서적들을 꽤 많이 찾아볼 수 있다.

다음으로 불교의 사정을 살펴보기로 한다. 불교는 대략 한나라 때 중국으로 전해졌는데, 인도에 있을 때부터 인도 전통의학과 천문학의 영향을 많이 받았다. 그러한 흔적은 처음 전해졌을 당시에 번역된 불경에 잘 나타난다. 『수서』「경적지經籍志」에 기록된 불교 천문학에 관련된 문헌으로는 『바라문천문경婆羅門天文經』 21권, 『바라문갈가선인천문설婆羅門竭伽仙人天文說』 30권, 『바라문천문婆羅門天文』 1권, 『마등가경설성도摩登伽經說星圖』 1권, 『바라문음양산력婆羅門陰陽算曆』 1권 등이 있다. 그리고 불교의학 방면의 문헌으로는 『용수보살약방龍樹菩薩藥方』 4권, 『바라문제선약방婆羅門諸仙藥方』 20권, 『바라문약방婆羅門藥方』 5권, 『기파소술선인명론방耆婆所述仙人命論方』 2권 등이 있다. 이런 책들은 불교가 중국으로 들어올 당시에 불교도들이 휴대한 문건을 한문으로 번역한 것으로 추정된다. 대부분 이미 유실되었지만, 『수서』「경적지」에는 그러한 책들이 도서 목록의 형태로 남아있어 이를 통해 불교가 의학 및 천문학과 깊은 연원이 있었다는 사실을 짐작할 수 있다.

그 이후로 중국의 승려들은 점차 더 많은 불교 경전을 번역하고 편집했으며, 심지어 조작하기도 했다. 이러한 경전들을 한데 모아 총서의 형태로 세상에 내놓은 것이 불교에서 이르는 '장藏'이다. 『대장경大藏經』에는 여러 종류의 판본이 있다. 원래는 『일체경一切經』이라 일컬었다가 수나라 이후로 『대장경』이라 부르기 시작했다. 현재 비교적 권위가 있고, 흔히 접할 수 있는 것으로는 『중화대장경中華大藏經』, 『대정신수대장경』, 『만신찬속장경卍新纂續藏經』 등이 있다. 오늘날 국내외 학계에서 통용되는 장경藏經은 『대정신수대장경』인데, 이를 약칭하여 『대정장』이라 한다. 『대정장』은 의학과 천문학 방면에서 불교의 일관된 전통을 계승하고 있을 뿐 아니라, 이와 관련된 내용도 많이 포함되어 있다.

의학 분야의 통계 자료에 따르면, 『대정장』에는 의약과 관련된 전문 용어가 5,000개 남짓 등장한다고 한다. 여기에는 생리 해부와 오장육부, 경락 및 질병의 명칭이나 약제의 처방 등 거의 모든 내용을 망라하고 있어, 그 내용의 다양성이 다른 전문 의학서와 비교해 절대 뒤떨어지지 않는다. 그중 전문성을 띤 불교의학서로는 『천수천안관세음보살치병합약경千手千眼觀世音菩薩治病合藥經』, 『다라니잡집陀羅尼雜集』, 『가섭선인설의녀인경迦葉仙人說醫女人經』, 『불설주치경佛說呪齒經』, 『불설의유경佛說醫喩經』, 『정법화경正法華經』 등 많은 책이 있다. 의학 관련 내용을 언급하고 있는 이러한 불교 경전들은 질병의 발생 원인에 대한 것이 있는가 하면, 수술과 처방 등과 같이 질병의 치료 과정을 구체적으로 다룬 기록도 있다. 또한, 약물의 특성 및 생장 환경에 대한 토론 내용도 있어 그 내용이 상당히 다채롭다. 예컨대 『불설의유경』에서는 양의良醫의 진단과 처방을 이론적 측면에서 네 가지 특징으로 분석하고, 이를 다음과 같이 제시하고 있다.

> 첫째는 어떤 병에 어떤 약이 맞는지 알아야 한다. 둘째는 발병의 원인에 따라 이에 맞추어 약을 써야 한다. 셋째는 이미 앓고 있는 병을 치료하여 완치하도록 해야 한다. 넷째는 재발하지 않도록 병의 원인을 제거해야 한다.[50]

이러한 네 가지 조치가 가능하다면, 양의는 물론이고 가히 의왕醫王이라 이를만할 것이다. 또한 『정법화경』 「약초품藥草品」에서도 약물의 특성과 생장 환경의 관계 및 침술 등에 관해 언급하고 있다. 『불설포태경佛說

---

50 『불설의유경』, 『대정장』 제4권, 802쪽.

胞胎經』에서는 주로 임신한 태아의 생장과 발육 과정 및 출산에 이르는 기간에 쉽게 생길 수 있는 각종 질환을 서술하고 있으며, 임신과 출산 기간에 특히 주의해야 할 날씨의 변화나 음식 조절의 문제 등에 대해 지적하고 있다. 이러한 『대장경』의 서술 내용에, 특히 침술과 뜸과 같은 중국 전통의학 특유의 기술에 관한 기록이 있는 것으로 미루어보아 불교의학이 중국에 들어온 이후 급속도로 중국의 전통의학과 융합했다는 사실을 알 수 있다.

천문학 분야와 관련된 경전도 『대정장』에 대량으로 수록되어 있다. 우주 형성론에 관한 주요 경전으로는 『불설장아함경佛說長阿含經』 권22, 『기세경』, 『증일아함경』 권50, 『능엄경』, 『대지도론』 등이 있다. 성수星宿의 체계를 다룬 주요 경전으로는 『대방등대집경大方等大集經』 권20 · 권41 · 권42 · 권56, 『보성다라니경寶星陀羅尼經』 권4, 『불모대공작명왕경佛母大孔雀明王經』, 『불설대공작주왕경佛說大孔雀呪王經』 권하卷下 등이 있다. 그 외에 일월日月과 오성五星 및 일월 오성을 포함한 칠요, 그리고 칠요에 다시 나후羅睺와 계도計都의 2은성二隱星을 포함한 구집九執을 다룬 여러 경전이 있다.[51] 그 자체로 대단히 풍부한 내용을 담고 있는 이러한 불교 전적에는 이러한 종류의 경전이 아주 많다. 여기서는 『경률이상』을 예로 들어, 불교 경전 속에 등장하는 천문학 관련 지식에 관한 내용을 분석하기로 한다. 이를 통해 대략의 윤곽을 이해할 수 있을 것이다.

『경률이상』이라는 경전은 천부天部, 지부地部, 응시종불부應始終佛部 등 모두 39부로 나뉘어 있고, 분량은 50권 정도가 된다. 천문 현상에 관한

51 뉴웨이싱鈕衛星, 『서쪽으로 범천을 바라보며: 한역 불경 중의 천문학 원류西望梵天: 漢譯佛經中的天文學源流』, 상하이교통대학출판사, 2004, 10-15쪽 참조.

내용이 집중적으로 서술된 「천부」에는 주로 불교의 우주관을 다루고 있다. 삼계제천三界諸天에 대한 서술을 보면, 삼계의 첫째로 욕계를 들고 있으며 둘째는 색계, 셋째는 무색계로 묘사하고 있다. 중생의 수행 행위에 따라 각각 삼계의 제천에 배치함으로써 저층에서 고층으로 배열된 입체적 우주 모형을 이루게 된다. 그런 다음에 삼계의 성주괴공成住壞空과 인류의 겁난劫難 등을 묘사하고 있다. 그 속에는 자연의 재해와 인류의 연기緣起에 대한 묘사도 있고, 일日 · 월月 · 뇌雷 · 운雲 · 풍風 · 우雨 등의 자연 현상에 대한 해석도 있다. 「천부」의 일부 내용을 소개하면 다음과 같다.

> 천수天壽는 500세인데 자손들이 대를 이어야 비로소 일겁一劫을 마칠 수 있다. 해의 성곽이 수미산須彌山을 둘러싸고 있다. 동쪽에서 해가 뜨면 남쪽은 대낮이 되며, 서쪽은 한밤중이고 북쪽은 해가 진다. 이렇게 오른쪽으로 돌면서 낮과 밤이 교대로 이루어지고, 그 길이도 길고 짧은 차이가 있다. 해가 남쪽으로 약간 기울면 남방은 점차 낮의 길이가 길어져 남북의 길이가 60리里이고, 180일 동안 북방은 점차 짧아진다. 다시 해가 북쪽으로 약간 기울면 북방은 낮의 길이가 점차 길어진다. 180일 동안 남방은 조금씩 짧아진다.[52]

이런 글에서 지구가 원형이라는 것을 어렴풋이 감지할 수 있는데, 동반구에서 해가 떠오를 때 서반구에는 한밤중이라는 진술이 그것이다. 또한, 태양의 운행 궤적이 정확한 원형이 아니고, 지구상의 낮과 밤이란 경계가 태양의 운행에 따라 길어지고 짧아지는 변화가 생긴다는 사실까

52 『경률이상』, 『대정장』 제53권, 6쪽.

지 옛사람들이 이미 간파했다는 점도 알 수 있다. 그리고 「천부」에는 일식과 월식의 발생 원인에 대해 언급한 내용도 보인다. 아수륜천왕阿修倫天王이 손가락으로 해와 달을 가려 천하를 어둡게 했다거나, 혹은 태양을 덮어서 낮을 밤으로 바뀌게 했다는 내용이다. 말하자면 일식과 월식은 아수륜천왕의 손가락에 의해 빚어진 현상이라는 것이다. 이러한 묘사와 설명이 불가사의한 신화적 표현인 점은 분명하지만, 천문 현상에 대한 중국불교의 관심과 사고가 짙게 반영되어 있는 점도 간과할 수 없다.

2 의학자와 천문학자로서의 종교인

기나긴 역사의 흐름을 통해서 볼 때, 의학자와 천문학자 및 종교인의 신분과 그 경계는 명료하게 구분되어 있지 않다. 한 사람이 다중의 역할을 감당하는 경우가 흔해서, 저명한 종교계 인물이 가끔 명성이 자자한 신의神醫나 천문학자로 대중에게 알려지기도 한다. 이러한 신분상의 중첩성은 의학과 천문학이 중국종교사상에 끼친 일정한 영향을 반영한다.

다음으로 소개하는 각 시대의 의학과 천문학 및 종교적 인물에 대한 역사적 문헌의 기록을 통해 이러한 현상을 잘 이해할 수 있다.

먼저 도교 방면에서 화타華佗, 손사막, 갈홍, 도홍경 등을 예로 들어, 도사와 의사 및 천문학자로서의 신분적 중첩성을 알아보기로 한다. 화타는 중국인이라면 모를 사람이 없을 정도로 널리 알려진 신의이기 때문에 의원으로서의 신분에 대한 자세한 설명은 생략한다. 그러나 많은 이들은 정작 그가 도교 계통의 인물이라는 사실을 잘 모르고 있다. 『후한서』「화타전華佗傳」에 다음과 같은 기록이 있다.

> 화타는 자字가 원화元化이고, 패국沛國 초현譙縣 사람이다. 일명 화부華旉

라고도 한다. 그는 서주徐州에 노닐며 여러 경전에 통달했다. 양생술에 밝아서 나이가 백 살 가까이 되어도 젊은 사람과 같았다. 당시의 사람들이 그를 신선으로 여겼다.[53]

이처럼 화타는 신선의 양생술을 잘 알았으며, 일찍이 서주 일대에 유학하면서 여러 종류의 경서에도 능통했다고 한다. 특히 수신과 양성의 방법으로 거의 백 살이 넘어도 청년이나 장년과 같은 외모를 갖추고 있어서 당시 사람들이 그를 신선으로 여겼다는 것이다. 성정을 수양하고 신선이 되는 도를 닦는 것은 도교의 전매특허나 다름없다. 이렇게 볼 때, 화타는 도교와 아주 밀접한 관련이 있으며, 어떤 이는 도술이 고명한 신선 학자라고 말하기도 한다.

또 다른 예로서 손사막을 들 수 있다. 『천금약방千金藥方』을 저술한 손사막은 신의로 알려진 그의 신분만큼이나 거의 화타와 대등하게 명성을 떨쳤다. 『구당서』에 그의 신분과 관련한 다음과 같은 기록이 있다.

손사막은 경조京兆 화원현華原縣 사람이다. 일곱 살 때부터 배우기 시작하여 매일 천 여 마디의 말을 암송했다. 약관弱冠 때부터 노장老莊과 백가百家의 학설을 즐겨 담론하고 불교 경전도 좋아했다. … 북주北周 선제宣帝 때 왕실에 변고가 많아서 태백산太白山에 은거했다. 수 문제가 정사를 돌보면서 그를 국자감 박사의 자리에 앉히려고 했지만, 병을 핑계로 나오지 않았다. 그는 가까운 사람에게 이렇게 말한 적이 있었다. "50년이 지난 뒤에 성인이 나타날 것이니 그때 내가 그를 도와 세상 사람들을 구제

53 범엽 찬撰, 이현李賢 외 주석, 『후한서』, 제10책, 2736쪽.

하겠다." 당태종이 즉위한 뒤에 그를 경사京師로 불러 그의 용모와 안색이 아주 젊게 보여 감탄을 금치 못하고 이렇게 말했다. "이제 도가 있는 자를 참으로 존중해야 한다는 것을 알았다. 선문자羨門子나 광성자廣成子를 어찌 허황된 말로만 여기겠는가."[54]

여기에 기술된 내용으로 미루어 볼 때, 손사막은 타고난 자질이 총명할 뿐 아니라 지식도 해박하고, 어릴 때부터 노장이나 백가의 학설까지 두루 섭렵했으며 양생의 도를 잘 아는 인물로 유명했다는 사실을 짐작할 수 있다. 게다가 그는 미래의 일을 예지하는 능력이 있을 뿐 아니라 행적까지 신비하여 그야말로 '지도지사知道之士'라 일컬을 만했다. 『구당서』에 언급된 그의 저서로는 『노자』와 『장자』의 주석본 이외에, 『복록론福錄論』 3권, 『섭생진록攝生眞錄』, 『침중소서枕中素書』 등이 있어 도교와 밀접한 관련이 있다는 점을 여실히 말해준다. 『태평광기太平廣記』에서는 이러한 손사막을 아예 신선전神仙傳의 인물로 등재하고 있다. 『도장』에 수록된 『손진인천금방孫眞人千金方』이나 『손진인섭양론孫眞人攝養論』과 같은 책을 보아도 그를 도교의 인물로 간주하고 있는 사정을 잘 알 수 있다. 나아가 의학 방면의 이론에 대한 그의 해석에도 의학과 도교를 결합한 그의 신분적 특징이 한층 선명하게 드러난다. 『섭양침중방攝養枕中方』에서 손사막은 이렇게 말한 바가 있다.

무릇 몸은 신기神氣의 소굴이고 집이다. 신기가 존재하면 몸이 튼실하고 힘이 강건해진다. 신기가 흐트러지면 이에 몸이 시든다. 몸을 보존하려면

54 유구 외, 『구당서』, 제16책, 5094-5095쪽.

먼저 신기를 안정시켜야 한다. 곧 기는 신神의 어머니고 신은 기의 아들이다. 신과 기가 모두 갖추어지면 장생불로한다.[55]

이는 신체를 신기의 매개체로 간주하고, 신기를 신체의 보존과 활동에 필요한 근거로 삼은 것이다. 신기가 있어야 신체가 건강할 수 있고, 그 반대가 되면 신체가 쇠약하여 병들게 된다. 따라서 몸을 보양하고 건강을 유지하려면 먼저 기를 수련하여 기운을 안정시켜야 한다. 신체 건강과 함께 정신 건강을 도모하고자 노력함으로써 장생불로에 이르게 된다는 것이다. 신체 건강에 대한 이러한 해석은 도교의 신선관과 긴밀하게 연계되어 있다.

갈홍이나 도홍경도 화타나 손사막과 거의 유사하다. 다만 의학과 도교의 관련성 이외에, 천문학 방면의 활동에 대한 역사적 자료가 앞의 두 인물보다 더 많이 존재한다는 차이가 있을 뿐이다.

『진서晉書』「갈홍전葛洪傳」에 다음과 같은 기록이 있다.

갈홍은 자字가 치천稚川이고 단양丹陽 구용현句容縣 사람이다. … 특히 신선 도인법導引法과 양생술을 좋아했다. 종조부 갈현葛玄은 오吳나라 때 도를 배워 신선이 되었는데, 호號를 갈선공葛仙公이라 한다. 그는 연단煉丹의 비술을 제자 정은鄭隱에게 전수했다. 갈홍은 정은에게 배워 그 법을 모두 얻었다.[56]

---

55 장군방 편, 리융성李永晟 점교點校, 『운급칠첨』 권33, 748쪽.

56 방현령房玄齡, 『진서』 권72, 제6책, 중화서국, 1974, 1911쪽.

이러한 갈홍의 전기에서는 그가 갈선공의 제자인 정은에게 도를 배웠다는 과정을 간략하게 기술하고 있다. 그리고 그가 『금궤약방金匱藥方』 100권, 『주후요급방肘后要急方』 4권 등을 지었다고 같은 곳에서 언급하여, 의사와 도사로서 갈홍의 신분을 긍정적으로 평가하고 있다. 『진서』에는 이외에 갈홍이 천문 활동에 간여했다는 기록도 있다.

> 단양의 갈홍은 이를 다음과 같이 해석했다. "『혼천의주渾天儀注』에서 이른 것처럼, 하늘은 달걀과 같다. 땅은 달걀 속의 노른자와 같아서 따로 하늘 안에 있다. 하늘은 크고 땅은 작다. 하늘의 겉과 속에는 물이 있다. 하늘과 땅은 각각 기를 타고 있는 것으로 성립되며, 물을 싣고 운행된다. 주천周天은 365와 4분의 1도度다. 또한, 가운데를 나누어 절반은 땅 위를 덮고 절반은 땅 아래를 둘러싸고 있다. 따라서 28수宿는 절반만 나타나고 절반은 숨겨져있다. 하늘의 회전은 곧 수레바퀴의 움직임과 같다."[57]

이는 천지와 별자리의 운행에 관한 토론에서 갈홍이 말한 대목이다. 그의 주된 사상이 비록 장형張衡의 혼천설渾天說에서 취한 것이긴 하지만, 하늘의 형상을 하나의 달걀로 인식하고, 땅을 그 속에 든 달걀노른자와 같은 것으로 파악하고 있다는 점이 주목된다. 하늘이 땅을 감싸고 있다는 점에서 하늘은 크고 땅은 작다. 천지는 기운에 편승하여 각자의 위치를 확립하며 물에 의해 운행된다. 전체 하늘은 365.25도로 분할되어 그 절반은 땅 위가 되고, 나머지 절반은 땅 아래가 된다. 이로 말미암아 하늘과 땅은 원형을 이루고, 이 때문에 28성수星宿는 절반만 눈으로 볼 수 있고, 나

57 방현령, 『진서』 권11, 제2책, 281쪽.

머지 절반은 땅 아래에 은폐되어 있다는 것이다. 이러한 천체의 운행은 마치 수레바퀴처럼 원주 운동을 한다고 말한다. 이런 말들이 과학적 근거가 있는지 그 여부를 떠나서, 이러한 기록을 통해 갈홍이 천문학에 깊은 흥미가 있을 뿐 아니라, 지극히 큰 관심을 가지고 이를 깊이 연구했다는 사실을 확인할 수 있다.

도홍경은 갈홍의 숭배자이기도 했다. 역사책의 기록에 의하면, 그는 갈홍의 『신선전神仙傳』을 보고 이에 자극을 받아 득도와 신선술에 연연하게 되었다고 한다. 그러다가 방외方外에 은거하면서 의학의 이론을 연구하고 천문까지 관찰하여 마침내 유명한 의사와 도사로 행세하게 되었다. 『남사南史』에서는 그를 이렇게 말한다.

> 타고난 성품이 저술을 좋아하고 기이한 것을 숭상했다. 세월을 아쉬워하면서 그러했는데, 늙어서도 더욱 그러했다. 특히 음양오행을 비롯해서 바람을 읽어 길흉을 판단하는 풍각風角과 별자리로 점을 치는 성산星算 및 산천지리山川地理, 천지사방의 물산, 의술, 본초本草에 밝았고, 『제대년력帝代年歷』을 지었다. 추산推算을 통해 한나라 희평熹平 3년의 정축丁丑이 동지冬至고, 가시加時, 곧 동지의 지점을 때맞추어 지나는 순간이 일중日中이란 것을 알았다. 천상의 실제 을해乙亥가 동지고 그 순간이 한밤중인 점에서 무려 38각刻의 차이가 있다. 이에 따라 한력漢曆은 실제보다 2일 12각이 늦는 셈이다. … 또한 혼천상渾天象을 만들기도 했는데, 높이는 석 자 남짓하다. 땅이 중앙을 차지하고, 하늘은 돌지만, 땅은 움직이지 않는다. 이 기계를 움직이면 모든 천문 현상과 부합되게 할 수 있다. 이에 이르기를, "수도修道에는 필수적이고, 사관史官의 쓰임에만 그치는 것이 아니다"라고 했다.[58]

이러한 사료를 통해서 볼 때, 널리 알려진 의원이라는 신분은 실제 도홍경의 학문에서 일각에 불과하다는 것을 알 수 있다. 천문역법의 방면에 보인 그의 조예를 고려한다면 고대 천문학자라고 칭해도 결코 지나친 말이 될 수 없다.

도교 내부에서 이와 유사한 정황을 허다하게 찾아볼 수 있지만, 여기서는 일일이 열거하지 않겠다. 비슷한 현상은 불교 내부에서도 대동소이한 형태로 존재한다. 많은 불교계 인사들도 의학과 천문학 방면의 활동에 동시에 간여하기 때문이다. 『고승전』을 보면, 초기 불교 시대에 중원으로 들어온 승려들이 남긴 의학과 천문학 방면의 기록이 적지 않다.[59] 예컨대 안식국安息國의 태자로 알려진 안청安淸에 관한 기록은 다음과 같다.

> 마음을 다해 배우는 것을 좋아했다. 외국 서적 및 칠요, 오행, 의방醫方, 이술異術을 비롯해서 새나 짐승의 소리에 이르기까지 모두 통달하지 않은 것이 없었다.

또한, 중앙아시아 강국康國 출신인 강승회康僧會에 대한 기록도 있다.

> 오로지 지극하게 배우는 것을 좋아했다. 삼장三藏을 밝게 해석하고 육경六經을 두루 읽었으며, 천문을 비롯해 하도河圖와 위서緯書까지 섭렵하여 사물의 핵심을 잘 분간하고 글을 잘 지었다.

58 이연수, 『남사』 제6책, 1898쪽.

59 혜교慧皎, 탕용통湯用彤 교주, 『고승전』 권1, 권2, 중화서국, 1992, 4쪽, 15쪽, 47쪽 참고.

불경 번역가로 널리 알려진 쿠마라지바에 관해서도 다음과 같이 말하고 있다.

음양과 성산星算에 관한 것으로 다하지 않은 것이 없었다. 길흉을 맞추는 데도 묘하게 통달하여 그의 말이 마치 부절符節처럼 맞게 떨어졌다.

그들 이후로 불교가 발전하고 유전하면서 중국의 풍토에 완전히 뿌리를 내리게 되자, 중국 본토에서도 승려 출신의 의사나 천문학자들이 대거 나타났다. 의학 방면에서는 서진의 우법개가 그런 인물이다. 『고승전』에서는 우법개를 "기파耆婆의 의술을 계승하여 의법醫法에 통달한"[60] 승려로 기록했다. 그는 침술에 식이요법을 배합하여 난산難産을 치료한 적이 있었고, 지금은 실전되었지만 『의론비예방議論備豫方』 1권을 짓기도 했다. 그리고 동진 때의 지법존支法存도 현재 전하지 않는 『신소방申蘇方』 5권을 저술했다. 『주후방肘后方』이나 『외대비요外臺秘要』와 같은 서적에는 지법존의 처방이 수록되어 있다. 지법존은 각기병 치료에 특별한 능력을 발휘했다고 하는데, 이에 관해 『천금방』으로 널리 알려진 손사막의 『비급천금약방備急千金藥方』에서 다음과 같이 말하고 있다.

여러 경서의 처방을 고찰해보니 발이 짓무르는 증상에 대한 논의가 더러 있었다. 옛사람들에게는 이런 질병이 드물었다. 영가永嘉 남도南渡 이래로 명문세가 출신 인사들 중에 이 병에 걸린 사람이 많았다. 영표嶺表와 강동江東에 지법존과 앙도인仰道人 등이 있었는데, 모두 경서의 처방을 마

60 혜교, 탕용통 교주, 『고승전』 권4, 167쪽.

음에 새겨 이런 치료술에 특히 뛰어났다. 이 두 분의 덕택에 진조晉朝의 관리나 명문 귀족들이 대부분 완치될 수 있었다.[61]

여기서 말하는 것은 진晉나라 말기 영가永嘉 연간에 화북 지방의 인구가 대거 남쪽으로 내려온 이후에 많은 인사가 발이 짓무르는 각기병으로 고생했는데, 요행히 지법존과 앙도인이 이러한 병을 잘 치료하여 고생을 면하게 되었다는 내용이다. 『천금방』에는 손사막이 지법존의 처방을 인용한 대목이 많이 보인다. 그리고 여기서 언급된 앙도인 역시 불교 계통의 인물로서, 영남 일대에서 각기병을 잘 치료하는 또 다른 승려였다. 기타 유명한 불교의학자로는 당나라 소림사 승려 인도인藺道人을 들 수 있다. 그는 일명 『이상속단비방理傷續斷秘方』이라 하는 『선수이상속단비방仙授理傷續斷秘方』을 지었는데, 이 책은 중국에서 현존하는 최초의 정형외과 전문서적이다. 이밖에도 송나라의 법견法堅이나 원나라의 보영普映처럼 많은 인물이 있다.

천문학 방면에서 성취를 얻은 승려로는 당나라의 일행一行대사가 가장 특출하다. 『구당서』에 소개된 내용은 다음과 같다.

승려 일행一行은 성이 장씨張氏다. 처음에 이름을 수遂라 했는데 위주魏州 창락현昌樂縣 사람이다. … 일행은 어릴 때부터 영민하여 경사經史를 두루 읽었고, 특히 역법曆法과 음양오행의 학문에 정통했다. … 무삼사武三思가 그의 학행學行을 흠모하여 친교를 맺자고 청했지만, 일행은 도망가서 숨어 지내며 이를 피했다. 얼마 후 출가하여 승려가 된 뒤에 숭산嵩山에

61 손사막, 『비급천금요방』 권22, 『도장』 제26책, 164쪽.

은거했다. … 일행은 특히 저술에 밝았다. 『대연론大衍論』 3권과 『섭조복장攝調伏藏』 10권을 편찬하고, 『천일태일경天一太一經』을 비롯해 『태일국둔갑경太一局遁甲經』과 『석씨계록釋氏系錄』을 각 1권씩 저술했다. 그 당시 『인덕력경麟德曆經』의 방식으로 계산한 것이 점차 정밀하지 못한 것으로 드러나자, 칙령에 따라 일행이 전대의 제가역법諸家曆法을 연구하여 새로운 역법을 개찬했다. 또한 부장사府長史 양영찬梁令瓚 등을 이끌어 공인工人들과 함께 황도유의黃道遊儀를 발명하여 칠요의 행도行度를 고찰하고, 이 둘을 대조하여 증명해 냈다. 그런 다음 일행은 『주역』의 대연지수大衍之數를 추산하고, 이에 맞게 추론하는 방식으로 『개원대연력경開元大衍曆經』을 편찬했다. 그는 나이 45세가 되던 개원 15년에 이르러 죽었는데, 대혜선사大慧禪師라는 시호가 내려졌다. … 당나라 초기에 일행의 종조부인 동대사인東臺舍人 장태소張太素가 『후위서後魏書』 100권을 편찬했는데, 그중 『천문지天文誌』는 미완성으로 남았다. 일행이 이를 이어서 완성했다.[62]

이 글은 일행선사의 일생 전반에 걸친 주요 경력과 업적을 총망라한 것이다. 불교 방면의 조예와 성취를 제외하더라도, 천문학 분야에서 보여주는 그의 재능과 공헌은 특출한 것으로 평가된다. 그는 양영찬 등과 함께 '황도유의'를 공동 발명하고, 이를 통해 150여 개의 항성 위치를 다시 측정했다고 한다. 게다가 중국 전역의 12개 지점에서 천문 관측할 것을 제의하고 이를 시행했다. 또한, 남궁열南宮說 등이 측량한 것을 바탕으로 자오선 1도의 길이를 129.22km로 계산해내기도 했다. 이는 세계 역사상 최초로 가장 정확하게 잰 자오선 북극 고도 1도의 길이다. 이와 아울러 그

62 유구 외, 『구당서』, 제191권, 제16책, 5111-5113쪽 참조.

는 『천일태일경』이나 『대연력경』 등과 같은 천문 서적을 여러 권 편찬하기도 했다. 그가 제정한 대연력법大衍曆法은 당시로는 가장 선진적인 역법으로서, 중국 역사상 이 역법은 명나라 말기까지 계속 사용되었다. 이처럼 그가 천문학에 기여한 걸출한 공헌을 기리기 위해 '소행성1972'가 발견되자 후대인들은 이를 '일행소행성一行小行星'으로 명명했다.

2 —— 고대 의학과 천문학이 중국종교사상에 미친 원인

1 공통된 역사적 기원

중국의 고대 의학과 천문학이 중국종교사상에 미친 근본 원인은 공통된 역사적 기원에서 찾을 수 있다. 고대 의학이나 천문학 및 중국종교가 모두 '무巫' 문화와 깊은 관련이 있기 때문이다. 허신許愼은 『설문해자』에서 '무'를 이렇게 해석한다.

> 무는 축祝이다. 여자는 형체가 없는 것을 섬길 수 있으니, 춤을 추어 신을 내려오게 하는 것이다. 사람이 두 팔의 긴소매로 춤추는 모양을 본뜬 것이다. 공工과 같은 뜻이다. 옛날에 무함巫咸이 처음으로 굿을 했다.

또한 '공'에 관해서도 『설문해자』에서는 이렇게 풀이하고 있다.

> 공은 교묘하게 꾸미는 것이다. 사람이 규規와 구矩를 가지고 있는 것을 본떴는데, 무와 같은 뜻이다.

이 두 가지 해석을 한자리에 놓고 보면 다음과 같은 결론을 도출해 낼 수 있다. 즉 '무'란 어떤 부류의 사람을 지칭하는 것으로서, 그들은 춤추는 형식으로 신과 소통할 수 있는 능력을 보이는 동시에, 컴퍼스나 자와 같은 특수한 도구를 조작함으로써 집단의 질서를 유지한다. 글자의 뜻으로 볼 때, 무당은 신령과 소통할 수 있는 점에서 종교적 신앙과 유관하다는 것이 명확히 드러난다. 글자의 모양을 보면 그들이 다루고 있는 도구는 의학이나 천문학과 관련이 있는 것으로 보이는데, '工공'이라는 글꼴이 보여주는 도구는 의료에 필요한 용도로 쓰이거나 천문 관측용이기 때문이다. 이를 통해 신과 소통함으로써 하늘의 뜻을 요해하고 신의 보우를 빌어 그들이 소속된 집단의 건강과 번영을 보증한다.

『국어』「초어楚語」에는 '무'에 관한 묘사가 있는데, 여기서 '무'와 의학, 그리고 천문학과의 관계를 보다 명료하게 알아볼 수 있을 것이다.

> 옛날에는 민民과 신神이 뒤섞이지 않았다. 민의 정신은 두 마음을 가지지 않았고, 또한 단정하고 엄숙했으며 정직하고 공정했다. 그 지혜는 상하로 견주어 뜻을 고찰할 수 있었으며, 그 성스러움은 빛처럼 멀리 퍼져나가 주위를 밝게 했다. 그 밝은 눈은 빛처럼 환하게 비출 수 있었으며, 그 밝은 귀는 바닥까지 다 들을 수 있었다. 이리하여 신명이 그들에게 내려 남자를 격覡이라 하고, 여자를 무巫라 한다. 이들로 하여금 신령의 거처와 서열을 정하게 하고, 희생犧牲, 제기祭器, 사시四時의 제복祭服을 만들게 한 다음에, 선성先聖의 후예로 하여금 빛과 위엄이 있도록 했다. 그들에게 산천의 이름, 고조高祖의 신주神主, 종묘의 일, 세계世系의 배치와 서열, 배분에 따른 공경, 예절의 마땅함, 위의威儀의 준칙, 용모에 대한 숭배, 충신忠信의 바탕, 정결한 옷차림을 알게 하고, 신명을 공경하는 자는 축祝을 담

> 당하게 했다. 각 성姓의 후예로 하여금 사계절의 물산, 희생의 동물, 옥백玉帛의 종류, 제복 선택의 기준과 의식, 이기彝器의 수량, 신주 서열의 법도, 제사 참여자의 순위, 제단祭壇의 위치, 상하의 신지神祇, 성씨姓氏의 출처를 알게 했으며, 마음으로 옛 전범典範을 따르는 자를 골라 종宗으로 삼게 했다. 이에 천天, 지地, 신神, 민民과 여러 사물을 맡는 관직이 있게 되니, 이를 일러 오관五官이라 했다. 각기 그 서열의 직분을 맡아 서로 어지럽히지 않았다. 민은 이로써 충신忠信할 수 있었고, 신은 이로써 덕을 밝힐 수 있었다. 민과 신은 맡은 직분이 다르지만 공경하고 모독하지 않았다. 그래서 신명이 내려 기쁜 일이 생기게 되었고, 백성은 제물을 바침으로써 재앙이 일어나지 않아 살림이 넉넉했다.[63]

이를 요즘의 말로 바꾸면 이렇다. 예전에는 인간과 신이 뒤섞이지 않았다. 백성 가운데 어떤 사람은 총명하고 뛰어난 지혜가 있었으며, 정신을 집중하는 문제에서도 두 마음을 가지지 않고 오로지 하나에만 몰두할 수 있었다. 게다가 품성이 공손하고 정직했으며 재주와 지혜가 남달리 뛰어났다. 이 때문에 그들은 신과 소통할 수 있었다. 이런 사람을 가리켜 남자는 격이라 하고, 여자는 무라고 한다. 이런 이들은 신과 소통하는 능력을 갖추고 있어서 신명의 등급이나 서열 및 존비의 선후나 제사를 지내는 위치까지 정할 수 있었다. 그뿐만 아니라 제사용 희생 짐승이나 제기와 복식도 그들이 규정했다. 그런 다음에 옛 성인의 후대 가운데 똑똑하고 제사장의 지식을 잘 이해하고 있는 사람에게 태축太祝의 소임을 맡도록 했다. 또한, 명문가의 후손 가운데 사계절의 생장과 제사 및 성씨의 출

63 좌구명, 『국어』, 559-562쪽.

처 등을 잘 알고 있는 사람을 골라 종백宗伯의 소임을 맡게 했다. 이를 바탕으로 천, 지, 민, 신과 사물을 관장하는 관직을 설립했다. 이것이 바로 오관인데, 각자 그들의 직무를 주관하여 서로 뒤섞이지 않았다. 백성은 이로 말미암아 충직한 믿음을 말할 수 있게 되었고, 신령은 이로써 밝은 덕을 베풀 수 있어 인간과 신의 일은 서로 혼동되지 않았다. 그 덕분에 곡물이 자라나고, 재해와 변고가 발생하지 않아서 재물에 부족함이 없게 되었다는 말이다.

이러한 구체적인 표현은 앞서 살펴본 글자의 형태와 뜻에 대해 분석한 내용을 다음과 같이 입증해준다. 첫째, 고대의 무당은 아주 특출한 존재이며 비상한 능력을 갖추고 있다는 것이다. 그중 가장 중요한 것은 신과의 소통이다. 신과 소통한다는 것은 성대한 제사 활동을 통해 이루어지는 행위다. 둘째, 무당은 신과 소통하는 능력으로 신의 뜻을 감지할 수 있다는 것이다. 그들은 제사와 국가 관리를 선발하는 일을 관장하고, 이를 통해 전체 고대 사회가 정상적으로 운영되게끔 유도한다. 이런 의미로 볼 때, 무당은 고대 사회 집단에서 최고 지위에 있는 실질적인 지도자라 할 수 있다. 셋째, 마지막이 가장 중요한 사실이다. 무당이 고대 사회의 문화를 장악하고 이를 조종한다는 것인데, 여기에는 제사 제도, 종족의 역사, 생활에 필요한 상식 등이 포함된다. 바로 이러한 원시 문화에서 후대의 의학과 천문학 및 종교가 발생했다는 것이다. 이를테면 "사계절이 언제 도래하는지 미리 알 수 있다"라는 것은 인류에게 아주 중요한 삶의 지식이다. 사계절의 시기를 알아보려면 천체 현상을 관측해야 하는데, 이는 사실상 최초의 천문학이기도 하다. 그러나 고대에 이루어지는 천문 관측은 사계절의 시기를 알아보는 것 이외에 또 다른 중요한 목적이 있었다. 복을 기원하고 재앙을 소멸시키며, 그들 종족의 평안을 기원하는 것이다.

여기서 천문은 다시 의료 행위와 관련된다. 그래서 '무'가 들고 있는 '공'은 일종의 원시적 천문 관측 도구나 의료 기기라고 간주할 수 있다. 그들은 신과 소통하는 원시적 종교의 신비한 분위기 속에서 인류 초기의 천문학과 의학의 시대를 열어나갔던 것이다.

다음부터는 여기서 한 걸음 더 나아가 무巫와 의醫 및 천문과 종교의 관계를 각각 따로 논의하고자 한다.

우선 '무'와 '의'의 공통된 기원부터 살펴보기로 한다. 글자의 유래를 보면, '醫'자는 원래 '毉'로 쓰인 점에서 '巫무'와 '酉유'에서 나온 것이다. 여기서 '酉'는 술酒이다. 글자의 구조로 보면, 그 뜻은 상고 시대의 사람들이 술로써 병을 치료한 것에서 유래된 듯하다. '酒주'라는 글자가 처음에 만들어진 것은 유명한 샤먼인 무팽巫彭에 의해서였다. 무팽은 고대 최초의 의사 중 한 명이라는 말도 있다. 『의설醫說』에서는 의醫의 기원을 따지면서 이렇게 말하고 있다.

> 『제왕세기帝王世紀』에 "황제가 기백岐伯에게 의서醫書의 편찬을 주관하게 하여 많은 질병을 치료했다."고 한다. 『설문說文』에는 "무팽은 최초로 의사의 일을 맡았다"라고 하며, 『여씨춘추』에서도 "무팽은 의사의 일을 했다"라고 한다.[64]

이와 관련하여 『산해경山海經』「해내서경海內西經」에 다음과 같은 기록이 있다.

64 장고張杲, 『의설』 권2, 『문연각사고전서』 제742책, 38쪽.

> 개명開明 동쪽에 무팽·무저巫抵·무양巫陽·무이巫履·무범巫凡·무상巫相이 있다. 알유窫窳의 주검을 가운데 두고 모두 불사약을 가지고 이를 거부했다.

여기서 말하는 무팽·무저·무양·무이·무범·무상은 모두 고대 전설 속의 유명한 샤먼인 동시에 모두 의술을 행했다. 곽박이 주석하기를 "모두 신의神醫이다"[65]라고 했다. 『주례』에서는 이렇게 설명한다.

> 남무男巫가 망사望祀나 망연望延 및 제사 신에게 칭호를 수여하는 것을 관장하고, 띠풀로써 사방의 신을 부른다. 겨울의 당증堂贈이라는 제사는 방향과 거리가 일정하지 않다. 봄의 초미招弭라는 제사는 질병을 없애기 위한 것이다.[66]

여기서 두자춘杜子春의 해석을 인용하면, '당증'은 "역병을 쫓는 것이다." 즉 사기邪氣를 다스리든 질병을 없애든 이런 것은 모두 샤먼의 본분에 속한다. 이러한 기록들에서 알 수 있듯이, 고대 중국에서는 최초의 의사가 곧 샤먼이고 샤먼이 곧 의사였다. 무와 의는 본래 같은 부류였다. 역사가 발전함에 따라 자연에 대한 인류의 인식 수준도 높아진 탓에 무와 의가 점차 분화되어 두 종류의 직업으로 정착된 것이다.

이어서 천문학과 무의 관계를 살펴보기로 한다. '천문天文'이라는 단어는 비교적 이른 시기에 『주역』에서 나타난다. "천문을 관찰함으로써 사

65 곽박 주, 『산해경』 권11, 『문연각사고전서』 제1042책, 65쪽.

66 정현 주석, 가공언賈公彦 소, 『주례주소周禮注疏』 권26, 『문연각사고전서』 제90책, 482쪽.

계절의 변화를 살핀다觀乎天文, 以察時變"라는 말이 그것이다. '천문'의 본래 의미는 '천체 현상天象'을 가리킨다. 『주역』 「계사상」에도 "하늘이 상을 드리워 길흉을 나타낸다天垂象, 見吉凶"라는 말이 있다. 이로 미루어볼 때, 고대인이 맨 처음에 천체의 현상을 관측하는 목적은 주로 천체 현상을 통해 세상사의 길흉을 예측하기 위한 것으로, 오늘날의 '점성술'과 비슷한 것이라 하겠다. 중국 고대 문헌에서 이런 능력을 지닌 사람을 천관天官의 계열에 귀속시켰는데, '천관'이라 명명한 것으로 보아 신비한 무巫 문화와의 관계를 짐작할 수 있다. 천관은 사실상 점성가이며 샤먼이기도 했다. 점을 치는 것이 본래 샤먼이 하는 일이기 때문이다. 이처럼 신비한 색채를 띤 점성占星 과정에서 샤먼은 필연적으로 천상에 있는 별자리의 운행을 관측해야 했고, 해와 달 및 각 행성의 운동 법칙과 그 위치를 계산해내어야 했다. 현대적 의미에서의 천문학은 이런 과정에서 싹튼 것이다.

문헌의 기록을 살펴보아도 이와 같은 내용이 나온다. 『사기』 「천관서天官書」의 기록을 보면, 최초의 고대 점성가에 대한 언급이 있다. 이를 샤먼이라 불러도 좋고 최초의 천문학자라고 말해도 되는데 그 내용은 다음과 같다.

> 옛날에 전하는 하늘을 헤아리는 자로서 고신高辛 이전에는 중重과 려黎가 있었다. 당요唐堯와 우순虞舜 시대에는 희씨羲氏와 화씨和氏가 있었으며, 하나라 때에는 곤오昆吾가 있었고, 은상殷商 시대에는 무함巫咸이 있었다. 주나라 왕실에서는 사일史佚과 장홍萇弘이 있었다. 송나라에는 자위子韋가 있었으며, 정나라에는 비조裨竈가 있었고, 제나라에는 감공甘公이 있었고, 초나라에는 당매唐昧가 있었고, 조趙나라에는 윤고尹皐가 있었고, 위魏나라에는 석신石申이 있었다.[67]

『한서』「율력지律歷誌」를 보면, 고대 전설에 근거하여 중국 역법을 발명한 역사를 서술하는 대목에 이와 유사한 내용이 나온다. 그 내용은 이렇다.

> 역법을 계산하기 시작한 지는 꽤 오래되었다. 전하는 바로는 전욱顓頊이 남정중南正重에게 명하여 천문을 맡도록 했고, 화정려火正黎에게는 지리地理를 맡도록 했다. 그 후 삼묘三苗가 덕을 어지럽히자 두 관직을 모두 철폐했다. 이에 따라 일 년 중 나머지 날들이 어긋나게 되었다. 맹추(孟陬, 정월)가 사라졌으며, 섭제(攝提, 목성)의 위치를 알지 못했다. 요堯가 다시 중重과 려黎의 후손을 키워 그들로 하여금 가업을 잇게 했다. 그래서 『상서』에 "이에 희羲와 화和에게 명하여 하늘을 공경하게 따르도록 하며 일월성신의 운행을 계산하여 백성에게 때를 알리도록 했다"라고 이른 것이다.[68]

이 두 대목은 비교적 이른 시기의 천문학사 문헌에서 나온 것이다. 모두 '중'과 '려'라는 오래된 두 가문에서 천문 역법을 관장했던 사실을 언급하고 있다. 이 두 가문은 바로 중국 고대의 역사책에서 명성을 크게 떨친 것으로 알려진 유명한 샤먼의 가문이다. 샤먼의 가문은 대대로 천관이라는 직책을 맡았다. 천상을 관측하여 길흉을 예측하는 한편, 역법을 제정하고 평민들에게 농사철을 알려줌으로써 농업 생산과 일상적 생활을 이끌었다. 이런 한 토막의 역사에 어쩌면 허구적 요소가 개입될 수도 있겠지만, 명확하게 반영하고 있는 점도 있다. 그것은 천문 역법을 제정

67 사마천, 『사기』「천관서」 제4책, 1343쪽.

68 반고, 『한서』 제4책, 973쪽.

하고 관장하는 일이 고대 샤먼의 직책 중 하나였고, 이런 직책에는 신비한 무술巫術의 요소도 포함되어 있지만, 현대 천문학의 과학성도 함축되어 있다는 사실이다.

『사기』「일자열전日者列傳」에도 고대 무와 의醫, 천문학 간의 밀접한 관계를 알려주는 다음의 기록이 있다.

> 송충宋忠이 중대부中大夫가 되고, 가의賈誼가 박사博士가 되어 같은 날에 휴가를 받아 함께 떠나면서 말을 나누었다. 서로 선왕과 성인이 다스리는 도와 방법을 칭송하다가, 세상 인정을 두루 알고 나서 서로 마주 보고 탄식했다.
>
> 가의가 말했다.
>
> "내가 듣기로는 옛날의 성인은 조정에 있지 않고 점술가와 의사들 가운데 있다고 한다. 지금까지 우리는 삼공과 구경 및 조정의 사대부들을 이미 만나봤으니 이를 잘 알 수 있다. 이제 점복가들 사이로 들어가서 그 풍채를 알아보자."
>
> 두 사람은 곧바로 수레를 같이 타고 저자로 가서 점치는 집들 사이를 노닐었다. 비가 막 그쳤기 때문에 거리에는 사람이 드물었다. 마침 사마계주司馬季主가 한가롭게 앉아 제자 서너 명의 시종을 받으며, 천지의 도와 일월의 운행 및 음양 길흉의 근본을 이야기하고 있었다. 두 대부가 재배하고 만났다. 사마계주가 그 모습을 지켜보고 알만한 사람이라고 여겨 즉시 답례한 다음, 제자를 시켜 자리에 앉도록 했다. 좌정한 다음에 사마계주가 조금 전에 했던 말을 다시 설명했다. 천지의 시작과 끝을 비롯한 일월성신의 주기를 분별하고, 상황에 따른 인의仁義의 차례와 길흉의 징조를 열거하는데, 수천 마디를 해도 모두 도리에 맞았다.[69]

이 글에서는 송충과 가의라는 한 왕조의 두 인물이 점집을 유람하기로 약속하고, 점복가 사마계주를 방문한 전후의 과정을 묘사하고 있다. 처음 시작에 가의가 성인이 조정에 있지 않고 "점복가나 의사들 사이에 있다在卜醫之中"라고 한 점에서, 복卜과 의醫가 함께 거론되고 있음을 알 수 있다. 두 사람이 점집 거리에 이르렀을 때, 일자日者 사마계주가 마침 그 제자들에게 천지의 도와 일월의 운행, 그리고 음양 길흉의 근본을 말하고 있는 것을 보게 되었다. 모두 착석한 다음에 사마계주가 그들과 계속해서 천지의 시작과 끝, 일월성신의 운행, 길흉의 징조 등의 문제를 토론했다는 것이다. 여기서 '일자日者'는 점치는 사람으로 본래부터 무에 속하기 때문에 천지운행과 일월성신에 관해 논할 수 있다. 이를 통해 무, 의, 천문 삼자의 관계를 헤아려볼 수 있다.

샤먼의 직책은 위에서 언급한 질병 치료와 천문 관측 이외에, 가장 중요시하는 것은 제사 행위다. 중국 고대의 제사에는 포함되지 않은 것이 거의 없을 만큼, 중국의 문화는 전통적으로 다신론과 범신론의 경향이 있다. 번잡한 제사 과정을 통해 신의 은총을 입고자 희구하는 한편, 치아처럼 가지런한 인륜의 순서를 정하고자 하는 것이다. 이처럼 신과 인간에 대한 제사는 일종의 원시 종교로 나타난다. 후대의 중국 도교는 바로 여기서 발단하여 나온 것이다. 이를테면 도교 부록파의 기양祈禳과 금주禁呪와 같은 것들은 바로 이러한 고대의 샤머니즘에서 직접 기원한 것이다. 『주역』 관괘의 「단사」에 이런 말이 있다.

하늘의 신성한 도를 관觀하면 사계절이 어긋나지 않고, 성인이 이런 신성

69 사마천, 『사기』 「일자열전日者列傳」 제10책, 3215-3216쪽.

한 도로써 가르침을 베푸니 천하가 복종한다.

여기서 말하는 '신성한 도神道'는 도교의 '도'나 유교의 '도'가 모두 문화적 계승 관계에 있는 것을 뜻한다. "성인이 이런 신성한 도로써 가르침을 베푼다"라는 말에서 채택된 형식은 최초로 나타난 각양각색의 제사 활동이며, 이런 제사 활동을 관장하는 자가 바로 샤먼이다.

요컨대 중국 고대 의학과 천문학 및 종교에서 일맥상통하는 공통된 근원은 모두 고대의 샤먼, 곧 무사巫師 집단에서 비롯되었다는 것이다. 말하자면 오래된 무의 문화 속에서 의학과 천문 및 종교에 관련된 공통의 발원지를 찾아냈는데, 이러한 공통된 기원은 이후의 역사 발전 과정에서 의학이나 천문학 및 종교사상과 긴밀하게 관련되며, 본질적으로 의학과 천문학이 중국 종교에 영향을 미치는 가능성과 필연성을 결정한다.

2 문화적 내포의 일치성과 고대 과학이 중국종교사상에 끼친 영향

문화적 내포의 일치성은 의학과 천문학이 중국종교사상의 발생에 미치는 사상적 통로를 제공한다. 전통적 중국 문화에서는 음양오행 이론과 천인합일 사상이 기초적인 권위를 지니며, 그 영향은 의학과 천문학 및 중국종교를 포괄한 중국 문화의 유형에 두루 미친다. 이러한 문화에 함축된 내용과 그 이론적 기초의 공통성은 양자 간의 상호 작용에 필요한 사상적 통로를 마련해 준다.

가장 이른 시기에 음양사상을 구현한 것으로는 『주역』이라는 책을 들 수 있다. 『주역』은 경經과 전傳의 두 부분으로 나뉜다. '경'의 부분은 비교적 일찍 형성된 것인데, 전하는 바에 따르면 복희, 주공, 문왕이 차례로 괘를 그리고, 중첩하고, 언사言辭로 풀어내어 이루어진 것이라 한다. '전'

은 공자가 만든 것이다. '경'에 해당하는 부분을 살펴보면 '음양陰陽'이라는 글자가 나타나지 않지만, 『역』이라는 책을 보면 그려진 괘상에 음양의 의미가 곳곳에 구현되어 있다. 공자에 이르러 '전'을 만들었을 때는 '일음일양一陰一陽'이란 개념을 명확히 지적했고, 고대 성인이 자연의 음양 변화를 관찰한 바탕 위에 『역』을 지었다고 주장했다. 이를 뒤집어 이해하면 이렇게 말할 수 있다. 곧 자연의 만물이 모두 음양 변화의 결과이고, 음양의 변화에서 예측할 수 없는 부분이 바로 '신神'이고 '도'라는 것이다. 『주역』은 가장 이른 시기에 샤먼들이 점을 칠 때 사용한 복서의 책으로서, 주된 용도는 길흉을 알아보기 위한 것이었다. 이처럼 『역』이라는 책은 사람들의 사회생활에 크게 영향을 미쳤는데, 오늘날의 상황으로 미루어 보아도 이를 어느 정도로 짐작할 수 있다. 따라서 『역』에 포함된 음양 사상이 광범위하게 유포되어 중국 문화를 대표하는 기본적인 개념 중 하나가 된 것은 그리 놀랄 만한 일은 아니다. '음양'이라는 두 글자는 간단하게 보이지만, 사실상 중국인의 전반적인 사유 양식을 구축하고 있는 것이다. 옛날부터 지금에 이르기까지 그 어떤 사물을 바라볼 때도 중국인의 생각은 모두 음양의 영향권에서 벗어나지 않았다. 중국의 의학과 천문학 및 종교사상도 예외가 아니었다. 모두 이를 바탕으로 구축된 것이다.

음양오행과 천인합일의 관념이 중국 고대 의학에서 차지하는 기본적 위상과 관련하여, 가장 오래된 의학서인 『황제내경』을 예로 들어 이 문제를 설명하기로 한다. 앞에서 언급한 바와 같이, 지금까지 나온 『황제내경』의 가장 완벽한 주석본은 계현자啓玄子라는 도호道號를 지닌 당나라 때의 도사 왕빙이 저술한 것이다. 그는 주석본의 서문에서 『황제내경』에 대해 이렇게 소개했다.

> 문장은 간결하지만, 그 뜻은 넓고 이치는 오묘하며 취지는 깊다. 천지의 상象을 음양의 화후火候로 나누어 변화의 원인을 열거하고 죽고 사는 조짐을 드러냈다. … 의논하지 않더라도 먼 곳과 가까운 곳에서 내린 결론이 절로 같고, 약속하지 않더라도 유幽하고 명明한 것이 이에 부합된다. 그 말을 곰곰이 생각하면 징험이 있고, 이를 시험해보아도 틀림이 없다. 참으로 지극한 도의 근본이며 생명을 받드는 의학의 시초라고 이를 만하다.[70]

왕빙은 이 글에서 『내경』의 의미와 취지를 극찬하고, "지극한 도의 근본이고 생명에 봉사하는 의학의 시초"라고 받들었다. 이는 당연히 그의 개인적 도교신앙과 관련된다. 아울러 그는 이 책의 내용을 높은 수준에서 개괄했는데, 천지의 변화를 음과 양 두 가지로 나누고 이런 변화가 일어나는 원인을 탐구함으로써 천지 음양과 인체 생사 간의 관계를 설명한 것이라 했다. 『내경』에 대한 이러한 왕빙의 연구는 일정한 권위를 갖추고 있는 것으로 볼 수 있다. 『내경』에서 그가 묘사한 일부 구절들이 객관적이고 실제와 부합하며, 『내경』의 의학 이념이 음양오행과 천인합일이라는 큰 그림을 배경으로 구축된 것이기 때문이다.

이 책의 서두인 「상고천진론편제일上古天眞論篇第一」을 보면, "왜 상고시대의 사람들이 백 살이 넘어도 쇠약해지지 않고 여전히 일할 수 있느냐"라는 황제의 질문을 받고, 기백岐伯이 이렇게 대답하는 대목이 있다.

---

70 왕빙 주, 임억 외 교주, 『중광보주 황제내경소문重廣補注黃帝內經素問』「원서原序」, 『문연각사고전서』 제733책, 6쪽.

상고 시대에 도를 아는 사람들은 음양의 이치를 본받고 술수術數와 조화를 이루었습니다. … 억지로 힘든 일을 하지 않았습니다. 때문에 형形과 신神을 갖추어 천수를 다할 수 있었고, 백 살까지 살다가 비로소 세상을 떠났습니다.[71]

결말 부분에 황제가 상고 시대의 진인眞人을 거론하면서 이렇게 말한 내용도 있다.

내가 듣기로, 상고 시대에 진인이라는 자들이 있었다. 그들은 하늘과 땅을 감싸고 음양을 장악하며, 정기精氣를 호흡하고 홀로 서서 신神을 지키니 피부와 근육이 하나와 같았다. 그래서 하늘과 땅이 다할 때까지 오래 살아 그 수명이 끝날 때가 없었다. 이는 도道로써 살아가는 것이다. 중고 시대에는 지인至人이라는 자들이 있었다. 순박하고 덕이 있어 도를 완전하게 하고, 음양과 화합하며 사계절과 조화를 이루었다. 세속에서 벗어나 정기를 실처럼 뽑고 정신을 온전하게 하여 하늘과 땅 사이에 노닐었으며, 팔방의 밖에 있는 것들을 보고 들었다. 이는 대개 주어진 수명을 더하고 강건하게 하는 것이니, 이 또한 진인으로 돌아갈 수 있었다. 그다음 성인聖人이라는 사람들이 있었다. … 그 다음으로 현인賢人이라는 자들이 있다. 하늘과 땅을 본받고, 해와 달을 닮고자 하며, 별자리를 따져 배열하고, 음양을 거스르고 따르며, 사계절을 나누어 구별한다. 상고의 것을 추종하여 도에 부합하도록 하니, 이 또한 수명을 더할 수 있지만, 끝이 있다.[72]

71 왕빙 주, 임억 외 교주, 『황제내경소문』, 『문연각사고전서』 제733책, 9쪽.
72 왕빙 주, 임억 외 교주, 『황제내경소문』, 『문연각사고전서』 제733책, 11쪽.

이어서 「사기조신대론편제이四氣調神大論篇第二」에서는 더욱더 명확히 다음과 같이 말한다.

> 무릇 사계절의 음양은 만물의 근본이다 … 음양 사계절은 만물의 끝이고 시작이며, 죽고 사는 것의 근본이다. 이를 거스르게 되면 재해가 발생하고, 이를 따르면 가혹한 질병이 일어나지 않는다. 이를 일러 도를 얻었다고 한다.[73]

이러한 내용은 사람이 어떻게 해서 장수할 수 있고, 나아가 장생불로의 신선이 될 수 있는가에 대한 담론이다. 여기서 한결같이 인간의 생명과 건강을 천지 음양의 변화나 일월성신의 운행을 모방하는 것과 결합했다. 그 배후에 감춰져 있는 것이 바로 '천인합일' 사상이다. 이런 사상이 『황제내경』에서 처음부터 끝까지 꿰뚫고 있다.

『황제내경』은 중국 고대 의학의 기초를 잡아주는 저술이다. 상고 시기의 중국의학 면모를 반영하고 있을 뿐만 아니라, 중국의학의 가장 기본이 되는 전적 중 하나로서, 역대로 의학을 배우고자 하는 이들에게는 필독서다. 『황제내경』의 기본 이념에서 엿볼 수 있는 것은, 상고 시기에 옛사람들이 인체의 생장과 소멸을 천지의 음양 변화와 결합하고 있으며, 이를 통해 '천지인 합일'이라는 독특한 의학 이론을 형성했다는 점이다. 이와 아울러 의학의 기초를 잡아주는 저서로서 후대 중국의학 이론에 결정적인 영향을 끼쳤다는 것인데, 이 또한 소홀히 할 수 없는 부분이다. 이러한 원천에 대한 이론적 모색을 통해 고대 의학, 천문학, 종교 간의 관계를

73 왕빙 주, 임억 외 교주, 『황제내경소문』, 『문연각사고전서』 제733책, 14-15쪽.

다시 한번 분명하게 인식할 수 있다.

이러한 의학의 기초 이론을 추적하는 가운데 중국종교의 기본적 이론에 내재한 근거도 알아볼 수 있다. 중국종교에서 특히 도교의 득도, 장수, 성선成仙과 관련된 사상은 여러 전적을 통해 의학과 겹치는 내용으로 나타날 뿐만 아니라, 사상적인 면에서도 그렇게 드러난다. 앞서 나열한 예들도 동일하게 중국종교에 적용할 수 있다. 수행과 천지 음양의 관련성이 그 이론적 출발점부터 의학과 완전히 일치하기 때문이다.

중국의 천문학은 종교와 의학이 중첩된 상황에서 싹튼 것으로, 처음에는 객관적 자연 현상을 순수한 목적으로 탐색하는 것이 아니라 인간사를 위한 것이었다. 이에 따라 그에 종사하는 인원들과 문헌적 표현에서는 혼선을 빚었지만 이론적 면에서도 상통하는 점이 있었다. 모두 음양오행이나 천인합일과 같은 기본적 이론을 공유하고 있기 때문이다. 이런 까닭에 중국의학, 천문학, 중국종교사상이 표면적으로는 일종의 공통된 역사적 기원을 가진 것으로 드러나며, 이와 동시에 그러한 것들에 의해 구축된 이론적 토대는 심층적 차원에서 서로 일치하는 면모를 보인다. 이는 상호 간의 영향을 주고받는 데 필요한 의사소통의 장場과 사상적 통로를 마련한 것이며, 이를 통해 의학, 천문학, 종교사상이란 삼자 간의 융합을 실현할 수 있었다.

3 중국종교 자체의 수요에 의한 영향

의학과 천문학이 중국종교에 영향을 미치게 된 내재적 원인으로, 중국종교 자체의 발전에 필요한 수요를 들 수도 있다. 상술한 바와 같이, 중국의학과 천문학 및 종교는 그 기원에서 선천적 연원을 공유할 뿐만 아니라, 이론적 측면에서도 문화적 내포가 서로 일치하는 것으로 나타난다. 이런 것들이 후천적인 측면에서 양자의 긴밀한 관련성을 필연적으로 유지하게 하며, 상호 영향을 주고받는 것을 결정한다고 볼 수 있다. 하지만 이를 중국종교의 측면에서 바라볼 때, 그러한 근본 원인은 종교 자체의 발전이란 객관적 수요에 의해 의학과 천문학을 수용했다는 데서 찾을 수 있다. 어떤 점에서는 사실상 중국종교가 줄곧 의학과 천문학의 내용을 적극적으로 흡수하고 있었다고 말할 수도 있지만, 이는 표면적으로 이해한 영향일 뿐이다.

종교가 능동적으로 의학과 천문학을 수용하고 연구한 의도는 무엇보다도 종교적 가르침을 선전하여 신도들의 지지를 얻고자 하는 데 있었다. 이는 종교 자체의 생존과 발전에 필요했기 때문이다. 고대에는 의료시설이나 위생 관념 및 과학기술 등의 여건들이 모두 열악했다. 전란과 흉년 이외에도 민간에서는 각종 질병이나 대규모로 창궐하는 전염병으로 종종 예측할 수 없는 큰 재난을 겪어야 했으며, 영혼과 육체가 이중의 고통으로 시달려야 했다. 이런 상황에 부딪혀 종교가 그들의 교리를 전파하는 과정에서 더 많은 교도를 확보하려면, 반드시 고도의 의술 및 과거와 미래를 꿰뚫고 길흉을 예언하는 신통력이 요구되었는데, 이는 비교적 이상적인 수단이며 방법이었다. 역사상 종교적 인물들이 신비한 의술로 인명을 구하고, 미래를 예언하는 신통력으로 재난을 면하게 했던 일화들은 허다하게 찾아볼 수 있다. 이런 이야기는 특정 종교 인물의 신비스러운 능력을 널리 알리는 동시에, 해당 종교의 신화가 됨으로써 더 많은 신도를 확보하는 데 도움을 주었다. 이 때문에 도교나 불교는 물론이고 나중에 전해진 이슬람교에 이르기까지, 창립 초기에는 의술로 도를 널리 알리거나 점복의 신통력으로 전도하는 전통이 모두 남아있었다. 도교 초창기에 등장한 장각은 바로 이런 방식으로 백성들을 도교에 끌어들일 수 있었다. 이와 관련하여 『후한서』에는 다음과 같은 기록이 있다.

> 처음에 거록巨鹿 사람인 장각이 '대현양사大賢良師'라 자칭하고, 황로도黃老道를 받들며 제자들을 모아 길렀는데, 무릎을 꿇고 절을 하고 머리를 조아려 참회하게 시키며, 부수符水와 주문으로 병을 치료했다. 병자들이 자주 낫게 되자 백성이 그를 믿고 따랐다.[74]

불교가 처음 전해질 때, 중국에 들어온 승려들도 종종 의술이나 모종의 신통력을 보여주었는데, 특히 점성술로 민중의 믿음을 얻었다. 앞서 언급한 것처럼, 초기에 들어온 승려인 안청, 강승회, 쿠마라지바 등은 모두 불법 이외에도 의술과 천문에 밝았다. 그들이 알고 있는 천문은 점성술에 가까운 것이었다. 그 이후 종교가 전파됨에 따라, 이처럼 의학으로 도를 전하거나 널리 알리는 전통이 지속되고 한층 더 발전하게 되었다. 『태평경』 전수에 관한 도교의 이야기가 바로 그런 사례다. 『태평경복문太平經復文』의 서문에 다음과 같은 내용이 있다.

> 간군(干君, 일명 우길于吉)은 처음에 악질에 걸려 살아날 가망이 없었다. 백화帛和을 찾아가 치료를 청했다.
> 백화가 말했다.
> "내가 『태평본문太平本文』을 너에게 전수할 것이니 … 이를 천하에 전하여 덕이 있는 인물에게 가르쳐주면 태평太平을 이룰 수 있다. 질병을 치료할 뿐만 아니라 세상도 제도할 수 있을 것이다."

74 범엽, 이현 외 주석, 『후한서』제8책, 2299쪽.

간길干吉은 가르침을 전수하면서 그 정수를 깊이 연구하고, 그 내용을 부연하여 종교를 세웠다.[75]

여기서 말하고 있는 것이 반드시 역사적 사실과 부합한다고 볼 수는 없다. 하지만 여기에 반영된 포교 방식, 즉 병으로 인해 도를 구하고, 질병 때문에 도를 전수하거나 포교하면서 병을 치료하는 방식은 납득할만하다. 이처럼 종교 그 자체의 전파에 필요한 객관적 수요는 의심의 여지 없이 종교계 인사들로 하여금 의학 지식을 습득하고 천문역법을 연구하도록 자극했다.

그다음으로 들 수 있는 원인은 의학과 천문학에 관한 종교적 연구가 종교 수행의 필요에 의한 것이라는 점이다. 이런 수요는 종교계 인사들로 하여금 수행의 목적을 실현하기 위해 어쩔 수 없이 의학과 천문학을 적극적으로 연구하도록 했으며, 의학과 천문학의 수용 문제를 근본적으로 해결하기 위해 중국종교가 적극적으로 협력하는 태도를 보이게 했다.

도교의 경우, 불로장생과 신선이 된다는 것을 종교 수행의 목적으로 삼고 있는데, 그 성선成仙 모델은 몇 가지 역사적 단계를 거쳐 이루어졌다. 진한 시기에는 주로 자연에서 얻을 수 있는 불로장생약을 구하는 것이 신선의 경지로 통하는 디딤돌로 삼았다. 그러나 이를 구하는 데 무수히 많은 실패를 거듭하고 난 뒤에 도사들은 회의를 느끼기 시작했다. 그러다가 위진 남북조 이후에는 외련外煉에 의한 성선 모델이 새롭게 등장했다. 이는 인위적으로 정제한 금단대약金丹大藥을 복용하는 방식인데, 영원히 썩

75 왕밍, 『태평경합교』, 744쪽.

지 않는 금단의 물리적 특성에 착안하여 이를 인체에 적용함으로써 우화등선을 성취하려는 것이다. 이런 방식의 신선 모델로 인해 도사들은 대량의 광물질을 제련하는 실험을 진행했다. 약물을 제련하는 과정에서 불기운을 조절하는 법을 비롯해 각종 원재료의 특성을 파악해야 했고, 천지의 신령한 기운을 얻어 약물의 효력을 높이기 위해 제련하는 시점과 천지의 시간을 결합하는 데 주의를 기울여야 했다. 이로 말미암아 도사들은 광물이나 약초의 특성을 연구하는 동시에 연단煉丹의 최종적 성공을 위해 천문을 정밀하게 연구하여 천지의 기운과 서로 일치하는 시기를 알아내야만 했다. 그러나 단약을 복용하여 목숨을 잃은 사건이 속출하자 도교의 신선 수련법은 수당 이후로 오면서 점차 내수內修 중심으로 전환되었다. 이렇게 해서 다시 도교 내단술이 생겨났다. 내단 수련은 호흡과 토납을 강조하고, 일상생활 속의 양생에 각별한 주의를 기울일 것을 요구하는데, 이에 따라 다시 도교기공道教氣功과 양생 문화의 발전을 촉진하게 되었다. 신선이 되는 길을 추구하는 이러한 일련의 과정에 관한 서술로 미루어볼 때, 의학과 천문학에 관한 도사들의 탐구는 사실상 종교 수행이라는 일정한 테두리 안에서 이루어진 것이며, 나아가 거의 완전히 종교적 수요에 의해 진행되었다는 사실을 알 수 있다.

불교의 경우는 도교와 달리 처음부터 마음에 대한 관조를 중시하여 좌선을 통한 내면 수련에 많은 시간을 투입했다. 좌선하여 내면을 관조하는 과정에서 생각을 정화해 내면의 평정심을 유지하고자 했다. 이를 위해 승려들은 항상 수식數息이나 관상觀想의 방법을 동원했는데, 이러한 것들이 나중에 불교기공佛教氣功으로 발전하게 되었다. 좌선 수행은 장시간에 걸쳐 앉아있기 때문에 종종 사지가 뻣뻣해지고 혈맥이 통하지 못하는 현상이 나타나기 마련이다. 이를 해결하기 위해 좌선 수행에 필요한 일련의 건강법들이 점차 강구되기 시작했다. 이와 아울러 좌선 수행에 많은 정신력과 체력이 소모되기 때문에, 이러한 사정에 맞추어 집중적으로 수행하는 기간에 전문적으로 배식을 담당하는 승려로 하여금 식단을 조절하여 건강을 지키도록 했다. 이런 조치가 불교 양생과 영양학의 발전을 촉진시키는 데 크게 기여했다는 것은 두말할 필요가 없다. 세계적인 명성을 떨치고 있는 소림사의 독보적인 의술을 보면 이 점을 잘 이해할 수 있다. 소림사는 전통적 무술로 다른 사원보다 널리 알려졌는데, 의학 방면에서도 외상 치료에 기여한 공헌은 특출했다. 이른바 소림의학少林醫學은 중국 전통의학에서 말하는 경락과 기혈 유통을 이론적 토대로 하고, 경락經絡, 혈도穴道, 장부臟腑 부위로 손상된 상태를 판별하는 준거로 삼는다. 실제로 시술할 때는 독특한 소림사 비전秘傳의 내외손상방內外損傷方이나 점혈법點穴法 및 정골整骨 이근(理筋, 손가락으로 힘줄과 경맥을 천천히 밀어주는 방법), 협박夾縛, 기공氣功, 기능 단련 등의 치료법과 재활 치료를 동원함으로써, 소림사 특유의 외상 의학 체계를 형성하고 있다. 그 유명한 『달마역근경達磨易筋經』과 『달마세수경達磨洗髓經』도 모두 소림사에서 나온 것이다.

한편, 천문학 방면에서 불교는 도교와 약간 다른 면이 있다. 불교에는 도교처럼 반박귀진返璞歸眞이나 역수逆修하여 천지와 합일하고, 불로장생하여 신선을 꿈꾸는 등의 종교적 이상은 아예 존재하지 않는다. 또한, 이런 종교적 이상을 실현하기 위해 천문학을 열심히 연구하지도 않았다. 초기 불교의 가르침에는 불교도들의 천문학 연구를 금하는 경문經文까지 있을 정도였다. 그러나 불교 경전을 펼쳐보면 천문에 대한 폭넓은 관심과 기록을 읽을 수 있어, 천문에 대한 불교의 취향이 도교와 비교해 절대 뒤지지 않는다는 사실을 짐작할 수 있다. 그 원인을 헤아려보면, 불교 자체의 종교적 체계 구축과 승려들의 수행에 필요한 객관적 요구에 의한 것임을 알 수 있다. 불교 경전 속에 천문학 관련 내용을 대량으로 기술한 궁극적 의도가 현대 천문학처럼 우주의 운행 법칙을 탐구하는 데 있지 않았기 때문이다. 이 점은 도교와 비슷하다. 하지만 도교의 천문 관측은 천도를 엿보거나 수련을 통해 신선이 되고자 하는 목적에 도움을 준다는 점에서 불교와 현격한 차이가 있다. 이와 달리 불교 경전에 기술된 대량의 천문 관련 내용은 주로 생사윤회나 사대계공四大皆空이라는 가르침의 진실이 유효하다는 것을 설명하기 위한 것이다. 『불설대반니환경佛說大般泥洹經』에서는 이렇게 말한다.

> 선남자야, 나후아수라羅睺阿修羅가 해와 달을 잡을 때, 여러 중생은 그가 달을 먹는다고 말한다. 그가 달을 손에서 놓고 나면 달을 토했다고 말한다. 그가 달빛을 가리면 세간에 나타나지 아니하니, 잡아먹혔다고 생각하는 것이다. … 그러나 그가 달을 숨기고 나타나게 하지만 실제로는 늘어나고 줄어드는 것이 없다. 여래如來·응공應供·등정각等正覺도 또한 그러하다. … 이 때문에 여래의 법신은 참된 것이며, 실제로는 손상되거나 파괴되지 않는다.[76]

여기서 월식 형상이 나후아수라가 해와 달을 가지고 노는 탓에 생겨나는 것이라고 말한다. 하지만 이는 비유를 통해 여래의 법신도 일식이나 월식과 마찬가지라고 설명하는 데 그 뜻이 있었다. 세상 사람들은 이런저런 이유로 그 전체를 보지 못했을 뿐이다. 일월 자체가 늘어나고 줄어드는 것이 없듯이, 여래의 법신도 손상되거나 파괴되는 바가 없다는 것이다. 이

76 『불설대반니환경』, 『대정장』 제12권, 890쪽 참조.

처럼 교리를 자세히 설명하는 데 도움을 주는 것 이외에도, 불교 승려들이 천문역법을 배우는 목적은 수행에도 도움이 된다는 것이었다. 초기 인도 불교에서는 한동안 불제자들이 의학과 천문학을 배우지 못하도록 이를 명문으로 금지한 바가 있었다. 그 여파로 많은 불교도가 천문역법에 어둡게 되었고, 수행할 때 날짜조차 제대로 모르는 상황이 발생하기도 했다. 또한, 불교에서는 낮 12시 이후에는 음식물을 섭취하지 못한다는 것과 같은 계율들이 있었다. 이를 위해 시간과 날짜를 정확하게 알아둘 필요가 있었다. 나중에 이 문제를 해결하기 위해 승려들 가운데 상좌上座와 같은 우두머리를 따로 지정하여 천문과 역산曆算을 배우도록 했다. 그들로 하여금 날짜와 시간을 따지게 하고, 이를 통해 교리와 계율을 잘 지키게 함으로써 수행에 도움을 주었던 것이다. 불교는 브라만교Brahmanism와 결합한 뒤에 중국에 전해졌다. 이때의 불교는 이미 많은 것들을 수용하고 축적했는데, 인도의 브라만교는 특히 점성술과 의술에 뛰어났다. 이에 따라 불교는 자연스럽게 의술과 점성술에 관련된 지식을 비롯하여 이에 관한 연구의 전통을 함께 지니고 중원으로 진입할 수 있었다.

위에서 말한 이러한 이유로, 중국종교는 기본적으로 제세구인濟世救人과 행선제악行善除惡이라는 교리를 갖추고 있으며, 경전과 문헌 전적 방면에 교단 내외의 인물들이 의학과 천문학 활동에 종사하는 것을 인정하고 이를 격려했다. 앞에서 인용한 『태평경』에서는 "함께 세상을 제도한다兼而度世"라는 문제를 다루고 있는데, 세상을 구하여 태평 시대를 연다는 것은 도교의 최고 경지이며, 교리가 요구하는 궁극적인 목표라고 말할 수 있다. 평범한 의원은 병을 고치고, 뛰어난 의사는 나라를 고치기 때문이다下醫治病, 上醫治國. 또한, 불교에서도 중생을 제도하고 일체의 고통과 재앙을 없애는 것을 강조한다. 게다가 불교에도 도교처럼 "평범한 의

원은 병을 고치고 뛰어난 의사는 나라를 고친다"라는 것과 비슷한 가르침이 있다. 앞서 거론한 바 있는 『불설의유경』에서는 현실적 질병을 치료하는 양의良醫에 대한 요구 사항을 언급하고 있을 뿐만 아니라, 이를 계기로 중생이 생멸의 윤회를 끊고 고통에서 벗어나 즐거움을 얻는 데 필요한 '무상법약無上法藥'의 중요성도 함께 언급하고 있다.[77] 의술을 연마하여 환자의 병을 치료하고 인간 세상의 질병과 고통을 제거하는 것은 도교나 불교나 중생을 제도한다는 가르침에 깔린 기본적인 요구다. 이와 아울러 불교와 도교는 그들 경전 속에 병을 치료하여 인명을 구제하거나 이런 경전을 전파하면 복을 받을 수 있다고 선전하기도 한다. 『약사여래염송의궤藥師如來念誦儀軌』에서는 이렇게 말한다.

> 이 법인주法印呪는 일체의 고뇌를 소멸할 수 있다. 만약 어떤 사람이 업장이 두터워 부녀자에게까지 미칠 때, 간절히 전화위복을 바란다면 가르침에 따라 약사상藥師像 하나를 만들고 『약사경藥師經』 한 부를 베껴야 한다. … 그리고 『약사경』 49부를 돌리게 되면 지닌 업장이 모두 소멸하고, 수명이 연장되어 횡액을 당하지 않고 평온함을 얻는다. 귀신 들린 병도 당장 낫게 된다.[78]

이렇듯 병을 제거하고 악귀를 항복시키는 것도 『약사경』 경문의 전파와 관련지었다. 도교의 일파인 전진교에서는 여기서 한 걸음 더 나아가 의학 이론에 능통할 것을 교단 내부의 신도에게 직접 요구하고, 이를 교

77 『불설의유경』, 『대정장』 제4권, 802쪽.

78 『약사여래염송의궤』, 『대정장』 제19권, 29-30쪽.

단의 내규에 명시하기도 했다. 『중양입교십오론重陽立敎十五論』에 다음과 같은 말이 있다.

> 약藥이란 것은 산천의 빼어난 기운이며 초목의 정화다. … 곧잘 정밀히 배운 자는 사람의 성명性命을 살리고, 눈이 먼 의원은 사람의 형체를 손상하게 한다. 도를 배우는 사람은 이에 통달하지 않으면 안 된다. 통달하지 못하면 수행에 아무런 도움이 없다.[79]

이러한 종교의 교리는 의약을 중시하고 이에 대한 지식을 요구한다. 객관적으로 볼 때, 이는 교단 내외의 인물들이 직접 또는 간접적으로 의료 행위를 실천하거나 의학 및 천문학 관련 서적의 전파 활동에 참여하도록 유도한 것이며, 이를 통해 종교, 의학, 천문학의 발전을 촉진했다고 하겠다. 요컨대 종교 내부에 실제로 존재하는 자체의 수요가 의학과 천문학이 중국종교에 미친 영향을 최종적으로 결정했다는 것이다.

의학과 천문학이 중국종교에 미친 영향은 중국종교의 발전을 촉진했을 뿐만 아니라, 이에 따라 중국의 의학과 천문학도 한층 더 풍부하게 발전하는 계기가 되었다. 이로 말미암아 중국종교에 영향을 미친 의학과 천문학은 도교의학이나 불교의학 등과 같은 중국의학의 중요한 갈래를 형성하게 되었다. 종교 내부의 인사들에 의한 이러한 의학 탐구는 경락학, 처방학, 기공, 양생학 등 각 방면에 걸쳐 전통의학의 내용을 풍부하게 함과 동시에, 중국 자연과학의 발전을 추진하기도 했다. 특히 화학 분야에 대한 도교 연단술의 기여가 바로 그런 것에 해당한다. 또한, 종교계

79 『도장』 제32권, 153쪽.

인물들이 행한 의료나 천문 활동으로 인해 의학과 천문학에 관련한 귀중한 지식을 대량으로 보존할 수 있게 되었을 뿐만 아니라, 이를 후대까지 전해질 수 있게 되었다. 도교에 중국 전통의학의 처방전이 대량으로 보존되고 있다면, 불교 경전에는 인도의 원시 천문학 자료가 대량으로 보존되어 있기 때문이다.[80] 이런 문헌 자료들은 오늘날 의학과 천문학 연구에 소중한 자료를 제공해준다. 또한, 의학의 실천이라는 부분에서 수많은 민중의 고통을 해결했을 뿐만 아니라 중국인의 신체 건강 수준을 크게 향상시켰다. 천문 분야는 중국의 오래된 봉건적 역사에서 이에 관한 연구가 천인과 소통하거나 천명을 전한다는 정치적 의의를 지닌다고 여긴 탓에, 줄곧 왕실에서 천문 연구를 독점하는 경향이 있었다. 송나라 당시와 송나라 이전의 민간에서는 역법을 익히는 것만 윤허되었고, 개인적으로 천문을 연구할 수가 없었다. 이를 어길 때는 중범죄로 몰렸다. 명나라 이후에는 역법조차 사적인 용도로 배울 수 없게 되었다. 이러한 정치적 금령은 천문학의 발전에 아주 불리한 여건으로 작용했지만, 종교계에서는 수행이라는 객관적 수요로 인해 천문 연구에 몰두할 수 있게 되었는데, 이는 당연히 천문학의 발전에 많은 도움을 주었다.

이처럼 이질적인 문화나 같은 계열의 문화 속에 발생한 각기 다른 파벌과 학문 영역 간의 융합과 교섭으로 중국 문화는 찬란한 꽃을 피우며 수천 년을 거치면서 번영할 수 있었다. 의학, 천문학, 중국종교 역시 이러한 소통과 융합을 통해 스스로 발전하는 동시에, 전체 화하 문명의 번영과 무한한 발전에 기여할 수 있었다.

80 인도에서는 이러한 불경의 모본母本들이 모두 실전된 탓에 현재의 한역본이 가장 이른 시기의 판본이 되었다.

제3절

민간신앙과 중국종교사상

중국종교사상의 발전에 민간신앙과 점복 및 관상술이 일정하게 영향을 미치기도 한다. 중국의 신령신앙이라는 문제를 제기하면 도교, 불교, 민간종교 및 나중에 전해진 기독교나 이슬람교 등과 같은 체계적인 종교만으로는 턱없이 부족하다. 왜냐하면, 중국에는 일종의 특수한 신앙 형태가 횡행하고 있기 때문이다. 그것은 민간에 광범위하게 존재하면서, 종교와 다른 형태로 이들 종교에 빌붙어 여러 가닥의 실처럼 뒤얽힌 관계를 맺고 있는 민간신앙이다.

이른바 민간신앙은 특정한 사회, 경제, 문화적 배경 아래 나타난 귀신 신앙이나 귀신 숭배를 핵심으로 하는 민간의 문화 현상을 가리킨다. 민간신앙이 종교에 속하지 않는 것은 종교적 주체에 대한 요소를 갖추지 않았기 때문인데, 그럼에도 불구하고 중국 민중 사이에서의 영향력은 기존의 종교와 비교해 조금도 뒤떨어지지 않는다.

민간신앙과 종교와의 관계는 주로 다음과 같이 나타난다. 한편에서는 민간신앙이 종교에 원재료를 제공함으로써 민간에 종교가 확산되는데 도움을 준다는 점이다. 다른 한편에서는 이와 반대로 각종 종교가 민간신앙의 내용을 보충해서 한층 풍부하게 만든다는 점이다. 민간신앙은 여느 종교와 같이 신령신앙, 의식 절차, 교리, 조직 체계 등의 방면에서 완벽함이 결여되어 있지만, 이런 방면에서 중국종교의 형성과 발전에 영향을 크게 미쳐 중국종교사상이 끊임없이 발전하고 풍부해지게 했다. 그뿐만 아니라 이런 과정에서 다신성, 공리성, 세속성이라는 특징을 나타나게 한 점에서 눈여겨볼 필요가 있다.

1 —— 중국종교사상에 반영된 다신적 민간신앙

중국의 경우, 신령 숭배의 역사는 상당히 오래되었다. 자연 숭배, 토템 숭배, 귀신 숭배, 조상 숭배 등은 일찍부터 옛사람들의 시야에서 고려된 것이다. 『예기』「제법祭法」에 다음과 같은 말이 있다.

> 산림, 하천, 계곡, 구릉에서 구름이 일어나고 비바람이 치며, 괴물이 나타나는데 이 모두를 신神이라 한다.

이는 옛사람들의 다신 신앙을 생동감 있게 표현한 내용이다. 옛사람들은 해, 달, 바람, 비, 천둥, 번개, 나무, 새, 짐승 등과 같은 자연물을 숭배했다. 그뿐만 아니라 자아의식이 갖추어지고 삶의 경험이 풍부해짐에 따라 점차 단순한 자연 숭배에서 인격화되고 사회적 직능을 지닌 신령을 숭배하는 쪽으로 옮겨갔다. 이렇게 출현한 인격신은 도교에서 추구하는 득도성선의 소원을 가능하게 했다.

토생토장의 종교인 중국도교에서는 득도성선이 가장 근본적인 가르침이자 종지宗旨다. 신선신앙을 떠나면 도교는 근원이 없는 물이고 뿌리가 없는 나무로 전락한다. 먼저 도교의 신선을 살펴보면, 중국의 전통적 민간신앙에서 유래한 것임을 알 수 있다. 중국 전통문화라는 비옥한 토양에서 방대하고 복잡하면서도 질서정연한 신선 계보를 형성했던 것이다. 이러한 도교의 신선은 천상의 존신尊神과 지하의 염라대왕 및 인간세계의 신선 등으로 크게 나누어진다. '하늘'에 대한 도교의 인식은 구천설九天說과 삼십육천설三十六天說 등이 있다. '구천설'을 바탕으로 하여 도교에는 구천상제九天上帝, 구천진왕九天眞王, 구천구왕九天九王 등의 신들이 있다. 『삼동도사거산수련과三洞道士居山修煉科』에서는 '구천'의 왕들을 서로 다른 기능으로 구분하기도 한다. 이에 따르면, 동방의 목왕木王은 따스함을 주관하여 만물이 생겨나게 하고, 남방의 화왕火王은 뜨거움을 주관하여 만물을 기르고, 서방의 금왕金王은 서늘함을 주관하여 만물을 숙성시키며, 북방의 수왕水王은 차가움을 주관하여 만물을 죽인다. 중앙의 토왕土王은 바람을 주관하고 서북의 고천高天은 맑음을 주관하고, 동남의 원천元天은 기운을 주관하며, 서남의 양천凉天은 음기를 주관하고 동북의 황천皇天은 정무政務를 주관한다.[81] 삼십육천설이 나온 후, 도교의 천신 계보는 더욱 방대해졌다. 도교의 주장에 따르면, 삼십육천 안에는 각각 주신主神이 하나씩 존재한다. 그리고 각 주신 곁에는 또 신하들이 있다. 이밖에 도교는 우주에 있는 일월성신 등의 물체에도 그에 맞는 각종 신령들을 배치하고 있다. 예를 들면, 태양에는 '일궁태단염광욱명태양제군日宮太丹炎光郁明太陽帝君'이 있고, 달에는 '월궁황화소요원정성후태음원군月宮黃華素曜元精聖后太陰元君'이 있으며, 각 별자리에도 그에 따른 신령이 있다. 그리고 도교에서는 지하의 신들을 '구지九地'나 '삼십육음三十六音'과 결합한 것도 상당히 장관이다. 지상에 존재하는 도교의 신선은 말할 나위도 없다. 오방육국五方六國, 십주삼도十洲三島, 십대동천十大洞天, 36소동천三十六小洞天, 72복지七十二福地에도 각각 선관仙官이 존재한다. 그뿐만 아니라 인간사회에서도 끊임없이 새로운 신선들이 계속 생겨났다. 공자와 그의 제자 안회를 도홍경이 『진령위업도眞靈位業圖』에 편입시켰고, 촉나라 장수 관우關羽까지 '삼계복마대제신위원진천존三界伏魔大帝神威遠震天尊' 등으로 봉했다.[82] 이로 미루어 도교의 신령 계보가 상당히 장황하면서도 아주 개방적인 것

81 『삼동도사거산수련과』, 『도장』 제32책, 586쪽 참조.

82 칭시타이 · 잔스창 주편, 『도교문화신전道敎文化新典』, 상하이문예출판사, 1999, 79-85쪽 참조.

임을 알 수 있다.

이처럼 끊임없이 확대되는 도교의 신령 체계는 고대로부터 전해진 민간의 다신 신앙에 그 연원을 두고 있다. 도교의 신령 계보를 자세히 들여다보면, 적지 않은 신선들이 고대의 신에서 직접 유래되었음을 어렵지 않게 알 수 있다. 예를 들면, 도교에서 숭배하는 각종 성신星神들의 연원을 『예기』「곡례曲禮」에 기록된 사방四方 28수宿의 성신 숭배에서 찾을 수 있다. 고대 중국에서 숭배했던 동왕공東王公과 서왕모西王母도 도교에 수용되어 신선의 우두머리로 신격화했다. 이밖에도 고대 중국에서 신을 만들어냈던 민간의 기술까지 고스란히 도교에 계승되었다. 고대 중국에서는 이미 복희, 신농, 황제 등을 신령으로 받들어 모신 전력이 있었고, 도교가 등장한 이후로 이런 현상은 더욱 보편화되었다. 공신이나 명장은 물론이고, 덕망이 높은 사람이나 심지어는 비명횡사하여 외로운 혼으로 떠도는 귀신까지도 신령으로 간주되어 인간의 숭배를 받았다. 이처럼 민간에서 끊임없이 자양분을 공급한 것이 도교가 계속해서 끊이지 않게 신선의 자원을 확보하게 된 근본 요인이라 할 수 있다.

불교도 사정은 마찬가지다. 불교는 비록 외래 종교지만 중국에 들어오자마자 곧바로 중국화되는 길을 택했다. 도교처럼 불교 역시 중국의 전통적 민간신앙에서 자양분을 흡수하고, 중국의 전통적 신앙에 적응하는 길로 나아갔던 것이다. 인도의 대승불교와 소승불교가 모두 중국으로 들어왔지만, 중국에서는 유난히 대승불교가 많은 환영을 받았다. 그 원인은 대승불교에서는 소승불교와 달리 붓다가 무수히 존재한다고 주장하기 때문인데, 이런 점이 중국의 전통적 신앙 방식과도 잘 부합하여 중국 민중에게 쉽게 수용되었다. 이렇게 불교가 중국에 들어온 이후, 신불神佛의 대열이 부단히 확대되었다. 붓다, 보디사트바, 아라한 등이 모두 신선이라는 것은 말할 나위가 없고, 일반인도 성불하여 그 대열에 낄 수 있다는 것이다. 불교는 이러한 중국 민간신앙의 토대 위에 가지각색의 불교 속신俗神을 탄생시켰다. 이를테면 민간에 널리 퍼져 많은 인기를 끌고 있는 관우는 도교에서도 총애를 받을 뿐 아니라 불교에서도 평화의 상징으로 숭배되어 호법가람신護法伽藍神의 하나로 자리를 잡았다. 동정董侹의 「중수옥천관묘기重修玉泉關廟記」에 따르면, 관우의 혼령이 형남荊南 옥천사玉泉寺에 나타나자, 이 소식을 듣고 천태산에서 곧바로 달려온 지자대사智者大師에 의해 제도를 받아 불교의 신이 되었다고 한다.[83] 이러한 민간에서 유행하는 신명들을 불교의 신으로 바꾸어 놓음으로써 자연히 민중에게 외래 종교인 불교의 친화력을 강화했던 것이다. 또한, 불교에 원래부터 있었던 관음보살도 중국으로 전해진 이후 종교적 신앙에 대한 중국 민중의 심리에 맞추어 변모했다. 관음보살이 남성에서 여성으로 바뀌었을 뿐만 아니라, 수월관음水月觀音, 어람관음魚藍觀音, 백의관음白衣觀音, 송자관음送子觀音, 관음노모觀音老母 등과 같이 중국적 특색을 지닌 가지각색의 화신들로 그 숫자가 늘어났다. 서로 다른 관음의 화신들은 그에 따른 각기 다른 전설이 있으며, 그 가운데 일부의 이야기는 완전히 중국화한 것도 있었다. 게다가 관음의 성지도 남인도양에서 중국 저장성의 보타산普陀山으로 옮겨졌다. 이처럼 중국인은 자신들의 전통적 신앙을 바탕으로 외부에서 들어온 불교를 개조시켰다. 중국의 민간신앙이 불교의 세속화와 민간화를 한층 심화시켰던 것이다.

더구나 사회 속에서 활약하는 민간종교의 경우에는 민중 사이에서

83 이얀야오중, 「불교 형태의 연변緣變과 중국사회」, 『상하이사범대학학보』 철학사회과학판, 2001년 제2기 참조.

광범위하게 유행하는 민간신앙을 떠나서 존재할 수 없다. 민간종교와 민간신앙의 관계는 대단히 밀접해서 적지 않은 사람들이 이런 두 가지 현상을 동일하게 취급하기도 한다. 그러나 민간신앙은 민간종교와 다르다. 민간종교는 종교적 요소를 갖추고 있고, 민간신앙보다 조직적이고 체계적이다. 또한, 민간종교는 불교나 도교와도 일정한 관계를 유지하고 있다. 불교나 도교에서 갈라져나온 하나의 교파라 자칭하는 민간종교도 적지 않으며, 불교와 도교의 일부 교파가 세력을 잃고 민간으로 흘러 들어가 민간종교가 된 예도 있다. 하지만 민간신앙과 공통된 활동 영역에서 민중을 대상으로 하는 탓에 민간종교는 민간신앙의 영향권에서 결코 벗어날 수 없었다. 민중의 정신적 삶 속에 유전되어 장기적으로 형성된 민간신앙이라는 두터운 퇴적물이 민간종교의 탄생과 발전에 필요한 비옥한 토양을 지속적으로 제공하기 때문이다. 허다한 민간종교에서 공통으로 믿고 있는 '무생노모無生老母'의 경우만 보아도, 그 자체에는 중국 고대 신화나 전설에 등장하는 서왕모의 그림자가 드리워져 있다. 전통적 민간신앙의 흔적과 도불 양교의 영향으로 인해, 민간종교에서 신봉하는 신명은 숫자가 많을 뿐만 아니라 그 연원도 대단히 복잡하다. 일관도一貫道의 경우에는 동시에 각기 다른 종교의 신을 신봉하는데, 무생노모, 미륵彌勒, 관제關帝, 여조呂祖, 관음觀音, 공자, 노자, 석가, 예수, 마호메트, 이철괴李鐵拐, 하선고何仙姑 등이 바로 그것이다. 여기에는 유·불·도 삼교의 신은 물론이고 이슬람교와 기독교의 신도 포함되어 있다. 중국의 전통적 다신화 경향이 민간종교 속에서 이런 식으로 구현되었던 것이다.

기독교는 유일신을 믿는 일신교一神教지만, 중국으로 들어온 뒤에는 그들이 믿는 하느님은 그저 많은 신령 가운데 하나로 여겨지기도 했다. 수많은 중국의 크리스천들은 기독교의 위상을 부각하기 위해 늘 하느님을 "가장 큰 신"이라고 말하는데, 이는 분명히 '일신'의 진정한 함의를 파악하지 못한 탓이며, 전통적 종교의 사유에 기인한 결과다. 상당수의 중국의 크리스천들이 하느님을 믿는 동시에 도교나 불교는 물론 민간의 신명들도 배척하지 않는다. 이러한 종교적 포용성은 중국의 장기적인 다신신앙에서 비롯된 것이라 할 수 있다. 말하자면 중국 민간신앙이 중국 민간에 기독교가 전파되는 데에 일종의 온상 역할을 했다는 것이다. 이점에 대해 샤오쯔티안肖志恬은 『당대 종교 문제에 대한 생각當代宗教問題的思攷』에서 "광대한 군중 속에 보편적으로 존재하는 귀신 관념이 기독교가 발전하는 데 비옥한 토양과 같은 역할을 했다"[84]라고 말한 바가 있다. 이는 기독교가 중국에 전해졌을 당시와 현재까지 중국의 크리스천들이 "농촌도 많고 문맹자도 많다"라고 여전히 말하고 있는 상황으로 미루어 충분히 수긍할 수 있는 지적이다.

중국에서 역대 이래로 줄곧 다신 신앙을 주장하는 것은 중국의 타고난 신앙적 관습과 분리해서 생각할 수 없다. 원시적 만물정령관萬物精靈觀에서부터 각양각색의 민간신앙에 이르기까지 그것들이 모두 그 이후에 나타난 중국종교의 다신화 경향에 영향을 끼쳤다. 종교가 탄생한 뒤에도 종교와 민간신앙 간의 상호 영향으로 이런 경향이 더욱 강화되었고, 마침내 중국종교사상 발전의 중요한 특징 중 하나가 되었다.

2 —— 중국종교사상의 공리성과 세속성에 미친 민간신앙의 영향

민간신앙의 공리적 특성은 세상이 다 아는 것이다. 수요만 있으면 어떤 신도 창조해낼 수 있다. 중화민국 시기의 『용암현지龍巖縣誌』에 다음과 같

84 샤오쯔티안, 『당대 종교 문제에 대한 생각』, 상하이시上海市 사회과학학회, 1994, 164쪽.

은 기록이 있다.

> 남방의 사람들이 귀신을 좋아한다는 것은 예나 지금이나 마찬가지다. 돌을 보고 공公이라 하는가 하면 나무를 보고 영통하다고 한다. 진흙으로 빚은 관노官奴 인형을 보고 할아버지라고도 한다. 병에 걸렸을 때도 의원을 찾지 않고 나무 인형에게 영험을 애걸한다.[85]

이를 통해 도움이 되거나 복을 줄만한 것이라면 그 어떤 것이라도 모두 다 신으로 섬길 수 있다는 민중의 심리를 알 수 있다. 남방 사람들만 그런 것이 아니라 어디서든지 다 그렇게 한다는 것이다. 중국 신령의 계통과 그 대열이 이처럼 다채롭고 방대하며 번잡하게 된 원인을 여기서 찾을 수 있다. 그뿐만 아니라 민중이 자체적으로 만들어 낸 신령들조차 환영을 받는 정도가 제각기 다르다. 민간에서 가장 인기가 많은 신령은 종종 계보의 정점에 있는 신선이 아니라, 민중의 삶이나 생산 활동과 밀접하게 관련되거나 "아주 영험이 있다"라고 알려진 신들이다. 그렇다고 해서 이 신들조차 언제까지 변함없이 환영받는 것은 아니다. 자신들이 믿는 신령에 대한 민중의 태도는 상당히 공리적 성격을 띤다. 어떤 신령이 영험하다고 여길 때는 아낌없이 큰돈을 써서 황금으로 빚어주거나 연희演戲 집단을 불러와 신을 기쁘게 한다. 반면에 더 이상 영험하지 않다고 여겨지면 뒤돌아보지 않고 과감히 포기한다. 심지어는 여러 가지 방법을 강구해서 신상을 훼손하거나 능욕하기도 한다. 아직도 적지 않은 지방에서 큰 가뭄이 들어 기우제를 지내도 아무런 효과가 없을 때 종종 신령을 탓하고

85 중화민국 시기 『용암현지』 권21, 『예속지禮俗誌』 참조.

신상을 뜨거운 태양 아래에 놓아 폭염 속에 뙤약볕을 쪼이는 고통을 느끼게 한다. 심지어 어떤 지방에서는 강물 속에 독약을 풀어서 물고기를 모조리 죽게 하는 방법으로 용왕을 핍박해서 비를 내리도록 강요한다. 이런 것들은 중국 신령신앙의 특색이 비교적 풍부하게 남아있는 지방의 풍습이다.

불교와 도교는 교세가 발전한 이후에도 민간신앙에서 유래된 이러한 공리적 원칙의 영향을 기본적으로 수용했다. 일부 지식인들을 한정해서 말한다면, 그들이 종교적 교리를 탐구하거나 종교적 사유 방식에 몰두했다고 말할 수도 있다. 하지만 대중은 언제나 종교가 자신들에게 어떤 이득을 줄 수 있는지에만 관심을 쏟았다. 이런 이유로 신도를 확보하고 장기적 생존과 발전을 위해서는 도불 양교가 부득이하게 대중들의 비위를 맞출 수밖에 없었다. 이에 따라 민간에서 유행하는 신명들을 자신들의 신령 계보에 편입시키는 데 그치지 않고, 해당 종교에 소속된 신령들의 역량을 무한히 확장하는 데 주력하여 그 '영험'을 널리 알리고자 노력했다. 그 결과 도불 양교에서 비교적 많은 인기를 누리는 신령들은 대개 만능의 신으로 변모했다. 도교의 관우를 예로 들면, 그는 충용忠勇과 인의仁義의 전형인 동시에 무성인武聖人, 삼계복마대제三界伏魔大帝, 상업계의 재신財神이었으며, 문인들에게는 과거 시험의 합격에 이바지하는 신이기도 했다. 또한, 푸젠福建 지방에서 유행하는 온신瘟神은 애초에 역귀를 잡아가거나 전염병을 물리치는 역할을 하는 데 그쳤지만, 나중에는 해신海神과 의신醫神이 되거나 국경과 백성을 지키는 수호신이 되어 마침내 만능의 신이 되었다. 신령의 고유 직능에 대한 이러한 변이 양상은 주변 사람들을 어리둥절하게 만들지만, 각계각층의 신도들을 흡수하기 위한 목적에서 비롯된 것이라고 본다면 쉽게 이해할 수 있다. 그 점은 불교도 마찬가지다. 불교에서 가장 인기가 많은 신명은 당연히 관음보살이다. 왜냐하면, 관음보살은 자비심이 있어 천하의 모든 신음 소리를 들을 뿐만 아니라, 그 화신도 아주 많아 시공을 초월해서 고난을 구제하거나 위기에 처한 사람을 돕고, 중생을 제도해주기 때문이다. 이처럼 도불 양교의 공리적 색채는 중국 민중이 오랜 세월을 거쳐 형성한 믿음에 대한 심리에 기인한 것이었다.

기독교는 최근 몇 년간 중국에서 가장 급속하게 발전한 종교다. 하지만 이런 기독교에도 앞의 사례와 마찬가지로 공리적 색채를 띠는 부분이 있다. 중국의 크리스천은 "노인이 많고 부녀자가 많고 문맹자가 많다"라는 삼다三多의 특징이 있다. 그중 대부분은 병고에 시달리거나 생활이 여의치 않기 때문에 믿음을 구하고, 때로는 외국 문화를 배우려는 목적에서 하느님에게 귀의한 탓에 그들의 신앙심에도 다분히 공리성이 깃들어 있다. 광대한 하층 신도들의 경우에, 기독교는 그들의 고달픈 삶에 유일한 의지처일 뿐만 아니라, 마음의 평안을 간구하거나 의복과 음식을 구하고 재앙과 질병을 물리치는 유일한 방식이며, 자신의 처지를 개선할 수 있는 유일한 희망이다.[86] 그들은 예전에 불교의 보살을 찾아가 믿듯이 하느님을 경배하는데, 그 신앙에 깃든 공리성은 새삼스럽게 들먹일 필요는 없을 것이다.

종교의 공리성은 종교의 세속화를 불러온다. 종교의 세속화는 주로 접촉 방식의 간소화와 종교 의식의 영리화로 나타난다. 도사나 승려들 가운데 명리를 도모하거나 교세의 확장을 위해 권문세가에 드나드는 이들

---

86 가오스닝, 「현대 중국 민간신앙이 기독교에 미친 영향當代中國民間信仰對基督教的影響」, 『저장학간浙江學刊』 2005년 제2기 및 덩짜오밍鄧肇明, 『계승과 고수: 중국 대지의 복음 횃불承受與持守: 中國大地的福音火炬』, 홍콩 기독교 중국종교 문화연구사, 1998, 참조.

이 어지간히 많았는데, 세속과 접촉하기 위해 수많은 교파가 앞을 다투어 그들 자체의 종교적 형식과 절차를 간편하게 함으로써 민중의 요구에 부응하고자 했다. 불교의 정토종에서는 "염불로 곧바로 왕생할 수 있다"라고 제창하고, 염불 소리를 내는 것만으로도 구제받아 서방 극락세계에 왕생할 수 있다고 했다. 이처럼 간단한 절차로 막대한 보답을 얻을 수 있다고 하니 많은 이들의 마음이 흔들리는 것은 지극히 당연했다. 선종이 출현한 이후에는 행주좌와行住坐臥가 모두 수행이며, 좌선이나 경전에 집착하는 것조차 반대했다. 이러한 세속화된 수행법은 다분히 중국 민간신앙의 전통적 관습에서 비롯되었다고 하겠다.

중국종교의 세속성은 민중을 위해 재앙을 없애고 복을 기원하는 의식 절차로 나타난다. 도교와 불교에서는 각양각색의 재초齋醮 의식과 도량 법회를 항상 거행한다. 기양祈禳의 항목과 그 내용을 보면, 생일이나 질병 치료, 액막이, 기우祈雨, 과거 응시, 기자祈子, 안택安宅, 연생延生, 수도구선修道求仙, 영혼 천도 등이 망라되어 있는데, 이는 모두 민중의 절실한 이해관계와 밀접하게 관련된 사안이다. 바로 이러한 이유로 의식이 거행되고, 이로 말미암아 종교에 대한 민중의 의존도가 대대적으로 심화됨에 따라 종교적 영향력이 확대되고, 자연히 사찰의 경제적 수익도 증대된다. 이러한 의식 절차의 장기적 존속은 종교와 민속이 서로 결합하여 만들어 낸 필연적 결과인 것이다.

종교적 의식 절차는 하루아침에 만들어진 것이 아니다. 이런 의식들은 역대의 고승들과 저명한 도사들이 수차례 수정하는 과정을 거쳐 형성된 것이기는 하지만, 가장 근본적인 연원은 아무래도 민간에서 찾을 수 있다. 도교와 불교가 나타나기 이전에 중국 민간에서는 이미 각양각색의 원시적 무술巫術이 유행하고 있었다. 금기, 복서, 무술 등이 대단히 성행한

적도 있었고, 기우, 액막이, 기자 등의 행사도 자주 있었다. 선인들은 주술적 힘을 빌려 인간과 신계의 사이를 소통함으로써 신령의 비호를 얻고자 했다. 오랫동안 이런 신앙을 실천하는 가운데, 선인들은 무수히 많은 제사와 신을 즐겁게 하는 제의를 점차 축적했으며, 이런 의식 절차들이 누적되어 나중에 도교와 불교의 의식 절차를 형성하는 데 좋은 소재를 제공해주었다. 도교가 생겨난 뒤에, 이러한 원시 민간 무술들은 자연히 도교의 의식 절차에 흘러 들어가 융합되었다. 탕다츠오는 「도교 과의와 중국 고대 종교의식道教科儀與中國古老宗教儀式」이라는 글에서, 도교의 의식 절차는 고대의 일월성신이나 풍운뇌설風雲雷雪 등에 대한 제사 의식을 비롯한 토지와 산하, 농신農神과 귀신 등에 대한 제사 의식과 유관하다고 말한 바가 있다.[87] 그런 점에서 도교의 의식은 선인들이 행한 신령신앙 의식에 대한 계승이자 이를 개선한 것이라 하겠다. 마찬가지로 이런 의식 절차들이 불교에 유입되어 불교 신도들 사이에 점복, 추첨抽籤, 기우, 양재禳災, 기복祈福 등을 행하는 현상도 상당히 보편화되었다. 승려가 사람들을 위해 법술을 시행하고, 독경하고, 망령을 제도하고, 놀란 마음을 진정시키며, 귀신이나 요괴를 퇴치하는 등의 일을 하는 것도 자주 볼 수 있다. 이런 형식이나 내용 면에서 볼 때, 불교는 분명히 민간화 또는 세속화 방향으로 나아갔다고 단언할 수 있다. 전통적 민간 무술이 도교와 불교에 스며들어 민중에게 큰 영향을 미쳤던 것이다.

중국의 기독교도 세속적 경향이 아주 뚜렷하게 나타난다. 프랑스의 저명한 중국 학자 자크 제르네Jacques Gernet가 『중국과 기독교中國與基督教』라는 책에서 지적했듯이, 명말청초의 중국 하층 민중들은 항상 "중국

87 탕다츠오, 「도교 과의와 중국 고대 종교의식」, 『중국 도교中國道教』, 1997년 제3기 참조.

의 전통과 행위를 기독교의 성성聖性과 신성물神聖物에 이식시키곤 했다." 하층 민중은 입교해도 여전히 중국의 전통적 신앙에 대한 심리적 상태를 그대로 유지했다고 한다. 그들이 스스로 정한 수많은 규정까지 민간신앙을 준칙으로 한 것이었다. 예를 들면, 일정한 날을 잡아 금식일로 정하고, 어떤 날에는 닭을 잡는 것을 금하며, 어떤 날에는 부녀자가 머리를 빗을 수 없다고 규정하는 것들이다. 그리고 일부 지방에서는 부녀자가 월경하는 기간에는 경전을 읽거나 교회에 들어갈 수 없고, 성찬식의 음식도 받을 수 없다고 규정한다. 또한, 노란 색깔을 띤 물건은 사용할 수 없는데 황색이 불길하다고 여기기 때문이다. 신도가 아닌 집에 들어가 식사를 하는 것도 금지하는데, 그 이유는 깨끗한 음식물이 아니라는 것이다.[88] 이러한 규정을 통해 중국의 전통적 금기와 민간신앙의 그림자를 엿볼 수 있다.

3 —— 중국종교의 조직화에 미친 민간신앙의 영향

분산성은 민간신앙의 특징 중 하나이다. 민간신앙 그 자체는 치밀하고 체계적인 조직과 거리가 멀지만, 이런 속성이 종교 조직을 건설하는 데 아무런 영향을 미치지 않는다. 민간신앙이 중국종교의 조직에 미친 영향은 주로 교도들의 연원과 교단 조직 면에서 나타난다.

도교의 경우를 예로 들면, 그 교도들의 형성과 조직의 설립은 민간신앙에 뿌리 깊은 연원을 두고 있다. 일찍이 춘추 전국 시대에 방사가 있었다. 방사는 도교의 선구자로서 고대의 무축巫祝에서 환골탈태하여 나왔는데, 고대에는 이들이 신과 인간 사이를 소통시키는 역할을 맡았다. 그

88 량자린梁家麟, 『개혁 개방 이후의 중국 농촌 교회改革開放以來的中國農村敎會』, 홍콩건도신학원香港建道神學院, 1999, 226쪽, 418쪽.

들은 도사의 선행 형태로서 도교의 형성에 근간이 되는 중심 세력이기도 했다. 그뿐만 아니라 그들은 민간에 유행하는 무귀도巫鬼道나 오두미도의 발생에 필요한 여건을 마련해주기도 했다. 진한 시기에 무귀도가 민간에서 성행했는데, 민간의 무격巫覡들이 주술로써 병을 치료하고 복을 기원하는 등의 활동을 통해 무귀도의 신도들을 끌어들였다. 이점에 대해 후푸천胡孚琛과 뤼시천呂錫琛은 『도학통론道學通論』에서 다음과 같이 말한 바 있다.

> 무귀도는 본래 고대 원시 종교의 유물이었는데, 민간의 속신신앙俗神信仰, 가족 제사, 액막이, 청신請神 치병, 송장送葬, 기우 등의 민속 활동과 밀접하게 결합한 탓에 사회적으로 그 뿌리가 깊고 단단하다.[89]

이러한 무귀도는 특히 파촉 지역에서 강대한 세력을 떨쳤다. 장릉이 파촉 지역에 들어가 포교를 할 때도 이들 세력과 충돌한 바가 있었다. 도교 경전의 기록에 근거해 볼 때, 장릉이 도술로써 팔부귀수八部鬼帥와 육대마왕六大魔王을 항복시키고, 무격들로 하여금 천사도에 귀순하게 함으로써 비로소 파촉 일대에 그 뿌리를 내릴 수 있었다. 장릉과 장형이 죽은 뒤에 장수張修가 교단의 권력을 장악하자, 천사도의 가르침을 무귀도와 결합해 오두미도로 단일화했다. 오두미교는 무귀도를 기초로 하여 도교의 관리자를 귀리鬼吏라 하고, 도교 신도들을 귀졸鬼卒 또는 미무米巫, 미적米賊이라 불렀다. "사실상 초기 도교는 민간의 무귀도를 개조한 바탕 위에서 발전된 것이었다."[90] 초기 민간신앙이 도교에 미친 영향을 이를 통해 어느

89 후푸천 · 뤼시천, 『도학통론』, 사회과학문헌출판사, 1999, 274쪽.
90 후푸천 · 뤼시천, 『도학통론』, 275쪽.

정도로 짐작해볼 수 있다.

불교가 처음 중국에 들어왔을 무렵에도 사정이 비슷했다. 그들 역시 중국의 전통적 신선신앙과 황로黃老 숭배에 의지했다. 『사십이장경四十二章經』에는 "아라한은 하늘을 날아다니거나 변신할 수 있고, 광겁曠劫의 수명을 지녀 하늘에 머무르고 땅을 움직인다"라는 말이 있다. 이런 내용의 불경을 접한 당시 한나라 사람들의 뇌리에는 불교의 신이 중국 고대의 신선과 조금도 다를 바가 없는 것으로 각인되었다. 이처럼 중국 전통 신앙에 의지함으로써 외래의 불교가 중국 민중 사이에서 친화력을 얻게 되자, 그에 따라 불교 신도 집단을 널리 확보하는 데도 유리하게 작용했을 뿐만 아니라, 불교가 초기에 빠른 속도로 중국 전역에 대대적으로 전파될 수 있었다.

한편 다양한 형태로 존재하는 민간종교에 대해 언급하면서 소홀히 다룰 수 없는 부분이 있다. 그것은 민간신앙이 종교 조직에 기여한 공헌이다. 민간신앙은 공통된 믿음으로서, 이로 인해 각계각층과 각 지역의 사람들이 공동의 목표를 향해 일제히 나아가게 된다. 구성원 간의 비슷한 생활 경험이나 불우한 처지는 종종 민간종교라는 조직의 형성과 그 발전의 원천이 될 뿐만 아니라, 그들의 공통된 믿음은 깃발과 같이 소중한 것이다. 누구나 함께할 수 있는 깃발이 있어야 응집력도 일정한 수준으로 증강되기 때문이다. 민간종교의 구성원들은 대부분 문화적 소양이 그리 높지 않고, 그들의 공통된 믿음도 흔히 민간에서 취한 것이기 때문에 민간신앙과 유관하다. 민간종교에서 믿고 있는 신명들은 대개 민간신앙이나 도교와 불교에 있는 신령들을 뒤섞어서 만들어진 것이 대부분이다. 예컨대 많은 민간종교에서 공통으로 받들고 있는 '무생노모'라는 최고의 여신만 하더라도, 중국 고대 전설 속의 서왕모와 불교의 관세음이 결합해 이루어진 변형된 모습이다. 게다가 민간종교에서는 민간신앙의 조신造神 기술을 계승하여 중국 특유의 허다한 신을 지어내기도 한다. 물론 여기에는 그들의 교주를 신격화하는 것도 포함된다. 민간종교에서 이처럼 방대하고 복잡한 신령신앙을 일부 신비적 의식들과 결합하는 까닭은 신도를 확보하거나 규모를 확장하는 데 있어서 유리한 요소로 작용하기 때문이다.

4 —— 중국종교의 교리와 사상에 기여한 민간신앙

사실상 신령신앙, 종교 의식, 조직의 원리도 넓은 뜻에서 종교적 교리에 포함된 내용이라 할 수 있다. 이러한 내용과 민간신앙의 관계에 대해서는 앞에서 이미 상세하게 논한 바가 있다. 그러나 종교적 교리와 관련된 내용은 대단히 광범위해서, 민간신앙이 종교적 교리와 사상에 미친 영향에 대해서는 앞에서처럼 몇 가지 방면의 논의로 만족할만한 설명이 되었다고 볼 수 없다. 민간신앙이 종교적 교리에 미친 영향은 전통적 금기와 종교 계율과의 관계 및 전통 윤리와 종교 윤리의 관계라는 측면에서 살펴볼 수 있다. 하지만 이런 내용은 앞에서 이미 언급했기 때문에 여기서 다시 되풀이하지 않기로 한다. 요컨대 민간신앙은 종교의 교리를 널리 선전하는 동시에, 교리의 해석 또한 간단하고 이해하기 쉽도록 변용했는데, 이를 통해 민중이 교리를 듣는 것을 즐기게 했을 뿐만 아니라 민간에 쉽게 전파되어 친화력을 증대했다.

민간신앙이 중국종교사상에 영향을 끼친 것과 마찬가지로, 종교 역시 민간신앙에 영향을 미쳤다. 종교에 편승한 민간신앙은 종교의 영향력과 지명도를 한껏 끌어올렸고, 그에 따라 종교도 빠른 속도로 퍼질 수 있었다. 종교는 그 교리나 사상의 방면에서 민간신앙보다 우위에 있었지만,

종교적 교리가 일단 민간신앙에 흡수되고 난 뒤에는 내용이 매우 풍부해져 민간신앙 자체의 발전과 개선에 유리하게 작용했다. 예컨대 불교의 윤회전생와 인과응보, 유교의 윤리도덕, 기독교의 천당과 지옥 등과 같은 가르침들이 민간신앙에 호재를 제공해주었던 것이다. 따라서 민간신앙과 종교를 한자리에 놓고, 단순히 어느 한쪽이 다른 쪽에 일방적으로 영향을 미쳤다고 보기 어렵다. 양자는 오랜 세월 공존하면서 서로를 본받고 수용하여 상호 융합이 가능했던 것이다. 심지어는 서로 대립하면서도 상호 보완을 꾀하기도 했는데, 대부분은 상생을 통해 함께 발전했을 뿐만 아니라, 서로 분리될 수 없는 관계를 유지했다.

앞에서 점복에 대해 거론한 바가 있지만, 점복은 중국의 신앙사와 종교사에서 중요한 위치를 차지한다. 점복은 중국의 민간신앙과 종교 발전에 영향을 주었을 뿐만 아니라, 그 자체로 중국 민간신앙과 종교의 중요한 부분이기 때문에 별도의 논의가 필요하다.

점복이라 하면 사람들은 대개 관상술을 떠올린다. 중국에서는 점복을 관상술과 함께 언급하기 때문이다. 그렇다면 점복은 어떤 것이고 무엇이 관상술인가? '占점'과 '卜복'이라는 두 글자는 상商나라의 갑골문 속에 최초로 등장하는데, 처음에는 서로 분리되어 있었다. '卜'은 거북껍질이나 짐승의 뼈에 구멍을 뚫어 이를 불에 쬔 다음, 그 주위에 생긴 균열의 형상을 보고 알고자 하는 일의 길흉을 추단하는 행위다. '占'은 시초蓍草의 숫자가 변화하는 데서 괘상을 얻어 길흉을 추측하는 것을 가리킨다. 이를 달리 서筮 또는 점서占筮라고도 한다. 역사적 자료에 의해 밝혀진 바에 따르면, 가장 이른 시기의 복골卜骨은 양사오 문화仰韶文化 말기에 속하는 것으로 알려진 허난성 시촨현淅川縣 샤왕강下王崗 유지에서 출토된 것이다. 그다음은 룽산 문화龍山文化에 속하는 산둥성山東省 룽산성龍山城 샤오애小

崖 유지에서 출토된 것이다. 그 외에 한단잔귀邯鄲澗溝 유지에서도 대량의 복골이 발견되었다. 이를 통해 볼 때, 점복의 역사가 중국에서는 상당히 오래되었다는 사실을 확인할 수 있다. 점복은 몽점夢占, 성점星占, 기상氣象 등과 같이 그 의미가 명확하지 않은 자연이나 사회 또는 생리 현상에 대한 해석뿐만 아니라, 자연계에 그 어떤 징조도 찾아볼 수 없는 상황에서 행하는 예측까지 포괄한다. 한편 관상술은 사람의 얼굴이나 신체 모습에 근거해서 길흉吉凶, 귀천貴賤, 빈부貧富, 수요壽夭 등을 판단하는 것이다. 춘추 말기에 범려는 관상술로써, "월왕越王의 사람됨은 목이 학처럼 길고 입이 새의 부리처럼 돌출되었기 때문에 환란은 함께할 수 있어도 즐거움은 같이 누리지 못한다"라고 판단하여, 마침내 월왕의 곁을 떠나 목숨을 보전할 수 있었다. 이로 미루어 관상술도 사실상 변형된 형태로 나타난 점복의 일종인 것을 알 수 있다.

점복과 관상술은 중국종교에서 대단히 광범위하게 운용된다. 도교의 도사들은 관성觀星과 망기望氣에 능통하여 별의 형상을 관찰함으로써 천기를 읽는다. 『구당서』「이순풍전李淳風傳」에 다음과 같은 기록이 있다.

> 당태종 때 『비기秘記』라는 책이 있었는데 여기에, "당나라 삼대三代 이후에는 여주女主 무왕武王이 천하를 맡는 일이 있으리라"라는 말이 있었다. 당태종은 이순풍을 비밀리에 불러들여 이에 관해 물어보았다.
>
> 이순풍이 말했다.
>
> "신臣이 상象을 보고 추산해보니 그 조짐이 이미 나타났습니다. 그런데 그 사람이 이미 태어나 폐하의 궁궐 안에 있습니다. 지금부터 30년이 지나지 않아 천하를 차지하고 당씨唐氏 자손들을 거의 다 주살할 것입니다."
>
> 태종이 말했다.

"의심스러운 자들을 모조리 죽이면 어떠한가?"

이순풍이 말했다.

"하늘이 명한 바이니 재앙을 면할 길이 없습니다. 왕이 될 사람은 죽지 않고, 오히려 일을 그르쳐 무고한 사람들이 수없이 죽어 나갈까 두렵습니다. 또한, 하늘의 상象에 따르면 지금 이미 이루어졌고, 게다가 궁중에 있어 이미 폐하의 권속이 되었습니다. 30년이 지나면 그 사람도 노쇠할 것이고, 늙게 되면 인자할 것입니다. 비록 역성易姓이 되더라도 폐하의 자손들을 지나치게 해치지 않을 것입니다. 지금 죽이게 되면 다시 태어납니다. 젊고 힘이 넘칠 때는 독하고 악랄하니, 죽이게 되면 서로 원수가 될 것입니다. 만약 이렇게 되면 폐하의 자손들을 살육하여 남은 자가 없게 될 것입니다."

태종은 그 말이 옳다고 생각하여 손을 쓰지 않았다.

이 대목은 천문에 밝은 이순풍이 후대에 밝혀진 측천무후의 출현 문제를 당태종과 사전에 의논하는 장면인데, 여기에 도사가 점성술로써 왕조의 운명을 예측하고, 그에 따른 대책을 마련해주는 내용이 담겨있다. 이런 이야기는 점복과 관련된 하나의 전형적인 사례라고 할 수 있다.

중국 역사상 점복에 능통한 도사는 이순풍 하나만이 아니다. 많은 도사들이 점성술에 일가견이 있었을 뿐만 아니라, 이를 바탕으로 수많은 점성술 관련 저술을 세상에 내놓았다. 『통점대상역성경通占大象歷星經』과 『칭성영대비요경秤星靈台秘要經』 등과 같은 책들이 바로 그런 것이다. 이밖에도 도교에서는 적지 않은 관상학 전적들이 전해지고 있다. 널리 알려진 『마의상법麻衣相法』도 도사의 손에서 나온 것이다. 사실상 도교의 점복술은 그야말로 아주 다양한데, 앞에서 언급한 몇 가지 이외에도 둔갑遁甲, 태을太乙, 육임六壬, 영기점靈棋占 등과 같은 것도 있다.[91] 둔갑은 달리 기문奇門이라고도 칭하는데, 『역』의 삼재설三才說이나 허수법虛數法 등을 흡수해서 형성된 법술이다. 도교에서의 둔갑은 주로 부록화符籙化하는 것으로 발전되어 둔갑의 원리를 부적을 만드는 데 적용함으로써 법술의 운용 범위를 크게 확대시킨 특징이 있다. 또한, 태을술太乙術도 도교 점복법의 중요 분야에 해당한다. '태을'은 천제天帝의 별칭인 동시에 북극성이나 북극신北極神의 다른 이름이다. 선인들은 '태을'을 빌려 의혹을 풀거나 재난에서 벗어나고자 했는데, 이로 인해 태을술을 발명해서 점을 쳤다고 한다. 이러한 사실을 통해 점복과 관상술이 도교에서 다분히 운용되고 있음을 짐작할 수 있다.

이점은 불교도 마찬가지다. 중국 역사상 점복과 관상술에 정통한 승려들이 있어 그 숫자가 적지 않다. 진晉나라의 고승 도안은 음양산수陰陽算數에 정통했다고 전한다. 또한 『송고승전宋高僧傳』 권5, 「당중악숭양사일행전唐中岳嵩陽寺一行傳」의 기록에 따르면, 일행대사는 "음양과 참위讖緯에 관한 책이라면 모조리 읽고 자세히 연구했으며", "길흉화복을 점치는 것이 손바닥을 들여다보는 것과 같았다"라고 한다. 여기서 '참위'를 언급하고 있는데, 참위도 점복의 일종이다. '참讖'은 신의 예언이며, 일종의 점험서占驗書다. 『설문』의 해석에 따르면, "참은 험驗이다. 증험의 책으로서 황하黃河와 낙수洛水에서 나온 책을 참讖이라 한다." '위緯'는 본래 '경經'과 대응하는 말이다. 소여는 이렇게 말했다.

위라는 책은 경經에 빗대어 부연한 것으로, 여러 손을 거쳐 돌아다니면서

91 칭시타이 · 잔스촹, 『도교문화신전』, 626쪽.

> 그 뜻을 억지로 끌어 맞추어 이루어졌다.[92]

참위는 종교신학의 미신과 음양오행설이 서로 결합하여 나타난 결과물이다. 불교에서는 고대 중국의 참위와 점복술을 계승하는 것과 동시에, 이를 쇄신하여 업보의 힘과 인과설을 점복에 체계적으로 주입함으로써, 참위로 권선징악의 의미를 설명하여 불교의 인과응보설을 널리 알렸다. 예를 들어, 삼국 시기에 오吳나라 군주 손호孫皓가 저명한 승려 강승회에게 선악의 보응이 무엇인지 물었는데, 이에 강승회가 다음과 같이 대답한 것이 그런 경우다.

> 무릇 현명한 군주가 효성과 자애로써 세상을 가르치면, 붉은 새가 날고 노인성老人星이 나타납니다. 어진 덕으로 만물을 기르면, 예천醴泉이 솟아나고 낟알이 많은 아름다운 벼가 나옵니다. 선함에는 상서로운 일이 있기 마련이고, 악함 또한 이와 같습니다. 그러므로 숨어서 악을 저지르면 귀신이 나타나 벌을 주고, 드러내어 악한 일을 하면 사람들이 벌을 줍니다.[93]

점복과 관상술은 중국종교의 발전에도 중요한 의의가 있다. 무엇보다도 적지 않은 도사들이나 승려들이 바로 이러한 점복과 같은 법술에 의지하여 집권자의 총애를 받고 그들을 위해 봉사했으며, 이와 동시에 자신들의 교파에 유리한 공간을 확보하기도 했다. 역사상 많은 도사와 승려가 왕실에서 활약했는데, 이들은 점복술을 이용해서 집권자를 위해 계책을

92 왕선겸, 『석명소증보釋名疏證補, 권6, 「석전예釋典藝 제이십第二十」.

93 승우僧佑, 『출삼장기집出三藏記集』 권13, 「강승회전康僧會傳 제사第四」, 중화서국, 1995, 514쪽.

마련하고, 심지어는 집권자의 의사 결정을 좌우하기도 했다. 옛사람들은 천명天命을 독실하게 믿었기 때문에, 천명을 엿보고 미래를 예지하는 기인奇人이야말로 하늘을 대신해서 천명을 받드는 자칭 천자天子라는 집권자의 홍취를 자연스럽게 끌어낼 수 있었다. 이러한 기인들은 집권자에게 어떤 일이 발생할 것인지를 미리 알려줄 뿐만 아니라, 재앙을 피하고 복을 얻는 묘책까지 전할 수 있었다. 이 때문에 집권자에게 중용되어도 이상하다고 여길 것이 없었다. 자신의 부귀영달뿐만 아니라 그들이 믿고 대표하는 교파 역시 이로 인해 대대적인 지지를 받아 크게 홍성할 수 있었던 것이다. 이는 다음과 같은 사례를 통해 입증된다. 송태조 조광윤趙匡胤이 허난성 진교陳橋에서 군사 쿠데타를 일으키기 전에, 점성술에 능통한 왕처눌王處訥과 묘훈苗訓이 그를 위해 여론을 조성했는데, 그 내용은 이렇다.

> 경신庚申 연초에 태양이 항수(亢宿, 처녀자리)에 다가간다. 항수에 머물면 덕이 강해지고, 그 짐승은 용이다. 아마도 태양과 나란히 나아갈 것이다. 과연 그렇게 된다면 성인이 나타나는 것이 이로울 시기다.[94]

왕처눌과 묘훈 등과 같이 일월성신의 변화를 꿰뚫고 있는 사람에게는 천문 현상을 예지하는 것이 그리 어려운 일이 아니다. 그러나 그들이 자연 현상을 인간사, 특히 당시 시국의 변화와 연계한 정치적 의도는 뚜렷하게 드러나 쉽게 알아볼 수 있다. 그들은 방술을 이용하여 조광윤을 위해 여론을 조성했던 것이다. 조광윤도 나중에 그의 권력을 동원해서 그

94 장사오위江少虞, 『송조사실류원宋朝事實類苑』 권45, 하책, 상하이고적출판사, 1981, 586쪽.

들의 이익을 챙겨주었다. 이른바 진교병변陳橋兵變 이후, 묘훈의 관직이 승진되었는데, 원래의 전전산원殿前散員, 우제일직산지휘사右第一直散指揮使에서 한림천문翰林天文, 은청광록대부銀青光祿大夫, 검교공부상서檢校工部尙書로 발탁되었다. 또한, 태조는 재위하는 동안 줄곧 도교를 신임하여 북악묘北岳廟나 태청관太淸觀 등과 같은 도교 사원에 자주 행차했을 뿐만 아니라, 경성京城에는 건륭관建隆觀을, 화산華山에는 서악묘西岳廟를 건립하도록 지시했고, 여러 차례 저명한 도사들을 불러 접견하기도 했다. 이에 따라 도교는 송나라 초기부터 높이 추앙되어 번영하다가, 태종과 진종眞宗을 거친 다음, 휘종 때에 이르자 다시 절정에 달했다.

불교의 승려들 가운데서도 점복과 참위로써 정국의 변화를 예측하고, 도참圖讖을 이용하여 권력투쟁에 가담한 자가 있었다. 『신당서新唐書』에는 이런 기록이 있다. 당태종 정관貞觀 17년 8월에 문자가 새겨진 돌이 발견되었는데, 그 위에 "태평천자 이세민, 천년태자 이치太平天子李世民, 千年太子李治", "칠불 팔보살 및 상과불전七佛八菩薩及上果佛田"이라는 글자가 있었다. 이는 집권자가 불참佛讖을 이용해서 자신의 왕위가 "천명에 의한 것"임을 표방하는 상투적 수법이다. 마찬가지로 측천무후도 불참을 이용한 적이 있었다. 어떤 스님이 측천무후가 미륵의 환생이라고 일컬었는데, 사실상 무씨武氏 성을 가진 측천무후가 왕위를 찬탈하여 이씨李氏로 세습되는 왕조의 성을 바꾸는 데 필요한 여론을 조작한 것이었다. 물론 측천무후는 집권한 다음, 그 대한 보답으로 불교를 대대적으로 지지했고, 불교로 하여금 이씨 왕조의 국교인 도교와 서로 맞서게 했다. 이러한 것들은 모두 종교와 정치가 결탁하여 피차의 이익을 도모한 사례에 해당한다.

상층에서 승려와 도사들이 교리와 법술을 동원하여 그들의 활동 공간을 확보하고자 한 것처럼, 민간에서도 도불 양교가 점복을 이용하여 신도들을 쟁취하는 데 주력했다. 사찰이나 도관에 영첨靈籤을 설치하여 민중을 불러들이는 것이 일반화되었다.

영첨은 대략 당나라 때부터 생겨난 것으로 알려진다. 송나라 때 일부 영첨에서 그 내용을 풀이해놓은 주해注解가 달리기 시작했고, 명청 시기에 이르러 전고典故와 석의釋義 등이 추가되었다. 린궈핑林國平의 『민대 민간신앙의 원류閩台民間信仰源流』에 따르면, 영첨은 대개 원초조상原初兆象·확전조상擴展兆象·정성조상定性兆象이라는 세 가지 형식으로 요약된다. '원초조상'은 매수 첨시籤詩에 최초로 나타난 고유한 형태의 조상兆象이다. '확전조상'은 영첨의 원초조상을 확장해 더욱 명료하게 나타내는 조상을 가리킨다. 이는 원초조상의 기초 위에 일부 새로운 조상을 추가함으로써, 원초조상을 보다 쉽게 이해하도록 하는 것이다. '정성조상'은 원초조상과 확전조상의 기초 위에 생겨난 것인데, 영첨의 길흉에 대한 조상의 성격을 규정한다. 즉 어떤 영첨에 포함된 조상의 길흉 여부를 명확하게 도출하거나 비교적 정확하게 판단하는 것이다.[95] 지금도 사찰에서 점대를 뽑아 점을 칠 때, 복효卜筊까지 붙어있는 영첨을 뽑아 들고 신령이 하사한 것인 양 확인하는 모습을 더러 볼 수 있다. 사실상 배효杯筊를 던지는 방법도 점대를 뽑는 비교적 흔한 방법이다. '배효'는 흔히 사용하는 점복 도구로서, 일반적으로 나무나 대나무로 만든다. 한 세트의 배효는 두 조각으로 구성된다. 두 조각 모두 바깥쪽은 볼록하고 안쪽은 납작한데, 바깥쪽을 양이라 하고 안쪽을 음이라 한다. 점복을 행할 때는 먼저 가슴 부위에 두 조각을 맞붙여 들고, 마음속으로 잠시 기도를 한 다음에 땅에 던진다. 두 조각 중 하나가 엎어지고 다른 하나는 젖혀진 상태라면, 이를 '성

95 린궈핑, 『민대 민간신앙의 원류』, 푸젠福建인민출판사, 2003, 323-324쪽 참조.

배聖杯'라 한다. '성배'는 신명의 칭찬과 길함을 나타낸다. 만약 두 조각이 모두 젖혀진 상태가 되면 이를 '양배陽杯' 또는 '소배笑杯'라 하고, 신명의 태도가 모호하다는 것을 표시한다. 이와 달리 두 조각이 모두 엎어진 상태가 되면 '음배陰杯' 또는 '노배怒杯'라 하고, 신명이 동의하지 않거나 불길함을 나타낸다. 이러한 영첨과 배효는 현재 민간에서 가장 인기가 많은 점복술 중의 하나다.

영첨은 중국 민간에서 인기가 대단히 높은데, 그 주요 원인을 들면 다음과 같다. 우선 중국인은 천명을 믿기 때문에, 천기를 미리 읽어 하늘의 뜻에 따라 일을 처리하면 손해를 보지 않고 성공할 가능성이 크다는 것이다. 설령 좌절을 겪더라도 점복을 통해 신명의 계시를 받게 되면 곤경에서 헤어날 방법을 얻을 수 있다고 여긴다. 이 점이 바로 선남선녀들이 중대한 결정을 내리기 전이나, 좌절을 겪을 때 종종 점복에 의존하는 이유가 된다. 많은 사람에게 점복은 확실히 위험 부담을 줄이는 일종의 수단이다. 또한, 사찰이나 도관에서의 영첨은 기타의 복잡한 점복 형식보다 훨씬 간단하고 쉽게 다룰 수 있다는 장점이 있다. 그뿐만 아니라 비용도 최소화할 수 있다. 거의 모든 사묘寺廟에는 대부분 영첨이 마련되어있어서 이른바 고인高人을 애써 찾아다닐 필요가 없는 것이다. 문화적 수준이나 종교적 소양의 여부와 상관없이 누구든지 점대를 뽑아 점을 칠 수 있다. 게다가 사묘에서는 이를 관리하는 묘축廟祝까지 배치하고 있어 무료로 첨시를 해석해주기도 한다. 무엇보다 중요한 점은 영첨의 내용이 사람들의 일상적 삶에서 평소에 많은 관심을 기울이며 걱정하는 문제들이라는 것이다. 자연히 이와 관련된 분야도 대단히 폭넓다. 가택, 치병, 분실, 소송, 여행, 취업, 학업, 애정, 혼인, 자식, 벽사, 무병장수 등과 같이 일상적 삶과 생산 활동에 관련된 거의 모든 사항을 망라하고 있다. 그뿐만 아니라 이런 행위가 신도들의 다양한 요구를 크게 충족시켜 준다. 또한, 첨시는 내용 그 자체가 양날의 칼과 같이 비교적 모호하다. 필자는 일찍이 첨시의 일부를 살펴보고, 적지 않은 첨시들이 여러 가지로 해석될 가능성이 있다는 사실을 발견한 적이 있다. 심지어는 완전히 상반된 두 가지 해석도 가능했다. 이처럼 뒤집어 해석할 여지가 많아서 사태가 어느 쪽으로 발전하든 간에 그 해석은 모두 명약관화하게 미리 알고 있는 것처럼 적중할 수 있었던 것이다. 신도들이 이를 의심하지 않고 맹신하는 현상도 지극히 당연한 결과였다.

이처럼 영첨이 도불 양교에 미친 영향은 분명하게 드러난다. 영첨에 대한 돈독한 믿음이 종교에 대한 의존도를 일정한 수준으로 심화해 도불 양교로 하여금 대중에게 흡인력을 발휘하도록 했던 것이다. 특히 영험이 대단한 신명이 있다고 알려진 일부 사원의 경우, 점대를 뽑아 길흉을 알아보고자 찾아오는 사람의 행렬이 끊이지 않는다. 영첨으로 인해 종교적 영향력이 확대되고, 신도들의 대열이 크게 늘어났던 것이다.

도불 양교를 제외한 일부 민간종교에서도 점복과 참위를 이용해서 신도를 끌어들였다. 이를테면 적지 않은 민간종교에서 참위를 이용해서 환란이 임박했다고 선동함으로써 난세에 불만이 극도에 달한 사람들의 참여를 유도한 것이 그런 예다. 일부 민간종교에서는 참어讖語를 이용하여 정치적 투쟁에 가담하기도 했는데, 왕조의 교체에 관한 예언을 민간에 유포하거나, 심지어는 종교적 예언과 참위 사상으로 인심을 충동질하기도 했다. 그런 의미에서 고대 중국의 점복과 참위는 세력을 조성하는 일종의 강력한 힘이었다. 이에 따라 역대 통치자들은 한결같이 점복과 참위를 엄격히 통제했다. 자신이 필요하면 점복과 참위로써 여론을 조작하는 동시에 다른 정치적 세력들이 이를 이용하지 못하도록 규제했던 것이다.

고대 중국에 미친 점복과 관상술의 영향력은 이를 통해 조금이나마 살펴볼 수 있다.

또한 이러한 점복과 관상술은 나중에 중국에 들어온 기독교에까지 영향을 미치게 된다. 기독교에서는 본래 점복을 반대하지만 일단 중국에 전해진 이후에는 이러한 영향권에서 벗어날 수 없는 탓에, 일부 중국 크리스천들은 완전히 점복을 포기하지 못했다. 심지어 어떤 지방의 전도사는 신의 기적이나 이상한 꿈과 현상 따위의 민간신앙적 요소를 이용해서 민중을 유인하기도 했다. 일부 신도들은 『성경』을 호신부護身符나 벽사의 법보法寶로 삼기도 했고, "할렐루야"를 마귀를 쫓는 주문으로 여기기도 했다. 이런 현상들은 모두 전통적 신앙 심리의 잔재로 인한 결과다.

이상의 논의를 총괄하면, 민간신앙과 점복, 관상술은 중국의 전통적인 문화 현상으로서 중국종교의 발생과 그 발전에 기여했을 뿐만 아니라 종교적 교리와 그 사상을 풍부하게 하는 데 지대한 영향을 미쳤다고 할 수 있다. 오늘날에 이르기까지 민간신앙과 점복, 관상술이 여전히 중국 민중의 종교 심리와 종교적 삶에 많은 영향을 미치고 있는 것이다.

제8장 — 언어와 기호

언어의 문제는 철학과 종교에서 자주 거론되는 문제 중 하나다. 사고의 매개와 표현 수단으로서 언어는 종교와 신학에서도 말할 나위 없이 중요하다. 종교언어는 일반적으로 상징성과 기호성을 지닌다. 랜달John Herman Jr. Randall은 종교언어를 연구하면서 그 유명한 '종교 상징론'을 내세웠는데, 거기서 그는 종교언어가 비인지적 성격을 띠고 있어 일종의 상징에 지나지 않는다고 주장했다. 그는 "마땅히 인식해야 할 한 가지 중요한 사실은 사회적 상징이나 예술적 상징과 마찬가지로 종교적 상징도 그런 상징의 하나이기 때문에 비표현적이고 비인지적인 성격을 띤다는 것이다. 이러한 비인지적인 상징이 의도하는 바는 이들의 역할을 벗어나 어떤 외부적인 사물을 명확히 지시하는 데 있는 것이 아니라, 이들에 의해 제각기 조성된 이들만의 독특한 기능을 수행하는 것이다"[1]라고 말했다.

---

1 [영국] 존 힉John Hick, 『종교철학』, 허광후何光滬 뒤침, 가오스닝 교정, 생활·독서·신지 삼련서점, 1988년, 168쪽.

제1절
종교언어의 상징적 특징

어떤 의미에서 인간은 일종의 언어적 생명체라 할 수 있다. 언어와 문자는 모두 기호다. 그리고 기호와 사고는 인간을 동물과 구별짓는 주요한 표지다. 언어는 사고의 외피이며, 사고는 언어나 문자 등의 각종 기호를 통해 표현된다. 인간은 기호를 통해 정보의 전달과 전파, 그리고 정보의 시공간적 확장을 도모한다. 수천 수백 년 동안 세계의 각 민족은 제각기 그들의 역사와 문화를 발전시켜 나가면서 현란한 코드 체계를 만들어냈다. 그러한 가운데 종교 문화도 그 나름의 독특한 코드 체계를 지니게 되었다.

언어와 문자가 코드 체계에 있어 주춧돌과 같은 존재라면 문학은 그러한 코드 체계와 전파에 관련된 패러다임이라 할 수 있다. 언어와 문자가 하나의 물방울이나 수증기와 같다면, 문학은 한 줄기 실개천이나 긴 강물, 또는 광활한 바다와 같다. 그런 의미에서 중국 문화는 일종의 시적 문화라고 할 수 있다. 언어와 문학은 중국 역사상 모든 문화적 형태에 크고 작은 영향을 끼쳤는데, 중국종교에서도 동일한 현상이 나타난다. 중국 문학은 내용과 기법의 측면은 물론, 풍격風格과 의경意境의 측면에서도 불교와 도교로부터 깊은 영향을 받았다. 2천여 년이라는 기나긴 세월 동안 풍부하고 다채로운 불교예술, 곧 문학 · 음악 · 무용 · 미술 등이 끊임없이 중국으로 전해졌고, 불교는 중국의 고대 문학과 예술의 발전을 촉진했다. 문학 분야만 해도 불교는 다음과 같이 다양한 측면에서 많은 영향을 미쳤다.

첫째, 방대한 불교 전적 가운데 특히 경전은 그 자체로 뛰어난 문학 작품이다. 『유마경維摩經』, 『묘법연화경妙法蓮花經』, 『능엄경』 등이 그것이다. 특히 『백유경百喩經』은 여러 나라의 언어로 번역되어 세상에 널리 읽히고 있다. 『본생경本生經』은 붓다의 전생을 기록한 경전이지만, 우수한 전기문학傳記文學 작품이라 해도 손색이 없다. 게偈, 송頌, 찬贊, 속강俗講, 변문變文, 어록語錄, 유기遊記, 문집文集 등의 불교 전적에는 문학 작품으로서 뛰어난 작품성을 지닌 것도 많다.

둘째, 각종 불교 전적들이 중국에 유입된 이후 불교 특유의 소재, 문체, 품격, 기법들이 중국의 전통적 문학 형식에 크게 영향을 미쳤다는 점이다. 위진 남북조와 당나라 때의 소설은 『유마경』과 『백유경』의 영향을 받았으며, 통속 문학인 평화平話와 희곡戱曲도 그 발전 과정에서 불교의 속강俗講이나 변문에서 많은 요소를 흡수하기도 했다.

셋째, 인과응보설과 같은 불교의 종교적 세계관이 깊고 광범위하게 중국의 고대 작가들에게 영향을 미쳤다는 점이다. 이런 영향의 흔적은 고대 중국의 시詩, 사詞, 희곡, 그리고 소설에서도 쉽게 찾아볼 수 있다. 왕유, 백거이白居易, 소식 등과 같이 유명한 시인의 작품들은 불교 가운데 특히 선종의 영향을 깊이 받은 흔적이 역력했다. 또한 『홍루몽紅樓夢』에서는 대관원大觀園 안팎을 둘러싸고 인생의 고통과 덧없는 부귀영화의 분위기를 그려내기도 했다. 주인공 가보옥賈寶玉이 "속세에 미련을 버리고 가출해서 승려가 되었다"라는 내용을 비롯해서, 석춘惜春이 불문佛門으로 도망쳐 들어가 희미한 등잔불 밑에서 고불古佛을 외로이 지키며 "하얗게 망망한 한 조각 대지가 참으로 깨끗하다"라고 말하는 결말에 이르기까지, 불교의 세계관은 고도의 예술성을 띠고 형상화되었다. 토생토장의 종교로서 도교 역시 중국 문학에 미친 영향이 대단히 크다. 자연을 숭상하고 신선의 은일한 삶을 추구하는 도교사상은 고대 작가들의 생활 양식, 심미적 취향, 문학적 품격에 두루 깊은 영향을 끼쳤다. 저명한 시인 이백은 수많은 시가를 창작하는 가운데 신선을 흠모하고 티끌 세상을 떠나 소요하고자 하는 마음을 드러내기도 했으며, 실제의 삶에서도 도교의 계율을 받고 입도해서 수련한 적도 있었다. 원나라 때 이후로는 희곡 가운데 몇 가지 신선도화극神仙道化劇이 널리 유행했다. 잡극雜劇의 대가 마치원馬致遠은 수많은 신선도화극을 창작하여 그를 '마신선馬神仙'이라 칭하기도 했다. 명청 시기에는 소설이 성행했는데, 『봉신연의封神演義』와 같은 신마소설神魔小說은 도교 설화를 각색함으로써 기이하고 환상적인 이야기를 펼쳐 민간에 널리 전파되었다. 이로 미루어 보아 불교와 도교가 중국 문학예술의 발전에 무시하지 못할 정도로 지대한 역할을 했던 것은 분명했다.

무엇보다도 분명한 것은 불교문학과 도교문학 자체가 중국종교의 언어적 특징이 응축된 기호적 매체라는 사실이다. 불교와 도교는 고대 종교 문화사에서 대표적인 성격을 띠고 있을 뿐만 아니라 중국 문학의 연원과도 깊은 관련을 맺고 있다. 이 점을 고려해서 여기서는 불교나 도교문학을 중심으로 문학언어를 해독하고자 한다. 이를 통해 불교와 도교의 교리에 담긴 철학적 이치의 내용과 그 언어적 특징을 탐구하고, 나아가 중국종교언어의 기호성에 대해서도 간략하게 논의하고자 한다.

1 —— 불교문학과 그 사상의 기호적 표징

'불교문학'이라는 용어에 대해서는 아직 명확한 정의가 없다. 후스胡適는 『백화문화사白話文化史』에서 불경의 번역을 번역문학에 포함해 다루었는데, 산스크리트를 중국어로 옮긴 한역불전漢譯佛典은 그 자체로 중국 문학사에 커다란 영향력을 발휘한 창의적인 문체라고 주장했다. 일본의 후가우라 세분深浦正文, 마에다 에가쿠前田惠學, 오노 겐묘小野玄妙 등과 같은 해외 불교 학자들도 불교 전적 가운데 비교적 문학성을 갖추었다고 판단되는 작품들을 불교문학으로 간주했다. 물론 이것은 불교문학에 대한 비교적 관대한 규정이다. 가지 데쓰조加地哲定와 같은 학자는 『중국불교문학中國佛敎文學』이라는 책에서 불교 경전의 문학적 요소는 '순수한' 불교문학이 아니라고 지적했다. 경전에 들어있는 문학성을 띤 작품도 단지 교리를 설명하는 방편에 지나지 않을 뿐만 아니라, 문학 창작에 대한 자각 의식이 결여되어 있기 때문이라고 했다. 가지 데쓰조가 주장한 것은 엄격한 의미의 불교문학인 셈인데, 참된 불교문학은 불교에 대한 작가 자신의 경험과 이해를 바탕으로 하여 문학의 형식과 기교를 통해 표현한 작품이라는 것이다. 이는 작가의 미의식으로 완성된 문학 창작인 동시에, 작품 속에는 작가의 종교적 정감과 그 경지가 반영된 문학이다.

여기서는 국내외 학자들의 관련 논저를 참고하여 비교적 폭넓은 의미에서 불교문학을 다루고자 한다. 넓은 의미에서의 불교문학은 크게 두 가지로 나누어 살펴볼 수 있다. 하나는 불교 경전 속의 문학인데, 불교의 각종 경전이나 율장律藏에 들어있는 문학적 색채가 충만한 내용을 가리킨다. 다른 하나는 불교의 문학 창작물이다. 문학의 기법을 빌려 불교의 이치를 밝히고 있는, 불교적 색채를 띤 문학 작품을 말한다. 역대 문인이나 승려들의 문학창작이 모두 이에 해당한다. 이에 따라 '중국불교문학'은 한역 불전 속에 들어있는 경전문학經典文學 부분과 중국 문학작품에서 불교적 색채를 띤 시가, 산문, 소설, 희곡 등의 작품들로 구분된다. 물론 최고의 불교문학은 문학의 창조성과 종교적 깨달음을 두루 갖춘 작품이다.

1 한역불전문학漢譯佛典文學

불교문학의 연구사에 있어서, 후스는 최초로 한역불전문학의 가치를 비롯해 그것이 중국 문학에 끼친 영향에 대해 체계적으로 서술한 중국 학자다. 그는『백화문학사白話文學史』속의「불교의 번역문학佛敎的飜譯文學」에서, 불경 번역은 중국 문학에 무궁무진한 새로운 예술적 경지를 개척해 주었으며, 적지 않은 새로운 문체를 개발하도록 했을 뿐만 아니라 수많은 소재를 제공해 주었다고 지적했다. 후스에 따르면 불경의 번역체는 일종의 "소박하고 평이한 백화체白話體"인 셈이다. 이를 구체적으로 말하면, 불경의 번역자들이 소박하고 평이한 백화체로 불경을 번역한 덕분에 당시 고문古文 중심의 세계에서 일종의 신선한 문체가 유행하게 되었고, 이에 따라 불교 사찰과 선문禪門이 백화시문白話詩文의 발원지가 되었다는 것이다. 또한, 불교문학은 상상력이 지극히 풍부해서 중국의 낭만주의 문학을 선도하여 이를 발전시키기도 했다. 그뿐만 아니라 불경에 있는 설화, 소설, 연극 등과 같은 문학 형식이나 운문과 산문이 결합된 문체는 후대의 소설, 탄사彈詞, 평화平話, 연극에 직간접적인 영향을 미쳤다. 말하자면 불교 경전이 번역되는 과정에 끊임없이 인도의 문화나 환상문학이 수입되어 "중국 문학사에 무궁무진한 새로운 의경을 열어주었을 뿐만 아니라, 새로운 문체를 창조하게 하고, 무수히 많은 새로운 소재를 제공했다."[2] 장수줘蔣述卓도『불경 번역과 중세문학사조佛經傳譯與中古文學思潮』[3]라는 책에서 불경의 번역과 중세의 문학사조는 일종의 특수한 관계로서, 서로 영향을 주고받는 양방향의 관계에 있다고 주장했다. 중국의 고승이나 일부 문인들이 역경에 참여하면서 중국식 문투로 번역하기도 했지만, 그런 과정에서 불경 문학 속에 있는 말을 골라 문장을 만들어내는 수법과 문학적 표현의 품격을 흡수했기 때문이다. 양방향으로 이루어진 이러한 교류는

2 장이화姜義華 주편,『후스학술문집胡適學術文集』, 중화서국, 1998, 229쪽.

3 장수줘,『불경 번역과 중세문학사조』, 장시江西 인민출판사, 1990년판 참조.

자연히 중국 문학이론과 불경의 번역이론이 서로 영향을 주고받아 융합하는 결과로 이어졌고, 이는 나아가 중세 이후의 문학사상과 문학 창작에까지 영향을 미치게 되었다. 불교가 중국 문학에 끼친 영향은 이처럼 깊고 심대할 뿐만 아니라 다방면에 걸쳐 나타났다. 어떤 학자는 불교가 중국 문학에 끼친 영향을 여덟 가지로 요약했는데, 불교의 시공관이나 생사관 및 세계관에 의한 영향, 대승불교의 인식론과 철학적 사변에 의한 영향, 불경의 문장 구조와 문학 체제에 의한 영향, 불교 설화와 우언寓言에 의한 영향, 불전문학과 불교 서사시에 의한 영향, 불교 인물과 인도 고대 신화에 등장하는 인물에 의한 영향, 불교 문화와 미학 사상에 의한 영향, 불경 번역의 언어적 표현에 의한 영향 등이 그것이다.[4]

다음에서는 『열반경』을 예로 들어 한역 불전문학에 나타나는 종교 언어의 기호적 특징과 이에 관련한 불교사상을 분석하고자 한다.

『열반경』은 『대반열반경』의 약칭으로, 대승불교에서 가장 중요시하는 기본 경전의 하나다. '대반열반大般涅槃'은 이 경전에서 유난히 강조하는 명상名相으로, 법신·반야·해탈이라는 붓다의 삼덕三德을 포함할 뿐만 아니라 대승 불법의 참된 이상을 대표한다. 『열반경』의 경문에서는 대반열반을 바다와 같이 깊고 고요한 대적선정大寂禪定으로 비유하는데, 이는 마치 밝고 찬란한 한여름의 태양처럼 영원불변할 뿐만 아니라, 부모처럼 중생을 아끼고 가엽게 여기며, 어리석고 미련한 중생이 생사를 벗어나게 제도하여 불생불멸하고 무궁무진하게 한다. 또한 그것은 세속을 초월한 고요함이자 광명이고, 영원하면서 인자한 지혜이고 해탈의 경지다. 이

---

4 천윤지陳允吉, 『당시唐詩 속의 불교사상唐詩中的佛教思想』, 타이완상정商鼎출판사, 1993, 303쪽, 306쪽 참조.

러한 『열반경』은 여래장如來藏 사상에서 말하는 다음과 같은 내용을 담고 있다. 즉 일체의 중생은 모두 불성佛性을 지녔고, 성불의 자질이 아예 없는 일천제一闡提라 할지라도 모두 붓다가 될 수 있으며, 모든 생명이 상락아정常樂我淨이란 열반의 사덕四德을 선명하게 갖추고 있다는 것이다. 『열반경』에서는 이러한 독특한 주장을 비롯하여 본래 마음을 잃게 된 까닭에 대한 철학적 사색이나 열반의 경지에 이르기까지, 항상 기발하고 뛰어난 일련의 비유를 들어 생동감 있게 표현하고 있다. 예를 들면 각종 번뇌로 뒤덮인 탓에 본래의 마음을 잃게 되었는데, 해탈하는 길이 그러한 장애를 제거함으로써 본래의 마음을 다시 드러나게 한다고 이르는 대목이다. 여기서 『열반경』의 경문은 각종 비유를 들어 이를 반복해서 설명하고 있다. 그중 하나를 들면 다음과 같다.

> 또한, 해탈이란 것은 '제거除却'라 한다. 비유컨대 보름달이 뜬 것처럼 구름이 한 점도 가리지 않는 것과 같다. 해탈 역시 그렇다. 구름이 한 점도 가리지 않는 것이다. 구름이 한 점도 가리지 않아야 참된 해탈이다.[5]

여기서 본래 마음을 둥근 보름달로 비유하고 있다. 각종 번뇌는 밝은 달을 가리거나 둘러싸고 있는 구름과 안개와 같은 것이고, 참된 해탈은 마치 구름이 걷히고 안개가 흩어져 밝은 달이 다시 모습을 드러내는 것과 같은 경지이다. 번뇌가 본성을 가리는 것은 말라 썩어빠진 나무껍질이 나무의 몸통을 조이고 있는 것과 같다. 『열반경』은 이에 대한 비유를 다음과 같이 들고 있다.

---

5 『중화대장경』 제14책, 중화서국, 1985, 50쪽.

큰 마을 밖에 사라娑羅 나무 숲이 있는 것과 같다. 그 속에 한 그루 나무는 숲이 있기 전에 생겨나 족히 백 년이나 되었다. 그때 숲의 주인은 물을 주고 수시로 돌보았지만, 오래 묵은 나무인지라 껍질, 가지, 잎이 모두 떨어져 나가 본래의 뼈대만 남았다. 여래도 이와 같다. 낡고 묵은 것들이 남김없이 떨어져 나가고 오직 일체의 진실한 법만이 존재한다.[6]

마르고 썩은 나무껍질을 제때에 벗겨내지 않으면 온전한 나무라도 말라죽을 수 있다. 수행자도 이렇게 영혼의 찌꺼기를 털어내고 영성의 감미로운 샘물을 흐르게 해 주면, 마른 나뭇가지나 썩은 나무를 부러뜨리듯이 생명의 참다운 모습을 드러내게 할 수 있는 것이다.

『열반경』에서는 "조약돌을 집어 들고 황금으로 여긴다執礫爲金", "봄날 연못에서 조약돌을 줍는다春池拾礫", "조약돌을 보고 구슬로 여긴다認礫爲珠"라고 한 것과 같은 일련의 비유들을 들고 있는데, 이러한 비유가 널리 알려져 선림禪林에서 자주 입에 오르내린다. 이를테면 다음과 같은 것들이다.

비유컨대, 어떤 상인이 보물이 가득한 성에 들어갔지만, 깨진 기왓장이나 자갈만 잔뜩 주워 담고 집으로 돌아간 것과 같다. 너희도 이처럼 보물의 성을 만났음에도 헛되고 거짓된 물건만 취하고 있다. 너희들 비구들아, 마음을 늦추어 이만하면 족하다는 생각을 품지 말라.[7]

너희들은 무상하고 괴롭다는 생각부터 먼저 수습修習해서 진실이 아님

6 『중화대장경』 제14책, 439쪽.

7 『중화대장경』 제14책, 19쪽.

을 마땅히 알아야 한다. 비유컨대, 봄날에 여러 사람이 큰 연못에서 목욕하고 배를 띄워 놀다가 유리구슬을 깊은 물 속에 빠뜨린 것과 같다. 이때 여러 사람이 다투어 물에 뛰어들어 깨진 기왓장, 돌, 풀, 나무, 모래, 자갈 따위를 주워들고 그것이 유리구슬인 줄만 알고 환호성을 지르며 가지고 나왔지만, 이내 참된 것이 아니라는 것을 알게 되었다. 여전히 물속에 있는 보배 구슬의 힘으로 이윽고 물이 깨끗하게 맑아졌다. 이에 대중이 보배 구슬을 보게 되었다. 그것은 물 아래 있어서 마치 허공에 뜬 달을 바라보는 것과 같았다. 이때 무리 가운데 지혜로운 자가 나타나 방편의 힘으로 천천히 물속에 들어가 구슬을 건져낼 수 있었다. 너희들 비구들아, 이처럼 무상無常, 고苦, 무아상無我想, 부정상不净想을 수습하는 것을 참된 가르침으로 삼지 말아야 한다. 저런 사람들처럼 각자 기와, 돌, 풀, 나무, 모래, 자갈 따위를 보배 구슬인 줄로 여기는 것과 같다.[8]

경문의 내용을 보면, 형상적 비유를 통해 본말의 전도, 소탐대실, 진위 판단 착오 등을 설명하고 있는 것을 알 수 있다. 또한 『열반경』은 어리석은 사람이 술에 취한 것을 예로 들어 세상 사람들이 지닌 탐욕, 미련, 애욕을 비유하기도 했다.

비유컨대, 술에 취한 자가 스스로 알지 못하는 것과 같다. 가깝고 먼 이웃이나 모녀, 자매를 가리지 못하며, 황음무도함에 빠져 말을 아무렇게 내뱉고 분뇨 속에 드러눕는 것과 같다. 마침 훌륭한 스승이 있어 약을 주고 먹게 하니, 먹고 나서 술을 토하게 되었다. 의식을 회복하게 되자 참담한

8 『중화대장경』 제14책, 21쪽.

심정에 자책감에 깊이 빠졌다. 이처럼 술은 좋지 못한 것으로 모든 죄악의 근원이다. 술을 끊을 수 있다면 여러 죄악으로부터 멀어질 수 있다.[9]

본성을 잃은 것은 마치 술에 취한 자처럼 더러운 곳에 누워있어도 이를 깨닫지 못하는 것과 같다는 뜻이다. 일단 불법을 듣게 되면 술 깨는 탕약을 복용한 것처럼 번뇌의 독주를 토해냄으로써 멀쩡한 정신을 회복하는 것과 같다. 인생무상의 문제를 다룰 때도 『열반경』에서는 '상자 속의 뱀篋蛇'이란 비유를 동원한다. 경문에서는 상자를 사람의 몸에 빗대어, 사람의 몸을 구성하는 지·수·화·풍의 사대 요소를 네 마리 큰 독사로 비유한다.

네 마리 독사가 비록 한곳에 모여 있지만 네 가지 마음은 서로 다르다. 네 마리 큰 독사도 이와 같다. 한곳에 같이 있어도 성性은 제각기 다르다.[10]

네 마리 독사가 주변을 노리다가 긴장이 느슨해지는 틈을 타서 이빨로 물어 인명을 해친다. 독사 네 마리 중 한 마리라도 성깔이 치밀어 물게 되면 사경을 헤매게 된다. 이처럼 세상사는 무상하다. 사람이 사는 것도 눈먼 거북이 한 마리가 망망대해에 떠다니는 것과 다름없다. 이를 『열반경』에서는 눈먼 거북이가 구멍 뚫린 나무판자를 만나는 것에 비유한다.

사람으로 세상에 태어나는 것도 어려운데, 붓다가 머무는 세상을 만나는

9 『중화대장경』 제14책, 20쪽.

10 『중화대장경』 제14책, 250쪽.

것은 더더구나 어려운 일이다. 이는 망망대해에서 눈먼 거북이가 구멍 뚫린 나무 판자를 만나는 것과 같다.

짧은 인생에 불법을 만나는 것이 얼마나 어려운 일인가를 이런 식으로 설명하고 있는 것이다. 이처럼 『열반경』 경문의 전체 내용은 거대한 바다와 같이 막힘없이 전개해 나가는 가운데 웅장하고 기이함을 더할 뿐만 아니라, 그 필치도 자유분방하여 마치 장강대하長江大河처럼 일사천리의 기세로 흘러가는 것과 같다. 게다가 절묘한 비유가 속출하고, 세련된 표현이 거침없고 일관된 점에서 문학적 가치가 대단히 뛰어난 작품으로 간주된다. 그러나 『열반경』 그 자체는 언어와 문자를 매끄럽게 꾸미는 데 신경을 쓴 것이라고 할 수 없다. 오히려 실제에서 화려한 언어적 표현을 자제할 것을 주장하고 있기 때문이다. 『열반경』에서는 절묘한 비유를 연속적으로 사용하고 있지만, 비유의 한계를 명확히 지적한다. "비유가 아닌 것으로 비유하고以非喩爲喩", "여러 비유가 진실이 아니다遍喩非眞實"라고 주장함으로써 비유의 의도를 알아차리게 하고, 이와 함께 "달을 보게 되면 손가락을 잊고見月忘指", "고기를 잡은 뒤에 통발을 잊어버리는得魚忘筌" 것처럼 언어적 표현에 집착하지 말 것을 다음과 같이 강조한다.

여래는 때때로 인연으로 말미암아 저 허공을 끌어와서 해탈로 비유한다. 이러한 해탈이 바로 여래다. 진정으로 해탈한 자라면 일체의 인천人天이라도 그와 짝할 수 없다. 그리고 이러한 허공은 사실상 비유될 수 있는 것이 아니다. 중생을 교화하기 위해 비유가 될 수 없는 허공으로써 비유한 것이다. 해탈이 곧 여래이고, 여래의 본성이 곧 해탈이란 것을 알아두어야 한다. 해탈과 여래는 둘이 아니고 서로 구별되지 않는다. 선남자야, 비유가 아니라는 것은 비교될 수 없는 사물을 비유로 끌어내지 못하는 것과 같다. 인연이 있기에 비유로 끌어올 수 있는 것이다. 경전에서 이르듯이, 얼굴이 단정하여 마치 보름달과 같다고 하거나, 흰 코끼리가 깨끗하여 이를 설산雪山과 같다고 말하는 것과 같다. 그러나 보름달은 얼굴과 같을 수 없고 설산은 흰 코끼리가 될 수 없다. 선남자야, 비유로 참된 해탈을 비유할 수 없지만, 중생을 교화하기 위해 비유를 끌어들였을 따름이다. 여러 비유를 통해 여러 법성法性을 알게 하는 것도 모두 이와 같다.[11]

무릇 비유로 끌어온 것을 남김없이 모두 취할 필요는 없다. 일부분을 취하거나 대부분을 취하거나 혹은 그 전체를 취할 수도 있다.

비유컨대, 우유가 무엇인지 한 번도 보지 못한 자가 다른 사람에게 "우유는 어떤 것인가"라고 묻는다고 하자. 그 사람은 "물이나 꿀과 같고 조개와 같다"라고 대답한다. 물은 축축한 형상을, 꿀은 달콤한 형상을, 조개는 색상을 취한 것이다. 비록 세 가지 비유를 끌어왔지만, 그것은 우유의 실체가 아니다.[12]

이처럼 『열반경』과 같은 불경은 필치가 뛰어난 데다가 비유도 절묘하지만, 아름답고 미묘한 이런 비유들은 그때그때 임시방편으로 사용한 상징적 이미지에 지나지 않는다. 경문에서 진정으로 말하고자 하는 바는 그런 비유들의 상징적 이미지 자체에 있지 않다. 상징적 기호로서 이러한

11 『중화대장경』 제14책, 53-54쪽.

12 『중화대장경』 제14책, 322쪽.

이미지가 지향하는 불교적 의미에 있는 것이다.

2 —— 불교문학 창작

1 불교소설

불교가 중국 소설에 미친 영향은 아주 깊고 오래되었다. 육조지괴六朝志怪나 당송전기唐宋傳奇, 또는 송원 시기 이후에 출현한 백화단편白話短篇이나 장편장회長篇章回 등의 중국 소설에는 제재와 내용을 비롯해 사상과 이념 및 서사구조와 예술 기법 등에서 모두 불교의 영향을 받은 흔적이 역력하다. 불교가 중국 소설의 내용을 풍부하게 했듯이, 중국 소설도 불교가 중국에 전파되어 중국불교로 자리 잡는 데 중요한 역할을 발휘했다. 소설은 대중에게 널리 알려져 많은 호소력을 가질 수 있다. 따라서 불교소설 역시 중국불교문학에서 가장 영향력이 있는 불교문학의 형식이라고 할 수 있다. 이러한 중국의 불교소설을 개괄하면 다음과 같은 특징들이 있다.

첫째, 불경의 이야기나 소재를 이용하여 중국식 소설로 각색하거나 새롭게 창작한 작품이 많다는 것이다. 이런 작품들의 내용과 취지는 얼핏 불경의 본래 뜻과 비슷한 것처럼 보이지만, 실상은 그렇지 않다. 갈수록 본래의 의미와 멀어져 중국적 문화 의식을 띠게 되는 것이 특징이다. 이를테면 『구잡비유경舊雜譬喩經』에 들어있는 「범지토호梵志吐壺」란 이야기가 그런 예다. 이야기 속의 '항아리壺'는 사람의 내밀한 정욕을 상징하고, 불경의 취지는 인간의 정욕을 부정하고 비판하는 데 있다. 그러나 이런 이야기가 육조지괴 소설에 두 차례씩 패러디되면서 주제가 바뀐 형태로 전개된다. 그 하나는 순씨荀氏가 지은 『영귀지靈鬼志』 중의 「외국 도인外

國道人」이다. 거기서 항아리의 의상意象이 변모하여 '바구니籠'로 대체되었다. 이야기 속의 외국 도인은 크기가 한 되 남짓한 작은 바구니에 들어갈 수 있고, 바구니 속에서 물건이나 사람을 수시로 토해 내는 재주가 있었다. 게다가 토해 낸 사람조차 입에서 계속 사람을 토할 수 있었다는 내용이다. 패러디된 이러한 이야기에서는 "입으로 사람을 토한다"라는 내용은 더 이상 정욕을 부정하거나 비판하는 것이 아니라, 외국 도인의 환술이 고명하다는 것으로 윤색되었다. 그런 환술로 인색한 부자를 응징한다는 내용도 인정머리 없는 부자에게 도덕적 교훈을 주려는 취지에서 나온 것으로 드러난다. 다른 모방작도 마찬가지다. 오균吳均이 지은 『속제해기續齊諧記』 중의 「양선허언陽羨許彥」을 보면, 양선陽羨에 사는 허언許彥이라는 사람이 거위를 담는 새장에 들어갈 수 있는 능력을 갖춘 서생을 길에서 우연히 만났다고 한다. 그 서생 또한 입에서 사람을 토할 수 있는 재주가 있고, 환술이 남달랐다고 한다. 이런 이야기도 기이한 줄거리로써 인간의 은밀한 욕정을 은유하고 있지만 이를 부정하거나 비판하는 의도는 보이지 않는다.

둘째, 중국의 어느 집에서나 다 알고 있는 붓다, 보디사트바, 아라한 등도 소설에서는 종종 인간미를 갖춘 인물로 등장한다는 점이다. 심지어 어떤 불교적 인물의 경우에는 중국적 기질이 농후한 인물로 개조되기도 한다. 예컨대 인도 불교의 마이트레야가 천관미륵天冠彌勒, 교각미륵交脚彌勒, 사유미륵思惟彌勒으로 모습을 바꾸어 등장하거나, 불경의 미륵정토彌勒淨土가 장수를 누리고 걱정이 없는 나라로 바뀐 경우이다. 이뿐만 아니라 중국 소설 속의 마이트레야는 커다란 배가 불룩하게 튀어나오고 항상 입을 열고 웃고 있는 포대화상布袋和尙으로 등장한다. 그는 집도 절도 없이 먼지가 가득한 저잣거리를 돌아다니며, "입을 열고 환하게 웃는" 친근한 모습으로 수많은 중생을 제도한다. 또한 인도 불교에서는 관음보살이 남자의 몸으로 나타나지만, 중국에 들어와 민간 문화를 거쳐 개조됨으로써 소설에서는 아름답고 우아한 여성으로 등장한다.

셋째, 중국 불교소설은 인물의 형상을 구체적으로 묘사함으로써 추상적인 불법의 이치를 생동감 있게 표현한다는 점이다. 소설 『서유기』 제58회에 있는 진짜 손오공과 가짜 손오공을 판별하는 대목이 그런 예다. 이 장면에서 삼장법사와 저팔계, 사오정은 가짜 손오공을 구분해 낼 수 없었다. 그뿐만 아니라 관음보살이 머리를 죄는 긴고주緊箍咒를 외우거나, 천상에 올라가 탁탑이천왕托塔李天王의 조요경照妖镜으로 비춰보고, 지옥에 내려가 염라대왕의 생사부生死簿와 대조해봐도 도무지 진짜와 가짜를 가려낼 수 없었다. 그러다가 마지막에 여래가 등장하여 가짜 손오공의 정체를 한눈에 알아차렸다. 육이미후六耳獼猴라는 귀가 여섯 개나 달린 원숭이 요괴가 변신하여 손오공 행세를 한 것이었다. 진짜와 가짜 손오공 설정은 소설 『서유기』에서 보여주는 아주 탁월한 상징적 형상이다. 육이미후는 손오공의 내심에 깊게 자리한 또 다른 생각을 상징한다. 이런 생각이 삼장법사를 모시고 경전을 구하고자 서천으로 가는 마음과 충돌한 것이다. 육이미후는 손오공 자신의 속마음을 겉으로 형상화한 것이기에 손오공과 빼닮을 수밖에 없었고, 둘의 기량도 서로 대등하게 나타났던 것이다. 그래서 여래가 여러 보살에게 "너희 모두 한 마음이지만 두 마음이 다투는 꼴을 보아라"라고 했다. 조요경과 긴고주의 실패가 은유하는 바는, 사람의 마음이 깊고 미묘한 탓에 어떠한 비장의 도구를 사용해도 밝게 들여다볼 수 없다는 것이다. 오로지 그 마음을 똑바로 관조할 때 비로소 마음의 변화를 알아챌 수 있다는 것을 암시한다. '두 마음二心'은 상당히 추상적인 철리哲理지만, 소설에서는 가짜 손오공의 형상을 빌려 이를 성공적으로 그려낼 수 있었다. 진짜와 가짜 손오공 간의 반복된 투쟁과, 승부를 예측할 수 없는 막상막하의 정황을 통해, 얽히고설킨 그 많은 생각이 서로 충돌하는 현상을 구체적 형상으로 드러내었다고 하겠다.

넷째, 몽환적 줄거리를 통해 진실과 허구의 경계를 모호하게 하고, 이를 짙은 안개 속에 있는 것처럼 처리함으로써 허실虛實의 미묘한 점을 은밀히 우의하고 있다는 점이다. 당나라 전기소설傳奇小說『침중기枕中記』의 주인공인 노생盧生은 황량몽黃粱夢을 꾸었는데, 꿈속에서 그토록 갈망하던 부귀영화를 누리다가 일생을 마쳤다. 과거에 급제하여 금방金榜에 이름을 올리고, 아름다운 부인을 만나 화촉을 밝히고 높은 벼슬에 오르기도 했다. 그러다가 뜻을 이루지 못하고 실의에 빠져 기쁨이 다한 뒤에 슬픔을 맛보고 죽음에 이른다는 내용의 꿈이었다. 그가 꿈속에서 죽었을 때는 현실 속에서는 꿈에서 깨어나는 순간이다. 기나긴 일생을 한바탕 짧은 꿈으로 압축해 경험하게 함으로써, 인생이 꿈과 같고 부귀영화도 무상하다는 불교의 인생관을 은연중에 보여준다. 한편『홍루몽』제5회에는 가보옥으로 하여금 꿈속에서 태허환경太虛幻境에 노닐게 하는 결정적 장면이 펼쳐진다. 태허환경의 꿈은 사실상 가보옥이 앞으로 겪게 될 현실세계에서의 인생역정이나 인간 관계 및 이와 관련된 여러 사건을 비롯해 최종적 결말까지 예고한다. 나아가 대관원에서의 모든 삶을 미리 암시하는 역할도 한다. 소설의 구성적 측면에서는 태허환경은 허구에 지나지 않고, 대관원에 사는 사람들의 삶과 운명이야말로 진실한 것이다. 하지만 삶의 본질적 측면에서는 대관원에서의 화려한 삶과 그들의 소망은 헛된 것이고, 모든 사람의 비극적 종말은 불가피한 현실로 드러난다. 이렇게 허虛와 실實, 진眞과 가假의 사이에『홍루몽』의 색공관色空觀이 스며있는 것이다.

다섯째, 시공간의 한계를 초월하여 전생과 현생을 하나로 연결함으로써 은연중에 불교의 인연설이나 인과응보 사상을 암시하고 있다는 점이다. 위진 남북조 이후, 특히 송나라와 원나라 때 백화소설白話小說이 성행하면서 소설에도 '전세금생前世今生' 유형의 작품이 대거 출현하여 인과응보 사상을 표현하기도 했다. 「명오선사간오계明悟禪師趕五戒」는 소동파와 불인佛印 사이에 있었던 불연佛緣을 소재로 한 흥미로운 작품이다. 전생에 승려였던 소동파가 동료 승려였던 불인과 각별한 사이였는데, 불인이 바로 금생의 명오선사明悟禪師라고 하여 전생 인연과 현세 과보라는 줄거리로 각색되어 있다. 또한, 『홍루몽』에서도 가보옥의 고종사촌인 임대옥林黛玉의 전생은 본래 영하靈河 곁의 절벽 위에 자라던 한 그루 강주선초降珠仙草였는데, 전생에 적하궁赤霞宮의 신영시자神瑛侍者였던 가보옥이 그곳을 지나다가 강주선초가 말라죽을 것을 염려하여 감로수를 뿌려주고 극진히 보살펴주었다고 한다. 이러한 인연의 씨앗이 금생에 한평생 눈물로써 감로수의 은혜를 보답해야 하는 임대옥의 운명을 결정한 것이다. 작품에서는 가보옥과 임대옥의 인연을 '목석전맹木石前盟'이라 하는데, 이러한 인과적 패턴은 소설의 전개 양상과 함께 주요인물의 형상과 그 성격까지 결정한다. 그뿐만 아니라 이러한 세정소설世情小說의 영향은 역사 소설에도 나타난다. 『삼국지평화三國志平話』는 본래 강사화본講史話本인데, 소설로 등장하면서 삼국 시대 이야기를 '전세금생'이란 독특한 서사적 구조로 사건을 전개하고 있다. 한나라 고조 유방이 한신韓信, 팽월彭越, 영포英布 등의 창업 공신을 억울한 누명을 씌워 살해했다는 전생의 인연 탓에, 삼국 시대가 되자 한신, 팽월, 영포가 각각 조조, 유비, 손권으로 환생해서 유방의 환생인 한나라 헌제獻帝의 천하를 나누어 차지했다는 것이 그 내용이다. 이처럼 원인이 있으면 결과가 있고, 인과의 보응은 틀림없이 나타난다는 것이다. 기타 『영렬전英烈傳』이나 『수호전水滸傳』 등과 같은 소설에도 이와 유사한 서사구조가 비교적 많이 나타난다.

일반적으로 중국 불교소설이 이루어낸 성과는 대단히 높다고 평가된다. 중국 고대 소설의 경우 사상적 경향과 서사구조라는 양면에 있어서 불교 문화로부터 많은 도움을 받았다고 할 수 있다. 서사구조의 측면에서 보면, 불교 문화의 영향이 소설가들의 상상력을 열어준 덕분에 시공의 한계를 초월하여 기상천외하고 변화막측한 우여곡절의 줄거리를 쉽게 구축할 수 있었고, 복잡다단한 인물의 형상을 풍부하게 할 수 있었다. 사상적 경향의 측면에서는, 불교의 인생무상이나 인과응보와 같은 사상들이 사회생활을 하는 사람들의 마음속에 파고듦으로써, 삶에 대한 태도를 결정했을 뿐만 아니라 인생을 관조하거나 역사를 해석하는 데 필요한 세계관을 형성했다. 그런 점에서 소설은 사람들의 삶이나 생명, 또는 역사와 사회에 대한 정감과 태도를 반영하고 이를 해석하는 하나의 형식이라고 볼 수 있다. 소설사를 통해 볼 때 상당수의 작품이 소설을 우언寓言으로 다루어 불교적 삶이나 생명의 실상을 은유하고 있는 것도 이러한 맥락에서 이해할 수 있다. 그러나 소설은 어디까지나 소설이고 예술이다. 역사와 인생 및 세태에 대한 중국 소설 특유의 이해와 해석으로 인해 중국의 불교소설은 종교사상이란 추상적인 틀에 묶이지 않았다. 작품을 통해 추상적 불교 이론과 형상 예술이 상부상조하여 조화를 이루게끔 노력함으로써, 형상을 생동감 있게 표현하거나 독자로 하여금 소설 예술의 황홀경에 빠져들게 하여 깊고 특별한 종교적 정서와 세계관을 맛보게 했던 것이다.

2 선종시가禪宗詩歌

선종은 중국화한 불교를 대표하는 종파 중 하나다. 그 변천과 발전의 과정에서 선종은 중국의 시가와 서로 분리될 수 없는 깊은 인연을 맺어왔다. 육조 시대 이후의 선종사禪宗史와 시사詩史를 들여다보면, 시詩와 선禪이 한 가닥으로 조화를 이루어 찬란하게 빛을 발하는 문화적 풍경을 발견하게 된다. "시는 선객에게 꽃과 비단을 더해 주고, 선은 시인에게 옥玉을 자르는 칼이다詩爲禪客添花錦, 禪是詩家切玉刀."[13] 금원 시대의 시인 원호문元好問이 이런 시 구절로 시와 선의 관계를 설명한다. 시는 참선하는 자에게 뒤뜰에 있는 꽃밭과 같다. 시적 언어는 간결하면서도 살아있는 듯이 형상을 표현하는 특징이 있다. 선승禪僧에게는 조금만 느슨해도 곧바로 사라져 버리는 깨달음의 섬광을 신속히 포착하는 데 많은 도움이 된다. 돈오의 순간은 언설로 표현할 수 없을 만큼 일시에 터지는 경지다. 이를 형상으로 표현하는 것이 가능하다는 것이다. 그리고 선 특유의 직각적 사유, 고요한 마음 상태, 그윽하고 맑은 경지 또한 문인들이 시가를 창작하는 과정에서 느끼는 심경이나 심미적 이상과 흡사해서 마치 서로 약속이나 한 듯이 일치한다. 선적 깨달음의 텅 빈 상태는 시적 영감이 홀연히 찾아드는 순간에 느끼는 묘한 상태를 방불케 한다. 이런 점에서 둘은 다르면서도 같다. 선종의 시가는 중국 고대 시가와 선종 문화의 만남에서 비롯된다. 둘이 만나 함께 물을 주고 보살펴 키워낸 귀한 꽃이라 할 수 있다. 시적 사유와 선적 깨달음이 함께 어우러져 상생한 결과물이며, 시인과 선승이 마음을 같이해서 이루어낸 합작품인 것이다. 시와 선의 교감으로 생겨난 선시禪詩는 그 창작 주체의 신분에 따라 다음과 같이 크게 두 갈래로 나뉜다.

그 하나는 시로써 선을 빗댄 '이시우선以詩寓禪'이다. 이런 종류의 선

---

13 원호문, 쓰궈치施國祁 주석, 매초수麥朝樞 교열, 『원유산시집전주元遺山詩集箋注』, 인민문학출판사 1989, 658쪽.

시를 창작하는 주체는 선승들이다. 중국 선종의 초조初祖인 보리 달마는 〈일화개오엽一花開五葉〉라는 시의 형태로 계송을 남겼는데, 그 내용은 다음과 같다.

내가 본래 이 땅에 온 뜻은
법을 전해 미정迷情을 구하기 위함이라
하나의 꽃에 다섯 잎이 피어나
그 열매가 저절로 맺히리라[14]

전하는 바에 따르면 이 게송은 달마 조사가 이조二祖 혜가慧可에게 의발을 전하면서 남긴 것이라고 한다. "이 땅玆土"은 중국을 말하며, "미정"은 어리석음에 집착하여 깨닫지 못한 사람을 말한다. "하나의 꽃에 다섯 잎이 피어나一華開五葉"에서 '꽃華'은 '화花'와 통용되며, 보리 달마가 전하는 선법禪法을 비유한다. '다섯 잎五葉'은 선종의 전성기에 잇따라 생겨난 위앙潙仰 · 임제臨濟 · 조동曺洞 · 운문雲門 · 법안法眼 등의 오가五家 종파를 암시한다.

또한 오조五祖 홍인弘忍은 입적하기 전에, 제자들에게 각자 게송을 한 편씩 지어 보라고 요구했다. 그들의 깨달음이 어느 정도인지 알아내어 의발을 계승할 적임자를 선발하고자 했다. 그때 오조의 수제자 신수神秀가 먼저 나서서 게송 한 편을 써놓았다.

몸은 보리수菩提樹요

14 보제普濟, 쑤위안레이蘇淵雷 점교, 『오등회원五燈會元』, 중화서국, 1994, 45쪽.

마음은 명경대明鏡臺와 같다
때때로 부지런히 떨어내고 훔쳐
티끌과 먼지가 쌓이지 않게 하소서

다들 이 게송을 보고 한결같이 고개를 끄덕이며 신수가 의발을 얻을 것을 조금도 의심치 않았다. 그러나 누가 알았으랴. 방앗간에서 허드렛일을 하고 있던 행자行者 혜능慧能이 산수의 게송을 듣고 다음과 같은 게송을 지었다.

보리菩提는 본래 나무에 없고
명경明鏡 또한 받침대가 아니네
불성佛性은 항상 맑고 깨끗하니
어느 곳에 티끌과 먼지가 있을까[15]

혜능은 본래 일자무식이었지만 깨달음은 지극히 높았다. 오조 홍인은 혜능의 시를 보자마자 혜능의 깨달음이 신수의 깨달음보다 더 깊이가 있다는 것을 알고, 그날 밤에 몰래 혜능을 불러 의발을 전해주었다. 이처럼 달마 조사, 신수, 혜능과 같은 선사들이 지은 게송은 모두 시의 형식이나 시적 언어를 통해 선리禪理를 암유하고 선 사상을 표현하고 있다. 물론 일부 선사들이 다른 시인의 명편名篇이나 가구佳句를 끌어와 선 사상을 표현하는 예도 있다. 예를 들어 "섬돌 푸른 풀에 봄기운이 어리고, 숲속 꾀꼬리 소리는 공기를 가른다映階碧草自春色, 隔葉黃鸝空好音"라는 두보의 시 구절

15 혜능, 궈펑 주석, 『단경교석』, 16쪽.

이 그렇다. 이 구절은 법안종法眼宗의 선사에 의해 '삼계유심三界惟心'이라는 게송에 인용되기도 했다.

다른 한 갈래는 선으로써 시에 들어가는 '이선입시以禪入詩'다. 이런 유형의 시를 짓는 창작 주체는 당연히 시인묵객詩人墨客들이다. 당나라와 송나라 이후로 오면 점차 많은 시인이 불교 선종문화의 영향에 힘입어 그들의 시가 창작도 제각기 다른 모습으로 불리佛理와 선취禪趣를 표현하게 되었다. 성당 시대 전원시파田園詩派의 대표적 인물인 왕유는 30년 넘게 참선에 몰두한 모친의 영향으로 어려서부터 불교를 독실하게 믿었을 뿐만 아니라 불리에 대한 이해도 깊었고, 선정삼매禪定三昧까지 깊이 체득했다고 알려진다. 그의 작품에는 늘 선리禪理가 묘하게 담겨있는 데다 의경意境이 고요하고 심원했으며, 언어는 간결하면서도 기취機趣가 다분했다. 인구에 회자되어 오래도록 불멸의 명성을 유지하고 있는 왕유의 시 구절을 몇 개 들어보면 다음과 같은 것들이 있다.

밝은 달은 솔가지 사이에 비치고明月松間照
맑은 샘물은 바위 위로 흐르는구나淸泉石上流

가다가 이른 데가 물이 끝난 곳이거늘行到水窮處
자리 앉아 바라보니 구름이 일고 있네坐看雲起時

그대 궁하고 통하는 이치를 묻거늘君問窮通理
어부의 노랫소리 포구에서 들려오네漁歌入浦深

인적이 고요한데 계수나무 꽃이 지고人閑桂花落

밤 깊어 고요하니 봄이라도 쓸쓸하네夜靜春山空

이러한 시 구절은 모두 "선의 경지를 시로 표현한" 출신입화出神入化의 걸작으로 공인된 것들이다. 왕유 같은 시인이나 그의 시 같은 작품들은 일일이 예거할 수 없을 만큼 수없이 많다. 그중에서 맹호연孟浩然, 백거이, 소식, 황정견黃庭堅 등과 같은 인물이 가장 눈길을 끄는 대표적인 작가라 하겠다.

흥미로운 사실은 '이시우선以詩寓禪'과 '이선입시'라는 두 유형이 서로 겹치기도 한다는 점이다. 이는 작가가 시인인 동시에 선승이기 때문이다. 시가의 역사에는 시인과 선승을 겸한 인물이 적지 않게 등장한다. 당송 이래로 많은 문인이 선종의 문화에 대해 흥취를 느끼거나 깊은 관심을 표명했다면, 다른 한쪽에서는 시가 예술에 몰입해서 시를 읊조리는 것을 즐겨 하는 선승도 허다했다. 전자의 경우에는 백거이, 가도賈島, 소동파, 황정견 등이 있고, 후자의 경우에는 한산寒山, 교연皎然, 제기齊己, 관휴貫休, 송초구宋初究 등과 같은 시승詩僧들이 있다. 심지어 조동종의 개산조사開山祖師인 조산본적曹山本寂이나 법안종의 개산조사 청량문익淸凉文益까지도 시를 짓고 읊조리는 것을 즐겼고 그들의 문학적 재능도 남달랐다.

시에 대한 선의 영향은 시가의 이론에 침투되는 데 그치지 않고 당송 이후에 나타난 시론에 대한 저술에도 영향을 미쳤다. 이른바 선으로써 시를 논한다는 '이선론시以禪論詩'의 시학과 그 관점이 여기에 해당한다. 이러한 시론의 저자로는 선승도 있고 시인도 있는데, 이들은 모두 시와 선에 두루 능한 이론가들이었다. 중당 시기의 시승인 교연은 선림禪林의 고승이면서 시 세계의 달인으로서, 일생을 통해 수많은 선시禪詩를 남겼다. 그뿐만 아니라 『시식詩式』이라는 시론을 저술하기도 했는데, 그는 『시식』에서 선을 빌려 시를 논하고 '시경론詩境論'을 제시함으로써 큰 반향을 불러일으켰다. 송나라 사람들은 시를 짓고 시화詩話를 논하는 것을 즐겼다. 그들 가운데 특히 한구韓驅, 오가吳可, 공상龔相, 엽몽득葉夢得 등은 선학禪學을 빌려 시학詩學을 거론한 바가 있었다. 오가의 경우는 "시를 짓는 것은 참선하는 것과 같이 반드시 깨달음이 따라야 한다凡作詩如參禪, 須有悟門"라고 말한 바도 있다.[16] 또한 공상은 "시를 배우는 시"라고 하는 〈학시시學詩詩〉에서 다음과 같이 밝히기도 했다.

> 학시學詩는 참선을 배우는 것과 흡사하니
> 깨닫고 나면 지난 세월이 지금 한 해와 같다
> 쇠붙이로 황금을 만드는 건 허망한 노릇이고
> 높은 산 흐르는 물은 예전과 다름이 없도다

엽몽득은 『석림시화石林詩話』에서 이렇게 말하기도 했다.

> 선종의 말에는 세 종류의 말이 들어있다. 하나는 "물결 따라 흐름을 같이 한다"라는 '수파축랑구隨波逐浪句'이다. 이는 사물에 따라 임기응변하되 자신을 주장하지 않는 태도를 이른다. 둘은 "모든 흐름을 끊어놓는다"라는 '절단중류구截斷衆流句'다. 이는 말의 한계를 뛰어넘어 정감이나 지식으로 도달할 수 없는 내용을 이른다. 셋은, "하늘과 땅을 끌어안고 덮는다"라는 '함개건곤구涵蓋乾坤句'다. 이는 전체가 하나로 맞물려 그 틈을 엿

16 오가, 『장해시화藏海詩話』, 딩푸바오丁福保 편집, 『역대시화속편歷代詩話續編』 상책, 중화서국, 1983, 340쪽.

볼 수 없는 경지를 이른다. 그 깊고 얕은 것으로써 이렇게 순서를 정한다. 나는 글을 배우는 분들에게 농담 삼아 이렇게 말한 적이 있었다. "두보의 시에도 이와 같은 세 종류의 말이 있지만, 선후의 순서만 다를 뿐이네. '물결에 떠다니는 풀밥은 구름에 잠겨 어둡고, 이슬 맺힌 연밥에 분가루만 붉게 남았네波漂菰米沈雲黑, 露冷蓮房墜粉紅'라는 것은 '함개건곤구'에 해당하고, '지는 꽃 흔들리는 버들가지에 한낮은 고요하고, 비둘기 울음 어린 제비에 푸른 봄은 깊어간다落花遊絲白日靜, 鳴鳩乳燕青春深'라는 것은 '절단중류구'에 해당하며, '백 년 평생 외진 곳에 사립문조차 멀고, 오월 강은 깊고 깊어 떠집만 쓸쓸하네百年地僻柴門迥, 五月江深草閣寒'는 '수파축랑구'에 해당하지 않을까." 이런 말을 잘 이해하는 자가 있다면 함께 개골창에 빠지는 짓도 마다하지 않겠다.[17]

한편으로 선으로써 시를 비유하는 '이선유시以禪喩詩'도 있다. '이선유시'를 집대성한 자는 송나라 말기의 엄우嚴羽이다. 그는 『창랑시화滄浪詩話』에 선도禪道와 시예詩藝를 결합해 선을 빌려 시를 논했는데, 이것이 그 유명한 '묘오설妙悟說'이다. 『창랑시화』에서 그는 다음과 같이 말한다.

대개 선도가 오로지 묘오妙悟에 있듯이, 시도詩道 또한 묘오에 있다. 맹양양孟襄陽의 학문은 한퇴지韓退之보다 훨씬 아래에 있지만, 유독 그의 시가 특출하여 한퇴지보다 위에 있는 것은 일미一味의 묘오 덕택이다. 오로지 깨달음만이 마땅히 행할 바이며, 그 본색本色으로 삼아야 한다.[18]

---

17 엽몽득葉夢得, 『석림시화』, 『총서집성초편叢書集成初編』 제2551권, 중화서국, 1991, 3쪽.

18 엄우, 궈사오유郭紹虞 교석校釋, 『창랑시화교석滄浪詩話校釋』, 인민문학출판사, 1961, 12쪽.

깨달음은 선문禪門의 요처이며, 선종에서 가장 많이 강조하는 것도 깨달음이다. 그중에서도 특히 남종선南宗禪에서는 돈오를 종교적 체험의 근간으로 삼고 있다. 이에 관하여 혜능은 다음과 같이 말한 바 있다.

> 나는 홍인 화상和尙으로부터 한번 듣고, 말이 떨어지자 바로 크게 깨달아 단박에 진여의 본성을 보게 되었다. 그러므로 이 가르침을 후대에 유행시켜 도를 배우는 자로 하여금 보리菩提를 돈오하게 하고 스스로 본성을 단박에 깨닫게 하고자 한다. 미혹하면 여러 겁을 거치지만 깨닫게 되면 일순간의 찰나에 지나지 않는다. 따라서 깨닫지 못하면 붓다라도 곧 중생이고, 한 생각에 깨닫게 되면 중생이 곧 붓다라는 것을 알아야 한다.

육조 혜능의 뒤를 이어 그의 제자 신회神會는 스승의 돈오설을 발전시켜 이렇게 말하기도 했다.

> 발심發心에는 돈점頓漸이 있고, 어리석고 깨달음에는 더디고 빠름이 있는 법이다. 어리석음은 여러 겁을 거쳐야 하지만 깨달음은 순식간에 이루어진다. 진정한 선지식善知識과의 만남은 교묘한 방편으로 진여眞如를 바로 보여주고, 금강金剛의 지혜로 그 자리에서 번뇌를 끊게 하여 활연히 깨닫게끔 한다. 스스로 법성法性을 보게 되면 본래 공하고 적막한 것을 알아 지혜의 날카로움으로 모든 것이 명료해지고 걸림이 없이 통달하게 된다. 이를 증험할 때가 되면 모든 인연이 끊어지고 갠지스강의 모래와 같은 망념도 일시에 사라진다.[19]

19 스쥔石峻 · 뤄위례樓宇烈 외 편집, 『중국불교사상자료선편中國佛敎思想資料選編』 제2권, 제4

선과 시는 본래 같은 길을 가지 않았다. 그러나 길은 달랐지만 도착한 곳은 같았다. 그들의 최고 경지가 일치했고, 모두 체험의 극치에서 언어를 초월하여 지혜의 빛을 발휘했기 때문이다. 이런 까닭에 엄우가 묘오설을 통해 시와 선의 묘한 관계를 한마디로 갈파할 수 있었을 뿐만 아니라 시와 선이 서로 소통할 수 있는 접점을 발견할 수 있었다.

두루 알려진 바와 같이 선종은 교외별전, 불립문자, 직지본심直指本心, 견성성불을 강조한다. 이러한 주장과 관점이 시가의 역사에 존재하는 수많은 선시와 모순되는 것처럼 보이는 것도 사실이다. 그러나 이러한 모순이 선학과 시학의 영역에서 극히 흥미로운 현상이라는 점도 간과할 수 없다. 사실상 선종에서 이르는 불립문자는 직지본심이란 맥락과는 따로 분리할 수 없다. 언어적 형식이나 규칙이라는 제약에서 벗어나 표상을 꿰뚫고, 본질의 핵심으로 직접 파고들어 가서 단박에 환하게 깨달을 것을 강조하기 때문이다. 이러한 선오禪悟의 과정에서 시가를 포함한 모든 언어적 형식은 일종의 수단이나 매개에 지나지 않는다. 최종적 목적이 될 수 없는 것이다. 수단이나 매개가 목적을 성취하는 데 필요한 보조적인 역할을 하고 있지만, 목적에 견주어 볼 때 이들의 의의는 부차적인 것에 그친다. 다시 말해 언어와 문자와 같은 수단들은 직지본심과 견성성불의 과정에서 그 의의가 얼마간 있을 수 있거나 아예 없을 수도 있다는 것이다. 설령 의의가 있다고 치더라도 궁극적인 의의는 될 수 없다. 나아가 이러한 것들이 선종의 시가에서 미묘하고 아름다운 시 형식으로 선적 깨달음의 경지를 보여주고, 미묘한 선적 사유를 드러내는 것을 배척하는 것도 아니다. 진정한 선시의 묘함은 아름답고 정교한 언어적 표현이나 현란

책, 중화서국 1983, 94쪽.

함에 있지 않다. 시가의 의상意象에 담긴 형상의 상징성이나, 아득하고 변화무쌍한 의경意境에 있는 것이다. 잘 알려진 바와 같이 가장 좋은 시가는 언제나 언어적 형식을 초월하고, 서툰 것처럼 보이지만 인간의 솜씨라 할 수 없을 만큼 정교한 것들이다. 선과 시에서도 그 묘오의 경지는 결코 언어로 도달할 수 없는 것이기는 하지만, 이를 표현하고 나타내기 위해서는 언어적 형식을 빌릴 수밖에 없다. 또한 선의 종교적 체험과 시의 심미적 체험은 모두 언어적 형식을 초월한다는 점에서 암암리 서로 통하는 면이 있다. 이는 선종 시가의 언어적 기호가 가진 기능이 일반적 언어의 기호와 다르다는 것을 의미한다. 왜냐하면 선종 시가는 의상화意象化된 언어로 끝없이 넓은 상징적 세계를 지향하고 있기 때문이다.

3 선종공안禪宗公案

공안公案은 원래 관청에서 공적인 일을 처리하는 데 사용되는 문건이나 전례, 또는 옥송獄訟을 통해 판정된 공문서를 말한다. 나중에 이 용어가 선종에 차용되어 '불조기연佛祖機緣'을 가리키게 되었다. 말하자면 공안은 조사祖師가 학인學人을 접할 때 깨우침이 담긴 문구로 깨달음의 정도를 판단하기 위해 쓰이는 것인데, 대개 선종 어록체語錄體 산문의 중요한 내용을 이른다. 항상 선시와 함께 사용되어 상생 작용을 하며, 참선하는 자의 삶 속으로 돌아가 대화를 나누거나 말로써 서로 싸우기도 하는 일종의 형식이다. 공안은 종종 일종의 특수한 상징물을 이용하거나, 참선자의 정상적인 사유를 교란하는 도구로서 활용된다. 이를 통해 참선자로 하여금 논리적인 사유의 한계를 돌파하게 하여 아무것도 없이 넓게 트인 선오禪悟의 경지에 돌입하도록 한다. 선종의 공안은 늘 황당무계한 것처럼 보이지만, 이는 사유나 언어 면에서 선종 공안이 독특한 소치다.

선종 공안은 사유의 측면에서 '선오禪悟'를 극히 중시한다. '선오'는 대개 순간의 기연機緣에 따라 깨닫게 된다. 즉 참선자가 기연이 주어진 정황에서 자연스럽게 절로 깨닫는 것이지 예정된 순서를 밟아 가르침을 받거나 교육을 통해 알게 되는 것은 아니다. '향엄격죽香嚴擊竹'이란 공안을 예로 들면 다음과 같다.

> 향엄香嚴은 불교 경전에 두루 정통하고 생각도 영민했다. 먼저 사형師兄인 위산潙山 영우靈佑와 함께 백장百丈 회해懷海를 스승으로 모셨다가 백장이 입적하고 난 뒤에 그는 다시 영우를 따라다니며 참선했다. 영우가 그에게 물었다.
>
> "너는 하나를 물으면 열을 대답하고, 열을 물으면 백을 말하는 영리한 사람인 걸 내가 잘 알고 있다. 나는 너에게 평일에 배워서 이해한 것을 묻지 않고, 경권經卷에 기록된 선어禪語에 대해서도 묻지 않겠다. 하나만 물어보자. 부모가 낳아 주기 전의 본래면목本來面目은 대체 무엇이냐?"
>
> 향엄은 망연자실하여 어떻게 대답할지 몰랐다. 온갖 경서를 뒤집어 보아도 답을 찾아내지 못했다. 영우에게 설명해 달라고 간청했지만, 영우는 대답해 주지 않았다. 향엄은 크게 실망하고 위산 영우가 감추어둔 것이 있다고 여겼다. 이에 위산은 말했다.
>
> "내가 지금 말해주면 나중에 나를 욕할 것이다. 내가 말해 버리면 내 것이지, 자네의 것이 될 수 없네."
>
> 그 말을 듣자 향엄은 가지고 있던 경전과 어록語錄을 모두 불태워 버리고 영우를 떠났다. 죽과 밥이나 축내는 승려가 되겠다고 작정하고 심신心神의 시달림에서 벗어나고자 했다. 그는 남양南陽 혜충慧忠이 머물던 곳을 참배하다가 거기서 머물게 되었다. 이로부터 생각하고 헤아리는 버릇을

버리고, 아무런 생각도 없이 편하게 나날을 보냈다. 어느 날 호미로 김을 매다가 무심코 던진 기왓조각이 대나무에 맞아 맑은소리가 났다. 향엄은 그 자리에 크게 깨쳐 부모가 낳아 주기 전의 본래면목을 보게 되었다. 격한 감동은 어디에 비교할 바가 없었다. 당장 집으로 돌아와 목욕하고 향을 피우고는 멀리 위산을 향해 절을 했다.

"화상和尙의 큰 자비로움은 부모의 은혜보다 훨씬 크구나. 당시 나에게 말해주었더라면 어찌 오늘 같은 일이 있었겠는가?"

이렇게 찬탄하면서, 시를 지어 깨달음의 경지를 다음과 같이 표현했다.

딱 소리 한 번에 알던 것 모두 잊고
더 이상 수행해서 얻을 것도 없다네
얼굴 한번 찡그려 옛길을 드러내고
생사의 갈림길에 초연히 비켜섰네
이르는 곳마다 발자취조차 없고
목소리 얼굴빛도 제멋대로 하건만
제방諸方의 달자達者들은
최상의 근기라고 입을 모아 말하누나

'향엄격죽' 공안에서 깨달음의 핵심적 내용은 '무심無心'이다. 무심은 선종의 가장 기본적인 체험이다. 주로 망념을 버린 진심眞心을 가리킨다. 무심은 심식心識이 없는 것이 아니라, 성범聖凡, 선악, 미추, 대소의 분별에서 멀리 벗어나 집착과 걸림이 없는 자유자재한 경지를 이른다. 선의 사유에 있어서 '무심'의 경지에 이르기 전까지는 경전의 깨우침이나 기민한 답변, 또는 애써 궁리한 해석이든지 간에 모두 무의미한 집착과 미혹에 지나지 않는다. 깨달음은 집착과 미혹이 타파된 그 순간에 일어나기 때문이다.

언어는 의사소통의 도구다. 이러한 의미에서 의사소통은 화자와 청자 사이에 약속된 어법이나 어휘 등의 언어적 규범에 따라 이루어진다. 그러나 선종 공안은 가능한 한도 내에서 언어적 규범으로부터 이탈하려는 특징이 있다. 일상생활의 대화에서 서로가 동문서답을 하면 황당해 보인다. 하지만 선종 공안은 그렇지 않다. 일문일답은 본래의 마음을 곧바로 가리키지 못할뿐더러, 오히려 문답의 형식은 그 자체로 연목구어緣木求魚처럼 황당무계하다는 것이다. 선종은 근본적으로는 문제에 대한 질문을 차단하고, 직관과 스스로 깨달음을 강조한다. 예를 들면 다음과 같은 것이다.

> 어떤 이가 대각도흠大覺道欽에게 물었다.
> "무엇이 조사祖師가 서쪽에서 온 뜻인가?"
> 도흠은 거침없이 곧바로 말했다.
> "너의 질문이 틀렸다."
> 스님은 말뜻을 이해하지 못해 이어서 물었다.
> "그럼 어떻게 질문하라는 것인가?"
> 도흠은 할 수 없이 이렇게 말했다.
> "내가 죽고 나면 다시 일러주겠다."

죽었다면 어떻게 말할 수 있겠는가? 도흠은 "질문이 틀렸다"라고 말했는데, 질문한 당사자인 승려는 자신의 물음에 대해 답하지 않는 것으로 받아들였다. 승려는 어떻게 물어야 하는지가 궁금했던 것이다. 그러나 도흠의 도는 묻는 것 자체가 틀렸다는 것이다. 너는 물을 수 없을뿐더러 나도 대답할 수 없다는 것이다. 정상적으로 묻고 답하게 되면 형식에 집착하는 것이나 다를 바가 없기 때문이다. 이에 대해 대전보통大顚寶通이 다음과 같이 말한다.

> 도를 배우는 자라면 반드시 자신의 본래 마음을 알아야 하고, 마음을 서로 보여주어야 비로소 도를 만날 수 있다. 지금의 대다수 무리는 눈썹을 치켜세우고 눈알을 돌리기도 하고, 한마디 말과 한순간의 침묵에 그저 고개를 끄덕이고 인가印可하기도 한다. 이런 식으로 마음의 요체를 얻었다고 여기지만 아직도 멀었다.[20]

말로써 질문하는 것은 그 자체로 틀린 것이며, 말로써 대답하는 것도 맞는 것이 아니다. 게다가 이런 언어적 문답에 집착하는 것도 옳지 않다. 선사들이 볼 때, "묻고 답하는" 형식 그 자체는 "눈먼 자는 여전히 눈이 멀고, 벙어리는 여전히 말을 못 하는 상태"에 있는 것이나 다를 바가 없다. 선종은 내재적 특수성을 중시하고 외재적 보편성을 반대한다. 문자나 언어는 대중의 의사소통에 필요한 보편적인 도구다. 모두가 인정하는 보편적인 규범을 가진 탓에 언어와 문자를 사용하게 되면 개체의 특수성과 유일무이한 특성이 필연적으로 희생되기 마련이다. 이 때문에 선종에서 적극적으로 반대하는 것이다. "오도悟道는 지식이나 인식이 아니다. 개인으로서 인생의 미스터리와 생사관을 참오參悟하는 것이라면, 당연히 보편적인 규칙이나 공동의 규범을 통해 전수될 수 있는 성격의 것이 아니

20 보제, 쑤위안레이 점교, 『오등회원』, 265쪽.

다."[21] 선종에서 불립문자를 주장하는 근본 요인도 사실상 여기에 있다고 하겠다.

2 —— 도교문학의 사상과 기호적 특징

도교문학은 도교 신선의 가르침, 불로장생 사상, 성선 사상을 선전하거나 도교의 종교적 삶을 반영하고 있는 각종 문학 작품을 가리킨다. 역대 문인들 가운데 도교를 신봉하거나 도교적 삶에 흥취를 느끼는 자가 많았고, 도문道門에서도 문학에 열중하고 풍류를 즐기는 도사들이 꽤 있었다. 이러한 두 종류의 인물들이 도교문학의 창작 주체가 된다. 도교문학은 체제가 다양하고 그 내용도 다채롭다. 중국 문학사에서 그러한 선풍仙風과 도운道韻은 세인들에게 주목을 받았으며, 전통적인 시가, 산문, 소설, 희곡 등 문학의 다양한 갈래를 통해 이를 구현해 나갔다.

1 도교 시가와 그 사상

도교 시가는 도교인의 삶을 반영하거나 신선의 의리義理를 밝히고 득선의 소망을 표현하는 시가 작품들이다. 물론 여기에는 도교의 신선과 선경仙境을 빌려 탈세속적이고 표일한 정감을 드러내는 시편도 포함된다. 그러한 형식으로는 시詩, 사詞, 선가도곡仙歌道曲 등을 들 수 있다.

도교시의 발단은 아주 이른 시기에 시작된다. 일찍이 『태평경』에 수신양성과 관련된 칠언七言의 가요가 있는데, 『태평경』 제38권의 「사책문師策文」에서 칠자七字를 일구一句로 하는 형식을 최초로 선보였다. 이런 형식은 다음과 같이 후대의 칠언율시七言律詩와 비슷하다.

---

21 리저허우李澤厚, 『중국고대사상사론中國古代思想史論』, 인민출판사, 1986, 204쪽.

나의 글자는 십十과 일一로 밝혀 족하니	吾字十一明爲止
병오丙午와 정사丁巳로 만물이 비롯된다	丙午丁巳爲祖始
사구四口의 언言으로 만물을 다스리고	四口治事萬物理
자건용각子巾用角으로 보우保佑하니	子巾用角治其右
잠룡물용潛龍勿用은 감坎이 기紀다	潛龍勿用坎爲紀
한 사람이라도 이를 알면 장수하게 되니	人得見之壽長久
천지 간에 거처하는 살아있는 것들이야	居天地間活而已
백만 인을 고쳐주어야 선인을 기약한다	治百萬人仙可待
병을 잘 다스리는 자도 자신을 속이지 말라	善治病者勿欺紿
도성의 평안한 사람도 이만큼 즐겁지 않으리	樂莫樂乎長安市
사람들로 하여금 서왕모만큼 장수하게 하니	使人壽若西王母
사계절이 순환하고 반복되는 것과 같다	比若四時周反始
이에 구십 자 책문을 방사方士에 전하노라	九十字策傳方士[22]

이를 "구십 자 책문"이라 했지만, 실제는 7언 13행의 91자 책문이다. 「사책문」은 대다수 은어隱語로 이루어져 있어 일반적 상식으로는 그 내용을 쉽게 이해할 수 없다. "십과 일로 밝혀 충분하니十一明爲止"에서 '십일十一'은 정성을 다하여 수일守一하는 '사士'를 이르고, 이를 통해 '지족知足'해야 하는 까닭을 밝게 아는 것을 '명위지明爲止'라고 했다. "병오와 정사로 만물이 비롯된다丙午丁巳爲祖始"라는 문구에서 병오와 정사는 각각 순양과 순음을 의미하며 이 둘의 조화로 원시반본元始返本한다는 뜻이다. "자건용각으로 보우하니子巾用角治其右"에서 '자건용각'은 '송誦'을 가리키

22 왕밍, 『태평경합교』, 62쪽.

며 이 글을 송독하기를 그치지 않으면 하늘이 기뻐한다는 뜻이다. “잠룡물용은 감이 기다潛龍勿用坎爲紀”에서 ‘잠룡물용’은 천기가 초구初九에 진입해서 다시 돌아오는 갑자세甲子歲를 가리키고, ‘감위기坎爲紀’의 ‘감坎’은 육삼六三의 ‘물용勿用’과 ‘자수子水’를 뜻하는 동시에 천자를 가리킨다. 이는 갑자세에 새로운 천자가 나타나 천하의 기강을 바로잡는다는 것을 의미한다. 이하 대략의 내용은 서왕모를 장수하는 신선의 상징으로 설정해서 이러한 비결로 병을 고치고 세상을 구하면 조만간 신선이 된다는 내용이다.

한편 위백양魏伯陽은 『주역참동계』에서 사언四言과 오언五言 및 이소離騷를 모방한 소체부騷體賦의 형식을 원용해서 단도丹道를 밝히기도 했다. 다음과 같은 사언 형식이 그런 사례에 해당한다.

진인은 지극히 묘해서	眞人至妙
있는 듯 없는 듯하고	若有若無
큰 연못에 노니는 것과 같아	髣髴大淵
잠겼다가 떠올랐다 한다네	乍沈乍浮
나아가고 물러섬이 나뉘어 퍼져	進而分布
각각의 자리를 지키고 있구나	各守境隅[23]

오언 형식으로 창작한 시는 다음과 같다.

23 샤오한밍蕭漢明 · 궈동성郭東升, 『주역참동계연구周易參同契硏究』, 상하이문화출판사, 2001, 289쪽.

세월이 장차 끝나려 하면 歲月將欲訖
본성을 훼손하고 수명을 덜게 하니 毁性傷壽年
형체는 재나 흙처럼 가라앉고 形體爲灰土
얼굴은 밝은 창에 떠오른 먼지와 같다 狀若明窗塵[24]

또한 부賦의 형식으로 쓴 것으로는 다음과 같은 내용이 있다.

백호가 포효하며 앞에서 끄니 白虎唱導前兮
창룡이 뒤에서 화답을 하고 蒼龍和於後
주작이 날개 펼쳐 희롱을 하니 朱雀翱翔戲兮
다섯 빛깔 찬란히 날아오른다 飛揚色五彩[25]

『주역참동계』의 특징은 시가의 형식으로 연단煉丹의 내용을 언급하는 데 있다. 이러한 방식이 후대의 연단가에 많은 영향을 끼치게 된다. 위진 남북조 시기에 연단법을 암시하는 칠언 연단시煉丹詩와 사언 주문시呪文詩가 도사들 사이에서 은밀히 유행했는데, 그와 함께 유선시遊仙詩도 지식인 계층에서 유행하게 되었다. 연단시는 연단에 관한 내용을 다루는 시가 작품으로, 그중에서 『황정경』이 가장 대표적인 작품이다. 은밀하고 모호한 의상意象이 동원되지만 비유와 상징을 처리하는 수법이 작품의 생동감을 한결 돋보이게 한다. 『황정경』은 대개 인체의 오장육부를 각종 이미지와 연계하는 중간 고리로 삼고, 이를 통해 각종 장부臟腑에 내재한 신명

24 샤오한밍 · 궈동성, 『주역참동계연구』, 263쪽.
25 샤오한밍 · 궈동성, 『주역참동계연구』, 303쪽.

의 형상을 그려냄으로써 수련자의 내면 느낌을 환기하거나 형상에 대한 연상 작용을 통해 금단金丹 수련의 효과를 거두게 하는 내용을 담고 있다. 하지만 천기의 누설을 염려해서 고의로 은어를 많이 사용한다. 이를테면 교녀嬌女, 동자童子, 중당重堂, 영대靈臺, 연꽃蓮花 등으로 신체의 각 부위를 암시하고, 행간을 통해 비유하거나 은유하는 특징이 있다. 대표적인 예로 『황정경』 「심부장心部章」의 다음과 같은 표현이 있다.

> 심부궁心部宮은 꽃잎을 머금은 연꽃이요
> 아래에는 동자의 단원가丹元家가 있네
> 한열寒熱을 조절하여 영위營衛를 고르니
> 나는 듯한 붉은 치마, 백옥 같은 비단 자락
> 금방울 붉은 띠로 춤춘 듯이 두근두근
> 혈기를 조절하니 젊음을 얻었구나
> 밖으로 난 입과 혀로 오색 꽃을 토하고
> 숨기운 끊어져도 부르면 살아나니
> 오래도록 행하면 태하太霞까지 오른다네[26]

여기서 '연꽃'은 심장의 전체 모양을, '동자'는 심실心室을 은유한다. "붉은 치마丹錦"는 심장을 둘러싸고 있는 심포心包를, "백옥 같은 비단玉羅"은 폐장을 각각 가리키고 있다.

한편 유선시는 신선들이 자유로이 노니는 것을 노래하는 시가인데, 그 형식은 대체로 오언시五言詩로 나타난다. 유선시는 크게 도인道人의 유

26 장군방 편, 리융성 점교, 『운급칠첨』 제11권, 225-227쪽 참조.

선시와 문인文人의 유선시로 구분하지만 "신선이 되어 날아오르거나 팔극八極을 노닌다"라는 낭만적이고 기상천외한 내용을 다룬다는 공통점이 있다. 그러나 도인의 유선시가 숭도崇道의 사상과 신유神遊의 경지를 결합한 것이라면, 문인의 유선시는 대개 신선이나 선경仙境의 이미지를 빌려 광활한 시공간을 노닐고픈 마음을 상상력으로 담아내고, 이를 통해 자아의 이상을 추구한다는 점에서 차이가 있다. 대표적인 문인의 유선시 작품으로는 곽박의 〈유선시遊仙詩〉를 들 수 있다.

청계산淸溪山 천길 봉우리에
도사는 한 사람뿐
들보와 기둥 사이로 구름이 일고
창문 안에선 바람이 불어오네
누구일까 물어보니
귀곡자鬼谷子라 대답하네
우뚝한 발자취를 영수潁水 북쪽으로 돌려
허유許由처럼 앉아서 귀를 씻고 있을까나
쓸쓸한 가을바람 서남쪽에서 불어와
잔잔한 물결이 비늘처럼 일어나네
낙수落水의 여신이 나를 보고 웃는데
옥 같은 치아가 환하게 드러나네
중매를 서고자 한들 맡길 이 없어
누굴 보낼거나 고민만 하는구나

곽박은 다음과 같은 시를 쓰기도 했다.

해조海鳥가 노魯나라 성문에 깃드니
따뜻한 바람이 재앙을 알리는구나
배를 삼킬 듯한 고래등 바다 밑에 솟구쳐
드높은 물결 타고 봉래산에 닿았네
운무雲霧를 헤치고 신선들이 나타나고
금은金銀 누각 즐비하게 늘어섰다네
능양자명陵陽子明이 단류丹溜를 마시고
용성자容成子는 옥배玉杯를 기울이누나
월궁의 항아姮娥가 신선 노래 부르고
홍애洪崖 선생이 고개를 끄덕이네
영봉자甯封子는 연기 따라 하늘에 오르내리고
노오盧敖는 땅끝에서 바람을 희롱하네
다섯 얼굴 용신龍身 신선 몇 살인가 물어보니
천년 세월에도 아기 얼굴 그대로다
연燕나라 소왕昭王은 영기靈氣가 없다 하고
한나라 무제도 신선 재목 아니었네[27]

이처럼 유선시는 기묘한 발상, 대담한 상상력, 고도의 과장법으로 평소에 꿈꾸던 신선 세계와 득도한 삶의 모습을 그려내고 있는데, 이를 통해 세속을 떠난 고답적인 삶과 물외物外의 초연한 정서를 마음껏 표현하고 있다. 수나라와 당나라 이래로 시도詩道가 번창하고 도교가 활기를 띠게 되자 도교적 삶을 반영하고 득선을 추구하는 시가도 덩달아 널리 유행했

27 『고시해古詩海』, 중화서국, 1992년판, 271쪽

다. 위대한 시인 이백은 소년 시절부터 도교적 삶을 동경했다. 나중에 상청파 도사 사마승정이나 오균과 방외의 친교를 맺기도 했으며, 당나라 천보天寶 연간에는 장안長安에서 뜻을 이루지 못하자 천하를 유랑하기도 했고, 산동성 제남濟南에 있는 자극궁紫極宮에서 입도入道 의식을 치르고 도사가 된 적도 있었다. 이러한 이백의 극적인 인생은 도교와 따로 떼어놓을 수 없는 깊은 인연을 맺고 있었고, 천지가 놀라고 귀신이 탄복하는 그의 시 세계도 도교의 영향에 힘입은 것이었다. 도교의 신선사상, 불사의 길, 기묘한 선경仙境은 이백의 시가에서 보여주는 탈속의 경지, 호방한 기상, 꾸밈이 없는 기이한 상상력과 맞물려 한껏 빛을 발했다. 이백의 시가는 좀처럼 볼 수 없는 진기한 걸작으로, 마치 "천상에 있어야 할 이 노래를 인간 세상에서 몇 번이나 들을 수 있을까此曲秖應天上有, 人間能得幾回聞"라고 하는 그의 시 구절과 같았다. 다음은 이백의 〈회선가懷仙歌〉다.

> 한 마리 학이 되어 창해로 날아갔네
> 허전한 내 마음 어디에다 둘 것인가
> 선인의 노랫소리 다시 듣고파
> 옥수玉樹에 올라가 하염없이 기다리네
> 요순堯舜 적 옛일이야 놀랄 것 없고
> 시끄러운 세상사도 가벼이 여긴다네
> 거대한 자라야, 삼신산은 두고 가거라
> 나도 봉래산 정상에 올라서고 싶구나

여기서 학은 도교의 선금仙禽이다. 요동遼東 선인 정영위丁令威처럼 학을 타고 노니는 것은 불사의 상징이다. 시인 이백은 정치적 좌절을 겪은 뒤에 이를 통해 상전벽해와 같은 인생무상, 현실의 번뇌에서 벗어나려는 갈망, 세속에 초연하려는 자신의 심정을 표현하고 있는 것이다. 또한 〈여도사 저삼청을 남악南嶽으로 떠나보내며江上送女道士褚三清遊南岳〉라는 시도 있다.

오강吳江의 여도사는
머리엔 연화건蓮花巾 쓰고
예상우의霓裳羽衣 입어 비 맞지 않으니
양대陽臺의 구름도 하릴없구나
발아랜 원유리遠游履 신고
물 위로 하얀 먼지 일으키며 걸어간다네
선인을 찾으러 남악으로 향하는데
기필코 위부인魏夫人을 만나보겠지

시에서 이백은 도교의 전고典故를 능숙하게 활용하고 있다. 강변에서서 여도사 저삼청을 떠나보내며 저삼청이 선인을 만나 득도하기를 축원한다. 그러는 한편 맑고 수려한 필치로 송별하는 인물이 마치 그림 밖으로 걸어 나온 듯이 선인의 자태와 운치를 갖춘 여선인 양 묘사하고, 여도사에 대한 그의 아련한 느낌까지 담아내었다.

이밖에도 당송 시대의 유명한 시인들 가운데 맹호연, 잠삼岑參, 이하, 이상은, 소식, 황정견, 육유 등과 같은 인물이 있는데, 이들도 신선사상이나 도교적 삶을 표현하여 인구에 널리 회자되는 명작들을 남겼다. 다음은 소식의 〈당나라 도인이 천목산 위에서 뇌우가 치는 것을 내려다보고 천둥 번개가 때릴 때마다 구름 속에서 갓난아기 울음소리만 들을 뿐 천둥소리는 듣지 못한다唐道人言天目山上俯視雷雨每大雷電但聞雲中嬰兒聲殊不聞雷震也〉 라는 기나긴 제목의 시다.

껍데기 이름이고 겉껍데기 육신이라
하찮은 천둥 번개에 천신天神인 양 놀라네
산꼭대기 올라서니 갓난아기 울음인 걸
저 아래 인간 세상에서는 젓가락을 놓치네

이 시는 동파거사로 널리 알려진 소식이 당나라의 자하子霞 도인과 교유하면서 쓴 것이다. 시에 묘사된 천목산天目山은 신선 세계의 선경처럼 구름 사이로 높이 솟아있고, 그 아래로 천둥 번개가 내리친다. 천둥이 치고 번개가 번쩍일 때마다 산꼭대기에서는 그저 구름 속에서 갓난아기가 자지러지게 우는 것처럼 들릴 뿐이다. 산 아래 저잣거리에서 뇌성벽력이 천지를 진동하는 것처럼 느끼는 것과는 근본적으로 다르다는 것이다. 시에서는 이를 '갓난아기嬰兒'로 비유해서 생동감이 넘치게 했는데, 여기에는 또 다른 의취意趣가 숨어있다. 내단內丹의 용어로 볼 때, 영아嬰兒는 정기신精氣神이 벼락을 치는 가운데 상단전에서 하나로 응결되어 나타나는 삼화취정三華聚頂의 현상이며, 이는 단도丹道의 오묘한 비밀이기도 하다. 따라서 이 시는 삶의 철학적 이치를 담고 있을 뿐만 아니라, 내단 수련의 비결을 암묵적으로 보여주는 점에서 이취理趣와 도온道蘊을 두루 갖춘 작품이라 하겠다. 소식은 또한 〈독도장讀道藏〉이라는 시를 통해 그가 봉상부鳳祥府에 부임할 당시 종남산 태평궁太平宮에서 『도장』을 열람한 소감을 다음과 같이 표현하기도 했다.

나는 무슨 복을 타고나서
이처럼 도관道觀에 기거할까
도관에 또 무엇이 있나 하면
천 개의 책 궤짝 빼곡히 쌓여있네
붉은 비단 주머니로 감싸고
푸른 노을 옷자락으로 덮어 씌웠네
왕교王喬에게 자물쇠를 맡기고
치우蚩尤더러 입구를 막아서게 했다네
한가한 틈을 타서 슬쩍 뒤적거려 보고
읽을 겨를 얻지 못해 그냥 훑어보았지
지인至人은 한마디에 깨닫고
도道는 텅 빈 곳으로 모여든다네
마음이 한가할 때 돌이켜 관조하면
하얀 연꽃처럼 맑고 깨끗하겠지
천년을 살다가 세상 싫어 떠나가면
이 말도 거적때기처럼 하찮게 여기겠지
다들 제 몸조차 소홀히 생각하여
도의 찌꺼기로 다스리고자 한다마는
어느 겨를에 천하에까지 미칠까나
아직도 제 근심 걱정 어쩌지 못하는데

소식은 모처럼 마음을 가다듬어 『도장』을 열람해볼 기회가 생긴 것에 대해 매우 영광스럽다고 했다. 그리고 허정수신虛靜修身의 도에 대해 깊은 깨달음을 가지고 있음을 보여줄 뿐 아니라 세속인들이 근본을 버리고 곁가지에 집착한 탓에 수심修心과 양성養性을 멀리하는 태도를 안타깝게 여겼다. 소식은 평생토록 명리를 담담하게 여기고 세상사와 초연한 삶을 살았는데, 따지고 보면 이런 태도는 도가와 도교사상의 영향에 힘입은 결과라고 하겠다.

당송 이후로 내려오면서 도교 시가를 창작하는 문인들이 대거 등장하는 것과 동시에 시로써 도를 밝히고자 하는 도사들도 줄지어 나타나 우수한 작품이 대량으로 창작되었다. 금원 시기에는 전진파의 왕중양, 구처기, 손불이孫不二 등과 같은 유명한 도사들이 존재하는데, 이들은 모두 시에 능통하고 음률에 밝아서 종종 시가의 형식을 빌려 도를 말하고 수진修眞의 감회를 노래하기도 했다. 다음은 왕중양이 지은 〈술회述懷〉라는 제목의 칠언절구이다.

물속에서 금金을 얻고 난 뒤에	自從收得水中金
도규刀圭로 남김없이 음기를 가르네	便用刀圭剖盡陰
한 떨기 경화瓊花는 태양을 향해 피고	一朵瓊花開向日
수정 알갱이 반짝거려 천심天心을 움직이네	晶陽返照運天心
요지瑤池 속 황아黃芽를 보았더니	瑤池裏面看黃芽
경화 꽃술 황금가지에 옥화玉花가 터지는구나	瓊蕊金枝綻玉花
가지마다 맑은 향기 영롱하게 피어나고	朵朵玲瓏清氣上
쨍그랑 구슬 소리 내 집에서 들리네	玎璫聲韻屬吾家[28]

28 왕중양, 배루샹 편집·교정, 『왕중양집』, 38쪽, 39쪽.

시에서 사용한 언어는 내단의 은어다. '경화瓊花', '수정 알갱이晶陽', '요지瑤池', '황아黃芽', '경화 꽃술瓊蕊', '황금가지金枝', '옥화玉花'와 같은 말은 모두 자연스럽게 형상화된 의상意象으로 나타난다. 이런 것들은 각각 내단 수련의 신체 부위를 비롯해 행기行氣의 방법과 그 현상을 비유하고 있다. 의미 자체는 깊고 은밀하다고 하지만, 시 자체의 형식에서는 구체적 형상을 통해 그 이미지가 마치 살아있는 듯이 생동감이 넘친다.

원말 명초의 유명한 도사 장삼풍張三豊도 수많은 도교 시가와 도정道情 작품을 남겼는데, 작품을 통해 심후한 도학道學의 깊이와 함께 고아한 시인의 풍모를 드러내었다. 다음은 『운수후집雲水後集』에 들어있는 장삼풍의 〈섭운가사몽구躡雲歌賜夢九〉다.

그대여, 부러워 말게
저 멀리 날아가는 기러기와 허공을 가르는 백학을
그대여, 떠벌이지 말게
안개 속 표범이나 바람을 일으키는 호랑이 울음을
내 노랫소리 한번 들어볼거나
웅혼한 그 기상이 대단하다네
악와渥洼와 여오余吾에서 나는 용마는
이름이 천마天馬요 말 가운데 영웅이라
유사流沙 건너 수만 리를 나는 듯 달려가고
발굽 한번 땅을 차면 구름 위에 오른다네
구름 너머 길은 아득히 멀고
끝없이 뭉게구름 피어오르네
구름 속 갈림길은 보이지 않는데

달빛만 구름 위로 휘영청 밝았구나
홀연히 거센 바람 네 발굽을 스쳐 가니
십삼만 길 솟구쳐 창공 위로 올라서네
아뿔싸, 너무 빨라 따라잡지 못하고
너무 높이 달려가니 따라갈 수 없구나
아마도 선인仙人이 있었더라면
언제까지 너와 함께 가겠지[29]

가행체歌行體의 형식으로 자유분방하게 쓰인 이 시는 천마가 하늘을 날아가는 이미지를 통해 자유로운 의취와 호방한 기상을 표현하고 있다. "날아가는 기러기", "허공을 가르는 백학", "안개 속 표범", "바람을 일으키는 호랑이 울음", "뭉게구름", "거센 바람" 등의 도교적 이미지는 모두 비약성이 강하고 순식간에 종적을 감추고 사라지는 것들이며, 그 진행 과정도 돌발적이고 신속하게 이루어진다. 다음은 『운수전집雲水前集』에 있는 〈한음이수閑吟二首〉 중 하나다.

원숭이, 학 울음소리 소나무 사이로 들리고
앉은 자리 차가운 줄 모르고 외로운 구름 보네
이미 세상에 행적을 끊었거늘
어찌 되돌아갈 마음인들 있을까
나무 그늘 아래 바둑판은 끝내기로 접어들고
화로 속 약물은 대환단大還丹으로 변했네

29 팡춘양方春陽 점교, 『장삼풍전집張三豊全集』, 저장고적출판사浙江古籍出版社, 1990, 225쪽.

복사꽃 흐르는 물에 아득히 떠내려가고

머리 돌려 바라보니 첩첩 만 겹 산중이네[30]

이와 같은 시는 산중 생활에서 얻을 수 있는 천뢰天籟의 자연과 수진연단修眞煉丹의 오묘한 감회를 하나의 화로에 넣어 이를 녹여낸 작품이다. 시적 세계는 맑고 담담하면서 그윽할 뿐만 아니라 한가로운 구름처럼 세속에 초연한 분위기를 느끼게 한다.

한편 사사詞史에 있어서도 도교에서는 사詞 작품을 많이 남겼을 뿐만 아니라, 사의 악보에 해당하는 사패詞牌 자체도 도교와 각별한 인연을 맺고 있다는 사실을 어렵지 않게 발견할 수 있다. 지금까지 전해지는 사패 중에서 신선 설화나 도교 활동에 관련된 것을 꼽아보면 대략 40여 종에 달한다. 〈임강선臨江仙〉, 〈봉황대상억취소鳳凰臺上憶吹簫〉, 〈완랑귀阮郎歸〉, 〈서학선瑞鶴仙〉, 〈작교선鵲橋仙〉, 〈동선가洞仙歌〉, 〈천선자天仙子〉, 〈여관자女冠子〉 등의 사패는 제목만 보아도 도교와 관련이 있음을 알 수 있다. 당송 시대에 사의 작가로 유명한 인물을 들면, 온정균溫庭筠, 류영柳永, 안수晏殊, 소식, 주방언周邦彦, 신기질辛棄疾, 오문영吳文英 등이 있는데, 이들은 모두 도교 시가를 창작한 경험이 있었다. 다음은 안수의 〈장생락長生樂〉이라는 사다.

선경에 노니는 신선들이 평지에 나타나고

푸른 바다엔 봉래蓬萊 영주瀛洲 솟아났네

동부洞府의 문이 서로를 향하고

30 팡춘양 점교, 『장삼풍전집』, 211쪽.

문짝에 달린 구릿빛 문고리 희미하게 빛난다
곳곳에 하늘 꽃이 어지러이 떨어지고
드높은 노랫소리 주위를 감싸는구나
초상화 걸어놓고 수연壽宴을 베푸는데
유하주流霞酒 가득 부어 옥배를 건넨다
푸른빛 절節을 치니 붉은 난새 춤을 추고
은빛 생황 소리에 자줏빛 봉황 춤을 춘다
옥녀玉女 둘 나란히 오색구름 타고 와서
발길 따라 조석朝夕으로 삼청三清을 참배하네
서왕모 금빛 조서詔書 전해주고 하는 말이
천세千歲토록 장생하길 축원한다 이르네[31]

장생長生과 승선昇仙은 도교신앙의 기본적인 정서다. 사에서는 난새가 날고 봉황새가 춤을 춘다는 식으로 휘황찬란하게 표현함으로써 장수를 축원하는 시끌벅적한 장면을 묘사하고 있다. 인간 세상의 수연壽宴을 마치 성대하고 화려한 신선들의 집회처럼 그려내어 수연의 당사자가 연년익수하기를 기원하는 마음을 나타낸 것이다. 이는 도교신앙과 축수祝壽의 민속을 융합시켜 생동감 있게 재현해낸 것이라고 볼 수 있다. 이와 비슷한 유형의 사로서 류영의 〈무산일단운巫山一段雲〉라는 작품을 들 수 있다. 그 내용은 다음과 같다.

인간에 신선이 노니는 삼십육 동천洞天이 있고

31 유양중劉揚忠 편주编注, 『안수사신석집평晏殊詞新釋輯評』, 중국서점中國書店, 2003, 149쪽.

물외物外에는 구천九天이 있다지
오색구름 헤치고 올라가는 기린을 따라
아득한 운대雲臺의 수레를 만져나 볼까
어젯밤 마고麻姑가 요지연에서
봉래산 바닷물이 맑고 얕다 말했다네
삼신산 구름 파도 몇 차례나 밟고 왔고
바다 밑 금오金鰲를 방금 본 듯 이르네

새벽에 금모金母를 배알하고
황혼엔 옥구玉龜에 취했다네
얇디얇은 천의天衣가 바람에 휘날리고
학鶴의 등에 엎드려 두려움에 떨었네
유해섬劉海蟾 두꺼비 희롱에 정신이 팔려
아홉 겹 하늘 문이 닫히는 줄 몰랐다네
어디에 몸을 붙여 긴긴밤을 지새울까
구곡산句曲山 삼모三茅 형제 찾아갈까나[32]

두 편 가운데 앞의 것은, "창해가 뽕나무밭으로 바뀌고 마고가 봉래산을 가는 도중에 바다가 얕아져 있었다"라는 도교 신선의 전고典故를 차용한 것이다. 이를 도교의 삼십육 동천이나 구천의 선계와 결부시켜 유선遊仙의 감회를 토로했다. 뒤엣것은 신선들이 서왕모를 알현하고 난 뒤에 선계로 돌아가는 것을 까맣게 잊을 정도로 선인 유해섬이 두꺼비를 희롱

32 쉐루이성薛瑞生 교주校註,『악장집교주樂章集校注』, 중화서국, 1994, 75쪽.

하고 있는 장면에 심취한 것으로 묘사하고 있다. 이는 널리 알려진 '유해희섬劉海戲蟾'이란 도교 신선의 전고에 근거한 것인데, 이를 통해 즐겁게 노닐며 자유분방한 삶을 누리는 세계에 대한 동경을 표현하고 있다. 두 편의 작품은 모두 도교 신선의 전고를 활용한 덕분에 자연스럽고 생동감이 넘치는 느낌을 자아낸다. 게다가 일반 독자들이 그 내용을 쉽게 파악할 수 있어서 인간 세상과 선계 사이에 존재하는 장벽을 느낄 수 없게 만든다.

도교의 시사詩詞는 일반적인 시사의 특징을 갖추고 있을 뿐만 아니라 선도仙道의 심원하고 오묘함, 단법丹法의 내밀한 비결, 선경仙境의 그윽한 분위기와 같은 특수한 내용도 담고 있다. 이에 따라 도교 시가는 은유적 이미지를 운용할 때 스스로 깨달음을 보편화하고, 비유를 들어 연상 작용을 촉발함으로써 현묘한 선도에 대한 무궁한 동경과 깊은 깨우침을 끌어낸다. 폴 바이스Paul Weiss와 폰 오그덴 보그트Von Ogden Vogt는 『종교와 예술』이라는 책에서 이 점에 대해 다음과 같이 말하고 있다.

> 종교 시가에서의 은유는 독자적이면서 상호 대조되는 요소를 통해 숨은 의미를 지시함으로써 그 내용을 설명한다. 일반적 시가와 다른 특징은 종교 시가에서 동원된 요소들이 주로 인간이나 신성한 색채를 띤 존재를 언급하는 데 주력하고 있다는 점이다. 표면적으로 사랑이나 개와 호랑이 따위를 말할 때도 사정은 마찬가지다. 이런 의미에서 볼 때, 모든 종교 예술은 은유적이다.[33]

33 [미국] 폴 바이스·폰 오그덴 보그트, 『종교와 예술Religion and Art』, 허치민何其敏·진종金仲 뒤침, 쓰촨인민출판사, 1999, 47쪽.

따라서 "종교 시가의 표면적인 주제는 묘비, 화초, 햇빛, 병환, 겨울, 전쟁 또는 기타 임의적 사물일 수도 있다."[34] 그러나 이러한 것들을 통해 진정으로 표현하고자 하는 것은 "신성神性에 의해 한정된 특수한 시간에 잠깐 존재하는 모종의 특징과 그 의미이며"[35] 여기에는 기호적 상징이란 심오한 이취理趣가 담긴 것이다.

2 도교 산문과 그 사상적 함의

도교 산문 역시 도교문학에서 중요한 위치를 차지한다. 작품의 종류도 비교적 많은 편에 속하고, 방대한 분량을 자랑하는 『도장』의 대부분이 산문 형식으로 서술되어 있기 때문이다. 도교 산문의 기원은 선진 시대 도가의 산문인 『노자』, 『장자』, 『열자』까지 소급할 수 있다. 5,000자 남짓한 『도덕경』은 비록 문장이 들쭉날쭉하지만 때로는 자연스럽게 운율이 맞아떨어지기도 하고, 의상意象을 잘 운용해서 상징적 의미를 선명하게 드러내는 특징이 있다. 이를테면 '도道'의 기능을 이야기할 때도 일상생활에서 흔히 접할 수 있는 친숙한 사물에 빗대어 설명하고 있는데, 표현이 참신하고 생동감이 넘칠 뿐만 아니라 구체적 형상을 통해 함축적인 뜻을 내포하고 있다. 또한 장자의 산문은 자유분방하고 종횡무진 전개하는 가운데 기발한 상상력과 하늘을 찌를 듯한 기세로 낭만적인 색채를 강렬하게 드러낸다. 특히 그의 산문은 환상적인 우언寓言을 활용하는 데 뛰어난 재주를 보여 기취機趣가 자연스러운 가운데 우의寓意하는 바가 심오하며, 그 속에 담긴 상징적 의미도 대단히 풍부하다. 장자는 탁월한 문장력으로 화려한

34 앞의 책, 47쪽.

35 앞의 책, 48쪽.

우언의 세계를 창조하는 데 그치지 않고, 이를 통해 무위자연의 도를 천명함과 동시에 자유로운 삶에 대한 염원을 표출했다. 이러한 노장의 산문은 도교가 창립된 이후에 도교의 주요 경전으로 자리를 잡음으로써, 도교 산문에 깊은 영향을 미쳤을 뿐만 아니라, 중국 고대 문학과 고전미학 전반에 걸쳐 거대한 영향력을 발휘했다. 이와 관련해서 예랑葉朗이 『중국미학사대강中國美學史大綱』에서 "노자미학老子美學은 중국 미학사의 출발점이다"[36]라고 말한 바가 있다. 중국 고전미학에서 이른바 "마음을 맑게 하여 형상을 음미한다澄懷味象", "의경은 형상을 초월한다境生象外"라는 이론의 사상적 발원지가 노자 미학에서 비롯된다는 것이다. 장자는 "미학사에서 최초로 미美와 미감美感의 본질에 접근한"[37] 인물로서, "상을 잊어야 현주를 얻는다象罔得到玄珠"라는 우언을 통해 「계사전」의 "형상을 세워 뜻을 다한다立象以盡意"라는 명제로 노자의 유·무·허·실의 사상을 수정하고, 유형과 무형이 결합된 형상인 '상망象罔'만이 우주의 진리인 도를 밝힐 수 있다고 강조한 것이다."[38]

도교 산문은 종교적 교리와 가르침 및 수련법을 다루거나, 신선어록神仙語錄이나 도교 문파의 내력 등을 기술하는 점에서 그 내용이 일정하지 않다. 초기 도교의 의론체議論體 산문은 대개 어록체의 형식을 취하는데, 이를테면 천사天師와 진인眞人 등과 같은 선인들이 서로 문답하는 방식으로 자연, 사회, 인생에 대한 도교적 관점을 표현하기도 한다. 대표적인 사례로 『태평경』을 들 수 있다. 『태평경』의 전체 체계는 어록체 산문에 속하는데, 이는 교리의 깊은 내용을 쉽게 설명하기 위한 것이다. 초기 도교의

36 예랑, 『중국미학사대강』, 상하이인민출판사, 1985, 19쪽.

37 앞의 책, 106쪽.

38 앞의 책, 107쪽.

지도자들은 사물에 빗대어 유추하는 방법으로 설명하는 것을 선호했다. 이러한 방법에는 구체적 유비類比나 추상적 유비가 있다. 사물로써 사람을 빗대기도 하고 사람을 세상에 비유하기도 한다. 『태평경』의 「사사부득과생법事死不得過生法」이라는 글에 다음과 같은 내용이 있다.

> 사람의 삶은 하늘을 본받은 것이니 하늘에 속한다. 사람의 죽음은 땅을 본받은 것이니 땅에 속한다. 하늘은 아버지고 땅은 어머니다. 어머니를 섬기되 아버지보다 지나치게 하면 안 된다. 사람을 살리는 것은 양이고, 사람을 죽이는 것은 음이다. 음을 섬기되 양보다 지나치게 하면 안 된다. 양은 군주고 음은 신하다. 신하를 섬기되 임금보다 지나치게 하면 안 된다.[39]

여기서 삶과 죽음의 도는 곧 천지, 부모, 음양, 군신의 도와 같은 맥락에 놓여있다. 이들은 서로 각각의 단계마다 유비되어 추론될 수 있는 연결 고리를 가진다. 신비하고 오묘한 '도道'는 이처럼 여러 겹으로 유비되거나 반복적인 비유를 통해 은은하게 드러난다. 여기서 "하늘을 본받은 것이니 하늘에 속한다象天屬天", "땅을 본받은 것이니 땅에 속한다象地屬地"라고 끊임없이 강조하고, 이러한 가운데 각종 사물과 그에 따른 도리를 상호 유추할 수 있게 된 근거는, 이들이 서로 비슷할 뿐만 아니라 비교적 가까운 '상象'을 지니고 있다는 데 있다. 의미의 관련성은 가장 먼저 '상'을 통해 드러나기 마련이고 이로 말미암아 관물취상하거나 관련된 비유를 설정해서 유추할 수 있으며, '상'을 통해 우의寓意함으로써 그 속에 담긴 유현幽玄한 의미를 드러낼 수 있는 것이다.

39 왕밍, 『태평경합교』, 49쪽.

동진 시대의 갈홍은 『포박자내편』에서 대도大道의 현요玄要를 밝혔는데, 그는 『장자』의 자유분방함과 한부漢賦의 배비排比 수사법을 끌어와 현玄과 선仙의 세계를 거론하기도 했다. 이는 도교 내부의 인물들이 도교의 심오한 현리玄理와 고답적인 가르침에 쉽게 접근하여 그 이치를 깨닫도록 배려한 것이었다. 글을 지을 때는 적절한 소재를 발굴하여 운용할 줄 알아야 한다. '현玄'을 '상象'에 얹어 말할 줄 알아야 하고, '상'이 분명하면 자연히 '현'도 드러나기 마련이다. 갈홍은 『포박자내편』「창현暢玄」에서 이렇게 말한다.

> 현은 자연의 시조이며 삼라만상의 대종大宗이다. 아득하고 어렴풋하게 깊어서 '미微'라 일컫고, 실낱같이 아스라이 멀리 있어 '묘妙'라고 일컫는 것이다. 그 높이는 구소九霄를 덮어씌울 정도이며 그 광활한 면적은 팔황八荒을 감쌀 정도다. 그 광명은 해와 달처럼 빛나고 그 신속함은 번개가 치는 듯이 빠르다. 섬광처럼 나타났다가 그림자처럼 사라지고, 회오리바람처럼 치솟다가 유성처럼 떨어진다. 넓고 깊어서 연못처럼 투명하기도 하고, 분분히 흩날리며 구름처럼 떠돌기도 한다. 삼라만상에 의지하여 유有로 나타났다가 그윽한 적막에 의탁하여 무無로 돌아간다. 유명幽冥 세계에 빠져들어 아래로 침잠하다가 북극성 너머로 올라가 노닐기도 한다. 금석金石도 그 강함에 견줄 수 없고, 맑은 이슬조차 그 부드러움과 나란히 하지 못한다. 반듯하되 자로 잰 듯이 모나지 않고, 둥글지만 컴퍼스로 매끈하게 그린 것과는 다르다. 다가와도 볼 수가 없고, 떠나가도 뒤쫓을 수 없다. 하늘처럼 존귀하고 땅처럼 비천하며, 구름처럼 떠다니고 비처럼 베푼다. 자궁 속의 태아처럼 하나를 간직하고, 음양의 양의兩儀를 범주로 삼아 태초의 기운을 호흡하여 우주 만물을 담금질해서 빚어내고, 28수宿의

별자리를 회전시켜 태초의 혼돈에서 천지를 창조한다. 신묘한 기관機關에 재갈을 물려 채찍질함으로써 사계절의 기운을 풀무질하고, 아득한 침묵을 그윽함 속에 가두어놓아 찬란한 서광이 펼쳐지게 한다. 탁한 것을 억제하고 맑은 것을 치켜세워 황하黃河의 혼탁함과 위수渭水의 맑음을 요량대로 한다. 더하여도 넘치지 않고 덜어내어도 없어지지 않게 하며, 주어도 자랑스럽게 여기지 않고 빼앗겨도 근심하지 않는다. 이러한 까닭에 현이 있는 곳은 그 즐거움이 무궁무진하다.[40]

여기서 갈홍은 먼저 '현'에 대해 언급하고 있지만 그 뜻매김에 대해 뚜렷한 정의를 내린 듯 만 듯이 처리하고 있다. 그런 다음 다양한 측면에서 특성, 상태, 기능을 비롯한 우주 삼라만상과의 관련성을 묘사한다. 극도로 추상적인 '현'을 '상象'을 가진 각종의 시공, 사물, 형태 등에 빗대어 나타내고, 여기에 다시 배비와 대우對偶의 수사법을 동원해서 화려한 문체로 바꾸어놓았다. 이런 방식은 '현'을 '상'과 결합해 설명한 점에서 전형적인 '이상창현以象暢玄'의 사유를 표방한다고 하겠다. 한부漢賦의 영향을 받아 형성된 이런 논설류 산문은 필치가 호방하고 기상이 드높을 뿐만 아니라, 문장의 논리가 여러 겹으로 치밀하게 구성되어 있어 특색이 선명하다. 게다가 당시 문인들에게도 인기가 많아 이런 문체를 '창현체暢玄體'라고 한다. 육조 시대 이후로 오면 사륙체四六體의 변려문이 일부 도교 산문에도 흘러들어와 운문과 산문이 혼재하는 양상을 보인다. 다음에서 소개하는 소정지蕭廷芝의 「독참동계작讀參同契作」이 바로 그런 예다.

---

40 왕밍, 『포박자내편교석』, 1쪽.

> 복괘復卦 · 임괘臨卦 · 태괘泰卦 · 장괘壯卦 · 쾌괘夬卦 · 건괘乾卦여, 육양六陽이 좌로 선회하고, 구괘姤卦 · 둔괘遁卦 · 비괘否卦 · 관괘觀卦 · 박괘剝卦 · 곤괘坤卦여, 육음六陰이 우로 회전하는구나. 일백팔십의 양이여, 일궁日宮의 봄빛이고, 일백팔십의 음이여, 월전月殿의 가을빛이네. 달은 스스로 밝지 못해 햇빛을 받아 빛나고, 태양의 빛남은 달로 말미암아 그 빛을 발한다. 復臨泰壯夬乾兮, 六陽左旋. 姤遁否觀剝坤兮, 六陰右旋. 一百八十陽兮, 日宮春色. 一百八十陰兮, 月殿秋光. 月不自明, 由日以受其明. 日之有耀, 因月以發其光.[41]

위의 인용문은 『주역참동계』의 12소식괘消息卦에 대한 작자의 생각을 서술한 내용이다. 금단화후金丹火候 현상에 대한 이해를 상징적으로 보여주는 가운데 일월의 기본적 의상意象을 붙들어 금단화후와 음양승강陰陽昇降의 경상을 표현해냄으로써 그 의미를 곡진하게 밝히고 있다. 이런 종류의 문장은 변려문과 산문을 결합하는 과정에 문장의 대칭적 구조에 유의하여 리듬과 운율을 살려내고 있을 뿐만 아니라 형식적 측면에서도 미학적 특성을 갖추고 있다. 무엇보다 글에 운용된 상징적 의미는, '일월日月'을 병칭해서 '명明'이라 한 것처럼 음미하면 할수록 그 운치를 더하는 특징이 있다.

3 도교소설과 그 사상적 함의

도교가 흥기한 이후로 신선 설화를 창작하는 것이 크게 유행했다. 이러한 신선 설화는 문학의 갈래에 있어서 대체로 소설에 속하는데, 도교소설의 기원으로 간주되기도 한다. 초기 도교소설은 육조 시대의 지괴체志怪體 잡

---

41 『도장』 제4책, 650쪽.

기雜記에 더러 나타난다. 지괴체 잡기는 신선과 도사의 전기는 물론이고, 지리와 선경을 기술하거나 도교적 관념을 표현한 것을 비롯해 기문이상奇聞異象을 서술한 것까지 포함한다. 이런 종류의 작품들 가운데 특히 신선전의 형식을 띤 것이 가장 흔하게 발견된다. 신선전은 신선 설화나 도인의 행적을 기본으로 도교 신선신앙을 반영한 도교소설이다. 이런 작품은 문인들이 그들의 정서를 기탁하기 위해 편찬한 것도 있고, 도사들이 선도를 입증할 목적으로 자료를 집대성한 것도 있다.

최초의 신선전은 한나라 때의 『열선전列仙傳』이라고 볼 수 있으며 위진 남북조 시기에는 비교적 널리 알려진 『신선전』, 『서왕모전西王母傳』, 『한무제내전』, 『동선전洞仙傳』 등과 같은 작품들이 있다. 육조 시대에 유행했던 『한무제내전』이란 소설은 『사기』나 『한서』와 같은 각종 문헌 전적에서 한무제의 구선求仙 일화와 관련된 자료들을 채집해서 엮은 것인데, 널리 알려진 『한무고사漢武故事』의 기본적인 틀 속에 오래된 서왕모 전설을 끼워 넣어 한나라 무제가 서왕모를 만났다는 줄거리를 구성한 것이다. 또한 작자는 여기에 기타의 수많은 신선 전설을 잡다하게 뒤섞어 놓음으로써 작품의 내용을 한층 풍부하게 하고, 이야기의 분위기와 운치를 한결 더해주었다.

당나라와 송나라 시기에는 문언단편文言短篇 형식의 전기체傳記體 소설이 크게 유행했는데, 그 가운데 도교의 인물과 설화를 다룬 작품들도 적지 않다. 예컨대 왕도王度의 『고경기古鏡記』, 장작張鷟의 『유선굴遊仙窟』, 진홍陳鴻의 『장한가전張恨歌傳』, 이공좌李公佐의 『남가태수전南柯太守傳』과 『고악독경古岳瀆經』, 심기제沈旣濟의 『임씨전任氏傳』, 이조위李朝威의 『유의전柳毅傳』 등이 그런 작품이다. 여기에 유명한 도사 두광정杜光庭의 서명이 남아있는 『규염객전虬髯客傳』과 같은 소설도 있는데, 이 소설은 당나라 소설사에서 찬란하게 빛을 발하는 걸작으로 평가된다. 이와 관련하여 루쉰은 『중국소설사략中國小說史略』에서 다음과 같은 말을 남기도 했다.

> 소설은 시와 마찬가지로 당나라 때에 이르러 한차례 크게 변했다. 비록 기이한 이야깃거리를 찾고 일화를 기록하는 방식에서 크게 벗어나지 못했지만, 서술이 완곡하고 문체가 화려하여 육조 때의 진부한 방식과 비교해 볼 때 크게 진전된 흔적이 역력하다. 특히 뚜렷하게 드러난 점은 이 때부터 의도적으로 소설을 창작하기 시작했다는 것이다.[42]

이에 대해 이조위의 『유의전』을 예로 들 수 있다. 이 소설은 과거에 낙방한 서생 유의柳毅가 경양涇陽에 있는 친구를 찾아가는 길에 우연히 용녀龍女를 만나게 되었다는 이야기로 시작된다.

> 어떤 부인이 길가에서 양 떼를 방목하고 있는 것을 보았다. 유의가 이상하게 여겨 쳐다봤더니 절세미인이었다. 그러나 두건과 소매의 색깔이 바랜 남루한 행색으로 미간을 찌푸린 채 넋을 놓고 무언가를 기다리고 있는 듯했다. 참다못해 유의가 물었다.
>
> "어떤 연유로 이렇게 처량한 신세가 되었소?"
>
> 그 부인은 슬픈 표정을 짓다가 울음을 터뜨린 다음 이렇게 말했다.
>
> "천첩은 불행한 사람인데 오늘 이렇게 물어봐 주시니 고마울 따름입니다. 그러나 어찌 골수에 맺힌 한을 부끄럽다 하여 말하기를 꺼리겠습니까? 한 번 들어나 주십시오. 첩은 본래 동정호洞庭湖 용왕의 막내딸이었

42 루쉰, 『중국소설사략』, 상하이고적출판사, 1998, 44쪽.

습니다. 부모님께서 저를 경천涇川 용왕의 둘째 아들에게 시집을 보냈지요. 하지만 남편은 놀고먹기만 하고 하녀들의 꼬드김에 빠져 날로 저를 무시하고 싫어하게 되었지요. 시부모님에게도 일렀지만, 시부모님은 당신 아들만 편애하고 일을 바로잡지 않았습니다. 그 뒤로 누차 간절히 말씀드리다가 시부모님의 눈 밖에 나게 되었답니다. 시부모님께서 내쫓는 바람에 이 지경이 된 것이지요."

말을 마치자 다시 흐느껴 울며 슬픔을 이기지 못했다.

연민과 의분에 가득 찬 유의는 용녀를 대신하여 편지를 전해주었다. 용녀의 숙부인 전당용군錢塘龍君은 조카딸이 학대를 받고 있다는 것을 알고 화가 치밀어 올랐다. 전당용군은 쇠사슬을 벗어던지고 곧바로 경천으로 날아가 경하涇河의 소룡小龍을 죽이고 용녀를 구해 돌아왔다. 소설에서는 이 대목을 다음과 같이 묘사하고 있다.

말이 끝나기가 무섭게 갑자기 큰 소리가 났다. 그 바람에 하늘이 무너지고 땅이 갈라지듯이 궁전이 심하게 요동치고 구름과 연기가 치솟아 올랐다. 이윽고 천여 척尺이나 되는 붉은 용이 나타났다. 번개 같은 눈에 새빨간 혓바닥을 내밀고, 붉은 비늘과 불꽃 수염을 달았으며, 목에는 금빛 쇠사슬을 걸치고 있는데, 그 사슬은 옥기둥을 잡아당기고 있었다. 그 몸을 휩싸고 무수히 번개가 내리치고 벽력 소리가 진동하는 가운데 싸라기눈과 우박이 일시에 쏟아졌다. 그런 다음 푸른 하늘을 쪼개고 날아올라 갔다. 유의는 공포에 질려 바닥에 주저앉고 말았다. 동정호 용왕이 친히 그를 부축해서 일으키며 말했다.

"떨지 말게나. 해치지 않을 걸세."

한참 지나 유의가 조금씩 안정을 되찾다가 마침내 제정신을 차리게 되었다. … 얼마 후 부드러운 바람이 불고 상서로운 구름이 일어났다. 평화롭고 화기애애한 분위기 속에서 영롱한 깃발을 치켜든 의장대 뒤를 이어 선악을 울리는 악대가 나오고, 곱게 단장한 수천수만의 시녀들이 웃고 떠드는 말소리가 들렸다. 그들 뒤에는 한 여인이 있었는데, 고운 눈썹에 빛나는 귀걸이를 하고 전신을 화려한 장신구로 치장했으며, 길고 짧은 비단이 절묘하게 어울려 아름다웠다. 유의가 가까이 다가가 쳐다보니 예전에 편지를 부탁했던 사람이었다. 그녀는 기쁜 듯 슬픈 듯이 눈물을 줄줄 흘렸다. 잠시 후 빨간 연기가 그녀의 좌측을 감돌고 보랏빛 구름이 우측을 떠돌더니, 향기가 주변을 선회하는 사이에 그녀가 궁 안으로 들어갔다. 동정호 용왕이 웃는 얼굴로 유의에게 말했다.

"경수涇水의 수인囚人이 돌아왔다네."[43]

소설의 줄거리는 수많은 우여곡절로 점철되어 갈수록 흥미진진하고, 용녀의 운명은 긴장감 있게 전개되어 독자를 이야기 속에 푹 빠져들게 한다. 특히 작자는 아름답고 생동감이 넘치는 필치로 용녀와 전당용군 등을 신선의 이미지로 그려냄으로써 신선들의 성격을 돋보이게 하는 데 뛰어난 솜씨를 발휘했다. 전당용군을 묘사하는 대목에서 이런 점이 잘 드러나는데, 급하고 과격한 성질이나 매사에 거리낌 없는 행동, 악한 일을 원수같이 미워하는 성격, 무한한 신통력과 막강한 전투력 등 전당용군이 마치 눈앞에 있는 듯 아주 생생하게 그려내고 있다. 또한 『유의전』에서 보

43 주동륜朱東潤 주편, 『역대문학작품선歷代文學作品選』 중편中編 제1권, 상하이고적출판사 2002년판, 382-385쪽.

여주는 용궁의 선경은 세속인들이 만져볼 수 없는 진귀한 보배로 가득 차 있을 뿐만 아니라, 여느 사람과 같은 남녀 간의 끈끈한 애정도 있는 곳이다. 용녀와 유의의 인연담은 인간과 선녀 간의 전형적인 사랑 이야기이면서 후세의 많은 작품에서 패러디되거나 개작되었다.

송나라와 원나라 이후 허다하게 창작된 화본話本 소설들은 신선이나 괴이한 귀신 이야기를 주된 내용으로 삼거나 도교신앙을 주제로 다루기도 했다. 『서산일굴귀西山一窟鬼』, 『서호삼탑기西湖三塔記』, 『정주삼괴定州三怪』 등의 소설은 정령精靈과 귀괴鬼怪를 묘사하는 데 주력한 것으로 행간을 통해 기이하고 신비로운 느낌을 맛볼 수 있다. 이는 세속의 일상적 삶 속에 도교의 신선귀괴神仙鬼怪 사상이 반영된 흔적이라 하겠다. 명나라 때부터 나타나기 시작한 의화본擬話本 소설로는 풍몽룡과 능몽초의 '삼언이박三言二拍'이 있다. '삼언이박'의 삼언三言은 『성세항언醒世恒言』, 『경세통언警世通言』, 『유세명언喩世明言』를 이르고, 이박二拍은 『초각박안경기初刻拍案驚奇』와 『이각박안경기二刻拍案驚奇』를 가리킨다. 이러한 의화본 소설 중에 적지 않은 작품들이 도교적 인물의 행적을 부연하거나 초세속적인 사상을 널리 알리기도 한다. 도가와 도교의 청빈淸貧 사상이나 명리名利에 초연한 태도를 널리 알리기도 하며, 때로는 신선 이야기를 잡다하게 채록하고 도교의 기이한 법술을 장황하게 소개함으로써 대중들에게 오락물로 다가가기도 한다. 이뿐만 아니라 나쁜 짓을 하다가 개과천선하여 신선이 되었다는 이야기도 있다. 이런 종류의 대표적인 작품으로 「장고로종과취문녀張古老種瓜娶文女」, 「장도릉칠시조승張道陵七試趙昇」, 「장자휴고분성대도莊子休鼓盆成大道」, 「두자춘삼인장안杜子春三人長安」, 「정양궁철수진요旌陽宮鐵樹鎭妖」 등이 있다. 다음은 「장자휴고분성대도」의 내용이다. 첫머리에서 다음과 같은 노래로 이야기를 시작한다.

부귀는 오경五更에 꾼 일장춘몽이고
공명은 한 조각 뜬구름이라네
눈앞의 피붙이도 참된 것이 아니거늘
은혜와 사랑이 별안간 원한으로 변하네

죄인처럼 금빛 큰 칼을 목에 걸지 말고
옥 사슬로 몸을 묶지 말게나
청심과욕으로 티끌 세상 벗어나서
즐겁게 사는 게 나의 본분이라네

이 노래는 〈서강월西江月〉이라는 사詞에서 취한 것으로, 세인을 권계勸戒하는 내용을 담고 있다. 세속의 정을 끊고 미련을 버려야 소요자재逍遙自在할 수 있는 것이다. … 이제부터 "장생莊生이 흙으로 빚은 대야를 두드리며 노래한다"라는 이야기를 시작할까 한다. 이 이야기는 부부 사이를 이간질하기 위한 것이 아니다. 어리석음과 지혜로움을 분별해 내고, 무엇이 참이고 거짓인지 구분하게 하는 데 그 뜻을 두고 있는 것이다. 맨 먼저 미혹에 집착하는 것에서부터 시작하는데 이런 점을 염두에 두고 담담하게 대해야 한다. 점차 육근六根이 청정해지고 도념道念이 생겨나면서 나름대로 교훈을 얻게 될 것이다. 예전에 어떤 사람이 농부가 모내기하는 것을 보고 사구四句의 시를 읊었는데, 그 속에 담긴 이치가 참으로 대단했다. 시의 내용은 이렇다.

푸른 모종 손에 쥐고 논에다 심으려다
고개 숙여 바라보니 물속에 하늘이라

육근이 청정해야 모내기도 할 수 있고

뒷걸음질하는 게 나아가는 것이로다

화설話說, 주周나라 말에 뛰어난 현자가 있었다. 성은 장莊이고 이름이 주周이며, 자는 자휴子休였다. 송나라 몽읍蒙邑 사람이다. 일찍이 주나라 칠원리漆園吏라는 벼슬을 얻은 적이 있었다. 도교의 시조인 대성인大聖人을 스승으로 모셨는데 그의 성은 이李고 이름은 이耳이며, 자는 백양伯陽이었다. 백양은 태어날 때부터 백발이라 다들 그를 노자老子라고 불렀다. 장생莊生은 늘 낮잠을 잤는데 나비가 되었다는 꿈을 꾸었다. 숲속의 화초 사이로 훨훨 날아다닐 수 있어 기분이 좋았다. 깨어난 뒤에도 여전히 양 날개를 펼쳐 날아갈 듯한 느낌이 팔에 남아있었다. 그는 이 일을 마음속으로 의아하게 여겼다. 그 뒤로 계속 같은 꿈을 꾸었다. 장생은 어느 날 노자가 『역』을 강의하는 자리에 쉬는 틈을 타서 그 꿈을 스승에게 알렸다. 노자는 대성인인지라 삼생三生의 내력을 잘 알고 있었다. 노자는 장생에게 숙세夙世의 인연을 일러주었다.

장생은 원래 혼돈의 상태에서 천지가 갈라질 때 한 마리 하얀 나비였다. 하늘에서 처음에는 물이 생기고 다음에는 나무가 자라기 시작해 무성해지고 꽃들이 피어났다. 그 하얀 나비는 온갖 꽃들의 정화를 채취하고 해와 달의 정기를 빼앗아 많은 공을 쌓게 되었다. 이로 인해 나비는 장생불사하여 날개가 수레바퀴만 했다. 나중에 이 나비는 요지瑤池에서 노닐다가 반도蟠桃의 꽃술을 몰래 따게 되었는데, 이때 서왕모 밑에서 꽃을 지키고 있던 푸른 난새가 나비를 쪼아서 죽였다. 그러나 그 영혼이 흩어지지 않고 인간의 태胎 속에 들어와 장생으로 태어난 것이다. 그의 근기가 비범하고 도심道心이 견고해서 노자를 스승으로 모시고 청정무위清淨無爲

의 가르침을 배울 수 있었던 것이다.

이런 전생의 이야기를 오늘날 노자에게서 듣고 나니 장생은 꿈에서 깨어난 느낌이었다. 양 겨드랑이에서 바람이 일고 훨훨 나는 나비라도 된 것만 같았다. 세상의 부귀영화와 이해득실이 뜬구름이나 흐르는 물처럼 보여서 실한 오라기라도 거리끼는 바가 없었다. 노자는 장생이 크게 깨달았다는 것을 알아차리고『도덕경』오천 자의 비결을 남김없이 전수했다. 장생도 덩달아 이를 부지런히 외우고 수련하여 마침내 분신分身, 은형隱形, 출신出神을 자유자재로 할 수 있게 되었다. 이로부터 칠원리의 벼슬길을 그만두고 노자와 작별한 다음에 천하를 주유하면서 도인들을 찾아다녔다.[44]

이 작품이 수록된『경세통언』의 제목에서 알 수 있듯이, 사실상「장자휴고분성대도」는 세속인들로 하여금 일상적 삶의 미련과 인정으로부터 무언가를 깨닫게 할 목적으로 하나의 생생한 우화를 창작한 것에 지나지 않는다. 다시 말해 "세속의 정을 끊고 미련을 버려야 소요자재할 수 있는 것이다." 그러한 권세勸世의 지향점은 "점차 육근이 청정해지고 도념道念이 생겨나면서 나름대로 교훈을 얻게 하는" 데 있다. 소설에서는 남화선인南華仙人이라 일컬어지는 장자라는 인물을 놓고, 이를 극도로 형상화하는 것과 함께 일상적 이미지를 부여함으로써 신선이면서 인간이기도 하는 면모를 드러내고, 인간으로부터 신선이 되어 마침내 대도大道를 성취하는 역정을 서술하고 있다. 그러한 가운데 노자를 스승으로 모신 이야기, 호접몽胡蝶夢, 장자고분莊子鼓盆과 같은 도교 전설이 녹아들어 있는 점도 주목할 필요가 있다.

44 풍몽룡馮夢龍 편,『경세통언』권2, 종인鍾仁 교주, 산시陝西인민출판사, 1985, 13-14쪽.

한편 명청 시대에 이르면 막강한 영향력과 함께 대단한 성취를 거둔 장편 장회소설章回小說이 대거 나타나는데, 많든 적든 간에 이러한 소설들의 내용은 대개 도교신앙, 신선 인물, 도교적 삶과 일정한 관련이 있다. 그중에서도 특히 『봉신연의』, 『서유기』, 『한상자전전韓湘子全傳』, 『여선비검기呂仙飛劍記』, 『녹야선종綠野仙踪』 등은 전형적인 도교 장편소설에 속한다. 이런 소설들은 역사물과 신선 설화를 적절히 조합하여 서술하거나, 민간에 유행하는 신선 설화를 시대의 흐름에 맞추어 각색한 것이 대부분이다. 『봉신연의』가 바로 전자에 해당한다. 이 소설은 무왕武王이 상商나라의 주紂를 치는 역사적 사건을 주된 줄거리로 삼고, 여기에 각종 신선 전설을 결합해 다양하게 이야기를 전개하고 있는데, 역사적 흥망성쇠와 더불어 짜릿하고 긴박감이 넘치는 정치적 투쟁을 실감 나게 보여준다. 또한 그 안에는 많은 신선이 어느 한쪽 편에 서서 치열하게 각자의 신통력을 겨루는 장면도 있다. 후자의 예로는 『한상자전전』과 『여선비검기』를 들 수 있는데, 이런 소설은 송나라와 원나라 이래 민간에 널리 알려진 팔선八仙의 전설을 정리해서 재창조한 것이다.

4 도교 희곡과 그 사상적 함의

송나라와 원나라 이래로 희곡은 사회적으로 가장 인기가 많았던 대중적 오락물이다. 역대의 희곡 문학 작품 중에서 도교를 제재로 하는 작품들도 비교적 세인의 주목을 많이 받았다. 제재의 유형과 사상적 내용으로 볼 때 도교 희곡의 유형은 다음의 몇 가지로 나누어 볼 수 있다. 첫째, 신선의 도를 전하고 세간의 평범한 사람을 깨우치는 유형이다. 둘째, 뛰어난 도술로 정령과 귀신을 교화하는 유형이다. 셋째, 은거하여 수도하면서 명리에 마음을 두지 않는 유형이다. 넷째, 권선징악을 통해 힘없고 가난한 자를 돕는 유형이다. 그중에서 전도傳道와 제도濟度가 도교 희곡의 절정에 해당한다. 『한종리도탈남채화漢鍾離度脫藍采和』나 『마단양삼도임풍자馬丹陽三道任風子』 등과 같은 잡극은 극 중의 주인공이 온갖 재난과 불행을 당하거나 수많은 고난과 괴로움을 겪은 뒤에 마침내 선도를 깨우쳐 신선의 반열에 오르게 되었다는 내용으로 이루어져 있다.

원나라 때는 고대 희곡의 발흥기이자 도교 희곡의 전성기이기도 하다. 원나라 말기의 종사성鐘嗣成에 의해 편찬된 『녹귀부錄鬼簿』에는 150여 명의 작가가 남긴 470여 판본의 원나라 때 잡극이 수록되어 있다. 이 가운데 도교를 제재로 한 작품은 「진단고와陳摶高臥」, 「천복비薦福碑」, 「악양루岳陽樓」, 「황량몽黃粱夢」, 「임풍자任風子」, 「장주몽莊周夢」, 「오입도원誤入桃源」, 「장생자해張生煮海」 등 40여 종이 있고, 이들은 대략 전체 분량의 10분의 1을 차지한다. 함허자涵虛子 주권朱權이 편찬한 『태화정음보太和正音譜』에서는 원나라 때 잡극을 열두 가지로 분류하여 이를 '잡극십이과雜劇十二科'라 명명하고 있는데, '잡극십이과'에서 수위를 차지하고 있는 것은 '신선도화神仙道化'이고, 그 뒤에 있는 것이 '은거락도隱居樂道'이다. 물론 이와 같은 순서는 함허자의 개인적 취향과 무관할 수는 없지만, 어느 측면에서는 원나라 도교 희곡의 거대한 영향력을 입증한다고 볼 수 있다.

원나라로 접어들어 도교 희곡이 그렇게 유행했던 중요한 이유로 두 가지 측면을 고려할 수 있다. 하나는 당시에 전진교가 성행하여 문인 계층에까지 파급되었다는 점이다. 다른 하나는 과거 제도가 유명무실해져 유교가 몰락하고, 관리들의 부패와 사회적 부조리가 날로 극심해지는 등, 시대 전반에 걸쳐 '정신적 고향의 상실'이란 분위기가 조성되었다는 점이다. 잡극의 작가들은 희곡 형식을 통해 신선들의 행적을 서술하고 선계의 아름다움이나 자유롭고 조화로움을 형상화했는데, 이를 현실적 사회의 부조리와 차별, 관료 사회의 부패 등과 정반대의 측면에서 대조를 이루게 함으로써 몽원蒙元 통치자와 종족種族 중심의 계급 제도에 대한 불만을 나타냈다. 그런 한편 신선의 행적에 대한 찬양을 통해 현실적 삶을 사는 사람들에게 명리에 벗어나 수행에 정진할 것을 요구하기도 했다. 이렇게 하는 것이 세속적 삶의 고뇌에서 벗어나 짧은 인생의 한계를 초월하는 최선의 길이며, 종내는 개인적인 해탈은 물론 득도성선과 장생구시까지 기약할 수 있다는 것이다.

원곡사대가元曲四大家 중의 한 명인 마치원은 신선도화극의 창작에 있어서 작품의 수량이 가장 많을 뿐만 아니라 그 성취도 탁월하고, 영향력 면에서도 최대로 평가되는 극작가다. 이로 말미암아 당시에 그는 "온갖 꽃들 가운데 마치원이 최고다萬花叢中馬神仙"라고 불리는 영예를 누리기도 했다. 그는 전진교의 신선사상과 수신修身에 대한 내용을 받아들여 인생을 향유하려면 세속적 사회와 일정한 거리를 유지해야 한다고 주장했는데, 이렇게 하는 가운데 삶의 고통에서 벗어나 심리적인 안정감을 회복할 수 있다고 여겼다. 그가 창작한 「악양루」, 「황량몽」, 「진단고와」, 「임풍자」 등의 신선도화극은 대개 울분의 기색과 함께 비참하고 처량한 분위기로 가득 차 있다. 암담한 현실적 삶 속에서 실의에 빠진 영웅을 지켜보며 울분을 토하고, 짧은 생애와 무상한 인생을 바라보며 쓸쓸한 비애를 느끼기도 한다. 하지만 바로 이러한 것들 때문에 도교의 신선사상과 아름다운 선경이 마지막 위안처가 된다. 「황량몽」을 예로 들어보면, 이 잡극의 정식 명칭은 「한단도성오황량몽邯鄲道省悟黃粱夢」인데, 마치원이 이시중李時中, 화이랑花李郎, 홍자이이紅字李二 등과 합작한 작품이다. 「황량몽」은 전진교 조사祖師 종리권이 꿈의 형식을 빌려 여동빈을 제도하는 이야기를 통해 "세속적 삶에서 벗어나 대도大道에 귀의한다"라는 '전진全眞'의 취지를 천명하고 있다. 전체의 내용이 꿈으로 일관되어 있으며 이것이 극본의 주된 줄거리다. 종리권은 황량黃粱, 곧 노란 조를 솥에 안치고 불을 때는 동안 여동빈으로 하여금 꿈속에서 먼저 부귀영화를 누리게 했다. 이어서 술을 좋아하고 여색을 밝히며 재물을 탐하고 성질을 부리는 것과 관련된 온갖 시련을 겪게 했다. 그런 다음 다시 파직을 당해 유배 생활을 하고 궁핍한 행색으로 처량하게 떠돌아다니는 삶을 맛보게 했다. 마지막에 여동빈이 꿈에서 깨어나자, 종리권은 꿈에서 일어난 일들을 하나하나 짚어가며 인생이란 헛된 환영이며 뿌리도 없는 것이라고 깨우쳐주었다. 이를 계기로 여동빈은 대도를 깨닫고 자부紫府의 현문玄門으로 들어가게 되었다는 이야기다.

명대의 도교 희곡에도 비교적 볼 만한 작품들이 많이 있다. 명초에 함허자 주권이 지은 「요천생학瑤天笙鶴」, 「백일비승白日飛昇」, 「독보대라獨步大羅」와 같은 도교 잡극이 있고, 주유둔朱有燉이 편찬한 『성재악부誠齋樂府』에도 30여 종의 잡극이 수록되어 있다. 『성재악부』의 잡극 가운데 신선도화극은 「여동빈화월신선회呂洞賓花月神仙會」, 「장천사명단신구월張天師明斷辰鉤月」, 「자양선삼도장춘수紫陽仙三道長椿壽」 등과 같이 10여 종에 달한다. 그밖에도 가중명賈仲明이 쓴 「승선몽昇仙夢」이라는 잡극도 있다. 특히 명나라 말기의 극작가 탕현조湯顯祖가 지은 「한단기」는 아주 중요한 작품으로 알려져 있다. 이 작품은 탕현조의 '임천사몽臨川四夢' 가운데 하나다. 이른바 '임천사몽'은 「모란정牡丹亭」, 「자차기紫釵記」, 「한단기邯鄲記」, 「남가기南柯記」를 이르는데, 각각 정情, 협俠, 선仙, 불佛의 세계를 형상화한 것으로 알려져 있다. 그중에서 「한단기」는 그 예술적 성취가 「모란정」과 비교해 결코 손색이 없을 뿐만 아니라 도교 희곡에서도 좀처럼 보기 드문 장편 전기극傳奇劇에 속한다. 그 내용은 여동빈이 노생盧生을 교화하는 고사故事를 부연한 것으로, 줄거리는 「황량몽」과 비슷하지만 사건 전개의 내용은 더 자세하다. 특히 노생이 황량몽 속에서 부귀영화나 험난한 세파를 겪는 장면과, 궁핍한 행색으로 떠돌아다니는 고달픈 삶에 대한 묘사는 한층 더 복잡하고 섬세하다. 탕현조는 본래 도교신앙이 독실한 집안에서 성장하여 선도에 심취한 그의 조부로부터 많은 영향을 받았다. 일찍이 탕현조는 관직에서 물러나 옥명당玉茗堂에 은거할 때부터 세속을 멀리할 생각을 강렬하게 드러낸 바가 있었다. 그는 이 작품에서 세상을 놀라게 할 재주로 명말 관료사회의 부패상과 사회적 부조리를 비판하고 풍자했는데, 이를 통해 현실에 대한 실망감을 토로하고, 은거 생활을 즐기는 가운데 스스로 위로하는 심경을 드러내고 있는 것이다.

청대의 소설가이자 극작가이며 희곡의 이론가인 이어李漁는 『한정우기閑情偶寄』에서 다음과 같이 말하고 있다.

> 전기傳奇는 실체가 없고 대부분 우언寓言에 지나지 않는다. 효도를 권장하려면 효자 하나를 들어 이름을 밝히면 충분하다. 한 줄로 기술해도 충분하고 그에 대한 사실을 모두 적을 필요는 없다. 효도를 잘 하고 이에 합당한 사람에게는 작가가 모든 덕행을 취해서 그에게 보태어준다. 또한 "주紂가 포악한 것이 이처럼 심하지 않다"라는 말과 같이, 하류의 시궁창에 처하게 하여 천하의 악행이 모두 그에게로 돌아가게 한다. 그 나머지 충성을 나타내고 절개를 드러내는 것이나, 기타 선행을 하라고 권장하는 각종의 희곡들도 모두 이와 마찬가지다.[45]

45 이어, 『한정우기』, 저장고적출판사 1985, 14쪽.

이어는 "전기는 실체가 없고 대부분 우언"이라고 말하는데, 이런 주장은 도교소설과 희곡의 예술적 특징을 이해할 때 시사하는 바가 있다. 서사문학 작품으로서 도교소설과 희곡은 점입가경의 줄거리나 생동감이 넘치는 인물의 형상 및 등장인물의 선명한 성격을 통해 소요자재하는 신선의 삶, 신비하고 아름다운 동부洞府와 선경, 세속의 인간을 제도하는 선도에 대한 동경심을 아련하게 그려낸다. 도교 서사문학에서 허구로 지어낸 '이야기'는 실로 아름답지만, 그보다 중요한 것은 '이야기' 속에 있는 '우언'이다. 작가들은 이야기 속에 들어있는 이러한 우언을 통해 신선에 대한 흠모나 선도에 대한 갈망, 그리고 명리에 초연한 심경을 표현할 뿐만 아니라, 현실에 좌절하거나 세속적 삶을 혐오하는 이들을 아득히 멀리 있는 인생의 해탈이나 생명의 승화로 안내하는 가르침을 담아냈다.

일찍이 거자오광葛兆光은 『도교와 중국문화道敎與中國文化』에서 "도교가 중국 문학예술에 가져다준 것은 화려하고 신기한 것을 추구하는 일종의 심미적 취향이며, 찬란하고 괴이한 일종의 이미저리imagery 및 환상에 빠져들게 하는 일종의 강렬한 상상력이다"[46]라고 말한 바가 있다. 이는 종교적 기호로서 도교 언어예술의 의의를 지적한 것이다.

제2절
종교 예술의 상징적 함의

예술과 종교는 인류가 일구어낸 두 가지 기본적 문화 형태다. 종교와 예

46 거자오광, 『도교와 중국문화』, 상하이인민출판사, 1995, 371쪽.

술의 결합은 종교적 감화력을 극대화하고 신도들의 종교적 정서를 효율적으로 고양함으로써 신앙심을 견고하게 한다. 게다가 알기 쉽고 감동적인 예술적 형식은 시대와 계층 및 문화적 수준이 각각 다른 사람들에게 종교사상을 쉽게 이해시키고 이를 수용하게 할 뿐만 아니라 포교 활동을 한층 더 광범위하게 전개할 수 있게 한다. 종교가 발전하고 전파되는 과정에서 증명된 바와 같이, 내용과 형식이 풍부하고 다양한 종교 예술은 종교 문화의 각 방면에 걸쳐 그 강도 면에서는 차이가 있지만 각기 나름의 역할을 한다. 이로 말미암아 각종 종교는 예술의 흡인력에 많은 관심을 표명했고, 그에 따라 휘황찬란한 종교 예술이 이루어졌던 것이다.

종교 예술은 종교사상의 예술적 표현이자 종교적 가르침의 외형적 표현이다. 종교 예술은 통상 상징적 언어나 조각상과 같은 형식으로 종교적 교리를 표현하는데, 관념을 형상화하고 부호화하는 과정을 통해 인류로 하여금 이러한 방식에 젖어 들게 함으로써 종교적 정서를 체험하고 수용하게끔 한다. 기독교 예술에 있어서 '백합'은 성모 마리아의 형상을 대표함과 동시에 순결을 상징하고, 아기 예수의 손에 있는 '사과'는 아기 예수가 인류의 원죄에 대해 속죄하는 사명을 띠고 있음을 상징한다. 중국불교와 도교의 벽화에 있는 '비천상飛天像'은 환락과 길상吉祥을 상징하고, '연꽃'은 성스러운 순결을 상징한다. 이러한 기호들은 특수한 종교적 정보를 효과적으로 전달하는 기능뿐만 아니라 그 자체의 미적 특성도 갖추고 있다. 게다가 이러한 수단이 목적으로 변화하면서 본래 종교적 세계관을 표현하는 형식으로 존재했던 예술이 나름의 독특한 미적 형식을 갖추기도 한다.

예술은 인류의 정감을 표현하는 감성적 형식이다. 기호를 통해 상징성을 드러내고자 하는 것은 객관적 세계가 아니다. 주관적 정감이나 정감화된 '내면적 삶'이다. 정감은 객관적 실체로 존재하는 것과는 다르다. 이에 대해 수잔 랭거Susanne K. Langer는 다음과 같이 말한 바가 있다.

> 우리에게 있어서 감수성은 마치 숲속에 있는 반딧불처럼 종잡을 수 없이 변하거나 서로 교차하여 겹쳐지는 것들이다. 그것들이 서로 상쇄되거나 엄폐되지 않을 때는 일정한 형태로 응집되어 나타난다. 이런 형태는 시시각각으로 분해되거나 치열하게 충돌하는 가운데 격정으로 분출되기도 하며, 때로는 이런 충돌을 통해 전혀 다른 모습으로 바뀌기도 한다. 이처럼 하나로 녹아 들어가 더 이상 쪼갤 수 없는 주관적 현실은 우리가 '내면적 삶'이라고 칭하는 것을 구성한다.[47]

따라서 일반적 의미의 언어로 그것을 충실히 재현하거나 표현하는 것은 도저히 불가능하다. 이는 예술적 기호의 비지시적 성격을 결정짓는 요인이 된다. 실체가 없이 떠다니거나 종잡을 수 없이 번쩍거리는 정감의 세계를 형상으로 드러내기 위해서는 오로지 함축적이고 다의적인 언어를 사용할 수밖에 없다는 것이다. 이에 따라 신령과 그 신성함을 나타내는 일체의 언설과 몸짓은 의인화되거나 상징성을 띨 수밖에 없다. 모종의 감성적 형상이나 물질적인 실물과 우상偶像으로 실체가 없는 신령을 상징하기도 하고, 비유적인 언설로 신령의 형태를 표현하기도 하며, 혹은 신령의 행위나 업적, 신령에 대한 자신의 느낌이나 체험을 몸짓으로 재현하기도 한다. '상징성'을 띤 것이나 '부호화'된 일체의 모든 표현은 자연적

47 [미국] 수잔 랭거, 『예술이란 무엇인가藝術問題』, 텅서우야오滕守堯 뒤침, 중국사회과학출판사, 1983, 21쪽.

본능을 초월한 인성人性의 승화, 혹은 인성의 창조적 활동에 속하며, 이는 예술적 형상화로 구체화되기 마련이다. 언어적 상징성을 갖춘 묘사는 신령의 공덕을 찬양하는 종교 문학과 예술로 발전하고, 신체 동작의 상징적 모방 행위는 신령의 행위와 신화적 이야기를 재현하는 무용 예술이나 종교극으로 발전한 것이다. 또한 신령의 우상이나 예기禮器, 법기法器의 제작은 조각과 회화 등의 조형예술로 발전하고, 명당明堂과 예배당 등의 건축과 장식물은 건축 예술로 발전하게 된다.

1 —— 불교예술의 기호와 상징적 함의

원시 불교에서부터 대승불교가 나타나기 이전의 부파불교部派佛教 시대에 이르기까지, 불교예술의 발전은 극도로 제한되었다. 사미십계沙彌十戒에 "노래와 춤을 듣거나 보는 것을 멀리하라"와 같은 금지 조항이 있는 탓에 불교예술도 불족佛足, 금강좌金剛座, 보리수 등의 조각과 회화로 붓다를 상징하는 데 국한되었다. 그러다가 기원 전후의 시기에 대승불교가 흥기하면서 조각·건축·회화·공예 등의 각 방면에서 예술 활동이 활발히 일어나기 시작했는데, 이는 인도의 도시 상공업과 일부 진보적 승려들의 혁신 운동에 힘입은 것이었다. 이 시기에는 감히 불상을 조성할 수 없다는 소승불교 시절의 관념을 타파하고 불상을 만들어 공양하고 절하는 것이 보편화되었다. 불교예술도 이에 힘입어 크게 일어났다. 육조와 수당 시대에 접어들어 불교가 중국 문화와 폭넓게 교류하는 가운데 중국적 품격과 특징을 갖춘 불교예술이 점차 그 모습을 드러내기 시작했다. 이러한 불교예술은 일반적인 예술의 분류 방식에 따라 건축·조각·회화·음악·서예 등으로 구분해 볼 수 있는데, 그중 대표적인 몇 가지를 골라 살펴보기로 한다.

1 건축

건축은 일종의 기본적인 생활 공간이면서 뛰어난 예술적 형식의 하나다. 인류의 기술적 지혜와 심미적 지혜가 종합적으로 구현된 것이 건축이다. 이와 관련하여 헤겔은 다음과 같이 말한 바가 있다.

> 건축의 임무는 외부에 있는 무기적 자연물을 가공하되 그것으로 인해 영혼과 혈육의 인연을 결성할 수 있도록 예술에 부합하는 외재적 세계를 구축하는 것이다. … 건축 예술의 기본적 유형은 상징 예술이다. 건축은 신神의 완벽한 실현을 위해 길을 닦는 것이다. 이러한 공적인 업무를 수행하는 과정에 있어 객관적 자연을 힘들게 가공함으로써 객관적 자연으로 하여금 제한된 구속과 우연적 기회의 왜곡으로부터 탈피하게 한다. 건축은 신을 대리하여 한 조각 터를 마련하고 훌륭한 외재적 환경을 안배해주는 것이며, 사원을 건립하는 데에도 정신을 집중해서 절대적 대상에 적합한 장소를 살펴야 한다. 그것은 신도 대중들의 집회를 위해 담장과 벽으로 둘러싸게 하여 비바람을 막고 짐승들의 침입을 방지하는 것일 뿐만 아니라, 회중會衆의 의지를 이를 통해 현시顯示하기도 한다. 비록 현시하는 방식이 외형적인 것이라 할지라도 예술에 부합한다. … 이런 면에서 건축은 아주 고도의 성취를 이룩할 수 있다. 심지어 그 소재와 형식만으로 앞서 논의한 내용과 그 의미를 완벽한 예술품으로 표현할 수 있는 것이다.[48]

이처럼 종교 건축은 건축의 객관적 기능과 인간의 종교적 심리를 서

48 [독일] 헤겔, 『미학美學』 제1권, 주광첸朱光潛 뒤침, 상무인서관 1979년판, 106쪽.

로 융합시키는 데 주력한다. 건축이란 형식을 빌려 종교적 체험을 강화함으로써 종교의 정신에 기여하는 것이다.

불교 건축은 주로 불교의 사원과 탑을 말한다. 고대 인도에는 거대한 규모의 사원과 탑이 헤아릴 수 없이 많았지만 현존하는 것이 그리 많지 않다. 불교 건축은 중국으로 유입된 이후 고대 인도의 건축 양식을 유지하기도 했지만, 다른 한편 중국의 건축 문화에 융합되어 새로운 양식의 불교 건축으로 발전했다. 예컨대 세계적으로 유명한 둔황敦煌, 룽먼龍門, 윈강雲岡에 있는 불교 석굴이 그것이다. 그밖에도 베이징의 옹화궁雍和宮, 티베트 라사의 포탈라궁, 청더承德의 와이바먀오外八廟 등의 건축군建築群은 티베트 불교의 건축물로서 특유의 민족성을 드러낸다. 중국의 불교 건축은 중국 불교예술의 정수다. 건축의 형태로는 탑과 석굴 및 승원僧院, 옥원玉垣, 문門, 석주石柱, 당幢 등의 많은 유형이 있다. 여기서는 탑을 중심으로 살펴보기로 한다.

'탑'은 산스크리트의 스투파Stupa에서 유래된 것인데, 이를 의역하면 '무덤', '사당廟', '높이 솟아있는 곳'이란 뜻이고, 음역한 것이 '부도浮屠'나 '불도佛圖'다. "한 사람 목숨을 살리는 것은 7층 부도를 조성하는 것보다 낫다"라는 옛말이 있는데, 여기의 '부도'는 곧 이러한 불탑을 이른다. 탑은 붓다의 사리를 모시는 데 그 연원이 있기 때문에 숭배의 격식을 나타내는 불교 특유의 건축물로, 통상 불교 건축물의 중심에 자리 잡는 것이 일반적이다. 그 양식으로는 자연스러운 원형, 사발을 엎어놓은 모양의 반구형, 네모진 방형方形 등이 있다. 최초의 불탑은 흙덩이를 다져서 반구형으로 쌓아 올린 다음에 그 가운데 나무 기둥을 박아서 무너지지 않도록 했는데, 이렇게 조성된 모양은 천신이 거주하는 수미산으로 알려진 메루산Mount Meru과 비슷했다. 이후에 점차 회화, 조각품, 성물聖物, 유등油燈 등으로 불탑의 내부 공간을 장식하여 붓다에 대한 존경과 숭배를 표시함으로써 불교 문화를 대표하는 불탑 건축 예술로 정착하게 되었다.

중국의 불탑에는 고대 인도의 양식 이외에도 완전히 중국적 운치를 띠고 있는 누각 양식도 있는데, 이러한 불탑은 중국 고유의 건축 기술과 그 형태를 차용하여 다양한 유형으로 발전했다. 현재 중국 각처에 있는 목탑木塔, 전탑塼塔, 석탑石塔, 동탑銅塔, 철탑鐵塔, 유리탑琉璃塔 등은 모두 중국 건축의 진품珍品들이다. 불탑은 일반적으로 탑기塔基, 탑신塔身, 탑정塔頂과 사리함을 안치하는 지궁地宮 및 쟁반 형태의 돌이 포개져 있는 탑찰塔刹로 구성된다. 불탑은 통상 탑을 중심으로 하는 중심축 선상에 위치하는데, 탑을 불전佛殿과 나란히 세우거나 불전 앞에 탑을 세우기도 한다. 불탑의 조형은 시간의 흐름에 따라 끊임없이 변화했지만, 그 재질과 품격은 아무리 달라져도 변하지 않는 것이 있다. 그것은 불탑의 끝부분이 언제나 하늘을 지향하고 있는 것인데, 이는 불교에 대한 경건한 마음을 상징한다. 이러한 점은 불탑의 건축 형태가 종교적 내용과 완벽하게 일치하고 있다는 것을 보여준다.

불탑은 높이 솟아있는 탑 자체의 외형적 형상 때문에 주위를 둘러싼 불교 건축군 가운데 가장 쉽게 눈에 띄고, 사람들이 사찰로 들어갈 때 가장 먼저 눈길을 붙잡는다. 또한 중국의 일부 불탑은 우뚝 솟아있지만 안쪽이 비어 있어서 누구나 그 위로 올라가 볼 수 있다. 이 점도 불탑 건축에 고상한 운치를 더하게 한다. 불탑의 이러한 건축적 특징은 명리에 몸담고 있던 수많은 사람으로 하여금 그 위에 올라가 원경을 조망하게 하거나 하늘과 맞닿아 있는 아득한 먼 곳을 바라보게 함으로써 공허함을 느끼게 한다. 불탑 위에서 세상사가 덧없음을 간파하고 불문에 귀의하기도 했으며, 탑에 올라 상전벽해와 흥망성쇠의 무상한 감회를 느낀 시인 묵객들도 수 없이 많았다. 유명한 시안의 자은사慈恩寺 대안탑大雁塔이 그런 사례에 해당한다. 이 사찰은 당나라 정관貞觀 21년(647년)에 당시 태자였던 당 고종이 어머니의 은혜를 감사하는 마음으로 지었기 때문에 '자은慈恩'이라 칭하게 되었다. 영휘永徽 3년(652년)에 현장玄奘이 사찰 경내에 탑을 세우고 이를 대안탑이라 칭했는데, 당시에는 6층이었지만 나중에 7층으로 증축했다. 이러한 자은사 대안탑은 당나라 때 불교가 홍성했던 사실을 입증하는 생생한 증거물이다. 수많은 문인이 이를 주제로 하는 시부詩賦를 남기기도 했는데, 두보, 고적高適, 잠삼, 저광희儲光羲 같은 시인들이 대안탑을 노래하는 뛰어난 작품을 남겼다. 다음은 두보의 〈여러 벗들과 함께 자은사탑에 오르며同諸公登慈恩寺塔〉라는 시다.

높은 탑 꼭대기에 하늘이 걸려 있고
매서운 바람은 그칠 때가 없구나
나 스스로 활달한 선비가 아니라서
이곳에 오르니 온갖 근심 일어나네

이제야 불교의 힘을 알게 되었으니
그윽한 경지를 좇아갈 수 있겠도다
위로 구불구불 용사龍蛇의 동굴 뚫고
지탱목 어둑한 곳을 비로소 벗어났네
…
황곡黃鵠은 하염없이 떠나가는데
애처롭게 울면서 어디서 깃들까
그대여, 해를 좇는 기러기를 보게나

제각기 살길 찾는 요량이 있다네[49]

잠삼은 〈고적, 설거와 함께 자은사탑에 오르며與高適薛據登慈恩寺浮圖〉라는 시를 지었다.

탑의 형세가 용솟음치듯 하여
고고히 천궁天宮까지 솟아있구나
올라보니 속세에서 벗어난 듯하고
돌층계 길은 허공을 빙 돌아있네

높고 우뚝하여 신주神州를 누르고
빼어난 그 모습 귀신의 솜씨로다
네 모서리엔 햇볕도 들지 못하고,
칠 층 높은 탑은 푸른 하늘에 닿았네
높이 나는 저 새도 아래에 있고
고개 숙여 세찬 바람 소리 듣는다
이어진 산들은 파도가 치는 듯이
분주히 동쪽으로 휩쓸려간다

푸른 회화나무 길 따라 늘어서 있고
궁궐 집들은 비할 데 없이 영롱한데
가을빛이 서쪽에서 찾아들어

49 두보, 구조오 주, 『두시상주杜詩詳注』, 중화서국, 1979, 103쪽.

쇠락한 빛 관중關中 땅에 가득하고
장안 북녘 한나라 오릉五陵은
만고의 푸른 나무로 울창하다

청정한 진리를 이제야 깨닫고
좋은 인연을 예전부터 받들었거늘
맹세컨대 벼슬자리 던지고 나면
도를 깨쳐 무궁함을 맛보고자 하노라[50]

이처럼 불탑은 불교 건축 예술의 뛰어난 성취를 나타내고 있을 뿐만 아니라, 문인들의 시가 창작과 밀접한 인연을 맺고 있어서 불교예술과 문학에서 각광받는 것이다. 위대한 시인 이백도 〈춘일귀산기맹호연春日歸山寄孟浩然〉이라는 시를 통해 다음과 같이 불교 사찰과 불탑을 묘사하고 있다.

붉은 인끈을 티끌 세상에 버려두고
청산에 들어가 법연法筵을 알현하네
금빛 줄 드리우니 깨달음의 길을 열고
뗏목에 의지해서 미혹의 강을 건너가네

고갯마루 나무는 절간의 공포栱包가 되고
바위에 핀 들꽃이 골짝 샘을 덮고 있는데

50 잠삼, 천테민陳鐵民·훠종이侯忠義 교주, 『잠삼집교주岑參集校注』, 상하이고적출판사, 1981, 101쪽.

탑 그림자는 바다 위의 달을 가리키고
누각의 기세는 강 안개 위로 솟구친다

향기는 삼천三天 세계에서 내려오고
종소리는 온 골짜기로 퍼져나가는데
가을 연잎에 이슬방울 가득하고
빽빽한 솔잎은 우산처럼 자라났네

새들이 날아들어 법어法語를 듣는 듯하고
용들이 내려와 참선을 지켜보는 듯하건만
부끄러워라, 물소리 운치를 깨닫지 못하고
이제껏 백아伯牙의 음률에 빠져있었네[51]

이렇게 주목을 받을 만한 불탑 건축 예술이 없었더라면, 인구에 회자되는 이러한 뛰어난 작품들도 당연히 만날 수 없었을 것이다.

2 음악

불교 음악은 불교예술의 중요한 부분일 뿐만 아니라 음악 문화유산의 정수이기도 하다. 음악은 불교의 전파에 필요한 매개체이자 수단이다. 불교가 중국으로 전해지면서 감수성이 짙은 불교 음악도 자연히 세상을 풍미하게 되었다. 예불과 같은 종교 의식이나 불교 행사에서 일반적으로 음악은 빠뜨릴 수 없는 중요한 요소이며, 종교적 분위기를 조성하여 불법을

51 이백, 추퉈위안瞿蛻園 · 주진청朱金城 교주, 『이백집교주李白集校注』, 870쪽.

홍보하는 효과를 증대시킨다. 게다가 불교 음악 특유의 우아한 선율은 신을 숭배하고 복을 기원하는 종교적 심리와도 잘 부합된다. 불교 음악은 맑고 우아한 가운데 세속을 초월한 느낌을 불러일으키며 그 속에 담긴 뜻도 깊고 그윽하다. 노래를 부르는 자는 심신이 합일되어 무아지경에 이르고, 이를 듣는 자는 감동에 젖어 마음속의 먼지를 씻어내고 의념을 정화하는 효과를 맛볼 수 있다. 부드럽게 주위를 감싸는 범음梵音을 듣는 가운데 인생의 진리를 음미하고 불법의 삼매에 이르게 되는 것이다. 중국의 불교도들은 본래부터 불교 음악을 중시했는데, 불교 음악이 "노래로써 가르침을 전달하고, 중생의 마음을 깨우쳐 인도하는 데"에 도움이 될 뿐만 아니라, 대중이 다 함께 모여 분향하는 것과 같은 상황이 되면 입정入定의 상태에 이르는 효과가 비교적 빨리 나타난다고 여기기 때문이다.

일반적으로 불교 음악은 두 갈래로 나눌 수 있다. 하나는 불교 행사의 음악이다. 이를 세분하면 조석朝夕으로 행하는 과송課頌, 선가禪家에서 행하는 축성불사祝聖佛事, 영혼을 천도하는 보제불사普濟佛事 등이 있다. 다른 하나는 불교의 내용을 주제로 하거나 불교 음악을 개편한 통속적 음악이다. 여기에는 찬贊·게偈·주呪·송誦 네 가지가 포함된다. 이중 '찬'에는 찬양, 기도, 찬송의 뜻이 있다. 찬사贊詞는 운韻을 지닌 것으로, 여기에는 분다구分多句, 팔구八句, 육구六句, 사구四句 등의 형식이 있다. 예를 들면 〈계정진향戒定眞香〉, 〈불보찬佛寶贊〉, 〈양지정수楊枝淨水〉 등이 그런 것이다. '게'는 범어로 된 가사인데, 〈회향게回向偈〉와 같은 작품을 가리킨다. '회향回向'은 원만한 공덕을 중생에게 되돌려준다는 뜻이다. 〈회향게〉는 오자체五字體와 팔자체八字體로 구분되는데, 여기에 팔구복창八句復唱과 사구복창四句復唱도 포함된다. '주'는 주문을 말한다. 범어의 발음을 그대로 읽은 것이기 때문에 대강의 뜻은 짐작할 수 있지만, 자세한 내용은 알 수 없다.

이러한 '주'는 다시 유운주有韻呪와 무운주無韻呪로 나뉜다. '무운주'는 리듬이 급하고 목탁 하나만 두드리며 반주하는 것이 특징이다. '유운주'는 천천히 소리를 내는 것인데 여기에는 통상적으로 경쇠, 요령, 징과 같은 악기가 동원된다. 창송唱頌은 음악성이 강렬한 운체강韻體腔으로 부르는 것인데 주로 아침저녁에 예불을 올릴 때 사용한다. 불교 음악의 반주 악기로 종, 북, 경쇠, 목탁, 요령, 징, 바라 등과 같은 타악기를 흔히 볼 수 있는데, 이를 달리 법기法器라고 칭하기도 한다. 중국의 일부 사찰에서는 퉁소와 피리를 사용하기도 하고, 어떤 경우에는 현악기의 반주에 맞추어 소리를 내기도 한다.

중국의 불교 음악은 불교의 의궤儀軌에 기초해서 발전되었기 때문에 의궤 행사를 통해서 이루어지는 것이 일반적인 현상이다. 말하자면 의궤는 불교 음악의 요람이고, 불교 음악은 의궤의 부속물에서 발전하여 풍부하고 다채롭게 된 것이라 하겠다. '의궤'라는 용어는 원래 밀교의 염송법念頌法을 가리켰는데, 중국에 들어와 현교와 밀교를 막론하고 모두 노래와 염불을 하는 창념唱念 의식의 규범을 지칭하게 되었다. 그후 여산廬山의 고승 혜원이 대중의 근기에 맞추어 설법할 것을 주장함에 따라, 음악을 배 젓는 노의 역할처럼 중시하는 포교 방식이 채택되었다. 동진 시기 확립된 이러한 창도唱導 제도는 후세 불교 음악의 내용, 목적, 형식 및 상황에 따른 규범을 마련하는 데 튼실한 토대가 되었다. 이에 따라 남조 시기에 불교 음악이 크게 성행하게 되었는데, 당시 건강(建康, 지금의 난징) 지역에서는 범패梵唄가 날로 유행하여 뛰어난 범패승梵唄僧들이 속출했다. 그들 가운데 건강 지역의 백마사白馬寺 승려들이 글재주와 잡다한 예능에 뛰어났으며 특히 노래와 독경을 잘했다. 그들이 내는 소리는 "크고 높으면서 느리고 유유하며, 부드럽고 우아하면서 맑은 애조를 띠었다"라고 하며, 이런 탓에 "매번 승려들의 맑은 독경 소리가 들릴 때마다 승속僧俗들이 모두 마음을 빼앗겼다"라고 한다. 영명永明 10년(492년)에 이르러서는 소자량蕭子良이 건강 일대에 있는 각 사찰의 범패승들을 소집해서 전통적 범패에서 사용된 창송의 곡조를 대조하고 오류를 지적해서 바로잡기도 했다. 이러한 정리와 교정을 거쳐 전통적 범패의 모습을 회복시키거나 수많은 범패를 발굴했으며, 그런 과정을 통해 뛰어난 범패승들을 양성하여 세상에 배출했다.

양무제 소연蕭衍은 문학과 역사에 해박했고 음률에도 정통한 불교 신자였다. 그는 불교 음악과 무용 작품을 다수 창작함으로써 관련된 의궤의 내용을 풍부하게 했다. 『수당음악지隨唐音樂志』의 기록에 의하면 양무제는 〈선재善哉〉·〈대락大樂〉·〈대환大歡〉·〈천도天道〉·〈선도仙道〉·〈신왕神王〉·〈용왕龍王〉·〈멸과악滅過惡」·〈제애수除愛水」·〈단고륜斷苦輪〉 등 법악法樂 10편을 친히 창제하고 이를 정악正樂이라 명명했다고 하는데, 그 내용은 모두 불법을 서술한 것이었다. 이처럼 수당 시기에 불교 음악은 눈부시게 성장했고, 이러한 발전은 세 가지 기본적 토대 위에서 가능했다. 그 하나는 남조 시기의 전통적 범패와 법악을 계승했다는 점이다. 둘은 서역으로부터 적지 않은 불곡佛曲들이 전해졌다는 점인데 이런 불곡에는 특히 기악器樂의 곡목들이 많았다. 셋은 수당 시기에 새로운 불곡들이 생겨났다는 점이다. 이밖에도 육조 시기의 포교 방식인 '창도'가 당나라 때에 이르러 '속강'으로 변모하기도 했다. 이런 형태는 통속적인 방식으로 불교의 가르침과 불경의 고사故事를 쉽게 풀이하여 이야기하는 것인데, 속강은 이야기를 하는 가운데 창唱을 하거나 다양한 몸짓으로 그 내용을 형용하기도 하여 대중에게 인기가 많았다. 도선道宣의 『속고승전』을 보면 보엄寶嚴 화상이 법좌에 올라 속강할 당시의 정황을 이렇게 기록하고 있다.

연단에 올라 주위를 둘러보며 시작하려는데 미처 말문을 열기도 전에 재물과 돈이 구름처럼 쏟아지고, 삽시간에 앉을 자리도 없이 가득 찼다.

사녀士女들이 구경을 하며 동전을 던지는 것이 마치 비가 내리는 듯했다.

이러한 묘사를 통해 당시 속강의 인기를 짐작할 수 있다. 한유의 시 구절에도 "골목과 거리마다 불경을 강창講唱하고, 종소리와 나각螺角소리가 궁정을 시끄럽게 한다街東街西講佛經, 撞鐘唄螺鬧宮庭"라는 내용이 있는데, 이를 통해 당나라 때 불교 음악이 얼마나 성황을 이루었는지 상상해 볼 수 있을 것이다.

불교 음악은 승려와 비구니가 매일 행하는 일과日課이면서 사찰 곳곳에서 들리는 선율이기도 하다. 우아하고 느긋하면서 엄숙한 가운데 무게가 실린 불교 음악을 듣노라면 혼탁한 속세 어딘가에 한 떨기 연꽃이 피어있는 정토가 의연히 존재함을 느끼게 된다.

2 —— 도교예술의 기호와 상징적 함의

도교는 건축 · 조각 · 회화 · 음악 · 서예 등 많은 예술 분야에서 뛰어난 성취를 보여준다. 여기서는 도교 건축과 회화를 중심으로 도교적 상징과 지혜로 충만한 예술적 기호에 대해 알아보고자 한다.

1 건축

도교 건축은 그 분야가 대단히 넓고 복잡하다. 이를 구체적으로 구분하면 궁宮 · 관觀 · 전殿 · 당堂 · 부府 · 묘廟 · 누樓 · 관館 · 사舍 · 헌軒 · 재齋 · 낭廊 · 각閣 · 궐闕 · 문門 · 단壇 · 대臺 · 정亭 · 탑塔 · 사榭 · 방坊 · 교橋 등이 있다. 이들은 규모 면에서 차이가 있을 뿐만 아니라 그 형태와 건축적 기법도 각각 다르고, 기능 면에서도 제각기 다르다. 그 가운데 궁관 건축은 전형적인 도교 건축물로서 일반적인 도교 건축을 대표한다. 도교 궁관은 신령을 모시고 제사를 올리는 신성한 전당이다. 그 속에서 도사들이 생활하고 수행하기도 하며 재초와 기양 등의 법회를 행하는 장소이기도 하다. 이러한 도교 궁관은 전국 각지에 분포되어 있는데, 그중에서 가장 대표적인 것을 들어보면 산둥성 타이안泰安에 있는 대묘岱廟 천황전天貺殿, 산시성 타이위안太原에 있는 진사晉祠 성모전聖母殿과 뤄청芮城 영락궁永樂宮, 쓰촨성 청두成都의 청양궁青羊宮, 무당산武當山의 자소궁紫霄宮, 베이징의 백운관白雲觀과 동악묘東岳廟 등이 있다. 이러한 도교 궁관 건축물은 형태와 건축 기법, 그리고 건물의 배치에 있어서 모두 나름의 뚜렷한 특징이 있다. 이에 대해 칭시타이는 『중국도교』에서 다음과 같이 말한 바가 있다.

> 도교 궁관 건축물의 평면적 배치에는 두 가지 형식이 있다. 하나는 중심축 선상에 좌우가 대칭을 이루면서 앞에서부터 뒤로 전개되는 전통적 건축 양식이다. 다른 하나는 오행과 팔괘의 방위에 따라 주요한 건축물의 위치를 확정한 다음, 여기에 다시 팔괘의 방위에 따라 방사형으로 건축물을 배치하여 신비감을 드러내는 건축 양식이다. 전자의 경우는 균형이 잘 잡힌 대칭식 건축인데, 대표적인 건축물로서 도교 정일파正一派의 조정祖庭인 상청궁上清宮과 전진파 조정인 백운관을 들 수 있다. 산문山門 안쪽의 정면에 주전主殿이 있고, 그 양쪽에 각각 영관전靈官殿과 문창전文昌殿이 배치되어 있으며, 중심축 선상을 따라 규모가 각기 다른 옥황전玉皇殿, 삼청전三清殿, 사어전四御殿이 배치된다. 일반적으로 북서쪽 모퉁이에는 선복지仙福地를 두기도 한다. 일부 궁관의 경우에는 지형과 지세의 특징을 살려 전면을 낮게 하고 후면을 높게 조성함으로써 주전의 위용을

돌출시키기도 한다. 식당과 숙소 등 부속 건물들은 중심축 선상의 양쪽이나 뒤편에 안배한다. 한편 후자의 경우는 오행팔괘식의 건축인데, 장시성 삼청산三淸山에 있는 단정파丹鼎派 건축물들이 대표적이다. 삼청산의 도교 건축물로서 용호전龍虎殿, 함성지涵星池, 천일수지天一水池, 뇌신묘雷神廟, 연교전演敎殿, 왕우묘王佑廟, 첨벽운묘詹碧雲墓, 비선대飛仙臺 등의 팔대八大 건축물은 중앙에 있는 단로丹爐와 단정丹井을 둘러싸고 배치되어 있으며, 그 둘레에 팔괘의 방위에 걸맞은 건축물을 각각 대응시키고 있다. 이와 같은 구조는 대칭식 건축보다 남북의 중심축이 상당히 길고, 기타 건축물들은 중심축 양편에 하나씩 배치되어 있는데, 전체적으로 볼 때 질서정연한 하나의 건축 체계를 드러낸다. 이런 건축 양식은 인체의 소우주와 자연의 대우주가 서로 대응해야 한다는 도교 내단학파의 원칙을 구현할 뿐만 아니라 정기신의 수련 과정에 이를 동조同調시킴으로써 조화를 이루고자 하는 사상을 반영한다.[52]

이처럼 궁관 건축은 전반적인 건물 구조와 그 배치에서 뚜렷한 특색을 드러내고 있지만, 각종 세부적 장식과 치장에도 깊은 뜻이 담겨 있다. 이를테면 쓰촨성 청두에 있는 청양궁의 삼청전에는 큰 기둥이 모두 36개나 있는데, 그중 목주木柱 8개는 팔대호법천왕八大護法天王을 상징하고 석주石柱 28개는 28수宿를 의미한다. 이밖에도 다음과 같이 많은 의미를 내포하고 있다.

도교 건축의 장식은 도교에서 추구하는 길상여의吉祥如意, 연년익수延年

52 칭시타이 주편, 『중국도교』 제4권, 지식知識출판사 1994, 76-77쪽.

> 益壽, 우화등선의 이상을 선명하게 반영한다. 해日, 달月, 별星, 구름雲을 그려서 일월과 성운처럼 밝은 광명이 두루 비추기를 우의하고 산수山水와 암석을 그려 암석처럼 견고하고 산수처럼 영원할 것을 우의하기도 한다. 또한 부채 선扇, 붕어 어魚, 수선화 선仙, 박쥐 복蝠, 사슴 녹鹿으로 각각 선善, 부유富裕, 선仙, 복福, 녹祿을 표상하기도 하고, 송백松柏, 영지靈芝, 거북龜, 학鶴, 죽竹, 사자獅, 기린麒麟과 용봉龍鳳으로 각각 송백의 우정, 영지와 거북의 장생, 학과 대나무 같은 군자, 사자의 벽사辟邪, 기린과 용봉의 상서祥瑞를 상징하기도 한다. 그밖에 복福, 녹祿, 수壽, 희喜, 길吉, 천天, 풍豊, 낙樂 등의 글꼴을 변형시켜 격자창, 문짝의 군판裙板, 처마의 첨두檐頭, 대들보 중앙의 촉주蜀柱, 기둥과 서까래 사이의 사탱斜撑, 기둥머리 고임의 작체雀替, 기둥 사이의 양방梁坊 등 건축 구조물에 아로새기기도 한다.[53]

이러한 내용에 대해 『중국상징문화中國象徵文化』라는 책에서는 다음과 같이 언급하고 있다.

> 궁관은 도교의 활동 장소다. 도교가 비승성선飛昇成仙을 궁극적 목적으로 삼고 있는 이상, 그 활동 장소인 공간 구조는 처음부터 끝까지 이러한 목적을 위해 상징적 체계로 이루어진다.[54]

'궁宮'과 '관觀'은 본래 건축물의 일반적인 명칭이었다. '궁'의 원래 뜻은 가옥을 통칭하는 것이었고, '관'은 누각식의 건축물을 가리켰다. 선

---

53 칭시타이 주편, 『중국도교』, 제4권, 77-78쪽.

54 쥐웨쓰居閱時 · 추밍안瞿明安 주편, 『중국상징문화』, 상하이인민출판사, 2001, 70쪽.

진 시대와 양한 시대에 정치 문화와 종교 문화가 끊임없이 침투하는 과정을 거쳐 한나라 이후로 오면서 '궁관'이라는 낱말이 "신선이 거처하는 저택神仙府第"이라는 아름다운 뜻을 얻게 되었고, 이로 말미암아 구체적인 건축물을 가리키던 것이 일종의 관념을 담고 있는 추상적인 표현이 되었다. 도교에서 이를 활동 장소의 명칭으로 삼은 것은 이러한 상징적 기호를 차용한 것이었다.[55]

도교 궁관 건축의 규모와 격식에 대한 이념은 후한 때의 오두미도에서 비롯되었다. 당시 장도릉이 도교를 창시할 때 24개의 치소治所를 설치한 바가 있었다. 이러한 '이십사치二十四治'가 나중에 도교 궁관 건축의 기본적인 규범이 되었다. 『운급칠첨』 제28권에서는 『이십사치』를 인용해서 다음과 같이 말하고 있다.

> 『장천사이십치도張天師二十治圖』에 의하면, 태상太上이 한안漢安 2년 정월 7일 정오에 24치治를 내려주었는데, 상팔치上八治·중팔치中八治·하팔치下八治가 그것이다. 이는 하늘의 24절기에 대응하고 28수宿와 부합하는 것으로, 천사天師 장도릉에게 부촉하여 포교와 교화를 받들어 행하라고 했다.[56]

또한 『요수과의계율초要修科儀戒律鈔』 권10에서도 『태진과太眞科』를 인용하여 구체적인 내용을 다음과 같이 말한다.

55 쥐웨쓰·추밍안 주편, 『중국상징문화』, 71쪽 참조.

56 장군방 편, 리융성 점교, 『운급칠첨』 제28권, 632쪽.

천사치天師治를 설립할 때 가로와 세로를 각 81보步로 하는데, 이는 구구九九의 수를 본받아 양기陽氣를 상승시키기 위한 것이다. … 치治의 정중앙을 숭허당崇虛堂이라 하고, 하나의 구역에 7개 들보와 6칸으로 된 길이 12장丈의 당옥堂屋을 짓는다. 당옥의 중앙에 해당하는 2칸 위에 숭현대崇玄臺 1층을 올린다. 숭현대 한가운데에 큰 향로를 배치하되, 높이를 5척尺으로 하고 항상 향을 피운다. 동·서·남쪽에 각각 문을 달고 문 옆에 창문을 낸다. 양편에는 말이 다니는 길을 낸다. 처마를 사방으로 빼어낸 큰방의 앞쪽 문 아래에서 조례朝禮를 올리게 한다. … 숭현대 뒤편의 5장丈 거리에 숭선당崇仙堂을 짓는데 7칸 14장丈에 7개 들보를 갖추게 하며, 동쪽은 양선방陽仙房이라 하고 서쪽은 음선방陰仙房이라 한다. 숭현대 남쪽으로 12장丈 떨어지고 남문에 가까운 곳에 들보 3개와 5칸 규모의 문실門室을 짓는다. 문실의 동문 남쪽에는 선위좨주사宣威祭酒舍를 설치한다. 문옥門屋의 서쪽 칸에는 전사찰기좨주사典司察氣祭酒舍를 설치한다. 나머지 작은 집들은 일일이 다 적지 않는다. 24치治는 모두 이와 같다.[57]

이러한 24치의 건물 배치와 그 구조가 우의하고 있는 뜻을 『중국상징문화』에서는 이렇게 설명한다.

이런 유형의 특수한 포국布局 형식은 범인凡人의 단계에서 신선의 경지로 올라가는 일종의 패턴을 반영한다. 좨주와 숙소를 중심으로 하는 공간이 선도 수행을 예비하는 인간의 세계라면, 후당後堂과 제실諸室을 중심으로 하는 공간은 신선의 세계를 상징한다. 그리고 숭현대와 숭허당을 중심으

57 『도장』 제6책, 966쪽.

로 하는 공간은 수련을 통해 범인이 신선이 되는 과정을 의미하는데, 이런 과정에는 반드시 현玄과 허虛을 근본으로 삼아야 한다. 이로 미루어 볼 때, 초기 도교 사원인 정치淨治에서 보여주는 방식은 비록 간단한 것이긴 하지만, 이처럼 전형적인 상징 구조와 결부되어 있다.[58]

이러한 궁관 건축은 한나라 이후로 내려오면서 도교와 사회의 발전에 따라 끊임없이 발전하고 변화되었다. 그 규모와 형태 및 품격 면에서도 시대를 달리해 꾸준히 변화해왔다. 전반적인 추세로 볼 때, 규모와 형태는 갈수록 정교해졌고 점차 뛰어난 예술성을 보여주었다. 그러다가 대략 원나라 이후부터 비교적 통일된 격식을 갖추게 되었는데, 이는 두 가지 측면으로 나타났다. 하나는 부지를 선정하는 데 있어서 자연 환경과의 조화를 중시하고 '도법자연'과 '천인합일'의 사상을 구현하고자 했다는 것이다. 다른 하나는 건물의 배치와 구조에 있어서 질서정연함과 위계를 강조하는 동시에 선진仙眞과 신성神聖, 그리고 수련성선修煉成仙의 교리를 은유적으로 표현하는 데 골몰했다는 것이다. 이에 대해 백운관을 예로 들어보기로 한다.

베이징 근교에 있는 백운관은 전진도 용문파龍門派의 조정祖廷이다. 전진도의 '천하제일총림天下第一叢林'이라고 일컬어지는데, 당나라 개원 연간에 건립되었다. 백운관의 전체 건축물은 동쪽·중앙·서쪽으로 나뉜 세 길을 따라 분포되어 있다. 층층으로 쌓아 올린 사합원四合院은 규모가 거창하고 건물의 배치도 질서정연하다. 경관이 그윽하고 우아한 가운데 전우殿宇가 웅장하고 화려하며, 공예도 아름답고 정교하다. 주요 건축물

58 쥐웨쓰·추밍안 주편, 『중국상징문화』, 72쪽.

은 중로中路에 집중적으로 배치되어 있는데, 차례로 패루牌樓, 산문山門, 영관전靈官殿, 옥황전玉皇殿, 노율당老律堂, 구조전邱祖殿, 사어전四御殿, 계대戒臺, 운집산방雲集山房 등이 있다. 동로東路를 따라가면 남극전南極殿, 두로각斗姥閣, 나공탑羅公塔 등이 있고, 서로西路에는 여조전呂祖殿, 팔선전八仙殿, 원군전元君殿, 원신전元辰殿, 12생초벽生肖壁, 24효벽孝壁 등이 있다. 중로에 있는 영관전 내부를 들어가면 좌우의 영관호법문신靈官護法門神, 관우, 조공명 등의 사신상四神像이 있다. 구조전은 주요 전당으로서 전진파의 시조인 구처기의 소상塑像이 있고, 그 소상 아래에 구처기의 유골을 묻었는데 이를 구조묘邱祖墓라고 한다. 사어전은 2층으로 된 건물인데 윗층을 삼청각三淸閣이라 한다. 청조淸朝에 백운관의 내부를 개축할 당시 채화彩畵로 세부를 장식하면서 도교 특유의 도안을 그려놓았는데, 그것이 현재까지 남아있는 영지靈芝, 선학仙鶴, 팔괘八卦, 팔선八仙 등의 그림이다.

『중국상징문화』의 분석에 따르면 백운관의 건물 배치는 대체로 5개 구역으로 구분되며, 각각 오중五重의 공간을 상징한다. 산문에서 영관전에 이르는 전구前區는 사방에서 오는 향객과 신도들을 접대하는 공간이다. 영관전에서 삼청각에 이르는 중구中區에는 영관전, 옥황전, 삼청각과 같이 도교신을 모시는 전각들이 집중되어 있는데, 도교에서 가장 신성시하는 공간이다. 삼청각에서 뒤쪽으로 후원에 이르는 후구後區는 도사들이 수련하는 공간이다. 그리고 중구로부터 동쪽에 이르는 구역은 침실이나 주방이 있는 곳인데 이곳은 주로 도사들이 머물고 식사하는 주거 공간이다. 또한 중구의 원군전, 팔선전, 여조전 및 문창전文昌殿은 선진仙眞들이 운집해있는 공간이다. 백운관의 이와 같은 공간 배치에는 다음과 같은 깊은 의미가 담겨있다.

우선 궁관의 건물 배치는 천계天界를 조성하려는 의도를 강하게 드러내는데, 그 핵심 부분은 사실상 천계를 상징한다. 따라서 세속적 대중들을 접대하는 공간은 사원 내부에 들일 수가 없고, 단지 영관전 앞까지만 허용된다. 이는 초기 도교 사원에서 보여주는 포국布局의 취지와 일맥상통한다. … 하나는 미처 신선이 되지 못한 인간들이 모이는 장소이고, 하나는 이미 신선이 된 사람들이 모이는 공간이다. 그 중간에 위치한 노율당과 구조전 및 공덕사功德祠는 신선이면서 인간이기도 하는 인물들이 머무는 건축물에 속하는데, 이는 인간과 신선 사이를 왕래하는 하나의 통로에 해당한다. … 그러나 구처기처럼 인간에서 신선이 된 존재가 인도해주고, 공을 숭상하고 덕을 기리는 공덕사의 가르침에 따른다고 할지라도 신선이 되기 위해서는 최종적으로 수련을 거쳐야 한다. … 이러한 점에서 백운관의 전체적인 건물 배치는 인간으로부터 신선이 되는 과정을 나타내는 전형적인 상징 체계라고 할 수 있다.[59]

물론 이러한 방식은 백운관에만 국한된 것이 아니다. 대다수 도교 궁관은 건축물의 포국이나 전우殿宇의 위상과 그 순서에 있어서 기본적으로 모두 상징적 의미를 띠고 있다. 이에 대해 『동현영보삼동봉도과계영시洞玄靈寶三洞奉道科戒營始』 권1의 「치관품置觀品」에서 다음과 같이 언급한다.

무릇 상청상경三清上境을 비롯해서 십주十洲, 오악五嶽 및 여러 명산名山이나 동천洞天, 그리고 태공太空의 우주 속에는 모두 성인聖人들이 다스리는 곳이 있다. 기운을 결집하여 누각과 전당을 만들거나, 구름을 모아서 누

59 쥐웨쓰·추밍안 주편, 『중국 상징 문화』, 75쪽.

대와 궁실을 짓기도 한다. 일월성신의 입구에 거처하기도 하고, 안개와 저녁노을 속에 살기도 한다. 자연스럽게 생겨나거나 신의 힘으로 조성된 것도 있다. 여러 겁劫에 걸쳐 지어지기도 하고 일시에 세워지기도 한다. 이를 봉래蓬萊, 방장方丈, 원교圓嶠, 영주瀛洲, 평포平圃, 낭풍閬風, 곤륜崑崙, 현포玄圃라 하거나, 혹은 옥루십이玉樓十二, 금궐삼천金闕三千이라 한다. 그 명칭이 천 가지, 만 가지나 되어 이루 헤아릴 수 없다. 대개 천존태상天尊太上의 화적化跡이며, 성진聖眞과 선품仙品들이 이를 다스린다. 이미 여러 경전에 열거되어 있기에 이를 다시 상세하게 기록하지 않는다. 반드시 인간과 천상으로 하여금 소망을 이루도록 하되, 현우賢愚는 따로 구분해야 한다. 왜냐하면 저 너머 상천上天을 본받아 이러한 영관靈觀을 설치한 것이기 때문이다. 복지福地라야 신선들이 거처한다. 방향과 장소를 정하고 건물을 배치하는 데는 각각의 법도가 있다.

도교의 궁관 건축은 "방향과 장소를 정하고 건물을 배치하는 데는 각각의 법도가 있고布設方所, 各有軌制", 그 기본적인 정신은 "저 너머 상천을 본받아 이러한 영관을 설치하는法彼上天, 置玆靈觀" 것에 있다. 이에 따라 궁관 건축도 '천존태상의 화적'이라는 형식으로 도교의 신선사상과 수도를 통한 성선 신앙을 구현한 것이라 하겠다.

2 회화

도교 회화는 도교신앙과 신선 및 도교적 삶을 제재로 하는 미술을 가리킨다. 여기에는 도교 벽화, 화상畫像, 도교적 삶과 일화를 담고 있는 그림, 그리고 신선을 흠모해서 도를 닦고자 하는 정서를 반영한 문인화도 포함된다.

문헌 기록에 의하면 한나라 때부터 신선과 영괴靈怪의 형상을 그린 벽화가 궁정에서 크게 유행했다고 한다. 후한 때 인물인 왕연수王延壽의 「노영광전부魯靈光殿賦」에 다음과 같은 내용이 있다.

벽면에 천지를 그릴 땐
종류별로 군생群生을 분류하고
잡것과 기괴한 것, 산신과 바다 영물을
형상에 따라 베껴놓고 단청을 입혔구나
천변만화하는 사물들이 제각기 얽혔지만
색깔과 형상 따라 속내를 알 수 있네
천지가 개벽하여 세상이 시작될 땐
오룡五龍이 날개를 나란히 하여 날고
머리가 아홉 개인 인황人皇이 등장하며
복희의 몸엔 비늘로 덮고 있고
여와女媧는 뱀 모양을 하고 있구나
태고 시절의 모습은 소박하고 거칠지만
그 형상은 눈을 부릅뜨고 쳐다보는 듯하다
색채가 환하게 밝고 강렬해서 볼만한 건
황제와 우 임금 시대라네
수레와 면류관은 지금과 다름없지만
입고 있는 의상은 남달리 특별하구나[60]

이 묘사는 비록 과장된 느낌이 없지 않지만, 당시 궁전 벽화에 단청

60 페이전강費振剛 등 편집 · 교정, 『전한부全漢賦』, 베이징대학출판사 1993, 529쪽.

으로 그려진 신령들이 다양하고 생동감 넘치게 표현되어 있다는 것과 그러한 회화 예술이 상당히 볼만했다는 사실을 알려준다.

지금까지 발견된 도교 회화 중 가장 최초의 것은 문물고고학 연구팀에서 발견한 랴오닝성遼寧省 진현金縣의 잉청쯔營城子에 있는 한나라 묘의 벽화로 알려져 있다. 벽화의 상단에는 상서로운 구름이 피어오르고 있는 가운데 우의선인羽衣仙人이 서 있고, 우의선인이 있는 우측에 고개를 들고 선인을 마주 보고 있는 용이 한 마리 그려져 있다. 그리고 우의선인과 용 그림의 오른편에 삼산관三山冠을 쓰고 허리에 보검을 찬 인물이 있는데, 그 앞에는 학발鶴髮의 노인이 서 있었다. 삼산관을 쓴 인물과 학발 노인의 모양새를 보면 서로 대화를 나누고 있는 정경이 연상된다. 또한 벽화의 하단부에는 세 인물이 그려져 있는데, 홀을 들고 엎드려 절하는 형상을 표현하고 있다. 이런 벽화를 통해 표현하고자 하는 것은 한나라 때의 제사 의식일 것으로 짐작된다. 인물의 복장을 보면 비교적 초기 도교의 복식 형태로 드러나기 때문인데, 그런 점에서 잉청쯔 벽화는 초기 도교의 신선고사神仙故事와 제사 의식을 생동감 있게 묘사한 것으로 추정된다. 후대의 도교 회화 작품에서도 이러한 '검을 지닌 선인', '깃털 옷차림의 선인', '주위에 상서로운 구름을 두르고 있는 선인' 등과 유사한 형상을 흔히 볼 수 있다.

도교는 창립 이래로 줄곧 벽화라는 일종의 예술적 형식을 의도적으로 활용해서 믿음을 전하고 교리를 선전했을 뿐만 아니라, 그들의 법술을 대중에게 과시하기도 했다. 초기 도교 경전인 『태평경』에는 '승운가룡도乘雲駕龍圖', '동벽도東壁圖', '서벽도西壁圖'와 같은 전문적인 그림이 실려 있었는데, 각각의 그림들은 필치가 섬세하고 정교해서 이미지가 살아있는 듯이 생생하다. 게다가 그림 위쪽 한구석에 이를 그릴 때 유의해야 할 사항들을 자세히 표기해놓기도 했다. '승운가룡도'의 경우, 그림의 상단부에 "용은 오색으로 꾸며야 한다龍以五色裝飾"라고 명기해놓거나, 선인은 "홍상紅裳, 청록靑綠, 백대白帶, 엷은 황군黃裙, 주리朱履"로 하고, 선동仙童은 "황상黃裳, 청록, 황군, 주리"로 해야 한다고 표시해놓았다.[61] 물론 이러한 그림과 표기는 벽화의 밑그림에 해당하는 정보를 제공한다.

도교 벽화는 당나라 때 크게 발전했다. 성당 시기에 장안의 화단에서 활약한 거장인 오도자吳道子는 태청궁太淸宮에서 「현원황제상玄元皇帝像」을 그렸고, 용흥관龍興觀에서 「명진경변도明眞經變圖」를 그렸으며, 낙양의 노군묘老君廟에서는 「오성도五聖圖」를 그리기도 했다. 또한 허베이성 쿠양현曲陽縣에 위치한 북악묘北岳廟는 안천왕성제묘安天王聖帝廟라고도 하는데, 여기에 보존된 「천궁도天宮圖」도 오도자의 작품으로 전해진다. 이러한 도교 벽화는 당나라와 송나라 이후로 오면서 갈수록 보편화되었다. 현존하는 도교 벽화 중에는 원나라의 것이 비교적 많다. 대표적인 벽화는 주로 산시성에 많이 남아있는데, 홍동현洪洞縣 수신묘水神廟의 명응전明應殿 벽화, 가오핑현高平縣 성고묘聖姑廟 벽화, 지산현稷山縣 청룡사靑龍寺 벽화, 뤄청 영락궁 벽화 등이 그것이다. 그중에서 영락궁 벽화가 가장 유명하다.

영락궁은 일명 순양궁純陽宮이라고도 한다. 전진교 3대 조정의 하나로서 원대에 건축된 규모가 웅장한 도관이다. 산문을 제외한 사중四重의 주전主殿에는 정교하고 아름다운 도교 벽화가 그려져 있다. 그림의 총면적은 1천여m^{2}나 되며, 크고 작은 신상神象이 2백여 개가 그려져 있다. 용호전龍虎殿은 영락궁의 원래 궁문宮門으로서, 문 안쪽에 신도神荼, 울루鬱壘, 성황城隍, 토지신土地神 및 문을 지키고 서있는 신리神吏와 신장神將들이 그

61 왕밍, 『태평경합교』, 별지 참조.

려져 있는데, 모두 살아있는 듯 위엄이 넘쳐난다. 특히 영락궁의 주전에 해당하는 삼청전은 일명 무극전無極殿이라고도 하는데, 내부의 벽면에 그려진 「조원도朝元圖」는 영락궁 벽화의 진수를 보여준다. 삼청전 벽화는 삼청三淸을 중심으로 전체 벽면을 분할하여 남벽의 양측에 청룡성군靑龍星君과 백호성군白虎星君을 선두에 내세우고, 신감神龕 후면에 32천제天帝가 뒤를 따르도록 배치하고 있다. 동·서·북쪽의 3면을 비롯해 신감을 좌우로 한 부채꼴 형태의 벽면에는 팔위八位의 주신主神을 중심에 놓고, 그 주위 사방으로 금동金童·옥녀玉女·천정天丁·역사力士 및 현원자玄元子, 제군帝君, 선후仙侯, 성수星宿의 좌보左輔와 우필右弼, 그리고 신리神吏, 신장神將, 시신侍臣 등 2백여 신선들이 에워싸고 있다. 이러한 배치는 위계가 분명하고 질서가 정연한 신들의 의장 행렬을 그린 것인데, 이를 통해 삼청의 존귀함을 드러내는 동시에 중신衆神들이 이를 호위하고 있다는 뜻을 상징적으로 보여준다. 이러한 「조원도」 벽화는 여러 세트의 군상으로 이루어져 있는데, 뇌공雷公, 우사雨師, 남두육궐南斗六闕, 북두칠성, 팔괘신군八卦神君, 12생초신군生肖神君, 28성수星宿, 32천 제군帝君 등이 그것이다. 그리고 각각의 제군과 성모聖母 좌우에는 십여 명의 옥녀가 시립하고 있다.

이와 같은 「조원도」의 전체 그림은 도교 신선의 완벽한 체계를 표현하고 있을 뿐만 아니라 3백여 신선 군상을 각각 생생하게 표현한 점에서도 압권이다. 그림 속의 남녀노소는 제각기 비대하거나 날씬한 모습을 하고 있으며, 그 형상을 동정動靜에 따라 구분하여 적절히 처리하고 그 간격도 때로는 조밀하게 때로는 성글게 배치함으로써 서로 다른 차이를 보이는 가운데 통일된 느낌을 주고 변화 속에 조화를 이루도록 했다. 그림의 선은 밝고 수려하면서도 물 흐르는 듯하고, 색채의 농담도 적절하게 처리하여 장엄하고 엄숙한 분위기를 더하게 한다. 의관도 화려하고 아름다운

데다가 그 형태도 가지각색으로 다양하다. 또한 간결하고 명쾌한 기법으로 중선衆仙의 지위와 그 신성함에 대해 생동감을 부여했는데, 특히 거대한 선의 흐름은 유연하면서도 변화가 많고, 진기眞氣가 충만한 가운데 살아있는 듯 가볍고 빠르게 스쳐가는 특징을 보여준다.

한편 순양전純陽殿은 여조전呂祖殿이라고도 한다. 여기에는 「종리권도여동빈도鍾離權度呂洞賓圖」, 「팔선과해도八仙過海圖」, 「도관초악도道觀醮樂圖」 등이 있다. 동·북·서쪽 벽면에는 50여 폭의 「순양제군신유현화지도純陽帝君神游顯化之圖」가 그려져 있는데, 이는 연환화連環畵의 형식으로 저명한 신선인 여동빈의 일생 행적을 표현한 그림이다. 그리고 중양전重陽殿 안쪽에도 전진교 조사 왕중양의 일화를 담은 「왕중양현화도王重陽顯化圖」가 있다. 이 또한 연환화의 형식을 통해 왕중양이 편력한 수행과 오도悟道의 과정 및 제자들을 거두어 가르쳤던 그의 삶을 표현한 벽화이다. 이처럼 영락궁 벽화는 도교 벽화의 천국이라 해도 과언이 아니다. 이를 보고 있노라면 원대 도교화의 거장들이 보여주는 뛰어난 구도와 정교한 회화 기법에 감탄을 금치 못한다.

도교 벽화 이외에 문인들이 도교 설화나 신선사상을 제재로 하여 그린 도교문인화道敎文人畵도 주목할 만한 가치가 있다. 일반적으로 도교를 제재로 한 문인화는 진晉나라 때의 화성畵聖인 고개지顧愷之로부터 시작된 것으로 알려진다. 그후 오랜 세월을 거쳐 전통이 이어지면서 역대 많은 고인高人들이 잇따라 출현하여 절묘한 작품들이 세상에 모습을 드러내었다. 고개지는 노장의 가르침을 숭상하고 신선의 경지를 동경하면서 「열선도列仙圖」, 「낙신부도洛神賦圖」, 「유선상劉仙像」, 「삼천녀상三天女像」 등을 그렸으며, 「화운대산기畵雲臺山記」라는 화론畵論을 남기기도 했다. 「낙신부도」는 도교의 수신水神인 낙신洛神을 화제畵題로 삼은 것인데, 아름다우면서도 변화무쌍한 신선 세계를 그려내어 후대에 많은 영향을 끼쳤다. 이와 비교해 「화운대산기」는 그림에 글을 덧붙인 것으로, 천사天師 장릉이 제자들에게 도를 전하는 모습을 그린 「운대산도雲臺山圖」의 내용과 구상에 관해 서술한 화론이다. 화폭을 보면 단애丹厓가 높이 치솟아 있고 산세가 험준하며, 자홍색을 띤 것으로 미루어 완연한 선경이다. 장천사張天師는 여위고 수척한 얼굴에 선풍도골仙風道骨의 모습으로 세속에 초연한 기상을 띠고 있다. 가파른 절벽 위에서 제자를 일곱 차례나 시험하는데, 그러한 가운데 제자 왕장王長은 엄숙한 표정으로 장천사의 곁에 앉아있고, 조승趙昇은 그 옆에서 맑고 상쾌한 기분을 느끼고 있다. 반면에 절벽 아래에 있는 두 명의 제자는 놀라서 아연실색한 채로 넋이 나간 모양을 하고 있다. 이른바 운대산에서 장천사가 여러 제자들의 도심道心을 시험했다는 도문道門의 유명한 전설을 그림을 통해 마치 살아있는 것처럼 생생하게 보여주고 있다.

위진 남북조 시기에는 남조 송나라의 종병宗炳이 숭산이나 화산과 같은 신선들의 영산靈山을 그리는 회화 기교를 「화산수서畵山水序」에 선보였는데, 이것이 나중에 미불米芾, 황공망黃公望, 석도石濤 등이 그려낸 도교 산수화의 효시가 되었다. 당나라 초기의 화가인 염입본閻立本은 「원시상元始像」과 「행화태상상行化太上像」 등의 도교화 20여 폭을 남겼다. 또한 오도자는 「천존상天尊像」, 「열성조천도列聖朝天圖」, 「이십팔수상二十八宿像」 등의 작품을 남겼는데, 그가 그린 종규鍾馗 그림은 한 시대를 풍미하기도 했다. 그후 당나라 말기의 도사 장소경張素卿은 「노자과유사하老子過流沙河」, 「오악조진도五岳朝眞圖」, 「구황도九皇圖」, 「오성도五星圖」, 「노인성도老人星圖」, 「이십사화진인상二十四化眞人像」 등을 남겼다.

송나라와 원나라 이후로 도가 사상을 숭상하는 문인들이 등장하면서 도교를 제재로 심중의 회포를 표현하는 경향이 주류를 이루었다. 이들은 도교적 제재를 산수山水와 화조花鳥에 결합해 드러내기도 했으며, 산림에 은거하는 선인들을 그려냄으로써 청정무위淸靜無爲와 반박귀진返璞歸眞의 경계와 그 정취를 추구했다. 그에 따라 표일하고 담박한 예술적 품격이 문인화에 나타났다. 원대의 장악張渥은 「태을진인상太乙眞人像」을 남겼는데, 선묘線描의 기법으로 여의홀如意笏을 들고 연잎 위에 서 있는 표일한 선풍을 그려냈다. 장악과 동시대의 인물인 안휘顔輝도 희대의 걸작인 「이선상李仙像」을 남겼다. 「이선상」은 팔선八仙의 하나인 이철괴를 그린 것으로, 괴이하게 생긴 돌 위에 걸터앉아 눈을 부릅뜨고 허공을 바라보고 있는 이철괴의 표정을 현오玄奧하면서도 위엄 있게 그려내었다. 필법이 정교하면서도 힘이 넘치는 가운데 시원스럽고, 인물과 산수를 융합하여 소탈하고 활달한 작가의 심경을 잘 드러내고 있다. 그 뒤를 이어 명나라 때의 오위吳偉는 「북해진인상北海眞人像」이란 그림을 남겼는데, 거북을 타고 표연하게 바다에 떠 있는 선인이 하늘 밖에서 소가嘯歌를 부르며 자유분방하게 노니는 모습을 그리고 있다. 또한 청나라의 양주화파揚州畵派에 속하는 김농金農은 「장천사상張天師象」을 고졸古拙한 문인의 필묵으로 그려냄으로써 세속에 초탈한 화가의 심경을 나타내었다. 김농과 나란히 양주팔괴揚州八怪의 명성을 떨쳤던 황신黃愼도 일찍이 광초狂草의 기법으로 이철괴를 그린 적이 있었다. 호방한 필치가 날렵하면서도 거리낌이 없는 것이 특징인데, 술에 취해 쓰러져 있는 이철괴의 모습을 종이 위에 그려내어 누가 부르면 곧장 그림 밖으로 걸어 나올 듯이 생동감이 넘친다.

벽화와 인물화는 물론 도교적 삶이나 선인을 흠모하고 수도 생활을 그리워하는 마음을 나타내는 문인화에 이르기까지, 도교 회화는 일반적 회화의 예술적 특징을 지니는 동시에 일반적 회화와 구별되는 도교 특유의 의미를 담고 있다. 이런 점에서 도교 회화는 예술적 구상과 표현 수법 면에서 나름의 특징이 있다. 『태평경』에서는 문답의 형식으로 이러한 회화의 핵심과 그 이론에 대해 다음과 같이 자세하게 설명하고 있다.

"지금 천사天師께서는 저희같이 우매한 제자들을 가르치고 있습니다. 가슴에 담아 정성을 다하면 겨우 이해하겠지만, 감히 기대를 저버릴 수 없습니다. 성실하게 여쭙건대 그림에서 신선의 복식은 무엇을 그린 것인지요?"

"모두 하늘의 법을 형상화한 것이고 세속에 따른 것은 없다. 지금 사람들은 하늘의 법을 깨우치지 못해 인물의 크기나 복식을 제멋대로 그린다. 옷이란 것은 오행의 색깔에 따라야 한다. 어미로 하여금 자식을 품게 하듯이, 겉옷의 색깔과 속옷의 색깔이 서로 어울려 상생하도록 해야 한다. 대중大重의 옷은 다섯 겹이고, 중중中重의 옷은 네 겹이며, 소중小重의 옷은 세 겹이다. 미중微重의 옷은 음양을 상징하여 두 겹으로 하고, 대집大集의 옷은 여러 색채를 더하여 여섯 겹으로 한다."

"대중의 옷이 무엇을 상징하는지 듣고 싶습니다."

"오행의 기운이 서로 어울리는 것을 상징한다."

"네 겹은 무엇을 상징합니까?"

"춘하추동의 사계절이 번갈아 상생하는 것을 상징한다."

"세 겹은 무엇을 상징합니까?"

"부父, 모母, 자子의 음양 화합을 상징한다."

"두 겹은 무엇을 상징합니까?"

"군왕과 신하의 기운이 서로에게 미치는 것을 상징한다."

"여섯 겹은 무엇을 상징합니까?"

"육방六方의 잡다한 색채를 상징한다. 따라서 천하에 잡다한 색이 있다고 하는데, 바로 이를 말한다."[62]

이러한 태평경의 설명에 따르면 도교 회화는 일반적인 색채화와는 달리 미세한 부분일지라도 심오한 상징적 의미를 내포해야 한다. 하늘과 땅을 본받아야 하고, 수효와 색깔 또한 음양오행 사상을 구현함으로써 그림 속에 있는 신선의 형상과 그 기운 등을 표현해야 하는 것이다. 이처럼 도교 회화에서 추구하는 바는 회화라는 감성적 형식을 통해 추상적인 신선의 도를 나타내고, 아득하고 유현幽玄한 선경과 신선의 자취를 구체적인 이미지와 정경으로 생생하게 표현하는 데 있다고 하겠다.

제3절 종교 의식의 기호적 표현

의식儀式은 신앙과 종교를 구성하는 기본적인 요소의 하나이다. 이를 통해 종교적 신앙의 행위를 표현하거나 외형화하는 특징이 있다. 신성한 종교 의식은 일종의 규범화된 행위 모델로서 인간과 신의 관계를 소통시키는 역할을 한다. 의식은 반드시 상징성을 띠어야 하며, 종교 의식은 종교적 신앙의 기호로 표현되고 전달되어야 한다. 종교 의식은 기호의 상징적 기능을 통해 신앙과 종교의 신성함과 신비성, 장엄함을 보여준다. 의식에 참여하고 있는 이들로 하여금 신비스럽고 엄숙한 종교적 분위기를 느끼

62 왕밍, 『태평경합교』, 460쪽.

게 하고, 경건한 종교적 감수성을 환기한다. 이에 대해 아인슈타인은 「나의 세계관」이라는 글에서 다음과 같이 말한 바가 있다.

> 우리가 가질 수 있는 가장 아름다운 경험은 오묘한 경험이다. 그것은 진정한 예술과 진정한 과학에 뿌리를 둔 기본적인 감정이다. 이를 체험하지 못하거나 이에 더 이상 호기심을 보이지 않고 놀라운 느낌을 맛보지 못한 자는 죽은 것이나 다를 바가 없고, 그의 눈동자는 혼탁해서 눈이 멀어있는 것과 같다. 비록 어느 정도 공포감이 뒤섞여 있겠지만, 이러한 오묘한 경험에서 종교가 생겨난다. 우리는 우리들의 인식으로 통찰하지 못하는 어떤 것이 존재한다는 것을 의식하고 있으며, 가장 원시적인 형식으로만 감지할 수 있는 심오한 이성과 찬란한 미적 의식을 느낀다. 바로 이러한 인식과 이런 종류의 정감이 진정한 종교적 감정을 구성하는 것이다. 나는 이런 의미에서, 아니 오로지 이런 의미에서만 독실한 종교적 정감을 지닌 하나의 인간이 된다.[63]

과학의 천재가 말하는 이러한 "독실한 종교적 정감"이 종교 문화의 내면적 본질이라면 의식은 종교 문화의 외형적 표징에 해당한다. 일련의 종교의식으로 미묘한 종교적 정감이나 경건한 종교적 신앙을 표출하는 동시에 이러한 의식을 통해 종교가 지닌 강력한 호소력을 발휘할 수 있는 것이다. 이런 각도에서 볼 때, 종교 의식은 언어적 특성을 갖추고 있다고 할 수 있다. 동일한 이치로 중국종교의 의식도 특수한 기호 형식으로 사

---

63 [미국] 아인슈타인, 『아인슈타인 문록文錄』, 쉬량잉許良英 · 류밍劉明 편, 저장문예출판사 2004, 5쪽.

상과 정감을 전달하기 때문에 언어적 특성을 갖췄다고 볼 수 있다.

중국종교의 의식은 일련의 의식단원儀式單元으로 구성되고, 의식단원은 더욱 작은 의식원소儀式元素로 조합된다. 의식원소가 단어에 해당한다면 의식단원은 문장인 셈이다. 문장은 더 큰 단위인 단락을 형성하고 단락은 상대적으로 완전한 텍스트를 구성한다. 이러한 시각으로 중국불교와 도교의 의식을 자세히 살펴보면 신비감을 더하면서도 서로 긴밀하게 연결된 외형적인 동작들이 정보 전달이라는 특수한 기능을 지닌다는 것을 알 수 있다.

1 —— 불교 의식의 기호적 상징

불교의 예배禮拜 의식은 샤카족의 성자에 대한 초기 불교도들의 숭배로부터 비롯된다. 그러다가 점차 그 범주가 확대되어 기타의 다른 붓다와 보디사트바 및 종사宗師에 대한 숭배로 나타났다. 붓다가 입멸한 이후 가장 중요하게 거행된 불교 의식은 불골佛骨과 사리舍利를 불탑이라 부르는 사리탑에 봉안하는 것이었다. 이에 따라 불탑의 주위를 돌며 석가세존에 대한 무한한 존경심을 표하는 행위가 하나의 의식으로 보편화되었다. 신도들은 불조佛祖의 일생을 추모하고, 불골과 사리탑, 불상이나 불족, 금강좌 등에 예물을 올리는 행위를 통해 경건한 숭배의 뜻을 표현했던 것이다. 그런 이후 불교가 발전하고 역사적 변천을 거치면서 불교 의식도 종파에 따라 어느 정도 다른 면모를 드러냈다. 하지만 여전히 많은 의식이 각 교파에서 통용되었고, 각 교파의 의식들이 서로 뒤섞여 행해지는 경우도 드물지 않았다. 그러나 종교 의식이 아무리 가짓수가 많고 복잡하다고 할지라도 각각의 의식마다 나름의 독특한 주제가 있었다. 요컨대 각종 불교 의식이 주로 붓다에 대한 추모와 망령의 구제로 표현된다는 것이다.

불교 의식은 대체로 세 가지 내용을 포함한다. 낭송朗誦, 음창吟唱, 헌례獻禮가 그것이다. 큰 소리로 읊거나 노래하는 시편은 대개 불교의 주된 원칙과 그에 대한 추구를 담고 있다. 이를 통해 붓다에 대한 신앙과 정감을 표출하고 불문에 귀의하는 낭송자의 정신을 일깨운다. 헌례에 필요한 물건으로는 꽃花, 초燭, 향香 등을 들 수 있는데, 그중에서 꽃은 아름다움과 무상함을 뜻하고 초는 완전하고 철저하게 깨달은 경지를 비추는 광명을 상징한다. 그리고 향은 깨달음의 진리가 향기처럼 우주에 자욱한 것을 뜻한다. 이러한 점에서 불교 의식은 일련의 상징적 부호와 그 조합으로써 의식에 참여하고 있는 자들에게 신앙심을 환기하거나 강화하는 행위라고 볼 수 있다.

1 팔관재八關齋

팔관재는 불교 의식 가운데 그 기원이 가장 오래되었을 뿐만 아니라 가장 중요한 의식 중의 하나이다. 일찍이 원시 불교 시대부터 이러한 의식이 행해졌다고 한다.

원시 불교의 생활상을 반영하고 있는 한역漢譯『증일아함경』권15의 「고당품高幢品」을 보면 팔관재의 방법과 그 유래에 대한 자세한 기록이 있다. 여기에는 팔관재의 기본적인 내용과 그 의의를 다음과 같이 요약한 게어偈語가 있다.

살생하지 말고 도둑질도 하지 말고
간음하지 말고 망언을 일삼지 말며
술자리를 피하고 향과 꽃을 멀리하라
미식에 집착하여 재齋를 범하는 것이나

노래하고 춤추며 흥겹게 하는 것도
아라한처럼 배우거나 즐기지 말아야 한다
지금은 팔관재를 받들어 행해야 하니
밤낮으로 잊지 말고 정성을 다하라
태어나고 늙고 죽는 괴로움도 없고
수레바퀴처럼 생사의 윤회도 없다
은혜를 베풀거나 사랑을 주지 말고
원한을 사거나 미움도 받지 말라
원컨대 오음五陰의 괴로움이 소멸되고
생로병사의 번뇌가 없도록 하소서
열반에는 아무런 근심도 없다 하니
이제 나는 스스로 귀의하노라

여기에 담긴 뜻은, 팔관재를 봉행하면 생사윤회와 색色·수受·상想·행行·식識이라는 오온의 번뇌에서 벗어나 열반의 세계에 머물 수 있다는 것이다. 이런 팔관재의 의식 절차는 불경에서도 통일된 규정이 없고, 국가적 배경이나 시대적 여건에 따라 조금씩 변화되었다. 그런 가운데 시공의 한계를 초월하여 일관되게 행해왔던 것이 두 가지가 있는데, 그것은 바로 전경轉經과 참회懺悔다.

『법원주림』은 재일의식齋日儀式에 대해 다음과 같이 행해야 한다고 기록한다.

도량을 엄숙히 꾸미고, 목욕을 하여 세속의 티끌과 때를 씻은 다음 깨끗한 옷으로 갈아입고 마음과 몸을 정갈하게 한다. 죄악의 뿌리를 말하고

> 잘못을 진심으로 뉘우친다. 몸을 땅에 던지되 마치 큰 산이 무너지듯이 하고, 오체五體로 간절한 마음을 드러내어 삼보三寶에 귀의하며 정성을 다해 회향回向한다.

당나라 때 현장玄奘 법사는 불경을 구하기 위해 서역으로 갔는데, 마투라국(秣菟羅國, mathura)에 이르러 현지의 승속僧俗들이 팔관재를 거행하는 장면을 목격하고 다음과 같은 기록을 남기기도 했다.

> 해마다 삼장재월三長齋月과 육재일六齋日이 되면 승려와 신도들이 다투어 동호인들을 이끌고 공양 도구를 가지고 와서 제를 지내고 기이한 노리개를 매달아 꾸미며, 추종하는 바에 따라 그들의 불상을 설치한다. 아비달마阿毗達磨를 추종하는 신도들은 사리자舍利子에게 공양하고, 습정習定을 일삼는 무리는 몰특가라자(沒特伽羅子, 목건련)에게 공양한다. … 보개寶蓋가 즐비하게 늘어서고 향 연기가 구름처럼 자욱하며, 꽃이 비처럼 쏟아져 해와 달이 가려져 빛을 잃고 계곡이 진동한다. 국왕과 대신들은 모두 선善을 닦는 데 힘쓴다.[64]

불법이 동쪽으로 전해지면서 이러한 의식도 중국에 유입되었다. 초기의 팔관재는 재를 주관하는 자가 대개 음식을 베풀어 대중을 구제하고 믿음을 권하는 데 그 뜻을 두는 경우가 많았다. 살생殺生 · 투도偸盜 · 음행淫行 · 망어妄語 · 음주飮酒 · 가무歌舞 · 자고自高 · 비시식非時食 등과 같은 팔계八戒의 계율도 엄격하게 적용하지 않았다. 심지어는 중국의 전통적 제례

64 현장, 『대당서역기大唐西域記』, 상하이인민출판사 1995년판, 91쪽.

와 분간할 수 없을 정도로 뒤섞여서 "비록 재참齋懺이 있기는 하나 사사祠祀와 다름없다"라는 느낌을 주기도 했다. 그러다가 남북조 시대의 동진에 이르러 율학律學의 연구와 계율의 실천이 심화되면서 한족이 거주하는 지역에서 거행되는 팔관재도 점차 엄격한 격식을 갖추게 되었고, 이것이 광범위하게 유행되어 "산 사람을 위해 복을 기원하고, 망자를 위해 해탈을 비는" 재의로 정착되었던 것이다. 동진의 고승 지도림은 〈팔관재시八關齋詩〉 세 편을 남겼는데, 시적 언어의 형식으로 팔관재의 재법齋法과 그 절차에 대해 다음과 같이 간결하게 설명하고 있다.

법재法齋 행사를 건의하니
이웃의 벗들이 다들 찬성하네
좋은 날 새벽을 택해 기약하기를
목욕재계하고 외진 산에 오르자 하네
엄숙한 마음으로 재당齋堂에 모여
티 없이 맑게 마음을 닦고자 한다네
팔관재계 수행하는 아름다운 객들이
마음의 빗장 열고 끈끈한 정으로 맺어져
고요한 침묵 속에 새벽까지 본성을 닦아
지칠 줄 모르고 여린 의지 갈고 다듬었네
법고法鼓 소리 세 차례 울려 퍼지니
맑은 계곡물이 쏟아져 내리는 듯하고
처연한 심정으로 중생제도 서원하는데
법당에 앉은 모습 같은 배를 탄 듯하구나
현리玄理를 밝혀 성인聖人을 찬양하니

이는 초심자의 요구에 부응함이고
성심誠心이 좁은 방에 가득하니
삼계三界에서 청정淸靜 수행 찬탄하누나
아름답고 상서로움을 재상宰相에게 돌리니
경사스러운 구름이 허공에 가득한 듯하도다

또한 〈팔관재시〉는 팔관재를 행하는 과정에서 일어나는 내면적 정서의 변화와 함께 이를 통해 승화된 경지에 대해서도 다음과 같이 언급하고 있다.

전날 아침에 시작한 삼회三悔가
야심한 한밤까지 그칠 줄 모르네
새들이 지저귀며 새벽을 알리니
예를 갖추고 집역자를 잠자리에 들게 한다
빈객들이 떠난 후 대청은 적막하고
쓸쓸한 산들바람 옷깃을 스친다
아쉬움에 머뭇거리며 길모퉁이에 서서
손 흔들고 허리 숙여 작별인사 나누고는
가벼운 수레 타고 들판 속으로 달려
바람 타고 번개처럼 사라져가는구나
긴장된 마음 풀고 느긋하게 걸어오는데
멀리서 말채찍 소리 귀에 쟁쟁하구나
목을 빼고 되돌아보니
끝 모를 외로움이 전신을 감싸네

아, 몸은 있지만 내 것이 아니고
외물은 본디부터 적막함이라
시를 읊조리고 텅 빈 방으로 돌아가다가
그윽하고 참된 이치 맛보게 될 줄이야
한차례 내왕하여 놀다간 건 아니지만
한가한 가운데 절로 깨닫게 하는구나

쑥대 같은 오두막에 잠심潛心하면서
초구初九 잠룡물용 읊조리는데
무성하고 아득한 대숲 헤치고
회오리바람 불어 창틈으로 스며든다
태연자약하면서 생각의 나래 펼쳐
약초 캐러 높은 산 올라가는데
험한 산길 천길 벼랑 올라가 보니
넓고 적막한 대지가 발아래 놓였구나
멀리 소나무 숲은 울창해서 보기 좋고
호수 언저리 버들가지 애잔하게 보이누나
높은 산 긴 언덕에 올라 허리띠 풀고
맑은 개울가에서 너울너울 춤을 추나니
서늘한 산바람에 번뇌를 풀고
차가운 샘물에 온기가 남은 손을 씻는다
쓸쓸한 가운데 신기神氣는 상쾌하여
봄날 늪가에서 유유히 걷는 듯하도다
깨달으면 삼재三才의 경계도 사라지고

황홀한 가운데 형신形神이 분리되네

노닐며 관조하니 은거하는 것과 같지만

대중 교화 못 하는 게 부끄러울 따름일세[65]

이러한 팔관재는 동진을 비롯한 위진 남북조 시기에 이르러 크게 유행했지만, 전국 각지에서 재회齋會의 열기가 뜨거워지면서 점차 종교적 의미를 초월하여 불교재의佛教齋儀에 기반한 민속 행사로 변모하게 되었다.

2 수륙법회水陸法會

불교의 법사法事에는 크고 작은 것이 있는데, 큰 것으로는 불기佛忌, 기도祈禱, 추복追福 등 대형 법회가 있고, 작은 것으로는 염경念經, 공불供佛, 망혼천도亡魂遷度 등 소형 법사가 있다. 이러한 각종 법사 가운데 수륙법회가 가장 성대하다.

수륙법회의 본래 명칭은 '법계성범수륙보도대재승회法界聖凡水陸普度大齋勝會'이다. 이를 줄여 수륙水陸, 수륙도량水陸道場, 비제회悲濟會, 수륙재水陸齋 등으로 부르기도 하는데, 속칭 타수륙打水陸이라고 하는 규모가 크고 성대한 불교 의식의 하나다. 수륙법회는 물속과 육지에 있는 일체의 원귀와 육도六道의 모든 중생들을 제도하여 해탈시키기 위한 목적으로 거행된다. 구체적인 내용에는 송경설재誦經設齋, 예불배참禮佛拜懺, 추존망령追荐亡靈 등이 포함된다. 행사 기간은 짧게는 7일 밤낮이고, 길게는 49일 동안 진행된다. 이에 참여하는 승려나 비구니 숫자도 엄청나게 많아 대단한 성황을 이룬다. 법회가 진행되는 동안 사찰에 있는 법기法器가 경내에 일제히

65 왕개운王闓運 편, 『팔대시선八代詩選』, 『속수사고전서續修四庫全書』 제1593권, 449쪽.

울리고 독경하는 소리가 대들보를 감싸고 끊이지 않아 원근에서 모두 알며, 행사장에는 신비스러운 종교적 분위기가 짙게 배어 있다.

이러한 수륙법회의 발단은 양무제로부터 비롯되었다고 전해진다. 양무제가 꿈속에서 신승神僧의 계시를 받고 깨어난 다음 보지선사寶志禪師의 가르침에 따라 3년 동안 불교 대장경을 친히 열람한 끝에 이런 의식을 만들어내었다고 한다. 그러다가 북주北周와 수隋 왕조의 변난變亂을 겪으면서 실전되었다. 그 후 당나라 고종 함형咸亨 연간에 서경西京 법해사法海寺의 신영선사神英禪師가 꿈에 나타난 이인異人의 가르침에 따라 대각사大覺寺의 오승吳僧 의제義濟로부터 양무제가 편찬한 「수륙의문水陸儀文」을 구해와 재齋를 상설하게 되었고, 이를 계기로 수륙법회가 다시 유행하게 되었다. 수륙법회의 의식과 규범은 당송 이후 역대 고승과 거사들에 의해 끊임없이 정리되는 과정을 거쳐 내용이 한층 더 풍부해졌다. 송나라 양악조楊鍔祖는 양무제의 「수륙의문」을 바탕으로 『수륙의水陸儀』 세 권을 편찬하여 한때 크게 유행하기도 했다. 종색宗賾은 제가諸家의 내용을 다듬고 정리해 『수륙의문水陸儀文』 네 권을 집성했는데, 이를 승속들에게 나누어주고 법에 따라 수행할 것을 권하기도 했다. 이어서 남송의 지반志盤은 『수륙신의水陸新儀』 여섯 권을 편찬해서 재법齋法을 널리 보급했다. 청나라 도광道光 연간에 의윤儀潤이 『법계성범수륙보도대재승회의궤회본法界聖凡水陸普度大齋勝會儀軌會本』 여섯 권을 편찬했고, 그 후 척관咫觀은 『법계성범수륙대재보리도량성상통론法界聖凡水陸大齋普利道場性相通論』 아홉 권, 『수륙도장법륜보참水陸道場法輪寶懺』 열 권을 지었는데, 이러한 책들이 나중에 수륙법회의 일반적 의궤가 되었다.

법회의 내용과 그 절차는 차례대로 결계쇄정結界洒净, 견사발부遣使發符, 청상당請上堂, 공상당供上堂, 청하당請下堂, 공하당供下堂, 봉욕奉浴, 시사施

食, 수계授戒, 송성送聖 등으로 이루어진다. 법회의 단장壇場은 내단과 외단으로 구분된다. 법사는 주로 내단에서 거행되는데, 내단의 정중앙에는 비로자나불·석가모니불·아미타불의 삼존 불상을 걸어놓고, 그 아래에 제사상을 설치한다. 제사상 위에는 향, 꽃, 촛불, 과일 등과 같은 공양물을 배열한다. 제사상 앞에는 직사각형 탁자 네 개를 사각형 모양으로 설치하고, 네 개의 탁자 위에 동경銅磬, 두고斗鼓, 요발鐃鈸, 수령手鈴 및 의궤 등을 마련해두는데, 법회를 주관하는 네 사람인 주법主法, 정표正表, 부표副表, 재주齋主가 이를 사용하도록 한다. 사방을 천막으로 둘러치고 내단을 세 칸으로 구분한 다음, 양 측면을 다시 상당上堂과 하당下堂으로 나누어 열 명의 신상이 그려진 수륙화水陸畵를 각각 걸어놓는다. 외단은 6개의 단장壇場으로 나뉜다. 그중에서 대단大壇은 『양황보참梁皇寶懺』을 예배하는 일을 전담하고, 법화단法華壇에서는 묘법연화경을 독경하며, 정토단淨土壇에서는 아미타불을 염불하는 일을 담당한다. 이처럼 직책에 따라 담당하는 일이 각각 다르다. 칠일법회七日法會의 경우를 예로 들면, 법회의 첫 번째 날 삼경三更에는 외단에 물을 뿌리고 깨끗하게 하는 쇄정洒净 의식을 진행한다. 사경四更이 되면 내단을 결계結界하고 오경五更에는 사자使者를 보내 깃발을 세운다. 이튿날 사경에는 상당上堂의 신을 청하고, 오경이 되면 봉욕을 행한다. 사흘째 되는 날 사경에는 상당에 공양을 바치는 행사를 진행하고 오경에는 사면赦免을 청하는 청사請赦를 거행한다. 정오에는 승려들에게 공양을 올린다. 나흘째 되는 날 삼경에는 하당下堂을 청하는 행사를 진행하고, 사경에 봉욕을 행하며, 오경에 수계 의식을 진행한다. 5일째 되는 날 사경에는 『신심명信心銘』을 낭독하고, 오경에는 하당에 공양을 바치는 행사를 하며, 정오가 되면 승려들에게 공양을 올린다. 엿새째 되는 날 사경에는 주법主法이 친히 상당과 하당에 축원을 하는 행사를 하고, 정오가 되기 전에 방생한다. 이레째 되는 날 오경에는 상당과 하당에 모두 공양을 바치고, 정오에 승려들에게 공양을 올린다. 미시未時가 되면 상당과 하당의 신상을 영접하여 외단으로 모시고 나가고, 신시申時가 되면 송성送聖 행사를 거행한다. 이렇게 해서 수륙법회를 원만하게 종결한다.

3 티베트 불교 의식의 기호적 상징

티베트에 남아있는 수많은 불교 의식에는 독특한 특색이 있는데, 다음과 같은 두 가지 불교 의식을 통해 대략의 윤곽을 더듬어 볼 수 있다.

예불의禮佛儀는 불교 사찰에서 가장 중시하는 의식이면서도 가장 보편화된 의식이다. 불전佛殿과 불당佛堂은 예불을 할 때 반드시 있어야 할 장소다. 사찰의 내부에 수많은 불전과 불당들이 설치되어 있는데, 이러한 불전과 불당의 내부 장식은 대체로 화려하게 꾸며져 있기 마련이다. 벽면은 기이한 그림들로 가득하고, 화려한 대들보에는 연꽃이 그려져 있다. 현관 앞에는 통상 법륜法輪이 그려져 있고 불단佛壇 위에는 삼보三寶를 모시고 있다. 예불을 행할 때 불단의 중심에 놓인 불상은 신구의身口意, '삼업三業'의 하나인 '신身'을 의미한다. 불상 좌측에 있는 서적이나 경전은 법을 상징하며, 불상 우측의 보탑寶塔은 가르침의 뜻을 나타낸다. 불상 앞에 놓이는 공양물로는 심신의 청정함을 뜻하는 맑은 물을 비롯해 아름다움을 뜻하는 꽃과 쌀알, 어느 곳이나 스며들어 갈 수 있는 불법을 상징하는 향, 깨달음을 뜻하는 버터酥油, 고마운 마음을 경건하게 표현하는 과일 등이 있다. 여기서 라마Lama가 공양물을 올릴 때는 반드시 정중하게 의식을 치르고 기도하는 경문을 읽는다. 이때 불당 내부에서는 질서정연하게 자리를 잡게 되는데, 승려들은 신분이나 나이의 고하에 따라 차례대로 두 줄로 깔린 융단 위에 앉는다. 옹칙翁則은 무리를 이끌어 독경을 선도하고,

격귀格貴는 승율僧律과 질서를 유지하는 일을 하고, 확요確堯는 공양물을 올리는 일을 맡아서 일사불란하게 각자 자기가 맡은 일을 행한다. 거대하고 웅장한 불당에 각종 법기의 소리가 어우러져 일제히 소리를 내면서 내부의 촛불들이 너울거리며 빛을 발하고, 독경 소리가 느리고 유장하게 울려 퍼져 나가는데, 이러한 티베트 불교의 예불의식은 격렬한 가운데 장중하고 신비스러운 분위기를 느끼게 한다.

한편 관정전법의灌頂傳法儀는 티베트 밀교에서 탄트라를 전수하는 의식이다. '관정灌頂'은 원래 고대 인도의 국왕이 제위에 오를 때 행하는 의식의 일종으로, 성대하고 장엄한 분위기 속에서 진행된다. 사해四海를 상징하는 물을 보병寶瓶에 담아 즉위자의 정수리 위에 부어내리면서 일국의 왕이 된 것을 봉축하는데, 왕위를 물려주는 이런 의식이 나중에 불교에 도입되었다. 불교에서는 보디사트바가 제9지에 이르게 될 때 시방十方의 제불諸佛이 '관정'을 하게 되는데, 손으로 정수리를 쓰다듬으면서 붓다의 세계에 진입한 것을 축하해준다고 주장한다. 초기 불교 시절부터 '관정'에 대한 이야기가 있었지만, 체계적인 의식으로 정착되지 않았다. 밀교의 전성기에 이르러 비로소 관정이 점차 하나의 의식으로 자리를 잡아 탄트라 경전에 편입되었다. 사부事部·행부行部·유가부瑜珈部·무상유가부無上瑜珈部와 같은 사부四部 밀법密法에서 모두 명시하고 있는 바와 같이 입단入壇하여 관정을 받지 못한 자는 탄트라를 듣거나 배울 수가 없고, 탄트라 문헌을 열람하는 것조차 허락하지 않는다. 이를 어길 때는 법을 훔친 죄로 다스린다고 한다. 밀교에서는 관정 의식을 치르지 않은 자는 뼈를 깎는 수행을 할지라도 성공을 기약하기 어렵다고 여긴다.

이러한 관정 의식은 종류가 다양하고 등급도 천차만별이다. 그중 전법관정傳法灌頂은 탄트라 수행에 필요한 기초가 다져진 자를 대상으로 행해진다. 이런 의식은 절차가 복잡하고 장엄한 것이 특징이다. 보통의 경우에는 수행법을 전수하기도 하는데, 이미 관정을 받은 자는 스승의 허락을 얻어야 다른 사람에게 법을 전하거나 관정을 시행할 수 있다. 전법관정 의식을 거행할 때는 전법관정의 자격을 갖춘 활불活佛이나 스승이 '본파本巴'라는 일종의 신비한 물병을 들고 수법자受法者의 머리 위에 성수聖水를 뿌리고, 그와 동시에 게송을 읽고 염불을 한다. 불교의 주장에 따르면 임종할 때 정신과 의식이 육체를 떠나게 되는데 오로지 정수리로부터 빠져나와야 생사를 해탈할 수 있다고 한다. 그러나 인간의 정문頂門은 어릴 때부터 봉쇄되어 있고, 게다가 정수리에 있는 차크라가 기맥이 이리저리 얽혀있는 탓에 생사를 자유자재로 하는 데 장애가 된다. 이러한 장애를 극복하려면 특수한 방법으로 정수리의 통로를 열어주어야 한다. 이것이 이른바 '개정開頂'이다. 탄트라 신자들은 능력이 있는 스승이 관정 의식을 행할 때 법력으로 정수리를 열어줄 수 있다고 믿는다. 또한 관정 의식을 받은 자는 이런 의식을 통해 법력을 얻게 되면 의념을 수시로 운용하여 신식神識을 끌어올림으로써 육체를 이탈하고 정토淨土에 왕생하는 데 걸림이 없게 된다. 이러한 관정전법 의식은 신비한 법력을 상대방의 마음속에 주입하는 의미가 있을 뿐만 아니라, 법력을 받은 자에게 영원히 머물면서 지속적인 효력을 발휘하게 한다. 이는 법력을 주고받았다는 것을 상징하는 데 그치지 않고 이와 같은 의식을 치른 자가 향후 불법의 수행에 있어 새로운 경지로 진입했다는 것을 대외적으로 선포하는 것이기도 하다.

2 —— 도교의식의 기호적 상징

도교의식을 일반적으로 '재초과의齋醮科儀'라 하는데, '재초齋醮'는 도교의 숭배 의식을 전통적으로 일컫는 명칭이다. '재齋'는 재계齋戒나 청결함을 의미하고, '초醮'는 제사를 지내거나 신에게 술을 따라 올린다는 뜻이다. 초기 도교를 보면, '재'에는 재법齋法이 있고 '초'에는 초의醮儀가 있듯이, '재'와 '초'는 본래 서로 다른 제사 의식이었다. 『무상황록대재입성의無上黃籙大齋立成儀』에서 다음과 같이 말한 바 있다.

> 향을 피워 행도行道하고, 죄를 참회하며 허물을 사죄하는 것을 '재'라 한다. 진선眞仙을 초빙하고 성인聖人을 강림시켜 은혜를 빌고 복을 청하는 것을 '초'라 한다.[66]

그러나 당나라와 송나라 이후로 재와 초가 종종 같은 제단에서 거행되면서 이 둘이 엄격하게 구별되지 않았다. 명나라 초기에 재와 초가 정식으로 합쳐져 '재초'라고 부르게 됨에 따라 도교 제사 의식의 범칭이 되었다. 재초의 기원은 상고 시대 종교 의식에서 비롯되는데, 이와 관련하여 다음과 같은 설이 있다.

> 한나라 말기에 천사天師가 경經에 의거해 교敎를 세우고 제사를 재초의 과의科儀로 바꾸었다. 천지를 본받아 예물을 갖추어 정성을 알리고, 도를 행하고 경문을 외우며 글을 하늘에 올려 그 뜻을 전했다. 또한 큰 의식을 거행함으로써 12월 납제腊祭인 청사淸祀를 수행했다.[67]

---

66 『도장』 제9책, 478쪽.

이처럼 도교에서는 재초 의식을 극히 중시했는데, 이에 대해 육수정은 『동현영보재설광촉계벌등축원의洞玄靈寶齋說光燭戒罰燈祝願儀』에서 다음과 같은 말을 남겼다.

> 무릇 천지를 감동하게 하고 군신群神에게까지 미치며, 선도仙道를 통달하고 지진至眞을 통찰하며, 세속의 죄업을 해소하고 재앙을 소멸시키며, 원수의 집안과 화해하고 성대한 덕을 쌓고 질병을 치유하는 등 이 모든 것을 제도하는 데 재齋와 전경轉經보다 더 중요한 것은 없다. '재'야말로 구도의 근본이며, 이로 말미암아 성사되지 않는 것이 없다.[68]

『금록대재계맹의金籙大齋啓盟儀』에도 다음과 같은 말이 있다.

> 도가에서 우선시하는 것으로 '재'만 한 것이 없다. 재의 종류는 아주 많지만 대동소이하다. 공덕이 참으로 소중하니 하늘과 땅을 꿰뚫을 수 있고 최상의 일승一乘으로 귀일한다. 그 위의威儀와 절도節度는 모두 240 조항인데, 삼원궁三元宮에 비장되어 있다. 조목과 요점이 잘 정리되어 있어 후학들을 가르쳐 인도할만하다. 이로 짐작건대 이른바 천지를 움직이고 귀신을 감동하게 하며, 나라와 집안에 복을 주고 이승과 저승을 제도하는 데 있어서, 이 도道를 버리고 무엇을 하겠는가.[69]

이와 같은 역대 도인들의 지속적인 노력을 통해 방대하고 체계적인

67 『도장요적선간道藏要籍選刊』 제8책, 상하이고적출판사, 1989, 323쪽.

68 『도장』 제9책, 824쪽.

69 『도장』 제9책, 72쪽.

재초과의가 형성되었을 뿐만 아니라, 과의에 관련된 수많은 경전을 확보할 수 있었다. 예컨대 『정통도장正統道藏』, 『만력속도장萬歷續道藏』 등에 있는 과의 경전은 무려 170여 종에 달하는데, 여기에는 재초의齋醮儀, 수도의授度儀, 등의燈儀, 단의壇儀 등의 각종 저작물이 포함되어 있다. 그 내용과 기능에서도 고대 사회의 거의 모든 면을 망라하고 있다. 예를 들면 도망悼亡, 추천(追薦, 혼령의 천도), 연수延壽, 해액解厄, 해과解過, 기복祈福, 기사(祈嗣, 자식을 비는 것), 정택(净宅, 불결한 것을 쫓아내는 것), 초묘醮墓, 기우설祈雨雪, 지우설止雨雪, 단온(斷瘟, 역병 제거), 멸황(滅蝗, 해충의 재해를 없애는 것)" 등이 그런 것들이다. 이런 내용은 도교 신도와 일반 백성들이 신앙을 통해 다방면에 걸쳐 요구하는 것을 반영한다.

이러한 도교 재초는 체계적이고 규범화된 격식을 갖추고 있는데, 재초 활동에서도 다음과 같이 반드시 격식에 따라 과의를 진행할 것을 요구한다.

> 무릇 재법齋法은 정밀하고 엄격해야 한다. 천상의 여러 성인聖人들이 내려와 감독하기 때문에 매사가 반드시 법도에 부합해야 한다. 조금이라도 지체하거나 꾸물거려 법의法儀를 잃어서는 안 된다.[70]

이에 따라 재초과의의 격식과 규범을 제대로 파악하는 것도 도사들의 수도 생활에 중요한 일이 되었다. 게다가 깨달음을 얻거나 영통하는 데 기초가 되기 때문에 마음을 다잡아 이를 익혀야 했다. 『전진청규全眞淸規』의 규정에도 이를 다음과 같이 명시하고 있다.

---

70 『도장요적선간』 제8책, 370쪽.

> 뜻이 있는 자는 현명한 스승을 직접 모시고, 예를 갖추어 아침저녁으로 안부를 묻고 이르는 말을 잘 따르며 경전을 학습해야 한다. 청규淸規를 준수할 때에는 해가 져서 황혼이 되면 향을 사르고 등불을 밝혀서 하늘과 땅에 감사의 예를 올리고, 아침이 되면 성현聖賢들을 참배하고 사존師尊을 시봉해야 한다.[71]

이처럼 정성을 다해 부지런히 수행해야만 선령仙靈을 감동하게 하여 대도大道를 성취할 수 있는 것이다. 도교의 재초과의는 종류가 수없이 많고 그 내용도 복잡하므로 여기서는 몇 가지 사례를 들어 그 일부분이나마 엿보고자 한다.

1 황록재의黃籙齋儀

황록재黃籙齋는 도교에서 가장 널리 행해지는 재초 활동으로 과의가 정밀하고 엄격하다. 역대 도문道門에서 이를 중시해서 천백 년이 지난 오늘날까지 쇠퇴하지 않고 전해지고 있다. "경經이 36부部로 나뉘어 있지만, 사람을 제도하는 것보다 앞서는 것이 없고, 재齋가 스물일곱 가지나 되지만 황록黃籙이 으뜸이다"라는 말까지 있을 정도다. 육수정이나 두광정을 비롯한 역대 수많은 도사가 모두 황록재의 과의를 찬술하는 데 심혈을 기울였다. 그러한 요인은 황록재가 기양과 중생 제도의 기능을 광범위하게 갖추고 있다는 데 있다. 영전진寧全眞은 『상청영보대법上淸靈寶大法』에서 황록재에 대해 다음과 같이 말한 바 있다.

71 『도장』 제32책, 156쪽.

> 생사를 포함하여 사람과 하늘이 함께 복을 누릴 수 있는데, 위로는 국가와 아래로는 서민에 이르기까지 모두 이를 받들어 개선할 수 있다. … 나라의 재앙을 없애고 백성의 복을 기원하며, 스승과 제자를 구제하고 유혼幽魂을 두루 제도하며, 삼원三元에게 복을 청하고 구조九祖까지 천도할 수 있는 것이 모두 황록이다. 여기에는 상세한 과의가 있다.[72]

또한 『도교영험기道敎靈驗記』를 보면, 황록재와 관련된 수많은 사례가 기록되어 있는데, 그 가운데 「이약황록재험李約黃籙齋驗」에는 다음과 같은 내용이 있다.

> 황록재는 생사의 존망을 제도하고 맺힌 원한을 해소하며, 지은 죄를 참회하거나 신명神明을 불러오기도 하여 못 하는 일이 없다. 위로 천지신령에게 글을 올려 고하는 것은, 세간에 제왕에게 상소문을 올리면 즉시 밝은 조칙을 내리는 것과 같다. 상천上天의 명이 있으면 만신萬神이 받들어 행한다. 천부天符를 내릴 때는 먼저 황광黃光이 비치는데, 마치 해가 떠오르는 것과 같이 지옥을 비추어 일체의 고뇌가 사라지고, 모두가 갈망하는 것을 얻게 될 뿐만 아니라 구제와 속죄의 공덕이 신속하게 이루어진다. 따라서 황록재를 행하는 것이 무엇보다 급하다.[73]

이러한 황록재를 거행하는 기간은 일정하지 않다. 짧게는 하루나 사흘이고, 길게는 닷새에서 이레 동안 지속된다. 황록재의 최장 기록은 49일

---

72 『도장』 제31책, 201쪽.

73 『도장』 제10책, 855쪽.

이다. 그에 대한 과의의 절차도 행사의 기간이 길고 짧음에 따라 적절히 증감하여 조절된다. 일반적으로는 길일吉日을 택하여 재단齋壇을 세우는 것에서 시작하는데, 그다음에 도장道場을 배치하고 각종 준비물을 마련함으로써 작업을 마친다. 두광정은 『태상황록재의太上黃籙齋儀』 권1의 「제일일청단행도의第一日淸旦行道儀」에서 황록대재黃籙大齋의 정재正齋 첫 번째 날의 과의 절차에 대한 기록을 남겼는데, 여기에는 대략 10여 항목의 과의 절차가 있다. 이를 차례대로 기술하면 다음과 같다.

먼저 인시寅時에 '입호入戶'를 시작한다. 임단법사臨壇法師가 향물로 입 안을 헹구는 것을 '탕예蕩濊'라 하는데, 이러한 준비 작업을 마치고 나서 손호巽戶의 방향에서 재단에 오르며 입호주入戶呪를 된다. 축祝이 끝나면 고공법사高功法師가 내단으로 들어가 십방十方에 향을 올리고 묵념하면서 상향밀주上香密呪를 암송한다. 그다음 '각사존념여법各師存念如法'을 행하는데, 태상삼존太上三尊이 하늘에서 하강하는 모습을 존상存想한다. 이어서 '발로發爐'는 고공법사가 진령眞靈에게 아뢰는 축을 올리는 것으로 시작하는데, 축을 마치고 나서 임단법사가 3배를 한다. 다음으로 '출리병상계出吏兵上啓'를 행한다. 임단법사가 허리를 펴고 무릎을 꿇고 있는 동안 고공법사가 존상법存想法을 시행하여 동부의 신선들을 비롯해 천상의 여러 선관仙官들과 신장神將들을 단장壇場으로 불러내어 한자리에 모신 다음 말씀을 올리고 밖으로 나와 분향한다. 이어서 '각칭법위各稱法位'를 행한다. 임단법사가 각자에게 내린 법위法位를 부르는데, 이때 자신만이 들을 정도로 작은 소리로 읊는다. 그 뒤에 '독사讀詞'가 있는데, 공손하게 태상삼존을 향하여 청사靑詞를 읽고 향을 세 번씩 집어 상향한 다음 축원문을 봉독한다. 이어서 '예방禮方'을 행한다. 임단법사가 이십방二十方에게 예를 올리고 과의에 따라 각각을 향해 참회한다. 이십방은 일월성日月星·

오악五岳 · 수부水府 · 경보經寶의 황록십방黃籙十方에 영보십방靈寶十方을 보탠 것을 이른다. 이때 임단법사는 간簡을 든 채 지면에 머리를 대는 고두叩頭를 행하고 신身 · 구口 · 심心의 삼업三業을 참회한다. 이어서 '각사구색원상인액명마밀주各思九色圓象咽液命魔密呪'를 행한다. 그리고 고공법사는 왼쪽으로 돌아서 귀문鬼門에 이르러 서쪽을 바라보고 서고, 도강법사都講法師는 천문天門에 이르러 동쪽을 바라보고 선다. 이때 법사들은 도강법사 뒤에 서서 아홉 빛깔의 원상圓象을 존사存思한다. 이를 마치고 나면 치아를 세 번씩 마주치는 고치叩齒를 하고, 입 안에 고인 침을 세 번 나누어 삼킨 다음, 명마밀주命魔密呪를 왼다. 이어서 '보허선요步虛旋繞'를 행한다. 도강법사가 보허가步虛歌를 창唱하면서 주위를 돌면, 다른 법사들도 차례대로 왼쪽으로 가면서 보허가를 부르고, 향등香燈 주위를 세 바퀴 돈다. 이어서 '삼계삼례三啓三禮'를 행한다. 법사들은 삼보三寶 앞에 놓인 진단경문鎭壇經文을 참배하고 삼계송三啓頌을 읊는다. 이어서 '중칭법위重稱法位'를 행한다. 법사들은 각자에게 수여된 법위를 재차 칭한다. 고공법사는 북쪽을 향해 감사하는 큰절을 올리며 황록재에 참여하는 자들도 신령과 진선眞仙들에게 말씀을 올린다. 법사들은 모두 무릎을 꿇고 참회한 죄를 용서해준 것에 대한 감사의 글을 올리는데, 이는 재주齋主를 대신하여 사죄를 올린 것이다. 이어서 '발념發念'을 하는데, 십념十念 또는 십원十愿을 발원한다. 그 내용은 대부분 재해를 방지하고 국가의 안녕을 기원하는 것으로 이루어진다. 이어서 '복로復爐'를 행한다. 신령과 진선들에게 감사의 글을 올리는데, 고공법사가 동쪽을 향해 향을 올린 다음 축문을 읽고 존상한다. 마지막으로 '출호出戶'를 행한다. 고공법사가 문에 서서 고치를 세 번 하고 주문을 외우고 축을 마치면 입단入壇할 때와 반대로 법사들이 문밖으로 나간다.

이상으로 황록재를 간략하게 소개했다. 이는 황록재의 전 과정에 있어서 빙산의 일각에 불과하다. 사실상 황록재와 같이 복잡한 재초과의는 통상 허다하게 존재하는 독립된 과의단원科儀單元의 조합으로 이루어지고, 매개의 의식원儀式元마다 자체의 특정한 의미를 지닌다. 이처럼 복잡하고 수많은 의식원들이 서로 다른 절차와 순서에 따라 조합되면서 각종 주제의 재초과의를 형성하게 되는 것이다.

2 예배과의禮拜科儀

도교 계열의 인물들이 도교 사원에 들어서게 되면 반드시 먼저 신상神象을 향해 머리를 조아리고 읍揖을 해야 하는데, 이것이 예배다. 예배는 도교 재초에 있어서 가장 보편적이면서 흔히 볼 수 있는 의식원일 뿐만 아니라 입도入道와 수행의 첫걸음이다. 이와 관련하여 『요수과의계율초』 권9에서 다음과 같이 말한다.

> 입도하여 진리를 얻고자 할 때는 알현하는 것이 기본이다. 재단에 올라 죄를 뉘우칠 때는 예배가 우선이다. 일심一心을 엄숙하게 하고 오체五體를 경건하게 한다. 거친 것으로부터 묘한 경지로 접어드는 것이 여기에 의지한다. 아래로부터 위로 올라가는 것도 이로부터 비롯된다.[74]

도교가 부단히 발전하고 재초과의가 날이 갈수록 완비됨에 따라 예배 의식도 체계화되어 그 내용이 풍부해졌다. 『요수과의계율초』의 기록에 따르면 도사들의 예배 의식에는 네 가지가 있는데, "첫째는 계수稽首이

74 『도장』 제6책, 961쪽.

고 둘째는 작례作禮이며, 셋째는 준과遵科이고 넷째는 심례心禮다."[75] 계수례稽首禮는 양손을 벌리고 이마를 땅에 닿도록 몸을 굽혀 절하기 때문에 계수稽首라 이른다. 경전에서 말하는 '오체투지五體投地'란 것은 사지와 머리를 합해서 '오체'라 하는 것이다. '계수'에는 세 가지 뜻이 있다. 그 첫째는 대중의 마음을 촉발시켜 가르침의 말씀을 얻어내게 하는 것이다. 둘째는 종장宗匠을 숭앙하는 마음을 표시함으로써 독단적 전횡을 일삼지 못하게 하는 뜻이 있다. 셋째는 소중한 법을 보물처럼 무겁게 다루라는 뜻이다. 계수에는 다시 일례一禮, 재례再禮, 삼례三禮의 구분이 있다. 예수禮數가 많을수록 존경하는 뜻이 크다. '작례'는 절을 하는 것이다. 절은 한 번만 할 때도 있고 세 번씩 할 때도 있다. 한 번 절하는 것은 '대도무이大道無二'를 뜻하며, 세 번 절하는 것은 '삼보원성三寶圓成'을 의미한다. '심례'는 덕망이 높고 나이가 많은 도사들에게 허용되는 예배 의식이다. 승현법사昇玄法師처럼 스스로 아침저녁에 심례를 행할 수 있고, 굳이 풍진風塵에 육신을 피로하게 할 필요가 없다. 심례를 할 때는 평단平旦·정중正中·일입日入·인정人定·야반夜半·계명鷄鳴의 육시六時에 동서남북을 향해 정좌正坐한 다음 눈을 감고 고치를 한다. 조법회심朝法回心과 마찬가지로 방향에 따라 예배하는 것을 상상하는데, 마음으로 생각하고 입으로 말하는 것만으로 천진天眞을 감동하게 할 수 있다고 한다. 실제로 몸을 움직여 행하는 것만 예배에 해당되는 것은 아니다. 방향에 따라 예배하는 것을 상상하고 마음과 입으로 행하는 것만으로도 충분하다는 뜻이다. '준과'는 예배의 과의 규정을 준수하는 것이다. 예컨대 예배의 방향과 관련된 규정도 더러 있는데, 『황록간문黃籙簡文』에서는 이를 다음과 같이 명시하고 있다.

---

75 『도장』 제6책, 961쪽.

> 예배를 할 때는 동쪽을 향해 9배를 하고, 동남쪽은 12배, 남쪽은 3배, 서남쪽은 12배, 서쪽은 7배, 서북쪽은 12배, 북쪽은 5배, 동북쪽은 12배, 하방下方은 12배, 상방上方은 32배, 일궁日宮은 3배, 월궁月宮은 7배, 성수星宿는 9배, 오악五岳은 2배를 한다.[76]

이와 같은 예배의 과의 조항들은 엄격하게 준수해야 하고, 이를 위배한 자는 엄벌에 처한다.

3 분등과의分燈科儀

등燈은 도교의 중요한 법기法器다. 이에 따라 등의燈儀가 재초 행사에 광범위하게 행해질 뿐만 아니라 그 명칭도 다양하다. 이를테면 구유등의九幽燈儀, 북두등의北斗燈儀, 본명등의本命燈儀, 혈호등의血湖燈儀와 같은 것들이 있다. 이러한 등의에 대해 당나라 때 두광정은 『태상황록재의』에서 다음과 같이 말하고 있다.

> 무릇 재齋를 올리고 도를 행하는 데 있어서 분향焚香과 연등燃燈으로 하는 것이 가장 급선무이다. 향香은 마음과 믿음을 전달하여 위로 진령眞靈을 감동시킨다. 등燈은 어둠을 몰아내고 유명幽冥을 비추어 아래로 황천黃泉의 밤을 밝힌다.[77]

이런 내용을 고려할 때 도교에서 '등의'를 얼마나 중시했는지 짐작

76 『도장요적선간』 제8책, 433쪽.

77 『도장』 제9책, 367쪽.

할 수 있다. 일반적으로 도교에서 행해지는 '등의'의 기원은 상고 시대의 화신火神 숭배 사상과 화제火祭 의식까지 소급된다. 한위漢魏 이후에 도교에서 이런 내용을 흡수하고 발전시켜 나름의 예등禮燈 의식을 만들어 낼 수 있었다. 그리하여 남북조 시기에 이르러 재단 집사執事들 가운데 시등侍燈이란 전문적 직책이 등장하기도 했고, 당나라 말기에서 오대에 이르자 완벽한 도교식 등의를 갖추게 되었다. 그후 송원 시기에 접어들어 각종 도장道場에서 등의가 크게 성행했다.

이러한 등의는 대체로 금록金籙과 황록黃籙으로 양분된다. 금록 계열 등의 진행 절차는 입단入壇, 계백啓白, 귀명歸命 및 찬송贊頌, 풍경諷經, 선소宣疏, 회향回向 순서로 이루어져 있다. 황록 계열은 입단, 계백, 거천존호擧天尊號 및 찬송, 풍경, 선소, 회향의 차례로 진행된다. 등의는 등불을 주된 법기로 삼는 일종의 의식이기 때문에 불씨를 얻어 연등하는 것이 하나의 관건이 되기 마련이다. 따라서 등의를 행함에 있어서 이 부분을 중심으로 전문적인 분등과의가 나타났다. 최초의 분등과의는 하나의 독립된 의식이었는데, 나중에 규모가 이보다 더 큰 등의나 기타의 재초 의식에 흡수되어 하나의 의식원이 되었다. 이와 관련해서 『상청영보대법』에서는 다음과 같이 이른다.

> 음령陰靈을 천도하고 유암幽暗을 비추어 깨뜨리는 등불은 반드시 혜광慧光의 법을 얻어야만 비로소 삼광三光의 지혜를 하늘로부터 받을 수 있고, 범화凡火의 빛과 접함으로써 망령들을 추섭追攝하여 천도할 수 있다. 이러한 법이 없이 범화의 빛만으로는 초탈할 수 없다.[78]

78 『도장』 제31책, 210쪽.

여기서 말하고자 하는 것은 모종의 특수한 분등 의식을 거쳐야 한다는 것이다. 통상적인 햇빛에서 얻어진 범화의 등불이 '삼광의 지혜'를 접해야만 위로는 천정天庭을 비추고 아래로 지옥을 꿰뚫을 수 있는 망령 천도의 법력이나 그런 기능을 부여받을 수 있다는 것이다. 이러한 분등 의식에는 취화取火, 분점分點, 염송念頌 등의 몇 가지 절차가 포함된다. 취화의 절차는 정재일正齋日 오시午時에 거행된다. 법사가 태양을 향해 분향하고, 아홉 치 길이의 황지黃紙에 주서朱書로 쓴 혜광부慧光符 열두 장을 밀랍으로 봉하여 횃불을 만든다. 태양이 정남향에 있을 때 양수陽燧로 빛을 모아 횃불에 초점을 맞추고 태양휘신주太陽輝神呪를 외면서 태양의 정기正炁를 취하여 점화한다. 그다음 이를 가져와 단壇의 정중앙에 놓인 원시천존 신위 앞의 등잔에 불을 붙인다. 이어서 고공법사가 반열에서 나와 원시천존 신위 앞에 이르러 향을 피우고 삼배를 올린 다음 명등송明燈頌을 암송한다. 이때 시등법사侍燈法師는 좌측에 서고 시향법사侍香法師는 우측에 선다. 고공법사는 부적으로 만든 횃불인 부거符炬를 손에 들고 원시천존의 신위 앞에 보광寶光을 내려달라고 청한 후에 부거를 등잔의 불에 집어넣어 점화한다. 시등법사가 삼배를 올린 후 고공법사 앞으로 와서 자신의 부거에 불을 붙인다. 시향법사 역시 삼배를 하고 부거에 불을 붙인다. 계속해서 십방十方을 모두 점화하고, 이런 절차를 모두 마치고 나면 남은 부거를 수거하여 화로에 집어넣어 태우고 멸등송滅燈頌을 암송한다.

이와 같은 분등 의식은 도교의 교리와 사상을 그대로 재현한다. 고공법사가 원시천존 앞에 있는 등잔불에 부거를 점화하는 것은 "하나에서 둘이 나온다一生二"라는 것을 뜻한다. 시등법사와 시향법사가 각자의 부거를 들고 고공법사로부터 불빛을 나누어 받아 십방을 두루 점화하는 행위는 『도덕경』에서 이르는 "하나가 둘을 낳고, 둘은 셋을 낳고, 셋은 만물

을 낳는다"라는 것을 상징한다.[79]

불교의 법사法事나 도교에서 행해지는 재초든 간에 종교의 차원에서는 이러한 의식들이 모두 신성한 종교적 행위로 간주되지만, 문화의 시각에서 볼 때는 다분히 고도의 상징성을 함축한 문화적 기호로 드러난다. 종교 의식의 부호와 그 코드 체계에는 이처럼 문화와 사상에 관련된 정보가 풍부하게 담겨있는 것이다.[80]

79 칭시타이 주편, 『중국도교』 제3권, 257-258쪽.

80 본장에서 기술한 도교 문학예술 및 재초 과의에 대한 일부 내용은 주로 칭시타이의 『중국도교』 4권, 천야오팅陳耀庭의 『도교예의道教禮儀』를 참고했다. 그리고 부분적 자료는 잔스촹의 『도교문학사道教文學史』와 『남송금원의 도교문학 연구南宋金元道教文學研究』에서 취했다.

결론

앞에서 중국종교사상의 우주론, 인생론, 도덕론, 심성론, 공부론을 차례대로 알아보았다. 이어서 정감, 사유, 언어, 기호 등 여러 방면에 걸쳐 중국종교사상의 전개 양상을 고찰했는데, 이를 통해 중국종교사상의 생성 원리와 그 역사적 가치에 대해 심도 있게 인식할 수 있었다. 그러나 역사와 현실과의 관계라는 시각에서 볼 때, 더욱 넓은 문화적 시야에서 중국종교사상의 형성과 발전 과정을 고찰하고, 그 역사적 발전과 이론적 재구성의 심층적 의미를 분석해 낼 수도 있다. 이러한 시도를 통해 현대 사회생활에 필요한 많은 시사점을 발견할 수 있을 것으로 기대한다.

제1절 중국종교사상의 패러다임 전환과 그 원인

중국종교사상의 패러다임 전환은 쉽게 말할 수 없는 주제다. 중국종교의 구성요소가 대단히 복잡할 뿐만 아니라 각각의 종교 내부나 각 종교 간의 사상과 내용이 서로 관련되어있고, 때에 따라 상충하는 면이 존재하기 때문이다. 또한 상호 융합되어 있는 측면도 무시할 수 없다. 게다가 중국종교의 모든 형식을 하나씩 들어 상세하게 검토하기 위해서는 많은 노력이 요구된다. 지면의 제한으로 여기서 유·불·도 삼교를 분석의 대상으로 삼는다. 여러 학자가 지적한 바와 같이, 유불도 삼교는 중국종교의 중심축이자 중국 전통문화의 주된 구성요소다. 중국 전통문화의 기본적인 틀을 구축하고 있을 뿐만 아니라, 중국 전통문화의 발전 방향을 주도하기도 했다. 중국종교사상의 패러다임 전환도 주로 유·불·도 삼교 사상의 패러다임 전환으로 나타난다.

중국종교의 발전 과정을 중국의 전통문화라는 큰 그림에서 보면, 그 사상적 패러다임의 전환은 대체로 두 측면에서 분석해볼 수 있다. 하나는 수평적 관점에서 살펴볼 수 있는데, 이는 동일하거나 서로 다른 역사 시기에 중국종교의 사상적 구심점이 이동하는 현상이다. 예컨대 도교의 경우 수당 시기에 관심이 집중되었던 중현사상重玄思想이 송나라와 명나라 시기로 넘어오면서 심성학설로 발전한 반면에, 불교의 경우는 위진 남북조 시기에 우주론을 탐구하다가 수당 시기에 심성공부설心性功夫說로 전환된 것이 그런 현상이다. 다른 하나는 수직적 관점에서 살펴볼 수 있다. 즉 동일하거나 서로 다른 역사 시기에 중국종교의 어떤 사상이 전후로 변화되는 현상이다. 여기에는 단일 종교의 단일 사상이 역사적으로 변모하는 양상을 포함하는데, 불교의 경우처럼 시대를 달리하여 불성론佛性論에 대한 쟁점이 다르게 나타나는 것을 말한다. 또한 중국종교가 하나의 대전제 아래 '삼교합일'의 추세로 나아가는 역사적 변천을 비롯해 그 단계별 특징까지 여기에 포함된다. 지면의 한계로 여기서는 사회적 변혁과 지리적 환경이란 시각에서 중국종교사상의 변모 양상을 검토하고자 한다.

1 —— 사회적 변혁과 중국종교사상의 패러다임 전환

학자들 대부분은 종교학의 원리에 따라 종교와 사회적 변천의 관계를 다룬다. 사회적 변혁은 사회적 변천보다 그 범주가 작은 것이 확실하다. 뤄주펑羅竹鳳이 『인·사회·종교人·社會·宗敎』란 저술을 통해 지적한 바와 같이, 사회적 변혁은 사회의 구조적 모순으로 야기된 위기를 극복하기 위해 부분이나 전체 구조를 혁신하거나 재구성하는 것을 가리킨다. 여기에는 사회적 가치의 변혁, 제도적 규범의 변혁, 권력 구조의 변혁 등도 포함된다.[1] 그러나 뤄주펑 선생의 정의는 사회적 변혁에 대한 모든 면을 포괄한다고 말하기 어렵다. 사회적 변혁이라면 적어도 다음과 같은 세 가지 측면을 고려할 필요가 있다. 첫째는 사회적 심리나 사회적 문화체계의 변혁이다. 둘째는 넓은 뜻에서 말하는 정치적 관계의 변혁인데, 이는 하나의 통치 집단이 다른 통치 집단을 전복하여 새로운 사회 질서를 세우거나 하나의 통치 집단 내부에서 일어나는 정치적 변혁을 가리킨다. 전자는 이를테면 왕조의 교체 같은 것이고, 후자의 예로는 무술변법戊戌變法과 같은 근대화 운동을 들 수 있다. 셋째는 경제와 사회적 구조의 중대한 변화를 들 수 있는데, 예를 들면 농업 사회에서 공업 사회로의 전환이 바로 그런 것이다.

중국종교사상의 패러다임 전환은 그 자체로 사회적 문화체계의 중요한 현상일 뿐만 아니라 사회적 변혁의 구성 요소로서 내재적 추진력을 지니고 있다. 여기서는 중국종교사상의 패러다임 전환에 있어서 사회적

1 뤄주펑, 『인·사회·종교』, 중국사회과학원출판사, 1995, 194쪽 참조.

변혁이란 외재적 영향을 집중적으로 검토하고자 하는데, 이를 통해 부분적이나마 중국종교사상의 패러다임 전환에 미친 역사적 법칙을 해명하고자 한다.

1 위진 남북조

중국 역사는 위진 남북조 시기에 이르러 한 차례 중요한 과도기에 접어들게 된다. 쭝바이화宗白華는 「세설신어와 진나라 사람들의 아름다움論世說新語和晉人的美」이라는 글에서 다음과 같이 말한 바가 있다.

> 한나라 말과 위진 남북조, 육조 시기는 정치적으로 사회적 혼란이 극심하고 가장 고통스러운 시대였다. 그러나 정신사에서는 극도의 자유와 해방감을 만끽했을 뿐만 아니라, 가장 지혜롭고 열정이 충만한 시대였다.[2]

같은 맥락에서 탕융퉁은 위진 남북조 시대는 사상이 자유롭고 해방감이 넘친 시대로서 사상의 중심이 사회에 있지 않고 개인에 있었으며, 형질形質에 두지 않고 정신에 두었기 때문에 그 시대의 인생관과 철학이 참신한 면모를 드러낼 수 있었다고 주장했다.[3] 중국종교사상도 이러한 시기에 하나의 대전환점을 맞이하게 된다. 유교는 한나라 때부터 우주 생성론에 관한 탐구를 중시했는데 이 시기에 와서 본체론으로 전환했다. 도교도 마찬가지로 초기 도교의 형태가 여러 차례의 개혁을 거치면서 점차 신선도교神仙道教로 변화했다. 이때의 도교는 하층 민간에서 많은 신도를 확

2 쭝바이화, 『예경藝鏡』, 베이징대학출판사, 1987, 126쪽 참조.

3 탕융퉁, 『위진현학논고魏晉玄學論稿』, 상하이고적출판사, 2001, 38쪽 참조.

보했을 뿐만 아니라 사회의 상층부에 이르기까지 지대한 영향력을 행사할 수 있었다. 이렇게 된 까닭은 갈홍, 구겸지, 육수정, 도홍경 등과 같은 인물들의 노력에서 찾을 수 있다. 갈홍은 전국 시대 이후의 신선사상을 총정리하고, 우주 본체론의 시각에서 불로장생이나 등선의 가능성을 논증하려고 노력했으며, 그러한 가운데 강력한 이론을 갖춘 신선신앙의 체계를 구축했다. 구겸지는 북조의 천사도를 개혁했으며, 육수정은 남조의 천사도를 혁신시켰다. 도홍경은 더 완벽한 신선 계보를 안배함으로써 도교의 수련 이론을 향상시켰다. 위진 남북조 시대의 신선도교에서는 장생구시와 우화등선을 목적으로 삼았으며, 내외의 형신形神을 같이 수련하는 것을 중시함으로써 점차 상층 사회로 나아가 도교의 사회적 지위를 향상시켰다. 이러한 것들은 초기 도교에서 추구했던 '삼통합일三通合一' 사상이나 '일분위삼一分爲三' 사상과 밀접한 관련이 있다. 불교가 처음 중국에 전해질 당시에는 도사나 방술에 의존하였으나 나중에는 현학에 의존하게 되었고, 인생관과 우주관에 관한 토론이 후대로 오면서 반야성공설般若性空說이나 열반설涅槃說과 같은 우주본체론으로 전환되었다가 그 이후 다시 불성론佛性論에 대한 탐구로 전개되었다. 이는 시대적 변천에 상대적으로 대응하는 사상적 궤적을 여실히 드러낸 것이라 할 수 있다. 이러한 맥락에서 볼 때 불교가 위진 남북조 시기에는 반야성공설에 치중했다가 남북조 시기는 와서 열반불성론涅槃佛性論이나 우주본체론의 탐구에 치중했다고 보는 견해는 어느 정도 근거가 있다고 하겠다.[4]

---

4 사실상 중국종교는 동시대에 특정한 사상 하나만 있는 것이 아니다. 여기서 이렇게 구분하여 서술하는 것은 그중 가장 두드러진 사상에 근거한 것이다. 예컨대 위진 남북조 시기의 중국불교는 동시대 다른 왕조에 따라 반야학설, 열반학설, 불성심성론 등과 같이 여러 학설로 전개되었다. 전체적으로 보면 이 시기의 불교 이론은 여전히 반야학설과 열반학설이 중심에 있었고, 주로 우주본체론에 치중한 경향을 드러내었다.

그런데 삼교 사상의 이러한 패러다임 전환이 정치적 변혁의 요인과 깊은 관련이 있는 점도 무시할 수 없다. 300여 년이나 지속한 위진 남북조 시기는 서진 시기에 한때나마 짧은 통일의 기간이 있었지만, 그 이외에는 장기적으로 전란과 분열의 상태에 놓여있었다. 정권의 교체가 빈번해지고, 지배 계급의 내부에서는 권력과 이익을 위해 치열하게 다투었다. 유유劉裕가 진晉나라 황제를 폐위시키고 세운 유송劉宋 왕조가 59년(420-479년) 동안 존속하는 동안 여덟 명의 황제가 차례로 왕위에 올랐다. 이어서 소성도蕭成道가 정권을 탈취하여 세운 제齊나라에서는 23년(479-502년)이라는 짧은 기간에 일곱 명의 황제가 왕위에 올랐다. 그 뒤를 이어 양梁 왕조가 55년(502-557년) 동안 존속하다가 정권이 뒤집혀 멸망하는 과정에서 네 명의 황제가 즉위했다. 진패선陳覇先이 557년에 건립한 진陳 왕조는 589년에 수隋나라에 의해 멸망했다. 당시 진 왕조의 통치 범위는 강릉江陵의 동쪽과 장강長江 남쪽의 협소한 지대에 국한되어 남조 시기에 통치 범위가 가장 좁은 정권이었지만, 32년 동안 다섯 명의 황제가 즉위했다. 이처럼 정권이 불안했던 남북조 시기에는 자연히 전란이 자주 일어났는데, 208년에 일어난 적벽대전을 비롯해 383년에 동진의 8만 대군이 전진前秦의 백만대군을 격파한 비수지전淝水之戰도 정권 교체의 혼란상을 어느 정도 반영한 것이라고 볼 수 있다.

위진 남북조 시대에는 상대적으로 안정된 전한의 정치적 상황과 비교해 정권 교체와 전쟁이 자주 일어났고, 실제 현실에서도 민심이 피폐해지고 사회적 불안감이 조성되어 한나라 때 정착된 유교적 사회 질서와 제도에 심대한 충격을 가했다. 이러한 정치적 자극으로 인해 일부 유생들이 사회적 이론의 모순점을 새롭게 검토하기도 했다. 그 대표적인 사례가 포경언鮑敬言의 「무군론無君論」이다. 포경언은 현학의 풍토에서 정치적 흐름에 저항하여 지배자와 피지배자의 관계를 수달과 물고기, 매와 새의 관계로 설정해서 다음과 같이 비유했다.

> 대개 수달이 많으면 물고기들이 도망치느라고 정신이 없고, 매가 많게 되면 새들이 혼란스럽기 마련이다. 관리를 두게 되면 백성들이 곤경에 처하고, 위로 후하게 상납하면 아래의 백성들이 가난하게 된다.[5]

그는 통치자들의 비리를 이렇게 폭로하기도 했다.

> 금은보화를 쌓아두고 정자와 누각을 꾸미는 데 심혈을 기울이며, 식사할 때는 음식을 산더미처럼 차리고, 의복은 용을 수놓은 것을 입는다. 궁궐 안에 젊은 여자들을 많이 들여놓았기 때문에 궁궐 밖에는 홀아비들이 허다하다. 얻기 어려운 보배를 수집하고 괴이한 물건을 귀하게 여기며, 쓸모없는 기물을 만들면서 끝없는 욕망만 추구한다.[6]

이뿐만 아니라 노역하는 민중에 대해서도 "입고 먹는 것이 궁핍하고 자급자족조차 어려운 처지에 조세의 부담이 과중하여 힘든 고역을 해야 한다"[7]라고 지적했다. 이러한 포경언의 비판 의식은 상고 시대와 같이 군왕이 없는 세상을 지향하는 것인데, 무군無君의 사회를 건설하자는 그의 주장은 다음과 같은 내용으로 나타난다.

5 양밍자오楊明照, 『포박자외편교석抱朴子外篇校釋』 하책, 중화서국, 1997, 539쪽.

6 양밍자오, 『포박자외편교석』 하책, 539쪽.

7 양밍자오, 『포박자외편교석』 하책, 540쪽.

> 일신에는 공공의 노역이 없고, 집에는 호구세戶口稅가 없다. 안정된 터전에서 즐겁게 일하고 천지자연의 본분에 따르면, 안으로는 먹고 입는 것이 충분하고 밖으로는 남과 다툴 일이 없다.[8]

말하자면 이러한 위진 남북조의 정치적 상황이 일종의 온상 역할을 한 탓에 유교가 양한 시기의 경학에서 현학으로 전향하게 된 것이다. 그뿐만 아니라 당시 정권 통치자들의 후원도 현학의 흥기를 끌어낸 정치적 추동력이 되었다. 귀무론貴無論을 제창한 왕필은 관료 세가의 출신이었다. 그의 조부는 후한 말에 강하팔준江夏八俊의 일인으로 일컬어진 형주荊州 목사 유표劉表의 사위였고, 왕필 본인도 상서랑尙書郞을 역임한 적이 있었다. 한편 완적은 비록 예법을 준수하는 선비들이 질시하여 그를 원수같이 여겼지만, 문제文帝 사마소司馬昭가 매번 그를 감싸주었다고 한다.[9] 완적은 죽림칠현의 한 사람인데, 명교名敎와 자연自然의 문제를 논쟁하는 가운데 자연스러움을 주장함으로써 자아를 속박하는 명교에 반대했다. 이로 인해 전통적 유학자들의 미움을 받았지만 그럴 때마다 사마소의 보호를 받았다. 이와 같은 사실들은 현학의 흥기가 정치적 변혁과 밀접한 관련이 있다는 것을 잘 말해준다.

현학이 이러한 시대적 배경에서 초연하게 일어난 것은 그다지 이상한 일이 아니었다. 현학은 위진 시기에 지배적 지위를 점한 철학적 사조를 지칭한다. 유교와 도교를 융합하여 역易·노老·장莊의 '삼현三玄'을 사변의 근거로 삼고, 유무有無와 동정動靜을 토론의 중심에 올려놓음으로써

---

8 양밍자오, 『포박자외편교석』 하책, 544-545쪽.

9 방현령 외, 『진서』 권49, 제5책, 1361쪽.

'천인지제'의 자연 철학을 탐구하며, 명교와 자연의 관계까지 언급한다. 명확히 말하면 '현학'은 전적으로 유교사상이라 볼 수는 없다. 그 속에는 양한 시기의 유교사상과 상충하는 부분도 적지 않고, 유교사상과 일정한 거리가 있기 때문이다. 유교의 전체 역사를 놓고 볼 때, 유생들은 현학의 관점에서 유교의 강상綱常과 명교名教를 비판하기도 했다. 그런 의미에서 위진현학魏晉玄學은 유교와 도가 사상이 상호 융합해서 발전된 일종의 이론적 형태라고 말할 수 있다.

신선도교의 형성에도 여러 가지 요인이 있다. 태평도는 탄압을 받은 뒤 점차 몰락의 길을 걸었다. 오두미교 역시 조조曹操에 의해 이용되거나 진압되는 등의 양면정책으로 인해 각기 분화되었다. 조조는 장로張魯를 만호萬戶로 봉하고, 그의 다섯 아들을 모두 제후로 대우했다. 그뿐만 아니라 장로와 통혼하는 수법으로 교주를 구슬려 천사도의 수많은 핵심 인물들과 한중漢中 일대의 백성들을 대거 북쪽으로 이주하게 했다. 그러나 장로가 죽은 뒤 천사도의 조직은 혼선을 빚고 교단의 계율도 해이해졌다. 좨주祭酒들이 타락하여 부패해졌으며 교도들도 예전처럼 스승을 존경하지 않았다. 이러한 것들이 나중에 구겸지와 육수정으로 하여금 개혁을 단행하게 만든 중요한 원인이 되었다. 또한 통치자들은 정권을 장악하고 난 뒤에는 그들의 정권을 공고히 할 목적으로 항상 도교를 내세워 자신들의 위상을 신격화하고, 신선도교를 대대적으로 후원했다. 구겸지의 개혁도 도교를 숭상하는 북위 태무제太武帝의 지지를 얻어 순조롭게 진행될 수 있었다. 도홍경도 마찬가지였다. 그는 신단神丹을 연단하는 과정에 "약물藥物이 없어 고생하고 있었는데, 양무제가 황금黃金, 주사朱砂, 증청曾青, 웅황雄黃 등을 하사했다"[10]라는 기록을 남길 정도였다. 위진 남북조 이후, 봉건 통치자들 내부에서 일어난 정치적 투쟁의 여파로 수많은 상층 사족士族들이 도교에 가입함에 따라 신선도교는 귀족화의 길로 나아가게 되었다. 이러한 점은 신선도교의 발전에 유리한 계기를 제공했으며 필요한 정치적 기반을 조성해주기도 했다.

불교가 중국에 전해진 이후 반야성공학설이 비교적 크게 발전했는데, 이 또한 지배 계급의 신앙이나 정치적 목적과 밀접한 관련이 있었다. 수많은 통치자가 열렬한 신앙심을 가지고 불교를 대대적으로 지원했다. 위魏나라 명제明帝는 불탑을 건립하는 사업을 크게 일으켰고 동오東吳의 손권孫權은 유명한 역경승譯經僧 지겸支謙을 박사로 임명하기도 했다. 남북조의 통치자들은 정국의 불안을 절실히 느끼고 불교를 이용하거나 숭배하는 길로 나아갔다. 양무제는 불교를 국교와 상당한 위치로 승격시켰으며 스스로 '비룡재천飛龍在天'의 구오지존九五至尊 신분으로 네 번씩이나 몸을 던져 동태사同泰寺의 노비로 행세한 적이 있었다. 불교를 숭배하는 그의 태도는 가히 등봉조극登峰造極의 경지에 이르렀다고 하겠다. 그뿐만 아니라 불교에서 흥기한 반야설과 열반불성론은 통치자들에게 대대적인 추앙과 지지를 얻었다. 축도생의 이른바 "인성을 상실한 일천제인一闡提人일지라도 성불할 수 있다"라는 주장과 그의 돈오설은 남조의 송나라 문제文帝와 효무제로부터 직접적인 지지와 후원을 받기도 했다.

정치적 변인 이외에도 이 시기의 사회적 심리나 세태의 변화도 중국종교사상의 패러다임 전환에 문화적 토양을 제공했다. 위진 남북조 시기에는 문벌과 사족이 크게 흥성했는데, 이들은 정치와 경제적인 특권을 향유하면서 전란으로 요동치는 사회와 마주한 탓에 이들 가운데 적지 않은 명사들이 배출되었다. 그들은 정치권과 재야 사이에서 배회하면서 이상

10 이연수, 『남사』 권66, 제6책, 중화서국, 1975, 1899쪽.

과 현실 간의 괴리로 인해 고통을 체험하고, 강상과 명교의 속박에서 벗어나 자유분방한 삶을 추구하며, 전란 속에서도 일신을 보존하려고 노력했다. 이러한 육조 시대 명사들의 태도는 독특한 생활 양식으로 나타나는데, 그것이 바로 복약服藥, 음주飮酒, 청담淸談이다.[11] 이는 양한 시기와 구별되는 현상으로서 위진 남북조 시대의 사회적 심리와 생활상에 나타난 중대한 변혁이라 할 수 있다.

청담은 육조 명사들의 기풍인 동시에 시대적 풍조였다. 이러한 기풍을 추구하고 시류에 편승하기 위해서는 인물을 품평하고 현리玄理를 따지는 청담에 필요한 근거와 깊이 있는 철학적 이론이 요구되기 마련이다. 이는 위진현학의 흥기에 있어서 좋은 기회가 되었다. 일부 명사들이 '삼현三玄'에 몰두하게 된 까닭은 난세로 인한 내면의 불안감을 덜고자 하는 데 있었지만, 한편으로는 이를 통해 청담에 요구되는 뛰어난 언변 능력까지 배양할 수 있었다. 당시의 '현학'은 '삼현'을 근거로 하여 인물의 품평이나 청담의 형식으로 전개되었고, 명교와 자연에 대한 논쟁도 현학의 중요한 과제로 부각되었다. 명교와 자연의 문제에 대해 하안은 "명교는 자연에서 나온다名敎出于自然"라고 했고, 완적은 "명교를 뛰어넘어 자연에 맡긴다越名敎而任自然"라고 주장했는데, 이는 육조 시대 명사들의 자유분방한 심리에 영합한 것이었다. 이로 인해 명사들은 앞을 다투어 방종한 생활을 일삼게 되어 현학이 위진유교魏晉儒敎로서 하나의 사조가 되는 데 한몫을 했다. 『진서』 권35의 기록에 따르면 배위는 이렇게 말했다고 한다.

11 쉬휘許輝 · 치우민邱敏 · 후아샹胡阿祥, 『육조문화六朝文化』, 장쑤고적출판사, 2001, 41쪽 참조.

> 시속時俗이 방탕하여 유술儒術을 존중하지 않는 것을 몹시 걱정했다. … 풍속과 교화가 쇠락하여 숭유론을 저술함으로써 그 폐단을 해결하고자 했다.[12]

배위가 주장하는 숭유론은 위진현학의 중요한 내용으로서, 현학의 발전에 있어서 두 번째 단계에 해당한다. 이로 미루어볼 때 위진현학의 흥기는 그 자체로 사회적 변혁에 근거한 것이며, 사회적 변혁이란 영향에 힘입어 변화되고 발전한 것이라 할 수 있다.

육조 시대의 참담하고 고통스러운 사회 현실은 삶에 대한 강렬한 욕구와 미련을 가진 당시의 명사들에게 고통을 안기며 오직 죽는 날만 기약하게 만들었다. 이로 인해 그들은 온 힘을 기울여 자신의 생명에 대한 가치를 탐구하고 신선처럼 장생불로하는 것을 갈망했다. 이 시기에는 생명에 대한 집착과 그런 사색들이 만연하여 "사는 것이 귀하다以生爲貴"라는 사상이 보편화되었다. 도교의 신선신앙에 대한 명사들의 기대감이 극도에 달해 장생불로하고 연년익수할 목적으로 복약을 하거나 심지어는 연단을 시도하기도 했다. 진晉나라 때 복약을 한 인물들이 사회의 각 계층에 두루 퍼져있었는데, 황제부터 사대부에 이르기까지 모두 복약을 통해 장생불로를 도모하는 것을 즐겼다. 당시에 유행했던 이른바 장생약長生藥은 적석영赤石英 · 백석영白石英 · 자석영紫石英 · 종유석鐘乳石 · 유황硫黃 등 다섯 종의 광물질을 배합하여 조제한 오석산五石散이었다. 『진서』「왕희지전王羲之傳」의 기록에 따르면, 천사도의 세가世家에서 태어난 왕희지는 복식服食과 양생養生을 선호하여 "도사 허매許邁와 더불어 복식 수련을 했으며,

12 방현령 외, 『진서』 권35, 제4책, 1044쪽.

천리 길도 멀다고 여기지 않고 약석藥石을 채취했다"[13]라고 한다. 이러한 사회 풍조는 신선도교가 성행하는 데 적합한 환경을 제공해주었고 신선도교의 발전에도 크고 작은 영향력을 발휘했다.

이러한 사회적 심리와 풍조로 인해 일어난 '현풍玄風'은 불교사상의 발전에도 심대한 영향을 미쳤다. 당시 불교에서 흥기한 반야성공학설에 육가칠종이 있는데, 약간씩 정도의 차이는 있지만 이들 모두가 현학에 의존해서 생겨났기 때문이다. 예컨대 동진의 손위孫綽가 『도현론道賢論』을 지어 불교의 고승인 축법호竺法護, 축법승竺法乘, 우법란于法蘭, 우도수于道邃, 백법조帛法祖, 축도참竺道潛, 지둔支遁 등의 일곱 명을 죽림칠현에 빗대기도 했다. 그리고 도안道安의 본무종 사상도 마찬가지다. 본무종 사상에 따르면 "일체의 제법은 본성이 텅 비어있어서 본무本無라 한다一切諸法, 本性空寂, 故云本無."[14] 제법은 본래 공허하며 무無에서 나온 것이다. 원초의 상태가 무, 또는 '본무'라고 하면 이미 비어있는 것이다. 자신의 존재를 망각하는 무아無我로 인해 비어 있는 것이 아니다. 이러한 관점은 무를 우선시하는 현학의 귀무론과 유사하다. 또한 도안과 같이 불도징佛圖澄의 문하에서 수학한 축법아竺法雅도 '열반'을 '무위'로, '선정禪定'을 '수일守一'로 번역한 점에서 당시 현학의 영향권에서 벗어나지 못했다.

한편 반야성공학설은 혜근慧根이 깊은 인재만이 겨우 이해할 수 있는 것으로, 사회적 혼란기에 갈 곳을 잃고 떠돌아다니는 지식이 모자란 사람들을 불교 밖으로 내모는 폐단을 낳았다. 특히 남북조 시기에는 전란이 빈번하여 해골이 들판에 가득하고 백성들이 도탄에 빠진 탓에 많은 사

13 방현령 외, 『진서』 권80, 제7책, 2101쪽.

14 길장, 『중관론소』 권2, 『대정장』 제42책, 29쪽.

람이 불문에 귀의해서 인생의 궁극적 목적을 구하려고 애를 썼다. 수단을 강구하여 이런 민중들을 최대한 받아들이는 것이 고승들의 고민이었고 논쟁거리였다. 여기서 열반학설은 우선으로 해결해야 할 과제를 제시했는데, 그것이 바로 사람마다 불성이 있는가 하는 문제였다. 이 또한 남북조 시기의 불교에서 토론되었던 핵심 주제였다. 이러한 점에서 볼 때, 열반학설의 흥기는 불교 이론 자체의 발전적 결과이지만, 다른 한편에서는 현실 사회의 사상적 수요에 따른 현상이라고 볼 수 있다.

2 수당 시기

수당 시기의 중국종교사상은 위진 남북조와 육조 시기에 비교해 상대적으로 크게 변했다. 유교는 전한과 후한 시대에 겨우 격식을 갖추게 되었는데, 위진현학의 격랑 속에서 갈고 다듬어져 수당 시기로 오면서 크게 발전했다. 제사와 예절에 관련된 유교사상도 국가의 예악을 주도하는 핵심적 역할을 함으로써 그 중요성이 한층 더 뚜렷해졌다. 유교의 학설인 유학儒學이 교육의 주된 내용이 되었고, 유교사상의 교화 기능이 강화됨에 따라 사상의 구심점도 자연히 이동하게 되었다. 양한 시기의 우주 생성론과 위진현학의 우주 본체론이 수당 시기로 접어들면서 천인지변天人之辨과, 천명天命과 인력人力의 관계를 다루는 역명지변力命之辨, 그리고 심성 학설로 나타났다. 그 대표적 인물과 학설로는 한유의 도통론과 성삼품설, 이고의 복성설復性說 등이 있다. 한편으로 도교사상도 변했다. 위진 남북조 시대의 신선도교에서 유행했던 신선신앙과 양생 사상이 수당 시기에서는 중현도重玄道와 외단술外丹術로 발전했다. 중현도는 유교와 불교에서 관련된 사상을 흡수하여 양측을 모두 부정하는 '쌍견이비雙遣二非'라는 사유 방식으로 도체론과 도성론을 논증했다. 대표적인 인물로는 성현영,

이영, 왕현람 등이 있다. 한편 불교는 수당 시기에 전성기를 맞이하여 눈부시게 활약했다. 심성론은 당시 불교의 뜨거운 관심사였고, 각 종파에서는 성불의 가능성과 그 근거를 적극적으로 모색했다. 선종은 중국화한 불교 종파로서, 교외별전과 불립문자를 비롯해서 직지인심과 견성성불을 주장함으로써 대천세계에 있는 붓다를 인간의 내면으로 옮겨놓았다. 성불은 다른 게 아니라 뜬구름과 같이 청정한 본성을 가리는 미망의 상태를 제거하면 곧바로 얻을 수 있는 것이라고 했다.

정치적 환경이란 측면에서 볼 때, 수당 시기에는 위진 남북조 시기 이래의 장기적인 분열과 대립 투쟁이 일단 마무리되고 통일적 국면이 오래도록 유지되었다고 할 수 있다. 특히 당나라 전기는 중국 고대 사회에서 보기 드문 번영의 시대로서 각 방면에 걸쳐 성황을 이루었다. 수당의 지배자들은 이와 같은 통일적 국면을 유지하고 그들의 입지를 공고히 할 목적으로 유불도 삼교에 대해 비교적 개방적이고 관용적인 정책을 채택했다. 그뿐만 아니라 삼교의 병행을 권장함으로써 삼교 사상의 장기적 발전에 필요한 정치적 여건을 조성해주기도 했다. 이러한 풍토에서 수나라와 당나라 왕조 전기는 유교적 분위기로 충만했다. 유학의 이론과 사상에 뿌리를 둔 사조가 성행했던 것이다. 일찍이 수문제와 수양제는 모두 유교를 중시했다. 당태종 또한 수나라의 멸망에서 교훈을 얻어 유교의 학설을 중시했다. 그는 구품제九品制라는 제도 아래 문벌 사족들의 전횡이 심각함을 깊이 인식하고 수나라 때의 과거 제도를 계승하고 발전시켰다. 유교의 경학을 위주로 하는 과거 시험의 방향도 명확히 제시했다. 또한 안사고顏師古를 시켜 오경을 교정하게 하고, 공영달에게는 『오경정의五經正義』를 편찬하게 했다. 이러한 노력으로 유교 경전의 기본 문헌들에 대한 주석과 설명이 통일되어 한위 이후로 유교에서 제기되었던 잡다하고 분분한 논쟁들을 마무리했다. 이밖에도 당태종은 즉위 초에 다음과 같이 문화와 교육을 모두 진흥시켜 유교 경전을 중심으로 하는 정교일치의 국가적 예악제도를 구축하기도 했다.

> 중서령中書令 방현령과 비서감秘書監 위징魏徵 등 예관禮官의 학사들에게 조칙을 내려 구례舊禮를 개수改修하게 하여 『길례吉禮』 61편, 『빈례賓禮』 4편, 『군례軍禮』 20편, 『가례嘉禮』 42편, 『흉례凶禮』 6편, 『국휼國恤』 5편 등 도합 138편을 제정하고, 이를 1백 권으로 나누게 했다.[15]

도교에서 중현사상과 외단술이 성행하게 된 것도 수당의 정치적 변혁과 밀접한 관련이 있다. 이름이 알려진 도사들은 대부분 수당 통치자들이 행하는 정치적 변혁의 기회를 틈타서 도교의 발전이란 명목을 내세워 정치적 무대에 뛰어들었다. 『수서』 권78 「열전사십삼列傳四十三」의 기록에 따르면 수나라 고조高祖 양견楊堅이 민간에 숨어있을 때, 도사 장빈張賓과 초자순焦子順 및 산서의 안문雁門 출신 동자화董子華 등 세 사람이 함께 양견을 찾아가 "공은 마땅히 천자가 될 터이니 자신을 아껴야 합니다"[16]라고 말했다 한다. 나중에 양견이 황제의 지위에 오른 뒤에 장빈을 화주자사華州刺史로, 초자순을 독자적 막부幕府와 함께 수하들의 임명권을 가진 개부開府로, 동자화를 상의동대장군上儀同大將軍으로 임명했다. 수나라 말기에 농민 봉기가 일어나자 모산茅山 도사 왕원지王遠知, 기휘岐暉 등은 이연李淵 부자가 정권 탈취에 성공할 것을 미리 알아채고 이씨 부자에게 "수

15 유구 외, 『구당서』 권21 『예의일禮儀一』 제3책, 816-817쪽.

16 위징 · 영호덕, 『수서』 권78, 제6책, 1774쪽.

명부受命符가 예고되었습니다"라고 했다. 황실 내에서 권력투쟁이 일어날 때도 왕원지 등과 같은 도사들이 이세민李世民을 지지했다. 이에 따라 당 태종이 등극한 뒤에 왕원지를 한층 더 신임하게 되었을 뿐만 아니라 도교와 도사들까지 존중하게 되었다. 또한 이씨가 권력을 장악한 후, 그들의 가문을 높이기 위해 노자의 후예로 자칭하고, 이씨 성을 가진 황족을 신격화했다. 유불도 삼교의 순위도 도교를 가장 앞자리에 놓고 그다음에 유교와 불교를 배치하는 순서로 정했다. 그뿐만 아니라 이씨 왕조는 전국적으로 『도덕경』을 배우고 익혀야 한다고 규정하고, 이를 과거시험의 내용에 편입시켰다. 도교를 숭앙했던 당 현종은 전국 각처에 도교 사원을 세워 도교 신도들을 우대했으며 사마승정 등의 도사로부터 도교의 법록法籙을 직접 받기도 했다. 심지어는 본인이 직접 쓴 『도덕경』 주석본을 남기도 했다. 이러한 영향으로 나라 전체가 도교를 숭배하는 열기로 가득했다.

한편 중국불교는 수당 시기에 이르러 여러 종파가 창립되자 각종 불교 학설을 잇달아 낳았다. 이러한 사정도 정치적 변혁이란 주변 여건과 깊은 관련이 있다. 수문제는 어릴 적부터 비구니들이 있는 암자에서 성장했기 때문에 불교의 영향을 깊이 받았다. 그가 황제의 지위에 오른 후 불교를 대대적으로 부흥시켰는데, 북주 무제 시기에 탄압되었던 불교가 이로 말미암아 새롭게 발전하는 계기가 되었다. 당나라 시대에 와서도 이러한 열기가 지속되어 당 왕조의 제왕들은 대부분 불교를 믿고 따랐다. 당 태종은 서역에서 불법을 구해 돌아온 현장 법사를 친히 접견하고 대규모의 역경 장소를 마련해주기도 했다. 측천무후는 당 왕조의 정권을 탈취한 것이 이른바 붓다의 '수기授記'에 의한 '미륵하생彌勒下生'이라 주장하고, 자신이 염부제閻浮提의 주인이 되는 것이 마땅하다고 했다. 이에 따라 측천무후는 불교를 극진히 우대했는데, 역대 황제들이 정해놓은 "도교가 첫째이고 그다음이 유교이며 마지막은 불교"라는 순서를 바꾸어, "불교가 도교 위에 있게 하고, 승려와 비구니를 도사와 여관女冠 앞에 두도록 명했다."[17] 측천무후의 집권기 동안 종묘가 개축되고 불사佛事가 크게 일어났으며 불상이 대대적으로 조성되어 불교에 대한 숭배 의식이 최고조에 달했다. 또한 측천무후의 직접적인 지원 아래 불교에서 화엄종이 성립되고 그 이론이 널리 알려져 삽시간에 유행하게 되었다.

수당 시기에 중국종교사상이 활발하게 전개될 수 있었던 것은 당시 사회의 경제적 상황과 밀접한 관련이 있다. 봉건 왕조는 당나라 초기의 황제들이 주력한, 이른바 정신을 모아 다스리기를 꾀한다는 '여정도치勵精圖治'에 힘입어 전란 속에서 파괴된 경제를 신속히 회복할 수 있었고, 그 결과로 백성이 편안하고 사회적으로 안정된 '정관의 치貞觀之治'를 이룰 수 있었다. 당 현종 때는 국력이 더욱 강성해지고 경제가 발전했으며 사회적으로도 개방된 분위기를 나타내어 중국 역사상 가장 번영한 시기였다.

이러한 경제적 번영은 무엇보다도 중국종교사상의 발전에 필요한 물질적 토대를 마련했다는 점에서 큰 의의가 있다. 왜냐하면 종교의 발전이 인간의 사상적 활동이나 그런 행위에 의해 추진된다면, 거기에 필요한 물질적 여건이 조성되어야만 비로소 종교적 활동에 종사하는 것이 가능하기 때문이다. 따라서 생활에 필요한 물자의 확보가 최우선적 과제였다. 특히 새로운 종교나 종파를 여는 종교계 인사들이 어떤 종교사상을 전파하고자 할 때는 근거지가 될 사원과 같은 장소가 필요하다. 또한 생산적 활동에서 벗어나 종교적 교리를 깊이 연구하고 종교 경전을 해독하는 데도 많은 정력과 시간을 투입해야 한다. 그런 까닭에 생활에 필요한 물자

17 유구 외, 『구당서』 권6, 『측천황후본기則天皇后本紀』, 제1책, 121쪽.

를 확보하는 것이 무엇보다도 중요하다. 그뿐만 아니라 자기네 종교를 빛내고 발전시키기 위해 광범위하게 문도들을 받아들여 자기네 종교사상을 선전해야 한다. 여기에도 일정한 물질적 보상이 필요하다. 예를 들면 수당 시기에는 중현 이론을 제창한 도교의 모산종茅山宗이 두드러지게 활약하면서 당나라 시대 도교의 주류를 이루게 되는데, 모산종의 사상이 수당 시기의 사회에 만연하게 된 것은 당시의 경제적 상황과 절대 무관하지 않았다. 불교의 경우는 그런 현상이 더욱 심했다. 수당 시기 불교에 팔종八宗이 흥기하고 불교 이론이 심성론으로 발전하게 된 것도 불교의 물질적 기반인 사원 경제와 밀접한 관련이 있었다. 불교의 사원 경제는 위진 남북조 시기의 기초 위에 새롭게 발전하여 이 시기에 오면 예전과 비교할 수 없을 만큼 큰 규모로 성장했다. 당나라 무종武宗의 회창會昌 연간에 일어난 법난法難을 보면 당시 사원 경제의 규모를 짐작할 수 있다.

> 전국에 있는 4,600여 군데의 사찰을 철폐하고, 26만 500명이나 되는 승려와 비구니들을 환속시켜 조세를 납부하는 양세호兩稅戶에 귀속시켰다. 황제가 하사한 편액을 받은 초제招提나 난야蘭若까지 4만여 군데를 없앴으며, 비옥한 전지田地 수천만 경頃을 압수하고, 15만 명의 노비를 거두어 양세호로 충당했다.[18]

이처럼 강대한 사원 경제가 불교의 각 종파가 발전하는 데 굳건한 물질적 기초를 다져주었다는 것은 두말할 나위가 없다.

다음으로 지적할 수 있는 것은, 수당 시기의 경제적 번영이 일반인

18 유구 외, 『구당서』 권18, 『무종본기武宗本紀』 제2책, 606쪽.

의 정신적 수준을 높이고 그에 대한 수요를 증대시킴으로써 종교사상의 발전에 하나의 계기를 마련했다는 점이다. 당나라 초기에 도교 외단술이 성행했는데, 이는 당시 사회의 각 계층에 있는 인사들이 요구하는 외단에 대한 수요와 관련이 있다. 경제적 번영에 힘입어 비교적 여유로운 삶을 누리는 그들이 단약을 구해 불로장생의 꿈을 성취하려고 했기 때문이다. 제왕이나 고위 관리는 물론이고 심지어 문인이나 서생에 이르기까지 모두 외단에 대해 각별한 동경심을 지니고 있었다. 시인 이백이나 백거이도 외단을 복용함으로써 불로장생과 성선成仙을 추구했다. 이로 말미암아 당나라 시대는 도교 외단술의 황금기라 일컬어진다. 또한, 이 무렵 불교는 중국에 전해진 지 이미 수백 년이나 되어 민중들의 마음속에 광범위한 영향력을 발휘하고 있었다. 안정된 삶은 사람들로 하여금 불성佛性의 문제를 깊이 사색하게 할 뿐만 아니라, 성불의 방법과 그 근거에 대해서도 진지하게 생각하도록 했다. 이러한 사회적 심리는 도교의 경우와 마찬가지로 당시 불교의 심성론에 강한 애착심을 갖게 했다고 하겠다.

3 오대와 송원명청 시기

이 시기는 시간상으로 대단히 긴 세월을 포함한다. 중국종교사상의 전체 변천 과정에서 볼 때, 양송 시기는 유교의 성숙기에 해당하고, 원명청 시기는 유교가 상대적으로 정체되어 있는 시기다. 이 시기의 송명이학은 유교의 핵심 사상으로 확립되고, 탐구의 초점도 심성본체론心性本體論에 두게 된다. 도교는 수당 시기에 유행했던 중현도와 외단술을 거쳐 성명쌍수를 주장하는 내단법이 성행하는 시기로 접어든다. 진단과 장백단이 주창한 내단 사상에서 전진도, 진대도眞大道, 태일도太一道에 이르기까지, 이 시기에는 성명쌍수 이론이 도교에서 주류를 이루었다. 그러다가 원나라로 접어들면서 도교사상이 복잡하게 전개되었다. 불교는 송나라로 접어들어 내부적으로 선禪과 정淨을 융합시키고, 외부적으로는 유교를 겸용하는 경향을 드러내었다. 불교의 각 종파 가운데 선종禪宗만 홀로 두드러졌고 기타의 종파들은 점차 몰락의 길을 걸었다. 일부 종파는 소멸했고 어떤 것은 선종에 빌붙게 되었다. 선종은 나중에 다시 오종칠가五宗七家의 여러 유파로 분화되었다. 이러한 유파들은 "대동소이할 뿐만 아니라 모두 혜능과 신회의 종교신학을 선양하여 발전시킨 것이다. 단지 학인學人들을 유도하여 불지견佛知見 등의 돈오 방법을 여는 데 다른 점이 있을 뿐이다. 그러나 각기 독특한 기풍이 있는데, 이른바 가풍家風이나 선풍禪風은 서로 다르다."[19] 선종에서는 '기봉機鋒', '봉갈棒喝', '평창評唱', '격절擊節' 등 선기禪機를 얻는 각종 방법을 창안했다. 이에 따라 문자선文字禪, 간화선看話禪, 묵조선默照禪 등이 일어나 수양론과 공부론의 쟁점이 되었다.

먼저 유교사상의 발전과 그 무렵 사회적 변혁과의 관계를 살펴보기로 한다. 북송은 전란을 종결하고 중국 전역을 통일하는 위업을 달성했는데, 북방에 있는 소수민족의 위협에 직면한 송태조는 중앙 집권을 강화하여 전례가 없는 경지로 끌어올렸다. 이는 당나라와 오대의 멸망을 교훈으로 삼아 정책에 반영한 결과였다. 정치적인 통일이 이루어짐에 따라 사상의 영역에서도 통일이 요구되었고, 이에 따라 민중의 사상에 대한 통제가 강화되었다. 통치자들은 신하들을 불러 모아 어떤 사상의 형태를 취할 것인가에 대해 논쟁을 하게 했고, 최종적으로 유교가 우선이고 도교와 불교는 그다음이라는 결론을 얻어 유교를 국교로 확정했다. 또한 북송의 통치자들은 수당의 과거 제도를 개혁하고 발전시켰는데, 경서의 내용을 유교

19 가오링인高令印, 『중국선학통사中國禪學通史』, 종교문화출판사, 2004, 322쪽.

적 의식 형태와 결합하는 데 중점을 두었다. 이는 유교 경전에 대한 이해가 권력층의 진입 여부를 결정짓는다는 것을 의미했고, 더 이상 유교는 위진 시대 문벌과 사족들의 전유물이 될 수 없었다. 이러한 조치는 수많은 유생을 크게 자극하고 분발시켜 유교사상의 보급과 발전에 이바지하게 되었다.

북송 전기에는 사상이 통일되고 경제가 번영했으며, 풍부한 생산력과 경제 발전은 유교 정책을 점진적으로 시행하는 데 필요한 물질적 보상을 제공해줄 수 있었다. 유교의 발전과 부흥은 바로 이러한 사회적 변혁이 유리한 여건에서 이루어졌던 것이다. 이 시기에는 주희에 의해 성리학의 창시자로 추앙되었던 주돈이가 "무극이 태극이다無極而太極"라는 사상을 내세웠는데, 이러한 사상이 남송 유교사상의 핵심인 성리학의 기초가 되었다. 남송 시기는 계급 모순과 민족 모순이 날이 갈수록 심화하는 시대였다. 대외적으로는 금나라, 원나라와 연이어 남북으로 대치하고, 내부적으로는 정치적 부패와 농민 봉기가 끊이지 않았다. 이에 따라 통치자들은 정권을 연장하기 위해 통치에 필요한 일종의 사상적 무기를 찾을 수밖에 없었다. 유교의 경우를 보면, 불교와 도교의 도전에 직면하여 정권 내부에서 주도적 지위를 점하면서 봉건 통치를 유지하는 문제와 결합하는 데 고심할 수밖에 없었고, 이러한 점은 양송 시대 유생들의 주요 과제가 되었다. 주희가 유불도 삼교 사상을 하나로 융합시켜 이른바 '이학'이란 것을 등장시킨 것도 이러한 맥락에서 이해할 수 있다. 그는 '리理'를 본체로 하는 철학적 체계를 구축하고 유교 윤리의 삼강오륜으로 사상적 행위를 규범화함으로써 "천리를 보존하고 인욕을 없애는 것存天理, 滅人欲"을 주장했다. 당시의 이학은 중국 고대 철학의 정점을 찍은 것으로, 주희가 죽은 뒤에도 이러한 이학은 관방官方의 어용철학이 되어 봉건 질서를 공고히 하는 데 강력한 정신적 지주 역할을 했다. 그런 점에서 유교는 이 시기에 이르러 마침내 성숙한 단계에 이르렀다고 할 수 있다.

당나라 말기의 정국 혼란, 오대십국五代十國의 빈번한 정권 교체, 그로 말미암은 참혹한 전쟁 등이 도교에도 커다란 충격을 주었다. 당시 후주後周의 일개 장수로 있었던 조광륜趙匡胤이 정변을 일으켜 권력을 장악하고 반세기에 걸친 전란에 종지부를 찍었다. 나라 전체가 통일된 후 송나라의 지배자들은 정치적 필요 때문에 도교를 내세워 통제하는 정책을 펼쳤다. 이는 송태조가 용흥관龍興觀 도사 소징은蘇澄隱을 불러 접견한 것으로부터 시작되었다. 태조의 뒤를 이어 송태종은 왕위를 얻고자 종남산 도사 장수진張守眞을 시켜 강신降神하는 의식을 거행하게 했는데, 이러한 도교적 의식은 왕위 계승에 필요한 신성한 근거를 마련하자는 것이 주된 이유였다. 그에 대한 보답으로 도교의 제단과 궁관을 지어주고 도사들을 우대했다. 또한 송태종은 화산 도사 진단에게 여러 차례 사신을 파견하고 예를 갖추어 대하기도 했다. 그 이후 송나라 진종은 도교를 추앙하는 첫 번째 열기를 고조시켰다. 전국에 걸쳐 대규모 토목공사를 시행하여 도교 사원을 지었으며 허다한 도교의 명절을 제정하여 도살을 금하고 초제를 거행했다. 이러한 진종의 숭도崇道 정책은 정치적 요인과 깊은 관련이 있다. 그 배경에는 당시 거란과 체결했던 '단연지맹澶淵之盟'이라는 굴욕적 조약이 있었다. 위신과 체면을 잃어버린 송진종은 이를 만회하고 정권을 공고히 할 의도로 도사들을 앞세워 천서天書나 부서符瑞 및 천신 강림의 이적을 조작하고 이를 통해 사회의 눈길을 다른 쪽으로 돌려놓고자 했다. 도교를 추앙하는 두 번째 열기는 송나라 휘종 때 크게 일어났는데, 앞서 진종이 시행한 것과 비할 바가 아니었다. 휘종은 억불숭도抑佛崇道 정책을 펼치면서 다음과 같은 조서를 내리기도 했다.

붓다를 대각금선大覺金仙으로 고쳐 부르고, 나머지는 선인仙人이나 대사大士라고 한다. 승려는 덕사德士라 일컫고 복색을 바꾸게 하며, 성씨姓氏를 칭하게 한다. 사찰은 궁宮이라 하고 사원은 관觀이라 한다. 여관女冠을 여도女道로, 비구니는 여덕女德으로 고쳐 부르게 한다.[20]

이밖에도 조서를 내려 자질이 뛰어난 관원들에게 『도장』과 통사通史를 편찬하게 하고, 도교 경전의 공부를 권장하기도 했다. 그뿐만 아니라 송휘종 본인이 나서서 『도덕경』을 직접 주석하기도 했다. 이러한 사실로 미루어 볼 때 북송 통치자들이 보여준 도교에 대한 지원은 정치적 변혁이란 수요에서 비롯된 것임을 잘 알 수 있다. 다시 말해 도교사상의 패러다임 전환에 필요한 정치적 토양을 제공했던 것이다.

전진교는 북송 말기와 금나라 초기 사이에 흥기한 신도교로서 성명쌍수를 중시하는데, 이 시기에 접어들어 도교사상의 패러다임 전환이 이루어진 전형적인 사례로 손꼽힌다. 전진교의 창시자 왕중양이 출관하여 동쪽에 있는 산동성 지역으로 건너가서 포교할 당시는 때마침 금나라가 위세를 떨치고 있었고, 도교에 대해 관용적인 정책을 취하던 시기였다. 이러한 정책은 도교를 내세워 점령 지역 내부에서 금나라에 반대하는 한인들의 정서를 완화하고자 한 것이었다. 황통皇統 8년(1148년)에 금나라 희종熙宗은 태일교太一敎 교주 소포진蕭抱珍을 불러 접견했고, 대정大定 초기(1161년-1189년)에 금나라 세종世宗은 진대도 교주 유덕인劉德仁을 불러 접견했다.[21] 이와 같은 사실들은 금나라 조정에서 도교를 얼마나 중시했는

20 탈탈 외, 『송사』 권22, 『휘종본기徽宗本紀』 제2책, 403쪽.

21 칭시타이 주편, 『중국도교사』 제3권, 33-34쪽.

지를 알려준다. 왕중양을 비롯한 그의 제자들은 이러한 기회를 틈타 널리 포교할 수 있었고, 20여 년의 노력 끝에 기본적인 규모를 갖추었다. 당시 교세가 미친 범위와 그 영향력을 이렇게 기록하고 있다.

> 남쪽으로 회하淮河에 이르고 북쪽으로는 사막지대에 이르렀으며, 서쪽으로는 진령秦嶺 일대에 이르고 동쪽으로는 바닷가에 이르렀다. 산림과 성시城市는 물론이고, 초막과 가옥이 서로 바라보고 교도들이 열 명이나 백 명씩 짝을 이루었으며, 갑과 을이 가르침을 주고받아 깨뜨릴 수 없을 만큼 견고했다.[22]

이러한 전진교의 발흥은 금나라 장제章帝의 경계심을 불러일으켰다. 하지만 내우외환의 상황에 처한 탓에 어쩔 수 없이 금장제는 도교를 이용해서 사회의 모순을 완화하려고 했다. 이에 따라 왕옥양王玉陽과 같은 고명한 전진도 도사를 여러 차례 불러 접견하고 전진교의 신속한 발전을 허용했다.

북송의 중후기에는 내단파가 흥기하게 되는데, 이 무렵은 민족끼리 충돌이 일어나 전란이 빈번했을 뿐만 아니라, 생업의 터전이 심하게 파괴되어 사회가 불안했다. 남쪽으로 밀려나 안주해있던 남송에서는 정치가 부패했고 강성한 호족들이 서로를 병탄하고자 했다. 당 왕조 시절의 균전제가 폐지되고 토지 매매는 보편적 현상이 되었다. 농민들은 경작할 땅이 없었고, 해마다 전란의 피해 탓에 고난이 끊이지 않아서 사회적 모순이 첨예해졌다. 북방에서는 금나라가 몽골의 침략을 받아 외환에 시달리고

22 원호문, 『유산집遺山集』 권35 「자미관기紫微觀記」, 『문연각사고전서』 제1191책, 410쪽.

안으로는 내란이 빈발했다. 이에 따라 금나라 관할 지역의 백성들도 어쩔 수 없이 도탄에 빠졌다. 1214년 5월에 금나라 선종宣宗이 몽골을 피해 변경(汴京, 허난성 카이펑)으로 천도한 '정우남천貞祐南遷' 이후의 정황은 실로 처참했는데, 『장춘진인서유기長春眞人西遊記』에서는 이를 다음과 같은 칠언시로 표현하기도 했다.

> 숱한 창생蒼生들이 칼날을 마주하고
> 그 많던 집들이 싸늘한 재로 변했네[23]

> 십 년 병화兵火에 만백성이 근심하니
> 천만 채 집들이 한두 채도 남지 않았네[24]

이러한 경제의 붕괴로 고통에 처한 사람들은 안전한 삶을 간절히 소망했고 장생을 갈망하는 종교적 수요가 절박한 현실에서 날로 증대되었다. 하지만 외단술에서 주장하는 채약採藥이나 연단煉丹은 일반인들이 접근하기 어려운 데다가, 생명을 담보로 하는 위험 부담과 기대에 미치지 못하는 효과가 만인에게 공개되어 점차 쇠퇴했다. 반면에 성명쌍수를 내세우는 내단술은 행하기 간편할 뿐만 아니라 실용적인 면도 있었다. 게다가 외단술의 결함까지 보완할 수 있어서 많은 환영을 받았다. 이지상李志常과 왕지탄王志坦 같은 전진교 제3세대의 핵심 인물들은 대부분 이 무렵에 출현했다. 이와 같은 사실로 미루어 볼 때, 외단술에서 내단술로 성공적

23 『장춘진인서유기』 권하, 『도장』 제34책.

24 『장춘진인서유기』 권상, 『도장』 제34책, 483쪽.

인 전환이 가능했던 것은 이러한 사회적 변혁과 밀접한 관련이 있다고 하겠다.

불교는 당나라 말기에 수차례에 걸쳐 타격을 받은 탓에 수당 시기처럼 사상적 활기를 띠거나 새로운 종파가 잇달아 출현하는 전성기를 다시 맞이하지 못했다. 불교는 "외부의 원조가 사라지자 곧바로 내부에서 쇠퇴했다. 비록 송나라 초기에 장려되고 원나라 때 숭앙받았지만 정신적으로는 이미 예전과 같지 않아 껍데기만 겨우 남아있을 뿐이었다."[25] 당나라 말기에서 명나라 초기에 이르는 동안 불교는 교리적 측면에서 새로운 돌파구를 찾지 못했다. 수당 시기의 팔종八宗이 서로 병존하면서 선정합일이나 유불회통儒佛會通의 길로 나아가게 되었다. 이 시기는 어떻게 하면 깨달음을 얻어 성불할 수 있는가 하는 문제를 다루는 수양 공부론修養功夫論이 주된 관심사가 되었다. 외부적인 요인에서 볼 때, 이러한 현상은 무엇보다도 일련의 정치적 변혁에서 찾을 수 있다. 당나라 현종 때 안녹산安祿山과 사사명史思明이 반란을 일으킨 이후 당 왕조는 전성기에서 쇠퇴기로 접어들면서 중앙 왕권이 날로 쇠약해졌다. 수당 시기에 전대미문의 발전을 이루었던 불교는 사원 경제의 규모가 방대해지자 당 왕조의 통치권을 심각하게 위협했다. 당나라 무종武宗은 정치적 통제의 필요에 의해 회창 5년(845년)에 '회창법난會昌法難'이라는 폐불 정책을 단행했다. 4천 6백여 개의 사찰을 허물고 26만 5백 명의 승려와 비구니를 환속시켜 모두 양세호로 귀속시켰으며, 4만여 채의 초제나 난야와 같은 절도 허물고, 수천만 경頃의 농지를 압수하고 노비 15만 명을 양세호로 충당하기도 했다.[26]

---

25 탕용통, 『수당불교사고』, 중화서국, 1988, 294쪽.

26 유구 외, 『구당서』 권18, 『무종본기』 제2책, 606쪽.

이에 따라 사원 경제가 태반이나 훼손되어 불교가 의지하던 생존의 토대가 붕괴되었다. 더욱 심각한 문제는 따로 있었다. 『법화경』이나 『화엄경』과 같은 불교 경전을 주해한 수많은 장소章疏들이 탄압의 여파로 유실된 탓에 법화종과 화엄종의 몰락으로 곧바로 귀결되었고, 이로 인해 불교는 치명적인 타격을 입었다. 오대 시기에는 정권 교체가 빈번해지고 경제가 파탄에 이르러 국고가 바닥을 드러내었다. 후주의 세종世宗은 "중원에 화폐가 부족하다고 하여 구리로 만든 전국 각처의 불상을 녹여 동전銅錢으로 주조하도록 조서를 내리기도 했다."[27] 후주 세종은 불교를 도태시키고 정리하는 데 의연하게 대처했다. 사원 경제의 규모를 제한하고 출가를 할 때는 엄격한 독경讀經 시험에 통과해야 한다고 규정했다. 관가의 허락 없이 사사로이 머리를 깎고 중이 되는 것을 금지하고 동상銅像을 몰수하여 동전을 주조함으로써 국고를 충실히 했다. 그 결과 "잔존한 사찰은 모두 2,694군데에 그치고, 폐지된 사찰은 무려 30,336군데에 달했다. 재적 승려와 비구니는 모두 6만 1천 200명에 지나지 않았다."[28] 이로 인해 불교는 다시 한 차례 심대한 타격을 받았다.

북송 전기에는 몇몇 황제들이 대체로 불교를 이용하고 통제하는 정책을 취했다. 그 때문에 불교는 송나라 초기에 어느 정도로 회복되었는데, 송휘종 때에 이르러 상황이 급변했다. 내부적으로는 정국이 혼란하고 외부적으로는 금나라의 위협을 받아 경제가 더 이상 지탱할 수 없는 상황에 부닥치게 되었다. 이런 처지에 사원 경제의 발달은 국가 재정과 충돌하여 첨예한 모순을 낳았다. 휘종은 억불 정책을 시행하여 강제로 불교와

27 구양수, 『신오대사新五代史』 권12, 『주본기』 제1책, 중화서국, 1974, 125쪽.

28 설거정薛居正 외, 『구오대사舊五代史』 권115, 『주서 · 세종기世宗紀』 제5책, 1531쪽.

도교를 병합하고 사찰을 도관으로 바꾸어놓았다. 이러한 억불 정책으로 불교는 재차 타격을 받았다. 그 이후 들어선 금나라는 자신들의 통치 지역에서 공명도첩空名度牒을 남발하여 군사비용을 조달하고, 승니僧尼들이 조정의 실권자들과 왕래하는 것을 엄격하게 규제했다. 원나라 때는 황제들이 라마 불교를 숭배하여 제사제帝師制를 시행했지만 전대 왕조의 수법을 그대로 답습해서 도첩度牒이나 사호師號를 공개적으로 거래했다. 이에 따라 사원 경제가 비정상적으로 발달하여 불교 교단이 부패하게 되었다. 그뿐만 아니라 불교 관계자들의 소양과 자질도 전반적으로 하락하게 되어 불교의 교리에도 일대 혁신이 요구되었다. 말하자면 만당 시기 이후로 불교와 정치의 관계는 서로 분리되거나 배제할 수 없는 처지에 있었지만, 수당 전기처럼 긴밀한 유착 관계를 형성하지 못했던 것이다. 상대적으로 유교나 도교와 비교해 불교는 정치적으로 열세에 있었다. 불교는 몇 차례의 정치적 위기를 겪은 뒤에 생존의 활로를 다방면으로 모색하는 데 치중했고, 교리 탐구를 게을리하는 추세를 보였다. 그에 따라 양송 이후에는 유교에 굴복하게 되었고, 설상가상으로 정치적 위기와 사회적 소용돌이 속에 경전까지 유실함으로써 날로 쇠락하는 길을 걷게 되었다.

오대와 송원명청 시기에 이르기까지 불교의 의리義理가 발전하는 가운데 다소 빼어난 것으로 들 수 있는 것은, 선禪을 통해 깨달음을 얻어 성불할 수 있다는 수양 공부론이다. 그 원인은 대체로 두 가지로 요약된다. 하나는 당나라 말기와 오대 시기가 중국 역사상 남북조 시대 이후 또 하나의 혼란기였다는 점이다. 가중한 계급적 압박과 빈번한 정권 교체, 그리고 전쟁으로 인해 민중들의 고난이 심화되자 대중들은 단순하면서도 효과적인 종교를 간절히 원했다. 불교의 경우는 수당 시기에 형성된 거대한 사회적 기반을 상실한 상황이었고, 이런 상황에서 승려와 불교 관련 지식인들은 일종의 간단한 성불 방법을 찾아냄으로써 광대한 민중들의 종교적 욕구를 충족시키는 한편 더 많은 군중을 흡수해서 불교에 입문시키고자 했다. 만당 시기 이후에 출현한 봉갈이나 기봉과 같은 돈오 방법은 시대적 요구에 부응한 것으로, 성불의 공부론이 이런 시대에 다양한 형태로 전개되었다는 것을 의미한다. 다른 하나는 양송 시기에 이르러 사회가 비교적 안정을 되찾게 되었다는 점이다. 특히 북송 전반기는 경제가 번창하고 문벌 사족 계층이 역사 무대의 뒤편으로 사라진 시기였다. 이에 따라 여러 문인文人 사대부들의 활동이 활발히 일어나고 승려와 사대부 간의 교류도 빈번했다. 구양수, 사마광, 소식 등과 같은 문인들은 참선을 일삼거나 불교와 도교에 드나들기도 했다. 자연히 이들 문인 사대부들이 보여주는 시문詩文의 품격이 선풍禪風의 변화에 영향을 미치게 되어 불립문자가 문자선文字禪으로 전환되었고, 공안公案을 풀이하는 염고拈古와 이러한 염고에 대해 다시 분석하고 비평을 가하는 평창이나 격절과 같은 선어록禪語錄 주소注疏가 대량으로 쏟아져 나왔다. 이런 현상은 수당 시기 이후의 유교와 불교가 내용뿐만 아니라 형식적인 면에서도 합일되는 추세를 얼마간 반영한 것이라 하겠다.

4 근현대 시기

1840년 발발한 아편전쟁을 기점으로 중국은 근대화 과정에 접어들게 된다. 근현대의 중국종교는 그 이전과 비교해 종교 조직뿐만 아니라 교리와 사상 면에서 현격한 차이를 보여준다. 유불도 삼교 가운데 특히 유교는 송명 시기에 절정에 도달한 이후 날이 갈수록 쇠퇴했다. 19세기에 캉유웨이와 량치차오 등의 노력에 힘입어 어느 정도 부흥의 조짐을 보였지만, 결국 시대의 흐름을 거역할 수 없었다. 외부의 힘에 의존하면서 하나의 종교 형식으로 중국을 지배했던 유교는 중화민국에 의해 봉건 왕조가 멸망함에 따라 결정적인 타격을 받았다.

도교의 성명지학도 송·원·명나라 때 일시적으로 성행했지만, 명나라와 청나라 이후로 오면서 쇠락의 운명을 면할 수 없었다. 특히 근현대에 이르러 여러 차례 시대적 풍파를 겪으면서 도교는 많은 타격을 받았다. 중화민국 시기의 도교 활동은 사원의 재산을 보호하는 데 국한되어 생존의 공간을 확보하기 위해 다른 생각을 할 겨를이 없었다. 그러다가 중화인민공화국이 성립되면서 도교의 생존 환경이 개선되었다. 1957년 4월에 중국도교협회가 결성되었는데, 그 창립 취지는 전국의 도교 신자들과 연계하여 단결함으로써 도교의 우수한 전통을 계승하고 발전시키며, 인민 정부의 주도하에 조국을 사랑하고 사회주의 건설과 세계평화 운동을 적극 지지하며, 정부에 협조해서 신앙의 자유에 대한 정책을 관철시킨다는 것이다.[29] 1987년 6월에는 중국도교협회 제4기 상무이사회常務理事會 주최로 베이징에서 제2차 회의를 개최했는데, 이때 합의된 사항은 다음과 같다.

> 도교가 현 정세에 적응하려면 첫째는 궁관의 관리 제도를 완비해야 하고, 둘째는 과거의 진부한 규칙과 낡은 관습을 개혁해야 한다.[30]

2005년 6월에는 중국도교협회가 베이징에서 제7차 전국 대표자 회

---

29 자세한 내용은 중국 도교협회 제1차 전국대표자대회에서 제정한 『중국도교협회장정中國道敎協會章程』, 1957년판을 참조하기 바란다.

30 「중국도교협회 성립 30주년에 제4기 제2차 상무이사회를 성공리에 개최함을 열렬히 경축한다熱烈慶祝中國道協成立三十周年勝利召开道協四屆二次常務理事會」, 『중국도교』, 1987년 제4기, 15쪽.

의를 개최했다. 이때 장지위는 이사회를 대표해서 작성한 「업무보고工作報告」를 통해 다음과 같은 내용을 특히 강조했다.

> 몇 년 동안 수많은 도교계 인사들이 공동으로 노력한 결과 도교 사업의 전체 형세가 양호해졌다. 하지만 냉철하게 인식해야 할 점은 도교가 아직 심각한 도전에 직면해 있다는 것이다. … 조직의 건설 방면에 있어서 일부 궁관에서는 관리를 소홀히 하고 있으며, 재무와 인사 제도가 불건전하고 개별 도사들의 기율紀律이 해이하여 법을 어기고 기강을 문란하게 한다. … 도교 교육과 인재를 배양하는 일이 시급하고 이를 강화할 필요가 있으며, 우리는 이런 문제를 중요하게 여겨야 한다. 어떤 성급省級의 도교 조직은 조직이 제대로 갖추어있지 않아 교량적 유대 역할을 충분히 발휘하지 못하고 있다. 실행 가능한 정책 방면에서도 아직 해결하지 못한 묵은 난제들이 일부 남아있다. 이상의 문제들은 지금 이후의 사업에서 개선되어야 한다.[31]

이로 미루어 볼 때, 현대 도교에 요구되는 것은 사원의 재산을 보호하고 사회에서의 생존 공간을 확보하는 것은 물론이고, 도교 조직과 예규 제도를 정비하고 도교의 인재를 배양하는 것이라 하겠다. 그러나 도교의 교리 면에서는 지금까지 뚜렷한 패러다임의 변화가 보이지 않고 있다. 현 단계는 도교사상의 패러다임 전환에 있어서 과도기에 처해있는데, 이러한 과도기에 하나의 실마리가 나타나지 않을까 여겨진다. '제세도인濟世

31 장지위張繼禹, 「애국 · 애교 · 홍도이인, 도교사업의 새로운 국면: 중국도교협회 제6기 이사회 업무보고愛國 · 愛教 · 弘道利人, 開創道教事業的新局面: 中國道教協會第6期理事會工作報告」, 『중국도교』, 2005년 제4기, 16쪽.

度人'이라는 도교사상이 날로 중시되고 있는 점을 생각할 때, 전통 도교의 합리적 사상을 조율함으로써 사회에 적용하거나 사회에 봉사하는 인생관을 모색하는 길이 도교사상의 패러다임 전환에 필요한 하나의 돌파구가 될 수 있을 것이다.

불교는 근현대에도 수많은 풍파를 겪었다. 그러나 불교사상의 패러다임 전환은 도교보다 뚜렷하게 나타난다. 1920년대 이후, 불교계에서는 '인생불교人生佛敎'와 '인간불교人間佛敎'를 표방했다. 그러한 대표적인 인물은 태허법사太虛法師, 인순법사印順法師, 자오푸추趙朴初 선생, 성운법사星雲法師이다. 이들의 이념이 서로 완벽하게 일치한다고 볼 수는 없지만, 주된 사상에 있어서는 공통된 점이 있다. 그들은 '사람人·보살菩薩·붓다佛'란 이론을 주장했는데, 그 내용은 사람으로부터 출발하여 보살행菩薩行을 할 것을 발심하고, 보살행을 하면서 성불을 기약한다는 것이다. 오계五戒, 십선十善, 사섭四攝, 육도六度를 수행하면서 "스스로 깨닫고 남을 깨우치며自覺覺他", 사람됨을 근본으로 하여 인생에 봉사하며, 인간 세상에 정토淨土를 건설하는 것을 삶의 목표로 삼았다. 이들 사상의 핵심은 인생론에 있었다. '인생불교'와 '인간불교'는 백 년 남짓한 기간 동안 다듬어지고 현실로 실천되면서 오늘날 불교의 주류가 되었다.

도교와 불교사상의 근현대적 변혁은 필연적 수순에 따른 것이었다. 한쪽으로는 종교 내부에서 세속화와 영리화가 진행되어 계율이 느슨해지고 경전의 가르침이 설 자리를 잃게 된 것이 주된 요인으로 작용했다. 이런 상황에서는 사상적 변혁을 시도함으로써 종교 자체의 생존과 발전을 도모할 수밖에 없었던 것이다. 다른 한쪽에서는 각종 사회적 변혁에 핍박을 받아 이를 수긍하고 적응해야 했기 때문이다.

먼저 새로운 정교政敎 관계를 비롯해, 사원의 재산으로 학문을 부흥시킨다는 이른바 '묘산흥학廟産興學'의 영향과 그 충격에 대해 살펴보기로 한다. 19세기 후반기부터 사회나 정치적 생활에서 종교가 차지하는 위상은 크게 추락했다. 예전처럼 역대 제왕들이 종교를 숭배하거나 종교를 이용해서 정치적 변혁을 시도하지 않았다. 근대의 정치적 변혁은 '민주'를 크게 외치고, '과학'의 기치를 높이 받드는 현상으로 나타났다. 순중산孫中山과 장제스蔣介石로부터 중국 공산당의 정치적 운동에 이르기까지 모두 정교를 분리하는 정책을 취한 탓에 종교를 내세워 정치적 변혁을 도모하는 국면이 더 이상 전개되지 않았다. 정치적 후원자를 잃고 정치와 단절된 상태에서 종교는 자력으로 일어설 수 있는 길을 모색해야 했고, 이 점이 자연스럽게 커다란 곤경과 부담으로 작용했다.

근대에 일어난 '묘산흥학'은 그동안 종교를 먹여 살렸던 밑천을 하루아침에 거덜을 내었는데, 이로 인해 종교는 생사존망의 갈림길에 서게 되었다. 1898년에 후기 양무운동洋務運動의 지도자였던 장지동張之洞은 『권학편勸學篇』을 저술해서 조정에 올렸는데, 여기서 그는 '묘산흥학'을 역설하면서 다음과 같은 주장을 펼쳤다.

> 학당은 불교와 도교의 사원을 고쳐서 마련할 수 있습니다. 오늘날 천하에 사찰과 도관이 어찌 수만 채에 그치겠습니까? 도회지에는 백여 군데가 있고, 큰 현縣에는 수십 채가 있으며 작은 현에도 십여 채가 있습니다. 모두 농지와 물산이 있으며, 그들의 물자도 죄다 보시를 받은 것들입니다. 이를 학당으로 고치게 되면 가옥이나 농지까지 모두 갖출 수 있습니다. 이 또한 임시방편이지만 간단한 대책입니다. … 학당에 충당하는 비용이 7할이라면, 승려와 도사들은 나머지 3할로 생계를 유지할 수 있습니다.[32]

8개국의 연합군이 침략한 이후 자희慈禧 태후는 사회적 압력을 받아 신법新法을 시행하고, 중국 전역의 성省, 주州, 부府에 학당을 설치하라고 명령을 내렸다. 또한 학당 신설에 필요할 자금이 부족하다는 이유로, 1906년에 청나라 정부의 명령으로 사전祀典에 누락된 현지의 묘우廟宇와 향사鄕社를 전국의 마을에서 샅샅이 찾아내어 학당으로 임차할 수 있도록 조치했다. 그 이후로 중국 전역에서 묘우와 사원의 재산을 점거하는 소동이 크게 일어났다. 이에 민국民國 2년에 위안스카이袁世凱가 '사묘관리조령管理寺廟條令'을 반포했는데, 사원과 묘우의 농지와 재산을 지방 관리가 관리하게 하고 공익 사업이 필요할 때만 점유하는 것을 허가했다. 그 후 1928년에 난징 정부의 내정 부장內政部長 쉐두비薛篤弼는 사원의 재산을 몰수하고 사원을 학교로 개조하는 방안을 제시했다. 이에 중앙대학中央大學의 타이솽치우邰爽秋 교수 등이 적극적으로 호응하여 중화민국 시절의 제1차 묘산흥학 분쟁이 일어났다. 1930년에 타이솽치우 등이 다시 「묘산흥학촉진회선언廟産興學促進會宣言」을 발표했고, 1935년에는 국민당 제3기 제4차 전체 회의에서 모든 사묘寺廟를 학교로 바꾼다는 결의를 다시 통과시킴으로써 중화민국 시절의 제2차 묘산 흥학 분쟁이 일어났다. 전후 수십 년에 걸친 묘산흥학 분쟁은 전통적 불교와 도교에 치명타를 가해 불교와 도교의 생존을 위협했을 뿐만 아니라, 불교와 도교사상의 패러다임 전환을 촉진시킴으로써 그들로 하여금 새로운 길을 모색하도록 했던 것이다.

다음으로 들 수 있는 것은, 경제와 관련된 변혁을 비롯하여 그로 말미암아 초래된 생활 양식과 사회심리의 변화도 불교와 도교사상의 패러

32 장지동, 『권학편』 「외편제삼外篇第三」, 상하이고적서점, 2002, 40쪽.

다임 전환에 한몫했다는 점이다. 근대 이전의 중국 경제 구조는 대체로 농업 위주였고, 수공업은 부수적인 것으로 간주했다. 그러다가 1900년 이후 서양의 과학기술이 도입됨에 따라 중국의 경제 구조나 사람들의 생활 양식에 커다란 변화가 일어났다. 이러한 시대적 배경하에 그동안의 전통적 불교와 도교는 봉건적 생산방식이나 전통적 생활 양식과 밀접한 관계를 유지하고 있었던 탓에 시대에 뒤떨어진 것으로 취급되었다. 그뿐만 아니라 불교와 도교에서 선전하는 이른바 "고난을 참고 견디며 세상사에 초연하게 대처한다"라는 가르침은 근대 사회의 평등사상과 민주정신에 비추어 괴리감을 느끼게 했다. 이와 같은 판국에 불교와 도교가 성공적으로 개혁하여 근현대 사회인들의 정신적 수요와 접맥하지 못하면, 설령 전통을 계속 이어갈 수 있다고 해도 현대인들에게 외면당해 쇠락을 면치 못할 우려가 있는 것이다.[33]

이러한 시기에 태허 법사는 시대적 요구에 부응하여 '인간불교'를 주창하고, 세간世間의 변화에 불교가 따라가야 한다고 강조했다. 그는 「불교도는 중국과 세계의 신문화 건설에 참여해야 한다佛教徒應參與中國和世界的新文化建設」는 글을 통해 다음과 같이 역설했다.

> 우리는 현 시대에 살고 있다는 것을 아는 데서 출발해야 한다. 현대의 중국이나 전 세계에 불학佛學을 널리 알리려면 우선 과거의 여러 중요한 시기에 어떻게 했는지를 관찰해야 하는데, 그것은 어떻게 적응해서 불법佛法의 원칙에 따라 발전시켰는가 하는 것이다. 그런 뒤에 다시 다음과 같은 것들을 관찰해야 한다. 현재의 중국 사상계는 어떠한가? 가장 유력한

33 천빙 · 츠메이, 『20세기 중국불교』, 민족출판사, 2000, 9쪽 참조.

사조는 무엇인가? 세계 각국의 동향은 또한 어떠한가? 향후 미래의 중국과 세계에서 필요한 것이 무엇인가? 어떤 식으로 받아들이거나 따르게 해서 불법을 선양할 수 있는가? 어떻게 하면 불법이 중국과 세계 사상에 있어서 유력한 지도적 위치를 점하거나 그런 요인으로 작용할 수 있는가? 불교로써 그들의 사상적 오류를 바로잡거나 그에 적합한 부분을 증진시키고 발휘하도록 해야 한다.[34]

이와 같은 태허 법사의 주장은 사회 발전에 어떻게 적응할 수 있는가 하는 문제를 거론했다는 점에서 당시 불교계가 절박한 상황에 처했음을 말해준다.

또한 근대 과학지식이 대중에게 전파된 것도 전통적 종교사상에 있어 또 다른 시련이 되었다는 점도 간과할 수 없다. 18세기 말에서 19세기 초에 이르기까지 많은 지식인이 구국의 열정으로 서양의 과학과 문화 지식을 적극적으로 받아들였다. 이에 따라 서양 정치학, 지리학, 진화론, 수학 등의 자연과학과 인문사회 과학이 줄지어 중국에 들어왔다. 통계 자료에 따르면 함풍咸豐 3년 1853년에서 선통宣統 3년(1911년)에 이르기까지 총 468부의 서양 자연과학 저작물들이 중국어로 번역되어 출판되었다. 그 가운데 총론과 잡저雜著 부문은 44부, 천문 기상 부문은 12부, 수학 부문은 164부, 물리와 화학 부문은 98부, 박물博物 부문은 92부, 지리 부문은 58부로 나타났다.[35] 이와 동시에 각종 간행물도 과학 지식을 국내에 광범

34 태허, 「불교도가 중국과 세계의 신문화 건설에 참여해야 한다佛敎徒應參與中國和世界的新文化建設」, 『해조음海潮音』 제24권 제9기, 1943년 한장교리원漢藏敎理院 강연문.

35 두스옌杜石然 · 판추위範楚玉 등 편저, 『중국과학기술사고中國科學技術史稿』 하책, 과학출판사, 1982, 250쪽.

하게 전파하는 일을 적극적으로 추진했다. 이 시기는 과학 정신을 주창하고 미신과 무지몽매함을 반대하는 것이 사상계의 공통된 사명으로 자리잡았다. 거대한 문화적 변혁은 불교와 도교 등의 종교계 인사들에게 충격을 주었고, 그들로 하여금 종교와 과학의 관계에 대해 고심하게 했을 뿐만 아니라, 과학 문화가 점차 보급되는 사회에 종교가 과연 적응할 수 있는지에 대해 진지하게 생각할 기회를 제공했다. 이에 따라 허다한 종교계 인사들이 이 문제를 놓고 자신들의 견해를 밝혔다. 당시 도교의 지도적 인물인 천잉닝陳攖寧은 선학실증론仙學實證論을 제기했는데, 선학仙學도 일종의 실험적 성격을 띤 학술 분야이기 때문에 확실한 증거가 중요하다고 주장했다. 그는 "선仙 자체가 학술의 실험에서 나온 것이다"[36]라고 말했다. 실험이란 관점에서 선학을 해석하자는 천잉닝의 견해는 재론할 필요 없이 종교와 과학의 관계를 조율하는 데 중요한 의미가 있다. 또한, 불교 이론가인 태허 법사도 「불법과 과학佛法與科學」, 「유물 과학과 유식종학唯物科學與唯識宗學」 등 일련의 글을 써서 불법과 과학이 서로 부합되고 모순되지 않는다는 점을 논증하기도 했다. 이러한 사례들은 도교와 불교가 근대 과학의 발전과 그 전파에 대해 능동적으로 대처하고 있다는 것을 반영한다.

2 —— 지리적 환경과 중국종교사상의 패러다임 전환

중국종교사상의 패러다임 전환은 지리적 환경 요인만으로 결정되지 않는다. 그러나 천변만화하는 지리적 환경에서 시작하여 중국종교사상과 그 문화의 발생이나 발전 및 그 형태적 변환을 탐구하는 것도 실행 가능

36 두스옌 · 판추위 등 편저, 『중국과학기술사고』 하책, 250쪽.

한 하나의 관점이 될 수 있으므로 이를 배제할 수 없다. 오랫동안 학자들은 종교역사학, 종교사회학, 종교심리학, 종교행위학의 입장에서 중국종교사상과 그 문화를 연구했다. 지리적 환경이란 관점에서 접근을 시도한 학자는 극히 드물었다. 따라서 이런 방면의 작업을 적극적으로 추진할 필요가 있다. 그렇게 하는 것이 중국종교문화의 내용을 한층 더 전반적이고 심도 있게 이해하는 데 도움이 될 것으로 기대한다.

지리적 환경은 중국종교사상의 패러다임 전환에 직접적인 영향을 미치지 않았지만 종교적 관념, 종교 인물, 종교 조직, 종교 기물 등의 여러 요소를 고려해 볼 때 종교사상의 패러다임 전환이 일어나는 그 배후에 지리적 환경 요인이 존재하는 것을 어렴풋이 엿볼 수 있다.

1 신령신앙에 미친 지리적 환경과 중국종교사상의 패러다임 전환

뤼다지 선생은 『종교학통론신편』에서 종교의 4대 요소를 거론하면서 다음과 같이 말한 바가 있다.

> 기저나 핵심층에 있는 것은 주로 신도관념神道觀念이라 일컬어지는 종교적 관념이다. 종교적 신도관념이 존재한다는 논리적 전제가 있어야만 관념의 주체가 그에 대해 심리적으로 반응하거나 체험하는 것이 가능하다.[37]

여기서 뤼다지 선생이 지적하는 '신도관념'의 내용은 상당히 복잡하다. 그중 가장 중요한 것은 당연히 신령신앙이다. 명칭에서 알 수 있듯이

37 뤼다지, 『종교학통론신편』, 77쪽.

이른바 '신령신앙'은 각양각색의 귀신이나 정령의 존재를 믿는 것이며, 이런 종류의 정신 현상을 숭배하는 심리와 그 행위를 말한다.

중국종교에서 특히 유교와 도교가 성립하고 발전하는 데 있어서 모두 정도의 차이는 있지만, 지리적 환경의 영향을 받았다는 사실을 부정할 수 없다. 이런 문제에 관하여 신선도교의 성립과 그 발전을 예로 들어 설명할 수 있다.

통치자들의 억압이나 양면 정책의 시행, 그리고 무수한 사대부들의 참여로 인해 군君·신臣·민民의 '삼합상통三合相通' 사상을 주창했던 한나라 말기의 초기 도교는 점차 분열되는 길로 나아갔고, 신선도교는 이러한 시대적 흐름에서 생겨났다. 신선도교의 형성은 대체로 갈홍이 종전의 신선사상 체계를 총정리하는 데서 비롯되는데, 남북조 때 구겸지와 육수정이 천사도를 개혁하고 도홍경이 도교 신선들의 계보를 정리하면서 성숙기에 접어들었다. 신선도교 그 자체는 신선신앙이 핵심이고, 복식과 양생을 통해 장생불로와 우화등선을 추구했다. 이러한 신선신앙의 형성에는 여러 가지 요인들을 들 수 있지만, 그중 지리적 환경에 의한 영향도 무시할 수 없다.

도교 경전에는 지리적 환경과 관련한 내용이 많이 기록되어 있는데, 그중 십주삼도十洲三島와 동천복지洞天福地가 가장 널리 알려져 있다. 이러한 장소들은 경치가 아름답고 주변 환경이 그윽한 명산이나 바닷속에 있으며, 신선과 관련된 많은 전설과 더불어 선경仙境의 분위기를 짙게 드리우고 있다. 동천복지는 다시 십대동천十大洞天, 36소동천小洞天, 72복지福地로 구분된다. 기록에 따르면, 십대동천과 36소동천은 천상에서 선인들을 파견해서 다스리는 동부洞府이고, 72복지는 지선地仙과 진인眞人이 다스리며 수련하는 곳이다.[38] 이러한 곳에서 전해지는 이야기들은 진위 여부와 무관하게 듣는 이로 하여금 황홀경에 빠져들게 할 만큼 대단히 흥미롭다. 예를 들면, 쓰촨성 학명산鶴鳴山 꼭대기에 학이 한 마리 있었는데, 학이 울 때마다 선인이 나타났다고 한다. 그래서 천사도 창시자 장릉이 여기서 도를 닦아 신선이 되었고, 득도한 이후에 십대동천 가운데 서열이 다섯 번째가 되는 청성산青城山에 가서 제자를 거두어 도를 전했다고 한다. 이처럼 동천복지는 구도자들이 무한하게 동경하는 장소다. 그러나 더욱 중요한 사실은 동천복지가 천하에 널리 분포되어 있고, 일부 허황한 것을 제외하고는 장소 대부분이 실제로 고증할 수 있는 구체적인 지명이라는 점이다. 그런 곳에 가서 실제의 경관을 마주하면 기이하고 수려한 경관으로 인해 수도의 분위기가 한껏 고조되는 것을 느낄 수 있다.

이처럼 신선의 분위기를 짙게 자아내는 동천복지가 과연 위진 남북조의 신선도교 형성에 아무런 영향도 미치지 않았을까? 이런 문제를 해결하기 위해서는 먼저 이와 관련된 경전의 기록부터 검토할 필요가 있다. 『운급칠첨』 권28에 수록된 「이십사치」에는 동천복지에 관한 서술 내용이 있다. 상청파의 대표적 경전인 『진고眞誥』에도 대·소동천 및 복지에 대한 언급이 있고, 당나라 때 사마승정이 저술한 『천지궁부도天地宮府圖』에도 동천복지의 명칭이 명확히 제시되어 있다. 당나라 시기에는 신선설이 널리 유행했다. 여러 문헌에서 서술한 내용으로 미루어 볼 때, 동천복지설은 늦어도 위진 남북조 시기에 이미 보편화되었다는 것을 알 수 있다. 신선도교가 위진 남북조 때 성숙기에 이르렀다면, 신선신앙을 핵심으로 하는 신선도교의 형성이 신선의 분위기를 짙게 드러내는 동천복지의 영향을 받았다는 것은 자명한 사실이다. 게다가 동천복지에 관한 도교 경

38 장군방, 리융성 점교, 『운급칠첨』 권27, 609-618쪽 참조.

전의 서술 내용에서 느낄 수 있듯이, 동천복지와 같은 지리적 환경 요인은 신선신앙의 형성을 촉진했을 뿐만 아니라 위진 남북조 시기에 나타난 도교사상의 패러다임 전환에도 간과할 수 없는 영향력을 행사했다. 왜냐하면 신선도교를 믿는 사람의 관점에서는 신선 수련에 필요한 특수한 환경이 필요하고, 이런 특수한 환경은 그다지 많지 않지만 실제로 존재하기 때문이다. 일부 명산의 지지地誌 및 신선이나 도인들의 전기傳記를 보면, 도인들이 빼어난 수련 장소를 찾아다니거나 그윽한 정취로 가득한 명산대천에 심취해 있는 모습을 종종 발견할 수 있다. 예컨대 『모산지茅山誌』, 『남악총승집南嶽總勝集』, 『금화적송산지金華赤松山誌』 등에서 그런 대목을 흔히 찾아볼 수 있다. 이밖에도 『십주기十洲記』를 들 수 있는데, 『십주기』는 비록 소설가가 지어낸 것이지만 신선도교의 성립 문제와 관련된 선경仙境에 대한 묘사는 상당히 매혹적이다. 『십주기』에는 이런 내용이 서술되어 있다.

> 한무제는 서왕모로부터 팔방八方의 대해大海 속에 조주祖洲·영주瀛洲·현주玄洲·염주炎洲·장주長洲·원주元洲·유주流洲·생주生洲·봉린주鳳麟洲·취굴주聚窟洲가 있고, 이러한 십주十洲가 인적이 끊어진 외진 곳에 있다는 말을 들었다. 또한 동방삭東方朔이 범상한 인물이 아님을 알게 되어, 밀실로 불러와 십주의 위치와 그곳에 있는 물건의 이름을 친히 물었다. 책에서는 이를 다음과 같이 기록했다.
>
> 동방삭이 말하기를, "신은 선도仙道를 배우고 있는 자일 따름이고, 득도한 사람은 아닙니다. 나라가 성대하고 아름답게 되어 이름난 유가와 묵가의 학자를 초빙해 문교文敎에 참여시키고, 세속과 단절한 도가를 허황하다고 하여 억압했던 까닭에 신이 은일한 삶을 숨기고 조정에 나아갔

으며, 양생술을 감추고 궁궐에서 모셨던 것입니다. 다만 폐하께서 도가를 좋아하시기 때문에 억누르고 끊어버렸던 격식을 다시 갖추려고 합니다. 일찍이 신은 스승을 따라다니며 주릉硃陵·부상扶桑·신해蜃海를 비롯해서 명야冥夜의 언덕, 순양純陽의 구릉, 시청始青의 하늘 아래, 월궁月宮의 사이를 가보았습니다. 안으로는 칠구七丘를 유람하고 가운데로는 십주를 돌아다녔습니다. 적현赤縣의 땅을 밟고 오악五嶽에 노닐었으며 호수를 건너고 명산에 쉬기도 했습니다. 신은 어려서부터 지금까지 육천六天을 주유하고 천광天光을 널리 섭렵했지만 이에 그쳤습니다. 능허자淩虛子처럼 천상에 올라 선관仙官이 되거나 구천九天을 오르내리며 백방百方을 꿰뚫어 보지 못했습니다. 북극의 구진勾陳과 화개華蓋의 별자리에 이르거나 남쪽의 태단太丹으로 날아가 대하大夏에 깃들고, 동쪽으로 통양通陽의 노을에 이르거나 추위가 심해서 혈거하는 서쪽의 황량한 벌판까지 가보지 못했습니다. 일월이 이르지 못하고 은하수가 더불어 할 수 없는 곳도 가보지 못했습니다. 위로 아무것도 없고 아래로 바닥이 없는 곳도 가보지 못했습니다. 신이 알고 있는 것은 이것밖에 없사오니 널리 찾아주신 바에 보답하지 못해 부끄러울 따름입니다."[39]

이런 내용은 한껏 화려하게 수식을 더한 글이라 할 수 있다. 작자는 여행가의 말투로 자신이 다닌 곳의 신기한 점을 묘사하고 대비의 수법으로 신선들이 노니는 세계가 특출하다는 점을 부각함으로써 신선과 도인들을 만나보고자 하는 옛사람들의 소망을 표현하는 한편, 특수한 지리적 환경에 대한 수도자들의 관심을 드러냈다. 동천복지와 같은 특수한 지리

39 동방삭東方朔, 『십주기』, 상하이고적출판사, 1990, 1쪽.

적 환경이 신선도교의 형성과 발전에 자극을 줄 수 있었던 까닭은 이와 같은 지리적 환경이 신비감을 조성하는 데 그치지 않고, 그 속에 담긴 그윽한 정취에 자극을 받아 승선昇仙에 대한 끝없는 상상을 끌어내어 신선이 되고자 하는 소망을 강화하기 때문이다. 동천복지와 신선도교의 관계는 하나의 작은 사례에 지나지 않는다. 하지만 어떤 측면에서 종교사상의 형성과 변천이 이와 같은 지리적 환경과 불가분의 관계에 있다는 것을 잘 말해준다.

2 지역의 문화적 차이와 중국종교사상의 패러다임 전환

중국의 전통문화는 그 내용이 광대해서, 남북 지역의 문화적 차이를 분석하고자 할 때는 먼저 이에 관한 기준점을 마련해야 한다. 왜냐하면 남북 지역 간의 각종 문화적 차이는 똑같이 보조를 맞추어 나타나는 것이 아니기 때문이다. 불교를 예로 들면, 리잉휘李映輝 선생은 『당대 불교지리 연구唐代佛敎地理硏究』에서 당나라 전기와 후기에 나타난 고승들의 관적貫籍 분포, 사찰의 지리적 분포, 학술의 시공간적 차이 등을 고찰하고 이를 비교했는데, 안사安史의 난을 분기점으로 불교 문화의 중심이 전기에는 북방에 있었지만, 후기에는 남방으로 전이되었다는 결론을 얻었다. 그런데 유교사상은 이와 다르게 나타난다. 유교사상은 정권과 밀착된 관계를 유지하고 있어서 국가의 통치 중심과 경제의 무게 중심을 따라 양상이 변화한다. 남송 이전에는 통치 중심이 대다수 북방에 있었고, 남방의 경제 중심은 미성숙 단계에 있어서 북방이 유교사상의 중심이었다. 남송 시대가 시작되면서 통치 중심이 남쪽으로 치우치고, 쑤저우蘇州와 항저우杭州의 흥성에 힘입어 남방 경제의 중심이 형성되면서 유교사상의 중심도 자연히 남쪽으로 이동했다. 송명이학의 발흥이 이에 대한 좋은 예증이 된다. 이학의 발단은 북방에 있는 북송 때 시작되었지만 그 집대성은 남방으로 옮겨온 남송 때 이루어졌다. 남송 이후부터 남방에서 유교 문화가 활발하게 일어나 전례를 찾을 수 없을 만큼 크게 발전했다. 또한 남방의 경제 중심도 이미 형성되었기 때문에 남송의 유교 분위기는 남송이 멸망하고 통치 중심이 북쪽으로 옮겨간 뒤에도 소멸하지 않았다. 남송이 남북의 차이를 드러내는 유교 문화의 전환점이 되었던 것이다. 이를 고려해서 유교가 중국 전통사회에서 주도적 지위를 차지하고 있는 현상을 검토해 볼 수 있는데, 여기서는 유교사상을 기준점으로 삼아 남북 지역 간의 문화적 차이를 분석하고, 이러한 차이가 중국종교사상의 패러다임 전환에 어떻게 영향을 미치는지 알아보고자 한다.

남북 지역의 문화적 차이는 확연하게 드러난다. 시간을 거슬러 올라갈수록 이러한 차이는 더 크게 나타난다. 우선 민간신앙에 나타난 현상부터 살펴보면, 남방의 민간신앙은 북방과 비교해 훨씬 더 다양하고 뚜렷하게 나타난다. 송나라 때의 신사神祠를 예로 들어도 남방이 북방보다 많았다. 『송회요집고宋會要輯稿』에서 「예禮」 부분을 보면 사당과 사원에 관해 개봉부開封府를 제외한 각 지역의 일부 신사들을 열거하고 있는데, 비교적 유명하거나 사전祀典에 수록된 것만을 계산해도 1,300여 개소나 된다. 그중 확실하게 고증할 수 있는 것이 1,147개소인데, 북방 지역이 274개소이고 남방 지역은 873개소이다. 남방이 북방보다 세 배나 많다.[40] 여기서 남방과 북방의 구분은 북송의 행정 구획에 따라 정해진 것이다. 대체로 허난성 · 안후이성 · 장쑤성의 3개 성省을 가로지르는 회하淮河 이북을 북방이라 하고, 회하 이남을 남방이라 한다. 또한 신령을 신봉하는 종류와 그

40 이에 대해 쉬송徐松, 『송회요집고』, 중화서국, 1957년판을 참고하기 바란다.

형태도 각양각색인데, 크게는 천지, 종묘, 사직, 산수에서, 작게는 각종 행업行業에 이르기까지 헤아릴 수 없을 만큼 무수하다.

다음으로 들 수 있는 것은 이러한 차이가 학풍과 기질 면에서도 나타난다는 점이다. 북방에서는 대체로 주소注疏를 중시할 뿐만 아니라 학문에 임하는 태도가 신중하고 융통성이 없어 보수적인 경향에 치우쳐 있다. 반면에 남방에서는 내용과 이치를 중시하며 사고가 비교적 개방되어 있고 활달하다. 『수서』 권75, 「유림儒林」에서 이를 다음과 같이 평하기도 했다.

> 대개 남쪽 사람은 요령을 얻어 간결하여 그 알맹이를 얻었고, 북방의 학문은 깊고 무성하여 지엽적인 것까지 다했다.

마지막으로, 유교사상의 분위기 면에서도 남북의 차이가 뚜렷하다는 점이다. 중원 일대는 유교사상이 크게 흥성한 지역이고, 한나라와 당나라 때의 통치자들이 유교사상을 널리 보급했기 때문에 유교의 분위기도 이에 따라 학술적 성격이 짙었다. 이러한 배경에서 북송 때 관중關中이나 낙양洛陽을 중심으로 하는 관학關學과 낙학洛學이 모두 북방에서 일어날 수 있었다. 반면에 남방의 유교사상은 북방에 비교해 비교적 담담하고 옅은 경향을 보였다. 그에 따라 양송 이전에는 유교 활동의 중심이 되는 도회지가 남방에서 출현하지 않았다.[41]

이상에서 논의한 문화적 차이는 남북의 지리적 환경과 그 위치가 서

41 여기의 일부 내용은 청민성程民生, 『송대 지역문화宋代地域文化』, 허난河南대학출판사, 1997년판의 제5장과 제6장을 참조했다.

로 다르다는 것과 관련된다. 남방은 산이 많아 기암괴석이 즐비하고 구름과 안개가 자욱하다. 들짐승이 수시로 출몰하고 기후의 변화도 예측할 수가 없다. 이에 비해 북방은 광활한 평원이 많아서 지세가 완만하다. 게다가 남송 이전에는 북방이 역대 왕조의 통치 중심이 된 경우가 많았다. 그와 비교하면 남방은 통치 중심에서 멀리 벗어나 중앙 정부의 법령이나 제도가 미치지 못하는 곳이 많았다. 교통도 불편해서 남북 간의 교류가 드물었을 뿐만 아니라 문명 개화의 수준도 북방에 미치지 못했다. 미개한 시대일수록 자연을 인식하고 개조하는 능력이 떨어질 수밖에 없는 것이다. 신비스럽고 사나운 자연 현상에 직면하여 사람들은 자신의 무능력을 절감했고 이를 타개할 역량도 부족했다. 정신적인 면에서도 이러한 현상을 합리적으로 이해하지 못한 탓에 극심한 공포에 시달려야 했다. 이에 따라 자연히 여러 잡다한 신령을 숭배하는 민간신앙이 생겨날 수밖에 없었던 것이다. 마땅히 해석할 도리가 없는 이런 현상들을 여러 차례 자주 접하게 되자 그에 따라 그들이 숭배하는 신령의 숫자도 점차 많아졌다. 원시 종교의 이와 같은 내면 의식은 후대의 종교 신앙에 끊임없이 영향을 미쳤으며, 그 결과로 점차 공리성功利性이라는 또 다른 특징이 형성되었다. 신을 숭배하고 믿는 행위 자체가 대개 자신들과의 이해관계에서 비롯되었기 때문이다. 그들은 자신이 숭배하는 신령의 숫자가 많으면 많을수록 더 많은 가피를 입을 것으로 여기기 때문에 어디서나 신상神像을 보게 되면 주저하지 않고 절을 하는 것이다. 이와 같은 민간신앙의 다양성과 공리성으로 인해 어떤 종교라도 쉽게 대중 속으로 스며들 수 있었다.

남방의 지리적 위치는 정치적 통치 중심에서 벗어나 한쪽으로 치우쳐있고, 이 지역의 유교 문화도 남송 이전까지는 비교적으로 척박한 상태였다. 이런 상황은 위진 남북조 때부터 달라질 조짐을 보였다. 위진 남북조 이후로 수많은 사족이 남방으로 대거 이주한 덕분에 남방의 유가 사상도 덩달아 발전했다. 이와 같은 현상은 본래 남방 유교사상이 북방을 추월할 하나의 계기가 되었지만, 그 사이에 전란이 일어나 이러한 기회가 무산되었을 뿐만 아니라 수당 시기의 통치 중심이 북방에 정착되면서 이런 열기도 점차 약화되었다. 그러다가 남송 시기에 이르러 남방에 경제 중심과 정치 중심이 형성되자 이에 따라 유교 문화도 남방에서 우뚝 일어설 수 있게 되었다.

앞에서 남북 지역의 문화적 차이와 그 원인에 대해 살펴보았는데, 여기에 근거해서 이와 같은 문화적 차이가 중국종교사상의 패러다임 전환에 미친 영향이 어떠한지 차례로 살펴보고자 한다.

먼저 유교사상부터 살펴보기로 한다. 전한前漢 때부터 동중서를 비롯한 대표적인 유학자들이 천인감응이나 군권신수 사상을 주창했는데, 당나라 중후기에 이르자 유교의 학문 중심은 심성학心性學으로 바뀌었다. 그러다가 양송 시기에 이르러 이학이 발흥하면서 점차 어용철학으로 변모했다. 이런 현상은 유교사상에 한 차례 큰 변혁이 일어났다는 것을 의미한다. 이학은 '리理'를 본체로 삼아 심성의 차원에서 영원한 진리를 파악하고자 하는 유교 철학이다. 잘 알려진 바와 같이 이학의 집대성자인 주희는 일생의 대부분을 남방에서 보냈다. 그가 생존할 무렵에 그의 사상은 주로 남방에서 전파되었다. 주희가 죽은 뒤에도 일정한 시간 동안 주로 그의 제자들에 의해 먼저 남방에서 이학이 알려지게 되었다. 최초에는 한당漢唐 유교경학의 정통 사상에 반기를 드는 측면이 있어 '위학僞學'으로 알려졌고, 이에 따라 존립의 여부조차 기대하기 어려웠다. 물론 후대로 오면서 점차 관방官方의 사상적 통치 도구가 되었지만 이는 나중의 이야기이다. 그러나 민간신앙의 전통이 깊은 당시 남방의 민중들이 볼 때 주희를 위시한 이학은 그 내용과 이치가 일상생활과 관련되어 있어서 쉽게 받아들여질 수 있었다. 남방의 지역문화가 이학의 전파와 시행을 촉진시켰던 것이다. 이학이 최종적으로 성공할 수 있었던 것도 이와 같은 남방의 지역문화가 부분적으로 기여한 결과라고 하겠다.

다음으로 불교사상을 살펴보기로 한다. 남종의 선禪사상은 중국화된 대표적인 불교사상이다. 익히 알고 있는 불립문자, 직지인심, 견성성불 등은 위진 남북조 시대의 불교 이론에서 볼 때는 의심할 여지 없이 일종의 거대한 변화이고 발전이다. 또한 선종 사상은 당나라 말기와 송나라 때에 걸쳐 홀로 우뚝 선 지위를 누린 덕분에 불교사상을 대표하게 되었다. 이러한 선종의 흥기를 비롯해 그 사상이 전파되고 최종적으로 확고한 지위를 얻을 수 있었던 것은 남북 간의 서로 다른 지역문화와 긴밀한 관련이 있다. 육조 시기에 활약한 혜능은 오조五祖 홍인弘仁의 의발을 전수받은 뒤 신수파神秀派의 모함과 가사袈裟 쟁탈이란 문제를 회피하기 위해 영남嶺南으로 도망가서 잠적했다. 혜능은 산속에서 무려 15년이나 은거했는데, 676년에 산에서 나와 광저우廣州에 있는 법성사法性寺에 들렀을 때 다음과 같은 이야기가 있다.

> 때마침 두 승려가 "바람이 움직인 것이다", "깃발이 움직인 것이다"라고 하며 옥신각신 논쟁하고 있었다.
> 이를 지켜보던 혜능이 말했다.
> "깃발에는 당신들이 말하는 그런 움직임이 없습니다. 움직인다고 말하는 그 마음이 스스로 움직인 것일 뿐입니다."[42]

이 말을 듣고 그 자리에 있는 모든 승려가 소스라치게 놀랐다. 그 후 혜능은 지금의 광둥성 취장현曲江縣 남화사南華寺로 알려진 싸오저우韶州 조계曹溪 보림사寶林寺에서 삭발하고 정식으로 계율을 받은 뒤에 설법하여 선종을 크게 일으켰다. 이러한 선종은 당나라 말과 오대 시기에 이르러 다시 오가칠종五家七宗으로 분화되었다. 북송 시기에 남종선南宗禪이 북방에서 전파되기 시작해서 점차 중국 전역으로 확산됨에 따라 불교의 주류가 되었던 것이다.

혜능은 과연 무엇 때문에 남방에 머물면서 남종선을 떨치려고 의도했을까? 이 문제는 남북 간의 문화적 차이와 무관하지 않다. 남방의 사상이 개방적이기 때문이다. 혜능이 주장하는 이른바 명심견성이나 불립문자 및 고된 수행을 그다지 중시하지 않는 수행법은 남방의 학풍과 잘 어울렸다. 서로 잘 맞아 떨어지기 때문에 남종선이 남방에서 살아남을 수 있었던 것이다. 또한 남방의 민간신앙이 지닌 보편성도 민중이 쉽게 선종을 받아들이는 데 한몫을 했다. 그밖에 당나라 때의 남방 유교사상이 북방과 비교해 취약했던 것도 하나의 요인으로 꼽을 수 있다. 특히 혜능이 숨어 살았던 영남 지역은 통치 중심에서 멀리 떨어져 있어서 봉건 왕조를 등에 업은 지배 사상이 위세를 떨치지 못했고, 이것이 오히려 새로운 선종 사상을 전파하는 데는 유리한 조건으로 작용했다. 이와 반대로 북방에서는 유교사상이 지배력을 행사했다. 특히 당나라 후기는 유교사상의 열기가 북방에서 다시 일어났던 시기였다. 한유와 이고 등과 같은 유생들이 나서서 대대적으로 불교를 배척하고 반대하는 운동을 전개하고 있었고, 날이 갈수록 불교를 억누르는 유교의 힘이 강렬해지던 시기였다. 신수神

42 혜능, 『단경교석』, 중화서국, 1983, 25쪽.

秀를 비롯한 북종선北宗禪이 북방에서 쇠퇴하여 사라진 것도 이러한 시대적 배경과 관련이 있을 것으로 여겨진다.

3 지리적 특수 공간과 중국종교사상의 발전

종교의 발전은 활동 장소나 전문적인 기물器物을 떠나서 성립될 수 없다. 중국종교사상의 발생과 전파 및 패러다임의 전환도 마찬가지다. 대체로 종교의 발전 과정을 보면, 어느 대도시나 풍경이 수려한 명산을 구심점으로 하여 사상을 퍼뜨리면서 점차 상당한 세력과 지위를 획득하게 된다. 이러한 대도시와 명산은 대개 역경譯經의 장소이거나 새로운 이론의 발원지가 된다. 대도시의 경우는 교통이 발달하고 인구가 밀접한 지역이며 물산도 비교적 풍부하기 때문에 수행자들의 생활을 보장할 수 있다. 또한 수행자들 간의 왕래와 교류뿐만 아니라 사상의 전파에도 유리한 여건을 갖추고 있다. 그리고 산수가 맑고 아름다우면 자연히 수행자들의 이목을 끌어 명산으로 대접받게 되고, 당연히 이를 흠모하는 무리가 몰려들게 마련이다.

도교에서는 숲이 깊고 그윽하며 풍경이 수려한 곳이야말로 여러 신선이 모여 있으며 은거 수련하는 데 적합할 뿐 아니라 주변 환경과 혼연일체가 된 도교 건축물이 반박귀진이나 도법자연 사상을 구현하고 있다고 믿는다. 이러한 이유로 적지 않은 동천복지들이 도교의 발상지가 되기도 한다. 천사도의 창시자 장릉은 일찍이 쓰촨성 학명산에서 수도 생활을 하면서 부서符書를 지어내기도 했다. 학명산은 그 이름처럼 학이 구천九天에서 울면 선인이 하강한다는 전설을 갖고 있다. 득도한 이후에 장천사는 청성산에 올라가 제자를 거두어 도를 전했다. 천사도는 24개 치소治所와 36개 정려靖廬를 설치했는데, 각각의 장소에 거주하는 도사의 숫자가 무려 2,400명에 달했다. 천사도의 포교 지역은 파촉을 중심으로 멀리 낙양까지 미쳤다. 입교자가 되려면 반드시 '다섯 되의 쌀五斗米'을 바쳐야 했기 때문에 속칭 오두미도라고 일컬어졌다. 장릉의 손자 장로張魯는 한중漢中에 할거하면서 '사군師君'이라 자칭했는데, 신도神道로써 백성을 교화하고 의사義舍를 설립하여 유랑민들에게 쌀과 고기를 제공하기도 했다. 나중에 장로가 조조에게 귀순함에 따라 천사도가 중원 지역으로 들어와 전파되었다. 그후 제4대 천사天師 장성張盛 때는 천사도의 본거지를 청성산에서 제32복지福地인 용호산龍虎山으로 옮겼다. 용호산은 아흔아홉 개의 봉우리와 스물네 개의 절벽과 암동巖洞이 산 전체에 산재해 있는데 이곳이 새로운 포교의 중심지가 되었다. 용호산의 '사한천사부嗣漢天師府'는 약칭 천사부天師府라 하며, 천사도의 교주가 거처하는 생활 공간이다. 현재의 건축물은 대다수 건륭 연간에서 동치同治 연간 사이에 건립된 문화유산이다. 천사부 안쪽에 있는 만법종단萬法宗壇은 역대의 천사들이 신령과 조상에게 제사를 올리는 장소다. 원나라 때 강남도교江南道敎의 종파들은 모두 용호산 관할 아래에 있었고, 명나라에 이르러 천사부가 조정에서 관리하는 중국 전역의 도교 사무를 총괄하는 핵심 장소로 부상했다. 한편 용호산과 나란히 도교 명산으로 명성을 떨친 모산茅山의 본래 명칭은 지폐산地肺山 또는 구곡산句曲山이다. 한나라 때 삼모진군三茅眞君[43]이 여기서 수행하여 득도했기 때문에 '모산茅山'으로 개명했다. 모산은 도교에서 이르는 제1복지, 제8동천, 제32소동천을 모두 망라하고 있다. 이러한 모산에 상청파 제9대 종사宗師 도홍경이 은거하여 수도하면서 모산종茅山宗을 창립

43 여기서 이르는 '삼모진군'은 모영茅盈, 모고茅固, 모충茅衷 삼형제를 가리킨다. 모씨 삼 형제가 모두 구천사명삼모응화진군九天司命三茅應化眞君으로 봉해졌는데, 모영은 사명진군司命眞君이고 모고는 정록진군定籙眞君이며 모충은 보생진군保生眞君이다.

했다. 모산종은 나중에 수많은 인재를 배출하면서 수당 시기에 가장 영향력이 큰 도교 종파로 성장했다.

다음으로 수당 시기 불교의 사례를 살펴보기로 한다. 수당 시기에는 다양한 불교 종파들이 잇따라 나타나고 사상의 발전도 활기를 띠었다. 리잉휘 선생은 『당대 불교지리 연구』에서 『속고승전』, 『송고승전』, 『대당서역구법고승전』과 같은 문헌 자료에 근거해 당나라 전기에 고승들이 머물며 활동한 지역이나 고승들이 이동한 공간의 분포를 통계로 나타낸 바가 있다. 먼저 주석駐錫한 고승들의 인원수에 따라 살펴보면, 당나라 전기의 10도道 가운데 회남도淮南道의 양저우揚州를 비롯해서 강남동도江南東道의 룬저우潤州, 쑤저우, 후저우湖州, 항저우, 웨저우越州, 타이저우台州 등을 망라한 한구邗溝 일대는 강남운하江南運河가 이리저리 연결된 지역으로서, 고승들이 밀집된 관내도關內道와 함께 5개 분포 지역에 속한다. 각 도의 분포 상황을 보면, 장안이 수위를 차지하고, 그 동쪽에 있는 낙양도 고승들이 운집해있는 지역으로 드러난다. 다음으로 고승들의 이동 공간을 보면 장안과 그 인근의 종남산을 둘러싼 관내도가 전국 최대 규모의 고승 집결지다. 외국에서 온 고승들이 대부분 낙양이나 장안에 거주했으며, 하남도河南道 · 산남도山南道 · 하동도河東道 · 회남도 · 강남도에는 고승들이 출입이 비교적 빈번했다.[44] 이러한 사실로 미루어볼 때, 당나라 전기 고승들의 출몰 지역은 어느 한쪽으로 집중된 것으로 나타난다. 대체로 화북평원華北平原, 쓰촨 분지와 그 주변, 황하 유역의 분위평원汾渭平原, 그리고 강남 일대 등은 인구가 조밀한 4대 지역이다. 전국적으로 볼 때 이런 지역들은 인구가 많을 뿐만 아니라 교통도 편리하다. 예컨대 장안은 당나라 수도일 뿐

---

44 리잉휘, 『당대 불교지리 연구』, 후난대학출판사, 2004, 53-84쪽.

만 아니라 교통도 발달했다. 기타 불교가 흥성한 지역, 예를 들어 앞에서 말한 한구 일대와 같이 강남 운하가 연결된 지역에 있는 양저우는 운하와 장강이 합류하는 교통의 요지이며, 룬저우 · 창저우常州 · 쑤저우 · 항저우 등도 모두 강남운하가 지나가는 곳에 있다. 후저우 · 타이저우 · 우저우婺州 등도 교통이 편리하다는 것과 관련이 있는 것이다.

위진 남북조 때의 반야학설이 수당 시기에 심성학설로 패러다임을 전환하면서 나타난 수당 불교의 팔종八宗 가운데 비교적 이른 시기에 창립된 종파는 천태종이다. 천태종의 실질적인 창시자는 지의智顗다. 그가 진陳나라 태건太建 7년(575년)에 천태산에서 거주할 때 새로운 불교 종파를 창립하고, 그 명칭을 자신이 머물고 있던 산의 이름을 따서 명명했다. 천태산의 국청사國清寺는 중국불교의 사대총림四大叢林 중 하나로 알려져 있다. 한편 도선道宣은 장안 인근의 종남산에서 율종律宗을 창립했고, 화엄종의 두순杜順이나 지엄智儼과 같은 고승들도 모두 종남산에서 거주했다. 화엄종의 실질적인 창시자 법장法藏은 장안에 정착하면서 불법을 널리 선양했으며 측천무후로부터 '현수賢首'라는 법호를 받기도 했다. 삼론종의 길장吉藏은 당나라 초기에 왕실의 초빙을 받아 장안으로 들어가 삼론종을 퍼뜨렸다. 현장 역시 서역에서 불경을 구해 귀국한 뒤, 장안에서 제자들과 함께 불경 번역에 전념했으며, 그의 제자 규기窺基도 장안에서 유식종의 가르침을 전하여 한때 장안에서 유식종이 널리 성행하기도 했다. 정토종의 진정한 창시자 도작道綽은 선도善導와 함께 장안에서 정토 사상을 주창했다. 장안에서 흥기한 밀종密宗은 개원 연간에 삼대사三大士로 알려진 선무외善無畏 · 금강지金剛智 · 불공不空 등의 노력에 힘입어 일시에 크게 유행한 적도 있었다. 마지막으로 선종은 혜능이 광둥성 북부의 싸오저우에 있을 때 일어났다. 싸오저우는 비록 외진 곳에 있지만 북방과 영남을 관통하는 중요한 노선에 해당한다. 이렇게 볼 때, 수당 시기에 불교의 8대 종파가 발흥한 지점은 기본적으로 인구가 많고 교통이 발달해 있으며, 고승들의 출입이 빈번한 곳이나 그 지역인 것으로 나타난다. 이러한 사실은 의심의 여지 없이 불교사상의 전파와 발전 및 패러다임 전환에 있어서 지리적 여건이 중대한 역할을 했다는 것을 시사한다.

요컨대 지리적 환경은 중국종교사상의 발전과 패러다임 전환에 있어서 소홀히 다룰 수 없는 부분이다. 앞에서 서술한 내용은 단지 일부분의 정황을 언급한 데 지나지 않는다. 이러한 영역은 아직 다방면에 걸쳐 고찰해야 할 부분이 적지 않게 남아있다. 예컨대 지리적 환경과 중국종교사상의 상호 관계가 시대에 따라 어떻게 변화되고, 지역의 경제와 사회에 어떤 영향을 미쳤는가, 현대 중국종교의 발전에 어떤 가치와 의의를 지니는가 하는 문제들이다. 이런 문제들에 대해 모두 깊이 토론하고 연구할 필요가 있다. 여기서 중국종교사상의 패러다임 전환 문제를 놓고 몇 가지 방면에 걸쳐 지리적 환경을 고찰했지만, 벽돌을 던져 옥을 구하는 식으로 미진한 견해로 고견을 끌어내는 데 지나지 않는다.

제2절

중국종교사상의 발전과 신국공치身國共治

종교적 범주에서 볼 때 '신국공치'는 탐구의 무게 중심을 종교적 수양에 두어야 하지만, 중국종교계 인사들에게 있어 수신과 치국을 통합하는 문제는 곧 '공치共治'를 어떻게 할 것인가 하는 문제이다. 얼핏 보기에는 이러한 것이 '수신'에 '치국'을 더한 것으로, 중국 종교인이라면 자신을 수련해야 할 뿐만 아니라 정치적 활동에도 적극적으로 참여해야 한다는 뜻으로 비친다. 이와 같은 이해가 반드시 틀렸다고 볼 수는 없지만, 실제 내용 면에서 볼 때 신국공치는 수신과 치국이란 양자를 단순히 조합한 것이 아니라 이 둘을 유기적으로 통일한 것이다. '치治'에는 나라를 다스린다는 뜻 이외에도 또 다른 중요한 내용이 있는데, 그것이 바로 몸을 다스린다는 것이다.

신국공치는 흔히 두 가지 담론 형태로 나타난다. 즉 신체를 국가에 비유하는 '이신유국以身喩國'과 국가를 신체에 비유하는 '이국유신以國喩身'이 그것이다. '이신유국'은 국가를 신체와 같이 여겨 수신의 원리나 방법에 근거해서 국가를 다스리는 것을 말하고, '이국유신'은 국가를 경영하는 방법으로 심신 수련을 도모하는 것을 이른다.[45] 이런 점에서 신국공치는 그 내용과 사상의 측면에서 종교 수행이라 할 수 있고, 다스리는 형식이나 구조 면에서도 '함께共'한다는 공통점이 있다. 게다가 이러한 '공共'이란 일치점은 상호 교차하면서 서로를 거울로 삼는 행위로 나타난다. 말하자면 "몸을 다스리는 것이 나라를 다스리는 것과 같고治身如國", "나라를 다스리는 것이 몸을 다스리는 것과 같다治國如身"라는 것이다.

여기서 '유喩'라는 글자와 '여如'라는 글자가 들어있는 것을 주목할 필요가 있다. 이 두 글자는 비슷한 것처럼 보이지만 실제 내용은 엄연히 다르다. 신체를 국가에 비유하거나 국가를 신체에 비유하는 등 두 가지 다스림의 형식 이외에 사실상 제3의 형식이 존재한다는 것이다. 그것이 바로 '즉신즉국卽身卽國'인데, 수신과 치국이 하나로 통합되는 것을 가리

45 잔스촹, 『신국공치: 정치와 중화전통문화身國共治: 政治與中華傳統文化』, 샤먼대학출판사, 2003, 12-13쪽.

킨다. 이는 궁극적인 목표에서 일치할 뿐만 아니라 행위의 측면에서도 하나로 융합된 것이며, 수신과 치국은 둘이 아니고 하나로서 양면이 존재한다는 것을 의미한다. 그러나 어떤 형식을 취하든 간에 중국종교사상에 있어서 신국공치는 중국의 종교 문화와 정치적 관계에서 벗어날 수 없고, 양자 간의 마찰은 여러 방면에 걸쳐 나타난다. 여기서는 주로 중국종교사상이란 시각에서 이 둘의 관계를 살펴보기로 한다.

중국종교사상과 신국공치의 관계는 대체로 두 가지 방면의 내용을 포함한다. 하나는 중국종교사상의 발전에 기여한 신국공치 사상의 영향이다. 즉 중국종교사상을 발전시킨 여러 요인 가운데 신국공치를 고려한 흔적이 있는지 그 여부에 대한 문제이다. 여기서 이른바 '신국공치'는 원인이 되고, 사상의 발전은 그 결과로 나타난다. 다른 하나는 중국종교사상의 발전 과정에 포함된 신국공치의 사상적 내용이다. 이 경우에 사상의 발전은 원인이고, 신국공치는 그 결과다. 방대하고 복잡한 중국종교사상에서 유교와 도교가 대표적으로 신국공치 사상을 가장 잘 반영하고 있다. 유교는 국가와 정권에 의탁해있는 만큼 정치와의 밀접한 관계에 대해서는 여타 종교와 비할 바가 아니다. 사회와 정치에 관심을 두고 있으므로 유교는 도덕적 실천과 경세치용 철학을 하나로 통합할 수 있었다. 유교는 한쪽에서는 인의예지신으로 수신과 양성을 주장하고, 다른 한쪽에서는 삼강오륜을 내세워 국가를 다스리는데, 이 둘을 통해 사상과 문화의 융통성을 구현하고 있는 것이다. 이와 비교해 도교의 '신국공치' 이론은 대개 노자의 '무위無爲'와 '과욕寡慾' 등의 사상을 계승한 것으로 나타난다. 이상과 같은 내용을 고려해 유교와 도교를 중심으로 신국공치 사상을 살펴보기로 한다.

1 —— 도교사상의 발전과 신국공치

전체적으로 볼 때 도교사상은 대체로 다음과 같은 몇 가지 발전 단계를 거친다. 초기 도교의 사상, 위진 남북조의 신선도교 사상, 수당 도교의 중현사상, 송원명청 시대 내단도의 성명쌍수 사상이 그것이다. 이하의 논의에서는 주로 이런 방면에서 신국공치의 문제와 관련한 도교의 주장을 살펴보기로 한다.

1 초기 도교에서 본 신국공치 사상

도교에서는 도가道家의 기본 정신을 계승하고 있는데, 도가 학파의 노자와 그 이후 역대의 계승자들은 모두 '신국공치'에 관한 많은 논술을 남기고 있다. 도교가 창립될 때부터 '신국공치'의 이론과 불가분의 인연을 맺고 있었던 것이다.

한나라 말기 도교의 주요 경전인 『태평경』은 '태평太平'이라는 이상에 근거하여 개인의 도덕적 수양을 비롯해 사회와의 관계 문제에 대해 뚜렷한 견해를 밝히고 있다. 군신君臣의 관계에 대해서도 이렇게 언급한다.

> 군주에게 백성과 신하가 없으면 군주라 할 수 없고, 신하와 백성이 있더라도 군주가 없으면 또한 신하와 백성이 될 수 없다. 신하와 백성에게 군주가 없으면 혼란스럽게 되어 스스로 다스릴 수가 없고, 또한 좋은 신하나 백성이 될 수 없다. 이 세 가지 부분은 서로 대립하는 것이며 서로에 의존해서 성립한다. 따라서 군君·신臣·민民은 하늘의 법칙에 따라 삼합三合하여 서로 통하고, 같은 마음으로 협력해야 함께 일가一家를 이룰 수 있다. 남편과 아내와 자식이 함께 한집안을 이루고 있는 것처럼 어느 한쪽이라도 없으면 안 된다. 이것이 하늘이 요구하는 도道다. 이는 사람에게

> 있어 머리와 발과 배가 갖추어져 하나의 몸이 되는 것과 같아서 어느 한 쪽을 버릴 수가 없는 것이다.[46]

여기서 사람의 머리와 발과 배를 각각 군주, 신하, 백성에 비유하고, 이러한 삼자가 상호 소통하고 같은 마음으로 협력해야 태평성대를 이룩할 수 있다고 했다. 『태평경』의 이런 주장은 일찍부터 인체와 국가의 상호 관계를 다루는 사고방식이 존재했다는 사실을 잘 말해준다.

이러한 신국공치 사상은 『노자상이주』에 이르러 한층 더 명확하게 드러난다. 이 책에서는 이렇게 말한다.

> 신선을 찾아 천수天壽를 누리는 복을 얻으려면 도를 믿는 것이 중요하다.[47]

> 나라를 다스리는 군주는 반드시 도道와 덕德을 닦는 데 힘써야 하고, 충신은 이를 보좌하여 도를 행하는 데 힘써야 한다. 도가 두루 미쳐서 덕이 넘쳐나게 되면 태평太平 시절에 이르게 될 것이다. 관리와 백성들이 흠모하면 다스리기가 쉽다. 모두가 도를 믿게 되면 다들 신선처럼 장수할 것이다.[48]

> 도를 운용할 때, 신하로서 충성하고 자식으로서 효도하게 하면 나라가

---

46 왕밍, 『태평경합교』, 150쪽.

47 라오쭝이饒宗頤, 『노자상이주교증老子想爾注校證』, 상하이고적출판사, 1991, 31쪽.

48 라오쭝이, 『노자상이주교증』, 38쪽.

> 쉽게 다스려진다.[49]

이와 같은 『노자상이주』의 주장에 비추어 볼 때 수신과 치국은 모두 도를 본받아 행하여야 하고, 이렇게 해서 수신과 치국이 궁극적인 의미에서 일치한다. '이신유국'이나 '이국유신'과 같은 공치사상共治思想은 정치적 이상을 위해 존재하는 것이다.

2 위진 남북조의 도교와 신국공치 사상

위진 남북조 시기에는 도교의 조직이 비대해지고 사회적 지위가 높아짐에 따라 신국공치의 이론과 관련된 도교 연구도 활발히 전개되었다. 그중 가장 대표적인 인물이 갈홍이다. 그는 유교와 도교를 섭렵하고 황로사상黃老思想을 추앙하면서 다음과 같이 주장했다.

> 황제가 세상을 다스려 태평 시대를 열어주었으며, 그런 뒤 다시 신선이 되어 하늘로 올라간 점에서 요순보다 못하다고 말할 수 없다. 노자가 예교禮敎를 통합하고 다시 오래 살았으니, 주공이나 공자에 비교해 모자란다고 이를 수 없다.[50]

갈홍의 심중에 있는 이상형은 황제나 노자와 같이 "안으로 몸을 다스리고 밖으로 나라를 위한다內治以身, 外以爲國"라는 것이다. 이러한 이상적인 인격에 대한 갈홍의 생각은 『포박자내편』 「석체釋滯」에 다음과 같이

49 라오쭝이, 『노자상이주교증』, 23쪽.

50 왕밍, 『포박자내편교석』, 188쪽.

잘 나타나 있다.

> 안으로 양생의 도를 보배처럼 아끼고, 밖으로 세상과 어울리며 빛을 드러내지 않는다. 몸을 다스리면 몸이 길게 갈 수 있고, 나라를 다스리면 나라가 태평하다.[51]

이는 도교를 안으로 하고, 유교를 밖으로 한 것이며, 도교로써 수신하고 유교로써 세상을 다스리는 것이다. 수신과 치국의 관계에 대해서도 갈홍은 이렇게 말한다.

> 그러므로 한 사람의 몸은 한 나라의 상象이다. 가슴과 배 부위는 궁실宮室과 같고, 팔다리의 배열은 교외의 변경과 같다. 뼈마디로 나누어져 있는 것은 백관百官들과 같다. 신神은 군君과 같고 혈血은 신臣과 같으며, 기氣는 민民과 같다. 따라서 몸을 다스릴 줄 알면 나라도 잘 다스릴 수 있다.[52]

이러한 신국공치의 목표를 달성하기 위해 갈홍은 두 가지의 일을 잘 해야 한다고 주장했다. 하나는 도를 닦아 신선이 되는 것이고, 다른 하나는 국가의 안녕과 질서에 필요한 사회적 책임을 다해야 한다는 것이다. 불로장생하여 신선이 되기 위해서는 모름지기 '현도玄道'를 잘 파악해야 하는데, 그것이 신선이 되는 데 필요한 궁극적 근거가 되기 때문이다. 이러한 현도를 파악하려면 반드시 다음과 같이 해야 한다.

---

51 왕밍, 『포박자내편교석』, 148쪽.

52 왕밍, 『포박자내편교석』, 326쪽.

> 신령을 존사存思하고 수일守一을 행함으로써 악한 기운을 물리쳐 몸을 보호해야 한다. 항상 인군人君이 나라를 다스리고 변방의 장수가 적을 대하듯이 해야 비로소 장생의 효과를 얻을 수 있는 것이다.[53]

이러한 갈홍의 주장에 따르면, 도道로써 수신하는 것이 주된 방법이 되지만, 현실적으로는 사회의 강상綱常이나 명교名敎의 문제에서 벗어날 수 없다. 이에 따라 그는 다시 다음과 같이 주장한다.

> 선도를 추구하는 자는 먼저 충忠·효孝·화和·순順·인仁·신信을 근본으로 삼아야 한다. 덕행을 닦지 않고 방술方術에만 힘쓰면 장생을 얻을 수 없다.[54]

여기서 갈홍이 강조하는 것은 "도로써 몸을 닦는以道修身" 것이다. 갈홍은 충·효·화·순·인·신과 같은 윤리적 덕목을 '근본'이라 말하고 있지만 실제 내용은 신선이 되기 위해서는 윤리도덕의 수양에서부터 시작해야 한다는 것을 의미한다. 도를 닦아 신선이 되는 것이 궁극적인 목표라면, 충효와 화순和順은 신선이 되게 하는 필수 요건인 셈이다. 이러한 갈홍의 주장은 선도를 닦는 과정에서 위진 남북조 시기의 도교가 윤리도덕의 역할을 얼마나 중시하고 있는지를 잘 반영할 뿐만 아니라 신국공치의 이론이 그를 통해 더 풍부한 내용을 더하게 되었다는 것을 알려준다.

---

53 왕밍, 『포박자내편교석』, 326쪽.

54 왕밍, 『포박자내편교석』, 53쪽.

3 수당의 도교와 신국공치 사상

위진 남북조의 현학에 영향을 받아 도교 인물들은 더욱 적극적으로 심신 수양의 법문法門을 연구하고 치국의 길을 모색하기 시작했다. 그중 가장 대표적인 인물이 사마승정이다. 『구당서』에 다음과 같은 기록이 있다.

> 당나라 예종睿宗이 사마승정을 궁궐로 불러 음양술수陰陽術數에 관해 물어보았다.
>
> 사마승정이 대답했다.
>
> "도경道經의 주된 뜻은 '도를 행하게 되면 날로 덜어내고, 덜어내고 다시 덜어내어 무위無爲에 이른다'는 것입니다. 눈으로 보고 아는 것도 매번 덜어내어 다하지 못하는데, 어찌 다시 이단異端을 공격해서 지혜와 사려를 더하오리까?"
>
> 예종이 말했다.
>
> "무위로 몸을 다스리면 맑고 고결할 것이다. 무위로 나라를 다스리는 것은 어떠한가?"
>
> 사마승정이 대답했다.
>
> "나라는 몸과 같습니다. 노자께서 이르기를 '마음을 담박한 데 노닐게 하고 기운을 아득한 데 합치며, 있는 그대로 자연에 순응해서 개인의 마음을 내지 않으면 천하가 다스려질 것이다'라고 했습니다. 『주역』에서도 '성인은 천지와 더불어 그 덕을 같이한다'라고 했습니다. 이것으로 하늘이 말을 하지 않지만 믿게 하고, 하는 것이 없지만 모든 것을 이루게 한다는 것을 알 수 있습니다. 무위의 근본 취지는 나라를 다스리는 도道에 있습니다."[55]

여기서 사마승정은 치국과 수신의 도리가 하나라고 주장했다. 양자는 모두 '무위'의 원칙에 따라 "덜어내고 또 덜어내는損之又損" 과정을 거쳐 개인적 주견과 집착심을 제거함으로써 자연에 순응하고 도와 합일하여 마침내 신국공치의 경지에 도달하게 된다고 말했다. 이처럼 그는 중현사상으로 신국공치의 문제를 해석하여 수당 도교의 신국공치 사상에 '중현重玄'이라는 특색을 드러낼 수 있었다.

당나라 말기 오대 시기의 두광정도 신국공치 사상의 발전에 중요한 공헌을 했다. 『도덕진경광성의』에서 그는 이렇게 말했다.

> 나라를 다스리는 데 무위의 도를 시행하면 백성들은 소박하고 순수한 마음으로 되돌아가고, 몸을 다스리는 데 무위의 행을 실천하면 정신이 온전하고 기운이 왕성해진다. 기운이 왕성하면 수명을 늘릴 수 있고, 정신이 온전하면 현묘한 경지에 오를 수 있으니, 이것이 나라를 다스리고 몸을 닦는 요체다.[56]

이러한 두광정의 생각에 따르면 나라를 다스리거나 몸을 다스리는 것은 모두 '무위'를 떠날 수 없다. 궁극적인 의미에서 나라를 다스리는 '이국理國'과 몸을 다스리는 '이신理身'은 서로 일치한다. 수행의 과정에서도 그는 다음과 같이 해야 한다고 주장했다.

> 몸을 다스리는 도는 먼저 마음을 다스리는 데 있다. 마음을 다스리는 것

55 유구, 『구당서』, 권192, 『은일隱逸』 「사마승정전司馬承禎傳」 제16책, 5127-5128쪽.

56 두광정, 『도덕진경광성의』 권14, 『도장』 제14책, 380쪽.

> 은 반드시 도에 두어야 한다. 도를 얻으면 마음이 다스려지고, 도를 잃으면 마음이 산란해진다. 마음이 다스려지면 겸손하게 되고, 마음이 어지러우면 서로 다투게 된다.[57]

말하자면 수행할 때는 우선 대도大道의 준칙에 비추어 내면의 마음을 조절해야 하는데, 마음을 가라앉히고 산란하지 않게 함으로써 몸을 다스리는 '이신'의 목표에 이르게 되는 것이다. 두광정은 여기서 더 나아가 다음과 같이 말하기도 했다.

> 성인의 도리는 '몸으로써 몸을 관하는以身觀身' 것이다. 몸이 바르면 천하가 죄다 바르게 되고, 몸이 다스려지게 되면 천하가 죄다 다스려진다.[58]

이로 미루어 몸을 다스리는 '이신'과 나라를 다스리는 '이국'은 그 과정에 있어서 둘이 하나로 합쳐질 수 있다는 것을 의미한다. 몸을 다스리는 것이 곧 나라를 다스리는 것이고, 나라를 다스리는 것이 곧 몸을 다스리는 것이다.

4 송원명청 시기의 도교에서 본 신국공치 사상

당나라 말기 이후 도교의 영향력이 갈수록 확대됨에 따라 점점 더 많은 사람이 양생에 관심을 보이기 시작하여 성명쌍수의 내단 사상도 덩달아 성행했다. 이 시기에는 도사들이 적극적으로 양생술을 탐구했을 뿐만 아니

---

57 두광정, 『도덕진경광성의』 권19, 『도장』 제14책, 404쪽.

58 두광정, 『도덕진경광성의』 권35, 『도장』 제14책, 491쪽.

라 도를 숭배하는 왕후장상은 물론이고 문인들이나 글을 아는 선비들까지 양생의 문제에 관심을 보였다. 그들이 남긴 양생에 관한 이야기나 이와 관련한 논술을 통해 신국공치 사상에 관한 그들의 관점도 살펴볼 수 있다.

『송사』 등의 기록에 따르면, 북송 초기에 송태조는 도사 소징은이 80세가 넘는 나이에도 불구하고 신체가 더욱 건장해졌다는 말을 듣고 그를 가까이 불러 양생술에 관해 물었다고 한다. 이에 그는 다음과 같이 대답했다.

> 신의 양생은 정신을 집중시켜 기운을 단련하는 데 지나지 않습니다. 하지만 제왕의 양생은 이와 다릅니다. 노자가 말하기를 "내가 아무런 것을 하지 않아야 백성이 절로 교화되고, 내가 아무런 욕심이 없어야 백성이 스스로 바르게 된다"라고 했습니다. 무위와 무욕으로 정신을 집중하면 태화太和가 이루어집니다. 옛날의 황제黃帝와 당요唐堯가 태평성대를 누릴 수 있었던 것은 이러한 도를 얻었기 때문입니다.[59]

태조는 이 말을 듣고 크게 기뻐하여 후한 선물을 내려주었다. 송 태조의 물음에 답한 소징은의 말은 표면적으로는 '신국공치'의 문제에 대해 언급하지 않은 것처럼 보이지만, 심층적 차원에서는 '신국공치'의 정신이 담겨있는 것을 알 수 있다. 왜냐하면 한쪽에서는 정신을 집중시켜 기운을 단련하는 방식으로 양생을 한다고 밝히고 있지만, 다른 한쪽으로는 제왕의 양생은 응당 노자가 말하는 '무위'의 원칙에 따라야 한다고 주장하는데, 노자가 '무위'를 논할 때 주로 통치자를 '백성'과 연계해 다루고 있기

59 탈탈 외, 『송사』 권461, 『방기方伎』「소징은전蘇澄隱傳」, 제39책, 13511쪽.

때문이다. 백성이 '절로 교화되고自化', '스스로 바르게 된다自正'라는 것은 사실상 치국의 실제 효과다. 소징은이 노자의 말을 인용해서 서술한 내용은 제왕에게 있어서 '무위'가 곧 양생의 지침이자 치국의 최고 원칙이라는 것을 의미한다. 행간을 통해 '신국공치'의 정신과 그 취지를 읽어낼 수 있는 것이다.

소징은과 같은 시대에 활동한 인물로는 내단학의 거두인 진단과 그의 제자 장무몽張無夢을 들 수 있는데, 이들도 황제의 부름을 받아 불려 나간 적이 있었다. 그들의 담화 내용이나 강론을 통해서 '신국공치'의 문제가 여러 차례 언급되기도 했다. 송나라 태종은 천하의 안정을 도모하기 위해 두 차례에 걸쳐 진단을 불러 제세안민濟世安民의 방법을 물었는데, 이에 진단은 다음과 같이 대답했다.

> 지금의 성상聖上께서는 용안이 출중하여 천인天人의 사표가 될 뿐 아니라 고금의 일에 통달하고 치란治亂의 문제를 깊이 연구하시니 참으로 도를 갖춘 어질고 성스러운 군주이십니다. 지금은 바야흐로 군신이 마음을 합치고 덕을 함께하여 교화를 일으키고 다스리는 데 전념해야 할 시기이오니, 부지런히 수련하는 것보다 더 나은 것은 없습니다.[60]

이러한 진단의 답변은 얼핏 상투적인 덕담처럼 보이지만, 자세히 들여다보면 그 속에서 '신국공치'의 의미를 읽어낼 수 있다. 왜냐하면 정면으로 거론한 화제의 내용이 '제세안민'이고, 이는 의심의 여지 없이 치국의 범주에 속하기 때문이다. 게다가 "교화를 일으키고 다스리는 데 전념

60 탈탈 외, 『송사』 권457, 『은일』 「진단전陳摶傳」 제38책, 13421쪽.

하는興化致治" 문제에 대해서 언급할 때도 진단은 교묘하게 '수련修煉'이라는 용어를 사용했다. '수련'은 본래 치신治身을 뜻하는 도교 내단양생술內丹養生術의 용어다. 진단은 이를 '제세안민'의 화제에 끌어와 그 의미를 확장함으로써 치신과 치국의 문제에 나란히 적용했다. 진단의 논리에 따르면, "교화를 일으켜 다스리는" 국가의 대사에도 "부지런히 수련하는" 것이 요구된다면 국가 역시 신체를 다스리고 양생하는 것이나 다르지 않다. 이러한 언설은 가볍게 한마디 던지는 것처럼 보이지만 숨어있는 속뜻은 대단히 깊다고 할 수 있다.

진단의 뒤를 이어 그의 제자 장무몽도 명성이 멀리까지 알려져 송나라 진종의 부름을 받고 궁중에서 『환원편還元篇』을 강론하기도 했다. 장무몽은 『환원편』의 내용과 이치를 해석하면서 이렇게 말한 바가 있다.

> 국가는 몸과 같다. 마음이 무위無爲하면 기운이 부드럽게 되고, 부드러우면 만신萬神이 응결한다. 마음이 유위有爲하면 기운이 산란하게 되고, 산란하면 영화英華가 흩어진다. 이것이 환원還元의 큰 뜻이다.

장무몽은 신체를 국가에 빗대어 치국과 수신이 원칙적으로 일치하는 것이라고 주장했다. 이른바 '환원'은 치신과 치국을 통일시키는 것이며, '무위'의 정신에 따라 마음을 조절함으로써 기운을 부드럽게 하고 정신을 응결시키는 것이다. 이와 같은 장무몽의 사상은 그의 제자 진경원陳景元에게로 이어져 발전되었다. 진경원은 『도덕진경장실찬미편道德眞經藏室纂微篇』에서 이렇게 말했다.

> 수신과 치국은 상술한 여섯 가지 일을 할 수 있어야 한다고 말한 것은, 마

치 도에서 만물이 나오는 것처럼 그 원천을 틀어막지 않고 스스로 이루게 하는 것일 따름이다.[61]

무릇 도를 얻은 군주는 옷소매를 늘어뜨리고 손을 맞잡고 무위無爲로 처신한다. 그래서 공업功業을 성취하더라도 자기 것으로 여기지 않는다. 담담하고 말없이 청정하기 때문에 일에 힘쓸지라도 일을 마치게 되면 이를 잊어버린다. 백성들은 모두 순박하고 망령된 짓을 하지 않으며 자연히 그렇게 되었다고 이르니, 자신의 명예를 내세우거나 모욕을 두려워하는 마음이 어찌 생겨나겠는가?[62]

이처럼 진경원이 직접 '수신'과 '치국'을 나란히 함께 언급하고 있다. 이뿐만 아니라 "옷소매를 늘어뜨리고 손을 맞잡고 무위로 처신하는 것"을 "도를 얻은 군주"의 모습으로 표현했는데, 이를 통해 '무위'를 벼리로 삼고 '청정'을 법문으로 하는 수신치국의 요체를 담아냈던 것이다.

북송 시기에는 간결하지만 할 말을 충분히 죄다 표현하고 있는 『황제음부경』이 중시되었는데, 이에 대한 주해 작업이 도교 내부에서 잇달아 이루어졌다. 도사들은 이 책을 주해하는 가운데 대체로 '신국공치'의 사상적 취지를 천착하는 데 주력했다. 그중 가장 영향력이 있는 것으로 들 수 있는 것은 건창신蹇昌辰의 『황제음부경해黃帝陰符經解』이다. 건창신은 해설을 통해 이렇게 말했다.

---

61 진경원, 『도덕진경장실찬미편』 권2, 『도장』 제13책, 665쪽.

62 진경원, 『도덕진경장실찬미편』 권3, 『도장』 제13책, 673쪽.

> 만약에 자연의 노정爐鼎을 인식하고 몸을 닦으면 그의 덕은 참되다. 사람이 하늘을 체득하고 도를 본받을 수 있게 되면 나라에 간신이 없고 몸에는 거짓된 행위가 없게 된다.[63]

건창신의 주해는 노자 『도덕경』의 수신 사상과 내단술을 결합한 것이다. 그는 인체를 금단金丹 수련에서 말하는 자연의 노정에 빗대어 표현함으로써 신선이 되는 데 가장 중요한 것이 인간의 심성 수련에 있다고 했다. 이것이 곧 '제심制心'이다. 그러나 그는 '제심'의 단계에 머물지 않고 여기서 한 걸음 더 나아가 치국의 문제까지 언급했다. 그는 이렇게 말하기도 했다.

> 만화萬化라는 것은 만국萬國이다. 주상이 현명하면 만국이 평안하고, 인심이 온화하면 만연萬緣이 종식된다. 대개 양생養生의 도와 치세治世의 기틀은 피차 간에 하나다.[64]

이른바 "피차 간에 하나彼此一也"라는 것은, 치신과 치국의 도리가 따로 구분되지 않는다는 것을 가리킨다. 여기서 건창신은 '하나一'라는 글자로 치신과 치국 사이에 다리를 놓았다. 그가 보기에는 몸이 곧 나라고, 나라 또한 몸이 된다. 몸으로 말할 것 같으면 '마음'이 곧 주인이 되고, 나라로 말할 것 같으면 군주가 곧 마음이 된다. 따라서 수신과 치국은 동일한 원칙에 따라야 하는데, 이처럼 내단성명학內丹性命學으로써 『황제음부경』

63 건창신, 『황제음부경해』, 『도장』 제2책, 761-762쪽.
64 건창신, 『황제음부경해』, 『도장』 제2책, 762쪽.

을 해독하는 방식은 신국공치의 정신을 더욱 또렷하게 부각할 뿐만 아니라 북송 시기의 도교 이론이 나아가는 기본 방향을 반영한다.

남송에서부터 명청에 이르기까지 역대 왕조가 교체됨에 따라 도교 조직도 크게 변화되었지만, 신국공치의 사상은 여전히 끈질긴 생명력을 유지하며 여러 도인의 저술을 통해 구현되었다. 전진도나 금단파 남종은 물론이고, 정일도正一道와 정명도에 이르기까지 모두 예외 없이 신국공치 사상을 주창했다. 그 가운데 특히 주목할 만한 것은 수많은 도인이 관료들의 품성 수양 문제를 겨냥해서 심신과 사회가 동일한 이치에 근거한 것이라고 간주했다는 점이다. 예컨대 담처단譚處端의 『수운집水雲集』 권1에 〈유회천遊懷川〉이라는 시가 있는데, 여기서 도에 대해 다음과 같이 묘사하고 있다.

관리로서 청렴하게 정치하는 건 수도修道와 같고
충효忠孝와 인자仁慈는 출가出家보다 낫다네
이같이 공덕을 닦는 길을 남김없이 다하면
언젠가 구름과 노을 속으로 돌아갈 날 있겠지[65]

또 다른 예로서 유처현의 시를 들 수 있다. 유처현이 남긴 『선락집』 권3에 사언송四言頌의 〈술회述懷〉가 있는데 거기에 이런 말이 있다.

관원이 되어 청렴하고 정직하면

65 담처단 외, 배루샹 집교, 『담처단·유처현·왕처일·학대통·손불이집』, 제로서사, 2005, 17쪽.

진실로 죄가 없고 질병도 생기지 않는다네
위로는 천지 · 군왕 · 부모 · 스승의 사은四恩이 있어
덕행을 쌓고 두루 공경하고
충효로써 백성을 다스리며
마음을 가라앉혀 성품을 길렀다네
뜻을 밖에 두어 노닐지 않으니
자연히 정신이 안정되고
악한 것을 묻어두고 선한 것을 널리 알리며
그릇된 말은 귀에 담지 않았다네
미움과 사랑을 제거하고
항상 평등하게 대하였으며
세상의 부귀영화에 미련을 버리고
소나무 숲길을 한가롭게 거닐었다네
청산녹수가 동천선경洞天仙境이니
본래면목을 갈고 닦아 거울처럼 맑게 했고
고금을 밝게 비추어
도를 지키고 스스로 반성했네
공덕이 가득 차게 되면
대라천大羅天에 올라가 배알할까나[66]

또한 유처현은 〈상경봉삼교도중병술회上敬奉三敎道衆幷述懷〉란 사언절구四言絶句에서 이렇게 읊조렸다.

66 담처단 외, 배루샹 집교, 『담처단 · 유처현 · 왕처일 · 학대통 · 손불이집』, 111쪽.

정치하면서 맑게 다스리고
관리가 되어서 충효를 다했네
욕심을 절제하여 몸이 편안하니
언젠가 봉래도蓬萊島에 가게 되겠지[67]

담처단과 유처현의 시사詩詞 작품은 비록 감회를 토로하는 내용이 대부분이지만, 누차에 걸쳐 관료로서 벼슬을 하거나 정사政事를 돌보는 문제를 언급하고 있다는 점에서 그 뜻하는 바를 짐작할 수 있다. 본래 벼슬을 하거나 정사를 돌보는 것은 사회적 공무나 치국의 범주에 속한다. 하지만 담처단과 유처현의 시사 작품에서는 이런 것들이 도를 닦는 것과 상통한다. 벼슬하고 정사를 행함에 있어서 정도正道에 따라 행하게 되면 그것이 바로 도를 닦는 것이다. 공덕이 원만하게 이루어질 때는 관리가 되어 정사를 행하는 자도 신선이 되어 봉래선경蓬萊仙境에 진입할 수 있다고 했다. 심지어는 곧바로 구름 위 하늘에 올라가 도교에서 말하는 대라천 선경에 도달하는 것도 가능하다는 것이다. 그렇다면 어떤 식으로 벼슬하고 정사를 행할 것인가? 이에 대해 담처단과 유처현은 '청정淸正', '충효忠孝', '정심靜心', '선경善敬' 등과 같은 구체적인 방안을 제시했다. 그 기본 정신은 관료로서의 개인적 품행을 수양함으로써 점차 마음을 다잡아 양성養性하는 데 있으며, 이런 과정을 통해 백성을 다스리는 '치민治民'의 목표까지 구현할 수 있다는 것이다. 백성을 잘 다스려 정사를 맑게 행하면 당연히 사회가 안정된다. 그들은 도교의 신국공치 사상을 구체화했을 뿐만 아니라 이를 현실에 적용할 수 있는 수도양생修道養生과 사회를 다스리

67 담처단 외, 배루샹 집교, 『담처단·유처현·왕처일·학대통·손불이집』, 126쪽.

는 기술로 발전시켰던 것이다.

요컨대 도교의 신국공치 사상은 사회와 역사의 변천에 따라 끊임없이 그 내용을 풍부하게 할 수 있었다. 시대를 달리하면서도 도교에 몸담은 인물들은 종종 시대적 상황과 결부시켜 신국공치의 문제를 꾸준히 탐구했다. 총체적으로 볼 때, 이러한 도교의 신국공치 사상은 노자 『도덕경』의 도덕론道德論과 무위설無爲說을 근간으로 한 것이었다. 자료에 의하면 역대 도교 이론가들은 대부분 사회와 정치적 문제에 많은 관심을 기울였던 것으로 드러나며, 도를 닦아 신선이 되고자 하는 개인적 입장에서 출발하여 치국의 방향까지 제시했다. 이는 도교의 신국공치 사상과 신선 학설을 상호 회통시켰다는 점에서 그 의의를 찾을 수 있다.

2 —— 유교사상의 발전과 신국공치

유교의 신국공치 사상도 도교만큼 풍부하다. 이런 방면에 관한 학자들의 연구는 많은 성과를 낳았지만, 역사적 변천이란 시각에서 이루어진 연구는 아직 보기 드문 편이다.

유교의 발전은 대체로 선진 유교의 맹아기로 일컬어지는 전前 유교 시기, 진한 형성기, 위진수당의 발전기, 양송宋의 성숙기, 그리고 원명청의 유변기流變期를 거친다.[68] 역사적 변천 과정에서 유교의 신국공치 사상은 끊임없이 발전을 거듭하여 그 내용을 풍부하게 만들 수 있었는데, 시기에 따라 서로 다른 특색을 드러내기도 했다. 전체적으로 볼 때, 유교에서는 주로 인의예지신으로 수신과 양성을 도모하며 삼강오륜으로 나라

68 중국 유교의 형성과 발전 과정에 관해서는 잔스촹·가이젠민 주편, 『중국종교통론中國宗敎通論』, 고등교육출판사高等敎育出版社, 2006, 70-76쪽을 참고하기 바란다.

를 다스린다. '내성외왕'의 도를 따르는 가운데 '즉신즉국'의 이론을 실천하는 점에서 원칙적으로 수신과 치국은 서로 일치한다.

1 인의예지신: 몸이 바르게 되면 천하가 돌아온다

유교는 유가의 존재를 전제로 하는 것이며, 유교의 신국공치 사상은 초기 유가의 인생관이나 사회정치적 관념과 밀접한 관계가 있다.

공자는 효제孝悌를 근본으로 하여 "자신을 닦기를 공경으로써 하고修己以敬", "자신을 닦아서 사람을 편안히 하고修己以安人", "자신을 닦아서 백성을 편안히 한다修己以安百姓"라고 주장했다.[69] 맹자는 공자의 신국공치 사상을 이어받아 발전시켰는데, 그는 '인의예지'의 사단四端을 기반으로 인정仁政을 펼칠 것을 적극적으로 주장했다. 맹자가 생각하는 '인정'은 마음에 있으며, 이를 정치의 기본 원칙이라고 다음과 같이 말했다.

> 천자가 어질지 못하면 사해四海를 보존하지 못하고, 제후가 어질지 못하면 사직社稷을 보존할 수 없으며, 공경대부가 어질지 못하면 종묘宗廟를 보존하지 못하고, 서인庶人이 어질지 못하면 사지四肢를 보존할 수 없다.[70]

이는 자신을 돌이켜 문제의 해결책을 찾고 수신함으로써 나라를 다스린다는 논리다. 이에 따라 "몸이 바르게 되면 천하가 돌아오게 되는 것이다身正而天下歸之."[71] 순자의 경우는 예제禮制를 제창함으로써 치신과 치

---

69 『논어』「헌문」, 주희, 『사서장구집주』, 159쪽.

70 『맹자』「이루상」, 주희, 『사서장구집주』, 277쪽.

71 『맹자』「이루상」, 주희, 『사서장구집주』, 278쪽.

국을 예禮로 통일하고, "예는 몸을 바르게 하는 것禮者, 所以正身也"[72]이라고 주장했다. 이는 '예'로써 인간의 욕망을 통제하고, '예'와 '법'을 중시해야 인간이 선하게 될 수 있다는 말이다. 군신, 부자, 형제, 부부도 여기서는 모두 예외가 될 수 없는데, "천지와 더불어 이치를 같이하고, 만세萬世와 더불어 오래도록 지속할 수 있기에 이를 일러 대본大本이라 하는 것이다."[73] 뒤이어 나온 『예기』「대학大學」에서는 이를 보다 명확하게 정리해서 신국공치 사상의 요체를 제시했다. 그것이 바로 성의誠意, 정심正心, 수신修身에서 제가齊家, 치국治國, 평천하平天下로 나아가는 길이다. 이는 수신을 기본으로 한다. 몸을 닦은 다음에 집안을 갖추고, 집안을 갖춘 다음에 나라를 다스리고, 나라를 다스린 다음에 천하를 평정한다는 것이다. 천자로부터 서민에 이르기까지 하나같이 모두 수신을 근본으로 하여 '내성외왕'을 추구하는 것이다. 선진 유가에서는 이러한 신국공치 사상을 이론으로 제시하는 데 머물지 않고 실천에 옮길 것을 요구했다. 그러나 그들이 주장하는 '내성외왕'은 기본적으로 내성에서 외왕으로 나아가거나 '외왕'에서 '내성'으로 가는 길을 취한 점에서 한계가 있다. '내성'과 '외왕'이 둘이 아니라 하나라는 경지에 이르지 못했던 것이다. 더 중요한 사실은 선진 유가에서는 신국공치 사상의 근거를 '하늘天'에 두는 데 그치고, 이와 같은 수신치국을 해야 하는 까닭이나 그 근거에 대해 본체론의 차원에서 어떠한 설명도 시도하지 않았다는 점이다. '하늘'의 의미는 여러 방면으로 해석될 수 있다. 신이 부여해준다는 '신수神授'의 의미도 이에 포함되지만, 선진 유가 사상에서는 자연의 법칙을 뜻하는 경우가 더 많다. 이를 종교

72 『순자』「수신」, 『제자집성』 제2책, 20쪽.

73 『순자』「왕제」, 『제자집성』 제2책, 104쪽.

적 시각으로 해석하면 유교의 신령 체계가 그때까지 확립되지 않았다는 것을 의미한다.

2 —— 천인지제: 군자의 인륜은 천명에 의한 것이다

진秦나라가 망한 이후 한나라 초기의 통치자들은 백성들을 풀어주고 생산을 독려하는 한편, 황로黃老의 술법으로 나라를 다스리는 정책을 병용함으로써 사회 경제를 회복하고 부를 축적했다. 하지만 여러 가지 원인으로 얼마 뒤에는 중앙의 군권君權과 정부의 통제력이 약화하는 현상이 나타났다. 정치적으로 통일된 중앙정권과 그에 기인한 정치적 판세가 지방세력의 도전에 직면하게 되었던 것이다. 번왕藩王들의 역모와 반란으로 말미암아 통치자들은 사상계를 통일하려는 노력을 가속화하여 통일된 국가를 유지하고, 봉건적 중앙 정권을 강화하여 정치적 대통합의 요구에 부응하고자 했다. 이에 따라 수많은 유생이 자신의 입지를 격상하기 위해 치신과 치국에 필요한 책략을 적극적으로 개진했다. 그들 가운데 동중서는 백가百家를 제치고 유술儒術만을 존중했는데, 선진의 유가 사상을 종교화하고 체계적으로 정리함으로써 선진 유가의 신국공치 사상을 이어받아 발전시켰다. 그뿐만 아니라 그는 유가 사상을 국가의 정치와 결합해 초보적 단계의 유교 기틀을 갖추게 했으며, 중국종교사와 중국의 봉건 사회에 있어서 유교의 지위를 굳건하게 했다.

그렇다면 과연 동중서가 신국공치 사상을 어떻게 구축했을까? 그는 "몸은 마음을 근본으로 한다"[74]라고 주장했다. 그는 마음을 수양하는 데는 반드시 삼강오상을 지켜야 하고, 이러한 삼강오상은 곧 군위신강君爲臣綱·부위자강·부위처강夫爲妻綱이라는 삼강三綱과 인의예지신이란 오상五常이라고 했다. 동중서가 보기에 삼강오상은 수신의 근본이며 사회윤리이기도 했다. 그는 삼강오상이 천도天道의 음양 원리에 따라 설정된 것이기 때문에 '하늘天'에서 찾을 수 있고, 효孝 · 절節 · 충忠 · 의義 가운데 하늘에 근거하지 않는 것이 하나도 없다고 주장했다. 그는 "천도天道의 위대함은 음양에 있다"라고 하면서 이렇게 말했다.

> 음은 양의 짝이다. 아내는 남편의 짝이며 아들은 아버지의 짝이고, 군주는 신하의 짝이다. 짝이 없는 사물은 없으며 짝 자체에는 각기 음양이 있다. 양은 음과 합치고 음은 양과 합친다. 남편은 아내와 합치고 아내는 남편과 합치며, 아버지는 아들과 합치고 아들은 아버지와 합치며, 군주는 신하와 합치고 신하는 군주와 합친다. 군신 · 부자 · 부부의 의리는 죄다 음양의 도리에서 취한 것이다. 군주는 양이고 신하는 음이며, 아버지는 양이고 아들은 음이며, 남편은 양이고 아내는 음이다.[75]

이는 천도의 음양을 요체로 하여 군신 · 부자 · 부부의 관계를 고정해 놓은 것이다. 그렇다면 '하늘天'이 동중서와 같은 철학가의 사상 체계에서 차지하는 위상은 어떠할까? 그는 이렇게 말한다.

> '하늘'은 모든 신의 군주다. 왕이 된 자가 가장 존경하는 존재다.[76]

만물의 음양오행은 모두 하늘에 달려있고, 하늘은 모든 신을 주재할 뿐만 아니라 사람들까지 지배하는 절대적 권위를 가진다는 것이다. 이런

---

74 동중서, 『춘추번로』 「통국신」, 소여, 『춘추번로의증』, 182쪽.

75 동중서, 『춘추번로』 「기의」, 소여, 『춘추번로의증』, 350쪽.

76 동중서, 『춘추번로』 「교기郊義」, 소여, 『춘추번로의증』, 402쪽.

점에서 인체의 구조나 정감, 그리고 의지는 하늘과 부합되지 않는 것이 없다. "인仁의 아름다움은 하늘에 있고, 하늘은 인이다."[77] 따라서 사람은 "하늘에 인을 취하여 어질게 되는 것이다." 이처럼 '인'뿐만 아니라 다른 윤리강상도 마찬가지다. "무릇 효는 하늘의 길이고 땅의 뜻이다."[78] "그러므로 아래에서 위를 섬기는 것은 땅이 하늘을 섬기는 것과 같으니, 이를 대충大忠이라 이를 수 있다." 동중서는 이처럼 '하늘'이라는 범주에 근거하여 삼강오상에 합법성을 부여하고, 수신을 비롯한 사회윤리 전반에 걸쳐 하나의 궁극적 근거를 확보할 수 있었다. 이에 따라 인간이라면 반드시 신성한 '하늘'의 규정에 따라 삼강오상이란 종교적 행위를 실천해야 했다. 강력한 군주의 집권과 국가의 통일 국면을 조성하기 위해서라도 동중서는 왕권을 강화하고 군권신수설을 강조할 필요가 있었다. 그는 이와 관련하여 다음과 같이 말했다.

> 옛날에 문자를 만든 자는 세 획을 옆으로 쓴 다음 그 중간에 한 획을 그어 연결하고 이를 '왕王'이라 했다. 가로의 세 획은 천지인이고, 그 가운데를 연결하는 것은 그 도를 통하게 해주는 뜻이다. 천지인의 가운데를 취하여 삼자를 관통할 수 있는 자가 왕이 아니라면 어느 누가 그렇게 할 수 있겠는가?[79]

이처럼 군자는 하늘로부터 천명을 받고, 천자가 교화를 베푸는 것도 하늘의 명령에 따라 행하는 것이라 했다. 천인합일의 이론을 내세워 황제

77 동중서, 『춘추번로』「왕도통삼」, 소여, 『춘추번로의증』, 329쪽.

78 동중서, 『춘추번로』「오행대」, 소여, 『춘추번로의증』, 315쪽.

79 동중서, 『춘추번로』「왕도통삼」, 소여, 『춘추번로의증』, 328-329쪽.

라는 존재에 신성한 빛을 더한 셈이다. 이런 상황에서는 천자의 명에 따라 천하가 복종하고 국가 전체가 군주의 명령에 복종하는 것이 당연시되었다. 따라서 "제후諸侯라 일컫는 자들은 마땅히 모시고 있는 천자를 조심스럽게 섬겨야 하고, 대부大夫라 일컫는 자들도 마땅히 충성과 신의를 두텁게 하고 예의를 갖추는 데 노력함으로써 필부들보다 나은 면모를 보이고 백성들을 감화시킬 수 있어야 하는 것이다."[80]

동중서는 하늘의 신분과 지위를 명확하게 규정했다. 나아가 그는 하늘을 궁극적인 근거로 삼아 우주 생성론이나 우주 본체론의 시각에서 수신과 사회윤리의 강상을 전제군주제와 하나로 결합했다. 이를 통해 내성외왕의 도를 구축하고, 하늘이 변하지 않듯이 이러한 도 역시 변하지 않는다고 함으로써 유교의 위상이 영원함을 규정하고자 시도했다.

3 —— 도통의 계승: 내성외왕과 심성心性의 문제

위진 남북조와 수나라, 그리고 당나라 전기에 이르러 유교사상은 우주 생성론이나 우주 본체론에 관심을 두었지만 이론적으로는 별다른 돌파구를 찾지 못했다. 당나라 중기 이후로 오면서 사회적 불안과 정치적 부패로 말미암아 번진藩鎭의 세력이 할거하고 불교와 도교가 만연했다. 이런 상황에서 유교의 신국공치 문제가 또다시 미결의 의제로 떠올랐다. 사태의 심각성을 우려하고 위기감을 느낀 많은 유생은 개혁에 눈길을 돌리기 시작했는데, 특히 한유나 이고와 같은 대표적인 유학자들이 앞장서서 이러한 시기에 유교의 신국공치 사상을 한 단계 발전시켰다.

한유는 「원도」에서 유교의 근본 취지를 설명하면서 도통론道統論을

80 동중서, 『춘추번로』 「심찰명호」, 소여, 『춘추번로의증』, 285-286쪽.

이렇게 언급했다.

> 널리 사랑하는 것을 인仁이라 하고, 행하여 이치에 맞는 것을 의義라 한다. 이로 말미암아 따라가는 것을 도道라 하고, 자신에게 흡족하고 달리 밖으로 기대하는 것이 없는 것을 덕德이라 한다.[81]

만물을 아끼고 사랑하는 것이 인仁이고, 인의 원칙에 따라 행동하는 것이 의義다. 인과 의를 합친 것이 도道이며, 내면에 인과 의를 두루 갖춘 것이 덕德이다. 도는 의에서 나오고, 의는 인에서 나온다. 따라서 도의 뿌리는 인에 있고, 박애에 있다. 도를 터득하려면 반드시 마음속에 '인'을 간직하는 수양을 쌓아야 하고, '인'에는 바탕이 있어야 한다. 한유는 도통설에 따라 인의仁義의 도를 저버리는 도교를 비판하고 불교의 심신성명身心性命까지 비판했다. 그는 이렇게 주장했다.

> 옛날에 누군가가 마음을 바르게 하고 뜻을 성실하게 하는 데는 장차 하고자 하는 바가 있었기 때문이다. 지금은 그 마음을 다스리고자 하면서도 천하와 국가를 도외시하고, 그 영원한 이치를 없애고자 한다. 자식이 되어서도 그 아버지를 아버지로 대하지 않고, 신하가 되어서도 그 군주를 군주로 대하지 않으며, 백성이 되어서도 그들이 할 일을 하지 않는다.[82]

한유가 볼 때 불교의 '심신성명'은 이른바 청정적멸淸淨寂滅을 추구

---

81 한유, 「원도」, 『한창려문집교주』, 상하이고적출판사, 1986, 13쪽.

82 한유, 「원도」, 『한창려문집교주』, 17쪽.

함으로써 사회윤리를 흔들어 파괴하는 것이며, 성인의 가르침을 훼손시키고 군신의 관계를 저버리는 것에 지나지 않는다. 그의 주장에 따르면, 진정한 '심신성명'이란 인과 의에 합치되고 군신과 부자의 도를 행하는 것이 되어야 한다. 그는 『대학』과 『중용』에서 치신과 치국사상에 대한 이론적 토대와 역사적 근거를 다음과 같이 찾아내기도 했다.

> 전傳에 이르기를, "옛날에 밝은 덕을 천하에 밝히고자 하는 자는 먼저 그 나라를 잘 다스렸고, 그 나라를 잘 다스리고자 하는 자는 먼저 그 집안을 가지런히 했다. 그 집안을 가지런히 하려는 자는 먼저 그 몸을 닦았으며, 그 몸을 닦고자 하는 자는 먼저 그 마음을 바르게 했고, 그 마음을 바르게 하고자 하는 자는 먼저 그 뜻을 성실하게 했다"라고 한다. 옛날에 누군가가 마음을 바르게 하고 뜻을 성실하게 하는 데는 장차 하고자 하는 바가 있었기 때문이다.[83]

옛사람이 바른 마음과 성실한 뜻을 강조한 까닭은, 제가齊家나 치국治國과 같이 무언가 하려고 하는 바가 있기 때문이라고 했다. 한유는 이러한 인의도덕이 자기를 위한 것일 뿐만 아니라 남을 위해 배우는 것이며, 이것이야말로 치국의 근본 바탕이 된다고 다음과 같이 주장했다.

> 그 도리는 쉽고 분명하며 그 가르침은 행하기가 쉽다. 이런 까닭에 이로써 자기를 위해 다스리면 순조롭고 잘 되며, 이로써 남을 위해 다스리면 아끼고 공정하게 된다. 이로써 마음을 다스리면 온화하고 평안하고, 이로

83 한유, 「원도」, 『한창려문집교주』, 17쪽.

써 천하와 나라를 다스리면 어떤 경우에도 부당한 일이 없게 된다.[84]

여기서 한유는 인과 의에서 추상적인 도를 추출하여 이를 궁극적인 범주로 승격시켰으며, 나아가 이러한 도를 치신과 치국의 기본 내용으로 삼는 동시에 치신과 치국의 행위를 가늠하는 기본적인 준거로 설정하려고 노력했다. 그는 전한前漢의 동중서처럼 봉건 계급의 통치에 필요한 합리적인 근거를 외부에서 찾는 데 만족하지 않고, '내성'에서 '외왕'으로 나아가는 길을 모색했던 것이다. 그러나 한유는 추상적인 도를 제시했지만, 이런 '도'는 '허위虛位'에 그칠 따름이고, '도'의 지위에 대해서는 끝내 아무런 설명도 하지 않았다. 게다가 도를 본체로 하는 철학적 체계도 구축하지 못한 한계가 있었다. 이러한 점에서 '내성'에서 곧바로 '외왕'으로 나아가는 그의 이론은 철저하고 심도 있게 전개되지 못했다고 여겨진다.

한유의 벗이자 제자인 이고는 복성설復性說을 제기하여 신국공치 사상의 근거를 내면에서 찾으려고 노력했다. 이는 내면의 성취를 이루게 함으로써 예의에 부합하는 군자가 되게끔 하며, '내성'에서 곧바로 '외왕'이 되도록 하는 길이었다. 이고는 성선性善이란 지상 명제를 다음과 같이 명확하게 언급했다.

사람이 성인이 될 수 있는 까닭은 성性에 있다.[85]

성性이란 것은 하늘의 명命이다. 이를 터득하여 불혹不惑에 이른 자가 성

84 한유, 「원도」, 『한창려문집교주』, 18쪽.

85 이고, 『이문공집』, 『문연각사고전서』 제1078책, 타이완 상무인서관 1986, 106쪽.

인이다.[86]

이고의 생각으로는, 성인이 사람들 가운데 선각자로 나설 수 있었던 까닭은 성性을 명확히 알았기 때문이다. 나아가 그는 성인에게 '성'이 있듯이 백성들에게도 '성'이 있다고 다음과 같이 지적했다.

> 백성에게 어찌 성性이 없겠는가? 백성의 성性은 성인의 성性과 아무런 차이가 없다.[87]

하지만 백성의 '성'은 희喜·노怒·애哀·구懼·애愛·오惡·욕欲이란 칠정七情에 미혹되어 있다. "정情이란 성性이 움직인 것이다. 백성은 그것에 빠져 그 근본을 알지 못하는 것이다."[88] 성은 선한 것이며, 정은 악한 것이다. 그래서 이고는 "계교나 사념을 떨침弗慮弗思"[89]으로써 동動과 정靜에서 모두 벗어나고, 몸을 닦고 감정을 제거하며 본성을 회복하는 방법으로 성인이 될 것을 주장했다. 또한 그는 사람의 성품은 모두 선하며, 성인은 선각자로서 백성을 교화할 책임이 있다고 말했다.

> 예禮를 제정하여 절제하게 하고, 악樂을 만들어 화합하게 한다. 평화롭고 즐거운 가운데 편안하게 하는 것이 악의 근본이다. 움직이되 예禮에 맞도록 하는 것이 예의 근본이다. … 보고 듣고 말하고 행하는 것은 모두 예에

86 이고, 『이문공집』, 『문연각사고전서』 제1078책, 106쪽.
87 이고, 『이문공집』, 『문연각사고전서』 제1078책, 106쪽.
88 이고, 『이문공집』, 『문연각사고전서』 제1078책, 106쪽.
89 이고, 『이문공집』, 『문연각사고전서』 제1078책, 108쪽.

따라 움직여야 한다.[90]

이런 것들은 백성들이 악한 정욕을 제거할 수 있도록 도와줌으로써 "성명性命의 도道로 복귀하게 한다."[91] 따라서 이고의 기본적인 발상은 개인의 내면에서부터 정욕을 제거하고 본성을 회복한 연후에 이를 확대하여 사회 전체에 적용해 모두 선한 본성을 회복하게 함으로써 치신과 치국이란 이상 사회를 실현하는 데 있다고 볼 수 있다. 이와 같은 이고의 발상은 신국공치의 내재적 근거를 확보하는 데 있어서 한유와 비교해 한 걸음 더 깊이 들어간 것이라고 할 수 있다. 그러나 이고는 성체性體와 정용情用의 관계를 초보적인 수준에서 언급한 데 그친 느낌이 있다. '내성'에서 곧바로 '외왕'을 성취하는 문제에서 선한 성性이 왜 악한 정情을 낳는지에 대해 철학적 해석을 제시하지 못했고 '성체'와 '정용'에 대한 철학을 체계화하지 못했던 탓에 그의 신국공치 사상은 평가절하될 수밖에 없었다.

한유와 이고가 도통道統을 수립하고 심성의 문제를 거론하면서, 이른바 유교의 '내성지학內聖之學'을 재건한 것은 송명이학의 흥기와 발전에 사상적 돌파구를 열어주었다는 점에서 그 의의를 찾을 수 있다. 외재적 근거를 모색한 한위의 유교로부터 '내면의 자각'이란 철학적 체계를 구축한 송명이학에 이르는 기간 동안 한유와 이고의 사상은 앞과 뒤를 연결해주는 중간 단계로서 중요한 역할을 했는데, 그들의 사상이 중국 유교사에서 차지하는 위상은 이상의 논의를 통해 충분히 짐작할 수 있을 것이다.

---

90 이고, 『이문공집』, 『문연각사고전서』 제1078책, 107쪽.

91 이고, 『이문공집』, 『문연각사고전서』 제1078책, 107쪽.

4 —— 리理는 성性에 의존한다: 내면적 자각과 천지 본성의 회귀

한유와 이고의 사상을 계승한 송명이학자들은 '신국공치'의 이론적 시야를 한층 더 확대했다. 그들은 본체론 차원에서 말하는 '소이연의 리理'와 인식론 차원에서 말하는 '소당연所當然의 리理'를 서로 결합하는 데 주력했는데, 이러한 과정에 이기理氣를 하나의 범주로 설정함으로써 내면의 자각을 통해 천지의 본성으로 회귀하는 문제를 해명했을 뿐만 아니라 '내성외왕'에 필요한 이론적 근거와 실천 방향까지 제시할 수 있었다.

관학關學의 대표적 인물인 장재는 "태허가 곧 기다太虛卽氣"라는 것을 기본 명제로 하여 군자의 수신과 성인聖人됨, 그리고 치세의 이론적 근거를 밝혔다. 그는 종전의 철학 이론에서 언급된 '성性', '리理', '기氣', '도道' 등의 여러 범주를 받아들여 기질을 변화하게 하는 수양 공부에 대해 논의를 본격적으로 전개했다. 장재가 볼 때, 성性은 기氣에 따라 생긴 것이고, 리는 성에 따라 일어난 것이다. '성'은 천지 만물이 그렇게 되는 소이연의 근본 속성이자 사회 도덕의 근원이다. 장재는 전통적인 선천과 후천 이론에 근거하여 인간의 본성을 천지지성과 기질지성으로 구분했다. 천지지성은 선천적으로 존재하는 절대적인 것으로서 순수하고 지극히 선한 것이다. 기질지성은 후천적으로 존재하는 상대적인 것으로서, 생활환경이나 관습의 영향으로 조성되기 때문에 선하거나 선하지 않은 구별이 있다. 장재의 설명에 따르면 신체가 갖추어진 연후에는 여러 가지의 원인으로 인해 천지지성이 기질지성에 가려져서 나쁜 생각을 일으키거나 나쁜 행위를 하게 된다는 것이다. 군자가 수신하는 목적은 바로 이러한 후천적 가림막을 제거하는 데 있는 것이다. 이에 대해 장재는 다음과 같이 말했다.

> 형체가 이루어진 이후에 기질지성氣質之性이 있다. 선한 것으로 되돌아가면 곧 천지지성天地之性이 있게 된다.[92]

여기서 장재가 말하는 '되돌아간다反'는 반성하거나 회귀한다는 뜻이다. 즉 자아의 내면적 자각이나 반성을 통해 천지지성으로 회귀하는 것을 이른다. 따라서 수신의 임무는 예禮를 알고 성性을 이루어 기질을 변화시키는 데 있다. 이렇게 함으로써 천지지성을 밝게 드러내어 "성性과 천도天道를 합일시키는"[93] 이른바 성명誠明의 상태나 성인의 경계에 도달할 뿐만 아니라, "백성은 나의 동포이고, 만물은 나와 한 무리다民吾同胞, 物吾與也"[94]라는 이상을 실현하여 천지를 부모로 대하고 백성을 형제로 대할 수 있는 것이다. 이에 따라 봉건적 강상綱常도 자연히 널리 행해져서 사회를 다스리는 데 아무런 장애가 없게 된다.

한편으로 정주이학은 추상적인 '리'에 근거했는데, '리'는 자연적인 본질이자 만물을 살아 움직이게 하는 근원이다. 그런 점에서 '리'는 세상 만물의 본체다. 이에 대해 정호는 다음과 같이 말했다.

> 리理라는 것은 곧 천하에 오직 하나뿐인 리를 가리킨다. 그러므로 세상 어디에 내놓아도 기준이 된다.[95]

주희의 주장에 따르면 "천지가 존재하기 전이나 끝날 때도 오직 리

---

92 장재, 『장재집』, 23쪽.

93 장재, 『장재집』, 20쪽.

94 장재, 『장재집』, 62쪽.

95 정호·정이, 『이정집』, 38쪽.

뿐이다."[96] 성의 연원이 리에 있으므로 정이는 '성즉리'를 주장했으며, 정호 또한 다음과 같이 말했다.

> 도道는 곧 성性이다. 도 이외에 별도의 성을 찾거나 성 이외에 별도의 도를 찾는 것은 옳지 않다."[97]

'성'의 본체가 '리'이고, '리'가 사람의 몸에 떨어진 것이 곧 '성'이다. 그렇다면 '성'은 과연 무엇인가? 이에 대해 정호와 정이는 "인의예지신이란 다섯 가지가 성이다"[98]라고 했다. '리'는 본래 선한 것이다. 따라서 이러한 '인의예지신'도 본래 선한 것이다. 정호와 정이는 윤리도덕에 곧바로 '리'를 갖다 붙여놓았는데, 이는 윤리도덕에 궁극적인 의미를 부여했다는 점에서 그 의의를 찾을 수 있다. 다시 말해 '리'는 사람이 태어나면서부터 갖추고 있는 것이며, 이에 근거한 윤리도덕도 본래 선한 것이라는 주장이다. 이는 의심의 여지 없이 자아의 완성이나 자아의 실현이 자연스러운 내재적 요구에서 비롯된다는 것이다. 따라서 사람이라면 응당 인의예지신을 준수하고 이를 추구하는 것이 지극히 당연하고 필연적인 일이 될 수밖에 없었다. 그러나 현실적인 인성人性은 이른바 성선설과 다른 양상을 보인다. 인성에는 선함과 악함이 있기 마련이다. 이 문제를 놓고 정주程朱는 과연 어떻게 해석했을까? 그들은 '천명지성'과 '기질지성'[99]의 문제를 다음과 같이 제기했다.

---

96 여정덕, 『주자어류』 제1책, 1쪽.

97 정호 · 정이, 『이정집』, 1쪽.

98 정호 · 정이, 『이정집』, 14쪽.

99 여정덕, 『주자어류』 제1책, 67쪽.

> 성性은 곧 리理다. 당연지리當然之理는 선하지 않은 것이 없다.[100]

그런데 기질지성은 '리'와 '기'가 잡다하게 뒤섞여있어 선한 것도 있고 악한 것도 있다. 이와 같은 기질지성에 내재한 악의 근원은 곧 인욕에 있으며, 부당하고 지나친 요구에서 비롯된다. "사람이 선을 행하지 않는 까닭은 욕망의 유혹에 휘둘리기 때문이다."[101] 선을 추구하고 악을 제거하기 위해 주희는 선악을 천리와 인욕에 연계해 "천리를 보존하고 인욕을 멸해야 한다存天理, 滅人欲"라고 주장했다.

천리는 곧 인의예지와 같은 사회의 윤리도덕이다. "인륜이라는 것은 천리天理다."[102] "군주라면 군주의 도리를 다해야 하고 신하라면 신하의 도리를 다한다. 이를 어기면 리理가 존재하지 않는다."[103] 주희 역시 "부자, 형제, 부부는 모두 천리이고 자연스러운 것이다"[104]라고 했다. 천리를 보존하고 인욕을 멸한다는 것은 곧 봉건적 윤리도덕을 수신과 치국의 근본으로 삼는다는 것이다. 이는 도덕적 수양이라는 성현들의 공부가 도덕적 규범을 강조하는 사회 정치적 영역으로 전환되었다는 것을 의미한다.

신국공치와 관련한 정주이학의 논리적 사유에서 보면, 이와 같은 주장은 유교 체계의 계급적 질서와 윤리적 관념의 지위를 우주적 본체로 격상시켜 천리 또는 '리'라고 칭한 것에 지나지 않는다. 천리를 인간사에 적용해서 곧바로 '성'에 '리'의 지위를 부여하고, 이를 수신의 내재적 요구와

100 여정덕, 『주자어류』 제1책, 67쪽.

101 정호·정이, 『이정집』, 319쪽.

102 정호·정이, 『이정집』, 394쪽.

103 정호·정이, 『이정집』, 77쪽.

104 여정덕, 『주자어류』 권13, 233쪽.

자각으로 전환함으로써 봉건적 윤리 강상과 계급적 질서에 필요한 합리성이나 절대성을 증명하려고 시도했던 것이다. 그들이 보여준 논리적 사유의 흐름은 장재와 대체로 일치했다. 단지 장재는 기본론을 제창하는 데 그쳤지만 정주는 이본론을 주장했다는 차이만 있을 뿐이다. 비록 그들 모두가 심성 철학의 체계화라는 시각에서 신국공치를 어떻게 할 것인가 하는 문제를 논증했지만 여전히 그들이 내세운 신국공치의 궁극적인 근거는 합치거나 분리할 수 없는 '마음心'에 있었다. 이런 탓에 의식의 차원에 따라 차별이 존재하고, '내성'에서 '외왕'으로 나아가는 하나의 과정을 배제할 수 없었다.

5 —— 심본체론心本體論: 수신치국과 양지良知

왕양명이 살았던 시대는 한때 홍성했던 명나라가 쇠락의 길로 접어들던 전환기였다. 환관들이 정치를 제멋대로 주무르고 조정의 관리들은 권력 다툼에 여념이 없었다. 사회적으로는 폭동이 끊이지 않았고, 전통적 윤리 도덕과 삼강오륜의 예의범절은 통제력을 잃었다.

이러한 시대적 배경에서 왕양명은 유교로써 신국공치를 하는 문제를 고민한 끝에 심본론을 제기했다. 왕양명은 도덕적 권위를 내재화하여 자율을 강조함으로써 타율을 반대했다. 그는 이렇게 주장했다.

> 일신을 주재하는 것은 곧 마음心이고, 마음이 발하는 바가 곧 뜻意이며, 뜻의 본체는 곧 앎知이고, 뜻이 머무는 곳이 바로 사물物이다.[105]

105 왕수인, 우광 외 편교, 『왕양명전집』 상책, 6쪽.

따라서 마음이 곧 '리'고, 마음 밖에는 '리'가 없고 사물도 없다. 왕양명은 천리는 사람의 마음 밖에 있지 않고 사람들의 마음속에 있다고 함으로써 심心과 리理를 둘로 나누어 보는 주희의 주장을 비판했다. 이는 주희가 최고의 범주로 여기는 '리'를 인간의 내면에 있는 마음으로 옮겨놓았다는 데에 그 의미가 있다. 왕양명의 사상 체계에서는 '심'과 '리'가 하나이기 때문에 마음이 곧 궁극적인 개념이 된다. 그뿐만 아니라 세상 만물이 그렇게 되는 소이연이기도 했다. "천지, 귀신, 만물은 나의 영명靈明을 떠나서는 존재하지 않는 것이다."[106] 따라서 사회의 윤리도덕 규범은 죄다 하나의 '마음'에 있다. 부모를 섬기고 군주를 섬기며, 백성을 사랑하고 만물을 아끼는 것을 비롯해 치국의 방법까지 모두 하나의 마음에 있다는 것이다. 몸을 닦는 '수신修身'과 마음을 바르게 하는 '정심正心'에 있어서도 "자기의 심체心體를 체득해야 한다."[107] 여기서 수신과 치국은 '마음'으로 완전히 통합되는데, 이에 따라 '내성'과 '외왕' 사이에 존재하는 일정한 거리가 사라진다. 정주이학에서는 '내성'과 '외왕' 사이에 일정한 과정을 요구하지만, 왕양명의 '심心'에서는 이런 점이 단순화되어 '내성'이 곧 '외왕'이다. 신국공치의 근거가 내면의 마음속에 있다는 것이다. 왕양명이 주장하는 '심즉리'와 '심외무리心外無理'는, 그 본질에 있어서 사람마다 모두 성현이 될 잠재적인 자질을 갖추고 있으며, 도처에 성인이 즐비하다는 것을 인정해야 함을 의미한다. 말하자면 그는 "내성이 곧 외왕"이라는 신국공치 사상을 사회 전반에 걸쳐 구현하고자 노력하여 심학心學으로서 합리적인 해석을 제공할 수 있었던 것이다.

106 왕수인, 우광 외 편교, 『왕양명전집』 상책, 124쪽.

107 왕수인, 우광 외 편교, 『왕양명전집』 상책, 34쪽.

그렇다면 어떻게 해서 성현이 될 수 있는가? 이에 왕양명은 양지설을 주장했다. '마음'의 내포를 구체적으로 표현한 것이 바로 사람이 태어날 때부터 갖춘 양지와 양능이라는 것이다. 왕양명은 모든 사람에게 타고난 '양지'가 있다는 것을 긍정하고, 천지 만물도 모두 나의 '양지'가 발용發用한 것이라고 주장했다. "내 마음의 양지가 이른바 천리天理"[108]이고, 양지는 "천리가 환하게 밝아져서 신령하게 깨닫는 자리다天理之昭明靈覺處."[109] 따라서 천리를 추구하여 성현이 되는 관건은 양지를 체득하는 '치양지'에 있다. '치양지'는 외부가 아닌 자신으로부터 구해야 한다. 마음은 자연히 알 수 있기 때문에 마음을 바르게 다잡아야 하고, 나아가 "내 마음에 있는 양지의 천리天理를 사사물물事事物物에 미치게 하면 사사물물 죄다 그 리理를 얻을 수 있는 것이다."[110]

왕양명의 관점에서 볼 때 치국의 근본으로 삼고 있는 봉건 사회의 윤리 강상은 개인들의 내면에서 우러나온 자발적 요구가 되어야 한다. 내면의 요구는 사람의 마음속에 본래부터 있었던 자연스러운 본성이고 우주 만물의 본체다. 그의 사상은 윤리와 자연스러움, 수신과 치국, 내성과 외왕, 주체와 객체의 합일에 도달했을 뿐만 아니라 유교의 신국공치 사상을 최상의 형태로 구현한 것이기도 했다.

이상으로 서술한 내용을 종합해 보면, 중국 본토의 종교 가운데 도교와 유교가 '신국공치'에 대해 풍성한 논의를 남겼다는 사실을 알 수 있다. 각기 다른 시기에 전개된 '신국공치'에 관한 중국종교의 수많은 논의에서 제각기 다른 특징들과 구체적인 내용을 살펴보았지만, 중국종교에

---

108 왕수인, 우광 외 편교, 『왕양명전집』 상책, 45쪽.

109 왕수인, 오광 외 편교, 『왕양명전집』 상책, 72쪽.

110 왕수인, 오광 외 편교, 『왕양명전집』 상책, 45쪽.

서 이루어진 이런 논의들은 대체로 개체로서의 인간이 완벽에 이르는 길을 찾는 데 집중했다는 점, 이러한 노력이 주로 사회와 국가 간의 밀접한 관계를 도모하는 데 초점을 두고 있었다는 것을 확인할 수 있었다. 물론 시대적으로 볼 때, '신국공치'와 관련된 중국종교의 논의에 시류에 적합하지 않은 내용이 허다하게 포함된 점도 부정할 수 없다. 하지만 그 속에는 새로운 깨우침을 얻을 견해나 시사점들이 풍부하게 내포되어 있다. 이런 부분의 사상적 문화유산을 총결산하는 작업은 현대 사회의 인성교육이나 사회적 안정의 측면에서도 참고할만한 가치가 충분히 있다고 생각한다.

참고문헌

1. 대형 고적 총서

1 『경인문연각사고전서景印文淵閣四庫全書』, 타이완상무인서관臺灣商務印書館, 1986.

2 『사부총간四部叢刊』, 상하이서점上海書店, 1989.

3 『총서집성초편叢書集成初編』, 중화서국中華書局, 1985.

4 『사고전서 존목총서四庫全書存目叢書』, 제로서사齊魯書社, 1995.

5 『제자집성諸子集成』, 중화서국, 1954.

6 『십삼경주소十三經注疏』, 중화서국, 1980년 영인완각본影印阮刻本

7 『전세장서傳世藏書』, 하이난국제신문출판센터海南國際新聞出版中心, 1996.

8 『중화대장경中華大藏經』, 중화서국, 1985.

9 『대정신수대장경大正新修大藏經』, 타이완재단법인 불타교육기금회출판부臺灣財團法人佛陀教育基金會出版部, 1990년 영인판.

10 『만속장경卍續藏經』, 타이완신문풍출판회사臺灣新文豊出版公司, 1994.

11 『도장요집선간道藏要集選刊』, 상하이고적출판사上海古籍出版社, 1989.

12 『도장道藏』, 문물출판사文物出版社, 톈진고적출판사天津古籍出版社, 상하이서점, 1988.

2. 사서

1 춘추 좌구명左丘明, 『국어國語』, 상하이고적출판사, 1978.

2 한 사마천司馬遷, 『사기史記』, 중화서국, 1959.

3 한 반고班固, 『한서漢書』, 중화서국, 1962.

4 남조 범엽範曄, 『후한서後漢書』, 중화서국, 1965.
5 당 방현령房玄齡, 『진서晉書』, 중화서국, 1974.
6 당 위정魏征 외, 『수서隋書』, 중화서국, 1973.
7 당 요사렴姚思廉, 『양서梁書』, 중화서국, 1973.
8 당 이연수李延壽, 『남사南史』, 중화서국, 1975.
9 당 이임보李林甫 외,『당육전唐六典』, 중화서국, 1992.
10 당 두우杜佑, 『통전通典』, 중화서국, 1988.
11 오대 유구劉 외 찬撰, 『구당사舊唐書』, 중화서국, 1975.
12 송 구양수歐陽脩, 『신오대사新伍代史』, 중화서국, 1974.
13 원 탈탈脫脫 외 찬, 『송사宋史』, 중화서국, 1977.

3. 고대 유가류 저술

1 전국 한비韓非 저, 왕선신王先愼 집해, 『한비자집해韓非子集解』, 『제자집성諸子集成』 제5책, 세계서국世界書局, 민국24년1935.
2 한 공안국孔安國, 『고의효경古義孝經』, 장원제張元濟 편집, 『사부총간삼편四部叢刊三 』 경명홍치본景明弘治本.
3 한 왕충王充, 『논형論衡』, 상하이고적출판사, 1974.
4 한 반고班固, 『백호통의白虎通義』, 『문연각사고전서文淵閣四庫全書』 제850책.
5 한 왕부王符, 『잠부론전교정潛夫論箋校正』, 상하이서점, 1986.
6 한 정현鄭玄 주注, 가공언賈公彦 소疏, 『주례주소周禮注疏』, 『문연각사고전서』 제90책.
7 한 순열荀 , 『신감申鑑』, 『사부총간四部叢刊』, 경명가정본景明嘉靖本.
8 동진 완적阮籍, 리지준李志鈞 · 채위잉柴玉英 외 점교, 『완적집阮籍集』, 상하이고적출판사, 1978.
9 동진 곽박郭璞 주, 『산해경山海經』, 『문연각사고전서』 제1042책.
10 당 육덕명陸德明, 『경전석문經典釋文』, 중화서국, 1983.
11 당 이정조李鼎祚, 『주역집해周易集解』, 『문연각사고전서』 제7책.
12 당 오긍嗚兢 편저, 『정관정요貞觀政要』, 상하이고적출판사, 1978.
13 당 두보杜甫 저, 구조오仇兆鰲 주석, 『두시상주杜詩詳注』, 중화서국, 1979.
14 당 잠삼岑參 저, 천테민陳鐵民, 훠종이侯忠義 교주, 『잠삼집교주岑參集校注』, 상하이고적출판사, 1981.
15 당 류종원柳宗元, 『류하동전집柳河東全集』, 연산출판사燕山出版社, 1996.
16 당 한유韓愈, 『원도遠道』, 『한창려문집교주韓昌黎文集校注』, 상하이고적출판사, 1986.
17 당 이고李 , 『이문공집李文公集』, 『사부총간초편四部叢刊初 』 집부集部 제119책, 상하이

서점, 1989.

18 송 주돈이周敦 ,『주원공집周元公集』,『문연각사고전서』.

19 송 장재張載,『장횡거집張橫渠集』,『총서집성초편叢書集成初 』제1책, 중화서국, 1985.

20 송 장재,『장재집 載集』, 중화서국, 1978.

21 송 정호程顥 · 정이程 ,『이정집二程集』, 중화서국, 1981.

22 송 정호 · 정이,『이정유서二程遺書』, 상하이고적출판사, 2000.

23 송 소식蘇軾,『소동파전집蘇東坡全集』, 중국서점, 1986.

24 송 왕안석王安石,『왕문공문집王文公文集』, 상하이인민출판사上海人民出版社, 1974.

25 송 섭몽득葉夢得,『석림시화石林詩話』,『총서집성초편』제2551책, 중화서국, 1991.

26 송 주희朱熹,『주희집朱熹集』, 쓰촨교육출판사四川教育出版社, 1996.

27 송 주희,『주문공문집朱文公文集』,『주자전서朱子全書』, 상하이고적출판사, 2005.

28 송 주희,『주역본의周易本義』, 톈진고적서점天津古籍書店, 1986년 영인판.

29 송 주희 저, 쑤용蘇勇 점교,『주역본의周易本義』, 베이징대학출판사北京大學出版社, 1992.

30 송 주희,『주역참동계고이周易參同契考異』, 톈진고적출판사, 1988.

31 송 주희,『사서장구집주四書章句集注』, 중화서국, 1983.

32 송 육구연陸九淵,『육구연집陸九淵集』, 중화서국, 1980.

33 송 엄우嚴羽 저, 궈샤오유郭紹虞 교석校釋,『창랑시화 교석滄浪詩話校釋』, 인민문학출판사人民文學出版社, 1961.

34 송 장고張 ,『의설醫說』,『문연각사고전서』제742책.

35 송 여정덕黎靖德 편,『주자어류朱子語類』, 중화서국, 1986.

36 원 이도순李道純,『도덕회원道德會元』,『도장道藏』제12책.

37 원 원호문元好問,『유산집遺山集』,『문연각사고전서』제1191책.

38 원 원호문 저, 쓰궈치施國祁 주석, 매초수麥朝樞 교정,『원유산시집전주元遺山詩集箋注』, 인민문학출판사, 1989.

39 명 왕수인王守仁 찬, 우광 외 편교編校,「왕양명王陽明全集」, 상하이고적출판사, 1992.

40 명 왕수인,『전습록傳習錄』, 장쑤고적출판사江蘇古籍出版社, 2001.

41 명 왕정상王廷相,『왕정상집王廷相集』, 중화서국, 1989.

42 명 이지李贄,『이지문집李贄文集』, 사회과학문헌출판사社會科學文獻出版社, 2000.

43 명 원굉도袁宏道 저, 첸바이청錢伯城 전교箋校,『원굉도집전교袁宏道集箋校』, 상하이고적출판사, 1979.

44 명 풍몽룡馮夢龍 편, 종런鍾仁 교주,『경세통언警世通言』, 산시인민출판사陝西人民出版社, 1985.

45 명 유종주劉宗周,『유종주전집劉宗周全集』, 저장고적출판사浙江古籍出版社, 2007.

46 명 장부張溥, 『한위육조백삼가집漢魏六朝一百三家集』, 문연각사고전서판.

47 청 이어李漁, 『한정우기閑情偶寄』, 저장고적출판사, 1985.

48 청 황종희黃宗羲, 전조망全祖望, 『송원학안宋元學案』, 중화서국, 1986.

49 청 황종희, 『명유학안明儒學案』, 중화서국, 1985.

50 청 왕부자王夫子, 『선산전서船山全書』, 악록서사岳麓書社, 1996.

51 청 왕부자, 『상서인의尙書引義』, 중화서국, 1976.

52 청 대진戴震, 『맹자자의소증孟子字義疏證』, 중화서국, 1961.

53 청 손희단孫希旦, 『예기집해禮記集解』, 중화서국, 1989.

54 청 엄가균嚴可均, 『전상고삼대진한삼국육조문全上古三代秦韓三國六朝文』, 중화서국, 1958.

55 청 장지동張之洞, 『권학편勸學篇』, 상하이고적출판사, 2002.

56 청 왕선겸王先謙 저, 『순자집해荀子集解』, 『제자집성』 제2책, 세계서국世界書局 민국 24년1935.

57 청 소여蘇輿 찬, 종저鍾哲 점교, 『춘추번로의증春秋繁露義證』, 중화서국, 1992.

4. 고대 불교류 저술

1 『불설의유경佛說醫喩經』, 『대정장大正藏』 제4권.

2 『경률이상經律異相』, 『대정장』 제53권.

3 동진 승조僧肇, 『조론肇論』, 『대정장』 제45권.

4 동진 승조, 『유마경주維摩經注』, 『대정장』 제38권.

5 제량 승우僧祐, 『출삼장기집出三藏記集』, 중화서국, 1995.

6 남조 혜교慧皎 찬, 탕용퉁湯用 교주, 『고승전高僧傳』, 중화서국, 1992.

7 남조 혜교, 『고승전합집高僧傳合集』, 상하이고적출판사, 1991.

8 수 길장吉藏, 『중관론소中觀論疏』, 『대정장』 제42권.

9 당 현장玄奘, 『대당서역기大唐西域記』, 상하이인민출판사, 1995.

10 당 혜능慧能 저, 곽붕郭鵬 교석, 『단경교석壇經校釋』, 중화서국, 1983.

11 당 도세道世, 『법원주림法苑珠林』, 『대정장』 제53권.

12 당 담연湛然, 『지관보행전홍결止觀輔行傳弘決』, 『대정장』 제46권.

13 당 보제普濟 저, 소연뢰蘇淵雷 점교, 『오등회원伍燈會元』, 중화서국, 1994.

14 오대 연수延壽 편집, 『종경록宗鏡錄』, 『대정장』 제46권.

15 오대 정靜 · 균筠 편찬, 『조당집祖堂集』, 악록서사, 1996.

16 송 지원智圓, 『한거편閑居編』, 『만속장경卍續藏經』 제101책, 타이완신문풍출판회사, 1994.

17 송 색장주지 藏住持 편집, 『고존숙어록古尊宿語錄』, 상하이고적출판사, 1991년 영인影印, 명나라 만력45년 경산장본明萬曆四十伍年徑山藏本.

18 송 설숭契嵩, 『비한非韓』, 『심진문집 津文集』, 『사부총간삼편四部叢刊三 』, 경명홍치본景明弘治本.

19 원 보도普度, 『여산 연종보감廬山蓮宗寶鑒』, 『대정장』제47권.

20 명 지욱智旭, 『영봉종론靈峰宗論』, 권사지이卷四之二, 청련출판사青蓮出版社, 1994.

21 명 진가眞可, 『장송여퇴長松茹退』, 『자백노인집紫柏老人集』 명 천계天啓 7년 석삼거각본釋三炬刻本.

22 명 덕청德淸, 『감산노인몽유집 山老人夢游集』, 베이징도서관출판사北京圖書館出版社, 2005.

5. 고대 도가와 도교 및 의가醫家의 저술

1 진 곽상郭象 주, [당성현영成玄英 소, 『남화진경주소南華眞經注疏』, 중화서국, 1998.

2 당 손사막孫思邈, 『비급천금요방備急千金要方』, 『도장道藏』 제26책.

3 당 손사막, 『천금방千金方』, 화하출판사華夏出版社, 1993.

4 당 성현영, 『도덕경개제서결의소道德經開題序訣義疏』, 타이완예문인서관臺灣藝文印書館, 1965.

5 당 성현영, 『도덕경의소道德經義疏』, 『몽문통문집蒙文通文集』 제6권, 『도서집교 십종道書輯校十種』, 파촉서사巴蜀書社, 2001.

6 당 이전李筌, 『음부경석 符經釋』, 『문연각사고전서』 제1055책.

7 당 이백李白 저, 추퉈위안瞿 園 · 주진청朱金城 교주, 『이백집교주李白集校注』, 중화서국, 1980.

8 당 왕빙王 주, 임억林億 외 교주, 『황제내경黃帝內經』, 『문연각사고전서』 제733책.

9 송 장백단張伯端 찬, 『옥청금사청화비문금보내련단결玉淸金 青華秘文金寶內煉丹訣』, 『도장』 제4책.

10 송 장군방張君房 편, 리융성李永晟 점교, 『운급칠첨雲 七籤』, 중화서국, 2003.

11 송 왕중양王重陽 저, 배루샹白如祥 집교輯校, 『왕중양집王重陽集』, 제로서사齊魯書社, 2005.

12 원 담처단譚處端 외 저, 배루샹 집교, 『담처단 · 유처현 · 왕처일 · 학대통 · 손불이집譚處端 · 劉處玄 · 王處一 · 大通 · 孫不二集』, 제로서사, 2005.

13 명 장개빈張介賓, 『유경類經』, 인민위생출판사人民衛生出版社, 1965.

6. 근현대 저술

1 딩푸바오丁福保 편집, 『역대시화속편歷代詩話續編』, 중화서국, 1983.

2 딩푸바오 편집, 『도장정화록道藏精華錄』, 저장고적출판사, 1989년 영인판.

3 쉬위안고徐元誥 · 왕수민王樹民 · 신창윈沈長雲 점교, 『국어집해國語集解』, 중화서국, 2002.

4 천위안陳垣, 『청초승쟁기淸初僧 記』, 중화서국, 1962.

5 스성한石聲漢, 『사민월령교주四民月令校注』, 중화서국, 1965.

6 탕용퉁湯用 , 『위진현학론고魏晉玄學論稿』, 상하이고적출판사, 2001.

7 탕용퉁, 『수당불교사고隋唐佛教史稿』, 중화서국, 1988.

8 푸친자傅勤家, 『중국 도교사中國道教史』, 상하이서점, 1990.

9 태허太虛, 「인간불교를 어떻게 건설할 것인가 來建設人間佛 」, 『해조음海潮音』 제15권 제1기, 1933.

10 마치창馬其昶, 『한창려문집교주韓昌黎文集校注』, 상하이고적출판사, 1987.

11 천두슈陳獨秀, 『천두슈문장선편陳獨秀文章選編』, 상하이삼련서점上海三聯書店, 1984.

12 루쉰魯迅, 『중국소설사략中國小說史略』, 상하이고적출판사, 1998.

13 루쉰, 『루쉰전집魯迅全集』, 인민문학출판사人民文學出版社, 1973.

14 펑유란馮友蘭, 『중국철학사中國哲學史』, 화동사범대학출판사華東師範大學出版社, 2000.

15 펑유란, 『중국 철학사신편中國哲學史新編』, 인민출판사人民出版社, 1998.

16 페이샤오퉁費孝通, 『미국과 미국인美國與美國人』, 상하이삼련서점, 1985.

17 양밍자오楊明照 편찬, 『포박자외편교전抱朴子外篇校箋』, 중화서국, 1997.

18 스쥔石峻 · 뤄위례樓宇烈 외 편집, 『중국불교사상자료선편中國佛教思想資料選編』, 중화서국, 1983.

19 쭝바이화宗白華, 『예경藝境』, 베이징대학출판사, 1987.

20 뤄궈지에羅國杰, 『중국윤리학백과전서 · 윤리학원리권中國倫理學百科全書 · 倫理學原理卷』, 지린인민출판사吉林人民出版社, 1993.

21 황서우치黃壽祺 · 장산원張善文, 『주역역주周易譯注』, 상하이고적출판사, 2004.

22 시푸구안徐復觀, 『중국인성론사中國人性論史 · 선진편先秦篇』, 상하이삼련서점, 2001.

23 머우쭝싼牟宗三, 『심체와 성체心體與性體』, 상하이고적출판사, 1999.

24 왕리치王利器 주석, 『여씨춘추주소呂氏春秋注疏』, 파촉서사, 2002.

25 라오쭝이饒宗 , 『노자상이주교증老子想爾注校證』, 상하이고적출판사, 1991.

26 주이팅朱貽庭, 『중국전통윤리사상사中國傳統倫理思想史』, 화동사범대학출판사, 2003.

27 두스옌杜石然, 판추위範楚玉 등 편저 『중국과학기술사고中國科學技術史稿』, 과학출판사科學出版社, 1982.

28 장따이녠張岱年, 『중국철학대강中國哲學大綱』, 중국사회과학출판사中國社會科學出版社, 1982.
29 장따이녠, 『중국윤리사상연구中國倫理思想研究』, 장쑤교육출판사江蘇教育出版社, 2005.
30 주동룬朱東潤 주편, 『역대문학작품선歷代文學作品選』, 상하이고적출판사, 2002.
31 왕밍王明, 『태평경 합교太平經合校』, 중화서국, 1997.
32 왕밍, 『무능자교석無能子校釋』, 중화서국, 1981.
33 왕밍, 『포박자내편교석抱朴子內篇校釋』, 중화서국, 1985.
34 런지위任繼愈 주편, 『유교문제논쟁집儒教問題爭論集』, 종교문화출판사宗教文化出版社, 2000.
35 런지위, 『중국철학발전사中國哲學發展史 · 선진편先秦篇』, 인민출판사, 1983.
36 런지위 주편, 『불교대사전佛教大辭典』, 장쑤고적출판사江蘇古籍出版社, 2002.
37 리저허우李澤厚, 『중국고대사상사론中國古代思想史論』, 인민출판사, 1986.
38 위둔캉余敦康, 『중국종교와 중국 문화中國宗教與中國文化』, 중국사회과학출판사, 2005.
39 팡리티엔方立天, 『중국불교철학요의中國佛教哲學要義』, 중국인민대학출판사中國人民大學出版社, 2002.
40 팡리티엔, 『화엄금사자장교석華嚴金師子章校釋』, 중화서국, 1983.
41 상즈쥔尙志鈞 외 정리, 『중의팔대경전전주中醫八大經典全注』, 화하출판사華夏出版社, 1994.
42 뤼다지呂大吉, 『종교학통론신편宗教學通論新編』, 중국사회과학출판사, 1998.
43 뤼다지, 『종교학강요宗教學綱要』, 고등교육출판사高等教育出版社, 2003.
44 치위수위안屈守元 외, 『한유전집교주韓愈全集校注』, 쓰촨대학출판사四川大學出版社, 1996.
45 칭시타이卿希泰 주편, 『중국도교사中國道教史』, 쓰촨인민출판사四川人民出版社, 1996.
46 칭시타이 · 잔스촹詹石窓 공편, 『도교문화신전道教文化新典』, 상하이문예출판사上海文藝出版社, 1999.
47 칭시타이 주편, 『중국도교中國道教』 제3권, 지식출판사知識出版社, 1994.
48 왕무王沐, 『오진편천해悟眞篇淺解』, 중화서국, 1990.
49 팡푸龐朴, 『침사집 思集』, 상하이인민출판사, 1922.
50 팡푸, 「사맹의 오행설 비밀을 풀어준 마왕퇴백서馬王堆帛書解開了思孟伍行說之迷」, 『문물文物』, 1977년 제10기.
51 천룽제陳榮捷, 『주자학신탐朱子學新探』, 학생서국學生書局, 1988.
52 양증원楊曾文 편교, 『신회화상선화록神會和 禪話錄』, 중화서국, 1996.
53 대캉성戴康生, 『종교사회학宗教社會學』, 사회과학문헌출판사, 2000.

54 황난쓴黃楠森 · 양수칸楊壽堪 공편, 『신편철학대사전新編哲學大辭典』, 산시교육출판사山西教育出版社, 1993.
55 천린수陳麟書 · 천샤陳霞, 『종교학원리宗教學原理』, 종교문화출판사宗教文化出版社, 2003.
56 장리원張立文, 『심心』, 중국인민대학출판사中國人民大學出版社, 1993.
57 예랑葉朗, 『중국미학사대강中國美學史大綱』, 상하이인민출판사, 1985.
58 뤄위례樓宇烈, 『왕필집교석王弼集校釋』, 중화서국, 1980.
59 멍페이위안蒙培元, 『심령초월과 경계心靈超越與境界』, 인민출판사, 1998.
60 멍페이위안, 『중국철학의 주체사유中國哲學主體思維』, 인민출판사, 1993.
61 멍페이위안, 「도의 경지道的境界」, 『중국사회과학中國社會科學』, 1996년 제1기.
62 라이용하이賴永海, 『중국불성론中國佛性論』, 중국청년출판사中國青年出版社, 1998.
63 마시사馬西沙 · 한빙팡韓秉方, 『중국민간종교사中國民間宗教史』, 상하이인민출판사, 1992.
64 머우중젠牟鐘鑒 · 장지안張踐, 『중국종교통사中國宗教通史』, 사회과학문헌출판사, 2003.
65 왕진위안王鎮遠 외 편찬, 『고시해古詩海』, 중화서국, 1992.
66 천찬캉陳傳康, 『중국대백과전서中國大百科全書 · 지리학권地理學卷』, 중국대백과전서출판사中國大百科全書出版社, 1990.
67 후푸천胡孚琛 · 뤼시천 錫琛, 『도학통론道學通論』, 사회과학문헌출판사, 1999.
68 가오링인高令印, 『중국선학통사中國禪學通史』, 종교문화출판사宗教文化出版社, 2004.
69 거자오광葛兆光, 『도교와 중국문화道教和中國文化』, 상하이인민출판사, 1995.
70 천라이陳來, 『고대 종교와 윤리: 유가사상의 근원古代宗教與倫理: 儒家思想的根源』, 상하이삼련서점, 1996.
71 잔스촹, 『도교술수와 문예道教術數與文藝』, 타이완문진출판사臺灣文津出版社, 1998.
72 잔스촹, 『신편중국철학사新編中國哲學史』, 중국서점, 2002.
73 잔스촹, 『역학과 도교사상 관계 연구易學與道教思想關係研究』, 샤먼대학출판사廈門大學出版社, 2001.
74 잔스촹, 『역학과 도교기호의 비밀易學與道教符號揭秘』, 중국서점, 2001.
75 잔스촹, 『신국공치: 정치와 중화전통문화身國共治: 政治與中華傳統文化』, 샤먼대학출판사, 2003.
76 잔스촹, 『도교문화 15강道教文化十伍講』, 베이징대학출판사, 2003.
77 잔스촹, 「도교의 조화관과 인류 전체의 생존道教和諧觀與人類整體生存」, 『중국종교中國宗教』, 2006년 제7기.
78 잔스촹 · 가이젠민蓋建民, 『중국종교통론中國宗教通論』, 중국고등교육출판사中國高等教

育出版社, 2006.

79 가이젠민, 『도교의학道教醫學』, 종교문화출판사, 2002.

80 리링李零, 『곽점초간교독기郭店楚簡校讀記』, 베이징대학출판사, 2002.

81 장지위張繼禹, 「애국 · 애교 · 홍도리인, 도교사업의 신국면 개척: 중국도교협회 제6회 이사회 업무보고愛國 · 愛教 · 弘道利人, 開創道教事業的新局面: 中國道教協會第六屆理事會工作報告」, 『중국도교中國道教』, 2005년 제4기.

82 왕보어王博, 「미국 다트머스대학 곽점 노자 국제학술세미나 메모美國達慕思大學郭店老子國際學術討論會紀要」, 천구잉陳鼓應 주편, 『도가문화연구道家文化研究』 제17집 '곽점초간특집郭店楚簡專號', 상하이삼련서점, 1999.

83 등치유베鄧球柏, 『백서주역교석帛書周易校釋』, 후난인민출판사湖南人民出版社, 2002.

84 중국사회과학원역사연구소中國社會科學院歷史研究所, 『갑골문합집甲骨文合集』 제261판版, 중화서국, 1982.

85 쑨상양孫尚揚, 『종교사회학宗教社會學』, 베이징대학출판사, 2001.

86 우저우嗚洲, 『중국종교학개론中國宗教學概論』, 중화대도출판사中華大道出版社, 2001.

87 리도핑李道平, 『주역집해찬소周易集解纂疏』, 중화서국, 1994.

88 천리陳立, 우저위嗚則虞 점교, 『백호통소증白虎通疏證』, 중화서국, 1994.

89 왕카王 점교, 『노자도덕경 하상공장구老子道德經河上公章句』, 중화서국, 1993.

90 허후애홍何懷宏, 『생태윤리학: 정신자원과 철학적 기초生態倫理學: 精神資源與哲學基礎』, 허베이대학출판사河北大學出版社, 2002.

91 왕정핑王正平, 「심층생태학: 새로운 환경의 가치와 이념深層生態學: 一種新的環境價值理念」, 『상하이사범대학학보上海師範大學學報』 사회과학판, 2000년 제4기.

92 토민淘敏 · 토홍위淘紅雨, 『고우석전집편년교주高禹錫全集編年校注』, 악록서사, 2003.

93 자오웨이동趙衛東 집교, 『구처기집丘處機集』, 제로서사, 2005.

94 배루샹 집교, 『담처단 · 유처현 · 왕처일 · 학대통 · 손불이집』, 제로서사, 2005.

95 팡퉁이方同義, 『중국 지혜의 정신: 세상만사에서 도술에 이르기까지中國智慧的精神: 從天人之際到道術之間』, 인민출판사, 2003.

96 후웨이시胡偉希, 『중국철학개론中國哲學概論』, 베이징대학출판사, 2005.

97 쑹즈밍宋志明 · 향스링向世陵 · 장이티엔姜日天, 『중국고대철학연구中國古代哲學研究』, 중국인민대학출판사中國人民大學出版社, 1998.

98 리징린李景林, 『교양의 기원: 철학적 돌파 시기의 유가심성론教養的本源: 哲學突破時期的儒家心性論』, 랴오닝인민출판사遼寧人民出版社, 1998.

99 장웨이치張偉奇, 『아성정온: 맹자철학의 정수亞聖精蘊: 孟子哲學眞諦』, 인민출판사, 1997.

100 취이밍崔宜明, 『생존과 지혜: 장자철학의 현대적 해석生存與智慧: 莊子哲學的現代闡釋』, 상

하이인민출판사, 1996.

101 천즈상陳志尙, 『인학원리人學原理』, 베이징출판사, 2005.

102 리충즈李崇智, 『인물지교전人物志校箋』, 파촉서사, 2001.

103 뉴웨이싱紐衛星, 『서쪽으로 범천을 바라보며: 한역 불경 속의 천문학 원류西望梵天: 漢譯佛經中的天文學源流』, 상하이교통대학출판사上海交通大學出版社, 2004.

104 루궈룽盧國龍, 『도교철학道教哲學』, 화하출판사華夏出版社, 1997.

105 쑨이핑孫亦平, 『두광정평전杜光庭評傳』, 난징대학출판사南京大學出版社, 2005.

106 가오전농高振農, 『대승기신론교석大乘起信論校釋』, 중화서국, 1992.

107 탕다츠오唐大潮 외, 『권선서주역勸善書注譯』, 중국사회과학출판사, 2004.

108 팡바오촨方寶川 편찬, 『태곡학파유서太谷學派遺書』, 장쑤광릉고적각인사江蘇廣陵古籍刻印社, 1997.

109 단춘單純, 「유가의 종교적 정회론論儒家的宗教情懷」, 『종교학연구宗教學研究』, 2003년 제4기.

110 단춘, 『종교철학宗教哲學』, 중국사회과학출판사, 2003.

111 장쯔강張志剛, 『종교철학연구宗教哲學研究』, 중국인민대학출판사, 2003.

112 왕위더王玉德, 『중화신비문화中華神秘文化』, 후난출판사湖南出版社, 1993.

113 천츄핑陳秋平, 상룽尙榮 역주, 『단경壇經』, 중화서국, 2007.

114 천츄핑 · 상룽 역주, 『금강경金剛經』, 중화서국, 2007.

115 뤼리정呂理政, 『천 · 인 · 사회: 중국의 전통적 우주 인지모형에 대한 시론天 · 人 · 社會: 試論中國傳統的宇宙認知模型』, 타이완중앙연구원臺灣中央研究院 민족학연구소民族學研究所, 1990.

116 류창린劉長林, 『중국의 계통적 사유中國系統思維』, 중국사회과학출판사, 1990.

117 린궈훙林俊雄, 「독특한 민간신앙: 삼일교獨特的民間信仰: 三一教」, 『중국종교』, 2007년 제2기.

118 얀링펑嚴靈峰 편집, 『무구비재노자집성초편无求備齋老子集成初編』, 타이완예문인서관臺灣藝文印書館, 1965.

119 황쩡黃征 · 우웨이嗚偉, 『돈황원문집敦煌愿文集』, 악록서사, 1995.

120 양푸쉐楊富學 · 왕수칭王書慶, 「생로병사에서 본 당송시기 돈황불교의 세속화從生老病死看唐宋時期敦煌佛教的世俗化」, 『돈황학집간敦煌學輯刊』, 2007년 제4기.

121 이얀야오중嚴耀中, 「불교형태의 변천과 중국사회佛教形態的演變與中國社會」, 『상하이사범대학학보上海師範大學學報』 철학사회과학판哲學社會科學版, 2001년 3월 제30권 제2기.

122 샤오즈티안蕭志恬, 『당대 종교문제에 관한 사고當代宗教問題的思考』, 상하이시 사회과학

학회上海市社會科學學會, 1994.

123 가오스닝高師寧, 「당대 중국 민간신앙이 기독교에 미친 영향當代中國民間信仰對基督教的影響」, 『저장학간浙江學刊』 2005년 제2기.

124 덩자오밍鄧肇明, 『계승과 고수: 중국 대지의 복음 횃불承受與持守: 中國大地的福音火炬』, 홍콩 기독교 중국종교문화연구사香港基督教中國宗教文化硏究社, 1998.

125 량자린梁家麟, 『개혁개방 이후의 중국농촌교회改革開放以來的中國農村教會』, 홍콩건도신학원香港建道神學院, 1999.

126 장사오위江少虞, 『송조사실류원宋朝事實類苑』, 상하이고적출판사, 1981.

127 린궈핑林國平, 『민대 민간신앙 원류 臺民間信仰源流』, 푸젠인민출판사福建人民出版社, 2003.

128 장이화姜義華 주편, 『후스학술문집胡適學術文集』, 중화서국, 1998.

129 장수줘蔣述卓, 『불경번역과 중고문학사조佛經傳譯與中古文學思潮』, 장시인민출판사江西人民出版社, 1990.

130 천윤지陳允吉, 『당시 속의 불교사상唐詩中的佛教思想』, 타이완상정출판사臺灣商鼎出版社, 1993.

131 팡춘양方春陽 점교, 『장삼풍전집張三豊全集』, 저장고적출판사, 1990.

132 류양중劉揚忠 편주, 『안수사에 대한 새로운 해석과 비평晏殊詞新釋輯評』, 중국서점, 2003.

133 쉐루이성薛瑞生 교주, 『악장집교주樂章集校注』, 중화서국, 1994.

134 쥐웨쓰居閱時 · 추밍안瞿明安 공편, 『중국상징문화中國象徵文化』, 상하이인민출판사, 2001.

135 페이진강費振剛 외 집교, 『전한부全漢賦』, 베이징대학출판사, 1993.

136 뤄주펑羅竹鳳, 『인 · 사회 · 종교人 · 社會 · 宗教』, 사회과학원출판사, 1995.

137 쉬휘許輝 · 치우민邱敏 · 후아샹胡阿祥, 『육조문화六朝文化』, 장쑤고적출판사, 2001.

138 천빙陳兵 · 둥쯔메이鄧子美, 『20세기 중국불교二十世紀中國佛教』, 민족출판사, 2000.

139 쉬송徐松, 『송회요집고宋會要輯稿』, 중화서국, 1957.

140 청민성程民生, 『송대·지역문화宋代地域文化』, 허난대학출판사河南大學出版社, 1997.

141 리잉휘李映輝, 『당대 불교지리연구唐代佛教地理硏究』, 후난대학출판사湖南大學出版社, 2004.

7. 외국 저술

1 [미국] 윌리엄 제임스William James, 『종교적 경험의 다양성宗教經驗之種種』, 탕위어唐鉞 뒤침, 상무인서관商務印書館, 2002.

2 [고대 그리스] 아리스토텔레스Aristotle, 『범주편 · 해석편範疇篇 · 解釋篇』, 상무인서관, 1959.

3 [독일] 헤겔Georg Wilhelm Friedrich Hegel, 『미학美學』, 주광첸朱光潛 뒤침, 상무인서관, 1979.

4 [미국] 수잔 랭거Susanne K. Langer, 『예술이란 무엇인가藝術問題』, 텅서우야오 守堯 뒤침, 중국사회과학출판사, 1983.

5 [미국] 리스H. Lieth, 『물후학과 계절성 모델의 건립 物候學與季節性模式的建立』, 얀방티顏邦倜 외 뒤침, 과학출판사, 1984.

6 [독일] 에른스트 카시러Ernst Cassirer, 『인간론人論』, 간양甘陽 뒤침, 상하이역문출판사上海譯文出版社, 1985.

7 [영국] 프레이저J. G. Frazer, 『황금가지: 주술과 종교에 대한 연구金枝: 巫術與宗教之研究』, 쉬신위徐新育 · 왕페이지汪培基 · 장쩌스張澤石 뒤침, 중국민간문예출판사中國民間文藝出版社, 1987.

8 [영국] 존 힉John Hick, 『종교철학宗教哲學』, 허광후何光 뒤침, 상하이삼련서점, 1988.

9 [영국] 막스 뮐러Friderich Max Muller, 『종교학도론宗教學導論』, 천관승陳觀勝, 리페이주李培茱 뒤침, 상하이인민출판사, 1989.

10 [영국] 막스 뮐러, 『종교의 기원과 발전宗教的起源與發展』, 진쩌金澤 뒤침, 상하이인민출판사, 1989.

11 [일본] 오노자와 세이치小野澤精一 외 편집, 『기의 사상氣的思想』, 리칭李慶 뒤침, 상하이인민출판사, 1990.

12 [미국] 버거Peter L. Burger, 『신성한 장막神聖的 幕』, 가오스닝 뒤침, 허광후 교정, 상하이인민출판사, 1991.

13 [미국] 크리스찬 조킴Christian Jochim, 『중국의 종교정신中國的宗教精神』, 왕핑王平 외 뒤침, 중국화교출판사中國華僑出版社, 1991.

14 [프랑스] 페르낭 브로델Fernand Braudel, 『15~18세기의 물질문명, 경제와 자본주의15至18世紀的物質文明, 經濟和資本主義』, 스캉치앙施康强 · 구량顧良 뒤침, 상하이삼련서점, 1992.

15 [고대 그리스] 아리스토텔레스Aristotle, 『형이상학形而上學』, 묘리티엔苗力田 주편, 『아리스토텔레스전집亞里士多德全集』 제7권, 중국인민대학출판사, 1993.

16 [미국] 윌리엄 바레트William Barrett, 『비이성적 인간: 실존주의 철학연구非理性的人: 存在主義哲學研究』, 두안더지段德智 뒤침, 상무인서관, 1995.

17 [미국] 폴 와이스Paul Weiss, [미국] 본 오그던 보그트Von Ogden Vogt, 『종교와 예술宗教與藝術』, 허치민何其敏 · 진중金仲 뒤침, 쓰촨인민출판사四川人民出版社, 1999.

18 [미국] 멜포드 스피로Melford E. Spiro, 『문화와 인생文化與人生』, 쉬쥔徐俊 외 뒤침, 사회과학문헌출판사, 1999.

19 [미국] 도널드 워스터D. Worster, 『자연적 경제체계: 생태사상사自然的經濟體系: 生態思想史』, 허원휘侯文蕙 뒤침, 상무인서관, 1999.

20 [미국] 알도 레오폴드Aldo Leopold, 『모래 군의 열두 달: 자연에 대한 레오폴드의 깊은 생각沙郡年記: 李 德的自然 思』, 우메이전嗚美眞 뒤침, 상하이삼련저점, 1999.

21 [영국] 홈스 롤스턴H. Rolston, 『환경윤리학環境倫理學』, 양통진楊通進 뒤침, 중국사회과학출판사, 2000.

22 [영국] 파이어스톤M. Firestone, 『소비문화와 후현대주의消費文化與後現代主義』, 류징밍劉精明 뒤침, 역림출판사譯林出版社, 2000.

23 [영국] 존 힉John Hick, 『제5차원: 영성의 탐색第伍維度: 靈性領域的探索』, 왕즈청王志成, 쓰주思竹 뒤침, 쓰촨인민출판사, 2000.

24 [영국] 제인 호프Jane Hope, 『심령세계의 언어心靈世界的語言』, 펑이한封一函 외 뒤침, 중국청년출판사中國青年出版社, 2001.

25 [루마니아] 멀치아 엘리아데Mircea Eliade, 『성과 속 · 서언神聖與世俗 · 序言』, 왕젠광王建光 뒤침, 화하출판사華夏出版社, 2002.

26 [러시아] 포테 굴라트Pote Gullart, 『신비로운 빛: 백년 중국도관 방문기神秘之光: 百年中國道觀親力記』, 허샤오단和曉丹 뒤침, 윈난인민출판사雲南人民出版社, 2002.

27 [미국] 아인슈타인Albert Einstein, 『아인슈타인문록愛因思坦文錄』, 쉬량잉許良英 · 류밍劉明 편, 저장문예출판사浙江文藝出版社, 2004.

28 [이탈리아] 마리아수사이 다바모니Mariasusai Dhavamony, 『종교현상학宗教現象學』, 가오빙장高秉江 뒤침, 인민출판사人民出版社, 2006.

29 [미국] 쉬이훙徐一鴻, 『아인슈타인의 우주愛因思坦的宇宙』, 장리張禮 뒤침, 칭화대학출판사淸華大學出版社, 2004.

30 [오스트리아] 프로이트Freud Sigmund, 『정신분석입문강의 신편精神分析導論講演新篇』, 청샤오핑程小平 · 왕시王希勇 뒤침, 국제문화출판회사國際文化出版公司, 2007.

후기

2002년에 중국교육부 통일 편집교재 『중국종교통론』의 편집을 내가 주관하게 되어 3년의 노력 끝에 초고를 완성했다. 이 교재는 2006년 중국고등교육출판사에 의해 출판되었다. 『중국종교통론』을 찬술하는 과정에서 중국종교사상의 많은 내용을 접하게 되어 중국종교사상을 전문 과제로 새롭게 연구할 필요가 있다는 느낌을 받았다. 이를 고려하여 2004년에 중국 국가사회과학기금 과제로 『중국종교사상의 역사발전연구』를 신청하여 성안成案 허가를 얻었다. 프로젝트 비준 번호는 '04BZJ001'이다.

애초에 본 연구의 프로젝트로 국가의 '중점 프로젝트'를 신청하려고 책의 전체 내용을 상·중·하 3권으로 하되, 권당 3편, 편당 3장으로 계획했다. 하지만 나중에 일반 프로젝트로 허가를 받았기 때문에 경비가 예상보다 대폭 축소되었다. 그 바람에 원래 계획대로 전면적인 전개가 불가능했다. 현실적 여건을 고려해서 애초에 집필하고자 했던 계획을 조정하고 규모를 압축했다. 그리고 그 구성에서도 임시변통하여 원래 계획되었던 '권卷'을 '편編'으로, '편'을 '장章'으로, '장'을 '절節'로 고쳤다. 여기서 밝혀

둘 것은 이러한 변화가 단지 명칭에만 한정되었을 뿐, 기본적 내용에서는 별다른 변화가 없다는 사실이다.

또한, 장황한 제목이 어설픈 느낌이 들어서 최종적인 성과물의 명칭을『중국종교사상통론』으로 확정했다. 논리적으로 볼 때 이러한 명칭에는 '역사 발전'의 내용이 포함되어야 한다. '통론'으로서 종교사상의 기본적 의미를 상세히 논술해야 했고, 그 변화 과정도 다루어야 했기 때문이다. 실제로 이 책의 장과 절은 그렇게 설정되었다. 제목을 살펴보면 이 책의 장과 절은 모두 범주의 개념에서 고안된 것이지만, 구체적인 서술 과정에서는 역사적 흐름에 따라 자료를 처리하고 세부적인 논리를 갖추고자 했다. 그래서 '역사 발전'에 종교사상의 범주와 개념에 대한 분석이 자연스럽게 포함되었다.

본 프로젝트는 중국 국가기획 행정실에서 하달한 임무 통지서의 요구에 따라 2007년에 완성되어야 했다. 하지만 관련된 범위가 넓고 조사하여 고증해야 할 자료가 방대하며, 게다가 소속 학과의 업무가 막중하고 각종 잡무를 처리해야 하는 탓에, 결국 본 연구 프로젝트의 최종 완성은 2009년 12월로 연기되었다. 전체 원고를 완성하고 나서 전문가들의 조언에 따라 몇 차례로 수정 절차를 거쳤다. 글을 윤색한 것 외에 3만 자의 '결론' 부분을 더 추가하여 중국종교사상의 패러다임이 전환되는 과정에서 발생한 사회적 변혁과 지리적 환경 요소, 그리고 중국종교사상의 발전과 신국공치身國共治의 관계에 대한 문제를 개괄적으로 서술함으로써 논지를 완벽히 하고자 했다.

잔스촹詹石窓은 이 책의 큰 틀을 입안하고 편집을 주관했다. 구체적인 분담은 다음과 같다. 서론의 제1절, 제3절은 잔스촹, 양얀楊燕, 리위푸李育富, 위궈칭于國慶이, 서론의 제2절은 양얀과 잔스촹이 집필했다. 상편 제

1장은 우저우吳洲가, 제2장은 푸샤오판傅小範이, 제3장은 위궈칭과 잔스촹이, 제4장은 장펑江峰과 잔스촹이 각각 집필했으며 하편 제5장은 린쥔훙林俊雄과 잔스촹이, 제6장은 펑징우馮靜武, 제7장의 제1절과 제2절은 양얀과 잔스촹이, 제7장 제3절은 왕얀친王燕琴과 잔스촹이, 제8장은 류샤오안劉曉艶이 각각 집필했다. 결어는 리위푸와 잔스촹이 집필했다. 양얀은 주요 참고문헌을 정리했고, 잔스촹은 원고를 최종적으로 정리했다. 리위부는 잔스촹을 보조해서 초고의 문자를 처리했고 마지막으로 잔스촹이 원고를 취합해서 수정하고 윤색하여 최종 마무리했다.

여기서 밝혀둘 점은, 중국종교사상이 포괄한 내용은 매우 광범위하지만 우리는 유불도 삼교 및 민간종교에 대한 분석에 치중했다는 것이다. 기독교와 이슬람교는 다루지 못했다. 집필의 범위를 중국 본토에서 발생했거나 중국에 전해졌지만 토착화한 것으로 한정했기 때문이다. 불교는 이러한 토착화 과정을 거친 종교에 속하기 때문에 당연히 이 책에 포함했다.

중국종교사상의 연구 영역은 아주 넓고 향후 개발할 연구 공간이 많이 남아있다. 집필자들의 능력 부족으로 인해 이 책에는 여러 가지 부족하거나 잘못된 점들이 있을 것 같다. 전문가와 독자 여러분의 많은 질타와 가르침을 간절히 바란다.

2010년 12월 16일

쓰촨대학교 노자연구원에서

잔스촹 삼가

책임집필

잔스창詹石窗
푸젠福建사범대학 중문과 교수, 샤먼廈門대학 철학부 교수 역임.
현 쓰촨四川대학 노자연구원 원장, 샤먼 시 역학易學 연구회 회장

공동집필

양안楊燕
샤먼대학 철학과 박사, 현 쓰촨사범대학 중국철학과 문화연구소 연구원

리위푸李育富
샤먼대학 철학과 박사, 현 쓰촨대학 도교와종교문화연구소 연구원

위궈칭于國慶
샤먼대학 철학과 박사, 현 쓰촨대학 도교와종교문화연구소 연구원

우저우吳洲
샤먼대학 철학과 부교수

푸샤오판傅小凡
샤먼대학 철학과 부교수

장펑江峰
샤먼대학 철학과 박사, 현 후베이湖北사범대학 교수

린쥔흉林俊雄
샤먼대학 철학과 박사, 현 장저우漳州사범대학 강사

펑징우馮靜武
샤먼대학 철학과 박사, 현 중국 푸둥浦東간부대학 교수

왕얀친王燕琴
샤먼대학 철학과 박사

류샤오얀劉曉艶
샤먼대학 철학과 박사, 현 샤먼이공理工대학 교수

공동뒤침

런샤오리任曉禮
루동魯東대학 한국어과 교수, 루동대학 해양대 부학장

취위안핑崔元萍
루동대학 한국어과 부교수

류샤오리劉曉麗
루동대학 한국어과 부교수

황홍후이黃紅輝
루동대학 한국어과 부교수

안동준安東濬
한국 경상대학교 국어교육과 교수

중국종교사상통론

1판 1쇄 찍음 2018년 5월 18일
1판 1쇄 펴냄 2018년 5월 25일

지은이 잔스촹 외
뒤친이 런샤오리 취위안펑 류샤오리 황훙후이 안동준
펴낸이 안지미
편집 김진형 최장욱 박승기
교정 김유리
디자인 한승연
제작처 공간

펴낸곳 알마 출판사
출판등록 2006년 6월 22일 제2013-000266호
주소 우. 03990 서울시 마포구 연남로 1길 8, 4~5층
전화 02.324.3800 판매 02.324.2844 편집
전송 02.324.1144

전자우편 alma@almabook.com
페이스북 /almabooks
트위터 @alma_books
인스타그램 @alma_books

ISBN 979-11-5992-139-1 93200

이 도서의 국립중앙도서관 출판시도서목록CIP은 서지정보유통지원시스템 홈페이지 http://seoji.nl.go.kr와 국가자료공동목록시스템 http://www.nl.go.kr/kolisnet에서 이용하실 수 있습니다. CIP제어번호: 2018007033

알마는 아이쿱생협과 더불어 협동조합의 가치를 실천하는 출판사입니다.

종이 표지_비비칼라 110g/㎡ 본문_클라우드 70g/㎡